KT-487-873

COLLINS GEM

GERMAN DICTIONARY

GERMAN • ENGLISH
ENGLISH • GERMAN

HarperCollins*Publishe*

first published in this edition 1978
third edition 1993

© William Collins Sons & Co. Ltd. 1978, 1988
© HarperCollins Publishers 1993

latest reprint 1996

ISBN 0 00 458976-9

---

first edition
Veronica Calderwood-Schnorr,
Ute Nicol, Peter Terrell,
John Whitlam, Eva Vennebusch

subsequent editions
Helga Holtkamp, Horst Kopleck

editorial staff / Manuskriptbearbeitung
Anne Dickinson, Val McNulty,
Joyce Littlejohn

All rights reserved

A catalogue record for this book is available from the British Library

Typeset by Morton Word Processing Ltd, Scarborough

Printed and bound in Great Britain by
ian International Book Manufacturing Ltd,
Glasgow, G64

INHALT

Deutsche Einleitung	iii	German introduction
Englische Einleitung	v	English introduction
im Text verwendete Abkürzungen	vii	abbreviations used in this book
regelmäßige Endungen	x	regular German noun endings
Lautschrift	xi	phonetic symbols
DEUTSCH-ENGLISCH	1	GERMAN-ENGLISH
ENGLISCH-DEUTSCH	303	ENGLISH-GERMAN
Verben	617	verbs
Nummer	625	numbers
Uhrzeit	627	time

CONTENTS

EINLEITUNG

Wir freuen uns, daß Sie sich zum Kauf dieses Collins Gem German Wörterbuchs entschlossen haben und hoffen, daß es Ihnen in der Schule, zu Hause, im Urlaub oder im Büro nützlich ist und Freude macht.

Diese Einleitung enthält Tips, wie Sie das Beste aus ihrem Wörterbuch herausholen können – nicht nur aus der umfangreichen Wortliste, sondern auch aus den Informationen, die in jedem Artikel stehen. Das wird Ihnen dabei helfen, modernes Englisch zu lesen und zu verstehen, und sich auf Englisch auszudrücken und zu verständigen.

Vorne in diesem Wörterbuch steht eine Liste der im Text verwendeten Abkürzungen und eine Erläuterung der Symbole der Lautschrift. Hinten finden Sie deutsche Verbtabellen und englische unregelmäßige Verben, und abschließend einen Abschnitt über Zahlen und Uhrzeit.

ZUM GEBRAUCH IHRES COLLINS GEM WÖRTERBUCHS

Das Wörterbuch enthält eine Fülle von Informationen, die mit Hilfe von unterschiedlichen Schriften und Schriftgrößen, Symbolen, Abkürzungen und Klammern vermittelt werden. Die dabei verwendeten Regeln und Symbole werden in den folgenden Abschnitten erklärt.

Stichwörter
Die Wörter, die Sie im Wörterbuch nachschlagen — „Stichwörter" — sind alphabetisch geordnet. Sie sind **fett** gedruckt, damit man sie schnell erkennt. Die beiden Stichwörter oben auf jeder Seite geben das erste und letzte Wort an, das auf der betreffenden Seite behandelt wird.

Informationen zur Verwendung oder zur Form bestimmter Stichwörter stehen in Klammern hinter der Lautschrift. Sie erscheinen meist in abgekürzter Form und sind kursiv gedruckt (z.B. (*fam*, (*COMM*)).

Wo es angebracht ist, werden mit dem Stichwort verwandte Wörter im selben Artikel behandelt (z.B. **accept, acceptance**). Sie sind wie das Stichwort fett, aber etwas kleiner gedruckt.
Häufig verwendete Ausdrücke, in denen das Stichwort vorkommt (z.B. **to be cold**), sind in einer anderen Schrift halbfett gedruckt.

Lautschrift
Die Lautschrift für jedes Stichwort (zur Angabe seiner Aussprache), steht in eckigen Klammern direkt hinter dem Stichwort (z.B. **Quark** |kvark|; **knead** |ni:d|). Die Symbole der Lautschrift sind auf Seite xi erklärt.

Übersetzungen
Die Übersetzungen des Stichworts sind normal gedruckt. Wenn es mehr als eine Bedeutung oder Verwendung des Stichworts gibt, sind diese durch ein Semikolon voneinander getrennt. Vor den Übersetzungen stehen oft andere, kursiv gedruckte Wörter in Klammern. Sie geben an, in welchem Zusammenhang das Stichwort erscheinen könnte (z.B. **rough** (*voice*) oder (*weather*)), oder sie sind Synonyme (z.B. **rough** (*violent*)).

Schlüsselwörter
Besonders behandelt werden bestimmte deutsche und englische Wörter, die man als „Schlüsselwörter" der jeweiligen Sprache betrachten kann. Diese Wörter kommen beispielsweise sehr häufig vor oder werden unterschiedlich verwendet (z.B. **sein, auch; get, that**). Mit Hilfe von Rauten und Ziffern können Sie die verschiedenen Wortarten und Verwendungen unterscheiden. Weitere nützliche Hinweise finden Sie kursiv und in Klammern in der jeweiligen Sprache des Benutzers.

Grammatische Informationen
Wortarten stehen in abgekürzter Form kursiv gedruckt hinter der Aussprache des Stichworts (z.B. *vt*, *adv*, *conj*).

Die unregelmäßigen Formen englischer Substantiven und Verben stehen in Klammern vor der Wortart (z.B. **man** (*pl* **men**) *n*, **give** (*pt* **gave,** *pp* **given**) *vt*).

INTRODUCTION

We are delighted you have decided to buy the Collins Gem German Dictionary and hope you will enjoy and benefit from using it at school, at home, on holiday or at work.

This introduction gives you a few tips on how to get the most out of your dictionary — not simply from its comprehensive wordlist but also from the information provided in each entry. This will help you to read and understand modern German, as well as communicate and express yourself in the language.

The Collins Gem German Dictionary begins by listing the abbreviations used in the text and illustrating the sounds shown by the phonetic symbols. You will find German verb tables and English irregular verbs at the back, followed by a final section on numbers and time expressions.

USING YOUR COLLINS GEM DICTIONARY

A wealth of information is presented in the dictionary, using various typefaces, sizes of type, symbols, abbreviations and brackets. The conventions and symbols used are explained in the following sections.

Headwords

The words you look up in a dictionary — "headwords" — are listed alphabetically. They are printed in **bold type** for rapid identification. The two headwords appearing at the top of each page indicate the first and last word dealt with on the page in question.

Information about the usage or form of certain headwords is given in brackets after the phonetic spelling. This usually appears in abbreviated form and in italics (e.g. (*umg*), (*COMM*)).

Where appropriate, words related to headwords are grouped in the same entry (**Glück, glücken**) in a slightly smaller bold type than the headword.

Common expressions in which the headword appears are shown in a different bold roman type (e.g. **Glück haben**).

Phonetic spellings
The phonetic spelling of each headword (indicating its pronunciation) is given in square brackets immediately after the headword (e.g. **Quark** [kvark]). A list of these symbols is given on page xi.

Meanings
Headword translations are given in ordinary type and, where more than one meaning or usage exists, these are separated by a semicolon. You will often find other words in italics in brackets before the translations. These offer suggested contexts in which the headword might appear (e.g. **eng** (*Kleidung*) or (*Freundschaft*)) or provide synonyms (e.g. **eng** (*fig: Horizont*)).

"Key" words
Special status is given to certain German and English words which are considered as "key" words in each language. They may, for example, occur very frequently or have several types of usage (e.g. **sein, auch; get, that**). A combination of lozenges and numbers helps you to distinguish different parts of speech and different meanings. Further helpful information is provided in brackets and in italics in the relevant language for the user.

Grammatical information
Parts of speech are given in abbreviated form in italics after the phonetic spellings of headwords (e.g. *vt, av, kong*).

Genders of German nouns are indicated as follows: m for a masculine and f for a feminine and nt for a neuter noun. The genitive and plural forms of regular nouns are shown on the table on page x. Nouns which do not follow these rules have the genitive and plural in brackets immediately preceding the gender (e.g. **Spaß**, (**-es, ¨-e**), *m*).

Adjectives are normally shown in their basic form (e.g. **groß** *adj*), but where they are only used attributively (i.e. before a noun) feminine and neuter endings follow in brackets (**hohe (r, s)** *adj attrib*).

ABKÜRZUNGEN ABBREVIATIONS

Abkürzung	**abk, abbr**	abbreviation
Adjektiv	**adj**	adjective
Akkusativ	**acc**	accusative
Adverb	**adv**	adverb
Landwirtschaft	**AGR**	agriculture
Akkusativ	**akk**	accusative
Anatomie	**ANAT**	anatomy
Architektur	**ARCHIT**	architecture
Astrologie	**ASTROL**	astrology
Astronomie	**ASTRON**	astronomy
attributiv	**attrib**	attributive
Kraftfahrzeuge	**AUT**	automobiles
Hilfsverb	**aux**	auxiliary
Luftfahrt	**AVIAT**	aviation
besonders	**bes**	especially
Biologie	**BIOL**	biology
Botanik	**BOT**	botany
britisch	**BRIT**	British
Chemie	**CHEM**	chemistry
Film	**CINE**	cinema
Konjunktion	**conj**	conjunction
Handel	**COMM**	commerce
Komparativ	**compar**	comparative
Computer	**COMPUT**	computing
Kochen und Backen	**COOK**	cooking
zusammengesetztes Wort	**cpd**	compound
Dativ	**dat**	dative
bestimmter Artikel	**def art**	definite article
Diminutiv	**dimin**	diminutive
kirchlich	**ECCL**	ecclesiastical
Eisenbahn	**EISENB**	railways
Elektrizität	**ELEK, ELEC**	electricity
besonders	**esp**	especially
und so weiter	**etc**	et cetera
etwas	**etw**	something
Euphemismus, Hüllwort	**euph**	euphemism
Interjektion, Ausruf	**excl**	exclamation
Femininum	**f**	feminine
übertragen	**fig**	figurative
Finanzwesen	**FIN**	finance
nicht getrennt gebraucht	**fus**	(phrasal verb) inseparable
Genitiv	**gen**	genitive
Geographie	**GEOG**	geography
Geologie	**GEOL**	geology
Grammatik	**GRAM**	grammar
Geschichte	**HIST**	history

ABKÜRZUNGEN ABBREVIATIONS

unpersönlich	**impers**	impersonal
unbestimmter Artikel	**indef art**	indefinite article
umgangssprächlich (! vulgär)	**inf(!)**	informal (! particularly offensive)
Infinitiv, Grundform	**infin**	infinitive
nicht getrennt gebraucht	**insep**	inseparable
unveränderlich	**inv**	invariable
unregelmäßig	**irreg**	irregular
jemand	**jd**	somebody
jemandem	**jdm**	(to) somebody
jemanden	**jdn**	somebody
jemandes	**jds**	somebody's
Rechtswesen	**JUR**	law
Kochen und Backen	**KOCH**	cooking
Komparativ	**kompar**	comparative
Konjunktion	**konj**	conjunction
Sprachwissenschaft	**LING**	linguistics
Literatur	**LITER**	of literature
Maskulinum	**m**	masculine
Mathematik	**MATH**	mathematics
Medizin	**MED**	medicine
Meteorologie	**MET**	meteorology
militärisch	**MIL**	military
Bergbau	**MIN**	mining
Musik	**MUS**	music
Substantiv, Hauptwort	**n**	noun
nautisch, Seefahrt	**NAUT**	nautical, naval
Nominativ	**nom**	nominative
Neutrum	**nt**	neuter
Zahlwort	**num**	numeral
Objekt	**obj**	object
oder	**od**	or
sich	**o.s.**	oneself
Parlament	**PARL**	parliament
abschätzig	**pej**	pejorative
Photographie	**PHOT**	photography
Physik	**PHYS**	physics
Plural	**pl**	plural
Politik	**POL**	politics
Präfix, Vorsilbe	**pp**	prefix
Präposition	**präp, prep**	preposition
Typographie	**PRINT**	printing
Pronomen, Fürwort	**pron**	pronoun
Psychologie	**PSYCH**	psychology

ABKÜRZUNGEN ABBREVIATIONS

1. Vergangenheit, Imperfekt	**pt**	past tense
Partizip Perfekt	**pp**	past participle
Radio	**RAD**	radio
Eisenbahn	**RAIL**	railways
Religion	**REL**	religion
jemand(-en, -em)	**sb**	someone, somebody
Schulwesen	**SCH**	school
Naturwissenschaft	**SCI**	science
Singular, Einzahl	**sg**	singular
etwas	**sth**	something
Konjunktiv	**sub**	subjunctive
Subjekt	**subj**	(grammatical) subject
Superlativ	**superl**	superlative
Technik	**TECH**	technology
Nachrichtentechnik	**TEL**	telecommunications
Theater	**THEAT**	theatre
Fernsehen	**TV**	television
Typographie	**TYP**	printing
umgangssprachlich (! vulgär)	**umg(!)**	colloquial (! particularly offensive)
Hochschulwesen	**UNIV**	university
unpersönlich	**unpers**	impersonal
unregelmäßig	**unreg**	irregular
(nord)amerikanisch	**US**	(North) America
gewöhnlich	**usu**	usually
Verb	**vb**	verb
intransitives Verb	**vi**	intransitive verb
reflexives Verb	**vr**	reflexive verb
transitives Verb	**vt**	transitive verb
Zoologie	**ZOOL**	zoology
zusammengesetztes Wort	**zW**	compound
zwischen zwei Sprechern	—	change of speaker
ungefähre Entsprechung	≃	cultural equivalent
eingetragenes Warenzeichen	®	registered trademark

REGULAR GERMAN NOUN ENDINGS

nom		*gen*	*pl*
-ant	*m*	-anten	-anten
-anz	*f*	-anz	-anzen
-ar	*m*	-ar(e)s	-are
-chen	*nt*	-chens	-chen
-e	*f*	-	-n
-ei	*f*	-ei	-eien
-elle	*f*	-elle	-ellen
-ent	*m*	-enten	-enten
-enz	*f*	-enz	-enzen
-ette	*f*	-ette	-etten
-eur	*m*	-eurs	-eure
-euse	*f*	-euse	-eusen
-heit	*f*	-heit	-heiten
-ie	*f*	-ie	-ien
-ik	*f*	-ik	-iken
-in	*f*	-in	-innen
-ine	*f*	-ine	-inen
-ion	*f*	-ion	-ionen
-ist	*m*	-isten	-isten
-ium	*nt*	-iums	-ien
-ius	*m*	-ius	-iusse
-ive	*f*	-ive	-iven
-keit	*f*	-keit	-keiten
-lein	*nt*	-leins	-lein
-ling	*m*	-lings	-linge
-ment	*nt*	-ments	-mente
-mus	*m*	-mus	-men
-schaft	*f*	-schaft	-schaften
-tät	*f*	-tät	-täten
-tor	*m*	-tors	-toren
-ung	*f*	-ung	-ungen
-ur	*f*	-ur	-uren

PHONETIC SYMBOLS / LAUTSCHRIFT

[ː] *length mark* *Längezeichen* [ˈ] *stress mark* *Betonung*
[ˈ] *glottal stop* *Knacklaut*

all vowel sounds are approximate only
alle Vokallaute sind nur ungefähre Entsprechungen

lie	[aɪ]	**weit**
now	[aʊ]	**Haut**
above	[ə]	**bitte**
green	[iː]	**viel**
pity	[ɪ]	**Bischof**
rot	[ɒ,ɔ]	**Post**
full	[ʊ]	**Pult**
bet	[b]	**Ball**
dim	[d]	**dann**
face	[f]	**Faß**
go	[g]	**Gast**
hit	[h]	**Herr**
you	[j]	**ja**
cat	[k]	**kalt**
lick	[l]	**Last**
must	[m]	**Mast**
nut	[n]	**Nuß**
bang	[ŋ]	**lang**
pepper	[p]	**Pakt**
sit	[s]	**rasse**
shame	[ʃ]	**Schal**
tell	[t]	**Tal**
vine	[v]	**was**
loch	[x]	**Bach**
zero	[z]	**Hase**
leisure	[ʒ]	**Genie**
bat	[æ]	
farm	[ɑː]	**Bahn**
set	[e]	**Kette**

day	[eɪ]	
girl	[ɜː]	
board	[ɔː]	
root	[uː]	**Hut**
come	[ʌ]	**Butler**
salon	[ɔ̃]	**Champignon**
avant (garde)	[ɑ̃]	**Ensemble**
fair	[ɛə]	**mehr**
beer	[ɪə]	**Bier**
toy	[ɔɪ]	**Heu**
pure	[ʊə]	
wine	[w]	
thin	[θ]	
this	[ð]	
Hast	[a]	**mash**
Ensemble	[ã]	**avant** (garde)
Metall	[e]	**meths**
häßlich	[ɛ]	
Cousin	[ɛ̃]	
vital	[i]	
Moral	[o]	
Champignon	[õ]	**salon**
ökonomisch	[ø]	
gönnen	[œ]	
Heu	[ɔʏ]	**toy**
kulant	[u]	
physisch	[y]	
Müll	[ʏ]	
ich	[ç]	

[*] r can be pronounced before a vowel; Bindungs-R

Warenzeichen

Wörter, die unseres Wissens eingetragene Warenzeichen darstellen, sind als solche gekennzeichnet. Es ist jedoch zu beachten, daß weder das Vorhandensein noch das Fehlen derartiger Kennzeichnungen die Rechtslage hinsichtlich eingetragener Warenzeichen berührt.

Note on trademarks

Words which we have reason to believe constitute trademarks have been designated as such. However, neither the presence nor the absence of such designation should be regarded as affecting the legal status of any trademark.

DEUTSCH - ENGLISCH
GERMAN - ENGLISH
A

Aal [a:l] (**-(e)s, -e**) *m* eel
Aas [a:s] (**-es, -e** *od* **Äser**) *nt* carrion
Aasgeier *m* vulture

SCHLÜSSELWORT

ab [ap] *präp +dat* from; **Kinder ab 12 Jahren** children from the age of 12; **ab morgen** from tomorrow; **ab sofort** as of now
♦ *adv* **1** off; **links ab** to the left; **der Knopf ist ab** the button has come off; **ab nach Hause!** off you go home
2 (*zeitlich*): **von da ab** from then on; **von heute ab** from today, as of today
3 (*auf Fahrplänen*): **München ab 12.20** leaving Munich 12.20
4: **ab und zu** *od* **an** now and then *od* again

Abänderung [ˈapˈɛndəruŋ] *f* alteration
Abbau [ˈapbau] (**-(e)s**) *m (+gen)* dismantling; (*Verminderung*) reduction (in); (*Verfall*) decline (in); (*MIN*) mining; quarrying; (*CHEM*) decomposition; **a~en** *vt* to dismantle; (*MIN*) to mine; to quarry; (*verringern*) to reduce; (*CHEM*) to break down
abbeißen [ˈapbaɪsən] (*unreg*) *vt* to bite off
abbekommen [ˈapbəkɔmən] (*unreg*) *vt* (*Deckel, Schraube, Band*) to loosen; **etwas ~** (*beschädigt werden*) to get damaged; (: *Person*) to get injured
abbestellen [ˈapbəʃtɛlən] *vt* to cancel
abbezahlen [ˈapbətsa:lən] *vt* to pay off
abbiegen [ˈapbi:gən] (*unreg*) *vi* to turn off; (*Straße*) to bend ♦ *vt* to bend; (*verhindern*) to ward off
abbilden [ˈapbɪldən] *vt* to portray
Abbildung *f* illustration
abblenden [ˈapblɛndən] *vt, vi* (*AUT*) to dip (*BRIT*), to dim (*US*)
Abblendlicht *nt* dipped (*BRIT*) *od* dimmed (*US*) headlights *pl*
abbrechen [ˈapbrɛçən] (*unreg*) *vt, vi* to break off; (*Gebäude*) to pull down; (*Zelt*) to take down; (*aufhören*) to stop; (*COMPUT*) to abort
abbrennen [ˈapbrɛnən] (*unreg*) *vt* to burn off; (*Feuerwerk*) to let off ♦ *vi* (*aux sein*) to burn down
abbringen [ˈapbrɪŋən] (*unreg*) *vt*: **jdn von etw ~** to dissuade sb from sth; **jdn vom Weg ~** to divert sb
abbröckeln [ˈapbrœkəln] *vt, vi* to crumble off *od* away
Abbruch [ˈapbrux] *m* (*von Verhandlungen etc*) breaking off; (*von Haus*) demolition; **jdm/etw ~ tun** to harm sb/sth; **a~reif** *adj* only fit for demolition
abbrühen [ˈapbry:ən] *vt* to scald; **abgebrüht** (*umg*) hard-boiled
abbuchen [ˈapbu:xən] *vt* to debit
abbürsten [ˈapbyrstən] *vt* to brush off
abdanken [ˈapdaŋkən] *vi* to resign; (*König*) to abdicate
Abdankung *f* resignation; abdication
abdecken [ˈapdɛkən] *vt* to uncover; (*Tisch*) to clear; (*Loch*) to cover
abdichten [ˈapdɪçtən] *vt* to seal; (*NAUT*) to caulk
abdrehen [ˈapdre:ən] *vt* (*Gas*) to turn off; (*Licht*) to switch off; (*Film*) to shoot ♦ *vi* (*Schiff*) to change course
Abdruck [ˈapdruk] *m* (*Nachdrucken*) reprinting; (*Gedrucktes*) reprint; (*Gips~, Wachs~*) impression; (*Finger~*) print; **a~en** *vt* to print, to

publish

abdrücken ['apdrʏkən] *vt* (*Waffe*) to fire; (*Person*) to hug, to squeeze

Abend ['a:bənt] (**-s, -e**) *m* evening; **guten ~** good evening; **zu ~ essen** to have dinner *od* supper; **a~** *adv*: **heute a~** this evening; **~brot** *nt* supper; **~essen** *nt* supper; **~kasse** *f* box office; **~kleid** *nt* evening dress; **~kurs** *m* evening classes *pl*; **~land** *nt* (*Europa*) West; **a~lich** *adj* evening; **~mahl** *nt* Holy Communion; **~rot** *nt* sunset; **a~s** *adv* in the evening

Abenteuer ['a:bəntɔʏər] (**-s, -**) *nt* adventure; **a~lich** *adj* adventurous

Abenteurer (**-s, -**) *m* adventurer; **~in** *f* adventuress

aber ['a:bər] *konj* but; (*jedoch*) however ♦ *adv*: **tausend und ~ tausend** thousands upon thousands; **das ist ~ schön** that's really nice; **nun ist ~ Schluß!** now that's enough!; **vielen Dank -- ~ bitte!** thanks a lot — you're welcome; **A~glaube** *m* superstition; **~gläubisch** *adj* superstitious

aberkennen ['ap'ɛrkɛnən] (*unreg*) *vt* (*JUR*): **jdm etw ~** to deprive sb of sth, to take sth (away) from sb

abermals ['a:bərma:ls] *adv* once again

Abf. *abk* (= *Abfahrt*) dep.

abfahren ['apfa:rən] (*unreg*) *vi* to leave, to depart ♦ *vt* to take *od* cart away; (*Strecke*) to drive; (*Reifen*) to wear; (*Fahrkarte*) to use

Abfahrt ['apfa:rt] *f* departure; (*SKI*) descent; (*Piste*) run; **~slauf** *m* (*SKI*) descent, run down; **~szeit** *f* departure time

Abfall ['apfal] *m* waste; (*von Speisen etc*) rubbish (*BRIT*), garbage (*US*); (*Neigung*) slope; (*Verschlechterung*) decline; **~eimer** *m* rubbish bin (*BRIT*), garbage can (*US*); **a~en** (*unreg*) *vi* (*auch fig*) to fall *od* drop off; (*POL, vom Glauben*) to break away; (*sich neigen*) to fall *od* drop away

abfällig ['apfɛlɪç] *adj* disparaging, deprecatory

abfangen ['apfaŋən] (*unreg*) *vt* to intercept; (*Person*) to catch; (*unter Kontrolle bringen*) to check

abfärben ['apfɛrbən] *vi* to lose its colour; (*Wäsche*) to run; (*fig*) to rub off

abfassen ['apfasən] *vt* to write, to draft

abfertigen ['apfɛrtɪgən] *vt* to prepare for dispatch, to process; (*an der Grenze*) to clear; (*Kundschaft*) to attend to

abfeuern ['apfɔʏərn] *vt* to fire

abfinden ['apfɪndən] (*unreg*) *vt* to pay off ♦ *vr* to come to terms; **sich mit jdm ~/nicht ~** to put up with/not get on with sb

Abfindung *f* (*von Gläubigern*) payment; (*Geld*) sum in settlement

abflauen ['apflaʊən] *vi* (*Wind, Erregung*) to die away, to subside; (*Nachfrage, Geschäft*) to fall *od* drop off

abfliegen ['apfli:gən] (*unreg*) *vi* (*Flugzeug*) to take off; (*Passagier auch*) to fly ♦ *vt* (*Gebiet*) to fly over

abfließen ['apfli:sən] (*unreg*) *vi* to drain away

Abflug ['apflu:k] *m* departure; (*Start*) take-off; **~zeit** *f* departure time

Abfluß ['apflʊs] *m* draining away; (*Öffnung*) outlet

Abflußrohr *nt* drain pipe; (*von sanitären Anlagen auch*) waste pipe

abfragen ['apfra:gən] *vt* (*bes SCH*) to test orally (on)

Abfuhr ['apfu:r] (**-, -en**) *f* removal; (*fig*) snub, rebuff

abführen ['apfy:rən] *vt* to lead away; (*Gelder, Steuern*) to pay ♦ *vi* (*MED*) to have a laxative effect

Abführmittel ['apfy:rmɪtəl] *nt* laxative, purgative

abfüllen ['apfʏlən] *vt* to draw off; (*in Flaschen*) to bottle

Abgabe ['apga:bə] *f* handing in; (*von Ball*) pass; (*Steuer*) tax; (*eines Amtes*) giving up; (*einer Erklärung*) giving

Abgang ['apgaŋ] *m* (*von Schule*)

leaving; (*THEAT*) exit; (*MED*: *Ausscheiden*) passing; (: *Fehlgeburt*) miscarriage; (*Abfahrt*) departure; (*der Post, von Waren*) dispatch

Abgas ['apga:s] *nt* waste gas; (*AUT*) exhaust

abgeben ['apge:bən] (*unreg*) *vt* (*Gegenstand*) to hand *od* give in; (*Ball*) to pass; (*Wärme*) to give off; (*Amt*) to hand over; (*Schuß*) to fire; (*Erklärung, Urteil*) to give; (*darstellen, sein*) to make ♦ *vr*: **sich mit jdm/etw** ~ to associate with sb/bother with sth; **jdm etw** ~ (*überlassen*) to let sb have sth

abgebrüht ['apgəbry:t] (*umg*) *adj* (*skrupellos*) hard-boiled

abgehen ['apge:ən] (*unreg*) *vi* to go away, to leave; (*THEAT*) to exit; (*Baby*) to be aborted; (*Knopf etc*) to come off; (*abgezogen werden*) to be taken off; (*Straße*) to branch off ♦ *vt* (*Strecke*) to go *od* walk along; **etw geht jdm ab** (*fehlt*) sb lacks sth

abgelegen ['apgəle:gən] *adj* remote

abgemacht ['apgəmaxt] *adj* fixed; ~! done!

abgeneigt ['apgənaɪkt] *adj* disinclined

Abgeordnete(r) ['apgə'ɔrdnətə(r)] *mf* member of parliament; elected representative

abgeschlossen ['apgəʃlɔsən] *adj attrib* (*Wohnung*) self-contained

abgeschmackt ['apgəʃmakt] *adj* tasteless

abgesehen ['apgəze:ən] *adj*: **es auf jdn/etw** ~ **haben** to be after sb/sth; ~ **von** ... apart from ...

abgespannt ['apgəʃpant] *adj* tired out

abgestanden ['apgəʃtandən] *adj* stale; (*Bier auch*) flat

abgestorben ['apgəʃtɔrbən] *adj* numb; (*BIOL, MED*) dead

abgetragen ['apgətra:gən] *adj* shabby, worn out

abgewinnen ['apgəvɪnən] (*unreg*) *vt*: **einer Sache etw/Geschmack** ~ to get sth/pleasure from sth

abgewöhnen ['apgəvø:nən] *vt*: **jdm/sich etw** ~ to cure sb of sth/give sth up

abgleiten ['apglaɪtən] (*unreg*) *vi* to slip, slide

abgöttisch ['apgœtɪʃ] *adj*: ~ **lieben** to idolize

abgrenzen ['apgrɛntsən] *vt* (*auch fig*) to mark off; to fence off

Abgrund ['apgrʊnt] *m* (*auch fig*) abyss

abhacken ['aphakən] *vt* to chop off

abhaken ['apha:kən] *vt* (*auf Papier*) to tick off

abhalten ['aphaltən] (*unreg*) *vt* (*Versammlung*) to hold; **jdn von etw** ~ (*fernhalten*) to keep sb away from sth; (*hindern*) to keep sb from sth

abhanden [ap'handən] *adj*: ~ **kommen** to get lost

Abhandlung ['aphandlʊŋ] *f* treatise, discourse

Abhang ['aphaŋ] *m* slope

abhängen ['aphɛŋən] *vt* (*Bild*) to take down; (*Anhänger*) to uncouple; (*Verfolger*) to shake off ♦ *vi* (*unreg*: *Fleisch*) to hang; **von jdm/etw** ~ to depend on sb/sth

abhängig ['aphɛŋɪç] *adj*: ~ **(von)** dependent (on); **A~keit** *f*: **A~keit (von)** dependence (on)

abhärten ['aphɛrtən] *vt, vr* to toughen (o.s.) up; **sich gegen etw** ~ to inure o.s. to sth

abhauen ['aphaʊən] (*unreg*) *vt* to cut off; (*Baum*) to cut down ♦ *vi* (*umg*) to clear off *od* out

abheben ['aphe:bən] (*unreg*) *vt* to lift (up); (*Karten*) to cut; (*Masche*) to slip; (*Geld*) to withdraw, to take out ♦ *vi* (*Flugzeug*) to take off; (*Rakete*) to lift off; (*KARTEN*) to cut ♦ *vr* to stand out

abheften ['aphɛftən] *vt* (*Rechnungen etc*) to file away

abhetzen ['aphɛtsən] *vr* to wear *od* tire o.s. out

Abhilfe ['aphɪlfə] *f* remedy; ~ **schaffen** to put things right

abholen ['aphɔ:lən] *vt* (*Gegenstand*)

to fetch, to collect; (*Person*) to call for; (*am Bahnhof etc*) to pick up, to meet

abholzen ['aphɔltsən] *vt* (*Wald*) to clear

abhorchen ['aphɔrçən] *vt* (*MED*) to listen to a patient's chest

abhören ['aphøːrən] *vt* (*Vokabeln*) to test; (*Telefongespräch*) to tap; (*Tonband etc*) to listen to

Abhörgerät *nt* bug

Abitur [abi'tuːr] (**-s, -e**) *nt* German school-leaving examination; **~i'ent(in)** *m(f)* candidate for school-leaving certificate

Abk. *abk* (= *Abkürzung*) abbr.

abkapseln ['apkapsəln] *vr* to shut *od* cut o.s. off

abkaufen ['apkaʊfən] *vt*: **jdm etw** ~ (*auch fig*) to buy sth from sb

abkehren ['apkeːrən] *vt* (*Blick*) to avert, to turn away ♦ *vr* to turn away

abklingen ['apklɪŋən] (*unreg*) *vi* to die away; (*Radio*) to fade out

abknöpfen ['apknœpfən] *vt* to unbutton; **jdm etw** ~ (*umg*) to get sth off sb

abkochen ['apkɔxən] *vt* to boil

abkommen ['apkɔmən] (*unreg*) *vi* to get away; **A~** (**-s, -**) *nt* agreement; **von der Straße/von einem Plan** ~ to leave the road/give up a plan

abkömmlich ['apkœmlɪç] *adj* available, free

abkratzen ['apkratsən] *vt* to scrape off ♦ *vi* (*umg*) to kick the bucket

abkühlen ['apkyːlən] *vt* to cool down ♦ *vr* (*Mensch*) to cool down *od* off; (*Wetter*) to get cool; (*Zuneigung*) to cool

abkürzen ['apkʏrtsən] *vt* to shorten; (*Wort auch*) to abbreviate; **den Weg** ~ to take a short cut

Abkürzung *f* (*Wort*) abbreviation; (*Weg*) short cut

abladen ['aplaːdən] (*unreg*) *vt* to unload

Ablage ['aplaːgə] *f* (*für Akten*) tray; (*für Kleider*) cloakroom

ablassen ['aplasən] (*unreg*) *vt* (*Wasser, Dampf*) to let off; (*vom Preis*) to knock off ♦ *vi*: **von etw** ~ to give sth up, to abandon sth

Ablauf ['aplaʊf] *m* (*Abfluß*) drain; (*von Ereignissen*) course; (*einer Frist, Zeit*) expiry (*BRIT*), expiration (*US*); **a~en** (*unreg*) *vi* (*abfließen*) to drain away; (*Ereignisse*) to happen; (*Frist, Zeit, Paß*) to expire ♦ *vt* (*Sohlen*) to wear (down *od* out)

ablegen ['apleːgən] *vt* to put *od* lay down; (*Kleider*) to take off; (*Gewohnheit*) to get rid of; (*Prüfung*) to take, to sit; (*Zeugnis*) to give

Ableger (**-s, -**) *m* layer; (*fig*) branch, offshoot

ablehnen ['apleːnən] *vt* to reject; (*Einladung*) to decline, to refuse ♦ *vi* to decline, to refuse

ablehnend *adj* (*Haltung, Antwort*) negative; (*Geste*) disapproving; **ein ~er Bescheid** a rejection

Ablehnung *f* rejection; refusal

ableiten ['aplaɪtən] *vt* (*Wasser*) to divert; (*deduzieren*) to deduce; (*Wort*) to derive

Ableitung *f* diversion; deduction; derivation; (*Wort*) derivative

ablenken ['aplɛŋkən] *vt* to turn away, to deflect; (*zerstreuen*) to distract ♦ *vi* to change the subject

Ablenkung *f* distraction

ablesen ['apleːzən] (*unreg*) *vt* to read out; (*Meßgeräte*) to read

abliefern ['apliːfərn] *vt* to deliver; **etw bei jdm/einer Dienststelle** ~ to hand sth over to sb/in at an office

Ablieferung *f* delivery

abliegen ['apliːgən] (*unreg*) *vi* to be some distance away; (*fig*) to be far removed

ablösen ['apløːzən] *vt* (*abtrennen*) to take off, to remove; (*in Amt*) to take over from; (*Wache*) to relieve

Ablösung *f* removal; relieving

abmachen ['apmaxən] *vt* to take off; (*vereinbaren*) to agree

Abmachung *f* agreement

abmagern ['apma:gərn] *vi* to get thinner
Abmagerungskur *f* diet; **eine ~ machen** to go on a diet
Abmarsch ['apmarʃ] *m* departure
abmelden ['apmɛldən] *vt* (*Zeitungen*) to cancel; (*Auto*) to take off the road ♦ *vr* to give notice of one's departure; (*im Hotel*) to check out; **jdn bei der Polizei ~** to register sb's departure with the police
abmessen ['apmɛsən] (*unreg*) *vt* to measure
Abmessung *f* measurement
abmontieren ['apmɔnti:rən] *vt* to take off
abmühen ['apmy:ən] *vr* to wear o.s. out
Abnahme ['apna:mə] *f* (+*gen*) removal; (*COMM*) buying; (*Verringerung*) decrease(in)
abnehmen ['apne:mən] (*unreg*) *vt* to take off, to remove; (*Führerschein*) to take away; (*Prüfung*) to hold; (*Maschen*) to decrease ♦ *vi* to decrease; (*schlanker werden*) to lose weight; **(jdm) etw ~** (*Geld*) to get sth (out of sb); (*kaufen, umg: glauben*) to buy sth (from sb); **jdm Arbeit ~** to take work off sb's shoulders
Abnehmer (-s, -) *m* purchaser, customer
Abneigung ['apnaɪgʊŋ] *f* aversion, dislike
abnorm [ap'nɔrm] *adj* abnormal
abnutzen ['apnʊtsən] *vt* to wear out
Abnutzung *f* wear (and tear)
Abonnement [abɔn(ə)'mã:] (-s, -s) *nt* subscription
Abonnent(in) [abɔ'nɛnt(ɪn)] *m(f)* subscriber
abonnieren [abɔ'ni:rən] *vt* to subscribe to
Abordnung ['ap'ɔrdnʊŋ] *f* delegation
abpacken ['appakən] *vt* to pack
abpassen ['appasən] *vt* (*Person, Gelegenheit*) to wait for; (*in Größe: Stoff etc*) to adjust
abpfeifen ['appfaɪfən] (*unreg*) *vt, vi* (*SPORT*): **(das Spiel) ~** to blow the whistle (for the end of the game)
Abpfiff ['appfɪf] *m* final whistle
abplagen ['appla:gən] *vr* to wear o.s. out
abprallen ['appralən] *vi* to bounce off; to ricochet
abputzen ['appʊtsən] *vt* to clean
abraten ['apra:tən] (*unreg*) *vi*: **jdm von etw ~** to advise sb against sth, to warn sb against sth
abräumen ['aprɔʏmən] *vt* to clear up *od* away
abreagieren ['apreagi:rən] *vt*: **seinen Zorn (an jdm/etw) ~** to work one's anger off (on sb/sth) ♦ *vr* to calm down
abrechnen ['apreçnən] *vt* to deduct, to take off ♦ *vi* to settle up; (*fig*) to get even
Abrechnung *f* settlement; (*Rechnung*) bill
Abrede ['apre:də] *f*: **etw in ~ stellen** to deny *od* dispute sth
abregen ['apre:gən] (*umg*) *vr* to calm *od* cool down
Abreise ['apraɪzə] *nf* departure; **a~n** *vi* to leave, to set off
abreißen ['apraɪsən] (*unreg*) *vt* (*Haus*) to tear down; (*Blatt*) to tear off
abrichten ['apriçtən] *vt* to train
abriegeln ['apri:gəln] *vt* (*Tür*) to bolt; (*Straße, Gebiet*) to seal off
Abriß ['apris] (-sses, -sse) *m* (*Übersicht*) outline
Abruf ['apru:f] *m*: **auf ~** on call; **a~en** (*unreg*) *vt* (*Mensch*) to call away; (*COMM: Ware*) to request delivery of
abrunden ['aprʊndən] *vt* to round off
abrüsten ['aprʏstən] *vi* to disarm
Abrüstung *f* disarmament
abrutschen ['aprʊtʃən] *vi* to slip; (*AVIAT*) to sideslip
Abs. *abk* (= *Absender*) sender, from
Absage ['apza:gə] *f* refusal; **a~n** *vt* to cancel, to call off; (*Einladung*) to

turn down ♦ *vi* to cry off; (*ablehnen*) to decline

absägen ['apzɛ:gən] *vt* to saw off

absahnen ['apza:nən] *vt* to skim

Absatz ['apzats] *m* (*COMM*) sales *pl*; (*Bodensatz*) deposit; (*neuer Abschnitt*) paragraph; (*Treppen~*) landing; (*Schuh~*) heel; **~gebiet** *nt* (*COMM*) market

abschaben ['apʃa:bən] *vt* to scrape off; (*Möhren*) to scrape

abschaffen ['apʃafən] *vt* to abolish, to do away with

Abschaffung *f* abolition

abschalten ['apʃaltən] *vt, vi* (*auch umg*) to switch off

abschätzen ['apʃɛtsən] *vt* to estimate; (*Lage*) to assess; (*Person*) to size up

abschätzig ['apʃɛtsɪç] *adj* disparaging, derogatory

Abschaum ['apʃaʊm] **(-(e)s)** *m* scum

Abscheu ['apʃɔʏ] **(-(e)s)** *m* loathing, repugnance; **a~erregend** *adj* repulsive, loathsome; **a~lich** [ap'ʃɔʏlɪç] *adj* abominable

abschicken ['apʃɪkən] *vt* to send off

abschieben ['apʃi:bən] (*unreg*) *vt* to push away; (*Person*) to pack off; (: *POL*) to deport

Abschied ['apʃi:t] **(-(e)s, -e)** *m* parting; (*von Armee*) discharge; **(von jdm) ~ nehmen** to say goodbye (to sb), to take one's leave (of sb); **seinen ~ nehmen** (*MIL*) to apply for discharge; **~sbrief** *m* farewell letter; **~sfeier** *f* farewell party

abschießen ['apʃi:sən] (*unreg*) *vt* (*Flugzeug*) to shoot down; (*Geschoß*) to fire; (*umg*: *Minister*) to get rid of

abschirmen ['apʃɪrmən] *vt* to screen

abschlagen ['apʃla:gən] (*unreg*) *vt* (*abhacken, COMM*) to knock off; (*ablehnen*) to refuse; (*MIL*) to repel

abschlägig ['apʃlɛ:gɪç] *adj* negative

Abschlagszahlung *f* interim payment

abschleifen ['apʃlaɪfən] (*unreg*) *vt* to grind down; (*Rost*) to polish off ♦ *vr* to wear off

Abschlepp- ['apʃlɛp] *zW*: **~dienst** *m* (*AUT*) breakdown service (*BRIT*), towing company (*US*); **a~en** *vt* to (take in) tow; **~seil** *nt* towrope

abschließen ['apʃli:sən] (*unreg*) *vt* (*Tür*) to lock; (*beenden*) to conclude, to finish; (*Vertrag, Handel*) to conclude ♦ *vr* (*sich isolieren*) to cut o.s. off; **~d** *adj* concluding

Abschluß ['apʃlʊs] *m* (*Beendigung*) close, conclusion; (*COMM*: *Bilanz*) balancing; (*von Vertrag, Handel*) conclusion; **zum ~** in conclusion; **~feier** *f* (*SCH*) end-of-term party; **~prüfung** *f* final exam

abschmieren ['apʃmi:rən] *vt* (*AUT*) to grease, to lubricate

abschneiden ['apʃnaɪdən] (*unreg*) *vt* to cut off ♦ *vi* to do, to come off

Abschnitt ['apʃnɪt] *m* section; (*MIL*) sector; (*Kontroll~*) counterfoil; (*MATH*) segment; (*Zeit~*) period

abschöpfen ['apʃœpfən] *vt* to skim off

abschrauben ['apʃraʊbən] *vt* to unscrew

abschrecken ['apʃrɛkən] *vt* to deter, to put off; (*mit kaltem Wasser*) to plunge in cold water; **~d** *adj* deterrent; **~des Beispiel** warning

abschreiben ['apʃraɪbən] (*unreg*) *vt* to copy; (*verlorengeben*) to write off; (*COMM*) to deduct

Abschrift ['apʃrɪft] *f* copy

Abschuß ['apʃʊs] *m* (*eines Geschützes*) firing; (*Herunterschießen*) shooting down; (*Tötung*) shooting

abschüssig ['apʃʏsɪç] *adj* steep

abschütteln ['apʃʏtəln] *vt* to shake off

abschwächen ['apʃvɛçən] *vt* to lessen; (*Behauptung, Kritik*) to tone down ♦ *vr* to lessen

Abschweifung [apʃvaɪfʊŋ] *f* digression

abschwellen ['apʃvɛlən] (*unreg*) *vi* (*Geschwulst*) to go down; (*Lärm*) to die down

abschwören ['apʃvø:rən] *vi (+dat)* to renounce

absehbar *adj* foreseeable; **in ~er Zeit** in the foreseeable future; **das Ende ist ~** the end is in sight

absehen ['apze:ən] (*unreg*) *vt* (*Ende, Folgen*) to foresee ♦ *vi*: **von etw ~** to refrain from sth; (*nicht berücksichtigen*) to leave sth out of consideration

abseilen ['apzaɪlən] *vr* (*Bergsteiger*) to abseil (down)

abseits ['apzaɪts] *adv* out of the way ♦ *präp +gen* away from; **A~** *nt* (*SPORT*) offside

Absend- ['apzɛnd] *zW*: **a~en** (*unreg*) *vt* to send off, to dispatch; **~er** (-s, -) *m* sender

absetzen ['apzɛtsən] *vt* (*niederstellen, aussteigen lassen*) to put down; (*abnehmen*) to take off; (*COMM*: *verkaufen*) to sell; (*FIN*: *abziehen*) to deduct; (*entlassen*) to dismiss; (*König*) to depose; (*streichen*) to drop; (*hervorheben*) to pick out ♦ *vr* (*sich entfernen*) to clear off; (*sich ablagern*) to be deposited

Absetzung *f* (*FIN*: *Abzug*) deduction; (*Entlassung*) dismissal; (*von König*) deposing; (*Streichung*) dropping

absichern ['apzɪçərn] *vt* to make safe; (*schützen*) to safeguard ♦ *vr* to protect o.s.

Absicht ['apzɪçt] *f* intention; **mit ~** on purpose; **a~lich** *adj* intentional, deliberate

absinken ['apzɪŋkən] (*unreg*) *vi* to sink; (*Temperatur, Geschwindigkeit*) to decrease

absitzen ['apzɪtsən] (*unreg*) *vi* to dismount ♦ *vt* (*Strafe*) to serve

absolut [apzo'lu:t] *adj* absolute; **A~ismus** [-'tɪsmʊs] *m* absolutism

absolvieren [apzɔl'vi:rən] *vt* (*SCH*) to complete

absonder- ['apzɔndər] *zW*: **~lich** *adj* odd, strange; **~n** *vt* to separate; (*ausscheiden*) to give off, to secrete ♦ *vr* to cut o.s. off; **A~ung** *f* separation; (*MED*) secretion

abspalten ['apʃpaltən] *vt* to split off

abspannen [apʃpanən] *vt* (*Pferde*) to unhitch; (*Wagen*) to uncouple

abspeisen ['apʃpaɪzən] *vt* (*fig*) to fob off

abspenstig ['apʃpɛnstɪç] *adj*: **(jdm) ~ machen** to lure away (from sb)

absperren ['apʃpɛrən] *vt* to block *od* close off; (*Tür*) to lock

Absperrung *f* (*Vorgang*) blocking *od* closing off; (*Sperre*) barricade

abspielen ['apʃpi:lən] *vt* (*Platte, Tonband*) to play; (*SPORT*: *Ball*) to pass ♦ *vr* to happen

absplittern ['apʃplɪtərn] *vt* to chip off

Absprache ['apʃpra:xə] *f* arrangement

absprechen ['apʃprɛçən] (*unreg*) *vt* (*vereinbaren*) to arrange; **jdm etw ~** to deny sb sth

abspringen ['apʃprɪŋən] (*unreg*) *vi* to jump down/off; (*Farbe, Lack*) to flake off; (*AVIAT*) to bale out; (*sich distanzieren*) to back out

Absprung ['apʃprʊŋ] *m* jump

abspülen ['apʃpy:lən] *vt* to rinse; (*Geschirr*) to wash up

abstammen ['apʃtamən] *vi* to be descended; (*Wort*) to be derived

Abstammung *f* descent; derivation

Abstand ['apʃtant] *m* distance; (*zeitlich*) interval; **davon ~ nehmen, etw zu tun** to refrain from doing sth; **~ halten** (*AUT*) to keep one's distance; **mit ~ der beste** by far the best

abstatten ['apʃtatən] *vt* (*Dank*) to give; (*Besuch*) to pay

abstauben ['apʃtaʊbən] *vt, vi* to dust; (*umg*: *stehlen*) to pinch; (: *schnorren*) to scrounge

Abstecher ['apʃtɛçər] (-s, -) *m* detour

abstehen ['apʃte:ən] (*unreg*) *vi* (*Ohren, Haare*) to stick out; (*entfernt sein*) to stand away

absteigen ['apʃtaɪgən] (*unreg*) *vi* (*vom Rad etc*) to get off, to dismount;

in einem Gasthof ~ to put up at an inn; **(in die zweite Liga)** ~ to be relegated (to the second division)

abstellen ['apʃtɛlən] *vt* (*niederstellen*) to put down; (*entfernt stellen*) to pull out; (*hinstellen*: *Auto*) to park; (*ausschalten*) to turn *od* switch off; (*Mißstand, Unsitte*) to stop; (*ausrichten*): ~ **auf** +*akk* to gear to

Abstellgleis *nt* siding

Abstellkammer *f* boxroom

Abstellraum *m* storage room

abstempeln ['apʃtɛmpəln] *vt* to stamp

absterben ['apʃtɛrbən] (*unreg*) *vi* to die; (*Körperteil*) to go numb

Abstieg ['apʃti:k] (**-(e)s, -e**) *m* descent; (*SPORT*) relegation; (*fig*) decline

abstimmen ['apʃtɪmən] *vi* to vote ♦ *vt*: ~ **(auf** +*akk*) (*Instrument*) to tune (to); (*Interessen*) to match (with); (*Termine, Ziele*) to fit in (with) ♦ *vr* to agree

Abstimmung *f* vote

Abstinenz [apsti'nɛnts] *f* abstinence; teetotalism; **~ler(in)** (**-s, -**) *m(f)* teetotaller

abstoßen ['apʃto:sən] (*unreg*) *vt* to push off *od* away; (*verkaufen*) to unload; (*anekeln*) to repel, to repulse; **~d** *adj* repulsive

abstrakt [ap'strakt] *adj* abstract ♦ *adv* abstractly, in the abstract

abstreiten ['apʃtraɪtən] (*unreg*) *vt* to deny

Abstrich ['apʃtrɪç] *m* (*Abzug*) cut; (*MED*) smear; **~e machen** to lower one's sights

abstufen ['apʃtu:fən] *vt* (*Hang*) to terrace; (*Farben*) to shade; (*Gehälter*) to grade

abstumpfen ['apʃtʊmpfən] *vt* (*auch fig*) to dull, to blunt ♦ *vi* to become dulled

Absturz ['apʃtʊrts] *m* fall; (*AVIAT*) crash

abstürzen ['apʃtʏrtsən] *vi* to fall; (*AVIAT*) to crash

absuchen ['apzu:xən] *vt* to scour, to search

absurd [ap'zʊrt] *adj* absurd

Abszeß [aps'tsɛs] (**-sses, -sse**) *m* abscess

Abt [apt] (**-(e)s, ¨e**) *m* abbot

Abt. *abk* (= *Abteilung*) dept.

abtasten ['aptastən] *vt* to feel, to probe

abtauen ['aptaʊən] *vt, vi* to thaw

Abtei [ap'taɪ] (**-, -en**) *f* abbey

Abteil [ap'taɪl] (**-(e)s, -e**) *nt* compartment; **'a~en** *vt* to divide up; (*abtrennen*) to divide off; **~ung** *f* (*in Firma, Kaufhaus*) department; (*in Krankenhaus*) section; (*MIL*) unit

abtippen ['aptɪpən] *vt* (*Text*) to type up

abtransportieren ['aptransportɪ:rən] *vt* to take away, to remove

abtreiben ['aptraɪbən] (*unreg*) *vt* (*Boot, Flugzeug*) to drive off course; (*Kind*) to abort ♦ *vi* to be driven off course; to abort

Abtreibung *f* abortion

abtrennen ['aptrɛnən] *vt* (*lostrennen*) to detach; (*entfernen*) to take off; (*abteilen*) to separate off

abtreten ['aptre:tən] (*unreg*) *vt* to wear out; (*überlassen*) to hand over, to cede ♦ *vi* to go off; (*zurücktreten*) to step down

Abtritt ['aptrɪt] *m* resignation

abtrocknen ['aptrɔknən] *vt, vi* to dry

abtun ['aptu:n] (*unreg*) *vt* to take off; (*Gewohnheit*) to give up; (*fig*) to dismiss

abwägen ['apvɛ:gən] (*unreg*) *vt* to weigh up

abwälzen ['apvɛltsən] *vt* (*Schuld, Verantwortung*): ~ **(auf** +*acc*) to shift (onto)

abwandeln ['apvandəln] *vt* to adapt

abwandern ['apvandərn] *vi* to move away; (*FIN*) to be transferred

abwarten ['apvartən] *vt* to wait for ♦ *vi* to wait

abwärts ['apvɛrts] *adv* down

Abwasch ['apvaʃ] (**-(e)s**) *m* washing-up; **a~en** (*unreg*) *vt*

(*Schmutz*) to wash off; (*Geschirr*) to wash (up)

Abwasser ['apvasər] (**-s, -wässer**) *nt* sewage

abwechseln ['apvɛksəln] *vi, vr* to alternate; (*Personen*) to take turns; **~d** *adj* alternate

Abwechslung *f* change

abwegig ['apve:gɪç] *adj* wrong

Abwehr ['apve:r] (-) *f* defence; (*Schutz*) protection; (*~dienst*) counter-intelligence (service); **a~en** *vt* to ward off; (*Ball*) to stop

abweichen ['apvaɪçən] (*unreg*) *vi* to deviate; (*Meinung*) to differ

abweisen ['apvaɪzən] (*unreg*) *vt* to turn away; (*Antrag*) to turn down; **~d** *adj* (*Haltung*) cold

abwenden ['apvɛndən] (*unreg*) *vt* to avert ♦ *vr* to turn away

abwerfen ['apvɛrfən] (*unreg*) *vt* to throw off; (*Profit*) to yield; (*aus Flugzeug*) to drop; (*Spielkarte*) to discard

abwerten ['apve:rtən] *vt* (*FIN*) to devalue

abwertend *adj* (*Worte, Sinn*) pejorative

abwesend ['apve:zənt] *adj* absent

Abwesenheit ['apve:zənhaɪt] *f* absence

abwickeln ['apvɪkəln] *vt* to unwind; (*Geschäft*) to wind up

abwimmeln ['apvɪməln] (*umg*) *vt* (*Menschen*) to get shot of

abwischen ['apvɪʃən] *vt* to wipe off *od* away; (*putzen*) to wipe

Abwurf ['apvʊrf] *m* throwing off; (*von Bomben etc*) dropping; (*von Reiter, SPORT*) throw

abwürgen ['apvʏrgən] (*umg*) *vt* to scotch; (*Motor*) to stall

abzahlen ['aptsa:lən] *vt* to pay off

abzählen ['aptsɛ:lən] *vt, vi* to count (up)

Abzahlung *f* repayment; **auf ~ kaufen** to buy on hire purchase

abzapfen ['aptsapfən] *vt* to draw off; **jdm Blut ~** to take blood from sb

abzäunen ['aptsɔʏnən] *vt* to fence off

Abzeichen ['aptsaɪçən] *nt* badge; (*Orden*) decoration

abzeichnen ['aptsaɪçnən] *vt* to draw, to copy; (*Dokument*) to initial ♦ *vr* to stand out; (*fig: bevorstehen*) to loom

Abziehbild *nt* transfer

abziehen ['aptsi:ən] (*unreg*) *vt* to take off; (*Tier*) to skin; (*Bett*) to strip; (*Truppen*) to withdraw; (*subtrahieren*) to take away, to subtract; (*kopieren*) to run off ♦ *vi* to go away; (*Truppen*) to withdraw

abzielen ['aptsi:lən] *vi*: **~ auf** +*akk* to be aimed at

Abzug ['aptsʊ:k] *m* departure; (*von Truppen*) withdrawal; (*Kopie*) copy; (*Subtraktion*) subtraction; (*Betrag*) deduction; (*Rauch~*) flue; (*von Waffen*) trigger

abzüglich ['aptsy:klɪç] *präp* +*gen* less

abzweigen ['aptsvaɪgən] *vi* to branch off ♦ *vt* to set aside

Abzweigung *f* junction

ach [ax] *excl* oh; **~ ja!** (oh) yes; **~ so!** I see; **mit Ach und Krach** by the skin of one's teeth

Achse ['aksə] *f* axis; (*AUT*) axle

Achsel ['aksəl] (**-, -n**) *f* shoulder; **~höhle** *f* armpit

acht [axt] *num* eight; **~ Tage** a week; **sich in ~ nehmen (vor** +*dat*) to be careful (of), to watch out (for); **etw außer ~ lassen** to disregard sth; **A~ (-, -en)** *f* eight; (*beim Eislaufen etc*) figure (of) eight; **~bar** *adj* worthy; **~e(r, s)** *adj* eighth; **~el** *num* eighth; **~en** *vt* to respect ♦ *vi*: **~en (auf** +*akk*) to pay attention (to); **~en, daß ...** to be careful that ...

ächten ['ɛçtən] *vt* to outlaw, to ban

Achterbahn ['axtər-] *f* roller coaster

Achterdeck *nt* (*NAUT*) afterdeck

acht- *zW*: **~fach** *adj* eightfold; **~geben** (*unreg*) *vi*: **~geben (auf** +*akk*) to pay attention (to); **~hundert** *num* eight hundred; **~los** *adj* careless; **~mal** *adv* eight times; **~sam** *adj* attentive

Achtung ['axtʊŋ] *f* attention; (*Ehrfurcht*) respect ♦ *excl* look out!; (*MIL*) attention!; **alle ~!** good for you/him *etc*

achtzehn *num* eighteen

achtzig *num* eighty

ächzen ['ɛçtsən] *vi* to groan

Acker ['akər] (**-s, ¨**) *m* field; **~bau** *m* agriculture; **a~n** *vt, vi* to plough; (*umg*) to slog away

ADAC [a:de:'a'tse:] *abk* (= *Allgemeiner Deutscher Automobil-Club*) ≈ AA, RAC

addieren [a'di:rən] *vt* to add (up)

Addition [aditsi'o:n] *f* addition

ade [a'de:] *excl* bye!

Adel ['a:dəl] (**-s**) *m* nobility; **a~ig** *adj* noble

adeln *vt* to raise to the peerage

Ader ['a:dər] (**-, -n**) *f* vein

Adjektiv ['atjɛkti:f] (**-s, -e**) *nt* adjective

Adler ['a:dlər] (**-s, -**) *m* eagle

adlig *adj* noble

Admiral [atmi'ra:l] (**-s, -e**) *m* admiral

Adopt- *zW*: **a~ieren** [adɔp'ti:rən] *vt* to adopt; **~ion** [adɔptsi'o:n] *f* adoption; **~iveltern** [adɔp'ti:f-] *pl* adoptive parents; **~ivkind** *nt* adopted child

Adress- [a'drɛs] *zW*: **~buch** *nt* directory; (*privat*) address book; **~e** [a'drɛsə] *f* address; **a~ieren** [adrɛ'si:rən] *vt* (**an** +*akk*) to address (to)

Adria ['a:dria] (-) *f* Adriatic

Advent [at'vɛnt] (**-(e)s, -e**) *m* Advent; **~skalender** *m* Advent calendar; **~skranz** *m* Advent wreath

Adverb [at'vɛrp] *nt* adverb

aero- [aero] *präfix* aero-

Aerobic [ae'rɔbɪk] *nt* aerobics *sg*

Affäre [a'fɛ:rə] *f* affair

Affe ['afə] (**-n, -n**) *m* monkey

affektiert [afɛk'ti:rt] *adj* affected

Affen- *zW*: **a~artig** *adj* like a monkey; **mit a~artiger Geschwindigkeit** like a flash; **~hitze** (*umg*) *f* incredible heat; **~schande** (*umg*) *f* crying shame

affig ['afɪç] *adj* affected

Afrika ['a:frika] (**-s**) *nt* Africa; **~ner(in)** [-'ka:nər(ɪn)] (**-s, -**) *m(f)* African; **a~nisch** *adj* African

After ['aftər] (**-s, -**) *m* anus

AG [a:'ge:] *abk* (= *Aktiengesellschaft*) ≈ Ltd. (*BRIT*); ≈ Inc. (*US*)

Agent [a'gɛnt] *m* agent; **~ur** *f* agency

Aggregat [agre'ga:t] (**-(e)s, -e**) *nt* aggregate; (*TECH*) unit

Aggress- *zW*: **~ion** [agrɛsi'o:n] *f* aggression; **a~iv** [agrɛ'si:f] *adj* aggressive; **~ivität** [agrɛsivi'tɛ:t] *f* aggressiveness

Agrarpolitik [a'gra:r-] *f* agricultural policy

Ägypt- [ɛ'gʏpt] *zW*: **~en** (**-s**) *nt* Egypt; **~er(in)** (**-s, -**) *m(f)* Egyptian; **ä~isch** *adj* Egyptian

ah [a:] *excl* ah

aha [a'ha:] *excl* aha

ähneln ['ɛ:nəln] *vi* +*dat* to be like, to resemble ♦ *vr* to be alike *od* similar

ahnen ['a:nən] *vt* to suspect; (*Tod, Gefahr*) to have a presentiment of

ähnlich ['ɛ:nlɪç] *adj* (+*dat*) similar (to); **Ä~keit** *f* similarity

Ahnung ['a:nʊŋ] *f* idea, suspicion; presentiment; **a~slos** *adj* unsuspecting

Ahorn ['a:hɔrn] (**-s, -e**) *m* maple

Ähre ['ɛ:rə] *f* ear

Aids [e:dz] *nt* AIDS *sg*

Akademie [akade'mi:] *f* academy

Akademiker(in) [aka'de:mikər(ɪn)] (**-s, -**) *m(f)* university graduate

akademisch *adj* academic

akklimatisieren [aklimati'zi:rən] *vr* to become acclimatized

Akkord [a'kɔrt] (**-(e)s, -e**) *m* (*MUS*) chord; **im ~ arbeiten** to do piecework

Akkordeon [a'kɔrdeɔn] (**-s, -s**) *nt*

accordion

Akkusativ ['akuzati:f] **(-s, -e)** *m* accusative

Akne ['aknə] *f* acne

Akrobat(in) [akro'ba:t(ɪn)] **(-en, -en)** *m(f)* acrobat

Akt [akt] **(-(e)s, -e)** *m* act; (*KUNST*) nude

Akte ['aktə] *f* file; **~nkoffer** *m* attaché case; **a~nkundig** *adj* on the files; **~nschrank** *m* filing cabinet; **~ntasche** *f* briefcase

Aktie ['aktsiə] *f* share

Aktien- *zW*: **~gesellschaft** *f* joint-stock company; **~index (-(es), -e** *od* **-indices)** *m* share index; **~kurs** *m* share price

Aktion [aktsi'o:n] *f* campaign; (*Polizei~, Such~*) action

Aktionär [aktsio'nɛ:r] **(-s, -e)** *m* shareholder

aktiv [ak'ti:f] *adj* active; (*MIL*) regular; **~ieren** [-'vi:rən] *vt* to activate; **A~ität** *f* activity

Aktualität [aktuali'tɛ:t] *f* topicality; (*einer Mode*) up-to-dateness

aktuell [aktu'el] *adj* topical; up-to-date

Akupunktur [akupuŋk'tu:r] *f* acupuncture

Akustik [a'kustɪk] *f* acoustics *pl*

akut [a'ku:t] *adj* acute

Akzent [ak'tsɛnt] *m* accent; (*Betonung*) stress

akzeptieren [aktsep'ti:rən] *vt* to accept

Alarm [a'larm] **(-(e)s, -e)** *m* alarm; **~anlage** *f* alarm system; **a~bereit** *adj* standing by; **~bereitschaft** *f* stand-by; **a~ieren** [-'mi:rən] *vt* to alarm

Alban- [al'ba:n] *zW*: **~er(in)** [al'ba:nər(m)] **(-s, -)** *m(f)* (*GEOG*) Albanian; **~ien** (-s) *nt* Albania, **a~isch** *adj* Albanian

albern ['albərn] *adj* silly

Album ['album] **(-s, Alben)** *nt* album

Alge ['algə] *f* algae

Algebra ['algebra] (-) *f* algebra

Alger- [al'ge:r] *zW*: **~ien** (-s) *nt* Algeria; **~ier(in)** (-s, -) *m(f)* Algerian; **a~isch** *adj* Algerian

alias ['a:lias] *adv* alias

Alibi ['a:libi] **(-s, -s)** *nt* alibi

Alimente [ali'mɛntə] *pl* alimony *sg*

Alkohol ['alkoho:l] **(-s, -e)** *m* alcohol; **a~frei** *adj* non-alcoholic; **~iker(in)** [alko'ho:likər(ɪn)] **(-s, -)** *m(f)* alcoholic; **a~isch** *adj* alcoholic; **~verbot** *nt* ban on alcohol

All [al] **(-s)** *nt* universe; **a~'abendlich** *adj* every evening; **'a~bekannt** *adj* universally known

SCHLÜSSELWORT

alle(r, s) ['alə(r, s)] *adj* **1** (*sämtliche*) all; **wir alle** all of us; **alle Kinder waren da** all the children were there; **alle Kinder mögen ...** all children like ...; **alle beide** both of us/them; **sie kamen alle** they all came; **alles Gute** all the best; **alles in allem** all in all

2 (*mit Zeit- oder Maßangaben*) every; **alle vier Jahre** every four years; **alle fünf Meter** every five metres

♦ *pron* everything; **alles was er sagt** everything he says, all that he says

♦ *adv* (*zu Ende, aufgebraucht*) finished; **die Milch ist alle** the milk's all gone, there's no milk left; **etw alle machen** to finish sth up

Allee [a'le:] *f* avenue

allein [a'laɪn] *adv* alone; (*ohne Hilfe*) on one's own, by oneself ♦ *konj* but, only; **nicht ~** (*nicht nur*) not only; **A~erziehende(r)** *mf* single parent; **A~gang** *m*: **im A~gang** on one's own; **~stehend** *adj* single

allemal ['alə'ma:l] *adv* (*jedesmal*) always; (*ohne weiteres*) with no bother; **ein für ~** once and for all

allenfalls ['alənfals] *adv* at all events; (*höchstens*) at most

aller- ['alər] *zW*: **~beste(r, s)** *adj* very best; **~dings** *adv* (*zwar*) admittedly; (*gewiß*) certainly

Allergie [aler'gi:] *f* allergy; **allergisch** *adj* allergic

aller- *zW*: **~hand** (*umg*) *adj inv* all sorts of; **das ist doch ~hand!** that's a bit much; **~hand!** (*lobend*) good show!; **A~'heiligen** *nt* All Saints' Day; **~höchstens** *adv* at the very most; **~lei** *adj inv* all sorts of; **~letzte(r, s)** *adj* very last; **~seits** *adv* on all sides; **prost ~seits!** cheers everyone!

Allerwelts- *in zW* (*Durchschnitts-*) common; (*nichtssagend*) commonplace

alles *pron* everything; **~ in allem** all in all; **~ Gute!** all the best!

Alleskleber(-s, -) *m* multi-purpose glue

allgemein ['algə'maɪn] *adj* general; **im ~en** in general; **~gültig** *adj* generally accepted

Allgemeinwissen *nt* general knowledge

Alliierte(r) [ali'i:rtə(r)] *m* ally

all- *zW*: **~jährlich** *adj* annual; **~mählich** *adj* gradual; **A~tag** *m* everyday life; **~täglich** *adj, adv* daily; (*gewöhnlich*) commonplace; **~tags** *adv* on weekdays; **~'wissend** *adj* omniscient; **~zu** *adv* all too; **~zuoft** *adv* all too often; **~zuviel** *adv* too much

Allzweck- ['altsvɛk-] *in zW* multi-purpose

Alm [alm] **(-, -en)** *f* alpine pasture

Almosen ['almo:zən] **(-s, -)** *nt* alms *pl*

Alpen ['alpən] *pl* Alps

Alphabet [alfa'be:t] **(-(e)s, -e)** *nt* alphabet; **a~isch** *adj* alphabetical

Alptraum ['alptraʊm] *m* nightmare

SCHLÜSSELWORT

als [als] *konj* **1** (*zeitlich*) when; (*gleichzeitig*) as; **damals, als ...** (in the days) when ...; **gerade, als ...** just as ...
2 (*in der Eigenschaft*) than; **als Antwort** as an answer; **als Kind** as a child
3 (*bei Vergleichen*) than; **ich kam später als er** I came later than he (did) *od* later than him; **lieber ... als ...** rather ... than ...; **nichts als Ärger** nothing but trouble
4: **als ob/wenn** as if

also ['alzo:] *konj* so; (*folglich*) therefore; **~ gut** *od* **schön!** okay then; **~, so was!** well really!; **na ~!** there you are then!

Alt [alt] **(-s, -e)** *m* (*MUS*) alto

alt *adj* old; **alles beim ~en lassen** to leave everything as it was

Altar [al'ta:r] **(-(e)s, -äre)** *m* altar

Altbau *m* old building

altbekannt *adj* long-known

Alt'eisen *nt* scrap iron

Alten(wohn)heim *nt* old people's home

Alter ['altər] **(-s, -)** *nt* age; (*hohes*) old age; **im ~ von** at the age of; **a~n** *vi* to grow old, to age

Alternativ- [altɛrna'ti:f] *in zW* alternative; **~e** *f* alternative

Alters- *zW*: **~grenze** *f* age limit; **~heim** *nt* old people's home; **~rente** *f* old age pension; **a~schwach** *adj* (*Mensch*) frail; **~versorgung** *f* old age pension

Altertum *nt* antiquity

alt- *zW*: **A~glas** *nt* glass for recycling; **A~glascontainer** *m* bottle bank; **~klug** *adj* precocious; **~modisch** *adj* old-fashioned; **A~papier** *nt* waste paper; **A~stadt** *f* old town

Alufolie ['a:lufo:liə] *f* aluminium foil

Aluminium [alu'mi:niʊm] **(-s)** *nt* aluminium, aluminum (*US*); **~folie** *f* tinfoil

Alzheimer-Krankheit ['æltshaɪmə*-] *f* Alzheimer's (disease)

am [am] = **an dem**; **~ Schlafen** (*umg*) sleeping; **~ 15. März** on March 15th; **~ besten/schönsten** best/most beautiful

Amateur [ama'tø:r] *m* amateur

Amboß ['ambɔs] **(-sses, -sse)** *m* anvil

ambulant [ambu'lant] *adj* outpatient

Ambulanz [ambu'lants] *f* outpatients *sg*
Ameise ['a:maɪzə] *f* ant
Ameisenhaufen *m* ant hill
Amerika [a'me:rika] (**-s**) *nt* America; **~ner(in)** [-'ka:nər(ɪn)] (**-s, -**) *m(f)* American; **a~nisch** [-'ka:nɪʃ] *adj* American
Amnestie [amnɛs'ti:] *f* amnesty
Ampel ['ampəl] (**-, -n**) *f* traffic lights *pl*
amputieren [ampu'ti:rən] *vt* to amputate
Amsel ['amzəl] (**-, -n**) *f* blackbird
Amt [amt] (**-(e)s, =er**) *nt* office; (*Pflicht*) duty; (*TEL*) exchange; **a~ieren** [am'ti:rən] *vi* to hold office; **a~lich** *adj* official
Amts- *zW*: **~richter** *m* district judge; **~stunden** *pl* office hours; **~zeit** *f* period of office
amüsant [amy'zant] *adj* amusing
amüsieren [amy'zi:rən] *vt* to amuse ♦ *vr* to enjoy o.s.

SCHLÜSSELWORT

an [an] *präp +dat* **1** (*räumlich*: *wo?*) at; (*auf, bei*) on; (*nahe bei*) near; **an diesem Ort** at this place; **an der Wand** on the wall; **zu nahe an etw** too near to sth; **unten am Fluß** down by the river; **Köln liegt am Rhein** Cologne is on the Rhine
2 (*zeitlich*: *wann?*) on; **an diesem Tag** on this day; **an Ostern** at Easter
3: **arm an Fett** low in fat; **an etw sterben** to die of sth; **an (und für) sich** actually
♦ *präp +akk* **1** (*räumlich*: *wohin?*) to, **er ging ans Fenster** he went (over) to the window; **etw an die Wand hängen/schreiben** to hang/write sth on the wall
2 (*zeitlich*: *woran?*): **an etw denken** to think of sth
3 (*gerichtet an*) to; **ein Gruß/eine Frage an dich** greetings/a question to you
♦ *adv* **1** (*ungefähr*) about; **an die hundert** about a hundred
2 (*auf Fahrplänen*): **Frankfurt an 18.30** arriving Frankfurt 18.30
3 (*ab*): **von dort/heute an** from there/today onwards
4 (*angeschaltet, angezogen*) on; **das Licht ist an** the light is on; **ohne etwas an** with nothing on; *siehe auch* **am**

analog [ana'lo:k] *adj* analogous; **A~ie** [-'gi:] *f* analogy
Analyse [ana'ly:zə] *f* analysis
analysieren [analy'zi:rən] *vt* to analyse
Ananas ['ananas] (**-, - od -se**) *f* pineapple
Anarchie [anar'çi:] *f* anarchy
Anatomie [anato'mi:] *f* anatomy
anbahnen ['anba:nən] *vt, vr* to open up
Anbau ['anbau] *m* (*AGR*) cultivation; (*Gebäude*) extension; **a~en** *vt* (*AGR*) to cultivate; (*Gebäudeteil*) to build on
anbehalten ['anbəhaltən] (*unreg*) *vt* to keep on
anbei [an'baɪ] *adv* enclosed
anbeißen ['anbaɪsən] (*unreg*) *vt* to bite into ♦ *vi* to bite; (*fig*) to swallow the bait; **zum A~** (*umg*) good enough to eat
anbelangen ['anbəlaŋən] *vt* to concern; **was mich anbelangt** as far as I am concerned
anbeten ['anbe:tən] *vt* to worship
Anbetracht ['anbətraxt] *m*: **in ~** *+gen* in view of
anbiedern ['anbi:dərn] *vr*: **sich ~ (bei)** to make up (to)
anbieten ['anbi:tən] (*unreg*) *vt* to offer ♦ *vr* to volunteer
anbinden ['anbɪndən] (*unreg*) *vt* to tie up; **kurz angebunden** (*fig*) curt
Anblick ['anblɪk] *m* sight; **a~en** *vt* to look at
anbrechen ['anbrɛçən] (*unreg*) *vt* to start; (*Vorräte*) to break into ♦ *vi* to start; (*Tag*) to break; (*Nacht*) to fall
anbrennen ['anbrɛnən] (*unreg*) *vi* to

catch fire; (*KOCH*) to burn

anbringen ['anbrɪŋən] (*unreg*) *vt* to bring; (*Ware*) to sell; (*festmachen*) to fasten

Anbruch ['anbrʊx] *m* beginning; **~ des Tages/der Nacht** dawn/nightfall

anbrüllen ['anbrʏlən] *vt* to roar at

Andacht ['andaxt] (**-, -en**) *f* devotion; (*Gottesdienst*) prayers *pl*

andächtig ['andɛçtɪç] *adj* devout

andauern ['andaʊərn] *vi* to last, to go on; **~d** *adj* continual

Anden ['andən] *pl* Andes

Andenken ['andɛŋkən] (**-s, -**) *nt* memory; souvenir

andere(r, s) ['andərə(r, s)] *adj* other; (*verschieden*) different; **ein ~s Mal** another time; **kein ~r** nobody else; **von etw ~m sprechen** to talk about something else; **~rseits** *adv* on the other hand

andermal *adv*: **ein ~** some other time

ändern ['ɛndərn] *vt* to alter, to change ♦ *vr* to change

andernfalls ['andərnfals] *adv* otherwise

anders ['andərs] *adv*: **~ (als)** differently (from); **wer ~?** who else?; **jd/irgendwo ~** sb/somewhere else; **~ aussehen/klingen** to look/sound different; **~artig** *adj* different; **~herum** *adv* the other way round; **~wo** *adv* somewhere else; **~woher** *adv* from somewhere else

anderthalb ['andərt'halp] *adj* one and a half

Änderung ['ɛndərʊŋ] *f* alteration, change

anderweitig ['andər'vaɪtɪç] *adj* other ♦ *adv* otherwise; (*anderswo*) elsewhere

andeuten ['andɔʏtən] *vt* to indicate; (*Wink geben*) to hint at

Andeutung *f* indication; hint

Andrang ['andraŋ] *m* crush

andrehen ['andreːən] *vt* to turn *od* switch on; **jdm etw ~** (*umg*) to unload sth onto sb

androhen ['androːən] *vt*: **jdm etw ~** to threaten sb with sth

aneignen ['anˈaɪgnən] *vt*: **sich** *dat* **etw ~** to acquire sth; (*widerrechtlich*) to appropriate sth

aneinander [anˈaɪˈnandər] *adv* at/on/to *etc* one another *od* each other; **~geraten** (*unreg*) *vi* to clash

Anekdote [anekˈdoːtə] *f* anecdote

anekeln ['anˈeːkəln] *vt* to disgust

Anemone [aneˈmoːnə] *f* anemone

anerkannt ['anˈɛrkant] *adj* recognized, acknowledged

anerkennen ['anˈɛrkɛnən] (*unreg*) *vt* to recognize, to acknowledge; (*würdigen*) to appreciate; **~d** *adj* appreciative

Anerkennung *f* recognition, acknowledgement; appreciation

anfachen ['anfaxən] *vt* to fan into flame; (*fig*) to kindle

anfahren ['anfaːrən] (*unreg*) *vt* to deliver; (*fahren gegen*) to hit; (*Hafen*) to put into; (*fig*) to bawl out ♦ *vi* to drive up; (*losfahren*) to drive off

Anfahrt ['anfaːrt] *f* (*Anfahrtsweg, Anfahrtszeit*) departure

Anfall ['anfal] *m* (*MED*) attack; **a~en** (*unreg*) *vt* to attack; (*fig*) to overcome ♦ *vi* (*Arbeit*) to come up; (*Produkt*) to be obtained

anfällig ['anfɛlɪç] *adj* delicate; **~ für etw** prone to sth

Anfang ['anfaŋ] (**-(e)s, -fänge**) *m* beginning, start; **von ~ an** right from the beginning; **zu ~** at the beginning; **~ Mai** at the beginning of May; **a~en** (*unreg*) *vt, vi* to begin, to start; (*machen*) to do

Anfänger(in) ['anfɛŋər(ɪn)] (**-s, -**) *m(f)* beginner

anfänglich ['anfɛŋlɪç] *adj* initial

anfangs *adv* at first; **A~buchstabe** *m* initial *od* first letter

anfassen ['anfasən] *vt* to handle; (*berühren*) to touch ♦ *vi* to lend a hand ♦ *vr* to feel

anfechten ['anfɛçtən] (*unreg*) *vt* to dispute; (*beunruhigen*) to trouble

anfertigen ['anfɛrtɪgən] *vt* to make

anfeuern ['anfɔʏərn] *vt* (*fig*) to spur on
anflehen ['anfle:ən] *vt* to implore
anfliegen ['anfli:gən] (*unreg*) *vt* to fly to
Anflug ['anflu:k] *m* (*AVIAT*) approach; (*Spur*) trace
anfordern ['anfɔrdərn] *vt* to demand; (*COMM*) to requisition
Anforderung *f (+gen)* demand (for)
Anfrage ['anfra:gə] *f* inquiry; **a~n** *vi* to inquire
anfreunden ['anfrɔʏndən] *vr* to make friends
anfügen ['anfy:gən] *vt* to add; (*beifügen*) to enclose
anfühlen ['anfy:lən] *vt, vr* to feel
anführen ['anfy:rən] *vt* to lead; (*zitieren*) to quote; (*umg*: *betrügen*) to lead up the garden path
Anführer *m* leader
Anführung *f* leadership; (*Zitat*) quotation; **~zeichen** *pl* quotation marks, inverted commas
Angabe ['anga:bə] *f* statement; (*TECH*) specification; (*umg*: *Prahlerei*) boasting; (*SPORT*) service
angeben ['ange:bən] (*unreg*) *vt* to give; (*anzeigen*) to inform on; (*bestimmen*) to set ♦ *vi* (*umg*) to boast; (*SPORT*) to serve
Angeber (-s, -; *umg*) *m* show-off; **Angebe'rei** (*umg*) *f* showing off
angeblich ['ange:plɪç] *adj* alleged
angeboren ['angəbo:rən] *adj* inborn, innate
Angebot ['angəbo:t] *nt* offer; **~ (an** *+dat*) (*COMM*) supply (of)
angebracht ['angəbraxt] *adj* appropriate, in order
angegriffen ['angəgrɪfən] *adj* exhausted
angeheitert ['angəhaɪtərt] *adj* tipsy
angehen ['ange:ən] (*unreg*) *vt* to concern; (*angreifen*) to attack; (*bitten*): **jdn ~ (um)** to approach sb (for) ♦ *vi* (*Feuer*) to light; (*umg*: *beginnen*) to begin; **~d** *adj* prospective
Angehörige(r) *mf* relative
Angeklagte(r) ['angəkla:ktə(r)] *mf* accused
Angel ['aŋəl] (-, **-n**) *f* fishing rod; (*Tür~*) hinge
Angelegenheit ['angəle:gənhaɪt] *f* affair, matter
Angel- *zW*: **~haken** *m* fish hook; **a~n** *vt* to catch ♦ *vi* to fish; **~n** (-s) *nt* angling, fishing; **~rute** *f* fishing rod
angemessen ['angəmɛsən] *adj* appropriate, suitable
angenehm ['angəne:m] *adj* pleasant; **~!** (*bei Vorstellung*) pleased to meet you
angeregt ['angəre:kt] *adj* animated, lively
angesehen ['angəze:ən] *adj* respected
angesichts ['angəzɪçts] *präp +gen* in view of, considering
angespannt ['angəʃpant] *adj* (*Aufmerksamkeit*) close; (*Arbeit*) hard
Angestellte(r) ['angəʃtɛltə(r)] *mf* employee
angetan ['angəta:n] *adj*: **von jdm/etw ~ sein** to be impressed by sb/sth; **es jdm ~ haben** to appeal to sb
angetrunken ['angətrʊŋkən] *adj* tipsy
angewiesen ['angəvi:zən] *adj*: **auf jdn/etw ~ sein** to be dependent on sb/sth
angewöhnen ['angəvø:nən] *vt*: **jdm/sich etw ~** to get sb/become accustomed to sth
Angewohnheit ['angəvo:nhaɪt] *f* habit
angleichen ['anglaɪçən] (*unreg*) *vt, vr* to adjust
Angler ['aŋlər] (-s, -) *m* angler
angreifen ['angraɪfən] (*unreg*) *vt* to attack; (*anfassen*) to touch; (*Arbeit*) to tackle; (*beschädigen*) to damage
Angreifer (-s, -) *m* attacker
Angriff ['angrɪf] *m* attack; **etw in ~ nehmen** to make a start on sth
Angst [aŋst] (-, ¨e) *f* fear: **jdm ist a~** sb is afraid *od* scared; **~ haben (vor** *+dat*) to be afraid *od* scared

(of); ~ **haben um jdn/etw** to be worried about sb/sth; **jdm a~ machen** to scare sb; **~hase** (*umg*) *m* chicken, scaredy-cat

ängst- ['ɛŋst] *zW*: **~igen** *vt* to frighten ♦ *vr*: **sich ~igen (vor** +*dat od* **um)** to worry (o.s.) (about); **~lich** *adj* nervous; (*besorgt*) worried; **Ä~lichkeit** *f* nervousness

anhaben ['anha:bən] (*unreg*) *vt* to have on; **er kann mir nichts** ~ he can't hurt me

anhalt- ['anhalt] *zW*: **~en** (*unreg*) *vt* to stop ♦ *vi* to stop; (*andauern*) to persist; **(jdm) etw ~en** to hold sth up (against sb); **jdn zur Arbeit/ Höflichkeit ~en** to make sb work/ be polite; **~end** *adj* persistent; **A~er** (-s, -) *m* hitch-hiker; **per A~er fahren** to hitch-hike; **A~spunkt** *m* clue

anhand [an'hant] *präp* +*gen* with

Anhang ['anhaŋ] *m* appendix; (*Leute*) family; supporters *pl*

anhäng- ['anhɛŋ] *zW*: **~en** (*unreg*) *vt* to hang up; (*Wagen*) to couple up; (*Zusatz*) to add (on); **A~er** (-s, -) *m* supporter; (*AUT*) trailer; (*am Koffer*) tag; (*Schmuck*) pendant; **A~erschaft** *f* supporters *pl*; **~lich** *adj* devoted; **A~lichkeit** *f* devotion; **A~sel** (-s, -) *nt* appendage

Anhäufung ['anhɔʏfʊŋ] *f* accumulation

anheben ['anhe:bən] (*unreg*) *vt* to lift up; (*Preise*) to raise

anheizen ['anhaɪtsən] *vt* (*Stimmung*) to lift; (*Morale*) to boost

Anhieb ['anhi:b] *m*: **auf** ~ at the very first go; (*kurz entschlossen*) on the spur of the moment

Anhöhe ['anhø:ə] *f* hill

anhören ['anhø:rən] *vt* to listen to; (*anmerken*) to hear ♦ *vr* to sound

animieren [ani'mi:rən] *vt* to encourage, to urge on

Anis [a'ni:s] (**-es, -e**) *m* aniseed

Ank. *abk* (= *Ankunft*) arr.

Ankauf ['ankaʊf] *m* (*von Wertpapieren, Devisen, Waren*) purchase

ankaufen ['ankaʊfən] *vt* to purchase, to buy

Anker ['aŋkər] (**-s, -**) *m* anchor; **vor ~ gehen** to drop anchor; **a~n** *vt, vi* to anchor

Anklage ['ankla:gə] *f* accusation; (*JUR*) charge; **~bank** *f* dock; **a~n** *vt* to accuse; **jdn (eines Verbrechens) a~n** (*JUR*) to charge sb (with a crime)

Ankläger ['anklɛ:gər] *m* accuser

Anklang ['anklaŋ] *m*: **bei jdm ~ finden** to meet with sb's approval

Ankleidekabine *f* changing cubicle

ankleiden ['anklaɪdən] *vt, vr* to dress

anklopfen ['anklɔpfən] *vi* to knock

anknüpfen ['anknʏpfən] *vt* to fasten *od* tie on; (*fig*) to start ♦ *vi* (*anschließen*): ~ **an** +*akk* to refer to

ankommen ['ankɔmən] (*unreg*) *vi* to arrive; (*näherkommen*) to approach; (*Anklang finden*): **bei jdm (gut)** ~ to go down well with sb; **es kommt darauf an** it depends; (*wichtig sein*) that (is what) matters; **es darauf ~ lassen** to let things take their course; **gegen jdn/etw** ~ to cope with sb/sth; **bei jdm schlecht** ~ to go down badly with sb

ankreuzen ['ankrɔʏtsən] *vt* to mark with a cross; (*hervorheben*) to highlight

ankündigen ['ankʏndɪgən] *vt* to announce

Ankündigung *f* announcement

Ankunft ['ankʊnft] (**-, -künfte**) *f* arrival; **~zeit** *f* time of arrival

ankurbeln ['ankʊrbəln] *vt* (*AUT*) to crank; (*fig*) to boost

Anlage ['anla:gə] *f* disposition; (*Begabung*) talent; (*Park*) gardens *pl*; (*Beilage*) enclosure; (*TECH*) plant; (*FIN*) investment; (*Entwurf*) layout

Anlaß ['anlas] (**-sses, -lässe**) *m*: ~ **(zu)** cause (for); (*Ereignis*) occasion; **aus** ~ +*gen* on the occasion of; ~ **zu etw geben** to give rise to sth; **etw zum ~ nehmen** to take the opportunity of sth

anlassen (*unreg*) *vt* to leave on; (*Motor*) to start ♦ *vr* (*umg*) to start off

Anlasser (-s, -) *m* (*AUT*) starter

anläßlich ['anlɛslɪç] *präp +gen* on the occasion of

Anlauf ['anlaʊf] *m* run-up; **a~en** (*unreg*) *vi* to begin; (*neuer Film*) to show; (*SPORT*) to run up; (*Fenster*) to mist up; (*Metall*) to tarnish ♦ *vt* to call at; **rot a~en** to blush; **angelaufen kommen** to come running up

anlegen ['anle:gən] *vt* to put; (*anziehen*) to put on; (*gestalten*) to lay out; (*Geld*) to invest ♦ *vi* to dock; **etw an etw** *akk* ~ to put sth against *od* on sth; **ein Gewehr ~ (auf** *+akk*) to aim a weapon (at); **es auf etw** *akk* ~ to be out for sth/to do sth; **sich mit jdm ~** (*umg*) to quarrel with sb

Anlegestelle *f* landing place

anlehnen ['anle:nən] *vt* to lean; (*Tür*) to leave ajar; **(sich) an etw** *akk* ~ to lean on/against sth

Anleihe ['anlaɪə] *f* (*FINANZ*) loan

anleiten ['anlaɪtən] *vt* to instruct

Anleitung *f* instructions *pl*

anlernen ['anlɛrnən] *vt* to teach, to instruct

anliegen ['anli:gən] (*unreg*) *vi* (*Kleidung*) to cling; **A~** (-s, -) *nt* matter; (*Wunsch*) wish; **~d** *adj* adjacent; (*beigefügt*) enclosed

Anlieger (-s, -) *m* resident; **„~ frei"** "residents only"

anmachen ['anmaxən] *vt* to attach; (*Elektrisches*) to put on; (*Zigarette*) to light; (*Salat*) to dress

anmaßen ['anma:sən] *vt*: **sich** *dat* **etw ~** (*Recht*) to lay claim to sth; **~d** *adj* arrogant

Anmaßung *f* presumption

anmelden ['anmɛldən] *vt* to announce ♦ *vr* (*sich ankündigen*) to make an appointment; (*polizeilich, für Kurs etc*) to register

Anmeldung *f* announcement; appointment; registration

anmerken ['anmɛrkən] *vt* to observe; (*anstreichen*) to mark; **sich** *dat* **nichts ~ lassen** to not give anything away

Anmerkung *f* note

Anmut ['anmu:t] (-) *f* grace; **a~en** *vt* to give a feeling; **a~ig** *adj* charming

annähen ['annɛ:ən] *vt* to sew on

annähern ['annɛ:ərn] *vr* to get closer; **~d** *adj* approximate

Annäherung *f* approach; **~sversuch** *m* advances *pl*

Annahme ['anna:mə] *f* acceptance; (*Vermutung*) assumption

annehm- ['anne:m] *zW*: **~bar** *adj* acceptable; **~en** (*unreg*) *vt* to accept; (*Namen*) to take; (*Kind*) to adopt; (*vermuten*) to suppose, to assume ♦ *vr* (*+gen*) to take care (of); **A~lichkeit** *f* comfort

Annonce [a'nõ:sə] *f* advertisement

annoncieren [anõ'si:rən] *vt, vi* to advertise

annullieren [anʊ'li:rən] *vt* to annul

Anode [a'no:də] *f* anode

anonym [ano'ny:m] *adj* anonymous

Anorak ['anorak] (-s, -s) *m* anorak

anordnen ['an'ɔrdnən] *vt* to arrange; (*befehlen*) to order

Anordnung *f* arrangement; order

anorganisch ['an'ɔrga:nɪʃ] *adj* inorganic

anpacken ['anpakən] *vt* to grasp; (*fig*) to tackle; **mit ~** to lend a hand

anpassen ['anpasən] *vt*: **(jdm) ~** to fit (on sb); (*fig*) to adapt ♦ *vr* to adapt

anpassungsfähig *adj* adaptable

Anpfiff ['anpfɪf] *m* (*SPORT*) (starting) whistle; kick-off; (*umg*) rocket

anprallen ['anpralən] *vi*: **~ (gegen** *od* **an** *+akk*) to collide (with)

anprangern ['anpraŋərn] *vt* to denounce

anpreisen ['anpraɪzən] (*unreg*) *vt* to extol

Anprobe ['anpro:bə] *f* trying on

anprobieren ['anprobi:rən] *vt* to try on

anrechnen ['anrɛçnən] *vt* to charge;

(*fig*) to count; **jdm etw hoch** ~ to value sb's sth greatly

Anrecht ['anrɛçt] *nt*: ~ **(auf** +*akk*) right (to)

Anrede ['anre:də] *f* form of address; **a~n** *vt* to address; (*belästigen*) to accost

anregen ['anre:gən] *vt* to stimulate; **angeregte Unterhaltung** lively discussion; **~d** *adj* stimulating

Anregung *f* stimulation; (*Vorschlag*) suggestion

anreichern ['anraıçərn] *vt* to enrich

Anreise ['anraızə] *f* journey; **a~n** *vi* to arrive

Anreiz ['anraıts] *m* incentive

Anrichte ['anrıçtə] *f* sideboard; **a~n** *vt* to serve up; **Unheil a~n** to make mischief

anrüchig ['anrʏçıç] *adj* dubious

anrücken ['anrʏkən] *vi* to approach; (*MIL*) to advance

Anruf ['anru:f] *m* call; **a~en** (*unreg*) *vt* to call out to; (*bitten*) to call on; (*TEL*) to ring up, to phone, to call

ans [ans] = **an das**

Ansage ['anza:gə] *f* announcement; **a~n** *vt* to announce ♦ *vr* to say one will come; **~r(in)** (-s, -) *m(f)* announcer

ansammeln ['anzaməln] *vt* (*Reichtümer*) to amass ♦ *vr* (*Menschen*) to gather, to assemble (*Wasser*) to collect

Ansammlung *f* collection; (*Leute*) crowd

ansässig ['anzɛsıç] *adj* resident

Ansatz ['anzats] *m* start; (*Haar~*) hairline; (*Hals~*) base; (*Verlängerungsstück*) extension; (*Veranschlagung*) estimate; **~punkt** *m* starting point

anschaffen ['anʃafən] *vt* to buy, to purchase

Anschaffung *f* purchase

anschalten ['anʃaltən] *vt* to switch on

anschau- ['anʃaʊ] *zW*: **~en** *vt* to look at; **~lich** *adj* illustrative; **A~ung** *f* (*Meinung*) view; **aus eigener A~ung** from one's own experience

Anschein ['anʃaın] *m* appearance; **allem ~ nach** to all appearances; **den ~ haben** to seem, to appear; **a~end** *adj* apparent

Anschlag ['anʃla:k] *m* notice; (*Attentat*) attack; (*COMM*) estimate; (*auf Klavier*) touch; (*Schreibmaschine*) character; **a~en** ['anʃla:gən] (*unreg*) *vt* to put up; (*beschädigen*) to chip; (*Akkord*) to strike; (*Kosten*) to estimate ♦ *vi* to hit; (*wirken*) to have an effect; (*Glocke*) to ring; (*Hund*) to bark; **an etw** *akk* **a~en** to hit against sth

anschließen ['anʃli:sən] (*unreg*) *vt* to connect up; (*Sender*) to link up ♦ *vi*: **an etw** *akk* ~ to adjoin sth; (*zeitlich*) to follow sth ♦ *vr*: **sich jdm/etw** ~ to join sb/sth; (*beipflichten*) to agree with sb/sth; **sich an etw** *akk* ~ to adjoin sth; **~d** *adj* adjacent; (*zeitlich*) subsequent ♦ *adv* afterwards

Anschluß ['anʃlʊs] *m* (*ELEK, EISENB*) connection; (*von Wasser etc*) supply; **im ~ an** +*akk* following; **~ finden** to make friends

anschmiegsam ['anʃmi:kza:m] *adj* affectionate

anschnallen ['anʃnalən] *vt* to buckle on ♦ *vr* to fasten one's seat belt

anschneiden ['anʃnaıdən] (*unreg*) *vt* to cut into; (*Thema*) to introduce

anschreiben ['anʃraıbən] (*unreg*) *vt* to write (up); (*COMM*) to charge up; (*benachrichtigen*) to write to

anschreien ['anʃraıən] (*unreg*) *vt* to shout at

Anschrift ['anʃrıft] *f* address

Anschuldigung ['anʃʊldıgʊŋ] *f* accusation

anschwellen ['anʃvɛlən] (*unreg*) *vi* to swell (up)

anschwindeln ['anʃvındəln] *vt* to lie to

ansehen ['anze:ən] (*unreg*) *vt* to look at; **A~** (-s) *nt* respect; (*Ruf*) reputation; **jdm etw** ~ to see sth (from sb's face); **jdn/etw als etw** ~ to look on sb/sth as sth; ~ **für** to consider

ansehnlich ['anze:nlɪç] *adj* fine-looking; (*beträchtlich*) considerable

ansetzen ['anzɛtsən] *vt* (*festlegen*) to fix; (*entwickeln*) to develop; (*Fett*) to put on; (*Blätter*) to grow; (*zubereiten*) to prepare ♦ *vi* (*anfangen*) to start, to begin; (*Entwicklung*) to set in; (*dick werden*) to put on weight ♦ *vr* (*Rost etc*) to start to develop; ~ **an** +*akk* (*anfügen*) to fix on to; (*anlegen, an Mund etc*) to put to

Ansicht ['anzɪçt] *f* (*Anblick*) sight; (*Meinung*) view, opinion; **zur** ~ on approval; **meiner** ~ **nach** in my opinion; **~skarte** *f* picture postcard; **~ssache** *f* matter of opinion

anspannen ['anʃpanən] *vt* to harness; (*Muskel*) to strain

Anspannung *f* strain

anspielen ['anʃpi:lən] *vi* (*SPORT*) to start play; **auf etw** *akk* ~ to refer *od* allude to sth

Anspielung *f*: ~ **(auf** +*akk*) reference (to), allusion (to)

Ansporn ['anʃpɔrn] **(-(e)s)** *m* incentive

Ansprache ['anʃpra:xə] *f* address

ansprechen ['anʃprɛçən] (*unreg*) *vt* to speak to; (*bitten, gefallen*) to appeal to ♦ *vi*: **(auf etw** *akk*) ~ to react (to sth); **jdn auf etw** *akk* **(hin)** ~ to ask sb about sth; **~d** *adj* attractive

anspringen ['anʃprɪŋən] (*unreg*) *vi* (*AUT*) to start ♦ *vt* to jump at

Anspruch ['anʃprʊx] *m* (*Recht*): ~ **(auf** +*akk*) claim (to); **hohe Ansprüche stellen/haben** to demand/expect a lot; **jdn/etw in** ~ **nehmen** to occupy sb/take up sth; **a~slos** *adj* undemanding; **a~svoll** *adj* demanding

anstacheln ['anʃtaxəln] *vt* to spur on

Anstalt ['anʃtalt] **(-, -en)** *f* institution; **~en machen, etw zu tun** to prepare to do sth

Anstand ['anʃtant] *m* decency

anständig ['anʃtɛndɪç] *adj* decent; (*umg*) proper; (*groß*) considerable

anstandslos *adv* without any ado

anstarren ['anʃtarən] *vt* to stare at

anstatt [an'ʃtat] *präp* +*gen* instead of ♦ *konj*: ~ **etw zu tun** instead of doing sth

Ansteck- ['anʃtɛk] *zW*: **a~en** *vt* to pin on; (*MED*) to infect; (*Pfeife*) to light; (*Haus*) to set fire to ♦ *vr*: **ich habe mich bei ihm angesteckt** I caught it from him ♦ *vi* (*fig*) to be infectious; **a~end** *adj* infectious; **~ung** *f* infection

anstehen ['anʃte:ən] (*unreg*) *vi* to queue (up) (*BRIT*), to line up (*US*)

ansteigen ['anʃtaɪgən] *vt* (*Straße*) to climb; (*Gelände, Temperatur, Preise*) to rise

anstelle [an'ʃtɛlə] *präp* +*gen* in place of, **~n** ['an-] *vt* (*einschalten*) to turn on; (*Arbeit geben*) to employ; (*machen*) to do ♦ *vr* to queue (up) (*BRIT*), to line up (*US*); (*umg*) to act

Anstellung *f* employment; (*Posten*) post, position

Anstieg ['anʃti:k] **(-(e)s, -e)** *m* (+*gen*) climb; (*fig*: *von Preisen etc*) increase (in)

anstiften ['anʃtɪftən] *vt* (*Unglück*) to cause; **jdn zu etw** ~ to put sb up to sth

Anstifter (-s, -) *m* instigator

anstimmen ['anʃtɪmən] *vt* (*Lied*) to strike up with; (*Geschrei*) to set up

Anstoß ['anʃto:s] *m* impetus; (*Ärgernis*) offence; (*SPORT*) kick-off; **der erste** ~ the initiative; ~ **nehmen an** +*dat* to take offence at; **a~en** (*unreg*) *vt* to push; (*mit Fuß*) to kick ♦ *vi* to knock, to bump; (*mit der Zunge*) to lisp; (*mit Gläsern*): **a~en (auf** +*akk*) to drink (to), to drink a toast (to)

anstößig ['anʃtø:sɪç] *adj* offensive, indecent

anstreichen ['anʃtraɪçən] (*unreg*) *vt* to paint

Anstreicher (-s, -) *m* painter
anstrengen ['anʃtrɛŋən] *vt* to strain; (*JUR*) to bring ♦ *vr* to make an effort; **angestrengt** *adv* as hard as one can; **~d** *adj* tiring
Anstrengung *f* effort
Anstrich ['anʃtrɪç] *m* coat of paint
Ansturm ['anʃtʊrm] *m* rush; (*MIL*) attack
Antarktis [ant''arktɪs] (-) *f* Antarctic
antasten ['antastən] *vt* to touch; (*Recht*) to infringe upon; (*Ehre*) to question
Anteil ['antaɪl] (**-s, -e**) *m* share; (*Mitgefühl*) sympathy; **~ nehmen an** +*dat* to share in; (*sich interessieren*) to take an interest in; **~nahme** (-) *f* sympathy
Antenne [an'tɛnə] *f* aerial
Anti- ['anti] *in zW* anti; **~alko'holiker** *m* teetotaller; **a~autori'tär** *adj* anti-authoritarian; **~biotikum** [antibi'o:tikʊm] (**-s, -ka**) *nt* antibiotic
antik [an'ti:k] *adj* antique; **A~e** *f* (*Zeitalter*) ancient world; (*Kunstgegenstand*) antique
Antilope [anti'lo:pə] *f* antelope
Antiquariat [antikvari'a:t] (**-(e)s, -e**) *nt* secondhand bookshop
Antiquitäten [antikvi'tɛ:tən] *pl* antiques; **~händler** *m* antique dealer
antiseptisch [-'zɛptɪʃ] *adj* antiseptic
Antrag ['antra:k] (**-(e)s, -träge**) *m* proposal; (*PARL*) motion; (*Gesuch*) application
antreffen ['antrɛfən] (*unreg*) *vt* to meet
antreiben ['antraɪbən] (*unreg*) *vt* to drive on; (*Motor*) to drive; (*anschwemmen*) to wash up ♦ *vi* to be washed up
antreten ['antre:tən] (*unreg*) *vt* (*Amt*) to take up; (*Erbschaft*) to come into; (*Beweis*) to offer; (*Reise*) to start, to begin ♦ *vi* (*MIL*) to fall in; (*SPORT*) to line up; **gegen jdn ~** to play/fight (against) sb
Antrieb ['antri:p] *m* (*auch fig*) drive; **aus eigenem ~** of one's own accord
antrinken ['antrɪŋkən] (*unreg*) *vt* (*Flasche, Glas*) to start to drink from; **sich** *dat* **Mut/einen Rausch ~** to give o.s. Dutch courage/get drunk; **angetrunken sein** to be tipsy
Antritt ['antrɪt] *m* beginning, commencement; (*eines Amts*) taking up
antun ['antu:n] (*unreg*) *vt*: **jdm etw ~** to do sth to sb; **sich** *dat* **Zwang ~** to force o.s.; **sich** *dat* **etwas ~** to (try to) take one's own life
Antwort ['antvɔrt] (**-, -en**) *f* answer, reply; **a~en** *vi* to answer, to reply
anvertrauen ['anfertraʊən] *vt*: **jdm etw ~** to entrust sb with sth; **sich jdm ~** to confide in sb
anwachsen ['anvaksən] (*unreg*) *vi* to grow; (*Pflanze*) to take root
Anwalt ['anvalt] (**-(e)s, -wälte**) *m* solicitor; lawyer; (*fig*) champion
Anwältin ['anvɛltɪn] *f siehe* **Anwalt**
Anwärter ['anvɛrtər] *m* candidate
anweisen ['anvaɪzən] (*unreg*) *vt* to instruct; (*zuteilen*) to assign
Anweisung *f* instruction; (*COMM*) remittance; (*Post~, Zahlungs~*) money order
anwend- ['anvɛnd] *zW*: **~bar** ['anvɛnt-] *adj* practicable, applicable; **~en** (*unreg*) *vt* to use, to employ; (*Gesetz, Regel*) to apply; **A~ung** *f* use; application
anwesend ['anve:zənt] *adj* present; **die A~en** those present
Anwesenheit *f* presence
anwidern ['anvi:dərn] *vt* to disgust
Anwohner(in) ['anvo:nər(m)] (**-s, -**) *m(f)* neighbour
Anzahl ['antsa:l] *f*: **~ (an** +*dat*) number (of); **a~en** *vt* to pay on account; **~ung** *f* deposit, payment on account
Anzeichen ['antsaɪçən] *nt* sign, indication
Anzeige ['antsaɪgə] *f* (*Zeitungs~*) announcement; (*Werbung*) advertisement; (*bei Polizei*) report; **~ erstatten gegen jdn** to report sb (to the

police); **a~n** *vt* (*zu erkennen geben*) to show; (*bekanntgeben*) to announce; (*bei Polizei*) to report

anziehen ['antsi:ən] (*unreg*) *vt* to attract; (*Kleidung*) to put on; (*Mensch*) to dress; (*Seil*) to pull tight; (*Schraube*) to tighten; (*Knie*) to draw up; (*Feuchtigkeit*) to absorb ♦ *vr* to get dressed; **~d** *adj* attractive

Anziehung *f* (*Reiz*) attraction; **~skraft** *f* power of attraction; (*PHYS*) force of gravitation

Anzug ['antsu:k] *m* suit; (*Herankommen*): **im ~ sein** to be approaching

anzüglich ['antsy:klɪç] *adj* personal; (*anstößig*) offensive; **A~keit** *f* offensiveness; (*Bemerkung*) personal remark

anzünden ['antsʏndən] *vt* to light

Anzünder *m* lighter

anzweifeln ['antsvaɪfəln] *vt* to doubt

apathisch [a'pa:tɪʃ] *adj* apathetic

Apfel ['apfəl] (**-s, ¨**) *m* apple; **~saft** *m* apple juice; **~sine** ['-zi:nə] *f* orange

Apostel [a'pɔstəl] (**-s, -**) *m* apostle

Apotheke [apo'te:kə] *f* chemist's (shop), drugstore (*US*); **~r(in)** (**-s, -**) *m(f)* chemist, druggist (*US*)

Apparat [apa'ra:t] (**-(e)s, -e**) *m* piece of apparatus; camera; telephone; (*RADIO, TV*) set, **am ~!** speaking!, **~ur** [-'tu:r] *f* apparatus

Appartement [apartə'mã:] (**-s, -s**) *nt* flat

appellieren [apɛ'li:rən] *vi*: **~ (an** +*akk*) to appeal (to)

Appetit [ape'ti:t] (**-(e)s, -e**) *m* appetite; **guten ~** enjoy your meal; **a~lich** *adj* appetizing; **~losigkeit** *f* lack of appetite

Applaus [ap'laʊs] (**-es, -e**) *m* applause

Aprikose [apri'ko:zə] *f* apricot

April [a'prɪl] (**-(s), -e**) *m* April

Aquarell [akva'rɛl] (**-s, -e**) *nt* watercolour

Aquarium [a'kva:rɪʊm] *nt* aquarium

Äquator [ɛ'kva:tɔr] (**-s**) *m* equator

Arab- ['arab] *zW*: **~er(in)** (**-s, -**) *m(f)* Arab; **~ien** [a'ra:biən] (**-s**) *nt* Arabia; **a~isch** [a'ra:bɪʃ] *adj* Arabian

Arbeit ['arbaɪt] (**-, -en**) *f* work *no art*; (*Stelle*) job; (*Erzeugnis*) piece of work; (*wissenschaftliche*) dissertation; (*Klassen~*) test; **das war eine ~** that was a hard job; **a~en** *vi* to work ♦ *vt* to work, to make; **~er(in)** (**-s, -**) *m(f)* worker; (*ungelernt*) labourer; **~erschaft** *f* workers *pl*, labour force; **~geber** (**-s, -**) *m* employer; **~nehmer** (**-s, -**) *m* employee

Arbeits- *in zW* labour; **a~am** *adj* industrious; **~amt** *nt* employment exchange; **~erlaubnis** *f* work permit; **a~fähig** *adj* fit for work, able-bodied; **~gang** *m* operation; **~kräfte** *pl* (*Mitarbeiter*) workforce; **a~los** *adj* unemployed, out-of-work; **~lose(r)** *f(m)* unemployed person; **~losigkeit** *f* unemployment; **~markt** *m* job market; **~platz** *m* job; place of work; (*Großraumbüro*) workstation; **a~scheu** *adj* work-shy; **~tag** *m* work(ing) day; **a~unfähig** *adj* unfit for work; **~zeit** *f* working hours *pl*

Archäologe [arçɛo'lo:gə] (**-n, -n**) *m* archaeologist

Architekt(in) [arçi'tɛkt(ɪn)] (**-en, -en**) *m(f)* architect; **~ur** [-'tu:r] *f* architecture

Archiv [ar'çi:f] (**-s, -e**) *nt* archive

arg [ark] *adj* bad, awful ♦ *adv* awfully, very

Argentin- [argen'ti:n] *zW*: **~ien** (**-s**) *nt* Argentina, the Argentine; **~ier(in)** (**-s, -**) *m(f)* Argentinian; **a~isch** *adj* Argentinian

Ärger ['ɛrgər] (**-s**) *m* (*Wut*) anger; (*Unannehmlichkeit*) trouble; **ä~lich** *adj* (*zornig*) angry; (*lästig*) annoying, aggravating; **ä~n** *vt* to annoy ♦ *vr* to get annoyed

arg- *zW*: **~listig** *adj* cunning, insidious; **~los** *adj* guileless, innocent

Argument [argu'mɛnt] *nt* argument

argwöhnisch *adj* suspicious

Arie ['a:riə] *f* aria

Aristokrat [arɪsto'kra:t] (**-en, -en**) *m* aristocrat; **~ie** ['ti:] *f* aristocracy

Arktis ['arktɪs] (-) *f* Arctic
Arm [arm] (**-(e)s, -e**) *m* arm; (*Fluß~*) branch
arm *adj* poor
Armatur [arma'tu:r] *f* (*ELEK*) armature; **~enbrett** *nt* instrument panel; (*AUT*) dashboard
Armband *nt* bracelet; **~uhr** *f* (wrist) watch
Arme(r) *mf* poor man(woman); **die ~n** the poor
Armee [ar'me:] *f* army
Ärmel ['ɛrməl] (**-s, -**) *m* sleeve; **etw aus dem ~ schütteln** (*fig*) to produce sth just like that; **~kanal** *m* English Channel
ärmlich ['ɛrmlɪç] *adj* poor
armselig *adj* wretched, miserable
Armut ['armu:t] (-) *f* poverty
Aroma [a'ro:ma] (**-s, Aromen**) *nt* aroma; **a~tisch** [aro'ma:tɪʃ] *adj* aromatic
arrangieren [arã'ʒi:rən] *vt* to arrange ♦ *vr* to come to an arrangement
Arrest [a'rɛst] (**-(e)s, -e**) *m* detention
arrogant [aro'gant] *adj* arrogant
Arsch [arʃ] (**-es, ¨e;** *umg!*) *m* arse (*BRIT!*), ass (*US!*)
Art [a:rt] (**-, -en**) *f* (*Weise*) way; (*Sorte*) kind, sort; (*BIOL*) species; **eine ~ (von) Frucht** a kind of fruit; **Häuser aller ~** houses of all kinds; **es ist nicht seine ~, das zu tun** it's not like him to do that; **ich mache das auf meine ~** I do that my (own) way
Arterie [ar'te:riə] *f* artery; **~nverkalkung** *f* arteriosclerosis
artig ['a:rtɪç] *adj* good, well-behaved
Artikel [ar'ti:kəl] (**-s, -**) *m* article
Artillerie [artɪlə'ri:] *f* artillery
Artischocke [arti'ʃɔkə] *f* artichoke
Arznei [a:rts'naɪ] *f* medicine; **~mittel** *nt* medicine, medicament
Arzt [a:rtst] (**-es, ¨e**) *m* doctor
Ärztin ['ɛ:rtstɪn] *f* doctor
ärztlich ['ɛ:rtstlɪç] *adj* medical
As [as] (**-ses, -se**) *nt* ace
Asche ['aʃə] *f* (**-, -n**) ash, cinder; **~nbahn** *f* cinder track; **~nbecher** *m* ashtray; **~rmittwoch** *m* Ash Wednesday
Äser ['ɛ:zər] *pl von* **Aas**
Asi- ['a:zi] *zW*: **~en** (**-s**) *nt* Asia; **~at(in)** [azi'a:t(ɪn)] (**-en, -en**) *m(f)* Asian; **a~atisch** [-'a:tɪʃ] *adj* Asian
asozial ['azotsia:l] *adj* antisocial; (*Familien*) asocial
Aspekt [as'pɛkt] (**-(e)s, -e**) *m* aspect
Asphalt [as'falt] (**-(e)s, -e**) *m* asphalt; **a~ieren** *vt* [-'ti:rən] to asphalt
aß *etc* [a:s] *vb siehe* **essen**
Asse ['asə] *pl von* **As**
Assistent(in) [asɪs'tɛnt(ɪn)] *m(f)* assistant
Assoziation [asotsiatsi'o:n] *f* association
Ast [ast] (**-(e)s, ¨e**) *m* bough, branch
ästhetisch [ɛs'te:tɪʃ] *adj* aesthetic
Asthma ['astma] (**-s**) *nt* asthma; **~tiker(in)** [ast'ma:tikər(ɪn)] (**-s, -**) *m(f)* asthmatic
Astro- [astro] *zW*: **~'loge** (**-n, -n**) *m* astrologer; **~lo'gie** *f* astrology; **~'naut** (**-en, -en**) *m* astronaut; **~'nom** (**-en, -en**) *m* astronomer; **~no'mie** *f* astronomy
Asyl [a'zy:l] (**-s, -e**) *nt* asylum; (*Heim*) home; (*Obdachlosen~*) shelter
Atelier [atəli'e:] (**-s, -s**) *nt* studio
Atem ['a:təm] (**-s**) *m* breath; **den ~ anhalten** to hold one's breath; **außer ~** out of breath; **a~beraubend** *adj* breath-taking; **a~los** *adj* breathless; **~pause** *f* breather; **~zug** *m* breath
Atheismus [ate'ɪsmʊs] *m* atheism
Atheist *m* atheist; **a~isch** *adj* atheistic
Athen [a'te:n] (**-s**) *nt* Athens
Äther ['ɛ:tər] (**-s, -**) *m* ether
Äthiopien [ɛ'tio:piən] (**-s**) *nt* Ethiopia
Athlet [at'le:t] (**-en, -en**) *m* athlete
Atlantik (**-s**) *m* Atlantic (Ocean)
atlantisch *adj* Atlantic
Atlas ['atlas] (**-** *od* **-ses, -se** *od* **Atlanten**) *m* atlas
atmen ['a:tmən] *vt, vi* to breathe

Atmosphäre [atmo'sfɛːrə] *f* atmosphere
atmosphärisch [atmo'sfɛːrɪʃ] *adj* atmospheric
Atmung ['aːtmʊŋ] *f* respiration
Atom [a'toːm] **(-s, -e)** *nt* atom; **a~ar** [ato'maːr] *adj* atomic; **~bombe** *f* atom bomb; **~energie** *f* atomic *od* nuclear energy; **~kern** *m* atomic nucleus; **~kraftwerk** *nt* nuclear power station; **~krieg** *m* nuclear *od* atomic war; **~müll** *m* atomic waste; **~strom** *m* (electricity generated by) nuclear power; **~versuch** *m* atomic test; **~waffen** *pl* atomic weapons; **a~waffenfrei** *adj* nuclear-free; **~zeitalter** *nt* atomic age
Attentat ['atəntaːt] **(-(e)s, -e)** *nt*: **~ (auf** *+akk***)** (attempted) assassination (of)
Attentäter ['atəntɛːtər] *m* (would-be) assassin
Attest [a'tɛst] **(-(e)s, -e)** *nt* certificate
Attraktion [atrak'tsioːn] *f* (*Tourismus, Zirkus*) attraction
attraktiv [atrak'tiːf] *adj* attractive
Attrappe [a'trapə] *f* dummy
Attribut [atri'buːt] **(-(e)s, -e)** *nt* (*GRAM*) attribute
ätzen ['ɛtsən] *vi* to be caustic
ätzend *adj* (*Säure*) corrosive; (*fig*: *Spott*) cutting
au [au] *excl* ouch!; **~ ja!** oh yes!

SCHLÜSSELWORT

auch [aʊx] *adv* **1** (*ebenfalls*) also, too, as well; **das ist auch schön** that's nice too *od* as well; **er kommt - ich auch** he's coming - so am I, me too; **auch nicht** not ... either; **ich auch nicht** nor I, me neither; **oder auch** or; **auch das noch!** not that as well!
2 (*selbst, sogar*) even; **auch wenn das Wetter schlecht ist** even if the weather is bad; **ohne auch nur zu fragen** without even asking
3 (*wirklich*) really; **du siehst müde aus - bin ich auch** you look tired - (so) I am; **so sieht es auch aus** it looks like it too
4 (*auch immer*): **wer auch** whoever; **was auch** whatever; **wie dem auch sei** be that as it may; **wie sehr er sich auch bemühte** however much he tried

SCHLÜSSELWORT

auf [aʊf] *präp +dat* (*wo?*) on; **auf dem Tisch** on the table; **auf der Reise** on the way; **auf der Post/dem Fest** at the post office/party; **auf der Straße** on the road; **auf dem Land/der ganzen Welt** in the country/the whole world
♦ *präp +akk* **1** (*wohin?*) on(to); **auf den Tisch** on(to) the table; **auf die Post gehen** go to the post office; **auf das Land** into the country; **etw auf einen Zettel schreiben** to write sth on a piece of paper
2: **auf deutsch** in German; **auf Lebenszeit** for my/his lifetime; **bis auf ihn** except for him; **auf einmal** at once; **auf seinen Vorschlag (hin)** at his suggestion
♦ *adv* **1** (*offen*) open; **das Fenster ist auf** the window is open
2 (*hinauf*) up; **auf und ab** up and down; **auf und davon** up and away; **auf!** (*los!*) come on!
3 (*aufgestanden*) up; **ist er schon auf?** is he up yet?
♦ *konj*: **auf daß** (so) that

aufatmen ['aʊf'aːtmən] *vi* to heave a sigh of relief
aufbahren ['aʊfbaːrən] *vt* to lay out
Aufbau ['aʊfbaʊ] *m* (*Bauen*) building, construction; (*Struktur*) structure; (*aufgebautes Teil*) superstructure
aufbauen ['aʊfbaʊən] *vt* to erect, to build (up); (*Existenz*) to make; (*gestalten*) to construct; **a~en (auf** *+dat***)** (*gründen*) to found *od* base (on)
aufbauschen ['aʊfbaʊʃən] *vt* to puff out; (*fig*) to exaggerate

aufbekommen ['aʊfbəkɔmən] (*unreg*) *vt* (*öffnen*) to get open; (*Hausaufgaben*) to be given

aufbessern ['aʊfbɛsərn] *vt* (*Gehalt*) to increase

aufbewahren ['aʊfbəva:rən] *vt* to keep; (*Gepäck*) to put in the left-luggage office (*BRIT*) *od* baggage check (*US*)

Aufbewahrung *f* (safe)keeping; (*Gepäck~*) left-luggage office (*BRIT*), baggage check (*US*)

aufbieten ['aʊfbi:tən] (*unreg*) *vt* (*Kraft*) to summon (up); (*Armee, Polizei*) to mobilize; (*Brautpaar*) to publish the banns of

aufblasen ['aʊfbla:zən] (*unreg*) *vt* to blow up, to inflate ♦ *vr* (*umg*) to become big-headed

aufbleiben ['aʊfblaɪbən] (*unreg*) *vi* (*Laden*) to remain open; (*Person*) to stay up

aufblenden ['aʊfblɛndən] *vt* (*Scheinwerfer*) to switch on full beam ♦ *vi* (*Fahrer*) to have the lights on full beam; (*AUT*: *Scheinwerfer*) to be on full beam

aufblicken ['aʊfblɪkən] *vi* to look up; ~ **zu** to look up at; (*fig*) to look up to

aufblühen ['aʊfbly:ən] *vi* to blossom, to flourish

aufbrauchen ['aʊfbraʊxən] *vt* to use up

aufbrausen ['aʊfbraʊzən] *vi* (*fig*) to flare up; **~d** *adj* hot-tempered

aufbrechen ['aʊfbrɛçən] (*unreg*) *vt* to break *od* prise (*BRIT*) open ♦ *vi* to burst open; (*gehen*) to start, to set off

aufbringen ['aʊfbrɪŋən] (*unreg*) *vt* (*öffnen*) to open; (*in Mode*) to bring into fashion; (*beschaffen*) to procure; (*FIN*) to raise; (*ärgern*) to irritate; **Verständnis für etw** ~ to be able to understand sth

Aufbruch ['aʊfbrʊx] *m* departure

aufbrühen ['aʊfbry:ən] *vt* (*Tee*) to make

aufbürden ['aʊfbʏrdən] *vt*: **jdm etw** ~ to burden sb with sth

aufdecken ['aʊfdɛkən] *vt* to uncover

aufdrängen ['aʊfdrɛŋən] *vt*: **jdm etw** ~ to force sth on sb ♦ *vr* (*Mensch*): **sich jdm** ~ to intrude on sb

aufdrehen ['aʊfdre:ən] *vt* (*Wasserhahn etc*) to turn on; (*Ventil*) to open up

aufdringlich ['aʊfdrɪŋlɪç] *adj* pushy

aufeinander [aʊf'aɪ'nandər] *adv* on top of each other; (*schießen*) at each other; (*vertrauen*) each other; **~folgen** *vi* to follow one another; **~folgend** *adj* consecutive; **~prallen** *vi* to hit one another

Aufenthalt ['aʊf'ɛnthalt] *m* stay; (*Verzögerung*) delay; (*EISENB*: *Halten*) stop; (*Ort*) haunt

Aufenthaltserlaubnis *f* residence permit

auferlegen ['aʊf'ɛrle:gən] *vt*: **(jdm)** ~ to impose (upon sb)

Auferstehung ['aʊf'ɛrʃte:ʊŋ] *f* resurrection

aufessen ['aʊf'ɛsən] (*unreg*) *vt* to eat up

auffahr- ['aʊffa:r] *zW*: **~en** (*unreg*) *vi* (*herankommen*) to draw up; (*hochfahren*) to jump up; (*wütend werden*) to flare up; (*in den Himmel*) to ascend ♦ *vt* (*Kanonen, Geschütz*) to bring up; **~en auf** +*akk* (*Auto*) to run *od* crash into; **~end** *adj* hot-tempered; **A~t** *f* (*Hausauffahrt*) drive; (*Autobahnauffahrt*) slip road (*BRIT*), (freeway) entrance (*US*); **A~unfall** *m* pile-up

auffallen ['aʊffalən] (*unreg*) *vi* to be noticeable; **jdm** ~ to strike sb; **~d** *adj* striking

auffällig ['aʊffɛlɪç] *adj* conspicuous, striking

auffangen ['aʊffaŋən] (*unreg*) *vt* to catch; (*Funkspruch*) to intercept; (*Preise*) to peg

auffassen ['aʊffasən] *vt* to understand, to comprehend; (*auslegen*) to see, to view

Auffassung *f* (*Meinung*) opinion; (*Auslegung*) view, concept; (*auch*: *Auf-*

fassungsgabe) grasp

auffindbar ['aʊffɪntba:r] *adj* to be found

auffordern ['aʊffɔrdərn] *vt* (*befehlen*) to call upon, to order; (*bitten*) to ask

Aufforderung *f* (*Befehl*) order; (*Einladung*) invitation

auffrischen ['aʊffrɪʃən] *vt* to freshen up; (*Kenntnisse*) to brush up; (*Erinnerungen*) to reawaken ♦ *vi* (*Wind*) to freshen

aufführen ['aʊffy:rən] *vt* (*THEAT*) to perform; (*in einem Verzeichnis*) to list, to specify ♦ *vr* (*sich benehmen*) to behave

Aufführung *f* (*THEAT*) performance; (*Liste*) specification

Aufgabe ['aʊfga:bə] *f* task; (*SCH*) exercise; (*Haus~*) homework; (*Verzicht*) giving up; (*von Gepäck*) registration; (*von Post*) posting; (*von Inserat*) insertion

Aufgang ['aʊfgaŋ] *m* ascent; (*Sonnen~*) rise; (*Treppe*) staircase

aufgeben ['aʊfge:bən] (*unreg*) *vt* (*verzichten*) to give up; (*Paket*) to send, to post; (*Gepäck*) to register; (*Bestellung*) to give; (*Inserat*) to insert; (*Rätsel, Problem*) to set ♦ *vi* to give up

Aufgebot ['aʊfgəbo:t] *nt* supply; (*Ehe~*) banns *pl*

aufgedunsen ['aʊfgedʊnzən] *adj* swollen, puffed up

aufgehen ['aʊfge:ən] (*unreg*) *vi* (*Sonne, Teig*) to rise; (*sich öffnen*) to open; (*klarwerden*) to become clear; (*MATH*) to come out exactly; **~ (in** +*dat*) (*sich widmen*) to be absorbed (in); **in Rauch/Flammen ~** to go up in smoke/flames

aufgelegt ['aʊfgəle:kt] *adj*: **gut/schlecht ~ sein** to be in a good/bad mood; **zu etw ~ sein** to be in the mood for sth

aufgeregt ['aʊfgəre:kt] *adj* excited

aufgeschlossen ['aʊfgəʃlɔsən] *adj* open, open-minded

aufgeweckt ['aʊfgəvɛkt] *adj* bright, intelligent

aufgießen ['aʊfgi:sən] (*unreg*) *vt* (*Wasser*) to pour over; (*Tee*) to infuse

aufgreifen ['aʊfgraɪfən] (*unreg*) *vt* (*Thema*) to take up; (*Verdächtige*) to pick up, to seize

aufgrund [aʊf'grʊnt] *präp* +*gen* on the basis of; (*wegen*) because of

aufhaben ['aʊfha:bən] (*unreg*) *vt* to have on; (*Arbeit*) to have to do

aufhalsen ['aʊfhalzən] (*umg*) *vt*: **jdm etw ~** to saddle *od* lumber sb with sth

aufhalten ['aʊfhaltən] (*unreg*) *vt* (*Person*) to detain; (*Entwicklung*) to check; (*Tür, Hand*) to hold open; (*Augen*) to keep open ♦ *vr* (*wohnen*) to live; (*bleiben*) to stay; **sich mit etw ~** to waste time over sth

aufhängen ['aʊfhɛŋən] (*unreg*) *vt* (*Wäsche*) to hang up; (*Menschen*) to hang ♦ *vr* to hang o.s.

Aufhänger (-s, -) *m* (*am Mantel*) loop; (*fig*) peg

aufheben ['aʊfhe:bən] (*unreg*) *vt* (*hochheben*) to raise, to lift; (*Sitzung*) to wind up; (*Urteil*) to annul; (*Gesetz*) to repeal, to abolish; (*aufbewahren*) to keep ♦ *vr* to cancel itself out; **bei jdm gut aufgehoben sein** to be well looked after at sb's; **viel A~(s) machen (von)** to make a fuss (about)

aufheitern ['aʊfhaɪtərn] *vt, vr* (*Himmel, Miene*) to brighten; (*Mensch*) to cheer up

aufhellen ['aʊfhɛlən] *vt, vr* to clear up; (*Farbe, Haare*) to lighten

aufhetzen ['aʊfhɛtsən] *vt* to stir up

aufholen ['aʊfho:lən] *vt* to make up ♦ *vi* to catch up

aufhorchen ['aʊfhɔrçən] *vi* to prick up one's ears

aufhören ['aʊfhø:rən] *vi* to stop; **~, etw zu tun** to stop doing sth

aufklappen ['aʊfklapən] *vt* to open

aufklären ['aʊfklɛ:rən] *vt* (*Geheimnis etc*) to clear up; (*Person*) to enlighten; (*sexuell*) to tell the facts of life to; (*MIL*) to reconnoitre ♦ *vr* to clear up

Aufklärung *f* (*von Geheimnis*) clearing up; (*Unterrichtung, Zeitalter*) enlightenment; (*sexuell*) sex education; (*MIL, AVIAT*) reconnaissance

aufkleben ['aʊfkle:bən] *vt* to stick on

Aufkleber (**-s, -**) *m* sticker

aufknöpfen ['aʊfknœpfən] *vt* to unbutton

aufkommen ['aʊfkɔmən] (*unreg*) *vi* (*Wind*) to come up; (*Zweifel, Gefühl*) to arise; (*Mode*) to start; **für jdn/etw** ~ to be liable *od* responsible for sb/sth

aufladen ['aʊfla:dən] (*unreg*) *vt* to load

Auflage ['aʊfla:gə] *f* edition; (*Zeitung*) circulation; (*Bedingung*) condition; **jdm etw zur** ~ **machen** to make sth a condition for sb

auflassen ['aʊflasən] (*unreg*) *vt* (*offen*) to leave open; (*aufgesetzt*) to leave on

auflauern ['aʊflaʊərn] *vi*: **jdm** ~ to lie in wait for sb

Auflauf ['aʊflaʊf] *m* (*KOCH*) pudding; (*Menschen*~) crowd

aufleben ['aʊfle:bən] *vi* (*Mensch, Gespräch*) to liven up; (*Interesse*) to revive

auflegen ['aʊfle:gən] *vt* to put on; (*Telefon*) to hang up; (*TYP*) to print

auflehnen ['aʊfle:nən] *vt* to lean on ♦ *vr* to rebel

Auflehnung *f* rebellion

auflesen ['aʊfle:zən] (*unreg*) *vt* to pick up

aufleuchten ['aʊflɔʏçtən] *vi* to light up

auflockern ['aʊflɔkərn] *vt* to loosen; (*fig*: *Eintönigkeit etc*) to liven up

auflösen ['aʊflø:zən] *vt* to dissolve; (*Haare etc*) to loosen; (*Mißverständnis*) to sort out ♦ *vr* to dissolve; to come undone; to be resolved; **(in Tränen) aufgelöst sein** to be in tears

Auflösung *f* dissolving; (*fig*) solution

aufmachen ['aʊfmaxən] *vt* to open; (*Kleidung*) to undo; (*zurechtmachen*) to do up ♦ *vr* to set out

Aufmachung *f* (*Kleidung*) outfit, get-up; (*Gestaltung*) format

aufmerksam ['aʊfmɛrkza:m] *adj* attentive; **jdn auf etw** *akk* ~ **machen** to point sth out to sb; **A~keit** *f* attention, attentiveness

aufmuntern ['aʊfmʊntərn] *vt* (*ermutigen*) to encourage; (*erheitern*) to cheer up

Aufnahme ['aʊfna:mə] *f* reception; (*Beginn*) beginning; (*in Verein etc*) admission; (*in Liste etc*) inclusion; (*Notieren*) taking down; (*PHOT*) shot; (*auf Tonband etc*) recording; **a~fähig** *adj* receptive; **~prüfung** *f* entrance test

aufnehmen ['aʊfne:mən] (*unreg*) *vt* to receive; (*hochheben*) to pick up; (*beginnen*) to take up; (*in Verein etc*) to admit; (*in Liste etc*) to include; (*fassen*) to hold; (*notieren*) to take down; (*fotografieren*) to photograph; (*auf Tonband, Platte*) to record; (*FIN*: *leihen*) to take out; **es mit jdm** ~ **können** to be able to compete with sb

aufopfern ['aʊf'ɔpfərn] *vt, vr* to sacrifice; **~d** *adj* selfless

aufpassen ['aʊfpasən] *vi* (*aufmerksam sein*) to pay attention; **auf jdn/etw** ~ to look after *od* watch sb/sth; **aufgepaßt!** look out!

Aufprall ['aʊfpral] (**-s, -e**) *m* impact; **a~en** *vi* to hit, to strike

Aufpreis ['aʊfpraɪs] *m* extra charge

aufpumpen ['aʊfpʊmpən] *vt* to pump up

aufräumen ['aʊfrɔʏmən] *vt, vi* (*Dinge*) to clear away; (*Zimmer*) to tidy up

aufrecht ['aʊfrɛçt] *adj* (*auch fig*) upright; **~erhalten** (*unreg*) *vt* to maintain

aufreg- ['aʊfre:g] *zW*: **~en** *vt* to excite ♦ *vr* to get excited; **~end** *adj* exciting; **A~ung** *f* excitement

aufreibend ['aʊfraɪbənt] *adj* strenuous

aufreißen ['aʊfraɪsən] (*unreg*) *vt*

(*Umschlag*) to tear open; (*Augen*) to open wide; (*Tür*) to throw open; (*Straße*) to take up

aufreizen ['aʊfraɪtsən] *vt* to incite, to stir up; **~d** *adj* exciting, stimulating

aufrichten ['aʊfrɪçtən] *vt* to put up, to erect; (*moralisch*) to console ♦ *vr* to rise; (*moralisch*): **sich ~ (an** +*dat*) to take heart (from)

aufrichtig ['aʊfrɪçtɪç] *adj* sincere, honest; **A~keit** *f* sincerity

aufrücken ['aʊfrʏkən] *vi* to move up; (*beruflich*) to be promoted

Aufruf ['aʊfru:f] *m* summons; (*zur Hilfe*) call; (*des Namens*) calling out; **a~en** (*unreg*) *vt* (*Namen*) to call out; (*auffordern*): **jdn a~en (zu)** to call upon sb (for)

Aufruhr ['aʊfru:r] **(-(e)s, -e)** *m* uprising, revolt

aufrührerisch ['aʊfry:rərɪʃ] *adj* rebellious

aufrunden ['aʊfrʊndən] *vt* (*Summe*) to round up

Aufrüstung ['aʊfrʏstʊŋ] *f* rearmament

aufrütteln ['aʊfrʏtəln] *vt* (*auch fig*) to shake up

aufs [aʊfs] – **auf das**

aufsagen ['aʊfza:gən] *vt* (*Gedicht*) to recite

aufsammeln ['aʊfzaməln] *vt* to gather up

aufsässig ['aʊfzɛsɪç] *adj* rebellious

Aufsatz ['aʊfzats] *m* (*Geschriebenes*) essay; (*auf Schrank etc*) top

aufsaugen ['aʊfzaʊgən] (*unreg*) *vt* to soak up

aufschauen ['aʊfʃaʊən] *vi* to look up

aufscheuchen ['aʊfʃɔʏçən] *vt* to scare *od* frighten away

aufschieben ['aʊfʃi:bən] (*unreg*) *vt* to push open; (*verzögern*) to put off, to postpone

Aufschlag ['aʊfʃla:k] *m* (*Ärmel~*) cuff; (*Jacken~*) lapel; (*Hosen~*) turn-up; (*Aufprall*) impact; (*Preis~*) surcharge; (*Tennis*) service; **a~en** [-gən] (*unreg*) *vt* (*öffnen*) to open; (*verwunden*) to cut; (*hochschlagen*) to turn up; (*aufbauen: Zelt, Lager*) to pitch, to erect; (*Wohnsitz*) to take up ♦ *vi* (*aufprallen*) to hit; (*teurer werden*) to go up; (*Tennis*) to serve

aufschließen ['aʊfʃli:sən] (*unreg*) *vt* to open up, to unlock ♦ *vi* (*aufrücken*) to close up

Aufschluß ['aʊfʃlʊs] *m* information; **a~reich** *adj* informative, illuminating

aufschnappen ['aʊfʃnapən] *vt* (*umg*) to pick up ♦ *vi* to fly open

aufschneiden ['aʊfʃnaɪdən] (*unreg*) *vt* to cut open; (*Brot*) to cut up; (*MED: Geschwür*) to lance ♦ *vi* to brag

Aufschneider (-s, -) *m* boaster, braggart

Aufschnitt ['aʊfʃnɪt] *m* (slices of) cold meat

aufschrauben ['aʊfʃraʊbən] *vt* (*fest~*) to screw on; (*lösen*) to unscrew

aufschrecken ['aʊfʃrɛkən] *vt* to startle ♦ *vi* (*unreg*) to start up

aufschreiben ['aʊfʃraɪbən] (*unreg*) *vt* to write down

aufschreien ['aʊfʃraɪən] (*unreg*) *vi* to cry out

Aufschrift ['aʊfʃrɪft] *f* (*Inschrift*) inscription; (*auf Etikett*) label

Aufschub ['aʊfʃu:p] **(-(e)s, -schübe)** *m* delay, postponement

Aufschwung ['aʊfʃvʊŋ] *m* (*Elan*) boost ♦ *nt*; (*wirtschaftlich*) upturn, boom; (*SPORT*) circle

Aufsehen ['aʊfze:ən] (-s) *nt* sensation, stir

aufsehen (*unreg*) *vi* to look up; **~ zu** to look up at; (*fig*) to look up to

aufsehenerregend *adj* sensational

Aufseher(in) (-s, -) *m(f)* guard; (*im Betrieb*) supervisor; (*Museums~*) attendant; (*Park~*) keeper

aufsein ['aʊfzaɪn] (*unreg; umg*) *vi* (*Tür, Geschäft etc*) to be open; (*Mensch*) to be up

aufsetzen ['aʊfzɛtsən] *vt* to put on; (*Flugzeug*) to put down; (*Dokument*) to draw up ♦ *vr* to sit up(right) ♦ *vi* (*Flugzeug*) to touch down

Aufsicht ['aʊfzɪçt] *f* supervision; **die ~ haben** to be in charge

aufsitzen ['aʊfzɪtsən] (*unreg*) *vi* (*aufrecht hinsitzen*) to sit up; (*aufs Pferd, Motorrad*) to mount, to get on; (*Schiff*) to run aground; **jdm ~** (*umg*) to be taken in by sb

aufsparen ['aʊfʃpa:rən] *vt* to save (up)

aufsperren ['aʊfʃpɛrən] *vt* to unlock; (*Mund*) to open wide

aufspielen ['aʊfʃpi:lən] *vr* to show off

aufspießen ['aʊfʃpi:sən] *vt* to spear

aufspringen ['aʊfʃprɪŋən] (*unreg*) *vi* (*hochspringen*) to jump up; (*sich öffnen*) to spring open; (*Hände, Lippen*) to become chapped; **auf etw** *akk* ~ to jump onto sth

aufspüren ['aʊfʃpy:rən] *vt* to track down, to trace

aufstacheln ['aʊfʃtaxəln] *vt* to incite

Aufstand ['aʊfʃtant] *m* insurrection, rebellion

aufständisch ['aʊfʃtɛndɪʃ] *adj* rebellious, mutinous

aufstecken ['aʊfʃtɛkən] *vt* to stick on, to pin up; (*umg*) to give up

aufstehen ['aʊfʃte:ən] (*unreg*) *vi* to get up; (*Tür*) to be open

aufsteigen ['aʊfʃtaɪgən] (*unreg*) *vi* (*hochsteigen*) to climb; (*Rauch*) to rise; **auf etw** *akk* ~ to get onto sth

aufstellen ['aʊfʃtɛlən] *vt* (*aufrecht stellen*) to put up; (*aufreihen*) to line up; (*nominieren*) to nominate; (*formulieren: Programm etc*) to draw up; (*leisten: Rekord*) to set up

Aufstellung *f* (*SPORT*) line-up; (*Liste*) list

Aufstieg ['aʊfʃti:k] (**-(e)s, -e**) *m* (*auf Berg*) ascent; (*Fortschritt*) rise; (*beruflich, SPORT*) promotion

aufstoßen ['aʊfʃto:sən] (*unreg*) *vt* to push open ♦ *vi* to belch

aufstützen ['aʊfʃtʏtsən] *vt* (*Körperteil*) to prop, to lean; (*Person*) to prop up ♦ *vr*: **sich auf etw** *akk* ~ to lean on sth

aufsuchen ['aʊfzu:xən] *vt* (*besuchen*) to visit; (*konsultieren*) to consult

Auftakt ['aʊftakt] *m* (*MUS*) upbeat; (*fig*) prelude

auftanken ['aʊftaŋkən] *vi* to get petrol (*BRIT*) *od* gas (*US*) ♦ *vt* to refuel

auftauchen ['aʊftaʊxən] *vi* to appear; (*aus Wasser etc*) to emerge; (*U-Boot*) to surface; (*Zweifel*) to arise

auftauen ['aʊftaʊən] *vt* to thaw ♦ *vi* to thaw; (*fig*) to relax

aufteilen ['aʊftaɪlən] *vt* to divide up; (*Raum*) to partition

Aufteilung *f* division; partition

Auftrag ['aʊftra:k] (**-(e)s, -träge**) *m* order; (*Anweisung*) commission; (*Aufgabe*) mission; **im ~ von** on behalf of; **a~en** [-gən] (*unreg*) *vt* (*Essen*) to serve; (*Farbe*) to put on; (*Kleidung*) to wear out; **jdm etw a~en** to tell sb sth; **dick a~en** (*fig*) to exaggerate; **~geber** (**-s, -**) *m* (*COMM*) purchaser, customer

auftreiben ['aʊftraɪbən] (*unreg*) *vt* (*umg: beschaffen*) to raise

auftreten ['aʊftre:tən] (*unreg*) *vt* to kick open ♦ *vi* to appear; (*mit Füßen*) to tread; (*sich verhalten*) to behave; **A~** (**-s**) *nt* (*Vorkommen*) appearance; (*Benehmen*) behaviour

Auftrieb ['aʊftri:p] *m* (*PHYS*) buoyancy, lift; (*fig*) impetus

Auftritt ['aʊftrɪt] *m* (*des Schauspielers*) entrance; (*Szene: auch fig*) scene

auftun ['aʊftu:n] (*unreg*) *vt* to open ♦ *vr* to open up

aufwachen ['aʊfvaxən] *vi* to wake up

aufwachsen ['aʊfvaksən] (*unreg*) *vi* to grow up

Aufwand ['aʊfvant] (**-(e)s**) *m* expenditure; (*Kosten auch*) expense; (*Luxus*) show

aufwärmen ['aʊfvɛrmən] *vt* to warm up; (*alte Geschichten*) to rake up

aufwärts ['aʊfvɛrts] *adv* upwards; **A~entwicklung** *f* upward trend

Aufwasch *m* washing-up
aufwecken ['aʊfvɛkən] *vt* to wake up, to waken up
aufweisen ['aʊfvaɪzən] (*unreg*) *vt* to show
aufwenden ['aʊfvɛndən] (*unreg*) *vt* to expend; (*Geld*) to spend; (*Sorgfalt*) to devote
aufwendig *adj* costly
aufwerfen ['aʊfvɛrfən] (*unreg*) *vt* (*Fenster etc*) to throw open; (*Probleme*) to throw up, to raise
aufwerten ['aʊfve:rtən] *vt* (*FIN*) to revalue; (*fig*) to raise in value
aufwickeln ['aʊfvɪkəln] *vt* (*aufrollen*) to roll up; (*umg*: *Haar*) to put in curlers
aufwiegen ['aʊfvi:gən] (*unreg*) *vt* to make up for
Aufwind ['aʊfvɪnt] *m* up-current
aufwirbeln ['aʊfvɪrbəln] *vt* to whirl up, **Staub** ~ (*fig*) to create a stir
aufwischen ['aʊfvɪʃən] *vt* to wipe up
aufzählen ['aʊftsɛ:lən] *vt* to list
aufzeichnen ['aʊftsaɪçnən] *vt* to sketch; (*schriftlich*) to jot down; (*auf Band*) to record
Aufzeichnung *f* (*schriftlich*) note; (*Tonband*~) recording; (*Film*~) record
aufzeigen ['aʊftsaɪgən] *vt* to show, to demonstrate
aufziehen ['aʊftsi:ən] (*unreg*) *vt* (*hochziehen*) to raise, to draw up; (*öffnen*) to pull open; (*Uhr*) to wind; (*umg*: *necken*) to tease; (*großziehen*: *Kinder*) to raise, to bring up; (*Tiere*) to rear
Aufzug ['aʊftsu:k] *m* (*Fahrstuhl*) lift, elevator; (*Aufmarsch*) procession, parade; (*Kleidung*) get-up; (*THEAT*) act
aufzwingen ['aʊftsvɪŋən] (*unreg*) *vt*: **jdm etw** ~ to force sth upon sb
Augapfel *m* eyeball; (*fig*) apple of one's eye
Auge ['aʊgə] (**-s, -n**) *nt* eye; (*Fett*~) globule of fat; **unter vier ~n** in private
Augen- *zW*: **~blick** *m* moment; **im ~blick** at the moment; **a~blicklich** *adj* (*sofort*) instantaneous; (*gegenwärtig*) present; **~braue** *f* eyebrow; **~weide** *f* sight for sore eyes; **~zeuge** *m* eye witness
August [aʊ'gʊst] (**-(e)s** *od* **-, -e**) *m* August
Auktion [aʊktsi'o:n] *f* auction
Aula ['aʊla] (**-, Aulen** *od* **-s**) *f* assembly hall

SCHLÜSSELWORT

aus [aʊs] *präp +dat* **1** (*räumlich*) out of; (*von ... her*) from; **er ist aus Berlin** he's from Berlin; **aus dem Fenster** out of the window
2 (*gemacht/hergestellt aus*) made of, **ein Herz aus Stein** a heart of stone
3 (*auf Ursache deutend*) out of; **aus Mitleid** out of sympathy; **aus Erfahrung** from experience; **aus Spaß** for fun
4: **aus ihr wird nie etwas** she'll never get anywhere
♦ *adv* **1** (*zu Ende*) finished, over; **aus und vorbei** over and done with
2 (*ausgeschaltet, ausgezogen*) out; (*Aufschrift an Geräten*) off; **Licht aus!** lights out!
3 (*in Verbindung mit von*): **von Rom aus** from Rome; **vom Fenster aus** out of the window; **von sich aus** (*selbständig*) of one's own accord; **von ihm aus** as far as he's concerned

ausarbeiten ['aʊs'arbaɪtən] *vt* to work out
ausarten ['aʊs'artən] *vi* to degenerate; (*Kind*) to become overexcited
ausatmen ['aʊs'a:tmən] *vi* to breathe out
ausbaden ['aʊsba:dən] (*umg*) *vt*: **etw ~ müssen** to carry the can for sth
Ausbau ['aʊsbaʊ] *m* extension, expansion; removal; **a~en** *vt* to extend, to expand; (*herausnehmen*) to take out, to remove; **a~fähig** *adj* (*fig*)

worth developing

ausbessern ['aʊsbɛsərn] *vt* to mend, to repair

ausbeulen ['aʊsbɔʏlən] *vt* to beat out

Ausbeute ['aʊsbɔʏtə] *f* yield; (*Fische*) catch; **a~n** *vt* to exploit; (*MIN*) to work

ausbild- ['aʊsbɪld-] *zW*: **~en** *vt* to educate; (*Lehrling, Soldat*) to instruct, to train; (*Fähigkeiten*) to develop; (*Geschmack*) to cultivate; **A~er** (-s, -) *m* instructor; **A~ung** *f* education; training, instruction; development; cultivation

ausbleiben ['aʊsblaɪbən] (*unreg*) *vi* (*Personen*) to stay away, not to come; (*Ereignisse*) to fail to happen, not to happen

Ausblick ['aʊsblɪk] *m* (*auch fig*) prospect; (*lit, fig*) outlook, view

ausbrechen ['aʊsbrɛçən] (*unreg*) *vi* to break out ♦ *vt* to break off; **in Tränen/Gelächter** ~ to burst into tears/out laughing

ausbreiten ['aʊsbraɪtən] *vt* to spread (out); (*Arme*) to stretch out ♦ *vr* to spread; **sich über ein Thema** ~ to expand *od* enlarge on a topic

ausbrennen ['aʊsbrɛnən] (*unreg*) *vt* to scorch; (*Wunde*) to cauterize ♦ *vi* to burn out

Ausbruch ['aʊsbrʊx] *m* outbreak; (*von Vulkan*) eruption; (*Gefühls~*) outburst; (*von Gefangenen*) escape

ausbrüten ['aʊsbryːtən] *vt* (*auch fig*) to hatch

Ausdauer ['aʊsdaʊər] *f* perseverance, stamina; **a~nd** *adj* persevering

ausdehnen ['aʊsdeːnən] *vt, vr* (*räumlich*) to expand; (*zeitlich, auch Gummi*) to stretch; (*Nebel, fig*: *Macht*) to extend

ausdenken ['aʊsdɛŋkən] (*unreg*) *vt*: **sich** *dat* **etw** ~ to think sth up

Ausdruck ['aʊsdrʊk] *m* expression, phrase; (*Kundgabe, Gesichts~*) expression; (*COMPUT*) print-out, hard copy; **a~en** *vt* (*COMPUT*) to print out

ausdrücken ['aʊsdrʏkən] *vt* (*auch vr*: *formulieren, zeigen*) to express; (*Zigarette*) to put out; (*Zitrone*) to squeeze

ausdrücklich *adj* express, explicit

ausdrucks- *zW*: **~los** *adj* expressionless, blank; **~voll** *adj* expressive; **A~weise** *f* mode of expression

auseinander [aʊs'aɪ'nandər] *adv* (*getrennt*) apart; ~ **schreiben** to write as separate words; **~bringen** (*unreg*) *vt* to separate; **~fallen** (*unreg*) *vi* to fall apart; **~gehen** (*unreg*) *vi* (*Menschen*) to separate; (*Meinungen*) to differ; (*Gegenstand*) to fall apart; (*umg*: *dick werden*) to put on weight; **~halten** (*unreg*) *vt* to tell apart; **~nehmen** (*unreg*) *vt* to take to pieces, to dismantle; **~setzen** *vt* (*erklären*) to set forth, to explain ♦ *vr* (*sich verständigen*) to come to terms, to settle; (*sich befassen*) to concern o.s.; **A~setzung** *f* argument

ausfahren ['aʊsfaːrən] (*unreg*) *vt* (*spazierfahren*: *im Auto*) to take for a drive; (: *im Kinderwagen*) to take for a walk; (*liefern*) to deliver

Ausfahrt ['aʊsfaːrt] *f* (*des Zuges etc*) leaving, departure; (*Autobahn~*) exit; (*Garagen~ etc*) exit, way out; (*Spazierfahrt*) drive, excursion

Ausfall ['aʊsfal] *m* loss; (*Nichtstattfinden*) cancellation; (*MIL*) sortie; (*Fechten*) lunge; (*radioaktiv*) fall-out; **a~en** (*unreg*) *vi* (*Zähne, Haare*) to fall *od* come out; (*nicht stattfinden*) to be cancelled; (*wegbleiben*) to be omitted; (*Person*) to drop out; (*Lohn*) to be stopped; (*nicht funktionieren*) to break down; (*Resultat haben*) to turn out; **~straße** *f* arterial road

ausfertigen ['aʊsfɛrtɪgən] *vt* (*förmlich*: *Urkunde, Paß*) to draw up; (*Rechnung*) to make out

Ausfertigung ['aʊsfɛrtɪgʊŋ] *f* drawing up; making out; (*Exemplar*) copy

ausfindig ['aʊsfɪndɪç] *adj*: ~ **machen** to discover

ausfließen ['aʊsfliːsən] (*unreg*) *vt* (*herausfließen*): ~ **(aus)** to flow out (of); (*auslaufen*: *Öl etc*): ~ **(aus)** to leak (out of)

Ausflucht ['aʊsflʊxt] (-, **-flüchte**) *f* excuse

Ausflug ['aʊsflu:k] *m* excursion, outing

Ausflügler ['aʊsfly:klər] (**-s**, -) *m* tripper

Ausfluß ['aʊsflʊs] *m* outlet; (*MED*) discharge

ausfragen ['aʊsfra:gən] *vt* to interrogate, to question

ausfressen ['aʊsfrɛsən] (*unreg*) *vt* to eat up; (*aushöhlen*) to corrode; (*umg*: *anstellen*) to be up to

Ausfuhr ['aʊsfu:r] (-, **-en**) *f* export, exportation ♦ *in zW* export

ausführ- ['aʊsfy:r] *zW*: **~en** *vt* (*verwirklichen*) to carry out; (*Person*) to take out; (*Hund*) to take for a walk; (*COMM*) to export; (*erklären*) to give details of; **~lich** *adj* detailed ♦ *adv* in detail; **A~lichkeit** *f* detail; **A~ung** *f* execution, performance; (*Durchführung*) completion; (*Herstellungsart*) version; (*Erklärung*) explanation

ausfüllen ['aʊsfʏlən] *vt* to fill up; (*Fragebogen etc*) to fill in; (*Beruf*) to be fulfilling for

Ausgabe ['aʊsga:bə] *f* (*Geld*) expenditure, outlay; (*Aushändigung*) giving out; (*Gepäck~*) left-luggage office; (*Buch*) edition; (*Nummer*) issue; (*COMPUT*) output

Ausgang ['aʊsgaŋ] *m* way out, exit; (*Ende*) end; (*Ausgangspunkt*) starting point; (*Ergebnis*) result; (*Ausgehtag*) free time, time off; **kein** ~ no exit

Ausgangspunkt *m* starting point

Ausgangssperre *f* curfew

ausgeben ['aʊsge:bən] (*unreg*) *vt* (*Geld*) to spend, (*austeilen*) to issue, to distribute ♦ *vr*: **sich für etw/jdn** ~ to pass o.s. off as sth/sb

ausgebucht ['aʊsgəbu:xt] *adj* (*Vorstellung, Flug, Maschine*) fully booked

ausgedient ['aʊsgədi:nt] *adj* (*Soldat*) discharged; (*verbraucht*) no longer in use; ~ **haben** to have done good service

ausgefallen ['aʊsgəfalən] *adj* (*ungewöhnlich*) exceptional

ausgeglichen ['aʊsgəglɪçən] *adj* (well-)balanced; **A~heit** *f* balance; (*von Mensch*) even-temperedness

ausgehen ['aʊsge:ən] (*unreg*) *vi* to go out; (*zu Ende gehen*) to come to an end; (*Benzin*) to run out; (*Haare, Zähne*) to fall *od* come out; (*Feuer, Ofen, Licht*) to go out; (*Strom*) to go off; (*Resultat haben*) to turn out; **mir ging das Benzin aus** I ran out of petrol (*BRIT*) *od* gas (*US*); **auf etw** *akk* ~ to aim at sth; **von etw** ~ (*wegführen*) to lead away from sth; (*herrühren*) to come from sth; (*zugrunde legen*) to proceed from sth; **wir können davon ~, daß ...** we can take as our starting point that ...; **leer** ~ to get nothing; **schlecht** ~ to turn out badly

Ausgehverbot *nt* curfew

ausgelassen ['aʊsgəlasən] *adj* boisterous, high-spirited

ausgelastet ['aʊsgəlastət] *adj* fully occupied

ausgelernt ['aʊsgəlɛrnt] *adj* trained, qualified

ausgemacht ['aʊsgəmaxt] *adj* settled; (*umg*: *Dummkopf etc*) out-and-out, downright; **es war eine ~e Sache, daß ...** it was a foregone conclusion that ...

ausgenommen ['aʊsgənɔmən] *präp +gen* except ♦ *konj* except; **Anwesende sind** ~ present company excepted

ausgeprägt ['aʊsgəprɛ:kt] *adj* distinct

ausgerechnet ['aʊsgərɛçnət] *adv* just, precisely; ~ **du/heute** you of all people/today of all days

ausgeschlossen ['aʊsgəʃlɔsən] *adj* (*unmöglich*) impossible, out of the question

ausgeschnitten ['aʊsgəʃnɪtən] *adj* (*Kleid*) low-necked

ausgesprochen ['aʊsgəʃprɔxən] *adj* (*Faulheit, Lüge etc*) out-and-out; (*unverkennbar*) marked ♦ *adv* decidedly

ausgezeichnet ['aʊsgətsaɪçnət] *adj* excellent

ausgiebig ['aʊsgi:bɪç] *adj* (*Gebrauch*) thorough, good; (*Essen*) generous, lavish; ~ **schlafen** to have a good sleep

Ausgleich ['aʊsglaɪç] (**-(e)s, -e**) *m* balance; (*Vermittlung*) reconciliation; (*SPORT*) equalization; **zum ~ einer Sache** *gen* in order to offset sth; **a~en** (*unreg*) *vt* to balance (out); to reconcile; (*Höhe*) to even up ♦ *vi* (*SPORT*) to equalize

ausgraben ['aʊsgra:bən] (*unreg*) *vt* to dig up; (*Leichen*) to exhume; (*fig*) to unearth

Ausgrabung *f* excavation; (*Ausgraben auch*) digging up

Ausguß ['aʊsgʊs] *m* (*Spüle*) sink; (*Abfluß*) outlet; (*Tülle*) spout

aushalten ['aʊshaltən] (*unreg*) *vt* to bear, to stand; (*Geliebte*) to keep ♦ *vi* to hold out; **das ist nicht zum A~** that is unbearable

aushandeln ['aʊshandəln] *vt* to negotiate

aushändigen ['aʊshɛndɪgən] *vt*: **jdm etw ~** to hand sth over to sb

Aushang ['aʊshaŋ] *m* notice

aushängen ['aʊshɛŋən] (*unreg*) *vt* (*Meldung*) to put up; (*Fenster*) to take off its hinges ♦ *vi* to be displayed ♦ *vr* to hang out

ausharren ['aʊsharən] *vi* to hold out

ausheben ['aʊshe:bən] (*unreg*) *vt* (*Erde*) to lift out; (*Grube*) to hollow out; (*Tür*) to take off its hinges; (*Diebesnest*) to clear out; (*MIL*) to enlist

aushecken ['aʊshɛkən] (*umg*) *vt* to cook up

aushelfen ['aʊshɛlfən] (*unreg*) *vi*: **jdm ~** to help sb out

Aushilfe ['aʊshɪlfə] *f* help, assistance; (*Person*) (temporary) worker

Aushilfskraft *f* temporary worker

aushilfsweise *adv* temporarily, as a stopgap

ausholen ['aʊsho:lən] *vi* to swing one's arm back; (*zur Ohrfeige*) to raise one's hand; (*beim Gehen*) to take long strides; **weit ~** (*fig*) to be expansive

aushorchen ['aʊshɔrçən] *vt* to sound out, to pump

aushungern ['aʊshʊŋərn] *vt* to starve out

auskennen ['aʊskɛnən] (*unreg*) *vr* to know a lot; (*an einem Ort*) to know one's way about; (*in Fragen etc*) to be knowledgeable

Ausklang ['aʊsklaŋ] *m* end

auskleiden ['aʊsklaɪdən] *vr* to undress ♦ *vt* (*Wand*) to line

ausklingen ['aʊsklɪŋən] (*unreg*) *vi* (*Ton, Lied*) to die away; (*Fest*) to peter out

ausklopfen ['aʊsklɔpfən] *vt* (*Teppich*) to beat; (*Pfeife*) to knock out

auskochen ['aʊskɔxən] *vt* to boil; (*MED*) to sterilize; **ausgekocht** (*fig*) out-and-out

Auskommen ['aʊskɔmən] (**-s**) *nt*: **sein ~ haben** to have a regular income; **a~** (*unreg*) *vi*: **mit jdm a~** to get on with sb; **mit etw a~** to get by with sth

auskosten ['aʊskɔstən] *vt* to enjoy to the full

auskundschaften ['aʊskʊntʃaftən] *vt* to spy out; (*Gebiet*) to reconnoitre

Auskunft ['aʊskʊnft] (**-, -künfte**) *f* information; (*nähere*) details *pl*, particulars *pl*; (*Stelle*) information office; (*TEL*) directory inquiries *sg*

auslachen ['aʊslaxən] *vt* to laugh at, to mock

ausladen ['aʊsla:dən] (*unreg*) *vt* to unload; (*umg*: *Gäste*) to cancel an invitation to

Auslage ['aʊsla:gə] *f* shop window (display); **~n** *pl* (*Ausgabe*) outlay *sg*

Ausland ['aʊslant] *nt* foreign countries *pl*; **im ~** abroad; **ins ~** abroad

Ausländer(in) ['aʊslɛndər(ɪn)] (**-s, -**) *m(f)* foreigner

ausländisch *adj* foreign

Auslandsgespräch *nt* international call

Auslandsreise *f* trip abroad

auslassen ['aʊslasən] (*unreg*) *vt* to leave out; (*Wort etc auch*) to omit; (*Fett*) to melt; (*Kleidungsstück*) to let out ♦ *vr*: **sich über etw** *akk* ~ to speak one's mind about sth; **seine Wut** *etc* **an jdm** ~ to vent one's rage *etc* on sb

Auslassung *f* omission

Auslauf ['aʊslaʊf] *m* (*für Tiere*) run; (*Ausfluß*) outflow, outlet; **a~en** (*unreg*) *vi* to run out; (*Behälter*) to leak; (*NAUT*) to put out (to sea); (*langsam aufhören*) to run down

Ausläufer ['aʊslɔʏfər] *m* (*von Gebirge*) spur; (*Pflanze*) runner; (*MET*: *von Hoch*) ridge; (: *von Tief*) trough

ausleeren ['aʊsleːrən] *vt* to empty

auslegen ['aʊsleːgən] *vt* (*Waren*) to lay out; (*Köder*) to put down; (*Geld*) to lend; (*bedecken*) to cover; (*Text etc*) to interpret

Auslegung *f* interpretation

ausleiern ['auslaɪərn] *vi* (*Gummi*) to wear out

Ausleihe ['aʊslaɪə] *f* issuing; (*Stelle*) issue desk; **a~n** (*unreg*) *vt* (*verleihen*) to lend; **sich** *dat* **etw a~n** to borrow sth

Auslese ['aʊsleːzə] *f* selection; (*Elite*) elite; (*Wein*) choice wine; **a~n** (*unreg*) *vt* to select; (*umg*: *zu Ende lesen*) to finish

ausliefern ['aʊsliːfərn] *vt* to deliver (up), to hand over; (*COMM*) to deliver; **jdm/etw ausgeliefert sein** to be at the mercy of sb/sth

auslöschen ['aʊslœʃən] *vt* to extinguish; (*fig*) to wipe out, to obliterate

auslosen ['aʊsloːzən] *vt* to draw lots for

auslösen ['aʊsløːzən] *vt* (*Explosion, Schuß*) to set off; (*hervorrufen*) to cause, to produce; (*Gefangene*) to ransom; (*Pfand*) to redeem

Auslöser (-s, -) *m* (*PHOT*) release

ausmachen ['aʊsmaxən] *vt* (*Licht, Radio*) to turn off; (*Feuer*) to put out; (*entdecken*) to make out; (*vereinbaren*) to agree; (*beilegen*) to settle; (*Anteil darstellen, betragen*) to represent; (*bedeuten*) to matter; **macht es Ihnen etwas aus, wenn ...?** would you mind if ...?

ausmalen ['aʊsmaːlən] *vt* to paint; (*fig*) to describe; **sich** *dat* **etw** ~ to imagine sth

Ausmaß ['aʊsmaːs] *nt* dimension; (*fig auch*) scale

ausmessen ['aʊsmɛsən] (*unreg*) *vt* to measure

Ausnahme ['aʊsnaːmə] *f* exception; **~fall** *m* exceptional case; **~zustand** *m* state of emergency

ausnahmslos *adv* without exception

ausnahmsweise *adv* by way of exception, for once

ausnehmen ['aʊsneːmən] (*unreg*) *vt* to take out, to remove; (*Tier*) to gut; (*Nest*) to rob; (*umg*: *Geld abnehmen*) to clean out; (*ausschließen*) to make an exception of ♦ *vr* to look, to appear; **~d** *adj* exceptional

ausnützen ['aʊsnʏtsən] *vt* (*Zeit, Gelegenheit*) to use, to turn to good account; (*Einfluß*) to use; (*Mensch, Gutmütigkeit*) to exploit

auspacken ['aʊspakən] *vt* to unpack

auspfeifen ['aʊspfaɪfən] (*unreg*) *vt* to hiss/boo at

ausplaudern ['aʊsplaʊdərn] *vt* (*Geheimnis*) to blab

ausprobieren ['aʊsprobiːrən] *vt* to try (out)

Auspuff ['aʊspʊf] (-(e)s, -e) *m* (*TECH*) exhaust; **~rohr** *nt* exhaust (pipe); **~topf** *m* (*AUT*) silencer

ausradieren ['aʊsradiːrən] *vt* to erase, to rub out; (*fig*) to annihilate

ausrangieren ['aʊsrãʒiːrən] (*umg*) *vt* to chuck out

ausrauben ['aʊsraʊbən] *vt* to rob

ausräumen ['aʊsrɔʏmən] *vt* (*Dinge*) to clear away; (*Schrank, Zimmer*) to empty; (*Bedenken*) to dispel

ausrechnen ['aʊsrɛçnən] *vt* to calculate, to reckon

Ausrede ['aʊsreːdə] *f* excuse; **a~n** *vi* to have one's say ♦ *vt*: **jdm etw a~n** to talk sb out of sth

ausreichen ['aʊsraɪçən] *vi* to suffice, to be enough; **~d** *adj* sufficient, adequate; (*SCH*) adequate

Ausreise ['aʊsraɪzə] *f* departure; **bei der ~** when leaving the country; **~erlaubnis** *f* exit visa; **a~n** *vi* to leave the country

ausreißen ['aʊsraɪsən] (*unreg*) *vt* to tear *od* pull out ♦ *vi* (*Riß bekommen*) to tear; (*umg*) to make off, to scram

ausrenken ['aʊsrɛŋkən] *vt* to dislocate

ausrichten ['aʊsrɪçtən] *vt* (*Botschaft*) to deliver; (*Gruß*) to pass on; (*Hochzeit etc*) to arrange; (*in gerade Linie bringen*) to get in a straight line; (*angleichen*) to bring into line; (*TYP*) to justify; **ich werde es ihm ~** I'll tell him; **etwas/nichts bei jdm ~** to get somewhere/nowhere with sb

ausrotten ['aʊsrɔtən] *vt* to stamp out, to exterminate

ausrücken ['aʊsrʏkən] *vi* (*MIL*) to move off; (*Feuerwehr, Polizei*) to be called out; (*umg*: *weglaufen*) to run away

Ausruf ['aʊsru:f] *m* (*Schrei*) cry, exclamation; (*Bekanntmachung*) proclamation; **a~en** (*unreg*) *vt* to cry out, to exclaim; to call out; **~ezeichen** *nt* exclamation mark

ausruhen ['aʊsru:ən] *vt, vr* to rest

ausrüsten ['aʊsrʏstən] *vt* to equip, to fit out

Ausrüstung *f* equipment

ausrutschen ['aʊsrʊtʃən] *vi* to slip

Aussage ['aʊsza:gə] *f* (*JUR*) statement; **a~n** *vt* to say, to state ♦ *vi* (*JUR*) to give evidence

ausschalten ['aʊsʃaltən] *vt* to switch off; (*fig*) to eliminate

Ausschank ['aʊsʃaŋk] (**-(e)s, -schänke**) *m* dispensing, giving out; (*COMM*) selling; (*Theke*) bar

Ausschau ['aʊsʃaʊ] *f*: **~ halten (nach)** to look out (for), to watch (for); **a~en** *vi*: **a~en (nach)** to look out (for), to be on the look-out (for)

ausscheiden ['aʊsʃaɪdən] (*unreg*) *vt* to take out; (*MED*) to secrete ♦ *vi*: **~ (aus)** to leave; (*SPORT*) to be eliminated (from) *od* knocked out (of)

Ausscheidung *f* separation; secretion; elimination; (*aus Amt*) retirement

ausschenken ['aʊsʃɛŋkən] *vt* (*Alkohol, Kaffee*) to pour out; (*COMM*) to sell

ausschildern ['aʊsʃɪldərn] *vt* to signpost

ausschimpfen ['aʊsʃɪmpfən] *vt* to scold, to tell off

ausschlafen ['aʊsʃla:fən] (*unreg*) *vi, vr* to have a good sleep ♦ *vt* to sleep off; **ich bin nicht ausgeschlafen** I didn't have *od* get enough sleep

Ausschlag ['aʊsʃla:k] *m* (*MED*) rash; (*Pendel~*) swing; (*Nadel~*) deflection; **den ~ geben** (*fig*) to tip the balance; **a~en** [-gən] (*unreg*) *vt* to knock out; (*auskleiden*) to deck out; (*verweigern*) to decline ♦ *vi* (*Pferd*) to kick out; (*BOT*) to sprout; **a~gebend** *adj* decisive

ausschließen ['aʊsʃli:sən] (*unreg*) *vt* to shut *od* lock out; (*fig*) to exclude

ausschließlich *adj* exclusive ♦ *adv* exclusively ♦ *präp +gen* exclusive of, excluding

Ausschluß ['aʊsʃlʊs] *m* exclusion

ausschmücken ['aʊsʃmʏkən] *vt* to decorate; (*fig*) to embellish

ausschneiden ['aʊsʃnaɪdən] (*unreg*) *vt* to cut out; (*Büsche*) to trim

Ausschnitt ['aʊsʃnɪt] *m* (*Teil*) section; (*von Kleid*) neckline; (*Zeitungs~*) cutting; (*aus Film etc*) excerpt

ausschreiben ['aʊsʃraɪbən] (*unreg*) *vt* (*ganz schreiben*) to write out (in full); (*ausstellen*) to write (out); (*Stelle, Wettbewerb etc*) to announce, to advertise

Ausschreitung ['aʊsʃraɪtʊŋ] *f* (*usu pl*) riot

Ausschuß ['aʊsʃʊs] *m* committee, board; (*Abfall*) waste, scraps *pl*; (*COMM*: *auch*: *~ware f*) reject

ausschütten ['aʊsʃʏtən] *vt* to pour out; (*Eimer*) to empty; (*Geld*) to pay ♦

vr to shake (with laughter)

ausschweifend ['aʊsʃvaɪfənt] *adj* (*Leben*) dissipated, debauched; (*Phantasie*) extravagant

aussehen ['aʊszeːən] (*unreg*) *vi* to look; **A~** (-s) *nt* appearance; **es sieht nach Regen aus** it looks like rain; **es sieht schlecht aus** things look bad

aussein ['aʊssaɪn] (*unreg; umg*) *vi* (*zu Ende sein*) to be over; (*nicht zu Hause sein*) to be out; (*nicht brennen*) to be out; (*abgeschaltet sein: Radio, Herd*) to be off

außen ['aʊsən] *adv* outside; (*nach ~*) outwards; **~ ist es rot** it's red (on the) outside

Außen- *zW*: **~bordmotor** *m* outboard motor; **~dienst** *m*: **im ~dienst sein** to work outside the office, **~handel** *m* foreign trade; **~minister** *m* foreign minister; **~ministerium** *nt* foreign office; **~politik** *f* foreign policy; **a~politisch** *adj* (*Entwicklung, Lage*) foreign; **~seite** *f* outside; **~seiter** (-s, -) *m* outsider; **~stehende(r)** *f(m)* outsider; **~welt** *f* outside world

außer ['aʊsər] *präp +dat* (*räumlich*) out of; (*abgesehen von*) except ♦ *konj* (*ausgenommen*) except; **~ Gefahr** out of danger; **~ Zweifel** beyond any doubt; **~ Betrieb** out of order; **~ Dienst** retired; **~ Landes** abroad; **~ sich** *dat* **sein** to be beside o.s.; **~ sich** *akk* **geraten** to go wild; **~ wenn** unless; **~ daß** except; **~dem** *konj* besides, in addition

äußere(r, s) ['ɔʏsərə(r, s)] *adj* outer, external

außergewöhnlich *adj* unusual

außerhalb *präp +gen* outside ♦ *adv* outside

äußerlich *adj* external

äußern *vt* to utter, to express; (*zeigen*) to show ♦ *vr* to give one's opinion; (*Krankheit etc*) to show itself

außerordentlich *adj* extraordinary

außerplanmäßig *adj* unscheduled

äußerst ['ɔʏsərst] *adv* extremely, most; **~e(r, s)** *adj* utmost; (*räumlich*) farthest; (*Termin*) last possible; (*Preis*) highest

Äußerung *f* remark, comment

aussetzen ['aʊszɛtsən] *vt* (*Kind, Tier*) to abandon; (*Boote*) to lower; (*Belohnung*) to offer; (*Urteil, Verfahren*) to postpone ♦ *vi* (*aufhören*) to stop; (*Pause machen*) to have a break; **jdm/etw ausgesetzt sein** to be exposed to sb/sth; **an jdm/etw etwas ~** to find fault with sb/sth

Aussicht ['aʊszɪçt] *f* view; (*in Zukunft*) prospect; **etw in ~ haben** to have sth in view

Aussichts- *zW*: **a~los** *adj* hopeless; **~punkt** *m* viewpoint; **a~reich** *adj* promising; **~turm** *m* observation tower

aussöhnen ['aʊszøːnən] *vt* to reconcile ♦ *vr* to reconcile o.s., to become reconciled

aussondern ['aʊszɔndərn] *vt* to separate, to select

aussortieren ['aʊszɔrtiːrən] *vt* to sort out

ausspannen ['aʊsʃpanən] *vt* to spread *od* stretch out; (*Pferd*) to unharness; (*umg*: *Mädchen*): **(jdm) jdn ~** to steal sb (from sb) ♦ *vi* to relax

aussperren ['aʊsʃpɛrən] *vt* to lock out

ausspielen ['aʊsʃpiːlən] *vt* (*Karte*) to lead; (*Geldprämie*) to offer as a prize ♦ *vi* (*KARTEN*) to lead; **jdn gegen jdn ~** to play sb off against sb; **ausgespielt haben** to be finished

Aussprache ['aʊsʃpraːxə] *f* pronunciation; (*Unterredung*) (frank) discussion

aussprechen ['aʊsʃprɛçən] (*unreg*) *vt* to pronounce; (*äußern*) to say, to express ♦ *vr* (*sich äußern*): **sich ~ (über +akk)** to speak (about); (*sich anvertrauen*) to unburden o.s. (about *od* on); (*diskutieren*) to discuss ♦ *vi* (*zu Ende sprechen*) to finish speaking

Ausspruch ['aʊsʃprʊx] *m* saying, remark

ausspülen ['aʊsʃpyːlən] *vt* to wash

out; (*Mund*) to rinse

Ausstand ['aʊsʃtant] *m* strike; **in den ~ treten** to go on strike

ausstatten ['aʊsʃtatən] *vt* (*Zimmer etc*) to furnish; (*Person*) to equip, to kit out

Ausstattung *f* (*Ausstatten*) provision; (*Kleidung*) outfit; (*Aussteuer*) dowry; (*Aufmachung*) make-up; (*Einrichtung*) furnishing

ausstechen ['aʊsʃtɛçən] (*unreg*) *vt* (*Augen, Rasen, Graben*) to dig out; (*Kekse*) to cut out; (*übertreffen*) to outshine

ausstehen ['aʊsʃteːən] (*unreg*) *vt* to stand, to endure ♦ *vi* (*noch nicht dasein*) to be outstanding

aussteigen ['aʊsʃtaɪgən] (*unreg*) *vi* to get out, to alight

ausstellen ['aʊsʃtɛlən] *vt* to exhibit, to display; (*umg*: *ausschalten*) to switch off; (*Rechnung etc*) to make out; (*Paß, Zeugnis*) to issue

Ausstellung *f* exhibition; (*FIN*) drawing up; (*einer Rechnung*) making out; (*eines Passes etc*) issuing

aussterben ['aʊsʃtɛrbən] (*unreg*) *vi* to die out

Aussteuer ['aʊsʃtɔʏər] *f* dowry

Ausstieg ['aʊsʃtiːk] (**-(e)s, -e**) *m* exit

ausstopfen ['aʊsʃtɔpfən] *vt* to stuff

ausstoßen ['aʊsʃtoːsən] (*unreg*) *vt* (*Luft, Rauch*) to give off, to emit; (*aus Verein etc*) to expel, to exclude; (*Auge*) to poke out

ausstrahlen ['aʊsʃtraːlən] *vt, vi* to radiate; (*RADIO*) to broadcast

Ausstrahlung *f* radiation; (*fig*) charisma

ausstrecken ['aʊsʃtrɛkən] *vt, vr* to stretch out

ausstreichen ['aʊsʃtraɪçən] (*unreg*) *vt* to cross out; (*glätten*) to smooth (out)

ausströmen ['aʊsʃtrøːmən] *vi* (*Gas*) to pour out, to escape ♦ *vt* to give off; (*fig*) to radiate

aussuchen ['aʊszuːxən] *vt* to select, to pick out

Austausch ['aʊstaʊʃ] *m* exchange; **a~bar** *adj* exchangeable; **a~en** *vt* to exchange, to swap; **~motor** *m* reconditioned engine

austeilen ['aʊstaɪlən] *vt* to distribute, to give out

Auster ['aʊstər] (**-, -n**) *f* oyster

austoben ['aʊstoːbən] *vr* (*Kind*) to run wild; (*Erwachsene*) to sow one's wild oats

austragen ['aʊstraːgən] (*unreg*) *vt* (*Post*) to deliver; (*Streit etc*) to decide; (*Wettkämpfe*) to hold

Australien [aʊs'traːliən] (**-s**) *nt* Australia

Australier(in) (**-s, -**) *m(f)* Australian

australisch *adj* Australian

austreiben ['aʊstraɪbən] (*unreg*) *vt* to drive out, to expel; (*Geister*) to exorcize

austreten ['aʊstreːtən] (*unreg*) *vi* (*zur Toilette*) to be excused ♦ *vt* (*Feuer*) to tread out, to trample; (*Schuhe*) to wear out; (*Treppe*) to wear down; **aus etw ~** to leave sth

austrinken ['aʊstrɪŋkən] (*unreg*) *vt* (*Glas*) to drain; (*Getränk*) to drink up ♦ *vi* to finish one's drink, to drink up

Austritt ['aʊstrɪt] *m* emission; (*aus Verein, Partei etc*) retirement, withdrawal

austrocknen ['aʊstrɔknən] *vt, vi* to dry up

ausüben ['aʊs'yːbən] *vt* (*Beruf*) to practise, to carry out; (*Funktion*) to perform; (*Einfluß*) to exert; **einen Reiz auf jdn ~** to hold an attraction for sb; **eine Wirkung auf jdn ~** to have an effect on sb

Ausverkauf ['aʊsfɛrkaʊf] *m* sale; **a~en** *vt* to sell out; (*Geschäft*) to sell up; **a~t** *adj* (*Karten, Artikel*) sold out; (*THEAT*: *Haus*) full

Auswahl ['aʊsvaːl] *f*: **eine ~ (an** *+dat*) a selection (of), a choice (of)

auswählen ['aʊsvɛːlən] *vt* to select, to choose

Auswander- ['aʊsvandər] *zW*: **~er** *m* emigrant; **a~n** *vi* to emigrate;

~**ung** *f* emigration

auswärtig ['aʊsvɛrtɪç] *adj* (*nicht am/vom Ort*) out-of-town; (*ausländisch*) foreign

auswärts ['aʊsvɛrts] *adv* outside; (*nach außen*) outwards; ~ **essen** to eat out; **A~spiel** ['aʊsvɛrtsʃpi:l] *nt* away game

auswechseln ['aʊsvɛksəln] *vt* to change, to substitute

Ausweg ['aʊsve:k] *m* way out; **a~los** *adj* hopeless

ausweichen ['aʊsvaɪçən] (*unreg*) *vi*: **jdm/etw** ~ to move aside *od* make way for sb /sth; (*fig*) to side-step sb/sth; ~**d** *adj* evasive

ausweinen ['aʊsvaɪnən] *vr* to have a (good) cry

Ausweis ['aʊsvaɪs] (**-es, -e**) *m* identity card; passport; (*Mitglieds~, Bibliotheks~ etc*) card; **a~en** [-zən] (*unreg*) *vt* to expel, to banish ♦ *vr* to prove one's identity; ~**papiere** *pl* identity papers; ~**ung** *f* expulsion

ausweiten ['aʊsvaɪtən] *vt* to stretch

auswendig ['aʊsvɛndɪç] *adv* by heart; ~ **lernen** to learn by heart

auswerten ['aʊsvɛrtən] *vt* to evaluate

Auswertung *f* evaluation, analysis; (*Nutzung*) utilization

auswirken ['aʊsvɪrkən] *vr* to have an effect

Auswirkung *f* effect

auswischen ['aʊsvɪʃən] *vt* to wipe out; **jdm eins** ~ (*umg*) to put one over on sb

Auswuchs ['aʊsvu:ks] *m* (out)growth; (*fig*) product

auswuchten ['aʊsvʊxtən] *vt* (*AUT*) to balance

auszahlen ['aʊstsa:lən] *vt* (*Lohn, Summe*) to pay out; (*Arbeiter*) to pay off; (*Miterbe*) to buy out ♦ *vr* (*sich lohnen*) to pay

auszählen ['aʊstsɛ:lən] *vt* (*Stimmen*) to count; (*BOXEN*) to count out

auszeichnen ['aʊstsaɪçnən] *vt* to honour; (*MIL*) to decorate; (*COMM*) to price ♦ *vr* to distinguish o.s.

Auszeichnung *f* distinction; (*COMM*) pricing; (*Ehrung*) awarding of decoration; (*Ehre*) honour; (*Orden*) decoration; **mit** ~ with distinction

ausziehen ['aʊstsi:ən] (*unreg*) *vt* (*Kleidung*) to take off; (*Haare, Zähne, Tisch etc*) to pull out; (*nachmalen*) to trace ♦ *vr* to undress ♦ *vi* (*aufbrechen*) to leave; (*aus Wohnung*) to move out

Auszug ['aʊstsu:k] *m* (*aus Wohnung*) removal; (*aus Buch etc*) extract; (*Konto~*) statement; (*Ausmarsch*) departure

Auto ['aʊto] (**-s, -s**) *nt* (motor-)car; ~ **fahren** to drive; ~**atlas** *m* road atlas; ~**bahn** *f* motorway; ~**bahndreieck** *nt* motorway junction; ~**bahnkreuz** *nt* motorway intersection; ~**bus** *m* bus; ~**fahrer(in)** *m(f)* motorist, driver; ~**fahrt** *f* drive; **a~gen** [-'ge:n] *adj* autogenous; ~'**gramm** *nt* autograph; ~'**mat** (**-en, -en**) *m* machine; ~**matik** [aʊto'ma:tɪk] *f* (*AUT*) automatic; **a~'matisch** *adj* automatic; **a~nom** [-'no:m] *adj* autonomous

Autor(in) ['aʊtɔr, aʊ'to:rɪn, *pl* -'to:rən] (**-s, -en**) *m(f)* author

Auto- *zW*: ~**radio** *nt* car radio; ~**reifen** *m* car tyre; ~**reisezug** *m* motorail train; ~**rennen** *nt* motor racing

autoritär [aʊtori'tɛ:r] *adj* authoritarian

Autorität *f* authority

Auto- *zW*: ~**stopp** *m*: **per ~stopp fahren** to hitch-hike; ~**telefon** *nt* car phone; ~**unfall** *m* car *od* motor accident; ~**verleih** *m* car hire (*BRIT*) *od* rental (*US*); ~**wäsche** *f* car wash

Axt [akst] (**-, ¨e**) *f* axe

B

Baby ['be:bi] (-s, -s) *nt* baby; **~nahrung** *f* baby food; **~sitter** ['be:bizɪtər] (-s, -) *m* baby-sitter

Bach [bax] (-(e)s, ¨e) *m* stream, brook

Backbord (-(e)s, -e) *nt* (*NAUT*) port

Backe ['bakə] *f* cheek

backen (*unreg*) *vt, vi* to bake

Backenzahn *m* molar

Bäcker ['bɛkər] (-s, -) *m* baker; **~ei** *f* bakery; (*~laden*) baker's (shop)

Back- *zW*: **~form** *f* baking tin; **~obst** *nt* dried fruit; **~ofen** *m* oven; **~pflaume** *f* prune; **~pulver** *nt* baking powder; **~stein** *m* brick

Bad [ba:t] (-(e)s, ¨er) *nt* bath; (*Schwimmen*) bathe; (*Ort*) spa

Bade- ['ba:də] *zW*: **~anstalt** *f* (swimming) baths *pl*; **~anzug** *m* bathing suit; **~hose** *f* bathing *od* swimming trunks *pl*; **~mantel** *m* bath(ing) robe; **~meister** *m* baths attendant; **~mütze** *f* bathing cap; **b~n** *vi* to bathe, to have a bath ♦ *vt* to bath; **~ort** *m* spa; **~tuch** *nt* bath towel; **~wanne** *f* bath (tub); **~zimmer** *nt* bathroom

Bagatelle [bagaˈtɛlə] *f* trifle

Bagger ['bagər] (-s, -) *m* excavator; (*NAUT*) dredger; **b~n** *vt, vi* to excavate; to dredge

Bahn [ba:n] (-, -en) *f* railway, railroad (*US*); (*Weg*) road, way; (*Spur*) lane; (*Renn~*) track; (*ASTRON*) orbit; (*Stoff~*) length; **b~brechend** *adj* pioneering; **~damm** *m* railway embankment; **b~en** *vt*: **sich/jdm einen Weg b~en** to clear a way/a way for sb; **~fahrt** *f* railway journey; **~hof** *m* station; **auf dem ~hof** at the station; **~hofshalle** *f* station concourse; **~hofsvorsteher** *m* stationmaster; **~linie** *f* (railway) line; **~steig** *m* platform; **~übergang** *m* level crossing, grade crossing (*US*); **~wärter** *m* signalman

Bahre ['ba:rə] *f* stretcher

Bakterien [bakˈte:riən] *pl* bacteria *pl*

Balance [baˈlã:sə] *f* balance, equilibrium

balanˈcieren *vt, vi* to balance

bald [balt] *adv* (*zeitlich*) soon; (*beinahe*) almost; **~ig** ['baldɪç] *adj* early, speedy

Baldrian ['baldria:n] (-s, -e) *m* valerian

Balkan ['balka:n] (-s) *m*: **der ~** the Balkans *pl*

Balken ['balkən] (-s, -) *m* beam; (*Trag~*) girder; (*Stütz~*) prop

Balkon [balˈkõ:] (-s, -s *od* -e) *m* balcony; (*THEAT*) (dress) circle

Ball [bal] (-(e)s, ¨e) *m* ball; (*Tanz*) dance, ball

Ballast ['balast] (-(e)s, -e) *m* ballast; (*fig*) weight, burden

Ballen ['balən] (-s, -) *m* bale; (*ANAT*) ball; **b~** *vt* (*formen*) to make into a ball; (*Faust*) to clench ♦ *vr* (*Wolken etc*) to build up; (*Menschen*) to gather

Ballett [baˈlɛt] (-(e)s, -e) *nt* ballet

Ballkleid *nt* evening dress

Ballon [baˈlõ:] (-s, -s *od* -e) *m* balloon

Ballspiel *nt* ball game

Ballungsgebiet ['baluŋsgebi:t] *nt* conurbation

Baltikum ['baltikʊm] (-s) *nt* (*GEO*): **das ~** the Baltic States

Bambus ['bambʊs] (-ses, -se) *m* bamboo; **~rohr** *nt* bamboo cane

Banane [baˈna:nə] *f* banana

Band[1] [bant] (-(e)s, ¨e) *m* (*Buch~*) volume

Band[2] (-(e)s, ¨er) *nt* (*Stoff~*) ribbon, tape; (*Fließ~*) production line; (*Faß~*) hoop; (*Ton~*) tape; (*ANAT*) ligament; **etw auf Band aufnehmen** to tape sth; **am laufenden Band** (*umg*) non-stop

Band[3] (-(e)s, -e) *nt* (*Freundschafts~ etc*) bond

Band[4] [bɛnt] (-, -s) *f* band, group

band *etc vb siehe* **binden**

Bandage [ban'da:ʒə] *f* bandage
banda'gieren *vt* to bandage
Bande ['bandə] *f* band; (*Straßen~*) gang
bändigen ['bɛndɪgən] *vt* (*Tier*) to tame; (*Trieb, Leidenschaft*) to control, to restrain
Bandit [ban'di:t] (**-en, -en**) *m* bandit
Band- *zW*: **~nudel** *f* (*KOCH*: *gew pl*) ribbon noodles (*pl*); **~scheibe** *f* (*ANAT*) disc; **~wurm** *m* tapeworm
bange ['baŋə] *adj* scared; (*besorgt*) anxious; **jdm wird es ~** sb is becoming scared; **jdm ~ machen** to scare sb; **~n** *vi*: **um jdn/etw ~n** to be anxious *od* worried about sb/sth
Banjo ['banjo, 'bɛndʒo] (**-s, -s**) *nt* banjo
Bank[1] [baŋk] (**-, ¨e**) *f* (*Sitz~*) bench; (*Sand~ etc*) (sand)bank, (sand)bar
Bank[2] (**-, -en**) *f* (*Geld~*) bank
Bankanweisung *f* banker's order
Bankett [baŋ'kɛt] (**-(e)s, -e**) *nt* (*Essen*) banquet; (*Straßenrand*) verge (*BRIT*), shoulder (*US*); **~e** *f* verge (*BRIT*), shoulder (*US*)
Bankier [baŋki'e:] (**-s, -s**) *m* banker
Bank- *zW*: **~konto** *m* bank account; **~leitzahl** *f* bank sort code number; **~note** *f* banknote; **~raub** *m* bank robbery
Bankrott [baŋ'krɔt] (**-(e)s, -e**) *m* bankruptcy; **b~** *adj* bankrupt; **~ machen** to go bankrupt
Bann [ban] (**-(e)s, -e**) *m* (*HIST*) ban; (*Kirchen~*) excommunication; (*fig*: *Zauber*) spell; **b~en** *vt* (*Geister*) to exorcise; (*Gefahr*) to avert; (*bezaubern*) to enchant; (*HIST*) to banish
Banner (**-s, -**) *nt* banner, flag
Bar (**-, -s**) *f* bar
bar [ba:r] *adj* (*+gen*) (*unbedeckt*) bare; (*frei von*) lacking (in); (*offenkundig*) utter, sheer; **~e(s) Geld** cash; **etw (in) ~ bezahlen** to pay sth (in) cash; **etw für ~e Münze nehmen** (*fig*) to take sth at its face value
Bär [bɛ:r] (**-en, -en**) *m* bear
Baracke [ba'rakə] *f* hut
barbarisch [bar'ba:rɪʃ] *adj* barbaric, barbarous
Bar- *zW*: **b~fuß** *adj* barefoot; **~geld** *nt* cash, ready money; **b~geldlos** *adj* non-cash
Barhocker *m* bar stool
Barkauf *m* cash purchase
Barkeeper ['ba:rki:pər] (**-s, -**) *m* barman, bartender
barmherzig [barm'hɛrtsɪç] *adj* merciful, compassionate
Barometer [baro'me:tər] (**-s, -**) *nt* barometer
Baron [ba'ro:n] (**-s, -e**) *m* baron; **~in** *f* baroness
Barren ['barən] (**-s, -**) *m* parallel bars *pl*; (*Gold~*) ingot
Barriere [bari'ɛ:rə] *f* barrier
Barrikade [bari'ka:də] *f* barricade
Barsch [barʃ] (**-(e)s, -e**) *m* perch
barsch *adj* brusque, gruff
Barschaft *f* ready money
Barscheck *m* open *od* uncrossed cheque (*BRIT*), open check (*US*)
Bart [ba:rt] (**-(e)s, ¨e**) *m* beard; (*Schlüssel~*) bit
bärtig ['bɛ:rtɪç] *adj* bearded
Barzahlung *f* cash payment
Base ['ba:zə] *f* (*CHEM*) base; (*Kusine*) cousin
Basel ['ba:zəl] *nt* Basle
Basen *pl von* **Base; Basis**
BASIC ['be:sik] *nt* (*COMPUT*) BASIC
basieren [ba'zi:rən] *vt* to base ♦ *vi* to be based
Basis ['ba:zɪs] (**-, Basen**) *f* basis
Baß [bas] (**Basses, Bässe**) *m* bass
Bassin [ba'sɛ̃:] (**-s, -s**) *nt* pool
Baßstimme *f* bass voice
Bast [bast] (**-(e)s, -e**) *m* raffia
basteln *vt* to make ♦ *vi* to do handicrafts
bat *etc* [ba:t] *vb siehe* **bitten**
Bataillon [batal'jo:n] (**-s, -e**) *nt* battalion
Batik ['ba:tik] *f* (*Verfahren*) batik
Batist [ba'tɪst] (**-(e)s, -e**) *m* batiste
Batterie [batə'ri:] *f* battery
Bau [bau] (**-(e)s**) *m* (*Bauen*) building, construction; (*Aufbau*) structure;

(*Körper~*) frame; (*~stelle*) building site; (*pl Baue*: *Tier~*) hole, burrow; (: *MIN*) working(s); (*pl Bauten*: *Gebäude*) building; **sich im ~ befinden** to be under construction; **~arbeiter** *m* building worker

Bauch [baʊx] (**-(e)s, Bäuche**) *m* belly; (*ANAT auch*) stomach, abdomen; **~fell** *nt* peritoneum; **b~ig** *adj* bulbous; **~nabel** *m* navel; **~redner** *m* ventriloquist; **~schmerzen** *pl* stomach-ache; **~tanz** *m* belly dance; belly dancing; **~weh** *nt* stomach-ache

bauen ['baʊən] *vt, vi* to build; (*TECH*) to construct; **auf jdn/etw ~** to depend *od* count upon sb/sth

Bauer[1] ['baʊər] (**-n** *od* **-s, -n**) *m* farmer; (*Schach*) pawn

Bauer[2] (**-s, -**) *nt od m* (bird-)cage

Bäuerin ['bɔʏərɪn] *f* farmer; (*Frau des Bauers*) farmer's wife

bäuerlich *adj* rustic

Bauern- *zW*: **~haus** *nt* farmhouse; **~hof** *m* farm(yard)

Bau- *zW*: **b~fällig** *adj* dilapidated; **~gelände** *f* building site; **~genehmigung** *f* building permit; **~herr** *m* purchaser; **~kasten** *m* box of bricks; **~land** *nt* building land; **b~lich** *adj* structural

Baum [baʊm] (**-(e)s, Bäume**) *m* tree

baumeln ['baʊməln] *vi* to dangle

bäumen ['bɔʏmən] *vr* to rear (up)

Baum- *zW*: **~schule** *f* nursery; **~stamm** *m* tree trunk; **~stumpf** *m* tree stump; **~wolle** *f* cotton

Bau- *zW*: **~plan** *m* architect's plan; **~platz** *m* building site

bausparen *vi* to save with a building society

Bausparkasse *f* building society

Bausparvertrag *m* building society savings agreement

Bau *zW*: **~stein** *m* building stone, freestone; **~stelle** *f* building site; **~teil** *nt* prefabricated part (of building); **~ten** *pl von* **Bau**; **~weise** *f* (method of) construction; **~werk** *nt* building; **~zaun** *m* hoarding

Bayer(in) ['baɪər(ɪn)] *m(f)* Bavarian

Bayern ['baɪərn] *nt* Bavaria

bayrisch ['baɪrɪʃ] *adj* Bavarian

Bazillus [ba'tsɪlʊs] (**-, Bazillen**) *m* bacillus

beabsichtigen [bə''apzɪçtɪgən] *vt* to intend

beachten [bə''axtən] *vt* to take note of; (*Vorschrift*) to obey; (*Vorfahrt*) to observe

beachtlich *adj* considerable

Beachtung *f* notice, attention, observation

Beamte(r) [bə''amtə(r)] (**-n, -n**) *m* official; (*Staats~*) civil servant; (*Bank~ etc*) employee

Beamtin *f siehe* **Beamte(r)**

beängstigend [bə''ɛŋstɪgənt] *adj* alarming

beanspruchen [bə''anʃpruxən] *vt* to claim; (*Zeit, Platz*) to take up, to occupy; **jdn ~** to take up sb's time

beanstanden [bə''anʃtandən] *vt* to complain about, to object to

beantragen [bə''antra:gən] *vt* to apply for, to ask for

beantworten [bə''antvɔrtən] *vt* to answer

Beantwortung *f (+gen)* reply (to)

bearbeiten [bə''arbaɪtən] *vt* to work; (*Material*) to process; (*Thema*) to deal with; (*Land*) to cultivate; (*CHEM*) to treat; (*Buch*) to revise; (*umg*: *beeinflussen wollen*) to work on

Bearbeitung *f* processing; cultivation; treatment; revision

Beatmung [bə''a:tmʊŋ] *f* respiration

beaufsichtigen [bə''aʊfzɪçtɪgən] *vt* to supervise

Beaufsichtigung *f* supervision

beauftragen [bə''aʊftra:gən] *vt* to instruct; **jdn mit etw ~** to entrust sb with sth

Beauftragte(r) *f(m)* (*dekl wie adj*) representative

bebauen [bə'baʊən] *vt* to build on; (*AGR*) to cultivate

beben ['be:bən] *vi* to tremble, to shake; **B~** (**-s, -**) *nt* earthquake

Becher ['bɛçər] (**-s, -**) *m* mug; (*ohne*

Henkel) tumbler

Becken ['bɛkən] (**-s, -**) *nt* basin; (*MUS*) cymbal; (*ANAT*) pelvis

bedacht [bə'daxt] *adj* thoughtful, careful; **auf etw** *akk* ~ **sein** to be concerned about sth

bedächtig [bə'dɛçtɪç] *adj* (*umsichtig*) thoughtful, reflective; (*langsam*) slow, deliberate

bedanken [bə'daŋkən] *vr*: **sich (bei jdm)** ~ to say thank you (to sb)

Bedarf [bə'darf] (**-(e)s**) *m* need, requirement; (*COMM*) demand; **je nach** ~ according to demand; **bei** ~ if necessary; ~ **an etw** *dat* **haben** to be in need of sth

Bedarfsfall *m* case of need

Bedarfshaltestelle *f* request stop

bedauerlich [bə'dauərlɪç] *adj* regrettable

bedauern [bə'dauərn] *vt* to be sorry for; (*bemitleiden*) to pity; **B~** (**-s**) *nt* regret; **~swert** *adj* (*Zustände*) regrettable; (*Mensch*) pitiable, unfortunate

bedecken [bə'dɛkən] *vt* to cover

bedeckt *adj* covered; (*Himmel*) overcast

bedenken [bə'dɛŋkən] (*unreg*) *vt* to think over, to consider; **B~** (**-s, -**) *nt* (*Überlegen*) consideration; (*Zweifel*) doubt; (*Skrupel*) scruple

bedenklich *adj* doubtful; (*bedrohlich*) dangerous, risky

Bedenkzeit *f* time to think

bedeuten [bə'dɔytən] *vt* to mean; to signify; (*wichtig sein*) to be of importance; **~d** *adj* important; (*beträchtlich*) considerable

bedeutsam *adj* (*wichtig*) significant

Bedeutung *f* meaning; significance; (*Wichtigkeit*) importance; **b~slos** *adj* insignificant, unimportant, **b~svoll** *adj* momentous, significant

bedienen [bə'diːnən] *vt* to serve; (*Maschine*) to work, to operate ♦ *vr* (*beim Essen*) to help o.s.; **sich jds/einer Sache** ~ to make use of sb/sth

Bedienung *f* service; (*Kellnerin*) waitress; (*Verkäuferin*) shop assistant; (*Zuschlag*) service (charge)

bedingen [bə'dɪŋən] *vt* (*verursachen*) to cause

bedingt *adj* (*Richtigkeit, Tauglichkeit*) limited; (*Zusage, Annahme*) conditional

Bedingung *f* condition; (*Voraussetzung*) stipulation; **b~slos** *adj* unconditional

bedrängen [bə'drɛŋən] *vt* to pester, to harass

bedrohen [bə'droːən] *vt* to threaten

Bedrohung *f* threat, menace

bedrücken [bə'drʏkən] *vt* to oppress, to trouble

bedürf- [bə'dʏrf] *zW*: **~en** (*unreg*) *vi* +*gen* to need, to require; **B~nis** (**-ses, -se**) *nt* need; **B~nisanstalt** *f* public convenience, comfort station (*US*); **~tig** *adj* in need, poor, needy

beeilen [bə''aɪlən] *vr* to hurry

beeindrucken [bə''aɪndrʊkən] *vt* to impress, to make an impression on

beeinflussen [bə''aɪnflʊsən] *vt* to influence

beeinträchtigen [bə''aɪntrɛçtɪgən] *vt* to affect adversely; (*Freiheit*) to infringe upon

beend(ig)en [bə''ɛnd(ɪg)ən] *vt* to end, to finish, to terminate

beengen [bə''ɛŋən] *vt* to cramp; (*fig*) to hamper, to oppress

beerben [bə''ɛrbən] *vt*: **jdn** ~ to inherit from sb

beerdigen [bə''eːrdɪgən] *vt* to bury

Beerdigung *f* funeral, burial; **~sinstitut** *nt* funeral director's

Beere ['beːrə] *f* berry; (*Trauben~*) grape

Beet [beːt] (**-(e)s, -e**) *nt* bed

befähigen [bə'fɛːɪgən] *vt* to enable

befähigt *adj* (*begabt*) talented; ~ **(für)** (*fähig*) capable (of)

Befähigung *f* capability; (*Begabung*) talent, aptitude

befahrbar [bə'faːrbaːr] *adj* passable; (*NAUT*) navigable

befahren [bə'faːrən] (*unreg*) *vt* to use, to drive over; (*NAUT*) to navigate ♦ *adj* used

befallen [bə'falən] (*unreg*) *vt* to come over
befangen [bə'faŋən] *adj* (*schüchtern*) shy, self-conscious; (*voreingenommen*) biased
befassen [bə'fasən] *vr* to concern o.s.
Befehl [bə'fe:l] (**-(e)s, -e**) *m* command, order; **b~en** (*unreg*) *vt* to order ♦ *vi* to give orders; **jdm etw b~en** to order sb to do sth; **~sverweigerung** *f* insubordination
befestigen [bə'fɛstɪgən] *vt* to fasten; (*stärken*) to strengthen; (*MIL*) to fortify; **~ an** +*dat* to fasten to
Befestigung *f* fastening; strengthening; (*MIL*) fortification
befeuchten [bə'fɔʏçtən] *vt* to damp(en), to moisten
befinden [bə'fɪndən] (*unreg*) *vr* to be; (*sich fühlen*) to feel ♦ *vt*: **jdn/etw für** *od* **als etw ~** to deem sb/sth to be sth ♦ *vi*: **~ (über** +*akk*) to decide (on), to adjudicate (on); **B~ (-s)** *nt* health, condition; (*Meinung*) view, opinion
befolgen [bə'fɔlgən] *vt* to comply with, to follow
befördern [bə'fœrdərn] *vt* (*senden*) to transport, to send; (*beruflich*) to promote
Beförderung *f* transport; promotion
befragen [bə'fra:gən] *vt* to question
befreien [bə'fraɪən] *vt* to set free; (*erlassen*) to exempt
Befreier (**-s, -**) *m* liberator
Befreiung *f* liberation, release; (*Erlassen*) exemption
befremden [bə'frɛmdən] *vt* to surprise, to disturb; **B~ (-s)** *nt* surprise, astonishment
befreunden [bə'frɔʏndən] *vr* to make friends; (*mit Idee etc*) to acquaint o.s.
befreundet *adj* friendly
befriedigen [bə'fri:dɪgən] *vt* to satisfy; **~d** *adj* satisfactory
Befriedigung *f* satisfaction, gratification
befristet [bə'frɪstət] *adj* limited
befruchten [bə'fʊxtən] *vt* to fertilize; (*fig*) to stimulate
Befruchtung *f*: **künstliche ~** artificial insemination
Befugnis [bə'fu:knɪs] (**-, -se**) *f* authorization, powers *pl*
befugt *adj* authorized, entitled
Befund [bə'fʊnt] (**-(e)s, -e**) *m* findings *pl*; (*MED*) diagnosis
befürchten [bə'fʏrçtən] *vt* to fear
Befürchtung *f* fear, apprehension
befürworten [bə'fy:rvɔrtən] *vt* to support, to speak in favour of
Befürworter (**-s, -**) *m* supporter, advocate
begabt [bə'ga:pt] *adj* gifted
Begabung [bə'ga:bʊŋ] *f* talent, gift
begann *etc* [bə'gan] *vb siehe* **beginnen**
begeben [bə'ge:bən] (*unreg*) *vr* (*gehen*) to betake o.s.; (*geschehen*) to occur; **sich ~ nach** *od* **zu** to proceed to(wards); **B~heit** *f* occurrence
begegnen [bə'ge:gnən] *vi*: **jdm ~** to meet sb; (*behandeln*) to treat sb; **einer Sache** *dat* **~** to meet with sth
Begegnung *f* meeting
begehen [bə'ge:ən] (*unreg*) *vt* (*Straftat*) to commit; (*abschreiten*) to cover; (*Straße etc*) to use, to negotiate; (*Feier*) to celebrate
begehren [bə'ge:rən] *vt* to desire
begehrt *adj* in demand; (*Junggeselle*) eligible
begeistern [bə'gaɪstərn] *vt* to fill with enthusiasm, to inspire ♦ *vr*: **sich für etw ~** to get enthusiastic about sth
begeistert *adj* enthusiastic
Begierde [bə'gi:rdə] *f* desire, passion
begierig [bə'gi:rɪç] *adj* eager, keen
begießen [bə'gi:sən] (*unreg*) *vt* to water; (*mit Alkohol*) to drink to
Beginn [bə'gɪn] (**-(e)s**) *m* beginning; **zu ~** at the beginning; **b~en** (*unreg*) *vt, vi* to start, to begin
beglaubigen [bə'glaʊbɪgən] *vt* to countersign

Beglaubigung *f* countersignature
begleichen [bə'glaɪçən] (*unreg*) *vt* to settle, to pay
Begleit- [bə'glaɪt] *zW*: **b~en** *vt* to accompany; (*MIL*) to escort; **~er** (-s, -) *m* companion; (*Freund*) escort; (*MUS*) accompanist; **~schreiben** *nt* covering letter; **~umstände** *pl* concomitant circumstances; **~ung** *f* company; (*MIL*) escort; (*MUS*) accompaniment
beglücken [bə'glʏkən] *vt* to make happy, to delight
beglückwünschen [bə'glʏkvʏnʃən] *vt*: **~ (zu)** to congratulate (on)
begnadigen [bə'gna:dɪgən] *vt* to pardon
Begnadigung *f* pardon, amnesty
begnügen [bə'gny:gən] *vr* to be satisfied, to content o.s.
Begonie [bə'go:niə] *f* begonia
begonnen [bə'gɔnən] *vb siehe* **beginnen**
begraben [bə'gra:bən] (*unreg*) *vt* to bury
Begräbnis [bə'grɛ:pnɪs] (-**ses**, -**se**) *nt* burial, funeral
begreifen [bə'graɪfən] (*unreg*) *vt* to understand, to comprehend
begreiflich [bə'graɪflɪç] *adj* understandable
Begrenztheit [bə'grɛntsthaɪt] *f* limitation, restriction; (*fig*) narrowness
Begriff [bə'grɪf] (-**(e)s**, -**e**) *m* concept, idea; **im ~ sein, etw zu tun** to be about to do sth; **schwer von ~** (*umg*) slow, dense; **b~sstutzig** *adj* slow, dense
begründ- [bə'grʏnd] *zW*: **~en** *vt* (*Gründe geben*) to justify; **~et** *adj* well-founded, justified; **B~ung** *f* justification, reason
begrüßen [bə'gry:sən] *vt* to greet, to welcome
Begrüßung *f* greeting, welcome
begünstigen [bə'gʏnstɪgən] *vt* (*Person*) to favour; (*Sache*) to further, to promote
begutachten [bə'gu:t'axtən] *vt* to assess
begütert [bə'gy:tərt] *adj* wealthy, well-to-do
behaart [bə'ha:rt] *adj* hairy
behäbig [bə'hɛ:bɪç] *adj* (*dick*) portly, stout; (*geruhsam*) comfortable
behagen [bə'ha:gən] *vi*: **das behagt ihm nicht** he does not like it; **B~** (-s) *nt* comfort, ease
behaglich [bə'ha:klɪç] *adj* comfortable, cosy; **B~keit** *f* comfort, cosiness
behalten [bə'haltən] (*unreg*) *vt* to keep, to retain; (*im Gedächtnis*) to remember
Behälter [bə'hɛltər] (-**s**, -) *m* container, receptacle
behandeln [bə'handəln] *vt* to treat; (*Thema*) to deal with; (*Maschine*) to handle
Behandlung *f* treatment; (*von Maschine*) handling
beharren [bə'harən] *vi*: **auf etw** *dat* ~ to stick *od* keep to sth
beharrlich [bə'harlɪç] *adj* (*ausdauernd*) steadfast, unwavering, (*hartnäckig*) tenacious, dogged; **B~keit** *f* steadfastness; tenacity
behaupten [bə'haʊptən] *vt* to claim, to assert, to maintain; (*sein Recht*) to defend ♦ *vr* to assert o.s.
Behauptung *f* claim, assertion
beheben [bə'he:bən] (*unreg*) *vt* to remove
beheizen [bə'haɪtsən] *vt* to heat
behelfen [bə'hɛlfən] (*unreg*) *vr*: **sich mit etw ~** to make do with sth
behelfsmäßig *adj* improvised, makeshift; (*vorübergehend*) temporary
behelligen [bə'hɛlɪgən] *vt* to trouble, to bother
beherbergen [bə'hɛrbɛrgən] *vt* to put up, to house
beherrschen [bə'hɛrʃən] *vt* (*Volk*) to rule, to govern; (*Situation*) to control; (*Sprache, Gefühle*) to master ♦ *vr* to control o.s.
beherrscht *adj* controlled
Beherrschung *f* rule; control; mastery
beherzigen [bə'hɛrtsɪgən] *vt* to take to heart

beherzt *adj* courageous, brave
behilflich [bə'hɪlflɪç] *adj* helpful; **jdm ~ sein (bei)** to help sb (with)
behindern [bə'hɪndərn] *vt* to hinder, to impede
Behinderte(r) *mf* disabled person
Behinderung *f* hindrance; (*Körper~*) handicap
Behörde [bə'hø:rdə] *f* (*auch pl*) authorities *pl*
behördlich [bə'hø:rtlɪç] *adj* official
behüten [bə'hy:tən] *vt* to guard; **jdn vor etw** *dat* ~ to preserve sb from sth
behutsam [bə'hu:tza:m] *adj* cautious, careful; **B~keit** *f* caution, carefulness

SCHLÜSSELWORT

bei [baɪ] *präp +dat* **1** (*nahe bei*) near; (*zum Aufenthalt*) at, with; (*unter, zwischen*) among; **bei München** near Munich; **bei uns** at our place; **beim Friseur** at the hairdresser's; **bei seinen Eltern wohnen** to live with one's parents; **bei einer Firma arbeiten** to work for a firm; **etw bei sich haben** to have sth on one; **jdn bei sich haben** to have sb with one; **bei Goethe** in Goethe; **beim Militär** in the army
2 (*zeitlich*) at, on; (*während*) during; (*Zustand, Umstand*) in; **bei Nacht** at night; **bei Nebel** in fog; **bei Regen** if it rains; **bei solcher Hitze** in such heat; **bei meiner Ankunft** on my arrival; **bei der Arbeit** when I'm *etc* working; **beim Fahren** while driving

beibehalten ['baɪbəhaltən] (*unreg*) *vt* to keep, to retain
beibringen ['baɪbrɪŋən] (*unreg*) *vt* (*Beweis, Zeugen*) to bring forward; (*Gründe*) to adduce; **jdm etw** ~ (*lehren*) to teach sb sth; (*zu verstehen geben*) to make sb understand sth; (*zufügen*) to inflict sth on sb
Beichte ['baɪçtə] *f* confession; **b~n** *vt* to confess ♦ *vi* to go to confession
Beichtstuhl *m* confessional
beide(s) ['baɪdə(s)] *pron, adj* both; **meine ~n Brüder** my two brothers, both my brothers; **die ersten ~n** the first two; **wir** ~ we two; **einer von ~n** one of the two; **alles ~s** both (of them)
beider- ['baɪdər] *zW*: **~lei** *adj inv* of both; **~seitig** *adj* mutual, reciprocal; **~seits** *adv* mutually ♦ *präp +gen* on both sides of
beieinander [baɪ'aɪ'nandər] *adv* together
Beifahrer ['baɪfa:rər] *m* passenger; **~sitz** *m* passenger seat
Beifall ['baɪfal] (**-(e)s**) *m* applause; (*Zustimmung*) approval
beifällig ['baɪfɛlɪç] *adj* approving; (*Kommentar*) favourable
beifügen ['baɪfy:gən] *vt* to enclose
beige ['be:ʒə] *adj* beige, fawn
beigeben ['baɪge:bən] (*unreg*) *vt* (*zufügen*) to add; (*mitgeben*) to give ♦ *vi* (*nachgeben*) to give in
Beihilfe ['baɪhɪlfə] *f* aid, assistance; (*Studien~*) grant; (*JUR*) aiding and abetting
beikommen ['baɪkɔmən] (*unreg*) *vi +dat* to get at; (*einem Problem*) to deal with
Beil [baɪl] (**-(e)s, -e**) *nt* axe, hatchet
Beilage ['baɪla:gə] *f* (*Buch~ etc*) supplement; (*KOCH*) vegetables and potatoes *pl*
beiläufig ['baɪlɔʏfɪç] *adj* casual, incidental ♦ *adv* casually, by the way
beilegen ['baɪle:gən] *vt* (*hinzufügen*) to enclose, to add; (*beimessen*) to attribute, to ascribe; (*Streit*) to settle
Beileid ['baɪlaɪt] *nt* condolence, sympathy; **herzliches** ~ deepest sympathy
beiliegend ['baɪli:gənt] *adj* (*COMM*) enclosed
beim [baɪm] = **bei dem**
beimessen ['baɪmɛsən] (*unreg*) *vt* (*+dat*) to attribute (to), to ascribe (to)
Bein [baɪn] (**-(e)s, -e**) *nt* leg
beinah(e) ['baɪna:(ə)] *adv* almost,

nearly

Beinbruch *m* fracture of the leg

beinhalten [bə''ɪnhaltən] *vt* to contain

beipflichten ['baɪpflɪçtən] *vi*: **jdm/etw** ~ to agree with sb/sth

beisammen [baɪ'zamən] *adv* together; **B~sein** (-s) *nt* get-together

Beischlaf ['baɪʃla:f] *m* sexual intercourse

Beisein ['baɪzaɪn] (-s) *nt* presence

beiseite [baɪ'zaɪtə] *adv* to one side, aside; (*stehen*) on one side, aside; **etw ~ legen** (*sparen*) to put sth by; **jdn/etw ~ schaffen** to put sb/get sth out of the way

beisetzen ['baɪzɛtsən] *vt* to bury

Beisetzung *f* funeral

Beisitzer ['baɪzɪtsər] (-s, -) *m* (*bei Prüfung*) assessor

Beispiel ['baɪʃpi:l] (-(e)s, -e) *nt* example; **sich** (*dat*) **an jdm ein ~ nehmen** to take sb as an example; **zum ~** for example; **b~haft** *adj* exemplary; **b~los** *adj* unprecedented; **b~sweise** *adv* for instance *od* example

beißen ['baɪsən] (*unreg*) *vt, vi* to bite; (*stechen*: *Rauch, Säure*) to burn ♦ *vr* (*Farben*) to clash; **~d** *adj* biting, caustic; (*fig auch*) sarcastic

Beistand ['baɪʃtant] (-(e)s, ¨e) *m* support, help; (*JUR*) adviser

beistehen ['baɪʃte:ən] (*unreg*) *vi*: **jdm ~** to stand by sb

beisteuern ['baɪʃtɔʏərn] *vt* to contribute

beistimmen ['baɪʃtɪmən] *vi* +*dat* to agree with

Beitrag ['baɪtra:k] (-(e)s, ¨e) *m* contribution; (*Zahlung*) fee, subscription; (*Versicherungs~*) premium; **b~en** ['baɪtra:gən] (*unreg*) *vt, vi*: **b~en (zu)** to contribute (to); (*mithelfen*) to help (with)

beitreten ['baɪtre:tən] (*unreg*) *vi* +*dat* to join

Beitritt ['baɪtrɪt] *m* joining, membership

Beiwagen *m* (*Motorrad~*) sidecar

Beize ['baɪtsə] *f* (*Holz~*) stain; (*KOCH*) marinade

beizeiten [baɪ'tsaɪtən] *adv* in time

bejahen [bə'ja:ən] *vt* (*Frage*) to say yes to, to answer in the affirmative; (*gutheißen*) to agree with

bejahrt [bə'ja:rt] *adj* aged, elderly

bekämpfen [bə'kɛmpfən] *vt* (*Gegner*) to fight; (*Seuche*) to combat ♦ *vr* to fight

Bekämpfung *f* fight, struggle

bekannt [bə'kant] *adj* (well-)known; (*nicht fremd*) familiar; **mit jdm ~ sein** to know sb; **jdn mit jdm ~ machen** to introduce sb to sb; **das ist mir ~** I know that; **es/sie kommt mir ~ vor** it/she seems familiar; **B~e(r)** *mf* acquaintance; friend; **B~enkreis** *m* circle of friends; **~geben** (*unreg*) *vt* to announce publicly; **~lich** *adv* as is well known, as you know; **~machen** *vt* to announce; **B~machung** *f* publication; announcement; **B~schaft** *f* acquaintance

bekehren [bə'ke:rən] *vt* to convert ♦ *vr* to be *od* become converted

Bekehrung *f* conversion

bekennen [bə'kɛnən] (*unreg*) *vt* to confess; (*Glauben*) to profess; **Farbe ~** (*umg*) to show where one stands

Bekenntnis [bə'kɛntnɪs] (-ses, -se) *nt* admission, confession; (*Religion*) confession, denomination

beklagen [bə'kla:gən] *vt* to deplore, to lament ♦ *vr* to complain; **~swert** *adj* lamentable, pathetic

bekleiden [bə'klaɪdən] *vt* to clothe; (*Amt*) to occupy, to fill

Bekleidung *f* clothing

beklemmen [bə'klɛmən] *vt* to oppress

beklommen [bə'klɔmən] *adj* anxious, uneasy; **B~heit** *f* anxiety, uneasiness

bekommen [bə'kɔmən] (*unreg*) *vt* to get, to receive; (*Kind*) to have; (*Zug*) to catch, to get ♦ *vi*: **jdm ~** to agree with sb

bekömmlich [bə'kœmlɪç] *adj* easily

digestible

bekräftigen [bə'krɛftɪgən] *vt* to confirm, to corroborate

bekreuzigen [bə'krɔʏtsɪgən] *vr* to cross o.s.

bekümmern [bə'kʏmərn] *vt* to worry, to trouble

bekunden [bə'kʊndən] *vt* (*sagen*) to state; (*zeigen*) to show

belächeln [bə'lɛçəln] *vt* to laugh at

beladen [bə'la:dən] (*unreg*) *vt* to load

Belag [bə'la:k] (**-(e)s, ⸗e**) *m* covering, coating; (*Brot~*) spread; (*Zahn~*) tartar; (*auf Zunge*) fur; (*Brems~*) lining

belagern [bə'la:gərn] *vt* to besiege

Belagerung *f* siege

Belang [bə'laŋ] (**-(e)s**) *m* importance; **~e** *pl* (*Interessen*) interests, concerns; **b~los** *adj* trivial, unimportant

belassen [bə'lasən] (*unreg*) *vt* (*in Zustand, Glauben*) to leave; (*in Stellung*) to retain

belasten [bə'lastən] *vt* to burden; (*fig: bedrücken*) to trouble, to worry; (*COMM: Konto*) to debit; (*JUR*) to incriminate ♦ *vr* to weigh o.s. down; (*JUR*) to incriminate o.s.; **~d** *adj* (*JUR*) incriminating

belästigen [bə'lɛstɪgən] *vt* to annoy, to pester

Belästigung *f* annoyance, pestering

Belastung [bə'lastʊŋ] *f* load; (*fig: Sorge etc*) weight; (*COMM*) charge, debit(ing); (*JUR*) incriminatory evidence

belaufen [bə'laʊfən] (*unreg*) *vr*: **sich ~ auf** +*akk* to amount to

beleben [bə'le:bən] *vt* (*anregen*) to liven up; (*Konjunktur, jds Hoffnungen*) to stimulate ♦ *vr* (*Augen*) to light up; (*Stadt*) to come to life

belebt [bə'le:pt] *adj* (*Straße*) busy

Beleg [bə'le:k] (**-(e)s, -e**) *m* (*COMM*) receipt; (*Beweis*) documentary evidence, proof; (*Beispiel*) example; **b~en** [bə'le:gən] *vt* to cover; (*Kuchen, Brot*) to spread; (*Platz*) to reserve, to book; (*Kurs, Vorlesung*) to register for; (*beweisen*) to verify, to prove; (*MIL: mit Bomben*) to bomb; **~schaft** *f* personnel, staff; **b~t** *adj*: **b~tes Brot** open sandwich

belehren [bə'le:rən] *vt* to instruct, to teach

Belehrung *f* instruction

beleibt [bə'laɪpt] *adj* stout, corpulent

beleidigen [bə'laɪdɪgən] *vt* to insult, to offend

Beleidigung *f* insult; (*JUR*) slander; libel

belesen [bə'le:zən] *adj* well-read

beleuchten [bə'lɔʏçtən] *vt* to light, to illuminate; (*fig*) to throw light on

Beleuchtung *f* lighting, illumination

Belgien ['bɛlgiən] *nt* Belgium: **Belgier(in)** *m(f)* Belgian; **belgisch** *adj* Belgian

belichten [bə'lɪçtən] *vt* to expose

Belichtung *f* exposure; **~smesser** *m* exposure meter

Belieben [bə'li:bən] *nt*: **(ganz) nach ~** (just) as you wish

beliebig [bə'li:bɪç] *adj* any you like ♦ *adv* as you like; **ein ~es Thema** any subject you like *od* want; **~ viel/viele** as much/many as you like

beliebt [bə'li:pt] *adj* popular; **sich bei jdm ~ machen** to make o.s. popular with sb; **B~heit** *f* popularity

beliefern [bə'li:fərn] *vt* to supply

bellen ['bɛlən] *vi* to bark

belohnen [bə'lo:nən] *vt* to reward

Belohnung *f* reward

belügen [bə'ly:gən] (*unreg*) *vt* to lie to, to deceive

belustigen [bə'lʊstɪgən] *vt* to amuse

Belustigung *f* amusement

bemalen [bə'ma:lən] *vt* to paint

bemängeln [bə'mɛŋəln] *vt* to criticize

bemerk- [bə'mɛrk] *zW*: **~bar** *adj* perceptible, noticeable; **sich ~bar machen** (*Person*) to make *od* get o.s. noticed; (*Unruhe*) to become noticeable; **~en** *vt* (*wahrnehmen*) to notice, to observe; (*sagen*) to say, to mention; **~enswert** *adj* remarkable, noteworthy; **B~ung** *f* remark; (*schriftlich auch*) note

bemitleiden [bə'mɪtlaɪdən] *vt* to pity

bemühen [bə'my:ən] *vr* to take trouble *od* pains

Bemühung *f* trouble, pains *pl*, effort

benachbart [bə'naxba:rt] *adj* neighbouring

benachrichtigen [bə'na:xrɪçtɪgən] *vt* to inform

Benachrichtigung *f* notification, information

benachteiligen [bə'na:xtaɪlɪgən] *vt* to put at a disadvantage; to victimize

benehmen [bə'ne:mən] (*unreg*) *vr* to behave; **B~** (-s) *nt* behaviour

beneiden [bə'naɪdən] *vt* to envy; **~swert** *adj* enviable

benennen [bə'nɛnən] (*unreg*) *vt* to name

Bengel ['bɛŋəl] (-s, -) *m* (little) rascal *od* rogue

benommen [bə'nɔmən] *adj* dazed

benoten [bə'no:tən] *vt* to mark

benötigen [bə'nø:tɪgən] *vt* to need

benutzen [bə'nʊtsən] *vt* to use

benützen [bə'nʏtsən] *vt* to use

Benutzer (-s, -) *m* user

Benutzung *f* utilization, use

Benzin [bɛnt'si:n] (-s, -e) *nt* (*AUT*) petrol (*BRIT*), gas(oline) (*US*); **~kanister** *m* petrol (*BRIT*) *od* gas (*US*) can; **~tank** *m* petrol tank (*BRIT*), gas tank (*US*); **~uhr** *f* petrol (*BRIT*) *od* gas (*US*) gauge

beobachten [bə''o:baxtən] *vt* to observe: **Beobachter** (-s, -) *m* observer; (*eines Unfalls*) witness; (*PRESSE, TV*) correspondent; **Beobachtung** *f* observation

bepacken [bə'pakən] *vt* to load, to pack

bequem [bə'kve:m] *adj* comfortable; (*Ausrede*) convenient; (*Person*) lazy, indolent; **~en** *vr*: **sich ~en(, etw zu tun)** to condescend (to do sth); **B~lichkeit** [-lɪçkaɪt] *f* convenience, comfort; (*Faulheit*) laziness, indolence

beraten [bə'ra:tən] (*unreg*) *vt* to advise; (*besprechen*) to discuss, to debate ♦ *vr* to consult; **gut/schlecht ~ sein** to be well/ill advised; **sich ~ lassen** to get advice

Berater (-s, -) *m* adviser

Beratung *f* advice; (*Besprechung*) consultation; **~sstelle** *f* advice centre

berauben [bə'raʊbən] *vt* to rob

berechenbar [bə'rɛçənba:r] *adj* calculable

berechnen [bə'rɛçnən] *vt* to calculate; (*COMM*: *anrechnen*) to charge; **~d** *adj* (*Mensch*) calculating, scheming

Berechnung *f* calculation; (*COMM*) charge

berechtigen [bə'rɛçtɪgən] *vt* to entitle; to authorize; (*fig*) to justify

berechtigt [bə'rɛçtɪçt] *adj* justifiable, justified

Berechtigung *f* authorization; (*fig*) justification

bereden [bə're:dən] *vt* (*besprechen*) to discuss; (*überreden*) to persuade ♦ *vr* to discuss

Bereich [bə'raɪç] (-(e)s, -e) *m* (*Bezirk*) area; (*PHYS*) range; (*Ressort, Gebiet*) sphere

bereichern [bə'raɪçərn] *vt* to enrich ♦ *vr* to get rich

bereinigen [bə'raɪnɪgən] *vt* to settle

bereisen [bə'raɪzən] *vt* (*Land*) to travel through

bereit [bə'raɪt] *adj* ready, prepared; **zu etw ~ sein** to be ready for sth; **sich ~ erklären** to declare o.s. willing; **~en** *vt* to prepare, to make ready; (*Kummer, Freude*) to cause; **~halten** (*unreg*) *vt* to keep in readiness; **~legen** *vt* to lay out; **~machen** *vt, vr* to prepare, to get ready; **~s** *adv* already; **B~schaft** *f* readiness; (*Polizei*) alert; **B~schaftsdienst** *m* emergency service; **~stehen** (*unreg*) *vi* (*Person*) to be prepared; (*Ding*) to be ready; **~stellen** *vt* (*Kisten, Pakete etc*) to put ready; (*Geld etc*) to make available; (*Trup-*

pen, Maschinen) to put at the ready; **~willig** *adj* willing, ready; **B~willigkeit** *f* willingness, readiness

bereuen [bə'rɔʏən] *vt* to regret

Berg [bɛrk] (**-(e)s, -e**) *m* mountain; hill; **b~ab** *adv* downhill; **~arbeiter** *m* miner; **b~auf** *adv* uphill; **~bahn** *f* mountain railway; **~bau** *m* mining

bergen ['bɛrgən] (*unreg*) *vt* (*retten*) to rescue; (*Ladung*) to salvage; (*enthalten*) to contain

Berg- *zW*: **~führer** *m* mountain guide; **~gipfel** *m* peak, summit; **b~ig** ['bɛrgɪç] *adj* mountainous; hilly; **~kamm** *m* ridge, crest; **~kette** *f* mountain range; **~mann** (*pl* **Bergleute**) *m* miner; **~rettungsdienst** *m* mountain rescue team; **~rutsch** *m* landslide; **~steigen** *nt* mountaineering; **~steiger(in)** (**-s, -**) *m(f)* mountaineer, climber

Bergung ['bɛrgʊŋ] *f* (*von Menschen*) rescue; (*von Material*) recovery; (*NAUT*) salvage

Bergwacht *f* mountain rescue service

Bergwerk *nt* mine

Bericht [bə'rɪçt] (**-(e)s, -e**) *m* report, account; **b~en** *vt, vi* to report; **~erstatter** (**-s, -**) *m* reporter; (newspaper) correspondent

berichtigen [bə'rɪçtɪgən] *vt* to correct

Berichtigung *f* correction

Bernstein ['bɛrnʃtaɪn] *m* amber

bersten ['bɛrstən] (*unreg*) *vi* to burst, to split

berüchtigt [bə'rʏçtɪçt] *adj* notorious, infamous

berücksichtigen [bə'rʏkzɪçtɪgən] *vt* to consider, to bear in mind

Berücksichtigung *f* consideration

Beruf [bə'ru:f] (**-(e)s, -e**) *m* occupation, profession; (*Gewerbe*) trade; **b~en** (*unreg*) *vt*: **b~en zu** to appoint to ♦ *vr*: **sich auf jdn/etw b~en** to refer *od* appeal to sb/sth ♦ *adj* competent, qualified; **b~lich** *adj* professional

Berufs- *zW*: **~ausbildung** *f* job training; **~berater** *m* careers adviser; **~beratung** *f* vocational guidance; **~geheimnis** *nt* professional secret; **~leben** *nt* professional life; **b~mäßig** [-mɛsɪç] *adj* professional; **~schule** *f* vocational *od* trade school; **~sportler** [-ʃpɔrtlər] *m* professional (sportsman); **b~tätig** *adj* employed; **b~unfähig** *adj* unfit for work; **~verkehr** *m* rush-hour traffic

Berufung *f* vocation, calling; (*Ernennung*) appointment; (*JUR*) appeal; **~ einlegen** to appeal

beruhen [bə'ru:ən] *vi*: **auf etw** *dat* **~** to be based on sth; **etw auf sich ~ lassen** to leave sth at that

beruhigen [bə'ru:ɪgən] *vt* to calm, to pacify, to soothe ♦ *vr* (*Mensch*) to calm (o.s.) down; (*Situation*) to calm down

Beruhigung *f* soothing; (*der Nerven*) calming; **zu jds ~** (in order) to reassure sb; **~smittel** *nt* sedative

berühmt [bə'ry:mt] *adj* famous; **B~heit** *f* (*Ruf*) fame; (*Mensch*) celebrity

berühren [bə'ry:rən] *vt* to touch; (*gefühlsmäßig bewegen*) to affect; (*flüchtig erwähnen*) to mention, to touch on ♦ *vr* to meet, to touch

Berührung *f* contact

besagen [bə'za:gən] *vt* to mean

besagt *adj* (*Tag etc*) said

besänftigen *vt* to soothe, to calm

Besatz [bə'zats] (**-es, ¨e**) *m* trimming, edging

Besatzung *f* garrison; (*NAUT, AVIAT*) crew; **~smacht** *f* occupying power

beschädigen [bə'ʃɛ:dɪgən] *vt* to damage; **Beschädigung** *f* damage; (*Stelle*) damaged spot

beschaffen [bə'ʃafən] *vt* to get, to acquire ♦ *adj*: **das ist so ~, daß** that is such that; **B~heit** *f* (*von Mensch*) constitution, nature

Beschaffung *f* acquisition

beschäftigen [bə'ʃɛftɪgən] *vt* to occupy; (*beruflich*) to employ ♦ *vr* to occupy *od* concern o.s.

beschäftigt *adj* busy, occupied
Beschäftigung *f* (*Beruf*) employment; (*Tätigkeit*) occupation; (*Befassen*) concern
beschämen [bə'ʃɛːmən] *vt* to put to shame; **~d** *adj* shameful; (*Hilfsbereitschaft*) shaming
beschämt *adj* ashamed
beschatten [bə'ʃatən] *vt* to shade; (*Verdächtige*) to shadow
Bescheid [bə'ʃaɪt] (**-(e)s, -e**) *m* information; (*Weisung*) directions *pl*; **~ wissen (über** +*akk*) to be well-informed (about); **ich weiß ~** I know, **jdm ~ geben** *od* **sagen** to let sb know
bescheiden [bə'ʃaɪdən] (*unreg*) *vr* to content o.s. ♦ *adj* modest; **B~heit** *f* modesty
bescheinen [bə'ʃaɪnən] (*unreg*) *vt* to shine on
bescheinigen [bə'ʃaɪnɪgən] *vt* to certify; (*bestätigen*) to acknowledge
Bescheinigung *f* certificate; (*Quittung*) receipt
beschenken [bə'ʃɛŋkən] *vt*: **jdn mit etw ~** to give sb sth as a present
bescheren [bə'ʃeːrən] *vt*: **jdm etw ~** to give sb sth as a Christmas present; **jdn ~** to give Christmas presents to sb
Bescherung *f* giving of Christmas presents; (*umg*) mess
beschildern [bə'ʃɪldərn] *vt* to put signs/a sign on
beschimpfen [bə'ʃɪmpfən] *vt* to abuse
Beschimpfung *f* abuse; insult
Beschlag [bə'ʃlaːk] (**-(e)s, ¨e**) *m* (*Metallband*) fitting; (*auf Fenster*) condensation; (*auf Metall*) tarnish; finish; (*Hufeisen*) horseshoe; **jdn/etw in ~ nehmen** *od* **mit ~ belegen** to monopolize sb/sth; **b~en** [bə'ʃlaːgən] (*unreg*) *vt* to cover; (*Pferd*) to shoe ♦ *vi, vr* (*Fenster etc*) to mist over; **b~en sein (in** *od* **auf** +*dat*) to be well versed (in); **b~nahmen** *vt* to seize, to confiscate; to requisition; **~nahmung** *f* confiscation, sequestration
beschleunigen [bə'ʃlɔʏnɪgən] *vt* to accelerate, to speed up ♦ *vi* (*AUT*) to accelerate
Beschleunigung *f* acceleration
beschließen [bə'ʃliːsən] (*unreg*) *vt* to decide on; (*beenden*) to end, to close
Beschluß [bə'ʃlʊs] (**-sses, ¨sse**) *m* decision, conclusion; (*Ende*) conclusion, end
beschmutzen [bə'ʃmʊtsən] *vt* to dirty, to soil
beschönigen [bə'ʃøːnɪgən] *vt* to gloss over
beschränken [bə'ʃrɛŋkən] *vt, vr*: **(sich) ~ (auf** +*akk*) to limit *od* restrict (o.s.) (to)
beschränk- *zW*: **~t** *adj* confined, restricted; (*Mensch*) limited, narrow-minded; **B~ung** *f* limitation
beschreiben [bə'ʃraɪbən] (*unreg*) *vt* to describe; (*Papier*) to write on
Beschreibung *f* description
beschriften [bə'ʃrɪftən] *vt* to mark, to label
Beschriftung *f* lettering
beschuldigen [bə'ʃʊldɪgən] *vt* to accuse
Beschuldigung *f* accusation
Beschuß *m*: **jdn/etw unter ~ nehmen** (*MIL*) to open fire on sb/sth
beschützen [bə'ʃʏtsən] *vt*: **~ (vor** +*dat*) to protect (from); **Beschützer** (**-s, -**) *m* protector
Beschwerde [bə'ʃveːrdə] *f* complaint; (*Mühe*) hardship; **~n** *pl* (*Leiden*) trouble
beschweren [bə'ʃveːrən] *vt* to weight down; (*fig*) to burden ♦ *vr* to complain
beschwerlich *adj* tiring, exhausting
beschwichtigen [bə'ʃvɪçtɪgən] *vt* to soothe, to pacify
beschwindeln [bə'ʃvɪndəln] *vt* (*betrügen*) to cheat; (*belügen*) to fib to
beschwingt [bə'ʃvɪŋt] *adj* in high spirits

beschwipst [bə'ʃvɪpst] (*umg*) *adj* tipsy

beschwören [bə'ʃvø:rən] (*unreg*) *vt* (*Aussage*) to swear to; (*anflehen*) to implore; (*Geister*) to conjure up

beseitigen [bə'zaɪtɪgən] *vt* to remove

Beseitigung *f* removal

Besen ['be:zən] (**-s, -**) *m* broom; **~stiel** *m* broomstick

besessen [bə'zɛsən] *adj* possessed

besetz- [bə'zɛts] *zW*: **~en** *vt* (*Haus, Land*) to occupy; (*Platz*) to take, to fill; (*Posten*) to fill; (*Rolle*) to cast; (*mit Edelsteinen*) to set; **~t** *adj* full; (*TEL*) engaged, busy; (*Platz*) taken; (*WC*) engaged; **B~tzeichen** *nt* engaged tone; **B~ung** *f* occupation; filling; (*von Rolle*) casting; (*die Schauspieler*) cast

besichtigen [bə'zɪçtɪgən] *vt* to visit, to have a look at

Besichtigung *f* visit

Besied(e)lung [bə'zi:d(ə)lʊŋ] *f* population

besiegen [bə'zi:gən] *vt* to defeat, to overcome

besinnen [bə'zɪnən] (*unreg*) *vr* (*nachdenken*) to think, to reflect; (*erinnern*) to remember; **sich anders ~** to change one's mind

besinnlich *adj* contemplative

Besinnung *f* consciousness; **zur ~ kommen** to recover consciousness; (*fig*) to come to one's senses; **b~slos** *adj* unconscious

Besitz [bə'zɪts] (**-es**) *m* possession; (*Eigentum*) property; **b~en** (*unreg*) *vt* to possess, to own; (*Eigenschaft*) to have; **~er(in)** (**-s, -**) *m(f)* owner, proprietor; **~ergreifung** *f* occupation, seizure

besoffen [bə'zɔfən] (*umg*) *adj* drunk, stoned

besohlen [bə'zo:lən] *vt* to sole

Besoldung [bə'zɔldʊŋ] *f* salary, pay

besondere(r, s) [bə'zɔndərə(r, s)] *adj* special; (*eigen*) particular; (*gesondert*) separate; (*eigentümlich*) peculiar

Besonderheit [bə'zɔndərhaɪt] *f* peculiarity

besonders [bə'zɔndərs] *adv* especially, particularly; (*getrennt*) separately

besonnen [bə'zɔnən] *adj* sensible, level-headed

besorg- [bə'zɔrg] *zW*: **~en** *vt* (*beschaffen*) to acquire; (*kaufen auch*) to purchase; (*erledigen*: *Geschäfte*) to deal with; (*sich kümmern um*) to take care of; **B~nis** (**-, -se**) *f* anxiety, concern; **~t** [be'zɔrçt] *adj* anxious, worried; **B~theit** *f* anxiety, worry; **B~ung** *f* acquisition; (*Kauf*) purchase

bespielen [bə'ʃpi:lən] *vt* to record

bespitzeln [bə'ʃpɪtsəln] *vt* to spy on

besprechen [bə'ʃprɛçən] (*unreg*) *vt* to discuss; (*Tonband etc*) to record, to speak onto; (*Buch*) to review ♦ *vr* to discuss, to consult

Besprechung *f* meeting, discussion; (*von Buch*) review

besser ['bɛsər] *adj* better; **~gehen** (*unreg*) *vi unpers*: **es geht ihm besser**, he is feeling better; **~n** *vt* to make better, to improve ♦ *vr* to improve; (*Menschen*) to reform; **B~ung** *f* improvement; **gute Besserung!** get well soon!; **B~wisser** (**-s, -**) *m* know-all

Bestand [bə'ʃtant] (**-(e)s, ¨e**) *m* (*Fortbestehen*) duration, stability; (*Kassen~*) amount, balance; (*Vorrat*) stock; **~ haben, von ~ sein** to last long, to endure

beständig [bə'ʃtɛndɪç] *adj* (*ausdauernd*: *auch fig*) constant; (*Wetter*) settled; (*Stoffe*) resistant; (*Klagen etc*) continual

Bestandsaufnahme [bəʃ'tantsaʊfna:mə] *f* stocktaking

Bestandteil *m* part, component; (*Zutat*) ingredient

bestärken [bə'ʃtɛrkən] *vt*: **jdn in etw** *dat* **~** to strengthen *od* confirm sb in sth

bestätigen [bə'ʃtɛ:tɪgən] *vt* to confirm; (*anerkennen, COMM*) to acknowledge

Bestätigung *f* confirmation; acknowledgement
bestatten [bə'ʃtatən] *vt* to bury
Bestattung *f* funeral
Bestattungsinstitut *nt* funeral director's
bestaunen [bə'ʃtaʊnən] *vt* to marvel at, gaze at in wonder
beste(r, s) ['bɛstə(r, s)] *adj* best; **so ist es am ~n** it's best that way; **am ~n gehst du gleich** you'd better go at once; **jdn zum ~n haben** to pull sb's leg; **einen Witz** *etc* **zum ~n geben** to tell a joke *etc*; **aufs ~** in the best possible way; **zu jds B~n** for the benefit of sb
bestechen [bə'ʃtɛçən] (*unreg*) *vt* to bribe
bestechlich *adj* corruptible
Bestechung *f* bribery, corruption
Besteck [bə'ʃtɛk] (**-(e)s, -e**) *nt* knife, fork and spoon, cutlery; (*MED*) set of instruments
bestehen [bə'ʃteːən] (*unreg*) *vi* to be; to exist; (*andauern*) to last ♦ *vt* (*Probe, Prüfung*) to pass; (*Kampf*) to win; **~ auf** +*dat* to insist on; **~ aus** to consist of
bestehlen [bə'ʃteːlən] (*unreg*) *vt*: **jdn (um etw) ~** to rob sb (of sth)
besteigen [bə'ʃtaɪgən] (*unreg*) *vt* to climb, to ascend; (*Pferd*) to mount; (*Thron*) to ascend
Bestell- [bə'ʃtɛl] *zW*: **~buch** *nt* order book; **b~en** *vt* to order; (*kommen lassen*) to arrange to see; (*nominieren*) to name; (*Acker*) to cultivate; (*Grüße, Auftrag*) to pass on; **~ung** *f* (*COMM*) order; (*Bestellen*) ordering
bestenfalls ['bɛstən'fals] *adv* at best
bestens ['bɛstəns] *adv* very well
besteuern [bə'ʃtɔʏərn] *vt* (*jdn, Waren*) to tax
Bestie ['bɛstiə] *f* (*auch fig*) beast
bestimm- [bə'ʃtɪm] *zW*: **~en** *vt* (*Regeln*) to lay down; (*Tag, Ort*) to fix; (*beherrschen*) to characterize; (*vorsehen*) to mean; (*ernennen*) to appoint; (*definieren*) to define; (*veranlassen*) to induce; **~t** *adj* (*entschlossen*) firm; (*gewiß*) certain, definite; (*Artikel*) definite ♦ *adv* (*gewiß*) definitely, for sure; **suchen Sie etwas B~tes?** are you looking for something in particular?; **B~theit** *f* firmness; certainty; **B~ung** *f* (*Verordnung*) regulation; (*Festsetzen*) determining; (*Verwendungszweck*) purpose; (*Schicksal*) fate; (*Definition*) definition
Bestleistung *f* best performance
bestmöglich *adj* best possible
bestrafen [bə'ʃtraːfən] *vt* to punish
Bestrafung *f* punishment
bestrahlen [bə'ʃtraːlən] *vt* to shine on; (*MED*) to treat with X-rays
Bestrahlung *f* (*MED*) X-ray treatment, radiotherapy
Bestreben [bə'ʃtreːbən] (**-s**) *nt* endeavour, effort
bestreichen [bə'ʃtraɪçən] (*unreg*) *vt* (*Brot*) to spread
bestreiten [bə'ʃtraɪtən] (*unreg*) *vt* (*abstreiten*) to dispute; (*finanzieren*) to pay for, to finance
bestreuen [bə'ʃtrɔʏən] *vt* to sprinkle, to dust; (*Straße*) to grit
bestürmen [bə'ʃtʏrmən] *vt* (*mit Fragen, Bitten etc*) to overwhelm, to swamp
bestürzend [bə'ʃtʏrtsənd] *adj* (*Nachrichten*) disturbing
bestürzt [bə'ʃtʏrtst] *adj* dismayed
Bestürzung *f* consternation
Besuch [bə'zuːx] (**-(e)s, -e**) *m* visit; (*Person*) visitor; **einen ~ machen bei jdm** to pay sb a visit *od* call; **~ haben** to have visitors; **bei jdm auf** *od* **zu ~ sein** to be visiting sb; **b~en** *vt* to visit; (*SCH etc*) to attend; **gut b~t** well-attended; **~er(in)** (**-s, -**) *m(f)* visitor, guest; **~szeit** *f* visiting hours *pl*
betätigen [bə'tɛːtɪgən] *vt* (*bedienen*) to work, to operate ♦ *vr* to involve o.s.; **sich als etw ~** to work as sth
Betätigung *f* activity; (*beruflich*) occupation; (*TECH*) operation
betäuben [bə'tɔʏbən] *vt* to stun; (*fig*: *Gewissen*) to still; (*MED*) to anaesthetize

Betäubung *f* (*Narkose*): **örtliche** ~ local anaesthetic
Betäubungsmittel *nt* anaesthetic
Bete ['be:tə] *f*: **rote** ~ beetroot (*BRIT*), beet (*US*)
beteiligen [bə'taɪlɪgən] *vr*: **sich** ~ **(an** +*dat*) to take part (in), to participate (in), to share (in); (*an Geschäft*: *finanziell*) to have a share (in): **jdn** ~ **(an** +*dat*) to give sb a share *od* interest (in)
Beteiligte(r) *f(m)* (*Mitwirkender*) partner; (*finanziell*) shareholder
Beteiligung *f* participation; (*Anteil*) share, interest; (*Besucherzahl*) attendance
beten ['be:tən] *vt, vi* to pray
beteuern [bə'tɔʏərn] *vt* to assert; (*Unschuld*) to protest
Beteuerung *f* assertion; protestation; assurance
Beton [be'tõ:] (**-s, -s**) *m* concrete
betonen [bə'to:nən] *vt* to stress
betonieren [beto'ni:rən] *vt* to concrete
Betonung *f* stress, emphasis
betören [bə'tø:rən] *vt* to beguile
betr. *abk* (= *betrifft*) re
Betracht [bə'traxt] *m*: **in** ~ **kommen** to be considered *od* relevant; **etw in** ~ **ziehen** to take sth into consideration; **außer** ~ **bleiben** not to be considered; **b~en** *vt* to look at; (*fig*) to look at, to consider; **~er(in)** (**-s, -**) *m(f)* observer
beträchtlich [bə'trɛçtlɪç] *adj* considerable
Betrachtung *f* (*Ansehen*) examination; (*Erwägung*) consideration
Betrag [bə'tra:k] (**-(e)s, ¨e**) *m* amount; **b~en** [bə'tra:gən] (*unreg*) *vt* to amount to ♦ *vr* to behave; **~en** (**-s**) *nt* behaviour
Betreff *m*: ~ **Ihr Schreiben vom** ... re your letter of ...
betreffen [bə'trɛfən] (*unreg*) *vt* to concern, to affect; **was mich betrifft** as for me; **~d** *adj* relevant, in question
betreffs [bə'trɛfs] *präp* +*gen* concerning, regarding; (*COMM*) re
betreiben [bə'traɪbən] (*unreg*) *vt* (*ausüben*) to practise; (*Politik*) to follow; (*Studien*) to pursue; (*vorantreiben*) to push ahead; (*TECH*: *antreiben*) to drive
betreten [bə'tre:tən] (*unreg*) *vt* to enter; (*Bühne etc*) to step onto ♦ *adj* embarrassed; **B~ verboten** keep off/out
Betreuer(in) [bə'trɔʏər(ɪn)] (**-s, -**) *m(f)* (*einer Person*) minder; (*eines Gebäudes, Arbeitsgebiet*) caretaker; (*SPORT*) coach
Betreuung *f* care
Betrieb [bə'tri:p] (**-(e)s, -e**) *m* (*Firma*) firm, concern; (*Anlage*) plant; (*Tätigkeit*) operation; (*Treiben*) traffic; **außer** ~ **sein** to be out of order; **in** ~ **sein** to be in operation
Betriebs- *zW*: **~ausflug** *m* works outing; **b~fähig** *adj* in working order; **~ferien** *pl* company holidays (*BRIT*), company vacation *sg* (*US*); **~klima** *nt* (working) atmosphere; **~kosten** *pl* running costs; **~rat** *m* workers' council; **b~sicher** *adj* safe (to operate); **~störung** *f* breakdown; **~system** *nt* (*COMPUT*) operating system; **~unfall** *m* industrial accident; **~wirtschaft** *f* economics
betrinken [bə'trɪŋkən] (*unreg*) *vr* to get drunk
betroffen [bə'trɔfən] *adj* (*bestürzt*) full of consternation; **von etw** ~ **werden** *od* **sein** to be affected by sth
betrüben [bə'try:bən] *vt* to grieve
betrübt [bə'try:pt] *adj* sorrowful, grieved
Betrug [bə'tru:k] (**-(e)s**) *m* deception; (*JUR*) fraud
betrügen [bə'try:gən] (*unreg*) *vt* to cheat; (*JUR*) to defraud; (*Ehepartner*) to be unfaithful to ♦ *vr* to deceive o.s.
Betrüger (**-s, -**) *m* cheat, deceiver; **b~isch** *adj* deceitful; (*JUR*) fraudulent
betrunken [bə'trʊŋkən] *adj* drunk

Bett [bɛt] (**-(e)s, -en**) *nt* bed; **ins** *od* **zu ~ gehen** to go to bed; **~bezug** *m* duvet cover; **~decke** *f* blanket; (*Daunen~*) quilt; (*Überwurf*) bedspread

Bettel- ['bɛtəl] *zW*: **b~arm** *adj* very poor, destitute; **~ei** [bɛtə'laɪ] *f* begging; **b~n** *vi* to beg

bettlägerig ['bɛtlɛ:gərɪç] *adj* bedridden

Bettlaken *nt* sheet

Bettler(in) ['bɛtlər(ɪn)] (**-s, -**) *m(f)* beggar

Bett- *zW*: **~(t)uch** *nt* sheet; **~vorleger** *m* bedside rug; **~wäsche** *f* bed linen; **~zeug** *nt* bedlinen *pl*

beugen ['bɔʏgən] *vt* to bend; (*GRAM*) to inflect ♦ *vr* (*sich fügen*) to bow

Beule ['bɔʏlə] *f* bump, swelling

beunruhigen [bə''ʊnru:ɪgən] *vt* to disturb, to alarm ♦ *vr* to become worried

Beunruhigung *f* worry, alarm

beurlauben [bə''u:rlaʊbən] *vt* to give leave *od* a holiday to (*BRIT*), to grant vacation time to (*US*)

beurteilen [bə''ʊrtaɪlən] *vt* to judge; (*Buch etc*) to review

Beurteilung *f* judgement; review; (*Note*) mark

Beute ['bɔʏtə] (-) *f* booty, loot

Beutel (**-s, -**) *m* bag; (*Geld~*) purse; (*Tabak~*) pouch

Bevölkerung [bə'fœlkərʊŋ] *f* population

bevollmächtigen [bə'fɔlmɛçtɪgən] *vt* to authorize

Bevollmächtigte(r) *mf* authorized agent

bevor [bə'fo:r] *konj* before; **~munden** *vt insep* to treat like a child; **~stehen** (*unreg*) *vi*: **(jdm) ~stehen** to be in store (for sb); **~stehend** *adj* imminent, approaching; **~zugen** *vt insep* to prefer

bewachen [bə'vaxən] *vt* to watch, to guard

Bewachung *f* (*Bewachen*) guarding; (*Leute*) guard, watch

bewaffnen [bə'vafnən] *vt* to arm

Bewaffnung *f* (*Vorgang*) arming; (*Ausrüstung*) armament, arms *pl*

bewahren [bə'va:rən] *vt* to keep; **jdn vor jdm/etw ~** to save sb from sb/sth

bewähren [bə'vɛ:rən] *vr* to prove o.s.; (*Maschine*) to prove its worth

bewahrheiten [bə'va:rhaɪtən] *vr* to come true

bewährt *adj* reliable

Bewährung *f* (*JUR*) probation

bewältigen [bə'vɛltɪgən] *vt* to overcome; (*Arbeit*) to finish; (*Portion*) to manage

bewandert [bə'vandərt] *adj* expert, knowledgeable

bewässern [bə'vɛsərn] *vt* to irrigate

Bewässerung *f* irrigation

bewegen [bə've:gən] *vt, vr* to move; **jdn zu etw ~** to induce sb to do sth; **~d** *adj* touching, moving

Beweg- [bə've:k] *zW*: **~grund** *m* motive; **b~lich** *adj* movable, mobile; (*flink*) quick; **b~t** *adj* (*Leben*) eventful; (*Meer*) rough; (*ergriffen*) touched

Bewegung *f* movement, motion; (*innere*) emotion; (*körperlich*) exercise; **~freiheit** *f* freedom of movement; (*fig*) freedom of action; **b~slos** *adj* motionless

Beweis [bə'vaɪs] (**-es, -e**) *m* proof; (*Zeichen*) sign; **b~en** (*unreg*) *vt* to prove; (*zeigen*) to show; **~mittel** *nt* evidence

Bewerb- [bə'vɛrb] *zW*: **b~en** (*unreg*) *vr* to apply (for); **~er(in)** (**-s, -**) *m(f)* applicant; **~ung** *f* application

bewerkstelligen [bə'vɛrkʃtɛlɪgən] *vt* to manage, to accomplish

bewerten [bə've:rtən] *vt* to assess

bewilligen [bə'vɪlɪgən] *vt* to grant, to allow

Bewilligung *f* granting

bewirken [bə'vɪrkən] *vt* to cause, to bring about

bewirten [bə'vɪrtən] *vt* to feed, to entertain (to a meal)

bewirtschaften [bə'vɪrtʃaftən] *vt* to manage

Bewirtung *f* hospitality
bewog *etc* [bə'vo:k] *vb siehe* **bewegen**
bewohn- [bə'vo:n] *zW*: **~bar** *adj* habitable; **~en** *vt* to inhabit, to live in; **B~er(in)** (-s, -) *m(f)* inhabitant; (*von Haus*) resident
bewölkt [bə'vœlkt] *adj* cloudy, overcast
Bewölkung *f* clouds *pl*
Bewunder- [bə'vundər] *zW*: **~er** (-s, -) *m* admirer; **b~n** *vt* to admire; **b~nswert** *adj* admirable, wonderful; **~ung** *f* admiration
bewußt [bə'vust] *adj* conscious; (*absichtlich*) deliberate; **sich** *dat* **einer Sache** *gen* **~ sein** to be aware of sth; **~los** *adj* unconscious; **B~losigkeit** *f* unconsciousness; **B~sein** *nt* consciousness; **bei B~sein** conscious
bezahlen [bə'tsa:lən] *vt* to pay for
Bezahlung *f* payment
bezaubern [bə'tsaubərn] *vt* to enchant, to charm
bezeichnen [bə'tsaıçnən] *vt* (*kennzeichnen*) to mark; (*nennen*) to call; (*beschreiben*) to describe; (*zeigen*) to show, to indicate; **~d** *adj*: **~d (für)** characteristic (of), typical (of)
Bezeichnung *f* (*Zeichen*) mark, sign; (*Beschreibung*) description
bezeugen [bə'tsɔygən] *vt* to testify to
Bezichtigung [bə'tsıçtıgʊŋ] *f* accusation
beziehen [bə'tsi:ən] (*unreg*) *vt* (*mit Überzug*) to cover; (*Bett*) to make; (*Haus, Position*) to move into; (*Standpunkt*) to take up; (*erhalten*) to receive; (*Zeitung*) to subscribe to, to take ♦ *vr* (*Himmel*) to cloud over; **etw auf jdn/etw ~** to relate sth to sb/sth; **sich ~ auf** +*akk* to refer to
Beziehung *f* (*Verbindung*) connection; (*Zusammenhang*) relation; (*Verhältnis*) relationship; (*Hinsicht*) respect; **~en haben** (*vorteilhaft*) to have connections *od* contacts; **b~sweise** *adv* or; (*genauer gesagt auch*) that is, or rather
Bezirk [bə'tsırk] (-(e)s, -e) *m* district
Bezug [bə'tsu:k] (-(e)s, ¨e) *m* (*Hülle*) covering; (*COMM*) ordering; (*Gehalt*) income, salary; (*Beziehung*): **~ (zu)** relation(ship) (to); **in b~ auf** +*akk* with reference to; **~ nehmen auf** +*akk* to refer to
bezüglich [bə'tsy:klıç] *präp* +*gen* concerning, referring to ♦ *adj* (*GRAM*) relative; **auf etw** *akk* **~** relating to sth
bezwecken [bə'tsvɛkən] *vt* to aim at
bezweifeln [bə'tsvaıfəln] *vt* to doubt, to query
BH *m abk von* **Büstenhalter**
Bhf. *abk* (= *Bahnhof*) station
Bibel ['bi:bəl] (-, -n) *f* Bible
Biber ['bi:bər] (-s, -) *m* beaver
Biblio- [biblio] *zW*: **~graphie** [-gra'fı:] *f* bibliography; **~thek** [-'te:k] (-, -en) *f* library; **~thekar(in)** [-te'ka:r(ın)](-s, -e) *m(f)* librarian
biblisch ['bi:blıʃ] *adj* biblical
bieder ['bi:dər] *adj* upright, worthy; (*Kleid etc*) plain
bieg- ['bi:g] *zW*: **~en** (*unreg*) *vt, vr* to bend ♦ *vi* to turn; **~sam** ['bi:k-] *adj* flexible; **B~ung** *f* bend, curve
Biene ['bi:nə] *f* bee
Bienenhonig *m* honey
Bienenwachs *nt* beeswax
Bier [bi:r] (-(e)s, -e) *nt* beer; **~dekkel** *m* beer mat; **~krug** *m* beer mug
Biest [bi:st] (-s, -er *umg: pej*) *nt* (*Tier*) beast, creature; (*Mensch*) beast
bieten ['bi:tən] (*unreg*) *vt* to offer; (*bei Versteigerung*) to bid ♦ *vr* (*Gelegenheit*): **sich jdm ~** to present itself to sb; **sich** *dat* **etw ~ lassen** to put up with sth
Bikini [bi'ki:ni] (-s, -s) *m* bikini
Bilanz [bi'lants] *f* balance; (*fig*) outcome; **~ ziehen (aus)** to take stock (of)
Bild [bılt] (-(e)s, -er) *nt* (*auch fig*) picture; photo; (*Spiegel~*) reflection; **~bericht** *m* photographic report
bilden ['bıldən] *vt* to form; (*erziehen*)

to educate; (*ausmachen*) to constitute ♦ *vr* to arise; (*erziehen*) to educate o.s.

Bilderbuch *nt* picture book

Bilderrahmen *m* picture frame

Bild- *zW*: **~fläche** *f* screen; (*fig*) scene; **~hauer** (-s, -) *m* sculptor; **b~hübsch** *adj* lovely, pretty as a picture; **b~lich** *adj* figurative; pictorial; **~schirm** *m* television screen; (*COMPUT*) monitor; **b~schön** *adj* lovely; **~ung** [-dʊŋ] *f* formation; (*Wissen, Benehmen*) education

Billard ['bɪljart] (-s, -e) *nt* billiards *sg*; **~kugel** *f* billiard ball

billig ['bɪlɪç] *adj* cheap; (*gerecht*) fair, reasonable; **~en** ['bɪlɪgən] *vt* to approve of

Binde ['bɪndə] *f* bandage; (*Arm~*) band; (*MED*) sanitary towel; **~gewebe** *nt* connective tissue; **~glied** *nt* connecting link; **b~n** (*unreg*) *vt* to bind, to tie; **~strich** *m* hyphen; **~wort** *nt* conjunction

Bindfaden *m* string

Bindung *f* bond, tie; (*Ski~*) binding

binnen ['bɪnən] *präp* (+*dat od gen*) within; **B~hafen** *m* river port; **B~handel** *m* internal trade

Binse ['bɪnzə] *f* rush, reed; **~nwahrheit** *f* truism

Bio- [bio] *in zW* bio-; **~chemie** *f* biochemistry; **~graphie** [-gra'fi:] *f* biography; **~loge** [-'logə] (-n, -n) *m* biologist; **~logie** [-lo'gi:] *f* biology; **b~logisch** [-'lo:gɪʃ] *adj* biological; **~top** *m od nt* biotope

Birke ['bɪrkə] *f* birch

Birnbaum *m* pear tree

Birne ['bɪrnə] *f* pear; (*ELEK*) (light) bulb

SCHLÜSSELWORT

bis [bɪs] *präp* +*akk*, *adv* **1** (*zeitlich*) till, until; (*bis spätestens*) by; **Sie haben bis Dienstag Zeit** you have until *od* till Tuesday; **bis Dienstag muß es fertig sein** it must be ready by Tuesday; **bis auf weiteres** until further notice; **bis in die Nacht** into the night; **bis bald/gleich** see you later/soon

2 (*räumlich*) (up) to; **ich fahre bis Köln** I'm going to *od* I'm going as far as Cologne; **bis an unser Grundstück** (right *od* up) to our plot; **bis hierher** this far

3 (*bei Zahlen*) up to; **bis zu** up to

4: **bis auf etw** *akk* (*außer*) except sth; (*einschließlich*) including sth

♦ *konj* **1** (*mit Zahlen*) to; **10 bis 20** 10 to 20

2 (*zeitlich*) till, until; **bis es dunkel wird** till *od* until it gets dark; **von ... bis ...** from ... to ...

Bischof ['bɪʃɔf] (-s, ¨-e) *m* bishop

bischöflich ['bɪʃø:flɪç] *adj* episcopal

bisher [bɪs'he:r] *adv* till now, hitherto; **~ig** *adj* till now

Bickuit [bɪs'kvi:t] (-(e)s, -s *od* -e) *m od nt* (fatless) sponge

Biß [bɪs] (-sses, -sse) *m* bite

biß *etc vb siehe* **beißen**

bißchen ['bɪsçən] *adj, adv* bit

Bissen ['bɪsən] (-s, -) *m* bite, morsel

bissig ['bɪsɪç] *adj* (*Hund*) snappy; (*Bemerkung*) cutting, biting

bist [bɪst] *vb siehe* **sein**

bisweilen [bɪs'vaɪlən] *adv* at times, occasionally

Bit [bɪt] *nt* (*COMPUT*) bit

Bitte ['bɪtə] *f* request; **b~** *excl* please; (*wie b~?*) (I beg your) pardon?; (*als Antwort auf Dank*) you're welcome; **darf ich? – aber b~!** may I? — please do; **b~ schön!** it was a pleasure; **b~n** (*unreg*) *vt, vi*: **b~n (um)** to ask (for); **b~nd** *adj* pleading, imploring

bitter ['bɪtər] *adj* bitter; **~böse** *adj* very angry; **B~keit** *f* bitterness; **~lich** *adj* bitter

Blähungen ['blɛ:ʊŋən] *pl* (*MED*) wind *sg*

blamabel [bla'ma:bəl] *adj* disgraceful

Blamage [bla'ma:ʒə] *f* disgrace

blamieren [bla'mi:rən] *vr* to make a

fool of o.s., to disgrace o.s. ♦ *vt* to let down, to disgrace

blank [blaŋk] *adj* bright; (*unbedeckt*) bare; (*sauber*) clean, polished; (*umg*: *ohne Geld*) broke; (*offensichtlich*) blatant

blanko ['blaŋko] *adv* blank; **B~scheck** *m* blank cheque

Bläschen ['blɛːsçən] *nt* bubble; (*MED*) (small) blister

Blase ['blaːzə] *f* bubble; (*MED*) blister; (*ANAT*) bladder; **~balg** (**-(e)s, -bälge**) *m* bellows *pl*; **b~n** (*unreg*) *vt, vi* to blow

Blas- ['blaːs] *zW*: **~instrument** *nt* wind instrument; **~kapelle** *f* brass band

blaß [blas] *adj* pale

Blässe ['blɛsə] (-) *f* paleness, pallor

Blatt [blat] (**-(e)s, ¨er**) *nt* leaf; (*von Papier*) sheet; (*Zeitung*) newspaper; (*KARTEN*) hand

blättern ['blɛtərn] *vi*: **in etw** *dat* ~ to leaf through sth

Blätterteig *m* flaky *od* puff pastry

blau [blaʊ] *adj* blue; (*umg*) drunk, stoned; (*KOCH*) boiled; (*Auge*) black; **~er Fleck** bruise; **Fahrt ins B~e** mystery tour; **~äugig** *adj* blue-eyed

Blech [blɛç] (**-(e)s, -e**) *nt* tin, sheet metal; (*Back~*) baking tray; **~büchse** *f* tin, can; **~dose** *f* tin, can; **b~en** (*umg*) *vt, vi* to fork out; **~schaden** *m* (*AUT*) damage to bodywork

Blei [blaɪ] (**-(e)s, -e**) *nt* lead

Bleibe ['blaɪbə] *f* roof over one's head; **b~n** (*unreg*) *vi* to stay, to remain; **b~nd** *adj* (*Erinnerung*) lasting (*Schaden*) permanent; **b~nlassen** (*unreg*) *vt* to leave (alone)

bleich [blaɪç] *adj* faded, pale; **~en** *vt* to bleach

Blei- *zW*: **b~ern** *adj* leaden; **b~frei** *adj* (*Benzin*) lead-free; **~stift** *m* pencil; **~stiftspitzer** *m* pencil sharpener

Blende ['blɛndə] *f* (*PHOT*) aperture; **b~n** *vt* to blind, to dazzle; (*fig*) to hoodwink; **b~nd** (*umg*) *adj* grand; **b~nd aussehen** to look smashing

Blick [blɪk] (**-(e)s, -e**) *m* (*kurz*) glance, glimpse; (*Anschauen*) look; (*Aussicht*) view; **b~en** *vi* to look; **sich b~en lassen** to put in an appearance; **~fang** *m* eye-catcher

blieb *etc* [bliːp] *vb siehe* **bleiben**

blind [blɪnt] *adj* blind; (*Glas etc*) dull; **~er Passagier** stowaway; **B~darm** *m* appendix; **B~darmentzündung** *f* appendicitis; **B~enschrift** ['blɪndən-] *f* braille; **B~heit** *f* blindness; **~lings** *adv* blindly; **B~schleiche** *f* slow worm

blinken ['blɪŋkən] *vi* to twinkle, to sparkle; (*Licht*) to flash, to signal; (*AUT*) to indicate ♦ *vt* to flash, to signal

Blinker (**-s, -**) *m* (*AUT*) indicator

Blinklicht *nt* (*AUT*) indicator; (*an Bahnübergangen usw*) flashing light

blinzeln ['blɪntsəln] *vi* to blink, to wink

Blitz [blɪts] (**-es, -e**) *m* (flash of) lightning; **~ableiter** *m* lightning conductor; **b~en** *vi* (*aufleuchten*) to flash, to sparkle; **es b~t** (*MET*) there's a flash of lightning; **~licht** *nt* flashlight; **b~schnell** *adj* lightning ♦ *adv* (as) quick as a flash

Block [blɔk] (**-(e)s, ¨e**) *m* block; (*von Papier*) pad; **~ade** [blɔ'kaːdə] *f* blockade; **~flöte** *f* recorder; **b~frei** *adj* (*POL*) unaligned; **b~ieren** [blɔ'kiːrən] *vt* to block ♦ *vi* (*Räder*) to jam; **~schrift** *f* block letters *pl*

blöd [bløːt] *adj* silly, stupid; **~eln** ['bløɪdəln] (*umg*) *vi* to act the goat (*fam*), to fool around; **B~sinn** *m* nonsense; **~sinnig** *adj* silly, idiotic

blond [blɔnt] *adj* blond, fair-haired

SCHLÜSSELWORT

bloß [bloːs] *adj* **1** (*unbedeckt*) bare; (*nackt*) naked; **mit der bloßen Hand** with one's bare hand; **mit bloßem Auge** with the naked eye
2 (*alleinig, nur*) mere; **der bloße Gedanke** the very thought; **bloßer Neid** sheer envy
♦ *adv* only, merely; **laß das bloß!**

just don't do that!; **wie ist das bloß passiert?** how on earth did that happen?

Blöße ['blø:sə] *f* bareness; nakedness; (*fig*) weakness
bloßlegen *vt* to expose
bloßstellen *vt* to show up
blühen ['bly:ən] *vi* to bloom (*lit*), to be in bloom; (*fig*) to flourish
blühend *adj* (*Pflanze*) blooming; (*Aussehen*) blooming, radiant; (*Handel*) thriving, booming
Blume ['blu:mə] *f* flower; (*von Wein*) bouquet; **~nkohl** *m* cauliflower; **~ntopf** *m* flowerpot; **~nzwiebel** *f* bulb
Bluse ['blu:zə] *f* blouse
Blut [blu:t] (**-(e)s**) *nt* blood; **b~arm** *adj* anaemic; (*fig*) penniless; **b~befleckt** *adj* bloodstained; **~druck** *m* blood pressure
Blüte ['bly:tə] *f* blossom; (*fig*) prime
Blutegel *m* leech
bluten *vi* to bleed
Bluter *m* (*MED*) haemophiliac
Bluterguß *m* haemorrhage; (*auf Haut*) bruise
Blütezeit *f* flowering period; (*fig*) prime
Blut- *zW*: **~gruppe** *f* blood group; **b~ig** *adj* bloody; **b~jung** *adj* very young; **~probe** *f* blood test; **~spender** *m* blood donor; **~transfusion** *f* (*MED*) blood transfusion; **~ung** *f* bleeding, haemorrhage; **~vergiftung** *f* blood poisoning; **~wurst** *f* black pudding
Bö [bø:] (**-, -en**) *f* squall
Bock [bɔk] (**-(e)s, ¨e**) *m* buck, ram; (*Gestell*) trestle, support; (*SPORT*) buck; **~wurst** *f type of pork sausage*
Boden ['bo:dən] (**-s, ¨**) *m* ground; (*Fuß~*) floor; (*Meeres~, Faß~*) bottom; (*Speicher*) attic; **b~los** *adj* bottomless; (*umg*) incredible; **~schätze** *pl* mineral resources; **~see** *m*: **der ~see** Lake Constance; **~turnen** *nt* floor exercises *pl*
Böe ['bø:ə] *f* squall
Bogen ['bo:gən] (**-s, -**) *m* (*Biegung*) curve; (*ARCHIT*) arch; (*Waffe, MUS*) bow; (*Papier*) sheet
Bohle ['bo:lə] *f* plank
Bohne ['bo:nə] *f* bean
bohnern *vt* to wax, to polish
Bohnerwachs *nt* floor polish
Bohr- ['bo:r] *zW*: **b~en** *vt* to bore; **~er** (**-s, -**) *m* drill; **~insel** *f* oil rig; **~maschine** *f* drill; **~turm** *m* derrick
Boje ['bo:jə] *f* buoy
Bolivien [bo'li:viən] *nt* Bolivia
Bolzen ['bɔltsən] (**-s, -**) *m* bolt
bombardieren [bɔmbar'di:rən] *vt* to bombard; (*aus der Luft*) to bomb
Bombe ['bɔmbə] *f* bomb
Bombenangriff *m* bombing raid
Bombenerfolg (*umg*) *m* smash hit
Bon (**-s, -s**) *m* voucher, chit
Bonbon [bõ'bõ:] (**-s, -s**) *m od nt* sweet
Boot [bo:t] (**-(e)s, -e**) *nt* boat
Bord [bɔrt] (**-(e)s, -e**) *m* (*AVIAT, NAUT*) board ♦ *nt* (*Brett*) shelf; **an ~** on board
Bordell [bɔr'dɛl] (**-s, -e**) *nt* brothel
Bordstein *m* kerb(stone)
borgen ['bɔrgən] *vt* to borrow; **jdm etw ~** to lend sb sth
Borke ['bɔrkə] *f* (*BOT*) bark
borniert [bɔr'ni:rt] *adj* narrow-minded
Börse ['bø:rzə] *f* stock exchange; (*Geld~*) purse; **~nmakler** *m* stockbroker
Borste ['bɔrstə] *f* bristle
Borte ['bɔrtə] *f* edging; (*Band*) trimming
bös [bø:s] *adj* = **böse**
bösartig ['bø:s-] *adj* malicious
Böschung ['bœʃuŋ] *f* slope; (*Ufer~ etc*) embankment
böse ['bø:zə] *adj* bad, evil; (*zornig*) angry
boshaft ['bo:shaft] *adj* malicious, spiteful
Bosheit *f* malice, spite
Bosnien und Herzegowina ['bɔsniən, hɛrtse'go:vina] *nt* Bosnia (and) Herzegovina
böswillig ['bø:svɪlɪç] *adj* malicious

bot *etc* [boːt] *vb siehe* **bieten**
Botanik [boˈtaːnɪk] *f* botany
botanisch [boˈtaːnɪʃ] *adj* botanical
Bot- [ˈboːt] *zW*: **~e** (**-n, -n**) *m* messenger; **~schaft** *f* message, news; (*POL*) embassy; **~schafter** (**-s, -**) *m* ambassador
Bottich [ˈbɔtɪç] (**-(e)s, -e**) *m* vat, tub
Bouillon [buˈljõː] (**-, -s**) *f* consommé
Bowle [ˈboːlə] *f* punch
Box- [ˈbɔks] *zW*: **b~en** *vi* to box; **~er** (**-s, -**) *m* boxer; **~handschuh** *m* boxing glove; **~kampf** *m* boxing match
boykottieren [bɔɣkɔˈtiːrən] *vt* to boycott
brach *etc* [braːx] *vb siehe* **brechen**
brachte *etc* [ˈbraxtə] *vb siehe* **bringen**
Branche [ˈbrãːʃə] *f* line of business; **~nverzeichnis** *nt* yellow pages *pl*
Brand [brant] (**-(e)s, ¨e**) *m* fire; (*MED*) gangrene; **b~en** [ˈbrandən] *vi* to surge; (*Meer*) to break; **b~marken** *vt* to brand; (*fig*) to stigmatize; **~salbe** *f* ointment for burns; **~stifter** [-ʃtɪftər] *m* arsonist, fire-raiser; **~stiftung** *f* arson; **~ung** *f* surf
Branntwein [ˈbrantvaɪn] *m* brandy
Brasilien [braˈziːliən] *nt* Brazil
Brat- [ˈbraːt] *zW*: **~apfel** *m* baked apple; **b~en** (*unreg*) *vt* to roast; to fry; **~en** (**-s, -**) *m* roast, joint; **~hähnchen** *nt* roast chicken; **~huhn** *nt* roast chicken; **~kartoffeln** *pl* fried *od* roast potatoes; **~pfanne** *f* frying pan
Bratsche [ˈbraːtʃə] *f* viola
Bratspieß *m* spit
Bratwurst *f* grilled/fried sausage
Brauch [braʊx] (**-(e)s, Bräuche**) *m* custom; **b~bar** *adj* usable, serviceable; (*Person*) capable; **b~en** *vt* (*bedürfen*) to need; (*müssen*) to have to; (*inf*: *verwenden*) to use
Braue [ˈbraʊə] *f* brow
brauen *vt* to brew
Braueˈrei *f* brewery
braun [braʊn] *adj* brown; (*von Sonne auch*) tanned
Bräune [ˈbrɔɣnə] (-) *f* brownness; (*Sonnen~*) tan; **b~n** *vt* to make brown; (*Sonne*) to tan
braungebrannt *adj* tanned
Brause [ˈbraʊzə] *f* shower bath; (*von Gießkanne*) rose; (*Getränk*) lemonade; **b~n** *vi* to roar; (*auch vr*: *duschen*) to take a shower
Braut [braʊt] (**-, Bräute**) *f* bride; (*Verlobte*) fiancée
Bräutigam [ˈbrɔɣtɪgam] (**-s, -e**) *m* bridegroom; fiancé
Brautpaar *nt* bride and (bride) groom, bridal pair
brav [braːf] *adj* (*artig*) good; (*ehrenhaft*) worthy, honest
bravo [ˈbraːvo] *excl* well done
BRD [ˈbeːˈɛrˈdeː] (-) *f abk* = **Bundesrepublik Deutschland**
Brech- [ˈbrɛç] *zW*: **~eisen** *nt* crowbar; **b~en** (*unreg*) *vt, vi* to break; (*Licht*) to refract; (*fig*: *Mensch*) to crush; (*speien*) to vomit; **~reiz** *m* nausea, retching
Brei [braɪ] (**-(e)s, -e**) *m* (*Masse*) pulp; (*KOCH*) gruel; (*Hafer~*) porridge
breit [braɪt] *adj* wide, broad; **B~e** *f* width; (*esp bei Maßangaben*) breadth; (*GEOG*) latitude; **~en** *vt*: **etw über etw** *akk* **~en** to spread sth over sth; **B~engrad** *m* degree of latitude; **~machen** *vr* to spread o.s. out; **~treten** (*unreg; umg*) *vt* to go on about
Brems- [ˈbrɛms] *zW*: **~belag** *m* brake lining; **~e** [-zə] *f* brake; (*ZOOL*) horsefly; **b~en** [-zən] *vi* to brake ♦ *vt* (*Auto*) to brake; (*fig*) to slow down; **~flüssigkeit** *f* brake fluid; **~licht** *nt* brake light; **~pedal** *nt* brake pedal; **~spur** *f* skid mark(s *pl*); **~weg** *m* braking distance
Brenn- [ˈbrɛn] *zW*: **b~bar** *adj* inflammable; **b~en** (*unreg*) *vi* to burn, to be on fire; (*Licht, Kerze etc*) to burn ♦ *vt* (*Holz etc*) to burn; (*Ziegel, Ton*) to fire; (*Kaffee*) to roast; **darauf b~en, etw zu tun** to be dying to do sth; **~(n)essel** *f* stinging nettle;

~**punkt** *m* (*PHYS*) focal point; (*Mittelpunkt*) focus; ~**spiritus** *m* methylated spirits; ~**stoff** *m* fuel

brenzlig ['brɛntslɪç] *adj* (*fig*) precarious

Brett [brɛt] (**-(e)s, -er**) *nt* board, plank; (*Bord*) shelf; (*Spiel~*) board; ~**er** *pl* (*SKI*) skis; (*THEAT*) boards; **Schwarze(s)** ~ notice board; ~**erzaun** *m* wooden fence; ~**spiel** *nt* board game

Brezel ['bre:tsəl] (**-, -n**) *f* pretzel

brichst *etc* [brɪçst] *vb siehe* **brechen**

Brief [bri:f] (**-(e)s, -e**) *m* letter; ~**freund** *m* penfriend; ~**kasten** *m* letterbox; **b~lich** *adj, adv* by letter; ~**marke** *f* (postage) stamp; ~**öffner** *m* letter opener; ~**papier** *nt* notepaper; ~**tasche** *f* wallet; ~**träger** *m* postman; ~**umschlag** *m* envelope; ~**waage** *f* letter scales; ~**wechsel** *m* correspondence

briet *etc* [bri:t] *vb siehe* **braten**

Brikett [bri'kɛt] (**-s, -s**) *nt* briquette

brillant [brɪl'jant] *adj* (*fig*) brilliant; **B~** (**-en, -en**) *m* brilliant, diamond

Brille ['brɪlə] *f* spectacles *pl*; (*Schutz~*) goggles *pl*; (*Toiletten~*) (toilet) seat; ~**ngestell** *nt* (spectacle) frames

bringen ['brɪŋən] (*unreg*) *vt* to bring; (*mitnehmen, begleiten*) to take; (*einbringen: Profit*) to bring in; (*veröffentlichen*) to publish; (*THEAT, CINE*) to show; (*RADIO, TV*) to broadcast; (*in einen Zustand versetzen*) to get; (*umg: tun können*) to manage; **jdn dazu ~, etw zu tun** to make sb do sth; **jdn nach Hause ~** to take sb home; **jdn um etw ~** to make sb lose sth; **jdn auf eine Idee ~** to give sb an idea

Brise ['bri:zə] *f* breeze

Brit- ['bri:t] *zW*: ~**e** *m* Briton; ~**in** *f* Briton; **b~isch** *adj* British

bröckelig ['brœkəlɪç] *adj* crumbly

Brocken ['brɔkən] (**-s, -**) *m* piece, bit; (*Fels~*) lump of rock

brodeln ['bro:dəln] *vi* to bubble

Brokat [bro'ka:t] (**-(e)s, -e**) *m* brocade

Brokkoli ['brɔkoli] *pl* (*BOT*) broccoli

Brombeere ['brɔmbe:rə] *f* blackberry, bramble (*BRIT*)

Bronchien ['brɔnçiən] *pl* bronchia(l tubes) *pl*

Bronchitis (-) *f* bronchitis

Bronze ['brõ:sə] *f* bronze

Brosche ['brɔʃə] *f* brooch

Broschüre [brɔ'ʃy:rə] *f* pamphlet

Brot [bro:t] (**-(e)s, -e**) *nt* bread; (*Laib*) loaf

Brötchen ['brø:tçən] *nt* roll

Bruch [brʊx] (**-(e)s, ¨e**) *m* breakage; (*zerbrochene Stelle*) break; (*fig*) split, breach; (*MED: Eingeweide~*) rupture, hernia; (*Bein~ etc*) fracture; (*MATH*) fraction

brüchig ['brʏçɪç] *adj* brittle, fragile; (*Haus*) dilapidated

Bruch- *zW*: ~**landung** *f* crash landing; ~**strich** *m* (*MATH*) line; ~**stück** *nt* fragment; ~**teil** *m* fraction; ~**zahl** [brʊxtsa:l] *f* (*MATH*) fraction

Brücke ['brʏkə] *f* bridge; (*Teppich*) rug

Bruder ['bru:dər] (**-s, ¨**) *m* brother

brüderlich ['bry:dərlɪç] *adj* brotherly

Brühe ['bry:ə] *f* broth, stock, (*pej*) muck; **Brühwürfel** *m* (*KOCH*) stock cube

brüllen ['brʏlən] *vi* to bellow, to roar

brummen ['brʊmən] *vi* (*Bär, Mensch etc*) to growl, (*Insekt*) to buzz; (*Motoren*) to roar; (*murren*) to grumble ♦ *vt* to growl

brünett [brʏ'nɛt] *adj* brunette, dark-haired

Brunnen ['brʊnən] (**-s, -**) *m* fountain; (*tief*) well; (*natürlich*) spring

brüsk [brʏsk] *adj* abrupt, brusque

Brust [brʊst] (**-, ¨e**) *f* breast; (*Männer~*) chest

brüsten ['brʏstən] *vr* to boast

Brust- *zW*: ~**fellentzündung** *f* pleurisy; ~**kasten** *m* chest; ~**schwimmen** *nt* breast-stroke

Brüstung ['brʏstʊŋ] *f* parapet

Brut [bru:t] (**-, -en**) *f* brood; (*Brüten*)

hatching

brutal [bru'ta:l] *adj* brutal; **B~i'tät** *f* brutality

brüten ['bry:tən] *vi* (*auch fig*) to brood

Brutkasten *m* incubator

brutto ['brʊto] *adv* gross; **B~einkommen** *nt* gross salary; **B~gehalt** *nt* gross salary; **B~gewicht** *nt* gross weight; **B~lohn** *m* gross wages *pl*; **B~sozialprodukt** *nt* gross national product

Bube ['bu:bə] (**-n, -n**) *m* (*Schurke*) rogue; (*KARTEN*) jack

Buch [bu:x] (**-(e)s, ¨er**) *nt* book; (*COMM*) account book; **~binder** *m* bookbinder; **~drucker** *m* printer

Buche *f* beech tree

buchen *vt* to book; (*Betrag*) to enter

Bücher- ['by:çər] *zW*: **~brett** *nt* bookshelf; **~ei** [-'raɪ] *f* library; **~regal** *nt* bookshelves *pl*, bookcase; **~schrank** *m* bookcase

Buch- *zW*: **~fink** *m* chaffinch; **~führung** *f* book-keeping, accounting; **~halter(in)** (**-s, -**) *m(f)* book-keeper; **~handel** *m* book trade; **~händler(in)** *m(f)* bookseller; **~handlung** *f* bookshop

Büchse *f* tin, can; (*Holz~*) box; (*Gewehr*) rifle; **~nfleisch** *nt* tinned meat; **~nmilch** *f* (*KOCH*) evaporated milk, tinned milk; **~nöffner** *m* tin *od* can opener

Buch- *zW*: **~stabe** ['bu:xʃta:bə] (**-ns, -n**) *m* letter (of the alphabet); **b~stabieren** [bu:xʃta'bi:rən] *vt* to spell; **b~stäblich** ['bu:xʃtɛ:plɪç] *adj* literal

Bucht ['bʊxt] (**-, -en**) *f* bay

Buchung ['bu:xʊŋ] *f* booking; (*COMM*) entry

Buckel ['bʊkəl] (**-s, -**) *m* hump

bücken ['bʏkən] *vr* to bend

Bückling ['bʏklɪŋ] *m* (*Fisch*) kipper; (*Verbeugung*) bow

Bude ['bu:də] *f* booth, stall; (*umg*) digs *pl* (*BRIT*)

Büfett [bʏ'fe:] (**-s, -s**) *nt* (*Anrichte*) sideboard; (*Geschirrschrank*) dresser; **kaltes ~** cold buffet

Büffel ['bʏfəl] (**-s, -**) *m* buffalo

Bug [bu:k] (**-(e)s, -e**) *m* (*NAUT*) bow; (*AVIAT*) nose

Bügel ['by:gəl] (**-s, -**) *m* (*Kleider~*) hanger; (*Steig~*) stirrup; (*Brillen~*) arm; **~brett** *nt* ironing board; **~eisen** *nt* iron; **~falte** *f* crease; **b~frei** *adj* crease-resistant, noniron; **b~n** *vt, vi* to iron

Bühne ['by:nə] *f* stage; **~nbild** *nt* set, scenery

Buhruf ['bu:ru:f] *m* boo

buk *etc* [bu:k] *vb siehe* **backen**

Bulgarien [bul'ga:riən] *nt* Bulgaria

Bullauge *nt* (*NAUT*) porthole

Bull- ['bʊl] *zW*: **~dogge** *f* bulldog; **~dozer** ['bʊldo:zər] (**-s, -**) *m* bulldozer; **~e** (**-n, -n**) *m* bull

Bumerang ['bu:məraŋ] (**-s, -e**) *m* boomerang

Bummel ['bʊməl] (**-s, -**) *m* stroll; (*Schaufenster~*) window-shopping; **~ant** [-'lant] *m* slowcoach; **~ei** [-'laɪ] *f* wandering; dawdling; skiving; **b~n** *vi* to wander, to stroll; (*trödeln*) to dawdle; (*faulenzen*) to skive, to loaf around; **~streik** ['bʊməlʃtraɪk] *m* go-slow

Bund[1] [bʊnt] (**-(e)s, ¨e**) *m* (*Freundschafts~ etc*) bond; (*Organisation*) union; (*POL*) confederacy; (*Hosen~, Rock~*) waistband

Bund[2] (**-(e)s, -e**) *nt* bunch; (*Stroh~*) bundle

Bündel ['bʏndəl] (**-s, -**) *nt* bundle, bale; **b~n** *vt* to bundle

Bundes- ['bʊndəs] *in zW* Federal (*bes West German*); **~bahn** *f* Federal Railways *pl*; **~bürger** *m* West German citizen; **~hauptstadt** *f* Federal capital; **~kanzler** *m* Federal Chancellor; **~land** *nt* Land; **~liga** *f* football league; **~präsident** *m* Federal President; **~rat** *m* upper house of West German Parliament; **~regierung** *f* Federal government; **~republik** *f* Federal Republic (of West Germany); **~staat** *m* Federal state; **~tag** *m* West German Parliament; **~wehr** *f*

West German Armed Forces *pl*
bündig *adj* (*kurz*) concise
Bündnis (-ses, -se) *nt* alliance
Bunker ['bʊŋkər] (-s, -) *m* bunker
bunt [bʊnt] *adj* coloured; (*gemischt*) mixed; **jdm wird es zu ~** it's getting too much for sb; **B~stift** *m* coloured pencil, crayon
Burg [bʊrk] (-, -en) *f* castle, fort
Bürge ['bʏrgə] (-n, -n) *m* guarantor; **b~n** *vi*: **b~n für** to vouch for
Bürger(in) ['bʏrgər(in)] (-s, -) *m(f)* citizen; member of the middle class; **~krieg** *m* civil war; **b~lich** *adj* (*Rechte*) civil; (*Klasse*) middle-class; (*pej*) bourgeois; **~meister** *m* mayor; **~recht** *nt* civil rights *pl*; **~schaft** *f* population, citizens *pl*; **~steig** *m* pavement
Bürgschaft *f* surety; **~ leisten** to give security
Büro [by'ro:] (-s, -s) *nt* office; **~angestellte(r)** *mf* office worker; **~klammer** *f* paper clip; **~kra'tie** *f* bureaucracy; **b~'kratisch** *adj* bureaucratic; **~schluß** *m* office closing time
Bursch (-en, -en) *m* = **Bursche**
Bursche ['bʊrʃə] (-n, -n) *m* lad, fellow; (*Diener*) servant
Bürste ['bʏrstə] *f* brush; **b~n** *vt* to brush
Bus [bʊs] (-ses, -se) *m* bus
Busch [bʊʃ] (-(e)s, ¨e) *m* bush, shrub
Büschel ['bʏʃəl] (-s, -) *nt* tuft
buschig *adj* bushy
Busen ['bu:zən] (-s, -) *m* bosom; (*Meer~*) inlet, bay
Buße ['bu:sə] *f* atonement, penance; (*Geld*) fine
büßen ['by:sən] *vi* to do penance, to atone ♦ *vt* to do penance for, to atone for
Bußgeld ['bu:sgelt] *nt* fine
Büste ['bʏstə] *f* bust; **~nhalter** *m* bra
Butter ['bʊtər] (-) *f* butter; **~blume** *f* buttercup; **~brot** *nt* (piece of) bread and butter; (*umg*) sandwich; **~brotpapier** *nt* greaseproof paper; **~dose** *f* butter dish; **b~weich** ['bʊtərvaiç] *adj* soft as butter; (*fig, umg*) soft
b.w. *abk* (= *bitte wenden*) p.t.o.
bzgl. *abk* (= *bezüglich*) re
bzw. *abk* = **beziehungsweise**

C

ca. *abk* (= *circa*) approx.
Café [ka'fe:] (-s, -s) *nt* café
Cafeteria [kafete'ri:a] (-, -s) *f* cafeteria
Camp- ['kɛmp] *zW*: **c~en** *vi* to camp; **~er** (-s, -) *m* camper; **~ing** (-s) *nt* camping; **~ingkocher** *m* camping stove; **~ingplatz** *m* camp(ing) site
CD *f abk* (*disc*) CD; **~-Spieler** *m* CD (player)
Cellist [tʃɛ'lɪst] *m* cellist
Cello ['tʃɛlo] (-s, -s *od* **Celli**) *nt* cello
Celsius ['tsɛlzius] (-) *nt* Celsius
Chamäleon [ka'mɛ:leɔn] (-s, -s) *nt* chameleon
Champagner [ʃam'panjər] (-s, -) *m* champagne
Champignon ['ʃampɪnjõ] (-s, -s) *m* button mushroom
Chance ['ʃã:s(ə)] *f* chance, opportunity
Chaos ['ka:ɔs] (-, -) *nt* chaos
chaotisch [ka'o:tɪʃ] *adj* chaotic
Charakter [ka'raktər, *pl* karak'te:rə] (-s, -e) *m* character; **c~fest** *adj* of firm character, strong; **c~i'sieren** *vt* to characterize; **c~istisch** [karakte'rɪstɪʃ] *adj*: **c~istisch (für)** characteristic (of), typical (of); **c~los** *adj* unprincipled; **~losigkeit** *f* lack of principle; **~schwäche** *f* weakness of character; **~stärke** *f* strength of character; **~zug** *m* characteristic, trait
charmant [ʃar'mant] *adj* charming
Charme [ʃarm] (-s) *m* charm
Charterflug ['(t)ʃa:rtərflu:k] *m* charter flight
Chauffeur [ʃɔ'fø:r] *m* chauffeur

Chauvinist [ʃovi'nɪst] *m* chauvinist, jingoist
Chef [ʃɛf] (-s, -s) *m* head; (*umg*) boss; **~arzt** *m* senior consultant; **~in** (*umg*) *f* boss
Chemie [çe'mi:] (-) *f* chemistry; **~faser** *f* man-made fibre
Chemikalie [çemi'ka:liə] *f* chemical
Chemiker ['çe:mikər(ɪn)] (-s, -) *m* (industrial) chemist
chemisch ['çe:mɪʃ] *adj* chemical; **~e Reinigung** dry cleaning
Chicorée [ʃiko're:] (-s) *m od f* chicory
Chiffre ['ʃɪfrə] *f* (*Geheimzeichen*) cipher; (*in Zeitung*) box number
Chile ['çi:le, 'tʃi:le] *nt* Chile
Chin- ['çi:n] *zW*: **~a** *nt* China; **~akohl** *m* Chinese leaves; **~ese** [-'ne:zə] *m* Chinese; **~esin** *f* Chinese; **c~esisch** *adj* Chinese
Chirurg [çi'rʊrk] (-en, -en) *m* surgeon; **~ie** [-'gi:] *f* surgery; **c~isch** *adj* surgical
Chlor [klo:r] (-s) *nt* chlorine; **~o'form** (-s) *nt* chloroform
Cholera ['ko:lera] (-) *f* cholera
cholerisch [ko'le:rɪʃ] *adj* choleric
Chor [ko:r] (-(e)s, ⸗e) *m* choir; (*Musikstück, THEAT*) chorus; **~al** [ko'ra:l] (-s, -äle) *m* chorale
Choreograph [koreo'gra:f] (-en, -en) *m* choreographer
Christ [krɪst] (-en, -en) *m* Christian; **~baum** *m* Christmas tree; **~enheit** *f* Christendom; **~entum** *nt* Christianity; **~in** *f* Christian; **~kind** *nt* ≈ Father Christmas; (*Jesus*) baby Jesus; **c~lich** *adj* Christian; **~us** (-) *m* Christ
Chrom [kro:m] (-s) *nt* (*CHEM*) chromium; chrome
Chron- ['kro:n] *zW*: **~ik** *f* chronicle; **c~isch** *adj* chronic; **c~ologisch** [-o'lo:gɪʃ] *adj* chronological
Chrysantheme [kryzan'te:mə] *f* chrysanthemum
circa ['tsɪrka] *adv* about, approximately
Clown [klaʊn] (-s, -s) *m* clown
Cocktail ['kɔkte:l] (-s, -s) *m* cocktail
Cola ['ko:la] (-, -s) *f* Coke (®)
Computer [kɔm'pju:tər] (-s, -) *m* computer; **~spiel** *nt* computer game
Conférencier [kõferãsi'e:] (-s, -s) *m* compère
Cord [kɔrt] (-s) *m* cord, corduroy
Couch [kaʊtʃ] (-, -es *od* -en) *f* couch
Coupé [ku'pe:] (-s, -s) *nt* (*AUT*) coupé, sports version
Coupon [ku'põ:] (-s, -s) *m* coupon; (*Stoff~*) length of cloth
Cousin [ku'zɛ̃:] (-s, -s) *m* cousin; **~e** [ku'zi:nə] *f* cousin
Creme [krɛ:m] (-, -s) *f* cream; (*Schuh~*) polish; (*Zahn~*) paste; (*KOCH*) mousse; **c~farben** *adj* cream(-coloured)
cremig *adj* creamy
Curry ['kœri] (-s) *m od nt* curry powder; **~pulver** *nt* curry powder
Cursor ['kœrsər] *m* cursor
Cutter ['katər(ɪn)] (-s, -) *m* (*CINE*) editor

D

SCHLÜSSELWORT

da [da:] *adv* **1** (*örtlich*) there; (*hier*) here; **da draußen** out there; **da bin ich** here I am; **da, wo** where; **ist noch Milch da?** is there any milk left?
2 (*zeitlich*) then; (*folglich*) so
3: **da haben wir Glück gehabt** we were lucky there; **da kann man nichts machen** nothing can be done about it
♦ *konj* (*weil*) as, since

dabehalten (*unreg*) *vt* to keep
dabei [da'baɪ] *adv* (*räumlich*) close to it; (*noch dazu*) besides; (*zusammen mit*) with them; (*zeitlich*) during this; (*obwohl doch*) but, however; **was ist**

schon ~? what of it?; **es ist doch nichts ~, wenn ...** it doesn't matter if ...; **bleiben wir ~** let's leave it at that; **es bleibt ~** that's settled; **das Dumme/Schwierige ~** the stupid/difficult part of it; **er war gerade ~, zu gehen** he was just leaving; **~sein** (*unreg*) *vi* (*anwesend*) to be present; (*beteiligt*) to be involved; **~stehen** (*unreg*) *vi* to stand around

Dach [dax] (**-(e)s, ¨er**) *nt* roof; **~boden** *m* attic, loft; **~decker** (**-s, -**) *m* slater, tiler; **~fenster** *nt* skylight; **~luke** *f* skylight; **~pappe** *f* roofing felt; **~rinne** *f* gutter

Dachs [daks] (**-es, -e**) *m* badger

dachte *etc* ['daxtə] *vb siehe* **denken**

Dackel ['dakəl] (**-s, -**) *m* dachshund

dadurch [da'durç] *adv* (*räumlich*) through it; (*durch diesen Umstand*) thereby, in that way; (*deshalb*) because of that, for that reason ♦ *konj*: **~, daß** because

dafür [da'fy:r] *adv* for it; (*anstatt*) instead; **er kann nichts ~** he can't help it; **er ist bekannt ~** he is well-known for that; **was bekomme ich ~?** what will I get for it?

dafürkönnen *unreg* (*vt*): **er kann nichts dafür** he can't help it

dagegen [da'ge:gən] *adv* against it; (*im Vergleich damit*) in comparison with it; (*bei Tausch*) for it/them ♦ *konj* however; **ich habe nichts ~** I don't mind; **ich war ~** I was against it; **~ kann man nichts tun** one can't do anything about it; **~halten** (*unreg*) *vt* (*vergleichen*) to compare with it; (*entgegnen*) to object to it; **~sprechen** (*unreg*) *vi*: **es spricht nichts ~** there's no reason why not

daheim [da'haɪm] *adv* at home; **D~** (**-s**) *nt* home

daher [da'he:r] *adv* (*räumlich*) from there; (*Ursache*) from that ♦ *konj* (*deshalb*) that's why

dahin [da'hɪn] *adv* (*räumlich*) there; (*zeitlich*) then; (*vergangen*) gone; **~gegen** *konj* on the other hand; **~gehend** *adv* on this matter; **~gestellt** *adv*: **~gestellt bleiben** to remain to be seen; **~gestellt sein lassen** to leave open *od* undecided

dahinten [da'hɪntən] *adv* over there

dahinter [da'hɪntər] *adv* behind it; **~kommen** (*unreg*) *vi* to get to the bottom of it

Dahlie ['da:liə] *f* dahlia

dalli ['dali] (*umg*) *adv* chop chop

damalig ['da:ma:lɪç] *adj* of that time, then

damals ['da:ma:ls] *adv* at that time, then

Damast [da'mast] (**-(e)s, -e**) *m* damask

Dame ['da:mə] *f* lady; (*SCHACH, KARTEN*) queen; (*Spiel*) draughts *sg*; **d~nhaft** *adj* ladylike; **~nwahl** *f* ladies' excuse-me

damit [da'mɪt] *adv* with it; (*begründend*) by that ♦ *konj* in order that, in order to; **was meint er ~?** what does he mean by that?; **genug ~!** that's enough!; **~ eilt es nicht** there's no hurry

dämlich ['dɛ:mlɪç] (*umg*) *adj* silly, stupid

Damm [dam] (**-(e)s, ¨e**) *m* dyke; (*Stau~*) dam; (*Hafen~*) mole; (*Bahn~, Straßen~*) embankment

dämmen ['dɛmən] *vt* (*Wasser*) to dam up; (*Schmerzen*) to keep back

dämmer- *zW*: **~ig** *adj* dim, faint; **~n** *vi* (*Tag*) to dawn; (*Abend*) to fall; **D~ung** *f* twilight; (*Morgen~*) dawn; (*Abend~*) dusk

dämonisch [dɛ'mo:nɪʃ] *adj* demoniacal

Dampf [dampf] (**-(e)s, ¨e**) *m* steam; (*Dunst*) vapour; **d~en** *vi* to steam

dämpfen ['dɛmpfən] *vt* (*KOCH*) to steam; (*bügeln*) to iron with a damp cloth; (*fig*) to dampen, to subdue

Dampf- *zW*: **~kochtopf** *m* pressure cooker; **~schiff** *nt* steamship; **~walze** *f* steamroller

danach [da'na:x] *adv* after that; (*zeitlich*) after that, afterwards;

(*gemäß*) accordingly; according to which; according to that; **er sieht ~ aus** he looks it

Däne (**-n, -n**) *m* Dane

daneben [da'ne:bən] *adv* beside it; (*im Vergleich*) in comparison; **~benehmen** (*unreg*) *vr* to misbehave; **~gehen** (*unreg*) *vi* to miss; (*Plan*) to fail

Dän- ['dɛ:n] *zW*: **~emark** *nt* Denmark; **~in** *f* Dane; **d~isch** *adj* Danish

Dank [daŋk] (**-(e)s**) *m* thanks *pl*; **d~** *präp* (*+dat od gen*) thanks to; **vielen** *od* **schönen ~** many thanks; **jdm ~ sagen** to thank sb; **d~bar** *adj* grateful; (*Aufgabe*) rewarding; **~barkeit** *f* gratitude; **d~e** *excl* thank you, thanks; **d~en** *vi +dat* to thank; **d~enswert** *adj* (*Arbeit*) worthwhile; rewarding; (*Bemühung*) kind; **d~sagen** *vi* to express one's thanks

dann [dan] *adv* then; **~ und wann** now and then

daran [da'ran] *adv* on it; (*stoßen*) against it; **es liegt ~, daß ...** the cause of it is that ...; **gut/schlecht ~ sein** to be well-/badly off; **das Beste/Dümmste ~** the best/stupidest thing about it; **ich war nahe ~, zu ...** I was on the point of ...; **er ist ~ gestorben** he died from it *od* of it; **~gehen** (*unreg*) *vi* to start; **~setzen** *vt* to stake; **er hat alles ~gesetzt, von Glasgow wegzukommen** he has done his utmost to get away from Glasgow

darauf [da'rauf] *adv* (*räumlich*) on it; (*zielgerichtet*) towards it; (*danach*) afterwards; **es kommt ganz ~ an, ob ...** it depends whether ...; **die Tage ~** the days following *od* thereafter; **am Tag ~** the next day; **~folgend** *adj* (*Tag, Jahr*) next, following; **~legen** *vt* to lay *od* put on top

daraus [da'raus] *adv* from it; **was ist ~ geworden?** what became of it?; **~ geht hervor, daß ...** this means that ...

Darbietung ['da:rbi:tuŋ] *f* performance

darf *etc* [darf] *vb siehe* **dürfen**

darin [da'rɪn] *adv* in (there), in it

Dar- ['da:r] *zW*: **d~legen** *vt* to explain, to expound, to set forth; **~legung** *f* explanation; **~leh(e)n** (**-s, -**) *nt* loan

Darm [darm] (**-(e)s, ¨e**) *m* intestine; (*Wurst~*) skin; **~grippe** *f* (*MED*) gastric influenza *od* 'flu; **~saite** *f* gut string

darstellen ['da:rʃtɛlən] *vt* (*abbilden, bedeuten*) to represent; (*THEAT*) to act; (*beschreiben*) to describe ♦ *vr* to appear to be

Darsteller(in) (**-s, -**) *m(f)* actor(actress)

Darstellung *f* portrayal, depiction

darüber [da'ry:bər] *adv* (*räumlich*) over it, above it; (*fahren*) over it; (*mehr*) more; (*währenddessen*) meanwhile; (*sprechen, streiten*) about it; **~ geht nichts** there's nothing like it

darum [da'rum] *adv* (*räumlich*) round it ♦ *konj* that's why; **er bittet ~** he is pleading for it; **es geht ~, daß ...** the thing is that ...; **er würde viel ~ geben, wenn ...** he would give a lot to ...; **ich tue es ~, weil ...** I am doing it because ...

darunter [da'runtər] *adv* (*räumlich*) under it; (*dazwischen*) among them; (*weniger*) less; **ein Stockwerk ~** one floor below (it); **was verstehen Sie ~?** what do you understand by that?

das [das] *def art siehe* **der** ♦ *pron* that

Dasein ['da:zaɪn] (**-s**) *nt* (*Leben*) life; (*Anwesenheit*) presence; (*Bestehen*) existence

dasein (*unreg*) *vi* to be there

daß [das] *konj* that

dasselbe [das'zɛlbə] *art, pron* the same

dastehen ['da:ʃte:ən] (*unreg*) *vi* to stand there

Datei [da:'taɪ] *f* file

Datenbank ['da:tənbaŋk] *f* data base

Datensichtgerät *nt* visual display unit, VDU
Datenverarbeitung *f* data processing
datieren [da'ti:rən] *vt* to date
Dativ ['da:ti:f] (**-s, -e**) *m* dative (case)
Dattel ['datəl] (**-, -n**) *f* date
Datum ['da:tum] (**-s, Daten**) *nt* date; **Daten** *pl* (*Angaben*) data *pl*
Dauer ['daʊər] (**-, -n**) *f* duration; (*gewisse Zeitspanne*) length; (*Bestand, Fortbestehen*) permanence; **es war nur von kurzer ~** it didn't last long; **auf die ~** in the long run; (*auf längere Zeit*) indefinitely; **~auftrag** *m* standing order; **d~haft** *adj* lasting, durable; **~karte** *f* season ticket; **~lauf** *m* jog(ging); **d~n** *vi* to last; **es hat sehr lang ged~t, bis er ...** it took him a long time to ...; **d~nd** *adj* constant; **~welle** *f* perm, permanent wave; **~wurst** *f* German salami; **~zustand** *m* permanent condition
Daumen ['daʊmən] (**-s, -**) *m* thumb
Daune ['daʊnə] *f* down; **~ndecke** *f* down duvet, down quilt
davon [da'fɔn] *adv* of it; (*räumlich*) away; (*weg von*) from it; (*Grund*) because of it; **das kommt ~!** that's what you get; **~ abgesehen** apart from that; **~ sprechen/wissen** to talk/know of *od* about it; **was habe ich ~?** what's the point?; **~kommen** (*unreg*) *vi* to escape; **~laufen** (*unreg*) *vi* to run away
davor [da'fo:r] *adv* (*räumlich*) in front of it; (*zeitlich*) before (that); **~ warnen** to warn about it
dazu [da'tsu:] *adv* (*legen, stellen*) by it; (*essen, singen*) with it; **und ~ noch** and in addition; **ein Beispiel/seine Gedanken ~** one example for/his thoughts on this; **wie komme ich denn ~?** why should I?; **~ fähig sein** to be capable of it; **sich ~ äußern** to say something on it; **~gehören** *vi* to belong to it; **~kommen** (*unreg*) *vi* (*Ereignisse*) to happen too; (*an einen Ort*) to come along
dazwischen [da'tsvɪʃən] *adv* in between; (*räumlich auch*) between (them); (*zusammen mit*) among them; **der Unterschied ~** the difference between them; **~kommen** (*unreg*) *vi* (*hineingeraten*) to get caught in it; **es ist etwas ~gekommen** something cropped up; **~reden** *vi* (*unterbrechen*) to interrupt; (*sich einmischen*) to interfere; **~treten** (*unreg*) *vi* to intervene
Debatte [de'batə] *f* debate
Deck [dɛk] (**-(e)s, -s** *od* **-e**) *nt* deck; **an ~ gehen** to go on deck
Decke *f* cover; (*Bett~*) blanket; (*Tisch~*) tablecloth; (*Zimmer~*) ceiling; **unter einer ~ stecken** to be hand in glove; **~l** (**-s, -**) *m* lid; **d~n** *vt* to cover ♦ *vr* to coincide
Deckung *f* (*Schutzen*) covering; (*Schutz*) cover; (*SPORT*) defence; (*Übereinstimmen*) agreement; **d~sgleich** *adj* congruent
Defekt [de'fɛkt] (**-(e)s, -e**) *m* fault, defect; **d~** *adj* faulty
defensiv [defɛn'si:f] *adj* defensive
definieren [defi'ni:rən] *vt* to define
Definition [definitsi'o:n] *f* definition
Defizit ['de:fitsit] (**-s, -e**) *nt* deficit
deftig ['dɛftɪç] *adj* (*Essen*) large; (*Witz*) coarse
Degen ['de:gən] (**-s, -**) *m* sword
degenerieren [degene'ri:rən] *vi* to degenerate
dehnbar ['de:nba:r] *adj* elastic; (*fig: Begriff*) loose
dehnen *vt, vr* to stretch
Deich [daɪç] (**-(e)s, -e**) *m* dyke, dike
Deichsel ['daɪksəl] (**-, -n**) *f* shaft
deichseln (*umg*) *vt* (*fig*) to wangle
dein(e) [daɪn(e)] *adj* (*D~ in Briefen*) your; **~e(r, s)** *pron* yours; **~er** (*gen von* **du**) *pron* of you; **~erseits** *adv* on your part; **~esgleichen** *pron* people like you; **~etwegen** *adv* (*für dich*) for your sake; (*wegen dir*) on your account; **~etwillen** *adv*: **um ~etwillen** = **um deinetwegen**;

~ige *pron*: **der/die/das ~ige** yours

dekadent [deka'dɛnt] *adj* decadent

Deklination [deklinatsi'o:n] *f* declension

deklinieren [dekli'ni:rən] *vt* to decline

Dekolleté [dekɔl'te:] **(-s, -s)** *nt* low neckline

Deko- [deko] *zW*: **~rateur** [-ra'tø:r] *m* window dresser; **~ration** [-ratsi'o:n] *f* decoration; (*in Laden*) window dressing; **d~rativ** [-ra'ti:f] *adj* decorative; **d~rieren** [-'ri:rən] *vt* to decorate; (*Schaufenster*) to dress

Delegation [delegatsi'o:n] *f* delegation

delegieren [dele'gi:rən] *vt*: **~ an** +*akk* (*Aufgaben*) to delegate to

delikat [deli'ka:t] *adj* (*zart, heikel*) delicate; (*köstlich*) delicious

Delikatesse [delika'tɛsə] *f* delicacy; **~n** *pl* (*Feinkost*) delicatessen food; **~ngeschäft** *nt* delicatessen

Delikt [de'lɪkt] **(-(e)s, -e)** *nt* (*JUR*) offence

Delle ['dɛlə] (*umg*) *f* dent

Delphin [dɛl'fi:n] **(-s, -e)** *m* dolphin

dem [de(:)m] *art dat von* **der**; **das**

Demagoge [dema'go:gə] **(-n, -n)** *m* demagogue

dementieren [demɛn'ti:rən] *vt* to deny

dem- *zW*: **~gemäß** *adv* accordingly; **~nach** *adv* accordingly; **~nächst** *adv* shortly

Demokrat [demo'kra:t] **(-en, -en)** *m* democrat; **~ie** [-'ti:] *f* democracy; **d~isch** *adj* democratic; **d~isieren** [-i'zi:rən] *vt* to democratize

demolieren [demo'li:rən] *vt* to demolish

Demon- [demɔn] *zW*: **~strant(in)** [-'strant(ɪn)] *m(f)* demonstrator; **~stration** [-stratsi'o:n] *f* demonstration; **d~strativ** [-stra'ti:f] *adj* demonstrative; (*Protest*) pointed; **d~strieren** [-'stri:rən] *vt, vi* to demonstrate

Demoskopie [demosko'pi:] *f* public opinion research

Demut ['de:mu:t] (-) *f* humility

demütig ['de:my:tɪç] *adj* humble; **~en** ['de:my:tɪgən] *vt* to humiliate; **D~ung** *f* humiliation

demzufolge ['de:mtsu'fɔlgə] *adv* accordingly

den [de(:)n] *art akk von* **der**

denen ['de:nən] *pron dat pl von* **der; die; das**

Denk- ['dɛŋk] *zW*: **d~bar** *adj* conceivable; **~en (-s)** *nt* thinking; **d~en** (*unreg*) *vt, vi* to think; **d~faul** *adj* lazy; **~fehler** *m* logical error; **~mal (-s, ¨er)** *nt* monument; **d~würdig** *adj* memorable; **~zettel** *m*: **jdm einen ~zettel verpassen** to teach sb a lesson

denn [dɛn] *konj* for ♦ *adv* then; (*nach Komparativ*) than; **warum ~?** why?

dennoch ['dɛnɔx] *konj* nevertheless

Denunziant [denontsi'ant] *m* informer

deponieren [depo'ni:rən] *vt* (*COMM*) to deposit

Depot [de'po:] **(-s, -s)** *nt* warehouse; (*Bus~, EISENB*) depot; (*Bank~*) strongroom, safe (*US*)

Depression [depresi'o:n] *f* depression

depres'siv *adj* depressive

deprimieren [depri'mi:rən] *vt* to depress

SCHLÜSSELWORT

der [de:r] (*f* **die**, *nt* **das**, *gen* **des, der, des**, *dat* **dem, der, dem**, *akk* **den, die, das**, *pl* **die**) *def art* the; **der Rhein** the Rhine; **der Klaus** (*umg*) Klaus; **die Frau** (*im allgemeinen*) women; **der Tod/das Leben** death/life; **der Fuß des Berges** the foot of the hill; **gib es der Frau** give it to the woman; **er hat sich die Hand verletzt** he has hurt his hand

♦ *relativ pron* (*bei Menschen*) who, that; (*bei Tieren, Sachen*) which, that; **der Mann, den ich gesehen**

habe the man who *od* whom *od* that I saw
♦ *demonstrativ pron* he/she/it; (*jener, dieser*) that; (*pl*) those; **der/die war es** It was him/her; **der mit der Brille** the one with glasses; **ich will den (da)** I want that one

derart ['de:r''a:rt] *adv* so; (*solcher Art*) such; **~ig** *adj* such, this sort of
derb [dɛrp] *adj* sturdy; (*Kost*) solid; (*grob*) coarse
der- *zW*: **~'gleichen** *pron* such; **~'jenige** *pron* he; she; it; the one (who); that (which); **~'maßen** *adv* to such an extent, so; **~'selbe** *art, pron* the same; **~'weil(en)** *adv* in the meantime; **~'zeitig** *adj* present, current; (*damalig*) then
des [dɛs] *art gen von* **der**
desertieren [dezɛr'ti:rən] *vi* to desert
desgleichen ['dɛs'glaıçən] *adv* likewise, also
deshalb ['dɛs'halp] *adv* therefore, that's why
Desinfektion [dezınfɛktsi'o:n] *f* disinfection; **~smittel** *nt* disinfectant
desinfizieren [dezınfi'tsi:rən] *vt* to disinfect
dessen ['dɛsən] *pron gen von* **der; das**; **~'ungeachtet** *adv* nevertheless, regardless
Dessert [dɛ'sɛ:r] (**-s, -s**) *nt* dessert
destillieren [dɛstı'li:rən] *vt* to distil
desto ['dɛsto] *adv* all the, so much the; **~ besser** all the better
deswegen ['dɛs've:gən] *konj* therefore, hence
Detail [de'taı] (**-s, -s**) *nt* detail
Detektiv [detɛk'ti:f] (**-s, -e**) *m* detective
deut- ['dɔyt] *zW*: **~en** *vt* to interpret, to explain ♦ *vi*: **~en (auf** +*akk*) to point (to *od* at); **~lich** *adj* clear; (*Unterschied*) distinct; **D~lichkeit** *f* clarity; distinctness
Deutsch [dɔytʃ] *nt* German
deutsch *adj* German; **auf ~** in German; **D~e Demokratische Republik** German Democratic Republic, East Germany; **~es Beefsteak** ≈ hamburger; **D~e** *f* German; **D~er** *m* German; **ich bin D~er** I am German; **D~land** *nt* Germany
Devise [de'vi:zə] *f* motto, device; **~n** *pl* (*FIN*) foreign currency, foreign exchange
Dezember [de'tsɛmbər] (**-s, -**) *m* December
dezent [de'tsɛnt] *adj* discreet
dezimal [detsi'ma:l] *adj* decimal; **D~bruch** *m* decimal (fraction); **D~system** *nt* decimal system
d.h. *abk* (= *das heißt*) i.e.
Dia ['di:a] (**-s, -s**) *nt* (*PHOT*) slide, transparency
Diabetes [dia'be:tɛs] (**-, -**) *m* (*MED*) diabetes
Diagnose [dia'gno:zə] *f* diagnosis
diagonal [diago'na:l] *adj* diagonal; **D~e** *f* diagonal
Dialekt [dia'lɛkt] (**-(e)s, -e**) *m* dialect; **d~isch** *adj* dialectal; (*Logik*) dialectical
Dialog [dia'lo:k] (**-(e)s, -e**) *m* dialogue
Diamant [dia'mant] *m* diamond
Diaprojektor ['di:aprojɛktɔr] *m* slide projector
Diät [di'ɛ:t] (**-, -en**) *f* diet
dich [dıç] (*akk von* **du**) *pron* you; yourself
dicht [dıçt] *adj* dense; (*Nebel*) thick; (*Gewebe*) close; (*undurchlässig*) (water)tight; (*fig*) concise ♦ *adv*: **~ an/bei** close to; **~bevölkert** *adj* densely *od* heavily populated; **D~e** *f* density; thickness; closeness; (water)tightness; (*fig*) conciseness; **~en** *vt* (*dicht machen*) to make watertight; to seal; (*NAUT*) to caulk; (*LITER*) to compose, to write ♦ *vi* to compose, to write; **D~er(in)** (**-s, -**) *m(f)* poet; (*Autor*) writer; **~erisch** *adj* poetical; **~halten** (*unreg; umg*) *vi* to keep one's mouth shut; **D~ung** *f* (*TECH*) washer; (*AUT*) gasket; (*Gedichte*) poetry; (*Prosa*) (piece of) writing
dick [dık] *adj* thick; (*fett*) fat; **durch**

~ **und dünn** through thick and thin; **D~darm** *m* (*ANAT*) colon; **D~e** *f* thickness; fatness; **~flüssig** *adj* viscous; **D~icht** (-s, -e) *nt* thicket; **D~kopf** *m* mule; **D~milch** *f* soured milk

die [di:] *def art siehe* **der**

Dieb(in) [di:p, 'di:bɪn] (-(e)s, -e) *m(f)* thief; **d~isch** *adj* thieving; (*umg*) immense; **~stahl** (-(e)s, ¨e) *m* theft

Diele ['di:lə] *f* (*Brett*) board; (*Flur*) hall, lobby

dienen ['di:nən] *vi*: **(jdm)** ~ to serve (sb)

Diener (-s, -) *m* servant; **~in** *f* (maid)servant; **~schaft** *f* servants *pl*

Dienst [di:nst] (-(e)s, -e) *m* service; **außer** ~ retired; ~ **haben** to be on duty

Dienstag ['di:nsta:k] *m* Tuesday; **d~s** *adv* on Tuesdays

Dienst- *zW*: **~bote** *m* servant; **~geheimnis** *nt* official secret; **~gespräch** *nt* business call; **d~habend** *adj* (*Arzt*) on duty; **~leistung** *f* service; **d~lich** *adj* official; **~mädchen** *nt* (house)maid; **~reise** *f* business trip; **~stelle** *f* office; **~vorschrift** *f* official regulations *pl*; **~weg** *m* official channels *pl*; **~zeit** *f* working hours *pl*; (*MIL*) period of service

dies ['di:s] *pron* (*demonstrativ*: *sg*) this; (: *pl*) these; **~bezüglich** *adj* (*Frage*) on this matter; **~e(r, s)** ['di:zə(r, s)] *pron* this (one)

Diesel ['di:zəl] *m* (*Kraftstoff*) diesel

dieselbe [di:'zɛlbə] *pron, art* the same

Dieselöl ['di:zəl'ø:l] *nt* diesel oil

diesig ['di:zɪç] *adj* drizzly

dies- *zW*: **~jährig** *adj* this year's; **~mal** *adv* this time; **~seits** *prep +gen* on this side; **D~seits** (-) *nt* this life

Dietrich ['di:trɪç] (-s, -e) *m* picklock

diffamieren [dɪfə'mi:rən] (*pej*) *vt* to defame

differential [dɪferɛntsi'a:l] *adj* differential; **D~rechnung** *f* differential calculus

Differenz [dɪfə'rents] (-, -en) *f* (*Unterschied*) difference; **~en** *pl* (*geh*: *Meinungsverschiedenheit*) difference (of opinion)

differenzieren [dɪferɛn'tsi:rən] *vt* to make distinctions in; **differenziert** *adj* (*Mensch etc*) complex

digital [digi'tal] *adj* digital

Dikt- [dɪkt] *zW*: **~aphon** [-a'fo:n] *nt* dictaphone; **~at** [-'ta:t] (-(e)s, -e) *nt* dictation; **~ator** [-'ta:tɔr] *m* dictator; **d~atorisch** [-a'to:rɪʃ] *adj* dictatorial; **~atur** [-a'tu:r] *f* dictatorship; **d~ieren** [-'ti:rən] *vt* to dictate

Dilemma [di'lɛma] (-s, -s *od* -ta) *nt* dilemma

Dilettant [dilɛ'tant] *m* dilettante, amateur; **d~isch** *adj* amateurish, dilettante

Dimension [dimɛnzi'o:n] *f* dimension

Ding [dɪŋ] (-(e)s, -e) *nt* thing, object; **d~lich** *adj* real, concrete; **~s(bums)** ['dɪŋks(bʊms)] (-, *umg*) *nt* thingummybob

Diphtherie [dɪfte'ri:] *f* diphtheria

Diplom [di'plo:m] (-(e)s, -e) *nt* diploma, certificate; **~at** [-'ma:t] (-en, -en) *m* diplomat; **~atie** [-a'ti:] *f* diplomacy; **d~atisch** [-'matɪʃ] *adj* diplomatic; **~ingenieur** *m* qualified engineer

dir [di:r] (*dat von* **du**) *pron* (to) you

direkt [di'rɛkt] *adj* direct; **D~or** *m* director; (*SCH*) principal, headmaster; **D~übertragung** *f* live broadcast

Dirigent [diri'gɛnt] *m* conductor

dirigieren [diri'gi:rən] *vt* to direct; (*MUS*) to conduct

Dirne ['dɪrnə] *f* prostitute

Diskette [dɪs'ketə] *f* diskette, floppy disk

Diskont [dɪs'kɔnt] (-s, -e) *m* discount; **~satz** *m* rate of discount

Diskothek [dɪsko'te:k] (-, -en) *f* disco(theque)

diskret [dɪs'kre:t] *adj* discreet; **D~ion** *f* discretion

Diskussion [dɪskʊsi'o:n] *f* discussion; debate; **zur** ~ **stehen** to be

under discussion
diskutieren [dɪsku'ti:rən] *vt, vi* to discuss; to debate
Distanz [dɪs'tants] *f* distance
distanzieren *vr*: **sich von jdm/etw** ~ to distance o.s. from sb/sth
Distel ['dɪstəl] (**-, -n**) *f* thistle
Disziplin [dɪstsi'pli:n] *f* discipline
Dividende [divi'dɛndə] *f* dividend
dividieren [divi'di:rən] *vt*: **(durch etw)** ~ to divide (by sth)
DM [de:''ɛm] *abk* (= *Deutsche Mark*) German Mark
D-Mark ['de:mark] *f* D Mark, German Mark

SCHLÜSSELWORT

doch [dɔx] *adv* **1** (*dennoch*) after all; (*sowieso*) anyway; **er kam doch noch** he came after all; **du weißt es ja doch besser** you know better than I do anyway; **und doch ...** and yet ...
2 (*als bejahende Antwort*) yes I do/it does *etc*; **das ist nicht wahr - doch!** that's not true - yes it is!
3 (*auffordernd*): **komm doch** do come; **laß ihn doch** just leave him; **nicht doch!** oh no!
4: **sie ist doch noch so jung** but she's still so young; **Sie wissen doch, wie das ist** you know how it is(, don't you?), **wenn doch** if only
♦ *konj* (*aber*) but; (*trotzdem*) all the same; **und doch hat er es getan** but still he did it

Docht [dɔxt] (**-(e)s, -e**) *m* wick
Dock [dɔk] (**-s, -s** *od* **-e**) *nt* dock
Dogge *f* bulldog
Dogma ['dɔgma] (**-s, -men**) *nt* dogma; **d~tisch** *adj* dogmatic
Dohle ['do:lə] *f* (*ZOOL*) jackdaw
Doktor ['dɔktɔr, *pl* -'to:rən] (**-s, -en**) *m* doctor
Dokument [doku'mɛnt] *nt* document
Dokumentar- [dokumen'ta:r] *zW*: **~bericht** *m* documentary; **~film** *m* documentary (film); **d~isch** *adj* documentary
Dolch [dɔlç] (**-(e)s, -e**) *m* dagger
dolmetschen ['dɔlmɛtʃən] *vt, vi* to interpret
Dolmetscher (**-s, -**) *m* interpreter
Dom [do:m] (**-(e)s, -e**) *m* cathedral
dominieren [domi'ni:rən] *vt* to dominate ♦ *vi* to predominate
Dompfaff ['do:mpfaf] *m* bullfinch
Donau ['do:nau] *f* Danube
Donner ['dɔnər] (**-s, -**) *m* thunder; **d~n** *vi unpers* to thunder
Donnerstag ['dɔnərsta:k] *m* Thursday
doof [do:f] (*umg*) *adj* daft, stupid
Doppel ['dɔpəl] (**-s, -**) *nt* duplicate; (*SPORT*) doubles; **~bett** *nt* double bed; **d~deutig** *adj* ambiguous; **~fenster** *nt* double glazing; **~gänger** (**-s, -**) *m* double; **~punkt** *m* colon; **~stecker** *m* two-way adaptor; **d~t** *adj* double; **in d~ter Ausführung** in duplicate; **~verdiener** *m* person with two incomes; (*pl*: *Paar*) two-income family; **~zentner** *m* 100 kilograms; **~zimmer** *nt* double room
Dorf [dɔrf] (**-(e)s, ¨er**) *nt* village; **~bewohner** *m* villager
Dorn[1] [dɔrn] (**-(e)s, -en**) *m* (*BOT*) thorn
Dorn[2] (**-(e)s, -e**) *m* (*Schnallen~*) tongue, pin
dornig *adj* thorny
dörren ['dœrən] *vt* to dry
Dörrobst ['dœr'o:pst] *nt* dried fruit
Dorsch [dɔrʃ] (**-(e)s, -e**) *m* cod
dort [dɔrt] *adv* there; **~ drüben** over there; **~her** *adv* from there; **~hin** *adv* (to) there; **~ig** *adj* of that place; in that town
Dose ['do:zə] *f* box; (*Blech~*) tin, can
Dosen *pl von* **Dose; Dosis**
Dosenöffner *m* tin *od* can opener
Dosis ['do:zɪs] (**-, Dosen**) *f* dose
Dotter ['dɔtər] (**-s, -**) *m* (egg) yolk
Down-Syndrom [daʊn zʏn'dro:m] *nt* (*MED*) Down's Syndrome
Drache ['draxə] (**-n, -n**) *m* (*Tier*)

dragon

Drachen (-s, -) *m* kite

Draht [dra:t] (-(e)s, ¨e) *m* wire; **auf ~ sein** to be on the ball; **d~ig** *adj* (*Mann*) wiry; **~seil** *nt* cable; **~seilbahn** *f* cable railway, funicular; **~zange** *f* pliers *pl*

Drama ['dra:ma] (-s, **Dramen**) *nt* drama, play; **~tiker** [-'ma:tikər] (-s, -) *m* dramatist; **d~tisch** [-'ma:tɪʃ] *adj* dramatic

dran [dran] (*umg*) *adv*: **jetzt bin ich ~!** it's my turn now; *siehe* **daran**

Drang [draŋ] (-(e)s, ¨e) *m* (*Trieb*): **~ (nach)** impulse (for), urge (for), desire (for); (*Druck*) pressure

drängeln ['drɛŋəln] *vt, vi* to push, to jostle

drängen ['drɛŋən] *vt* (*schieben*) to push, to press; (*antreiben*) to urge ♦ *vi* (*eilig sein*) to be urgent; (*Zeit*) to press; **auf etw** *akk* ~ to press for sth

drastisch ['drastɪʃ] *adj* drastic

drauf [draʊf] (*umg*) *adv* = **darauf**; **D~gänger** (-s, -) *m* daredevil

draußen ['draʊsən] *adv* outside, out-of-doors

Dreck [drɛk] (-(e)s) *m* mud, dirt; **d~ig** *adj* dirty, filthy

Dreh- ['dre:] *zW*: **~arbeiten** *pl* (*CINE*) shooting *sg*; **~bank** *f* lathe; **~buch** *nt* (*CINE*) script; **d~en** *vt* to turn, to rotate; (*Zigaretten*) to roll; (*Film*) to shoot ♦ *vi* to turn, to rotate ♦ *vr* to turn; (*handeln von*): **es d~t sich um ...** it's about ...; **~orgel** *f* barrel organ; **~tür** *f* revolving door; **~ung** *f* (*Rotation*) rotation; (*Um~, Wendung*) turn; **~zahl** *f* rate of revolutions; **~zahlmesser** *m* rev(olution) counter

drei [draɪ] *num* three; **D~eck** *nt* triangle; **~eckig** *adj* triangular; **~einhalb** *num* three and a half; **~erlei** *adj inv* of three kinds; **~fach** *adj* triple, treble ♦ *adv* three times; **~hundert** *num* three hundred; **D~'königsfest** *nt* Epiphany; **~mal** *adv* three times; **~malig** *adj* three times

dreinreden ['draɪnre:dən] *vi*: **jdm ~** (*dazwischenreden*) to interrupt sb; (*sich einmischen*) to interfere with sb

Dreirad *nt* tricycle

dreißig ['draɪsɪç] *num* thirty

dreist [draɪst] *adj* bold, audacious; **D~igkeit** *f* boldness, audacity

drei- *zW*: **~viertel** *num* three- quarters; **D~viertelstunde** *f* three-quarters of an hour; **~zehn** *num* thirteen

dreschen ['drɛʃən] (*unreg*) *vt* (*Getreide*) to thresh; (*umg*: *verprügeln*) to beat up

dressieren [drɛ'si:rən] *vt* to train

drillen ['drɪlən] *vt* (*bohren*) to drill, to bore; (*MIL*) to drill; (*fig*) to train

Drilling *m* triplet

drin [drɪn] (*umg*) *adv* = **darin**

dringen ['drɪŋən] (*unreg*) *vi* (*Wasser, Licht, Kälte*): **~ (durch/in** +*akk*) to penetrate (through/into); **auf etw** *akk* ~ to insist on sth

dringend ['drɪŋənt] *adj* urgent

dringlich ['drɪŋlɪç] *adj* urgent

Dringlichkeit *f* urgency

drinnen ['drɪnən] *adv* inside, indoors

dritte(r, s) ['drɪtə(r, s)] *adj* third; **~ Welt** Third World; **D~s Reich** Third Reich; **D~l** (-s, -) *nt* third; **~ns** *adv* thirdly

droben ['dro:bən] *adv* above, up there

Droge ['dro:gə] *f* drug; **d~nabhängig** *adj* addicted to drugs; **~nhändler** *m* drug pedlar, pusher; **~rie** [dro:gə'ri:] *f* chemist's shop

Drogist [dro'gɪst] *m* pharmacist, chemist

drohen ['dro:ən] *vi*: **(jdm) ~** to threaten (sb)

dröhnen ['drø:nən] *vi* (*Motor*) to roar; (*Stimme, Musik*) to ring, to resound

Drohung ['dro:ʊŋ] *f* threat

drollig ['drɔlɪç] *adj* droll

Drossel ['drɔsəl] (-, -n) *f* thrush

drüben ['dry:bən] *adv* over there, on

the other side

drüber ['dry:bər] (*umg*) *adv* = **darüber**

Druck [druk] (**-(e)s, -e**) *m* (*PHYS, Zwang*) pressure; (*TYP: Vorgang*) printing; (: *Produkt*) print; (*fig: Belastung*) burden, weight; **~buchstabe** *m* block letter

drücken ['drykən] *vt* (*Knopf, Hand*) to press; (*zu eng sein*) to pinch; (*fig: Preise*) to keep down; (: *belasten*) to oppress, to weigh down ♦ *vi* to press; to pinch ♦ *vr*: **sich vor etw** *dat* ~ to get out of (doing) sth; **~d** *adj* oppressive

Drucker (**-s, -**) *m* printer

Drücker (**-s, -**) *m* button; (*Tür~*) handle; (*Gewehr~*) trigger

Druck- *zW*: **~e'rei** *f* printing works, press; **~erschwärze** *f* printer's ink; **~fehler** *m* misprint; **~knopf** *m* press stud, snap fastener; **~sache** *f* printed matter; **~schrift** *f* block *od* printed letters *pl*

drum [drum] (*umg*) *adv* = **darum**

drunten ['drontən] *adv* below, down there

Drüse ['dry:zə] *f* gland

Dschungel ['dʒʊŋəl] (**-s, -**) *m* jungle

du [du:] (*nom*) *pron* (*D~ in Briefen*) you; **D~ sagen** = **duzen**

Dübel [dy:bəl] (**-s, -**) *m* Rawlplug (®)

ducken ['dukən] *vt* (*Kopf, Person*) to duck; (*fig*) to take down a peg or two ♦ *vr* to duck

Duckmäuser ['dukmɔyzər] (**-s, -**) *m* yes-man

Dudelsack ['du:dəlzak] *m* bagpipes *pl*

Duell [du'ɛl] (**-s, -e**) *nt* duel

Duft [duft] (**-(e)s, ¨e**) *m* scent, odour; **d~en** *vi* to smell, to be fragrant; **d~ig** *adj* (*Stoff, Kleid*) delicate, diaphanous

dulden ['duldən] *vt* to suffer; (*zulassen*) to tolerate ♦ *vi* to suffer

duldsam *adj* tolerant

dumm [dum] *adj* stupid; (*ärgerlich*) annoying; **der D~e sein** to be the loser; **~erweise** *adv* stupidly; **D~heit** *f* stupidity; (*Tat*) blunder, stupid mistake; **D~kopf** *m* blockhead

dumpf [dumpf] *adj* (*Ton*) hollow, dull; (*Luft*) musty; (*Erinnerung, Schmerz*) vague

Düne ['dy:nə] *f* dune

düngen ['dyŋən] *vt* to manure

Dünger (**-s, -**) *m* dung, manure; (*künstlich*) fertilizer

dunkel ['duŋkəl] *adj* dark; (*Stimme*) deep; (*Ahnung*) vague; (*rätselhaft*) obscure; (*verdächtig*) dubious, shady; **im ~n tappen** (*fig*) to grope in the dark

Dunkel- *zW*: **~heit** *f* darkness; (*fig*) obscurity; **~kammer** *f* (*PHOT*) dark room; **d~n** *vi unpers* to grow dark; **~ziffer** *f* estimated number of unreported cases

dünn [dyn] *adj* thin; **~flüssig** *adj* watery, thin

Dunst [dunst] (**-es, ¨e**) *m* vapour; (*Wetter*) haze

dünsten ['dynstən] *vt* to steam

dunstig ['dunstiç] *adj* vaporous; (*Wetter*) hazy, misty

Duplikat [dupli'ka:t] (**-(e)s, -e**) *nt* duplicate

Dur [du:r] (**-, -**) *nt* (*MUS*) major

SCHLÜSSELWORT

durch [durç] *präp* +*akk* **1** (*hindurch*) through; **durch den Urwald** through the jungle; **die ganze Welt reisen** to travel all over the world

2 (*mittels*) through, by (means of); (*aufgrund*) due to, owing to; **Tod durch Herzschlag/den Strang** death from a heart attack/by hanging; **durch die Post** by post; **durch seine Bemühungen** through his efforts

♦ *adv* **1** (*hindurch*) through; **die ganze Nacht durch** all through the night; **den Sommer durch** during the summer; **8 Uhr durch** past 8 o'clock; **durch und durch** completely

2 (*durchgebraten etc*): **(gut) durch** well-done

durch- *zW*: **~arbeiten** *vt, vi* to work through ♦ *vr* to work one's way through; **~'aus** *adv* completely; (*unbedingt*) definitely; **~aus nicht** absolutely not; **~blättern** *vt* to leaf through

Durchblick ['durçblɪk] *m* view; (*fig*) comprehension; **d~en** *vi* to look through; (*umg*: *verstehen*): **(bei etw) d~en** to understand (sth); **etw d~en lassen** (*fig*) to hint at sth

durchbrechen ['-brɛçən] (*unreg*) *vt, vi* to break; **durch'brechen** (*unreg*) *vt insep* (*Schranken*) to break through; (*Schallmauer*) to break; (*Gewohnheit*) to break free from

durchbrennen [durçbrɛnən] (*unreg*) *vi* (*Draht, Sicherung*) to burn through; (*umg*) to run away

durchbringen (*unreg*) *vt* (*Kranken*) to pull through; (*unreg*; *umg*: *Familie*) to support; (*durchsetzen*: *Antrag, Kandidat*) to get through; (*vergeuden*: *Geld*) to get through, to squander

Durchbruch ['-brux] *m* (*Öffnung*) opening; (*MIL*) breach; (*von Gefühlen etc*) eruption; (*der Zähne*) cutting; (*fig*) breakthrough; **zum ~ kommen** to break through

durch- *zW*: **~dacht** [-'daxt] *adj* well thought-out; **~'denken** (*unreg*) *vt* to think out; **'~drehen** *vt* (*Fleisch*) to mince ♦ *vi* (*umg*) to crack up

durcheinander [durçaɪ'nandər] *adv* in a mess, in confusion; (*umg*: *verwirrt*) confused; **~ trinken** to mix one's drinks; **D~ (-s)** *nt* (*Verwirrung*) confusion; (*Unordnung*) mess; **~bringen** (*unreg*) *vt* to mess up; (*verwirren*) to confuse; **~reden** *vi* to talk at the same time

durch- *zW*: **~fahren** (*unreg*) *vi* (*durch Tunnel usw*) to drive through; (*ohne Unterbrechung*) to drive straight through; (*ohne anzuhalten*): **der Zug fährt bis Hamburg ~** the train runs direct to Hamburg; (*ohne Umsteigen*): **können wir ~fahren?** can we go direct?, can we go non-stop?; **D~fahrt** *f* transit; (*Verkehr*) thoroughfare; **D~fall** *m* (*MED*) diarrhoea; **~fallen** (*unreg*) *vi* to fall through; (*in Prüfung*) to fail; **~finden** (*unreg*) *vr* to find one's way through; **~'forschen** *vt insep* to explore; **~fragen** *vr* to find one's way by asking

durchführ- *zW*: **~bar** *adj* feasible, practicable; **~en** *vt* to carry out; **D~ung** *f* execution, performance

Durchgang ['-gaŋ] *m* passage(way); (*bei Produktion, Versuch*) run; (*SPORT*) round; (*bei Wahl*) ballot; **„~ verboten"** "no thoroughfare"

Durchgangslager *nt* transit camp

Durchgangsverkehr *m* through traffic

durchgefroren [durçgefro:rən] *adj* (*Mensch*) frozen stiff

durchgehen ['durçge:ən] (*unreg*) *vt* (*behandeln*) to go over ♦ *vi* to go through; (*ausreißen*: *Pferd*) to break loose; (*Mensch*) to run away; **mein Temperament ging mit mir durch** my temper got the better of me; **jdm etw ~ lassen** to let sb get away with sth; **~d** *adj* (*Zug*) through; (*Öffnungszeiten*) continuous

durch- *zW*: **~greifen** (*unreg*) *vi* to take strong action; **~halten** (*unreg*) *vi* to last out ♦ *vt* to keep up; **~kommen** (*unreg*) *vi* to get through; (*überleben*) to pull through

durch'kreuzen *vt insep* to thwart, to frustrate

durch- *zW*: **~lassen** (*unreg*) *vt* (*Person*) to let through; (*Wasser*) to let in; **'durchlesen** (*unreg*) *vt* to read through; **~'leuchten** *vt insep* to X-ray; **'durchmachen** *vt* to go through; **die Nacht ~machen** to make a night of it: **D~marsch** *m* march through

Durchmesser (-s, -) *m* diameter

durch- *zW*: **~'nässen** *vt insep* to soak (through); **~nehmen** (*unreg*) *vt* to go over; **~numerieren** *vt* to number consecutively; **~queren** [dʊrç'kve:rən] *vt insep* to cross; **D~reiche** *f* (serving) hatch; **D~reise** *f* transit; **auf der D~reise** passing through; (*Güter*) in transit; **~ringen** (*unreg*) *vr* to reach a decision after a long struggle; **~rosten** *vi* to rust through

durchs [dʊrçs] = **durch das**

Durchsage ['dʊrçza:gə] *f* intercom *od* radio announcement

durchschauen ['dʊrçʃaʊən] *vi* to look *od* see through (*Person, Lüge*) to see through

durchscheinen ['dʊrçʃaɪnən] (*unreg*) *vi* to shine through; **~d** *adj* translucent

Durchschlag ['dʊrçʃla:k] *m* (*Doppel*) carbon copy; (*Sieb*) strainer; **d~en** (*unreg*) *vt* (*entzweischlagen*) to split (in two); (*sieben*) to sieve ♦ *vi* (*zum Vorschein kommen*) to emerge, to come out ♦ *vr* to get by; **d~end** *adj* resounding

durchschneiden ['dʊrçʃnaɪdən] (*unreg*) *vt* to cut through

Durchschnitt ['dʊrçʃnɪt] *m* (*Mittelwert*) average; **über/unter dem ~** above/below average; **im ~** on average; **d~lich** *adj* average ♦ *adv* on average

Durchschnittsgeschwindigkeit *f* average speed

Durchschnittswert *m* average

durch- *zW*: **D~schrift** *f* copy; **~sehen** (*unreg*) *vt* to look through; **~setzen** *vt* to enforce ♦ *vr* (*Erfolg haben*) to succeed; (*sich behaupten*) to get one's way; **seinen Kopf ~setzen** to get one's own way

Durchsicht ['dʊrçzɪçt] *f* looking through, checking; **d~ig** *adj* transparent

durch- *zW*: **'~sprechen** (*unreg*) *vt* to talk over; **'~stehen** (*unreg*) *vt* to live through; **~stöbern** (*auch untr*) *vt* (*Kisten*) to rummage through, to rifle through; (*Haus, Wohnung*) to ransack; **'~streichen** (*unreg*) *vt* to cross out; **~'suchen** *vt insep* to search; **D~'suchung** *f* search; **~'trieben** [-'tri:bən] *adj* cunning, wily; **~'wachsen** *adj* (*Speck*) streaky; (*fig: mittelmäßig*) so-so; **D~wahl** *f* (*TEL*) direct dialling; **~weg** *adv* throughout, completely; **~ziehen** (*unreg*) *vt* (*Faden*) to draw through ♦ *vi* to pass through; **D~zug** *m* (*Luft*) draught; (*von Truppen, Vögeln*) passage

SCHLÜSSELWORT

dürfen ['dʏrfən] (*unreg*) *vi* **1** (*Erlaubnis haben*) to be allowed to; **ich darf das** I'm allowed to (do that); **darf ich?** may I?; **darf ich ins Kino?** can *od* may I go to the cinema?; **es darf geraucht werden** you may smoke

2 (*in Verneinungen*): **er darf das nicht** he's not allowed to (do that); **das darf nicht geschehen** that must not happen; **da darf sie sich nicht wundern** that shouldn't surprise her

3 (*in Höflichkeitsformeln*): **darf ich Sie bitten, das zu tun?** may *od* could I ask you to do that?; **was darf es sein?** what can I do for you?

4 (*können*): **das dürfen Sie mir glauben** you can believe me

5 (*Möglichkeit*): **das dürfte genug sein** that should be enough; **es dürfte Ihnen bekannt sein, daß ...** as you will probably know ...

dürftig ['dʏrftɪç] *adj* (*ärmlich*) needy, poor; (*unzulänglich*) inadequate

dürr [dʏr] *adj* dried-up; (*Land*) arid; (*mager*) skinny, gaunt; **D~e** *f* aridity; (*Zeit*) drought; (*Magerkeit*) skinniness

Durst [dʊrst] (**-(e)s**) *m* thirst; **~ haben** to be thirsty; **d~ig** *adj* thirsty

Dusche ['dʊʃə] *f* shower; **d~n** *vi, vr* to have a shower

Düse ['dy:zə] *f* nozzle; (*Flugzeug~*) jet

Düsen- *zW*: **~antrieb** *m* jet propulsion; **~flugzeug** *nt* jet (plane);

~**jäger** *m* jet fighter
Dussel ['dʊsəl] (**-s, -**; *umg*) *m* twit
düster ['dy:stər] *adj* dark; (*Gedanken, Zukunft*) gloomy
Dutzend ['dʊtsənt] (**-s, -e**) *nt* dozen; **d~(e)mal** *adv* a dozen times; **d~weise** *adv* by the dozen
duzen ['du:tsən] *vt*: **(jdn)** ~ to use the familiar form of address "du" (to *od* with sb)
Dynamik [dy'na:mɪk] *f* (*PHYS*) dynamics *sg*; (*fig*: *Schwung*) momentum; (*von Mensch*) dynamism
dynamisch [dy'na:mɪʃ] *adj* (*auch fig*) dynamic
Dynamit [dyna'mi:t] (**-s**) *nt* dynamite
Dynamo [dy'na:mo] (**-s, -s**) *m* dynamo
D-Zug ['de:tsu:k] *m* through train

E

Ebbe ['ɛbə] *f* low tide
eben ['e:bən] *adj* level, flat; (*glatt*) smooth ♦ *adv* just; (*bestätigend*) exactly; ~ **deswegen** just because of that; ~**bürtig** *adj*: **jdm** ~**bürtig sein** to be sb's equal; **E~e** *f* plain; (*fig*) level; ~**falls** *adv* likewise; ~**so** *adv* just as
Eber ['e:bər] (**-s, -**) *m* boar; ~**esche** *f* mountain ash, rowan
ebnen ['e:bnən] *vt* to level
Echo ['ɛço] (**-s, -s**) *nt* echo
echt [ɛçt] *adj* genuine; (*typisch*) typical; **E~heit** *f* genuineness
Eck- ['ɛk] *zW*: ~**ball** *m* corner (kick); ~**e** *f* corner; (*MATH*) angle; **e~ig** *adj* angular; ~**zahn** *m* eye tooth
ECU [e'ky:] (**-, -s**) *m* (*FINANZ*) ECU
edel ['e:dəl] *adj* noble; **E~metall** *nt* rare metal; **E~stein** *m* precious stone
EDV [e:de:'faʊ] (**-**) *f abk* (= *elektronische Datenverarbeitung*) electronic data processing
Efeu ['e:fɔʏ] (**-s**) *m* ivy
Effekt [ɛ'fɛkt] (**-s, -e**) *m* effect
Effekten [ɛ'fɛktən] *pl* stocks
effektiv [ɛfɛk'ti:f] *adj* effective, actual
EG ['e:'ge:] *f abk* (= *Europäische Gemeinschaft*) EC
egal [e'ga:l] *adj* all the same
Ego- [e:go] *zW*: ~**ismus** [-'ɪsmʊs] *m* selfishness, egoism; ~**ist** [-'ɪst] *m* egoist; **e~istisch** *adj* selfish, egoistic
Ehe ['e:ə] *f* marriage
ehe *konj* before
Ehe- *zW*: ~**beratung** *f* marriage guidance (counselling); ~**bruch** *m* adultery; ~**frau** *f* married woman; wife; ~**leute** *pl* married people; **e~lich** *adj* matrimonial; (*Kind*) legitimate
ehemalig *adj* former
ehemals *adv* formerly
Ehemann *m* married man; husband
Ehepaar *nt* married couple
eher ['e:ər] *adv* (*früher*) sooner; (*lieber*) rather, sooner; (*mehr*) more
Ehering *m* wedding ring
Eheschließung *f* marriage ceremony
eheste(r, s) ['e:əstə(r, s)] *adj* (*früheste*) first, earliest; **am** ~**n** (*liebsten*) soonest; (*meist*) most; (*wahrscheinlichst*) most probably
Ehr- ['e:r] *zW*: **e~bar** *adj* honourable, respectable; ~**e** *f* honour; **e~en** *vt* to honour
Ehren- ['e:rən] *zW*: ~**gast** *m* guest of honour; **e~haft** *adj* honourable; ~**platz** *m* place of honour *od US* honor; ~**runde** *f* lap of honour; ~**sache** *f* point of honour; **e~voll** *adj* honourable; ~**wort** *nt* word of honour
Ehr- *zW*: ~**furcht** *f* awe, deep respect; **e~fürchtig** *adj* reverent; ~**gefühl** *nt* sense of honour; ~**geiz** *m* ambition; **e~geizig** *adj* ambitious; **e~lich** *adj* honest; ~**lichkeit** *f* honesty; **e~los** *adj* dishonourable; ~**ung** *f* honour(ing); **e~würdig** *adj* venerable
Ei [aɪ] (**-(e)s, -er**) *nt* egg
ei *excl* well, well
Eich- *zW*: ~**e** ['aɪçə] *f* oak (tree); ~**el** (**-, -n**) *f* acorn; ~**hörnchen** *nt* squir-

rel; **~maß** *nt* standard
Eid [aɪt] (**-(e)s, -e**) *m* oath
Eidechse ['aɪdɛksə] *f* lizard
eidesstattlich *adj*: **~e Erklärung** affidavit
Eidgenosse *m* Swiss
Eidotter ['aɪdɔtər] *nt* egg yolk
Eier- *zW*: **~becher** *m* eggcup; **~kuchen** *m* omelette; pancake; **~likör** *m* advocaat; **~schale** *f* eggshell; **~stock** *m* ovary; **~uhr** *f* egg timer
Eifer ['aɪfər] (**-s**) *m* zeal, enthusiasm; **~sucht** *f* jealousy; **e~süchtig** *adj*: **e~süchtig (auf** +*akk*) jealous (of)
eifrig ['aɪfrɪç] *adj* zealous, enthusiastic
Eigelb ['aɪgɛlp] (**-(e)s, -**) *nt* egg yolk
eigen ['aɪgən] *adj* own; (*~artig*) peculiar; **mit der/dem ihm ~en ...** with that ... peculiar to him; **sich** *dat* **etw zu ~ machen** to make sth one's own; **E~art** *f* peculiarity; characteristic; **~artig** *adj* peculiar; **E~bedarf** *m*: **zum E~bedarf** for (one's own) personal use/domestic requirements; **der Vermieter machte E~bedarf geltend** the landlord showed he needed the house/flat for himself; **~händig** *adj* with one's own hand; **E~heim** *nt* owner-occupied house; **E~heit** *f* peculiarity; **~mächtig** *adj* high-handed; **E~name** *m* proper name; **~s** *adv* expressly, on purpose; **E~schaft** *f* quality, property, attribute; **E~schaftswort** *nt* adjective; **E~sinn** *m* obstinacy; **~sinnig** *adj* obstinate; **~tlich** *adj* actual, real ♦ *adv* actually, really; **E~tor** *nt* own goal; **E~tum** *nt* property; **E~tümer(in)** (**-s, -**) *m(f)* owner, proprietor; **~tümlich** *adj* peculiar; **E~tümlichkeit** *f* peculiarity; **E~tumswohnung** *f* freehold flat
eignen ['aɪgnən] *vr* to be suited
Eignung *f* suitability
Eil- ['aɪl] *zW*: **~bote** *m* courier; **~brief** *m* express letter; **~e** *f* haste; **es hat keine ~e** there's no hurry; **e~en** *vi* (*Mensch*) to hurry; (*dringend sein*) to be urgent; **e~ends** *adv* hastily; **~gut** *nt* express goods *pl*, fast freight (*US*); **e~ig** *adj* hasty, hurried; (*dringlich*) urgent; **es e~ig haben** to be in a hurry; **~zug** *m* semi-fast train, limited stop train
Eimer ['aɪmər] (**-s, -**) *m* bucket, pail
ein [aɪn] *adv*: **nicht ~ noch aus wissen** not to know what to do
ein(e) *num* one ♦ *indef art* a, an
einander [aɪ'nandər] *pron* one another, each other
einarbeiten ['aɪn'arbaɪtən] *vt* to train ♦ *vr*: **sich in etw** *akk* **~** to familiarize o.s. with sth
einatmen ['aɪn'a:tmən] *vt, vi* to inhale, to breathe in
Einbahnstraße ['aɪnba:nʃtra:sə] *f* one-way street
Einband ['aɪnbant] *m* binding, cover
einbauen ['aɪnbaʊən] *vt* to build in; (*Motor*) to install, to fit
Einbaumöbel *pl* built-in furniture *sg*
einbegriffen *adj* included
einberufen ['aɪnbəru:fən] (*unreg*) *vt* to convene; (*MIL*) to call up
einbeziehen ['aɪnbətsi:ən] (*unreg*) *vt* to include
einbiegen ['aɪnbi:gən] (*unreg*) *vi* to turn
einbilden ['aɪnbɪldən] *vt*: **sich** *dat* **etw ~** to imagine sth
Einbildung *f* imagination; (*Dünkel*) conceit; **~skraft** *f* imagination
Einblick ['aɪnblɪk] *m* insight
einbrechen ['aɪnbrɛçən] (*unreg*) *vi* (*in Haus*) to break in; (*Nacht*) to fall; (*Winter*) to set in; (*durchbrechen*) to break; **~ in** +*akk* (*MIL*) to invade
Einbrecher (**-s, -**) *m* burglar
einbringen ['aɪnbrɪŋən] (*unreg*) *vt* to bring in; (*Geld, Vorteil*) to yield; (*mitbringen*) to contribute
Einbruch ['aɪnbrʊx] *m* (*Haus~*) break-in, burglary; (*Eindringen*) invasion; (*des Winters*) onset; (*Durchbrechen*) break; (*MET*) approach; (*MIL*) penetration; **(bei/vor) ~ der Nacht** at/before nightfall; **e~ssicher** *adj* burglar-proof

einbürgern ['aɪnbʏrgərn] *vt* to naturalize ♦ *vr* to become adopted
Einbuße ['aɪnbu:sə] *f* loss, forfeiture
einbüßen ['aɪnby:sən] *vt* to lose, to forfeit
einchecken ['aɪntʃekən] *vt, vi* to check in
eincremen ['aɪnkre:mən] *vt* to put cream on
eindecken ['aɪndɛkən] *vr*: **sich (mit etw)** ~ to lay in stocks (of sth); to stock up (with sth)
eindeutig ['aɪndɔʏtɪç] *adj* unequivocal
eindringen ['aɪndrɪŋən] (*unreg*) *vi*: ~ **(in** *+akk***)** to force one's way in(to); (*unreg*) (*in Haus*) to break in(to); (*in Land*) to invade; (*Gas, Wasser*) to penetrate; **(auf jdn)** ~ (*mit Bitten*) to pester (sb)
eindringlich *adj* forcible, urgent
Eindringling *m* intruder
Eindruck ['aɪndrʊk] *m* impression
eindrücken ['aɪndrʏkən] *vt* to press in
eindrucksvoll *adj* impressive
eine(r, s) *pron* one; (*jemand*) someone
eineiig ['aɪn'aɪɪç] *adj* (*Zwillinge*) identical
eineinhalb ['aɪn'aɪn'halp] *num* one and a half
einengen ['aɪn'ɛŋən] *vt* to confine, to restrict
einer- ['aɪnər] *zW*: **'E~'lei** (-s) *nt* sameness; **'~'lei** *adj* (*gleichartig*) the same kind of; **es ist mir ~lei** it is all the same to me; **~seits** *adv* on the one hand
einfach ['aɪnfax] *adj* simple; (*nicht mehrfach*) single ♦ *adv* simply; **E~heit** *f* simplicity
einfädeln ['aɪnfɛ:dəln] *vt* (*Nadel, Faden*) to thread; (*fig*) to contrive
einfahren ['aɪnfa:rən] (*unreg*) *vt* to bring in; (*Barriere*) to knock down; (*Auto*) to run in ♦ (*unreg*) *vi* to drive in; (*Zug*) to pull in; (*MIN*) to go down
Einfahrt *f* (*Vorgang*) driving in; pulling in; (*MIN*) descent; (*Ort*) entrance
Einfall ['aɪnfal] *m* (*Idee*) idea, notion; (*Licht~*) incidence; (*MIL*) raid; **e~en** (*unreg*) *vi* (*Licht*) to fall; (*MIL*) to raid; (*einstürzen*) to fall in, to collapse; (*einstimmen*): **(in etw** *akk***) e~en** to join in (with sth); **etw fällt jdm ein** sth occurs to sb; **das fällt mir gar nicht ein** I wouldn't dream of it; **sich** *dat* **etwas e~en lassen** to have a good idea
einfältig ['aɪnfɛltɪç] *adj* simple (-minded)
Einfamilienhaus [aɪnfa'mi:liənhaʊs] *nt* detached house
einfarbig ['aɪnfarbɪç] *adj* all one colour; (*Stoff etc*) self-coloured
einfetten ['aɪnfɛtən] *vt* to grease
einfließen ['aɪnfli:sən] (*unreg*) *vi* to flow in
einflößen ['aɪnflø:sən] *vt*: **jdm etw** ~ to give sb sth; (*fig*) to instil sth in sb
Einfluß ['aɪnflʊs] *m* influence; **~bereich** *m* sphere of influence
einförmig ['aɪnfœrmɪç] *adj* uniform; **E~keit** *f* uniformity
einfrieren ['aɪnfri:rən] (*unreg*) *vi* to freeze (up) ♦ *vt* to freeze
einfügen ['aɪnfy:gən] *vt* to fit in; (*zusätzlich*) to add
Einfuhr ['aɪnfu:r] (-) *f* import
einführen ['aɪnfy:rən] *vt* to bring in; (*Mensch, Sitten*) to introduce; (*Ware*) to import
Einführung *f* introduction
Eingabe ['aɪnga:bə] *f* petition; (*COMPUT*) input
Eingang ['aɪngaŋ] *m* entrance; (*COMM*: *Ankunft*) arrival; (*Erhalt*) receipt; **e~s** *adv* at the outset ♦ *präp +gen* at the outset of
eingeben ['aɪnge:bən] (*unreg*) *vt* (*Arznei*) to give; (*Daten etc*) to enter
eingebildet ['aɪngəbɪldət] *adj* imaginary; (*eitel*) conceited
Eingeborene(r) ['aɪngəbo:rənə(r)] *mf* native
Eingebung *f* inspiration
eingedenk ['aɪngədeŋk] *präp +gen*

bearing in mind

eingefleischt ['aɪngəflaɪʃt] *adj* (*Gewohnheit, Vorurteile*) deep-rooted

eingehen ['aɪnge:ən] (*unreg*) *vi* (*Aufnahme finden*) to come in; (*Sendung, Geld*) to be received; (*Tier, Pflanze*) to die; (*Firma*) to fold; (*schrumpfen*) to shrink ♦ *vt* to enter into; (*Wette*) to make; **auf etw** *akk* ~ to go into sth; **auf jdn** ~ to respond to sb; **jdm** ~ (*verständlich sein*) to be comprehensible to sb; **~d** *adj* exhaustive, thorough

Eingemachte(s) ['aɪngəmaxtə(s)] *nt* preserves *pl*

eingenommen ['aɪngənɔmən] *adj*: ~ **(von)** fond (of), partial (to); ~ **(gegen)** prejudiced (against)

eingeschrieben ['aɪngəʃri:bən] *adj* registered

eingespielt ['aɪngəʃpi:lt] *adj*: **aufeinander** ~ **sein** to be in tune with each other

Eingeständnis ['aɪngəʃtɛntnɪs] (**-ses, -se**) *nt* admission, confession

eingestehen ['aɪngəʃte:ən] (*unreg*) *vt* to confess

eingestellt ['aɪngəʃtɛlt] *adj*: **auf etw** ~ **sein** to be prepared for sth

eingetragen ['aɪngətra:gən] *adj* (*COMM*) registered

Eingeweide ['aɪngəwaɪdə] (**-s, -**) *nt* innards *pl*, intestines *pl*

Eingeweihte(r) ['aɪngəwaɪtə(r)] *mf* initiate

eingewöhnen ['aɪngəvø:nən] *vr*: **sich** ~ **in** +*akk* to settle (down) in

eingleisig ['aɪnglaɪzɪç] *adj* single-track

eingreifen ['aɪngraɪfən] (*unreg*) *vi* to intervene, to interfere; (*Zahnrad*) to mesh

Eingriff ['aɪngrɪf] *m* intervention, interference; (*Operation*) operation

einhaken ['aɪnha:kən] *vt* to hook in ♦ *vr*: **sich bei jdm** ~ to link arms with sb ♦ *vi* (*sich einmischen*) to intervene

Einhalt ['aɪnhalt] *m*: ~ **gebieten** +*dat* to put a stop to; **e~en** (*unreg*) *vt* (*Regel*) to keep ♦ *vi* to stop

einhändigen ['aɪnhɛndɪgən] *vt* to hand in

einhängen ['aɪnhɛŋən] *vt* to hang; (*Telefon*) to hang up ♦ *vi* (*TEL*) to hang up; **sich bei jdm** ~ to link arms with sb

einheimisch ['aɪnhaɪmɪʃ] *adj* native; **E~e(r)** *f(m)* local

Einheit ['aɪnhaɪt] *f* unity; (*Maß, MIL*) unit; **e~lich** *adj* uniform; **~spreis** *m* standard price

einholen ['aɪnho:lən] *vt* (*Tau*) to haul in; (*Fahne, Segel*) to lower; (*Vorsprung aufholen*) to catch up with; (*Verspätung*) to make up; (*Rat, Erlaubnis*) to ask ♦ *vi* (*einkaufen*) to shop

Einhorn ['aɪnhɔrn] *nt* unicorn

einhüllen ['aɪnhʏlən] *vt* to wrap up

einhundert ['aɪn'hʊndərt] *num* one hundred, a hundred

einig ['aɪnɪç] *adj* (*vereint*) united; **sich** *dat* ~ **sein** to be in agreement; ~ **werden** to agree

einige(r, s) ['aɪnɪgə(r, s)] *adj, pron* some ♦ *pl* some; (*mehrere*) several; **~mal** *adv* a few times; **~n** *vt* to unite ♦ *vr*: **sich ~n (auf** +*akk*) to agree (on)

einigermaßen *adv* somewhat; (*leidlich*) reasonably

einig- *zW*: **~gehen** (*unreg*) *vi* to agree; **E~keit** *f* unity; (*Übereinstimmung*) agreement; **E~ung** *f* agreement, (*Vereinigung*) unification

einkalkulieren ['aɪnkalkuli:rən] *vt* to take into account, to allow for

Einkauf ['aɪnkaʊf] *m* purchase; **e~en** *vt* to buy ♦ *vi* to shop; **e~en gehen** to go shopping

Einkaufs- *zW*: **~bummel** *m* shopping spree; **~korb** *m* shopping basket; **~wagen** *m* shopping trolley; **~zentrum** *nt* shopping centre

einklammern ['aɪnklamərn] *vt* to put in brackets, to bracket

Einklang ['aɪnklaŋ] *m* harmony

einklemmen ['aɪnklɛmən] *vt* to jam

einkochen ['aɪnkɔxən] *vt* to boil

down; (*Obst*) to preserve, to bottle

Einkommen ['aɪnkɔmən] (**-s, -**) *nt* income; **~(s)steuer** *f* income tax

Einkünfte ['aɪnkʏnftə] *pl* income *sg*, revenue *sg*

einladen ['aɪnla:dən] (*unreg*) *vt* (*Person*) to invite; (*Gegenstände*) to load; **jdn ins Kino** ~ to take sb to the cinema

Einladung *f* invitation

Einlage ['aɪnla:gə] *f* (*Programm~*) interlude; (*Spar~*) deposit; (*Schuh~*) insole; (*Fußstütze*) support; (*Zahn~*) temporary filling; (*KOCH*) noodles *pl*, vegetables *pl etc* in soup

einlagern *vt* to store

Einlaß (**-sses, -lässe**) *m* (*Zutritt*) admission

einlassen ['aɪnlasən] (*unreg*) *vt* to let in; (*einsetzen*) to set in ♦ *vr*: **sich mit jdm/auf etw** *akk* ~ to get involved with sb/sth

Einlauf ['aɪnlaʊf] *m* arrival; (*von Pferden*) finish; (*MED*) enema; **e~en** (*unreg*) *vi* to arrive, to come in; (*in Hafen*) to enter; (*SPORT*) to finish; (*Wasser*) to run in; (*Stoff*) to shrink ♦ *vt* (*Schuhe*) to break in ♦ *vr* (*SPORT*) to warm up; (*Motor, Maschine*) to run in; **jdm das Haus e~en** to invade sb's house

einleben ['aɪnle:bən] *vr* to settle down

einlegen ['aɪnle:gən] *vt* (*einfügen*: *Blatt, Sohle*) to insert; (*KOCH*) to pickle; (*Pause*) to have; (*Protest*) to make; (*Veto*) to use; (*Berufung*) to lodge; (*AUT*: *Gang*) to engage

einleiten ['aɪnlaɪtən] *vt* to introduce, to start; (*Geburt*) to induce

Einleitung *f* introduction; induction

einleuchten ['aɪnlɔʏçtən] *vi*: **(jdm)** ~ to be clear *od* evident (to sb); **~d** *adj* clear

einliefern ['aɪnli:fərn] *vt*: ~ **(in** *+akk***)** to take (into)

Einliegerwohnung ['aɪnli:gərvo:nuŋ] *f* self-contained flat; (*für Eltern, Großeltern*) granny flat

einlösen ['aɪnlø:zən] *vt* (*Scheck*) to cash; (*Schuldschein, Pfand*) to redeem; (*Versprechen*) to keep

einmachen ['aɪnmaxən] *vt* to preserve

einmal ['aɪnma:l] *adv* once; (*erstens*) first; (*zukünftig*) sometime; **nehmen wir ~ an** just let's suppose; **noch ~** once more; **nicht ~** not even; **auf ~** all at once; **es war ~** once upon a time there was/were; **E~'eins** *nt* multiplication tables *pl*; **~ig** *adj* unique; (*nur einmal erforderlich*) single; (*prima*) fantastic

Einmarsch ['aɪnmarʃ] *m* entry; (*MIL*) invasion; **e~ieren** *vi* to march in

einmischen ['aɪnmɪʃən] *vr*: **sich ~ (in** *+akk***)** to interfere (with)

einmütig ['aɪnmy:tɪç] *adj* unanimous

Einnahme ['aɪnna:mə] *f* (*von Medizin*) taking; (*MIL*) capture, taking; **~n** *pl* (*Geld*) takings, revenue *sg*; **~quelle** *f* source of income

einnehmen ['aɪnne:mən] (*unreg*) *vt* to take; (*Stellung, Raum*) to take up; ~ **für/gegen** to persuade in favour of/against; **~d** *adj* charming

Einöde ['aɪn'ø:də] *f* desert, wilderness

einordnen ['aɪn'ɔrdnən] *vt* to arrange, to fit in ♦ *vr* to adapt; (*AUT*) to get into lane

einpacken ['aɪnpakən] *vt* to pack (up)

einparken ['aɪnparkən] *vt* to park

einpendeln ['aɪnpɛndəln] *vr* to even out

einpflanzen ['aɪnpflantsən] *vt* to plant; (*MED*) to implant

einplanen ['aɪnpla:nən] *vt* to plan for

einprägen ['aɪnprɛ:gən] *vt* to impress, to imprint; (*beibringen*): **(jdm)** ~ to impress (on sb); **sich** *dat* **etw** ~ to memorize sth

einrahmen ['aɪnra:mən] *vt* to frame

einräumen ['aɪnrɔʏmən] *vt* (*ordnend*) to put away; (*überlassen*: *Platz*) to give up; (*zugestehen*) to admit, to concede

einreden ['aɪnre:dən] *vt*: **jdm/sich etw** ~ to talk sb/o.s. into believing sth

einreiben ['aɪnraɪbən] (*unreg*) *vt* to rub in

einreichen ['aɪnraɪçən] *vt* to hand in; (*Antrag*) to submit

Einreise ['aɪnraɪzə] *f* entry; **~bestimmungen** *pl* entry regulations; **~erlaubnis** *f* entry permit; **~genehmigung** *f* entry permit; **e~n** *vi*: **(in ein Land) e~n** to enter (a country)

einrichten ['aɪnrɪçtən] *vt* (*Haus*) to furnish; (*schaffen*) to establish, to set up; (*arrangieren*) to arrange; (*möglich machen*) to manage ♦ *vr* (*in Haus*) to furnish one's house; **sich ~ (auf** *+akk*) (*sich vorbereiten*) to prepare o.s. (for); (*sich anpassen*) to adapt (to)

Einrichtung *f* (*Wohnungs~*) furnishings *pl*; (*öffentliche Anstalt*) organization; (*Dienste*) service

einrosten ['aɪnrɔstən] *vi* to get rusty

einrücken ['aɪnrʏkən] *vi* (*MIL*: *in Land*) to move in

Eins [aɪns] (**-, -en**) *f* one; **e~** *num* one; **es ist mir alles e~** it's all one to me

einsam ['aɪnza:m] *adj* lonely, solitary; **E~keit** *f* loneliness, solitude

einsammeln ['aɪnzaməln] *vt* to collect

Einsatz ['aɪnzats] *m* (*Teil*) inset; (*an Kleid*) insertion; (*Verwendung*) use, employment; (*Spiel~*) stake; (*Risiko*) risk; (*MIL*) operation; (*MUS*) entry; **im ~** in action; **e~bereit** *adj* ready for action

einschalten ['aɪnʃaltən] *vt* (*einfügen*) to insert; (*Pause*) to make; (*ELEK*) to switch on; (*Anwalt*) to bring in ♦ *vr* (*dazwischentreten*) to intervene

einschärfen ['aɪnʃɛrfən] *vt*: **jdm etw** ~ to impress sth (up)on sb

einschätzen ['aɪnʃɛtsən] *vt* to estimate, to assess ♦ *vr* to rate o.s.

einschenken ['aɪnʃɛŋkən] *vt* to pour out

einschicken ['aɪnʃɪkən] *vt* to send in

einschl. *abk* (= *einschließlich*) incl.

einschlafen ['aɪnʃla:fən] (*unreg*) *vi* to fall asleep, to go to sleep

einschläfernd ['aɪnʃlɛ:fərnt] *adj* (*MED*) soporific; (*langweilig*) boring; (*Stimme*) lulling

Einschlag ['aɪnʃla:k] *m* impact; (*fig*: *Beimischung*) touch, hint; **e~en** (*unreg*) *vt* to knock in; (*Fenster*) to smash, to break; (*Zähne, Schädel*) to smash in; (*AUT*: *Räder*) to turn; (*kürzer machen*) to take up; (*Ware*) to pack, to wrap up; (*Weg, Richtung*) to take ♦ *vi* to hit; (*sich einigen*) to agree; (*Anklang finden*) to work, to succeed; **in etw** *akk*/**auf jdn e~en** to hit sth/sb

einschlägig ['aɪnʃlɛ:gɪç] *adj* relevant

einschließen ['aɪnʃli:sən] (*unreg*) *vt* (*Kind*) to lock in; (*Häftling*) to lock up; (*Gegenstand*) to lock away; (*Bergleute*) to cut off; (*umgeben*) to surround; (*MIL*) to encircle; (*fig*) to include, to comprise ♦ *vr* to lock o.s. in

einschließlich *adv* inclusive ♦ *präp* *+gen* inclusive of, including

einschmeicheln ['aɪnʃmaɪçəln] *vr*: **sich ~ (bei)** to ingratiate o.s. (with)

einschnappen ['aɪnʃnapən] *vi* (*Tür*) to click to; (*fig*) to be touchy; **eingeschnappt sein** to be in a huff

einschneidend ['aɪnʃnaɪdənt] *adj* drastic

Einschnitt ['aɪnʃnɪt] *m* cutting; (*MED*) incision; (*Ereignis*) decisive point

einschränken ['aɪnʃrɛŋkən] *vt* to limit, to restrict; (*Kosten*) to cut down, to reduce ♦ *vr* to cut down (on expenditure)

Einschränkung *f* restriction, limitation; reduction; (*von Behauptung*) qualification

Einschreib- ['aɪnʃraɪb] *zW*: **~(e)brief** *m* recorded delivery letter;

e~en (*unreg*) *vt* to write in; (*Post*) to send recorded delivery ♦ *vr* to register; (*UNIV*) to enrol; **~en** *nt* recorded delivery letter

einschreiten ['aɪnʃraɪtən] (*unreg*) *vi* to step in, to intervene; ~ **gegen** to take action against

einschüchtern ['aɪnʃʏçtərn] *vt* to intimidate

einschulen ['aɪnʃu:lən] *vt*: **eingeschult werden** (*Kind*) to start school

einsehen ['aɪnze:ən] (*unreg*) *vt* (*hineinsehen in*) to realize; (*Akten*) to have a look at; (*verstehen*) to see; **E~** (**-s**) *nt* understanding; **ein E~ haben** to show understanding

einseitig ['aɪnzaɪtɪç] *adj* one-sided

Einsend- ['aɪnzɛnd] *zW*: **e~en** (*unreg*) *vt* to send in; **~er** (**-s, -**) *m* sender, contributor; **~ung** *f* sending in

einsetzen ['aɪnzɛtsən] *vt* to put (in); (*in Amt*) to appoint, to install; (*Geld*) to stake; (*verwenden*) to use; (*MIL*) to employ ♦ *vi* (*beginnen*) to set in; (*MUS*) to enter, to come in ♦ *vr* to work hard; **sich für jdn/etw** ~ to support sb/sth

Einsicht ['aɪnzɪçt] *f* insight; (*in Akten*) look, inspection; **zu der ~ kommen, daß ...** to come to the conclusion that ...; **e~ig** *adj* (*Mensch*) judicious; **e~slos** *adj* unreasonable; **e~svoll** *adj* understanding

Einsiedler ['aɪnzi:dlər] *m* hermit

einsilbig ['aɪnzɪlbɪç] *adj* (*auch fig*) monosyllabic; (*Mensch*) uncommunicative

einspannen ['aɪnʃpanən] *vt* (*Papier*) to insert; (*Pferde*) to harness; (*umg*: *Person*) to rope in

Einsparung ['aɪnʃpa:rʊŋ] *f* economy, saving

einsperren ['aɪnʃpɛrən] *vt* to lock up

einspielen ['aɪnʃpi:lən] *vr* (*SPORT*) to warm up ♦ *vt* (*Film*: *Geld*) to bring in; (*Instrument*) to play in; **sich aufeinander** ~ to become attuned to each other; **gut eingespielt** running smoothly

einsprachig ['aɪnʃpra:xɪç] *adj* monolingual

einspringen ['aɪnʃprɪŋən] (*unreg*) *vi* (*aushelfen*) to help out, to step into the breach

Einspruch ['aɪnʃprʊx] *m* protest, objection; **~recht** *nt* veto

einspurig ['aɪnʃpu:rɪç] *adj* (*EISENB*) single-track; (*AUT*) single-lane

einst [aɪnst] *adv* once; (*zukünftig*) one day, some day

Einstand ['aɪnʃtant] *m* (*TENNIS*) deuce; (*Antritt*) entrance (to office)

einstecken ['aɪnʃtɛkən] *vt* to stick in, to insert; (*Brief*) to post; (*ELEK*: *Stecker*) to plug in; (*Geld*) to pocket; (*mitnehmen*) to take; (*überlegen sein*) to put in the shade; (*hinnehmen*) to swallow

einstehen ['aɪnʃte:ən] (*unreg*) *vi*: **für jdn/etw** ~ to guarantee sb/sth; (*verantworten*): **für etw** ~ to answer for sth

einsteigen ['aɪnʃtaɪgən] (*unreg*) *vi* to get in *od* on; (*in Schiff*) to go on board; (*sich beteiligen*) to come in; (*hineinklettern*) to climb in

einstellen ['aɪnʃtɛlən] *vt* (*aufhören*) to stop; (*Geräte*) to adjust; (*Kamera etc*) to focus; (*Sender, Radio*) to tune in; (*unterstellen*) to put; (*in Firma*) to employ, to take on ♦ *vi* (*Firma*) to take on staff/workers ♦ *vr* (*anfangen*) to set in; (*kommen*) to arrive; **sich auf jdn** ~ to adapt to sb; **sich auf etw** *akk* ~ to prepare o.s. for sth

Einstellung *f* (*Aufhören*) suspension, cessation; adjustment; focusing; (*von Arbeiter etc*) appointment; (*Haltung*) attitude

Einstieg ['aɪnʃti:k] (**-(e)s, -e**) *m* entry; (*fig*) approach

einstig ['aɪnstɪç] *adj* former

einstimmig ['aɪnʃtɪmɪç] *adj* unanimous; (*MUS*) for one voice

einstmalig ['aɪnstma:lɪç] *adj* former

einstmals *adv* once, formerly

einstöckig ['aɪnʃtœkɪç] *adj* two-storeyed

Einsturz ['aɪnʃtʊrts] *m* collapse
einstürzen ['aɪnʃtʏrtsən] *vi* to fall in, to collapse
einstweilen *adv* meanwhile; (*vorläufig*) temporarily, for the time being
einstweilig *adj* temporary
eintägig ['aɪntɛ:gɪç] *adj* one-day
eintasten ['aɪntastən] *vt* to key (in)
eintauschen ['aɪntaʊʃən] *vt*: ~ **(gegen** *od* **für)** to exchange (for)
eintausend ['aɪn'taʊzənt] *num* one thousand
einteilen ['aɪntaɪlən] *vt* (*in Teile*) to divide (up), (*Menschen*) to assign
einteilig *adj* one-piece
eintönig ['aɪntø:nɪç] *adj* monotonous
Eintopf ['aɪntɔpf] *m* stew; **~gericht** *nt* stew
Eintracht ['aɪntraxt] (-) *f* concord, harmony
einträchtig ['aɪntrɛçtɪç] *adj* harmonious
Eintrag ['aɪntra:k] **(-(e)s, ¨e)** *m* entry; **amtlicher** ~ entry in the register; **e~en** (*unreg*) *vt* (*in Buch*) to enter; (*Profit*) to yield ♦ *vr* to put one's name down; **jdm etw e~en** to bring sb sth
einträglich ['aɪntrɛ:klɪç] *adj* profitable
eintreffen ['aɪntrɛfən] (*unreg*) *vi* to happen; (*ankommen*) to arrive
eintreten ['aɪntre:tən] (*unreg*) *vi* to occur; (*sich einsetzen*) to intercede ♦ *vt* (*Tür*) to kick open; ~ **in** (*akk* to enter; (*in Club, Partei*) to join
Eintritt ['aɪntrɪt] *m* (*Betreten*) entrance; (*Anfang*) commencement; (*in Club etc*) joining
Eintritts- *zW*: **~geld** *nt* admission charge; **~karte** *f* (admission) ticket; **~preis** *m* admission charge
einüben ['aɪn'y:bən] *vt* to practise
Einvernehmen ['aɪnfɛrne:mən] **(-s, -)** *nt* agreement, harmony
einverstanden ['aɪnfərʃtandən] *excl* agreed, okay ♦ *adj*: ~ **sein** to agree, to be agreed
Einverständnis ['aɪnfərʃtɛntnɪs] *nt* understanding; (*gleiche Meinung*) agreement
Einwand ['aɪnvant] **(-(e)s, ¨e)** *m* objection
Einwanderer ['aɪnvandərər] *m* immigrant
einwandern *vi* to immigrate
Einwanderung *f* immigration
einwandfrei *adj* perfect ♦ *adv* absolutely
Einwegflasche ['aɪnve:gflaʃə] *f* no-deposit bottle
Einwegspritze *f* disposable syringe
einweichen ['aɪnvaɪçən] *vt* to soak
einweihen ['aɪnvaɪən] *vt* (*Kirche*) to consecrate; (*Brücke*) to open; (*Gebäude*) to inaugurate; ~ **(in** +*akk*) (*Person*) to initiate (in)
Einweihung *f* consecration; opening; inauguration; initiation
einweisen ['aɪnvaɪzən] (*unreg*) *vt* (*in Amt*) to install; (*in Arbeit*) to introduce; (*in Anstalt*) to send
einwenden ['aɪnvɛndən] (*unreg*) *vt*: **etwas ~ gegen** to object to, to oppose
einwerfen ['aɪnvɛrfən] (*unreg*) *vt* to throw in; (*Brief*) to post; (*Geld*) to put in, to insert; (*Fenster*) to smash; (*äußern*) to interpose
einwickeln ['aɪnvɪkəln] *vt* to wrap up; (*fig*: *umg*) to outsmart
einwilligen ['aɪnvɪlɪgən] *vi*: ~ **(in** +*akk*) to consent (to), to agree (to)
Einwilligung *f* consent
einwirken ['aɪnvɪrkən] *vi*: **auf jdn/etw** ~ to influence sb/sth
Einwohner ['aɪnvo:nər] **(-s, -)** *m* inhabitant; **~'meldeamt** *nt* registration office; **~schaft** *f* population, inhabitants *pl*
Einwurf ['aɪnvʊrf] *m* (*Öffnung*) slot; (*von Münze*) insertion; (*von Brief*) posting; (*Einwand*) objection; (*SPORT*) throw-in
Einzahl ['aɪntsa:l] *f* singular; **e~en** *vt* to pay in; **~ung** *f* paying in
einzäunen ['aɪntsɔʏnən] *vt* to fence in
Einzel ['aɪntsəl] **(-s, -)** *nt* (*TENNIS*)

singles; **~fahrschein** *m* one-way ticket; **~fall** *m* single instance, individual case; **~handel** *m* retail trade; **~handelspreis** *m* retail price; **~heit** *f* particular, detail; **e~n** *adj* single; (*vereinzelt*) the odd ♦ *adv* singly; **e~n angeben** to specify; **der/die e~ne** the individual; **das e~ne** the particular; **ins e~ne gehen** to go into detail(s); **~teil** *nt* component (part); **~zimmer** *nt* single room

einziehen ['aɪntsi:ən] (*unreg*) *vt* to draw in, to take in; (*Kopf*) to duck; (*Fühler, Antenne, Fahrgestell*) to retract; (*Steuern, Erkundigungen*) to collect; (*MIL*) to draft, to call up; (*aus dem Verkehr ziehen*) to withdraw; (*konfiszieren*) to confiscate ♦ *vi* to move in; (*Friede, Ruhe*) to come; (*Flüssigkeit*) to penetrate

einzig ['aɪntsɪç] *adj* only; (*ohnegleichen*) unique; **das ~e** the only thing; **der/die ~e** the only one; **~artig** *adj* unique

Einzug ['aɪntsu:k] *m* entry, moving in

Eis [aɪs] (**-es, -**) *nt* ice; (*Speise~*) ice cream; **~bahn** *f* ice *od* skating rink; **~bär** *m* polar bear; **~becher** *m* sundae; **~bein** *nt* pig's trotters *pl*; **~berg** *m* iceberg; **~café** *nt* ice-cream parlour (*BRIT*) *or* parlor (*US*); **~decke** *f* sheet of ice; **~diele** *f* ice-cream parlour

Eisen ['aɪzən] (**-s, -**) *nt* iron

Eisenbahn *f* railway, railroad (*US*); **~abteil** *nt* railway compartment; **~er** (**-s, -**) *m* railwayman, railway employee, railroader (*US*); **~schaffner** *m* railway guard; **~wagen** *m* railway carriage

Eisenerz *nt* iron ore

eisern ['aɪzərn] *adj* iron; (*Gesundheit*) robust; (*Energie*) unrelenting; (*Reserve*) emergency

Eis- ['aɪs] *zW*: **e~frei** *adj* clear of ice; **~hockey** *nt* ice hockey; **e~ig** ['aɪzɪç] *adj* icy; **e~kalt** *adj* icy cold; **~kunstlauf** *m* figure skating; **~laufen** *nt* ice skating; **~pickel** *m* ice-axe; **~schießen** *nt* ≈ curling; **~schrank** *m* fridge, ice-box (*US*); **~würfel** *m* ice cube; **~zapfen** *m* icicle; **~zeit** *f* ice age

eitel ['aɪtəl] *adj* vain; **E~keit** *f* vanity

Eiter ['aɪtər] (**-s**) *m* pus; **e~ig** *adj* suppurating; **e~n** *vi* to suppurate

Eiweiß (**-es, -e**) *nt* white of an egg; (*CHEM*) protein

Ekel[1] ['e:kəl] (**-s**) *m* nausea, disgust

Ekel[2] (**-s, -**) *nt* (*umg*: *Mensch*) nauseating person

ekelerregend *adj* nauseating, disgusting

ekelhaft *adj* nauseating, disgusting

ekelig *adj* nauseating, disgusting

ekeln *vt* to disgust ♦ *vr*: **sich ~ (vor** +*dat*) to loathe, to be disgusted (at); **es ekelt jdn** *od* **jdm** sb is disgusted

eklig *adj* nauseating, disgusting

Ekstase [ɛk'sta:zə] *f* ecstasy

Ekzem [ɛk'tse:m] (**-s, -e**) *nt* (*MED*) eczema

Elan [e'la:n] (**-s**) *m* elan

elastisch [e'lastɪʃ] *adj* elastic

Elastizität [elastitsi'tɛ:t] *f* elasticity

Elch [ɛlç] (**-(e)s, -e**) *m* elk

Elefant [ele'fant] *m* elephant

elegant [ele'gant] *adj* elegant

Eleganz [ele'gants] *f* elegance

Elek- [e'lek] *zW*: **~triker** [-trikər] (**-s, -**) *m* electrician; **e~trisch** [-trɪʃ] *adj* electric; **e~trisieren** [-tri'zi:rən] *vt* (*auch fig*) to electrify; (*Mensch*) to give an electric shock to ♦ *vr* to get an electric shock; **~trizität** [-tritsi'tɛ:t] *f* electricity; **~trizitätswerk** *nt* power station; (*Gesellschaft*) electric power company

Elektro- [e'lɛktro] *zW*: **~de** [-'tro:də] *f* electrode; **~herd** *m* electric cooker; **~n** (**-s, -en**) *nt* electron; **~nenrechner** *m* computer; **~nik** *f* electronics *sg*; **e~nisch** *adj* electronic; **e~nische Post** electronic mail; **e~nischer Briefkasten** electronic mailbox; **~rasierer** *m* electric razor

Elektrotechnik *f* electrical engineering

Element [ele'mɛnt] (**-s, -e**) *nt* element; (*ELEK*) cell, battery; **e~ar** [-'ta:r] *adj* elementary; (*naturhaft*) elemental

Elend ['e:lɛnt] (**-(e)s**) *nt* misery; **e~** *adj* miserable; **~sviertel** *nt* slum

elf [ɛlf] *num* eleven; **E~** (**-, -en**) *f* (*SPORT*) eleven

Elfe *f* elf

Elfenbein *nt* ivory

Elfmeter *m* (*SPORT*) penalty (kick)

Elite [e'li:tə] *f* elite

Elixier [elɪ'ksi:r] (**-s, -e**) *nt* elixir

Ellbogen *m* elbow

Elle ['ɛlə] *f* ell; (*Maß*) yard

Ellenbogen *m* elbow

Ell(en)bogenfreiheit *f* (*fig*) elbow room

Ellipse [ɛ'lɪpsə] *f* ellipse

Elsaß ['ɛlzas] (**-** *od* **-sses**) *nt*: **das ~** Alsace

Elster ['ɛlstər] (**-, -n**) *f* magpie

Eltern ['ɛltərn] *pl* parents; **~beirat** *m* (*SCH*) ≈ PTA (*BRIT*), parents' council; **~haus** *nt* home; **e~los** *adj* parentless

Email [e'ma:j] (**-s, -s**) *nt* enamel; **e~lieren** [ema'ji:rən] *vt* to enamel

Emanzipation [emantsipatsi'o:n] *f* emancipation

emanzi'pieren *vt* to emancipate

Embryo ['ɛmbryo] (**-s, -s** *od* **Embryonen**) *m* embryo

Emi- *zW*: **~grant(in)** *m(f)* emigrant; **~gration** [emigratsi'o:n] *f* emigration; **e~grieren** [-'gri:rən] *vi* to emigrate

Emissionen [emɪsi'o:nən] *fpl* emissions

Empfang [ɛm'pfaŋ] (**-(e)s, ¨e**) *m* reception; (*Erhalten*) receipt; **in ~ nehmen** to receive; **e~en** (*unreg*) *vt* to receive ♦ *vi* (*unreg*) (*schwanger werden*) to conceive

Empfäng- [ɛm'pfɛŋ] *zW*: **~er** (**-s, -**) *m* receiver; (*COMM*) addressee, consignee; **e~lich** *adj* receptive, susceptible; **~nis** (**-, -se**) *f* conception; **~nisverhütung** *f* contraception

Empfangs- *zW*: **~bestätigung** *f* acknowledgement; **~dame** *f* receptionist; **~schein** *m* receipt; **~zimmer** *nt* reception room

empfehlen [ɛm'pfe:lən] (*unreg*) *vt* to recommend ♦ *vr* to take one's leave; **~swert** *adj* recommendable

Empfehlung *f* recommendation

empfiehlst *etc* [ɛm'pfi:lst] *vb siehe* **empfehlen**

empfind- [ɛm'pfɪnt] *zW*: **~en** [-dən] (*unreg*) *vt* to feel; **~lich** *adj* sensitive; (*Stelle*) sore; (*reizbar*) touchy; **~sam** *adj* sentimental; **E~ung** [-duŋ] *f* feeling, sentiment

empfohlen *etc* [ɛm'pfo:lən] *vb siehe* **empfehlen**

empor [ɛm'po:r] *adv* up, upwards

empören [ɛm'pø:rən] *vt* to make indignant; to shock ♦ *vr* to become indignant; **~d** *adj* outrageous

Emporkömmling [ɛm'po:rkœmlɪŋ] *m* upstart, parvenu

Empörung *f* indignation

emsig ['ɛmzɪç] *adj* diligent, busy

End- ['ɛnd] *in zW* final; **~e** (**-s, -n**) *nt* end; **am ~e** at the end; (*schließlich*) in the end; **am ~e sein** to be at the end of one's tether; **~e Dezember** at the end of December; **zu ~e sein** to be finished; **e~en** *vi* to end; **e~gültig** *adj* final, definite

Endivie [ɛn'di:viə] *f* endive

End- *zW*: **e~lich** *adj* final; (*MATH*) finite ♦ *adv* finally; **e~lich!** at last!; **komm e~lich!** come on!; **e~los** *adj* endless, infinite; **~spiel** *nt* final(s); **~spurt** *m* (*SPORT*) final spurt; **~station** *f* terminus; **~ung** *f* ending

Energie [ɛnɛr'gi:] *f* energy; **~bedarf** *m* energy requirement; **e~los** *adj* lacking in energy, weak; **~versorgung** *f* supply of energy; **~wirtschaft** *f* energy industry

energisch [e'nɛrgɪʃ] *adj* energetic

eng [ɛŋ] *adj* narrow; (*Kleidung*) tight; (*fig*: *Horizont*) narrow, limited; (*Freundschaft, Verhältnis*) close; **~ an etw** *dat* close to sth

Engagement [ãgaʒə'mã:] (**-s, -s**) *nt*

engagement; (*Verpflichtung*) commitment

engagieren [ãga'ʒiːrən] *vt* to engage ♦ *vr* to commit o.s.; **ein engagierter Schriftsteller** a committed writer

Enge ['ɛŋə] *f* (*auch fig*) narrowness; (*Land~*) defile; (*Meer~*) straits *pl*; **jdn in die ~ treiben** to drive sb into a corner

Engel ['ɛŋəl] (**-s, -**) *m* angel; **e~haft** *adj* angelic

engherzig *adj* petty

England *nt* England

Engländer(in) *m(f)* Englishman (woman)

englisch *adj* English

Engpaß *m* defile, pass; (*fig, Verkehr*) bottleneck

en gros [ã'groː] *adv* wholesale

engstirnig ['ɛŋʃtɪrnɪç] *adj* narrow-minded

Enkel ['ɛŋkəl] (**-s, -**) *m* grandson; **~in** *f* granddaughter

Enkelkind *nt* grandchild

enorm [e'nɔrm] *adj* enormous

Ensemble [ã'sãbəl] (**-s, -s**) *nt* company, ensemble

entbehren [ɛnt'beːrən] *vt* to do without, to dispense with

entbehrlich *adj* superfluous

Entbehrung *f* deprivation

entbinden [ɛnt'bɪndən] (*unreg*) *vt* (*+gen*) to release (from); (*MED*) to deliver ♦ *vi* to give birth

Entbindung *f* release; (*MED*) confinement; **~sheim** *nt* maternity hospital

entdeck- [ɛnt'dɛk] *zW*: **~en** *vt* to discover; **E~er** (**-s, -**) *m* discoverer; **E~ung** *f* discovery

Ente ['ɛntə] *f* duck; (*fig*) canard, false report

enteignen [ɛnt''aɪgnən] *vt* to expropriate; (*Besitzer*) to dispossess

enterben [ɛnt''ɛrbən] *vt* to disinherit

entfallen [ɛnt'falən] (*unreg*) *vi* to drop, to fall; (*wegfallen*) to be dropped; **jdm ~** (*vergessen*) to slip sb's memory; **auf jdn ~** to be allotted to sb

entfalten [ɛnt'faltən] *vt* to unfold; (*Talente*) to develop ♦ *vr* to open; (*Mensch*) to develop one's potential

Entfaltung *f* unfolding; (*von Talenten*) development

entfern- [ɛnt'fɛrn] *zW*: **~en** *vt* to remove; (*hinauswerfen*) to expel ♦ *vr* to go away, to withdraw; **~t** *adj* distant; **weit davon ~t sein, etw zu tun** to be far from doing sth; **E~ung** *f* distance; (*Wegschaffen*) removal; **E~ungsmesser** (**-s, -**) *m* (*PHOT*) rangefinder

entfremden [ɛnt'frɛmdən] *vt* to estrange, to alienate

Entfremdung *f* alienation, estrangement

entfrosten [ɛnt'frɔstən] *vt* to defrost

Entfroster (**-s, -**) *m* (*AUT*) defroster

entführ- [ɛnt'fyːr] *zW*: **~en** *vt* to carry off, to abduct; to kidnap; **E~er** *m* kidnapper; **E~ung** *f* abduction; kidnapping

entgegen [ɛnt'geːgən] *präp +dat* contrary to, against ♦ *adv* towards; **~bringen** (*unreg*) *vt* to bring; **jdm etw ~bringen** (*fig*) to show sb sth; **~gehen** (*unreg*) *vi +dat* to go to meet, to go towards; **~gesetzt** *adj* opposite; (*widersprechend*) opposed; **~halten** (*unreg*) *vt* (*fig*) to object; **E~kommen** *nt* obligingness; **~kommen** (*unreg*) *vi +dat* to approach; to meet; (*fig*) to accommodate; **~kommend** *adj* obliging; **~nehmen** (*unreg*) *vt* to receive, to accept; **~sehen** (*unreg*) *vi +dat* to await; **~setzen** *vt* to oppose; **~treten** (*unreg*) *vi +dat* to step up to; (*fig*) to oppose, to counter; **~wirken** *vi +dat* to counteract

entgegnen [ɛnt'geːgnən] *vt* to reply, to retort

entgehen [ɛnt'geːən] (*unreg*) *vi* (*fig*): **jdm ~** to escape sb's notice; **sich** *dat* **etw ~ lassen** to miss sth

entgeistert [ɛnt'gaɪstərt] *adj* thunderstruck

Entgelt [ɛnt'gɛlt] (**-(e)s, -e**) *nt* compensation, remuneration

entgleisen [ɛnt'glaɪzən] *vi* (*EISENB*) to be derailed; (*fig*: *Person*) to misbehave; ~ **lassen** to derail

entgräten [ɛnt'grɛ:tən] *vt* to fillet, to bone

Enthaarungscreme [ɛnt'ha:rʊŋs-] *f* hair-removing cream

enthalten [ɛnt'haltən] (*unreg*) *vt* to contain ♦ *vr*: **sich (von etw)** ~ to abstain (from sth), to refrain (from sth)

enthaltsam [ɛnt'haltza:m] *adj* abstinent, abstemious

enthemmen [ɛnt'hɛmən] *vt*: **jdn** ~ to free sb from his inhibitions

enthüllen [ɛnt'hʏlən] *vt* to reveal, to unveil

Enthusiasmus [ɛntuzi'asmʊs] *m* enthusiasm

entkommen [ɛnt'kɔmən] (*unreg*) *vi*: ~ **(aus** *od* *+dat*) to get away (from), to escape (from)

entkräften [ɛnt'krɛftən] *vt* to weaken, to exhaust; (*Argument*) to refute

entladen [ɛnt'la:dən] (*unreg*) *vt* to unload; (*ELEK*) to discharge ♦ *vr* (*ELEK*, *Gewehr*) to discharge; (*Ärger etc*) to vent itself

entlang [ɛnt'laŋ] *adv* along; **entlang dem Fluß, den Fluß entlang** along the river; ~**gehen** (*unreg*) *vi* to walk along

entlarven [ɛnt'larfən] *vt* to unmask, to expose

entlassen [ɛnt'lasən] (*unreg*) *vt* to discharge; (*Arbeiter*) to dismiss

Entlassung *f* discharge; dismissal

entlasten [ɛnt'lastən] *vt* to relieve; (*Achse*) to relieve the load on; (*Angeklagten*) to exonerate; (*Konto*) to clear

Entlastung *f* relief, (*COMM*) crediting

entlegen [ɛnt'le:gən] *adj* remote

entlocken [ɛnt'lɔkən] *vt*: **(jdm etw)** ~ to elicit (sth from sb)

entmündigen [ɛnt'mʏndɪgən] *vt* to certify

entmutigen [ɛnt'mu:tɪgən] *vt* to discourage

entnehmen [ɛnt'ne:mən] (*unreg*) *vt* (*+dat*) to take out (of), to take (from); (*folgern*) to infer (from)

entrahmen [ɛnt'ra:mən] *vt* to skim

entreißen [ɛnt'raɪsən] (*unreg*) *vt*: **jdm etw** ~ to snatch sth (away) from sb

entrichten [ɛnt'rɪçtən] *vt* to pay

entrosten [ɛnt'rɔstən] *vt* to derust

entrüst- [ɛnt'rʏst] *zW*: ~**en** *vt* to incense, to outrage ♦ *vr* to be filled with indignation; ~**et** *adj* indignant, outraged; **E~ung** *f* indignation

entrümpeln *vt* to clear out

entschädigen [ɛnt'ʃɛ:dɪgən] *vt* to compensate

Entschädigung *f* compensation

entschärfen [ɛnt'ʃɛrfən] *vt* to defuse; (*Kritik*) to tone down

Entscheid [ɛnt'ʃaɪt] (**-(e)s, -e**) *m* decision; **e~en** (*unreg*) *vt*, *vi*, *vr* to decide; **e~end** *adj* decisive; (*Stimme*) casting; ~**ung** *f* decision

entschieden [ɛnt'ʃi:dən] *adj* decided; (*entschlossen*) resolute; **E~heit** *f* firmness, determination

entschließen [ɛnt'ʃli:sən] (*unreg*) *vr* to decide

entschlossen [ɛnt'ʃlɔsən] *adj* determined, resolute; **E~heit** *f* determination

Entschluß [ɛnt'ʃlʊs] *m* decision; **e~freudig** *adj* decisive; ~**kraft** *f* determination, decisiveness

entschuldigen [ɛnt'ʃʊldɪgən] *vt* to excuse ♦ *vr* to apologize

Entschuldigung *f* apology; (*Grund*) excuse; **jdn um** ~ **bitten** to apologize to sb; ~! excuse me; (*Verzeihung*) sorry

entsetz- [ɛnt'zɛts] *zW*: ~**en** *vt* to horrify; (*MIL*) to relieve ♦ *vr* to be horrified *od* appalled; **E~en** (**-s**) *nt* horror, dismay; ~**lich** *adj* dreadful, appalling; ~**t** *adj* horrified

Entsorgung [ɛnt'zɔrgʊŋ] *f* (*von Kraftwerken, Chemikalien*) (waste) disposal

entspannen [ɛnt'ʃpanən] *vt*, *vr* (*Körper*) to relax; (*POL*: *Lage*) to ease

Entspannung *f* relaxation, rest; (*POL*) détente; **~spolitik** *f* policy of détente

entsprechen [ɛnt'ʃprɛçən] (*unreg*) *vi +dat* to correspond to; (*Anforderungen, Wünschen*) to meet, to comply with; **~d** *adj* appropriate ♦ *adv* accordingly

entspringen [ɛnt'ʃprɪŋən] (*unreg*) *vi (+dat)* to spring (from)

entstehen [ɛnt'ʃteːən] (*unreg*) *vi*: **~ (aus** *od* **durch)** to arise (from), to result (from)

Entstehung *f* genesis, origin

entstellen [ɛnt'ʃtɛlən] *vt* to disfigure; (*Wahrheit*) to distort

entstören [ɛnt'ʃtøːrən] *vt* (*RADIO*) to eliminate interference from; (*AUT*) to suppress

enttäuschen [ɛnt'tɔʏʃən] *vt* to disappoint

Enttäuschung *f* disappointment

entwaffnen [ɛnt'vafnən] *vt* (*lit, fig*) to disarm

entwässern [ɛnt'vɛsərn] *vt* to drain

Entwässerung *f* drainage

entweder ['ɛntveːdər] *konj* either

entwenden [ɛnt'vɛndən] (*unreg*) *vt* to purloin, to steal

entwerfen [ɛnt'vɛrfən] (*unreg*) *vt* (*Zeichnung*) to sketch; (*Modell*) to design; (*Vortrag, Gesetz etc*) to draft

entwerten [ɛnt'veːrtən] *vt* to devalue; (*stempeln*) to cancel

Entwerter (**-s, -**) *m* ticket punching machine

entwickeln [ɛnt'vɪkəln] *vt, vr* (*auch PHOT*) to develop; (*Mut, Energie*) to show (o.s.), to display (o.s.)

Entwicklung [ɛnt'vɪkluŋ] *f* development; (*PHOT*) developing

Entwicklungs- *zW*: **~hilfe** *f* aid for developing countries; **~jahre** *pl* adolescence *sg*; **~land** *nt* developing country

entwöhnen [ɛnt'vøːnən] *vt* to wean; (*Süchtige*): **(einer Sache** *dat od* **von etw)** ~ to cure (of sth)

Entwöhnung *f* weaning; cure, curing

entwürdigend [ɛnt'vʏrdɪgənt] *adj* degrading

Entwurf [ɛnt'vʊrf] *m* outline, design; (*Vertrags~, Konzept*) draft

entziehen [ɛnt'tsiːən] (*unreg*) *vt (+dat)* to withdraw (from), to take away (from); (*Flüssigkeit*) to draw (from), to extract (from) ♦ *vr (+dat)* to escape (from); (*jds Kenntnis*) to be outside *od* beyond; (*der Pflicht*) to shirk (from)

Entziehung *f* withdrawal; **~sanstalt** *f* drug addiction/alcoholism treatment centre; **~skur** *f* treatment for drug addiction/alcoholism

entziffern [ɛnt'tsɪfərn] *vt* to decipher; to decode

entzücken [ɛnt'tsʏkən] *vt* to delight; **E~** (**-s**) *nt* delight; **~d** *adj* delightful, charming

entzünden [ɛnt'tsʏndən] *vt* to light, to set light to; (*fig, MED*) to inflame; (*Streit*) to spark off ♦ *vr* (*auch fig*) to catch fire; (*Streit*) to start; (*MED*) to become inflamed

Entzündung *f* (*MED*) inflammation

entzwei [ɛnt'tsvaɪ] *adv* broken; in two; **~brechen** (*unreg*) *vt, vi* to break in two; **~en** *vt* to set at odds ♦ *vr* to fall out; **~gehen** (*unreg*) *vi* to break (in two)

Enzian ['ɛntsiaːn] (**-s, -e**) *m* gentian

Epidemie [epide'miː] *f* epidemic

Epilepsie [epile'psiː] *f* epilepsy

Episode [epi'zoːdə] *f* episode

Epoche [e'pɔxə] *f* epoch; **e~machend** *adj* epoch-making

Epos ['eːpɔs] (**-s, Epen**) *nt* epic (poem)

er [eːr] (*nom*) *pron* he; it

erarbeiten [ɛr''arbaɪtən] *vt* to work for, to acquire; (*Theorie*) to work out

erbarmen [ɛr'barmən] *vr (+gen)* to have pity *od* mercy (on); **E~** (**-s**) *nt* pity

erbärmlich [ɛr'bɛrmlɪç] *adj* wretched, pitiful; **E~keit** *f* wretchedness

erbarmungslos [ɛr'barmʊŋsloːs] *adj* pitiless, merciless

erbau- [ɛr'bau] *zW*: **~en** *vt* to build, to erect; (*fig*) to edify; **E~er** (**-s, -**) *m* builder; **~lich** *adj* edifying
Erbe[1] ['ɛrbə] (**-n, -n**) *m* heir
Erbe[2] *nt* inheritance; (*fig*) heritage
erben *vt* to inherit
erbeuten [ɛr'bɔʏtən] *vt* to carry off; (*MIL*) to capture
Erb- [ɛrb] *zW*: **~faktor** *m* gene; **~folge** *f* (line of) succession; **~in** *f* heiress
erbittern [ɛr'bɪtərn] *vt* to embitter; (*erzürnen*) to incense
erbittert [ɛr'bɪtərt] *adj* (*Kampf*) fierce, bitter
erblassen [ɛr'blasən] *vi* to (turn) pale
erbleichen [ɛr'blaiçən] (*unreg*) *vi* to (turn) pale
erblich ['ɛrplɪç] *adj* hereditary
erblinden [ɛr'blɪndən] *vi* to go blind
erbosen [ɛr'boːzən] *vt* to anger ♦ *vr* to grow angry
erbrechen [ɛr'brɛçən] (*unreg*) *vt, vr* to vomit
Erbschaft *f* inheritance, legacy
Erbse ['ɛrpsə] *f* pea
Erbstück *nt* heirloom
Erd- ['eːrd] *zW*: **~achse** *f* earth's axis; **~atmosphäre** *f* earth's atmosphere; **~beben** *nt* earthquake; **~beere** *f* strawberry; **~boden** *m* ground; **~e** *f* earth; **zu ebener ~e** at ground level; **e~en** *vt* (*ELEK*) to earth
erdenklich [ɛr'dɛŋklɪç] *adj* conceivable
Erd- *zW*: **~gas** *nt* natural gas; **~geschoß** *nt* ground floor; **~kunde** *f* geography; **~nuß** *f* peanut; **~öl** *nt* (mineral) oil
erdrosseln [ɛr'drɔsəln] *vt* to strangle, to throttle
erdrücken [ɛr'drʏkən] *vt* to crush
Erdrutsch *m* landslide
Erdteil *m* continent
erdulden [ɛr'dʊldən] *vt* to endure, to suffer
ereifern [ɛr''aɪfərn] *vr* to get excited
ereignen [ɛr''aɪgnən] *vr* to happen
Ereignis [ɛr''aɪgnɪs] (**-ses, -se**) *nt* event; **e~los** *adj* uneventful; **e~reich** *adj* eventful
ererbt [ɛr''ɛrpt] *adj* (*Haus*) inherited; (*Krankheit*) hereditary
erfahren [ɛr'faːrən] (*unreg*) *vt* to learn, to find out; (*erleben*) to experience ♦ *adj* experienced
Erfahrung *f* experience; **e~sgemäß** *adv* according to experience
erfassen [ɛr'fasən] *vt* to seize; (*fig*: *einbeziehen*) to include, to register; (*verstehen*) to grasp
erfind- [ɛr'fɪnd] *zW*: **~en** (*unreg*) *vt* to invent; **E~er** (**-s, -**) *m* inventor; **~erisch** *adj* inventive; **E~ung** *f* invention
Erfolg [ɛr'fɔlk] (**-(e)s, -e**) *m* success; (*Folge*) result; **e~en** *vi* to follow; (*sich ergeben*) to result; (*stattfinden*) to take place; (*Zahlung*) to be effected; **e~los** *adj* unsuccessful; **~losigkeit** *f* lack of success; **e~reich** *adj* successful; **e~versprechend** *adj* promising
erforderlich *adj* requisite, necessary
erfordern [ɛr'fɔrdərn] *vt* to require, to demand
erforschen [ɛr'fɔrʃən] *vt* (*Land*) to explore; (*Problem*) to investigate; (*Gewissen*) to search
Erforschung *f* exploration; investigation; searching
erfreuen [ɛr'frɔʏən] *vr*: **sich ~ an** +*dat* to enjoy ♦ *vt* to delight; **sich einer Sache** *gen* ~ to enjoy sth
erfreulich [ɛr'frɔʏlɪç] *adj* pleasing, gratifying; **~erweise** *adv* happily, luckily
erfrieren [ɛr'friːrən] (*unreg*) *vi* to freeze (to death); (*Glieder*) to get frostbitten, (*Pflanzen*) to be killed by frost
erfrischen [ɛr'frɪʃən] *vt* to refresh
Erfrischung *f* refreshment; **~getränk** *nt* (liquid) refreshment; **~sraum** *m* snack bar, cafeteria
erfüllen [ɛr'fʏlən] *vt* (*Raum etc*) to fill; (*fig*: *Bitte etc*) to fulfil ♦ *vr* to come true

ergänzen [ɛr'gɛntsən] *vt* to supplement, to complete ♦ *vr* to complement one another
Ergänzung *f* completion; (*Zusatz*) supplement
ergeben [ɛr'ge:bən] (*unreg*) *vt* to yield, to produce ♦ *vr* to surrender; (*folgen*) to result ♦ *adj* devoted, humble; **sich etw** *dat* ~ (*sich hingeben*) to give o.s. up to sth, to yield to sth; **dem Trunk** ~ addicted to drink
Ergebnis [ɛr'ge:pnɪs] (**-ses, -se**) *nt* result; **e~los** *adj* without result, fruitless
ergehen [ɛr'ge:ən] (*unreg*) *vi* to be issued, to go out ♦ *vi unpers*: **es ergeht ihm gut/schlecht** he's faring *od* getting on well/badly ♦ *vr*: **sich in etw** *dat* ~ to indulge in sth; **etw über sich** ~ **lassen** to put up with sth
ergiebig [ɛr'gi:bɪç] *adj* productive
Ergonomie [ɛrgono'mi:] *f* ergonomics
Ergonomik *f* = **Ergonomie**
ergreifen [ɛr'graɪfən] (*unreg*) *vt* (*auch fig*) to seize; (*Beruf*) to take up; (*Maßnahmen*) to resort to; (*rühren*) to move; **~d** *adj* moving, touching
ergriffen [ɛr'grɪfən] *adj* deeply moved
Erguß [ɛr'gʊs] *m* discharge; (*fig*) outpouring, effusion
erhaben [ɛr'ha:bən] *adj* raised, embossed; (*fig*) exalted, lofty; **über etw** *akk* ~ **sein** to be above sth
erhalten [ɛr'haltən] (*unreg*) *vt* to receive; (*bewahren*) to preserve, to maintain; **gut** ~ in good condition
erhältlich [ɛr'hɛltlɪç] *adj* obtainable, available
Erhaltung *f* maintenance, preservation
erhärten [ɛr'hɛrtən] *vt* to harden; (*These*) to substantiate, to corroborate
erheben [ɛr'he:bən] (*unreg*) *vt* to raise; (*Protest, Forderungen*) to make; (*Fakten*) to ascertain, to establish ♦ *vr* to rise (up); **sich über etw** *akk* ~ to rise above sth
erheblich [ɛr'he:plɪç] *adj* considerable
erheitern [ɛr'haɪtərn] *vt* to amuse, to cheer (up)
Erheiterung *f* exhilaration; **zur allgemeinen** ~ to everybody's amusement
erhitzen [ɛr'hɪtsən] *vt* to heat ♦ *vr* to heat up; (*fig*) to become heated
erhoffen [ɛr'hɔfən] *vt* to hope for
erhöhen [ɛr'hø:ən] *vt* to raise; (*verstärken*) to increase
erhol- [ɛr'ho:l] *zW*: **~en** *vr* to recover; (*entspannen*) to have a rest; **~sam** *adj* restful; **E~ung** *f* recovery; relaxation, rest; **~ungsbedürftig** *adj* in need of a rest, run-down; **E~ungsgebiet** *nt* ≈ holiday area; **E~ungsheim** *nt* convalescent/rest home
erhören [ɛr'hø:rən] *vt* (*Gebet etc*) to hear; (*Bitte etc*) to yield to
erinnern [ɛr''ɪnərn] *vt*: ~ **(an** +*akk*) to remind (of) ♦ *vr*: **sich (an** *akk* **etw)** ~ to remember (sth)
Erinnerung *f* memory; (*Andenken*) reminder
erkältet [ɛr'kɛltət] *adj* with a cold; ~ **sein** to have a cold
Erkältung *f* cold
erkennbar *adj* recognizable
erkennen [ɛr'kɛnən] (*unreg*) *vt* to recognize; (*sehen, verstehen*) to see
erkennt- *zW*: **~lich** *adj*: **sich ~lich zeigen;** to show one's appreciation; **E~lichkeit** *f* gratitude; (*Geschenk*) token of one's gratitude; **E~nis** (**-, -se**) *f* knowledge; (*das Erkennen*) recognition; (*Einsicht*) insight; **zur E~nis kommen** to realize
Erkennung *f* recognition
Erkennungszeichen *nt* identification
Erker ['ɛrkər] (**-s, -**) *m* bay; **~fenster** *nt* bay window
erklär- [ɛr'klɛ:r] *zW*: **~bar** *adj* explicable; **~en** *vt* to explain; **~lich** *adj* explicable; (*verständlich*) understandable; **E~ung** *f* explanation; (*Aussage*) declaration

erkranken [ɛr'kraŋkən] *vi* to fall ill
Erkrankung *f* illness
erkund- [ɛr'kʊnd] *zW*: **~en** *vt* to find out, to ascertain; (*bes MIL*) to reconnoitre, to scout; **~igen** *vr*: **sich ~igen (nach)** to inquire (about); **E~igung** *f* inquiry; **E~ung** *f* reconnaissance, scouting
erlahmen [ɛr'la:mən] *vi* to tire; (*nachlassen*) to flag, to wane
erlangen [ɛr'laŋən] *vt* to attain, to achieve
Erlaß [ɛr'las] (**-sses, -lässe**) *m* decree; (*Aufhebung*) remission
erlassen (*unreg*) *vt* (*Verfügung*) to issue; (*Gesetz*) to enact; (*Strafe*) to remit; **jdm etw ~** to release sb from sth
erlauben [ɛr'laʊbən] *vt*: **(jdm etw) ~** to allow *od* permit (sb (to do) sth) ♦ *vr* to permit o.s., to venture
Erlaubnis [ɛr'laʊpnɪs] (**-, -se**) *f* permission; (*Schriftstück*) permit
erläutern [ɛr'lɔʏtərn] *vt* to explain
Erläuterung *f* explanation
Erle ['ɛrlə] *f* alder
erleben [ɛr'le:bən] *vt* to experience; (*Zeit*) to live through; (*mit~*) to witness; (*noch mit~*) to live to see
Erlebnis [ɛr'le:pnɪs] (**-ses, -se**) *nt* experience
erledigen [ɛr'le:dɪgən] *vt* to take care of, to deal with; (*Antrag etc*) to process; (*umg*: *erschöpfen*) to wear out; (: *ruinieren*) to finish; (: *umbringen*) to do in
erleichtern *vt* to make easier; (*fig*: *Last*) to lighten; (*lindern, beruhigen*) to relieve
Erleichterung *f* facilitation; lightening; relief
erleiden [ɛr'laɪdən] (*unreg*) *vt* to suffer, to endure
erlernen [ɛr'lɛrnən] *vt* to learn, to acquire
erlesen [ɛr'le:zən] *adj* select, choice
erleuchten [ɛr'lɔʏçtən] *vt* to illuminate; (*fig*) to inspire
Erleuchtung *f* (*Einfall*) inspiration
Erlös [ɛr'lø:s] (**-es, -e**) *m* proceeds *pl*
erlösen [ɛr'lø:zən] *vt* to redeem, to save
Erlösung *f* release; (*REL*) redemption
ermächtigen [ɛr'mɛçtɪgən] *vt* to authorize, to empower
Ermächtigung *f* authorization; authority
ermahnen [ɛr'ma:nən] *vt* to exhort, to admonish
Ermahnung *f* admonition, exhortation
ermäßigen [ɛr'mɛ:sɪgən] *vt* to reduce
Ermäßigung *f* reduction
ermessen [ɛr'mɛsən] (*unreg*) *vt* to estimate, to gauge; **E~** (**-s**) *nt* estimation; discretion; **in jds E~ liegen** to lie within sb's discretion
ermitteln [ɛr'mɪtəln] *vt* to determine; (*Täter*) to trace ♦ *vi*: **gegen jdn ~** to investigate sb
Ermittlung [ɛr'mɪtlʊŋ] *f* determination; (*Polizei~*) investigation
ermöglichen [ɛr'mø:klɪçən] *vt* (*+dat*) to make possible (for)
ermorden [ɛr'mɔrdən] *vt* to murder
Ermordung *f* murder
ermüden [ɛr'my:dən] *vt, vi* to tire; (*TECH*) to fatigue; **~d** *adj* tiring; (*fig*) wearisome
Ermüdung *f* fatigue; **~serscheinung** *f* sign of fatigue
ermutigen [ɛr'mu:tɪgən] *vt* to encourage
ernähr- [ɛr'nɛ:r] *zW*: **~en** *vt* to feed, to nourish; (*Familie*) to support ♦ *vr* to support o.s., to earn a living; **sich ~en von** to live on; **E~er** (**-s, -**) *m* breadwinner; **E~ung** *f* nourishment; nutrition; (*Unterhalt*) maintenance
ernennen [ɛr'nɛnən] (*unreg*) *vt* to appoint
Ernennung *f* appointment
erneu- [ɛr'nɔʏ] *zW*: **~ern** *vt* to renew; to restore; to renovate; **E~erung** *f* renewal; restoration; renovation; **~t** *adj* renewed, fresh ♦ *adv* once more
ernst [ɛrnst] *adj* serious; **E~** (**-es**) *m*

seriousness; **das ist mein E~** I'm quite serious; **im E~** in earnest; **E~ machen mit etw** to put sth into practice; **E~fall** *m* emergency; **~gemeint** *adj* meant in earnest, serious; **~haft** *adj* serious; **E~haftigkeit** *f* seriousness; **~lich** *adj* serious

Ernte ['ɛrntə] *f* harvest; **e~n** *vt* to harvest; (*Lob etc*) to earn

ernüchtern [ɛr'nʏçtərn] *vt* to sober up; (*fig*) to bring down to earth

Erober- [ɛr''o:bər] *zW*: **~er** (-s, -) *m* conqueror; **e~n** *vt* to conquer; **~ung** *f* conquest

eröffnen [ɛr''œfnən] *vt* to open ♦ *vr* to present itself; **jdm etw ~** to disclose sth to sb

Eröffnung *f* opening

erörtern [ɛr''œrtərn] *vt* to discuss

Erotik [e'ro:tɪk] *f* eroticism

erotisch *adj* erotic

erpress- [ɛr'prɛs] *zW*: **~en** *vt* (*Geld etc*) to extort; (*Mensch*) to blackmail; **E~er** (-s, -) *m* blackmailer; **E~ung** *f* extortion; blackmail

erprobt [ɛr'pro:pt] *adj* (*Gerät, Medikamente*) proven, tested

erraten [ɛr'ra:tən] (*unreg*) *vt* to guess

erreg- [ɛr're:g] *zW*: **~en** *vt* to excite; (*ärgern*) to infuriate; (*hervorrufen*) to arouse, to provoke ♦ *vr* to get excited *od* worked up; **E~er** (-s, -) *m* causative agent.

Erregung *f* excitement

erreichbar *adj* accessible, within reach

erreichen [ɛr'raɪçən] *vt* to reach; (*Zweck*) to achieve; (*Zug*) to catch

errichten [ɛr'rɪçtən] *vt* to erect, to put up; (*gründen*) to establish, to set up

erringen [ɛr'rɪŋən] (*unreg*) *vt* to gain, to win

erröten [ɛr'rø:tən] *vi* to blush, to flush

Errungenschaft [ɛr'rʊŋənʃaft] *f* achievement; (*umg*: *Anschaffung*) acquisition

Ersatz [ɛr'zats] (-es) *m* substitute; replacement; (*Schaden~*) compensation; (*MIL*) reinforcements *pl*; **~dienst** *m* (*MIL*) alternative service; **~reifen** *m* (*AUT*) spare tyre; **~teil** *nt* spare (part)

erschaffen [ɛr'ʃafən] (*unreg*) *vt* to create

erscheinen [ɛr'ʃaɪnən] (*unreg*) *vi* to appear

Erscheinung *f* appearance; (*Geist*) apparition; (*Gegebenheit*) phenomenon; (*Gestalt*) figure

erschießen [ɛr'ʃi:sən] (*unreg*) *vt* to shoot (dead)

erschlagen [ɛr'ʃla:gən] (*unreg*) *vt* to strike dead

erschöpf- [ɛr'ʃœpf] *zW*: **~en** *vt* to exhaust; **~end** *adj* exhaustive, thorough; **E~ung** *f* exhaustion

erschrecken [ɛr'ʃrɛkən] *vt* to startle, to frighten ♦ *vi* to be frightened *od* startled; **~d** *adj* alarming, frightening

erschrocken [ɛr'ʃrɔkən] *adj* frightened, startled

erschüttern [ɛr'ʃʏtərn] *vt* to shake; (*fig*) to move deeply

Erschütterung *f* shaking; shock

erschweren [ɛr'ʃve:rən] *vt* to complicate

erschwinglich *adj* within one's means

ersetzen [ɛr'zɛtsən] *vt* to replace; **jdm Unkosten** *etc* ~ to pay sb's expenses *etc*

ersichtlich [ɛr'zɪçtlɪç] *adj* evident, obvious

ersparen [ɛr'ʃpa:rən] *vt* (*Ärger etc*) to spare; (*Geld*) to save

Ersparnis (-, -se) *f* saving

SCHLÜSSELWORT

erst [e:rst] *adv* **1** first; **mach erst mal die Arbeit fertig** finish your work first; **wenn du das erst mal hinter dir hast** once you've got that behind you

2 (*nicht früher als, nur*) only; (*nicht bis*) not till; **erst gestern** only yesterday; **erst morgen** not until to-

morrow; **erst als** only when, not until; **wir fahren erst später** we're not going until later; **er ist (gerade) erst angekommen** he's only just arrived
3: **wäre er doch erst zurück!** if only he were back!

erstatten [ɛr'ʃtatən] *vt* (*Kosten*) to (re)pay; **Anzeige** *etc* **gegen jdn** ~ to report sb; **Bericht** ~ to make a report
Erstaufführung ['e:rst'aʊffy:rʊŋ] *f* first performance
erstaunen [ɛr'ʃtaʊnən] *vt* to astonish ♦ *vi* to be astonished; **E~** (**-s**) *nt* astonishment
erstaunlich *adj* astonishing
erst- ['e:rst] *zW*: **E~ausgabe** *f* first edition; **~beste(r, s)** *adj* first that comes along; **~e(r, s)** *adj* first
erstechen [ɛr'ʃtɛçən] (*unreg*) *vt* to stab (to death)
erstehen [ɛr'ʃte:ən] (*unreg*) *vt* to buy ♦ *vi* to (a)rise
erstens ['e:rstəns] *adv* firstly, in the first place
ersticken [ɛr'ʃtɪkən] *vt* (*auch fig*) to stifle; (*Mensch*) to suffocate; (*Flammen*) to smother ♦ *vi* (*Mensch*) to suffocate; (*Feuer*) to be smothered; **in Arbeit** ~ to be snowed under with work
erst- *zW*: **~klassig** *adj* first-class; **E~kommunion** *f* first communion; **~malig** *adj* first; **~mals** *adv* for the first time
erstrebenswert [ɛr'ʃtre:bənsve:rt] *adj* desirable, worthwhile
erstrecken [ɛr'ʃtrɛkən] *vr* to extend, to stretch
ersuchen [ɛr'zu:xən] *vt* to request
ertappen [ɛr'tapən] *vt* to catch, to detect
erteilen [ɛr'taɪlən] *vt* to give
Ertrag [ɛr'tra:k] (**-(e)s, ¨e**) *m* yield; (*Gewinn*) proceeds *pl*
ertragen (*unreg*) *vt* to bear, to stand
erträglich [ɛr'trɛ:klɪç] *adj* tolerable, bearable
ertrinken [ɛr'trɪŋkən] (*unreg*) *vi* to drown; **E~** (**-s**) *nt* drowning
erübrigen [ɛr''y:brɪgən] *vt* to spare ♦ *vr* to be unnecessary
erwachen [ɛr'vaxən] *vi* to awake
erwachsen [ɛr'vaksən] *adj* grown-up; **E~e(r)** *mf* adult; **E~enbildung** *f* adult education
erwägen [ɛr'vɛ:gən] (*unreg*) *vt* to consider
Erwägung *f* consideration
erwähn- [ɛr'vɛ:n] *zW*: **~en** *vt* to mention; **~enswert** *adj* worth mentioning; **E~ung** *f* mention
erwärmen [ɛr'vɛrmən] *vt* to warm, to heat ♦ *vr* to get warm, to warm up; **sich** ~ **für** to warm to
Erwarten *nt*: **über meinen/unseren** *usw* ~ beyond my/our *etc* expectations; **wider** ~ contrary to expectations
erwarten [ɛr'vartən] *vt* to expect; (*warten auf*) to wait for; **etw kaum** ~ **können** to be hardly able to wait for sth
Erwartung *f* expectation; **e~sgemäß** *adv* as expected; **e~svoll** *adj* expectant
erwecken [ɛr'vɛkən] *vt* to rouse, to awake; **den Anschein** ~ to give the impression
Erweis [ɛr'vaɪs] (**-es, -e**) *m* proof; **e~en** (*unreg*) *vt* to prove ♦ *vr*: **sich e~en (als)** to prove (to be); **jdm einen Gefallen/Dienst e~en** to do sb a favour/service
Erwerb [ɛr'vɛrp] (**-(e)s, -e**) *m* acquisition; (*Beruf*) trade; **e~en** (*unreg*) *vt* to acquire
erwerbs- *zW*: **~los** *adj* unemployed; **E~quelle** *f* source of income; **~tätig** *adj* (gainfully) employed
erwidern [ɛr'vi:dərn] *vt* to reply; (*vergelten*) to return
erwischen [ɛr'vɪʃən] (*umg*) *vt* to catch, to get
erwünscht [ɛr'vʏnʃt] *adj* desired
erwürgen [ɛr'vʏrgən] *vt* to strangle
Erz [e:rts] (**-es, -e**) *nt* ore
erzähl- [ɛr'tsɛ:l] *zW*: **~en** *vt* to tell

♦ *vi*: **sie kann gut ~en** she's a good story-teller; **E~er** (-s, -) *m* narrator; **E~ung** *f* story, tale

Erzbischof *m* archbishop

erzeug- [er'tsɔʏg] *zW*: **~en** *vt* to produce; (*Strom*) to generate; **E~nis** (-ses, -se) *nt* product, produce; **E~ung** *f* production; generation

erziehen [ɛr'tsi:ən] (*unreg*) *vt* to bring up; (*bilden*) to educate, to train

Erzieher(in) (-s, -) *m(f)* (*Berufsbezeichnung*) teacher

Erziehung *f* bringing up; (*Bildung*) education

Erziehungsbeihilfe *f* educational grant

Erziehungsberechtigte(r) *mf* parent; guardian

erzielen [ɛr'tsi:lən] *vt* to achieve, to obtain; (*Tor*) to score

erzwingen [ɛr'tsvɪŋən] (*unreg*) *vt* to force, to obtain by force

es [ɛs] (*nom, akk*) *pron* it

Esche ['ɛʃə] *f* ash

Esel ['e:zəl] (-s, -) *m* donkey, ass

Eskalation [ɛskalatsi'o:n] *f* escalation

Eskimo ['ɛskimo] (-s, -s) *m* eskimo

eßbar ['ɛsba:r] *adj* eatable, edible

Eßbesteck *nt* knife, fork and spoon

Eßecke *f* dining area

essen ['ɛsən] (*unreg*) *vt, vi* to eat; **E~** (-s, -) *nt* meal; food

Essig ['ɛsɪç] (-s, -e) *m* vinegar; **~gurke** *f* gherkin

Eß- ['ɛs] *zW*: **~kastanie** *f* sweet chestnut; **~löffel** *m* tablespoon; **~tisch** *m* dining table; **~waren** *pl* foodstuffs, provisions; **~zimmer** *nt* dining room

etablieren [eta'bli:rən] *vr* to become established; to set up in business

Etage [e'ta:ʒə] *f* floor, storey; **~nbetten** *pl* bunk beds; **~nwohnung** *f* flat

Etappe [e'tapə] *f* stage

Etat [e'ta:] (-s, -s) *m* budget

etc *abk* (= *et cetera*) etc

etepetete [e:təpe'te:tə] (*umg*) *adj* fussy

Ethik ['e:tɪk] *f* ethics *sg*

ethisch ['e:tɪʃ] *adj* ethical

Etikett [eti'kɛt] (-(e)s, -e) *nt* label; tag; **~e** *f* etiquette, manners *pl*

etliche ['ɛtlɪçə] *pron pl* some, quite a few

etliches *pron* a thing or two

Etui [ɛt'vi:] (-s, -s) *nt* case

etwa ['ɛtva] *adv* (*ungefähr*) about; (*vielleicht*) perhaps; (*beispielsweise*) for instance; **nicht ~** by no means; **~ig** ['ɛtvaɪç] *adj* possible

etwas *pron* something; anything; (*ein wenig*) a little ♦ *adv* a little

euch [ɔʏç] *pron* (*akk von ihr*) you; yourselves; (*dat von ihr*) (to) you

euer ['ɔʏər] *pron* (*gen von ihr*) of you ♦ *adj* your

Eule ['ɔʏlə] *f* owl

eure *adj f siehe* **euer**

eure(r, s) ['ɔʏrə(r, s)] *pron* yours; **~rseits** *adv* on your part; **~s** *adj nt siehe* **euer**; **~sgleichen** *pron* people like you; **~twegen** *adv* (*für euch*) for your sakes; (*wegen euch*) on your account; **~twillen** *adv*: **um ~twillen** = **euretwegen**

eurige ['ɔʏrɪgə] *pron*: **der/die/das ~** yours

Euro- *zW*: **~pa** [ɔʏ'ro:pə] *nt* Europe; **~päer(in)** [ɔʏro'pɛ:ər(ɪn)] *mf* European; **e~päisch** *adj* European; **~pameister** [ɔʏ'ro:pə-] *m* European champion; **~scheck** *m* (*FINANZ*) eurocheque

Euter ['ɔʏtər] (-s, -) *nt* udder

ev. *abk* = **evangelisch**

evakuieren [evaku'i:rən] *vt* to evacuate

evangelisch [evaŋ'ge:lɪʃ] *adj* Protestant

Evangelium [evaŋ'ge:lium] *nt* gospel

eventuell [evɛntu'ɛl] *adj* possible ♦ *adv* possibly, perhaps

evtl. *abk* = **eventuell**

EWG [e:ve:'ge:] (-) *f abk* (= *Europäische Wirtschaftsgemeinschaft*) EEC, Common Market

ewig ['e:vɪç] *adj* eternal; **E~keit** *f*

eternity
exakt [ɛ'ksakt] *adj* exact
Examen [ɛ'ksa:mən] (**-s, -** *od* **Examina**) *nt* examination
Exemplar [ɛksɛm'pla:r] (**-s, -e**) *nt* specimen; (*Buch~*) copy; **e~isch** *adj* exemplary
exerzieren [ɛksɛr'tsi:rən] *vi* to drill
Exil [ɛ'ksi:l] (**-s, -e**) *nt* exile
Existenz [ɛksɪs'tɛnts] *f* existence; (*Unterhalt*) livelihood, living; (*pej: Mensch*) character; **~minimum** (**-s**) *nt* subsistence level
existieren [ɛksɪs'ti:rən] *vi* to exist
exklusiv [ɛksklu'zi:f] *adj* exclusive; **~e** [-'zi:və] *adv* exclusive of, not including ♦ *präp +gen* exclusive of, not including
exotisch [ɛ'kso:tɪʃ] *adj* exotic
Expedition [ɛkspeditsi'o:n] *f* expedition
Experiment [ɛksperi'mɛnt] *nt* experiment; **e~ell** *adj* experimental; **e~ieren** *vi* to experiment
Experte [ɛks'pɛrtə] (**-n, -n**) *m* expert, specialist
Expertin *f* expert, specialist
explo- [ɛksplo] *zW:* **~dieren** [-'di:rən] *vi* to explode; **E~sion** [-zi'o:n] *f* explosion; **~siv** *adj* explosive
Export [ɛks'pɔrt] (**-(e)s, -e**) *m* export; **~eur** [-'tø:r] *m* exporter; **~handel** *m* export trade; **e~ieren** [-'ti:rən] *vt* to export; **~land** *nt* exporting country
Expreßgut [ɛks'prɛs-] *nt* express goods *pl*, express freight
Expreßzug *m* express (train)
extra ['ɛkstra] *adj inv* (*umg: gesondert*) separate; (*besondere*) extra ♦ *adv* (*gesondert*) separately; (*speziell*) specially; (*absichtlich*) on purpose; (*vor Adjektiven, zusätzlich*) extra; **E~** (**-s, -s**) *nt* extra; **E~ausgabe** *f* special edition; **E~blatt** *nt* special edition
Extrakt [ɛks'trakt] (**-(e)s, -e**) *m* extract
extravagant *adj* extravagant
extrem [ɛks'tre:m] *adj* extreme; **~istisch** [-'mɪstɪʃ] *adj* (*POL*) extremist; **E~itäten** [-'tɛ:tən] *pl* extremities
exzentrisch [ɛks'tsɛntrɪʃ] *adj* eccentric
Exzeß [ɛks'tsɛs] (**-sses, -sse**) *m* excess

F

Fa. *abk* (= *Firma*) firm; (*in Briefen*) Messrs
Fabel ['fa:bəl] (**-, -n**) *f* fable; **f~haft** *adj* fabulous, marvellous
Fabrik [fa'bri:k] *f* factory; **~ant** [-'kant] *m* (*Hersteller*) manufacturer; (*Besitzer*) industrialist; **~arbeiter** *m* factory worker; **~at** [-'ka:t] (**-(e)s, -e**) *nt* manufacture, product; **~gelände** *nt* factory site
Fach [fax] (**-(e)s, ¨er**) *nt* compartment; (*Sachgebiet*) subject; **ein Mann vom ~** an expert; **~arbeiter** *m* skilled worker; **~arzt** *m* (medical) specialist; **~ausdruck** *m* technical term
Fächer ['fɛçər] (**-s, -**) *m* fan
Fach- *zW:* **~geschäft** *nt* specialist shop; **~hochschule** *f* ≈ technical college; **~kraft** *f* skilled worker, trained employee; **f~kundig** *adj* expert, specialist; **f~lich** *adj* professional; expert; **~mann** (*pl* **-leute**) *m* specialist; **f~männisch** *adj* professional; **~schule** *f* technical college; **f~simpeln** *vi* to talk shop; **~werk** *nt* timber frame
Fackel ['fakəl] (**-, -n**) *f* torch
fad(e) [fa:t, 'fa:də] *adj* insipid; (*langweilig*) dull
Faden ['fa:dən] (**-s, ¨**) *m* thread; **f~scheinig** *adj* (*auch fig*) threadbare
fähig ['fɛ:ɪç] *adj:* **~ (zu** *od +gen*) capable (of); able (to); **F~keit** *f* ability
fahnden ['fa:ndən] *vi:* **~ nach** to search for
Fahndung *f* search; **~sliste** *f* list of wanted criminals, wanted list
Fahne ['fa:nə] *f* flag, standard; **eine**

~ **haben** (*umg*) to smell of drink; ~**nflucht** *f* desertion
Fahrausweis *m* ticket
Fahrbahn *f* carriageway (*BRIT*), roadway
Fähre ['fɛːrə] *f* ferry
fahren ['faːrən] (*unreg*) *vt* to drive; (*Rad*) to ride; (*befördern*) to drive, to take; (*Rennen*) to drive in ♦ *vi* (*sich bewegen*) to go; (*Schiff*) to sail; (*abfahren*) to leave; **mit dem Auto/Zug** ~ to go *od* travel by car/train; **mit der Hand** ~ **über** +*akk* to pass one's hand over
Fahr- *zW*: ~**er(in)** (-s, -) *m(f)* driver; ~**erflucht** *f* hit-and-run; ~**gast** *m* passenger; ~**geld** *nt* fare; ~**karte** *f* ticket; ~**kartenausgabe** *f* ticket office; ~**kartenautomat** *m* ticket machine; ~**kartenschalter** *m* ticket office; **f~lässig** *adj* negligent; **f~lässige Tötung** manslaughter; ~**lehrer** *m* driving instructor; ~**plan** *m* timetable; **f~planmäßig** *adj* scheduled; ~**preis** *m* fare; ~**prüfung** *f* driving test; ~**rad** *nt* bicycle; ~**radweg** *m* cycle lane; ~**schein** *m* ticket; ~**scheinentwerter** *m* (automatic) ticket stamping machine
Fährschiff ['fɛːrʃɪf] *nt* ferry(-boat)
Fahrschule *f* driving school
Fahrstuhl *m* lift (*BRIT*), elevator (*US*)
Fahrt [faːrt] (-, -**en**) *f* journey; (*kurz*) trip; (*AUT*) drive; (*Geschwindigkeit*) speed; **gute** ~**!** have a good journey
Fährte ['fɛːrtə] *f* track, trail
Fahrtkosten *pl* travelling expenses
Fahrtrichtung *f* course, direction
Fahrzeug *nt* vehicle; ~**brief** *m* log book
fair [feːr] *adj* fair
Fakten *pl von* **Faktum**
Faktor ['faktɔr] *m* factor
Fakultät [fakʊl'tɛːt] *f* faculty
Falke ['falkə] (-**n**, -**n**) *m* falcon
Fall [fal] (-**(e)s**, ¨**e**) *m* (*Sturz*) fall; (*Sachverhalt, JUR, GRAM*) case; **auf jeden** ~**, auf alle Fälle** in any case; (*bestimmt*) definitely; **auf keinen** ~**!** no way!; ~**e** *f* trap; **f~en** (*unreg*) *vi* to fall; **etw f~en lassen** to drop sth
fällen ['fɛlən] *vt* (*Baum*) to fell; (*Urteil*) to pass
fallenlassen (*unreg*) *vt* (*Bemerkung*) to make; (*Plan*) to abandon, to drop
fällig ['fɛlɪç] *adj* due
falls [fals] *adv* in case, if
Fallschirm *m* parachute; ~**springer** *m* parachutist
falsch [falʃ] *adj* false; (*unrichtig*) wrong
fälschen ['fɛlʃən] *vt* to forge
fälsch- *zW*: ~**lich** *adj* false; ~**licherweise** *adv* mistakenly; **F~ung** *f* forgery
Falte ['faltə] *f* (*Knick*) fold, crease; (*Haut*~) wrinkle; (*Rock*~) pleat; **f~n** *vt* to fold; (*Stirn*) to wrinkle
faltig *adj* (*Hände, Haut*) wrinkled; (*zerknittert*: *Rock*) creased
familiär [famili'ɛːr] *adj* familiar
Familie [fa'miːliə] *f* family
Familien- *zW*: ~**betrieb** *m* family business; ~**kreis** *m* family circle; ~**mitglied** *nt* member of the family; ~**name** *m* surname; ~**stand** *m* marital status
Fan (-s, -s) *m* fan
Fanatiker [fa'naːtikər] (-s, -) *m* fanatic
fanatisch *adj* fanatical
fand *etc* [fant] *vb siehe* **finden**
Fang [faŋ] (-**(e)s**, ¨**e**) *m* catch; (*Jagen*) hunting; (*Kralle*) talon, claw; **f~en** (*unreg*) *vt* to catch ♦ *vr* to get caught; (*Flugzeug*) to level out; (*Mensch*: *nicht fallen*) to steady o.s.; (*fig*) to compose o.s.; (*in Leistung*) to get back on form
Farb- ['farb] *zW*: ~**abzug** *m* colour print; ~**aufnahme** *f* colour photograph; ~**band** *m* typewriter ribbon; ~**dia** *nt* colour slide; ~**e** *f* colour; (*zum Malen etc*) paint; (*Stoffarbe*) dye; **f~echt** *adj* colourfast
färben ['fɛrbən] *vt* to colour; (*Stoff, Haar*) to dye
farben- ['farbən-] *zW*: ~**blind** *adj*

colour-blind; **~freudig** *adj* colourful; **~froh** *adj* colourful, gay

Farb- *zW*: **~fernsehen** *nt* colour television; **~film** *m* colour film; **~foto** *nt* colour photograph; **f~ig** *adj* coloured; **~ige(r)** *mf* coloured (person); **~kasten** *m* paintbox; **f~lich** *adj* colour; **f~los** *adj* colourless; **~stift** *m* coloured pencil; **~stoff** *m* dye; **~ton** *m* hue, tone

Färbung ['fɛrbʊŋ] *f* colouring; (*Tendenz*) bias

Farn [farn] (**-(e)s, -e**) *m* fern; bracken

Fasan [fa'za:n] (**-(e)s, -e(n)**) *m* pheasant

Fasching ['faʃɪŋ] (**-s, -e** *od* **-s**) *m* carnival

Faschismus [fa'ʃɪsmʊs] *m* fascism

Faschist *m* fascist

Faser ['fa:zər] (**-, -n**) *f* fibre; **f~n** *vi* to fray

Faß [fas] (**-sses, Fässer**) *nt* vat, barrel; (*für Öl*) drum; **Bier vom ~** draught beer

Fassade [fa'sa:də] *f* façade

fassen ['fasən] *vt* (*ergreifen*) to grasp, to take; (*inhaltlich*) to hold; (*Entschluß etc*) to take; (*verstehen*) to understand; (*Ring etc*) to set; (*formulieren*) to formulate, to phrase ♦ *vr* to calm down; **nicht zu ~** unbelievable

Fassung ['fasʊŋ] *f* (*Umrahmung*) mounting; (*Lampen~*) socket; (*Wortlaut*) version; (*Beherrschung*) composure; **jdn aus der ~ bringen** to upset sb; **f~slos** *adj* speechless

fast [fast] *adv* almost, nearly

fasten ['fastən] *vi* to fast; **F~zeit** *f* Lent

Fastnacht *f* Shrove Tuesday; carnival

faszinieren [fastsi'ni:rən] *vt* to fascinate

fatal [fa'ta:l] *adj* fatal; (*peinlich*) embarrassing

faul [faʊl] *adj* rotten; (*Person*) lazy; (*Ausreden*) lame; **daran ist etwas ~** there's something fishy about it; **~en** *vi* to rot; **~enzen** *vi* to idle; **F~enzer** (**-s, -**) *m* idler, loafer; **F~heit** *f* laziness; **~ig** *adj* putrid

Faust ['faʊst] (**-, Fäuste**) *f* fist; **auf eigene ~** off one's own bat; **~handschuh** *m* mitten

Favorit [favo'ri:t] (**-en, -en**) *m* favourite

faxen ['faksən] *vt* to fax; **jdm etw ~** to fax sth to sb

FCKW *m abk* (= *Fluorchlorkohlenwasserstoff*) CFC

FDP [ɛfde:'pe:] (-) *f abk* (= *Freie Demokratische Partei*) Free Democratic Party

Februar ['fe:brua:r] (**-(s), -e**) *m* February

fechten ['fɛçtən] (*unreg*) *vi* to fence

Feder ['fe:dər] (**-, -n**) *f* feather; (*Schreib~*) pen nib; (*TECH*) spring; **~ball** *m* shuttlecock; **~bett** *nt* continental quilt; **~halter** *m* penholder, pen; **f~leicht** *adj* light as a feather; **f~n** *vi* (*nachgeben*) to be springy; (*sich bewegen*) to bounce ♦ *vt* to spring; **~ung** *f* (*AUT*) suspension

Fee [fe:] *f* fairy

Fegefeuer *nt* purgatory

fegen ['fe:gən] *vt* to sweep

fehl [fe:l] *adj*: **~ am Platz** *od* **Ort** out of place; **~en** *vi* to be wanting *od* missing; (*abwesend sein*) to be absent; **etw ~t jdm** sb lacks sth; **du ~st mir** I miss you; **was ~t ihm?** what's wrong with him?; **F~er** (**-s, -**) *m* mistake, error; (*Mangel, Schwäche*) fault; **~erfrei** *adj* faultless; without any mistakes; **~erhaft** *adj* incorrect; faulty; **~erlos** *adj* flawless, perfect; **F~geburt** *f* miscarriage; **~gehen** (*unreg*) *vi* to go astray; **F~griff** *m* blunder; **F~konstruktion** *f* badly designed thing; **~schlagen** (*unreg*) *vi* to fail; **F~start** *m* (*SPORT*) false start; **F~zündung** *f* (*AUT*) misfire, backfire

Feier ['faɪər] (**-, -n**) *f* celebration; **~abend** *m* time to stop work; **~abend machen** to stop, to knock off; **jetzt ist ~abend!** that's enough!; **f~lich** *adj* solemn; **~lichkeit**

f solemnity; **~lichkeiten** *pl* (*Veranstaltungen*) festivities; **f~n** *vt, vi* to celebrate; **~tag** *m* holiday

feig(e) ['faɪg(ə)] *adj* cowardly

Feige *f* fig

Feigheit *f* cowardice

Feigling *m* coward

Feile [faɪlə] *f* file

feilschen *vi* to haggle

fein [faɪn] *adj* fine; (*vornehm*) refined; (*Gehör etc*) keen; **~!** great!

Feind [faɪnt] (**-(e)s, -e**) *m* enemy; **f~lich** *adj* hostile; **~schaft** *f* enmity; **f~selig** *adj* hostile; **~seligkeit** *f* hostility

Fein- *zW*: **f~fühlig** *adj* sensitive; **~gefühl** *nt* delicacy, tact; **~heit** *f* fineness; refinement; keenness; **~kostgeschäft** *nt* delicatessen (shop); **~schmecker** (**-s, -**) *m* gourmet

Feinwäsche *f* delicate clothing (*when washing*)

Feld [fɛlt] (**-(e)s, -er**) *nt* field; (*SCHACH*) square; (*SPORT*) pitch; **~herr** *m* commander; **~stecher** (**-s, -**) *m* binoculars *pl*; **~weg** *m* path

Feldzug *m* (*fig*) campaign

Felge ['fɛlgə] *f* (wheel) rim

Fell [fɛl] (**-(e)s, -e**) *nt* fur; coat; (*von Schaf*) fleece; (*von toten Tieren*) skin

Fels [fɛls] (**-en, -en**) *m* rock; (*Klippe*) cliff

Felsen ['fɛlzən] (**-s, -**) *m* = **Fels**; **f~fest** *adj* firm

feminin [femi'ni:n] *adj* feminine; (*pej*) effeminate

Fenster ['fɛnstər] (**-s, -**) *nt* window; **~bank** *f* windowsill; **~laden** *m* shutter; **~leder** *nt* chamois (leather); **~platz** *m* window seat; **~scheibe** *f* windowpane

Ferien ['fe:riən] *pl* holidays, vacation *sg* (*US*); **~ haben** to be on holiday; **~kurs** *m* holiday course; **~lager** *nt* holiday camp; **~reise** *f* holiday; **~wohnung** *f* holiday apartment

Ferkel ['fɛrkəl] (**-s, -**) *nt* piglet

fern [fɛrn] *adj, adv* far-off, distant; **~ von hier** a long way (away) from here; **der F~e Osten** the Far East; **F~amt** *nt* (*TEL*) exchange; **F~bedienung** *f* remote control; **F~e** *f* distance; **~er** *adj* further ♦ *adv* further; (*weiterhin*) in future; **F~gespräch** *nt* trunk call; **F~glas** *nt* binoculars *pl*; **~halten** (*unreg*) *vt, vr* to keep away; **F~licht** *nt* (*AUT*) full beam; **F~meldeamt** *nt* international exchange; **F~rohr** *nt* telescope; **F~ruf** *m* (*förmlich*) telephone number; **F~schreiben** *nt* telex; **F~sehapparat** *m* television set; **F~sehen** (**-s**) *nt* television; **im F~sehen** on television; **~sehen** (*unreg*) *vi* to watch television; **F~seher** *m* television; **F~sprecher** *m* telephone; **F~sprechzelle** *f* telephone box *od* booth (*US*); **F~steuerung** *f* remote control; **F~straße** *f* ≈ 'A' road (*BRIT*), highway (*US*); **F~verkehr** *m* long-distance traffic

Ferse ['fɛrzə] *f* heel

fertig ['fɛrtɪç] *adj* (*bereit*) ready; (*beendet*) finished; (*gebrauchs~*) ready-made; **~bringen** (*unreg*) *vt* (*fähig sein*) to be capable of; **F~gericht** *nt* precooked meal; **F~haus** *nt* kit house, prefab; **F~keit** *f* skill; **~machen** *vt* (*beenden*) to finish; (*umg*: *Person*) to finish; (: *körperlich*) to exhaust; (: *moralisch*) to get down ♦ *vr* to get ready; **~stellen** *vt* to complete

Fessel ['fɛsəl] (**-, -n**) *f* fetter; **f~n** *vt* to bind; (*mit Fesseln*) to fetter; (*fig*) to spellbind; **f~nd** *adj* fascinating, captivating

Fest (**-(e)s, -e**) *nt* party; festival; **frohes ~!** Happy Christmas!

fest [fɛst] *adj* firm; (*Nahrung*) solid; (*Gehalt*) regular ♦ *adv* (*schlafen*) soundly; **~e Kosten** fixed cost; **~angestellt** *adj* permanently employed; **~binden** (*unreg*) *vt* to tie, to fasten; **~bleiben** (*unreg*) *vi* to stand firm; **F~essen** *nt* banquet; **~halten** (*unreg*) *vt* to seize, to hold fast; (*Ereignis*) to record ♦ *vr*: **sich ~halten (an** +*dat*) to hold on (to); **~igen** *vt* to strengthen; **F~igkeit** *f* strength; **F~ival** ['fɛstɪval] (**-s, -s**) *nt* festival; **F~land** *nt* mainland; **~legen** *vt* to fix ♦ *vr* to commit o.s.; **~lich** *adj* festive; **~liegen** (*unreg*) *vi* (*feststehen*: *Termin*) to be confirmed, be fixed; **~machen** *vt* to fasten; (*Termin etc*) to fix; **F~nahme** *f* arrest; **~nehmen** (*unreg*) *vt* to arrest; **F~rede** *f* address; **~setzen** *vt* to fix, to settle; **F~spiele** *pl* (*Veranstaltung*) festival *sg*; **~stehen** (*unreg*) *vi* to be certain; **~stellen** *vt* to establish; (*sagen*) to remark; **F~tag** *m* feast day, holiday; **F~ung** *f* fortress; **F~wochen** *pl* festival *sg*

Fett [fɛt] (**-(e)s, -e**) *nt* fat, grease

fett *adj* fat; (*Essen etc*) greasy; (*TYP*) bold; **~arm** *adj* low fat; **~en** *vt* to grease; **F~fleck** *m* grease stain; **~ig** *adj* greasy, fatty

Fetzen ['fɛtsən] (**-s, -**) *m* scrap

feucht [fɔʏçt] *adj* damp; (*Luft*) humid; **F~igkeit** *f* dampness; humidity

Feuer ['fɔʏər] (**-s, -**) *nt* fire; (*zum Rauchen*) a light; (*fig*: *Schwung*) spirit; **~alarm** *nt* fire alarm; **f~fest** *adj* fireproof; **~gefahr** *f* danger of fire; **f~gefährlich** *adj* inflammable; **~leiter** *f* fire escape ladder; **~löscher** (**-s, -**) *m* fire extinguisher; **~melder** (**-s, -**) *m* fire alarm; **f~n** *vt, vi* (*auch fig*) to fire; **~stein** *m* flint; **~treppe** *f* fire escape; **~wehr** (**-, -en**) *f* fire brigade; **~wehrauto** *nt* fire engine; **~wehrmann** *m* fireman; **~werk** *nt* fireworks *pl*; **~zeug** *nt* (cigarette) lighter

Fichte ['fɪçtə] *f* spruce, pine

Fieber ['fi:bər] (**-s, -**) *nt* fever, temperature; **f~haft** *adj* feverish; **~thermometer** *nt* thermometer; **fiebrig** *adj* (*Erkältung*) feverish

fiel *etc* [fi:l] *vb siehe* **fallen**

fies [fi:s] (*umg*) *adj* nasty

Figur [fi'gu:r] (**-, -en**) *f* figure; (*Schach~*) chessman, chess piece

Filet [fi'le:] (**-s, -s**) *nt* (*KOCH*) fillet

Filiale [fili'a:lə] *f* (*COMM*) branch

Film [fɪlm] (**-(e)s, -e**) *m* film; **~aufnahme** *f* shooting; **f~en** *vt, vi* to film; **~kamera** *f* cine-camera

Filter ['fɪltər] (**-s, -**) *m* filter; **f~n** *vt* to filter; **~papier** *nt* filter paper; **~zigarette** *f* tipped cigarette

Filz [fɪlts] (**-es, -e**) *m* felt; **f~en** *vt* (*umg*) to frisk ♦ *vi* (*Wolle*) to mat; **~stift** *m* felt-tip pen

Finale [fi'na:lə] (**-s, -(s)**) *nt* finale; (*SPORT*) final(s)

Finanz [fi'nants] *f* finance; **~amt** *nt* Inland Revenue Office; **~beamte(r)** *m* revenue officer; **f~iell** [-tsi'ɛl] *adj* financial; **f~ieren** [-'tsi:rən] *vt* to finance; **f~kräftig** *adj* financially strong; **~minister** *m* Chancellor of the Exchequer (*BRIT*), Minister of Finance

Find- ['find] *zW*: **f~en** (*unreg*) *vt* to find; (*meinen*) to think ♦ *vr* to be (found); (*sich fassen*) to compose o.s.; **ich f~e nichts dabei, wenn ...** I don't see what's wrong if ...; **das wird sich f~en** things will work out; **~er** (**-s, -**) *m* finder; **~erlohn** *m* reward (*for sb who finds sth*); **f~ig** *adj* resourceful

fing *etc* [fɪŋ] *vb siehe* **fangen**

Finger ['fɪŋər] (**-s, -**) *m* finger; **~abdruck** *m* fingerprint; **~hut** *m* thimble; (*BOT*) foxglove; **~nagel** *m* fingernail; **~spitze** *f* fingertip

fingiert *adj* made-up, fictitious

Fink [fɪŋk] (**-en, -en**) *m* finch

Finn- [fɪn] *zW*: **~e** (**-n, -n**) *m* Finn; **~in** *f* Finn; **f~isch** *adj* Finnish; **~land** *nt* Finland

finster ['fɪnstər] *adj* dark, gloomy; (*verdächtig*) dubious; (*verdrossen*) grim; (*Gedanke*) dark; **F~nis** (**-**) *f* darkness, gloom

Firma ['fɪrma] (**-, -men**) *f* firm

Firmen- ['fɪrmən] *zW*: **~inhaber** *m* owner of firm; **~schild** *nt* (shop) sign; **~zeichen** *nt* trademark

Firnis ['fɪrnɪs] (**-ses, -se**) *m* varnish

Fisch [fɪʃ] (**-(e)s, -e**) *m* fish; **~e** *pl* (*ASTROL*) Pisces *sg*; **f~en** *vt, vi* to fish; **~er** (**-s, -**) *m* fisherman; **~e'rei** *f* fishing, fishery; **~fang** *m* fishing;

~geschäft *nt* fishmonger's (shop); **~gräte** *f* fishbone
fit [fɪt] *adj* fit
Fitneß ['fɪtnəs] (-, -) *f* (physical) fitness
fix [fɪks] *adj* fixed; (*Person*) alert, smart; **~ und fertig** finished; (*erschöpft*) done in; **~ieren** [fi'ksi:rən] *vt* to fix; (*anstarren*) to stare at
flach [flax] *adj* flat; (*Gefäß*) shallow
Fläche ['flɛçə] *f* area; (*Ober~*) surface
Flachland *nt* lowland
flackern ['flakərn] *vi* to flare, to flicker
Flagge ['flagə] *f* flag
flaggen *vi* to fly a flag
Flamingo [fla'mɪŋgo] (-s, -s) *m* (*ZOOL*) flamingo
flämisch ['flɛ:mɔʃ] *adj* (*LING*) Flemish
Flamme ['flamə] *f* flame
Flandern ['flandərn] *nt* Flanders
Flanell [fla'nɛl] (-s, -e) *m* flannel
Flanke ['flaŋkə] *f* flank; (*SPORT: Seite*) wing
Flasche ['flaʃə] *f* bottle; (*umg: Versager*) wash-out
Flaschen- *zW:* **~bier** *nt* bottled beer; **~öffner** *m* bottle opener; **~zug** *m* pulley
flatterhaft *adj* flighty, fickle
flattern ['flatərn] *vi* to flutter
flau [flaʊ] *adj* weak, listless; (*Nachfrage*) slack; **jdm ist ~** sb feels queasy
Flaum [flaʊm] (-(e)s) *m* (*Feder*) down; (*Haare*) fluff
flauschig ['flaʊʃɪç] *adj* fluffy
Flaute ['flaʊtə] *f* calm; (*COMM*) recession
Flechte ['flɛçtə] *f* plait; (*MED*) dry scab; (*BOT*) lichen; **f~n** (*unreg*) *vt* to plait; (*Kranz*) to twine
Fleck [flɛk] (-(e)s, -e) *m* spot; (*Schmutz~*) stain; (*Stoff~*) patch; (*Makel*) blemish; **nicht vom ~ kommen** (*auch fig*) not to get any further; **vom ~ weg** straight away
Flecken (-s, -) *m* = **Fleck**; **f~los** *adj* spotless; **~mittel** *nt* stain remover; **~wasser** *nt* stain remover
fleckig *adj* spotted; stained
Fledermaus ['fle:dərmaʊs] *f* bat
Flegel ['fle:gəl] (-s, -) *m* (*Mensch*) lout; **f~haft** *adj* loutish, unmannerly; **~jahre** *pl* adolescence *sg*
flehen ['fle:ən] *vi* to implore; **~tlich** *adj* imploring
Fleisch [flaɪʃ] (-(e)s) *nt* flesh; (*Essen*) meat; **~brühe** *f* beef tea, meat stock; **~er** (-s, -) *m* butcher; **~e'rei** *f* butcher's (shop); **f~ig** *adj* fleshy; **f~los** *adj* meatless, vegetarian
Fleiß [flaɪs] (-es) *m* diligence, industry; **f~ig** *adj* diligent, industrious
fletschen ['flɛtʃən] *vt* (*Zähne*) to show
flexibel [flɛ'ksi:bəl] *adj* flexible
Flicken ['flɪkən] (-s, -) *m* patch; **f~** *vt* to mend
Flieder ['fli:dər] (-s, -) *m* lilac
Fliege ['fli:gə] *f* fly; (*Kleidung*) bow tie; **f~n** (*unreg*) *vt, vi* to fly; **auf jdn/etw f~n** (*umg*) to be mad about sb/sth; **~npilz** *m* toadstool; **~r** (-s, -) *m* flier, airman
fliehen ['fli:ən] (*unreg*) *vi* to flee
Fliese ['fli:zə] *f* tile
Fließ- ['fli:s] *zW:* **~band** *nt* production *od* assembly line; **f~en** (*unreg*) *vi* to flow; **f~end** *adj* flowing; (*Rede, Deutsch*) fluent; (*Übergänge*) smooth
flimmern ['flɪmərn] *vi* to glimmer
flink [flɪŋk] *adj* nimble, lively
Flinte ['flɪntə] *f* rifle; shotgun
Flitterwochen *pl* honeymoon *sg*
flitzen ['flɪtsən] *vi* to flit
Flocke ['flɔkə] *f* flake
flog *etc* [flo:k] *vb siehe* **fliegen**
Floh [flo:] (-(e)s, ¨e) *m* flea; **~markt** *m* flea market
florieren [flo'rieren] *vi* to flourish
Floskel ['flɔskəl] (-, -n) *f* set phrase
Floß [flo:s] (-es, ¨e) *nt* raft, float
floß *etc vb siehe* **fließen**
Flosse ['flɔsə] *f* fin
Flöte ['flø:tə] *f* flute; (*Block~*) recorder
Flötist(in) [flø'tɪst(ɪn)] *m(f)* flautist

flott [flɔt] *adj* lively; (*elegant*) smart; (*NAUT*) afloat; **F~e** *f* fleet, navy
Fluch [flu:x] (**-(e)s, ¨e**) *m* curse; **f~en** *vi* to curse, to swear
Flucht [flʊxt] (**-, -en**) *f* flight; (*Fenster~*) row; (*Zimmer~*) suite; **f~artig** *adj* hasty
flücht- ['flʏçt] *zW*: **~en** *vi, vr* to flee, to escape; **~ig** *adj* fugitive; (*vergänglich*) transitory; (*oberflächlich*) superficial; (*eilig*) fleeting; **F~igkeitsfehler** *m* careless slip; **F~ling** *m* fugitive, refugee
Flug [flu:k] (**-(e)s, ¨e**) *m* flight; **im ~** airborne, in flight; **~blatt** *nt* pamphlet
Flügel ['fly:gəl] (**-s, -**) *m* wing; (*MUS*) grand piano
Fluggast *m* airline passenger
flügge ['flʏgə] *adj* (fully-)fledged
Flug- *zW*: **~gesellschaft** *f* airline (company); **~hafen** *m* airport; **~lärm** *m* aircraft noise; **~linie** *f* airline; **~plan** *m* flight schedule; **~platz** *m* airport; (*klein*) airfield; **~reise** *f* flight; **~verkehr** *m* air traffic; **~zeug** *nt* (aero)plane, airplane (*US*); **~zeugentführung** *f* hijacking of a plane; **~zeughalle** *f* hangar; **~zeugträger** *m* aircraft carrier
Flunder ['flʊndər] (**-, -n**) *f* flounder
flunkern ['flʊŋkərn] *vi* to fib, to tell stories
Fluor ['flu:ər] (**-s**) *nt* fluorine
Flur [flu:r] (**-(e)s, -e**) *m* hall; (*Treppen~*) staircase
Fluß [flʊs] (**-sses, ¨sse**) *m* river; (*Fließen*) flow; **im ~ sein** (*fig*) to be in a state of flux
flüssig ['flʏsɪç] *adj* liquid; **F~keit** *f* liquid; (*Zustand*) liquidity; **~machen** *vt* (*Geld*) to make available
flüstern ['flʏstərn] *vt, vi* to whisper
Flut [flu:t] (**-, -en**) *f* (*auch fig*) flood; (*Gezeiten*) high tide; **f~en** *vi* to flood; **~licht** *nt* floodlight
Fohlen ['fo:lən] (**-s, -**) *nt* foal
Föhn [fø:n] (**-(e)s, -e**) *m* (*warmer Fallwind*) föhn
Föhre ['fø:rə] *f* Scots pine
Folge ['fɔlgə] *f* series, sequence; (*Fortsetzung*) instalment; (*Auswirkung*) result; **in rascher ~** in quick succession; **etw zur ~ haben** to result in sth; **~n haben** to have consequences; **einer Sache** *dat* **~ leisten** to comply with sth; **f~n** *vi +dat* to follow; (*gehorchen*) to obey; **jdm f~n können** (*fig*) to follow *od* understand sb; **f~nd** *adj* following; **f~ndermaßen** *adv* as follows, in the following way; **f~rn** *vt*: **f~rn (aus)** to conclude (from); **~rung** *f* conclusion
folglich *adv* consequently
folgsam *adj* obedient
Folie ['fo:liə] *f* foil
Folklore ['fɔlklo:ər] *f* folklore
Folter ['fɔltər] (**-, -n**) *f* torture; (*Gerät*) rack; **f~n** *vt* to torture
Fön [fø:n] (**-(e)s, -e; ®**) *m* hairdryer
Fondue [fõ'dy:] (**-s, -s** *od* **-, -s**) *nt od f* (*KOCH*) fondue
fönen *vt* to (blow) dry
Fönfrisur *f* blow-dry hairstyle
Fontäne [fɔn'tɛ:nə] *f* fountain
Förder- ['fœrdər] *zW*: **~band** *nt* conveyor belt; **~korb** *m* pit cage; **f~lich** *adj* beneficial
fordern ['fɔrdərn] *vt* to demand
fördern ['fœrdərn] *vt* to promote; (*unterstützen*) to help; (*Kohle*) to extract; **Förderung** *f* promotion; help; extraction
Forderung ['fɔrdərʊŋ] *f* demand
Forelle [fo'rɛlə] *f* trout
Form [fɔrm] (**-, -en**) *f* shape; (*Gestaltung*) form; (*Guß~*) mould; (*Back~*) baking tin; **in ~ sein** to be in good form *od* shape; **in ~ von** in the shape of
Formali'tät *f* formality
Format [fɔr'ma:t] (**-(e)s, -e**) *nt* format; (*fig*) distinction
formbar *adj* malleable
Formel (**-, -n**) *f* formula
formell [fɔr'mɛl] *adj* formal
formen *vt* to form, to shape
Formfehler *m* faux-pas, gaffe; (*JUR*)

irregularity
formieren [-'mi:rən] *vt* to form ♦ *vr* to form up
förmlich ['fœrmlɪç] *adj* formal; (*umg*) real; **F~keit** *f* formality
formlos *adj* shapeless; (*Benehmen etc*) informal
Formu'lar (-s, -e) *nt* form
formu'lieren *vt* to formulate
forsch [fɔrʃ] *adj* energetic, vigorous
forschen *vi*: ~ **(nach)** to search (for); (*wissenschaftlich*) to (do) research; **~d** *adj* searching
Forscher (-s, -) *m* research scientist; (*Natur~*) explorer
Forschung ['fɔrʃʊŋ] *f* research
Forst [fɔrst] (-(e)s, -e) *m* forest
Förster ['fœrstər] (-s, -) *m* forester; (*für Wild*) gamekeeper
fort [fɔrt] *adv* away; (*verschwunden*) gone; (*vorwärts*) on; **und so** ~ and so on; **in einem** ~ on and on; **~bestehen** (*unreg*) *vi* to survive; **~bewegen** *vt, vr* to move away; **~bilden** *vr* to continue one's education; **~bleiben** (*unreg*) *vi* to stay away; **F~dauer** *f* continuance; **~fahren** (*unreg*) *vi* to depart; (*fortsetzen*) to go on, to continue; **~führen** *vt* to continue, to carry on; **~gehen** (*unreg*) *vi* to go away; **~geschritten** *adj* advanced; **~müssen** (*unreg*) *vi* to have to go; **~pflanzen** *vr* to reproduce; **F~pflanzung** *f* reproduction
fortschaffen *vt* to remove
fortschreiten (*unreg*) *vi* to advance
Fortschritt ['fɔrtʃrɪt] *m* advance; **~e machen** to make progress; **f~lich** *adj* progressive
fort- *zW*: **~setzen** *vt* to continue; **F~setzung** *f* continuation; (*folgender Teil*) instalment; **F~setzung folgt** to be continued; **~während** *adj* incessant, continual
Foto ['fo:to] (-s, -s) *nt* photo(graph); **~apparat** *m* camera; **~'graf** *m* photographer; **~gra'fie** *f* photography; (*Bild*) photograph; **f~gra'fieren** *vt* to photograph ♦ *vi* to take photographs; **~kopie** *f* photocopy
Fr. *abk* (= *Frau*) Mrs, Ms
Fracht [fraxt] (-, -en) *f* freight; (*NAUT*) cargo; (*Preis*) carriage; ~ **zahlt Empfänger** (*COMM*) carriage forward; **~er** (-s, -) *m* freighter, cargo boat; **~gut** *nt* freight
Frack [frak] (-(e)s, ¨e) *m* tails *pl*
Frage ['fra:gə] (-, -n) *f* question; **etw in ~ stellen** to question sth; **jdm eine ~ stellen** to ask sb a question, to put a question to sb; **nicht in ~ kommen** to be out of the question; **~bogen** *m* questionnaire; **f~n** *vt, vi* to ask; **~zeichen** *nt* question mark
fraglich *adj* questionable, doubtful
fraglos *adv* unquestionably
Fragment [fra'gmɛnt] *nt* fragment
fragwürdig ['fra:kvʏrdɪç] *adj* questionable, dubious
Fraktion [fraktsi'o:n] *f* parliamentary party
frankieren [fraŋ'ki:rən] *vt* to stamp, to frank
franko ['fraŋko] *adv* post-paid; carriage paid
Frankreich ['fraŋkraɪç] (-s) *nt* France
Franse ['franzə] *f* fringe
Franzose [fran'tso:zə] *m* Frenchman
Französin [fran'tsø:zɪn] *f* Frenchwoman
französisch *adj* French
fraß *etc* [fras] *vb siehe* **fressen**
Fratze ['fratsə] *f* grimace
Frau [fraʊ] (-, -en) *f* woman; (*Ehe~*) wife; (*Anrede*) Mrs, Ms; ~ **Doktor** Doctor; **~enarzt** *m* gynaecologist; **~enbewegung** *f* feminist movement; **~enzimmer** *nt* female, broad (*US*)
Fräulein ['frɔʏlaɪn] *nt* young lady; (*Anrede*) Miss, Ms
fraulich ['fraʊlɪç] *adj* womanly
frech [frɛç] *adj* cheeky, impudent; **F~heit** *f* cheek, impudence
frei [fraɪ] *adj* free; (*Stelle, Sitzplatz*) free, vacant; (*Mitarbeiter*) freelance; (*unbekleidet*) bare; **sich** *dat* **einen Tag ~ nehmen** to take a day off;

von etw ~ sein to be free of sth; **im F~en** in the open air; **~ sprechen** to talk without notes; **~ Haus** (*COMM*) carriage paid; **~er Wettbewerb** fair/open competition; **F~bad** *nt* open-air swimming pool; **~bekommen** (*unreg*) *vt*: **jdn ~bekommen** to get sb freed; **einen Tag ~bekommen** to get a day off; **~gebig** *adj* generous; **~halten** (*unreg*) *vt* to keep free; **~händig** *adv* (*fahren*) with no hands; **F~heit** *f* freedom; **~heitlich** *adj* liberal; **F~heitsstrafe** *f* prison sentence; **F~karte** *f* free ticket; **~lassen** (*unreg*) *vt* to (set) free; **~legen** *vt* to expose; **~lich** *adv* certainly, admittedly; **ja ~lich** yes of course; **F~lichtbühne** *f* open-air theatre; **F~lichtmuseum** *nt* open-air museum; **~machen** *vt* (*Post*) to frank ♦ *vr* to arrange to be free; (*entkleiden*) to undress; **Tage ~machen** to take days off; **~sprechen** (*unreg*) *vt*: **~sprechen (von)** to acquit (of); **F~spruch** *m* acquittal; **~stehen** (*unreg*) *vi*: **es steht dir ~, das zu tun** you're free to do that ♦ *vt* (*leerstehen*: *Wohnung, Haus*) to lie/stand empty; **~stellen** *vt*: **jdm etw ~stellen** to leave sth (up) to sb; **F~stoß** *m* free kick

Freitag *m* Friday; **f~s** *adv* on Fridays

frei- *zW*: **~willig** *adj* voluntary; **F~zeit** *f* spare *od* free time; **F~zeitzentrum** *nt* leisure centre; **~züg**ig *adj* liberal, broad-minded; (*mit Geld*) generous

fremd [frɛmt] *adj* (*unvertraut*) strange; (*ausländisch*) foreign; (*nicht eigen*) someone else's; **etw ist jdm ~** sth is foreign to sb; **~artig** *adj* strange; **F~enführer** *m* (tourist) guide; **F~enverkehr** *m* tourism; **F~enzimmer** *nt* guest room; **F~körper** *m* foreign body; **~ländisch** *adj* foreign; **F~sprache** *f* foreign language; **F~wort** *nt* foreign *od* loan word

Frequenz [fre'kvɛnts] *f* (*RAD*) frequency

fressen ['frɛsən] (*unreg*) *vt, vi* to eat

Freude ['frɔʏdə] *f* joy, delight

freudig *adj* joyful, happy

freuen ['frɔʏən] *vt unpers* to make happy *od* pleased ♦ *vr* to be glad *od* happy; **freut mich!** pleased to meet you; **sich auf etw** *akk* **~** to look forward to sth; **sich über etw** *akk* **~** to be pleased about sth

Freund [frɔʏnt] **(-(e)s, -e)** *m* friend; boyfriend; **~in** [-dɪn] *f* friend; girlfriend; **f~lich** *adj* kind, friendly; **f~licherweise** *adv* kindly; **~lichkeit** *f* friendliness, kindness; **~schaft** *f* friendship; **f~schaftlich** *adj* friendly

Frieden ['fri:dən] **(-s, -)** *m* peace; **im ~** in peacetime

Friedens- *zW*: **~schluß** *m* peace agreement; **~vertrag** *m* peace treaty; **~zeit** *f* peacetime

fried- ['fri:t] *zW*: **~fertig** *adj* peaceable; **F~hof** *m* cemetery; **~lich** *adj* peaceful

frieren ['fri:rən] (*unreg*) *vt, vi* to freeze; **ich friere, es friert mich** I'm freezing, I'm cold

Friesland *nt* Friesland

frigid(e) [fri'gi:t, fri'gi:də] *adj* frigid

Frikadelle [frika'dɛlə] *f* rissole

Frikassee [frika'se:] **(-s, -s)** *nt* (*KOCH*) fricassee

frisch [frɪʃ] *adj* fresh; (*lebhaft*) lively; **~ gestrichen!** wet paint!; **sich ~ machen** to freshen (o.s.) up; **F~e** *f* freshness; liveliness

Friseur [fri'zø:r] *m* hairdresser

Friseuse [fri'zø:zə] *f* hairdresser

frisieren [fri'zi:rən] *vt* to do (one's hair); (*fig*: *Abrechnung*) to fiddle, to doctor ♦ *vr* to do one's hair

Frisiersalon *m* hairdressing salon

frißt *etc* [frɪst] *vb siehe* **fressen**

Frist (-, **-en**) *f* period; (*Termin*) deadline; **f~gerecht** *adj* within the stipulated time *od* period; **f~los** *adj* (*Entlassung*) instant

Frisur [fri'zu:r] *f* hairdo, hairstyle

frivol [fri'vo:l] *adj* frivolous

froh [fro:] *adj* happy, cheerful; **ich bin ~, daß ...** I'm glad that ...
fröhlich ['frø:lɪç] *adj* merry, happy; **F~keit** *f* merriness, gaiety
fromm [frɔm] *adj* pious, good; (*Wunsch*) idle
Frömmigkeit ['frœmɪçkaɪt] *f* piety
Fronleichnam [fro:n'laɪçna:m] (**-(e)s**) *m* Corpus Christi
Front [frɔnt] (**-, -en**) *f* front; **f~al** [frɔn'ta:l] *adj* frontal
fror *etc* [fro:r] *vb siehe* **frieren**
Frosch [frɔʃ] (**-(e)s, ¨e**) *m* frog; (*Feuerwerk*) squib; **~mann** *m* frogman; **~schenkel** *m* frog's leg
Frost [frɔst] (**-(e)s, ¨e**) *m* frost; **~beule** *f* chilblain
frösteln ['frœstəln] *vi* to shiver
frostig *adj* frosty
Frostschutzmittel *nt* anti-freeze
Frottee [frɔ'te:] (**-(s), -s**) *nt od m* towelling
Frottier(hand)tuch [frɔ'ti:r(hant)-tu:x] *nt* towel
Frucht [frʊxt] (**-, ¨e**) *f* (*auch fig*) fruit; (*Getreide*) corn; **f~bar** *adj* fruitful, fertile; **~barkeit** *f* fertility; **f~ig** *adj* (*Geschmack*) fruity; **f~los** *adj* fruitless; **~saft** *m* fruit juice
früh [fry:] *adj, adv* early; **heute ~** this morning; **F~aufsteher** (**-s, -**) *m* early riser; **F~e** *f* early morning; **~er** *adj* earlier; (*ehemalig*) former ♦ *adv* formerly; **~er war das anders** that used to be different; **~estens** *adv* at the earliest; **F~jahr** *nt* spring; **F~ling** *m* spring; **~reif** *adj* precocious; **F~stück** *nt* breakfast; **~stücken** *vi* to (have) breakfast; **F~stücksbüfett** *nt* breakfast buffet; **~zeitig** *adj* early; (*pej*) untimely
frustrieren [frʊs'tri:rən] *vt* to frustrate
Fuchs [fʊks] (**-es, ¨e**) *m* fox
fuchsen (*umg*) *vt* to rile, to annoy
fuchsteufelswild *adj* hopping mad
fuchteln ['fʊxtəln] *vi* to gesticulate wildly
Fuge ['fu:gə] *f* joint; (*MUS*) fugue
fügen ['fy:gən] *vt* to place, to join ♦ *vr*: **sich ~ (in** *+akk***)** to be obedient (to); (*anpassen*) to adapt oneself (to) ♦ *vr* (*unpers*) to happen
fügsam ['fy:kza:m] *adj* obedient
fühl- *zW*: **~bar** *adj* perceptible, noticeable; **~en** *vt, vi, vr* to feel; **F~er** (**-s, -**) *m* feeler
fuhr *etc* [fu:r] *vb siehe* **fahren**
führen ['fy:rən] *vt* to lead; (*Geschäft*) to run; (*Name*) to bear; (*Buch*) to keep ♦ *vi* to lead ♦ *vr* to behave
Führer ['fy:rər] (**-s, -**) *m* leader; (*Fremden~*) guide; **~schein** *m* driving licence
Führung ['fy:rʊŋ] *f* leadership; (*eines Unternehmens*) management; (*MIL*) command; (*Benehmen*) conduct; (*Museums~*) conducted tour; **~szeugnis** *nt* certificate of good conduct
Fülle ['fʏlə] *f* wealth, abundance; **f~n** *vt* to fill; (*KOCH*) to stuff ♦ *vr* to fill (up)
Füllen (**-s, -**) *nt* foal
Füller (**-s, -**) *m* fountain pen
Füllfederhalter *m* fountain pen
Füllung *f* filling; (*Holz~*) panel
fummeln ['fʊməln] (*umg*) *vi* to fumble
Fund [fʊnt] (**-(e)s, -e**) *m* find
Fundament [-da'mɛnt] *nt* foundation; **fundamen'tal** *adj* fundamental
Fundbüro *nt* lost property office, lost and found (*US*)
Fundgrube *f* (*fig*) treasure trove
fundiert [fun'di:rt] *adj* sound
fünf [fʏnf] *num* five; **~hundert** *num* five hundred; **F~kampf** *m* pentathlon; **~te(r, s)** *adj* fifth; **F~tel** (**-s, -**) *nt* fifth; **~zehn** *num* fifteen; **~zig** *num* fifty
Funk [fʊŋk] (**-s**) *m* radio, wireless; **~e** (**-ns, -n**) *m* (*auch fig*) spark; **f~eln** *vi* to sparkle; **~en** (**-s, e**) *m* (*auch fig*) spark; **f~en** *vi* (*durch Funk*) to signal, to radio; (*umg*: *richtig funktionieren*) to work ♦ *vt* (*Funken sprühen*) to shower with sparks; **endlich hat es bei ihm gef~t** (*umg*) the penny has finally dropped, he's finally got it; **~er** (**-s, -**) *m* radio

operator; **~gerät** *nt* radio set; **~rufempfänger** *m* pager, paging device; **~streife** *f* police radio patrol; **~telefon** *nt* cellphone

Funktion [fʊŋktsi'o:n] *f* function; **f~ieren** [-'ni:rən] *vi* to work, to function

für [fy:r] *präp +akk* for; **was ~** what kind *od* sort of; **das F~ und Wider** the pros and cons *pl*; **Schritt ~ Schritt** step by step; **F~bitte** *f* intercession

Furche ['fʊrçə] *f* furrow

Furcht [fʊrçt] (-) *f* fear; **f~bar** *adj* terrible, frightful

fürchten ['fʏrçtən] *vt* to be afraid of, to fear ♦ *vr*: **sich ~ (vor +dat)** to be afraid (of)

fürchterlich *adj* awful

furchtlos *adj* fearless

furchtsam *adj* timid

füreinander [fy:r'aɪ'nandər] *adv* for each other

Furnier [fʊr'ni:r] (-s, -e) *nt* veneer

fürs [fy:rs] = **für das**

Fürsorge ['fy:rzɔrgə] *f* care; (*Sozial~*) welfare; **~r(in)** (-s, -) *m(f)* welfare worker; **~unterstützung** *f* social security, welfare benefit (*US*); **fürsorglich** *adj* attentive, caring

Fürsprache *f* recommendation; (*um Gnade*) intercession

Fürsprecher *m* advocate

Fürst [fʏrst] (-en, -en) *m* prince; **~entum** *nt* principality; **~in** *f* princess; **f~lich** *adj* princely

Furunkel [fu'rʊŋkəl] (-s, -) *nt od m* (*MED*) boil

Fuß [fu:s] (-es, ¨e) *m* foot; (*von Glas, Säule etc*) base; (*von Möbel*) leg; **zu ~** on foot; **~ball** *m* football; **~ballplatz** *m* football pitch; **~ballspiel** *nt* football match; **~ballspieler** *m* footballer; **~boden** *m* floor; **~bremse** *f* (*AUT*) footbrake; **~ende** *nt* foot; **~gänger(in)** (-s, -) *m(f)* pedestrian; **~gängerzone** *f* pedestrian precinct; **~nagel** *m* toenail; **~note** *f* footnote; **~spur** *f* footprint; **~tritt** *m* kick; (*Spur*) footstep; **~weg** *m* footpath

Futter ['fʊtər] (-s, -) *nt* fodder, feed; (*Stoff*) lining; **~al** [-'ra:l] (-s, -e) *nt* case

füttern ['fʏtərn] *vt* to feed; (*Kleidung*) to line

Futur [fu'tu:r] (-s, -e) *nt* future

G

g *abk* = **Gramm**

gab *etc* [ga:p] *vb siehe* **geben**

Gabe ['ga:bə] *f* gift

Gabel ['ga:bəl] (-, -n) *f* fork; **~ung** *f* fork

gackern ['gakərn] *vi* to cackle

gaffen ['gafən] *vi* to gape

Gage ['ga:ʒə] *f* fee; salary

gähnen ['gɛ:nən] *vi* to yawn

Galerie [galə'ri:] *f* gallery

Galgen ['galgən] (-s, -) *m* gallows *sg*; **~frist** *f* respite; **~humor** *m* macabre humour

Galle ['galə] *f* gall; (*Organ*) gallbladder; **~nstein** *m* gallstone

Galopp [ga'lɔp] (-s, -s *od* -e) *m* gallop; **g~ieren** [-'pi:rən] *vi* to gallop

Gamasche [ga'maʃə] *f* gaiter; (*kurz*) spat

gammeln ['gaməln] (*umg*) *vi* to bum around

Gammler(in) (-s, -; *pej*) *m(f)* layabout, loafer (*inf*)

Gang [gaŋ] (-(e)s, ¨e) *m* walk; (*Boten~*) errand; (*~art*) gait; (*Abschnitt eines Vorgangs*) operation; (*Essens~, Ablauf*) course; (*Flur etc*) corridor; (*Durch~*) passage; (*TECH*) gear; **in ~ bringen** to start up; (*fig*) to get off the ground; **in ~ sein** to be in operation; (*fig*) to be under way

gang *adj*: **~ und gäbe** usual, normal

gängig ['gɛŋɪç] *adj* common, current; (*Ware*) in demand, selling well

Ganove [ga'no:və] (-n, -n; *umg*) *m* crook

Gans [gans] (-, ¨e) *f* goose

Gänse- ['gɛnzə] *zW*: **~blümchen** *nt* daisy; **~füßchen** (*umg*) *pl* (*An-*

führungszeichen) inverted commas; **~haut** *f* goose pimples *pl*; **~marsch** *m*: **im ~marsch** in single file; **~rich** (**-s, -e**) *m* gander

ganz [gants] *adj* whole; (*vollständig*) complete ♦ *adv* quite; (*völlig*) completely; **~ Europa** all Europe; **sein ~es Geld** all his money; **~ und gar nicht** not at all; **es sieht ~ so aus** it really looks like it; **aufs G~e gehen** to go for the lot

gänzlich ['gɛntslɪç] *adj* complete, entire ♦ *adv* completely, entirely

Ganztagsschule *f* all-day school

gar [ga:r] *adj* cooked, done ♦ *adv* quite; **~ nicht/nichts/keiner** not/nothing/nobody at all; **~ nicht schlecht** not bad at all

Garage [ga'ra:ʒə] *f* garage

Garantie [garan'ti:] *f* guarantee; **g~ren** *vt* to guarantee; **er kommt g~rt** he's guaranteed to come

Garbe ['garbə] *f* sheaf; (*MIL*) burst of fire

Garde *f* guard

Garderobe [gardə'ro:bə] *f* wardrobe; (*Abgabe*) cloakroom; **~nfrau** *f* cloakroom attendant

Gardine [gar'di:nə] *f* curtain

garen ['ga:rən] *vt, vi* to cook

gären ['gɛ:rən] (*unreg*) *vi* to ferment

Garn [garn] (**-(e)s, -e**) *nt* thread; yarn (*auch fig*)

Garnele [gar'ne:lə] *f* shrimp, prawn

garnieren [gar'ni:rən] *vt* to decorate; (*Speisen, fig*) to garnish

Garnison [garni'zo:n] (**-, -en**) *f* garrison

Garnitur [garni'tu:r] *f* (*Satz*) set; (*Unterwäsche*) set of (matching) underwear; **erste ~** (*fig*) top rank; **zweite ~** second rate

garstig ['garstɪç] *adj* nasty, horrid

Garten ['gartən] (**-s, ¨**) *m* garden; **~arbeit** *f* gardening; **~gerät** *nt* gardening tool; **~lokal** *nt* beer garden; **~schere** *f* pruning shears *pl*; **~tür** *f* garden gate

Gärtner(in) ['gɛrtnər(ɪn)] (**-s, -**) *m(f)* gardener; **~ei** [-'raɪ] *f* nursery; (*Gemüse~*) market garden (*BRIT*), truck farm (*US*)

Gärung ['gɛ:rʊŋ] *f* fermentation

Gas [ga:s] (**-es, -e**) *nt* gas; **~ geben** (*AUT*) to accelerate, to step on the gas; **~hahn** *m* gas tap; **~herd** *m* gas cooker; **~kocher** *m* gas cooker; **~leitung** *f* gas pipe; **~pedal** *nt* accelerator, gas pedal

Gasse ['gasə] *f* lane, alley

Gast [gast] (**-es, ¨e**) *m* guest; (*in Lokal*) patron; **bei jdm zu ~ sein** to be sb's guest; **~arbeiter(in)** *m(f)* foreign worker

Gästebuch ['gɛstəbu:x] *nt* visitors' book, guest book

Gast- *zW*: **g~freundlich** *adj* hospitable; **~geber** (**-s, -**) *m* host; **~geberin** *f* hostess; **~haus** *nt* hotel, inn; **~hof** *m* hotel, inn; **g~ieren** [-'ti:rən] *vi* (*THEAT*) to (appear as a) guest; **g~lich** *adj* hospitable; **~rolle** *f* guest role; **~spiel** *nt* (*THEAT*) guest performance; **~stätte** *f* restaurant; pub; **~wirt** *m* innkeeper; **~wirtschaft** *f* hotel, inn; **~zimmer** *nt* (guest) room

Gaswerk *nt* gasworks *sg*

Gaszähler *m* gas meter

Gatte ['gatə] (**-n, -n**) *m* husband, spouse

Gatter ['gatər] (**-s, -**) *nt* railing, grating; (*Eingang*) gate

Gattin *f* wife, spouse

Gattung ['gatʊŋ] *f* genus; kind

Gaudi ['gaʊdi] (*umg; SÜDD, ÖSTERR*) *nt od f* fun

Gaul [gaʊl] (**-(e)s, Gäule**) *m* horse; nag

Gaumen ['gaʊmən] (**-s, -**) *m* palate

Gauner ['gaʊnər] (**-s, -**) *m* rogue; **~ei** [-'raɪ] *f* swindle

Gaze ['ga:zə] *f* gauze

geb. *abk* = **geboren**

Gebäck [gə'bɛk] (**-(e)s, -e**) *nt* pastry

gebacken [gə'bakən] *adj* baked; (*gebraten*) fried

Gebälk [gə'bɛlk] (**-(e)s**) *nt* timberwork

Gebärde [gə'bɛ:rdə] *f* gesture; **g~n** *vr* to behave

gebären [gə'bɛːrən] (*unreg*) *vt* to give birth to, to bear
Gebärmutter *f* uterus, womb
Gebäude [gə'bɔʏdə] (**-s, -**) *nt* building; **~komplex** *m* (building) complex
Gebell [gə'bɛl] (**-(e)s**) *nt* barking
geben ['geːbən] (*unreg*) *vt, vi* to give; (*Karten*) to deal ♦ *vb unpers*: **es gibt** there is/are; there will be ♦ *vr* (*sich verhalten*) to behave, to act; (*aufhören*) to abate; **jdm etw ~** to give sb sth *od* sth to sb; **ein Wort gab das andere** one angry word led to another; **was gibt's?** what's up?; **was gibt es im Kino?** what's on at the cinema?; **sich geschlagen ~** to admit defeat; **das wird sich schon ~** that'll soon sort itself out
Gebet [gə'beːt] (**-(e)s, -e**) *nt* prayer
gebeten *vb siehe* **bitten**
Gebiet [gə'biːt] (**-(e)s, -e**) *nt* area; (*Hoheits~*) territory; (*fig*) field; **g~en** (*unreg*) *vt* to command, to demand; **g~erisch** *adj* imperious
Gebilde [gə'bɪldə] (**-s, -**) *nt* object
gebildet *adj* cultured, educated
Gebirge [gə'bɪrgə] (**-s, -**) *nt* mountain chain
Gebiß [gə'bɪs] (**-sses, -sse**) *nt* teeth *pl*; (*künstlich*) dentures *pl*
gebissen *vb siehe* **beißen**
geblieben [gə'bliːbən] *vb siehe* **bleiben**
geblümt [gə'blyːmt] *adj* (*Kleid, Stoff, Tapete*) floral
geboren [gə'boːrən] *adj* born; (*Frau*) née
geborgen [gə'bɔrgən] *adj* secure, safe
Gebot [gə'boːt] (**-(e)s, -e**) *nt* command; (*REL*) commandment; (*bei Auktion*) bid
geboten *vb siehe* **bieten**
Gebr. *abk* (= *Gebrüder*) Bros.
gebracht [gə'braxt] *vb siehe* **bringen**
gebraten [gə'braːtən] *adj* fried
Gebräu [gə'brɔʏ] (**-(e)s, -e**) *nt* concoction
Gebrauch [gə'braʊx] (**-(e)s, Gebräuche**) *m* use; (*Sitte*) custom; **g~en** *vt* to use
gebräuchlich [gə'brɔʏçlɪç] *adj* usual, customary
Gebrauchs- *zW*: **~anweisung** *f* directions *pl* for use; **g~fertig** *adj* ready for use; **~gegenstand** *m* commodity
gebraucht [gə'braʊxt] *adj* used; **G~wagen** *m* secondhand *od* used car
gebrechlich [gə'brɛçlɪç] *adj* frail
gebrochen [gə'brɔxən] *adj* broken
Gebrüder [gə'bryːdər] *pl* brothers
Gebrüll [gə'brʏl] (**-(e)s**) *nt* roaring
Gebühr [gə'byːr] (**-, -en**) *f* charge, fee; **nach ~** fittingly; **über ~** unduly; **g~en** *vi*: **jdm g~en** to be sb's due *od* due to sb ♦ *vr* to be fitting; **g~end** *adj* fitting, appropriate ♦ *adv* fittingly, appropriately
Gebühren- *zW*: **~einheit** *f* (*TEL*) unit; **~erlaß** *m* remission of fees; **~ermäßigung** *f* reduction of fees; **g~frei** *adj* free of charge; **g~pflichtig** *adj* subject to a charge
gebunden [gə'bʊndən] *vb siehe* **binden**
Geburt [gə'buːrt] (**-, -en**) *f* birth
Geburtenkontrolle *f* birth control
Geburtenreglung *f* birth control
gebürtig [gə'bʏrtɪç] *adj* born in, native of; **~e Schweizerin** native of Switzerland
Geburts- *zW*: **~anzeige** *f* birth notice; **~datum** *nt* date of birth; **~jahr** *nt* year of birth; **~ort** *m* birthplace; **~tag** *m* birthday; **~urkunde** *f* birth certificate
Gebüsch [gə'bʏʃ] (**-(e)s, -e**) *nt* bushes *pl*
gedacht [gə'daxt] *vb siehe* **denken**
Gedächtnis [gə'dɛçtnɪs] (**-ses, -se**) *nt* memory; **~feier** *f* commemoration
Gedanke [gə'daŋkə] (**-ns, -n**) *m* thought; **sich über etw** *akk* **~n machen** to think about sth
Gedanken- *zW*: **~austausch** *m* exchange of ideas; **g~los** *adj* thoughtless; **~strich** *m* dash; **~übertragung**

f thought transference, telepathy

Gedeck [gə'dɛk] (**-(e)s, -e**) *nt* cover(ing); (*Speisenfolge*) menu; **ein ~ auflegen** to lay a place

gedeihen [gə'daɪən] (*unreg*) *vi* to thrive, to prosper

Gedenken [gə'dɛŋkən] *nt*: **zum ~ an jdn** in memory of sb; **g~** (*unreg*) *vi +gen* (*sich erinnern*) to remember; (*beabsichtigen*) to intend

Gedenk- *zW*: **~feier** *f* commemoration; **~minute** *f* minute's silence; **~tag** *m* remembrance day

Gedicht [gə'dɪçt] (**-(e)s, -e**) *nt* poem

gediegen [gə'di:gən] *adj* (good) quality; (*Mensch*) reliable, honest

Gedränge [gə'drɛŋə] (**-s**) *nt* crush, crowd; **ins ~ kommen** (*fig*) to get into difficulties

gedrängt *adj* compressed; **~ voll** packed

gedrückt *adj* (*deprimiert*) low, depressed

gedrungen [gə'drʊŋən] *adj* thickset, stocky

Geduld [gə'dʊlt] *f* patience; **g~en** [gə'dʊldən] *vr* to be patient; **g~ig** *adj* patient, forbearing; **~sprobe** *f* trial of (one's) patience

gedurft [gə'dʊrft] *vb siehe* **dürfen**

geehrt [gə'e:rt] *adj*: **Sehr ~e Frau X!** Dear Mrs X

geeignet [gə''aɪgnət] *adj* suitable

Gefahr [gə'fa:r] (**-, -en**) *f* danger; **~ laufen, etw zu tun** to run the risk of doing sth; **auf eigene ~** at one's own risk

gefährden [gə'fɛ:rdən] *vt* to endanger

Gefahrenquelle *f* source of danger

Gefahrenzulage *f* danger money

gefährlich [gə'fɛ:rlɪç] *adj* dangerous

Gefährte [gə'fɛ:rtə] (**-n, -n**) *m* companion; (*Lebenspartner*) partner

Gefährtin *f* (female) companion; (*Lebenspartner*) (female) partner

Gefälle [gə'fɛlə] (**-s, -**) *nt* gradient, incline

Gefallen[1] [gə'falən] (**-s, -**) *m* favour

Gefallen[2] (**-s**) *nt* pleasure; **an etw** *dat* **Gefallen finden** to derive pleasure from sth

gefallen *pp von* **fallen** ♦ *vi*: **jdm ~** to please sb; **er/es gefällt mir** I like him/it; **das gefällt mir an ihm** that's one thing I like about him; **sich** *dat* **etw ~ lassen** to put up with sth

gefällig [gə'fɛlɪç] *adj* (*hilfsbereit*) obliging; (*erfreulich*) pleasant; **G~keit** *f* favour; helpfulness; **etw aus G~keit tun** to do sth out of the goodness of one's heart

gefälligst *adv* kindly

gefangen [gə'faŋən] *adj* captured; (*fig*) captivated; **G~e(r)** *m(f)* prisoner, captive; **~halten** (*unreg*) *vt* to keep prisoner; **G~nahme** *f* capture; **~nehmen** (*unreg*) *vt* to take prisoner; **G~schaft** *f* captivity

Gefängnis [gə'fɛŋnɪs] (**-ses, -se**) *nt* prison; **~strafe** *f* prison sentence; **~wärter** *m* prison warder; **~zelle** *f* prison cell

Gefäß [gə'fɛ:s] (**-es, -e**) *nt* vessel (*auch ANAT*), container

gefaßt [gə'fast] *adj* composed, calm; **auf etw** *akk* **~ sein** to be prepared *od* ready for sth

Gefecht [gə'fɛçt] (**-(e)s, -e**) *nt* fight; (*MIL*) engagement

Gefieder [gə'fi:dər] (**-s, -**) *nt* plumage, feathers *pl*

gefleckt [gə'flɛkt] *adj* spotted, mottled

geflogen [gə'flo:gən] *vb siehe* **fliegen**

geflossen [gə'flɔsən] *vb siehe* **fließen**

Geflügel [gə'fly:gəl] (**-s**) *nt* poultry

Gefolge [gə'fɔlgə] (**-s, -**) *nt* retinue

Gefolgschaft *f* following

gefragt [ge'fra:kt] *adj* in demand

gefräßig [gə'frɛ:sɪç] *adj* voracious

Gefreite(r) [gə'fraɪtə(r)] *m* lance corporal; (*NAUT*) able seaman; (*AVIAT*) aircraftman

gefrieren [gə'fri:rən] (*unreg*) *vi* to freeze

Gefrier- *zW*: **~fach** *nt* icebox;

~fleisch *nt* frozen meat; **g~-getrocknet** [-getrɔknət] *adj* freeze-dried; **~punkt** *m* freezing point; **~schutzmittel** *nt* antifreeze; **~truhe** *f* deep-freeze

gefroren [gə'fro:rən] *vb siehe* **frieren**

Gefühl [gə'fy:l] (**-(e)s, -e**) *nt* feeling; **etw im ~ haben** to have a feel for sth; **g~los** *adj* unfeeling

gefühls- *zW*: **~betont** *adj* emotional; **G~duselei** [-du:zə'lai] *f* oversentimentality; **~mäßig** *adj* instinctive

gefüllt [gə'fylt] *adj* (*KOCH*) stuffed

gefunden [gə'fundən] *vb siehe* **finden**

gegangen [gə'gaŋən] *vb siehe* **gehen**

gegeben [gə'gebən] *vb siehe* **geben** ♦ *adj* given, **zu ~er Zeit** in good time

gegebenenfalls [gə'ge:bənənfals] *adv* if need be

SCHLÜSSELWORT

gegen ['ge:gən] *präp +akk* **1** against, **nichts gegen jdn haben** to have nothing against sb; **X gegen Y** (*SPORT, JUR*) X versus Y; **ein Mittel gegen Schnupfen** something for colds

2 (*in Richtung auf*) towards; **gegen Osten** to(wards) the east; **gegen Abend** towards evening; **gegen einen Baum fahren** to drive into a tree

3 (*ungefähr*) round about; **gegen 3 Uhr** around 3 o'clock

4 (*gegenüber*) towards; (*ungefähr*) around; **gerecht gegen alle** fair to all

5 (*im Austausch für*) for; **gegen bar** for cash; **gegen Quittung** against a receipt

6 (*verglichen mit*) compared with

Gegenangriff *m* counter-attack

Gegenbeweis *m* counter-evidence

Gegend ['ge:gənt] (**-, -en**) *f* area, district

Gegen- *zW*: **g~ei'nander** *adv* against one another; **~fahrbahn** *f* oncoming carriageway; **~frage** *f* counter-question; **~gewicht** *nt* counterbalance; **~gift** *nt* antidote; **~leistung** *f* service in return; **~mittel** *nt* antidote, cure; **~satz** *m* contrast; **~sätze überbrücken** to overcome differences; **g~sätzlich** *adj* contrary, opposite; (*widersprüchlich*) contradictory; **g~seitig** *adj* mutual, reciprocal; **sich g~seitig helfen** to help each other; **~spieler** *m* opponent; **~stand** *m* object; **~stimme** *f* vote against; **~stoß** *m* counterblow; **~stück** *nt* counterpart; **~teil** *nt* opposite; **im ~teil** on the contrary; **g~teilig** *adj* opposite, contrary

gegenüber [ge:gən''y:bər] *präp +dat* opposite; (*zu*) to(wards); (*angesichts*) in the face of ♦ *adv* opposite; **G~** (**-s, -**) *nt* person opposite; **~liegen** (*unreg*) *vr* to face each other; **~stehen** (*unreg*) *vr* to be opposed (to each other); **~stellen** *vt* to confront; (*fig*) to contrast; **G~stellung** *f* confrontation; (*fig*) contrast; **~treten** (*unreg*) *vi +dat* to face

Gegen- *zW*: **~verkehr** *m* oncoming traffic; **~vorschlag** *m* counterproposal; **~wart** *f* present; **g~wärtig** *adj* present ♦ *adv* at present; **das ist mir nicht mehr g~wärtig** that has slipped my mind; **~wert** *m* equivalent; **~wind** *m* headwind; **g~zeichnen** *vt, vi* to countersign

gegessen [gə'gɛsən] *vb siehe* **essen**

Gegner ['ge:gnər] (**-s, -**) *m* opponent; **g~isch** *adj* opposing; **~schaft** *f* opposition

gegr. *abk* (= *gegründet*) est.

gegrillt [gə'grɪlt] *adj* grilled

Gehackte(s) [ge'haktə(s)] *nt* mince(d meat)

Gehalt[1] [gə'halt] (**-(e)s, -e**) *m* content

Gehalt[2] (**-(e)s, ¨er**) *nt* salary

Gehalts- *zW*: **~empfänger** *m* salary earner; **~erhöhung** *f* salary increase;

~**zulage** *f* salary increment
gehaltvoll *adj* (*nahrhaft*) nutritious
gehässig [gə'hɛsɪç] *adj* spiteful, nasty
Gehäuse [gə'hɔʏzə] (**-s, -**) *nt* case; casing; (*von Apfel etc*) core
Gehege [gə'heːgə] (**-s, -**) *nt* reserve; (*im Zoo*) enclosure
geheim [gə'haɪm] *adj* secret; **G~dienst** *m* secret service, intelligence service; ~**halten** (*unreg*) *vt* to keep secret; **G~nis** (**-ses, -se**) *nt* secret; mystery; ~**nisvoll** *adj* mysterious; **G~nummer** *f* (*TEL*) secret number; **G~polizei** *f* secret police
gehemmt [ge'hemt] *adj* inhibited, self-conscious
gehen ['geːən] (*unreg*) *vt, vi* to go; (*zu Fuß* ~) to walk ♦ *vb unpers*: **wie geht es (dir)?** how are you *od* things?; ~ **nach** (*Fenster*) to face; **mir/ihm geht es gut** I'm/he's (doing) fine; **geht das?** is that possible?; **geht's noch?** can you manage?; **es geht** not too bad, O.K.; **das geht nicht** that's not on; **es geht um etw** sth is concerned, it's about sth
gehenlassen (*unreg*) *vr* (*unbeherrscht sein*) to lose control (of o.s.) ♦ *vt* to let/leave alone; **laß mich gehen!** leave me alone!
geheuer [gə'hɔʏər] *adj*: **nicht** ~ eerie; (*fragwürdig*) dubious
Gehilfe [gə'hɪlfə] (**-n, -n**) *m* assistant
Gehilfin *f* assistant
Gehirn [gə'hɪrn] (**-(e)s, -e**) *nt* brain; ~**erschütterung** *f* concussion; ~**wäsche** *f* brainwashing
gehoben [gə'hoːbən] *pp of heben* ♦ *adj* (*Position*) elevated; high
geholfen *vb siehe* **helfen**
Gehör [gə'høːr] (**-(e)s**) *nt* hearing; **musikalisches** ~ ear; ~ **finden** to gain a hearing; **jdm** ~ **schenken** to give sb a hearing
gehorchen [gə'hɔrçən] *vi +dat* to obey
gehören [gə'høːrən] *vi* to belong ♦ *vr unpers* to be right *od* proper
gehörig *adj* proper; ~ **zu** *od +dat* belonging to; part of
gehorsam [gə'hoːrzaːm] *adj* obedient; **G~** (**-s**) *m* obedience
Gehsteig ['geːʃtaɪk] *m* pavement, sidewalk (*US*)
Gehweg ['geːveːk] *m* pavement, sidewalk (*US*)
Geier ['gaɪər] (**-s, -**) *m* vulture
Geige ['gaɪgə] *f* violin
Geiger (**-s, -**) *m* violinist
Geigerzähler *m* geiger counter
geil [gaɪl] *adj* randy (*BRIT*), horny (*US*)
Geisel ['gaɪzəl] (**-, -n**) *f* hostage
Geist [gaɪst] (**-(e)s, -er**) *m* spirit; (*Gespenst*) ghost; (*Verstand*) mind
geisterhaft *adj* ghostly
Geistes- *zW*: **g~abwesend** *adj* absent-minded; ~**blitz** *m* brainwave; ~**gegenwart** *f* presence of mind; **g~krank** *adj* mentally ill; ~**kranke(r)** *mf* mentally ill person; ~**krankheit** *f* mental illness; ~**wissenschaften** *pl* the arts; ~**zustand** *m* state of mind
geist- *zW*: ~**ig** *adj* intellectual; mental; (*Getränke*) alcoholic; ~**ig behindert** mentally handicapped; ~**lich** *adj* spiritual, religious; clerical; **G~liche(r)** *m* clergyman; **G~lichkeit** *f* clergy; ~**los** *adj* uninspired, dull; ~**reich** *adj* clever; witty; ~**voll** *adj* intellectual; (*weise*) wise
Geiz [gaɪts] (**-es**) *m* miserliness, meanness; **g~en** *vi* to be miserly; ~**hals** *m* miser; **g~ig** *adj* miserly, mean; ~**kragen** *m* miser
gekannt [gə'kant] *vb siehe* **kennen**
geknickt [gə'knɪkt] *adj* (*fig*) dejected
gekonnt [gə'kɔnt] *adj* skilful ♦ *vb siehe* **können**
Gekritzel [gə'krɪtsəl] (**-s**) *nt* scrawl, scribble
gekünstelt [ge'kʏnstəlt] *adj* artificial, affected
Gel [geːl] (**-s, -e**) *nt* gel
Gelächter [gə'lɛçtər] (**-s, -**) *nt* laughter

geladen [ge'la:dən] *adj* loaded; (*ELEK*) live; (*fig*) furious
Gelage [gə'la:gə] (**-s, -**) *nt* banquet
gelähmt [gə'lɛ:mt] *adj* paralysed
Gelände [gə'lɛndə] (**-s, -**) *nt* land, terrain; (*von Fabrik, Sport~*) grounds *pl*; (*Bau~*) site; **~lauf** *m* cross-country race
Geländer [gə'lɛndər] (**-s, -**) *nt* railing; (*Treppen~*) banister(s)
gelangen [gə'laŋən] *vi*: **~ (an** *+akk od* **zu)** to reach; (*erwerben*) to attain; **in jds Besitz** (*akk*) ~ to come into sb's possession
gelangweilt [gə'laŋvaɪlt] *adj* bored
gelassen [gə'lasən] *adj* calm, composed; **G~heit** *f* calmness, composure
Gelatine [ʒela'ti:nə] *f* gelatine
geläufig [gə'lɔʏfɪç] *adj* (*üblich*) common; **das ist mir nicht ~** I'm not familiar with that
gelaunt [gə'laʊnt] *adj*: **schlecht/gut ~** in a bad/good mood; **wie ist er ~?** what sort of mood is he in?
gelb [gɛlp] *adj* yellow; (*Ampellicht*) amber; **~lich** *adj* yellowish; **G~sucht** *f* jaundice
Geld [gɛlt] (**-(e)s, -er**) *nt* money; **etw zu ~ machen** to sell sth off; **~anlage** *f* investment; **~automat** *m* cash dispenser; **~beutel** *m* purse; **~börse** *f* purse; **~geber** (**-s, -**) *m* financial backer; **g~gierig** *adj* avaricious; **~schein** *m* banknote; **~schrank** *m* safe, strongbox; **~strafe** *f* fine; **~stück** *nt* coin; **~wechsel** *m* exchange (of money)
Gelee [ʒe'le:] (**-s, -s**) *nt od m* jelly
gelegen [gə'le:gən] *adj* situated; (*passend*) convenient, opportune ♦ *vb siehe* **liegen**; **etw kommt jdm ~** sth is convenient for sb
Gelegenheit [gə'le:gənhaɪt] *f* opportunity; (*Anlaß*) occasion; **bei jeder ~** at every opportunity; **~sarbeit** *f* casual work; **~skauf** *m* bargain
gelegentlich [gə'le:gəntlɪç] *adj* occasional ♦ *adv* occasionally; (*bei Gelegenheit*) some time (or other) ♦ *präp +gen* on the occasion of
gelehrt [gə'le:rt] *adj* learned; **G~e(r)** *mf* scholar; **G~heit** *f* scholarliness
Geleise [gə'laɪzə] (**-s, -**) *nt* = **Gleis**
Geleit [gə'laɪt] (**-(e)s, -e**) *nt* escort; **g~en** *vt* to escort
Gelenk [gə'lɛŋk] (**-(e)s, -e**) *nt* joint; **g~ig** *adj* supple
gelernt [gə'lɛrnt] *adj* skilled
Geliebte(r) [gə'li:ptə(r)] *mf* sweetheart, beloved
geliehen *vb siehe* **leihen**
gelind(e) [gə'lɪnt, gə'lɪndə] *adj* mild, light; (*fig*: *Wut*) fierce; **gelinde gesagt** to put it mildly
gelingen [gə'lɪŋən] (*unreg*) *vi* to succeed; **es ist mir gelungen, etw zu tun** I succeeded in doing sth
gell [gɛl] *excl* isn't it?; aren't you? *etc*
geloben [gə'lo:bən] *vt, vi* to vow, to swear
gelten ['gɛltən] (*unreg*) *vt* (*wert sein*) to be worth ♦ *vi* (*gültig sein*) to be valid; (*erlaubt sein*) to be allowed ♦ *vb unpers*: **es gilt, etw zu tun** it is necessary to do sth; **jdm viel/wenig ~** to mean a lot/not to mean much to sb; **was gilt die Wette?** what do you bet?; **jdm ~** (*gemünzt sein auf*) to be meant for *od* aimed at sb; **etw ~ lassen** to accept sth; **als** *od* **für etw ~** to be considered to be sth; **jdm** *od* **für jdn ~** (*betreffen*) to apply to *od* for sb; **~d** *adj* prevailing; **etw ~d machen** to assert sth; **sich ~d machen** to make itself/o.s. felt
Geltung ['gɛltʊŋ] *f*: **~ haben** to have validity; **sich/etw** *dat* **~ verschaffen** to establish one's position/the position of sth; **etw zur ~ bringen** to show sth to its best advantage; **zur ~ kommen** to be seen/heard *etc* to its best advantage
Geltungsbedürfnis *nt* desire for admiration
Gelübde [gə'lʏpdə] (**-s, -**) *nt* vow
gelungen [gə'lʊŋən] *adj* successful
gemächlich [gə'mɛ:çlɪç] *adj* leisurely
Gemahl [gə'ma:l] (**-(e)s, -e**) *m* hus-

band; **~in** *f* wife

Gemälde [gə'mɛ:ldə] (**-s, -**) *nt* picture, painting

gemäß [gə'mɛ:s] *präp +dat* in accordance with ♦ *adj (+dat)* appropriate (to)

gemäßigt *adj* moderate; (*Klima*) temperate

gemein [gə'maɪn] *adj* common; (*niederträchtig*) mean; **etw ~ haben (mit)** to have sth in common (with)

Gemeinde [gə'maɪndə] *f* district, community; (*Pfarr~*) parish; (*Kirchen~*) congregation; **~steuer** *f* local rates *pl*; **~verwaltung** *f* local administration; **~wahl** *f* local election

Gemein- *zW*: **g~gefährlich** *adj* dangerous to the public; **~heit** *f* commonness; mean thing to do/to say; **~platz** *m* commonplace, platitude; **g~sam** *adj* joint, common (*auch MATH*) ♦ *adv* together, jointly; **g~same Sache mit jdm machen** to be in cahoots with sb; **etw g~sam haben** to have sth in common; **~samkeit** *f* community, having in common; **~schaft** *f* community; **in ~schaft mit** jointly *od* together with; **g~schaftlich** *adj* = **gemeinsam**; **~schaftsarbeit** *f* teamwork; team effort; **~sinn** *m* public spirit

Gemenge [gə'mɛŋə] (**-s, -**) *nt* mixture; (*Hand~*) scuffle

gemessen [gə'mɛsən] *adj* measured

Gemetzel [gə'mɛtsəl] (**-s, -**) *nt* slaughter, carnage, butchery

Gemisch [gə'mɪʃ] (**-es, -e**) *nt* mixture; **g~t** *adj* mixed

gemocht [gə'mɔxt] *vb siehe* **mögen**

Gemse ['gɛmzə] *f* chamois

Gemurmel [gə'mʊrməl] (**-s**) *nt* murmur(ing)

Gemüse [gə'my:zə] (**-s, -**) *nt* vegetables *pl*; **~garten** *m* vegetable garden; **~händler** *m* greengrocer

gemußt *vb siehe* **müssen**

gemustert [gə'mʊstərt] *adj* patterned

Gemüt [gə'my:t] (**-(e)s, -er**) *nt* disposition, nature; person; **sich** *dat* **etw zu ~e führen** (*umg*) to indulge in sth; **die ~er erregen** to arouse strong feelings; **g~lich** *adj* comfortable, cosy; (*Person*) good-natured; **~lichkeit** *f* comfortableness, cosiness; amiability

Gemüts- *zW*: **~mensch** *m* sentimental person; **~ruhe** *f* composure; **~zustand** *m* state of mind

gemütvoll *adj* warm, tender

Gen [ge:n] (**-s, -e**) *nt* gene

genannt [gə'nant] *vb siehe* **nennen**

genau [gə'naʊ] *adj* exact, precise ♦ *adv* exactly, precisely; **etw ~ nehmen** to take sth seriously; **~genommen** *adv* strictly speaking; **G~igkeit** *f* exactness, accuracy; **~so** *adv* just the same; **~so gut** just as good

genehm [gə'ne:m] *adj* agreeable, acceptable; **~igen** *vt* to approve, to authorize; **sich** *dat* **etw ~igen** to indulge in sth; **G~igung** *f* approval, authorization; (*Schriftstück*) permit

General [gene'ra:l] (**-s, -e** *od* **¨e**) *m* general; **~direktor** *m* director general; **~konsulat** *nt* consulate general; **~probe** *f* dress rehearsal; **~streik** *m* general strike; **g~überholen** *vt* to overhaul thoroughly; **~versammlung** *f* general meeting

Generation [generatsi'o:n] *f* generation

Generator [gene'ra:tɔr] *m* generator, dynamo

generell [genə'rɛl] *adj* general

genesen [gə'ne:zən] (*unreg*) *vi* to convalesce, to recover

Genesung *f* recovery, convalescence

genetisch [ge'ne:tɪʃ] *adj* genetic

Genf [genf] *nt* (*GEOG*) Geneva; **der ~er See** Lake Geneva

genial [geni'a:l] *adj* brilliant

Genick [gə'nɪk] (**-(e)s, -e**) *nt* (back of the) neck

Genie [ʒe'ni:] (**-s, -s**) *nt* genius

genieren [ʒe'ni:rən] *vt* to bother ♦ *vr* to feel awkward *od* self-conscious; **geniert es Sie, wenn ...?** do you mind if ...?

genießbar *adj* edible; drinkable

genießen [gə'ni:sən] (*unreg*) *vt* to enjoy; to eat; to drink

Genießer (-s, -) *m* epicure; pleasure lover; **g~isch** *adj* appreciative ♦ *adv* with relish

genommen [gə'nɔmən] *vb siehe* **nehmen**

Genosse [gə'nɔsə] (-n, -n) *m* (*bes POL*) comrade, companion; **~nschaft** *f* cooperative (association)

Genossin *f* (*bes POL*) comrade, companion

Gentechnik ['ge:nteçnɪk] *f* genetic engineering

genug [gə'nu:k] *adv* enough

Genüge [gə'ny:gə] *f*: **jdm/etw ~ tun** *od* **leisten** to satisfy sb/sth; **g~n** *vi (+dat)* to be enough (for); **g~nd** *adj* sufficient

genügsam [gə'ny:kza:m] *adj* modest, easily satisfied; **G~keit** *f* undemandingness

Genugtuung [gə'nu:ktu:ʊŋ] *f* satisfaction

Genuß [gə'nʊs] (-sses, -sse) *m* pleasure; (*Zusichnehmen*) consumption; **in den ~ von etw kommen** to receive the benefit of sth

genüßlich [gə'nʏslɪç] *adv* with relish

Genußmittel *pl* (semi-)luxury items

geöffnet [gə'œfnət] *adj* open

Geograph [geo'gra:f] (-en, -en) *m* geographer; **Geogra'phie** *f* geography; **g~isch** *adj* geographical

Geologe [geo'lo:gə] (-n, -n) *m* geologist; **Geolo'gie** *f* geology

Geometrie [geome'tri:] *f* geometry

Gepäck [gə'pɛk] (-(e)s) *nt* luggage, baggage; **~abfertigung** *f* luggage office; **~annahme** *f* luggage office; **~aufbewahrung** *f* left-luggage office (*BRIT*), baggage check (*US*); **~aufgabe** *f* luggage office; **~ausgabe** *f* luggage office; **~netz** *nt* luggage-rack; **~träger** *m* porter; (*Fahrrad*) carrier; **~wagen** *m* luggage van (*BRIT*), baggage car (*US*)

gepflegt [gə'pfle:kt] *adj* well-groomed; (*Park etc*) well looked after

SCHLÜSSELWORT

gerade [gə'ra:də] *adj* straight; (*aufrecht*) upright; **eine gerade Zahl** an even number

♦ *adv* **1** (*genau*) just, exactly; (*speziell*) especially; **gerade deshalb** that's just *od* exactly why; **das ist es ja gerade!** that's just it!; **gerade du** you especially; **warum gerade ich?** why me (of all people)?; **jetzt gerade nicht!** not now!; **gerade neben** right next to

2 (*eben, soeben*) just; **er wollte gerade aufstehen** he was just about to get up; **gerade erst** only just; **gerade noch** (only) just

Gerade *f* straight line; **g~'aus** *adv* straight ahead; **g~he'raus** *adv* straight out, bluntly; **g~stehen** (*unreg*) *vi*: **für jdn/etw g~stehen** to be answerable for sb('s actions)/sth; **g~wegs** *adv* direct, straight; **g~zu** *adv* (*beinahe*) virtually, almost

gerannt [gə'rant] *vb siehe* **rennen**

Gerät [gə'rɛ:t] (-(e)s, -e) *nt* device; (*Werkzeug*) tool; (*SPORT*) apparatus; (*Zubehör*) equipment *no pl*

geraten [gə'ra:tən] (*unreg*) *vi* (*gedeihen*) to thrive; (*gelingen*): **(jdm) ~** to turn out well (for sb); **gut/schlecht ~** to turn out well/badly; **an jdn ~** to come across sb; **in etw** *akk* **~** to get into sth; **in Angst ~** to get frightened; **nach jdm ~** to take after sb

Geratewohl [gəra:tə'vo:l] *nt*: **aufs ~** on the off chance; (*bei Wahl*) at random

geräuchert [gə'rɔʏçərt] *adj* smoked

geräumig [gə'rɔʏmɪç] *adj* roomy

Geräusch [gə'rɔʏʃ] (-(e)s, -e) *nt* sound, noise; **g~los** *adj* silent

gerben ['gɛrbən] *vt* to tan

gerecht [gə'rɛçt] *adj* just, fair; **jdm/etw ~ werden** to do justice to sb/sth; **G~igkeit** *f* justice, fairness

Gerede [gə're:də] (-s) *nt* talk, gossip

geregelt [gə're:gəlt] *adj* (*Arbeit*) steady, regular; (*Mahlzeiten*) regular, set

gereizt [gə'raɪtst] *adj* irritable; **G~heit** *f* irritation

Gericht [gə'rɪçt] (**-(e)s, -e**) *nt* court; (*Essen*) dish; **mit jdm ins ~ gehen** (*fig*) to judge sb harshly; **das Jüngste ~** the Last Judgement; **g~lich** *adj* judicial, legal ♦ *adv* judicially, legally

Gerichts- *zW*: **~barkeit** *f* jurisdiction; **~hof** *m* court (of law); **~kosten** *pl* (legal) costs; **~saal** *m* courtroom; **~verfahren** *nt* legal proceedings *pl*; **~verhandlung** *f* trial; **~vollzieher** *m* bailiff

gerieben [gə'ri:bən] *adj* grated; (*umg*: *schlau*) smart, wily ♦ *vb siehe* **reiben**

gering [gə'rɪŋ] *adj* slight, small; (*niedrig*) low; (*Zeit*) short; **~fügig** *adj* slight, trivial; **~schätzig** *adj* disparaging

geringste(r, s) *adj* slightest, least; **~nfalls** *adv* at the very least

gerinnen [gə'rɪnən] (*unreg*) *vi* to congeal; (*Blut*) to clot; (*Milch*) to curdle

Gerippe [gə'rɪpə] (**-s, -**) *nt* skeleton

gerissen [gə'rɪsən] *adj* wily, smart

geritten [gə'rɪtən] *vb siehe* **reiten**

gern(e) ['gɛrn(ə)] *adv* willingly, gladly; **~(e) haben, ~(e) mögen** to like; **etwas ~(e) tun** to like doing something; **ich möchte ~(e) ...** I'd like ...; **ja, ~(e)** yes, please; yes, I'd like to; **~(e) geschehen** it's a pleasure

gerochen [gə'rɔxən] *vb siehe* **riechen**

Geröll [gə'rœl] (**-(e)s, -e**) *nt* scree

Gerste ['gɛrstə] *f* barley; **~nkorn** *nt* (*im Auge*) stye

Geruch [gə'rʊx] (**-(e)s, ¨e**) *m* smell, odour; **g~los** *adj* odourless

Gerücht [gə'rʏçt] (**-(e)s, -e**) *nt* rumour

geruhen [gə'ru:ən] *vi* to deign

geruhsam *adj* (*Leben*) peaceful; (*Nacht, Zeit*) peaceful, restful; (*langsam*: *Arbeitsweise, Spaziergang*) leisurely

Gerümpel [gə'rʏmpəl] (**-s**) *nt* junk

Gerüst [gə'rʏst] (**-(e)s, -e**) *nt* (*Bau~*) scaffold(ing); frame

gesalzen [gə'zaltsən] *pp von* **salzen** ♦ *adj* (*umg*: *Preis, Rechnung*) steep

gesamt [gə'zamt] *adj* whole, entire; (*Kosten*) total; (*Werke*) complete; **im ~en** all in all; **~deutsch** *adj* all-German; **G~eindruck** *m* general impression; **G~heit** *f* totality, whole; **G~schule** *f* ≈ comprehensive school

gesandt [gə'zant] *vb siehe* **senden**

Gesandte(r) *m* envoy

Gesandtschaft [gə'zantʃaft] *f* legation

Gesang [gə'zaŋ] (**-(e)s, ¨e**) *m* song; (*Singen*) singing; **~buch** *nt* (*REL*) hymn book

Gesangverein *m* choral society

Gesäß [gə'zɛ:s] (**-es, -e**) *nt* seat, bottom

Geschäft [gə'ʃɛft] (**-(e)s, -e**) *nt* business; (*Laden*) shop; (*~sabschluß*) deal; **g~ig** *adj* active, busy; (*pej*) officious; **g~lich** *adj* commercial ♦ *adv* on business

Geschäfts- *zW*: **~bericht** *m* financial report; **~führer** *m* manager; (*Klub*) secretary; **~geheimnis** *nt* trade secret; **~jahr** *nt* financial year; **~lage** *f* business conditions *pl*; **~mann** *m* businessman; **g~mäßig** *adj* businesslike; **~partner** *m* business partner; **~reise** *f* business trip; **~schluß** *m* closing time; **~stelle** *f* office, place of business; **g~tüchtig** *adj* business-minded; **G~viertel** *nt* business quarter; shopping centre; **~wagen** *m* company car; **~zeit** *f* business hours

geschehen [gə'ʃe:ən] (*unreg*) *vi* to happen; **es war um ihn ~** that was the end of him

gescheit [gə'ʃaɪt] *adj* clever

Geschenk [gə'ʃɛŋk] (**-(e)s, -e**) *nt* present, gift

Geschichte [gə'ʃɪçtə] *f* story;

(*Sache*) affair; (*Historie*) history
geschichtlich *adj* historical
Geschick [gə'ʃɪk] (**-(e)s, -e**) *nt* aptitude; (*Schicksal*) fate; **~lichkeit** *f* skill, dexterity; **g~t** *adj* skilful
geschieden [gə'ʃi:dən] *adj* divorced
geschienen [gə'ʃi:nən] *vb siehe* **scheinen**
Geschirr [gə'ʃɪr] (**-(e)s, -e**) *nt* crockery; pots and pans *pl*; (*Pferde~*) harness; **~spülmaschine** *f* dishwasher; **~tuch** *nt* dish cloth
Geschlecht [gə'ʃlɛçt] (**-(e)s, -er**) *nt* sex; (*GRAM*) gender; (*Gattung*) race; family; **g~lich** *adj* sexual
Geschlechts- *zW*: **~krankheit** *f* venereal disease; **~teil** *nt* genitals *pl*; **~verkehr** *m* sexual intercourse
geschlossen [gə'ʃlɔsən] *adj* shut ♦ *vb siehe* **schließen**
Geschmack [gə'ʃmak] (**-(e)s, ¨e**) *m* taste; **nach jds ~** to sb's taste; **~ finden an etw** *dat* to (come to) like sth; **g~los** *adj* tasteless; (*fig*) in bad taste; **~(s)sache** *f* matter of taste; **~ssinn** *m* sense of taste; **g~voll** *adj* tasteful
geschmeidig [gə'ʃmaɪdɪç] *adj* supple; (*formbar*) malleable
Geschnetzelte(s) [gə'ʃnɛtsəltə(s)] *nt* (*KOCH*) *strips of meat stewed to produce a thick sauce*
geschnitten [gə'ʃnɪtən] *vb siehe* **schneiden**
Geschöpf [gə'ʃœpf] (**-(e)s, -e**) *nt* creature
Geschoß [gə'ʃɔs] (**-sses, -sse**) *nt* (*MIL*) projectile, missile; (*Stockwerk*) floor
geschossen *vb siehe* **schießen**
geschraubt [gə'ʃraʊpt] *adj* stilted, artificial
Geschrei [gə'ʃraɪ] (**-s**) *nt* cries *pl*, shouting; (*fig*: *Aufheben*) noise, fuss
geschrieben [gə'ʃri:bən] *vb siehe* **schreiben**
Geschütz [gə'ʃʏts] (**-es, -e**) *nt* gun, cannon; **ein schweres ~ auffahren** (*fig*) to bring out the big guns; **~feuer** *nt* artillery fire, gunfire
geschützt *adj* protected
Geschw. *abk siehe* **Geschwister**
Geschwafel [gə'ʃva:fəl] (**-s**) *nt* silly talk
Geschwätz [gə'ʃvɛts] (**-es**) *nt* chatter, gossip; **g~ig** *adj* talkative
geschweige [gə'ʃvaɪgə] *adv*: **~ (denn)** let alone, not to mention
geschwind [gə'ʃvɪnt] *adj* quick, swift; **G~igkeit** [-dɪçkaɪt] *f* speed, velocity; **G~igkeitsbeschränkung** *f* speed limit; **G~igkeitsüberschreitung** *f* exceeding the speed limit
Geschwister [gə'ʃvɪstər] *pl* brothers and sisters
geschwollen [gə'ʃvɔlən] *adj* pompous
geschwommen [gə'ʃvɔmən] *vb siehe* **schwimmen**
Geschworene(r) [gə'ʃvo:rənə(r)] *mf* juror, **~n** *pl* jury
Geschwulst [gə'ʃvʊlst] (**-, ¨e**) *f* swelling; growth, tumour
geschwungen [gə'ʃvʊŋən] *pp von* **schwingen** ♦ *adj* curved, arched
Geschwür [gə'ʃvy:r] (**-(e)s, -e**) *nt* ulcer
Gesell- [gə'zɛl] *zW*: **~e** (**-n, -n**) *m* fellow; (*Handwerk~*) journeyman; **g~ig** *adj* sociable; **~igkeit** *f* sociability; **~schaft** *f* society; (*Begleitung, COMM*) company; (*Abendgesellschaft etc*) party; **g~schaftlich** *adj* social; **~schaftsordnung** *f* social structure; **~schaftsschicht** *f* social stratum; **~schaftsspiel** *nt* party game
gesessen [gə'zɛsən] *vb siehe* **sitzen**
Gesetz [gə'zɛts] (**-es, -e**) *nt* law; **~buch** *nt* statute book; **~gebung** *f* legislation; **g~lich** *adj* legal, lawful; **g~licher Feiertag** *m* statutory holiday; **g~los** *adj* lawless; **g~mäßig** *adj* lawful; **g~t** *adj* (*Mensch*) sedate; **g~widrig** *adj* illegal, unlawful
Gesicht [gə'zɪçt] (**-(e)s, -er**) *nt* face; **das zweite ~** second sight; **das ist mir nie zu ~ gekommen** I've never laid eyes on that
Gesichts- *zW*: **~ausdruck** *m* (facial)

expression; **~farbe** *f* complexion; **~punkt** *m* point of view; **~züge** *pl* features

Gesindel [gə'zɪndəl] (**-s**) *nt* rabble

gesinnt [gə'zɪnt] *adj* disposed, minded

Gesinnung [gə'zɪnʊŋ] *f* disposition; (*Ansicht*) views *pl*

gesittet [gə'zɪtət] *adj* well-mannered

Gespann [gə'ʃpan] (**-(e)s, -e**) *nt* team; (*umg*) couple

gespannt *adj* tense, strained; (*begierig*) eager; **ich bin ~, ob** I wonder if *od* whether; **auf etw/jdn ~ sein** to look forward to sth/meeting sb

Gespenst [gə'ʃpɛnst] (**-(e)s, -er**) *nt* ghost, spectre

gesperrt [gə'ʃpɛrt] *adj* closed off

Gespött [gə'ʃpœt] (**-(e)s**) *nt* mockery; **zum ~ werden** to become a laughing stock

Gespräch [gə'ʃprɛ:ç] (**-(e)s, -e**) *nt* conversation; discussion(s); (*Anruf*) call; **g~ig** *adj* talkative

gesprochen [gə'ʃprɔxən] *vb siehe* **sprechen**

gesprungen [gə'ʃprʊŋən] *vb siehe* **springen**

Gespür [gə'ʃpy:r] (**-s**) *nt* feeling

Gestalt [gə'ʃtalt] (**-, -en**) *f* form, shape; (*Person*) figure; **in ~ von** in the form of; **~ annehmen** to take shape; **g~en** *vt* (*formen*) to shape, to form; (*organisieren*) to arrange, to organize ♦ *vr*: **sich g~en (zu)** to turn out (to be); **~ung** *f* formation; organization

gestanden [gə'ʃtandən] *vb siehe* **stehen**

Geständnis [gə'ʃtɛntnɪs] (**-ses, -se**) *nt* confession

Gestank [gə'ʃtaŋk] (**-(e)s**) *m* stench

gestatten [gə'ʃtatən] *vt* to permit, to allow; **~ Sie?** may I?; **sich** *dat* **~, etw zu tun** to take the liberty of doing sth

Geste ['gɛstə] *f* gesture

gestehen [gə'ʃte:ən] (*unreg*) *vt* to confess

Gestein [gə'ʃtaɪn] (**-(e)s, -e**) *nt* rock

Gestell [gə'ʃtɛl] (**-(e)s, -e**) *nt* frame; (*Regal*) rack, stand

gestern ['gɛstərn] *adv* yesterday; **~ abend/morgen** yesterday evening/morning

Gestirn [gə'ʃtɪrn] (**-(e)s, -e**) *nt* star; (*Sternbild*) constellation

gestohlen [gə'ʃto:lən] *vb siehe* **stehlen**

gestorben [gə'ʃtɔrbən] *vb siehe* **sterben**

gestört [gə'ʃtø:rt] *adj* disturbed

gestreift [gə'ʃtraɪft] *adj* striped

gestrichen [gə'ʃtrɪçən] *adj* cancelled

gestrig ['gɛstrɪç] *adj* yesterday's

Gestrüpp [gə'ʃtrʏp] (**-(e)s, -e**) *nt* undergrowth

Gestüt [gə'ʃty:t] (**-(e)s, -e**) *nt* stud farm

Gesuch [gə'zu:x] (**-(e)s, -e**) *nt* petition; (*Antrag*) application; **g~t** *adj* (*COMM*) in demand; wanted; (*fig*) contrived

gesund [gə'zʊnt] *adj* healthy; **wieder ~ werden** to get better; **G~heit** *f* health(iness); **G~heit!** bless you!; **~heitlich** *adj* health *attrib*, physical ♦ *adv*: **wie geht es Ihnen ~heitlich?** how's your health?; **~heitsschädlich** *adj* unhealthy; **G~heitswesen** *nt* health service; **G~heitszustand** *m* state of health

gesungen [gə'zʊŋən] *vb siehe* **singen**

getan [gə'ta:n] *vb siehe* **tun**

Getöse [gə'tø:zə] (**-s**) *nt* din, racket

Getränk [gə'trɛŋk] (**-(e)s, -e**) *nt* drink; **~ekarte** *f* wine list

getrauen [gə'traʊən] *vr* to dare, to venture

Getreide [gə'traɪdə] (**-s, -**) *nt* cereals *pl*, grain; **~speicher** *m* granary

getrennt [gə'trɛnt] *adj* separate

Getriebe [gə'tri:bə] (**-s, -**) *nt* (*Leute*) bustle; (*AUT*) gearbox

getrieben *vb siehe* **treiben**

getroffen [gə'trɔfən] *vb siehe* **treffen**

getrost [gə'tro:st] *adv* without any bother
getrunken [gə'trʊŋkən] *vb siehe* **trinken**
Getue [gə'tu:ə] (-s) *nt* fuss
geübt [gə''y:pt] *adj* experienced
Gewächs [gə'vɛks] (-es, -e) *nt* growth; (*Pflanze*) plant
gewachsen [gə'vaksən] *adj*: **jdm/etw ~ sein** to be sb's equal/equal to sth
Gewächshaus *nt* greenhouse
gewagt [gə'va:kt] *adj* daring, risky
gewählt [gə'vɛ:lt] *adj* (*Sprache*) refined, elegant
Gewähr [gə'vɛ:r] (-) *f* guarantee; **keine ~ übernehmen für** to accept no responsibility for; **g~en** *vt* to grant; (*geben*) to provide; **g~leisten** *vt* to guarantee
Gewahrsam [gə'va:rza:m] (-s, -e) *m* safekeeping; (*Polizei~*) custody
Gewährsmann *m* informant, source
Gewalt [gə'valt] (-, -en) *f* power; (*große Kraft*) force; (*~taten*) violence; **mit aller ~** with all one's might; **~anwendung** *f* use of force; **g~ig** *adj* tremendous; (*Irrtum*) huge; **~marsch** *m* forced march; **g~sam** *adj* forcible; **g~tätig** *adj* violent
Gewand [gə'vant] (-(e)s, ¨er) *nt* gown, robe
gewandt [gə'vant] *adj* deft, skilful; (*erfahren*) experienced; **G~heit** *f* dexterity, skill
gewann *etc vb siehe* **gewinnen**
Gewässer [gə'vɛsər] (-s, -) *nt* waters *pl*
Gewebe [gə've:bə] (-s, -) *nt* (*Stoff*) fabric; (*BIOL*) tissue
Gewehr [gə've:r] (-(e)s, -e) *nt* gun; rifle; **~lauf** *m* rifle barrel
Geweih [gə'vaɪ] (-(e)s, -e) *nt* antlers *pl*
Gewerb- [gə'vɛrb] *zW*: **~e** (-s, -) *nt* trade, occupation; **Handel und ~e** trade and industry; **~eschule** *f* technical school; **~szweig** *m* line of trade
Gewerkschaft [gə'vɛrkʃaft] *f* trade union; **~ler** (-s, -) *m* trade unionist; **~sbund** *m* trade unions federation
gewesen [gə've:zən] *pp von* **sein**
Gewicht [gə'vɪçt] (-(e)s, -e) *nt* weight; (*fig*) importance
gewieft [gə'vi:ft] *adj* shrewd, cunning
gewillt [gə'vɪlt] *adj* willing, prepared
Gewimmel [gə'vɪməl] (-s) *nt* swarm
Gewinde [gə'vɪndə] (-s, -) *nt* (*Kranz*) wreath; (*von Schraube*) thread
Gewinn [gə'vɪn] (-(e)s, -e) *m* profit; (*bei Spiel*) winnings *pl*; **etw mit ~ verkaufen** to sell sth at a profit; **~- und Verlustrechnung** (*COMM*) profit and loss account; **~beteiligung** *f* profit-sharing; **g~bringend** *adj* profitable; **g~en** (*unreg*) *vt* to win; (*erwerben*) to gain; (*Kohle, Öl*) to extract ♦ *vi* to win; (*profitieren*) to gain; **an etw** *dat* **g~en** to gain (in) sth; **g~end** *adj* (*Lächeln, Aussehen*) winning, charming; **~er(in)** (-s, -) *m(f)* winner; **~spanne** *f* profit margin; **~ung** *f* winning; gaining; (*von Kohle etc*) extraction
Gewirr [gə'vɪr] (-(e)s, -e) *nt* tangle; (*von Straßen*) maze
gewiß [gə'vɪs] *adj* certain ♦ *adv* certainly
Gewissen [gə'vɪsən] (-s, -) *nt* conscience; **g~haft** *adj* conscientious; **g~los** *adj* unscrupulous
Gewissens- *zW*: **~bisse** *pl* pangs of conscience, qualms; **~frage** *f* matter of conscience; **~freiheit** *f* freedom of conscience; **~konflikt** *m* moral conflict
gewissermaßen [gəvɪsər'ma:sən] *adv* more or less, in a way
Gewißheit [gə'vɪshaɪt] *f* certainty
Gewitter [gə'vɪtər] (-s, -) *nt* thunderstorm; **g~n** *vi unpers*: **es g~t** there's a thunderstorm
gewitzt [gə'vɪtst] *adj* shrewd, cunning
gewogen [gə'vo:gən] *adj* (*+dat*) well-disposed (towards)

gewöhnen [gə'vø:nən] *vt*: **jdn an etw** *akk* ~ to accustom sb to sth; (*erziehen zu*) to teach sb sth: **sich an etw** *akk* ~ to get used *od* accustomed to sth

Gewohnheit [gə'vo:nhaɪt] *f* habit; (*Brauch*) custom; **aus** ~ from habit; **zur** ~ **werden** to become a habit

Gewohnheitsmensch *m* creature of habit

Gewohnheitsrecht *nt* common law

gewöhnlich [gə'vø:nlɪç] *adj* usual; ordinary; (*pej*) common; **wie** ~ as usual

gewohnt [gə'vo:nt] *adj* usual; **etw** ~ **sein** to be used to sth

Gewöhnung *f*: ~ **(an** +*akk*) getting accustomed (to)

Gewölbe [gə'vœlbə] (**-s, -**) *nt* vault

gewollt *adj* affected, artificial

gewonnen [gə'vɔnən] *vb siehe* **gewinnen**

geworden [gə'vɔrdən] *vb siehe* **werden**

geworfen [gə'vɔrfən] *vb siehe* **werfen**

Gewühl [gə'vy:l] (**-(e)s**) *nt* throng

Gewürz [gə'vʏrts] (**-es, -e**) *nt* spice, seasoning; **~nelke** *f* clove; **g~t** *adj* spiced

gewußt [gə'vʊst] *vb siehe* **wissen**

Gezeiten [gə'tsaɪtən] *pl* tides

gezielt [gə'tsi:lt] *adj* with a particular aim in mind, purposeful; (*Kritik*) pointed

geziert [gə'tsi:rt] *adj* affected

gezogen [gə'tso:gən] *vb siehe* **ziehen**

Gezwitscher [gə'tsvɪtʃər] (**-s**) *nt* twitter(ing), chirping

gezwungen [gə'tsvʊŋən] *adj* forced; **~ermaßen** *adv* of necessity

ggf. *abk von* **gegebenenfalls**

gibst *etc vb siehe* **geben**

Gicht [gɪçt] (-) *f* gout; **g~isch** *adj* gouty

Giebel ['gi:bəl] (**-s, -**) *m* gable; **~dach** *nt* gable(d) roof; **~fenster** *nt* gable window

Gier [gi:r] (-) *f* greed; **g~ig** *adj* greedy

gießen ['gi:sən] (*unreg*) *vt* to pour; (*Blumen*) to water; (*Metall*) to cast; (*Wachs*) to mould

Gießkanne *f* watering can

Gift [gɪft] (**-(e)s, -e**) *nt* poison; **g~ig** *adj* poisonous; (*fig*: *boshaft*) venomous; **~müll** *m* toxic waste; **~stoff** *m* toxic substance; **~zahn** *m* fang

ging *etc vb siehe* **gehen**

Ginster ['gɪnstər] (**-s, -**) *m* broom

Gipfel ['gɪpfəl] (**-s, -**) *m* summit, peak; (*fig*: *Höhepunkt*) height; **g~n** *vi* to culminate; **~treffen** *nt* summit (meeting)

Gips [gɪps] (**-es, -e**) *m* plaster; (*MED*) plaster (of Paris); **~abdruck** *m* plaster cast; **g~en** *vt* to plaster; **~verband** *m* plaster (cast)

Giraffe [gi'rafə] *f* giraffe

Girlande [gɪr'landə] *f* garland

Giro ['ʒi:ro] (**-s, -s**) *nt* giro; **~konto** *nt* current account

Gischt [gɪʃt] (**-(e)s, -e**) *m* spray

Gitarre [gi'tarə] *f* guitar

Gitter ['gɪtər] (**-s, -**) *nt* grating, bars *pl*; (*für Pflanzen*) trellis; (*Zaun*) railing(s); **~bett** *nt* cot; **~fenster** *nt* barred window; **~zaun** *m* railing(s)

Glacéhandschuh [gla'se:hantʃu:] *m* kid glove

Glanz [glants] (**-es**) *m* shine, lustre; (*fig*) splendour

glänzen ['glɛntsən] *vi* to shine (*also fig*), to gleam ♦ *vt* to polish; **~d** *adj* shining; (*fig*) brilliant

Glanz- *zW*: **~leistung** *f* brilliant achievement; **g~los** *adj* dull; **~zeit** *f* heyday

Glas [gla:s] (**-es, ¨er**) *nt* glass; **~er** (**-s, -**) *m* glazier; **~faser** *f* fibreglass; **g~ieren** [gla'zi:rən] *vt* to glaze; **g~ig** *adj* glassy; **~scheibe** *f* pane; **~ur** [gla'zu:r] *f* glaze; (*KOCH*) icing

glatt [glat] *adj* smooth; (*rutschig*) slippery; (*Absage*) flat; (*Lüge*) downright

Glätte ['glɛtə] *f* smoothness; slipperiness

Glatteis *nt* (black) ice; **jdn aufs ~ führen** (*fig*) to take sb for a ride
glätten *vt* to smooth out
Glatze ['glatsə] *f* bald head; **eine ~ bekommen** to go bald
Glaube ['glaubə] (**-ns, -n**) *m*: **~ (an** +*akk*) faith (in); belief (in); **g~n** *vt, vi* to believe; to think; **jdm g~n** to believe sb; **an etw** *akk* **g~n** to believe in sth; **daran g~n müssen** (*umg*) to be for it; **~nsbekenntnis** *nt* creed
glaubhaft ['glaubhaft] *adj* credible
gläubig ['glɔybiç] *adj* (*REL*) devout; (*vertrauensvoll*) trustful; **G~e(r)** *mf* believer; **die G~en** the faithful; **G~er** (-s, -) *m* creditor
glaubwürdig ['glaubvyrdiç] *adj* credible; (*Mensch*) trustworthy; **G~keit** *f* credibility; trustworthiness
gleich [glaiç] *adj* equal; (*identisch*) (the) same, identical ♦ *adv* equally; (*sofort*) straight away; (*bald*) in a minute; **es ist mir ~** it's all the same to me; **2 mal 2 ~ 4** 2 times 2 is *od* equals 4; **~ groß** the same size; **~ nach/an** right after/at; **~altrig** *adj* of the same age; **~artig** *adj* similar; **~bedeutend** *adj* synonymous; **G~berechtigung** *f* equal rights *pl*; **~bleibend** *adj* constant; **~en** (*unreg*) *vi*: **jdm/etw ~en** to be like sb/sth ♦ *vr* to be alike; **~falls** *adv* likewise; **danke ~falls!** the same to you; **G~förmigkeit** *f* uniformity; **~gesinnt** *adj* like-minded; **G~gewicht** *nt* equilibrium, balance; **~gültig** *adj* indifferent; (*unbedeutend*) unimportant; **G~gültigkeit** *f* indifference; **G~heit** *f* equality; **~kommen** (*unreg*) *vi* +*dat* to be equal to; **~mäßig** *adj* even, equal; **G~nis** (**-ses, -se**) *nt* parable; **~sam** *adv* as it were; **G~schritt** *m*: **im G~schritt gehen** to walk in step; **~stellen** *vt* (*rechtlich etc*) to treat as (an) equal; **G~strom** *m* (*ELEK*) direct current; **~tun** (*unreg*) *vi*: **es jdm ~tun** to match sb; **G~ung** *f* equation; **~viel** *adv* no matter; **~wertig** *adj* (*Geld*) of the same value; (*Gegner*) evenly-matched; **~zeitig** *adj* simultaneous
Gleis [glais] (**-es, -e**) *nt* track, rails *pl*; (*Bahnsteig*) platform
gleiten ['glaitən] (*unreg*) *vi* to glide; (*rutschen*) to slide
Gletscher ['glɛtʃər] (**-s, -**) *m* glacier; **~spalte** *f* crevasse
Glied [gli:t] (**-(e)s, -er**) *nt* member; (*Arm, Bein*) limb; (*von Kette*) link; (*MIL*) rank(s); **g~ern** *vt* to organize, to structure; **~erung** *f* structure, organization
glimmen ['glimən] (*unreg*) *vi* to glow, to gleam
glimpflich ['glimpfliç] *adj* mild, lenient; **~ davonkommen** to get off lightly
glitschig ['glitʃiç] *adj* slippery
glitzern ['glitsərn] *vi* to glitter; to twinkle
global [glo'ba:l] *adj* global
Globus ['glo:bus] (- *od* **-ses, Globen** *od* **-se**) *m* globe
Glocke ['glɔkə] *f* bell; **etw an die große ~ hängen** (*fig*) to shout sth from the rooftops
Glockenblume *f* bellflower
Glocken- *zW*: **~geläut** *nt* peal of bells; **~spiel** *nt* chime(s); (*MUS*) glockenspiel; **~turm** *m* bell tower
Glosse ['glɔsə] *f* comment
glotzen ['glɔtsən] (*umg*) *vi* to stare
Glück [glyk] (**-(e)s**) *nt* luck, fortune, (*Freude*) happiness; **~ haben** to be lucky; **viel ~!** good luck!; **zum ~** fortunately; **g~en** *vi* to succeed; **es g~te ihm, es zu bekommen** he succeeded in getting it
gluckern ['glukərn] *vi* to glug
Glück- *zW*: **g~lich** *adj* fortunate; (*froh*) happy; **g~licherweise** *adv* fortunately; **g~'selig** *adj* blissful
Glücks- *zW*: **~fall** *m* stroke of luck; **~kind** *nt* lucky person; **~sache** *f* matter of luck; **~spiel** *nt* game of chance
Glückwunsch *m* congratulations *pl*, best wishes *pl*

Glüh- ['gly:] *zW*: **~birne** *f* light bulb; **g~en** *vi* to glow; **~wein** *m* mulled wine; **~würmchen** *nt* glow-worm
Glut [glu:t] (**-, -en**) *f* (*Röte*) glow; (*Feuers~*) fire; (*Hitze*) heat; (*fig*) ardour
Glyzerin [glytsə'rı:n] *nt* glycerine
Gnade ['gna:də] *f* (*Gunst*) favour; (*Erbarmen*) mercy; (*Milde*) clemency
Gnaden- *zW*: **~frist** *f* reprieve, respite; **g~los** *adj* merciless; **~stoß** *m* coup de grâce
gnädig ['gnɛ:dıç] *adj* gracious; (*voll Erbarmen*) merciful
Gold [gɔlt] (**-(e)s**) *nt* gold; **g~en** *adj* golden; **~fisch** *m* goldfish; **~grube** *f* goldmine; **g~ig** (*umg*) *adj* (*fig*: *allerliebst*) sweet, adorable; **~regen** *m* laburnum; **G~schmied** *m* goldsmith
Golf[1] [gɔlf] (**-(e)s, -e**) *m* gulf
Golf[2] (**-s**) *nt* golf; **~platz** *m* golf course; **~schläger** *m* golf club
Golfstrom *m* Gulf Stream
Gondel ['gɔndəl] (**-, -n**) *f* gondola; (*Seilbahn*) cable-car
gönnen ['gœnən] *vt*: **jdm etw ~** not to begrudge sb sth; **sich** *dat* **etw ~** to allow o.s. sth
Gönner (**-s, -**) *m* patron; **g~haft** *adj* patronizing
Gosse ['gɔsə] *f* gutter
Gott [gɔt] (**-es, ¨er**) *m* god; **mein ~!** for heaven's sake!; **um ~es Willen!** for heaven's sake!; **grüß ~!** hello; **~ sei Dank!** thank God!; **~heit** *f* deity
Göttin ['gœtın] *f* goddess
göttlich *adj* divine
gottlos *adj* godless
Götze ['gœtsə] (**-n, -n**) *m* idol
Grab [gra:p] (**-(e)s, ¨er**) *nt* grave; **g~en** ['gra:bən] (*unreg*) *vt* to dig; **~en** (**-s, ¨**) *m* ditch; (*MIL*) trench; **~stein** *m* gravestone
Grad [gra:t] (**-(e)s, -e**) *m* degree; **~einteilung** *f* graduation
Graf [gra:f] (**-en, -en**) *m* count, earl
Gram [gra:m] (**-(e)s**) *m* grief, sorrow
grämen ['grɛ:mən] *vr* to grieve
Gramm [gram] (**-s, -e**) *nt* gram(me)
Grammatik [gra'matık] *f* grammar
Grammophon [gramo'fo:n] (**-s, -e**) *nt* gramophone
Granat [gra'na:t] (**-(e)s, -e**) *m* (*Stein*) garnet
Granate *f* (*MIL*) shell; (*Hand~*) grenade
Granit [gra'ni:t] (**-s, -e**) *m* granite
Graphiker(in) ['gra:fıkər(ın)] (**-s, -**) *m(f)* graphic designer
graphisch ['gra:fıʃ] *adj* graphic
Gras [gra:s] (**-es, ¨er**) *nt* grass; **g~en** *vi* to graze; **~halm** *m* blade of grass
grassieren [gra'si:rən] *vi* to be rampant, to rage
gräßlich ['grɛslıç] *adj* horrible
Grat [gra:t] (**-(e)s, -e**) *m* ridge
Gräte ['grɛ:tə] *f* fishbone
gratis ['gra:tıs] *adj, adv* free (of charge); **G~probe** *f* free sample
Gratulation [gratulatsi'o:n] *f* congratulation(s)
gratulieren [gratu'li:rən] *vi*: **jdm ~ (zu etw)** to congratulate sb (on sth); **(ich) gratuliere!** congratulations!
grau [graʊ] *adj* grey
Grauen (**-s**) *nt* horror; **g~** *vi unpers*: **es graut jdm vor etw** sb dreads sth, sb is afraid of sth: **sich g~ vor** to dread, to have a horror of; **g~haft** *adj* horrible
grauhaarig *adj* grey-haired
grausam ['graʊza:m] *adj* cruel; **G~keit** *f* cruelty
Grausen ['graʊzən] (**-s**) *nt* horror; **g~** *vb* = **grauen**
gravieren [gra'vi:rən] *vt* to engrave; **~d** *adj* grave
graziös [gratsi'ø:s] *adj* graceful
greifbar *adj* tangible, concrete; **in ~er Nähe** within reach
greifen ['graıfən] (*unreg*) *vt* to seize; to grip; **nach etw ~** to reach for sth; **um sich ~** (*fig*) to spread; **zu etw ~** to turn to sth
Greis [graıs] (**-es, -e**) *m* old man; **g~enhaft** *adj* senile; **~in** *f* old woman
grell [grɛl] *adj* harsh

Grenz- ['grɛnts] *zW*: **~beamte(r)** *m* frontier official; **~e** *f* boundary; (*Staats~*) frontier; (*Schranke*) limit; **g~en** *vi*: **g~en (an** *+akk*) to border (on); **g~enlos** *adj* boundless; **~fall** *m* borderline case; **~übergang** *m* frontier crossing

Greuel ['grɔʏəl] (**-s, -**) *m* horror, revulsion; **etw ist jdm ein ~** sb loathes sth

greulich ['grɔʏlɪç] *adj* horrible

Griech- ['griːç] *zW*: **~e** (**-n, -n**) *m* Greek; **~enland** *nt* Greece; **~in** *f* Greek; **g~isch** *adj* Greek

griesgrämig ['griːsgrɛːmɪç] *adj* grumpy

Grieß [griːs] (**-es, -e**) *m* (*KOCH*) semolina

Griff [grɪf] (**-(e)s, -e**) *m* grip; (*Vorrichtung*) handle; **g~bereit** *adj* handy

Grill [grɪl] *m* grill; **~e** *f* cricket; **g~en** *vt* to grill

Grimasse [gri'masə] *f* grimace

grimmig ['grɪmɪç] *adj* furious; (*heftig*) fierce, severe

grinsen ['grɪnzən] *vi* to grin

Grippe ['grɪpə] *f* influenza, flu

grob [groːp] *adj* coarse, gross; (*Fehler, Verstoß*) gross; **G~heit** *f* coarseness; coarse expression

grölen ['grøːlən] (*pej*) *vt* to bawl, to bellow

Groll [grɔl] (**-(e)s**) *m* resentment; **g~en** *vi* (*Donner*) to rumble; **g~en (mit** *od +dat*) to bear ill will (towards)

groß [groːs] *adj* big, large; (*hoch*) tall; (*fig*) great ♦ *adv* greatly; **im ~en und ganzen** on the whole; **~artig** *adj* great, splendid; **G~aufnahme** *f* (*CINE*) close-up; **G~britannien** *nt* Great Britain

Größe ['grøːsə] *f* size; (*Höhe*) height; (*fig*) greatness

Groß- *zW*: **~einkauf** *m* bulk purchase; **~eltern** *pl* grandparents; **g~enteils** *adv* mostly; **~format** *nt* large size; **~handel** *m* wholesale trade; **~händler** *m* wholesaler; **~macht** *f* great power; **g~mütig** *adj* magnanimous; **~mutter** *f* grandmother; **~rechner** *m* mainframe (computer); **g~schreiben** (*unreg*) *vt* to write in block capitals; **bei jdm g~schreiben werden** to be high on sb's list of priorities; **g~spurig** *adj* pompous; **~stadt** *f* city, large town

größte(r, s) [grøːstə(r, s)] *adj superl von* **groß**; **~nteils** *adv* for the most part

Groß- *zW*: **g~tun** (*unreg*) *vi* to boast; **~vater** *m* grandfather; **g~ziehen** (*unreg*) *vt* to raise; **g~zügig** *adj* generous; (*Planung*) on a large scale

grotesk [gro'tɛsk] *adj* grotesque

Grotte ['grɔtə] *f* grotto

Grübchen ['gryːpçən] *nt* dimple

Grube ['gruːbə] *f* pit; mine

grübeln ['gryːbəln] *vi* to brood

Grubengas *nt* firedamp

Gruft [gruft] (**-, ¨e**) *f* tomb, vault

grün [gryːn] *adj* green; **G~anlage** *f* park

Grund [grʊnt] (**-(e)s, ¨e**) *m* ground; (*von See, Gefäß*) bottom; (*fig*) reason; **im ~e genommen** basically; **~ausbildung** *f* basic training; **~besitz** *m* land(ed property), real estate; **~buch** *nt* land register

gründen ['grʏndən] *vt* to found ♦ *vr*: **sich ~ (auf** *+dat*) to be based (on); **~ auf** *+akk* to base on

Gründer (**-s, -**) *m* founder

Grund- *zW*: **~gebühr** *f* basic charge; **~gesetz** *nt* constitution; **~lage** *f* foundation; **g~legend** *adj* fundamental

gründlich *adj* thorough

Grund- *zW*: **g~los** *adj* groundless; **~regel** *f* basic rule; **~riß** *m* plan; (*fig*) outline; **~satz** *m* principle; **g~sätzlich** *adj* fundamental; (*Frage*) of principle ♦ *adv* fundamentally; (*prinzipiell*) on principle; **~schule** *f* elementary school; **~stein** *m* foundation stone; **~stück** *nt* estate; plot

Grundwasser *nt* ground water

Grünen *pl* (*POL*): **die ~** the Greens

Grünspan *m* verdigris
Grünstreifen *m* central reservation
grunzen ['grʊntsən] *vi* to grunt
Gruppe ['grʊpə] *f* group; **g~nweise** *adv* in groups
gruppieren [grʊ'pi:rən] *vt, vr* to group
gruselig *adj* creepy
gruseln ['gru:zəln] *vi unpers*: **es gruselt jdm vor etw** sth gives sb the creeps ♦ *vr* to have the creeps
Gruß [gru:s] (**-es, ¨e**) *m* greeting; (*MIL*) salute; **viele Grüße** best wishes; **mit freundlichen Grüßen** yours sincerely; **Grüße an** +*akk* regards to
grüßen ['gry:sən] *vt* to greet; (*MIL*) to salute; **jdn von jdm ~** to give sb sb's regards; **jdn ~ lassen** to send sb one's regards
gucken ['gʊkən] *vi* to look
gültig ['gʏltɪç] *adj* valid; **G~keit** *f* validity
Gummi ['gʊmi] (**-s, -s**) *nt od m* rubber; (*~harze*) gum; **~band** *nt* rubber *od* elastic band; (*Hosen~*) elastic; **~bärchen** ≈ **jelly baby** (*BRIT*); **~baum** *m* rubber plant; **g~eren** [gu'mi:rən] *vt* to gum; **~knüppel** *m* rubber truncheon; **~strumpf** *m* elastic stocking
günstig ['gʏnstɪç] *adj* convenient; (*Gelegenheit*) favourable; **das habe ich ~ bekommen** it was a bargain
Gurgel ['gʊrgəl] (**-, -n**) *f* throat; **g~n** *vi* to gurgle; (*im Mund*) to gargle
Gurke ['gʊrkə] *f* cucumber; **saure ~** pickled cucumber, gherkin
Gurt [gʊrt] (**-(e)s, -e**) *m* belt
Gürtel ['gʏrtəl] (**-s, -**) *m* belt; (*GEOG*) zone; **~reifen** *m* radial tyre
GUS *f abk* (= *Gemeinschaft unabhängiger Staaten*) CIS
Guß [gʊs] (**-sses, Güsse**) *m* casting; (*Regen~*) downpour; (*KOCH*) glazing; **~eisen** *nt* cast iron

SCHLÜSSELWORT

gut [gu:t] *adj* good; **alles Gute** all the best; **also gut** all right then ♦ *adv* well; **gut schmecken** to taste good; **gut, aber ...** OK, but ...; **(na) gut, ich komme** all right, I'll come; **gut drei Stunden** a good three hours; **das kann gut sein** that may well be; **laß es gut sein** that'll do

Gut [gu:t] (**-(e)s, ¨er**) *nt* (*Besitz*) possession; **Güter** *pl* (*Waren*) goods; **~achten** (**-s, -**) *nt* (expert) opinion; **~achter** (**-s, -**) *m* expert; **g~artig** *adj* good-natured; (*MED*) benign; **g~bürgerlich** *adj* (*Küche*) (good) plain; **~dünken** *nt*: **nach ~dünken** at one's discretion
Güte ['gy:tə] *f* goodness, kindness; (*Qualität*) quality
Güter- *zW*: **~abfertigung** *f* (*EISENB*) goods office; **~bahnhof** *m* goods station; **~wagen** *m* goods waggon (*BRIT*), freight car (*US*); **~zug** *m* goods train (*BRIT*), freight train (*US*)
Gütezeichen *nt* quality mark, ≈ kite mark
gut- *zW*: **~gehen** (*unreg*) *vb unpers* to work, to come off; **es geht jdm ~** sb's doing fine; **~gemeint** *adj* well meant; **~gläubig** *adj* trusting; **G~haben** (**-s**) *nt* credit; **~heißen** (*unreg*) *vt* to approve (of)
gütig ['gy:tɪç] *adj* kind
Gut- *zW*: **g~mütig** *adj* good-natured; **~mütigkeit** *f* good nature; **~schein** *m* voucher; **g~schreiben** (*unreg*) *vt* to credit; **g~tun** (*unreg*) *vi*: **jdm g~tun** to do sb good; **g~willig** *adj* willing
Gymnasium [gʏm'na:zɪʊm] *nt* grammar school (*BRIT*), high school (*US*)
Gymnastik [gʏm'nastɪk] *f* exercises *pl*, keep fit

H

Haag [ha:g] *m*: **Den ~** the Hague
Haar [ha:r] (**-(e)s, -e**) *nt* hair; **um ein ~** nearly; **an den ~en herbeigezogen** (*umg*: *Vergleich*) very far-fetched; **~bürste** *f* hairbrush; **h~en** *vi, vr* to lose hair; **~esbreite** *f*: **um ~esbreite** by a hair's-breadth; **h~genau** *adv* precisely; **h~ig** *adj* hairy; (*fig*) nasty; **~klammer** *f* hair-grip; **~klemme** *f* hair grip; **~nadel** *f* hairpin; **h~scharf** *adv* (*beobachten*) very sharply; (*daneben*) by a hair's breadth; **~schnitt** *m* haircut; **~spange** *f* hair slide; **h~sträubend** *adj* hair-raising; **~teil** *nt* hairpiece; **~waschmittel** *nt* shampoo
Habe ['ha:bə] (-) *f* property
haben ['ha:bən] (*unreg*) *vt, vb aux* to have; **Hunger/Angst ~** to be hungry/afraid; **woher hast du das?** where did you get that from?; **was hast du denn?** what's the matter (with you)?; **du hast zu schweigen** you're to be quiet; **ich hätte gern** I would like; **H~** (**-s, -**) *nt* credit
Habgier *f* avarice; **h~ig** *adj* avaricious
Habicht ['ha:bɪçt] (**-s, -e**) *m* hawk
Habseligkeiten *pl* belongings
Hachse ['haksə] *f* (*KOCH*) knuckle
Hacke ['hakə] *f* hoe; (*Ferse*) heel; **h~n** *vt* to hack, to chop; (*Erde*) to hoe
Hackfleisch *nt* mince, minced meat
Hafen ['ha:fən] (**-s, ¨**) *m* harbour, port; **~arbeiter** *m* docker; **~stadt** *f* port
Hafer ['ha:fər] (**-s, -**) *m* oats *pl*; **~flocken** *pl* rolled oats; **~schleim** *m* gruel
Haft [haft] (-) *f* custody; **h~bar** *adj* liable, responsible; **~befehl** *m* warrant (for arrest); **h~en** *vi* to stick, to cling; **h~en für** to be liable *od* responsible for; **h~enbleiben** (*unreg*) *vi*: **h~enbleiben (an** +*dat*) to stick (to); **Häftling** *m* prisoner; **~pflicht** *f* liability; **~pflichtversicherung** *f* (*AUT*) third party insurance; **~schalen** *pl* contact lenses; **~ung** *f* liability
Hagebutte ['ha:gəbʊtə] *f* rose hip
Hagel ['ha:gəl] (**-s**) *m* hail; **h~n** *vi unpers* to hail
hager ['ha:gər] *adj* gaunt
Hahn [ha:n] (**-(e)s, ¨e**) *m* cock; (*Wasser~*) tap, faucet (*US*)
Hähnchen ['hɛ:nçən] *nt* cockerel; (*KOCH*) chicken
Hai(fisch) ['haɪ(fɪʃ)] (**-(e)s, -e**) *m* shark
häkeln ['hɛ:kəln] *vt* to crochet
Häkelnadel *f* crochet hook
Haken ['ha:kən] (**-s, -**) *m* hook; (*fig*) catch; **~kreuz** *nt* swastika; **~nase** *f* hooked nose
halb [halp] *adj* half; **~ eins** half past twelve; **ein ~es Dutzend** half a dozen; **H~dunkel** *nt* semi-darkness
halber ['halbər] *präp* +*gen* (*wegen*) on account of; (*für*) for the sake of
Halb- *zW*: **~heit** *f* half-measure; **h~ieren** *vt* to halve; **~insel** *f* peninsula; **~jahr** *nt* six months; (*auch*: *Komm*) half-year; **h~jährlich** *adj* half-yearly; **~kreis** *m* semicircle; **~leiter** *m* semiconductor; **~links** (**-, -**) *m* (*SPORT*) inside left; **~mond** *m* half-moon, (*fig*) crescent; **h~offen** *adj* half-open; **~pension** *f* half-board; **~rechts** (**-, -**) *m* (*SPORT*) inside right; **~schuh** *m* shoe; **h~tags** *adv*: **h~tags arbeiten** to work part-time, to work mornings/afternoons; **h~wegs** *adv* half-way; **h~wegs besser** more or less better; **~zeit** *f* (*SPORT*) half; (*Pause*) half-time
Halde ['haldə] *f* (*Kohlen*) heap
half [half] *vb siehe* **helfen**
Hälfte ['hɛlftə] *f* half
Halfter[1] ['halftər] (**-s, -**) *m od nt* (*für Tiere*) halter
Halfter[2] (**-, -n** *od* **-s, -**) *f od nt* (*Pistolen~*) holster
Halle ['halə] *f* hall; (*AVIAT*) hangar;

h~n *vi* to echo, to resound; **~nbad** *nt* indoor swimming pool

hallo [ha'lo:] *excl* hello

Halluzination [halutsinatsi'o:n] *f* hallucination

Halm [halm] (**-(e)s, -e**) *m* blade; stalk

Hals [hals] (**-es, ¨e**) *m* neck; (*Kehle*) throat; **~ über Kopf** in a rush; **~band** *nt* (*von Hund*) collar; **~kette** *f* necklace; **~-Nasen-Ohren-Arzt** *m* ear, nose and throat specialist; **~schmerzen** *pl* sore throat *sg*; **~tuch** *nt* scarf

Halt [halt] (**-(e)s, -e**) *m* stop; (*fester ~*) hold; (*innerer ~*) stability; **h~** *excl* stop!, halt!; **h~bar** *adj* durable; (*Lebensmittel*) non-perishable; (*MIL, fig*) tenable; **~barkeit** *f* durability; (non-)perishability

halten ['haltən] (*unreg*) *vt* to keep; (*fest~*) to hold ♦ *vi* to hold; (*frisch bleiben*) to keep; (*stoppen*) to stop ♦ *vr* (*frisch bleiben*) to keep; (*sich behaupten*) to hold out; **~ für** to regard as; **~ von** to think of; **an sich ~** to restrain o.s.; **sich rechts/links ~** to keep to the right/left

Haltestelle *f* stop

Halteverbot *nt*: **hier ist ~** there's no waiting here

Halt- *zW*: **h~los** *adj* unstable; **h~machen** *vi* to stop; **~ung** *f* posture; (*fig*) attitude; (*Selbstbeherrschung*) composure

Halunke [ha'luŋkə] (**-n, -n**) *m* rascal

hämisch ['hɛ:mɪʃ] *adj* malicious

Hammel ['haməl] (**-s, ¨** *od* **-**) *m* wether; **~fleisch** *nt* mutton

Hammer ['hamər] (**-s, ¨**) *m* hammer

hämmern ['hɛmərn] *vt, vi* to hammer

Hämorrhoiden [hɛmɔro'i:dən] *pl* haemorrhoids

Hampelmann ['hampəlman] *m* (*auch fig*) puppet

Hamster ['hamstər] (**-s, -**) *m* hamster; **~ei** ['-raɪ] *f* hoarding; **h~n** *vi* to hoard

Hand [hant] (**-, ¨e**) *f* hand; **~arbeit** *f* manual work; (*Nadelarbeit*) needlework; **~ball** *m* (*SPORT*) handball; **~bremse** *f* handbrake; **~buch** *nt* handbook, manual; **~creme** *f* hand-cream

Händedruck ['hɛndədrʊk] *m* handshake

Handel ['handəl] (**-s**) *m* trade; (*Geschäft*) transaction

Handeln ['handəln] (**-s**) *nt* action

handeln *vi* to trade; (*agieren*) to act ♦ *vr unpers*: **sich ~ um** to be a question of, to be about; **~ von** to be about

Handels- *zW*: **~bilanz** *f* balance of trade; **~kammer** *f* chamber of commerce; **~reisende(r)** *m* commercial traveller; **~schule** *f* business school; **h~üblich** *adj* customary; (*Preis*) going *attrib*; **~vertreter** *m* sales representative

Hand- *zW*: **~feger** (**-s, -**) *m* hand-brush; **h~fest** *adj* hefty; **h~gearbeitet** *adj* handmade; **~gemenge** *nt* scuffle; **~gepäck** *nt* hand-luggage; **h~geschrieben** *adj* hand-written; **h~greiflich** *adj* palpable; **h~greiflich werden** to become violent; **~granate** *f* hand grenade; **~griff** *m* flick of the wrist; **h~haben** *vt insep* to handle

Händler ['hɛndlər] (**-s, -**) *m* trader, dealer

handlich ['hantlɪç] *adj* handy

Handlung ['handlʊŋ] *f* act(ion); (*in Buch*) plot; (*Geschäft*) shop

Hand- *zW*: **~pflege** *f* manicure; **~schelle** *f* handcuff; **~schrift** *f* handwriting; (*Text*) manuscript; **~schuh** *m* glove; **~stand** *m* (*SPORT*) handstand; **~tasche** *f* handbag; **~tuch** *nt* towel; **~umdrehen** *nt*: **im ~umdrehen** in the twinkling of an eye; **~werk** *nt* trade, craft; **~werker** (**-s, -**) *m* craftsman, artisan; **~werkzeug** *nt* tools *pl*

Hanf [hanf] (**-(e)s**) *m* hemp

Hang [haŋ] (**-(e)s, ¨e**) *m* inclination; (*Ab~*) slope

Hänge- ['hɛŋə] *in zW* hanging;

~**brücke** *f* suspension bridge; ~**matte** *f* hammock

hängen ['hɛŋən] *vi* (*unreg*) to hang ♦ *vt*: **etw (an etw** *akk*) ~ to hang sth (on sth); ~ **an** +*dat* (*fig*) to be attached to; **sich** ~ **an** +*akk* to hang on to, to cling to; ~**bleiben** (*unreg*) *vi* to be caught; (*fig*) to remain, to stick; ~**bleiben an** +*dat* to catch *od* get caught on; ~**lassen** (*unreg*) *vt* (*vergessen*) to leave; **den Kopf** ~**lassen** to get downhearted

Hannover [ha'no:fər] (-s) *nt* Hanover

hänseln ['hɛnzəln] *vt* to tease

Hansestadt ['hanzəʃtat] *f* Hanse town

hantieren [han'ti:rən] *vi* to work, to be busy; **mit etw** ~ to handle sth

hapern ['ha:pərn] *vi unpers*: **es hapert an etw** *dat* there is a lack of sth

Happen ['hapən] (-s, -) *m* mouthful

Harfe ['harfə] *f* harp

Harke ['harkə] *f* rake; **h~n** *vt, vi* to rake

harmlos ['harmlo:s] *adj* harmless; **H~igkeit** *f* harmlessness

Harmonie [harmo'ni:] *f* harmony; **h~ren** *vi* to harmonize

Harmonika [har'mo:nika] (-, -s) *f* (*Zieh*~) concertina

harmonisch [har'mo:niʃ] *adj* harmonious

Harmonium [har'mo:nium] (-s, -nien *od* -s) *nt* harmonium

Harn [harn] (-(e)s, -e) *m* urine; ~**blase** *f* bladder

Harpune [har'pu:nə] *f* harpoon

harren ['harən] *vi*: ~ **(auf** +*akk*) to wait (for)

hart [hart] *adj* hard; (*fig*) harsh

Härte ['hɛrtə] *f* hardness; (*fig*) harshness

hart- *zW*: ~**gekocht** *adj* hard-boiled; ~**herzig** *adj* hard-hearted; ~**näckig** *adj* stubborn; **H~näckigkeit** *f* stubbornness; **H~platte** *f* hard disk

Harz [ha:rts] (-es, -e) *nt* resin

Haschee [ha'ʃe:] (-s, -s) *nt* hash

Haschisch ['haʃiʃ] (-) *nt* hashish

Hase ['ha:zə] (-n, -n) *m* hare

Haselnuß ['ha:zəlnus] *f* hazelnut

Hasenfuß *m* coward

Hasenscharte *f* harelip

Haß [has] (-sses) *m* hate, hatred

hassen ['hasən] *vt* to hate

häßlich ['hɛslɪç] *adj* ugly; (*gemein*) nasty; **H~keit** *f* ugliness; nastiness

Hast [hast] *f* haste

hast *vb siehe* **haben**

hasten *vi* to rush

hastig *adj* hasty

hat [hat] *vb siehe* **haben**

hatte *etc* ['hatə] *vb siehe* **haben**

Haube ['haubə] *f* hood; (*Mütze*) cap; (*AUT*) bonnet, hood (*US*)

Hauch [haux] (-(e)s, -e) *m* breath; (*Luft*~) breeze; (*fig*) trace; **h~dünn** *adj* extremely thin; **h~en** *vi* to breathe

Haue ['hauə] *f* hoe, pick; (*umg*) hiding; **h~n** (*unreg*) *vt* to hew, to cut; (*umg*) to thrash

Haufen ['haufən] (-s, -) *m* heap; (*Leute*) crowd; **ein** ~ **(x)** (*umg*) loads *od* a lot (of x); **auf einem** ~ in one heap

häufen ['hɔʏfən] *vt* to pile up ♦ *vr* to accumulate

haufenweise *adv* in heaps; in droves; **etw** ~ **haben** to have piles of sth

häufig ['hɔʏfɪç] *adj* frequent ♦ *adv* frequently; **H~keit** *f* frequency

Haupt [haupt] (-(e)s, **Häupter**) *nt* head; (*Ober*~) chief ♦ *in zW* main; ~**bahnhof** *m* central station; **h~beruflich** *adv* as one's main occupation; ~**darsteller(in)** *m(f)* leading actor(actress); ~**eingang** *m* main entrance; ~**fach** *nt* (*SCH, UNIV*) main subject, major (*US*); ~**film** *m* main film; ~**gericht** *nt* (*KOCH*) main course

Häuptling ['hɔʏptlɪŋ] *m* chief(tain)

Haupt- *zW*: ~**mann** (*pl* -**leute**) *m* (*MIL*) captain; ~**person** *f* central figure; ~**quartier** *nt* headquarters *pl*; ~**rolle** *f* leading part; ~**sache** *f* main thing; **h~sächlich** *adj* chief ♦ *adv* chiefly; **~saison** *f* high season, peak season; **~schule** *f* ≈ secondary school; **~stadt** *f* capital; **~straße** *f* main street; **~verkehrszeit** *f* rush-hour, peak traffic hours *pl*; **~wort** *nt* noun

Haus [haʊs] (**-es, Häuser**) *nt* house; **nach ~e** home; **zu ~e** at home; **~angestellte** *f* domestic servant; **~apotheke** *f* medicine cabinet; **~arbeit** *f* housework; (*SCH*) homework; **~arzt** *m* family doctor; **~aufgabe** *f* (*SCH*) homework; **~besitzer(in)** *m(f)* house-owner; **~besuch** *m* (*von Arzt*) house call

Häuserblock ['hɔʏzərblɔk] *m* block (of houses)

Häusermakler ['hɔʏzər-] *m* estate agent (*BRIT*), real estate agent (*US*)

Haus- *zW*: **~frau** *f* housewife; **~flur** *m* hallway; **h~gemacht** *adj* home-made; **~halt** *m* household; (*POL*) budget; **h~halten** (*unreg*) *vi* (*sparen*) to economize; **~hälterin** *f* housekeeper; **~haltsgeld** *nt* housekeeping (money); **~haltsgerät** *nt* domestic appliance; **~herr** *m* host; (*Vermieter*) landlord; **h~hoch** *adv*: **h~hoch verlieren** to lose by a mile

hausieren [haʊ'zi:rən] *vi* to peddle

Hausierer (**-s, -**) *m* peddlar

häuslich ['hɔʏslɪç] *adj* domestic

Haus- *zW*: **~meister** *m* caretaker, janitor; **~nummer** *f* street number; **~ordnung** *f* house rules *pl*; **~putz** *m* house cleaning; **~schlüssel** *m* front-door key; **~schuh** *m* slipper; **~suchung** *f* police raid; **~tier** *nt* pet; **~tür** *f* front door; **~wirt** *m* landlord; **~wirtschaft** *f* domestic science

Haut [haʊt] (**-, Häute**) *f* skin; (*Tier~*) hide; **~creme** *f* skin cream; **h~eng** *adj* skin-tight; **~farbe** *f* complexion; **~krebs** *m* skin cancer

Haxe ['haksə] *f* = **Hachse**

Hbf *abk* = **Hauptbahnhof**

Hebamme ['he:p'amə] *f* midwife

Hebel ['he:bəl] (**-s, -**) *m* lever

heben ['he:bən] (*unreg*) *vt* to raise, to lift

Hecht [hɛçt] (**-(e)s, -e**) *m* pike

Heck [hɛk] (**-(e)s, -e**) *nt* stern; (*von Auto*) rear

Hecke ['hɛkə] *f* hedge

Heckenrose *f* dog rose

Heckenschütze *m* sniper

Heer [he:r] (**-(e)s, -e**) *nt* army

Hefe ['he:fə] *f* yeast

Heft [hɛft] (**-(e)s, -e**) *nt* exercise book; (*Zeitschrift*) number; (*von Messer*) haft

heften *vt*: **~ (an** *+akk***)** to fasten (to); (*nähen*) to tack ((on) to); **etw an etw** *akk* **~** to fasten sth to sth

Hefter (**-s, -**) *m* folder

heftig *adj* fierce, violent; **H~keit** *f* fierceness, violence

Heft- *zW*: **~klammer** *f* paper clip; **~maschine** *f* stapling machine; **~pflaster** *nt* sticking plaster; **~zwecke** *f* drawing pin

hegen ['he:gən] *vt* (*Wild, Bäume*) to care for, to tend; (*fig, geh*: *empfinden*: *Wunsch*) to cherish; (: *Mißtrauen*) to feel

Hehl [he:l] *m od nt*: **kein(en) ~ aus etw machen** to make no secret of sth; **~er** (**-s, -**) *m* receiver (of stolen goods), fence

Heide[1] ['haɪdə] *f* heath, moor; (*~kraut*) heather

Heide[2] (**-n, -n**) *m* heathen, pagan

Heidekraut *nt* heather

Heidelbeere *f* bilberry

Heidentum *nt* paganism

Heidin *f* heathen, pagan

heikel ['haɪkəl] *adj* awkward, thorny; (*wählerisch*) fussy

Heil [haɪl] (**-(e)s**) *nt* well-being; (*Seelen~*) salvation; **h~** *adj* in one piece, intact; **~and** (**-(e)s, -e**) *m* saviour; **h~bar** *adj* curable; **h~en** *vt* to cure ♦ *vi* to heal; **h~froh** *adj* very relieved

heilig ['haɪlɪç] *adj* holy; **H~abend** *m* Christmas Eve; **H~e(r)** *mf* saint; **~en** *vt* to sanctify, to hallow; **H~enschein** *m* halo; **H~keit** *f* holiness; **~sprechen** (*unreg*) *vt* to canonize; **H~tum**

nt shrine; (*Gegenstand*) relic

Heil- *zW*: **h~los** *adj* unholy; (*fig*) hopeless; **~mittel** *nt* remedy; **~praktiker(in)** *m(f)* non-medical practitioner; **h~sam** *adj* (*fig*) salutary; **~sarmee** *f* Salvation Army; **~ung** *f* cure

Heim [haɪm] (**-(e)s, -e**) *nt* home; **h~** *adv* home

Heimat ['haɪma:t] (**-, -en**) *f* home (town/country *etc*); **~land** *nt* homeland; **h~lich** *adj* native, home *attrib*; (*Gefühle*) nostalgic; **h~los** *adj* homeless; **~ort** *m* home town/area; **~vertriebene(r)** *mf* displaced person

Heim- *zW*: **~computer** *m* home computer; **h~elig** *adj* cosy; **h~fahren** (*unreg*) *vi* to drive home; **~fahrt** *f* journey home; **h~gehen** (*unreg*) *vi* to go home; (*sterben*) to pass away; **h~isch** *adj* (*gebürtig*) native; **sich h~isch fühlen** to feel at home; **~kehr** (**-, -en**) *f* homecoming; **h~kehren** *vi* to return home; **h~lich** *adj* secret; **~lichkeit** *f* secrecy; **~reise** *f* journey home; **~spiel** *nt* (*SPORT*) home game; **h~suchen** *vt* to afflict; (*Geist*) to haunt; **~trainer** *m* exercise bike; **h~tückisch** *adj* malicious; **~weg** *m* way home; **~weh** *nt* homesickness; **h~zahlen** *vt*: **jdm etw h~zahlen** to pay sb back for sth

Heirat ['haɪra:t] (**-, -en**) *f* marriage; **h~en** *vt* to marry ♦ *vi* to marry, to get married ♦ *vr* to get married; **~santrag** *m* proposal

heiser ['haɪzər] *adj* hoarse; **H~keit** *f* hoarseness

heiß [haɪs] *adj* hot; **~e(s) Eisen** (*umg*) hot potato; **~blütig** *adj* hot-blooded

heißen ['haɪsən] (*unreg*) *vi* to be called; (*bedeuten*) to mean ♦ *vt* to command; (*nennen*) to name ♦ *vi unpers*: **es heißt** it says; it is said; **das heißt** that is (to say)

Heißhunger *m* ravenous hunger

heißlaufen (*unreg*) *vi, vr* to overheat

Heißmangel *f* rotary iron

heiter ['haɪtər] *adj* cheerful; (*Wetter*) bright; **H~keit** *f* cheerfulness; (*Belustigung*) amusement

Heiz- ['haɪts] *zW*: **h~bar** *adj* heated; (*Raum*) with heating; **h~en** *vt* to heat; **~er** (**-s, -**) *m* stoker; **~körper** *m* radiator; **~öl** *nt* fuel oil; **~sonne** *f* electric fire; **~ung** *f* heating; **~ungsanlage** *f* heating system

hektisch ['hɛktɪʃ] *adj* hectic

Held [hɛlt] (**-en, -en**) *m* hero; **h~enhaft** *adj* heroic; **~in** *f* heroine

helfen ['hɛlfən] (*unreg*) *vi* to help; (*nützen*) to be of use ♦ *vb unpers*: **es hilft nichts, du mußt ...** it's no use, you'll have to ...; **jdm (bei etw)** ~ to help sb (with sth); **sich** *dat* **zu ~ wissen** to be resourceful

Helfer (**-s, -**) *m* helper, assistant; **Helfershelfer** *m* accomplice

hell [hɛl] *adj* clear, bright; (*Farbe, Bier*) light; **~blau** *adj* light blue; **~blond** *adj* ash-blond; **H~e** (**-**) *f* clearness, brightness; **~hörig** *adj* (*Wand*) paper-thin; **~hörig werden** (*fig*) to prick up one's ears; **H~seher** *m* clairvoyant; **~wach** *adj* wide-awake

Helm [hɛlm] (**-(e)s, -e**) *m* (*auf Kopf*) helmet

Hemd [hɛmt] (**-(e)s, -en**) *nt* shirt; (*Unter~*) vest; **~bluse** *f* blouse

hemmen ['hɛmən] *vt* to check, to hold up; **gehemmt sein** to be inhibited

Hemmung *f* check; (*PSYCH*) inhibition; **h~slos** *adj* unrestrained, without restraint

Hengst [hɛŋst] (**-es, -e**) *m* stallion

Henkel ['hɛŋkəl] (**-s, -**) *m* handle

Henker (**-s, -**) *m* hangman

Henne ['hɛnə] *f* hen

SCHLÜSSELWORT

her [he:r] *adv* **1** (*Richtung*): **komm her zu mir** come here (to me); **von England her** from England; **von weit her** from a long way away; **her damit!** hand it over!; **wo hat er das her?** where did he get that

from?
2 (*Blickpunkt*): **von der Form her** as far as the form is concerned
3 (*zeitlich*): **das ist 5 Jahre her** that was 5 years ago; **wo bist du her?** where do you come from?; **ich kenne ihn von früher her** I know him from before

herab [hɛ'rap] *adv* down(ward(s)); **~hängen** (*unreg*) *vi* to hang down; **~lassen** (*unreg*) *vt* to let down ♦ *vr* to condescend; **~lassend** *adj* condescending; **~setzen** *vt* to lower, to reduce; (*fig*) to belittle, to disparage

heran [hɛ'ran] *adv*: **näher ~!** come up closer!; **~ zu mir!** come up to me!; **~bringen** (*unreg*) *vt*: **~bringen (an** +*akk***)** to bring up (to); **~fahren** (*unreg*) *vi*: **~fahren (an** +*akk***)** to drive up (to); **~kommen** (*unreg*) *vi*: **(an jdn/etw) ~kommen** to approach (sb/sth), to come near (to sb/sth); **~machen** *vr*: **sich an jdn ~machen** to make up to sb; **~treten** (*unreg*) *vi*: **mit etw an jdn ~treten** to approach sb with sth; **~wachsen** (*unreg*) *vi* to grow up; **~ziehen** (*unreg*) *vt* to pull nearer; (*aufziehen*) to raise; (*ausbilden*) to train; **jdn zu etw ~ziehen** to call upon sb to help in sth

herauf [hɛ'raʊf] *adv* up(ward(s)), up here; **~beschwören** (*unreg*) *vt* to conjure up, to evoke; **~bringen** (*unreg*) *vt* to bring up; **~setzen** *vt* (*Preise, Miete*) to raise, put up

heraus [hɛ'raʊs] *adv* out; **~bekommen** (*unreg*) *vt* to get out; (*fig*) to find *od* figure out; **~bringen** (*unreg*) *vt* to bring out; (*Geheimnis*) to elicit; **~finden** (*unreg*) *vt* to find out; **~fordern** *vt* to challenge; **H~forderung** *f* challenge; provocation; **~geben** (*unreg*) *vt* to hand over, to surrender; (*zurückgeben*) to give back; (*Buch*) to edit; (*veröffentlichen*) to publish; **H~geber** (**-s, -**) *m* editor; (*Verleger*) publisher; **~gehen** (*unreg*) *vi*: **aus sich ~gehen** to come out of one's shell; **~halten** (*unreg*) *vr*: **sich aus etw ~halten** to keep out of sth; **~hängen**[1] *vt* to hang out; **~hängen**[2] (*unreg*) *vi* to hang out; **~holen** *vt*: **~holen (aus)** to get out (of); **~kommen** (*unreg*) *vi* to come out; **dabei kommt nichts ~** nothing will come of it; **~nehmen** (*unreg*) *vt* to remove (from), take out (of); **sich etw ~nehmen** to take liberties; **~reißen** (*unreg*) *vt* to tear out; to pull out; **~rücken** *vt* (*Geld*) to fork out, to hand over; **mit etw ~rücken** (*fig*) to come out with sth; **~stellen** *vr*: **sich ~stellen (als)** to turn out (to be); **~suchen** *vt*: **sich** *dat* **jdn/etw ~suchen** to pick sb/sth out; **~ziehen** (*unreg*) *vt* to pull out, to extract

herb [hɛrp] *adj* (slightly) bitter, acid; (*Wein*) dry; (*fig*: *schmerzlich*) bitter; (: *streng*) stern, austere

herbei [hɛr'baɪ] *adv* (over) here; **~führen** *vt* to bring about; **~schaffen** *vt* to procure

herbemühen ['heːrbəmyːən] *vr* to take the trouble to come

Herberge ['hɛrbɛrgə] *f* shelter; hostel, inn

Herbergsmutter *f* warden

Herbergsvater *m* warden

herbitten (*unreg*) *vt* to ask to come (here)

herbringen (*unreg*) *vt* to bring here

Herbst [hɛrpst] (**-(e)s, -e**) *m* autumn, fall (*US*); **h~lich** *adj* autumnal

Herd [heːrt] (**-(e)s, -e**) *m* cooker; (*fig, MED*) focus, centre

Herde ['heːrdə] *f* herd; (*Schaf~*) flock

herein [hɛ'raɪn] *adv* in (here), here; **~!** come in!; **~bitten** (*unreg*) *vt* to ask in; **~brechen** (*unreg*) *vi* to set in; **~bringen** (*unreg*) *vt* to bring in; **~fallen** (*unreg*) *vi* to be caught, to be taken in; **~fallen auf** +*akk* to fall for; **~kommen** (*unreg*) *vi* to come in; **~lassen** (*unreg*) *vt* to admit; **~legen** *vt*: **jdn ~legen** to take sb in; **~platzen** (*umg*) *vi* to burst in

Her- *zW*: **~fahrt** *f* journey here; **h~fallen** (*unreg*) *vi*: **h~fallen über** +*akk* to fall upon; **~gang** *m* course of events; **h~geben** (*unreg*) *vt* to give, to hand (over); **sich zu etw h~geben** to lend one's name to sth; **h~gehen** (*unreg*) *vi*: **hinter jdm hergehen** to follow sb; **es geht hoch h~** there are a lot of goings-on; **h~halten** (*unreg*) *vt* to hold out; **h~halten müssen** (*umg*) to have to suffer; **h~hören** *vi* to listen

Hering ['he:rɪŋ] (**-s, -e**) *m* herring

her- [her] *zW*: **~kommen** (*unreg*) *vi* to come, **komm mal ~!** come here!; **~kömmlich** *adj* traditional; **H~kunft** (**-, -künfte**) *f* origin; **~laufen** (*unreg*) *vi*: **~laufen hinter** +*dat* to run after

Hermelin [hermə'li:n] (**-s, -e**) *m od nt* ermine

hermetisch [he'me:tɪʃ] *adj* hermetic ♦ *adv* hermetically

her'nach *adv* afterwards

Heroin [hero'i:n] (**-s**) *nt* heroin

Herr [her] (**-(e)n, -en**) *m* master; (*Mann*) gentleman; (*REL*) Lord; (*vor Namen*) Mr.; **mein ~!** sir!; **meine ~en!** gentlemen!; **~endoppel** *nt* men's doubles; **~eneinzel** *nt* men's singles; **~enhaus** *nt* mansion; **~enkonfektion** *f* menswear; **h~enlos** *adj* ownerless

herrichten ['he:rrɪçtən] *vt* to prepare

Herr- *zW*: **~in** *f* mistress; **h~isch** *adj* domineering; **h~lich** *adj* marvellous, splendid; **~lichkeit** *f* splendour, magnificence; **~schaft** *f* power, rule; (*Herr und Herrin*) master and mistress; **meine ~schaften!** ladies and gentlemen!

herrschen ['herʃən] *vi* to rule; (*bestehen*) to prevail, to be

Herrscher(in) (**-s, -**) *m(f)* ruler

her- *zW*: **~rühren** *vi* to arise, to originate; **~sagen** *vt* to recite; **~stellen** *vt* to make, to manufacture; **H~steller** (**-s, -**) *m* manufacturer; **H~stellung** *f* manufacture

herüber [he'ry:bər] *adv* over (here), across

herum [he'rʊm] *adv* about, (a)round; **um etw ~** around sth; **~führen** *vt* to show around; **~gehen** (*unreg*) *vi* to walk about; **um etw ~gehen** to walk *od* go round sth; **~kommen** (*unreg*) *vi* (*um Kurve etc*) to come round, to turn (round); **~kriegen** (*umg*) *vt* to bring *od* talk around; **~lungern** (*umg*) *vi* to hang about *od* around; **~sprechen** (*unreg*) *vr* to get around, to be spread; **~treiben** *vi, vr* to drift about; **~ziehen** *vi, vr* to wander about

herunter [he'rʊntər] *adv* downward(s), down (there); **~gekommen** *adj* run-down; **~kommen** (*unreg*) *vi* to come down; (*fig*) to come down in the world; **~machen** *vt* to take down; (*schimpfen*) to have a go at

hervor [her'fo:r] *adv* out, forth; **~bringen** (*unreg*) *vt* to produce; (*Wort*) to utter; **~gehen** (*unreg*) *vi* to emerge, to result; **~heben** (*unreg*) *vt* to stress; (*als Kontrast*) to set off; **~ragend** *adj* (*fig*) excellent; **~rufen** (*unreg*) *vt* to cause, to give rise to; **~treten** (*unreg*) *vi* to come out (from behind/between/below); (*Adern*) to be prominent

Herz [herts] (**-ens, -en**) *nt* heart; (*KARTEN*) hearts *pl*; **~anfall** *m* heart attack; **~enslust** *f*: **nach ~enslust** to one's heart's content; **~fehler** *m* heart defect; **h~haft** *adj* hearty

herziehen ['he:rtsi:ən] (*unreg*) *vi*: **über jdn/etw ~** (*umg*: *auch*: *fig*) to pull sb/sth to pieces (*inf*)

Herz- *zW*: **~infarkt** *m* heart attack; **~klopfen** *nt* palpitation; **h~lich** *adj* cordial; **h~lichen Glückwunsch** congratulations *pl*; **h~liche Grüße** best wishes; **h~los** *adj* heartless

Herzog ['hertso:k] (**-(e)s, ¨e**) *m* duke

Herzschlag *m* heartbeat; (*MED*) heart attack

herzzerreißend *adj* heartrending

Hessen ['hesən] (**-s**) *nt* Hesse

hessisch *adj* Hessian

Hetze ['hɛtsə] *f* (*Eile*) rush; **h~n** *vt* to hunt; (*verfolgen*) to chase ♦ *vi* (*eilen*) to rush; **jdn/etw auf jdn/etw h~n** to set sb/sth on sb/sth; **h~n gegen** to stir up feeling against; **h~n zu** to agitate for; **~'rei** *f* agitation; (*Eile*) rush

Heu [hɔʏ] **(-(e)s)** *nt* hay; **Geld wie ~** stacks of money; **~boden** *m* hayloft

Heuchelei [hɔʏçə'laɪ] *f* hypocrisy

heucheln ['hɔʏçəln] *vt* to pretend, to feign ♦ *vi* to be hypocritical

Heuchler(in) ['hɔʏçlər(ɪn)] **(-s, -)** *m(f)* hypocrite; **h~isch** *adj* hypocritical

heulen ['hɔʏlən] *vi* to howl; to cry; **das ~de Elend bekommen** to get the blues

Heurige(r) ['hɔʏrɪgə(r)] *m* new wine

Heuschnupfen *m* hay fever

Heuschrecke ['hɔʏʃrɛkə] *f* grasshopper; locust

heute ['hɔʏtə] *adv* today; **~ abend/früh** this evening/morning

heutig ['hɔʏtɪç] *adj* today's

heutzutage ['hɔʏttsuta:gə] *adv* nowadays

Hexe ['hɛksə] *f* witch; **h~n** *vi* to practise witchcraft; **ich kann doch nicht h~n** I can't work miracles; **~nschuß** *m* lumbago; **~'rei** *f* witchcraft

Hieb [hi:p] **(-(e)s, -e)** *m* blow; (*Wunde*) cut, gash; (*Stichelei*) cutting remark; **~e bekommen** to get a thrashing

hielt *etc* [hi:lt] *vb siehe* **halten**

hier [hi:r] *adv* here; **~auf** *adv* thereupon; (*danach*) after that; **~behalten** (*unreg*) *vt* to keep here; **~bei** *adv* herewith, enclosed; **~bleiben** (*unreg*) *vi* to stay here; **~durch** *adv* by this means; (*örtlich*) through here; **~her** *adv* this way, here; **~hin** *adv* here; **~lassen** (*unreg*) *vt* to leave here; **~mit** *adv* hereby; **~nach** *adv* hereafter; **~von** *adv* about this, hereof; **~zulande** *adv* in this country

hiesig ['hi:zɪç] *adj* of this place, local

hieß *etc* [hi:s] *vb siehe* **heißen**

Hilfe ['hɪlfə] *f* help; aid; **Erste ~** first aid; **~!** help!

Hilf- *zW*: **h~los** *adj* helpless; **~losigkeit** *f* helplessness; **h~reich** *adj* helpful

Hilfs- *zW*: **~arbeiter** *m* labourer; **h~bedürftig** *adj* needy; **h~bereit** *adj* ready to help; **~kraft** *f* assistant, helper

hilfst [hɪlfst] *vb siehe* **helfen**

Himbeere ['hɪmbe:rə] *f* raspberry

Himmel ['hɪməl] **(-s, -)** *m* sky; (*REL, liter*) heaven; **~bett** *nt* four-poster bed; **h~blau** *adj* sky-blue; **~fahrt** *f* Ascension; **~srichtung** *f* direction

himmlisch ['hɪmlɪʃ] *adj* heavenly

SCHLÜSSELWORT

hin [hɪn] *adv* **1** (*Richtung*): **hin und zurück** there and back; **hin und her** to and fro; **bis zur Mauer hin** up to the wall; **wo ist er hin?** where has he gone?; **Geld hin, Geld her** money or no money
2 (*auf ... hin*): **auf meine Bitte hin** at my request; **auf seinen Rat hin** on the basis of his advice
3: **mein Glück ist hin** my happiness has gone

hinab [hɪ'nap] *adv* down; **~gehen** (*unreg*) *vi* to go down; **~sehen** (*unreg*) *vi* to look down

hinauf [hɪ'naʊf] *adv* up; **~arbeiten** *vr* to work one's way up; **~steigen** (*unreg*) *vi* to climb

hinaus [hɪ'naʊs] *adv* out; **~gehen** (*unreg*) *vi* to go out; **~gehen über** +*akk* to exceed; **~laufen** (*unreg*) *vi* to run out; **~laufen auf** +*akk* to come to, to amount to; **~schieben** (*unreg*) *vt* to put off, to postpone; **~werfen** (*unreg*) *vt* (*Gegenstand, Person*) to throw out; **~wollen** *vi* to want to go out; **~wollen auf** +*akk* to drive at, to get at

Hinblick ['hɪnblɪk] *m*: **in** *od* **im ~ auf** +*akk* in view of

hinder- ['hɪndər] *zW*: **~lich** *adj*: **~lich sein** to be a hindrance *od* nuisance; **~n** *vt* to hinder, to hamper; **jdn an etw** *dat* **~n** to prevent sb from doing sth; **H~nis** (**-ses, -se**) *nt* obstacle; **H~nisrennen** *nt* steeplechase

hindeuten ['hɪndɔʏtən] *vi*: **~ auf** +*akk* to point to

hindurch [hɪn'durç] *adv* through; across; (*zeitlich*) through(out)

hinein [hɪ'naɪn] *adv* in; **~fallen** (*unreg*) *vi* to fall in; **~fallen in** +*akk* to fall into; **~gehen** (*unreg*) *vi* to go in; **~gehen in** +*akk* to go into, to enter; **~geraten** (*unreg*) *vi*: **~geraten in** +*akk* to get into; **~passen** *vi* to fit in; **~passen in** +*akk* to fit into; (*fig*) to fit in with; **~steigern** *vr* to get worked up; **~versetzen** *vr*: **sich ~versetzen in** +*akk* to put o.s. in the position of; **~ziehen** (*unreg*) *vt* to pull in ♦ *vi* to go in

hin- ['hɪn] *zW*: **~fahren** (*unreg*) *vi* to go; to drive ♦ *vt* to take; to drive; **H~fahrt** *f* journey there; **~fallen** (*unreg*) *vi* to fall (down); **~fällig** *adj* frail; (*fig*: *ungültig*) invalid; **H~flug** *m* outward flight; **H~gabe** *f* devotion; **~geben** (*unreg*) *vr* +*dat* to give o.s. up to, to devote o.s. to; **~gehen** (*unreg*) *vi* to go; (*Zeit*) to pass; **~halten** (*unreg*) *vt* to hold out; (*warten lassen*) to put off, to stall

hinken ['hɪŋkən] *vi* to limp; (*Vergleich*) to be unconvincing

hinkommen (*unreg*) *vi* (*an Ort*) to arrive

hin- ['hɪn] *zW*: **~legen** *vt* to put down ♦ *vr* to lie down; **~nehmen** (*unreg*) *vt* (*fig*) to put up with, to take; **H~reise** *f* journey out; **~reißen** (*unreg*) *vt* to carry away, to enrapture; **sich ~reißen lassen, etw zu tun** to get carried away and do sth; **~richten** *vt* to execute; **H~richtung** *f* execution; **~setzen** *vt* to put down ♦ *vr* to sit down; **~sichtlich** *präp* +*gen* with regard to; **~stellen** *vt* to put (down) ♦ *vr* to place o.s.

hintanstellen [hɪnt''anʃtɛlən] *vt* (*fig*) to ignore

hinten ['hɪntən] *adv* at the back; behind; **~herum** *adv* round the back; (*fig*) secretly

hinter ['hɪntər] *präp* (+*dat od akk*) behind; (: *nach*) after; **~ jdm hersein** to be after sb; **H~achse** *f* rear axle; **H~bliebene(r)** *mf* surviving relative; **~e(r, s)** *adj* rear, back; **~einander** *adv* one after the other; **H~gedanke** *m* ulterior motive; **~gehen** (*unreg*) *vt* to deceive; **H~grund** *m* background; **H~halt** *m* ambush; **~haltig** *adj* underhand, sneaky; **~her** *adv* afterwards, after; **H~hof** *m* backyard; **H~kopf** *m* back of one's head; **~'lassen** (*unreg*) *vt* to leave; **~'legen** *vt* to deposit; **H~list** *f* cunning, trickery; (*Handlung*) trick, dodge; **~listig** *adj* cunning, crafty; **H~mann** *m* person behind; **H~rad** *nt* back wheel; **H~radantrieb** *m* (*AUT*) rear wheel drive; **~rücks** *adv* from behind; **H~tür** *f* back door; (*fig*: *Ausweg*) loophole; **~'ziehen** (*unreg*) *vt* (*Steuern*) to evade

hinüber [hɪ'ny:bər] *adv* across, over; **~gehen** (*unreg*) *vi* to go over *od* across

hinunter [hɪ'nʊntər] *adv* down; **~bringen** (*unreg*) *vt* to take down; **~schlucken** *vt* (*auch fig*) to swallow; **~steigen** (*unreg*) *vi* to descend

Hinweg ['hɪnve:k] *m* journey out

hinweghelfen [hɪn'vɛk-] (*unreg*) *vi*: **jdm über etw** *akk* **~** to help sb to get over sth

hinwegsetzen [hɪn'vɛk-] *vr*: **sich ~ über** +*akk* to disregard

hin- ['hɪn] *zW*: **H~weis** (**-es, -e**) *m* (*Andeutung*) hint; (*Anweisung*) instruction; (*Verweis*) reference; **~weisen** (*unreg*) *vi*: **~weisen auf** +*akk* (*anzeigen*) to point to; (*sagen*) to point out, to refer to; **~werfen** (*unreg*) *vt* to throw down; **~ziehen** (*unreg*) *vr* (*fig*) to drag on

hinzu [hɪn'tsu:] *adv* in addition;

~fügen *vt* to add; **~kommen** (*unreg*) *vi* (*Mensch*) to arrive, to turn up; (*Umstand*) to ensue

Hirn [hɪrn] (**-(e)s, -e**) *nt* brain(s); **~gespinst** (**-(e)s, -e**) *nt* fantasy

Hirsch [hɪrʃ] (**-(e)s, -e**) *m* stag

Hirse ['hɪrzə] *f* millet

Hirt [hɪrt] (**-en, -en**) *m* herdsman; (*Schaf~, fig*) shepherd

Hirte (**-n, -n**) *m* stag

hissen ['hɪsən] *vt* to hoist

Historiker [hɪs'to:rɪkər] (**-s, -**) *m* historian

historisch [hɪs'to:rɪʃ] *adj* historical

Hitze ['hɪtsə] (-) *f* heat; **h~beständig** *adj* heat-resistant; **h~frei** *adj*: **h~frei haben** *to have time off school because of excessively hot weather*; **~welle** *f* heat wave

hitzig ['hɪtsɪç] *adj* hot-tempered; (*Debatte*) heated

Hitzkopf *m* hothead

Hitzschlag *m* heatstroke

hl. *abk von* **heilig**

hm [(h)m] *excl* hm

Hobby ['hɔbɪ] *nt* hobby

Hobel ['ho:bəl] (**-s, -**) *m* plane; **~bank** *f* carpenter's bench; **h~n** *vt, vi* to plane; **~späne** *pl* wood shavings

Hoch (**-s, -s**) *nt* (*Ruf*) cheer; (*MET*) anticyclone

hoch [ho:x] (*attrib* **hohe(r, s)**) *adj* high; **~achten** *vt* to respect; **H~achtung** *f* respect, esteem; **~achtungsvoll** *adv* yours faithfully; **H~amt** *nt* high mass; **~arbeiten** *vr* to work one's way up; **~begabt** *adj* extremely gifted; **H~betrieb** *m* intense activity; (*COMM*) peak time; **H~burg** *f* stronghold; **H~deutsch** *nt* High German; **~dotiert** *adj* highly paid; **H~druck** *m* high pressure; **H~ebene** *f* plateau; **H~form** *f* top form; **H~glanz** *m* (*PHOT*) high gloss print; **etw auf H~glanz bringen** to make sth sparkle like new; **~halten** (*unreg*) *vt* to hold up; (*fig*) to uphold, to cherish; **H~haus** *nt* multistorey building; **~heben** (*unreg*) *vt* to lift (up); **H~konjunktur** *f* boom; **H~land** *nt* highlands *pl*; **~leben** *vi*: **jdn ~leben lassen** to give sb three cheers; **H~mut** *m* pride; **~mütig** *adj* proud, haughty; **~näsig** *adj* stuck-up, snooty; **H~ofen** *m* blast furnace; **~prozentig** *adj* (*Alkohol*) strong; **H~rechnung** *f* projection; **H~saison** *f* high season; **H~schule** *f* college; university; **H~sommer** *m* middle of summer; **H~spannung** *f* high tension; **H~sprung** *m* high jump

höchst [hø:çst] *adv* highly, extremely

Hochstapler ['ho:xʃta:plər] (**-s, -**) *m* swindler

höchste(r, s) *adj* highest; (*äußerste*) extreme

Höchst- *zW*: **h~ens** *adv* at the most; **~geschwindigkeit** *f* maximum speed; **h~persönlich** *adv* in person; **~preis** *m* maximum price; **h~wahrscheinlich** *adv* most probably

Hoch- *zW*: **~verrat** *m* high treason; **~wasser** *nt* high water; (*Überschwemmung*) floods *pl*; **~zahl** *f* (*MATH*) exponent

Hochzeit ['hɔxtsaɪt] (**-, -en**) *f* wedding; **~sreise** *f* honeymoon

hocken ['hɔkən] *vi, vr* to squat, to crouch

Hocker (**-s, -**) *m* stool

Höcker ['hœkər] (**-s, -**) *m* hump

Hoden ['ho:dən] (**-s, -**) *m* testicle

Hof [ho:f] (**-(e)s, ¨e**) *m* (*Hinter~*) yard; (*Bauern~*) farm; (*Königs~*) court

hoffen ['hɔfən] *vi*: **~ (auf** *+akk*) to hope (for)

hoffentlich ['hɔfəntlɪç] *adv* I hope, hopefully

Hoffnung ['hɔfnʊŋ] *f* hope

Hoffnungs- *zW*: **h~los** *adj* hopeless; **~losigkeit** *f* hopelessness; **~schimmer** *m* glimmer of hope; **h~voll** *adj* hopeful

höflich ['hø:flɪç] *adj* polite, courteous; **H~keit** *f* courtesy, politeness

hohe(r, s) ['ho:ə(r, s)] *adj attrib siehe* **hoch**

Höhe ['hø:ə] *f* height; (*An~*) hill
Hoheit ['ho:haɪt] *f* (*POL*) sovereignty; (*Titel*) Highness
Hoheitsgebiet *nt* sovereign territory
Hoheitsgewässer *nt* territorial waters *pl*
Höhen- ['hø:ən] *zW*: **~luft** *f* mountain air; **~messer** (-s, -) *m* altimeter; **~sonne** *f* sun lamp; **~unterschied** *m* difference in altitude
Höhepunkt *m* climax
höher *adj, adv* higher
hohl [ho:l] *adj* hollow
Höhle ['hø:lə] *f* cave, hole; (*Mund~*) cavity; (*fig, ZOOL*) den
Hohlmaß *nt* measure of volume
Hohn [ho:n] (-(e)s) *m* scorn
höhnisch *adj* scornful, taunting
holen ['ho:lən] *vt* to get, to fetch; (*Atem*) to take; **jdn/etw ~ lassen** to send for sb/sth
Holland ['hɔlant] *nt* Holland; **Holländer** ['hɔlɛndər] *m* Dutchman
holländisch ['hɔlɛndɪʃ] *adj* Dutch
Hölle ['hœlə] *f* hell
höllisch ['hœlɪʃ] *adj* hellish, infernal
holperig ['hɔlpərɪç] *adj* rough, bumpy
Holunder [ho'lʊndər] (-s, -) *m* elder
Holz [hɔlts] (-es, ¨er) *nt* wood
hölzern ['hœltsərn] *adj* (*auch fig*) wooden
Holz- *zW*: **~fäller** (-s, -) *m* lumberjack, woodcutter; **h~ig** *adj* woody; **~kohle** *f* charcoal; **~scheit** *nt* log; **~schuh** *m* clog; **~weg** *m* (*fig*) wrong track; **~wolle** *f* fine wood shavings *pl*
Homöopathie [homøopa'ti:] *f* homeopathy
homosexuell [homozɛksu'ɛl] *adj* homosexual
Honig ['ho:nɪç] (-s, -e) *m* honey; **~melone** *f* (*BOT, KOCH*) honeydew melon; **~wabe** *f* honeycomb
Honorar [hono'ra:r] (-s, -e) *nt* fee
Hopfen ['hɔpfən] (-s, -) *m* hops *pl*
hopsen ['hɔpsən] *vi* to hop
Hörapparat *m* hearing aid
hörbar *adj* audible
horchen ['hɔrçən] *vi* to listen; (*pej*) to eavesdrop
Horde ['hɔrdə] *f* horde
hören ['hø:rən] *vt, vi* to hear; **Musik/Radio ~** to listen to music/the radio
Hörer (-s, -) *m* hearer; (*RADIO*) listener; (*UNIV*) student; (*Telefon~*) receiver
Hörfunk (-s) *m* radio
Horizont [hori'tsɔnt] (-(e)s, -e) *m* horizon; **h~al** [-'ta:l] *adj* horizontal
Hormon [hɔr'mo:n] (-s, -e) *nt* hormone
Hörmuschel *f* (*TEL*) earpiece
Horn [hɔrn] (-(e)s, ¨er) *nt* horn; **~haut** *f* horny skin
Hornisse [hɔr'nɪsə] *f* hornet
Horoskop [horo'sko:p] (-s, -e) *nt* horoscope
Hörspiel *nt* radio play
Hort [hɔrt] (-(e)s, -e) *m* (*SCH*) *day centre for school children whose parents are at work*
horten ['hɔrtən] *vt* to hoard
Hose ['ho:zə] *f* trousers *pl*, pants *pl* (*US*)
Hosen- *zW*: **~anzug** *m* trouser suit; **~rock** *m* culottes *pl*; **~tasche** *f* (trouser) pocket; **~träger** *m* braces *pl* (*BRIT*), suspenders *pl* (*US*)
Hostie ['hɔstiə] *f* (*REL*) host
Hotel [ho'tɛl] (-s, -s) *nt* hotel
Hotelier [hotɛli'e:] (-s, -s) *m* hotelkeeper, hotelier
Hubraum ['hu:p-] *m* (*AUT*) cubic capacity
hübsch [hʏpʃ] *adj* pretty, nice
Hubschrauber ['hu:pʃraʊbər] (-s, -) *m* helicopter
Huf [hu:f] (-(e)s, -e) *m* hoof; **~eisen** *nt* horseshoe
Hüft- ['hʏft] *zW*: **~e** *f* hip; **~gürtel** *m* girdle; **~halter** (-s, -) *m* girdle
Hügel ['hy:gəl] (-s, -) *m* hill; **h~ig** *adj* hilly
Huhn [hu:n] (-(e)s, ¨er) *nt* hen; (*KOCH*) chicken
Hühnerauge ['hy:nər-] *nt*

Hühnerbrühe ['hy:nər-] *f* chicken broth
Hülle ['hʏlə] *f* cover(ing); wrapping; **in ~ und Fülle** galore; **h~n** *vt*: **h~n (in** *+akk***)** to cover (with); to wrap (in)
Hülse ['hʏlzə] *f* husk, shell; **~nfrucht** *f* pulse
human [hu'ma:n] *adj* humane; **~i'tär** *adj* humanitarian; **H~i'tät** *f* humanity
Hummel ['hʊməl] **(-, -n)** *f* bumblebee
Hummer ['hʊmər] **(-s, -)** *m* lobster
Humor [hu'mo:r] **(-s, -e)** *m* humour; **~ haben** to have a sense of humour; **~ist** [-'rɪst] *m* humorist; **h~istisch** *adj* humorous; **h~voll** *adj* humorous
humpeln ['hʊmpəln] *vi* to hobble
Humpen ['hʊmpən] **(-s, -)** *m* tankard
Hund [hʊnt] **(-(e)s, -e)** *m* dog
Hunde- ['hʊndə] *zW*: **~hütte** *f* (dog) kennel; **~kuchen** *m* dog biscuit; **h~müde** (*umg*) *adj* dog-tired
hundert ['hʊndərt] *num* hundred; **H~'jahrfeier** *f* centenary; **~prozentig** *adj, adv* one hundred per cent
Hundesteuer *f* dog licence fee
Hündin ['hʏndɪn] *f* bitch
Hunger ['hʊŋər] **(-s)** *m* hunger; **~ haben** to be hungry; **h~n** *vi* to starve; **~snot** *f* famine; **~streik** *m* hunger strike
hungrig ['hʊŋrɪç] *adj* hungry
Hupe ['hu:pə] *f* horn; **h~n** *vi* to hoot, to sound one's horn
hüpfen ['hʏpfən] *vi* to hop; to jump
Hürde ['hʏrdə] *f* hurdle; (*für Schafe*) pen; **~nlauf** *m* hurdling
Hure ['hu:rə] *f* whore
hurtig ['hʊrtɪç] *adj* brisk, quick ♦ *adv* briskly, quickly
huschen ['hʊʃən] *vi* to flit; to scurry
Husten ['hu:stən] **(-s)** *m* cough; **h~** *vi* to cough; **~anfall** *m* coughing fit; **~bonbon** *m od nt* cough drop; **~saft** *m* cough mixture
Hut[1] [hu:t] **(-(e)s, ¨e)** *m* hat
Hut[2] (-) *f* care; **auf der Hut sein** to be on one's guard
hüten ['hy:tən] *vt* to guard ♦ *vr* to watch out; **sich ~, zu** to take care not to; **sich ~ (vor)** to beware (of), to be on one's guard (against)
Hütte ['hʏtə] *f* hut; cottage; (*Eisen~*) forge
Hüttenkäse *m* (*KOCH*) cottage cheese
Hüttenschuh *m* slipper-sock
Hyäne [hy'ɛ:nə] *f* hyena
Hyazinthe [hya'tsɪntə] *f* hyacinth
Hydrant [hy'drant] *m* hydrant
hydraulisch [hy'draʊlɪʃ] *adj* hydraulic
Hygiene [hygi'e:nə] (-) *f* hygiene
hygienisch [hygi'e:nɪʃ] *adj* hygienic
Hymne ['hʏmnə] *f* hymn; anthem
hyper- ['hypɛr] *präfix* hyper-
Hypno- [hʏp'no:] *zW*: **~se** *f* hypnosis; **h~tisch** *adj* hypnotic; **~tiseur** [-ti'zø:r] *m* hypnotist; **h~ti'sieren** *vt* to hypnotize
Hypothek [hypo'te:k] **(-, -en)** *f* mortgage
Hypothese [hypo'te:zə] *f* hypothesis
Hysterie [hʏste'ri:] *f* hysteria
hysterisch [hʏs'te:rɪʃ] *adj* hysterical

I

Ich **(-(s), -(s))** *nt* self; (*PSYCH*) ego
ich [ɪç] *pron* I; **~ bin's!** it's me!
Ideal [ide'a:l] **(-s, -e)** *nt* ideal; **i~** *adj* ideal; **i~istisch** [-'lɪstɪʃ] *adj* idealistic
Idee [i'de:, *pl* i'de:ən] *f* idea
identifizieren [i'dɛntifi'tsi:rən] *vt* to identify
identisch [i'dɛntɪʃ] *adj* identical
Identität [idɛnti'tɛ:t] *f* identity
Ideo- [ideo] *zW*: **~loge** [-'lo:gə] **(-n, -n)** *m* ideologist; **~logie** [-lo'gi:] *f* ideology; **i~logisch** [-'lo:gɪʃ] *adj* ideological
Idiot [idi'o:t] **(-en, -en)** *m* idiot; **i~isch** *adj* idiotic
idyllisch [i'dʏlɪʃ] *adj* idyllic
Igel ['i:gəl] **(-s, -)** *m* hedgehog

ignorieren [ɪgno'ri:rən] *vt* to ignore
ihm [i:m] (*dat von* **er, es**) *pron* (to) him; (to) it
ihn [i:n] (*akk von* **er**) *pron* him; it; **~en** (*dat von* **sie** *pl*) *pron* (to) them; **I~en** (*dat von* **Sie** *pl*) *pron* (to) you

SCHLÜSSELWORT

ihr [i:r] *pron* **1** (*nom pl*) you; **ihr seid es** it's you
2 (*dat von sie*) to her; **gib es ihr** give it to her; **er steht neben ihr** he is standing beside her
♦ *possessiv pron* **1** (*sg*) her; (: *bei Tieren, Dingen*) its; **ihr Mann** her husband
2 (*pl*) their; **die Bäume und ihre Blätter** the trees and their leaves

ihr(e) *adj* (*sg*) her; its; (*pl*) their; **I~(e)** *adj* your
ihre(r, s) *pron* (*sg*) hers; its (*pl*) theirs; **I~(r, s)** *pron* yours; **~r** (*gen von* **sie** *sg/pl*) *pron* of her/them; **I~r** (*gen von* **Sie**) *pron* of you; **~rseits** *adv* for her/their part; **~sgleichen** *pron* people like her/them; (*von Dingen*) others like it; **~twegen** *adv* (*für sie*) for her/its/their sake; (*wegen ihr*) on her/its/their account; **~twillen** *adv*: **um ~twillen** = **~twegen**
ihrige *pron*: **der/die/das ~** hers; its; theirs
illegal ['ɪlega:l] *adj* illegal
Illusion [ɪluzi'o:n] *f* illusion
illusorisch [ɪlu'zo:rɪʃ] *adj* illusory
illustrieren [ɪlʊs'tri:rən] *vt* to illustrate
Illustrierte *f* magazine
Iltis ['ɪltɪs] (**-ses, -se**) *m* polecat
im [ɪm] = **in dem**
Imbiß ['ɪmbɪs] (**-sses, -sse**) *m* snack; **~halle** *f* snack bar; **~stube** *f* snack bar
imitieren [ɪmɪ'ti:rən] *vt* to imitate
Imker ['ɪmkər] (**-s, -**) *m* beekeeper
immatrikulieren [ɪmatriku'li:rən] *vi, vr* to register
immer ['ɪmər] *adv* always; **~ wieder** again and again; **~ noch** still; **~ noch nicht** still not; **für ~** forever; **~ wenn ich ...** every time I ...; **~ schöner/trauriger** more and more beautiful/sadder and sadder; **was/wer (auch) ~** whatever/whoever; **~hin** *adv* all the same; **~zu** *adv* all the time
Immobilien [ɪmo'bi:liən] *pl* real estate *sg*
immun [ɪ'mu:n] *adj* immune; **I~ität** [-i'tɛ:t] *f* immunity; **I~system** *nt* immune system
Imperfekt ['ɪmpɛrfɛkt] (**-s, -e**) *nt* imperfect (tense)
Impf- ['ɪmpf] *zW*: **i~en** *vt* to vaccinate; **~stoff** *m* vaccine, serum; **~ung** *f* vaccination
imponieren [ɪmpo'ni:rən] *vi +dat* to impress
Import [ɪm'pɔrt] (**-(e)s, -e**) *m* import; **~eur** *m* importer; **i~ieren** *vt* to import
imposant [ɪmpo'zant] *adj* imposing
impotent ['ɪmpotɛnt] *adj* impotent
imprägnieren [ɪmprɛ'gni:rən] *vt* to (water)proof
improvisieren [ɪmprovi'zi:rən] *vt, vi* to improvize
Impuls [ɪm'pʊls] (**-es, -e**) *m* impulse; **i~iv** [-'zi:f] *adj* impulsive
imstande [ɪm'ʃtandə] *adj*: **~ sein** to be in a position; (*fähig*) to be able

SCHLÜSSELWORT

in [ɪn] *präp +akk* **1** (*räumlich*: *wohin?*) in, into; **in die Stadt** into town; **in die Schule gehen** to go to school
2 (*zeitlich*): **bis ins 20. Jahrhundert** into *od* up to the 20th century
♦ *präp +dat* **1** (*räumlich*: *wo*) in; **in der Stadt** in town; **in der Schule sein** to be at school
2 (*zeitlich*: *wann*): **in diesem Jahr** this year; (*in jenem Jahr*) in that year; **heute in zwei Wochen** two weeks today

Inanspruchnahme [ɪn''anʃpruxna:mə] *f (+gen)* demands *pl* (on)
Inbegriff ['ɪnbəgrɪf] *m* embodiment, personification; **i~en** *adv* included
indem [ɪn'de:m] *konj* while; ~ **man etw macht** (*dadurch*) by doing sth
Inder(in) ['ɪndər(ɪn)] *m(f)* Indian
indes(sen) [ɪn'dɛs(ən)] *adv* however; (*inzwischen*) meanwhile ♦ *Konj* while
Indianer(in) [ɪndi'a:nər(ɪn)] **(-s, -)** *m(f)* American Indian, native American
indianisch *adj* Red Indian
Indien ['ɪndiən] *nt* India
indirekt ['ɪndirɛkt] *adj* indirect
indisch ['ɪndɪʃ] *adj* Indian
indiskret ['ɪndɪskre:t] *adj* indiscreet
indiskutabel ['ɪndɪsku'ta:bəl] *adj* out of the question
individuell [ɪndividu'ɛl] *adj* individual
Individuum [ɪndi'vi:duʊm] **(-s, -duen)** *nt* individual
Indiz [ɪn'di:ts] **(-es, -ien)** *nt* (*JUR*) clue; ~ **(für)** sign (of)
industrialisieren [ɪndʊstriali'zi:rən] *vt* to industrialize
Industrie [ɪndʊs'tri:] *f* industry ♦ *in zW* industrial; **~gebiet** *nt* industrial area; **~zweig** *m* branch of industry
ineinander [ɪn'aɪ'nandər] *adv* in(to) one another *od* each other
Infarkt [ɪn'farkt] **(-(e)s, -e)** *m* coronary (thrombosis)
Infektion [ɪnfɛktsi'o:n] *f* infection; **~skrankheit** *f* infectious disease
Infinitiv ['ɪnfiniti:f] **(-s, -e)** *m* infinitive
infizieren [ɪnfi'tsi:rən] *vt* to infect ♦ *vr*: **sich (bei jdm)** ~ to be infected (by sb)
Inflation [ɪnflatsi'o:n] *f* inflation
inflationär [ɪnflatsio'nɛ:r] *adj* inflationary
infolge [ɪn'fɔlgə] *präp +gen* as a result of, owing to; **~dessen** [-'dɛsən] *adv* consequently
Informatik [ɪnfɔr'ma:tɪk] *f* information studies *pl*
Information [ɪnfɔrmatsi'o:n] *f* information *no pl*
informieren [ɪnfɔr'mi:rən] *vt* to inform ♦ *vr*: **sich ~ (über +akk)** to find out (about)
Infusion [ɪnfuzi'o:n] *f* infusion
Ingenieur [ɪnʒeni'ø:r] *m* engineer; **~schule** *f* school of engineering
Ingwer ['ɪŋvər] **(-s)** *m* ginger
Inh. *abk* (= *Inhaber*) prop.; (= *Inhalt*) contents
Inhaber(in) ['ɪnha:bər(ɪn)] **(-s, -)** *m(f)* owner; (*Haus~*) occupier; (*Lizenz~*) licensee, holder; (*FIN*) bearer
inhaftieren *vt* to take into custody
inhalieren [ɪnha'li:rən] *vt, vi* to inhale
Inhalt ['ɪnhalt] **(-(e)s, -e)** *m* contents *pl*; (*eines Buchs etc*) content; (*MATH*) area; volume; **i~lich** *adj* as regards content
Inhalts- *zW*: **~angabe** *f* summary; **~verzeichnis** *nt* table of contents
inhuman ['ɪnhuma:n] *adj* inhuman
Initiative [initsia'ti:və] *f* initiative
Injektion [ɪnjɛktsi'o:n] *f* injection
inklusive [ɪnklu'zi:və] *präp +gen* inclusive of ♦ *adv* inclusive
inkognito [ɪn'kɔgnito] *adv* incognito
Inkrafttreten [ɪn'krafttre:tən] **(-s)** *nt* coming into force
Inland ['ɪnlant] **(-(e)s)** *nt* (*GEOG*) inland; (*POL, COMM*) home (country)
inmitten [ɪn'mɪtən] *präp +gen* in the middle of; ~ **von** amongst
innehaben ['ɪnəha:bən] (*unreg*) *vt* to hold
innen ['ɪnən] *adv* inside; **I~architekt** *m* interior designer; **I~einrichtung** *f* (interior) furnishings *pl*; **I~hof** *m* inner courtyard; **I~minister** *m* minister of the interior, Home Secretary (*BRIT*); **I~politik** *f* domestic policy; **~politisch** *adj* (*Entwicklung, Lage*) internal, domestic; **I~stadt** *f* town/city centre
inner- ['ɪnər] *zW*: **~e(r, s)** *adj* inner; (*im Körper, inländisch*) internal; **I~e(s)** *nt* inside; (*Mitte*) centre; (*fig*) heart; **I~eien** [-'raɪən] *pl* innards;

~halb *adv* within; (*räumlich*) inside ♦ *präp +gen* within; inside; **~lich** *adj* internal; (*geistig*) inward; **~ste(r, s)** *adj* innermost; **I~ste(s)** *nt* heart

innig *adj* (*Freundschaft*) close

inoffiziell ['ɪn'ɔfitsiɛl] *adj* unofficial

ins [ɪns] = **in das**

Insasse ['ɪnzasə] (**-n, -n**) *m* (*Anstalt*) inmate; (*AUT*) passenger

insbesondere [ɪnsbə'zɔndərə] *adv* (e)specially

Inschrift ['ɪnʃrɪft] *f* inscription

Insekt [ɪn'zɛkt] (**-(e)s, -en**) *nt* insect

Insel ['ɪnzəl] (**-, -n**) *f* island

Inser- *zW*: **~at** [ɪnzɛ'raːt] (**-(e)s, -e**) *nt* advertisement; **~ent** [ɪnze'rɛnt] *m* advertiser; **i~ieren** [ɪnze'riːrən] *vt, vi* to advertise

insgeheim [ɪnsgə'haɪm] *adv* secretly

insgesamt [ɪnsgə'zamt] *adv* altogether, all in all

insofern ['ɪnzo'fɛrn] *adv* in this respect ♦ *konj* if; (*deshalb*) (and) so; **~ als** in so far as

insoweit ['ɪnzo'vaɪt] = **insofern**

Installateur [ɪnstala'tøːr] *m* electrician; plumber

Instandhaltung [ɪn'ʃtant-] *f* maintenance

inständig [ɪn'ʃtɛndɪç] *adj* urgent

Instandsetzung [ɪn'ʃtant-] *f* overhaul; (*eines Gebäudes*) restoration

Instanz [ɪn'stants] *f* authority; (*JUR*) court

Instinkt [ɪn'stɪŋkt] (**-(e)s, -e**) *m* instinct; **i~iv** [-'tiːf] *adj* instinctive

Institut [ɪnsti'tuːt] (**-(e)s, -e**) *nt* institute

Instrument [ɪnstru'mɛnt] *nt* instrument

Intell- [ɪntɛl] *zW*: **i~ektuell** [-ɛktu'ɛl] *adj* intellectual; **i~igent** [-i'gɛnt] *adj* intelligent; **~igenz** [-i'gɛnts] *f* intelligence; (*Leute*) intelligentsia *pl*

Intendant [ɪntɛn'dant] *m* director

intensiv [ɪntɛn'ziːf] *adj* intensive

Interess- *zW*: **i~ant** [ɪntere'sant] *adj* interesting; **i~anterweise** *adv* interestingly enough; **~e** [ɪnte'rɛsə] (**-s, -n**) *nt* interest; **~e haben an** *+dat* to be interested in; **~ent** [ɪntere'sɛnt] *m* interested party; **i~ieren** [ɪntere'siːrən] *vt* to interest ♦ *vr*: **sich i~ieren für** to be interested in

intern *adj* (*Angelegenheiten, Regelung*) internal; (*Besprechung*) private

Internat [ɪntɛr'naːt] (**-(e)s, -e**) *nt* boarding school

inter- [ɪntɛr] *zW*: **~national** [-natsio'naːl] *adj* international; **~pretieren** [-pre'tiːrən] *vt* to interpret; **I~vall** [-'val] (**-s, -e**) *nt* interval; **I~view** ['-vjuː] (**-s, -s**) *nt* interview; **~viewen** [-'vjuːən] *vt* to interview

intim [ɪn'tiːm] *adj* intimate; **I~ität** *f* intimacy

intolerant ['ɪntolerant] *adj* intolerant

intransitiv ['ɪntranzitiːf] *adj* (*GRAM*) intransitive

Intrige [ɪn'triːgə] *f* intrigue, plot

Invasion [ɪnvazi'oːn] *f* invasion

Inventar [ɪnvɛn'taːr] (**-s, -e**) *nt* inventory

Inventur [ɪnvɛn'tuːr] *f* stocktaking; **~ machen** to stocktake

investieren [ɪnvɛs'tiːrən] *vt* to invest

inwiefern [ɪnvi'fɛrn] *adv* how far, to what extent

inwieweit [ɪnvi'vaɪt] *adv* how far, to what extent

inzwischen [ɪn'tsvɪʃən] *adv* meanwhile

Irak [i'raːk] (**-s**) *m*: **der ~** Iraq; **i~isch** *adj* Iraqi

Iran [i'raːn] (**-s**) *m*: **der ~** Iran; **i~isch** *adj* Iranian

irdisch ['ɪrdɪʃ] *adj* earthly

Ire ['iːrə] (**-n, -n**) *m* Irishman

irgend ['ɪrgənt] *adv* at all; **wann/was/wer ~** whenever/whatever/whoever; **~ jemand/etwas** somebody/something; anybody/anything; **~ein(e, s)** *adj* some, any; **~einmal** *adv* sometime or other; (*fragend*) ever; **~wann** *adv* sometime; **~wie** *adv* somehow; **~wo** *adv* somewhere; anywhere; **~wohin** *adv* somewhere; anywhere

Irin ['i:rɪn] *f* Irishwoman
Irland ['irlant] (-s) *nt* Ireland
Ironie [iro'ni:] *f* irony
ironisch [i'ro:nɪʃ] *adj* ironic(al)
irre ['ɪrə] *adj* crazy, mad; **I~(r)** *mf* lunatic; **~führen** *vt* to mislead; **~machen** *vt* to confuse; **~n** *vi* to be mistaken; (*umherirren*) to wander, to stray ♦ *vr* to be mistaken; **I~nanstalt** *f* lunatic asylum
Irrgarten *m* maze
irrig ['ɪrɪç] *adj* incorrect, wrong
irritieren [ɪri'ti:rən] *vt* (*verwirren*) to confuse; (*ärgern*) to irritate; (*stören*) to annoy
Irr- *zW*: **i~sinnig** *adj* mad, crazy; (*umg*) terrific; **~tum** (-s, -tümer) *m* mistake, error; **i~tümlich** *adj* mistaken
Islam ['ɪslam] (-s) *m* Islam
Island ['i:slant] (-s) *nt* Iceland
Isolation [izolatsi'o:n] *f* isolation; (*ELEK*) insulation
Isolier- [izo'li:r] *zW*: **~band** *nt* insulating tape; **i~en** *vt* to isolate; (*ELEK*) to insulate; **~station** *f* (*MED*) isolation ward; **~ung** *f* isolation; (*ELEK*) insulation
Israel ['ɪsrae:l] (-s) *nt* Israel; **~i** [-'e:li] (-s, -s) *m* Israeli; **i~isch** *adj* Israeli
ißt [ɪst] *vb siehe* **essen**
ist [ɪst] *vb siehe* **sein**
Italien [i'ta:liən] (-s) *nt* Italy; **~er(in)** (-s) *m(f)* Italian; **i~isch** *adj* Italian
i.V. *abk* = **in Vertretung**

J

SCHLÜSSELWORT

ja [ja:] *adv* **1** yes; **haben Sie das gesehen? - ja** did you see it? - yes (, I did); **ich glaube ja** (yes) I think so
2 (*fragend*) really?; **ich habe gekündigt - ja?** I've quit - have you?; **du kommst, ja?** you're coming, aren't you?
3: **sei ja vorsichtig** do be careful; **Sie wissen ja, daß ...** as you know, ...; **tu das ja nicht!** don't do that!; **ich habe es ja gewußt** I just knew it; **ja, also ...** well you see ...

Jacht [jaxt] (-, -en) *f* yacht
Jacke ['jakə] *f* jacket; (*Woll~*) cardigan
Jackett [ʒa'kɛt] (-s, -s *od* -e) *nt* jacket
Jagd [ja:kt] (-, -en) *f* hunt; (*Jagen*) hunting; **~beute** *f* kill; **~flugzeug** *nt* fighter; **~gewehr** *nt* sporting gun; **~hund** *m* hunting dog
jagen ['ja:gən] *vi* to hunt; (*eilen*) to race ♦ *vt* to hunt; (*weg~*) to drive (off); (*verfolgen*) to chase
Jäger ['jɛ:gər] (-s, -) *m* hunter
Jägerschnitzel *nt* (*KOCH*) *pork in a spicy sauce with mushrooms*
jäh [jɛ:] *adj* sudden, abrupt; (*steil*) steep, precipitous
Jahr [ja:r] (-(e)s, -e) *nt* year; **j~elang** *adv* for years
Jahres- *zW*: **~abonnement** *nt* annual subscription; **~abschluß** *m* end of the year; (*COMM*) annual statement of account; **~beitrag** *m* annual subscription; **~karte** *f* yearly season ticket; **~tag** *m* anniversary; **~wechsel** *m* turn of the year; **~zahl** *f* date; year; **~zeit** *f* season
Jahrgang *m* age group; (*von Wein*) vintage
Jahr'hundert (-s, -e) *nt* century
jährlich ['jɛ:rlɪç] *adj, adv* yearly
Jahrmarkt *m* fair
Jahrtausend *nt* millenium
Jahr'zehnt *nt* decade
Jähzorn *m* sudden anger; hot temper
jähzornig *adj* hot-tempered
Jalousie [ʒalu'zi:] *f* venetian blind
Jammer ['jamər] (-s) *m* misery; **es ist ein ~, daß ...** it is a crying shame that ...
jämmerlich ['jɛmərlɪç] *adj* wretched, pathetic

jammern *vi* to wail ♦ *vt unpers*: **es jammert jdn** it makes sb feel sorry
jammerschade *adj*: **es ist ~** it is a crying shame
Januar ['januaːr] **(-(s), -e)** *m* January
Japan ['jaːpan] **(-s)** *nt* Japan; **~er(in)** [-'paːnər(ɪn)] **(-s)** *m(f)* Japanese; **j~isch** *adj* Japanese
Jargon [ʒar'gõː] **(-s, -s)** *m* jargon
jäten ['jɛːtən] *vt*: **Unkraut ~** to weed
jauchzen ['jaʊxtsən] *vi* to rejoice, to shout (with joy)
jaulen ['jaʊlən] *vi* to howl
jawohl [ja'voːl] *adv* yes (of course)
Jawort ['jaːvɔrt] *nt* consent
Jazz [dʒɛs] (-) *m* Jazz

SCHLÜSSELWORT

je [jeː] *adv* **1** (*jemals*) ever; **hast du so was je gesehen?** did you ever see anything like it?
2 (*jeweils*) every, each; **sie zahlten je 3 Mark** they paid 3 marks each
♦ *konj* **1**: **je nach** depending on; **je nachdem** it depends; **je nachdem, ob ...** depending on whether ...
2: **je eher, desto** *od* **um so besser** the sooner the better

Jeans [dʒiːnz] *pl* jeans
jede(r, s) ['jeːdə(r, s)] *adj* every, each ♦ *pron* everybody; (~ *einzelne*) each; **ohne ~ x** without any x
jedenfalls *adv* in any case
jedermann *pron* everyone
jederzeit *adv* at any time
jedesmal *adv* every time, each time
jedoch [je'dɔx] *adv* however
jeher ['jeːheːr] *adv*: **von/seit ~** always
jemals ['jeːmaːls] *adv* ever
jemand ['jeːmant] *pron* somebody; anybody
jene(r, s) ['jeːnə(r, s)] *adj* that ♦ *pron* that one
jenseits ['jeːnzaɪts] *adv* on the other side ♦ *präp +gen* on the other side of, beyond
Jenseits *nt*: **das ~** the hereafter, the beyond
jetzig ['jɛtsɪç] *adj* present
jetzt [jɛtst] *adv* now
jeweilig *adj* respective
jeweils *adv*: **~ zwei zusammen** two at a time; **zu ~ 5 DM** at 5 marks each; **~ das erste** the first each time
Jh. *abk* = **Jahrhundert**
Jockei ['dʒɔke] **(-s, -s)** *m* jockey
Jod [joːt] **(-(e)s)** *nt* iodine
jodeln ['joːdəln] *vi* to yodel
joggen ['dʒɔgən] *vi* to jog
Joghurt ['joːgʊrt] **(-s, -s)** *m od nt* yogurt
Johannisbeere [jo'hanɪsbeːrə] *f* redcurrant; **schwarze ~** blackcurrant
johlen ['joːlən] *vi* to yell
jonglieren [ʒõ'gliːrən] *vi* to juggle
Journal- [ʒʊrnal] *zW*: **~ismus** [-'lɪsmʊs] *m* journalism; **~ist(in)** [-'lɪst(ɪn)] *m(f)* journalist; **journa'listisch** *adj* journalistic
Jubel ['juːbəl] **(-s)** *m* rejoicing; **j~n** *vi* to rejoice
Jubiläum [jubi'lɛːʊm] **(-s, Jubiläen)** *nt* anniversary; jubilee
jucken ['jʊkən] *vi* to itch ♦ *vt*: **es juckt mich am Arm** my arm is itching; **das juckt mich** that's itchy
Juckreiz ['jʊkraɪts] *m* itch
Jude ['juːdə] **(-n, -n)** *m* Jew
Judentum (-) *nt* Judaism, Jewry
Judenverfolgung *f* persecution of the Jews
Jüdin ['jyːdɪn] *f* Jewess
jüdisch ['jyːdɪʃ] *adj* Jewish
Judo ['juːdo] **(-(s))** *nt* judo
Jugend ['juːgənt] (-) *f* youth; **j~frei** *adj* (*CINE*) U (*BRIT*), G (*US*), suitable for children; **~herberge** *f* youth hostel; **j~lich** *adj* youthful; **~liche(r)** *mf* teenager, young person
Jugoslaw- [jugɔ'slaːv] *zW*: **~e** *m* Yugoslavian; **~ien** (-s) *nt* Yugoslavia; **~in** *f* Yugoslavian; **j~isch** *adj* Yugo-

slavian

Juli ['ju:li] (**-(s), -s**) *m* July

jun. *abk* (= *junior*) jr.

jung [jʊŋ] *adj* young; **J~e** (**-n, -n**) *m* boy, lad; **J~e(s)** *nt* young animal; **J~en** *pl* (*von Tier*) young *pl*

Jünger ['jʏŋər] (**-s, -**) *m* disciple

jünger *adj* younger

Jung- *zW*: **~frau** *f* virgin; (*ASTROL*) Virgo; **~geselle** *m* bachelor; **~gesellin** *f* unmarried woman; **Jüngling** *m* youth

jüngst [jʏŋst] *adv* lately, recently; **~e(r, s)** *adj* youngest; (*neueste*) latest

Juni ['ju:ni] (**-(s), -s**) *m* June

Junior ['ju:niɔr, *pl* -'o:rən] (**-s, -en**) *m* junior

Jurist [ju'rɪst] *m* jurist, lawyer; **j~isch** *adj* legal

Justiz [jʊs'ti:ts] (-) *f* justice; **~beamte(r)** *m* judicial officer; **~irrtum** *m* miscarriage of justice; **~minister** *m* ≈ Lord (High) Chancellor (*BRIT*), ≈ Attorney General (*US*)

Juwel [ju've:l] (**-s, -en**) *nt od m* jewel

Juwelier [jʊve'li:r] (**-s, -e**) *m* jeweller; **~geschäft** *nt* jeweller's (shop)

Jux [jʊks] (**-es, -e**) *m* joke, lark

K

Kabarett [kaba'rɛt] (**-s, -e** *od* **-s**) *nt* cabaret; **~ist** [-'tɪst] *m* cabaret artiste

Kabel ['ka:bəl] (**-s, -**) *nt* (*ELEK*) wire; (*stark*) cable; **~fernsehen** *nt* cable television

Kabeljau ['ka:bəljaʊ] (**-s, -e** *od* **-s**) *m* cod

kabeln *vt, vi* to cable

Kabine [ka'bi:nə] *f* cabin; (*Zelle*) cubicle

Kabinett [kabi'nɛt] (**-s, -e**) *nt* (*POL*) cabinet

Kachel ['kaxəl] (**-, -n**) *f* tile; **k~n** *vt* to tile; **~ofen** *m* tiled stove

Käfer ['kɛ:fər] (**-s, -**) *m* beetle

Kaffee ['kafe] (**-s, -s**) *m* coffee; **~kanne** *f* coffeepot; **~löffel** *m* coffee spoon

Käfig ['kɛ:fɪç] (**-s, -e**) *m* cage

kahl [ka:l] *adj* bald; **~geschoren** *adj* shaven, shorn; **~köpfig** *adj* bald-headed

Kahn [ka:n] (**-(e)s, ¨e**) *m* boat, barge

Kai [kaɪ] (**-s, -e** *od* **-s**) *m* quay

Kaiser ['kaɪzər] (**-s, -**) *m* emperor; **~in** *f* empress; **k~lich** *adj* imperial; **~reich** *nt* empire; **~schnitt** *m* (*MED*) Caesarian (section)

Kajak ['ka:jak] (**-s, -s**) *m* (*SPORT*) kayak

Kakao [ka'kao] (**-s, -s**) *m* cocoa

Kaktee [kak'te:(ə)] (**-, -n**) *f* cactus

Kaktus ['kaktʊs] (**-, -teen**) *m* cactus

Kalb [kalp] (**-(e)s, ¨er**) *nt* calf; **k~en** ['kalbən] *vi* to calve; **~fleisch** *nt* veal; **~sleder** *nt* calf(skin)

Kalender [ka'lɛndər] (**-s, -**) *m* calendar; (*Taschen~*) diary

Kaliber [ka'li:bər] (**-s, -**) *nt* (*auch fig*) calibre

Kalk [kalk] (**-(e)s, -e**) *m* lime; (*BIOL*) calcium; **~stein** *m* limestone

kalkulieren [kalku'li:rən] *vt* to calculate

Kalorie [kalo'ri:] *f* calorie

kalt [kalt] *adj* cold; **mir ist (es) ~** I am cold; **~bleiben** (*unreg*) *vi* to remain unmoved; **~blütig** *adj* cold-blooded; (*ruhig*) cool

Kälte ['kɛltə] (-) *f* cold; coldness; **~grad** *m* degree of frost *od* below zero; **~welle** *f* cold spell

kalt- *zW*: **~herzig** *adj* cold-hearted; **~schnäuzig** *adj* cold, unfeeling; **~stellen** *vt* to chill; (*fig*) to leave out in the cold

kam *etc vb siehe* **kommen**

Kamel [ka'me:l] (**-(e)s, -e**) *nt* camel

Kamera ['kamera] (**-, -s**) *f* camera

Kamerad [kamə'ra:t] (**-en, -en**) *m* comrade, friend; **~schaft** *f* comradeship; **k~schaftlich** *adj* comradely

Kameramann (**-(e)s, -männer**) *m* cameraman

Kamille [ka'mɪlə] *f* camomile; **~ntee** *m* camomile tea

Kamin [ka'mi:n] (**-s, -e**) *m* (*außen*)

chimney; (*innen*) fireside, fireplace; **~feger** (-s, -) *m* chimney sweep; **~kehrer** (-s, -) *m* chimney sweep

Kamm [kam] (**-(e)s, ¨e**) *m* comb; (*Berg~*) ridge; (*Hahnen~*) crest

kämmen ['kɛmən] *vt* to comb ♦ *vr* to comb one's hair

Kammer ['kamər] (-, **-n**) *f* chamber; small bedroom; **~diener** *m* valet

Kampagne [kam'panjə] *f* campaign

Kampf [kampf] (**-(e)s, ¨e**) *m* fight, battle; (*Wettbewerb*) contest; (*fig: Anstrengung*) struggle; **k~bereit** *adj* ready for action

kämpfen ['kɛmpfən] *vi* to fight

Kämpfer (-s, -) *m* fighter, combatant

Kampf- *zW:* **~handlung** *f* action; **k~los** *adj* without a fight; **~richter** *m* (*SPORT*) referee; (*TENNIS*) umpire; **~stoff** *m:* **chemischer/biologischer ~stoff** chemical/biological weapon

Kanada ['kanada] (**-s**) *nt* Canada

Kanadier(in) [ka'na:diər(ɪn)] (**-s**, -) *m(f)* Canadian

kanadisch [ka'na:dɪʃ] *adj* Canadian

Kanal [ka'na:l] (**-s, Kanäle**) *m* (*Fluß*) canal; (*Rinne, Ärmel~*) channel; (*für Abfluß*) drain; **~inseln** *pl* Channel Islands; **~isation** [-izatsi'o:n] *f* sewage system

Kanarienvogel [ka'na:riənfo:gəl] *m* canary

kanarisch [ka'na:rɪʃ] *adj:* **K~e Inseln** Canary Islands, Canaries

Kandi- [kandi] *zW:* **~dat** [-'da:t] (**-en, -en**) *m* candidate; **~datur** [-da'tu:r] *f* candidature, candidacy; **k~dieren** [-'di:rən] *vi* to stand, to run

Kandis(zucker) ['kandɪs(tsukər)] (-) *m* candy

Känguruh ['kɛŋguru] (**-s, -s**) *nt* kangaroo

Kaninchen [ka'ni:nçən] *nt* rabbit

Kanister [ka'nɪstər] (**-s**, -) *m* can, canister

Kännchen ['kɛnçən] *nt* pot

Kanne ['kanə] *f* (*Krug*) jug; (*Kaffee~*) pot; (*Milch~*) churn; (*Gieß~*) can

kannst *etc* [kanst] *vb siehe* **können**

Kanon ['ka:nɔn] (**-s, -s**) *m* canon

Kanone [ka'no:nə] *f* gun; (*HIST*) cannon; (*fig: Mensch*) ace

Kantate [kan'ta:tə] *f* cantata

Kante ['kantə] *f* edge

Kantine [kan'ti:nə] *f* canteen

Kanu ['ka:nu] (**-s, -s**) *nt* canoe

Kanzel ['kantsəl] (-, **-n**) *f* pulpit

Kanzler ['kantslər] (**-s**, -) *m* chancellor

Kap [kap] (**-s, -s**) *nt* cape (*GEOG*); **~ der Guten Hoffnung** Cape of Good Hope

Kapazität [kapatsi'tɛ:t] *f* capacity; (*Fachmann*) authority

Kapelle [ka'pɛlə] *f* (*Gebäude*) chapel; (*MUS*) band

kapieren [ka'pi:rən] (*umg*) *vt, vi* to get, to understand

Kapital [kapi'ta:l] (**-s, -e** *od* **-ien**) *nt* capital; **~anlage** *f* investment; **~ismus** [-'lɪsmʊs] *m* capitalism; **~ist** [-'lɪst] *m* capitalist; **k~istisch** *adj* capitalist

Kapitän [kapi'tɛ:n] (**-s, -e**) *m* captain

Kapitel [ka'pɪtəl] (**-s**, -) *nt* chapter

Kapitulation [kapitulatsi'o:n] *f* capitulation

kapitulieren [kapitu'li:rən] *vi* to capitulate

Kaplan [ka'pla:n] (**-s, Kapläne**) *m* chaplain

Kappe ['kapə] *f* cap; (*Kapuze*) hood

kappen *vt* to cut

Kapsel ['kapsəl] (-, **-n**) *f* capsule

kaputt [ka'pʊt] (*umg*) *adj* kaput, broken; (*Person*) exhausted, finished; **am Auto ist etwas ~** there's something wrong with the car; **~gehen** (*unreg*) *vi* to break; (*Schuhe*) to fall apart; (*Firma*) to go bust; (*Stoff*) to wear out; (*sterben*) to cop it (*umg*); **~machen** *vt* to break; (*Mensch*) to exhaust, to wear out

Kapuze [ka'pu:tsə] *f* hood

Karaffe [ka'rafə] *f* carafe; (*geschliffen*) decanter

Karamel [kara'mɛl] (**-s**) *m* caramel;

~**bonbon** *m od nt* toffee
Karat [ka'ra:t] (-**(e)s**, -**e**) *nt* carat
Karate [ka'ra:tə] (-**s**) *nt* karate
Karawane [kara'va:nə] *f* caravan
Kardinal [kardi'na:l] (-**s**, **Kardinäle**) *m* cardinal; ~**zahl** *f* cardinal number
Karfreitag [ka:r'fraıta:k] *m* Good Friday
karg [kark] *adj* (*Landschaft, Boden*) barren; (*Lohn*) meagre
kärglich ['kɛrklıç] *adj* poor, scanty
Karibik [ka'ri:bık] (-) *f*: **die** ~ the Caribbean
karibisch [ka'ri:bıʃ] *adj*: **K~e Inseln** Caribbean Islands
kariert [ka'ri:rt] *adj* (*Stoff*) checked; (*Papier*) squared
Karies ['ka:rıɛs] (-) *f* caries
Karikatur [karika'tu:r] *f* caricature; ~**ist** [-'rıst] *m* cartoonist
Karneval ['karnəval] (-**s**, -**e** *od* -**s**) *m* carnival
Karo ['ka:ro] (-**s**, -**s**) *nt* square; (*KARTEN*) diamonds; ~-**As** *nt* ace of diamonds
Karosserie [karɔsə'ri:] *f* (*AUT*) body(work)
Karotte [ka'rɔtə] *f* carrot
Karpfen ['karpfən] (-**s**, -) *m* carp
Karre ['karə] *f* cart, barrow
Karren (-**s**, -) *m* cart, barrow
Karriere [kari'ɛ:rə] *f* career; ~ **machen** to get on, to get to the top; ~**macher** (-**s**, -) *m* careerist
Karte ['kartə] *f* card; (*Land*~) map; (*Speise*~) menu; (*Eintritts*~, *Fahr*~) ticket; **alles auf eine** ~ **setzen** to put all one's eggs in one basket
Kartei [kar'taı] *f* card index; ~**karte** *f* index card
Kartell [kar'tɛl] (-**s**, -**e**) *nt* cartel
Kartenspiel *nt* card game; pack of cards
Kartoffel [kar'tɔfəl] (-, -**n**) *f* potato; ~**brei** *m* mashed potatoes *pl*; ~**mus** *nt* mashed potatoes *pl*; ~**püree** *nt* mashed potatoes *pl*; ~**salat** *m* potato salad
Karton [kar'tõ:] (-**s**, -**s**) *m* cardboard; (*Schachtel*) cardboard box; **k~iert** *adj* hardback
Karussell [karʊ'sɛl] (-**s**, -**s**) *nt* roundabout (*BRIT*), merry-go-round
Karwoche ['ka:rvɔxə] *f* Holy Week
Käse ['kɛ:zə] (-**s**, -) *m* cheese; ~**glocke** *f* cheese(-plate) cover; ~**kuchen** *m* cheesecake
Kaserne [ka'zɛrnə] *f* barracks *pl*; ~**nhof** *m* parade ground
Kasino [ka'zi:no] (-**s**, -**s**) *nt* club; (*MIL*) officers' mess; (*Spiel*~) casino
Kasper ['kaspər] (-**s**, -) *m* Punch; (*fig*) fool
Kasse ['kasə] *f* (*Geldkasten*) cashbox; (*in Geschäft*) till, cash register; cash desk, checkout; (*Kino*~, *Theater*~ *etc*) box office; ticket office; (*Kranken*~) health insurance; (*Spar*~) savings bank; ~ **machen** to count the money; **getrennte** ~ **führen** to pay separately; **an der** ~ (*in Geschäft*) at the desk; **gut bei** ~ **sein** to be in the money
Kassen- *zW*: ~**arzt** *m* panel doctor (*BRIT*); ~**bestand** *m* cash balance; ~**patient** *m* panel patient (*BRIT*); ~**prüfung** *f* audit; ~**sturz** *m*: ~**sturz machen** to check one's money; ~**zettel** *m* receipt
Kassette [ka'sɛtə] *f* small box; (*Tonband, PHOT*) cassette; (*Bücher*~) case
Kassettenrecorder (-**s**, -) *m* cassette recorder
kassieren [ka'si:rən] *vt* to take ♦ *vi*: **darf ich** ~**?** would you like to pay now?
Kassierer [ka'si:rər] (-**s**, -) *m* cashier; (*von Klub*) treasurer
Kastanie [kas'ta:niə] *f* chestnut; (*Baum*) chestnut tree
Kasten ['kastən] (-**s**, ¨) *m* (*auch SPORT*) box; case; (*Truhe*) chest; ~**wagen** *m* van
kastrieren [kas'tri:rən] *vt* to castrate
Katalog [kata'lo:k] (-**(e)s**, -**e**) *m* catalogue
Katalysator [kataly'za:tɔr] *m* catalyst; (*AUT*) catalytic converter
Katarrh [ka'tar] (-**s**, -**e**) *m* catarrh

katastrophal [katastro'fa:l] *adj* catastrophic
Katastrophe [kata'stro:fə] *f* catastrophe, disaster
Kat-Auto ['kat'auto] *nt car fitted with a catalytic converter*
Kategorie [katego'ri:] *f* category
kategorisch [kate'go:rɪʃ] *adj* categorical
Kater ['ka:tər] (**-s, -**) *m* tomcat; (*umg*) hangover
kath. *abk* (= *katholisch*) Cath.
Kathedrale [kate'dra:lə] *f* cathedral
Kathode [ka'to:də] *f* cathode
Katholik [kato'li:k] (**-en, -en**) *m* Catholic
katholisch [ka'to:lɪʃ] *adj* Catholic
Kätzchen ['kɛtsçən] *nt* kitten
Katze ['katsə] *f* cat; **für die Katz** (*umg*) in vain, for nothing
Katzen- *zW.* **~auge** *nt* cat's eye; (*Fahrrad*) rear light; **~jammer** (*umg*) *m* hangover; **~sprung** (*umg*) *m* stone's throw; short journey
Kauderwelsch ['kaudərvɛlʃ] (**-(s)**) *nt* jargon; (*umg*) double Dutch
kauen ['kauən] *vt, vi* to chew
kauern ['kauərn] *vi* to crouch down; (*furchtlich*) to cower
Kauf [kauf] (**-(e)s, Käufe**) *m* purchase, buy; (*Kaufen*) buying; **ein guter ~** a bargain; **etw in ~ nehmen** to put up with sth; **k~en** *vt* to buy
Käufer(in) ['kɔʏfər(ɪn)] (**-s, -**) *m(f)* buyer
Kauffrau *f* businesswoman
Kaufhaus *nt* department store
Kaufkraft *f* purchasing power
käuflich ['kɔʏflɪç] *adj* purchasable, for sale; (*pej*) venal ♦ *adv.* **~ erwerben** to purchase
Kauf- *zW:* **k~lustig** *adj* interested in buying; **~mann** (*pl* **-leute**) *m* businessman; shopkeeper; **k~männisch** *adj* commercial; **k~männischer Angestellter** office worker
Kaugummi ['kaugumi] *m* chewing gum
Kaulquappe ['kaulkvapə] *f* tadpole
kaum [kaum] *adv* hardly, scarcely
Kaution [kautsi'o:n] *f* deposit; (*JUR*) bail
Kauz [kauts] (**-es, Käuze**) *m* owl; (*fig*) queer fellow
Kavalier [kava'li:r] (**-s, -e**) *m* gentleman, cavalier; **~sdelikt** *nt* peccadillo
Kaviar ['ka:viar] *m* caviar
keck [kɛk] *adj* daring, bold; **K~heit** *f* daring, boldness
Kegel ['ke:gəl] (**-s, -**) *m* skittle; (*MATH*) cone; **~bahn** *f* skittle alley; bowling alley; **k~n** *vi* to play skittles
Kehle ['ke:lə] *f* throat
Kehlkopf *m* larynx
Kehre ['ke:rə] *f* turn(ing), bend; **k~n** *vt, vi* (*wenden*) to turn; (*mit Besen*) to sweep; **sich an etw** *dat* **nicht k~n** not to heed sth
Kehricht ['ke:rɪçt] (**-s**) *m* sweepings *pl*
Kehrmaschine *f* sweeper
Kehrseite *f* reverse, other side; wrong side; bad side
kehrtmachen *vi* to turn about, to about-turn
keifen ['kaɪfən] *vi* to scold, to nag
Keil [kaɪl] (**-(e)s, -e**) *m* wedge; (*MIL*) arrowhead; **~riemen** *m* (*AUT*) fan belt
Keim [kaɪm] (**-(e)s, -e**) *m* bud; (*MED, fig*) germ; **k~en** *vi* to germinate; **k~frei** *adj* sterile; **~zelle** *f* (*fig*) nucleus
kein [kaɪn] *adj* no, not ... any; **~e(r, s)** *pron* no one, nobody; none; **~erlei** *adj attrib* no ... whatsoever
keinesfalls *adv* on no account
keineswegs *adv* by no means
keinmal *adv* not once
Keks [ke:ks] (**-es, -e**) *m od nt* biscuit
Kelch [kɛlç] (**-(e)s, -e**) *m* cup, goblet, chalice
Kelle ['kɛlə] *f* (*Suppen~*) ladle; (*Maurer~*) trowel
Keller ['kɛlər] (**-s, -**) *m* cellar
Kellner(in) ['kɛlnər(ɪn)] (**-s, -**) *m(f)* waiter(tress)
keltern ['kɛltərn] *vt* to press
kennen ['kɛnən] (*unreg*) *vt* to know;

~lernen *vt* to get to know; **sich ~lernen** to get to know each other; (*zum erstenmal*) to meet

Kenner (-s, -) *m* connoisseur

kenntlich *adj* distinguishable, discernible; **etw ~ machen** to mark sth

Kenntnis (-, -se) *f* knowledge *no pl*; **etw zur ~ nehmen** to note sth; **von etw ~ nehmen** to take notice of sth; **jdn in ~ setzen** to inform sb

Kenn- *zW*: **~zeichen** *nt* mark, characteristic; **k~zeichnen** *vt insep* to characterize; **~ziffer** *f* reference number

kentern ['kɛntərn] *vi* to capsize

Keramik [ke'ra:mɪk] (-, -en) *f* ceramics *pl*, pottery

Kerbe ['kɛrbə] *f* notch, groove

Kerker ['kɛrkər] (-s, -) *m* prison

Kerl [kɛrl] (-s, -e) *m* chap, bloke (*BRIT*), guy; **sie ist ein netter ~** she's a good sort

Kern [kɛrn] (-(e)s, -e) *m* (*Obst~*) pip, stone; (*Nuß~*) kernel; (*Atom~*) nucleus; (*fig*) heart, core; **~energie** *f* nuclear energy; **~forschung** *f* nuclear research; **~frage** *f* central issue; **k~gesund** *adj* thoroughly healthy, fit as a fiddle; **k~ig** *adj* (*kraftvoll*) robust; (*Ausspruch*) pithy; **~kraftwerk** *nt* nuclear power station; **k~los** *adj* seedless, pipless; **~physik** *f* nuclear physics *sg*; **~spaltung** *f* nuclear fission; **~waffen** *pl* nuclear weapons

Kerze ['kɛrtsə] *f* candle; (*Zünd~*) plug; **k~ngerade** *adj* straight as a die; **~nständer** *m* candle holder

keß [kɛs] *adj* saucy

Kessel ['kɛsəl] (-s, -) *m* kettle; (*von Lokomotive etc*) boiler; (*GEOG*) depression; (*MIL*) encirclement

Kette ['kɛtə] *f* chain; **k~n** *vt* to chain

Ketten- *zW*: **~laden** *m* chain store; **~rauchen** *nt* chain smoking; **~reaktion** *f* chain reaction

Ketzer ['kɛtsər] (-s, -) *m* heretic

keuchen ['kɔʏçən] *vi* to pant, to gasp

Keuchhusten *m* whooping cough

Keule ['kɔʏlə] *f* club; (*KOCH*) leg

keusch [kɔʏʃ] *adj* chaste; **K~heit** *f* chastity

kfm. *abk* = **kaufmännisch**

KG [ka:'ge:] (-, -s) *f abk* (= *Kommanditgesellschaft*) limited partnership

kg *abk* = **Kilogramm**

kichern ['kɪçərn] *vi* to giggle

kidnappen ['kɪdnɛpən] *vt* to kidnap

Kiefer[1] ['ki:fər] (-s, -) *m* jaw

Kiefer[2] (-, -n) *f* pine; **Kiefernzapfen** *m* pine cone

Kiel [ki:l] (-(e)s, -e) *m* (*Feder~*) quill; (*NAUT*) keel

Kieme ['ki:mə] *f* gill

Kies [ki:s] (-es, -e) *m* gravel

Kilo ['ki:lo] *nt* kilo; **~gramm** [kilo'gram] *nt* kilogram; **~meter** [kilo'me:tər] *m* kilometre; **~meterzähler** *m* ≈ milometer

Kind [kɪnt] (-(e)s, -er) *nt* child; **von ~ auf** from childhood

Kinder- ['kɪndər] *zW*: **~ei** [-'raɪ] *f* childishness; **~garten** *m* nursery school, playgroup; **~gärtnerin** *f* nursery school teacher; **~geld** *nt* child benefit (*BRIT*); **~heim** *nt* children's home; **~krippe** *f* crèche; **~lähmung** *f* poliomyelitis; **k~leicht** *adj* childishly easy; **k~los** *adj* childless; **~mädchen** *nt* nursemaid; **k~reich** *adj* with a lot of children; **~sendung** *f* (*RADIO, TV*) children's programme; **~spiel** *nt* (*fig*) child's play; **~tagesstätte** *f* day-nursery; **~wagen** *m* pram, baby carriage (*US*); **~zimmer** *nt* (*für Kinder*) children's room; (*für Säugling*) nursery

Kind- *zW*: **~heit** *f* childhood; **k~isch** *adj* childish; **k~lich** *adj* childlike

Kinn [kɪn] (-(e)s, -e) *nt* chin; **~haken** *m* (*BOXEN*) uppercut

Kino ['ki:no] (-s, -s) *nt* cinema; **~besucher** *m* cinema-goer; **~programm** *nt* film programme

Kiosk ['ki:ɔsk] (-(e)s, -e) *m* kiosk

Kippe ['kɪpə] *f* cigarette end; (*umg*)

fag; **auf der ~ stehen** (*fig*) to be touch and go

kippen *vi* to topple over, to overturn ♦ *vt* to tilt

Kirch- ['kɪrç] *zW*: **~e** *f* church; **~enlied** *nt* hymn; **~ensteuer** *f* church tax; **~gänger** (-s, -) *m* churchgoer; **~hof** *m* churchyard; **k~lich** *adj* ecclesiastical; **~turm** *m* church tower, steeple

Kirmes ['kɪrmɛs] (-, -sen) *f* fair

Kirsche ['kɪrʃə] *f* cherry

Kissen ['kɪsən] (-s, -) *nt* cushion; (*Kopf~*) pillow; **~bezug** *m* pillowslip

Kiste ['kɪstə] *f* box; chest

Kitsch [kɪtʃ] (-(e)s) *m* kitsch; **k~ig** *adj* kitschy

Kitt [kɪt] (-(e)s, -e) *m* putty

Kittel (-s, -) *m* overall, smock

kitten *vt* to putty; (*fig*: *Ehe etc*) to cement

Kitz [kɪts] (-es, -e) *nt* kid; (*Reh~*) fawn

kitzelig ['kɪtsəlɪç] *adj* (*auch fig*) ticklish

kitzeln *vi* to tickle

Kiwi [ki:vi] (-, -s) *f* (*BOT, KOCH*) kiwi fruit

KKW [kaɪkaɪ'veɪ] *nt abk* = **Kernkraftwerk**

kläffen ['klɛfən] *vi* to yelp

Klage ['kla:gə] *f* complaint; (*JUR*) action; **k~n** *vi* (*wehklagen*) to lament, to wail; (*sich beschweren*) to complain; (*JUR*) to take legal action

Kläger(in) ['klɛ:gər(ɪn)] (-s, -) *m(f)* plaintiff

kläglich ['klɛ:klɪç] *adj* wretched

klamm [klam] *adj* (*Finger*) numb; (*feucht*) damp

Klammer ['klamər] (-, -n) *f* clamp; (*in Text*) bracket; (*Büro~*) clip; (*Wäsche~*) peg; (*Zahn~*) brace; **k~n** *vr*: **sich k~n an** +*akk* to cling to

Klang [klaŋ] (-(e)s, ¨e) *m* sound; **k~voll** *adj* sonorous

Klappe ['klapə] *f* valve; (*Ofen~*) damper; (*umg*: *Mund*) trap; **k~n** *vi* (*Geräusch*) to click; (*Sitz etc*) to tip ♦ *vt* to tip ♦ *vb unpers* to work

Klapper ['klapər] (-, -n) *f* rattle; **k~ig** *adj* run-down, worn-out; **k~n** *vi* to clatter, to rattle; **~schlange** *f* rattlesnake; **~storch** *m* stork

Klapp- *zW*: **~messer** *nt* jack-knife; **~rad** *nt* collapsible bicycle; **~stuhl** *m* folding chair; **~tisch** *m* folding table

Klaps [klaps] (-es, -e) *m* slap

klar [kla:r] *adj* clear; (*NAUT*) ready for sea; (*MIL*) ready for action; **sich** *dat* **im ~en sein über** +*akk* to be clear about; **ins ~e kommen** to get clear; **(na) ~!** of course!

Kläranlage *f* purification plant

klären ['klɛ:rən] *vt* (*Flüssigkeit*) to purify; (*Probleme*) to clarify ♦ *vr* to clear (itself) up

Klarheit *f* clarity

Klarinette [klari'nɛtə] *f* clarinet

klar- *zW*: **~legen** *vt* to clear up, to explain; **~machen** *vt* (*Schiff*) to get ready for sea; **jdm etw ~machen** to make sth clear to sb; **~sehen** (*unreg*) *vi* to see clearly; **K~sichtfolie** *f* transparent film; **~stellen** *vt* to clarify

Klärung ['klɛ:rʊŋ] *f* (*von Flüssigkeit*) purification; (*von Probleme*) clarification

klarwerden (*unreg*) *vr*: **sich** *dat* **(über etw** *akk*) **~** to get (sth) clear in one's mind

Klasse ['klasə] *f* class; (*SCH*) class, form; **k~** (*umg*) *adj* smashing

Klassen- *zW*: **~arbeit** *f* test; **~bewußtsein** *nt* class consciousness; **~gesellschaft** *f* class society; **~kampf** *m* class conflict; **~lehrer** *m* form master; **k~los** *adj* classless; **~sprecher(in)** *m(f)* form prefect; **~zimmer** *nt* classroom

klassifizieren [klasifi'tsi:rən] *vt* to classify

Klassik ['klasɪk] *f* (*Zeit*) classical period; (*Stil*) classicism; **~er** (-s, -) *m* classic

klassisch *adj* (*auch fig*) classical

Klatsch [klatʃ] (-(e)s, -e) *m* smack, crack; (*Gerede*) gossip; **~base** *f* gossip; **~e** (*umg*) *f* crib; **k~en** *vi* (*Geräusch*) to clash; (*reden*) to gossip; (*applaudieren*) to applaud, to clap ♦ *vt*: **jdm Beifall k~en** to applaud sb; **~mohn** *m* (corn) poppy; **k~naß** *adj* soaking wet

Klaue ['klaʊə] *f* claw; (*umg*: *Schrift*) scrawl; **k~n** (*umg*) *vt* to pinch

Klausel ['klaʊzəl] (**-, -n**) *f* clause

Klausur [klaʊ'zu:r] *f* seclusion; **~arbeit** *f* examination paper

Klaviatur [klavia'tu:r] *f* keyboard

Klavier [kla'vi:r] (**-s, -e**) *nt* piano

Kleb- ['kle:b] *zW*: **k~en** *vt, vi*: **k~en (an** *+akk***)** to stick (to); **k~rig** *adj* sticky; **~stoff** *m* glue; **~streifen** *m* adhesive tape

kleckern ['klɛkərn] *vi* to make a mess ♦ *vt* to spill

Klecks [klɛks] (**-es, -e**) *m* blot, stain

Klee [kle:] (**-s**) *m* clover; **~blatt** *nt* cloverleaf; (*fig*) trio

Kleid [klaɪt] (**-(e)s, -er**) *nt* garment; (*Frauen~*) dress; **~er** *pl* (*Kleidung*) clothes; **k~en** ['klaɪdən] *vt* to clothe, to dress; to suit ♦ *vr* to dress

Kleider- ['klaɪdər] *zW*: **~bügel** *m* coat hanger; **~bürste** *f* clothes brush; **~schrank** *m* wardrobe

Kleid- *zW*: **k~sam** *adj* flattering; **~ung** *f* clothing; **~ungsstück** *nt* garment

Kleie ['klaɪə] *f* bran

klein [klaɪn] *adj* little, small; **K~e(r, s)** *mf* little one; **K~format** *nt* small size; **im K~format** small-scale; **K~geld** *nt* small change; **~hacken** *vt* to chop up, to mince; **K~igkeit** *f* trifle; **K~kind** *nt* infant; **K~kram** *m* details *pl*; **~laut** *adj* dejected, quiet; **~lich** *adj* petty, paltry; **K~od** ['klaɪno:t] (**-s, -odien**) *nt* gem, jewel; treasure; **~schneiden** (*unreg*) *vt* to chop up; **~städtisch** *adj* provincial; **~stmöglich** *adj* smallest possible

Kleister ['klaɪstər] (**-s, -**) *m* paste; **k~n** *vt* to paste

Klemme ['klɛmə] *f* clip; (*MED*) clamp; (*fig*) jam; **k~n** *vt* (*festhalten*) to jam; (*quetschen*) to pinch, to nip ♦ *vr* to catch o.s.; (*sich hineinzwängen*) to squeeze o.s. ♦ *vi* (*Tür*) to stick, to jam; **sich hinter jdn/etw k~n** to get on to sb/down to sth

Klempner ['klɛmpnər] (**-s, -**) *m* plumber

Klerus ['kle:rʊs] (**-**) *m* clergy

Klette ['klɛtə] *f* burr

Kletter- ['klɛtər] *zW*: **~er** (**-s, -**) *m* climber; **k~n** *vi* to climb; **~pflanze** *f* creeper

Klient(in) [kli'ɛnt(ɪn)] *m(f)* client

Klima ['kli:ma, *pl* kli'ma:tə] (**-s, -s** *od* **-te**) *nt* climate; **~anlage** *f* air conditioning; **~wechsel** *m* change of air

klimpern ['klɪmpərn] (*umg*) *vi* (*mit Münzen, Schlüsseln*) to jingle; (*auf Klavier*) to plonk (away)

Klinge ['klɪŋə] *f* blade; sword

Klingel ['klɪŋəl] (**-, -n**) *f* bell; **~beutel** *m* collection bag; **k~n** *vi* to ring

klingen ['klɪŋən] (*unreg*) *vi* to sound; (*Gläser*) to clink

Klinik ['kli:nɪk] *f* hospital, clinic

Klinke ['klɪŋkə] *f* handle

Klippe ['klɪpə] *f* cliff; (*im Meer*) reef; (*fig*) hurdle

klipp und klar ['klɪp'ʊntkla:r] *adj* clear and concise

klirren ['klɪrən] *vi* to clank, to jangle; (*Gläser*) to clink; **~de Kälte** biting cold

Klischee [klɪ'ʃe:] (**-s, -s**) *nt* (*Druckplatte*) plate, block; (*fig*) cliché; **~vorstellung** *f* stereotyped idea

Klo [klo:] (**-s, -s**; *umg*) *nt* loo (*BRIT*), john (*US*)

Kloake [klo'a:kə] *f* sewer

klobig ['klo:bɪç] *adj* clumsy

Klopapier (*umg*) *nt* loo paper (*BRIT*)

klopfen ['klɔpfən] *vi* to knock; (*Herz*) to thump ♦ *vt* to beat; **es klopft** somebody's knocking; **jdm auf die Schulter ~** to tap sb on the shoulder

Klopfer (**-s, -**) *m* (*Teppich~*) beater; (*Tür~*) knocker

Klops [klɔps] (**-es, -e**) *m* meatball

Klosett [klo'zɛt] (**-s, -e** *od* **-s**) *nt* lavatory, toilet; **~papier** *nt* toilet paper

Kloß [klo:s] (**-es, ¨e**) *m* (*im Hals*) lump; (*KOCH*) dumpling

Kloster ['klo:stər] (**-s, ¨**) *nt* (*Männer~*) monastery; (*Frauen~*) convent

klösterlich ['klø:stərlıç] *adj* monastic; convent *cpd*

Klotz [klɔts] (**-es, ¨e**) *m* log; (*Hack~*) block; **ein ~ am Bein** (*fig*) a drag, a millstone round (sb's) neck

Klub [klʊp] (**-s, -s**) *m* club; **~sessel** *m* easy chair

Kluft [klʊft] (**-, ¨e**) *f* cleft, gap; (*GEOG*) gorge, chasm

klug [klu:k] *adj* clever, intelligent; **K~heit** *f* cleverness, intelligence

Klumpen ['klʊmpən] (**-s, -**) *m* (*Erd~*) clod; (*Blut~*) clot; (*Gold~*) nugget; (*KOCH*) lump; **k~** *vi* to go lumpy; to clot

km *abk* = **Kilometer**

knabbern ['knabərn] *vt, vi* to nibble

Knabe ['kna:bə] (**-n, -n**) *m* boy; **k~nhaft** *adj* boyish

Knäckebrot ['knɛkəbro:t] *nt* crispbread

knacken ['knakən] *vt, vi* (*auch fig*) to crack

Knacks [knaks] (**-es, -e**) *m* crack; (*fig*) defect

Knall [knal] (**-(e)s, -e**) *m* bang; (*Peitschen~*) crack; **~ und Fall** (*umg*) unexpectedly; **~bonbon** *nt* cracker; **k~en** *vi* to bang; to crack; **k~rot** *adj* bright red

knapp [knap] *adj* tight; (*Geld*) scarce; (*Sprache*) concise; **eine ~e Stunde** just under an hour; **~ unter/neben** just under/by; **~halten** (*unreg*) *vt*: **jdn (mit etw) ~halten** to keep sb short (of sth); **K~heit** *f* tightness; scarcity; conciseness

knarren ['knarən] *vi* to creak

Knast [knast] (**-(e)s;** *umg*) *m* (*Haftstrafe*) porridge (*inf*), time (*inf*); (*Gefängnis*) slammer (*inf*), clink (*inf*)

knattern ['knatərn] *vi* to rattle; (*Maschinengewehr*) to chatter

Knäuel ['knɔʏəl] (**-s, -**) *m od nt* (*Woll~*) ball; (*Menschen~*) knot

Knauf [knaʊf] (**-(e)s, Knäufe**) *m* knob; (*Schwert~*) pommel

knautschen ['knaʊtʃən] *vt, vi* to crumple

Knebel ['kne:bəl] (**-s, -**) *m* gag; **k~n** *vt* to gag; (*NAUT*) to fasten

kneifen ['knaɪfən] (*unreg*) *vt* to pinch ♦ *vi* to pinch; (*sich drücken*) to back out; **vor etw ~** to dodge sth

Kneipe ['knaɪpə] (*umg*) *f* pub

kneten ['knɛ:tən] *vt* to knead; (*Wachs*) to mould

Knick [knɪk] (**-(e)s, -e**) *m* (*Sprung*) crack; (*Kurve*) bend; (*Falte*) fold; **k~en** *vt, vi* (*springen*) to crack; (*brechen*) to break; (*Papier*) to fold; **gek~t sein** to be downcast

Knicks [knɪks] (**-es, -e**) *m* curtsey; **k~en** *vi* to curtsey

Knie [kni:] (**-s, -**) *nt* knee; **~beuge** *f* knee bend; **~bundhose** *m* knee breeches; **~gelenk** *nt* knee joint; **~kehle** *f* back of the knee; **k~n** *vi* to kneel; **~scheibe** *f* kneecap; **~strumpf** *m* knee-length sock

Kniff [knɪf] (**-(e)s, -e**) *m* (*fig*) trick, knack; **k~elig** *adj* tricky

knipsen ['knɪpsən] *vt* (*Fahrkarte*) to punch; (*PHOT*) to take a snap of, to snap ♦ *vi* to take a snap *od* snaps

Knirps [knɪrps] (**-es, -e**) *m* little chap; (®: *Schirm*) telescopic umbrella

knirschen ['knɪrʃən] *vi* to crunch; **mit den Zähnen ~** to grind one's teeth

knistern ['knɪstərn] *vi* to crackle

Knitter- ['knɪtər] *zW*: **~falte** *f* crease; **k~frei** *adj* non-crease; **k~n** *vi* to crease

Knoblauch ['kno:plaʊx] (**-(e)s**) *m* garlic

Knoblauchzehe *f* (*KOCH*) clove of garlic

Knöchel ['knœçəl] (**-s, -**) *m* knuckle; (*Fuß~*) ankle

Knochen ['knɔxən] (**-s, -**) *m* bone; **~bruch** *m* fracture; **~gerüst** *nt* skeleton

knöchern [knœçərn] *adj* bone

knochig ['knɔxɪç] *adj* bony
Knödel ['knø:dəl] (**-s, -**) *m* dumpling
Knolle ['knɔlə] *f* tuber
Knopf [knɔpf] (**-(e)s, ¨e**) *m* button; (*Kragen~*) stud
knöpfen ['knœpfən] *vt* to button
Knopfloch *nt* buttonhole
Knorpel ['knɔrpəl] (**-s, -**) *m* cartilage, gristle; **k~ig** *adj* gristly
Knospe ['knɔspə] *f* bud
Knoten ['kno:tən] (**-s, -**) *m* knot; (*BOT*) node; (*MED*) lump; **k~** *vt* to knot; **~punkt** *m* junction
Knüller ['knʏlər] (**-s, -**; *umg*) *m* hit; (*Reportage*) scoop
knüpfen ['knʏpfən] *vt* to tie; (*Teppich*) to knot; (*Freundschaft*) to form
Knüppel ['knʏpəl] (**-s, -**) *m* cudgel; (*Polizei~*) baton, truncheon; (*AVIAT*) (joy)stick; **~schaltung** *f* (*AUT*) floor-mounted gear change
knurren ['knʊrən] *vi* (*Hund*) to snarl; to growl; (*Magen*) to rumble; (*Mensch*) to mutter
knusperig ['knʊspərɪç] *adj* crisp; (*Keks*) crunchy
k.o. [ka:'o:] *adj* knocked out; (*fig*) done in
Koalition [koalitsi'o:n] *f* coalition
Kobalt ['ko:balt] (**-s**) *nt* cobalt
Kobold ['ko:bɔlt] (**-(e)s, -e**) *m* goblin, imp
Kobra ['ko:bra] (**-, -s**) *f* cobra
Koch [kɔx] (**-(e)s, ¨e**) *m* cook; **~buch** *nt* cook(ery) book; **k~en** *vt, vi* to cook; (*Wasser*) to boil; **~er** (**-s, -**) *m* stove, cooker
Köcher ['kœçər] (**-s, -**) *m* quiver
Kochgelegenheit ['kɔxgəle:gənhaɪt] *f* cooking facilities *pl*
Köchin ['kœçɪn] *f* cook
Koch- *zW*: **~löffel** *m* kitchen spoon; **~nische** *f* kitchenette; **~platte** *f* hotplate; **~salz** *nt* cooking salt; **~topf** *m* saucepan, pot
Köder ['kø:dər] (**-s, -**) *m* bait, lure
ködern *vt* (*Tier*) to trap with bait; (*Person*) to entice, to tempt
Koexistenz [koɛksɪs'tɛnts] *f* coexistence
Koffein [kɔfe'i:n] (**-s**) *nt* caffeine; **k~frei** *adj* decaffeinated
Koffer ['kɔfər] (**-s, -**) *m* suitcase; (*Schrank~*) trunk; **~radio** *nt* portable radio; **~raum** *m* (*AUT*) boot (*BRIT*), trunk (*US*)
Kognak ['kɔnjak] (**-s, -s**) *m* brandy, cognac
Kohl [ko:l] (**-(e)s, -e**) *m* cabbage
Kohle ['ko:lə] *f* coal; (*Holz~*) charcoal; (*CHEM*) carbon; **~hydrat** (**-(e)s, -e**) *nt* carbohydrate
Kohlen- *zW*: **~dioxyd** (**-(e)s, -e**) *nt* carbon dioxide; **~händler** *m* coal merchant, coalman; **~säure** *f* carbon dioxide; **~stoff** *m* carbon
Kohlepapier *nt* carbon paper
Koje ['ko:jə] *f* cabin; (*Bett*) bunk
Kokain [koka'i:n] (**-s**) *nt* cocaine
kokett [ko'kɛt] *adj* coquettish, flirtatious
Kokosnuß ['ko:kɔsnʊs] *f* coconut
Koks [ko:ks] (**-es, -e**) *m* coke
Kolben ['kɔlbən] (**-s, -**) *m* (*Gewehr~*) rifle butt; (*Keule*) club; (*CHEM*) flask; (*TECH*) piston; (*Mais~*) cob
Kolchose [kɔl'ço:zə] *f* collective farm
Kolik ['ko:lɪk] *f* colic, the gripes *pl*
Kollaps [kɔ'laps] (**-es, -e**) *m* collapse
Kolleg [kɔl'e:k] (**-s, -s** *od* **-ien**) *nt* lecture course; **~e** [kɔ'le:gə] (**-n, -n**) *m* colleague; **~in** *f* colleague; **~ium** *nt* working party; (*SCH*) staff
Kollekte [kɔ'lɛktə] *f* (*REL*) collection
kollektiv [kɔlɛk'ti:f] *adj* collective
Köln [kœln] (**-s**) *nt* Cologne
Kolonie [kolo'ni:] *f* colony
kolonisieren [koloni'zi:rən] *vt* to colonize
Kolonne [ko'lɔnə] *f* column; (*von Fahrzeugen*) convoy
Koloß [ko'lɔs] (**-sses, -sse**) *m* colossus
kolossal [kolɔ'sa:l] *adj* colossal
Kombi- ['kɔmbi] *zW*: **~nation** [-natsi'o:n] *f* combination; (*Vermutung*) conjecture; (*Hemdhose*) combinations *pl*; **~nationsschloß** *nt* combination

lock; **k~nieren** [-'ni:rən] *vt* to combine ♦ *vi* to deduce, to work out; (*vermuten*) to guess; **~wagen** *m* station wagon; **~zange** *f* (pair of) pliers *pl*

Komet [ko'me:t] (**-en, -en**) *m* comet

Komfort [kɔm'fo:r] (**-s**) *m* luxury

Komik ['ko:mɪk] *f* humour, comedy; **~er** (**-s, -**) *m* comedian

komisch ['ko:mɪʃ] *adj* funny

Komitee [komi'te:] (**-s, -s**) *nt* committee

Komma ['kɔma] (**-s, -s** *od* **-ta**) *nt* comma; **2 ~ 3** 2 point 3

Kommand- [kɔ'mand] *zW*: **~ant** [-'dant] *m* commander, commanding officer; **k~ieren** [-'di:rən] *vt, vi* to command; **~o** (**-s, -s**) *nt* command, order; (*Truppe*) detachment, squad; **auf ~o** to order

kommen ['kɔmən] (*unreg*) *vi* to come; (*näher~*) to approach; (*passieren*) to happen; (*gelangen, geraten*) to get; (*Blumen, Zähne, Tränen etc*) to appear; (*in die Schule, das Zuchthaus etc*) to go; **~ lassen** to send for; **das kommt in den Schrank** that goes in the cupboard; **zu sich ~** to come round *od* to; **zu etw ~** to acquire sth; **um etw ~** to lose sth; **nichts auf jdn/etw ~ lassen** to have nothing said against sb/sth; **jdm frech ~** to get cheeky with sb; **auf jeden vierten kommt ein Platz** there's one place for every fourth person; **wer kommt zuerst?** who's first?; **unter ein Auto ~** to be run over by a car; **wie hoch kommt das?** what does that cost?; **komm gut nach Hause!** safe journey (home); **~den Sonntag** next Sunday; **K~** (**-s**) *nt* coming

Kommentar [kɔmɛn'ta:r] *m* commentary; **kein ~** no comment; **k~los** *adj* without comment

Kommentator [kɔmɛn'ta:tɔr] *m* (*TV*) commentator

kommentieren [kɔmɛn'ti:rən] *vt* to comment on

kommerziell [kɔmɛrtsi'ɛl] *adj* commercial

Kommilitone [kɔmili'to:nə] (**-n, -n**) *m* fellow student

Kommissar [kɔmɪ'sa:r] *m* police inspector

Kommission [kɔmɪsɪ'o:n] *f* (*COMM*) commission; (*Ausschuß*) committee

Kommode [kɔ'mo:də] *f* (chest of) drawers

kommunal [kɔmu'na:l] *adj* local; (*von Stadt auch*) municipal

Kommune [kɔ'mu:nə] *f* commune

Kommunikation [kɔmunɪkatsɪ'o:n] *f* communication

Kommunion [kɔmuni'o:n] *f* communion

Kommuniqué [kɔmyni'ke:] (**-s, -s**) *nt* communiqué

Kommunismus [kɔmu'nɪsmʊs] *m* communism

Kommunist(in) *m(f)* communist; **k~isch** *adj* communist

kommunizieren [kɔmuni'tsi:rən] *vi* to communicate; (*REL*) to receive Communion

Komödie [ko'mø:diə] *f* comedy

Kompagnon [kɔmpan'jõ:] (**-s, -s**) *m* (*COMM*) partner

kompakt [kɔm'pakt] *adj* compact

Kompanie [kɔmpa'ni:] *f* company

Kompaß ['kɔmpas] (**-sses, -sse**) *m* compass

kompatibel [kɔmpa'ti:bəl] *adj* compatible

kompetent [kɔmpe'tɛnt] *adj* competent

Kompetenz *f* competence, authority

komplett [kɔm'plɛt] *adj* complete

Komplex [kom'pleks] (**-es, -e**) *m* (*Gebäude~*) complex

Komplikation [kɔmplikatsi'o:n] *f* complication

Kompliment [kɔmpli'mɛnt] *nt* compliment

Komplize [kɔm'pli:tsə] (**-n, -n**) *m* accomplice

kompliziert [kɔmpli'tsi:rt] *adj* complicated

komponieren [kɔmpo'ni:rən] *vt* to compose

Komponist [kɔmpo'nɪst] *m* composer
Komposition [kɔmpozitsi'o:n] *f* composition
Kompost [kɔm'pɔst] **(-(e)s, -e)** *m* compost
Kompott [kɔm'pɔt] **(-(e)s, -e)** *nt* stewed fruit
Kompromiß [kɔmpro'mɪs] **(-sses, -sse)** *m* compromise; **k~bereit** *adj* willing to compromise; **~lösung** *f* compromise solution
Kondens- [kɔn'dɛns] *zW*: **~ation** [kɔndɛnzatsi'o:n] *f* condensation; **k~ieren** [kɔndɛn'zi:rən] *vt* to condense; **~milch** *f* condensed milk
Kondition [kɔnditsi'o:n] *f* (*WIRTS, FINANZ*) condition; (*Durchhaltevermögen*) stamina; (*körperliche Verfassung*) physical condition, state of health
Konditionstraining [kɔndit-si'o:nstrɛ:nɪŋ] *nt* fitness training
Konditor [kɔn'di:tɔr] *m* pastrycook
Konditorei [kɔndito'raɪ] *f* café; cake shop
Kondom [kɔn'do:m] **(-s, -e)** *nt* condom
Konferenz [kɔnfe'rɛnts] *f* conference, meeting
Konfession [kɔnfɛsi'o:n] *f* (religious) denomination; **k~ell** [-'nɛl] *adj* denominational; **k~slos** *adj* non-denominational
Konfetti [kɔn'fɛti] **(-(s))** *nt* confetti
Konfirmand [kɔnfɪr'mant] *m* candidate for confirmation
Konfirmation [kɔnfɪrmatsi'o:n] *f* (*REL*) confirmation
konfirmieren [kɔnfɪr'mi:rən] *vt* to confirm
konfiszieren [kɔnfɪs'tsi:rən] *vt* to confiscate
Konfitüre [kɔnfi'ty:rə] *f* jam
Konflikt [kɔn'flɪkt] **(-(e)s, -e)** *m* conflict
konfrontieren [kɔnfrɔn'ti:rən] *vt* to confront
konfus [kɔn'fu:s] *adj* confused
Kongreß [kɔn'grɛs] **(-sses, -sse)** *m* congress
Kongruenz [kɔngru'ɛnts] *f* agreement, congruence
König ['kø:nɪç] **(-(e)s, -e)** *m* king; **~in** ['kø:nɪgɪn] *f* queen; **k~lich** *adj* royal; **~reich** *nt* kingdom; **~tum** **(-(e)s)** *nt* kingship
Konjugation [kɔnjugatsi'o:n] *f* conjugation
konjugieren [kɔnju'gi:rən] *vt* to conjugate
Konjunktion [kɔnjʊŋktsi'o:n] *f* conjunction
Konjunktiv ['kɔnjʊŋkti:f] **(-s, -e)** *m* subjunctive
Konjunktur [kɔnjʊŋk'tu:r] *f* economic situation; (*Hoch~*) boom
konkav [kɔn'ka:f] *adj* concave
konkret [kɔn'kre:t] *adj* concrete
Konkurrent(in) [kɔnkʊ'rɛnt(ɪn)] *m(f)* competitor
Konkurrenz [kɔnkʊ'rɛnts] *f* competition; **k~fähig** *adj* competitive; **~kampf** *m* competition; rivalry, competitive situation
konkurrieren [kɔnkʊ'ri:rən] *vi* to compete
Konkurs [kɔn'kʊrs] **(-es, -e)** *m* bankruptcy

SCHLÜSSELWORT

können ['kœnən] (*pt* **konnte**, *pp* **gekonnt** *od (als Hilfsverb)* **können**) *vt, vi* **1** to be able to; **ich kann es machen** I can do it, I am able to do it; **ich kann es nicht machen** I can't do it, I'm not able to do it; **ich kann nicht ...** I can't ..., I cannot ...; **ich kann nicht mehr** I can't go on
2 (*wissen, beherrschen*) to know; **können Sie Deutsch?** can you speak German?; **er kann gut Englisch** he speaks English well; **sie kann keine Mathematik** she can't do mathematics
3 (*dürfen*) to be allowed to; **kann ich gehen?** can I go?; **könnte ich ...?** could I ...?; **kann ich mit?** (*umg*) can I come with you?

4 (*möglich sein*): **Sie könnten recht haben** you may be right; **das kann sein** that's possible; **kann sein** maybe

Können (-s) *nt* ability
Könner *m* expert
konnte *etc* ['kɔntə] *vb siehe* **können**
konsequent [kɔnze'kvɛnt] *adj* consistent
Konsequenz [kɔnze'kvɛnts] *f* consistency; (*Folgerung*) conclusion
Konserv- [kɔn'zɛrv] *zW*: **k~ativ** [-a'ti:f] *adj* conservative; **~ative(r)** [-a'ti:və(r)] *mf* (*POL*) conservative; **~e** *f* tinned food; **~enbüchse** *f* tin, can; **k~ieren** [-'vi:rən] *vt* to preserve; **~ierung** *f* preservation; **~ierungsmittel** *nt* preservative; **~ierungsstoff** *m* preservatives
Konsonant [kɔnzo'nant] *m* consonant
konstant [kɔn'stant] *adj* constant
konstruieren [kɔnstru'i:rən] *vt* to construct
Konstrukteur [kɔnstruk'tø:r] *m* designer
Konstruktion [kɔnstruktsi'o:n] *f* construction
konstruktiv [kɔnstruk'ti:f] *adj* constructive
Konsul ['kɔnzul] (-s, -n) *m* consul; **~at** [-'la:t] *nt* consulate
konsultieren [kɔnzul'ti:rən] *vt* to consult
Konsum [kɔn'zu:m] (-s) *m* consumption; **~artikel** *m* consumer article; **~ent** [-'mɛnt] *m* consumer; **k~ieren** [-'mi:rən] *vt* to consume
Kontakt [kɔn'takt] (-(e)s, -e) *m* contact; **k~arm** *adj* unsociable; **k~freudig** *adj* sociable; **~linsen** *pl* contact lenses
kontern ['kɔntərn] *vt, vi* to counter
Kontinent ['kɔntinɛnt] *m* continent
Kontingent [kɔntiŋ'gɛnt] (-(e)s, -e) *nt* quota; (*Truppen~*) contingent
kontinuierlich [kɔntinu'i:rliç] *adj* continuous
Konto ['kɔnto] (-s, **Konten**) *nt* account; **~auszug** *m* statement (of account); **~inhaber(in)** *m(f)* account holder; **~stand** *m* balance
Kontra ['kɔntra] (-s, -s) *nt* (*KARTEN*) double; **jdm ~ geben** (*fig*) to contradict sb; **~baß** *m* double bass; **~hent** [-'hɛnt] *m* (*COMM*) contracting party; **~punkt** *m* counterpoint
Kontrast [kɔn'trast] (-(e)s, -e) *m* contrast
Kontroll- [kɔn'trɔl] *zW*: **~e** *f* control, supervision; (*Paß~*) passport control; **~eur** [-'lø:r] *m* inspector; **k~ieren** [-'li:rən] *vt* to control, to supervise; (*nachprüfen*) to check
Konvention [kɔnvɛntsi'o:n] *f* convention; **k~ell** [-'nɛl] *adj* conventional
Konversation [kɔnvɛrzatsi'o:n] *f* conversation; **~slexikon** *nt* encyclopaedia
konvex [kɔn'vɛks] *adj* convex
Konvoi ['kɔnvɔy] (-s, -s) *m* convoy
Konzentration [kɔntsɛntratsi'o:n] *f* concentration
Konzentrationslager *nt* concentration camp
konzentrieren [kɔntsɛn'tri:rən] *vt, vr* to concentrate
konzentriert *adj* concentrated ♦ *adv* (*zuhören, arbeiten*) intently
Konzern [kɔn'tsɛrn] (-s, -e) *m* combine
Konzert [kɔn'tsɛrt] (-(e)s, -e) *nt* concert; (*Stück*) concerto; **~saal** *m* concert hall
Konzession [kɔntsɛsi'o:n] *f* licence; (*Zugeständnis*) concession
Konzil [kɔn'tsi:l] (-s, -e *od* -**ien**) *nt* council
kooperativ [ko'opera'ti:f] *adj* cooperative
koordinieren [ko'ɔrdi'ni:rən] *vt* to coordinate
Kopf [kɔpf] (-(e)s, ⸗e) *m* head; **~haut** *f* scalp; **~hörer** *m* headphones *pl*; **~kissen** *nt* pillow; **k~los** *adj* panic-stricken; **k~rechnen** *vi* to do mental arithmetic; **~salat** *m* lettuce; **~schmerzen** *pl* headache *sg*;

~sprung *m* header, dive; **~stand** *m* headstand; **~stütze** *f* (*im Auto etc*) headrest, head restraint; **~tuch** *nt* headscarf; **~weh** *nt* headache; **~zerbrechen** *nt*: **jdm ~zerbrechen machen** to be a headache for sb

Kopie [ko'pi:] *f* copy; **k~ren** *vt* to copy

Kopiergerät *nt* photocopier

Koppel[1] ['kɔpəl] (**-, -n**) *f* (*Weide*) enclosure

Koppel[2] (**-s, -**) *nt* (*Gürtel*) belt

koppeln *vt* to couple

Koppelung *f* coupling

Koralle [ko'ralə] *f* coral; **~nriff** *nt* coral reef

Koran [ko'ra:n] (**-s, -e**) *m* Koran

Korb [kɔrp] (**-(e)s, ¨e**) *m* basket; **jdm einen ~ geben** (*fig*) to turn sb down; **~ball** *m* basketball; **~stuhl** *m* wicker chair

Kord [kɔrt] (**-(e)s, -e**) *m* corduroy

Kordel ['kɔrdəl] (**-, -n**) *f* cord, string

Kork [kɔrk] (**-(e)s, -e**) *m* cork; **~en** (**-s, -**) *m* stopper, cork; **~enzieher** (**-s, -**) *m* corkscrew

Korn [kɔrn] (**-(e)s, ¨er**) *nt* corn, grain; (*Gewehr*) sight; **~blume** *f* cornflower

Körper ['kœrper] (**-s, -**) *m* body; **~bau** *m* build; **k~behindert** *adj* disabled; **~geruch** *m* body odour; **~gewicht** *nt* weight; **~größe** *f* height; **k~lich** *adj* physical; **~pflege** *f* personal hygiene; **~schaft** *f* corporation; **~schaftssteuer** *f* corporation tax; **~teil** *m* part of the body

korpulent [kɔrpu'lɛnt] *adj* corpulent

korrekt [kɔ'rɛkt] *adj* correct; **K~ur** [-'tu:r] *f* (*eines Textes*) proofreading; (*Text*) proof; (*SCH*) marking, correction

Korrespond- [kɔrɛspɔnd] *zW*: **~ent(in)** [-'dɛnt(ɪn)] *m(f)* correspondent; **~enz** [-'dɛnts] *f* correspondence; **k~ieren** [-'di:rən] *vi* to correspond

Korridor ['kɔrido:r] (**-s, -e**) *m* corridor

korrigieren [kɔri'gi:rən] *vt* to correct

Korruption [kɔrʊptsi'o:n] *f* corruption

Korsett [kɔr'zɛt] (**-(e)s, -e**) *nt* corset

Kose- ['ko:zə] *zW*: **~form** *f* pet form; **~name** *m* pet name; **~wort** *nt* term of endearment

Kosmetik [kɔs'me:tɪk] *f* cosmetics *pl*; **~erin** *f* beautician

kosmetisch *adj* cosmetic; (*Chirurgie*) plastic

kosmisch ['kɔsmɪʃ] *adj* cosmic

Kosmo- [kɔsmo] *zW*: **~naut** [-'naʊt] (**-en, -en**) *m* cosmonaut; **k~po'litisch** *adj* cosmopolitan; **'~s** (**-**) *m* cosmos

Kost [kɔst] (**-**) *f* (*Nahrung*) food; (*Verpflegung*) board; **k~bar** *adj* precious; (*teuer*) costly, expensive; **~barkeit** *f* preciousness; costliness, expensiveness; (*Wertstück*) valuable

Kosten *pl* cost(s); (*Ausgaben*) expenses; **auf ~ von** at the expense of; **k~** *vt* to cost; (*versuchen*) to taste ♦ *vi* to taste; **was kostet ...?** what does ... cost?, how much is ...?; **~anschlag** *m* estimate; **k~los** *adj* free (of charge)

köstlich ['kœstlɪç] *adj* precious; (*Einfall*) delightful; (*Essen*) delicious; **sich ~ amüsieren** to have a marvellous time

Kostprobe *f* taste; (*fig*) sample

kostspielig *adj* expensive

Kostüm [kɔs'ty:m] (**-s, -e**) *nt* costume; (*Damen~*) suit; **~fest** *nt* fancy-dress party; **k~ieren** [kɔsty'mi:rən] *vt, vr* to dress up; **~verleih** *m* costume agency

Kot [ko:t] (**-(e)s**) *m* excrement

Kotelett [kotə'lɛt] (**-(e)s, -e** *od* **-s**) *nt* cutlet, chop; **~en** *pl* (*Bart*) sideboards

Köter ['kø:tər] (**-s, -**) *m* cur

Kotflügel *m* (*AUT*) wing

kotzen ['kɔtsən] (*umg!*) *vi* to puke (*inf*), to throw up (*inf*)

Krabbe ['krabə] *f* shrimp; **k~ln** *vi* to crawl

Krach [krax] (**-(e)s, -s** *od* **-e**) *m* crash; (*andauernd*) noise; (*umg*:

Streit) quarrel, argument; **k~en** *vi* to crash; (*beim Brechen*) to crack ♦ *vr* (*umg*) to argue, to quarrel

krächzen ['krɛçtsən] *vi* to croak

Kraft [kraft] (-, ¨e) *f* strength; power; force; (*Arbeits~*) worker; **in ~ treten** to come into force; **k~** *präp +gen* by virtue of; **~fahrer** *m* (motor) driver; **~fahrzeug** *nt* motor vehicle; **~fahrzeugbrief** *m* logbook; **~fahrzeugsteuer** *f* ≈ road tax; **~fahrzeugversicherung** *f* car insurance

kräftig ['krɛftɪç] *adj* strong; **~en** *vt* to strengthen

Kraft- *zW*: **k~los** *adj* weak; powerless; (*JUR*) invalid; **~probe** *f* trial of strength; **k~voll** *adj* vigorous; **~werk** *nt* power station

Kragen ['kra:gən] (-s, -) *m* collar; **~weite** *f* collar size

Krähe ['krɛ:ə] *f* crow; **k~n** *vi* to crow

Kralle ['kralə] *f* claw; (*Vogel~*) talon; **k~n** *vt* to clutch; (*krampfhaft*) to claw

Kram [kra:m] (-(e)s) *m* stuff, rubbish; **k~en** *vi* to rummage; **~laden** (*pej*) *m* small shop

Krampf [krampf] (-(e)s, ¨e) *m* cramp; (*zuckend*) spasm; **~ader** *f* varicose vein; **k~haft** *adj* convulsive; (*fig*: *Versuche*) desperate

Kran [kra:n] (-(e)s, ¨e) *m* crane; (*Wasser~*) tap, faucet (*US*)

Kranich ['kra:nɪç] (-s, -e) *m* (*ZOOL*) crane

krank [kraŋk] *adj* ill, sick; **K~e(r)** *mf* sick person, invalid; patient

kranken ['kraŋkən] *vi*: **an etw** *dat* ~ (*fig*) to suffer from sth

kränken ['krɛŋkən] *vt* to hurt

Kranken- *zW*: **~geld** *nt* sick pay; **~gymnastik** *f* physiotherapy; **~haus** *nt* hospital; **~kasse** *f* health insurance; **~pfleger** *m* nursing orderly; **~schein** *m* health insurance card; **~schwester** *f* nurse; **~versicherung** *f* health insurance; **~wagen** *m* ambulance

Krank- *zW*: **k~haft** *adj* diseased; (*Angst etc*) morbid; **~heit** *f* illness; disease; **~heitserreger** *m* disease-causing agent

kränklich *adj* sickly

Kränkung *f* insult, offence

Kranz [krants] (-es, ¨e) *m* wreath, garland

kraß [kras] *adj* crass

Krater ['kra:tər] (-s, -) *m* crater

Kratz- ['krats] *zW*: **~bürste** *f* (*fig*) crosspatch; **k~en** *vt, vi* to scratch; **~er** (-s, -) *m* scratch; (*Werkzeug*) scraper

Kraul [kraʊl] (-s) *nt* crawl; **~ schwimmen** to do the crawl; **k~en** *vi* (*schwimmen*) to do the crawl ♦ *vt* (*streicheln*) to fondle

kraus [kraʊs] *adj* crinkly; (*Haar*) frizzy; (*Stirn*) wrinkled; **K~e** ['kraʊzə] *f* frill, ruffle

Kraut [kraʊt] (-(e)s, **Kräuter**) *nt* plant; (*Gewürz*) herb; (*Gemüse*) cabbage

Krawall [kra'val] (-s, -e) *m* row, uproar

Krawatte [kra'vatə] *f* tie

kreativ [krea'ti:f] *adj* creative

Krebs [kre:ps] (-es, -e) *m* crab; (*MED, ASTROL*) cancer

krebskrank *adj* suffering from cancer

Kredit [kre'di:t] (-(e)s, -e) *m* credit

Kreditinstitut *nt* bank

Kreditkarte *f* credit card

Kreide ['kraɪdə] *f* chalk; **k~bleich** *adj* as white as a sheet

Kreis [kraɪs] (-es, -e) *m* circle; (*Stadt~ etc*) district; **im ~ gehen** (*auch fig*) to go round in circles

kreischen ['kraɪʃən] *vi* to shriek, to screech

Kreis- ['kraɪzəl] *zW*: **~el** (-s, -) *m* top; (*Verkehrs~*) roundabout (*BRIT*), traffic circle (*US*); **k~en** ['kraɪzən] *vi* to spin; **~lauf** *m* (*MED*) circulation; (*fig*: *der Natur etc*) cycle; **~säge** *f* circular saw

Kreisstadt *f* county town

Kreisverkehr *m* roundabout traffic

Krematorium [krema'to:rium] *nt*

crematorium

Kreml ['krɛm(ə)l] (-s) *m* Kremlin

krepieren [kre'pi:rən] (*umg*) *vi* (*sterben*) to die, to kick the bucket

Krepp [krɛp] (-s, -s *od* -e) *m* crepe; **~(p)apier** *nt* crepe paper; **~sohle** *f* crepe sole

Kresse ['krɛsə] *f* cress

Kreta ['kre:ta] (-s) *nt* Crete

Kreuz [krɔʏts] (-es, -e) *nt* cross; (*ANAT*) small of the back; (*KARTEN*) clubs; **k~en** *vt, vr* to cross ♦ *vi* (*NAUT*) to cruise; **~er** (-s, -) *m* (*Schiff*) cruiser; **~fahrt** *f* cruise; **~feuer** *nt* (*fig*): **ins ~feuer geraten** to be under fire from all sides; **~gang** *m* cloisters *pl*; **~igen** *vt* to crucify; **~igung** *f* crucifixion; **~ung** *f* (*Verkehrskreuzung*) crossing, junction; (*Züchten*) cross; **~verhör** *nt* cross-examination; **~weg** *m* crossroads; (*REL*) Way of the Cross; **~worträtsel** *nt* crossword puzzle; **~zug** *m* crusade

Kriech- ['kri:ç] *zW*: **k~en** (*unreg*) *vi* to crawl, to creep; (*pej*) to grovel, to crawl; **~er** (-s, -) *m* crawler; **~spur** *f* crawler lane; **~tier** *nt* reptile

Krieg [kri:k] (-(e)s, -e) *m* war

kriegen ['kri:gən] (*umg*) *vt* to get

Kriegs- *zW*: **~erklärung** *f* declaration of war; **~fuß** *m*: **mit jdm/etw auf ~fuß stehen** to be at loggerheads with sb/to have difficulties with sth; **~gefangene(r)** *m* prisoner of war; **~gefangenschaft** *f* captivity; **~gericht** *nt* court-martial; **~schiff** *nt* warship; **~verbrecher** *m* war criminal; **~versehrte(r)** *m* person disabled in the war; **~zustand** *m* state of war

Krim [krɪm] (-) *f* Crimea

Krimi ['kri:mi] (-s, -s; *umg*) *m* thriller

Kriminal- [krimi'na:l] *zW*: **~beamte(r)** *m* detective; **~i'tät** *f* criminality; **~'polizei** *f* ≈ Criminal Investigation Department (*BRIT*), Federal Bureau of Investigation (*US*); **~'roman** *m* detective story

kriminell [krimi'nɛl] *adj* criminal; **K~e(r)** *m* criminal

Krippe ['krɪpə] *f* manger, crib; (*Kinder~*) crèche

Krise ['kri:zə] *f* crisis; **k~ln** *vi*: **es k~lt** there's a crisis

Kristall [krɪs'tal] (-s, -e) *m* crystal ♦ *nt* (*Glas*) crystal

Kriterium [kri'te:rium] *nt* criterion

Kritik [kri'ti:k] *f* criticism; (*Zeitungs~*) review, write-up; **~er** ['kri:tikər] (-s, -) *m* critic; **k~los** *adj* uncritical

kritisch ['kri:tɪʃ] *adj* critical

kritisieren [kriti'zi:rən] *vt, vi* to criticize

kritzeln ['krɪtsəln] *vt, vi* to scribble, to scrawl

Kroatien [kro'a:tiən] *nt* Croatia

Krokodil [kroko'di:l] (-s, -e) *nt* crocodile

Krokus ['kro:kus] (-, - *od* -se) *m* crocus

Krone ['kro:nə] *f* crown; (*Baum~*) top

krönen ['krø:nən] *vt* to crown

Kron- *zW*: **~korken** *m* bottle top; **~leuchter** *m* chandelier; **~prinz** *m* crown prince

Krönung ['krø:nuŋ] *f* coronation

Kropf [krɔpf] (-(e)s, ¨e) *m* (*MED*) goitre; (*von Vogel*) crop

Kröte ['krø:tə] *f* toad

Krücke ['krʏkə] *f* crutch

Krug [kru:k] (-(e)s, ¨e) *m* jug; (*Bier~*) mug

Krümel ['kry:məl] (-s, -) *m* crumb; **k~n** *vt, vi* to crumble

krumm [krum] *adj* (*auch fig*) crooked; (*kurvig*) curved; **~beinig** *adj* bandy-legged; **~lachen** (*umg*) *vr* to laugh o.s. silly; **~nehmen** (*unreg; umg*) *vt*: **jdm etw ~nehmen** to take sth amiss

Krümmung ['krʏmuŋ] *f* bend, curve

Krüppel ['krʏpəl] (-s, -) *m* cripple

Kruste ['krustə] *f* crust

Kruzifix [krutsi'fɪks] (-es, -e) *nt* crucifix

Kübel ['ky:bəl] (-s, -) *m* tub; (*Eimer*) pail

Kubikmeter [ku'bi:kme:tər] *m* cubic metre
Küche ['kʏçə] *f* kitchen; (*Kochen*) cooking, cuisine
Kuchen ['ku:xən] (**-s, -**) *m* cake; **~form** *f* baking tin; **~gabel** *f* pastry fork
Küchen- *zW*: **~herd** *m* cooker, stove; **~schabe** *f* cockroach; **~schrank** *m* kitchen cabinet
Kuckuck ['kʊkʊk] (**-s, -e**) *m* cuckoo; **~suhr** *f* cuckoo clock
Kufe ['ku:fə] *f* (*Faß*) vat; (*Schlitten~*) runner; (*AVIAT*) skid
Kugel ['ku:gəl] (**-, -n**) *f* ball; (*MATH*) sphere; (*MIL*) bullet; (*Erd~*) globe; (*SPORT*) shot; **k~förmig** *adj* spherical; **~kopf** *m* golf ball; **~lager** *nt* ball bearing; **k~rund** *adj* (*Gegenstand*) round; (*umg*: *Person*) tubby; **~schreiber** *m* ball point (pen), biro (®); **k~sicher** *adj* bulletproof; **~stoßen** (**-s**) *nt* shot-put
Kuh [ku:] (**-, ¨e**) *f* cow
kühl [ky:l] *adj* (*auch fig*) cool; **K~anlage** *f* refrigeration plant; **K~e** (**-**) *f* coolness; **~en** *vt* to cool; **K~er** (**-s, -**) *m* (*AUT*) radiator; **K~erhaube** *f* (*AUT*) bonnet (*BRIT*), hood (*US*); **K~raum** *m* cold-storage chamber; **K~schrank** *m* refrigerator; **K~truhe** *f* freezer; **K~ung** *f* cooling; **K~wasser** *nt* radiator water
kühn [ky:n] *adj* bold, daring; **K~heit** *f* boldness
Kuhstall *m* byre, cattle shed
Küken ['ky:kən] (**-s, -**) *nt* chicken
kulant [ku'lant] *adj* obliging
Kuli ['ku:li] (**-s, -s**) *m* coolie; (*umg*: *Kugelschreiber*) biro (®)
Kulisse [ku'lɪsə] *f* scenery
kullern ['kʊlərn] *vi* to roll
Kult [kʊlt] (**-(e)s, -e**) *m* worship, cult; **mit etw einen ~ treiben** to make a cult out of sth
kultivieren [-i'vi:rən] *vt* to cultivate
kultiviert *adj* cultivated, refined
Kultur [kʊl'tu:r] *f* culture; civilization; (*des Bodens*) cultivation; **~banause** (*umg*) *m* philistine, low-brow; **~beutel** *m* toilet bag; **k~ell** [-u'rɛl] *adj* cultural; **~ministerium** *nt* ministry of education and the arts
Kümmel ['kʏməl] (**-s, -**) *m* caraway seed; (*Branntwein*) kümmel
Kummer ['kʊmər] (**-s**) *m* grief, sorrow
kümmerlich *adj* miserable, wretched
kümmern ['kʏmərn] *vt* to concern ♦ *vr*: **sich um jdn ~** to look after sb; **das kümmert mich nicht** that doesn't worry me; **sich um etw ~** to see to sth
Kumpel ['kʊmpəl] (**-s, -**; *umg*) *m* mate
kündbar ['kʏntba:r] *adj* redeemable, recallable; (*Vertrag*) terminable
Kunde[1] ['kʊndə] (**-n, -n**) *m* customer
Kunde[2] *f* (*Botschaft*) news
Kundendienst *m* after-sales service
Kundenkonto *nt* charge account
Kund- *zW*: **k~geben** (*unreg*) *vt* to announce; **~gebung** *f* announcement; (*Versammlung*) rally; **k~igen** *vi* to give in one's notice ♦ *vt* to cancel; **jdm k~igen** to give sb his notice; **die Stellung/Wohnung k~igen** to give notice that one is leaving one's job/house; **jdm die Stellung/Wohnung k~igen** to give sb notice to leave his/her job/house; **~igung** *f* notice; **~igungsfrist** *f* period of notice
Kundin *f* customer
Kundschaft *f* customers *pl*, clientele
künftig ['kʏnftɪç] *adj* future ♦ *adv* in future
Kunst [kʊnst] (**-, ¨e**) *f* art; (*Können*) skill; **das ist doch keine ~** it's easy; **~dünger** *m* artificial manure; **~faser** *f* synthetic fibre; **~fertigkeit** *f* skilfulness; **~gegenstand** *m* art object; **~gerecht** *adj* skilful; **~geschichte** *f* history of art; **~gewerbe** *nt* arts and crafts *pl*; **~griff** *m* trick, knack; **~händler** *m* art dealer
Künstler(in) ['kʏnstlər(ɪn)] (**-s, -**) *m(f)* artist; **k~isch** *adj* artistic;

~**name** *m* pseudonym
künstlich ['kʏnstlɪç] *adj* artificial
Kunst- *zW*: ~**sammler** (-s, -) *m* art collector; ~**seide** *f* artificial silk; ~**stoff** *m* synthetic material; ~**stück** *nt* trick; ~**turnen** *nt* gymnastics *sg*; **k~voll** *adj* artistic; ~**werk** *nt* work of art
kunterbunt ['kʊntərbʊnt] *adj* higgledy-piggledy
Kupfer ['kʊpfər] (-s) *nt* copper; **k~n** *adj* copper
Kuppe ['kʊpə] *f* (*Berg~*) top; (*Finger~*) tip
Kuppe'lei *f* (*JUR*) procuring
Kuppel (-, -n) *f* dome; **k~n** *vi* (*JUR*) to procure; (*AUT*) to declutch ♦ *vt* to join
Kupplung *f* coupling; (*AUT*) clutch
Kur [ku:r] (-, -en) *f* cure, treatment
Kür [ky:r] (-, -en) *f* (*SPORT*) free exercises *pl*
Kurbel ['kʊrbəl] (-, -n) *f* crank, winder; (*AUT*) starting handle; ~**welle** *f* crankshaft
Kürbis ['kʏrbɪs] (-ses, -se) *m* pumpkin; (*exotisch*) gourd
Kurgast *m* visitor (to a health resort)
kurieren [ku'ri:rən] *vt* to cure
kurios [kuri'o:s] *adj* curious, odd; **K~i'tät** *f* curiosity
Kurort *m* health resort
Kurpfuscher *m* quack
Kurs [kʊrs] (-es, -e) *m* course; (*FIN*) rate; ~**buch** *nt* timetable; **k~ieren** [kʊr'zi:rən] *vi* to circulate; **k~iv** [kʊr'zi:f] *adv* in italics; ~**us** ['kʊrzʊs] (-, **Kurse**) *m* course; ~**wagen** *m* (*EISENB*) through carriage
Kurve ['kʊrvə] *f* curve; (*Straßen~*) curve, bend; **kurvig** *adj* (*Straße*) bendy
kurz [kʊrts] *adj* short; ~ **gesagt** in short; **zu ~ kommen** to come off badly; **den kürzeren ziehen** to get the worst of it; **K~arbeit** *f* short-time work; ~**ärm(e)lig** *adj* short-sleeved
Kürze ['kʏrtsə] *f* shortness, brevity; **k~n** *vt* to cut short; (*in der Länge*) to shorten; (*Gehalt*) to reduce
kurz- *zW*: ~**erhand** *adv* on the spot; ~**fristig** *adj* short-term; **K~geschichte** *f* short story; ~**halten** (*unreg*) *vt* to keep short; ~**lebig** *adj* short-lived
kürzlich ['kʏrtslɪç] *adv* lately, recently
Kurz- *zW*: ~**schluß** *m* (*ELEK*) short circuit; ~**schrift** *f* shorthand; **k~sichtig** *adj* short-sighted
Kürzung *f* (*eines Textes*) abridgement; (*eines Theaterstück, des Gehalts*) cut
Kurzwelle *f* shortwave
kuscheln ['kʊʃəln] *vr* to snuggle up
Kusine [ku'zi:nə] *f* cousin
Kuß [kʊs] (-sses, -sse) *m* kiss
küssen ['kʏsən] *vt, vr* to kiss
Küste ['kʏstə] *f* coast, shore
Küster ['kʏstər] (-s, -) *m* sexton, verger
Kutsche ['kʊtʃə] *f* coach, carriage; ~**r** (-s, -) *m* coachman
Kutte ['kʊtə] *f* habit
Kuvert [ku've:r] (-s, -e *od* -s) *nt* envelope; cover
Kybernetik [kybɛr'ne:tɪk] *f* cybernetics *sg*
KZ *nt abk von* **Konzentrationslager**

L

l. *abk* = **Liter**
labil [la'bi:l] *adj* (*MED*: *Konstitution*) delicate
Labor [la'bo:r] (-s, -e *od* -s) *nt* lab; ~**ant(in)** [labo'rant(ɪn)] *m(f)* lab(oratory) assistant
Labyrinth [laby'rɪnt] (-s, -e) *nt* labyrinth
Lache ['laxə] *f* (*Flüssigkeit*) puddle; (*von Blut, Benzin etc*) pool
lächeln ['lɛçəln] *vi* to smile; **L~** (-s) *nt* smile
lachen ['laxən] *vi* to laugh
lächerlich ['lɛçərlɪç] *adj* ridiculous
Lachgas *nt* laughing gas

lachhaft *adj* laughable
Lachs [laks] (**-es, -e**) *m* salmon
Lack [lak] (**-(e)s, -e**) *m* lacquer, varnish; (*von Auto*) paint; **l~ieren** [la'ki:rən] *vt* to varnish; (*Auto*) to spray; **~ierer** [la'ki:rər] (**-s, -**) *m* varnisher
Lackmus ['lakmus] (-) *m od nt* litmus
Laden ['la:dən] (**-s, ¨**) *m* shop; (*Fenster~*) shutter
laden ['la:dən] (*unreg*) *vt* (*Lasten*) to load; (*JUR*) to summon; (*einladen*) to invite
Laden- *zW*: **~dieb** *m* shoplifter, **~diebstahl** *m* shoplifting; **~schluß** *m* closing time; **~tisch** *m* counter
Laderaum *m* freight space; (*AVIAT, NAUT*) hold
Ladung ['la:duŋ] *f* (*Last*) cargo, load; (*Beladen*) loading; (*JUR*) summons; (*Einladung*) invitation; (*Spreng~*) charge
Lage ['la:gə] *f* position, situation; (*Schicht*) layer; **in der ~ sein** to be in a position
Lageplan *m* ground plan
Lager ['la:gər] (**-s, -**) *nt* camp; (*COMM*) warehouse; (*Schlaf~*) bed; (*von Tier*) lair; (*TECH*) bearing; **~bestand** *m* stocks *pl*; **~feuer** *nt* campfire; **~haus** *nt* warehouse, store
lagern ['la:gərn] *vi* (*Dinge*) to be stored; (*Menschen*) to camp ♦ *vt* to store; (*betten*) to lay down; (*Maschine*) to bed
Lagune [la'gu:nə] *f* lagoon
lahm [la:m] *adj* lame; **~en** *vi* to be lame
lähmen ['lɛ:mən] *vt* to paralyse
lahmlegen *vt* to paralyse
Lähmung *f* paralysis
Laib [laɪp] (**-s, -e**) *m* loaf
Laie ['laɪə] (**-n, -n**) *m* layman; **l~nhaft** *adj* amateurish
Laken ['la:kən] (**-s, -**) *nt* sheet
Lakritz *m od nt* = **Lakritze**
Lakritze [la'krɪtsə] *f* liquorice
lallen ['lalən] *vt, vi* to slur; (*Baby*) to babble
Lama ['la:ma] (**-s, -s**) *nt* (*ZOOL*) llama
Lamelle [la'mɛlə] *f* lamella; (*ELEK*) lamina; (*TECH*) plate
Lametta [la'mɛta] (**-s**) *nt* tinsel
Lamm [lam] (**-(e)s, ¨er**) *nt* lamb
Lampe ['lampə] *f* lamp; **~nfieber** *nt* stage fright; **~nschirm** *m* lampshade
Lampion [lampi'õ:] (**-s, -s**) *m* Chinese lantern
Land [lant] (**-(e)s, ¨er**) *nt* land; (*Nation, nicht Stadt*) country; (*Bundes~*) state; **auf dem ~(e)** in the country; **~besitz** *m* landed property; **~ebahn** *f* runway; **l~en** ['landən] *vt, vi* to land
Landes- ['landəs] *zW*: **~farben** *pl* national colours; **~innere(s)** *nt* inland region; **~sprache** *f* national language; **l~üblich** *adj* customary; **~verrat** *m* high treason; **~währung** *f* national currency
landesweit *adj* nationwide
Land- *zW*: **~haus** *nt* country house; **~karte** *f* map; **~kreis** *m* administrative region; **l~läufig** *adj* customary
ländlich ['lɛntlɪç] *adj* rural
Land- *zW*: **~schaft** *f* countryside; (*KUNST*) landscape; **~sitz** *m* country seat; **~straße** *f* country road; **~streicher** (**-s, -**) *m* tramp; **~strich** *m* region
Landung ['landuŋ] *f* landing; **~sbrücke** *f* jetty, pier
Land- *zW*: **~wirt** *m* farmer; **~weg** *m*. **etw auf dem ~weg befördern** to transport sth by land; **~wirtschaft** *f* agriculture; **~zunge** *f* spit
lang [laŋ] *adj* long; (*Mensch*) tall; **~atmig** *adj* long-winded; **~e** *adv* for a long time; (*dauern, brauchen*) a long time
Länge ['lɛŋə] *f* length; (*GEOG*) longitude
langen ['laŋən] *vi* (*ausreichen*) to do, to suffice; (*fassen*): **~ (nach)** to reach (for) ♦ *vt*: **jdm etw ~** to hand *od* pass sb sth; **es langt mir** I've had enough
Längengrad *m* longitude

Längenmaß *nt* linear measure
lang- *zW*: **L~eweile** *f* boredom; **~fristig** *adj* long-term; **~jährig** *adj* (*Freundschaft, Gewohnheit*) long-standing; **L~lauf** *m* (*SKI*) cross-country skiing
länglich *adj* longish
längs [lɛŋs] *präp* (*+gen od dat*) along ♦ *adv* lengthwise
lang- *zW*: **~sam** *adj* slow; **L~samkeit** *f* slowness; **L~schläfer(in)** *m(f)* late riser; **L~spielplatte** *f* long-playing record
längst [lɛŋst] *adv*: **das ist ~ fertig** that was finished a long time ago, that has been finished for a long time; **~e(r, s)** *adj* longest
lang- *zW*: **~weilen** *vt* to bore ♦ *vr* to be bored; **~weilig** *adj* boring, tedious; **L~welle** *f* long wave; **~wierig** *adj* lengthy, long-drawn-out
Lanze ['lantsə] *f* lance
Lappalie [la'pa:liə] *f* trifle
Lappen ['lapən] (**-s, -**) *m* cloth, rag; (*ANAT*) lobe
läppisch ['lɛpɪʃ] *adj* foolish
Lapsus ['lapsʊs] (**-, -**) *m* slip
Lärche ['lɛrçə] *f* larch
Lärm [lɛrm] (**-(e)s**) *m* noise; **l~en** *vi* to be noisy, to make a noise
Larve ['larfə] *f* (*BIOL*) larva
lasch [laʃ] *adj* slack
Lasche ['laʃə] *f* (*Schuh~*) tongue
Laser ['leɪzə] (**-s, -**) *m* laser

SCHLÜSSELWORT

lassen ['lasən] (*pt* **ließ**, *pp* **gelassen** *od (als Hilfsverb)* **lassen**) *vt* **1** (*unterlassen*) to stop; (*momentan*) to leave; **laß das (sein)!** don't (do it)!; (*hör auf*) stop it!; **laß mich!** leave me alone; **lassen wir das!** let's leave it; **er kann das Trinken nicht lassen** he can't stop drinking
2 (*zurücklassen*) to leave; **etw lassen, wie es ist** to leave sth (just) as it is
3 (*überlassen*): **jdn ins Haus lassen** to let sb into the house
♦ *vi*: **laß mal, ich mache das schon** leave it, I'll do it
♦ *Hilfsverb* **1** (*veranlassen*): **etw machen lassen** to have *od* get sth done; **sich** *dat* **etw schicken lassen** to have sth sent (to one)
2 (*zulassen*): **jdn etw wissen lassen** to let sb know sth; **das Licht brennen lassen** to leave the light on; **jdn warten lassen** to keep sb waiting; **das laßt sich machen** that can be done
3: **laß uns gehen** let's go

lässig ['lɛsɪç] *adj* casual; **L~keit** *f* casualness
Last [last] (**-, -en**) *f* load, burden; (*NAUT, AVIAT*) cargo; (*meist pl*: *Gebühr*) charge; **jdm zur ~ fallen** to be a burden to sb; **~auto** *nt* lorry, truck; **l~en** *vi*: **l~en auf** *+dat* to weigh on
Laster ['lastər] (**-s, -**) *nt* vice
lästern ['lɛstərn] *vt, vi* (*Gott*) to blaspheme; (*schlecht sprechen*) to mock
Lästerung *f* jibe; (*Gottes~*) blasphemy
lästig ['lɛstɪç] *adj* troublesome, tiresome
Last- *zW*: **~kahn** *m* barge; **~kraftwagen** *m* heavy goods vehicle; **~schrift** *f* debit; **~wagen** *m* lorry, truck; **~zug** *m* articulated lorry
Latein [la'taɪn] (**-s**) *nt* Latin; **~amerika** *nt* Latin America
latent [la'tɛnt] *adj* latent
Laterne [la'tɛrnə] *f* lantern; (*Straßen~*) lamp, light; **~npfahl** *m* lamppost
latschen ['la:tʃən] (*umg*) *vi* (*gehen*) to wander, to go; (*lässig*) to slouch
Latte ['latə] *f* lath; (*SPORT*) goalpost; (*quer*) crossbar
Latzhose ['latsho:zə] *f* dungarees *pl*
lau [laʊ] *adj* (*Nacht*) balmy; (*Wasser*) lukewarm
Laub [laʊp] (**-(e)s**) *nt* foliage; **~baum** *m* deciduous tree; **~frosch** *m* tree frog; **~säge** *f* fretsaw
Lauch [laʊx] (**-(e)s, -e**) *m* leek

Lauer ['laʊər] *f*: **auf der ~ sein** *od* **liegen** to lie in wait; **l~n** *vi* to lie in wait; (*Gefahr*) to lurk

Lauf [laʊf] (**-(e)s, Läufe**) *m* run; (*Wett~*) race; (*Entwicklung, ASTRON*) course; (*Gewehr~*) barrel; **einer Sache** *dat* **ihren ~ lassen** to let sth take its course; **~bahn** *f* career

laufen ['laʊfən] (*unreg*) *vt, vi* to run; (*umg: gehen*) to walk; **~d** *adj* running; (*Monat, Ausgaben*) current; **auf dem ~den sein/halten** to be/keep up to date; **am ~den Band** (*fig*) continuously

Läufer ['lɔʏfər] (**-s, -**) *m* (*Teppich, SPORT*) runner; (*Fußball*) half-back; (*Schach*) bishop

Lauf- *zW*: **~masche** *f* run, ladder (*BRIT*); **~paß** *m*: **jdm den ~paß geben** (*umg*) to send sb packing (*inf*); **~stall** *m* playpen; **~steg** *m* catwalk; **~werk** *nt* (*COMPUT*) disk drive

Lauge ['laʊgə] *f* soapy water; (*CHEM*) alkaline solution

Laune ['laʊnə] *f* mood, humour; (*Einfall*) caprice; (*schlechte*) temper; **l~nhaft** *adj* capricious, changeable

launisch *adj* moody; bad-tempered

Laus [laʊs] (**-, Läuse**) *f* louse; **~bub** *m* rascal, imp

lauschen ['laʊʃən] *vi* to eavesdrop, to listen in

lauschig ['laʊʃɪç] *adj* snug

lausig ['laʊzɪç] (*umg: pej*) *adj* measly; (*Kälte*) perishing

laut [laʊt] *adj* loud ♦ *adv* loudly; (*lesen*) aloud ♦ *präp* (+*gen od dat*) according to; **L~** (**-(e)s, -e**) *m* sound

Laute ['laʊtə] *f* lute

lauten ['laʊtən] *vi* to say; (*Urteil*) to be

läuten ['lɔʏtən] *vt, vi* to ring, to sound

lauter ['laʊtər] *adj* (*Wasser*) clear, pure; (*Wahrheit, Charakter*) honest ♦ *adj inv* (*Freude, Dummheit etc*) sheer ♦ *adv* nothing but, only

laut- *zW*: **~hals** *adv* at the top of one's voice; **~los** *adj* noiseless, silent; **L~schrift** *f* phonetics *pl*; **L~sprecher** *m* loudspeaker; **~stark** *adj* vociferous; **L~stärke** *f* (*RADIO*) volume

lauwarm ['laʊvarm] *adj* (*auch fig*) lukewarm

Lava ['laːva] (**-, Laven**) *f* lava

Lavendel [la'vɛndəl] (**-s, -**) *m* lavender

Lawine [la'viːnə] *f* avalanche; **~ngefahr** *f* danger of avalanches

lax [laks] *adj* lax

Lazarett [latsa'rɛt] (**-(e)s, -e**) *nt* (*MIL*) hospital, infirmary

leasen ['liːzən] *vt* to lease

Leben (**-s, -**) *nt* life

leben ['leːbən] *vt, vi* to live; **~d** *adj* living; **~dig** [le'bəndɪç] *adj* living, alive; (*lebhaft*) lively; **L~digkeit** *f* liveliness

Lebens- *zW*: **~art** *f* way of life; **~erwartung** *f* life expectancy; **l~fähig** *adj* able to live; **~freude** *f* zest for life; **~gefahr** *f*: **~gefahr!** danger!; **in ~gefahr** dangerously ill; **l~gefährlich** *adj* dangerous; (*Verletzung*) critical; **~haltungskosten** *pl* cost of living *sg*; **~jahr** *nt* year of life; **l~länglich** *adj* (*Strafe*) for life; **~lauf** *m* curriculum vitae; **~mittel** *pl* food *sg*; **~mittelgeschäft** *nt* grocer's (shop); **~mittelvergiftung** *f* (*MED*) food poisoning; **l~müde** *adj* tired of life; **~retter** *m* lifesaver; **~standard** *m* standard of living; **~unterhalt** *m* livelihood; **~versicherung** *f* life insurance; **~wandel** *m* way of life; **~weise** *f* lifestyle, way of life; **l~wichtig** *adj* vital, essential; **~zeichen** *nt* sign of life

Leber ['leːbər] (**-, -n**) *f* liver; **~fleck** *m* mole; **~tran** *m* cod-liver oil; **~wurst** *f* liver sausage

Lebewesen *nt* creature

leb- ['leːp] *zW*: **~haft** *adj* lively, vivacious; **L~kuchen** *m* gingerbread; **~los** *adj* lifeless

Leck [lɛk] (**-(e)s, -e**) *nt* leak; **l~** *adj* leaky, leaking; **l~en** *vi* (*Loch haben*) to leak; (*schlecken*) to lick ♦ *vt* to lick

lecker ['lɛkər] *adj* delicious, tasty; **L~bissen** *m* dainty morsel

Leder ['le:dər] (**-s, -**) *nt* leather; **~hose** *f* lederhosen; **l~n** *adj* leather; **~waren** *pl* leather goods

ledig ['le:dɪç] *adj* single; **einer Sache** *gen* **~ sein** to be free of sth; **~lich** *adv* merely, solely

leer [le:r] *adj* empty; vacant; **~ machen** to empty; **L~e** (-) *f* emptiness; **~en** *vt, vr* to empty; **L~gewicht** *nt* weight when empty; **L~lauf** *m* neutral; **~stehend** *adj* empty; **L~ung** *f* emptying; (*Post*) collection

legal [le'ga:l] *adj* legal, lawful; **~i'sieren** *vt* to legalize

legen ['le:gən] *vt* to lay, to put, to place; (*Ei*) to lay ♦ *vr* to lie down; (*fig*) to subside

Legende [le'gɛndə] *f* legend

leger [le'ʒɛ:r] *adj* casual

Legierung *f* alloy

Legislative [legɪsla'ti:və] *f* legislature

legitim [legi'ti:m] *adj* legitimate

legitimieren [legiti:'mi:rən] *vt* to legitimate ♦ *vr* to prove one's identity

Lehm [le:m] (**-(e)s, -e**) *m* loam; **l~ig** *adj* loamy

Lehne ['le:nə] *f* arm; back; **l~n** *vt, vr* to lean

Lehnstuhl *m* armchair

Lehr- *zW*: **~amt** *nt* teaching profession; **~buch** *nt* textbook

Lehre ['le:rə] *f* teaching, doctrine; (*beruflich*) apprenticeship; (*moralisch*) lesson; (*TECH*) gauge; **l~n** *vt* to teach; **~r(in)** (**-s, -**) *m(f)* teacher; **~rzimmer** *nt* staff room

Lehr- *zW*: **~gang** *m* course; **~jahre** *pl* apprenticeship *sg*; **~kraft** *f* (*förmlich*) teacher; **~ling** *m* apprentice; **~plan** *m* syllabus; **l~reich** *adj* instructive; **~stelle** *f* apprenticeship; **~zeit** *f* apprenticeship

Leib [laɪp] (**-(e)s, -er**) *m* body; **halt ihn mir vom ~!** keep him away from me!; **l~haftig** *adj* personified; (*Teufel*) incarnate; **l~lich** *adj* bodily; (*Vater etc*) own

Leibschmerzen *pl* stomach pains

Leibwache *f* bodyguard

Leiche ['laɪçə] *f* corpse; **~nhalle** *f* mortuary; **~nwagen** *m* hearse

Leichnam ['laɪçna:m] (**-(e)s, -e**) *m* corpse

leicht [laɪçt] *adj* light; (*einfach*) easy; **L~athletik** *f* athletics *sg*; **~fallen** (*unreg*) *vi*: **jdm ~fallen** to be easy for sb; **~fertig** *adj* frivolous; **~gläubig** *adj* gullible, credulous; **~hin** *adv* lightly; **L~igkeit** *f* easiness; **mit L~igkeit** with ease; **~machen** *vt*: **es sich** *dat* **~machen** to make things easy for o.s.; **L~sinn** *m* carelessness; **~sinnig** *adj* careless

Leid [laɪt] (**-(e)s**) *nt* grief, sorrow; **l~** *adj*: **etw l~ haben** *od* **sein** to be tired of sth; **es tut mir/ihm l~** I am/he is sorry; **er/das tut mir l~** I am sorry for him/it; **l~en** ['laɪdən] (*unreg*) *vt* to suffer; (*erlauben*) to permit ♦ *vi* to suffer; **jdn/etw nicht l~en können** not to be able to stand sb/sth; **~en** (**-s, -**) *nt* suffering; (*Krankheit*) complaint; **~enschaft** *f* passion; **l~enschaftlich** *adj* passionate

leider ['laɪdər] *adv* unfortunately; **ja, ~** yes, I'm afraid so; **~ nicht** I'm afraid not

leidig *adj* worrying, troublesome

leidlich *adj* tolerable ♦ *adv* tolerably

Leidtragende(r) *mf* bereaved; (*Benachteiligter*) one who suffers

Leidwesen *nt*: **zu jds ~** to sb's disappointment

Leier ['laɪər] (**-, -n**) *f* lyre; (*fig*) old story; **~kasten** *m* barrel organ

Leihbibliothek *f* lending library

Leihbücherei *f* lending library

leihen ['laɪən] (*unreg*) *vt* to lend; **sich** *dat* **etw ~** to borrow sth

Leih- *zW*: **~gebühr** *f* hire charge; **~haus** *nt* pawnshop; **~schein** *m* pawn ticket; (*Buchleihschein etc*) borrowing slip; **~wagen** *m* hired car

Leim [laɪm] (**-(e)s, -e**) *m* glue; **l~en** *vt* to glue

Leine ['laɪnə] *f* line, cord; (*Hunde~*) leash, lead
Leinen *nt* linen; **l~** *adj* linen
Leintuch *nt* (*Bett~*) sheet; linen cloth
Leinwand *f* (*KUNST*) canvas; (*CINE*) screen
leise ['laɪzə] *adj* quiet; (*sanft*) soft, gentle
Leiste ['laɪstə] *f* ledge; (*Zier~*) strip; (*ANAT*) groin
leisten ['laɪstən] *vt* (*Arbeit*) to do; (*Gesellschaft*) to keep; (*Ersatz*) to supply; (*vollbringen*) to achieve; **sich** *dat* **etw ~ können** to be able to afford sth
Leistung *f* performance; (*gute*) achievement; **~sdruck** *m* pressure; **l~sfähig** *adj* efficient
Leitartikel *m* leading article
Leitbild *nt* model
leiten ['laɪtən] *vt* to lead; (*Firma*) to manage; (*in eine Richtung*) to direct; (*ELEK*) to conduct
Leiter[1] ['laɪtər] (**-s, -**) *m* leader, head; (*ELEK*) conductor
Leiter[2] (**-, -n**) *f* ladder
Leitfaden *m* guide
Leitplanke *f* crash barrier
Leitung *f* (*Führung*) direction; (*CINE, THEAT etc*) production; (*von Firma*) management; directors *pl*; (*Wasser~*) pipe; (*Kabel*) cable; **eine lange ~ haben** to be slow on the uptake
Leitungs- *zW*: **~draht** *m* wire; **~rohr** *nt* pipe; **~wasser** *nt* tap water
Lektion [lɛktsi'o:n] *f* lesson
Lektüre [lɛk'ty:rə] *f* (*Lesen*) reading; (*Lesestoff*) reading matter
Lende ['lɛndə] *f* loin; **~nstück** *nt* fillet
lenk- ['lɛŋk] *zW*: **~bar** *adj* (*Fahrzeug*) steerable; (*Kind*) manageable; **~en** *vt* to steer; (*Kind*) to guide; (*Blick, Aufmerksamkeit*): **~en (auf** *+akk*) to direct (at); **L~rad** *nt* steering wheel; **L~stange** *f* handlebars *pl*
Leopard [leo'part] (**-en, -en**) *m* leopard
Lepra ['le:pra] (**-**) *f* leprosy
Lerche ['lɛrçə] *f* lark
lernbegierig *adj* eager to learn
lernen ['lɛrnən] *vt* to learn
lesbar ['le:sba:r] *adj* legible
Lesbierin ['lɛsbiərɪn] *f* lesbian
lesbisch ['lɛsbɪʃ] *adj* lesbian
Lese ['le:zə] *f* (*Wein*) harvest
Lesebrille *f* reading glasses
Lesebuch *nt* reading book, reader
lesen (*unreg*) *vt, vi* to read; (*ernten*) to gather, to pick
Leser(in) (**-s, -**) *m(f)* reader; **~brief** *m* reader's letter; **l~lich** *adj* legible
Lesezeichen *nt* bookmark
Lesung ['le:zʊŋ] *f* (*PARL*) reading
letzte(r, s) ['lɛtstə(r, s)] *adj* last; (*neueste*) latest; **zum ~nmal** for the last time; **~ns** *adv* lately; **~re(r, s)** *adj* latter
Leuchte ['lɔyçtə] *f* lamp, light; **l~n** *vi* to shine, to gleam; **~r** (**-s, -**) *m* candlestick
Leucht- *zW*: **~farbe** *f* fluorescent colour; **~rakete** *f* flare; **~reklame** *f* neon sign; **~röhre** *f* strip light; **~turm** *m* lighthouse; **~zifferblatt** *nt* luminous dial
leugnen ['lɔygnən] *vt* to deny
Leukämie [lɔykɛ'mi:] *f* leukaemia
Leukoplast [lɔyko'plast] (®; **-(e)s, -e**) *nt* Elastoplast (®)
Leumund ['lɔymʊnt] (**-(e)s, -e**) *m* reputation
Leumundszeugnis *nt* character reference
Leute ['lɔytə] *pl* people *pl*
Leutnant ['lɔytnant] (**-s, -s** *od* **-e**) *m* lieutenant
leutselig ['lɔytze:lɪç] *adj* amiable
Lexikon ['lɛksikɔn] (**-s, Lexiken** *od* **Lexika**) *nt* encyclop(a)edia
Libelle [li'bɛlə] *f* dragonfly; (*TECH*) spirit level
liberal [libe'ra:l] *adj* liberal; **L~e(r)** *mf* liberal
Libero ['li:bero] (**-s, -s**) *m* (*Fußball*) sweeper
Licht [lɪçt] (**-(e)s, -er**) *nt* light;

~bild *nt* photograph; (*Dia*) slide; **~blick** *m* cheering prospect; **l~empfindlich** *adj* sensitive to light; **l~en** *vt* to clear; (*Anker*) to weigh ♦ *vr* to clear up; (*Haar*) to thin; **l~erloh** *adv*: **l~erloh brennen** to be ablaze; **~hupe** *f* flashing of headlights; **~jahr** *nt* light year; **~maschine** *f* dynamo; **~schalter** *m* light switch

Lichtung *f* clearing, glade

Lid [li:t] **(-(e)s, -er)** *nt* eyelid; **~schatten** *m* eyeshadow

lieb [li:p] *adj* dear; **das ist ~ von dir** that's kind of you; **~äugeln** ['li:bɔʏgəln] *vi insep*: **mit etw ~äugeln** to have one's eye on sth; **mit dem Gedanken ~äugeln, etw zu tun** to toy with the idea of doing sth

Liebe ['li:bə] *f* love; **l~bedürftig** *adj*: **l~bedürftig sein** to need love; **l~n** *vt* to love; to like

liebens- *zW*: **~wert** *adj* loveable; **~würdig** *adj* kind; **~würdigerweise** *adv* kindly; **L~würdigkeit** *f* kindness

lieber ['li:bər] *adv* rather, preferably; **ich gehe ~ nicht** I'd rather not go; *siehe auch* **gern**; **lieb**

Liebes- *zW*: **~brief** *m* love letter; **~kummer** *m*: **~kummer haben** to be lovesick; **~paar** *nt* courting couple, lovers *pl*

liebevoll *adj* loving

lieb- ['li:p] *zW*: **~gewinnen** (*unreg*) *vt* to get fond of; **~haben** (*unreg*) *vt* to be fond of; **L~haber** (-s, -) *m* lover; **L~habe'rei** *f* hobby; **~kosen** ['li:pko:zən] *vt insep* to caress; **~lich** *adj* lovely, charming; **L~ling** *m* darling; **L~lings-** *in zW* favourite; **~los** *adj* unloving; **L~schaft** *f* love affair

Lied [li:t] **(-(e)s, -er)** *nt* song; (*REL*) hymn; **~erbuch** ['li:dər-] *nt* song book; hymn book

liederlich ['li:dərlɪç] *adj* slovenly; (*Lebenswandel*) loose, immoral; **L~keit** *f* slovenliness; immorality

lief *etc* [li:f] *vb siehe* **laufen**

Lieferant [lifə'rant] *m* supplier

Lieferbedingungen *pl* terms of delivery

liefern ['li:fərn] *vt* to deliver; (*versorgen mit*) to supply; (*Beweis*) to produce

Liefer- *zW*: **~schein** *m* delivery note; **~termin** *m* delivery date; **~ung** *f* delivery; supply; **~wagen** *m* van; **~zeit** *f* delivery period

Liege ['li:gə] *f* bed

liegen ['li:gən] (*unreg*) *vi* to lie; (*sich befinden*) to be; **mir liegt nichts/viel daran** it doesn't matter to me/it matters a lot to me; **es liegt bei Ihnen, ob ...** it's up to you whether ...; **Sprachen ~ mir nicht** languages are not my line; **woran liegt es?** what's the cause?; **~bleiben** (*unreg*) *vi* (*im Bett*) to stay in bed; (*nicht aufstehen*) to stay lying down; (*vergessen werden*) to be left (behind); **~lassen** (*unreg*) *vt* (*vergessen*) to leave behind

Liege- *zW*: **~sitz** *m* (*AUT*) reclining seat; **~stuhl** *m* deck chair; **~wagen** *m* (*EISENB*) couchette

Lift [lɪft] **(-(e)s, -e** *od* **-s)** *m* lift

Likör [li'kø:r] **(-s, -e)** *m* liqueur

lila ['li:la] *adj inv* purple, lilac; **L~** (-s, -s) *nt* (*Farbe*) purple, lilac

Lilie ['li:liə] *f* lily

Limonade [limo'na:də] *f* lemonade

Limone [li'mo:nə] *f* lime

Linde ['lɪndə] *f* lime tree, linden

lindern ['lɪndərn] *vt* to alleviate, to soothe

Linderung *f* alleviation

Lineal [line'a:l] **(-s, -e)** *nt* ruler

Linie ['li:niə] *f* line

Linien- *zW*: **~blatt** *nt* ruled sheet; **~flug** *m* scheduled flight; **~richter** *m* linesman

linieren [lin'i:rən] *vt* to line

Linke ['lɪŋkə] *f* left side; left hand; (*POL*) left

linkisch *adj* awkward, gauche

links [lɪŋks] *adv* left; to *od* on the left; **~ von mir** on *od* to my left; **L~außen** [lɪŋks'aʊsən] **(-s, -)** *m* (*SPORT*) outside left; **L~händer(in)**

(-s, -) *m(f)* left-handed person; **L~kurve** *f* left-hand bend; **L~verkehr** *m* driving on the left

Linoleum [li'no:leum] (-s) *nt* lino(leum)

Linse ['lɪnzə] *f* lentil; (*optisch*) lens *sg*

Lippe ['lɪpə] *f* lip; **~nstift** *m* lipstick

lispeln ['lɪspəln] *vi* to lisp

Lissabon ['lɪsabɔn] (-s) *nt* Lisbon

List [lɪst] (-, -en) *f* cunning; trick, ruse

Liste ['lɪstə] *f* list

listig ['lɪstɪç] *adj* cunning, sly

Litanei [lita'naɪ] *f* litany

Liter ['li:tər] (-s, -) *nt od m* litre

literarisch [lɪtə'ra:rɪʃ] *adj* literary

Literatur [lɪtera'tu:r] *f* literature

Litfaßsäule ['lɪtfaszɔylə] *f* advertising pillar

Lithographie [litogra'fi:] *f* lithography

Liturgie [litur'gi:] *f* liturgy

liturgisch [li'turgɪʃ] *adj* liturgical

Litze ['lɪtsə] *f* braid; (*ELEK*) flex

live [laɪf] *adv* (*RADIO, TV*) live

Livree [li'vre:] (-, -n) *f* livery

Lizenz [li'tsents] *f* licence

Lkw [ɛlka:'ve:] (-(s), -(s)) *m abk* = **Lastkraftwagen**

Lob [lo:p] (-(e)s) *nt* praise

Lobby ['lɔbɪ] *f* lobby

loben ['lo:bən] *vt* to praise; **~swert** *adj* praiseworthy

löblich ['lø:plɪç] *adj* praiseworthy, laudable

Loch [lɔx] (-(e)s, ¨er) *nt* hole; **l~en** *vt* to punch holes in; **~er** (-s, -) *m* punch

löcherig ['lœçərɪç] *adj* full of holes

Lochkarte *f* punch card

Lochstreifen *m* punch tape

Locke ['lɔkə] *f* lock, curl; **l~n** *vt* to entice; (*Haare*) to curl; **~nwickler** (-s, -) *m* curler

locker ['lɔkər] *adj* loose; **~lassen** (*unreg*) *vi*: **nicht ~lassen** not to let up; **~n** *vt* to loosen

lockig ['lɔkɪç] *adj* curly

Lodenmantel ['lo:dənmantəl] *m* thick woollen coat

lodern ['lo:dərn] *vi* to blaze

Löffel ['lœfəl] (-s, -) *m* spoon

löffeln *vt* to spoon

Logarithmus [loga'rɪtmʊs] *m* logarithm

Loge ['lo:ʒə] *f* (*THEAT*) box; (*Freimaurer*) (masonic) lodge; (*Pförtner~*) office

Logik ['lo:gɪk] *f* logic

logisch ['lo:gɪʃ] *adj* logical

Logopäde [logo'pɛ:də] (-n, -n) *m* speech therapist

Lohn [lo:n] (-(e)s, ¨e) *m* reward; (*Arbeits~*) pay, wages *pl*; **~büro** *nt* wages office; **~empfänger** *m* wage earner

lohnen ['lo:nən] *vr unpers* to be worth it ♦ *vt* (*liter*): **(jdm etw)** ~ to reward (sb for sth); **~d** *adj* worthwhile

Lohnerhöhung *f* pay rise

Lohn- *zW*: **~steuer** *f* income tax; **~streifen** *m* pay slip; **~tüte** *f* pay packet

Lokal [lo'ka:l] (-(e)s, -e) *nt* pub(lic house)

lokal *adj* local; **~i'sieren** *vt* to localize

Lokomotive [lokomo'ti:və] *f* locomotive

Lokomotivführer *m* engine driver

Lorbeer ['lɔrbe:r] (-s, -en) *m* (*auch fig*) laurel; **~blatt** *nt* (*KOCH*) bay leaf

Lore ['lo:rə] *f* (*MIN*) truck

Los [lo:s] (-es, -e) *nt* (*Schicksal*) lot, fate; (*Lotterie~*) lottery ticket

los [lo:s] *adj* (*locker*) loose; **~!** go on!; **etw ~ sein** to be rid of sth; **was ist ~?** what's the matter?; **dort ist nichts/viel ~** there's nothing/a lot going on there; **etw ~ haben** (*umg*) to be clever; **~binden** (*unreg*) *vt* to untie

Löschblatt *nt* sheet of blotting paper

löschen ['lœʃən] *vt* (*Feuer, Licht*) to put out, to extinguish; (*Durst*) to quench; (*COMM*) to cancel; (*COMPUT*) to delete; (*Tonband*) to erase;

(*Fracht*) to unload ♦ *vi* (*Feuerwehr*) to put out a fire; (*Tinte*) to blot

Lösch- *zW*: **~fahrzeug** *nt* fire engine; fire boat; **~gerät** *nt* fire extinguisher; **~papier** *nt* blotting paper; **~taste** *f* delete key

lose ['lo:zə] *adj* loose

Lösegeld *nt* ransom

losen ['lo:zən] *vi* to draw lots

lösen ['lø:zən] *vt* to loosen; (*Rätsel etc*) to solve; (*Verlobung*) to call off; (*CHEM*) to dissolve; (*Partnerschaft*) to break up; (*Fahrkarte*) to buy ♦ *vr* (*aufgehen*) to come loose; (*Zucker etc*) to dissolve; (*Problem, Schwierigkeit*) to (re)solve itself

los- *zW*: **~fahren** (*unreg*) *vi* to leave; **~gehen** (*unreg*) *vi* to set out; (*anfangen*) to start; (*Bombe*) to go off; **auf jdn ~gehen** to go for sb; **~kaufen** *vt* (*Gefangene, Geißeln*) to pay ransom for; **~kommen** (*unreg*) *vi*: **von etw ~kommen** to get away from sth; **~lassen** (*unreg*) *vt* (*Seil*) to let go of; (*Schimpfe*) to let loose; **~laufen** (*unreg*) *vi* to run off

löslich ['lø:slɪç] *adj* soluble; **L~keit** *f* solubility

los- *zW*: **~lösen** *vt*: **(sich) ~lösen** to free (o.s.); **~machen** *vt* to loosen; (*Boot*) to unmoor ♦ *vr* to get away; **~schrauben** *vt* to unscrew

Losung ['lo:zʊŋ] *f* watchword, slogan

Lösung ['lø:zʊŋ] *f* (*Lockermachen*) loosening; (*eines Rätsels, CHEM*) solution; **~smittel** *nt* solvent

loswerden (*unreg*) *vt* to get rid of

losziehen (*unreg; umg*) *vi* (*sich aufmachen*) to set off

Lot [lo:t] **(-(e)s, -e)** *nt* plumbline; **im ~** vertical; (*fig*) on an even keel

löten ['lø:tən] *vt* to solder

Lothringen ['lo:trɪŋən] **(-s)** *nt* Lorraine

Lötkolben *m* soldering iron

Lotse ['lo:tsə] **(-n, -n)** *m* pilot; (*AVIAT*) air traffic controller; **l~n** *vt* to pilot; (*umg*) to lure

Lotterie [lɔtə'ri:] *f* lottery

Lotto ['lɔto] **(-s, -s)** *nt* national lottery; **~zahlen** *pl* winning lottery numbers

Löwe ['lø:və] **(-n, -n)** *m* lion; (*ASTROL*) Leo; **~nanteil** *m* lion's share; **~nzahn** *m* dandelion

loyal [loa'ja:l] *adj* loyal

Loyalität *f* loyalty

Luchs [lʊks] **(-es, -e)** *m* lynx

Lücke ['lʏkə] *f* gap; **~nbüßer** (-s, -) *m* stopgap; **l~nhaft** *adj* full of gaps; (*care, supplies etc*) inadequate; **l~nlos** *adj* complete

Luft [lʊft] (-, ¨e) *f* air; (*Atem*) breath; **in der ~ liegen** to be in the air; **jdn wie ~ behandeln** to ignore sb; **~angriff** *m* air raid; **~ballon** *m* balloon; **~blase** *f* air bubble; **l~dicht** *adj* airtight; **~druck** *m* atmospheric pressure

lüften ['lʏftən] *vt* to air; (*Hut*) to lift, to raise ♦ *vi* to let some air in

Luft- *zW*: **~fahrt** *f* aviation; **l~gekühlt** *adj* air-cooled; **~gewehr** *nt* air-rifle, airgun; **l~ig** *adj* (*Ort*) breezy; (*Raum*) airy; (*Kleider*) summery; **~kissenfahrzeug** *nt* hovercraft; **~kurort** *m* health resort; **l~leer** *adj*: **luftleerer Raum** vacuum; **~linie** *f*: **in der ~linie** as the crow flies; **~loch** *nt* air-hole; (*AVIAT*) air-pocket; **~matratze** *f* Lilo (®; *BRIT*), air mattress; **~pirat** *m* hijacker; **~post** *f* airmail; **~röhre** *f* (*ANAT*) windpipe; **~schlange** *f* streamer; **Luftschutzkeller** *m* air-raid shelter; **~verkehr** *m* air traffic; **~verschmutzung** *f* air pollution; **~waffe** *f* air force; **~zug** *m* draught

Lüge ['lʏ:gə] *f* lie; **jdn/etw ~n strafen** to give the lie to sb/sth; **l~n** (*unreg*) *vi* to lie

Lügner(in) (-s, -) *m(f)* liar

Luke ['lu:kə] *f* dormer window; hatch

Lump [lʊmp] **(-en, -en)** *m* scamp, rascal

Lumpen ['lʊmpən] (-s, -) *m* rag

lumpen *vi*: **sich nicht ~ lassen** not to be mean

lumpig ['lʊmpɪç] *adj* shabby

Lupe ['lu:pə] *f* magnifying glass;

unter die ~ nehmen (*fig*) to scrutinize

Lupine [lu'pi:nə] *f* lupin

Lust [lʊst] (-, ¨e) *f* joy, delight; (*Neigung*) desire; **~ haben zu** *od* **auf etw** *akk*/**etw zu tun** to feel like sth/doing sth

lüstern ['lʏstərn] *adj* lustful, lecherous

lustig ['lʊstɪç] *adj* (*komisch*) amusing, funny; (*fröhlich*) cheerful

Lüstling *m* lecher

Lust- *zW*: **l~los** *adj* unenthusiastic; **~mord** *m* sex(ual) murder; **~spiel** *nt* comedy

lutschen ['lʊtʃən] *vt, vi* to suck; **am Daumen ~** to suck one's thumb

Lutscher (-s, -) *m* lollipop

luxuriös [lʊksuri'ø:s] *adj* luxurious

Luxus ['lʊksʊs] (-) *m* luxury; **~artikel** *pl* luxury goods; **~hotel** *nt* luxury hotel

Lymphe ['lʏmfə] *f* lymph

lynchen ['lʏnçən] *vt* to lynch

Lyrik ['ly:rɪk] *f* lyric poetry; **~er** (-s, -) *m* lyric poet

lyrisch ['ly:rɪʃ] *adj* lyrical

M

m *abk* = **Meter**

Machart *f* make

machbar *adj* feasible

SCHLÜSSELWORT

machen ['maxən] *vt* **1** to do; (*herstellen, zubereiten*) to make; **was machst du da?** what are you doing (there)?; **das ist nicht zu machen** that can't be done; **das Radio leiser machen** to turn the radio down; **aus Holz gemacht** made of wood

2 (*verursachen, bewirken*) to make; **jdm Angst machen** to make sb afraid; **das macht die Kälte** it's the cold that does that

3 (*ausmachen*) to matter; **das macht nichts** that doesn't matter; **die Kälte macht mir nichts** I don't mind the cold

4 (*kosten, ergeben*) to be; **3 und 5 macht 8** 3 and 5 is *od* are 8; **was** *od* **wieviel macht das?** how much does that make?

5: **was macht die Arbeit?** how's the work going?; **was macht dein Bruder?** how is your brother doing?; **das Auto machen lassen** to have the car done; **mach's gut!** take care!; (*viel Glück*) good luck!

♦ *vi*: **mach schnell!** hurry up!; **Schluß machen** to finish (off); **mach schon!** come on!; **das macht müde** it makes you tired, **in etw** *dat* **machen** to be *od* deal in sth

♦ *vr* to come along (nicely); **sich an etw** *akk* **machen** to set about sth; **sich verständlich machen** to make o.s. understood; **sich** *dat* **viel aus jdm/etw machen** to like sb/sth

Macht [maxt] (-, ¨e) *f* power; **~haber** (-s, -) *m* ruler

mächtig ['mɛçtɪç] *adj* powerful, mighty; (*umg*: *ungeheuer*) enormous

Macht- *zW*: **m~los** *adj* powerless; **~probe** *f* trial of strength; **~wort** *nt*: **ein ~wort sprechen** to exercise one's authority

Mädchen ['mɛ:tçən] *nt* girl; **m~haft** *adj* girlish; **~name** *m* maiden name

Made ['ma:də] *f* maggot

madig ['ma:dɪç] *adj* maggoty; **jdm etw ~ machen** to spoil sth for sb

mag *etc* [ma:k] *vb siehe* **mögen**

Magazin [maga'tsi:n] (-s, -e) *nt* magazine

Magen ['ma:gən] (-s, - *od* ¨) *m* stomach; **~geschwür** *nt* (*MED*) stomach ulcer; **~schmerzen** *pl* stomachache *sg*

mager ['ma:gər] *adj* lean; (*dünn*) thin; **M~keit** *f* leanness; thinness

Magie [ma'gi:] *f* magic

magisch ['ma:gɪʃ] *adj* magical
Magnet [ma'gne:t] (-s *od* -en, -en) *m* magnet; **m~isch** *adj* magnetic; **~nadel** *f* magnetic needle
Mahagoni [maha'go:ni] (-s) *nt* mahogany
mähen ['mɛ:ən] *vt, vi* to mow
Mahl [ma:l] (-(e)s, -e) *nt* meal; **m~en** (*unreg*) *vt* to grind; **~zeit** *f* meal ♦ *excl* enjoy your meal
Mahnbrief *m* reminder
Mähne ['mɛ:nə] *f* mane
mahnen ['ma:nən] *vt* to remind; (*warnend*) to warn; (*wegen Schuld*) to demand payment from
Mahnung *f* reminder; admonition, warning
Mai [maɪ] (-(e)s, -e) *m* May; **~glöckchen** *nt* lily of the valley; **~käfer** *m* cockchafer
Mailand *nt* Milan
mailändisch *adj* Milanese
Mais [maɪs] (-es, -e) *m* maize, corn (*US*); **~kolben** *m* corncob; **~mehl** *nt* (*KOCH*) corn meal
Majestät [majɛs'tɛ:t] *f* majesty; **m~isch** *adj* majestic
Major [ma'jo:r] (-s, -e) *m* (*MIL*) major; (*AVIAT*) squadron leader
Majoran [majo'ra:n] (-s, -e) *m* marjoram
makaber [ma'ka:bər] *adj* macabre
Makel ['ma:kəl] (-s, -) *m* blemish; (*moralisch*) stain; **m~los** *adj* immaculate, spotless
mäkeln ['mɛ:kəln] *vi* to find fault
Makkaroni [maka'ro:ni] *pl* macaroni *sg*
Makler(in) ['ma:klər(ɪn)] (-s, -) *m(f)* broker
Makrele [ma'kre:lə] *f* mackerel
Makrone [ma'kro:nə] *f* macaroon
Mal [ma:l] (-(e)s, -e) *nt* mark, sign; (*Zeitpunkt*) time; **m~** *adv* times; (*umg*) *siehe* **einmal** ♦ *suffix*: **-m~** -times
Malaria (-) *f* (*MED*) malaria
malen *vt, vi* to paint
Maler (-s, -) *m* painter
Male'rei *f* painting
malerisch *adj* picturesque
Malkasten *m* paintbox
Mallorca [ma'lɔrka] (-s) *nt* Majorca
malnehmen (*unreg*) *vt, vi* to multiply
Malz [malts] (-es) *nt* malt; **~bier** *nt* (*KOCH*) malt beer; **~bonbon** *nt* cough drop; **~kaffee** *m* malt coffee
Mama ['mama:] (-, -s; *umg*) *f* mum(my) (*BRIT*), mom(my) (*US*)
Mami ['mami] (-, -s; *umg*) *f* mum(my) (*BRIT*), mom(my) (*US*)
Mammut ['mamʊt] (-s, -e *od* -s) *nt* mammoth
man [man] *pron* one, you; **~ sagt, ...** they *od* people say ...; **wie schreibt ~ das?** how do you write it?, how is it written?
manch [manç] (*unver*) *pron* many a
manche(r, s) ['mançə(r, s)] *adj* many a; (*pl*: *einige*) a number of ♦ *pron* some
mancherlei *adj inv* various ♦ *pron inv* a variety of things
manchmal *adv* sometimes
Mandant(in) [man'dant(ɪn)] *m(f)* (*JUR*) client
Mandarine [manda'ri:nə] *f* mandarin, tangerine
Mandat [man'da:t] (-(e)s, -e) *nt* mandate
Mandel ['mandəl] (-, -n) *f* almond; (*ANAT*) tonsil
Mandelentzündung *f* (*MED*) tonsillitis
Manege [ma'nɛ:ʒə] *f* ring, arena
Mangel[1] ['maŋəl] (-, -n) *f* mangle
Mangel[2] (-s, ¨) *m* lack; (*Knappheit*) shortage; (*Fehler*) defect, fault; **Mangel an** +*dat* shortage of; **~erscheinung** *f* deficiency symptom; **m~haft** *adj* poor; (*fehlerhaft*) defective, faulty; **m~n** *vi unpers*: **es m~t jdm an etw** *dat* sb lacks sth ♦ *vt* (*Wäsche*) to mangle
mangels *präp* +*gen* for lack of
Mango (-, -s) *f* (*BOT, KOCH*) mango
Manie [ma'ni:] *f* mania
Manier [ma'ni:r] (-) *f* manner; style; (*pej*) mannerism; **~en** *pl* (*Umgangs-*

formen) manners
manierlich *adj* well-mannered
Manifest [mani'fɛst] (**-es, -e**) *nt* manifesto
Maniküre [mani'ky:rə] *f* manicure; **m~n** *vt* to manicure
manipulieren [manipu'li:rən] *vt* to manipulate
Manko ['maŋko] (**-s, -s**) *nt* deficiency; (*COMM*) deficit
Mann [man] (**-(e)s, ¨er**) *m* man; (*Ehe~*) husband; (*NAUT*) hand; **seinen ~ stehen** to hold one's own
Männchen ['mɛnçən] *nt* little man; (*Tier*) male
Mannequin [manə'kɛ̃:] (**-s, -s**) *nt* fashion model
männlich ['mɛnlɪç] *adj* (*BIOL*) male; (*fig, GRAM*) masculine
Mannschaft *f* (*SPORT, fig*) team; (*AVIAT, NAUT*) crew; (*MIL*) other ranks *pl*
Manöver [ma'nø:vər] (**-s, -**) *nt* manoeuvre
manövrieren [manø'vri:rən] *vt, vi* to manoeuvre
Mansarde [man'zardə] *f* attic
Manschette [man'ʃɛtə] *f* cuff; (*TECH*) collar; sleeve; **~nknopf** *m* cufflink
Mantel ['mantəl] (**-s, ¨**) *m* coat; (*TECH*) casing, jacket
Manuskript [manu'skrɪpt] (**-(e)s, -e**) *nt* manuscript
Mappe ['mapə] *f* briefcase; (*Akten~*) folder
Märchen ['mɛ:rçən] *nt* fairy tale; **m~haft** *adj* fabulous; **~prinz** *m* Prince Charming
Marder ['mardər] (**-s, -**) *m* marten
Margarine [marga'ri:nə] *f* margarine
Margerite [margə'ri:tə] *f* (*BOT*) marguerite
Maria [ma'ri:a] (**-**) *f* (*REL*) Mary
Marienkäfer [ma'ri:ənkɛ:fər] *m* ladybird
Marine [ma'ri:nə] *f* navy; **m~blau** *adj* navy-blue
marinieren [mari'ni:rən] *vt* to marinate
Marionette [mario'nɛtə] *f* puppet
Mark¹ [mark] (**-, -**) *f* (*Münze*) mark
Mark² (**-(e)s**) *nt* (*Knochen~*) marrow; **jdm durch Mark und Bein gehen** to go right through sb
markant [mar'kant] *adj* striking
Marke ['markə] *f* mark; (*Warensorte*) brand; (*Fabrikat*) make; (*Rabatt~, Brief~*) stamp; (*Essens~*) ticket; (*aus Metall etc*) token, disc
markieren [mar'ki:rən] *vt* to mark; (*umg*) to act ♦ *vi* to act it
Markierung *f* marking
Markise [mar'ki:zə] *f* awning
Markstück *nt* one-mark piece
Markt [markt] (**-(e)s, ¨e**) *m* market; **~lücke** *f* (*WIRTS*) opening, gap in the market; **~platz** *m* market place; **m~üblich** *adj* (*Preise, Mieten*) standard, usual; **~wert** *m* (*WIRTS*) market value; **~wirtschaft** *f* market economy
Marmelade [marmə'la:də] *f* jam
Marmor ['marmor] (**-s, -e**) *m* marble; **m~ieren** [-'ri:rən] *vt* to marble; **m~n** *adj* marble
Marokko [ma'rɔko] (**-s**) *nt* Morocco
Marone [ma'ro:nə] (**-, -n** *od* **Maroni**) *f* chestnut
Marotte [ma'rɔtə] *f* fad, quirk
Marsch¹ [marʃ] (**-(e)s, ¨e**) *m* march ♦ *excl* march!
Marsch² (**-, -en**) *f* marsh
Marsch- [marʃ] *zW*: **~befehl** *m* marching orders *pl*; **m~bereit** *adj* ready to move; **m~ieren** [mar'ʃi:rən] *vi* to march
Märtyrer(in) ['mɛrtyrər(ɪn)] (**-s, -**) *m(f)* martyr
März [mɛrts] (**-(es), -e**) *m* March
Marzipan [martsi'pa:n] (**-s, -e**) *nt* marzipan
Masche ['maʃə] *f* mesh; (*Strick~*) stitch; **das ist die neueste ~** that's the latest thing; **~ndraht** *m* wire mesh; **m~nfest** *adj* runproof
Maschine [ma'ʃi:nə] *f* machine; (*Motor*) engine; (*Schreib~*) typewriter; **m~ll** [maʃi'nɛl] *adj* machine(-); mechanical

Maschinen- *zW*: **~bauer** *m* mechanical engineer; **~gewehr** *nt* machine gun; **~pistole** *f* submachine gun; **~schaden** *m* mechanical fault; **~schlosser** *m* fitter; **~schrift** *f* typescript

maschineschreiben (*unreg*) *vi* to type

Maschinist [maʃi'nɪst] *m* engineer

Maser ['ma:zər] (**-, -n**) *f* (*von Holz*) grain; **~n** *pl* (*MED*) measles *sg*; **~ung** *f* grain(ing)

Maske ['maskə] *f* mask; **~nball** *m* fancy-dress ball; **~rade** [maskə'ra:də] *f* masquerade

maskieren [mas'ki:rən] *vt* to mask; (*verkleiden*) to dress up ♦ *vr* to disguise o.s.; to dress up

Maskottchen [mas'kɔtçən] *nt* (lucky) mascot

Maß[1] [ma:s] (**-es, -e**) *nt* measure; (*Mäßigung*) moderation; (*Grad*) degree, extent

Maß[2] (**-, -(e)**) *f* litre of beer

Massage [ma'sa:ʒə] *f* massage

Maßanzug *m* made-to-measure suit

Maßarbeit *f* (*fig*) neat piece of work

Masse ['masə] *f* mass

Massen- *zW*: **~artikel** *m* mass-produced article; **~grab** *nt* mass grave; **m~haft** *adj* loads of; **~medien** *pl* mass media *pl*; **~veranstaltung** *f* mass meeting

massenweise *adv* on a large scale

Masseur [ma'sø:r] *m* masseur

Masseurin *f* masseuse

maßgebend *adj* authoritative

maßhalten (*unreg*) *vi* to exercise moderation

massieren [ma'si:rən] *vt* to massage; (*MIL*) to mass

massig ['masɪç] *adj* massive; (*umg*) massive amount of

mäßig ['mɛ:sɪç] *adj* moderate; **~en** ['mɛ:sɪgən] *vt* to restrain, to moderate; **M~keit** *f* moderation

Massiv (**-s, -e**) *nt* massif

massiv [ma'si:f] *adj* solid; (*fig*) heavy, rough

Maß- *zW*: **~krug** *m* tankard; **m~los** *adj* extreme; **~nahme** *f* measure, step; **~stab** *m* rule, measure; (*fig*) standard; (*GEOG*) scale; **m~voll** *adj* moderate

Mast [mast] (**-(e)s, -e(n)**) *m* mast; (*ELEK*) pylon

mästen ['mɛstən] *vt* to fatten

Material [materi'a:l] (**-s, -ien**) *nt* material(s); **~fehler** *m* material defect; **~ismus** [-'lɪsmʊs] *m* materialism; **m~istisch** [-'lɪstɪʃ] *adj* materialistic

Materie [ma'te:riə] *f* matter, substance

materiell [materi'ɛl] *adj* material

Mathematik [matema'ti:k] *f* mathematics *sg*; **~er(in)** [mate'ma:tikər(ɪn)] (**-s, -**) *m(f)* mathematician

mathematisch [mate'ma:tɪʃ] *adj* mathematical

Matjeshering ['matjəshe:rɪŋ] *m* (*KOCH*) young herring

Matratze [ma'tratsə] *f* mattress

Matrixdrucker *m* dot-matrix printer

Matrize [ma'tri:tsə] *f* matrix; (*zum Abziehen*) stencil

Matrose [ma'tro:zə] (**-n, -n**) *m* sailor

Matsch [matʃ] (**-(e)s**) *m* mud; (*Schnee~*) slush; **m~ig** *adj* muddy; slushy

matt [mat] *adj* weak; (*glanzlos*) dull; (*PHOT*) matt; (*SCHACH*) mate

Matte ['matə] *f* mat

Mattscheibe *f* (*TV*) screen; **~ haben** (*umg*) not to be quite with it

Mauer ['maʊər] (**-, -n**) *f* wall; **m~n** *vi* to build; to lay bricks ♦ *vt* to build

Maul [maʊl] (**-(e)s, Mäuler**) *nt* mouth; **m~en** (*umg*) *vi* to grumble; **~esel** *m* mule; **~korb** *m* muzzle; **~sperre** *f* lockjaw; **~tasche** *f* (*KOCH*) *pasta envelopes stuffed and used in soup*; **~tier** *nt* mule; **~wurf** *m* mole

Maurer ['maʊrər] (**-s, -**) *m* bricklayer

Maus [maʊs] (**-, Mäuse**) *f* (*auch*

COMPUT) mouse

Mause- ['maʊzə] *zW*: **~falle** *f* mousetrap; **m~n** *vi* to catch mice ♦ *vt* (*umg*) to pinch; **m~tot** *adj* stone dead

maximal [maksi'ma:l] *adj* maximum ♦ *adv* at most

Mayonnaise [majɔ'nɛ:zə] *f* mayonnaise

Mechan- [me'ça:n] *zW*: **~ik** *f* mechanics *sg*; (*Getriebe*) mechanics *pl*; **~iker** (-s, -) *m* mechanic, engineer; **m~isch** *adj* mechanical; **~ismus** [meça'nɪsmʊs] *m* mechanism

meckern ['mɛkərn] *vi* to bleat; (*umg*) to moan

Medaille [me'daljə] *f* medal

Medaillon [medal'jõ:] (-s, -s) *nt* (*Schmuck*) locket

Medikament [medika'mɛnt] *nt* medicine

Meditation *f* meditation

meditieren [medi'ti:rən] *vi* to meditate

Medizin [medi'tsi:n] (-, -en) *f* medicine; **m~isch** *adj* medical

Meer [me:r] (-(e)s, -e) *nt* sea; **~enge** *f* straits *pl*; **~esspiegel** *m* sea level; **~rettich** *m* horseradish; **~schweinchen** *nt* guinea-pig; **~wasser** *nt* sea water

Megaphon [mega'fo:n] (-s, -e) *nt* megaphone

Mehl [me:l] (-(e)s, -e) *nt* flour; **m~ig** *adj* floury; **~schwitze** *f* (*KOCH*) roux; **~speise** *f* (*KOCH*) flummery

mehr [me:r] *adj, adv* more; **~deutig** *adj* ambiguous; **~ere** *adj* several; **~eres** *pron* several things; **~fach** *adj* multiple; (*wiederholt*) repeated; **M~heit** *f* majority; **~malig** *adj* repeated; **~mals** *adv* repeatedly; **~stimmig** *adj* for several voices; **~stimmig singen** to harmonize; **M~wertsteuer** *f* value added tax; **M~zahl** *f* majority; (*GRAM*) plural

Mehrzweck- *in zW* multipurpose

meiden ['maɪdən] (*unreg*) *vt* to avoid

Meile ['maɪlə] *f* mile; **~nstein** *m* milestone; **m~nweit** *adj* for miles

mein(e) [maɪn] *adj* my; **~e(r, s)** *pron* mine

Meineid ['maɪn'aɪt] *m* perjury

meinen ['maɪnən] *vi* to think ♦ *vt* to think; (*sagen*) to say; (*sagen wollen*) to mean; **das will ich ~** I should think so

mein- *zW*: **~erseits** *adv* for my part; **~etwegen** *adv* (*für mich*) for my sake; (*wegen mir*) on my account; (*von mir aus*) as far as I'm concerned; I don't care *od* mind; **~etwillen** *adv*: **um ~etwillen** for my sake, on my account

Meinung ['maɪnʊŋ] *f* opinion; **ganz meine ~** I quite agree; **jdm die ~ sagen** to give sb a piece of one's mind

Meinungs- *zW*: **~austausch** *m* exchange of views; **~umfrage** *f* opinion poll; **~verschiedenheit** *f* difference of opinion

Meise ['maɪzə] *f* tit(mouse)

Meißel ['maɪsəl] (-s, -) *m* chisel; **m~n** *vt* to chisel

meist [maɪst] *adj* most ♦ *adv* mostly; **am ~en** the most; **~ens** *adv* generally, usually

Meister ['maɪstər] (-s, -) *m* master; (*SPORT*) champion; **m~haft** *adj* masterly; **m~n** *vt* (*Schwierigkeiten etc*) to overcome, conquer; **~schaft** *f* mastery; (*SPORT*) championship; **~stück** *nt* masterpiece; **~werk** *nt* masterpiece

Melancholie [melaŋko'li:] *f* melancholy

melancholisch [melaŋ'ko:lɪʃ] *adj* melancholy

Melde- ['mɛldə] *zW*: **~frist** *f* registration period; **m~n** *vt* to report ♦ *vr* to report; (*SCH*) to put one's hand up; (*freiwillig*) to volunteer; (*auf etw, am Telefon*) to answer; **sich m~n bei** to report to; to register with; **sich zu Wort m~n** to ask to speak; **~pflicht** *f* obligation to register with the police; **~stelle** *f* registration office

Meldung ['mɛldʊŋ] *f* announcement; (*Bericht*) report
meliert [me'li:rt] *adj* (*Haar*) greying; (*Wolle*) flecked
melken ['mɛlkən] (*unreg*) *vt* to milk
Melodie [melo'di:] *f* melody, tune
melodisch [me'lo:dɪʃ] *adj* melodious, tuneful
Melone [me'lo:nə] *f* melon; (*Hut*) bowler (hat)
Membran [mem'bra:n] (**-, -en**) *f* (*TECH*) diaphragm
Membrane *f* (*TECH*) diaphragm
Memoiren [memo'a:rən] *pl* memoirs
Menge ['mɛŋə] *f* quantity; (*Menschen~*) crowd; (*große Anzahl*) lot (of); **m~n** *vt* to mix ♦ *vr*: **sich m~n in** +*akk* to meddle with; **~nlehre** *f* (*MATH*) set theory; **~nrabatt** *m* bulk discount
Mensch [mɛnʃ] (**-en, -en**) *m* human being, man; person ♦ *excl* hey!; **kein ~** nobody
Menschen- *zW*: **~affe** *m* (*ZOOL*) ape; **~feind** *m* misanthrope; **m~freundlich** *adj* philanthropical; **~kenner** *m* judge of human nature; **m~leer** *adj* deserted; **m~möglich** *adj* humanly possible; **M~rechte** *pl* human rights; **m~unwürdig** *adj* beneath human dignity; **M~verstand** *m*: **gesunder M~verstand** common sense
Mensch- *zW*: **~heit** *f* humanity, mankind; **m~lich** *adj* human; (*human*) humane; **~lichkeit** *f* humanity
Menstruation [mɛnstruatsi'o:n] *f* menstruation
Mentalität [mɛntali'tɛ:t] *f* mentality
Menü [me'ny:] (**-s, -s**) *nt* (*auch COMPUT*) menu
Merk- ['mɛrk] *zW*: **~blatt** *nt* instruction sheet *od* leaflet; **m~en** *vt* to notice; **sich** *dat* **etw m~en** to remember sth; **m~lich** *adj* noticeable; **~mal** *nt* sign, characteristic; **m~würdig** *adj* odd
meßbar ['mɛsba:r] *adj* measurable
Meßbecher *m* measuring jug
Messe ['mɛsə] *f* fair; (*ECCL*) mass; **~halle** *f* pavilion at a fair
messen (*unreg*) *vt* to measure ♦ *vr* to compete
Messer (**-s, -**) *nt* knife; **~spitze** *f* knife point; (*in Rezept*) pinch
Messestand *m* stall at a fair
Meßgerät *nt* measuring device, gauge
Messing ['mɛsɪŋ] (**-s**) *nt* brass
Metall [me'tal] (**-s, -e**) *nt* metal; **m~isch** *adj* metallic
Meteor [mete'o:r] (**-s, -e**) *nt* meteor
Meter ['me:tər] (**-s, -**) *nt od m* metre; **~maß** *nt* tape measure
Methode [me'to:də] *f* method
methodisch [me'to:dɪʃ] *adj* methodical
Metropole [metro'po:lə] *f* metropolis
Metzger ['mɛtsgər] (**-s, -**) *m* butcher; **~ei** [-'raɪ] *f* butcher's (shop)
Meute ['mɔʏtə] *f* pack; **~'rei** *f* mutiny; **m~rn** *vi* to mutiny
miauen [mi'aʊən] *vi* to miaow
mich [mɪç] (*akk von* **ich**) *pron* me; myself
Miene ['mi:nə] *f* look, expression
mies [mi:s] (*umg*) *adj* lousy
Miet- ['mi:t] *zW*: **~auto** *nt* hired car; **~e** *f* rent; **zur ~e wohnen** to live in rented accommodation; **m~en** *vt* to rent; (*Auto*) to hire; **~er(in)** (**-s, -**) *m(f)* tenant; **~shaus** *nt* tenement, block of (rented) flats; **~vertrag** *m* lease
Migräne [mi'grɛ:nə] *f* migraine
Mikro- ['mikro] *zW*: **~fon** [-'fo:n] (**-s, -e**) *nt* microphone; **~phon** (**-s, -e**) [-'fo:n] *nt* microphone; **~skop** [-'sko:p] (**-s, -e**) *nt* microscope; **m~skopisch** *adj* microscopic; **~wellenherd** *m* microwave (oven)
Milch [mɪlç] (-) *f* milk; **~glas** *nt* frosted glass; **m~ig** *adj* milky; **~kaffee** *m* white coffee; **~mann** (*pl* **-männer**) *m* milkman; **~mixgetränk** *nt* (*KOCH*) milkshake; **~pulver** *nt* powdered milk; **~straße** *f* Milky Way; **~zahn** *m* milk tooth
mild [mɪlt] *adj* mild; (*Richter*) le-

nient; (*freundlich*) kind, charitable; **M~e** ['mɪldə] *f* mildness; leniency; **~ern** *vt* to mitigate, to soften; (*Schmerz*) to alleviate; **~ernde Umstände** extenuating circumstances

Milieu [mili'øː] (**-s, -s**) *nt* background, environment; **m~geschädigt** *adj* maladjusted

Mili- [mili] *zW*: **m~tant** [-'tant] *adj* militant; **~tär** [-'tɛːr] (**-s**) *nt* military, army; **~'tärgericht** *nt* military court; **m~'tärisch** *adj* military

Milli- ['mɪli] *zW*: **~ardär** [-ar'dɛːr] *m* multimillionaire; **~arde** [-'ardɛ] *f* milliard; billion (*bes US*); **~meter** *m* millimetre; **~meterpapier** *nt* graph paper

Million [mɪli'oːn] (**-, -en**) *f* million; **~är** [-o'nɛːr] *m* millionaire

Milz [mɪlts] (**-, -en**) *f* spleen

Mimik ['miːmɪk] *f* mime

Mimose [mi'moːzə] *f* mimosa; (*fig*) sensitive person

minder ['mɪndər] *adj* inferior ♦ *adv* less; **M~heit** *f* minority; **~jährig** *adj* minor; **M~jährige** *f(m)* minor; **~n** *vt, vr* to decrease, to diminish; **M~ung** *f* decrease; **~wertig** *adj* inferior; **M~wertigkeitskomplex** *m* inferiority complex

Mindest- ['mɪndəst] *zW*: **~alter** *nt* minimum age; **~betrag** *m* minimum amount; **m~e(r, s)** *adj* least; **zum m~en** at least; **m~ens** *adv* at least; **~lohn** *m* minimum wage; **~maß** *nt* minimum

Mine ['miːnə] *f* mine; (*Bleistift~*) lead; (*Kugelschreiber~*) refill; **~nfeld** *nt* minefield

Mineral [mine'raːl] (**-s, -e** *od* **-ien**) *nt* mineral; **m~isch** *adj* mineral; **~wasser** *nt* mineral water

Miniatur [minia'tuːr] *f* miniature

Minigolf ['mɪnigɔlf] *nt* miniature golf, crazy golf

minimal [mini'maːl] *adj* minimal

Minimum ['minimum] *nt* minimum

Minirock *nt* miniskirt

Minister [mi'nɪstər] (**-s, -**) *m* minister; **m~iell** [ministeri'ɛl] *adj* ministerial; **~ium** [minɪs'teːrɪum] *nt* ministry; **~präsident** *m* prime minister

Minus ['miːnus] (**-, -**) *nt* deficit

minus *adv* minus; **M~zeichen** *nt* minus sign

Minute [mi'nuːtə] *f* minute; **~nzeiger** *m* minute hand

Minze ['mɪntsə] *f* mint

mir [miːr] (*dat von* **ich**) *pron* (to) me; **~ nichts, dir nichts** just like that

Misch- ['mɪʃ] *zW*: **~ehe** *f* mixed marriage; **m~en** *vt* to mix; **~ling** *m* half-caste; **~ung** *f* mixture

miserabel [mizə'raːbəl] (*umg*) *adj* (*Essen, Film*) dreadful

Miß- ['mɪs] *zW*: **~behagen** *nt* discomfort, uneasiness; **~bildung** *f* deformity; **m~'billigen** *vt insep* to disapprove of; **~brauch** *m* abuse; (*falscher Gebrauch*) misuse; **m~'brauchen** *vt insep* to abuse; **jdn zu** *od* **für etw m~brauchen** to use sb for *od* to do sth; **~erfolg** *m* failure; **~fallen** (**-s**) *nt* displeasure; **m~'fallen** (*unreg*) *vi insep*: **jdm m~fallen** to displease sb; **~geburt** *f* freak; (*fig*) abortion; **~geschick** *nt* misfortune; **m~glücken** [mɪs'glʏkən] *vi insep* to fail; **jdm m~glückt etw** sb does not succeed with sth; **~griff** *m* mistake; **~gunst** *f* envy; **m~günstig** *adj* envious; **m~'handeln** *vt insep* to ill-treat; **~'handlung** *f* ill-treatment

Mission [mɪsi'oːn] *f* mission; **~ar(in)** [mɪsio'naːr(ɪn)] *m(f)* missionary

Miß- *zW*: **~klang** *m* discord; **~kredit** *m* discredit; **m~lingen** [mɪs'lɪŋən] (*unreg*) *vi insep* to fail; **~mut** *m* sullenness; **m~mutig** *adj* sullen; **m~'raten** (*unreg*) *vi insep* to turn out badly ♦ *adj* ill-bred; **~stand** *m* bad state of affairs; abuse; **~stimmung** *f* ill-humour, discord; **m~'trauen** *vi insep* to mistrust; **~trauen** (**-s**) *nt* distrust, suspicion; **~trauensantrag** *m* (*POL*) motion of no confidence; **m~trauisch** *adj* distrustful, suspicious; **~verhältnis** *nt* disproportion; **~verständnis** *nt* misunderstanding; **m~verstehen** (*unreg*) *vt insep* to misunderstand; **~wirtschaft** *f* mismanagement

Mist [mɪst] (**-(e)s**) *m* dung; dirt; (*umg*) rubbish

Mistel (**-, -n**) *f* mistletoe

Misthaufen *m* dungheap

mit [mɪt] *präp +dat* with; (*mittels*) by ♦ *adv* along, too; **~ der Bahn** by train; **~ 10 Jahren** at the age of 10; **wollen Sie ~?** do you want to come along?

Mitarbeit ['mit'arbaɪt] *f* cooperation; **m~en** *vi* to cooperate, to collaborate; **~er(in)** *m(f)* collaborator; co-worker ♦ *pl* (*Personal*) staff

Mit- *zW*: **~bestimmung** *f* participation in decision-making; **m~bringen** (*unreg*) *vt* to bring along

miteinander [mɪt'aɪ'nandər] *adv* together, with one another

miterleben *vt* to see, to witness

Mitesser ['mɪt'ɛsər] (**-s, -**) *m* blackhead

mitfahren *vi* to accompany (*auf Reise auch*) to travel with

mitfühlend *adj* sympathetic, compassionate

Mit- *zW*: **m~geben** (*unreg*) *vt* to give; **~gefühl** *nt* sympathy; **m~gehen** (*unreg*) *vi* to go/come along; **m~genommen** *adj* done in, in a bad way; **~gift** *f* dowry

Mitglied ['mɪtgliːt] *nt* member; **~sbeitrag** *m* membership fee; **~schaft** *f* membership

Mit- *zW*: **m~halten** (*unreg*) *vi* to keep up; **m~helfen** (*unreg*) *vi* to help; **~hilfe** *f* help, assistance; **m~hören** *vt* to listen in to; **m~kommen** (*unreg*) *vi* to come along; (*verstehen*) to keep up, to follow; **~läufer** *m* hanger-on; (*POL*) fellow-traveller

Mitleid *nt* sympathy; (*Erbarmen*) compassion; **m~ig** *adj* sympathetic; **m~slos** *adj* pitiless, merciless

Mit- *zW*: **m~machen** *vt* to join in, to take part in; **~mensch** *m* fellow man; **m~nehmen** (*unreg*) *vt* to take along/away; (*anstrengen*) to wear out, to exhaust; **zum ~nehmen** to take away; **m~reden** *vi*: **bei etw m~reden** to have a say in sth; **m~reißen** (*unreg*) *vt* to carry away/along; (*fig*) to thrill, captivate

mitsamt *präp +dat* together with

Mitschuld *f* complicity; **m~ig** *adj*: **m~ig (an +dat)** implicated (in); (*an Unfall*) partly responsible (for)

Mit- *zW*: **~schüler(in)** *m(f)* schoolmate; **m~spielen** *vi* to join in, to take part; **~spieler(in)** *m(f)* partner; **~spracherecht** ['mɪtʃpraːxərɛçt] *nt* voice, say

Mittag ['mɪtaːk] (**-(e)s, -e**) *m* midday, lunchtime; **(zu) ~ essen** to have lunch; **m~** *adv* at lunchtime *od* noon; **~essen** *nt* lunch, dinner

mittags *adv* at lunchtime *od* noon; **M~pause** *f* lunch break; **M~schlaf** *m* early afternoon nap, siesta

Mittäter(in) ['mɪttɛːtər(ɪn)] *m(f)* accomplice

Mitte ['mɪtə] *f* middle; (*POL*) centre; **aus unserer ~** from our midst

mitteilen ['mɪttaɪlən] *vt*: **jdm etw ~** to inform sb of sth, to communicate sth to sb

Mitteilung *f* communication

Mittel ['mɪtəl] (**-s -**) *nt* means; method; (*MATH*) average; (*MED*) medicine; **ein ~ zum Zweck** a means to an end; **~alter** *nt* Middle Ages *pl*; **m~alterlich** *adj* mediaeval; **~ding** *nt* cross; **~europa** *nt* Central Europe; **m~mäßig** *adj* mediocre, middling; **~mäßigkeit** *f* mediocrity; **~meer** *nt* Mediterranean; **~punkt** *m* centre; **~stand** *m* middle class; **~streifen** *m* central reservation; **~stürmer** *m* centre-forward; **~weg** *m* middle course; **~welle** *f* (*RADIO*) medium wave

mitten ['mɪtən] *adv* in the middle; **~ auf der Straße/in der Nacht** in the middle of the street/night

Mitternacht ['mɪtərnaxt] *f* midnight

mittlere(r, s) ['mɪtlərə(r, s)] *adj* middle; (*durchschnittlich*) medium, average

mittlerweile ['mɪtlər'vaɪlə] *adv* meanwhile

Mittwoch ['mɪtvɔx] (**-(e)s, -e**) *m* Wednesday; **m~s** *adv* on Wednesdays

mitunter [mɪt''ʊntər] *adv* occasionally, sometimes

Mit- *zW*: **m~verantwortlich** *adj* jointly responsible; **m~wirken** *vi*: **m~wirken (bei)** to contribute (to); (*THEAT*) to take part (in); **~wirkung** *f* contribution; participation

Möbel ['mø:bəl] *pl* furniture *sg*; **~wagen** *m* furniture *od* removal van

mobil [mo'bi:l] *adj* mobile; (*MIL*) mobilized; **M~iar** [mobili'a:r] (**-s, -e**) *nt* furnishings *pl*; **M~machung** *f* mobilization; **M~telefon** *nt* mobile phone

möblieren [mø'bli:rən] *vt* to furnish; **möbliert wohnen** to live in furnished accommodation

möchte *etc vb siehe* **mögen**

Mode ['mo:də] *f* fashion

Modell [mo'dɛl] (**-s, -e**) *nt* model; **m~ieren** [-'li:rən] *vt* to model

Modenschau *f* fashion show

moderig ['mo:dərɪç] *adj* (*Keller*) musty; (*Luft*) stale

modern [mo'dɛrn] *adj* modern; (*modisch*) fashionable; **~isieren** *vt* to modernize

Mode- *zW*: **~schau** *f* fashion show; **~schmuck** *m* fashion jewellery; **~schöpfer(in)** *m(f)* fashion designer; **~wort** *nt* fashionable word, buzz word

modisch ['mo:dɪʃ] *adj* fashionable

Mofa ['mo:fa] (**-s, -s**) *nt* small moped

mogeln ['mo:gəln] (*umg*) *vi* to cheat

SCHLÜSSELWORT

mögen ['mø:gən] (*pt* **mochte**, *pp* **gemocht** *od (als Hilfsverb)* **mögen**) *vt, vi* to like; **magst du/mögen Sie ihn?** do you like him?; **ich möchte ...** I would like ..., I'd like ...; **er möchte in die Stadt** he'd like to go into town; **ich möchte nicht, daß du ...** I wouldn't like you to ...; **ich mag nicht mehr** I've had enough

♦ *Hilfsverb* to like to; (*wollen*) to want; **möchtest du etwas essen?** would you like something to eat?; **sie mag nicht bleiben** she doesn't want to stay; **das mag wohl sein** that may well be; **was mag das heißen?** what might that mean?; **Sie möchten zu Hause anrufen** could you please call home?

möglich ['mø:klɪç] *adj* possible; **~erweise** *adv* possibly; **M~keit** *f* possibility; **nach M~keit** if possible; **~st** *adv* as ... as possible

Mohn [mo:n] (**-(e)s, -e**) *m* (*~blume*) poppy; (*~samen*) poppy seed

Möhre ['mø:rə] *f* carrot

Mohrrübe *f* carrot

mokieren [mo'ki:rən] *vr*: **sich ~ über** *+akk* to make fun of

Mole ['mo:lə] *f* (harbour) mole

Molekül [mole'ky:l] (**-s, -e**) *nt* molecule

Molkerei [molkə'raɪ] *f* dairy

Moll [mɔl] (**-, -**) *nt* (*MUS*) minor (key)

mollig *adj* cosy; (*dicklich*) plump

Moment [mo'mɛnt] (**-(e)s, -e**) *m* moment ♦ *nt* factor; **im ~** at the moment; **~ (mal)!** just a moment; **m~an** [-'ta:n] *adj* momentary ♦ *adv* at the moment

Monarch [mo'narç] (**-en, -en**) *m* monarch; **~ie** [monar'çi:] *f* monarchy

Monat ['mo:nat] (**-(e)s, -e**) *m* month; **m~elang** *adv* for months; **m~lich** *adj* monthly; **~sgehalt** *nt*: **das dreizehnte ~sgehalt** Christmas bonus (*of one month's salary*); **~skarte** *f* monthly ticket

Mönch [mœnç] (**-(e)s, -e**) *m* monk

Mond [mo:nt] (**-(e)s, -e**) *m* moon; **~finsternis** *f* eclipse of the moon; **m~hell** *adj* moonlit; **~landung** *f* moon landing; **~schein** *m* moonlight; **~sonde** *f* moon probe

Mono- [mono] *in zW* mono; **~log**

[-'lo:k] (**-s, -e**) *m* monologue; **~pol** [-'po:l] (**-s, -e**) *nt* monopoly; **m~polisieren** [-poli'zi:rən] *vt* to monopolize; **m~ton** [-'to:n] *adj* monotonous; **~tonie** [-to'ni:] *f* monotony

Montag ['mo:nta:k] (**-(e)s, -e**) *m* Monday

Montage ['mɔn'ta:ʒə] *f* (*PHOT etc*) montage; (*TECH*) assembly; (*Einbauen*) fitting

Monteur [mɔn'tø:r] *m* fitter

montieren [mɔn'ti:rən] *vt* to assemble

Monument [monu'mɛnt] *nt* monument; **m~al** *adj* monumental

Moor [mo:r] (**-(e)s, -e**) *nt* moor

Moos [mo:s] (**-es, -e**) *nt* moss

Moped ['mo:pɛt] (**-s, -s**) *nt* moped

Mops [mɔps] (**-es, ¨e**) *m* pug

Moral [mo'ra:l] (**-, -en**) *f* morality; (*einer Geschichte*) moral; **m~isch** *adj* moral

Moräne [mo'rɛ:nə] *f* moraine

Morast [mo'rast] (**-(e)s, -e**) *m* morass, mire; **m~ig** *adj* boggy

Mord [mɔrt] (**-(e)s, -e**) *m* murder; **~anschlag** *m* murder attempt

Mörder(in) ['mœrdər(ɪn)] (**-s, -**) *m(f)* murderer/murderess

mörderisch *adj* (*fig*: *schrecklich*) terrible, dreadful ♦ *adv* (*umg*: *entsetzlich*) terribly, dreadfully

Mord- *zW*: **~kommission** *f* murder squad; **~sglück** (*umg*) *nt* amazing luck; **m~smäßig** (*umg*) *adj* terrific, enormous; **~verdacht** *m* suspicion of murder; **~waffe** *f* murder weapon

morgen ['mɔrgən] *adv* tomorrow; **M~** (**-s, -**) *m* morning; **~ früh** tomorrow morning; **M~mantel** *m* dressing gown; **M~rock** *m* dressing gown; **M~röte** *f* dawn; **~s** *adv* in the morning

morgig ['mɔrgɪç] *adj* tomorrow's; **der ~e Tag** tomorrow

Morphium ['mɔrfiʊm] *nt* morphine

morsch [mɔrʃ] *adj* rotten

Morsealphabet ['mɔrzə-] *nt* Morse code

morsen *vi* to send a message by morse code

Mörtel ['mœrtəl] (**-s, -**) *m* mortar

Mosaik [moza'i:k] (**-s, -en** *od* **-e**) *nt* mosaic

Moschee [mɔ'ʃe:] (**-, -n**) *f* mosque

Moskito [mɔs'ki:to] (**-s, -s**) *m* mosquito

Most [mɔst] (**-(e)s, -e**) *m* (unfermented) fruit juice; (*Apfelwein*) cider

Motel [mo'tel] (**-s, -s**) *nt* motel

Motiv [mo'ti:f] (**-s, -e**) *nt* motive; (*MUS*) theme; **~ation** *f* motivation; **m~ieren** [moti'vi:rən] *vt* to motivate

Motor ['mo:tɔr, *pl* mo'to:rən] (**-s, -en**) *m* engine; (*bes ELEK*) motor; **~boot** *nt* motorboat; **~haube** *f* (*von Auto*) bonnet (*BRIT*), hood (*US*); **m~isieren** [motori'zi:rən] *vt* to motorize; **~öl** *nt* engine oil; **~rad** *nt* motorcycle; **~schaden** *m* engine trouble *od* failure

Motte ['mɔtə] *f* moth; **~nkugel** *f* mothball(s)

Motto ['mɔto] (**-s, -s**) *nt* motto

Möwe ['mø:və] *f* seagull

Mücke ['mʏkə] *f* midge, gnat; **~nstich** *m* midge *od* gnat bite

müde ['my:də] *adj* tired

Müdigkeit ['my:dɪçkaɪt] *f* tiredness

Muff [mʊf] (**-(e)s, -e**) *m* (*Handwärmer*) muff

Muffel (**-s, -**; *umg*) *m* killjoy, sourpuss

muffig *adj* (*Luft*) musty

Mühe ['my:ə] *f* trouble, pains *pl*; **mit Müh und Not** with great difficulty; **sich** *dat* **~ geben** to go to a lot of trouble; **m~los** *adj* without trouble, easy; **m~voll** *adj* laborious, arduous

Mühle ['my:lə] *f* mill; (*Kaffee~*) grinder

Müh- *zW*: **~sal** (**-, -e**) *f*, tribulation; **m~sam** *adj* arduous, troublesome; **m~selig** *adj* arduous, laborious

Mulde ['mʊldə] *f* hollow, depression

Mull [mʊl] (**-(e)s, -e**) *m* thin muslin; **~binde** *f* gauze bandage

Müll [mʏl] (**-(e)s**) *m* refuse; **~abfuhr**

f rubbish disposal; (*Leute*) dustmen *pl*; **~abladeplatz** *m* rubbish dump; **~eimer** *m* dustbin, garbage can (*US*); **~haufen** *m* rubbish heap; **~schlucker** (-s, -) *m* garbage disposal unit; **~tonne** *f* dustbin; **~verbrennungsanlage** *f* incinerator

mulmig ['mʊlmɪç] *adj* rotten; (*umg*) dodgy; **jdm ist ~** sb feels funny

multiplizieren [multipli'tsi:rən] *vt* to multiply

Mumie ['mu:miə] *f* mummy

Mumm [mʊm] (-s; *umg*) *m* gumption, nerve

Mumps [mʊmps] (-) *m od f* (*MED*) mumps

München ['mʏnçən] (-s) *nt* Munich

Mund [mʊnt, *pl* 'mʏndər] (-(e)s, ¨er) *m* mouth; **~art** *f* dialect

Mündel ['mʏndəl] (-s, -) *nt* ward

münden ['mʏndən] *vi*: **~ in** +*akk* to flow into

Mund- *zW*: **m~faul** *adj* taciturn; **~geruch** *m* bad breath; **~harmonika** *f* mouth organ

mündig ['mʏndɪç] *adj* of age; **M~keit** *f* majority

mündlich ['mʏntlɪç] *adj* oral

Mundstück *nt* mouthpiece; (*Zigaretten~*) tip

Mündung ['mʏndʊŋ] *f* (*von Fluß*) mouth; (*Gewehr*) muzzle

Mund- *zW*: **~wasser** *nt* mouthwash; **~werk** *nt*: **ein großes ~werk haben** to have a big mouth; **~winkel** *m* corner of the mouth

Munition [munitsi'o:n] *f* ammunition; **~slager** *nt* ammunition dump

munkeln ['mʊŋkəln] *vi* to whisper, to mutter

Münster ['mʏnstər] (-s, -) *nt* minster

munter ['mʊntər] *adj* lively

Münze ['mʏntsə] *f* coin; **m~n** *vt* to coin, to mint; **auf jdn gemünzt sein** to be aimed at sb

Münzfernsehen *nt* pay television

Münzfernsprecher ['mʏntsfernʃpreçər] *m* callbox (*BRIT*), pay phone

mürb(e) ['mʏrb(ə)] *adj* (*Gestein*) crumbly; (*Holz*) rotten; (*Gebäck*) crisp; **jdn ~ machen** to wear sb down; **M~teig** ['mʏrbətaɪç] *m* shortcrust pastry

murmeln ['mʊrməln] *vt, vi* to murmur, to mutter

Murmeltier ['mʊrmělti:r] *nt* marmot

murren ['mʊrən] *vi* to grumble, to grouse

mürrisch ['mʏrɪʃ] *adj* sullen

Mus [mu:s] (-es, -e) *nt* purée

Muschel ['mʊʃəl] (-, -n) *f* mussel; (*~schale*) shell; (*Telefon~*) receiver

Muse ['mu:zə] *f* muse

Museum [mu'ze:ʊm] (-s, Museen) *nt* museum

Musik [mu'zi:k] *f* music; (*Kapelle*) band; **m~alisch** *adj* musical; **~ant(in)** (-en, -en) *m(f)* musician; **~box** *f* jukebox; **~er** (-s, -) *m* musician; **~hochschule** *f* college of music; **~instrument** *nt* musical instrument

musisch *adj* (*Mensch*) artistic

musizieren [muzi'tsi:rən] *vi* to make music

Muskat [mʊs'ka:t] (-(e)s, -e) *m* nutmeg

Muskel ['mʊskəl] (-s, -n) *m* muscle

Muskulatur [mʊskula'tu:r] *f* muscular system

muskulös [mʊsku'lø:s] *adj* muscular

Müsli ['my:sli] (-s, -) *nt* (*KOCH*) muesli

Muß [mʊs] (-) *nt* necessity, must

Muße ['mu:sə] (-) *f* leisure

SCHLÜSSELWORT

müssen ['mʏsən] (*pt* **mußte**, *pp* **gemußt** *od (als Hilfsverb)* **müssen**) *vi* **1** (*Zwang*) must (*nur im Präsens*), to have to; **ich muß es tun** I must do it, I have to do it; **ich mußte es tun** I had to do it; **er muß es nicht tun** he doesn't have to do it; **muß ich?** must I?, do I have to?; **wann müßt ihr zur Schule?** when do you have to go to school?; **er hat gehen müssen** he (has)

had to go; **muß das sein?** is that really necessary?; **ich muß mal** (*umg*) I need the toilet
2 (*sollen*): **das mußt du nicht tun!** you oughtn't to *od* shouldn't do that; **Sie hätten ihn fragen müssen** you should have asked him
3: **es muß geregnet haben** it must have rained; **es muß nicht wahr sein** it needn't be true

müßig ['my:sɪç] *adj* idle
Muster ['mʊstər] (**-s, -**) *nt* model; (*Dessin*) pattern; (*Probe*) sample; **m~gültig** *adj* exemplary; **m~n** *vt* (*Tapete*) to pattern; (*fig, MIL*) to examine; (*Truppen*) to inspect; **~ung** *f* (*von Stoff*) pattern; (*MIL*) inspection
Mut [mu:t] *m* courage; **nur ~!** cheer up!; **jdm ~ machen** to encourage sb; **m~ig** *adj* courageous; **m~los** *adj* discouraged, despondent
mutmaßlich ['mu:tma:slɪç] *adj* presumed ♦ *adv* probably
Mutprobe *f* test *or* trial of courage
Mutter[1] ['mʊtər] (**-, ¨**) *f* mother
Mutter[2] (**-, Muttern**) *f* (*Schrauben~*) nut
mütterlich ['mʏtərlɪç] *adj* motherly; **~erseits** *adv* on the mother's side
Mutter- *zW*: **~liebe** *f* motherly love; **~mal** *nt* birthmark; **~milch** *f* mother's milk; **~schaft** *f* motherhood, maternity; **~schutz** *m* maternity regulations; **'m~'seelena'llein** *adj* all alone; **~sprache** *f* native language; **~tag** *m* Mother's Day
Mutti ['mʊti] (**-, -s**) *f* mum(my) (*BRIT*), mom(my) (*US*)
mutwillig ['mu:tvɪlɪç] *adj* malicious, deliberate
Mütze ['mʏtsə] *f* cap
MwSt *abk* (= *Mehrwertsteuer*) VAT
mysteriös [mʏsteri'ø:s] *adj* mysterious
Mythos ['my:tɔs] (**-, Mythen**) *m* myth

N

na [na] *excl* well; **~ gut** okay then
Nabel ['na:bəl] (**-s, -**) *m* navel; **~schnur** *f* umbilical cord

SCHLÜSSELWORT

nach [na:x] *präp +dat* **1** (*örtlich*) to; **nach Berlin** to Berlin; **nach links/rechts** (to the) left/right; **nach oben/hinten** up/back
2 (*zeitlich*) after; **einer nach dem anderen** one after the other; **nach Ihnen!** after you!; **zehn (Minuten) nach drei** ten (minutes) past three
3 (*gemäß*) according to; **nach dem Gesetz** according to the law; **dem Namen nach** judging by his/her name; **nach allem, was ich weiß** as far as I know
♦ *adv*: **ihm nach!** after him!; **nach und nach** gradually, little by little; **nach wie vor** still

nachahmen ['na:x'a:mən] *vt* to imitate
Nachbar(in) ['naxba:r(ɪn)] (**-s, -n**) *m(f)* neighbour; **~haus** *nt*: **im ~haus** next door; **n~lich** *adj* neighbourly; **~schaft** *f* neighbourhood; **~staat** *m* neighbouring state
nach- *zW*: **~bestellen** *vt*: **50 Stück ~bestellen** to order another 50; **N~bestellung** *f* (*COMM*) repeat order; **N~bildung** *f* imitation, copy; **~blicken** *vi* to gaze after; **~datieren** *vt* to postdate
nachdem [na:x'de:m] *konj* after; (*weil*) since; **je ~ (ob)** it depends (whether)
nach- *zW*: **~denken** (*unreg*) *vi*: **~denken über** *+akk* to think about; **N~denken** (**-s**) *nt* reflection, meditation; **~denklich** *adj* thoughtful, pensive
Nachdruck ['na:xdrʊk] *m* emphasis; (*TYP*) reprint, reproduction

nachdrücklich ['na:xdrʏklɪç] *adj* emphatic
nacheinander [na:x'aɪ'nandər] *adv* one after the other
nachempfinden (*unreg*) *vt*: **jdm etw** ~ to feel sth with sb
Nacherzählung ['na:x'ɛrtsɛ:lʊŋ] *f* reproduction (of a story)
Nachfahr ['na:xfa:r] (**-ens, -en**) *m* descendant
Nachfolge ['na:xfɔlgə] *f* succession; **n~n** *vi +dat* to follow; **~r(in)** (**-s, -**) *m(f)* successor
nachforschen *vt, vi* to investigate
Nachforschung *f* investigation
Nachfrage ['na:xfra:gə] *f* inquiry; (*COMM*) demand, **n~n** *vi* to inquire
nach- *zW*: **~fühlen** *vt* = **~empfinden**; **~füllen** *vt* to refill; **~geben** (*unreg*) *vi* to give way, to yield; **N~gebühr** *f* (*POST*) excess postage
nachgehen ['na:xge:ən] (*unreg*) *vi (+dat)* to follow; (*erforschen*) to inquire (into); (*Uhr*) to be slow
Nachgeschmack ['na:xgəʃmak] *m* aftertaste
nachgiebig ['na:xgi:bɪç] *adj* soft, accommodating; **N~keit** *f* softness
nachhaltig ['na:xhaltɪç] *adj* lasting; (*Widerstand*) persistent
nachhelfen ['na:xhɛlfən] (*unreg*) *vi +dat* to assist (*jdm sb*), to help
nachher [na:x'heɪr] *adv* afterwards
Nachhilfeunterricht ['na:xhɪlfə-ʊntərrɪçt] *m* extra tuition
nachholen ['na:xho:lən] *vt* to catch up with; (*Versäumtes*) to make up for
Nachkomme ['na:xkɔmə] (**-, -n**) *m* descendant
nachkommen (*unreg*) *vi* to follow; (*einer Verpflichtung*) to fulfil; **N~schaft** *f* descendants *pl*
Nachkriegszeit ['na:xkri:kstsaɪt] *f* postwar period
Nach- *zW*: **~laß** (**-lasses, -lässe**) *m* (*COMM*) discount, rebate; (*Erbe*) estate; **n~lassen** (*unreg*) *vt* (*Strafe*) to remit; (*Summe*) to take off; (*Schulden*) to cancel ♦ *vi* to decrease, to ease off; (*Sturm*) to die down, to ease off; (*schlechter werden*) to deteriorate; **er hat n~gelassen** he has got worse; **n~lässig** *adj* negligent, careless
nachlaufen ['na:xlaʊfən] (*unreg*) *vi +dat* to run after, to chase
nachlösen ['na:xlø:zən] *vi* (*Zuschlag*) to pay on the train, pay at the other end; (*zur Weiterfahrt*) to pay the supplement
nachmachen ['na:xmaxən] *vt* to imitate (*jdm etw sth from sb*), to copy; (*fälschen*) to counterfeit
Nachmittag ['na:xmɪta:k] *m* afternoon; **am** ~ in the afternoon; **n~s** *adv* in the afternoon
Nach- *zW*: **~nahme** *f* cash on delivery; **per ~nahme** C.O.D.; **~name** *m* surname; **~porto** *nt* excess postage
nachprüfen ['na:xpry:fən] *vt* to check, to verify
nachrechnen ['na:xrɛçnən] *vt* to check
nachreichen ['na:xraɪçən] *vt* (*Unterlagen*) to hand in later
Nachricht ['na:xrɪçt] (**-, -en**) *f* (piece of) news; (*Mitteilung*) message; **~en** *pl* (*Neuigkeiten*) news; **~enagentur** *f* news agency; **~endienst** *m* (*MIL*) intelligence service; **~ensprecher(in)** *m(f)* newsreader; **~entechnik** *f* telecommunications *sg*
Nachruf ['na:xru:f] *m* obituary
nachsagen ['na:xza:gən] *vt* to repeat; **jdm etw** ~ to say sth of sb
nachschicken ['na:xʃɪkən] *vt* to forward
nachschlagen ['na:xʃla:gən] (*unreg*) *vt* to look up
Nachschlagewerk *nt* reference book
Nachschlüssel *m* duplicate key
Nachschub *m* supplies *pl*; (*Truppen*) reinforcements *pl*
nachsehen ['na:xze:ən] (*unreg*) *vt* (*prüfen*) to check ♦ *vi* (*erforschen*) to look and see; **jdm etw** ~ to forgive sb sth; **das N~ haben** to come off worst
nachsenden ['na:xzɛndən] (*unreg*)

vt to send on, to forward
nachsichtig *adj* indulgent, lenient
nachsitzen ['na:xzɪtsən] (*unreg*) *vi*: ~ **(müssen)** (*SCH*) to be kept in
Nachspeise ['na:xʃpaɪzə] *f* dessert, sweet, pudding
Nachspiel ['na:xʃpi:l] *nt* epilogue; (*fig*) sequel
nachsprechen ['na:xʃprɛçən] (*unreg*) *vt*: **(jdm)** ~ to repeat (after sb)
nächst [nɛ:çst] *präp +dat* (*räumlich*) next to; (*außer*) apart from; **~beste (r, s)** *adj* first that comes along; (*zweitbeste*) next best; **N~e(r)** *mf* neighbour; **~e(r, s)** *adj* next; (*nächstgelegen*) nearest
nachstellen *vt* (*TECH*: *neu einstellen*) to adjust
nächst- *zW*: **N~enliebe** *f* love for one's fellow men; **~ens** *adv* shortly, soon; **~liegend** *adj* nearest; (*fig*) obvious; **~möglich** *adj* next possible
nachsuchen ['na:xzu:xən] *vi*: **um etw** ~ to ask *od* apply for sth
Nacht [naxt] (-, ¨e) *f* night; **~dienst** *m* nightshift
Nachteil ['na:xtaɪl] *m* disadvantage; **n~ig** *adj* disadvantageous
Nachthemd *nt* (*Herren~*) nightshirt; (*Damen~*) nightdress
Nachtigall ['naxtɪgal] (-, **-en**) *f* nightingale
Nachtisch ['na:xtɪʃ] *m* = **Nachspeise**
Nachtleben *nt* nightlife
nächtlich ['nɛçtlɪç] *adj* nightly
Nachtlokal *nt* night club
Nach- *zW*: **~trag (-(e)s, -träge)** *m* supplement; **n~tragen** (*unreg*) *vt* to carry; (*zufügen*) to add; **jdm etw n~tragen** to hold sth against sb; **n~träglich** *adj* later, subsequent; additional ♦ *adv* later, subsequently; additionally; **n~trauern** *vi*: **jdm/etw n~trauern** to mourn the loss of sb/sth
Nacht- *zW*: **n~s** *adv* at *od* by night; **~schicht** *f* nightshift; **~schwester** *f* night nurse; **n~süber** *adv* during the night; **~tarif** *m* off-peak tariff; **~tisch** *m* bedside table; **~wächter** *m* night watchman
Nach- *zW*: **~untersuchung** *f* check-up; **n~wachsen** (*unreg*) *vi* to grow again; **~wahl** *f* (*POL*) ≈ by-election
Nachweis ['na:xvaɪs] (**-es, -e**) *m* proof; **n~bar** *adj* provable, demonstrable; **n~en** (*unreg*) *vt* to prove; **jdm etw n~en** to point sth out to sb; **n~lich** *adj* evident, demonstrable
nach- *zW*: **~wirken** *vi* to have aftereffects; **N~wirkung** *f* aftereffect; **N~wort** *nt* epilogue; **N~wuchs** *m* offspring; (*beruflich etc*) new recruits *pl*; **~zahlen** *vt, vi* to pay extra; **N~zahlung** *f* additional payment; (*zurückdatiert*) back pay; **~ziehen** (*unreg*) *vt* (*hinter sich herziehen*: *Bein*) to drag; **N~zügler** (**-s, -**) *m* straggler
Nacken ['nakən] (**-s, -**) *m* nape of the neck
nackt [nakt] *adj* naked; (*Tatsachen*) plain, bare; **N~heit** *f* nakedness
Nadel ['na:dəl] (-, **-n**) *f* needle; (*Steck~*) pin; **~öhr** *nt* eye of a needle; **~wald** *m* coniferous forest
Nagel ['na:gəl] (**-s,** ¨) *m* nail; **~bürste** *f* nailbrush; **~feile** *f* nailfile; **~lack** *m* nail varnish *od* polish (*BRIT*); **n~n** *vt, vi* to nail; **n~neu** *adj* brand-new; **~schere** *f* nail scissors *pl*
nagen ['na:gən] *vt, vi* to gnaw
Nagetier ['na:gəti:r] *nt* rodent
nah(e) ['na:(ə)] *adj* (*räumlich*) near(by); (*Verwandte*) near; (*Freunde*) close; (*zeitlich*) near, close ♦ *adv* near(by); near, close; (*verwandt*) closely ♦ *präp +dat* near (to), close to; **der Nahe Osten** the Near East; **Nahaufnahme** *f* close-up
Nähe ['nɛ:ə] (-) *f* nearness, proximity; (*Umgebung*) vicinity; **in der** ~ close by; at hand; **aus der** ~ from close to
nahe- *zW*: **~bei** *adv* nearby; **~gehen** (*unreg*) *vi +dat* to grieve; **~kommen** (*unreg*) *vi (+dat)* to get close (to); **~legen** *vt*: **jdm etw ~legen** to suggest sth to sb; **~liegen**

(*unreg*) *vi* to be obvious; **~liegend** *adj* obvious; **~n** *vi, vr* to approach, to draw near
nähen ['nɛːən] *vt, vi* to sew
näher *adj, adv* nearer; (*Erklärung, Erkundigung*) more detailed; **N~e(s)** *nt* details *pl*, particulars *pl*
Näherei *f* sewing, needlework
näherkommen (*unreg*) *vi, vr* to get closer
nähern *vr* to approach
nahe- *zW*: **~stehen** (*unreg*) *vi (+dat)* to be close (to); **einer Sache ~stehen** to sympathize with sth; **~stehend** *adj* close; **~treten** (*unreg*) *vi*: **jdm (zu) ~treten** to offend sb; **~zu** *adv* nearly
Nähgarn *nt* thread
Nahkampf *m* hand-to-hand fighting
Nähkasten *m* sewing basket, workbox
nahm *etc* [naːm] *vb siehe* **nehmen**
Nähmaschine *f* sewing machine
Nähnadel *f* needle
nähren ['nɛːrən] *vt* to feed ♦ *vr* (*Person*) to feed o.s.; (*Tier*) to feed
nahrhaft ['naːrhaft] *adj* nourishing, nutritious
Nahrung ['naːruŋ] *f* food; (*fig auch*) sustenance
Nahrungs- *zW*: **~mittel** *nt* foodstuffs *pl*; **~mittelindustrie** *f* food industry; **~suche** *f* search for food
Nährwert *m* nutritional value
Naht [naːt] (-, ¨e) *f* seam; (*MED*) suture; (*TECH*) join; **n~los** *adj* seamless; **n~los ineinander übergehen** to follow without a gap
Nah- *zW*: **~verkehr** *m* local traffic; **~verkehrszug** *m* local train; **~ziel** *nt* immediate objective
Name ['naːmə] (**-ns, -n**) *m* name; **im ~n von** on behalf of; **n~ns** *adv* by the name of; **~nstag** *m* name day, saint's day; **n~ntlich** *adj* by name ♦ *adv* particularly, especially
namhaft ['naːmhaft] *adj* (*berühmt*) famed, renowned; (*beträchtlich*) considerable; **~ machen** to name
nämlich ['nɛːmlɪç] *adv* that is to say, namely; (*denn*) since
nannte *etc* ['nantə] *vb siehe* **nennen**
nanu [na'nuː] *excl* well, well!
Napf [napf] (**-(e)s, ¨e**) *m* bowl, dish
Narbe ['narbə] *f* scar
narbig ['narbɪç] *adj* scarred
Narkose [nar'koːze] *f* anaesthetic
Narr [nar] (**-en, -en**) *m* fool; **n~en** *vt* to fool
Närrin ['nɛrɪn] *f* fool
närrisch *adj* foolish, crazy
Narzisse [nar'tsɪsə] *f* narcissus; daffodil
naschen ['naʃən] *vt, vi* to nibble; (*heimlich kosten*) to pinch a bit
naschhaft *adj* sweet-toothed
Nase ['naːzə] *f* nose
Nasen- *zW*: **~bluten** (**-s**) *nt* nosebleed; **~loch** *nt* nostril; **~tropfen** *pl* nose drops
naseweis *adj* pert, cheeky; (*neugierig*) nosey
Nashorn ['naːshɔrn] *nt* rhinoceros
naß [nas] *adj* wet
Nässe ['nɛsə] (-) *f* wetness; **n~n** *vt* to wet
naßkalt *adj* wet and cold
Naßrasur *f* wet shave
Nation [natsi'oːn] *f* nation
national [natsio'naːl] *adj* national; **N~feiertag** *m* national holiday; **N~hymne** *f* national anthem; **~isieren** [-i'ziːrən] *vt* to nationalize; **N~i'sierung** *f* nationalization; **N~ismus** [-'lɪsmʊs] *m* nationalism; **~istisch** [-'lɪstɪʃ] *adj* nationalistic; **N~i'tät** *f* nationality; **N~mannschaft** *f* national team; **N~sozialismus** *m* national socialism
Natron ['naːtrɔn] (**-s**) *nt* soda
Natter ['natər] (**-, -n**) *f* adder
Natur [na'tuːr] *f* nature; (*körperlich*) constitution; **~ell** [natu'rɛl] (**-es, -e**) *nt* disposition; **~erscheinung** *f* natural phenomenon *od* event; **n~farben** *adj* natural coloured; **n~gemäß** *adj* natural; **~gesetz** *nt* law of nature; **n~getreu** *adj* true to life; **~katastrophe** *f* natural disaster
natürlich [na'tyːrlɪç] *adj* natural ♦

adv naturally; **ja, ~!** yes, of course; **N~keit** *f* naturalness

Natur- *zW*: **~park** *m* ≃ national park; **~produkt** *nt* natural product; **n~rein** *adj* natural, pure; **~schutzgebiet** *nt* nature reserve; **~wissenschaft** *f* natural science; **~wissenschaftler(in)** *m(f)* scientist; **~zustand** *m* natural state

nautisch ['naʊtɪʃ] *adj* nautical

Nazi ['na:tsi] (**-s, -s**) *m* Nazi

NB *abk* (= *nota bene*) nb

n.Chr. *abk* (= *nach Christus*) A.D.

Nebel ['ne:bəl] (**-s, -**) *m* fog, mist; **n~ig** *adj* foggy, misty; **~scheinwerfer** *m* foglamp

neben ['ne:bən] *präp* (+*akk od dat*) next to; (+*dat*: *außer*) apart from, besides; **~an** [ne:bən''an] *adv* next door; **N~anschluß** *m* (*TEL*) extension; **N~ausgang** *m* side exit; **~bei** [ne:bən'baɪ] *adv* at the same time; (*außerdem*) additionally; (*beiläufig*) incidentally; **N~beruf** *m* second job; **N~beschäftigung** *f* second job; **N~buhler(in)** (**-s, -**) *m(f)* rival; **~einander** [ne:bən'aɪ'nandər] *adv* side by side; **~einanderlegen** *vt* to put next to each other; **N~eingang** *m* side entrance; **N~erscheinung** *f* side effect; **N~fach** *nt* subsidiary subject; **N~fluß** *m* tributary; **N~gebäude** *nt* annexe; **N~geräusch** *nt* (*RADIO*) atmospherics *pl*, interference; **~her** [ne:bən'he:r] *adv* (*zusätzlich*) besides; (*gleichzeitig*) at the same time; (*daneben*) alongside; **~herfahren** (*unreg*) *vi* to drive alongside; **N~kosten** *pl* extra charges, extras; **N~produkt** *nt* by-product; **N~sache** *f* trifle, side issue; **~sächlich** *adj* minor, peripheral; **N~saison** *f* low season; **N~straße** *f* side street; **N~verdienst** *m* secondary income; **N~zimmer** *nt* adjoining room

neblig ['ne:blɪç] *adj* foggy, misty

Necessaire [nesɛ'sɛ:r] (**-s, -s**) *nt* (*Näh~*) needlework box; (*Nagel~*) manicure case

necken ['nɛkən] *vt* to tease

Neckerei ['nɛkə'rəɪ] *f* teasing

Neffe ['nɛfə] (**-n, -n**) *m* nephew

negativ [nega'ti:f] *adj* negative; **N~** (**-s, -e**) *nt* (*PHOT*) negative

Neger ['ne:gər] (**-s, -**) *m* negro; **~in** *f* negress

nehmen ['ne:mən] (*unreg*) *vt* to take; **jdn zu sich ~** to take sb in; **sich ernst ~** to take o.s. seriously; **nimm dir doch bitte** please help yourself

Neid [naɪt] (**-(e)s**) *m* envy; **~er** (**-s, -**) *m* envier; **n~isch** ['naɪdɪʃ] *adj* envious, jealous

neigen ['naɪgən] *vt* to incline, to lean; (*Kopf*) to bow ♦ *vi*: **zu etw ~** to tend to sth

Neigung *f* (*des Geländes*) slope; (*Tendenz*) tendency, inclination; (*Vorliebe*) liking; (*Zuneigung*) affection

nein [naɪn] *adv* no

Nektarine [nɛkta'ri:nə] *f* (*Frucht*) nectarine

Nelke ['nɛlkə] *f* carnation, pink; (*Gewürz*) clove

Nenn- ['nɛn] *zW*: **n~en** (*unreg*) *vt* to name; (*mit Namen*) to call; **wie n~t man ...?** what do you call ...?; **n~enswert** *adj* worth mentioning; **~er** (**-s, -**) *m* denominator; **~wert** *m* nominal value; (*COMM*) par

Neon ['ne:ɔn] (**-s**) *nt* neon; **~licht** *nt* neon light; **~röhre** *f* neon tube

Nerv [nɛrf] (**-s, -en**) *m* nerve; **jdm auf die ~en gehen** to get on sb's nerves; **n~enaufreibend** *adj* nerve-racking; **~enbündel** *nt* bundle of nerves; **~enheilanstalt** *f* mental home; **n~enkrank** *adj* mentally ill; **~ensäge** (*umg*) *f* pain (in the neck) (*inf*); **~ensystem** *nt* nervous system; **~enzusammenbruch** *m* nervous breakdown; **n~lich** *adj* (*Belastung*) affecting the nerves; **n~ös** [nɛr'vø:s] *adj* nervous; **~osi'tät** *f* nervousness; **n~tötend** *adj* nerve-racking; (*Arbeit*) soul-destroying

Nerz [nɛrts] (**-es, -e**) *m* mink

Nessel ['nɛsəl] (**-, -n**) *f* nettle

Nest [nɛst] (**-(e)s, -er**) *nt* nest; (*umg*:

Ort) dump

nett [nɛt] *adj* nice; (*freundlich*) nice, kind; **~erweise** *adv* kindly

netto ['nɛto:] *adv* net

Netz [nɛts] (**-es, -e**) *nt* net; (*Gepäck~*) rack; (*Einkaufs~*) string bag; (*Spinnen~*) web; (*System*) network; **jdm ins ~ gehen** (*fig*) to fall into sb's trap; **~anschluß** *m* mains connection; **~haut** *f* retina

neu [nɔʏ] *adj* new; (*Sprache, Geschichte*) modern; **seit ~estem** (since) recently; **die ~esten Nachrichten** the latest news; **~ schreiben** to rewrite, to write again; **N~anschaffung** *f* new purchase *od* acquisition; **~artig** *adj* new kind of; **N~bau** *m* new building; **N~e(r)** *f(m)* the new man/woman; **~erdings** *adv* (*kürzlich*) (since) recently; (*von neuem*) again; **N~erscheinung** *f* (*Buch*) new publication; (*Schallplatte*) new release; **N~erung** *f* innovation, new departure; **N~gier** *f* curiosity; **~gierig** *adj* curious; **N~heit** *f* newness; novelty; **N~igkeit** *f* news *sg*; **N~jahr** *nt* New Year; **~lich** *adv* recently, the other day; **N~ling** *m* novice; **N~mond** *m* new moon

neun [nɔʏn] *num* nine; **~zehn** *num* nineteen; **~zig** *num* ninety

neureich *adj* nouveau riche; **N~e(r)** *mf* nouveau riche

neurotisch *adj* neurotic

Neu- [nɔʏ'ze:lant] *zW*: **~seeland** *nt* New Zealand; **~seeländer(in)** [nɔʏ'ze:lɛndər(ɪn)] *m(f)* New Zealander

neutral [nɔʏ'tra:l] *adj* neutral; **~i'sieren** *vt* to neutralize

Neutrum ['nɔʏtrʊm] (**-s, -a** *od* **-en**) *nt* neuter

Neu- *zW*: **~wert** *m* purchase price; **n~wertig** *adj* (as) new, not used; **~zeit** *f* modern age; **n~zeitlich** *adj* modern, recent

SCHLÜSSELWORT

nicht [nɪçt] *adv* **1** (*Verneinung*) not; **er ist es nicht** it's not him, it isn't him; **er raucht nicht** (*gerade*) he isn't smoking; (*gewöhnlich*) he doesn't smoke; **ich kann das nicht - ich auch nicht** I can't do it - neither *od* nor can I; **es regnet nicht mehr** it's not raining any more

2 (*Bitte, Verbot*): **nicht!** don't!, no!; **nicht berühren!** do not touch!; **nicht doch!** don't!

3 (*rhetorisch*): **du bist müde, nicht (wahr)?** you're tired, aren't you?; **das ist schön, nicht (wahr)?** it's nice, isn't it?

4: **was du nicht sagst!** the things you say!

Nichtangriffspakt [nɪçt''angrɪfspakt] *m* non-aggression pact

Nichte ['nɪçtə] *f* niece

nichtig ['nɪçtɪç] *adj* (*ungültig*) null, void; (*wertlos*) futile; **N~keit** *f* nullity, invalidity; (*Sinnlosigkeit*) futility

Nichtraucher(in) *m(f)* non-smoker

nichtrostend *adj* stainless

nichts [nɪçts] *pron* nothing; **für ~ und wieder ~** for nothing at all; **N~** (-) *nt* nothingness; (*pej*: *Person*) nonentity

Nichtschwimmer *m* nonswimmer

nichts- *zW*: **~desto'weniger** *adv* nevertheless; **N~nutz** (**-es, -e**) *m* good-for-nothing; **~nutzig** *adj* worthless, useless; **~sagend** *adj* meaningless; **N~tun** (**-s**) *nt* idleness

Nichtzutreffende(s) *nt*: **~s (bitte) streichen!** (please) delete where appropriate

nicken ['nɪkən] *vi* to nod

Nickerchen ['nɪkərçən] *nt* nap

nie [ni:] *adv* never; **~ wieder** *od* **mehr** never again; **~ und nimmer** never ever

nieder ['ni:dər] *adj* low; (*gering*) inferior ♦ *adv* down; **N~gang** *m* decline; **~gedrückt** *adj* (*deprimiert*) dejected, depressed; **~gehen** (*unreg*) *vi* to descend; (*AVIAT*) to come down; (*Regen*) to fall; (*Boxer*) to go down;

~geschlagen *adj* depressed, dejected; **N~lage** *f* defeat; **N~lande** *pl* Netherlands; **N~länder(in)** *m(f)* Dutchman(woman); **~ländisch** *adj* Dutch; **~lassen** (*unreg*) *vr* (*sich setzen*) to sit down; (*an Ort*) to settle (down); (*Arzt, Rechtsanwalt*) to set up a practice; **N~lassung** *f* settlement; (*COMM*) branch; **~legen** *vt* to lay down; (*Arbeit*) to stop; (*Amt*) to resign; **N~schlag** *m* (*MET*) precipitation; rainfall; **~schlagen** (*unreg*) *vt* (*Gegner*) to beat down; (*Gegenstand*) to knock down; (*Augen*) to lower; (*Aufstand*) to put down ♦ *vr* (*CHEM*) to precipitate; **~schreiben** (*unreg*) *vt* to put down in writing; **~trächtig** *adj* base, mean; **N~trächtigkeit** *f* meanness, baseness; outrage; **N~ung** *f* (*GEOG*) depression; (*Mündungsgebiet*) flats *pl*

niedlich ['ni:tlɪç] *adj* sweet, cute

niedrig ['ni:drɪç] *adj* low; (*Stand*) lowly, humble; (*Gesinnung*) mean

niemals ['ni:ma:ls] *adv* never

niemand ['ni:mant] *pron* nobody, no one

Niemandsland ['ni:mantslant] *nt* no-man's land

Niere ['ni:rə] *f* kidney

nieseln ['ni:zəln] *vi* to drizzle

niesen ['ni:zən] *vi* to sneeze

Niete ['ni:tə] *f* (*TECH*) rivet; (*Los*) blank; (*Reinfall*) flop; (*Mensch*) failure; **n~n** *vt* to rivet

Nikotin [niko'ti:n] (**-s**) *nt* nicotine

Nilpferd [ni:l-] *nt* hippopotamus

Nimmersatt ['nɪmərzat] (**-(e)s, -e**) *m* glutton

nimmst *etc* [nɪmst] *vb siehe* **nehmen**

nippen ['nɪpən] *vt, vi* to sip

nirgend- ['nɪrgənt] *zW*: **~s** *adv* nowhere; **~wo** *adv* nowhere; **~wohin** *adv* nowhere

Nische ['ni:ʃə] *f* niche

nisten ['nɪstən] *vi* to nest

Nitrat [ni'tra:t] (**-(e)s, -e**) *nt* nitrate

Niveau [ni'vo:] (**-s, -s**) *nt* level

Nixe ['nɪksə] *f* water nymph

nobel ['no:bəl] *adj* (*großzügig*) generous; (*elegant*) posh (*inf*)

SCHLÜSSELWORT

noch [nɔx] *adv* **1** (*weiterhin*) still; **noch nicht** not yet; **noch nie** never (yet); **noch immer** *od* **immer noch** still; **bleiben Sie doch noch** stay a bit longer

2 (*in Zukunft*) still, yet; **das kann noch passieren** that might still happen; **er wird noch kommen** he'll come (yet)

3 (*nicht später als*): **noch vor einer Woche** only a week ago; **noch am selben Tag** the very same day; **noch im 19. Jahrhundert** as late as the 19th century; **noch heute** today

4 (*zusätzlich*): **wer war noch da?** who else was there?; **noch einmal** once more, again; **noch dreimal** three more times; **noch einer** another one

5 (*bei Vergleichen*): **noch größer** even bigger; **das ist noch besser** that's better still; **und wenn es noch so schwer ist** however hard it is

6: **Geld noch und noch** heaps (and heaps) of money; **sie hat noch und noch versucht, ...** she tried again and again to ...

♦ *konj*: **weder A noch B** neither A nor B

noch- *zW*: **~mal** ['nɔxma:l] *adv* again, once more; **~malig** ['nɔxma:lɪç] *adj* repeated; **~mals** *adv* again, once more

Nominativ ['no:minati:f] (**-s, -e**) *m* nominative

nominell [nomi'nɛl] *adj* nominal

Nonne ['nɔnə] *f* nun

Nord(en) ['nɔrd(ən)] (**-s**) *m* north

Nord'irland *nt* Northern Ireland

nordisch *adj* northern

nördlich ['nœrtlɪç] *adj* northerly, northern ♦ *präp +gen* (to the) north of; **~ von** (to the) north of

Nord- *zW*: **~pol** *m* North Pole; **~rhein-Westfalen** *nt* North Rhine-Westphalia; **~see** *f* North Sea; **n~wärts** *adv* northwards

nörgeln ['nœrgəln] *vi* to grumble; **N~ler** (-s, -) *m* grumbler

Norm [nɔrm] (-, **-en**) *f* norm; (*Größenvorschrift*) standard; **n~al** [nɔr'ma:l] *adj* normal; **~al(benzin)** *nt* ≈ 2-star petrol (*BRIT*), regular petrol (*US*); **n~alerweise** *adv* normally; **n~ali'sieren** *vt* to normalize ♦ *vr* to return to normal

normen *vt* to standardize

Norweg- ['nɔrve:g] *zW*: **~en** *nt* Norway; **~er(in)** (-s, -) *m(f)* Norwegian; **n~isch** *adj* Norwegian

Nostalgie [nɔstal'gi:] *f* nostalgia

Not [no:t] (-, **=e**) *f* need; (*Mangel*) want; (*Mühe*) trouble; (*Zwang*) necessity; **zur ~** if necessary; (*gerade noch*) just about

Notar [no'ta:r] (-s, **-e**) *m* notary; **n~i'ell** *adj* notarial

Not- *zW*: **~ausgang** *m* emergency exit; **~behelf** (-s, **-e**) *m* makeshift; **~bremse** *f* emergency brake; **~dienst** *m* (*Bereitschaftsdienst*) emergency service; **n~dürftig** *adj* scanty; (*behelfsmäßig*) makeshift

Note ['no:tə] *f* note; (*SCH*) mark (*BRIT*), grade (*US*)

Noten- *zW*: **~blatt** *nt* sheet of music; **~schlüssel** *m* clef; **~ständer** *m* music stand

Not- *zW*: **~fall** *m* (case of) emergency; **n~falls** *adv* if need be; **n~gedrungen** *adj* necessary, unavoidable; **etw n~gedrungen machen** to be forced to do sth

notieren [no'ti:rən] *vt* to note; (*COMM*) to quote

Notierung *f* (*COMM*) quotation

nötig ['nø:tɪç] *adj* necessary; **etw ~ haben** to need sth; **~en** *vt* to compel, to force; **~enfalls** *adv* if necessary

Notiz [no'ti:ts] (-, **-en**) *f* note; (*Zeitungs~*) item; **~ nehmen** to take notice; **~block** *m* notepad; **~buch** *nt* notebook

Not- *zW*: **~lage** *f* crisis, emergency; **n~landen** *vi* to make a forced *od* emergency landing; **n~leidend** *adj* needy; **~lösung** *f* temporary solution; **~lüge** *f* white lie

notorisch [no'to:rɪʃ] *adj* notorious

Not- *zW*: **~ruf** *m* emergency call; **~rufsäule** *f* emergency telephone; **~stand** *m* state of emergency; **~unterkunft** *f* emergency accommodation; **~verband** *m* emergency dressing; **~wehr** (-) *f* self-defence; **n~wendig** *adj* necessary; **~wendigkeit** *f* necessity

Novelle [no'vɛlə] *f* short novel; (*JUR*) amendment

November [no'vɛmbər] (-s, -) *m* November

Nu [nu:] *m*: **im ~** in an instant

Nuance [ny'ã:sə] *f* nuance

nüchtern ['nʏçtərn] *adj* sober; (*Magen*) empty; (*Urteil*) prudent; **N~heit** *f* sobriety

Nudel ['nu:dəl] (-, **-n**) *f* noodle; **~n** *pl* (*Teigwaren*) pasta *sg*; (*in Suppe*) noodles

Null [nul] (-, **-en**) *f* nought, zero; (*pej*: *Mensch*) washout; **n~** *num* zero; (*Fehler*) no; **n~ Uhr** midnight; **n~ und nichtig** null and void; **~punkt** *m* zero; **auf dem ~punkt** at zero; **~tarif** *m* (*für Verkehrsmittel*) free travel

numerieren [nume'ri:rən] *vt* to number

numerisch [nu'me:rɪʃ] *adj* numerical

Nummer ['numər] (-, **-n**) *f* number; (*Größe*) size; **~nschild** *nt* (*AUT*) number *od* license (*US*) plate

nun [nu:n] *adv* now ♦ *excl* well; **das ist ~ mal so** that's the way it is

nur [nu:r] *adv* just, only; **wo bleibt er ~?** (just) where is he?

Nürnberg ['nʏrnbɛrk] (-s) *nt* Nuremberg

Nuß [nus] (-, **Nüsse**) *f* nut; **~baum** *m* walnut tree; **~knacker** (-s, -) *m* nutcracker

Nüster ['nyːstər] (-, -n) *f* nostril
nutz [nʊts] *adj*: **zu nichts ~ sein** to be no use for anything
nutzbringend *adj* (*Verwendung*) profitable
nütze ['nʏtsə] *adj* = **nutz**
Nutzen (-s) *m* usefulness; (*Gewinn*) profit; **von ~** useful; **n~** *vi* to be of use ♦ *vt*: **etw zu etw n~** to use sth for sth; **was nutzt es?** what's the use?, what use is it?
nützen *vi, vt* = **nutzen**
nützlich ['nʏtslɪç] *adj* useful; **N~keit** *f* usefulness
Nutz- *zW*: **n~los** *adj* useless; **~losigkeit** *f* uselessness; **~nießer** (-s, -) *m* beneficiary
Nylon ['naɪlɔn] (-(s)) *nt* nylon

O

Oase [o'aːzə] *f* oasis
ob [ɔp] *konj* if, whether; **~ das wohl wahr ist?** can that be true?; **und ~!** you bet!
obdachlos *adj* homeless
Obdachlose(r) *mf* homeless person; **~nasyl** *nt* shelter for the homeless
Obduktion [ɔpdʊktsi'oːn] *f* post-mortem
obduzieren [ɔpdu'tsiːrən] *vt* to do a post-mortem on
O-Beine ['oːbaɪnə] *pl* bow *od* bandy legs
oben ['oːbən] *adv* above; (*in Haus*) upstairs; **nach ~** up; **von ~** down; **~ ohne** topless; **jdn von ~ bis unten ansehen** to look sb up and down; **Befehl von ~** orders from above; **~an** *adv* at the top; **~auf** *adv* up above, on the top ♦ *adj* (*munter*) in form; **~drein** *adv* into the bargain; **~erwähnt** *adj* above-mentioned; **~genannt** *adj* above-mentioned
Ober ['oːbər] (-s, -) *m* waiter; **die ~en** *pl* (*umg*) the bosses; (*ECCL*) the superiors; **~arm** *m* upper arm; **~arzt** *m* senior physician; **~aufsicht** *f* supervision; **~bayern** *nt* Upper Bavaria; **~befehl** *m* supreme command; **~befehlshaber** *m* commander-in-chief; **~'bürgermeister** *m* lord mayor; **~deck** *nt* upper *od* top deck; **o~e(r, s)** *adj* upper; **~fläche** *f* surface; **o~flächlich** *adj* superficial; **~geschoß** *nt* upper storey; **o~halb** *adv* above ♦ *präp +gen* above; **~haupt** *nt* head, chief; **~haus** *nt* (*POL*) upper house, House of Lords (*BRIT*); **~hemd** *nt* shirt; **~herrschaft** *f* supremacy, sovereignty; **~in** *f* matron; (*ECCL*) Mother Superior; **~kellner** *m* head waiter; **~kiefer** *m* upper jaw; **~körper** *m* upper part of body; **~leitung** *f* direction; (*ELEK*) overhead cable; **~licht** *nt* skylight; **~lippe** *f* upper lip; **~schenkel** *m* thigh; **~schicht** *f* upper classes *pl*; **~schule** *f* grammar school (*BRIT*), high school (*US*); **~schwester** *f* (*MED*) matron
Oberst ['oːbərst] (-en *od* -s, -en *od* -e) *m* colonel; **o~e(r, s)** *adj* very top, topmost
Ober- *zW*: **~stufe** *f* upper school; **~teil** *nt* upper part; **~weite** *f* bust/chest measurement
obgleich [ɔp'glaɪç] *konj* although
Obhut ['ɔphuːt] (-) *f* care, protection; **in jds ~ sein** to be in sb's care
obig ['oːbɪç] *adj* above
Objekt [ɔp'jɛkt] (-(e)s, -e) *nt* object; **~iv** [-'tiːf] (-s, -e) *nt* lens; **o~iv** *adj* objective; **~ivi'tät** *f* objectivity
Oblate [o'blaːtə] *f* (*Gebäck*) wafer; (*ECCL*) host
obligatorisch [obliga'toːrɪʃ] *adj* compulsory, obligatory
Oboe [o'boːə] *f* oboe
Obrigkeit ['oːbrɪçkaɪt] *f* (*Behörden*) authorities *pl*, administration; (*Regierung*) government
obschon [ɔp'ʃoːn] *konj* although
Observatorium [ɔpzɛrva'toːriʊm] *nt* observatory
obskur [ɔps'kuːr] *adj* obscure; (*verdächtig*) dubious
Obst [oːpst] (-(e)s) *nt* fruit; **~baum**

m fruit tree; **~garten** *m* orchard; **~händler** *m* fruiterer, fruit merchant; **~kuchen** *m* fruit tart; **~salat** *m* (*KOCH*) fruit salad

obszön [ɔps'tsø:n] *adj* obscene; **O~i'tät** *f* obscenity

obwohl [ɔp'vo:l] *konj* although

Ochse ['ɔksə] (**-n, -n**) *m* ox; **o~n** (*umg*) *vt, vi* to cram, to swot (*BRIT*); **~nschwanzsuppe** *f* oxtail soup; **~nzunge** *f* oxtongue

öd(e) ['ø:d(ə)] *adj* (*Land*) waste, barren; (*fig*) dull; **Öde** *f* desert, waste(land); (*fig*) tedium

oder ['o:dər] *konj* or; **das stimmt, ~?** that's right, isn't it?

Ofen ['o:fən] (**-s, ¨**) *m* oven; (*Heiz~*) fire, heater; (*Kohlen~*) stove; (*Hoch~*) furnace; (*Herd*) cooker, stove; **~rohr** *nt* stovepipe

offen ['ɔfən] *adj* open; (*aufrichtig*) frank; (*Stelle*) vacant; **~ gesagt** to be honest; **~bar** *adj* obvious; **~baren** [ɔfən'ba:rən] *vt* to reveal, to manifest; **O~'barung** *f* (*REL*) revelation; **~bleiben** (*unreg*) *vi* (*Fenster*) to stay open; (*Frage, Entscheidung*) to remain open; **~halten** (*unreg*) *vt* to keep open; **O~heit** *f* candour, frankness; **~herzig** *adj* candid, frank; (*Kleid*) revealing; **~kundig** *adj* well-known, (*klar*) evident; **~lassen** (*unreg*) *vt* to leave open; **~sichtlich** *adj* evident, obvious

offensiv [ɔfɛn'zi:f] *adj* offensive; **O~e** [-'zi:və] *f* offensive

offenstehen (*unreg*) *vi* to be open; (*Rechnung*) to be unpaid; **es steht Ihnen offen, es zu tun** you are at liberty to do it

öffentlich ['œfəntlɪç] *adj* public; **Ö~keit** *f* (*Leute*) public; (*einer Versammlung etc*) public nature; **in aller Ö~keit** in public; **an die Ö~keit dringen** to reach the public ear

offiziell [ɔfitsi'ɛl] *adj* official

Offizier [ɔfi'tsi:r] (**-s, -e**) *m* officer; **~skasino** *nt* officers' mess

öffnen ['œfnən] *vt, vr* to open; **jdm die Tür ~** to open the door for sb

Öffner ['œfnər] (**-s, -**) *m* opener

Öffnung ['œfnʊŋ] *f* opening; **~szeiten** *pl* opening times

oft [ɔft] *adv* often

öfter ['œftər] *adv* more often *od* frequently; **~s** *adv* often, frequently

oh [o:] *excl* oh; **~ je!** oh dear

OHG [o:ha:'ge:] *abk* (= *Offene Handelsgesellschaft*) general partnership

ohne ['o:nə] *präp +akk* without ♦ *konj* without; **das ist nicht ~** (*umg*) it's not bad; **~ weiteres** without a second thought; (*sofort*) immediately; **~ zu fragen** without asking; **~ daß er es wußte** without him knowing it; **~dies** [o:nə'di:s] *adv* anyway; **~einander** [o:nə'aɪ'nandər] *adv* without each other; **~gleichen** [o:nə'glaɪçən] *adj* unsurpassed, without equal; **~hin** [o:nə'hɪn] *adv* anyway, in any case

Ohnmacht ['o:nmaxt] *f* faint; (*fig*) impotence; **in ~ fallen** to faint

ohnmächtig ['o:nmɛçtɪç] *adj* in a faint, unconscious; (*fig*) weak, impotent; **sie ist ~** she has fainted

Ohr [o:r] (**-(e)s, -en**) *nt* ear; (*Gehör*) hearing

Öhr [ø:r] (**-(e)s, -e**) *nt* eye

Ohren- *zW*: **~arzt** *m* ear specialist; **o~betäubend** *adj* deafening; **~schmalz** *nt* earwax; **~schmerzen** *pl* earache *sg*; **~schützer** (**-s, -**) *m* earmuff

Ohr- *zW*: **~feige** *f* slap on the face; box on the ears; **o~feigen** *vt*: **jdn o~feigen** to slap sb's face; to box sb's ears; **~läppchen** *nt* ear lobe; **~ring** *m* earring; **~wurm** *m* earwig; (*MUS*) catchy tune

ökologisch [øko'lo:gɪʃ] *adj* ecological

ökonomisch [øko'no:mɪʃ] *adj* economical

Oktan [ɔk'ta:n] (**-s, -e**) *nt* (*bei Benzin*) octane

Oktave [ɔk'ta:və] *f* octave

Oktober [ɔk'to:bər] (**-s, -**) *m* October

ökumenisch [øku'me:nɪʃ] *adj* ecumenical

Öl [ø:l] (**-(e)s, -e**) *nt* oil; **~baum** *m* olive tree; **ö~en** *vt* to oil; (*TECH*) to lubricate; **~farbe** *f* oil paint; **~feld** *nt* oilfield; **~film** *m* film of oil; **~heizung** *f* oil-fired central heating; **ö~ig** *adj* oily; **~industrie** *f* oil industry

oliv [o'li:f] *adj* olive-green; **O~e** *f* olive

Öl- *zW*: **~meßstab** *m* dipstick; **~sardine** *f* sardine; **~standanzeiger** *m* (*AUT*) oil gauge; **~tanker** *m* oil tanker; **~ung** *f* lubrication; oiling; (*ECCL*) anointment; **die Letzte ~ung** Extreme Unction; **~wechsel** *m* oil change; **~zeug** *nt* oilskins *pl*

Olymp- [o'lʏmp] *zW*: **~iade** [olʏmpi'a:də] *f* Olympic Games *pl*; **~iasieger(in)** [-iazi:gər(ɪn)] *m(f)* Olympic champion; **~iateilnehmer(in)** *m(f)* Olympic competitor; **o~isch** *adj* Olympic

Oma ['o:ma] (**-, -s**; *umg*) *f* granny

Omelett [ɔm(ə)'lɛt] (**-(e)s, -s**) *nt* omelet(te)

Omen ['o:mɛn] (**-s, -**) *nt* omen

ominös [omi'nø:s] *adj* (*unheilvoll*) ominous

Omnibus ['ɔmnibʊs] *m* (omni)bus

Onanie [ona'ni:] *f* masturbation; **o~ren** *vi* to masturbate

Onkel ['ɔŋkəl] (**-s, -**) *m* uncle

Opa ['o:pa] (**-s, -s**; *umg*) *m* grandpa

Opal [o'pa:l] (**-s, -e**) *m* opal

Oper ['o:pər] (**-, -n**) *f* opera; opera house

Operation [operatsi'o:n] *f* operation; **~ssaal** *m* operating theatre

Operette [ope'rɛtə] *f* operetta

operieren [ope'ri:rən] *vt* to operate on ♦ *vi* to operate

Opern- *zW*: **~glas** *nt* opera glasses *pl*; **~haus** *nt* opera house; **~sänger(in)** *m(f)* opera singer

Opfer ['ɔpfər] (**-s, -**) *nt* sacrifice; (*Mensch*) victim; **o~n** *vt* to sacrifice; **~ung** *f* sacrifice

Opium ['o:piʊm] (**-s**) *nt* opium

opponieren [ɔpo'ni:rən] *vi*: **gegen jdn/etw ~** to oppose sb/sth

Opportunist [ɔpɔrtu'nɪst] *m* opportunist

Opposition [ɔpozitsi'o:n] *f* opposition; **o~ell** *adj* opposing

Optik ['ɔptɪk] *f* optics *sg*; **~er** (**-s, -**) *m* optician

optimal [ɔpti'ma:l] *adj* optimal, optimum

Optimismus [ɔpti'mɪsmʊs] *m* optimism

Optimist [ɔpti'mɪst] *m* optimist; **o~isch** *adj* optimistic

optisch ['ɔptɪʃ] *adj* optical

Orakel [o'ra:kəl] (**-s, -**) *nt* oracle

oral [o'ra:l] *adj* (*MED*) oral

Orange [o'rã:ʒə] *f* orange; **o~** *adj* orange; **~ade** [orã'ʒa:də] *f* orangeade; **~at** [orã'ʒa:t] (**-s, -e**) *nt* candied peel

Orchester [ɔr'kɛstər] (**-s, -**) *nt* orchestra

Orchidee [ɔrçi'de:ə] *f* orchid

Orden ['ɔrdən] (**-s, -**) *m* (*ECCL*) order; (*MIL*) decoration; **~sschwester** *f* nun

ordentlich ['ɔrdəntlɪç] *adj* (*anständig*) decent, respectable; (*geordnet*) tidy, neat; (*umg*: *annehmbar*) not bad; (: *tüchtig*) real, proper ♦ *adv* properly; **~er Professor** (full) professor; **O~keit** *f* respectability; tidiness, neatness

ordinär [ɔrdi'nɛ:r] *adj* common, vulgar

ordnen ['ɔrdnən] *vt* to order, to put in order

Ordner (**-s, -**) *m* steward; (*COMM*) file

Ordnung *f* order; (*Ordnen*) ordering; (*Geordnetsein*) tidiness; **~ machen** to tidy up; **in ~!** okay!

Ordnungs- *zW*: **o~gemäß** *adj* proper, according to the rules; **o~liebend** *adj* orderly, methodical; **~strafe** *f* fine; **o~widrig** *adj* contrary to the rules, irregular; **~zahl** *f* ordinal number

Organ [ɔr'ga:n] (**-s, -e**) *nt* organ; (*Stimme*) voice; **~isation** [-izatsi'o:n]

f organisation; **~isator** [-i'za:tɔr] *m* organizer; **o~isch** *adj* organic; **o~isieren** [-i'zi:rən] *vt* to organize, to arrange; (*umg*: *beschaffen*) to acquire ♦ *vr* to organize; **~ismus** [-'nɪsmʊs] *m* organism; **~ist** [-'nɪst] *m* organist

Orgasmus [ɔr'gasmʊs] *m* orgasm

Orgel ['ɔrgəl] (-, -n) *f* organ

Orgie ['ɔrgiə] *f* orgy

Orient ['o:riɛnt] (-s) *m* Orient, east; **~ale** [-'ta:lə] (-n, -n) *m* Oriental; **o~alisch** [-'ta:lɪʃ] *adj* oriental

orientier- *zW*: **~en** [-'ti:rən] *vt* (*örtlich*) to locate; (*fig*) to inform ♦ *vr* to find one's way *od* bearings; to inform o.s.; **O~ung** [-'ti:rʊŋ] *f* orientation; (*fig*) information; **O~ungssinn** *m* sense of direction

Origano [ori:'ga:no] (-) *m* (*KOCH*) oregano

original [origi'na:l] *adj* original; **O~** (-s, -e) *nt* original; **O~fassung** *f* original version; **O~i'tät** *f* originality

originell [origi'nɛl] *adj* original

Orkan [ɔr'ka:n] (-(e)s, -e) *m* hurricane

orkanartig *adj* (*Wind*) gale-force; (*Beifall*) thunderous

Ornament [ɔrna'mɛnt] *nt* decoration, ornament; **o~al** [-'ta:l] *adj* decorative, ornamental

Ort [ɔrt] (-(e)s, -e *od* ¨er) *m* place; **an ~ und Stelle** on the spot; **o~en** *vt* to locate

ortho- [ɔrto] *zW*: **~dox** [-'dɔks] *adj* orthodox; **O~graphie** [-gra'fi:] *f* spelling, orthography; **~'graphisch** *adj* orthographic; **O~päde** [-'pɛ:də] (-n, -n) *m* orthopaedic specialist, orthopaedist; **O~pädie** [-pɛ'di:] *f* orthopaedics *sg*; **~'pädisch** *adj* orthopaedic

örtlich ['œrtlɪç] *adj* local; **Ö~keit** *f* locality

ortsansässig *adj* local

Ortschaft *f* village, small town

Orts- *zW*: **o~fremd** *adj* non-local; **~gespräch** *nt* local (phone)call; **~name** *m* place-name; **~netz** *nt* (*TEL*) local telephone exchange area; **~tarif** *m* (*TEL*) tariff for local calls; **~zeit** *f* local time

Ortung *f* locating

Öse ['ø:zə] *f* loop, eye

Ost'asien [ɔsta:ziən] *nt* Eastern Asia

Osten (-s) *m* east

Oster- ['o:stər] *zW*: **~ei** *nt* Easter egg; **~fest** *nt* Easter; **~glocke** *f* daffodil; **~hase** *m* Easter bunny; **~montag** *m* Easter Monday; **~n** (-s, -) *nt* Easter

Österreich ['ø:stərraɪç] (-s) *nt* Austria; **~er(in)** (-s, -) *m(f)* Austrian; **ö~isch** *adj* Austrian

Ostküste *f* east coast

östlich ['œstlɪç] *adj* eastern, easterly

Otter[1] ['ɔtər] (-s, -) *m* otter

Otter[2] (-s, -) *f* (*Schlange*) adder

Ouvertüre [uvɛr'ty:rə] *f* overture

oval [o'va:l] *adj* oval

Ovation [ovatsi'o:n] *f* ovation

Ovulation [ovulatsi'o:n] *f* ovulation

Oxyd [ɔ'ksy:t] (-(e)s, -e) *nt* oxide; **o~ieren** *vt, vi* to oxidize; **~ierung** *f* oxidization

Ozean ['o:tsea:n] (-s, -e) *m* ocean; **~dampfer** *m* (ocean-going) liner

Ozon [o'tso:n] (-s) *nt* ozone; **~loch** *nt* ozone hole; **~schicht** *f* ozone layer

P

Paar [pa:r] (-(e)s, -e) *nt* pair; (*Ehe~*) couple; **ein p~** a few; **p~en** *vt, vr* to couple; (*Tiere*) to mate; **~lauf** *m* pair skating; **p~mal** *adv*: **ein p~mal** a few times; **~ung** *f* combination; mating; **p~weise** *adv* in pairs; in couples

Pacht [paxt] (-, -en) *f* lease; **p~en** *vt* to lease

Pächter ['pɛçtər] (-s, -) *m* leaseholder, tenant

Pack[1] [pak] (-(e)s, -e *od* ¨e) *m* bundle, pack

Pack[2] (-s) *no pl nt* (*pej*) mob, rabble

Päckchen ['pɛkçən] *nt* small package; (*Zigaretten*) packet; (*Post~*) small parcel

Pack- *zW*: **p~en** *vt* to pack; (*fassen*) to grasp, to seize; (*umg*: *schaffen*) to manage; (*fig*: *fesseln*) to grip; **~en** (-s, -) *m* bundle; (*fig*: *Menge*) heaps of; **~esel** *m* (*auch fig*) packhorse; **~papier** *nt* brown paper, wrapping paper; **~ung** *f* packet; (*Pralinenpackung*) box; (*MED*) compress

Pädagog- [pɛda'go:g] *zW*: **~e** (-n, -n) *m* teacher; **~ik** *f* education; **p~isch** *adj* educational, pedagogical

Paddel ['padəl] (-s, -) *nt* paddle; **~boot** *nt* canoe; **p~n** *vi* to paddle

Page ['pa:ʒə] (-n, -n) *m* page; **~nkopf** *m* pageboy (cut)

Paket [pa'ke:t] (-(e)s, -e) *nt* packet; (*Post~*) parcel; **~karte** *f* dispatch note; **~post** *f* parcel post; **~schalter** *m* parcels counter

Pakt [pakt] (-(e)s, -e) *m* pact

Palast [pa'last] (-es, Paläste) *m* palace

Palästina [palɛs'ti:na] (-s) *nt* Palestine

Palme ['palmə] *f* palm (tree)

Palmsonntag *m* Palm Sunday

Pampelmuse ['pampəlmu:zə] *f* grapefruit

pampig ['pampɪç] (*umg*) *adj* (*frech*) fresh

panieren [pa'ni:rən] *vt* (*KOCH*) to bread

Paniermehl [pa'ni:rme:l] *nt* breadcrumbs *pl*

Panik ['pa:nɪk] *f* panic

panisch ['pa:nɪʃ] *adj* panic-stricken

Panne ['panə] *f* (*AUT etc*) breakdown; (*Mißgeschick*) slip; **~nhilfe** *f* breakdown service

panschen ['panʃən] *vi* to splash about ♦ *vt* to water down

Panther ['pantər] (-s, -) *m* panther

Pantoffel [pan'tɔfəl] (-s, -n) *m* slipper

Pantomime [panto'mi:mə] *f* mime

Panzer ['pantsər] (-s, -) *m* armour; (*Platte*) armour plate; (*Fahrzeug*) tank; **~glas** *nt* bulletproof glass; **p~n** *vt* to armour ♦ *vr* (*fig*) to arm o.s.

Papa [pa'pa:] (-s, -s; *umg*) *m* dad, daddy

Papagei [papa'gaɪ] (-s, -en) *m* parrot

Papier [pa'pi:r] (-s, -e) *nt* paper; (*Wert~*) security; **~fabrik** *f* paper mill; **~geld** *nt* paper money; **~korb** *m* wastepaper basket; **~tüte** *f* paper bag

Papp- ['pap] *zW*: **~deckel** *m* cardboard; **~e** *f* cardboard; **~el** (-, -n) *f* poplar; **p~en** (*umg*) *vt, vi* to stick; **p~ig** *adj* sticky; **~maché** [-ma'ʃe:] (-s, -s) *nt* papier-mâché

Paprika ['paprika] (-s, -s) *m* (*Gewürz*) paprika; (*~schote*) pepper

Papst [pa:pst] (-(e)s, ¨e) *m* pope

päpstlich ['pɛ:pstlɪç] *adj* papal

Parabel [pa'ra:bəl] (-, -n) *f* parable; (*MATH*) parabola

Parabolantenne [para'bo:l-] *f* satellite dish

Parade [pa'ra:də] *f* (*MIL*) parade, review; (*SPORT*) parry

Paradies [para'di:s] (-es, -e) *nt* paradise; **p~isch** *adj* heavenly

Paradox [para'dɔks] (-es, -e) *nt* paradox; **p~** *adj* paradoxical

Paragraph [para'gra:f] (-en, -en) *m* paragraph; (*JUR*) section

parallel [para'le:l] *adj* parallel; **P~e** *f* parallel

Paranuß ['pa:ranʊs] *f* Brazil nut

Parasit [para'zi:t] (-en, -en) *m* (*auch fig*) parasite

parat [pa'ra:t] *adj* ready

Pärchen ['pɛ:rçən] *nt* couple

Parfüm [par'fy:m] (-s, -s *od* -e) *nt* perfume; **~erie** [-ə'ri:] *f* perfumery; **p~ieren** *vt* to scent, to perfume

parieren [pa'ri:rən] *vt* to parry ♦ *vi* (*umg*) to obey

Paris [pa'ri:s] (-) *nt* Paris; **~er** *adj* Parisian ♦ *m* Parisian; **~erin** *f* Parisian

Park [park] (-s, -s) *m* park; **~anlage** *f* park; (*um Gebäude*) grounds *pl*; **p~en** *vt, vi* to park; **~ett** [par'kɛt] (-(e)s, -e) *nt* parquet (floor); (*THEAT*) stalls *pl*; **~haus** *nt* multistorey car park; **~lücke** *f* parking space; **~platz** *m* parking place; car park, parking lot (*US*); **~scheibe** *f* parking disc; **~uhr** *f* parking meter; **~verbot** *nt* parking ban

Parlament [parla'mɛnt] *nt* parliament; **~arier** [-'ta:riər] (**-s, -**) *m* parliamentarian; **p~arisch** [-'ta:rɪʃ] *adj* parliamentary

Parlaments- *zW*: **~beschluß** *m* vote of parliament; **~mitglied** *nt* member of parliament; **~sitzung** *f* sitting (of parliament)

Parodie [paro'di:] *f* parody; **p~ren** *vt* to parody

Parole [pa'ro:lə] *f* password; (*Wahlspruch*) motto

Partei [par'taɪ] *f* party; **~ ergreifen für jdn** to take sb's side; **p~isch** *adj* partial, bias(s)ed; **p~los** *adj* neutral, impartial; **~mitglied** *nt* party member; **~programm** *nt* (party) manifesto; **~tag** *m* party conference

Parterre [par'tɛr(ə)] (**-s, -s**) *nt* ground floor; (*THEAT*) stalls *pl*

Partie [par'ti:] *f* part; (*Spiel*) game; (*Ausflug*) outing; (*Mann, Frau*) catch; (*COMM*) lot; **mit von der ~ sein** to join in

Partisan [parti'za:n] (**-s** *od* **-en, -en**) *m* partisan

Partitur [parti'tu:r] *f* (*MUS*) score

Partizip [parti'tsi:p] (**-s, -ien**) *nt* participle

Partner(in) ['partnər(ɪn)] (**-s, -**) *m(f)* partner; **p~schaftlich** *adj* as partners; **~stadt** *f* twin town

Party ['pa:rti] (**-, -s** *od* **Parties**) *f* party

Paß [pas] (**-sses, -sse**) *m* pass; (*Ausweis*) passport

passabel [pa'sa:bəl] *adj* passable, reasonable

Passage [pa'sa:ʒə] *f* passage

Passagier [pasa'ʒi:r] (**-s, -e**) *m* passenger; **~flugzeug** *nt* airliner

Paßamt *nt* passport office

Passant [pa'sant] *m* passer-by

Paßbild *nt* passport photograph

passen ['pasən] *vi* to fit; (*Farbe*) to go; (*auf Frage, KARTEN, SPORT*) to pass; **das paßt mir nicht** that doesn't suit me; **~ zu** (*Farbe, Kleider*) to go with; **er paßt nicht zu dir** he's not right for you; **~d** *adj* suitable; (*zusammenpassend*) matching; (*angebracht*) fitting; (*Zeit*) convenient

passier- [pa'si:r] *zW*: **~bar** *adj* passable; **~en** *vt* to pass; (*durch Sieb*) to strain ♦ *vi* to happen; **P~schein** *m* pass, permit

Passion [pasi'o:n] *f* passion; **p~iert** [-'ni:rt] *adj* enthusiastic, passionate; **~sspiel** *nt* Passion Play

passiv ['pasi:f] *adj* passive; **P~** (**-s, -e**) *nt* passive; **P~a** *pl* (*COMM*) liabilities; **P~i'tät** *f* passiveness

Paß- *zW*: **~kontrolle** *f* passport control; **~stelle** *f* passport office; **~straße** *f* (mountain) pass

Paste ['pastə] *f* paste

Pastell [pas'tɛl] (**-(e)s, -e**) *nt* pastel

Pastete [pas'te:tə] *f* pie

pasteurisieren [pastøri'zi:rən] *vt* to pasteurize

Pastor ['pastɔr] *m* vicar; pastor, minister

Pate ['pa:tə] (**-n, -n**) *m* godfather; **~nkind** *nt* godchild

Patent [pa'tɛnt] (**-(e)s, -e**) *nt* patent; (*MIL*) commission; **p~** *adj* clever; **~amt** *nt* patent office

Patentante *f* godmother

patentieren *vt* to patent

Patentinhaber *m* patentee

Pater ['pa:tər] (**-s, -** *od* **Patres**) *m* (*ECCL*) Father

pathetisch [pa'te:tɪʃ] *adj* emotional; bombastic

Pathologe [pato'lo:gə] (**-n, -n**) *m* pathologist

pathologisch *adj* pathological

Pathos ['pa:tɔs] (**-**) *nt* emotiveness, emotionalism

Patient(in) [patsi'ɛnt(ɪn)] *m(f)* patient

Patin ['pa:tɪn] *f* godmother

Patina ['pa:tina] (**-**) *f* patina

Patriot [patri'o:t] (**-en, -en**) *m* patriot; **p~isch** *adj* patriotic; **~ismus** [-'tɪsmʊs] *m* patriotism

Patrone [pa'tro:nə] *f* cartridge

Patrouille [pa'trʊljə] *f* patrol

patrouillieren [patrʊl'ji:rən] *vi* to patrol

patsch [patʃ] *excl* splash; **P~e** (*umg*) *f* (*Bedrängnis*) mess, jam; **~en** *vi* to smack, to slap; (*im Wasser*) to splash; **~naß** *adj* soaking wet

patzig ['patsɪç] (*umg*) *adj* cheeky, saucy

Pauke ['paʊkə] *f* kettledrum; **auf die ~ hauen** to live it up

pauken *vt* (*intensiv lernen*) to swot up (*inf*) ♦ *vi* to swot (*inf*), cram (*inf*)

pausbäckig ['paʊsbɛkɪç] *adj* chubby-cheeked

pauschal [paʊ'ʃa:l] *adj* (*Kosten*) inclusive; (*Urteil*) sweeping; **P~e** *f* flat rate; **P~gebühr** *f* flat rate; **P~preis** *m* all-in price; **P~reise** *f* package tour; **P~summe** *f* lump sum

Pause ['paʊzə] *f* break; (*THEAT*) interval; (*Innehalten*) pause; (*Kopie*) tracing

pausen *vt* to trace; **~los** *adj* nonstop; **P~zeichen** *nt* call sign; (*MUS*) rest

Pauspapier ['paʊspapi:r] *nt* tracing paper

Pavian ['pa:via:n] (**-s, -e**) *m* baboon

Pavillon (**-s, -s**) *m* pavilion

Pazif- [pa'tsi:f] *zW*: **~ik** (**-s**) *m* Pacific; **p~istisch** *adj* pacifist

Pech [pɛç] (**-s, -e**) *nt* pitch; (*fig*) bad luck; **~ haben** to be unlucky; **p~schwarz** *adj* pitch-black; **~strähne** (*umg*) *m* unlucky patch; **~vogel** (*umg*) *m* unlucky person

Pedal [pe'da:l] (**-s, -e**) *nt* pedal

Pedant [pe'dant] *m* pedant; **~e'rie** *f* pedantry; **p~isch** *adj* pedantic

Pediküre [pedi'ky:rə] *f* (*Fußpflege*) pedicure

Pegel ['pe:gəl] (**-s, -**) *m* water gauge; **~stand** *m* water level

peilen ['paɪlən] *vt* to get a fix on

Pein [paɪn] (**-**) *f* agony, pain; **p~igen** *vt* to torture; (*plagen*) to torment; **p~lich** *adj* (*unangenehm*) embarrassing, awkward, painful; (*genau*) painstaking; **~lichkeit** *f* painfulness, awkwardness; scrupulousness

Peitsche ['paɪtʃə] *f* whip; **p~n** *vt* to whip; (*Regen*) to lash

Pelikan ['pe:lika:n] (**-s, -e**) *m* pelican

Pelle ['pɛlə] *f* skin; **p~n** *vt* to skin, to peel

Pellkartoffeln *pl* jacket potatoes

Pelz [pɛlts] (**-es, -e**) *m* fur

Pendel ['pɛndəl] (**-s, -**) *nt* pendulum

pendeln *vi* (*Zug, Fähre etc*) to operate a shuttle service; (*Mensch*) to commute

Pendelverkehr *m* shuttle traffic; (*für Pendler*) commuter traffic

Pendler ['pɛndlər] (**-s, -**) *m* commuter

penetrant [pene'trant] *adj* sharp; (*Person*) pushing

Penis ['pe:nɪs] (**-, -se**) *m* penis

pennen ['pɛnən] (*umg*) *vi* to kip

Penner (*umg: pej*) *m* (*Landstreicher*) tramp

Pension [pɛnzi'o:n] *f* (*Geld*) pension; (*Ruhestand*) retirement; (*für Gäste*) boarding *od* guest-house; **~är(in)** [-'nɛ:r(ɪn)] (**-s, -e**) *m(f)* pensioner; **p~ieren** *vt* to pension off; **p~iert** *adj* retired; **~ierung** *f* retirement; **~sgast** *m* boarder, paying guest

Pensum ['pɛnzʊm] (**-s, Pensen**) *nt* quota; (*SCH*) curriculum

per [pɛr] *präp +akk* by, per; (*pro*) per; (*bis*) by

Perfekt ['pɛrfɛkt] (**-(e)s, -e**) *nt* perfect; **p~** [pɛr'fɛkt] *adj* perfect

perforieren [pɛrfo'ri:rən] *vt* to perforate

Pergament [pɛrga'mɛnt] *nt* parchment; **~papier** *nt* greaseproof paper

Periode [peri'o:də] *f* period

periodisch [peri'o:dɪʃ] *adj* periodic; (*dezimal*) recurring

Perle ['pɛrlə] *f* (*auch fig*) pearl; **p~n** *vi* to sparkle; (*Tropfen*) to trickle

Perlmutt ['pɛrlmʊt] (**-s**) *nt* mother-of-pearl

Perlwein *m* sparkling wine

perplex [pɛr'plɛks] *adj* dumbfounded
Person [pɛr'zo:n] (-, -en) *f* person; **ich für meine ~ ...** personally I ...
Personal [pɛrzo'na:l] (-s) *nt* personnel; (*Bedienung*) servants *pl*; **~ausweis** *m* identity card; **~computer** *m* personal computer; **~ien** [-iən] *pl* particulars; **~mangel** *m* undermanning; **~pronomen** *nt* personal pronoun
Personen- *zW*: **~aufzug** *m* lift, elevator (*US*); **~kraftwagen** *m* private motorcar; **~schaden** *m* injury to persons; **~zug** *m* stopping train; passenger train
personifizieren [pɛrzonifi'tsi:rən] *vt* to personify
persönlich [pɛr'zø:nlɪç] *adj* personal ♦ *adv* in person; personally; **P~keit** *f* personality
personell *adj* (*Veränderungen*) personnel
Perspektive [pɛrspɛk'ti:və] *f* perspective
Perücke [pe'rʏkə] *f* wig
pervers [pɛr'vɛrs] *adj* perverse
Pessimismus [pɛsi'mɪsmʊs] *m* pessimism
Pessimist [pɛsi'mɪst] *m* pessimist; **p~isch** *adj* pessimistic
Pest [pɛst] (-) *f* plague
Petersilie [petər'zi:liə] *f* parsley
Petroleum [pe'tro:leʊm] (-s) *nt* paraffin, kerosene (*US*)
Petunie *f* (*BOT*) petunia
Pfad [pfa:t] (-(e)s, -e) *m* path; **~finder** (-s, -) *m* boy scout; **~finderin** *f* girl guide
Pfahl [pfa:l] (-(e)s, ⸗e) *m* post, stake
Pfand [pfant] (-(e)s, ⸗er) *nt* pledge, security; (*Flaschen~*) deposit; (*im Spiel*) forfeit; **~brief** *m* bond
pfänden ['pfɛndən] *vt* to seize, to distrain
Pfänderspiel *nt* game of forfeits
Pfandschein *m* pawn ticket
Pfändung ['pfɛndʊŋ] *f* seizure, distraint
Pfanne ['pfanə] *f* (frying) pan
Pfannkuchen *m* pancake; (*Berliner*) doughnut
Pfarr- ['pfar] *zW*: **~ei** *f* parish; **~er** (-s, -) *m* priest; (*evangelisch*) vicar; minister; **~haus** *nt* vicarage; manse
Pfau [pfaʊ] (-(e)s) *m* peacock; **~enauge** *nt* peacock butterfly
Pfeffer ['pfɛfər] (-s, -) *m* pepper; **~korn** *nt* peppercorn; **~kuchen** *m* gingerbread; **~minz** (-es, -e) *nt* peppermint; **~mühle** *f* pepper-mill; **p~n** *vt* to pepper; (*umg*: *werfen*) to fling; **gep~te Preise/Witze** steep prices/spicy jokes
Pfeife ['pfaɪfə] *f* whistle; (*Tabak~*, *Orgel~*) pipe; **p~n** (*unreg*) *vt*, *vi* to whistle; **~r** (-s, -) *m* piper
Pfeil [pfaɪl] (-(e)s, -e) *m* arrow
Pfeiler ['pfaɪlər] (-s, -) *m* pillar, prop; (*Brücken~*) pier
Pfennig ['pfɛnɪç] (-(e)s, -e) *m* pfennig (*hundredth part of a mark*)
Pferd [pfe:rt] (-(e)s, -e) *nt* horse
Pferde- ['pfe:rdə] *zW*: **~rennen** *nt* horse-race; horse-racing; **~schwanz** *m* (*Frisur*) ponytail; **~stall** *m* stable
Pfiff [pfɪf] (-(e)s, -e) *m* whistle
Pfifferling ['pfɪfərlɪŋ] *m* yellow chanterelle (*mushroom*); **keinen ~ wert** not worth a thing
pfiffig *adj* sly, sharp
Pfingsten ['pfɪŋstən] (-, -) *nt* Whitsun (*BRIT*), Pentecost
Pfingstrose ['pfɪŋstro:zə] *f* peony
Pfirsich ['pfɪrzɪç] (-s, -e) *m* peach
Pflanz- ['pflants] *zW*: **~e** *f* plant; **p~en** *vt* to plant; **~enfett** *nt* vegetable fat; **p~lich** *adj* vegetable; **~ung** *f* plantation
Pflaster ['pflastər] (-s, -) *nt* plaster; (*Straße*) pavement; **p~n** *vt* to pave; **~stein** *m* paving stone
Pflaume ['pflaʊmə] *f* plum
Pflege ['pfle:gə] *f* care; (*von Idee*) cultivation; (*Kranken~*) nursing; **in ~ sein** (*Kind*) to be fostered out; **p~bedürftig** *adj* needing care; **~eltern** *pl* foster parents; **~heim** *nt* nursing home; **~kind** *nt* foster child; **p~leicht** *adj* easy-care; **~mutter** *f* foster mother; **p~n** *vt* to look after;

(*Kranke*) to nurse; (*Beziehungen*) to foster; **~r** (-s, -) *m* orderly; male nurse; **~rin** *f* nurse, attendant; **~vater** *m* foster father

Pflicht [pflɪçt] (-, **-en**) *f* duty; (*SPORT*) compulsory section; **p~bewußt** *adj* conscientious; **~fach** *nt* (*SCH*) compulsory subject; **~gefühl** *nt* sense of duty; **p~gemäß** *adj* dutiful ♦ *adv* as in duty bound; **~versicherung** *f* compulsory insurance

pflücken ['pflʏkən] *vt* to pick; (*Blumen*) to pick, to pluck

Pflug [pflu:k] (**-(e)s, ⸗e**) *m* plough

pflügen ['pfly:gən] *vt* to plough

Pforte ['pfɔrtə] *f* gate; door

Pförtner ['pfœrtnər] (**-s, -**) *m* porter, doorkeeper, doorman

Pfosten ['pfɔstən] (**-s, -**) *m* post

Pfote ['pfo:tə] *f* paw; (*umg*: *Schrift*) scrawl

Pfropfen ['pfrɔpfən] (**-s, -**) *m* (*Flaschen~*) stopper; (*Blut~*) clot; **p~** *vt* (*stopfen*) to cram; (*Baum*) to graft

pfui [pfʊɪ] *excl* ugh!

Pfund [pfʊnt] (**-(e)s, -e**) *nt* pound; **p~ig** (*umg*) *adj* great

pfuschen ['pfʊʃən] (*umg*) *vi* to be sloppy; **jdm ins Handwerk ~** to interfere in sb's business

Pfuscher ['pfʊʃər] (**-s, -**; *umg*) *m* sloppy worker; (*Kur~*) quack; **~ei** (*umg*) *f* sloppy work; quackery

Pfütze ['pfʏtsə] *f* puddle

Phänomen [fɛno'me:n] (**-s, -e**) *nt* phenomenon; **p~al** [-'na:l] *adj* phenomenal

Phantasie [fanta'zi:] *f* imagination; **p~los** *adj* unimaginative; **p~ren** *vi* to fantasize; **p~voll** *adj* imaginative

phantastisch [fan'tastɪʃ] *adj* fantastic

Phase ['fa:zə] *f* phase

Philologe [filo'lo:gə] (**-n, -n**) *m* philologist

Philologie [filolo'gi:] *f* philology

Philosoph [filo'zo:f] (**-en, -en**) *m* philosopher; **~ie** [-'fi:] *f* philosophy; **p~isch** *adj* philosophical

phlegmatisch [flɛ'gma:tɪʃ] *adj* lethargic

Phonetik [fo'ne:tɪk] *f* phonetics *sg*

phonetisch *adj* phonetic

Phosphor ['fɔsfɔr] (**-s**) *m* phosphorus

Photo *etc* ['fo:to] (**-s, -s**) *nt* = **Foto** *etc*

Phrase ['fra:zə] *f* phrase; (*pej*) hollow phrase

pH-Wert *m* pH-value

Physik [fy'zi:k] *f* physics *sg*; **p~alisch** [-'ka:lɪʃ] *adj* of physics; **~er(in)** ['fy:zɪkər(ɪn)] (**-s, -**) *m(f)* physicist

Physiologie [fyziolo'gi:] *f* physiology

physisch ['fy:zɪʃ] *adj* physical

Pianist(in) [pia'nɪst(ɪn)] *m(f)* pianist

Pickel ['pɪkəl] (**-s, -**) *m* pimple; (*Werkzeug*) pickaxe; (*Berg~*) ice-axe; **p~ig** *adj* pimply, spotty

picken ['pɪkən] *vi* to pick, to peck

Picknick ['pɪknɪk] (**-s, -e** *od* **-s**) *nt* picnic; **~ machen** to have a picnic

piepen ['pi:pən] *vi* to chirp

piepsen ['pi:psən] *vi* to chirp

Piepser (*umg*) *m* pager, paging device

Pier [pi:ər] (**-s, -s** *od* **-e**) *m od f* pier

Pietät [pie'tɛ:t] *f* piety, reverence; **p~los** *adj* impious, irreverent

Pigment [pɪ'gmɛnt] *nt* pigment

Pik [pi:k] (**-s, -s**) *nt* (*KARTEN*) spades

pikant [pi'kant] *adj* spicy, piquant; (*anzüglich*) suggestive

Pilger ['pɪlgər] (**-s, -**) *m* pilgrim; **~fahrt** *f* pilgrimage

Pille ['pɪlə] *f* pill

Pilot [pi'lo:t] (**-en, -en**) *m* pilot

Pilz [pɪlts] (**-es, -e**) *m* fungus; (*eßbar*) mushroom; (*giftig*) toadstool; **~krankheit** *f* fungal disease

Pinguin ['pɪŋgui:n] (**-s, -e**) *m* penguin

Pinie ['pi:niə] *f* pine

pinkeln ['pɪŋkəln] (*umg*) *vi* to pee

Pinnwand *f* noticeboard

Pinsel ['pɪnzəl] (**-s, -**) *m* paintbrush

Pinzette [pɪn'tsɛtə] *f* tweezers *pl*
Pionier [pio'ni:r] (**-s, -e**) *m* pioneer; (*MIL*) sapper, engineer
Pirat [pi'ra:t] (**-en, -en**) *m* pirate; **~ensender** *m* pirate radio station
Piste ['pɪstə] *f* (*SKI*) run, piste; (*AVIAT*) runway
Pistole [pɪs'to:lə] *f* pistol
Pizza ['pɪtsa] (**-, -s**) *f* pizza
Pkw [pe:ka:'ve:] (**-(s), -(s)**) *m abk* = **Personenkraftwagen**
pl. *abk* = **pluralisch; Plural**
plädieren [plɛ'di:rən] *vi* to plead
Plädoyer [plɛdoa'je:] (**-s, -s**) *nt* speech for the defence; (*fig*) plea
Plage ['pla:gə] *f* plague; (*Mühe*) nuisance; **~geist** *m* pest, nuisance; **p~n** *vt* to torment ♦ *vr* to toil, to slave
Plakat [pla'ka:t] (**-(e)s, -e**) *nt* placard; poster
Plan [pla:n] (**-(e)s, ¨e**) *m* plan; (*Karte*) map
Plane *f* tarpaulin
planen *vt* to plan; (*Mord etc*) to plot
Planer (**-s, -**) *m* planner
Planet [pla'ne:t] (**-en -en**) *m* planet
planieren [pla'ni:rən] *vt* to plane, to level
Planke ['plaŋkə] *f* plank
Plankton (**-s**) *nt* plankton
planlos *adj* (*Vorgehen*) unsystematic; (*Umherlaufen*) aimless
planmäßig *adj* according to plan; systematic; (*EISENB*) scheduled
Planschbecken *nt* paddling pool
planschen ['planʃən] *vi* to splash
Plansoll (**-s**) *nt* output target
Plantage [plan'ta:ʒə] *f* plantation
Planung *f* planning
Planwirtschaft *f* planned economy
plappern ['plapərn] *vi* to chatter
plärren ['plɛrən] *vi* (*Mensch*) to cry, to whine; (*Radio*) to blare
Plasma ['plasma] (**-s, Plasmen**) *nt* plasma
Plastik[1] ['plastɪk] *f* sculpture
Plastik[2] (**-s**) *nt* (*Kunststoff*) plastic; **~beutel** *m* plastic bag, carrier bag; **~folie** *f* plastic film; **~tüte** *f* plastic bag
plastisch ['plastɪʃ] *adj* plastic; **stell dir das ~ vor!** just picture it!
Platane [pla'ta:nə] *f* plane (tree)
Platin ['pla:ti:n] (**-s**) *nt* platinum
platonisch [pla'to:nɪʃ] *adj* platonic
platsch [platʃ] *excl* splash; **~en** *vi* to splash
plätschern ['plɛtʃərn] *vi* to babble
platschnaß *adj* drenched
platt [plat] *adj* flat; (*umg*: *überrascht*) flabbergasted; (*fig*: *geistlos*) flat, boring; **~deutsch** *adj* low German; **P~e** *f* (*Speisen~, PHOT, TECH*) plate; (*Steinplatte*) flag; (*Kachel*) tile; (*Schallplatte*) record; **P~enspieler** *m* record player; **P~enteller** *m* turntable; **P~fuß** *m* flat foot
Platz [plats] (**-es, ¨e**) *m* place; (*Sitz~*) seat; (*Raum*) space, room; (*in Stadt*) square; (*Sport~*) playing field; **~ nehmen** to take a seat; **jdm ~ machen** to make room for sb; **~angst** *f* (*MED*) agoraphobia; (*umg*) claustrophobia; **~anweiser(in)** (**-s, -**) *m(f)* usher(ette)
Plätzchen ['plɛtsçən] *nt* spot; (*Gebäck*) biscuit
Platz- *zW*: **p~en** *vi* to burst; (*Bombe*) to explode; **vor Wut p~en** (*umg*) to be bursting with anger; **~karte** *f* seat reservation; **~mangel** *m* lack of space; **~patrone** *f* blank cartridge; **~regen** *m* downpour; **~wunde** *f* cut
Plauderei [plaʊdə'raɪ] *f* chat, conversation; (*RADIO*) talk
plaudern ['plaʊdərn] *vi* to chat, to talk
plausibel [plaʊ'zi:bəl] *adj* plausible
plazieren [pla'tsi:rən] *vt* to place ♦ *vr* (*SPORT*) to be placed; (*TENNIS*) to be seeded
Pleite ['plaɪtə] *f* bankruptcy; (*umg*: *Reinfall*) flop; **~ machen** to go bust; **p~** (*umg*) *adj* broke
Plenum ['ple:nʊm] (**-s**) *nt* plenum
Plombe ['plɔmbə] *f* lead seal; (*Zahn~*) filling
plombieren [plɔm'bi:rən] *vt* to seal; (*Zahn*) to fill
plötzlich ['plœtslɪç] *adj* sudden ♦

adv suddenly
plump [plʊmp] *adj* clumsy; (*Hände*) coarse; (*Körper*) shapeless; **~sen** (*umg*) *vi* to plump down, to fall
Plunder ['plʊndər] (-s) *m* rubbish
plündern ['plʏndərn] *vt* to plunder; (*Stadt*) to sack ♦ *vi* to plunder
Plünderung ['plʏndərʊŋ] *f* plundering, sack, pillage
Plural ['pluːraːl] (-s, -e) *m* plural; **p~istisch** *adj* pluralistic
Plus [plʊs] (-, -) *nt* plus; (*FIN*) profit; (*Vorteil*) advantage; **p~** *adv* plus
Plüsch [plyːʃ] (-(e)s, -e) *m* plush
Pluspol *m* (*ELEK*) positive pole
Pluspunkt *m* point; (*fig*) point in sb's favour
Plutonium (-s) *nt* plutonium
PLZ *abk* = **Postleitzahl**
Po [poː] (-s, -s; *umg*) *m* bottom, bum
Pöbel ['pøːbəl] (-s) *m* mob, rabble; **~ei** *f* vulgarity; **p~haft** *adj* low, vulgar
pochen ['pɔxən] *vi* to knock; (*Herz*) to pound; **auf etw** *akk* ~ (*fig*) to insist on sth
Pocken ['pɔkən] *pl* smallpox *sg*
Podium ['poːdiʊm] *nt* podium; **~sdiskussion** *f* panel discussion
Poesie [poe'ziː] *f* poetry
Poet [po'eːt] (-en, -en) *m* poet; **p~isch** *adj* poetic
Pointe [po'ɛ̃ːtə] *f* point
Pokal [po'kaːl] (-s, -e) *m* goblet; (*SPORT*) cup; **~spiel** *nt* cup-tie
Pökelfleisch *nt* salt meat
pökeln ['pøːkəln] *vt* to pickle, to salt
Poker (-s) *nt od m* poker
Pol [poːl] (-s, -e) *m* pole; **p~ar** *adj* polar; **~arkreis** *m* Arctic circle
Pole (-n, -n) *m* Pole
polemisch [po'leːmɪʃ] *adj* polemical
Polen (-s) *nt* Poland
Police [po'liːs(ə)] *f* insurance policy
Polier [po'liːr] (-s, -e) *m* foreman
polieren *vt* to polish
Poliklinik ['poːlikliːnɪk] *f* outpatients (department) *sg*
Polin *f* Pole
Politik [poli'tiːk] *f* politics *sg*; (*eine bestimmte*) policy; **~er(in)** [po'litiːkər(ɪn)] (-s, -) *m(f)* politician
politisch [po'liːtɪʃ] *adj* political
Politur [poli'tuːr] *f* polish
Polizei [poli'tsai] *f* police; **~beamte(r)** *m* police officer; **p~lich** *adj* police; **sich p~lich melden** to register with the police; **~revier** *nt* police station; **~staat** *m* police state; **~streife** *f* police patrol; **~stunde** *f* closing time; **~wache** *f* police station
Polizist(in) [poli'tsɪst(ɪn)] (-en, -en) *m(f)* policeman(woman)
Pollen ['pɔlən] (-s, -) *m* pollen
polnisch ['pɔlnɪʃ] *adj* Polish
Polohemd *nt* polo shirt
Polster ['pɔlstər] (-s, -) *nt* cushion; (*~ung*) upholstery; (*in Kleidung*) padding; (*fig*: *Geld*) reserves *pl*; **~er** (-s, -) *m* upholsterer; **~möbel** *pl* upholstered furniture *sg*; **p~n** *vt* to upholster; to pad
Polterabend *m* party on eve of wedding
poltern ['pɔltərn] *vi* (*Krach machen*) to crash; (*schimpfen*) to rant
Polyp [po'lyːp] (-en, -en) *m* polyp; (*umg*) cop; **~en** *pl* (*MED*) adenoids
Pomade [po'maːdə] *f* pomade
Pommes frites [pɔm'frɪt] *pl* chips, French fried potatoes
Pomp [pɔmp] (-(e)s) *m* pomp
pompös [pɔm'pøːs] *adj* (*Auftritt, Fest, Haus*) ostentatious, showy
Pony ['pɔni] (-s, -s) *nt* (*Pferd*) pony ♦ *m* (*Frisur*) fringe
Popmusik ['pɔpmuziːk] *f* pop music
Popo [po'poː] (-s, -s; *umg*) *m* bottom, bum
poppig ['pɔpɪç] *adj* (*Farbe etc*) gaudy
populär [popu'lɛːr] *adj* popular
Popularität [populari'tɛːt] *f* popularity
Pore ['poːrə] *f* pore
Pornographie [pɔrnogra'fiː] *f* pornography
pornographisch [pɔrno'graːfɪʃ] *adj* pornographic
porös [po'røːs] *adj* porous
Porree ['pɔre] (-s, -s) *m* leek

Portal [pɔr'ta:l] (-s, -e) *nt* portal
Portefeuille [pɔrt'fø:j] *nt* (*POL, FIN*) portfolio
Portemonnaie [pɔrtmɔ'nɛ:] (-s, -s) *nt* purse
Portier [pɔrti'e:] (-s, -s) *m* porter
Portion [pɔrtsi'o:n] *f* portion, helping; (*umg: Anteil*) amount
Porto ['pɔrto] (-s, -s) *nt* postage; **p~frei** *adj* post-free, (postage) prepaid
Portrait (-s, -s) *nt* = **Porträt**; **p~ieren** *vt* = **porträtieren**
Porträt [pɔr'trɛ:] (-s, -s) *nt* portrait; **p~ieren** [pɔrtrɛ'ti:rən] *vt* to paint, to portray
Portugal ['pɔrtugal] (-s) *nt* Portugal
Portugiese [pɔrtu'gi:zə] (-n, -n) *m* Portuguese
Portu'giesin *f* Portuguese
portu'giesisch *adj* Portuguese
Porzellan [pɔrtsɛ'la:n] (-s, -e) *nt* china, porcelain; (*Geschirr*) china
Posaune [po'zaunə] *f* trombone
Pose ['po:zə] *f* pose
Position [pozitsi'o:n] *f* position
positiv ['po:ziti:f] *adj* positive; **P~** (-s, -e) *nt* (*PHOT*) positive
possessiv ['pɔsɛsi:f] *adj* possessive; **P~pronomen** (-s, -e) *nt* possessive pronoun
possierlich [pɔ'si:rliç] *adj* funny
Post [pɔst] (-, -en) *f* post (office); (*Briefe*) mail; **~amt** *nt* post office; **~anweisung** *f* postal order, money order; **~bote** *m* postman; **~en** (-s, -) *m* post, position; (*COMM*) item; (*auf Liste*) entry; (*MIL*) sentry; (*Streik~*) picket; **~er** (-s, -(s)) *nt* poster; **~fach** *nt* post-office box; **~karte** *f* postcard; **p~lagernd** *adv* poste restante (*BRIT*), general delivery (*US*); **~leitzahl** *f* postal code; **~scheckkonto** *nt* postal giro account; **~sparbuch** *nt* Post Office savings book; **~sparkasse** *f* post office savings bank; **~stempel** *m* postmark; **p~wendend** *adv* by return of post; **~wertzeichen** *nt* postage stamp
potent [po'tɛnt] *adj* potent
Potential [potɛntsi'a:l] (-s, -e) *nt* potential
potentiell [potɛntsi'ɛl] *adj* potential
Potenz [po'tɛnts] *f* power; (*eines Mannes*) potency
Pracht [praxt] (-) *f* splendour, magnificence
prächtig ['prɛçtiç] *adj* splendid
Prachtstück *nt* showpiece
prachtvoll *adj* splendid, magnificent
Prädikat [prɛdi'ka:t] (-(e)s, -e) *nt* title; (*GRAM*) predicate; (*Zensur*) distinction
prägen ['prɛ:gən] *vt* to stamp; (*Münze*) to mint; (*Ausdruck*) to coin; (*Charakter*) to form
prägnant [prɛ'gnant] *adj* precise, terse
Prägung ['prɛ:guŋ] *f* minting; forming; (*Eigenart*) character, stamp
prahlen ['pra:lən] *vi* to boast, to brag
Prahlerei [pra:lə'rai] *f* boasting
Praktik ['praktik] *f* practice; **p~abel** [-'ka:bəl] *adj* practicable; **~ant(in)** [-'kant(in)] *m(f)* trainee; **~um** (-s, **Praktika** *od* **Praktiken**) *nt* practical training
praktisch ['praktiʃ] *adj* practical, handy; **~er Arzt** general practitioner
praktizieren [prakti'tsi:rən] *vt, vi* to practise
Praline [pra'li:nə] *f* chocolate
prall [pral] *adj* firmly rounded; (*Segel*) taut; (*Arme*) plump; (*Sonne*) blazing; **~en** *vi* to bounce, to rebound; (*Sonne*) to blaze
Prämie ['prɛ:miə] *f* premium; (*Belohnung*) award, prize; **p~ren** *vt* to give an award to
Präparat [prɛpa'ra:t] (-(e)s, -e) *nt* (*BIOL*) preparation; (*MED*) medicine
Präposition [prɛpozitsi'o:n] *f* preposition
Prärie [prɛ'ri] *f* prairie
Präsens ['prɛ:zɛns] (-) *nt* present tense
präsentieren [prɛzɛn'ti:rən] *vt* to present
Präservativ [prɛzɛrva'ti:f] (-s, -e)

nt contraceptive

Präsident(in) [prɛzi'dɛnt(ɪn)] *m(f)* president; **~schaft** *f* presidency

Präsidium [prɛ'zi:diʊm] *nt* presidency, chair(manship); (*Polizei~*) police headquarters *pl*

prasseln ['prasəln] *vi* (*Feuer*) to crackle; (*Hagel*) to drum; (*Wörter*) to rain down

Praxis ['praksɪs] (**-, Praxen**) *f* practice; (*Behandlungsraum*) surgery; (*von Anwalt*) office

präzis [prɛ'tsi:s] *adj* precise; **P~ion** [prɛtsizi'o:n] *f* precision

predigen ['pre:dɪgən] *vt, vi* to preach

Prediger (**-s, -**) *m* preacher

Predigt ['pre:dɪçt] (**-, -en**) *f* sermon

Preis [praɪs] (**-es, -e**) *m* price; (*Sieges~*) prize; **um keinen ~** not at any price

preisbewußt *adj* price-conscious

Preiselbeere *f* cranberry

preis- *zW*: **~en** ['praɪzən] (*unreg*) *vi* to praise; **~geben** (*unreg*) *vt* to abandon; (*opfern*) to sacrifice; (*zeigen*) to expose; **~gekrönt** *adj* prize-winning; **P~gericht** *nt* jury; **~günstig** *adj* inexpensive; **P~lage** *f* price range; **~lich** *adj* (*Lage, Unterschied*) price, in price; **P~liste** *f* price list; **P~richter** *m* judge (*in a competition*); **P~schild** *nt* price tag; **P~träger(in)** *m(f)* prizewinner; **~wert** *adj* inexpensive

prekär [pre'kɛ:r] *adj* precarious

Prell- [prɛl] *zW*: **~bock** *m* buffers *pl*; **p~en** *vt* to bump; (*fig*) to cheat, to swindle; **~ung** *f* bruise

Premiere [prəmi'ɛ:rə] *f* premiere

Premierminister [prəmɪ'e:mɪnɪstər] *m* prime minister, premier

Presse ['prɛsə] *f* press; **~agentur** *f* press agency; **~freiheit** *f* freedom of the press; **p~n** *vt* to press

pressieren [prɛ'si:rən] *vi* to (be in a) hurry

Preßluft ['prɛsluft] *f* compressed air; **~bohrer** *m* pneumatic drill

Prestige [prɛs'ti:ʒə] (**-s**) *nt* prestige

prickeln ['prɪkəln] *vt, vi* to tingle; to tickle

Priester ['pri:stər] (**-s, -**) *m* priest

Prima ['pri:ma] (**-, Primen**) *f* sixth form, top class

prima *adj inv* first-class, excellent

primär [pri'mɛ:r] *adj* primary

Primel ['pri:məl] (**-, -n**) *f* primrose

primitiv [primi'ti:f] *adj* primitive

Prinz [prɪnts] (**-en, -en**) *m* prince; **~essin** *f* princess

Prinzip [prɪn'tsi:p] (**-s, -ien**) *nt* principle; **p~iell** [-i'ɛl] *adj, adv* on principle; **p~ienlos** *adj* unprincipled

Priorität [priori'tɛ:t] *f* priority

Prise ['pri:zə] *f* pinch

Prisma ['prɪsma] (**-s, Prismen**) *nt* prism

privat [pri'va:t] *adj* private; **P~patient(in)** *m(f)* private patient; **P~schule** *f* public school

Privileg [privi'le:k] (**-(e)s, -ien**) *nt* privilege

Pro (**-**) *nt* pro

pro [pro:] *präp +akk* per

Probe ['pro:bə] *f* test; (*Teststück*) sample; (*THEAT*) rehearsal; **jdn auf die ~ stellen** to put sb to the test; **~exemplar** *nt* specimen copy; **~fahrt** *f* test drive; **p~n** *vt* to try; (*THEAT*) to rehearse; **p~weise** *adv* on approval; **~zeit** *f* probation period

probieren [pro'bi:rən] *vt* to try; (*Wein, Speise*) to taste, to sample ♦ *vi* to try; to taste

Problem [pro'ble:m] (**-s, -e**) *nt* problem; **~atik** [-'ma:tɪk] *f* problem; **p~atisch** [-'ma:tɪʃ] *adj* problematic; **p~los** *adj* problem-free

Produkt [pro'dʊkt] (**-(e)s, -e**) *nt* product; (*AGR*) produce *no pl*; **~ion** [produktsi'o:n] *f* production; output; **p~iv** [-'ti:f] *adj* productive; **~ivi'tät** *f* productivity

Produzent [produ'tsɛnt] *m* manufacturer; (*Film*) producer

produzieren [produ'tsi:rən] *vt* to produce

Professor [pro'fɛsɔr] *m* professor

Profi ['pro:fi] (**-s, -s**) *m* (*umg,*

SPORT) pro

Profil [pro'fi:l] (**-s, -e**) *nt* profile; (*fig*) image

Profit [pro'fi:t] (**-(e)s, -e**) *m* profit; **p~ieren** [profɪ'ti:rən] *vi*: **p~ieren (von)** to profit (from)

Prognose [pro'gno:zə] *f* prediction, prognosis

Programm [pro'gram] (**-s, -e**) *nt* programme; (*COMPUT*) program; **p~ieren** [-'mi:rən] *vt* to programme; (*COMPUT*) to program; **~ierer(in)** (**-s, -**) *m(f)* programmer

progressiv [progrɛ'si:f] *adj* progressive

Projekt [pro'jɛkt] (**-(e)s, -e**) *nt* project; **~or** [pro'jɛktɔr] *m* projector

proklamieren [prokla'mi:rən] *vt* to proclaim

Prokurist(in) [proku'rɪst(ɪn)] *m(f)* ≈ company secretary

Prolet [pro'le:t] (**-en, -en**) *m* prole, pleb; **~arier** [-'ta:riər] (**-s, -**) *m* proletarian

Prolog [pro'lo:k] (**-(e)s, -e**) *m* prologue

Promenade [promə'na:də] *f* promenade

Promille [pro'mɪlə] (**-(s), -**) *nt* alcohol level

prominent [promi'nɛnt] *adj* prominent

Prominenz [promi'nɛnts] *f* VIPs *pl*

Promotion [promotsi'o:n] *f* doctorate, Ph.D.

promovieren [promo'vi:rən] *vi* to do a doctorate *od* Ph.D.

prompt [prɔmpt] *adj* prompt

Pronomen [pro'no:mɛn] (**-s, -**) *nt* pronoun

Propaganda [propa'ganda] (-) *f* propaganda

Propeller [pro'pɛlər] (**-s, -**) *m* propeller

Prophet [pro'fe:t] (**-en, -en**) *m* prophet

prophezeien [profe'tsaɪən] *vt* to prophesy

Prophezeiung *f* prophecy

Proportion [propɔrtsi'o:n] *f* proportion; **p~al** [-'na:l] *adj* proportional

proportioniert *adj*: **gut/schlecht ~** well-/badly-proportioned

Prosa ['pro:za] (-) *f* prose; **p~isch** [pro'za:ɪʃ] *adj* prosaic

prosit ['pro:zɪt] *excl* cheers

Prospekt [pro'spɛkt] (**-(e)s, -e**) *m* leaflet, brochure

prost [pro:st] *excl* cheers

Prostituierte [prostitu'i:rtə] *f* prostitute

Prostitution [prostitutsi'o:n] *f* prostitution

Protein (**-s, -e**) *nt* protein

Protest [pro'tɛst] (**-(e)s, -e**) *m* protest; **~ant(in)** [protɛs'tant] *m(f)* Protestant; **p~antisch** [protɛs'tantɪʃ] *adj* Protestant; **p~ieren** [protɛs'ti:rən] *vi* to protest

Prothese [pro'te:zə] *f* artificial limb; (*Zahn~*) dentures *pl*

Protokoll [proto'kɔl] (**-s, -e**) *nt* register; (*von Sitzung*) minutes *pl*; (*diplomatisch*) protocol; (*Polizei~*) statement; **p~ieren** [-'li:rən] *vt* to take down in the minutes

protzen ['prɔtsən] *vi* to show off

protzig *adj* ostentatious

Proviant [provi'ant] (**-s, -e**) *m* provisions *pl*, supplies *pl*

Provinz [pro'vɪnts] (-, **-en**) *f* province; **p~ i'ell** *adj* provincial

Provision [provizi'o:n] *f* (*COMM*) commission

provisorisch [provi'zo:rɪʃ] *adj* provisional

Provokation [provokatsi'o:n] *f* provocation

provozieren [provo'tsi:rən] *vt* to provoke

Prozedur [protse'du:r] *f* procedure; (*pej*) carry-on

Prozent [pro'tsɛnt] (**-(e)s, -e**) *nt* per cent, percentage; **~satz** *m* percentage; **p~ual** [-u'a:l] *adj* percentage *cpd*; as a percentage

Prozeß [pro'tsɛs] (**-sses, -sse**) *m* trial, case

Prozession [protsɛsi'o:n] *f* procession

prüde ['pry:də] *adj* prudish; **P~rie** [-'ri:] *f* prudery

Prüf- ['pry:f] *zW*: **p~en** *vt* to examine, to test; (*nach~*) to check; **~er** (-s, -) *m* examiner; **~ling** *m* examinee; **~ung** *f* examination; checking; **~ungsausschuß** *m* examining board

Prügel ['pry:gəl] (-s, -) *m* cudgel ♦ *pl* (*Schläge*) beating; **~ei** [-'laɪ] *f* fight; **p~n** *vt* to beat ♦ *vr* to fight; **~strafe** *f* corporal punishment

Prunk [prʊŋk] (-(e)s) *m* pomp, show; **p~voll** *adj* splendid, magnificent

PS [pe:'ɛs] *abk* (= *Pferdestärke*) H.P.

Psalm [psalm] (-s, -en) *m* psalm

pseudo- ['psɔʏdo] *in zW* pseudo

pst [pst] *excl* psst!

Psych- ['psyç] *zW*: **~iater** [-i'a:tər] (-s, -) *m* psychiatrist; **p~iatrisch** *adj* (*MED*) psychiatric; **p~isch** *adj* psychological; **~oanalyse** [-o'ana'ly:zə] *f* psychoanalysis; **~ologe** [-o'lo:gə] (-n, -n) *m* psychologist; **~olo'gie** *f* psychology; **p~ologisch** *adj* psychological; **~otherapeut(in)** (-en, -en) *m(f)* psychotherapist

Pubertät [pubɛr'tɛ:t] *f* puberty

Publikum ['pu:bli'ʲʊm] (-s) *nt* audience; (*SPORT*) crowd

publizieren [publi'tsi:rən] *vt* to publish, to publicize

Pudding ['pʊdɪŋ] (-s, -e *od* -s) *m* blancmange

Pudel ['pu:dəl] (-s, -) *m* poodle

Puder ['pu:dər] (-s, -) *m* powder; **~dose** *f* powder compact; **p~n** *vt* to powder; **~zucker** *m* icing sugar

Puff[1] [pʊf] (-(e)s, -e) *m* (*Wäsche~*) linen basket; (*Sitz~*) pouf

Puff[2] (-(e)s, ¨e; *umg*) *m*(*Stoß*) push

Puff[3] (-(e)s, -; *umg*) *m od nt* (*Bordell*) brothel

Puffer (-s, -) *m* buffer; **~speicher** *m* (*COMPUT*) buffer

Pullover [pʊ'lo:vər] (-s, -) *m* pullover, jumper

Puls [pʊls] (-es, -e) *m* pulse; **~ader** *f* artery; **p~ieren** *vi* to throb, to pulsate

Pult [pʊlt] (-(e)s, -e) *nt* desk

Pulver ['pʊlfər] (-s, -) *nt* powder; **p~ig** *adj* powdery; **~schnee** *m* powdery snow

pummelig ['pʊməlɪç] *adj* chubby

Pumpe ['pʊmpə] *f* pump; **p~n** *vt* to pump; (*umg*) to lend; to borrow

Punkt [pʊŋkt] (-(e)s, -e) *m* point; (*bei Muster*) dot; (*Satzzeichen*) full stop; **p~ieren** [-'ti:rən] *vt* to dot; (*MED*) to aspirate

pünktlich ['pʏŋktlɪç] *adj* punctual; **P~keit** *f* punctuality

Punktsieg *m* victory on points

Punktzahl *f* score

Punsch [pʊnʃ] (-(e)s, -e) *m* punch

Pupille [pu'pɪlə] *f* pupil

Puppe ['pʊpə] *f* doll; (*Marionette*) puppet; (*Insekten~*) pupa, chrysalis; **~nspieler** *m* puppeteer; **~nstube** *f* doll's house; **~ntheater** *nt* puppet theatre

pur [pu:r] *adj* pure; (*völlig*) sheer; (*Whisky*) neat

Püree [py're:] (-s, -s) *nt* mashed potatoes *pl*

Purzelbaum *m* somersault

purzeln ['pʊrtsəln] *vi* to tumble

Puste ['pu:stə] (-; *umg*) *f* puff; (*fig*) steam; **p~n** *vi* to puff, to blow

Pute ['pu:tə] *f* turkey-hen; **~r** (-s, -) *m* turkey-cock

Putsch [pʊtʃ] (-(e)s, -e) *m* revolt, putsch

Putz [pʊts] (-es) *m* (*Mörtel*) plaster, roughcast

putzen *vt* to clean; (*Nase*) to wipe, to blow ♦ *vr* to clean o.s.; to dress o.s. up

Putz- *zW*: **~frau** *f* charwoman; **p~ig** *adj* quaint, funny; **~lappen** *m* cloth

Puzzle ['pasəl] (-s, -s) *nt* jigsaw

PVC *nt abk* PVC

Pyjama [py'dʒa:ma] (-s, -s) *m* pyjamas *pl*

Pyramide [pyra'mi:də] *f* pyramid

Pyrenäen [pyre'nɛ:ən] *pl* Pyrenees

Q

Quacksalber ['kvakzalbər] (-s, -) *m* quack (doctor)
Quader ['kva:dər] (-s, -) *m* square stone; (*MATH*) cuboid
Quadrat [kva'dra:t] (-(e)s, -e) *nt* square; **q~isch** *adj* square; **~meter** *m* square metre
quaken ['kva:kən] *vi* to croak; (*Ente*) to quack
quäken ['kvɛ:kən] *vi* to screech
Qual [kva:l] (-, -en) *f* pain, agony; (*seelisch*) anguish
quälen ['kvɛ:lən] *vt* to torment ♦ *vr* to struggle; (*geistig*) to torment o.s.
Quälerei [kvɛ:lə'rai] *f* torture, torment
Qualifikation [kvalifikatsi'o:n] *f* qualification
qualifizieren [kvalifi'tsi:rən] *vt* to qualify; (*einstufen*) to label ♦ *vr* to qualify
Qualität [kvali'tɛ:t] *f* quality; **~ware** *f* article of high quality
Qualle ['kvalə] *f* jellyfish
Qualm [kvalm] (-(e)s) *m* thick smoke; **q~en** *vt, vi* to smoke
qualvoll ['kva:lfɔl] *adj* excruciating, painful, agonizing
Quant- ['kvant] *zW*: **~entheorie** *f* quantum theory; **~ität** [-i'tɛ:t] *f* quantity; **q~itativ** [-ita'ti:f] *adj* quantitative; **~um** (-s) *nt* quantity, amount
Quarantäne [karan'tɛ:nə] *f* quarantine
Quark [kvark] (-s) *m* curd cheese; (*umg*) rubbish
Quartal [kvar'ta:l] (-s, -e) *nt* quarter (year)
Quartier [kvar'ti:r] (-s, -e) *nt* accommodation; (*MIL*) quarters *pl*; (*Stadt~*) district
Quarz [kva:rts] (-es, -e) *m* quartz
quasseln ['kvasəln] (*umg*) *vi* to natter
Quatsch [kvatʃ] (-es) *m* rubbish; **q~en** *vi* to chat, to natter
Quecksilber ['kvɛkzɪlbər] *nt* mercury
Quelle ['kvɛlə] *f* spring; (*eines Flusses*) source; **q~n** (*unreg*) *vi* (*hervor~*) to pour *od* gush forth; (*schwellen*) to swell
quer [kve:r] *adv* crossways, diagonally; (*rechtwinklig*) at right angles; **~ auf dem Bett** across the bed; **Q~balken** *m* crossbeam; **~feldein** *adv* across country; **Q~flöte** *f* flute; **Q~format** *nt* (*PHOT*) oblong format; **Q~schnitt** *m* cross-section; **~schnittsgelähmt** *adj* paralysed below the waist; **Q~straße** *f* intersecting road
quetschen ['kvɛtʃən] *vt* to squash, to crush; (*MED*) to bruise
Quetschung *f* bruise, contusion
quieken ['kvi:kən] *vi* to squeak
quietschen ['kvi:tʃən] *vi* to squeak
Quint- ['kvɪnt] *zW*: **~a** (-, **Quinten**) *f* second year of secondary school; **~essenz** [-ɛsɛnts] *f* quintessence; **~'ett** (-(e)s, -e) *nt* quintet
Quirl [kvɪrl] (-(e)s, -e) *m* whisk
quitt [kvɪt] *adj* quits, even
Quitte *f* quince
quittieren [kvɪ'ti:rən] *vt* to give a receipt for; (*Dienst*) to leave
Quittung *f* receipt
Quiz [kvɪs] (-, -) *nt* quiz
quoll *etc* [kvɔl] *vb siehe* **quellen**
Quote ['kvo:tə] *f* number, rate

R

Rabatt [ra'bat] (-(e)s, -e) *m* discount
Rabatte *f* flowerbed, border
Rabattmarke *f* trading stamp
Rabe ['ra:bə] (-n, -n) *m* raven
rabiat [rabi'a:t] *adj* furious
Rache ['raxə] (-) *f* revenge, vengeance
Rachen (-s, -) *m* throat
rächen ['rɛçən] *vt* to avenge, to revenge ♦ *vr* to take (one's) revenge; **das wird sich ~** you'll pay for

that

Rachitis [ra'xi:tɪs] (-) *f* rickets *sg*

Rad [ra:t] (**-(e)s, ¨er**) *nt* wheel; (*Fahr~*) bike

Radar ['ra:da:r] (**-s**) *m od nt* radar; **~falle** *f* speed trap; **~kontrolle** *f* radar-controlled speed trap

Radau [ra'daʊ] (**-s;** *umg*) *m* row

radebrechen *vi insep*: **deutsch** *etc* ~ to speak broken German *etc*

radeln (*umg*) *vi* to cycle

radfahr- *zW*: **~en** (*unreg*) *vi* to cycle; **R~er(in)** *m(f)* cyclist; **R~weg** *m* cycle track *od* path

Radier- [ra'di:r] *zW*: **r~en** *vt* to rub out, to erase; (*ART*) to etch; **~gummi** *m* rubber, eraser; **~ung** *f* etching

Radieschen [ra'di:sçən] *nt* radish

radikal [radi'ka:l] *adj* radical; **R~e(r)** *mf* radical

Radio ['ra:dio] (**-s, -s**) *nt* radio, wireless; **r~ak'tiv** *adj* radioactive; **~aktivi'tät** *f* radioactivity; **~apparat** *m* radio, wireless set

Radius ['ra:dius] (**-, Radien**) *m* radius

Rad- *zW*: **~kappe** *f* (*AUT*) hub cap; **~ler(in)** (*umg*) *m(f)* cyclist; **~rennen** *nt* cycle race; cycle racing; **~sport** *m* cycling

raffen [rafən] *vt* to snatch, to pick up; (*Stoff*) to gather (up); (*Geld*) to pile up, to rake in

Raffinade [rafi'na:də] *f* refined sugar

raffi'niert *adj* crafty, cunning

ragen ['ra:gən] *vi* to tower, to rise

Rahm [ra:m] (**-s**) *m* cream

Rahmen (**-s, -**) *m* frame(work); **im ~ des Möglichen** within the bounds of possibility; **r~** *vt* to frame

Rakete [ra'ke:tə] *f* rocket; **~nstützpunkt** *m* missile base

rammen ['ramən] *vt* to ram

Rampe ['rampə] *f* ramp; **~nlicht** *nt* (*THEAT*) footlights *pl*

ramponieren [rampo'ni:rən] (*umg*) *vt* to damage

Ramsch [ramʃ] (**-(e)s, -e**) *m* junk

ran [ran] (*umg*) *adv* = **heran**

Rand [rant] (**-(e)s, ¨er**) *m* edge; (*von Brille, Tasse etc*) rim; (*Hut~*) brim; (*auf Papier*) margin; (*Schmutz~, unter Augen*) ring; (*fig*) verge, brink; **außer ~ und Band** wild; **am ~e bemerkt** mentioned in passing

randalieren [randa'li:rən] *vi* to (go on the) rampage

Rang [raŋ] (**-(e)s, ¨e**) *m* rank; (*Stand*) standing; (*Wert*) quality; (*THEAT*) circle

Rangier- [rã'ʒi:r] *zW*: **~bahnhof** *m* marshalling yard; **r~en** *vt* (*EISENB*) to shunt, to switch (*US*) ♦ *vi* to rank, to be classed; **~gleis** *nt* siding

Ranke ['raŋkə] *f* tendril, shoot

ranzig ['rantsɪç] *adj* rancid

Rappe ['rapə] (**-n, -n**) *m* black horse

Rappen ['rapən] *m* (*FIN*) rappen, centime

rar [ra:r] *adj* rare; **sich ~ machen** (*umg*) to keep o.s. to o.s.; **R~i'tät** *f* rarity; (*Sammelobjekt*) curio

rasant [ra'zant] *adj* quick, rapid

rasch [raʃ] *adj* quick

rascheln *vi* to rustle

Rasen ['ra:zən] (**-s, -**) *m* lawn; grass

rasen *vi* to rave; (*schnell*) to race; **~d** *adj* furious; **~de Kopfschmerzen** a splitting headache

Rasenmäher (**-s, -**) *m* lawnmower

Rasier- [ra'zi:r] *zW*: **~apparat** *m* shaver; **~creme** *f* shaving cream; **r~en** *vt, vr* to shave; **~klinge** *f* razor blade; **~messer** *nt* razor; **~pinsel** *m* shaving brush; **~seife** *f* shaving soap *od* stick; **~wasser** *nt* shaving lotion

Rasse ['rasə] *f* race; (*Tier~*) breed; **~hund** *m* thoroughbred dog

rasseln ['rasəln] *vi* to clatter

Rass- *zW*: **~enhaß** *m* race *od* racial hatred; **~entrennung** *f* racial segregation; **~ismus** [ra'sɪsmʊs] *m* racism

Rast [rast] (**-, -en**) *f* rest; **r~en** *vi* to rest; **~hof** *m* (*AUT*) service station; **r~los** *adj* tireless; (*unruhig*) restless; **~platz** *m* (*AUT*) layby; **~stätte** *f* (*AUT*) service station

Rasur [ra'zu:r] *f* shaving

Rat [ra:t] (**-(e)s, -schläge**) *m* advice *no pl*; **ein ~** a piece of advice; **jdn zu ~e ziehen** to consult sb; **keinen ~ wissen** not to know what to do
Rate *f* instalment
raten (*unreg*) *vt, vi* to guess; (*empfehlen*): **jdm ~** to advise sb
Ratenzahlung *f* hire purchase
Ratgeber (**-s, -**) *m* adviser
Rathaus *nt* town hall
ratifizieren [ratifi'tsi:rən] *vt* to ratify
Ration [ratsi'o:n] *f* ration; **r~al** [-'na:l] *adj* rational; **r~ali'sieren** *vt* to rationalize; **r~ell** [-'nɛl] *adj* efficient; **r~ieren** [-'ni:rən] *vt* to ration
Rat- *zW*: **r~los** *adj* at a loss, helpless; **r~sam** *adj* advisable; **~schlag** *m* (piece of) advice
Rätsel ['rɛ:tsəl] (**-s, -**) *nt* puzzle; (*Wort-*) riddle; **r~haft** *adj* mysterious; **es ist mir r~haft** it's a mystery to me
Ratte ['ratə] *f* rat; **~nfänger** (**-s, -**) *m* ratcatcher
rattern ['ratərn] *vi* to rattle, to clatter
Raub [raup] (**-(e)s**) *m* robbery; (*Beute*) loot, booty; **~bau** *m* ruthless exploitation; **r~en** ['raubən] *vt* to rob; (*Mensch*) to kidnap, to abduct
Räuber ['rɔybər] (**-s, -**) *m* robber
Raub- *zW*: **~mord** *m* robbery with murder; **~tier** *nt* predator; **~überfall** *m* robbery with violence; **~vogel** *m* bird of prey
Rauch [raux] (**-(e)s**) *m* smoke; **r~en** *vt, vi* to smoke; **~er(in)** (**-s, -**) *m(f)* smoker; **~erabteil** *nt* (*EISENB*) smoker
räuchern ['rɔyçərn] *vt* to smoke, to cure
Rauchfleisch *nt* smoked meat
rauchig *adj* smoky
rauf [rauf] (*umg*) *adv* = **herauf; hinauf**
raufen *vt* (*Haare*) to pull out ♦ *vi, vr* to fight; **Raufe'rei** *f* brawl, fight
rauh [rau] *adj* rough, coarse; (*Wetter*) harsh; **R~reif** *m* hoarfrost
Raum [raum] (**-(e)s, Räume**) *m* space; (*Zimmer, Platz*) room; (*Gebiet*) area
räumen ['rɔymən] *vt* to clear; (*Wohnung, Platz*) to vacate; (*wegbringen*) to shift, to move; (*in Schrank etc*) to put away
Raum- *zW*: **~fähre** *f* space shuttle; **~fahrt** *f* space travel; **~inhalt** *m* cubic capacity, volume
räumlich ['rɔymlıç] *adj* spatial; **R~keiten** *pl* premises
Raum- *zW*: **~mangel** *m* lack of space; **~pflegerin** *f* cleaner; **~schiff** *nt* spaceship; **~schiffahrt** *f* space travel
Räumung ['rɔymuŋ] *f* vacating, evacuation; clearing (away); **~sverkauf** *m* clearance sale; (*bei Geschäftsaufgabe*) closing down sale
raunen ['raunən] *vt, vi* to whisper
Raupe ['raupə] *f* caterpillar; (*~nkette*) (caterpillar) track; **~nschlepper** *m* caterpillar tractor
raus [raus] (*umg*) *adv* = **heraus; hinaus**
Rausch [rauʃ] (**-(e)s, Räusche**) *m* intoxication
rauschen *vi* (*Wasser*) to rush; (*Baum*) to rustle; (*Radio etc*) to hiss; (*Mensch*) to sweep, to sail; **~d** *adj* (*Beifall*) thunderous; (*Fest*) sumptuous
Rauschgift *nt* drug; **~süchtige(r)** *mf* drug addict
räuspern ['rɔyspərn] *vr* to clear one's throat
Razzia ['ratsia] (**-, Razzien**) *f* raid
Reagenzglas [rea'gɛntsgla:s] *nt* test tube
reagieren [rea'gi:rən] *vi*: **~ (auf +akk)** to react (to)
Reakt- *zW*: **~ion** [reaktsi'o:n] *f* reaction; **r~io'när** *adj* reactionary; **~or** [re'aktɔr] *m* reactor
real [re'a:l] *adj* real, material
realisieren *vt* (*verwirklichen*: *Pläne*) to carry out
Realismus [rea'lısmus] *m* realism
realistisch *adj* realistic

Realschule *f* secondary school
Rebe ['re:bə] *f* vine
rebellieren *vi* to rebel; **Rebellion** *f* rebellion; **rebellisch** *adj* rebellious
Rebhuhn ['rɛphu:n] *nt* (*KOCH, ZOOL*) partridge
Rechen ['rɛçən] (**-s, -**) *m* rake; **r~** *vt, vi* to rake
Rechen- *zW*: **~fehler** *m* miscalculation; **~maschine** *f* calculating machine; **~schaft** *f* account; **für etw ~schaft ablegen** to account for sth; **~schieber** *m* slide rule
Rech- ['rɛç] *zW*: **r~nen** *vt, vi* to calculate; **jdn/etw r~nen zu** to count sb/sth among; **r~nen mit** to reckon with; **r~nen auf** +*akk* to count on; **~nen** *nt* arithmetic; **~ner** (**-s, -**) *m* calculator; (*COMPUT*) computer; **~nung** *f* calculation(s); (*COMM*) bill, check (*US*); **jdm/etw ~nung tragen** to take sb/sth into account; **~nungsjahr** *nt* financial year; **~nungsprüfer** *m* auditor
Recht [rɛçt] (**-(e)s, -e**) *nt* right; (*JUR*) law; **mit ~** rightly, justly; **von ~s wegen** by rights
recht *adj* right ♦ *adv* (*vor Adjektiv*) really, quite; **das ist mir ~** that suits me; **jetzt erst ~** now more than ever; **~ haben** to be right; **jdm ~ geben** to agree with sb
Rechte *f* right (hand); (*POL*) Right; **r~(r, s)** *adj* right; (*POL*) right-wing; **ein ~r** a right-winger; **~(s)** *nt* right thing; **etwas/nichts ~s** something/nothing proper
recht- *zW*: **~eckig** *adj* rectangular; **~fertigen** *vt insep* to justify ♦ *vr insep* to justify o.s.; **R~fertigung** *f* justification
rechthaberisch (*pej*) *adj* (*Mensch*) opinionated
rechtlich *adj* (*gesetzlich*: *Gleichstellung, Anspruch*) legal
rechtlos *adj* with no rights
rechtmäßig *adj* legal, lawful
rechts [rɛçts] *adv* on/to the right; **R~anwalt** *m* lawyer, barrister; **R~anwältin** *f* lawyer, barrister
rechtschaffen *adj* upright
Rechtschreibung *f* spelling
Rechts- *zW*: **~fall** *m* (law) case; **~händer** (**-s, -**) *m* right-handed person; **r~kräftig** *adj* valid, legal; **~kurve** *f* right-hand bend; **r~verbindlich** *adj* legally binding; **~verkehr** *m* driving on the right; **r~widrig** *adj* illegal; **~wissenschaft** *f* jurisprudence
rechtwinklig *adj* right-angled
rechtzeitig *adj* timely ♦ *adv* in time
Reck [rɛk] (**-(e)s, -e**) *nt* horizontal bar; **r~en** *vt, vr* to stretch
Redakteur [redak'tø:r] *m* editor
Redaktion [redaktsi'o:n] *f* editing; (*Leute*) editorial staff; (*Büro*) editorial office(s)
Rede ['re:də] *f* speech; (*Gespräch*) talk; **jdn zur ~ stellen** to take sb to task; **~freiheit** *f* freedom of speech; **r~gewandt** *adj* eloquent; **r~n** *vi* to talk, to speak ♦ *vt* to say; (*Unsinn etc*) to talk; **~nsart** *f* set phrase; **~wendung** *f* expression, idiom
redlich *adj* honest
Redner (**-s, -**) *m* speaker, orator
redselig *adj* talkative, loquacious
reduzieren [redu'tsi:rən] *vt* to reduce
Reede ['re:də] *f* protected anchorage; **~r** (**-s, -**) *m* shipowner; **~'rei** *f* shipping line *od* firm
reell [re'ɛl] *adj* fair, honest; (*MATH*) real
Refer- *zW*: **~at** [refe'ra:t] (**-(e)s, -e**) *nt* report; (*Vortrag*) paper; (*Gebiet*) section; **~ent** [refe'rɛnt] *m* speaker; (*Berichterstatter*) reporter; (*Sachbearbeiter*) expert; **r~ieren** [refe'ri:rən] *vi*: **r~ieren über** +*akk* to speak *od* talk on
reflektieren [reflek'ti:rən] *vt* (*Licht*) to reflect
Reflex [re'flɛks] (**-es, -e**) *m* reflex; **r~iv** [-'ksi:f] *adj* (*GRAM*) reflexive
Reform [re'fɔrm] (**-, -en**) *f* reform; **~ati'on** *f* reformation; **~haus** *nt* health food shop; **r~ieren** [-'mi:rən]

vt to reform

Regal [re'ga:l] (**-s, -e**) *nt* (book)shelves *pl*, bookcase; stand, rack

rege ['re:gə] *adj* (*lebhaft*: *Treiben*) lively; (*wach, lebendig*: *Geist*) keen

Regel ['re:gəl] (**-, -n**) *f* rule; (*MED*) period; **r~mäßig** *adj* regular; **~mäßigkeit** *f* regularity; **r~n** *vt* to regulate, to control; (*Angelegenheit*) to settle ♦ *vr*: **sich von selbst r~n** to take care of itself; **r~recht** *adj* regular, proper, thorough; **~ung** *f* regulation; settlement; **r~widrig** *adj* irregular, against the rules

Regen ['re:gən] (**-s, -**) *m* rain; **~bogen** *m* rainbow; **~bogenpresse** *f* tabloids *pl*

regenerierbar *adj* renewable

Regen- *zW*: **~mantel** *m* raincoat, mac(kintosh); **~schauer** *m* shower (of rain); **~schirm** *m* umbrella; **~wald** *m* (*GEOG*) rainforest; **~wurm** *m* earthworm; **~zeit** *f* rainy season

Regie [re'ʒi:] *f* (*Film etc*) direction; (*THEAT*) production

Regier- [re'gi:r] *zW*: **r~en** *vt, vi* to govern, to rule; **~ung** *f* government; (*Monarchie*) reign; **~ungswechsel** *m* change of government; **~ungszeit** *f* period in government; (*von König*) reign

Regiment [regi'mɛnt] (**-s, -er**) *nt* regiment

Region [regi'oɪn] *f* region

Regisseur [reʒɪ'sø:r] *m* director; (*THEAT*) (stage) producer

Register [re'gɪstər] (**-s, -**) *nt* register; (*in Buch*) table of contents, index

registrieren [regɪs'tri:rən] *vt* to register

Regler ['re:glər] (**-s, -**) *m* regulator, governor

reglos ['re:klo:s] *adj* motionless

regnen *vi unpers* to rain

regnerisch *adj* rainy

regulär [regu'lɛ:r] *adj* regular

regulieren [regu'li:rən] *vt* to regulate; (*COMM*) to settle

Regung ['re:guŋ] *f* motion; (*Gefühl*) feeling, impulse; **r~slos** *adj* motionless

Reh [re:] (**-(e)s, -e**) *nt* deer, roe; **~bock** *m* roebuck; **~kitz** *nt* fawn

Reib- ['raɪb] *zW*: **~e** *f* grater; **~eisen** *nt* grater; **r~en** (*unreg*) *vt* to rub; (*KOCH*) to grate; **~fläche** *f* rough surface; **~ung** *f* friction; **r~ungslos** *adj* smooth

Reich [raɪç] (**-(e)s, -e**) *nt* empire, kingdom; (*fig*) realm; **das Dritte ~** the Third Reich

reich *adj* rich

reichen *vi* to reach; (*genügen*) to be enough *od* sufficient ♦ *vt* to hold out; (*geben*) to pass, to hand; (*anbieten*) to offer; **jdm ~** to be enough *od* sufficient for sb

reich- *zW*: **~haltig** *adj* ample, rich; **~lich** *adj* ample, plenty of; **R~tum** (**-s**) *m* wealth; **R~weite** *f* range

reif [raɪf] *adj* ripe; (*Mensch, Urteil*) mature

Reif (**-(e)s, -e**) *m* (*Ring*) ring, hoop

Reife (**-**) *f* ripeness; maturity; **r~n** *vi* to mature; to ripen

Reifen (**-s, -**) *m* ring, hoop; (*Fahrzeug~*) tyre; **~druck** *m* tyre pressure; **~panne** *f* puncture

Reihe ['raɪə] *f* row; (*von Tagen etc*, *umg*: *Anzahl*) series *sg*; **der ~ nach** in turn; **er ist an der ~** it's his turn; **an die ~ kommen** to have one's turn; **~nfolge** *f* sequence; **alphabetische ~nfolge** alphabetical order; **~nhaus** *nt* terraced house

Reiher (**-s, -**) *m* (*ZOOL*) heron

reihum [raɪ''ʊm] *adv*: **es geht/wir machen das ~** we take turns

Reim [raɪm] (**-(e)s, -e**) *m* rhyme; **r~en** *vt* to rhyme

rein[1] [raɪn] (*umg*) *adv* = **herein; hinein**

rein[2] *adj* pure; (*sauber*) clean ♦ *adv* purely; **etw ins ~ schreiben** to make a fair copy of sth; **etw ins ~ bringen** to clear up sth; **R~fall** (*umg*) *m* let-down; **R~gewinn** *m* net profit; **R~heit** *f* purity; cleanness;

~igen *vt* to clean; (*Wasser*) to purify; **R~igung** *f* cleaning; purification; (*Geschäft*) cleaners; **chemische R~igung** dry cleaning; dry cleaners; **~rassig** *adj* pedigree; **R~schrift** *f* fair copy

Reis [raɪs] (**-es, -e**) *m* rice

Reise ['raɪzə] *f* journey; (*Schiffs~*) voyage; **~n** *pl* (*Herum~*) travels; **gute ~!** have a good journey; **~andenken** *nt* souvenir; **~büro** *nt* travel agency; **r~fertig** *adj* ready to start; **~führer** *m* guide(book); (*Mensch*) travel guide; **~gepäck** *nt* luggage; **~gesellschaft** *f* party of travellers; **~kosten** *pl* travelling expenses; **~leiter** *m* courier; **~lektüre** *f* reading matter for the journey; **r~n** *vi* to travel; **r~n nach** to go to; **~nde(r)** *mf* traveller; **~paß** *m* passport; **~proviant** *m* food and drink for the journey; **~route** *f* route; itinerary; **~scheck** *m* traveller's cheque; **~ziel** *nt* destination

reißen ['raɪsən] (*unreg*) *vt* to tear; (*ziehen*) to pull, to drag; (*Witz*) to crack ♦ *vi* to tear; to pull, to drag; **etw an sich ~** to snatch sth up; (*fig*) to take over sth; **sich um etw ~** to scramble for sth

reißend *adj* (*Fluß*) raging; (*WIRTS: Verkauf*) rapid

Reißnagel *m* drawing pin (*BRIT*), thumbtack (*US*)

Reißverschluß *m* zip(per), zip fastener

Reit- ['raɪt] *zW*: **r~en** (*unreg*) *vt, vi* to ride; **~er** (**-s, -**) *m* rider; (*MIL*) cavalryman, trooper; **~erin** *f* rider; **~hose** *f* riding breeches *pl*; **~pferd** *nt* saddle horse; **~stiefel** *m* riding boot; **~weg** *n* bridle path; **~zeug** *nt* riding outfit

Reiz [raɪts] (**-es, -e**) *m* stimulus; (*angenehm*) charm; (*Verlockung*) attraction; **r~bar** *adj* irritable; **~barkeit** *f* irritability; **r~en** *vt* to stimulate; (*unangenehm*) to irritate; (*verlocken*) to appeal to, to attract; **r~end** *adj* charming; **r~voll** *adj* attractive

rekeln ['reːkəln] *vr* to stretch out; (*lümmeln*) to lounge *od* loll about

Reklamation [reklamatsi'oːn] *f* complaint

Reklame [re'klaːmə] *f* advertising; advertisement; **~ machen für etw** to advertise sth

rekonstruieren [rekɔnstru'iːrən] *vt* to reconstruct

Rekord [re'kɔrt] (**-(e)s, -e**) *m* record; **~leistung** *f* record performance

Rektor ['rɛktɔr] *m* (*UNIV*) rector, vice-chancellor; (*SCH*) headteacher (*BRIT*), principal (*US*); **~at** [-'rat] (**-(e)s, -e**) *nt* rectorate, vice-chancellorship; headship; (*Zimmer*) rector's *etc* office

Relais [rə'lɛː] (**-, -**) *nt* relay

relativ [rela'tiːf] *adj* relative; **R~ität** [relativi'tɛːt] *f* relativity

relevant [rele'vant] *adj* relevant

Relief [reli'ɛf] (**-s, -s**) *nt* relief

Religion [religi'oːn] *f* religion

religiös [religi'øːs] *adj* religious

Reling ['reːlɪŋ] (**-, -s**) *f* (*NAUT*) rail

Remoulade [remu'laːdə] *f* remoulade

Rendezvous [rãde'vuː] (**-, -**) *nt* rendezvous

Renn- ['rɛn] *zW*: **~bahn** *f* racecourse; (*AUT*) circuit, race track; **r~en** (*unreg*) *vt, vi* to run, to race; **~en** (**-s, -**) *nt* running; (*Wettbewerb*) race; **~fahrer** *m* racing driver; **~pferd** *nt* racehorse; **~wagen** *m* racing car

renommiert [renɔ'miːrt] *adj* renowned

renovieren [reno'viːrən] *vt* to renovate

Renovierung *f* renovation

rentabel [rɛn'taːbəl] *adj* profitable, lucrative

Rentabilität [rɛntabili'tɛːt] *f* profitability

Rente ['rɛntə] *f* pension

Rentier ['rɛntiːr] *nt* reindeer

rentieren [rɛn'tiːrən] *vr* to pay, to be profitable

Rentner(in) ['rɛntnər(ɪn)] (**-s, -**) *m(f)*

pensioner

Reparatur [repara'tu:r] *f* repairing; repair; **~werkstatt** *f* repair shop; (*AUT*) garage

reparieren [repa'ri:rən] *vt* to repair

Reportage [repɔr'ta:ʒə] *f* (on-the-spot) report; (*TV, RADIO*) live commentary *od* coverage

Reporter [re'pɔrtər] (**-s, -**) *m* reporter, commentator

repräsentativ [reprɛzɛnta'ti:f] *adj* (*stellvertretend, typisch: Menge, Gruppe*) representative; (*beeindruckend: Haus, Auto etc*) impressive

repräsentieren [reprɛzɛn'ti:rən] *vt* (*Staat, Firma*) to represent; (*darstellen: Wert*) to constitute ♦ *vi* (*gesellschaftlich*) to perform official duties

Repressalie [repre'sa:li:] *f* reprisal

Reprivatisierung [reprivati'zi:ruŋ] *f* denationalisation

Reproduktion [reproduktsi'oɪn] *f* reproduction

reproduzieren [reprodu'tsi:rən] *vt* to reproduce

Reptil [rɛp'ti:l] (**-s, -ien**) *nt* reptile

Republik [repu'bli:k] *f* republic; **r~anisch** [-'ka:nɪʃ] *adj* republican

Reservat [rezɛr'va:t] (**-(e)s, -e**) *nt* reservation

Reserve [re'zɛrvə] *f* reserve; **~rad** *nt* (*AUT*) spare wheel; **~spieler** *m* reserve; **~tank** *m* reserve tank

reservieren [rezɛr'vi:rən] *vt* to reserve

Reservoir [rezɛrvo'a:r] (**-s, -e**) *nt* reservoir

Residenz [rezi'dɛnts] *f* residence, seat

resignieren [rezɪ'gni:rən] *vi* to resign

resolut [rezo'lu:t] *adj* resolute

Resonanz [rezo'nants] *f* resonance; (*fig*) response

Resopal [rezo'pa:l] (®; **-s**) *nt* Formica (®)

Resozialisierung [rezotsiali'zi:ruŋ] *f* rehabilitation

Respekt [rɛ'spɛkt] (**-(e)s**) *m* respect; **r~ieren** [-'ti:rən] *vt* to respect; **r~los** *adj* disrespectful; **r~voll** *adj* respectful

Ressort [rɛ'so:r] (**-s, -s**) *nt* department

Rest [rɛst] (**-(e)s, -e**) *m* remainder, rest; (*Über~*) remains *pl*

Restaurant [rɛsto'rã:] (**-s, -s**) *nt* restaurant

restaurieren [restaʊ'ri:rən] *vt* to restore

Rest- *zW*: **~betrag** *m* remainder, outstanding sum; **r~lich** *adj* remaining; **r~los** *adj* complete

Resultat [rezʊl'ta:t] (**-(e)s, -e**) *nt* result

Retorte [re'tɔrtə] *f* retort

Retouren [re'tu:rən] *pl* (*COMM*) returns

retten ['rɛtən] *vt* to save, to rescue

Retter(in) *m(f)* rescuer

Rettich ['rɛtɪç] (**-s, -e**) *m* radish

Rettung *f* rescue; (*Hilfe*) help; **seine letzte ~** his last hope

Rettungs- *zW*: **~boot** *nt* lifeboat; **r~los** *adj* hopeless; **~ring** *m* lifebelt, life preserver (*US*); **~wagen** *m* ambulance

retuschieren [retʊ'ʃi:rən] *vt* (*PHOT*) to retouch

Reue ['rɔʏə] (-) *f* remorse; (*Bedauern*) regret; **r~n** *vt*: **es reut ihn** he regrets (it) *od* is sorry (about it)

reuig ['rɔʏɪç] *adj* penitent

Revanche [re'vã:ʃə] *f* revenge; (*SPORT*) return match

revanchieren [revã'ʃi:rən] *vr* (*sich rächen*) to get one's own back, to have one's revenge; (*erwidern*) to reciprocate, to return the compliment

Revier [re'vi:r] (**-s, -e**) *nt* district; (*Jagd~*) preserve; (*Polizei~*) police station; beat

Revolte [re'vɔltə] *f* revolt

revol'tieren *vi* (*gegen jdn/etw*) to rebel

Revolution [revolutsi'o:n] *f* revolution; **~är** [-'nɛ:r] (**-s, -e**) *m* revolutionary; **r~ieren** [-'ni:rən] *vt* to revolutionize

Revolver [re'vɔlvər] (**-s, -**) *m* revolver

Rezept [re'tsɛpt] (**-(e)s, -e**) *nt* recipe; (*MED*) prescription; **r~frei** *adj* available without prescription; **~ion** [retsɛptsi'o:n] *f* reception; **r~pflichtig** *adj* available only on prescription

rezitieren [retsi'ti:rən] *vt* to recite

R-Gespräch ['ɛrgəʃprɛ:ç] *nt* reverse charge call (*BRIT*), collect call (*US*)

Rhabarber [ra'barbər] (**-s**) *m* rhubarb

Rhein [raɪn] (**-s**) *m* Rhine; **r~isch** *adj* Rhenish

Rheinland-Pfalz *nt* (*GEOG*) Rheinland-Pfalz, Rhineland-Palatinate

Rhesusfaktor ['re:zusfaktɔr] *m* rhesus factor

rhetorisch [re'to:rɪʃ] *adj* rhetorical

Rheuma ['rɔyma] (**-s**) *nt* rheumatism

rheumatisch *adj* rheumatic

Rheumatismus [-'tɪsmʊs] *m* rheumatism

Rhinozeros [ri'no:tserɔs] (- *od* **-ses, -se**) *nt* rhinoceros

rhythmisch ['rʏtmɪʃ] *adj* rhythmical

Rhythmus ['rʏtmʊs] *m* rhythm

richt- ['rɪçt] *zW*: **~en** *vt* to direct; (*Waffe*) to aim; (*einstellen*) to adjust; (*instand setzen*) to repair; (*zurechtmachen*) to prepare; (*bestrafen*) to pass judgement on ♦ *vr*: **sich ~en nach** to go by; **~en an** +*akk* to direct at; (*fig*) to direct to; **~en auf** +*akk* to aim at; **R~er(in)** (**-s, -**) *m(f)* judge; **~erlich** *adj* judicial

richtig *adj* right, correct; (*echt*) proper ♦ *adv* (*umg*: *sehr*) really; **bin ich hier ~?** am I in the right place?; **der/die R~e** the right one/person; **das R~e** the right thing; **R~keit** *f* correctness

Richtpreis *m* recommended price

Richtung *f* direction; tendency, orientation

rieb *etc* [ri:p] *vb siehe* **reiben**

riechen ['ri:çən] (*unreg*) *vt, vi* to smell; **an etw** *dat* ~ to smell sth; **nach etw** ~ to smell of sth; **ich kann das/ihn nicht** ~ (*umg*) I can't stand it/him

rief *etc* [ri:f] *vb siehe* **rufen**

Riegel ['ri:gəl] (**-s, -**) *m* bolt; (*Schokolade usw*) bar

Riemen ['ri:mən] (**-s, -**) *m* strap; (*Gürtel, TECH*) belt; (*NAUT*) oar

Riese ['ri:zə] (**-n, -n**) *m* giant

rieseln *vi* to trickle; (*Schnee*) to fall gently

Riesenerfolg *m* enormous success

riesengroß *adj* colossal, gigantic, huge

Riesenrad *nt* big wheel

riesig ['ri:zɪç] *adj* enormous, huge, vast

riet *etc* [ri:t] *vb siehe* **raten**

Riff [rɪf] (**-(e)s, -e**) *nt* reef

Rille ['rɪlə] *f* groove

Rind [rɪnt] (**-(e)s, -er**) *nt* ox; cow; cattle *pl*; (*KOCH*) beef

Rinde ['rɪndə] *f* rind; (*Baum~*) bark; (*Brot~*) crust

Rindfleisch *nt* beef

Rindvieh *nt* cattle *pl*; (*umg*) blockhead, stupid oaf

Ring [rɪŋ] (**-(e)s, -e**) *m* ring; **~buch** *nt* ring binder; **~elnatter** *f* grass snake; **r~en** (*unreg*) *vi* to wrestle; **~en** (**-s**) *nt* wrestling; **~finger** *m* ring finger; **~kampf** *m* wrestling bout; **~richter** *m* referee; **r~s** *adv*: **r~s um** round; **r~sherum** *adv* round about; **~straße** *f* ring road; **r~sum** *adv* (*rundherum*) round about; (*überall*) all round; **r~sum'her** = **r~sum**

Rinn- ['rɪn] *zW*: **~e** *f* gutter, drain; **r~en** (*unreg*) *vi* to run, to trickle; **~stein** *m* gutter

Rippchen ['rɪpçən] *nt* small rib; cutlet

Rippe ['rɪpə] *f* rib; **~nfellentzündung** *f* pleurisy

Risiko ['ri:ziko] (**-s, -s** *od* **Risiken**) *nt* risk

riskant [rɪs'kant] *adj* risky, hazardous

riskieren [rɪs'ki:rən] *vt* to risk

Riß [rɪs] (**-sses, -sse**) *m* tear; (*in Mauer, Tasse etc*) crack; (*in Haut*) scratch; (*TECH*) design

rissig ['rɪsɪç] *adj* torn; cracked; scratched
Ritt [rɪt] (**-(e)s, -e**) *m* ride
ritt *etc vb siehe* **reiten**
Ritter (**-s, -**) *m* knight; **r~lich** *adj* chivalrous
Ritze ['rɪtsə] *f* crack, chink
Rivale [ri'va:lə] (**-n, -n**) *m* rival
Rivalität [rivali'tɛ:t] *f* rivalry
Riviera [rivi'e:ra] *f*: **die ~** the Riviera
Robbe ['rɔbə] *f* seal
Roboter ['rɔbɔtər] (**-s, -**) *m* robot
robust [ro'bʊst] *adj* (*kräftig*: *Mensch, Gesundheit*) robust
roch *etc* [rɔx] *vb siehe* **riechen**
Rock [rɔk] (**-(e)s, ¨e**) *m* skirt; (*Jackett*) jacket; (*Uniform~*) tunic
Rodel ['ro:dəl] (**-s, -**) *m* toboggan; **~bahn** *f* toboggan run; **r~n** *vi* to toboggan
roden ['ro:dən] *vt, vi* to clear
Rogen ['ro:gən] (**-s, -**) *m* roe, spawn
Roggen ['rɔgən] (**-s, -**) *m* rye
Roggenbrot *nt* (*KOCH*) rye bread
roh [ro:] *adj* raw; (*Mensch*) coarse, crude; **R~bau** *m* shell of a building; **R~material** *nt* raw material; **R~öl** *nt* crude oil
Rohr [ro:r] (**-(e)s, -e**) *nt* pipe, tube; (*BOT*) cane, (*Schilf*) reed; (*Gewehr~*) barrel; **~bruch** *m* burst pipe
Röhre ['rø:rə] *f* tube, pipe; (*RADIO etc*) valve; (*Back~*) oven
Rohr- *zW*: **~leitung** *f* pipeline; **~post** *f* pneumatic postal system; **~zucker** *m* cane sugar
Rohstoff *m* raw material
Rokoko ['rɔkoko] (**-s**) *nt* rococo
Roll- ['rɔl] *zW*: **~(l)aden** *m* shutter; **~bahn** *f* (*AVIAT*) runway
Rolle ['rɔlə] *f* roll; (*THEAT, soziologisch*) role; (*Garn~ etc*) reel, spool; (*Walze*) roller; (*Wäsche~*) mangle; **keine ~ spielen** not to matter; **eine (wichtige) ~ spielen bei** to play a (major) part *od* role in; **r~n** *vt, vi* to roll; (*AVIAT*) to taxi; **~r** (**-s, -**) *m* scooter; (*Welle*) roller
Roll- *zW*: **~kragen** *m* rollneck, polo neck; **~(l)aden** *m* shutter; **~mops** *m* pickled herring; **~schuh** *m* roller skate; **~stuhl** *m* wheelchair; **~treppe** *f* escalator
Rom [ro:m] (**-s**) *nt* Rome
Roman [ro'ma:n] (**-s, -e**) *m* novel; **~tik** *f* romanticism; **~tiker** [ro'mantɪkər] (**-s, -**) *m* romanticist; **r~tisch** [ro'mantɪʃ] *adj* romantic; **~ze** [ro'mantsə] *f* romance
Römer ['rø:mər] (**-s, -**) *m* wineglass; (*Mensch*) Roman
römisch *adj* Roman; **~-katholisch** Roman Catholic
röntgen ['rœntgən] *vt* to X-ray; **R~bild** *nt* X-ray; **R~strahlen** *pl* X-rays
rosa ['ro:za] *adj inv* pink, rose (-coloured)
Rose ['ro:zə] *f* rose; **~nkohl** *m* Brussels sprouts *pl*; **~nkranz** *m* rosary; **~nmontag** *m Monday before Ash Wednesday*
rosig ['ro:zɪç] *adj* rosy
Rosine [ro'zi:nə] *f* raisin, currant
Rosmarin ['ro:smari:n] (**-s**) *m* (*BOT, KOCH*) rosemary
Roß [rɔs] (**-sses, -sse**) *nt* horse, steed; **~kastanie** *f* horse chestnut
Rost [rɔst] (**-(e)s, -e**) *m* rust; (*Gitter*) grill, gridiron; (*Bett~*) springs *pl*
Rostbraten *m* roast(ed) meat, joint
rosten *vi* to rust
rösten ['rø:stən] *vt* to roast, to toast; to grill
Rost- *zW*: **r~frei** *adj* rust-free; rust-proof; stainless; **r~ig** *adj* rusty; **~schutz** *m* rust-proofing
rot [ro:t] *adj* red; **in den ~en Zahlen** in the red; **das R~e Meer** the Red Sea
Röte ['rø:tə] (-) *f* redness; **~ln** *pl* German measles *sg*; **r~n** *vt, vr* to redden
rothaarig *adj* red-haired
rotieren [ro'ti:rən] *vi* to rotate
Rot- *zW*: **~kehlchen** *nt* robin; **~stift** *m* red pencil; **~wein** *m* red wine
Rouge [ru:ʒ] *nt* blusher
Roulade [ru'la:də] *f* (*KOCH*) beef

olive

Route ['ru:tə] *f* route

Routine [ru'ti:nə] *f* experience; routine

Rübe ['ry:bə] *f* turnip; **gelbe ~** carrot; **rote ~** beetroot (*BRIT*), beet (*US*)

rüber ['ry:bər] (*umg*) *adv* = **herüber; hinüber**

Rubin [ru'bi:n] (**-s, -e**) *m* ruby

Rubrik [ru'bri:k] *f* heading; (*Spalte*) column

Ruck [rʊk] (**-(e)s, -e**) *m* jerk, jolt

Rück- ['rʏk] *zW*: **~antwort** *f* reply, answer; **r~bezüglich** *adj* reflexive

Rücken ['rʏkən] (**-s, -**) *m* back; (*Berg~*) ridge

rücken *vt, vi* to move

Rücken- *zW*: **~mark** *nt* spinal cord; **~schwimmen** *nt* backstroke

Rück- *zW*: **~erstattung** *f* return, restitution; **~fahrkarte** *f* return (ticket); **~fahrt** *f* return journey; **~fall** *m* relapse; **r~fällig** *adj* relapsing; **r~fällig werden** to relapse; **~flug** *m* return flight; **~frage** *f* question; **r~fragen** *vi* to check, to inquire (further); **~gabe** *f* return; **~gang** *m* decline, fall; **r~gängig** *adj*: **etw r~gängig machen** to cancel sth; **~grat** (**-(e)s, -e**) *nt* spine, backbone; **~halt** *m* (*Unterstützung*) backing, support; **~kehr** (**-, -en**) *f* return; **~licht** *nt* back light; **r~lings** *adv* from behind; backwards; **~nahme** *f* taking back; **~porto** *nt* return postage; **~reise** *f* return journey; (*NAUT*) home voyage; **~ruf** *m* recall

Rucksack ['rʊkzak] *m* rucksack

Rück- *zW*: **~schau** *f* reflection; **~schlag** *m* (*plötzliche Verschlechterung*) setback; **~schluß** *m* conclusion; **~schritt** *m* retrogression; **r~schrittlich** *adj* reactionary; retrograde; **~seite** *f* back; (*von Münze etc*) reverse; **~sicht** *f* consideration; **~sicht nehmen auf** +*akk* to show consideration for; **r~sichtslos** *adj* inconsiderate; (*Fahren*) reckless; (*unbarmherzig*) ruthless; **r~sichtsvoll** *adj* considerate; **~sitz** *m* back seat; **~spiegel** *m* (*AUT*) rear-view mirror; **~spiel** *nt* return match; **~sprache** *f* further discussion *od* talk; **~stand** *m* arrears *pl*; **r~ständig** *adj* backward, out-of-date; (*Zahlungen*) in arrears; **~strahler** (**-s, -**) *m* rear reflector; **~tritt** *m* resignation; **~trittbremse** *f* pedal brake; **~vergütung** *f* repayment; (*COMM*) refund; **~versicherung** *f* reinsurance; **r~wärtig** *adj* rear; **r~wärts** *adv* backward(s), back; **~wärtsgang** *m* (*AUT*) reverse gear; **~weg** *m* return journey, way back; **r~wirkend** *adj* retroactive; **~wirkung** *f* reaction; retrospective effect; **~zahlung** *f* repayment; **~zug** *m* retreat

Rudel ['ru:dəl] (**-s, -**) *nt* pack; herd

Ruder ['ru:dər] (**-s, -**) *nt* oar; (*Steuer*) rudder; **~boot** *nt* rowing boat; **r~n** *vt, vi* to row

Ruf [ru:f] (**-(e)s, -e**) *m* call, cry; (*Ansehen*) reputation; **r~en** (*unreg*) *vt, vi* to call; to cry; **~name** *m* usual (first) name; **~nummer** *f* (tele)phone number; **~säule** *f* (*an Autobahn*) emergency telephone; **~zeichen** *nt* (*RADIO*) call sign; (*TEL*) ringing tone

rügen *vt* to rebuke

Ruhe ['ru:ə] (**-**) *f* rest; (*Ungestörtheit*) peace, quiet; (*Gelassenheit, Stille*) calm; (*Schweigen*) silence; **jdn in ~ lassen** to leave sb alone; **sich zur ~ setzen** to retire; **~!** be quiet!, silence!; **r~n** *vi* to rest; **~pause** *f* break; **~stand** *m* retirement; **~stätte** *f*: **letzte ~stätte** final resting place; **~störung** *f* breach of the peace; **~tag** *m* (*von Geschäft*) closing day

ruhig ['ru:ɪç] *adj* quiet; (*bewegungslos*) still; (*Hand*) steady; (*gelassen, friedlich*) calm; (*Gewissen*) clear; **kommen Sie ~ herein** just come on in; **tu das ~** feel free to do that

Ruhm [ru:m] (**-(e)s**) *m* fame, glory

rühmen ['ry:mən] *vt* to praise ♦ *vr* to boast

Ruhr [ru:r] (**-**) *f* dysentery

Rühr- ['ry:r] *zW*: **~ei** *nt* scrambled egg; **r~en** *vt, vr* (*auch fig*) to move, to stir ♦ *vi*: **r~en von** to come *od* stem from; **r~en an** +*akk* to touch; (*fig*) to touch on; **r~end** *adj* touching, moving; **r~ig** *adj* active, lively; **r~selig** *adj* sentimental, emotional; **~ung** *f* emotion

Ruin [ru'i:n] (**-s, -e**) *m* ruin; **~e** *f* ruin; **r~ieren** *vt* to ruin

rülpsen ['rʏlpsən] *vi* to burp, to belch

Rum [rʊm] (**-s, -s**) *m* rum

Rumän- [ru'mɛ:n] *zW*: **~e** (**-n, -n**) *m* Ro(u)manian, **~ien** (-s) *nt* Ro(u)mania; **~in** *f* Ro(u)manian; **r~isch** *adj* Ro(u)manian

Rummel ['rʊməl] (**-s;** *umg*) *m* hubbub; (*Jahrmarkt*) fair; **~platz** *m* fairground, fair

Rumpf [rʊmpf] (**-(e)s, ⸗e**) *m* trunk, torso; (*AVIAT*) fuselage; (*NAUT*) hull

rümpfen ['rʏmpfən] *vt* (*Nase*) to turn up

rund [rʊnt] *adj* round ♦ *adv* (*etwa*) around; **~ um etw** round sth; **R~brief** *m* circular; **R~e** *f* round; (*in Rennen*) lap; (*Gesellschaft*) circle; **R~fahrt** *f* (round) trip

Rundfunk ['rʊntfʊŋk] (**-(e)s**) *m* broadcasting; **im ~** on the radio; **~gerät** *nt* wireless set; **~sendung** *f* broadcast, radio programme

Rund- *zW*: **r~heraus** *adv* straight out, bluntly; **r~herum** *adv* round about; all round, **r~lich** *adj* plump, rounded; **~reise** *f* round trip; **~schreiben** *nt* (*COMM*) circular; **~(wander)weg** *m* circular path *od* route

runter ['rʊntər] (*umg*) *adv* = **herunter; hinunter**

Runzel ['rʊntsəl] (**-, -n**) *f* wrinkle; **r~ig** *adj* wrinkled; **r~n** *vt* to wrinkle; **die Stirn r~n** to frown

Rupfen ['rʊpfən] (**-s, -**) *m* sackcloth

rupfen *vt* to pluck

ruppig ['rʊpɪç] *adj* rough, gruff

Rüsche ['ry:ʃə] *f* frill

Ruß [ru:s] (**-es**) *m* soot

Russe ['rʊsə] (**-n, -n**) *m* Russian

Rüssel ['rʏsəl] (**-s, -**) *m* snout; (*Elefanten~*) trunk

rußig ['ru:sɪç] *adj* sooty

Russin ['rʊsɪn] *f* Russian

russisch *adj* Russian

Rußland ['rʊslant] (**-s**) *nt* Russia

rüsten ['rʏstən] *vt* to prepare ♦ *vi* to prepare; (*MIL*) to arm ♦ *vr* to prepare (o.s.); to arm o.s.

rüstig ['rʏstɪç] *adj* sprightly, vigorous

Rüstung ['rʏstʊŋ] *f* preparation; arming; (*Ritter~*) armour; (*Waffen etc*) armaments *pl*; **~skontrolle** *f* arms control

Rute ['ru:tə] *f* rod

Rutsch [rʊtʃ] (**-(e)s, -e**) *m* slide; (*Erd~*) landslide; **~bahn** *f* slide; **r~en** *vi* to slide; (*ausrutschen*) to slip; **r~ig** *adj* slippery

rütteln ['rʏtəln] *vt, vi* to shake, to jolt

S

S. *abk* (= *Seite*) p.; = **Schilling**

s. *abk* (= *siehe*) see

Saal [za:l] (**-(e)s, Säle**) *m* hall; room

Saarland ['za:rlant] *nt*; **das ~** the Saar(land)

Saat [za:t] (**-, -en**) *f* seed; (*Pflanzen*) crop; (*Säen*) sowing

Säbel ['zɛ:bəl] (**-s, -**) *m* sabre, sword

Sabotage [zabo'ta:ʒə] *f* sabotage

Sach- ['zax] *zW*: **~bearbeiter** *m* specialist; **s~dienlich** *adj* relevant, helpful; **~e** *f* thing; (*Angelegenheit*) affair, business; (*Frage*) matter; (*Pflicht*) task; **zur ~e** to the point; **s~kundig** *adj* expert; **s~lich** *adj* matter-of-fact; objective; (*Irrtum, Angabe*) factual

sächlich ['zɛxlɪç] *adj* neuter

Sachschaden *m* material damage

Sachsen ['zaksən] (**-s**) *nt* Saxony

sächsisch ['zɛksɪʃ] *adj* Saxon

sacht(e) ['zaxt(ə)] *adv* softly, gently

Sachverständige(r) *mf* expert

Sack [zak] (**-(e)s, ⸗e**) *m* sack; **~gas-**

se *f* cul-de-sac, dead-end street (*US*)
Sadismus [za'dɪsmʊs] *m* sadism
Sadist [za'dɪst] *m* sadist
säen ['zɛ:ən] *vt, vi* to sow
Saft [zaft] (**-(e)s, ¨e**) *m* juice; (*BOT*) sap; **s~ig** *adj* juicy; **s~los** *adj* dry
Sage ['za:gə] *f* saga
Säge ['zɛ:gə] *f* saw; **~mehl** *nt* sawdust
sagen ['za:gən] *vt, vi* to say; (*mitteilen*): **jdm ~** to tell sb; **~ Sie ihm, daß ...** tell him ...
sägen *vt, vi* to saw
sagenhaft *adj* legendary; (*umg*) great, smashing
sah *etc* [za:] *vb siehe* **sehen**
Sahne ['za:nə] (-) *f* cream
Saison [zɛ'zõ:] (**-, -s**) *f* season
Saite ['zaɪtə] *f* string; **~ninstrument** *nt* string instrument
Sakko ['zako] (**-s, -s**) *m od nt* jacket
Sakrament [zakra'mɛnt] *nt* sacrament
Sakristei [zakrɪs'taɪ] *f* sacristy
Salat [za'la:t] (**-(e)s, -e**) *m* salad; (*Kopf~*) lettuce; **~soße** *f* salad dressing
Salbe ['zalbə] *f* ointment
Salbei [zal'baɪ] (**-s** *od* **-**) *m od f* sage
Saldo ['zaldo] (**-s, Salden**) *m* balance
Salmiak [zalmi'ak] (**-s**) *m* sal ammoniac; **~geist** *m* liquid ammonia
salopp [za'lɔp] *adj* casual
Salpeter [zal'pe:tər] (**-s**) *m* saltpetre; **~säure** *f* nitric acid
Salz [zalts] (**-es, -e**) *nt* salt; **s~en** (*unreg*) *vt* to salt; **s~ig** *adj* salty; **~kartoffeln** *pl* boiled potatoes; **~säure** *f* hydrochloric acid; **~streuer** *m* salt cellar; **~wasser** *nt* (*Meerwasser*) salt water
Samen ['za:mən] (**-s, -**) *m* seed; (*ANAT*) sperm
Sammelband *m* anthology
sammeln ['zaməln] *vt* to collect ♦ *vr* to assemble, to gather; (*konzentrieren*) to concentrate
Sammlung ['zamlʊŋ] *f* collection; assembly, gathering; concentration
Samstag ['zamsta:k] *m* Saturday; **s~s** *adv* (on) Saturdays
Samt [zamt] (**-(e)s, -e**) *m* velvet
samt *präp +dat* (along) with, together with; **~ und sonders** each and every one (of them)
sämtlich ['zɛmtlɪç] *adj* all (the), entire
Sand [zant] (**-(e)s, -e**) *m* sand
Sandale [zan'da:lə] *f* sandal
Sand- *zW*: **~bank** *f* sandbank; **s~ig** ['zandɪç] *adj* sandy; **~kasten** *m* sandpit; **~kuchen** *m* Madeira cake; **~papier** *nt* sandpaper; **~stein** *m* sandstone; **s~strahlen** *vt insep* to sandblast ♦ *vi insep* to sandblast; **~strand** *m* sandy beach
sandte *etc* ['zantə] *vb siehe* **senden**
Sanduhr *f* hourglass
sanft [zanft] *adj* soft, gentle; **~mütig** *adj* gentle, meek
sang *etc* [zaŋ] *vb siehe* **singen**
Sänger(in) ['zɛŋər(ɪn)] (**-s, -**) *m(f)* singer
Sani- *zW*: **s~eren** [za'ni:rən] *vt* to redevelop; (*Betrieb*) to make financially sound ♦ *vr* to line one's pockets; to become financially sound; **s~tär** [zani'tɛ:r] *adj* sanitary; **s~täre Anlagen** sanitation *sg*; **~täter** [zani'tɛ:tər] (**-s, -**) *m* first-aid attendant; (*MIL*) (medical) orderly
sanktionieren [zaŋktsio'ni:rən] *vt* to sanction
Saphir ['za:fi:r] (**-s, -e**) *m* sapphire
Sardelle [zar'dɛlə] *f* anchovy
Sardine [zar'di:nə] *f* sardine
Sardinien [zar'di:niən] (**-s**) *nt* Sardinia
Sarg [zark] (**-(e)s, ¨e**) *m* coffin
Sarkasmus [zar'kasmʊs] *m* sarcasm
saß *etc* [za:s] *vb siehe* **sitzen**
Satan ['za:tan] (**-s, -e**) *m* Satan; devil
Satellit [zatɛ'li:t] (**-en, -en**) *m* satellite; **~enfernsehen** *nt* satellite television
Satire [za'ti:rə] *f* satire
satirisch [za'ti:rɪʃ] *adj* satirical
satt [zat] *adj* full; (*Farbe*) rich, deep;

jdn/etw ~ sein *od* **haben** to be fed up with sb/sth; **sich ~ hören/sehen an** *+dat* to hear/see enough of; **sich ~ essen** to eat one's fill; **~ machen** to be filling

Sattel ['zatəl] (**-s, ¨**) *m* saddle; (*Berg*) ridge; **s~n** *vt* to saddle; **~schlepper** *m* articulated lorry

sättigen ['zɛtɪgən] *vt* to satisfy; (*CHEM*) to saturate

Satz [zats] (**-es, ¨e**) *m* (*GRAM*) sentence; (*Neben~, Adverbial~*) clause; (*Theorem*) theorem; (*MUS*) movement; (*TENNIS, Briefmarken etc*) set; (*Kaffee*) grounds *pl*; (*COMM*) rate; (*Sprung*) jump; **~teil** *m* part of a sentence; **~ung** *f* (*Statut*) statute, rule; **~zeichen** *nt* punctuation mark

Sau [zaʊ] (**-, Säue**) *f* sow; (*umg*) dirty pig

sauber ['zaʊbər] *adj* clean; (*ironisch*) fine; **~halten** (*unreg*) *vt* to keep clean; **S~keit** *f* cleanness; (*einer Person*) cleanliness

säuberlich ['zɔʏbərlɪç] *adv* neatly

säubern *vt* to clean; (*POL etc*) to purge

Säuberung *f* cleaning; purge

Sauce ['zoːsə] *f* sauce, gravy

sauer ['zaʊər] *adj* sour; (*CHEM*) acid; (*umg*) cross; **saurer Regen** acid rain

Sauerei [zaʊə'raɪ] (*umg*) *f* rotten state of affairs, scandal; (*Schmutz etc*) mess; (*Unanständigkeit*) obscenity

säuerlich *adj* (*Geschmack*) sour; (*mißvergnügt: Gesicht*) dour

Sauer- *zW*: **~milch** *f* sour milk; **~rahm** *m* (*KOCH*) sour cream; **~stoff** *m* oxygen; **~teig** *m* leaven

saufen ['zaʊfən] (*unreg; umg*) *vt, vi* to drink, to booze

Säufer ['zɔʏfər] (**-s, -**; *umg*) *m* boozer

saugen ['zaʊgən] (*unreg*) *vt, vi* to suck

säugen ['zɔʏgən] *vt* to suckle

Sauger ['zaʊgər] (**-s, -**) *m* dummy, comforter (*US*); (*auf Flasche*) teat; (*Staub~*) vacuum cleaner, Hoover (®)

Säugetier ['zɔʏgə-] *nt* mammal

Säugling *m* infant, baby

Säule ['zɔʏlə] *f* column, pillar

Saum [zaʊm] (**-(e)s, Säume**) *m* hem; (*Naht*) seam

säumen ['zɔʏmən] *vt* to hem; to seam ♦ *vi* to delay, to hesitate

Sauna ['zaʊna] (**-, -s**) *f* sauna

Säure ['zɔʏrə] *f* acid; (*Geschmack*) sourness, acidity

sausen ['zaʊzən] *vi* to blow; (*umg: eilen*) to rush; (*Ohren*) to buzz; **etw ~ lassen** (*umg*) not to bother with sth

Saxophon [zakso'foːn] (**-s, -e**) *nt* saxophone

SB *abk* = **Selbstbedienung**

S-Bahn *f abk* (= *Schnellbahn*) high speed railway; (= *Stadtbahn*) suburban railway

schaben ['ʃaːbən] *vt* to scrape

schäbig ['ʃɛːbɪç] *adj* shabby

Schablone [ʃa'bloːnə] *f* stencil; (*Muster*) pattern; (*fig*) convention

Schach [ʃax] (**-s, -s**) *nt* chess; (*Stellung*) check; **~brett** *nt* chessboard; **~figur** *f* chessman; **'s~'matt** *adj* checkmate; **~spiel** *nt* game of chess

Schacht [ʃaxt] (**-(e)s, ¨e**) *m* shaft

Schachtel (**-, -n**) *f* box; (*pej: Frau*) bag, cow

schade ['ʃaːdə] *adj* a pity *od* shame ♦ *excl*: **(wie) ~!** (what a) pity *od* shame; **sich** *dat* **zu ~ sein für etw** to consider o.s. too good for sth

Schädel ['ʃɛːdəl] (**-s, -**) *m* skull; **~bruch** *m* fractured skull

Schaden ['ʃaːdən] (**-s, ¨**) *m* damage; (*Verletzung*) injury; (*Nachteil*) disadvantage; **s~** *vi +dat* to hurt; **einer Sache s~** to damage sth; **~ersatz** *m* compensation, damages *pl*; **~freude** *f* malicious glee; **s~froh** *adj* (*Mensch, Lachen*) gloating

schadhaft ['ʃaːthaft] *adj* faulty, damaged

schäd- ['ʃɛːt] *zW*: **~igen** ['ʃɛdɪgən] *vt* to damage; (*Person*) to do harm to, to harm; **~lich** *adj*: **~lich (für)** harmful (to); **S~lichkeit** *f* harmfulness; **S~ling** *m* pest

Schadstoff ['ʃa:tʃtɔf] *m* harmful substance

Schaf [ʃa:f] (**-(e)s, -e**) *nt* sheep; **~bock** *m* ram

Schäfer ['ʃɛ:fər] (**-s, -**) *m* shepherd; **~hund** *m* Alsatian (dog) (*BRIT*), German shepherd (dog) (*US*)

Schaffen ['ʃafən] (**-s**) *nt* (creative) activity

schaffen[1] (*unreg*) *vt* to create; (*Platz*) to make

schaffen[2] *vt* (*erreichen*) to manage, to do; (*erledigen*) to finish; (*Prüfung*) to pass; (*transportieren*) to take ♦ *vi* (*umg*: *arbeiten*) to work; **sich** *dat* **etw** ~ to get o.s. sth; **sich an etw** *dat* **zu** ~ **machen** to busy o.s. with sth

Schaffner(in) ['ʃafnər(ɪn)] (**-s, -**) *m(f)* (*Bus~*) conductor(tress); (*EISENB*) guard

Schaft [ʃaft] (**-(e)s, ⸗e**) *m* shaft; (*von Gewehr*) stock; (*von Stiefel*) leg; (*BOT*) stalk; tree trunk; **~stiefel** *m* high boot

Schakal [ʃa'ka:l] (**-s, -e**) *m* jackal

Schal [ʃa:l] (**-s, -e** *od* **-s**) *m* scarf

schal *adj* flat; (*fig*) insipid

Schälchen ['ʃɛ:lçən] *nt* cup, bowl

Schale ['ʃa:lə] *f* skin; (*abgeschält*) peel; (*Nuß~*, *Muschel~*, *Ei~*) shell; (*Geschirr*) dish, bowl

schälen ['ʃɛ:lən] *vt* to peel; to shell ♦ *vr* to peel

Schall [ʃal] (**-(e)s, -e**) *m* sound; **~dämpfer** (**-s, -**) *m* (*AUT*) silencer; **s~dicht** *adj* soundproof; **s~en** *vi* to (re)sound; **s~end** *adj* resounding, loud; **~mauer** *f* sound barrier; **~platte** *f* (gramophone) record

Schalt- ['ʃalt] *zW*: **~bild** *nt* circuit diagram; **~brett** *nt* switchboard; **s~en** *vt* to switch, to turn ♦ *vi* (*AUT*) to change (gear); (*umg*: *begreifen*) to catch on; **~er** (**-s, -**) *m* counter; (*an Gerät*) switch; **~erbeamte(r)** *m* counter clerk; **~erstunden** *pl* hours of business; **~hebel** *m* switch; (*AUT*) gear-lever; **~jahr** *nt* leap year; **~ung** *f* switching; (*ELEK*) circuit; (*AUT*) gear change

Scham [ʃa:m] (**-**) *f* shame; (*~gefühl*) modesty; (*Organe*) private parts *pl*

schämen ['ʃɛ:mən] *vr* to be ashamed

schamlos *adj* shameless

Schande ['ʃandə] (**-**) *f* disgrace

schändlich ['ʃɛntlɪç] *adj* disgraceful, shameful

Schändung ['ʃɛndʊŋ] *f* violation, defilement

Schanktisch ['ʃaŋktɪʃ] *m* bar

Schanze ['ʃantsə] *f* (*Sprung~*) ski-jump

Schar [ʃa:r] (**-, -en**) *f* band, company; (*Vögel*) flock; (*Menge*) crowd; **in ~en** in droves; **s~en** *vr* to assemble, to rally

scharf [ʃarf] *adj* sharp; (*Essen*) hot, spicy; (*Munition*) live; ~ **nachdenken** to think hard; **auf etw** *akk* ~ **sein** (*umg*) to be keen on sth

Schärfe ['ʃɛrfə] *f* sharpness; (*Strenge*) rigour; **s~n** *vt* to sharpen

Scharf- *zW*: **s~machen** (*umg*) *vt* to stir up; **~richter** *m* executioner; **~schütze** *m* marksman, sharpshooter; **s~sinnig** *adj* astute, shrewd

Scharlach (**-s, -e**) *m* (*~fieber*) scarlet fever

Scharnier [ʃar'ni:r] (**-s, -e**) *nt* hinge

Schärpe ['ʃɛrpə] *f* sash

scharren ['ʃarən] *vt, vi* to scrape, to scratch

Schaschlik ['ʃaʃlɪk] (**-s, -s**) *m od nt* (shish) kebab

Schatten ['ʃatən] (**-s, -**) *m* shadow; **~riß** *m* silhouette; **~seite** *f* shady side, dark side

schattieren [ʃa'ti:rən] *vt, vi* to shade

schattig ['ʃatɪç] *adj* shady

Schatulle [ʃa'tʊlə] *f* casket; (*Geld~*) coffer

Schatz [ʃats] (**-es, ⸗e**) *m* treasure; (*Person*) darling

schätz- ['ʃɛts] *zW*: **~bar** *adj* assessable; **S~chen** *nt* darling, love; **~en** *vt* (*abschätzen*) to estimate; (*Gegen-*

stand) to value; (*würdigen*) to value, to esteem; (*vermuten*) to reckon; **S~ung** *f* estimate; estimation; valuation; **nach meiner S~ung ...** I reckon that ...

Schau [ʃaʊ] (-) *f* show; (*Ausstellung*) display, exhibition; **etw zur ~ stellen** to make a show of sth, to show sth off; **~bild** *nt* diagram

Schauder ['ʃaʊdər] (-s, -s) *m* shudder; (*wegen Kälte*) shiver; **s~haft** *adj* horrible; **s~n** *vi* to shudder; to shiver

schauen ['ʃaʊən] *vi* to look

Schauer ['ʃaʊər] (-s, -) *m* (*Regen~*) shower; (*Schreck*) shudder; **~geschichte** *f* horror story; **s~lich** *adj* horrific, spine-chilling

Schaufel ['ʃaʊfəl] (-, -n) *f* shovel; (*NAUT*) paddle; (*TECH*) scoop; **s~n** *vt* to shovel, to scoop

Schau- *zW*: **~fenster** *nt* shop window; **~fensterbummel** *m* window shopping (expedition); **~kasten** *m* showcase

Schaukel ['ʃaʊkəl] (-, -n) *f* swing; **s~n** *vi* to swing, to rock; **~pferd** *nt* rocking horse; **~stuhl** *m* rocking chair

Schaulustige(r) *f(m)* onlooker

Schaum [ʃaʊm] (-(e)s, Schäume) *m* foam; (*Seifen~*) lather

schäumen ['ʃɔʏmən] *vi* to foam

Schaum- *zW*: **~gummi** *m* foam (rubber); **s~ig** *adj* frothy, foamy; **~stoff** *m* foam material; **~wein** *m* sparkling wine

Schauplatz *m* scene

schaurig *adj* horrific, dreadful

Schau- *zW*: **~spiel** *nt* spectacle; (*THEAT*) play; **~spieler(in)** *m(f)* actor(actress); **s~spielern** *vi insep* to act; **~spielhaus** *nt* theatre

Scheck [ʃɛk] (-s, -s) *m* cheque; **~heft** *m* cheque book; **~karte** *f* cheque card

scheffeln ['ʃɛfəln] *vt* to amass

Scheibe ['ʃaɪbə] *f* disc; (*Brot etc*) slice; (*Glas~*) pane; (*MIL*) target

Scheiben- *zW*: **~bremse** *f* (*AUT*) disc brake; **~wischer** *m* (*AUT*) windscreen wiper

Scheich [ʃaɪç] (-s, -e *od* -s) *m* sheik(h)

Scheide ['ʃaɪdə] *f* sheath; (*Grenze*) boundary; (*ANAT*) vagina; **s~n** (*unreg*) *vt* to separate; (*Ehe*) to dissolve ♦ *vi* to depart; to part; **sich s~n lassen** to get a divorce

Scheidung *f* (*Ehe~*) divorce

Schein [ʃaɪn] (-(e)s, -e) *m* light; (*An~*) appearance; (*Geld*) (bank)-note; (*Bescheinigung*) certificate; **zum ~** in pretence; **s~bar** *adj* apparent; **s~en** (*unreg*) *vi* to shine; (*Anschein haben*) to seem; **s~heilig** *adj* hypocritical; **~werfer** (-s, -) *m* floodlight; spotlight; (*Suchwerfer*) searchlight; (*AUT*) headlamp

Scheiß- ['ʃaɪs] (*umg*) *in zW* bloody

Scheiße (-; *umg*) *f* shit

Scheit [ʃaɪt] (-(e)s, -e *od* -er) *nt* log

Scheitel ['ʃaɪtəl] (-s, -) *m* top; (*Haar~*) parting; **s~n** *vt* to part

scheitern ['ʃaɪtərn] *vi* to fail

Schelle ['ʃɛlə] *f* small bell; **s~n** *vi* to ring

Schellfisch ['ʃɛlfɪʃ] *m* haddock

Schelm [ʃɛlm] (-(e)s, -e) *m* rogue; **s~isch** *adj* mischievous, roguish

Schelte ['ʃɛltə] *f* scolding; **s~n** (*unreg*) *vt* to scold

Schema ['ʃe:ma] (-s, -s *od* -ta) *nt* scheme, plan; (*Darstellung*) schema; **nach ~** quite mechanically; **s~tisch** [ʃe'ma:tɪʃ] *adj* schematic; (*pej*) mechanical

Schemel ['ʃe:məl] (-s, -) *m* (foot)stool

Schenkel ['ʃɛŋkəl] (-s, -) *m* thigh

schenken ['ʃɛŋkən] *vt* (*auch fig*) to give; (*Getränk*) to pour; **sich** *dat* **etw ~** (*umg*) to skip sth; **das ist geschenkt!** (*billig*) that's a giveaway!; (*nichts wert*) that's worthless!

Scherbe ['ʃɛrbə] *f* broken piece, fragment; (*archäologisch*) potsherd

Schere ['ʃe:rə] *f* scissors *pl*; (*groß*) shears *pl*; **s~n** (*unreg*) *vt* to cut; (*Schaf*) to shear; (*kümmern*) to bother

♦ *vr* to care; **scher dich zum Teufel!** get lost!; **~'rei** (*umg*) *f* bother, trouble

Scherz [ʃɛrts] (**-es, -e**) *m* joke; fun; **~frage** *f* conundrum; **s~haft** *adj* joking, jocular

Scheu [ʃɔʏ] (-) *f* shyness; (*Angst*) fear; (*Ehrfurcht*) awe; **s~** *adj* shy; **s~en** *vr*: **sich s~en vor** +*dat* to be afraid of, to shrink from ♦ *vt* to shun ♦ *vi* (*Pferd*) to shy

scheuern ['ʃɔʏərn] *vt* to scour, to scrub

Scheuklappe *f* blinker

Scheune ['ʃɔʏnə] *f* barn

Scheusal ['ʃɔʏzaːl] (**-s, -e**) *nt* monster

scheußlich ['ʃɔʏslɪç] *adj* dreadful, frightful

Schi [ʃiː] *m* = **Ski**

Schicht [ʃɪçt] (**-, -en**) *f* layer; (*Klasse*) class, level; (*in Fabrik etc*) shift; **~arbeit** *f* shift work; **s~en** *vt* to layer, to stack

schick [ʃɪk] *adj* stylish, chic

schicken *vt* to send ♦ *vr*: **sich ~ (in** +*akk*) to resign o.s. (to) ♦ *vb unpers* (*anständig sein*) to be fitting

schicklich *adj* proper, fitting

Schicksal (**-s, -e**) *nt* fate; **~sschlag** *m* great misfortune, blow

Schieb- ['ʃiːb] *zW*: **~edach** *nt* (*AUT*) sun roof; **s~en** (*unreg*) *vt* (*auch Drogen*) to push; (*Schuld*) to put ♦ *vi* to push; **~etür** *f* sliding door; **~ung** *f* fiddle

Schieds- ['ʃiːts] *zW*: **~gericht** *nt* court of arbitration; **~richter** *m* referee; umpire; (*Schlichter*) arbitrator

schief [ʃiːf] *adj* crooked; (*Ebene*) sloping; (*Turm*) leaning; (*Winkel*) oblique; (*Blick*) funny; (*Vergleich*) distorted ♦ *adv* crooked(ly); (*ansehen*) askance; **etw ~ stellen** to slope sth

Schiefer ['ʃiːfər] (**-s, -**) *m* slate; **~dach** *nt* slate roof

schiefgehen (*unreg*; *umg*) *vi* to go wrong

schielen ['ʃiːlən] *vi* to squint; **nach etw ~** (*fig*) to eye sth

schien *etc* [ʃiːn] *vb siehe* **scheinen**

Schienbein *nt* shinbone

Schiene ['ʃiːnə] *f* rail; (*MED*) splint; **s~n** *vt* to put in splints

schier [ʃiːr] *adj* (*fig*) sheer ♦ *adv* nearly, almost

Schieß- ['ʃiːs] *zW*: **~bude** *f* shooting gallery; **s~en** (*unreg*) *vt* to shoot; (*Ball*) to kick; (*Geschoß*) to fire ♦ *vi* to shoot; (*Salat etc*) to run to seed; **s~en auf** +*akk* to shoot at; **~e'rei** *f* shooting incident, shoot-up; **~pulver** *nt* gunpowder; **~scharte** *f* embrasure

Schiff [ʃɪf] (**-(e)s, -e**) *nt* ship, vessel; (*Kirchen~*) nave; **s~bar** *adj* (*Fluß*) navigable; **~bruch** *m* shipwreck; **s~brüchig** *adj* shipwrecked; **~chen** *nt* small boat; (*Weben*) shuttle; (*Mütze*) forage cap; **~er** (**-s, -**) *m* bargeman, boatman; **~(f)ahrt** *f* shipping; (*Reise*) voyage; **~(fahrts)linie** *f* shipping route

Schikane [ʃi'kaːnə] *f* harassment; dirty trick; **mit allen ~n** with all the trimmings

schikanieren [ʃika'niːrən] *vt* to harass, to torment

Schild[1] [ʃɪlt] (**-(e)s, -e**) *m* shield; **etw im Schilde führen** to be up to sth

Schild[2] (**-(e)s, -er**) *nt* sign; nameplate; (*Etikett*) label

Schilddrüse *f* thyroid gland

schildern ['ʃɪldərn] *vt* to depict, to portray

Schildkröte *f* tortoise; (*Wasser~*) turtle

Schilf [ʃɪlf] (**-(e)s, -e**) *nt* (*Pflanze*) reed; (*Material*) reeds *pl*, rushes *pl*; **~rohr** *nt* (*Pflanze*) reed

schillern ['ʃɪlərn] *vi* to shimmer; **~d** *adj* iridescent

Schilling ['ʃɪlɪŋ] *m* schilling

Schimmel ['ʃɪməl] (**-s, -**) *m* mould; (*Pferd*) white horse; **s~ig** *adj* mouldy; **s~n** *vi* to go mouldy

Schimmer ['ʃɪmər] (**-s**) *m* (*Lichtsein*) glimmer; (*Glanz*) shimmer

schimmern ['ʃɪmərn] *vi* to glimmer, to shimmer

Schimpanse [ʃɪm'panzə] (**-n, -n**) *m* chimpanzee
schimpfen ['ʃɪmpfən] *vt* to scold ♦ *vi* to curse, to complain; to scold
Schimpfwort *nt* term of abuse
schinden ['ʃɪndən] (*unreg*) *vt* to maltreat, to drive too hard ♦ *vr*: **sich ~ (mit)** to sweat and strain (at), to toil away (at); **Eindruck ~** (*umg*) to create an impression
Schinde'rei *f* grind, drudgery
Schinken ['ʃɪŋkən] (**-s, -**) *m* ham
Schippe ['ʃɪpə] *f* shovel; **s~n** *vt* to shovel
Schirm [ʃɪrm] (**-(e)s, -e**) *m* (*Regen~*) umbrella; (*Sonnen~*) parasol, sunshade; (*Wand~, Bild~*) screen; (*Lampen~*) (lamp)shade; (*Mützen~*) peak; (*Pilz~*) cap; **~mütze** *f* peaked cap; **~ständer** *m* umbrella stand
schizophren [ʃitso'fre:n] *adj* schizophrenic
Schlacht [ʃlaxt] (**-, -en**) *f* battle; **s~en** *vt* to slaughter, to kill; **~er** (**-s, -**) *m* butcher; **~feld** *nt* battlefield; **~hof** *m* slaughterhouse, abattoir; **~schiff** *nt* battleship; **~vieh** *nt* animals kept for meat; beef cattle
Schlacke ['ʃlakə] *f* slag
Schlaf [ʃla:f] (**-(e)s**) *m* sleep; **~anzug** *m* pyjamas *pl*
Schläfe ['ʃlɛ:fə] *f* (*ANAT*) temple
schlafen ['ʃla:fən] (*unreg*) *vi* to sleep; **~ gehen** to go to bed; **S~gehen** (**-s**) *nt* going to bed; **S~szeit** *f* bedtime
schlaff [ʃlaf] *adj* slack; (*energielos*) limp; (*erschöpft*) exhausted
Schlaf- *zW*: **~gelegenheit** *f* sleeping accommodation; **~lied** *nt* lullaby; **s~los** *adj* sleepless; **~losigkeit** *f* sleeplessness, insomnia, **~mittel** *nt* sleeping pill
schläfrig ['ʃlɛ:frɪç] *adj* sleepy
Schlaf- *zW*: **~saal** *m* dormitory; **~sack** *m* sleeping bag; **~tablette** *f* sleeping pill; **~wagen** *m* sleeping car, sleeper; **s~wandeln** *vi insep* to sleepwalk; **~zimmer** *nt* bedroom
Schlag [ʃla:k] (**-(e)s, ¨e**) *m* (*auch fig*) blow; (*auch MED*) stroke; (*Puls~, Herz~*) beat; (*ELEK*) shock; (*Blitz~*) bolt, stroke; (*Autotür*) car door; (*umg*: *Portion*) helping; (*Art*) kind, type; **Schläge** *pl* (*Tracht Prügel*) beating *sg*; **mit einem ~** all at once; **~ auf ~** in rapid succession; **~ader** *f* artery; **~anfall** *m* stroke; **s~artig** *adj* sudden, without warning; **~baum** *m* barrier; **s~en** ['ʃla:gən] (*unreg*) *vt, vi* to strike, to hit; (*wiederholt schlagen, besiegen*) to beat; (*Glocke*) to ring; (*Stunde*) to strike; (*Sahne*) to whip; (*Schlacht*) to fight ♦ *vr* to fight; **nach jdm s~en** (*fig*) to take after sb; **sich gut s~en** (*fig*) to do well; **~er** ['ʃla:gər] (**-s, -**) *m* (*auch fig*) hit
Schläger ['ʃlɛ:gər] *m* brawler; (*SPORT*) bat; (*TENNIS etc*) racket; (*GOLF*) club; hockey stick; (*Waffe*) rapier; **Schläge'rei** *f* fight, punch-up
Schlagersänger(in) *m(f)* pop singer
Schlag- *zW*: **s~fertig** *adj* quick-witted; **~fertigkeit** *f* ready wit, quickness of repartee; **~loch** *nt* pothole; **~obers** (*ÖSTERR*) *nt*, **~sahne** *f* (whipped) cream; **~seite** *f* (*NAUT*) list; **~wort** *nt* slogan, catch phrase; **~zeile** *f* headline; **~zeug** *nt* percussion; drums *pl*; **~zeuger** (**-s, -**) *m* drummer
Schlamassel [ʃla'masəl] (**-s, -**; *umg*) *m* mess
Schlamm [ʃlam] (**-(e)s, -e**) *m* mud; **s~ig** *adj* muddy
Schlamp- ['ʃlamp] *zW*: **~e** (*umg*) *f* slut; **s~en** (*umg*) *vi* to be sloppy; **~e'rei** (*umg*) *f* disorder, untidiness; sloppy work; **s~ig** (*umg*) *adj* (*Mensch, Arbeit*) sloppy, messy
Schlange ['ʃlaŋə] *f* snake; (*Menschen~*) queue (*BRIT*), line-up (*US*); **~ stehen** to (form a) queue, to line up
schlängeln *vr* (*Schlange*) to wind; (*Weg*) to wind, twist ♦ *vr* (*Fluß*) to meander
Schlangen- *zW*: **~gebiß** *m* snake bite; **~gift** *nt* snake venom; **~linie** *f*

wavy line

schlank [ʃlaŋk] *adj* slim, slender; **S~heit** *f* slimness, slenderness; **S~heitskur** *f* diet

schlapp [ʃlap] *adj* limp; (*locker*) slack; **S~e** (*umg*) *f* setback

Schlaraffenland [ʃla'rafənlant] *nt* land of milk and honey

schlau [ʃlaʊ] *adj* crafty, cunning

Schlauch [ʃlaʊx] **(-(e)s, Schläuche)** *m* hose; (*in Reifen*) inner tube; (*umg*: *Anstrengung*) grind; **~boot** *nt* rubber dinghy; **s~en** (*umg*) *vt* to tell on, to exhaust; **s~los** *adj* (*Reifen*) tubeless

Schläue ['ʃlɔʏə] (-) *f* cunning

Schlaufe ['ʃlaʊfə] *f* loop; (*Aufhänger*) hanger

Schlauheit *f* cunning

Schlaukopf *m* clever dick

schlecht [ʃlɛçt] *adj* bad ♦ *adv* badly; **~ gelaunt** in a bad mood; **~ und recht** after a fashion; **jdm ist ~** sb feels sick *od* bad; **~gehen** (*unreg*) *vi unpers*: **jdm geht es ~** sb is in a bad way; **S~igkeit** *f* badness; bad deed; **~machen** *vt* to run down

schlecken ['ʃlɛkən] *vt, vi* to lick

Schlegel ['ʃleːgəl] **(-s, -)** *m* (drum)stick; (*Hammer*) mallet, hammer; (*KOCH*) leg

schleichen ['ʃlaɪçən] (*unreg*) *vi* to creep, to crawl; **~d** *adj* gradual; creeping

Schleichwerbung *f* (*Komm*) plug

Schleier ['ʃlaɪər] **(-s, -)** *m* veil; **s~haft** (*umg*) *adj*: **jdm s~haft sein** to be a mystery to sb

Schleif- ['ʃlaɪf] *zW*: **~e** *f* loop; (*Band*) bow; **s~en**[1] *vt, vi* to drag; **s~en**[2] (*unreg*) *vt* to grind; (*Edelstein*) to cut; (*MIL*: *Soldaten*) to drill; **~stein** *m* grindstone

Schleim [ʃlaɪm] **(-(e)s, -e)** *m* slime; (*MED*) mucus; (*KOCH*) gruel; **~haut** *f* (*ANAT*) mucous membrane; **s~ig** *adj* slimy

Schlemm- ['ʃlɛm] *zW*: **s~en** *vi* to feast; **~er** (-s, -) *m* gourmet; **~e'rei** *f* gluttony, feasting

schlendern ['ʃlɛndərn] *vi* to stroll

schlenkern ['ʃlɛŋkərn] *vt, vi* to swing, to dangle

Schlepp- ['ʃlɛp] *zW*: **~e** *f* train; **s~en** *vt* to drag; (*Auto, Schiff*) to tow; (*tragen*) to lug; **s~end** *adj* dragging, slow; **~er** (-s, -) *m* tractor; (*Schiff*) tug

Schlesien ['ʃleːziən] **(-s)** *nt* (*GEOG*) Silesia

Schleuder ['ʃlɔʏdər] **(-, -n)** *f* catapult; (*Wäsche~*) spin-drier; (*Butter~ etc*) centrifuge; **s~n** *vt* to hurl; (*Wäsche*) to spin-dry ♦ *vi* (*AUT*) to skid; **~preis** *m* give-away price; **~sitz** *m* (*AVIAT*) ejector seat; (*fig*) hot seat; **~ware** *f* cheap *od* cut-price goods *pl*

schleunigst ['ʃlɔʏnɪçst] *adv* straight away

Schleuse ['ʃlɔʏzə] *f* lock; (*~ntor*) sluice

schlicht [ʃlɪçt] *adj* simple, plain; **~en** *vt* (*glätten*) to smooth, to dress; (*Streit*) to settle; **S~er** (-s, -) *m* mediator, arbitrator; **S~ung** *f* settlement; arbitration

Schlick [ʃlɪk] **(-(e)s, -e)** *m* mud; (*Öl~*) slick

schlief *etc* [ʃliːf] *vb siehe* **schlafen**

Schließ- ['ʃliːs] *zW*: **~e** *f* fastener; **s~en** (*unreg*) *vt* to close, to shut; (*beenden*) to close; (*Freundschaft, Bündnis, Ehe*) to enter into; (*folgern*): **s~en (aus)** to infer (from) ♦ *vi, vr* to close, to shut; **etw in sich s~en** to include sth; **~fach** *nt* locker; **s~lich** *adv* finally; **s~lich doch** after all

Schliff [ʃlɪf] **(-(e)s, -e)** *m* cut(ting); (*fig*) polish

schlimm [ʃlɪm] *adj* bad; **~er** *adj* worse; **~ste(r, s)** *adj* worst; **~stenfalls** *adv* at (the) worst

Schlinge ['ʃlɪŋə] *f* loop; (*bes Henker~*) noose; (*Falle*) snare; (*MED*) sling; **~l** (-s, -) *m* rascal; **s~n** (*unreg*) *vt* to wind; (*essen*) to bolt, to gobble ♦ *vi* to bolt one's food, to gobble; **s~rn** *vi* to roll

Schlips [ʃlɪps] (**-es, -e**) *m* tie
Schlitten ['ʃlɪtən] (**-s, -**) *m* sledge, sleigh; **~fahren** (**-s**) *nt* tobogganing
schlittern ['ʃlɪtərn] *vi* to slide
Schlittschuh ['ʃlɪtʃu:] *m* skate; **~laufen** to skate; **~bahn** *f* skating rink; **~läufer(in)** *m(f)* skater
Schlitz [ʃlɪts] (**-es, -e**) *m* slit; (*für Münze*) slot; (*Hosen~*) flies *pl*; **s~äugig** *adj* slant-eyed; **s~en** *vt* to slit
Schloß [ʃlɔs] (**-sses, ¨sser**) *nt* lock; (*an Schmuck etc*) clasp; (*Bau*) castle; chateau
schloß *etc vb siehe* **schließen**
Schlosser ['ʃlɔsər] (**-s, -**) *m* (*Auto~*) fitter; (*für Schlüssel etc*) locksmith; **~ei** [-'raɪ] *f* metal (working) shop
Schlot [ʃlo:t] (**-(e)s, -e**) *m* chimney; (*NAUT*) funnel
schlottern ['ʃlɔtərn] *vi* to shake, to tremble; (*Kleidung*) to be baggy
Schlucht [ʃlʊxt] (**-, -en**) *f* gorge, ravine
schluchzen ['ʃlʊxtsən] *vi* to sob
Schluck [ʃlʊk] (**-(e)s, -e**) *m* swallow; (*Menge*) drop; **~auf** (**-s, -s**) *m* hiccups *pl*; **s~en** *vt, vi* to swallow
schludern ['ʃlu:dərn] *vi* to skimp, to do sloppy work
schlug *etc* [ʃlu:k] *vb siehe* **schlagen**
Schlummer ['ʃlʊmər] (**-s**) *m* slumber; **s~n** *vi* to slumber
Schlund [ʃlʊnt] (**-(e)s, ¨e**) *m* gullet; (*fig*) jaw
schlüpfen ['ʃlʏpfən] *vi* to slip; (*Vogel etc*) to hatch (out)
Schlüpfer ['ʃlʏpfər] (**-s, -**) *m* panties *pl*, knickers *pl*
schlüpfrig ['ʃlʏpfrɪç] *adj* slippery; (*fig*) lewd; **S~keit** *f* slipperiness; (*fig*) lewdness
schlurfen ['ʃlʊrfən] *vi* to shuffle
schlürfen ['ʃlʏrfən] *vt, vi* to slurp
Schluß [ʃlʊs] (**-sses, ¨sse**) *m* end; (*~folgerung*) conclusion; **am ~** at the end; **~ machen mit** to finish with
Schlüssel ['ʃlʏsəl] (**-s, -**) *m* (*auch fig*) key; (*Schraub~*) spanner, wrench; (*MUS*) clef; **~bein** *nt* collarbone; **~blume** *f* cowslip, primrose; **~bund** *m* bunch of keys; **~loch** *nt* keyhole; **~position** *f* key position; **~wort** *nt* keyword
schlüssig ['ʃlʏsɪç] *adj* conclusive
Schluß- *zW*: **~licht** *nt* taillight; (*fig*) tailender; **~strich** *m* (*fig*) final stroke; **~verkauf** *m* clearance sale
schmächtig ['ʃmɛçtɪç] *adj* slight
schmackhaft ['ʃmakhaft] *adj* tasty
schmal [ʃma:l] *adj* narrow; (*Person, Buch etc*) slender, slim; (*karg*) meagre
schmälern ['ʃmɛ:lərn] *vt* to diminish; (*fig*) to belittle
Schmalfilm *m* cine film
Schmalz [ʃmalts] (**-es, -e**) *nt* dripping, lard; (*fig*) sentiment, schmaltz; **s~ig** *adj* (*fig*) schmaltzy
schmarotzen [ʃma'rɔtsən] *vi* to sponge; (*BOT*) to be parasitic
Schmarotzer (**-s, -**) *m* parasite; sponger
Schmarren ['ʃmarən] (**-s, -**) *m* (*ÖSTERR*) small piece of pancake; (*fig*) rubbish, tripe
schmatzen [ʃmatsən] *vi* to smack one's lips; to eat noisily
schmecken ['ʃmɛkən] *vt, vi* to taste; **es schmeckt ihm** he likes it
Schmeichel- ['ʃmaɪçəl] *zW*: **~ei** [-'laɪ] *f* flattery; **s~haft** *adj* flattering; **s~n** *vi* to flatter
schmeißen ['ʃmaɪsən] (*unreg; umg*) *vt* to throw, to chuck
Schmeißfliege *f* bluebottle
Schmelz [ʃmɛlts] (**-es, -e**) *m* enamel; (*Glasur*) glaze; (*von Stimme*) melodiousness; **s~en** (*unreg*) *vt* to melt; (*Erz*) to smelt ♦ *vi* to melt; **~punkt** *m* melting point; **~wasser** *nt* melted snow
Schmerz [ʃmerts] (**-es, -en**) *m* pain; (*Trauer*) grief; **s~empfindlich** *adj* sensitive to pain; **s~en** *vt, vi* to hurt; **~ensgeld** *nt* compensation; **s~haft** *adj* painful; **s~lich** *adj* painful; **s~los** *adj* painless; **~mittel** *nt* painkiller; **s~stillend** *adj* soothing; **~tablette** *f* painkiller
Schmetterling ['ʃmɛtərlɪŋ] *m*

butterfly

schmettern ['ʃmɛtərn] *vt* (*werfen*) to hurl; (*TENNIS*: *Ball*) to smash; (*singen*) to belt out (*inf*)

Schmied [ʃmi:t] (**-(e)s, -e**) *m* blacksmith; **~e** ['ʃmi:də] *f* smithy, forge; **~eeisen** *nt* wrought iron; **s~en** *vt* to forge; (*Pläne*) to devise, to concoct

schmiegen ['ʃmi:gən] *vt* to press, to nestle ♦ *vr*: **sich ~ (an** *+akk*) to cuddle up (to), to nestle (up to)

Schmier- ['ʃmi:r] *zW*: **~e** *f* grease; (*THEAT*) greasepaint, make-up; **s~en** *vt* to smear; (*ölen*) to lubricate, to grease; (*bestechen*) to bribe; (*schreiben*) to scrawl ♦ *vi* to scrawl; **~fett** *nt* grease; **~geld** *nt* bribe; **s~ig** *adj* greasy; **~seife** *f* soft soap

Schminke ['ʃmɪŋkə] *f* make-up; **s~n** *vt, vr* to make up

schmirgeln ['ʃmɪrgəln] *vt* to sand (down)

Schmirgelpapier *nt* emery paper

schmollen ['ʃmɔlən] *vi* to sulk, to pout

Schmorbraten *m* stewed *od* braised meat

schmoren ['ʃmo:rən] *vt* to stew, to braise

Schmuck [ʃmʊk] (**-(e)s, -e**) *m* jewellery; (*Verzierung*) decoration

schmücken ['ʃmʏkən] *vt* to decorate

Schmuck- *zW*: **s~los** *adj* unadorned, plain; **~sachen** *pl* jewels, jewellery *sg*

Schmuggel ['ʃmʊgəl] (**-s**) *m* smuggling; **s~n** *vt, vi* to smuggle

Schmuggler (**-s, -**) *m* smuggler

schmunzeln ['ʃmʊntsəln] *vi* to smile benignly

schmusen ['ʃmu:zən] (*umg*) *vi* (*zärtlich sein*) to cuddle, to canoodle (*inf*)

Schmutz [ʃmʊts] (**-es**) *m* dirt, filth; **~fink** *m* filthy creature; **~fleck** *m* stain; **s~ig** *adj* dirty

Schnabel ['ʃna:bəl] (**-s, ¨**) *m* beak, bill; (*Ausguß*) spout

Schnake ['ʃna:kə] *f* cranefly; (*Stechmücke*) gnat

Schnalle ['ʃnalə] *f* buckle, clasp; **s~n** *vt* to buckle

Schnapp- ['ʃnap] *zW*: **s~en** *vt* to grab, to catch ♦ *vi* to snap; **~schloß** *nt* spring lock; **~schuß** *m* (*PHOT*) snapshot

Schnaps [ʃnaps] (**-es, ¨e**) *m* spirits *pl*; schnapps

schnarchen ['ʃnarçən] *vi* to snore

schnattern ['ʃnatərn] *vi* (*Gänse*) to gabble; (*Ente*) to quack; (*zittern*) to shiver

schnauben ['ʃnaʊbən] *vi* to snort ♦ *vr* to blow one's nose

schnaufen ['ʃnaʊfən] *vi* to puff, to pant

Schnauze ['ʃnaʊtsə] *f* snout, muzzle; (*Ausguß*) spout; (*umg*) gob

Schnecke ['ʃnɛkə] *f* snail; **~nhaus** *nt* snail's shell

Schnee [ʃne:] (**-s**) *m* snow; (*Ei~*) beaten egg white; **~ball** *m* snowball; **~flocke** *f* snowflake; **~gestöber** *nt* snowstorm; **~glöckchen** *nt* snowdrop; **~kette** *f* (*AUT*) snow chain; **~mann** *m* snowman; **~pflug** *m* snowplough; **~schmelze** *f* thaw

Schneid [ʃnaɪt] (**-(e)s;** *umg*) *m* pluck

Schneide ['ʃnaɪdə] *f* edge; (*Klinge*) blade; **s~n** (*unreg*) *vt* to cut; (*kreuzen*) to cross, to intersect with ♦ *vr* to cut o.s.; to cross, to intersect; **s~nd** *adj* cutting; **~r** (**-s, -**) *m* tailor; **~rei** *f* (*Geschäft*) tailor's; **~rin** *f* dressmaker; **s~rn** *vt* to make ♦ *vi* to be a tailor; **~zahn** *m* incisor

schneien ['ʃnaɪən] *vi unpers* to snow

Schneise ['ʃnaɪzə] *f* clearing

schnell [ʃnɛl] *adj* quick, fast ♦ *adv* quick, quickly, fast; **S~hefter** (**-s, -**) *m* loose-leaf binder; **S~igkeit** *f* speed; **S~imbiß** *m* (*Lokal*) snack bar; **S~kochtopf** *m* (*Dampfkochtopf*) pressure cooker; **S~reinigung** *f* dry cleaner's; **~stens** *adv* as quickly as possible; **S~straße** *f* expressway; **S~zug** *m* fast *od* express train

schneuzen ['ʃnɔʏtsən] *vr* to blow one's nose

schnippeln (*umg*) *vt* to snip (*an +dat* at)
schnippisch ['ʃnɪpɪʃ] *adj* sharp-tongued
Schnitt [ʃnɪt] (**-(e)s, -e**) *m* cut(ting); (*~punkt*) intersection; (*Quer~*) (cross) section; (*Durch~*) average; (*~muster*) pattern; (*an Buch*) edge; (*umg: Gewinn*) profit
schnitt *etc vb siehe* **schneiden**
Schnitt- *zW*: **~blumen** *pl* cut flowers; **~e** *f* slice; (*belegt*) sandwich; **~fläche** *f* section; **~lauch** *m* chive; **~muster** *nt* pattern; **~punkt** *m* (point of) intersection; **~stelle** *f* (*COMPUT*) interface; **~wunde** *f* cut
Schnitz- ['ʃnɪts] *zW*: **~arbeit** *f* wood carving; **~el** (**-s, -**) *nt* chip; (*KOCH*) escalope; **s~en** *vt* to carve; **~er** (**-s, -**) *m* carver; (*umg*) blunder; **~e'rei** *f* carving; carved woodwork
schnodderig ['ʃnɔdərɪç] (*umg*) *adj* snotty
Schnorchel ['ʃnɔrçəl] (**-s, -**) *m* snorkel
Schnörkel ['ʃnœrkəl] (**-s, -**) *m* flourish; (*ARCHIT*) scroll
schnorren ['ʃnɔrən] *vt, vi* to cadge
schnüffeln ['ʃnʏfəln] *vi* to sniff; **S~** (*umg*) *nt* (*von Klebstoff etc*) glue sniffing *etc*
Schnüffler (**-s, -**) *m* snooper
Schnuller ['ʃnʊlər] (**-s, -**) *m* dummy, comforter (*US*)
Schnupfen ['ʃnʊpfən] (**-s, -**) *m* cold
schnuppern ['ʃnʊpərn] *vi* to sniff
Schnur [ʃnu:r] (**-, ¨e**) *f* string, cord; (*ELEK*) flex
schnüren ['ʃny:rən] *vt* to tie
schnurgerade *adj* straight (as a die)
Schnurrbart *m* moustache
schnurren ['ʃnʊrən] *vi* to purr; (*Kreisel*) to hum
Schnürschuh *m* lace-up (shoe)
Schnürsenkel *m* shoelace
schnurstracks *adv* straight (away)
Schock [ʃɔk] (**-(e)s, -e**) *m* shock; **s~ieren** [ʃɔ'ki:rən] *vt* to shock, to outrage
Schöffe ['ʃœfə] (**-n, -n**) *m* lay magistrate
Schöffin *f* lay magistrate
Schokolade [ʃoko'la:də] *f* chocolate
Scholle ['ʃɔlə] *f* clod; (*Eis~*) ice floe; (*Fisch*) plaice

SCHLÜSSELWORT

schon [ʃo:n] *adv* **1** (*bereits*) already; **er ist schon da** he's there already, he's already there; **ist er schon da?** is he there yet?; **warst du schon einmal da?** have you ever been there?; **ich war schon einmal da** I've been there before; **das war schon immer so** that has always been the case; **schon oft** often; **hast du schon gehört?** have you heard?
2 (*bestimmt*) all right; **du wirst schon sehen** you'll see (all right); **das wird schon noch gut** that'll be OK
3 (*bloß*) just; **allein schon das Gefühl ...** just the very feeling ...; **schon der Gedanke** the very thought; **wenn ich das schon höre** I only have to hear that
4 (*einschränkend*): **ja schon, aber ...** yes (well), but ...
5: **schon möglich** possible; **schon gut!** OK!; **du weißt schon** you know; **komm schon!** come on!

schön [ʃø:n] *adj* beautiful; (*nett*) nice; **~e Grüße** best wishes; **~e Ferien** have a nice holiday; **~en Dank** (many) thanks
schonen ['ʃo:nən] *vt* to look after ♦ *vr* to take it easy; **~d** *adj* careful, gentle
Schön- *zW*: **~heit** *f* beauty; **~heitsfehler** *m* blemish, flaw; **~heitsoperation** *f* cosmetic surgery
Schonkost (-) *f* light diet; (*Spezialdiät*) special diet
schönmachen *vr* to make o.s. look nice
Schon- *zW*: **~ung** *f* good care;

(*Nachsicht*) consideration; (*Forst*) plantation of young trees; **s~ungslos** *adj* unsparing, harsh; **~zeit** *f* close season

Schöpf- ['ʃœpf] *zW*: **s~en** *vt* to scoop, to ladle; (*Mut*) to summon up; (*Luft*) to breathe in; **~er** (-s, -) *m* creator; **s~erisch** *adj* creative; **~kelle** *f* ladle; **~ung** *f* creation

Schorf ['ʃɔrf] (-(e)s, -e) *m* scab

Schornstein ['ʃɔrnʃtaɪn] *m* chimney; (*NAUT*) funnel; **~feger** (-s, -) *m* chimney sweep

Schoß [ʃɔs] (-es, ¨e) *m* lap; (*Rock~*) coat tail

schoß *etc vb siehe* **schießen**

Schoßhund *m* pet dog, lapdog

Schote ['ʃoːtə] *f* pod

Schotte ['ʃɔtə] *m* Scot, Scotsman

Schotter ['ʃɔtər] (-s) *m* broken stone, road metal; (*EISENB*) ballast

Schott- [ʃɔt] *zW*: **~in** *f* Scot, Scotswoman; **s~isch** *adj* Scottish, Scots; **~land** *nt* Scotland

schraffieren [ʃra'fiːrən] *vt* to hatch

schräg [ʃrɛːk] *adj* slanting, not straight; **etw ~ stellen** to put sth at an angle; **~ gegenüber** diagonally opposite; **S~e** *f* slant; **S~strich** *m* oblique stroke

Schramme ['ʃramə] *f* scratch; **s~n** *vt* to scratch

Schrank [ʃraŋk] (-(e)s, ¨e) *m* cupboard; (*Kleider~*) wardrobe; **~e** *f* barrier; **~enwärter** *m* (*EISENB*) level crossing attendant; **~koffer** *m* trunk

Schraube ['ʃraʊbə] *f* screw; **s~n** *vt* to screw; **~nschlüssel** *m* spanner; **~nzieher** (-s, -) *m* screwdriver

Schraubstock ['ʃraʊpʃtɔk] *m* (*TECH*) vice

Schreck [ʃrɛk] (-(e)s, -e) *m* terror; fright; **~en** (-s, -) *m* terror; fright; **s~en** *vt* to frighten, to scare; **~gespenst** *nt* spectre, nightmare; **s~haft** *adj* jumpy, easily frightened; **s~lich** *adj* terrible, dreadful

Schrei [ʃraɪ] (-(e)s, -e) *m* scream; (*Ruf*) shout

Schreib- ['ʃraɪb] *zW*: **~block** *m* writing pad; **s~en** (*unreg*) *vt, vi* to write; (*buchstabieren*) to spell; **~en** (-s, -) *nt* letter, communication; **s~faul** *adj* bad about writing letters; **~kraft** *f* typist; **~maschine** *f* typewriter; **~papier** *nt* notepaper; **~tisch** *m* desk; **~ung** *f* spelling; **~waren** *pl* stationery *sg*; **~weise** *f* spelling; way of writing; **~zentrale** *f* typing pool; **~zeug** *nt* writing materials *pl*

schreien ['ʃraɪən] (*unreg*) *vt, vi* to scream; (*rufen*) to shout; **~d** *adj* (*fig*) glaring; (*Farbe*) loud

Schrein (-(e)s, -e) *m* shrine

Schreiner ['ʃraɪnər] (-s, -) *m* joiner; (*Zimmermann*) carpenter; (*Möbel~*) cabinetmaker; **~ei** [-'raɪ] *f* joiner's workshop

schreiten ['ʃraɪtən] (*unreg*) *vi* to stride

schrieb *etc* [ʃriːp] *vb siehe* **schreiben**

Schrift [ʃrɪft] (-, -en) *f* writing; handwriting; (*~art*) script; (*Gedrucktes*) pamphlet, work; **~deutsch** *nt* written German; **~führer** *m* secretary; **s~lich** *adj* written ♦ *adv* in writing; **~sprache** *f* written language; **~steller(in)** (-s, -) *m(f)* writer; **~stück** *nt* document; **~wechsel** *m* correspondence

schrill [ʃrɪl] *adj* shrill

Schritt [ʃrɪt] (-(e)s, -e) *m* step; (*Gangart*) walk; (*Tempo*) pace; (*von Hose*) crutch; **~ fahren** to drive at walking pace; **~macher** (-s, -) *m* pacemaker; **~(t)empo** *nt*: **im ~(t)empo** at a walking pace

schroff [ʃrɔf] *adj* steep; (*zackig*) jagged; (*fig*) brusque; (*ungeduldig*) abrupt

schröpfen ['ʃrœpfən] *vt* (*fig*) to fleece

Schrot [ʃroːt] (-(e)s, -e) *m od nt* (*Blei*) (small) shot; (*Getreide*) coarsely ground grain, groats *pl*; **~flinte** *f* shotgun

Schrott [ʃrɔt] (-(e)s, -e) *m* scrap metal; **~haufen** *m* scrap heap; **s~reif** *adj* ready for the scrap heap

schrubben ['ʃrʊbən] *vt* to scrub
Schrubber (-s, -) *m* scrubbing brush
schrumpfen ['ʃrʊmpfən] *vi* to shrink; (*Apfel*) to shrivel
Schub- ['ʃu:b] *zW*: **~fach** *nt* drawer; **~karren** *m* wheelbarrow; **~lade** *f* drawer
Schubs (-es, -e) (*umg*) *m* shove (*inf*), push
schüchtern ['ʃʏçtərn] *adj* shy; **S~heit** *f* shyness
Schuft [ʃʊft] (-(e)s, -e) *m* scoundrel
schuften (*umg*) *vi* to graft, to slave away
Schuh [ʃu:] (-(e)s, -e) *m* shoe; **~band** *nt* shoelace; **~creme** *f* shoe polish; **~größe** *f* shoe size; **~löffel** *m* shoehorn; **~macher** (-s, -) *m* shoemaker
Schul- *zW*: **~arbeit** *f* homework (*no pl*); **~aufgaben** *pl* homework *sg*; **~besuch** *m* school attendance; **~buch** *nt* school book
Schuld [ʃʊlt] (-, -en) *f* guilt; (*FIN*) debt; (*Verschulden*) fault; **s~** *adj*: **s~ sein** *od* **haben (an** +*dat*) to be to blame (for); **er ist** *od* **hat s~** it's his fault; **jdm s~ geben** to blame sb; **s~en** ['ʃʊldən] *vt* to owe; **s~enfrei** *adj* free from debt; **~gefühl** *nt* feeling of guilt; **s~ig** *adj* guilty; (*gebührend*) due; **s~ig an etw** *dat* **sein** to be guilty of sth; **jdm etw s~ig sein** to owe sb sth; **jdm etw s~ig bleiben** not to provide sb with sth; **s~los** *adj* innocent, without guilt; **~ner** (-s, -) *m* debtor; **~schein** *m* promissory note, IOU
Schule ['ʃu:lə] *f* school; **s~n** *vt* to train, to school
Schüler(in) ['ʃy:lər(ɪn)] (-s, -) *m(f)* pupil
Schul- *zW*: **~ferien** *pl* school holidays; **s~frei** *adj*: **s~freier Tag** holiday; **s~frei sein** to be a holiday; **~hof** *m* playground; **~jahr** *nt* school year; **~junge** *m* schoolboy; **~kind** *nt* schoolchild; **~mädchen** *nt* schoolgirl; **s~pflichtig** *adj* of school age; **~schiff** *nt* (*NAUT*) training ship; **~stunde** *f* period, lesson; **~tasche** *f* school bag
Schulter ['ʃʊltər] (-, -n) *f* shoulder; **~blatt** *nt* shoulder blade; **s~n** *vt* to shoulder
Schulung *f* education, schooling
Schulzeugnis *nt* school report
Schund [ʃʊnt] (-(e)s) *m* trash, garbage
Schuppe ['ʃʊpə] *f* scale; **~n** *pl* (*Haarschuppen*) dandruff *sg*
Schuppen (-s, -) *m* shed
schuppen *vt* to scale ♦ *vr* to peel
schuppig ['ʃʊpɪç] *adj* scaly
Schur [ʃu:r] (-, -en) *f* shearing
schüren ['ʃy:rən] *vt* to rake; (*fig*) to stir up
schürfen ['ʃʏrfən] *vt, vi* to scrape, to scratch; (*MIN*) to prospect
Schurke ['ʃʊrkə] (-n, -n) *m* rogue
Schurwolle *f*: **„reine ~"** "pure new wool"
Schürze ['ʃʏrtsə] *f* apron
Schuß [ʃʊs] (-sses, -sse) *m* shot; (*WEBEN*) woof; **~bereich** *m* effective range
Schüssel ['ʃʏsəl] (-, -n) *f* bowl
Schuß- *zW*: **~linie** *f* line of fire; **~verletzung** *f* bullet wound; **~waffe** *f* firearm
Schuster ['ʃu:stər] (-s, -) *m* cobbler, shoemaker
Schutt [ʃʊt] (-(e)s) *m* rubbish; (*Bau~*) rubble; **~abladeplatz** *m* refuse dump
Schüttelfrost *m* shivering
schütteln ['ʃʏtəln] *vt, vr* to shake
schütten ['ʃʏtən] *vt* to pour; (*Zucker, Kies etc*) to tip; (*ver~*) to spill ♦ *vi unpers* to pour (down)
Schutthalde *f* dump
Schutthaufen *m* heap of rubble
Schutz [ʃʊts] (-es) *m* protection; (*Unterschlupf*) shelter; **jdn in ~ nehmen** to stand up for sb; **~anzug** *m* overalls *pl*; **~blech** *nt* mudguard
Schütze ['ʃʏtsə] (-n, -n) *m* gunman; (*Gewehr~*) rifleman; (*Scharf~, Sport~*) marksman; (*ASTROL*) Sagit-

tarius

schützen *vt* to protect; ~ **vor** +*dat od* **gegen** to protect from

Schützenfest *nt fair featuring shooting matches*

Schutz- *zW*: **~engel** *m* guardian angel; **~gebiet** *nt* protectorate; (*Naturschutzgebiet*) reserve; **~impfung** *f* immunisation

Schützling *m* protégé(e); (*bes Kind*) charge

Schutz- *zW*: **s~los** *adj* defenceless; **~mann** *m* policeman; **~patron** *m* patron saint

Schwabe ['ʃva:bə] (**-n, -n**) *m* (*GEOG*) Swabian *(male)*

Schwaben ['ʃva:bən] *nt* Swabia; **Schwäbin** *f* (*GEOG*) Swabian (*female*); **schwäbisch** ['ʃvɛ:bɪʃ] *adj* Swabian

schwach [ʃvax] *adj* weak, feeble

Schwäche ['ʃvɛçə] *f* weakness; **s~n** *vt* to weaken

Schwachheit *f* weakness

schwächlich *adj* weakly, delicate

Schwächling *m* weakling

Schwach- *zW*: **~sinn** *m* imbecility; **s~sinnig** *adj* mentally deficient; (*Idee*) idiotic; **~strom** *m* weak current

Schwächung ['ʃvɛçʊŋ] *f* weakening

Schwager ['ʃva:gər] (**-s, ¨**) *m* brother-in-law

Schwägerin ['ʃvɛ:gərɪn] *f* sister-in-law

Schwalbe ['ʃvalbə] *f* swallow

Schwall [ʃval] (**-(e)s, -e**) *m* surge; (*Worte*) flood, torrent

Schwamm [ʃvam] (**-(e)s, ¨e**) *m* sponge; (*Pilz*) fungus

schwamm *etc vb siehe* **schwimmen**

schwammig *adj* spongy; (*Gesicht*) puffy

Schwan [ʃva:n] (**-(e)s, ¨e**) *m* swan

schwanger ['ʃvaŋər] *adj* pregnant

Schwangerschaft *f* pregnancy

Schwank [ʃvaŋk] (**-(e)s, ¨e**) *m* funny story

schwanken *vi* to sway; (*taumeln*) to stagger, to reel; (*Preise, Zahlen*) to fluctuate; (*zögern*) to hesitate, to vacillate

Schwankung *f* fluctuation

Schwanz [ʃvants] (**-es, ¨e**) *m* tail

schwänzen ['ʃvɛntsən] (*umg*) *vt* to skip, to cut ♦ *vi* to play truant

Schwarm [ʃvarm] (**-(e)s, ¨e**) *m* swarm; (*umg*) heart-throb, idol

schwärm- ['ʃvɛrm] *zW*: **~en** *vi* to swarm; **~en für** to be mad *od* wild about; **S~erei** [-ə'raɪ] *f* enthusiasm; **~erisch** *adj* impassioned, effusive

Schwarte ['ʃvartə] *f* hard skin; (*Speck~*) rind

schwarz [ʃvarts] *adj* black; **~es Brett** notice board; **ins S~e treffen** (*auch fig*) to hit the bull's eye; **in den ~en Zahlen** in the black; **S~arbeit** *f* illicit work, moonlighting; **S~brot** *nt* black bread; **S~e(r)** *f(m)* black (man/woman)

Schwärze ['ʃvɛrtsə] *f* blackness; (*Farbe*) blacking; (*Drucker~*) printer's ink; **s~n** *vt* to blacken

Schwarz- *zW*: **s~fahren** (*unreg*) *vi* to travel without paying; to drive without a licence; **~handel** *m* black-market (trade); **s~hören** *vi* to listen to the radio without a licence; **~markt** *m* black market; **s~sehen** (*unreg; umg*) *vi* to see the gloomy side of things; (*TV*) to watch TV without a licence; **~seher** *m* pessimist; (*TV*) viewer without a licence; **~wald** *m* Black Forest; **s~weiß** *adj* black and white

schwatzen ['ʃvatsən] *vi* to chatter

schwätzen ['ʃvɛtsən] *vi* to chatter

Schwätzer ['ʃvɛtsər] (**-s, -**) *m* gasbag

schwatzhaft *adj* talkative, gossipy

Schwebe ['ʃve:bə] *f*: **in der ~** (*fig*) in abeyance; **~bahn** *f* overhead railway; **~balken** *m* (*SPORT*) beam; **s~n** *vi* to drift, to float; (*hoch*) to soar

Schwed- ['ʃve:d] *zW*: **~e** *m* Swede; **~en** *nt* Sweden; **~in** *f* Swede; **s~isch** *adj* Swedish

Schwefel ['ʃve:fəl] (-s) *m* sulphur; **s~ig** *adj* sulphurous; **~säure** *f* sulphuric acid

Schweig- ['ʃvaɪg] *zW*: **~egeld** *nt* hush money; **~en** (-s) *nt* silence; **s~en** (*unreg*) *vi* to be silent; to stop talking; **s~sam** ['ʃvaɪkza:m] *adj* silent, taciturn; **~samkeit** *f* taciturnity, quietness

Schwein [ʃvaɪn] (-(e)s, -e) *nt* pig; (*umg*) (good) luck

Schweine- *zW*: **~fleisch** *nt* pork; **~'rei** *f* mess; (*Gemeinheit*) dirty trick; **~stall** *m* pigsty

schweinisch *adj* filthy

Schweinsleder *nt* pigskin

Schweiß [ʃvaɪs] (-es) *m* sweat, perspiration; **s~en** *vt, vi* to weld; **~er** (-s, -) *m* welder; **~füße** *pl* sweaty feet; **~naht** *f* weld

Schweiz [ʃvaɪts] *f* Switzerland; **~er(in)** *m(f)* Swiss; **s~erisch** *adj* Swiss

schwelgen ['ʃvɛlgən] *vi* to indulge

Schwelle ['ʃvɛlə] *f* (*auch fig*) threshold; doorstep; (*EISENB*) sleeper (*BRIT*), tie (*US*)

schwellen (*unreg*) *vi* to swell

Schwellung *f* swelling

Schwemme ['ʃvɛmə] *f* (*WIRTS: Überangebot*) surplus

Schwenk- ['ʃvɛŋk] *zW*: **s~bar** *adj* swivel-mounted; **s~en** *vt* to swing; (*Fahne*) to wave; (*abspülen*) to rinse ♦ *vi* to turn, to swivel; (*MIL*) to wheel; **~ung** *f* turn; wheel

schwer [ʃve:r] *adj* heavy; (*schwierig*) difficult, hard; (*schlimm*) serious, bad ♦ *adv* (*sehr*) very (much) (*verletzt etc*) seriously, badly; **S~arbeiter** *m* manual worker, labourer; **S~behinderte(r)** *f(m)* seriously handicapped person; **S~e** *f* weight, heaviness; (*PHYS*) gravity; **~elos** *adj* weightless; (*Kammer*) zero-G; **~erziehbar** *adj* difficult (to bring up); **~fallen** (*unreg*) *vi*: **jdm ~fallen** to be difficult for sb; **~fällig** *adj* ponderous; **S~gewicht** *nt* heavyweight; (*fig*) emphasis; **~hörig** *adj* hard of hearing; **S~industrie** *f* heavy industry; **S~kraft** *f* gravity; **S~kranke(r)** *mf* person who is seriously ill; **~lich** *adv* hardly; **~machen** *vt*: **jdm/sich etw ~machen** to make sth difficult for sb/o.s.; **~mütig** *adj* melancholy; **~nehmen** (*unreg*) *vt* to take to heart; **S~punkt** *m* centre of gravity; (*fig*) emphasis, crucial point

Schwert [ʃve:rt] (-(e)s, -er) *nt* sword; **~lilie** *f* iris

schwer- *zW*: **~tun** (*unreg*) *vi*: **sich** *dat od akk* **~tun** to have difficulties; **S~verbrecher(in)** *m(f)* criminal, serious offender; **~verdaulich** *adj* indigestible, heavy; **~verletzt** *adj* badly injured; **S~verletzte(r)** *f(m)* serious casualty; (*bei Unfall usw auch*) seriously injured person; **~wiegend** *adj* weighty, important

Schwester ['ʃvɛstər] (-, -n) *f* sister; (*MED*) nurse; **s~lich** *adj* sisterly

Schwieger- ['ʃvi:gər] *zW*: **~eltern** *pl* parents-in-law; **~mutter** *f* mother-in-law; **~sohn** *m* son-in-law; **~tochter** *f* daughter-in-law; **~vater** *m* father-in-law

Schwiele ['ʃvi:lə] *f* callus

schwierig ['ʃvi:rɪç] *adj* difficult, hard; **S~keit** *f* difficulty

Schwimm- ['ʃvɪm] *zW*: **~bad** *nt* swimming baths *pl*; **~becken** *nt* swimming pool; **s~en** (*unreg*) *vi* to swim; (*treiben, nicht sinken*) to float; (*fig: unsicher sein*) to be all at sea; **~er** (-s, -) *m* swimmer; (*Angeln*) float; **~erin** *f* (female) swimmer; **~lehrer** *m* swimming instructor; **~weste** *f* life jacket

Schwindel ['ʃvɪndəl] (-s) *m* giddiness; dizzy spell; (*Betrug*) swindle, fraud; (*Zeug*) stuff; **s~frei** *adj*: **s~frei sein** to have a good head for heights; **s~n** (*umg*) *vi* (*lügen*) to fib; **jdm s~t es** sb feels dizzy

schwinden ['ʃvɪndən] (*unreg*) *vi* to disappear; (*sich verringern*) to decrease; (*Kräfte*) to decline

Schwindler ['ʃvɪndlər] *m* swindler; (*Lügner*) liar

schwindlig *adj* dizzy; **mir ist ~** I feel dizzy

Schwing- ['ʃvɪŋ] *zW*: **s~en** (*unreg*) *vt* to swing; (*Waffe etc*) to brandish ♦ *vi* to swing; (*vibrieren*) to vibrate; (*klingen*) to sound; **~tür** *f* swing door(s); **~ung** *f* vibration; (*PHYS*) oscillation

Schwips [ʃvɪps] (**-es, -e**) *m*: **einen ~ haben** to be tipsy

schwirren ['ʃvɪrən] *vi* to buzz

schwitzen ['ʃvɪtsən] *vi* to sweat, to perspire

schwören ['ʃvø:rən] (*unreg*) *vt, vi* to swear

schwul [ʃvu:l] (*umg*) *adj* gay, queer

schwül [ʃvy:l] *adj* sultry, close; **S~e** (-) *f* sultriness

Schwule(r) (*umg*) *f(m)* gay (man/woman)

schwülstig ['ʃvʏlstɪç] *adj* pompous

Schwung [ʃvʊŋ] (**-(e)s, ¨e**) *m* swing; (*Triebkraft*) momentum; (*fig*: *Energie*) verve, energy; (*umg*: *Menge*) batch; **s~haft** *adj* brisk, lively; **s~voll** *adj* vigorous

Schwur [ʃvu:r] (**-(e)s, ¨e**) *m* oath; **~gericht** *nt* court with a jury

sechs [zɛks] *num* six; **~hundert** *num* six hundred; **~te(r, s)** *adj* sixth; **S~tel** (-s, -) *nt* sixth

sechzehn ['zɛçtse:n] *num* sixteen

sechzig ['zɛçtsɪç] *num* sixty

See[1] [ze:] (-, **-n**) *f* sea

See[2] (**-s, -n**) *m* lake

See- [ze:] *zW*: **~bad** *nt* seaside resort; **~hund** *m* seal; **~igel** ['ze:'i:gəl] *m* sea urchin; **s~krank** *adj* seasick; **~krankheit** *f* seasickness; **~lachs** *m* rock salmon

Seele ['ze:lə] *f* soul; **s~nruhig** *adv* calmly

Seeleute ['ze:lɔʏtə] *pl* seamen.

Seel- *zW*: **s~isch** *adj* mental; **~sorge** *f* pastoral duties *pl*; **~sorger** (-s, -) *m* clergyman

See- *zW*: **~macht** naval power; **~mann** (*pl* **-leute**) *m* seaman, sailor; **~meile** *f* nautical mile; **~möwe** *f* (*ZOOL*) seagull; **~not** *f* distress; **~räuber** *m* pirate; **~rose** *f* water lily; **~stern** *m* starfish; **~tang** *m* (*BOT*) seeweed; **s~tüchtig** *adj* seaworthy; **~weg** *m* sea route; **auf dem ~weg** by sea; **~zunge** *f* sole

Segel ['ze:gəl] (**-s, -**) *nt* sail; **~boot** *nt* yacht; **~fliegen** (**-s**) *nt* gliding; **~flieger** *m* glider pilot; **~flugzeug** *nt* glider; **s~n** *vt, vi* to sail; **~schiff** *nt* sailing vessel; **~sport** *m* sailing; **~tuch** *nt* canvas

Segen ['ze:gən] (**-s, -**) *m* blessing; **s~sreich** *adj* beneficial

Segler ['ze:glər] (**-s, -**) *m* sailor, yachtsman

segnen ['ze:gnən] *vt* to bless

Seh- ['ze:] *zW*: **s~en** (*unreg*) *vt, vi* to see; (*in bestimmte Richtung*) to look; **mal s~en(, ob ...)** let's see (if ...); **siehe Seite 5** see page 5; **s~enswert** *adj* worth seeing; **~enswürdigkeiten** *pl* sights (of a town); **~er** (**-s, -**) *m* seer; **~fehler** *m* sight defect

Sehne ['ze:nə] *f* sinew; (*an Bogen*) string

sehnen *vr*: **sich ~ nach** to long *od* yearn for

sehnig *adj* sinewy

Sehn- *zW*: **s~lich** *adj* ardent; **~sucht** *f* longing; **s~süchtig** *adj* longing

sehr [ze:r] *adv* very; (*mit Verben*) a lot, (very) much; **zu ~** too much; **~ geehrte(r) ...** dear ...

seicht [zaɪçt] *adj* (*auch fig*) shallow

Seide ['zaɪdə] *f* silk; **s~n** *adj* silk; **~npapier** *nt* tissue paper

seidig ['zaɪdɪç] *adj* silky

Seife ['zaɪfə] *f* soap

Seifen- *zW*: **~lauge** *f* soapsuds *pl*; **~schale** *f* soap dish; **~schaum** *m* lather

seihen ['zaɪən] *vt* to strain, to filter

Seil [zaɪl] (**-(e)s, -e**) *nt* rope; cable; **~bahn** *f* cable railway; **~hüpfen** (**-s**) *nt* skipping; **~springen** (**-s**) *nt* skipping; **~tänzer(in)** *m(f)* tightrope walker

SCHLÜSSELWORT

sein (*pt* **war,** *pp* **gewesen**) *vi* **1** to be; **ich bin** I am; **du bist** you are; **er/sie/es ist** he/she/it is; **wir sind/ihr seid/sie sind** we/you/they are; **wir waren** we were; **wir sind gewesen** we have been
2: **seien Sie nicht böse** don't be angry; **sei so gut und ...** be so kind as to ...; **das wäre gut** that would *od* that'd be a good thing; **wenn ich Sie wäre** if I were *od* was you; **das wär's** that's all, that's it; **morgen bin ich in Rom** tomorrow I'll *od* I will *od* I shall be in Rome; **waren Sie mal in Rom?** have you ever been to Rome?
3: **wie ist das zu verstehen?** how is that to be understood?; **er ist nicht zu ersetzen** he cannot be replaced; **mit ihr ist nicht zu reden** you can't talk to her
4: **mir ist kalt** I'm cold; **was ist?** what's the matter?, what is it?; **ist was?** is something the matter?; **es sei denn, daß ...** unless ...; **wie dem auch sei** be that as it may; **wie wäre es mit ...?** how *od* what about ...?; **laß das sein!** stop that!

sein(e) ['zaɪn(ə)] *adj* his; its; **~e(r, s)** *pron* his, its; **~er** (*gen von* **er**) *pron* of him; **~erseits** *adv* for his part; **~erzeit** *adv* in those days, formerly; **~esgleichen** *pron* people like him; **~etwegen** *adv* (*für ihn*) for his sake; (*wegen ihm*) on his account; (*von ihm aus*) as far as he is concerned; **~etwillen** *adv*: **um ~etwillen** = **~etwegen**; **~ige** *pron*: **der/die/das ~ige** his

Seismograph [zaɪsmo'gra:f] (**-en, -en**) *m* seismograph

seit [zaɪt] *präp +dat* since ♦ *konj* since; **er ist ~ einer Woche hier** he has been here for a week; **~ langem** for a long time; **~dem** [zaɪt'de:m] *adv, konj* since

Seite ['zaɪtə] *f* side; (*Buch~*) page; (*MIL*) flank

Seiten- *zW*: **~ansicht** *f* side view; **~hieb** *m* (*fig*) passing shot, dig; **s~s** *präp +gen* on the part of; **~schiff** *nt* aisle; **~sprung** *m* extramarital escapade; **~stechen** *nt* (a) stitch; **~straße** *f* side road; **~streifen** *m* verge; (*der Autobahn*) hard shoulder

seither [zaɪt'he:r] *adv, konj* since (then)

seitlich *adj* on one *od* the side; side *cpd*

seitwärts *adv* sidewards

Sekretär [zekre'tɛ:r] *m* secretary; (*Möbel*) bureau; **~in** *f* secretary

Sekretariat [zekretari'a:t] (**-(e)s, -e**) *nt* secretary's office, secretariat

Sekt [zɛkt] (**-(e)s, -e**) *m* champagne

Sekte ['zɛktə] *f* sect

Sekunde [ze'kundə] *f* second

selber ['zɛlbər] = **selbst**

Selbst [zɛlpst] (-) *nt* self

SCHLÜSSELWORT

selbst *pron* **1**: **ich/er/wir selbst** I myself/he himself/we ourselves; **sie ist die Tugend selbst** she's virtue itself; **er braut sein Bier selbst** he brews his own beer; **wie geht's? - gut, und selbst?** how are things? - fine, and yourself?
2 (*ohne Hilfe*) alone, on my/his/one's etc own; **von selbst** by itself; **er kam von selbst** he came of his own accord
♦ *adv* even; **selbst wenn** even if; **selbst Gott** even God (himself)

selbständig ['zɛlpʃtɛndɪç] *adj* independent; **S~keit** *f* independence

Selbst- *zW*: **~auslöser** *m* (*PHOT*) delayed-action shutter release; **~bedienung** *f* self-service; **~befriedigung** *f* masturbation; **~beherrschung** *f* self-control; **~bestimmung** *f* (*POL*) self-determination; **~beteiligung** *f* (*VERSICHERUNG*: *bei Kosten*) (voluntary) excess; **s~bewußt** *adj* (self-)confident; **~bewußtsein** *nt* self-confidence; **~erhaltung** *f* self-preservation; **~erkenntnis** *f* self-knowledge; **s~gefällig** *adj* smug, self-satisfied; **s~gemacht** *adj* home-made; **~gespräch** *nt* conversation with o.s.; **~kostenpreis** *m* cost price; **s~los** *adj* unselfish, selfless; **~mord** *m* suicide; **~mörder(in)** *m(f)* suicide; **s~mörderisch** *adj* suicidal; **s~sicher** *adj* self-assured; **s~süchtig** *adj* (*Mensch*) selfish; **s~verständlich** ['zɛlpstfɛrʃtɛntlɪç] *adj* obvious ♦ *adv* naturally; **ich halte das für s~verständlich** I take that for granted; **~verteidigung** *f* self-defence; **~vertrauen** *nt* self-confidence; **~verwaltung** *f* autonomy, self-government

selig ['ze:lɪç] *adj* happy, blissful; (*REL*) blessed; (*tot*) late; **S~keit** *f* bliss

Sellerie ['zɛləri:] (**-s, -(s)** *od* **-, -**) *m od f* celery

selten ['zɛltən] *adj* rare ♦ *adv* seldom, rarely; **S~heit** *f* rarity

Selterswasser ['zɛltərsvasər] *nt* soda water

seltsam ['zɛltza:m] *adj* strange, curious; **S~keit** *f* strangeness

Semester [ze'mɛstər] (**-s, -**) *nt* semester

Semi- [zemi] *in zW* semi-; **~kolon** [-'ko:lɔn] (**-s, -s**) *nt* semicolon

Seminar [-'na:r] (**-s, -e**) *nt* seminary; (*Kurs*) seminar; (*UNIV: Ort*) department building

Semmel ['zɛməl] (**-, -n**) *f* roll

Senat [ze'na:t] (**-(e)s, -e**) *m* senate, council

Sende- ['zɛndə] *zW*: **~bereich** *m* transmission range; **~folge** *f* (*Serie*) series; **s~n** (*unreg*) *vt* to send; (*RADIO, TV*) to transmit, to broadcast ♦ *vi* to transmit, to broadcast; **~r** (**-s, -**) *m* station; (*Anlage*) transmitter; **~reihe** *f* series (of broadcasts)

Sendung ['zɛndʊŋ] *f* consignment; (*Aufgabe*) mission; (*RADIO, TV*) transmission; (*Programm*) programme

Senf [zɛnf] (**-(e)s, -e**) *m* mustard

senil [ze'ni:l] (*pej*) *adj* senile

Senior(in) ['ze:niɔr, -i:n] (**-s, -en**) *m(f)* (*Mensch im Rentenalter*) (old age) pensioner; **~enheim** *nt* old people's home

Senk- ['zɛŋk] *zW*: **~blei** *nt* plumb; **~e** *f* depression; **s~en** *vt* to lower ♦ *vr* to sink, to drop gradually; **s~recht** *adj* vertical, perpendicular; **~rechte** *f* perpendicular; **~rechtstarter** *m* (*AVIAT*) vertical take-off plane; (*fig*) high-flyer

Sensation [zenzatsi'o:n] *f* sensation; **s~ell** [-'nɛl] *adj* sensational

Sense ['zɛnzə] *f* scythe

sensibel [zɛn'zi:bəl] *adj* sensitive

sentimental [zentimɛn'ta:l] *adj* sentimental; **S~i'tät** *f* sentimentality

separat [zepa'ra:t] *adj* separate

September [zɛp'tɛmbər] (**-(s), -**) *m* September

Serie ['ze:riə] *f* series; **s~nweise** *adv* in series

seriös [zeri'ø:s] *adj* serious, bona fide

Serum ['ze:rʊm] (**-s, Seren**) *nt* serum

Service[1] [zɛr'vi:s] (**-(s), -**) *nt* (*Geschirr*) set, service

Service[2] (**-, -s**) *m* service

servieren [zɛr'vi:rən] *vt, vi* to serve

Serviererin *f* waitress

Serviette [zɛrvi'ɛtə] *f* napkin, serviette

Servobremse *f* (*AUT*) servo (-assisted) brake

Servolenkung *f* (*AUT*) power steering

Sessel ['zɛsəl] (**-s, -**) *m* armchair; **~lift** *m* chairlift

seßhaft ['zɛshaft] *adj* settled; (*ansässig*) resident

setzen ['zɛtsən] *vt* to put, to set; (*Baum etc*) to plant; (*Segel, TYP*) to set ♦ *vr* to settle; (*Person*) to sit down ♦ *vi* (*springen*) to leap; (*wetten*) to bet

Setz- ['zɛts] *zW*: **~er** (**-s, -**) *m* (*TYP*)

compositor; **~ling** *m* young plant

Seuche ['zɔʏçə] *f* epidemic; **~ngebiet** *nt* infected area

seufzen ['zɔʏftsən] *vt, vi* to sigh

Seufzer ['zɔʏftsər] (**-s, -**) *m* sigh

Sex [zɛks] (**-(es)**) *m* sex; **~ualität** [-uali'tɛt] *f* sex, sexuality; **~ualkunde** *f* (*SCH*) sex education; **s~uell** [-u'ɛl] *adj* sexual

sezieren [ze'tsi:rən] *vt* to dissect

Shampoo [ʃam'pu:] (**-s, -s**) *nt* shampoo

Sibirien [zi'bi:riən] *nt* Siberia

sibirisch [zi'bi:rɪʃ] *adj* Siberian

SCHLÜSSELWORT

sich *pron* **1** (*akk*): **er/sie/es ... sich** he/she/it ... himself/herself/itself; **sie** *pl*/**man ... sich** they/one ... themselves/oneself; **Sie ... sich** you ... yourself/yourselves *pl*; **sich wiederholen** to repeat oneself/itself

2 (*dat*): **er/sie/es ... sich** he/she/it ... to himself/herself/itself; **sie** *pl*/**man ... sich** they/one ... to themselves/oneself; **Sie ... sich** you ... to yourself/yourselves *pl*; **sie hat sich einen Pullover gekauft** she bought herself a jumper; **sich die Haare waschen** to wash one's hair

3 (*mit Präposition*): **haben Sie Ihren Ausweis bei sich?** do you have your pass on you?; **er hat nichts bei sich** he's got nothing on him; **sie bleiben gern unter sich** they keep themselves to themselves

4 (*einander*) each other, one another; **sie bekämpfen sich** they fight each other *od* one another

5: **dieses Auto fährt sich gut** this car drives well; **hier sitzt es sich gut** it's good to sit here

Sichel ['zɪçəl] (**-, -n**) *f* sickle; (*Mond~*) crescent

sicher ['zɪçər] *adj* safe; (*gewiß*) certain; (*zuverlässig*) secure, reliable; (*selbst~*) confident; **vor jdm/etw ~ sein** to be safe from sb/sth; **ich bin nicht ~** I'm not sure *od* certain; **~ nicht** surely not; **aber ~!** of course!; **~gehen** (*unreg*) *vi* to make sure

Sicherheit ['zɪçərhaɪt] *f* safety; (*auch FIN*) security; (*Gewißheit*) certainty; (*Selbst~*) confidence

Sicherheits- *zW*: **~abstand** *m* safe distance; **~glas** *nt* safety glass; **~gurt** *m* safety belt; **s~halber** *adv* for safety; to be on the safe side; **~nadel** *f* safety pin; **~schloß** *nt* safety lock; **~vorkehrung** *f* safety precaution

sicher- *zW*: **~lich** *adv* certainly, surely; **~n** *vt* to secure; (*schützen*) to protect; (*Waffe*) to put the safety catch on; **jdm etw ~n** to secure sth for sb; **sich** *dat* **etw ~n** to secure sth (for o.s.); **~stellen** *vt* to impound; (*COMPUT*) to save; **S~ung** *f* (*Sichern*) securing; (*Vorrichtung*) safety device; (*an Waffen*) safety catch; (*ELEK*) fuse; **S~ungskopie** *f* back-up copy

Sicht [zɪçt] (**-**) *f* sight; (*Aus~*) view; **auf** *od* **nach ~** (*FIN*) at sight; **auf lange ~** on a long-term basis; **s~bar** *adj* visible; **s~en** *vt* to sight; (*auswählen*) to sort out; **s~lich** *adj* evident, obvious; **~verhältnisse** *pl* visibility *sg*; **~vermerk** *m* visa; **~weite** *f* visibility

sickern ['zɪkərn] *vi* to trickle, to seep

Sie [zi:] (*nom, akk*) *pron* you

sie [zi:] *pron* (*sg*: *nom*) she; it; (: *akk*) her; it; (*pl*: *nom*) they; (: *akk*) them

Sieb [zi:p] (**-(e)s, -e**) *nt* sieve; (*KOCH*) strainer; **s~en**[1] ['zi:bən] *vt* to sift; (*Flüssigkeit*) to strain

sieben[2] *num* seven; **~hundert** *num* seven hundred; **S~sachen** *pl* belongings

siebte(r, s) ['zi:ptə(r, s)] *adj* seventh; **S~l** (**-s, -**) *nt* seventh

siebzehn ['zi:ptse:n] *num* seventeen

siebzig ['zi:ptsɪç] *num* seventy

siedeln *vi* to settle

sieden ['zi:dən] *vt, vi* to boil, to sim-

mer
Siedepunkt *m* boiling point
Siedler (-s, -) *m* settler
Siedlung *f* settlement; (*Häuser~*) housing estate
Sieg [zi:k] (**-(e)s, -e**) *m* victory
Siegel ['zi:gəl] (**-s, -**) *nt* seal; **~ring** *m* signet ring
Sieg- *zW*: **s~en** *vi* to be victorious; (*SPORT*) to win; **~er** (**-s, -**) *m* victor; (*SPORT etc*) winner; **s~essicher** *adj* sure of victory; **s~reich** *adj* victorious
siehe *etc* ['zi:ə] *vb siehe* **sehen**
siezen ['zi:tsən] *vt* to address as "Sie"
Signal [zɪ'gna:l] (**-s, -e**) *nt* signal
Silbe ['zɪlbə] *f* syllable
Silber ['zɪlbər] (**-s**) *nt* silver; **s~n** *adj* silver; **~papier** *nt* silver paper
Silhouette [zilu'ɛtə] *f* silhouette
Silo ['zi:lo] (**-s, -s**) *nt od m* silo
Silvester [zɪl'vɛstər] (**-s, -**) *nt* New Year's Eve, Hogmanay (*SCOTTISH*); **~abend** *m* = **Silvester**
simpel ['zɪmpəl] *adj* simple
Sims [zɪms] (**-es, -e**) *nt od m* (*Kamin~*) mantelpiece; (*Fenster~*) (window)sill
simulieren [zimu'li:rən] *vt* to simulate; (*vortäuschen*) to feign ♦ *vi* to feign illness
simultan [zimʊl'ta:n] *adj* simultaneous
Sinfonie [zɪnfo'ni:] *f* symphony
singen ['zɪŋən] (*unreg*) *vt, vi* to sing
Singular ['zɪŋgula:r] *m* singular
Singvogel ['zɪŋfo:gəl] *m* songbird
sinken ['zɪŋkən] (*unreg*) *vi* to sink; (*Preise etc*) to fall, to go down
Sinn [zɪn] (**-(e)s, -e**) *m* mind; (*Wahrnehmungs~*) sense; (*Bedeutung*) sense, meaning; **~ für etw** sense of sth; **von ~en sein** to be out of one's mind; **es hat keinen ~** there's no point; **~bild** *nt* symbol; **s~en** (*unreg*) *vi* to ponder; **auf etw** *akk* **s~en** to contemplate sth; **~estäuschung** *f* illusion; **s~gemäß** *adj* faithful; (*Wiedergabe*) in one's own words; **s~ig** *adj* clever; **s~lich** *adj* sensual, sensuous; (*Wahrnehmung*) sensory; **~lichkeit** *f* sensuality; **s~los** *adj* senseless; meaningless; **~losigkeit** *f* senselessness; meaninglessness; **s~voll** *adj* meaningful; (*vernünftig*) sensible
Sintflut ['zɪntflu:t] *f* Flood
Sippe ['zɪpə] *f* clan, kin
Sippschaft ['zɪpʃaft] (*pej*) *f* relations *pl*, tribe; (*Bande*) gang
Sirene [zi're:nə] *f* siren
Sirup ['zi:rʊp] (**-s, -e**) *m* syrup
Sitt- ['zɪt] *zW*: **~e** *f* custom; **~en** *pl* (*Sittlichkeit*) morals; **~enpolizei** *f* vice squad; **s~sam** *adj* modest, demure
Situation [zituatsi'o:n] *f* situation
Sitz [zɪts] (**-es, -e**) *m* seat; **der Anzug hat einen guten ~** the suit is a good fit; **s~en** (*unreg*) *vi* to sit; (*Bemerkung, Schlag*) to strike home, to tell; (*Gelerntes*) to have sunk in; **s~en bleiben** to remain seated; **s~enbleiben** (*unreg*) *vi* (*SCH*) to have to repeat a year; **auf etw** *dat* **s~enbleiben** to be lumbered with sth; **s~end** *adj* (*Tätigkeit*) sedentary; **s~enlassen** (*unreg*) *vt* (*SCH*) to make (sb) repeat a year; (*Mädchen*) to jilt; (*Wartenden*) to stand up; **etw auf sich** *dat* **s~enlassen** to take sth lying down; **~gelegenheit** *f* place to sit down; **~platz** *m* seat; **~streik** *m* sit-down strike; **~ung** *f* meeting
Sizilien [zi'tsi:liən] *nt* Sicily
Skala ['ska:la] (**-, Skalen**) *f* scale
Skalpell [skal'pɛl] (**-s, -e**) *nt* scalpel
Skandal [skan'da:l] (**-s, -e**) *m* scandal; **s~ös** *adj* scandalous
Skandinav- [skandi'na:v] *zW*: **~ien** *nt* Scandinavia; **~ier(in)** *m(f)* Scandinavian; **s~isch** *adj* Scandinavian
Skelett [ske'lɛt] (**-(e)s, -e**) *nt* skeleton
Skepsis ['skɛpsɪs] (-) *f* scepticism
skeptisch ['skɛptɪʃ] *adj* sceptical
Ski [ʃi:] (**-s, -er**) *m* ski; **~ laufen** *od* **fahren** to ski; **~fahrer** *m* skier; **~läufer** *m* skier; **~lehrer** *m* ski instructor; **~lift** *m* ski-lift; **~springen**

nt ski-jumping; **~stock** *m* ski-pole
Skizze ['skɪtsə] *f* sketch
skizzieren [skɪ'tsi:rən] *vt, vi* to sketch
Sklave ['skla:və] (**-n, -n**) *m* slave; **~'rei** *f* slavery; **Sklavin** *f* slave
Skonto ['skɔnto] (**-s, -s**) *m od nt* discount
Skorpion [skɔrpi'o:n] (**-s, -e**) *m* scorpion; (*ASTROL*) Scorpio
Skrupel ['skru:pəl] (**-s, -**) *m* scruple; **s~los** *adj* unscrupulous
Skulptur [skʊlp'tu:r] *f* (*Gegenstand*) sculpture
Slalom ['slaɪlɔm] (**-s, -s**) *m* slalom
Slip (**-s, -s**) *m* (under)pants
Slowenien [slo've:niən] *nt* Slovenia
Smaragd [sma'rakt] (**-(e)s, -e**) *m* emerald
Smoking ['smo:kɪŋ] (**-s, -s**) *m* dinner jacket

SCHLÜSSELWORT

so [zo:] *adv* **1** (*sosehr*) so; **so groß/schön** *etc* so big/nice *etc*; **so groß/schön wie ...** as big/nice as ...; **das hat ihn so geärgert, daß ...** that annoyed him so much that ...; **so einer wie ich** somebody like me; **na so was!** well, well!
2 (*auf diese Weise*) like this; **mach es nicht so** don't do it like that; **so oder so** in one way or the other; **und so weiter** and so on; **... oder so was** ... or something like that; **das ist gut so** that's fine
3 (*umg*: *umsonst*): **ich habe es so bekommen** I got it for nothing
♦ konj: **so daß** so that; **so wie es jetzt ist** as things are at the moment
♦ *excl*: **so?** really?; **so, das wär's** so, that's it then

s.o. *abk* = **siehe oben**
Söckchen ['zœkçən] *nt* ankle sock
Socke ['zɔkə] *f* sock
Sockel ['zɔkəl] (**-s, -**) *m* pedestal, base
Sodawasser ['zo:davasər] *nt* soda water
Sodbrennen ['zo:tbrɛnən] (**-s, -**) *nt* heartburn
soeben [zo''e:bən] *adv* just (now)
Sofa ['zo:fa] (**-s, -s**) *nt* sofa
sofern [zo'fɛrn] *konj* if, provided (that)
sofort [zo'fɔrt] *adv* immediately, at once; **~ig** *adj* immediate
Sog [zo:k] (**-(e)s, -e**) *m* (*Strömung*) undertow
sogar [zo'ga:r] *adv* even
sogenannt ['zo:gənant] *adj* so-called
sogleich [zo'glaɪç] *adv* straight away, at once
Sohle ['zo:lə] *f* sole; (*Tal~ etc*) bottom; (*MIN*) level
Sohn [zo:n] (**-(e)s, ¨e**) *m* son
Solar- *in zW* solar; **~zelle** *f* solar cell
solch [zɔlç] *pron* such; **ein ~e(r, s) ...** such a ...
Soldat [zɔl'da:t] (**-en, -en**) *m* soldier
Söldner ['zœldnər] (**-s, -**) *m* mercenary
solidarisch [zoli'da:rɪʃ] *adj* in *od* with solidarity; **sich ~ erklären** to declare one's solidarity
Solidarität *f* solidarity
solid(e) [zo'li:d(ə)] *adj* solid; (*Leben, Person*) respectable
Solist(in) [zo'lɪst(ɪn)] *m(f)* soloist
Soll [zɔl] (**-(s), -(s)**) *nt* (*FIN*) debit (side); (*Arbeitsmenge*) quota, target

SCHLÜSSELWORT

sollen (*pt* **sollte**, *pp* **gesollt** *od (als Hilfsverb)* **sollen**) *Hilfsverb* **1** (*Pflicht, Befehl*) to be supposed to; **du hättest nicht gehen sollen** you shouldn't have gone, you oughtn't to have gone; **soll ich?** shall I?; **soll ich dir helfen?** shall I help you?; **sag ihm, er soll warten** tell him he's to wait; **was soll ich machen?** what should I do?
2 (*Vermutung*): **sie soll verheiratet sein** she's said to be married;

was soll das heißen? what's that supposed to mean?; **man sollte glauben, daß ...** you would think that ...; **sollte das passieren, ...** if that should happen ...
♦ *vt, vi*: **was soll das?** what's all this?; **das sollst du nicht** you shouldn't do that; **was soll's?** what the hell!

Solo ['zo:lo] (**-s, -s** *od* **Soli**) *nt* solo
somit [zo'mɪt] *konj* and so, therefore
Sommer ['zɔmər] (**-s, -**) *m* summer; **s~lich** *adj* summery; summer; **~schlußverkauf** *m* summer sale; **~sprossen** *pl* freckles
Sonate [zo'na:tə] *f* sonata
Sonde ['zɔndə] *f* probe
Sonder- ['zɔndər] *in zW* special; **~angebot** *nt* special offer; **s~bar** *adj* strange, odd; **~fahrt** *f* special trip; **~fall** *m* special case; **s~lich** *adj* particular; (*außergewöhnlich*) remarkable; (*eigenartig*) peculiar; **~marke** *f* special issue stamp; **s~n** *konj* but ♦ *vt* to separate; **nicht nur ..., s~n auch** not only ..., but also; **~zug** *m* special train
Sonnabend ['zɔn'a:bənt] *m* Saturday
Sonne ['zɔnə] *f* sun; **s~n** *vr* to sun o.s.
Sonnen- *zW*: **~aufgang** *m* sunrise; **s~baden** *vi* to sunbathe; **~brand** *m* sunburn; **~brille** *f* sunglasses *pl*; **~creme** *f* suntan lotion; **~energie** *f* solar energy, solar power; **~finsternis** *f* solar eclipse; **~kollektor** *m* solar panel; **~schein** *m* sunshine; **~schirm** *m* parasol, sunshade; **~stich** *m* sunstroke; **~uhr** *f* sundial; **~untergang** *m* sunset; **~wende** *f* solstice
sonnig ['zɔnɪç] *adj* sunny
Sonntag ['zɔnta:k] *m* Sunday
sonst [zɔnst] *adv* otherwise; (*mit pron, in Fragen*) else; (*zu anderer Zeit*) at other times, normally ♦ *konj* otherwise; **~ noch etwas?** anything else?; **~ nichts** nothing else; **~ig** *adj* other; **~jemand** *pron* anybody (at all); **~wo** *adv* somewhere else; **~woher** *adv* from somewhere else; **~wohin** *adv* somewhere else
sooft [zo''ɔft] *konj* whenever
Sopran [zo'pra:n] (**-s, -e**) *m* soprano
Sopranistin *f* soprano
Sorge ['zɔrgə] *f* care, worry
sorgen *vi*: **für jdn ~** to look after sb ♦ *vr*: **sich ~ (um)** to worry (about); **für etw ~** to take care of *od* see to sth; **~frei** *adj* carefree; **~voll** *adj* troubled, worried
Sorgerecht *nt* custody (of a child)
Sorg- [zɔrk] *zW*: **~falt** (-) *f* care(fulness); **s~fältig** *adj* careful; **s~los** *adj* careless; (*ohne Sorgen*) carefree; **s~sam** *adj* careful
Sorte ['zɔrtə] *f* sort; (*Waren~*) brand; **~n** *pl* (*FIN*) foreign currency *sg*
sortieren [zɔr'ti:rən] *vt* to sort (out)
Sortiment [zɔrti'mɛnt] *nt* assortment
sosehr [zo'ze:r] *konj* as much as
Soße ['zo:sə] *f* sauce; (*Braten~*) gravy
Souffleur [zu'flø:r] *m* prompter
Souffleuse [zu'flø:zə] *f* prompter
soufflieren [zu'fli:rən] *vt, vi* to prompt
Souterrain [zutɛ'rɛ̃:] (**-s, -s**) *nt* basement
souverän [zuvə'rɛ:n] *adj* sovereign; (*überlegen*) superior
so- *zW*: **~viel** [zo'fi:l] *konj*: **~viel ich weiß** as far as I know ♦ *pron*: **~viel (wie)** as much as; **rede nicht ~viel** don't talk so much; **~weit** [zo'vaɪt] *konj* as far as ♦ *adj*: **~weit sein** to be ready; **~weit wie** *od* **als möglich** as far as possible; **ich bin ~weit zufrieden** by and large I'm quite satisfied; **~wenig** [zo've:nɪç] *konj* little as ♦ *pron*: **~wenig (wie)** as little (as); **~wie** [zo'vi:] *konj* (*sobald*) as soon as; (*ebenso*) as well as; **~wieso** [zovi'zo:] *adv* anyway
sowjetisch [zɔ'vjɛtɪʃ] *adj* Soviet
Sowjetunion *f* Soviet Union

sowohl [zo'vo:l] *konj*: ~ ... **als** *od* **wie auch** both ... and
sozial [zotsi'a:l] *adj* social; **S~abgaben** *pl* national insurance contributions; **S~arbeiter(in)** *m(f)* social worker; **S~demokrat** *m* social democrat; **~demokratisch** *adj* social democratic; **~i'sieren** *vt* to socialize; **S~ismus** [-'lɪsmʊs] *m* socialism; **S~ist** [-'lɪst] *m* socialist; **~istisch** *adj* socialist; **S~politik** *f* social welfare policy; **S~produkt** *nt* (net) national product; **S~staat** *m* welfare state; **S~wohnung** *f* council flat
soziologisch [zotsio'lo:gɪʃ] *adj* sociological
sozusagen [zotsu'za:gən] *adv* so to speak
Spachtel ['ʃpaxtəl] (-s, -) *m* spatula
spähen ['ʃpɛ:ən] *vi* to peep, to peek
Spalier [ʃpa'li:r] (-s, -e) *nt* (*Gerüst*) trellis; (*Leute*) guard of honour
Spalt [ʃpalt] (-(e)s, -e) *m* crack; (*Tür~*) chink; (*fig*: *Kluft*) split; **~e** *f* crack, fissure; (*Gletscherspalte*) crevasse; (*in Text*) column; **s~en** *vt, vr* (*auch fig*) to split; **~ung** *f* splitting
Span [ʃpa:n] (-(e)s, ¨e) *m* shaving
Spanferkel *nt* sucking-pig
Spange ['ʃpaŋə] *f* clasp; (*Haar~*) hair slide; (*Schnalle*) buckle; (*Armreif*) bangle
Spanien ['ʃpa:niən] *nt* Spain
Spanier(in) *m(f)* Spaniard
spanisch *adj* Spanish
Spann- ['ʃpan] *zW*: **~beton** *m* prestressed concrete; **~bettuch** *nt* fitted sheet; **~e** *f* (*Zeitspanne*) space; (*Differenz*) gap; **s~en** *vt* (*straffen*) to tighten, to tauten; (*befestigen*) to brace ♦ *vi* to be tight; **s~end** *adj* exciting, gripping; **~ung** *f* tension; (*ELEK*) voltage; (*fig*) suspense; (*unangenehm*) tension
Spar- ['ʃpa:r] *zW*: **~buch** *nt* savings book; **~büchse** *f* moneybox; **s~en** *vt, vi* to save; **sich** *dat* **etw s~en** to save o.s. sth; (*Bemerkung*) to keep sth to o.s.; **mit etw s~en** to be sparing with sth; **an etw** *dat* **s~en** to economize on sth; **~er** (-s, -) *m* saver
Spargel ['ʃpargəl] (-s, -) *m* asparagus
Sparkasse *f* savings bank
Sparkonto *nt* savings account
spärlich ['ʃpɛ:rlɪç] *adj* meagre; (*Bekleidung*) scanty
Spar- *zW*: **s~sam** *adj* economical, thrifty; **~samkeit** *f* thrift, economizing; **~schwein** *nt* piggy bank
Sparte ['ʃpartə] *f* field; line of business; (*PRESSE*) column
Spaß [ʃpa:s] (-es, ¨e) *m* joke; (*Freude*) fun; **jdm ~ machen** to be fun (for sb); **viel ~!** have fun!; **s~en** *vi* to joke; **mit ihm ist nicht zu s~en** you can't take liberties with him; **s~haft** *adj* funny, droll; **s~ig** *adj* funny, droll; **~verderber** (-s, -) *m* spoilsport
spät [ʃpɛ:t] *adj, adv* late; **wie ~ ist es?** what's the time?
Spaten ['ʃpa:tən] (-s, -) *m* spade
später *adj, adv* later
spätestens *adv* at the latest
Spatz [ʃpats] (-en, -en) *m* sparrow
spazier- [ʃpa'tsi:r] *zW*: **~en** *vi* to stroll, to walk; **~enfahren** (*unreg*) *vi* to go for a drive; **~engehen** (*unreg*) *vi* to go for a walk; **S~gang** *m* walk; **S~stock** *m* walking stick; **S~weg** *m* path, walk
Specht [ʃpɛçt] (-(e)s, -e) *m* woodpecker
Speck [ʃpɛk] (-(e)s, -e) *m* bacon
Spediteur [ʃpedi'tœr] *m* carrier; (*Möbel~*) furniture remover
Spedition [ʃpeditsi'o:n] *f* carriage; (*Speditionsfirma*) road haulage contractor; removal firm
Speer [ʃpe:r] (-(e)s, -e) *m* spear; (*SPORT*) javelin
Speiche ['ʃpaɪçə] *f* spoke
Speichel ['ʃpaɪçəl] (-s) *m* saliva, spit(tle)
Speicher ['ʃpaɪçər] (-s, -) *m* storehouse; (*Dach~*) attic, loft; (*Korn~*) granary; (*Wasser~*) tank; (*TECH*) store; (*COMPUT*) memory; **s~n** *vt* to store; (*COMPUT*) to save

speien ['ʃpaɪən] (*unreg*) *vt, vi* to spit; (*erbrechen*) to vomit; (*Vulkan*) to spew

Speise ['ʃpaɪzə] *f* food; **~eis** [-'aɪs] *nt* ice-cream; **~kammer** *f* larder, pantry; **~karte** *f* menu; **s~n** *vt* to feed; to eat ♦ *vi* to dine; **~röhre** *f* gullet, oesophagus; **~saal** *m* dining room; **~wagen** *m* dining car

Speku- [ʃpeku] *zW*: **~lant** *m* speculator; **~lation** [-latsi'o:n] *f* speculation; **s~lieren** [-'li:rən] *vi* (*fig*) to speculate; **auf etw** *akk* **s~lieren** to have hopes of sth

Spelunke [ʃpe'lʊŋkə] *f* dive

Spende ['ʃpɛndə] *f* donation; **s~n** *vt* to donate, to give; **~r** (-s, -) *m* donor, donator

spendieren [ʃpɛn'di:rən] *vt* to pay for, to buy; **jdm etw** ~ to treat sb to sth, to stand sb sth

Sperling ['ʃpɛrlɪŋ] *m* sparrow

Sperma ['ʃpɛrma] (-s, **Spermen**) *nt* sperm

Sperr- ['ʃpɛr] *zW*: **~e** *f* barrier; (*Verbot*) ban; **s~en** *vt* to block; (*SPORT*) to suspend, to bar; (*vom Ball*) to obstruct; (*einschließen*) to lock; (*verbieten*) to ban ♦ *vr* to baulk, to jib(e); **~gebiet** *nt* prohibited area; **~holz** *nt* plywood; **s~ig** *adj* bulky; **~müll** *m* bulky refuse; **~sitz** *m* (*THEAT*) stalls *pl*; **~stunde** *f* closing time

Spesen ['ʃpe:zən] *pl* expenses

Spezial- [ʃpetsi'a:l] *in zW* special; **~gebiet** *nt* specialist field; **s~i'sieren** *vr* to specialize; **~i'sierung** *f* specialization; **~ist** [-'lɪst] *m* specialist; **~i'tät** *f* speciality

speziell [ʃpetsi'ɛl] *adj* special

spezifisch [ʃpe'tsi:fɪʃ] *adj* specific

Sphäre ['sfɛ:rə] *f* sphere

Spiegel ['ʃpi:gəl] (-s, -) *m* mirror; (*Wasser~*) level; (*MIL*) tab; **~bild** *nt* reflection; **s~bildlich** *adj* reversed; **~ei** *nt* fried egg; **s~n** *vt* to mirror, to reflect ♦ *vr* to be reflected ♦ *vi* to gleam; (*widerspiegeln*) to be reflective; **~ung** *f* reflection

Spiel [ʃpi:l] (-(e)s, -e) *nt* game; (*Schau~*) play; (*Tätigkeit*) play(ing); (*KARTEN*) deck; (*TECH*) (free) play; **s~en** *vt, vi* to play; (*um Geld*) to gamble; (*THEAT*) to perform, to act; **s~end** *adv* easily; **~er** (-s, -) *m* player; (*um Geld*) gambler; **~e'rei** *f* trifling pastime; **~feld** *nt* pitch, field; **~film** *m* feature film; **~kasino** *nt* casino; **~plan** *m* (*THEAT*) programme; **~platz** *m* playground; **~raum** *m* room to manoeuvre, scope; **~regel** *f* rule; **~sachen** *pl* toys; **~uhr** *f* musical box; **~verderber** (-s, -) *m* spoilsport; **~waren** *pl* toys; **~zeug** *nt* toy(s)

Spieß [ʃpi:s] (-es, -e) *m* spear; (*Brat~*) spit; **~bürger** *m* bourgeois; **~er** (-s, -; *umg*) *m* bourgeois

spießig (*pej*) *adj* (petit) bourgeois

Spikes [spaɪks] *pl* spikes; (*AUT*) studs

Spinat [ʃpi'na:t] (-(e)s, -e) *m* spinach

Spind [ʃpɪnt] (-(e)s, -e) *m od nt* locker

Spinn- ['ʃpɪn] *zW*: **~e** *f* spider; **s~en** (*unreg*) *vt, vi* to spin; (*umg*) to talk rubbish; (*verrückt sein*) to be crazy *od* mad; **~e'rei** *f* spinning mill; **~rad** *nt* spinning-wheel; **~webe** *f* cobweb

Spion [ʃpi'o:n] (-s, -e) *m* spy; (*in Tür*) spyhole; **~age** [ʃpio'na:ʒə] *f* espionage; **s~ieren** [ʃpio'ni:rən] *vi* to spy; **~in** *f* (female) spy

Spirale [ʃpi'ra:lə] *f* spiral

Spirituosen [ʃpiritu'o:zən] *pl* spirits

Spiritus ['ʃpi:ritʊs] (-, -se) *m* (methylated) spirit

Spital [ʃpi'ta:l] (-s, ¨er) *nt* hospital

spitz [ʃpɪts] *adj* pointed; (*Winkel*) acute; (*fig*: *Zunge*) sharp; (: *Bemerkung*) caustic

Spitze *f* point, tip; (*Berg~*) peak; (*Bemerkung*) taunt, dig; (*erster Platz*) lead, top; (*meist pl*: *Gewebe*) lace

Spitzel (-s, -) *m* police informer

spitzen *vt* to sharpen

Spitzenmarke *f* brand leader

spitzfindig *adj* (over)subtle

Spitzname *m* nickname
Splitter ['ʃplɪtər] (**-s, -**) *m* splinter
sponsern ['spɔnzərn, 'ʃpɔnzərn] *vt* to sponsor
spontan [ʃpɔn'ta:n] *adj* spontaneous
Sport [ʃpɔrt] (**-(e)s, -e**) *m* sport; (*fig*) hobby; **~lehrer(in)** *m(f)* games *od* P.E. teacher; **~ler(in)** (**-s, -**) *m(f)* sportsman(woman); **s~lich** *adj* sporting; (*Mensch*) sporty; **~platz** *m* playing *od* sports field; **~schuh** *m* (*Turnschuh*) training shoe, trainer; **~stadion** *nt* sports stadium; **~verein** *m* sports club; **~wagen** *m* sports car
Spott [ʃpɔt] (**-(e)s**) *m* mockery, ridicule; **s~billig** *adj* dirt-cheap; **s~en** *vi* to mock; **s~en (über** *+akk*) to mock (at), to ridicule
spöttisch ['ʃpœtɪʃ] *adj* mocking
sprach *etc* [ʃpra:x] *vb siehe* **sprechen**
Sprach- *zW*: **s~begabt** *adj* good at languages; **~e** *f* language; **~enschule** *f* language school; **~fehler** *m* speech defect; **~führer** *m* phrasebook; **~gefühl** *nt* feeling for language; **~kurs** *m* language course; **~labor** *nt* language laboratory; **s~lich** *adj* linguistic; **s~los** *adj* speechless
sprang *etc* [ʃpraŋ] *vb siehe* **springen**
Spray [spre:] (**-s, -s**) *m od nt* spray
Sprech- ['ʃprɛç] *zW*: **~anlage** *f* intercom; **s~en** (*unreg*) *vi* to speak, to talk ♦ *vt* to say; (*Sprache*) to speak; (*Person*) to speak to; **mit jdm s~en** to speak to sb; **das spricht für ihn** that's a point in his favour; **~er(in)** (**-s, -**) *m(f)* speaker; (*für Gruppe*) spokesman(woman); (*RADIO, TV*) announcer; **~stunde** *f* consultation (hour); (doctor's) surgery; **~stundenhilfe** *f* (doctor's) receptionist; **~zimmer** *nt* consulting room, surgery, office (*US*)
spreizen ['ʃpraɪtsən] *vt* (*Beine*) to open, to spread; (*Finger, Flügel*) to spread
Spreng- ['ʃprɛŋ] *zW*: **s~en** *vt* to sprinkle; (*mit Sprengstoff*) to blow up; (*Gestein*) to blast; (*Versammlung*) to break up; **~stoff** *m* explosive(s)
sprichst *etc* [ʃprɪçst] *vb siehe* **sprechen**
Sprichwort *nt* proverb
sprichwörtlich *adj* proverbial
Spring- ['ʃprɪŋ] *zW*: **~brunnen** *m* fountain; **s~en** (*unreg*) *vi* to jump; (*Glas*) to crack; (*mit Kopfsprung*) to dive; **~er** (**-s, -**) *m* jumper; (*Schach*) knight
Sprit [ʃprɪt] (**-(e)s, -e;** *umg*) *m* juice, gas
Spritz- ['ʃprɪts] *zW*: **~e** *f* syringe; injection; (*an Schlauch*) nozzle; **s~en** *vt* to spray; (*MED*) to inject ♦ *vi* to splash; (*herauss~en*) to spurt; (*MED*) to give injections; **~pistole** *f* spray gun
spröde ['ʃprø:də] *adj* brittle; (*Person*) reserved, coy
Sprosse ['ʃprɔsə] *f* rung
Sprößling ['ʃprœslɪŋ] (*umg*) *m* (*Kind*) offspring (*pl inv*)
Spruch [ʃprux] (**-(e)s, ¨e**) *m* saying, maxim; (*JUR*) judgement
Sprudel ['ʃpru:dəl] (**-s, -**) *m* mineral water; lemonade; **s~n** *vi* to bubble; **~wasser** *nt* (*KOCH*) sparkling *od* fizzy mineral water
Sprüh- ['ʃpry:] *zW*: **~dose** *f* aerosol (can); **s~en** *vi* to spray; (*fig*) to sparkle ♦ *vt* to spray; **~regen** *m* drizzle
Sprung [ʃpruŋ] (**-(e)s, ¨e**) *m* jump; (*Riß*) crack; **~brett** *nt* springboard; **s~haft** *adj* erratic; (*Aufstieg*) rapid; **~schanze** *f* skijump
Spucke ['ʃpukə] (-) *f* spit; **s~n** *vt, vi* to spit
Spuk [ʃpu:k] (**-(e)s, -e**) *m* haunting; (*fig*) nightmare; **s~en** *vi* (*Geist*) to walk; **hier s~t es** this place is haunted
Spülbecken *nt* (*in Küche*) sink
Spule ['ʃpu:lə] *f* spool; (*ELEK*) coil
Spül- ['ʃpy:l] *zW*: **~e** *f* (kitchen) sink; **s~en** *vt, vi* to rinse; (*Geschirr*) to wash up; (*Toilette*) to flush; **~maschine** *f* dishwasher; **~mittel** *nt* washing-up liquid; **~stein** *m* sink;

~ung *f* rinsing; flush; (*MED*) irrigation

Spur [ʃpu:r] (-, **-en**) *f* trace; (*Fuß~, Rad~, Tonband~*) track; (*Fährte*) trail; (*Fahr~*) lane

spürbar *adj* noticeable, perceptible

spüren ['ʃpy:rən] *vt* to feel

spurlos *adv* without (a) trace

Spurt [ʃpʊrt] (**-(e)s, -s** *od* **-e**) *m* spurt

spurten *vi* to spurt

sputen ['ʃpu:tən] *vr* to make haste

St. *abk* = **Stück;** (= *Sankt*) St.

Staat [ʃta:t] (**-(e)s, -en**) *m* state; (*Prunk*) show; (*Kleidung*) finery; **mit etw ~ machen** to show off *od* parade sth; **s~enlos** *adj* stateless; **s~lich** *adj* state(-); state-run

Staats- *zW*: **~angehörige(r)** *f(m)* national; **~angehörigkeit** *f* nationality; **~anwalt** *m* public prosecutor; **~bürger** *m* citizen; **~dienst** *m* civil service; **~examen** *nt* (*UNIV*) state exam(ination); **s~feindlich** *adj* subversive; **~mann** (*pl* **-männer**) *m* statesman; **~oberhaupt** *nt* head of state

Stab [ʃta:p] (**-(e)s, ¨e**) *m* rod; (*Gitter~*) bar; (*Menschen*) staff; **~hochsprung** *m* pole vault

stabil [ʃta'bi:l] *adj* stable; (*Möbel*) sturdy; **~i'sieren** *vt* to stabilize

Stachel ['ʃtaxəl] (**-s, -n**) *m* spike; (*von Tier*) spine; (*von Insekten*) sting; **~beere** *f* gooseberry; **~draht** *m* barbed wire; **s~ig** *adj* prickly; **~schwein** *nt* porcupine

Stadion ['ʃta:diɔn] (**-s, Stadien**) *nt* stadium

Stadium ['ʃta:diʊm] *nt* stage, phase

Stadt [ʃtat] (-, **¨e**) *f* town; **~bücherei** *f* municipal library

Städt- ['ʃtɛ:t] *zW*: **~ebau** *m* town planning; **~er(in)** (-s, -) *m(f)* town dweller; **s~isch** *adj* municipal; (*nicht ländlich*) urban

Stadt- *zW*: **~kern** *m* town centre, city centre; **~mauer** *f* city wall(s); **~mitte** *f* town centre; **~plan** *m* street map; **~rand** *m* outskirts *pl*; **~rat** *m* (*Behörde*) town council, city council; **~rundfahrt** *f* tour of a/the city; **~teil** *m* district, part of town; **~zentrum** *nt* town centre

Staffel ['ʃtafəl] (-, **-n**) *f* rung; (*SPORT*) relay (team); (*AVIAT*) squadron; **~lauf** *m* (*SPORT*) relay (race); **s~n** *vt* to graduate

Stahl [ʃta:l] (**-(e)s, ¨e**) *m* steel

stahl *etc vb siehe* **stehlen**

stak *etc* [ʃta:k] *vb siehe* **stecken**

Stall [ʃtal] (**-(e)s, ¨e**) *m* stable; (*Kaninchen~*) hutch; (*Schweine~*) sty; (*Hühner~*) henhouse

Stamm [ʃtam] (**-(e)s, ¨e**) *m* (*Baum~*) trunk; (*Menschen~*) tribe; (*GRAM*) stem; **~baum** *m* family tree; (*von Tier*) pedigree; **s~eln** *vt, vi* to stammer; **s~en** *vi*: **s~en von** *od* **aus** to come from; **~gast** *m* regular (customer)

stämmig ['ʃtɛmɪç] *adj* sturdy; (*Mensch*) stocky

Stammtisch ['ʃtamtɪʃ] *m* table for the regulars

stampfen ['ʃtampfən] *vt, vi* to stamp; (*stapfen*) to tramp; (*mit Werkzeug*) to pound

Stand [ʃtant] (**-(e)s, ¨e**) *m* position; (*Wasser~, Benzin~ etc*) level; (*Stehen*) standing position; (*Zu~*) state; (*Spiel~*) score; (*Messe~ etc*) stand; (*Klasse*) class; (*Beruf*) profession

stand *etc vb siehe* **stehen**

Standard ['ʃtandart] (**-s, -s**) *m* standard

Ständer ['ʃtɛndər] (**-s, -**) *m* stand

Standes- ['ʃtandəs] *zW*: **~amt** *nt* registry office; **~beamte(r)** *m* registrar; **s~gemäß** *adj, adv* according to one's social position; **~unterschied** *m* social difference

Stand- *zW*: **s~haft** *adj* steadfast; **s~halten** (*unreg*) *vi*: **(jdm/etw) s~halten** to stand firm (against sb/sth), to resist (sb/sth)

ständig ['ʃtɛndɪç] *adj* permanent; (*ununterbrochen*) constant, continual

Stand- *zW*: **~licht** *nt* sidelights *pl*, parking lights *pl* (*US*); **~ort** *m* location; (*MIL*) garrison; **~punkt** *m* standpoint

Stange ['ʃtaŋə] *f* stick; (*Stab*) pole, bar; rod; (*Zigaretten*) carton; **von der ~** (*COMM*) off the peg; **eine ~ Geld** (*umg*) quite a packet

Stanniol [ʃtani'o:l] (**-s, -e**) *nt* tinfoil

Stapel ['ʃta:pəl] (**-s, -**) *m* pile; (*NAUT*) stocks *pl*; **~lauf** *m* launch; **s~n** *vt* to pile (up)

Star[1] [ʃta:r] (**-(e)s, -e**) *m* starling; (*MED*) cataract

Star[2] (**-s, -s**) *m* (*Film~ etc*) star

starb *etc* [ʃtarp] *vb siehe* **sterben**

stark [ʃtark] *adj* strong; (*heftig, groß*) heavy; (*Maßangabe*) thick

Stärke ['ʃtɛrkə] *f* strength; heaviness; thickness; (*KOCH, Wäsche~*) starch; **s~n** *vt* to strengthen; (*Wäsche*) to starch

Starkstrom *m* heavy current

Stärkung ['ʃtɛrkuŋ] *f* strengthening; (*Essen*) refreshment

starr [ʃtar] *adj* stiff; (*unnachgiebig*) rigid; (*Blick*) staring; **~en** *vi* to stare; **~en vor** *od* **von** to be covered in; (*Waffen*) to be bristling with; **S~heit** *f* rigidity; **~köpfig** *adj* stubborn; **S~sinn** *m* obstinacy

Start [ʃtart] (**-(e)s, -e**) *m* start; (*AVIAT*) takeoff; **~automatik** *f* (*AUT*) automatic choke; **~bahn** *f* runway; **s~en** *vt* to start ♦ *vi* to start; to take off; **~er** (**-s, -**) *m* starter; **~erlaubnis** *f* takeoff clearance

Station [ʃtatsi'o:n] *f* station; hospital ward; **s~är** [ʃtatsio'nɛ:r] *adj* (*MED*) in-patient *attr*; **s~ieren** [-'ni:rən] *vt* to station

Statist [ʃta'tɪst] *m* extra, supernumerary

Statistik *f* statistics *sg*; **~er** (**-s, -**) *m* statistician

statistisch *adj* statistical

Stativ [ʃta'ti:f] (**-s, -e**) *nt* tripod

statt [ʃtat] *konj* instead of ♦ *präp* (+*gen od dat*) instead of

Stätte ['ʃtɛtə] *f* place

statt- *zW*: **~finden** (*unreg*) *vi* to take place; **~haft** *adj* admissible; **~lich** *adj* imposing, handsome

Statue ['ʃta:tuə] *f* statue

Status ['ʃta:tʊs] (**-, -**) *m* status; **~symbol** *nt* status symbol

Stau [ʃtaʊ] (**-(e)s, -e**) *m* blockage; (*Verkehrs~*) (traffic) jam

Staub [ʃtaʊp] (**-(e)s**) *m* dust; **s~en** ['ʃtaʊbən] *vi* to be dusty; **s~ig** *adj* dusty; **s~saugen** *vi* to vacuum, to hoover (®); **~sauger** *m* vacuum cleaner; **~tuch** *nt* duster

Staudamm *m* dam

Staude ['ʃtaʊdə] *f* shrub

stauen ['ʃtaʊən] *vt* (*Wasser*) to dam up; (*Blut*) to stop the flow of ♦ *vr* (*Wasser*) to become dammed up; (*MED, Verkehr*) to become congested; (*Menschen*) to collect; (*Gefühle*) to build up

staunen ['ʃtaʊnən] *vi* to be astonished; **S~** (**-s**) *nt* amazement

Stausee (**-s, -n**) *m* reservoir, man-made lake

Stauung ['ʃtaʊʊŋ] *f* (*von Wasser*) damming-up; (*von Blut, Verkehr*) congestion

Std. *abk* (= *Stunde*) hr.

Steak [ste:k] *nt* steak

Stech- ['ʃtɛç] *zW*: **s~en** (*unreg*) *vt* (*mit Nadel etc*) to prick; (*mit Messer*) to stab; (*mit Finger*) to poke; (*Biene etc*) to sting; (*Mücke*) to bite; (*Sonne*) to burn; (*KARTEN*) to take; (*ART*) to engrave; (*Torf, Spargel*) to cut; **in See s~en** to put to sea; **~en** (**-s, -**) *nt* (*SPORT*) play-off; jump-off; **s~end** *adj* piercing, stabbing; (*Geruch*) pungent; **~palme** *f* holly; **~uhr** *f* time clock

Steck- ['ʃtɛk] *zW*: **~brief** *m* "wanted" poster; **~dose** *f* (wall) socket; **s~en** *vt* to put, to insert; (*Nadel*) to stick; (*Pflanzen*) to plant; (*beim Nähen*) to pin ♦ *vi* (*auch unreg*) to be; (*festsitzen*) to be stuck; (*Nadeln*) to stick; **s~enbleiben** (*unreg*) *vi* to get stuck; **s~enlassen** (*unreg*) *vt* to leave in; **~enpferd** *nt* hobby-horse; **~er** (**-s, -**) *m* plug; **~nadel** *f* pin

Steg [ʃte:k] (**-(e)s, -e**) *m* small

bridge; (*Anlege~*) landing stage; **~reif** *m*: **aus dem ~reif** just like that

stehen ['ʃte:ən] (*unreg*) *vi* to stand; (*sich befinden*) to be; (*in Zeitung*) to say; (*still~*) to have stopped ♦ *vi unpers*: **es steht schlecht um jdn/etw** things are bad for sb/sth; **zu jdm/etw ~** to stand by sb/sth; **jdm ~** to suit sb; **wie steht's?** how are things?; (*SPORT*) what's the score?; **~ bleiben** to remain standing; **~bleiben** (*unreg*) *vi* (*Uhr*) to stop; (*Fehler*) to stay as it is; **~lassen** (*unreg*) *vt* to leave; (*Bart*) to grow

Stehlampe ['ʃte:lampə] *f* standard lamp

stehlen ['ʃte:lən] (*unreg*) *vt* to steal

Stehplatz ['ʃte:plats] *m* standing place

steif [ʃtaɪf] *adj* stiff; **S~heit** *f* stiffness

Steig- ['ʃtaɪk] *zW*: **~bügel** *m* stirrup; **~eisen** *nt* crampon; **s~en** (*unreg*) *vi* to rise; (*klettern*) to climb; **s~en in** +*akk*/**auf** +*akk* to get in/on; **s~ern** *vt* to raise; (*GRAM*) to compare ♦ *vi* (*Auktion*) to bid ♦ *vr* to increase; **~erung** *f* raising; (*GRAM*) comparison; **~ung** *f* incline, gradient, rise

steil [ʃtaɪl] *adj* steep

Stein [ʃtaɪn] (**-(e)s, -e**) *m* stone; (*in Uhr*) jewel; **~bock** *m* (*ASTROL*) Capricorn; **~bruch** *m* quarry; **s~ern** *adj* (made of) stone; (*fig*) stony; **~gut** *nt* stoneware; **s~ig** ['ʃtaɪnɪç] *adj* stony; **s~igen** *vt* to stone; **~kohle** *f* mineral coal; **~zeit** *f* Stone Age

Stelle ['ʃtɛlə] *f* place; (*Arbeit*) post, job; (*Amt*) office; **an Ihrer/meiner ~** in your/my place

stellen *vt* to put; (*Uhr etc*) to set; (*zur Verfügung ~*) to supply; (*fassen: Dieb*) to apprehend ♦ *vr* (*sich aufstellen*) to stand; (*sich einfinden*) to present o.s.; (*bei Polizei*) to give o.s. up; (*vorgeben*) to pretend (to be); **sich zu etw ~** to have an opinion of sth

Stellen- *zW*: **~angebot** *nt* offer of a post; (*in Zeitung*) "vacancies"; **~gesuch** *nt* application for a post; **~vermittlung** *f* employment agency

Stell- *zW*: **~ung** *f* position; (*MIL*) line; **~ung nehmen zu** to comment on; **~ungnahme** *f* comment; **s~vertretend** *adj* deputy, acting; **~vertreter** *m* deputy

Stelze ['ʃtɛltsə] *f* stilt

Stemmbogen *m* (*SKI*) stem turn

stemmen ['ʃtɛmən] *vt* to lift (up); (*drücken*) to press; **sich ~ gegen** (*fig*) to resist, to oppose

Stempel ['ʃtɛmpəl] (**-s, -**) *m* stamp; (*BOT*) pistil; **~kissen** *nt* inkpad; **s~n** *vt* to stamp; (*Briefmarke*) to cancel; **s~n gehen** (*umg*) to be *od* go on the dole

Stengel ['ʃtɛŋəl] (**-s, -**) *m* stalk

Steno- [ʃteno] *zW*: **~gramm** [-'gram] *nt* shorthand report; **~graphie** [-gra'fi:] *f* shorthand; **s~graphieren** [-gra'fi:rən] *vt, vi* to write (in) shorthand; **~typist(in)** [-ty'pɪst(ɪn)] *m(f)* shorthand typist

Stepp- ['ʃtɛp] *zW*: **~decke** *f* quilt; **~e** *f* prairie; steppe; **s~en** *vt* to stitch ♦ *vi* to tap-dance

Sterb- ['ʃtɛrb] *zW*: **~efall** *m* death; **~ehilfe** *f* euthanasia; **s~en** (*unreg*) *vi* to die; **s~lich** ['ʃtɛrplɪç] *adj* mortal; **~lichkeit** *f* mortality; **~lichkeitsziffer** *f* death rate

stereo- ['ste:reo] *in zW* stereo(-); **S~anlage** *f* stereo (system); **~typ** [ʃtereo'ty:p] *adj* stereotype

steril [ʃte'ri:l] *adj* sterile; **~i'sieren** *vt* to sterilize; **S~i'sierung** *f* sterilization

Stern [ʃtɛrn] (**-(e)s, -e**) *m* star; **~bild** *nt* constellation; **~schnuppe** *f* meteor, falling star; **~stunde** *f* historic moment

stet [ʃte:t] *adj* steady; **~ig** *adj* constant, continual; **~s** *adv* continually, always

Steuer[1] ['ʃtɔʏər] (**-s, -**) *nt* (*NAUT*) helm; (*~ruder*) rudder; (*AUT*) steering wheel

Steuer[2] (**-, -n**) *f* tax; **~berater(in)** *m(f)* tax consultant

Steuerbord *nt* (*NAUT, FLUG*) starboard

Steuer- ['ʃtɔʏər] *zW*: **~erklärung** *f* tax return; **~freibetrag** *m* tax allowance; **~klasse** *f* tax group; **~knüppel** *m* control column; (*AVIAT, COMPUT*) joystick; **~mann** (*pl* **-männer** *od* **-leute**) *m* helmsman; **s~n** *vt, vi* to steer; (*Flugzeug*) to pilot; (*Entwicklung, Tonstärke*) to control; **~rad** *nt* steering wheel; **~ung** *f* (*auch AUT*) steering; piloting; control; (*Vorrichtung*) controls *pl*; **~zahler** (**-s, -**) *m* taxpayer

Steward ['stju:ərt] (**-s, -s**) *m* steward; **~eß** ['stju:ərdɛs] (**-, -essen**) *f* stewardess; air hostess

Stich [ʃtɪç] (**-(e)s, -e**) *m* (*Insekten~*) sting; (*Messer~*) stab; (*beim Nähen*) stitch; (*Färbung*) tinge; (*KARTEN*) trick; (*ART*) engraving; **jdn im ~ lassen** to leave sb in the lurch; **s~eln** *vi* (*fig*) to jibe; **s~haltig** *adj* sound, tenable; **~probe** *f* spot check; **~straße** *f* cul-de-sac; **~wahl** *f* final ballot; **~wort** *nt* cue; (*in Wörterbuch*) headword; (*für Vortrag*) note

sticken ['ʃtɪkən] *vt, vi* to embroider

Sticke'rei *f* embroidery

stickig *adj* stuffy, close

Stickstoff *m* nitrogen

Stief- ['ʃti:f] *in zW* step

Stiefel ['ʃti:fəl] (**-s, -**) *m* boot

Stief *zW*: **~kind** *nt* stepchild; (*fig*) Cinderella; **~mutter** *f* stepmother; **~mütterchen** *nt* pansy; **s~mütterlich** *adj* (*fig*): **jdn/etw s~mütterlich behandeln** to pay little attention to sb/sth; **~vater** *m* stepfather

Stiege ['ʃti:gə] *f* staircase

stiehlst *etc* [ʃti:lst] *vb siehe* **stehlen**

Stiel [ʃti:l] (**-(e)s, -e**) *m* handle; (*BOT*) stalk

Stier (**-(e)s, -e**) *m* bull; (*ASTROL*) Taurus

stier [ʃti:r] *adj* staring, fixed; **~en** *vi* to stare

Stierkampf *m* bullfight

Stierkämpfer *m* bullfighter

Stift [ʃtɪft] (**-(e)s, -e**) *m* peg; (*Nagel*) tack; (*Farb~*) crayon; (*Blei~*) pencil ♦ *nt* (charitable) foundation; (*ECCL*) religious institution; **s~en** *vt* to found; (*Unruhe*) to cause; (*spenden*) to contribute; **~er(in)** (**-s, -**) *m(f)* founder; **~ung** *f* donation; (*Organisation*) foundation; **~zahn** *m* post crown

Stil [ʃti:l] (**-(e)s, -e**) *m* style

still [ʃtɪl] *adj* quiet; (*unbewegt*) still; (*heimlich*) secret; **S~er Ozean** Pacific; **S~e** *f* stillness, quietness; **in aller S~e** quietly; **~en** *vt* to stop; (*befriedigen*) to satisfy; (*Säuglling*) to breast-feed; **~halten** (*unreg*) *vi* to keep still; **~(l)egen** *vt* to close down; **~schweigen** (*unreg*) *vi* to be silent; **S~schweigen** *nt* silence; **~schweigend** *adj* silent; (*Einverständnis*) tacit ♦ *adv* silently; tacitly; **S~stand** *m* standstill; **~stehen** (*unreg*) *vi* to stand still

Stimm- ['ʃtɪm] *zW*: **~bänder** *pl* vocal chords; **s~berechtigt** *adj* entitled to vote; **~e** *f* voice; (*Wahlstimme*) vote; **s~en** *vt* (*MUS*) to tune ♦ *vi* to be right; **das s~te ihn traurig** that made him feel sad; **s~en für/gegen** to vote for/against; **s~t so!** that's right; **~enmehrheit** *f* majority (of votes); **~enthaltung** *f* abstention; **~gabel** *f* tuning fork; **~recht** *nt* right to vote; **~ung** *f* mood; atmosphere; **s~ungsvoll** *adj* enjoyable; full of atmosphere; **~zettel** *m* ballot paper

stinken ['ʃtɪŋkən] (*unreg*) *vi* to stink

Stipendium [ʃti'pɛndiʊm] *nt* grant

stirbst *etc* [ʃtɪrpst] *vb siehe* **sterben**

Stirn [ʃtɪrn] (**-, -en**) *f* forehead, brow; (*Frechheit*) impudence; **~band** *nt* headband; **~höhle** *f* sinus

stöbern ['ʃtø:bərn] *vi* to rummage

stochern ['stɔxərn] *vi* to poke (about)

Stock[1] [ʃtɔk] (**-(e)s, -e**) *m* stick; (*BOT*) stock

Stock[2] (**-(e)s, -** *od* **~werke**) *m* storey

stocken *vi* to stop, to pause; **~d** *adj*

halting
Stockung *f* stoppage
Stockwerk *nt* storey, floor
Stoff [ʃtɔf] (**-(e)s, -e**) *m* (*Gewebe*) material, cloth; (*Materie*) matter; (*von Buch etc*) subject (matter); **s~lich** *adj* material; **~tier** *nt* soft toy; **~wechsel** *m* metabolism
stöhnen ['ʃtøːnən] *vi* to groan
stoisch ['ʃtoːɪʃ] *adj* stoical
Stollen ['ʃtɔlən] (**-s, -**) *m* (*MIN*) gallery; (*KOCH*) *cake eaten at Christmas*; (*von Schuhen*) stud
stolpern ['ʃtɔlpərn] *vi* to stumble, to trip
Stolz [ʃtɔlts] (**-es**) *m* pride; **s~** *adj* proud; **s~ieren** [ʃtɔl'tsiːrən] *vi* to strut
stopfen ['ʃtɔpfən] *vt* (*hinein~*) to stuff; (*voll~*) to fill (up); (*nähen*) to darn ♦ *vi* (*MED*) to cause constipation
Stopfgarn *nt* darning thread
Stoppel ['ʃtɔpəl] (**-, -n**) *f* stubble
Stopp- ['ʃtɔp] *zW*: **s~en** *vt* to stop; (*mit Uhr*) to time ♦ *vi* to stop; **~schild** *nt* stop sign; **~uhr** *f* stopwatch
Stöpsel ['ʃtœpsəl] (**-s, -**) *m* plug; (*für Flaschen*) stopper
Storch [ʃtɔrç] (**-(e)s, ¨e**) *m* stork
Stör- ['ʃtøːr] *zW*: **s~en** *vt* to disturb; (*behindern, RADIO*) to interfere with ♦ *vr*: **sich an etw** *dat* **s~en** to let sth bother one; **s~end** *adj* disturbing, annoying; **~enfried** (**-(e)s, -e**) *m* troublemaker
störrisch ['ʃtœrɪʃ] *adj* stubborn, perverse
Störung *f* disturbance; interference
Stoß [ʃtoːs] (**-es, ¨e**) *m* (*Schub*) push; (*Schlag*) blow; knock; (*mit Schwert*) thrust; (*mit Fuß*) kick; (*Erd~*) shock; (*Haufen*) pile; **~dämpfer** (**-s, -**) *m* shock absorber; **s~en** (*unreg*) *vt* (*mit Druck*) to shove, to push; (*mit Schlag*) to knock, to bump; (*mit Fuß*) to kick; (*Schwert etc*) to thrust; (*anstoßen*: *Kopf etc*) to bump ♦ *vr* to get a knock ♦ *vi*: **s~en an** *od* **auf** +*akk* to bump into; (*finden*) to come across; (*angrenzen*) to be next to; **sich s~en an** +*dat* (*fig*) to take exception to; **~stange** *f* (*AUT*) bumper
stottern ['ʃtɔtərn] *vt, vi* to stutter
Str. *abk* (= *Straße*) St.
Straf- ['ʃtraːf] *zW*: **~anstalt** *f* penal institution; **~arbeit** *f* (*SCH*) punishment; lines *pl*; **s~bar** *adj* punishable; **~e** *f* punishment; (*JUR*) penalty; (*Gefängnisstrafe*) sentence; (*Geldstrafe*) fine; **s~en** *vt* to punish
straff [ʃtraf] *adj* tight; (*streng*) strict; (*Stil etc*) concise; (*Haltung*) erect; **~en** *vt* to tighten, to tauten
Strafgefangene(r) *mf* prisoner, convict
Strafgesetzbuch *nt* penal code
sträflich ['ʃtrɛːflɪç] *adj* criminal
Sträfling *m* convict
Straf- *zW*: **~porto** *nt* excess postage (charge); **~predigt** *f* telling-off; **~raum** *m* (*SPORT*) penalty area; **~recht** *nt* criminal law; **~stoß** *m* (*SPORT*) penalty (kick); **~tat** *f* punishable act; **~zettel** *m* ticket
Strahl [ʃtraːl] (**-s, -en**) *m* ray, beam; (*Wasser~*) jet; **s~en** *vi* to radiate; (*fig*) to beam; **~ung** *f* radiation
Strähne ['ʃtrɛːnə] *f* strand
stramm [ʃtram] *adj* tight; (*Haltung*) erect; (*Mensch*) robust
strampeln ['ʃtrampəln] *vi* to kick (about), to fidget
Strand [ʃtrant] (**-(e)s, ¨e**) *m* shore; (*mit Sand*) beach; **~bad** *nt* open-air swimming pool, lido; **s~en** ['ʃtrandən] *vi* to run aground; (*fig*: *Mensch*) to fail; **~gut** *nt* flotsam; **~korb** *m* beach chair
Strang [ʃtraŋ] (**-(e)s, ¨e**) *m* cord, rope; (*Bündel*) skein
Strapaz- *zW*: **~e** [ʃtra'paːtsə] *f* strain, exertion; **s~ieren** [ʃtrapa'tsiːrən] *vt* (*Material*) to treat roughly, to punish; (*Mensch, Kräfte*) to wear out, to exhaust; **s~ierfähig** *adj* hard-wearing; **s~iös** [ʃtrapatsi'øːs] *adj* exhausting, tough

Straße ['ʃtra:sə] *f* street, road

Straßen- *zW*: **~bahn** *f* tram, streetcar (*US*); **~beleuchtung** *f* street lighting; **~karte** *f* road map; **~kehrer** (-s, -) *m* roadsweeper; **~sperre** *f* roadblock; **~verkehr** *m* (road) traffic; **~verkehrsordnung** *f* highway code

Strateg- [ʃtra'te:g] *zW*: **~e** (-n, -n) *m* strategist; **~ie** [ʃtrate'gi:] *f* strategy; **s~isch** *adj* strategic

sträuben ['ʃtrɔʏbən] *vt* to ruffle ♦ *vr* to bristle; (*Mensch*): **sich (gegen etw)** ~ to resist (sth)

Strauch [ʃtraʊx] (-(e)s, Sträucher) *m* bush, shrub

Strauß[1] [ʃtraʊs] (-es, Sträuße) *m* bunch; bouquet

Strauß[2] (-es, -e) *m* ostrich

Streb- ['ʃtre:b] *zW*: **s~en** *vi* to strive, to endeavour; **s~en nach** to strive for; **~er** (-s, -; *pej*) *m* pusher, climber; (*SCH*) swot (*BRIT*); **s~sam** *adj* industrious

Strecke ['ʃtrɛkə] *f* stretch; (*Entfernung*) distance; (*EISENB, MATH*) line; **s~n** *vt* to stretch; (*Waffen*) to lay down; (*KOCH*) to eke out ♦ *vr* to stretch (o.s.)

Streich [ʃtraɪç] (-(e)s, -e) *m* trick, prank; (*Hieb*) blow; **s~eln** *vt* to stroke; **s~en** (*unreg*) *vt* (*berühren*) to stroke; (*auftragen*) to spread; (*anmalen*) to paint; (*durchstreichen*) to delete; (*nicht genehmigen*) to cancel ♦ *vi* (*berühren*) to brush; (*schleichen*) to prowl; **~holz** *nt* match, **~instrument** *nt* string instrument

Streif- ['ʃtraɪf] *zW*: **~e** *f* patrol; **s~en** *vt* (*leicht berühren*) to brush against, to graze; (*Blick*) to skim over; (*Thema, Problem*) to touch on; (*abstreifen*) to take off ♦ *vi* (*gehen*) to roam; **~en** (-s, -) *m* (*Linie*) stripe; (*Stück*) strip; (*Film*) film; **~schuß** *m* graze, grazing shot; **~zug** *m* scouting trip

Streik [ʃtraɪk] (-(e)s, -s) *m* strike; **~brecher** (-s, -) *m* blackleg, strikebreaker; **s~en** *vi* to strike; **~posten** *m* (strike) picket

Streit [ʃtraɪt] (-(e)s, -e) *m* argument; dispute; **s~en** (*unreg*) *vi, vr* to argue; to dispute; **~frage** *f* point at issue; **s~ig** *adj*: **jdm etw s~ig machen** to dispute sb's right to sth; **~igkeiten** *pl* quarrel *sg*, dispute *sg*; **~kräfte** *pl* (*MIL*) armed forces

streng [ʃtrɛŋ] *adj* severe; (*Lehrer, Maßnahme*) strict; (*Geruch etc*) sharp; **S~e** (-) *f* severity, strictness, sharpness; **~genommen** *adv* strictly speaking; **~gläubig** *adj* orthodox, strict; **~stens** *adv* strictly

Streß [ʃtrɛs] (-sses, -sse) *m* stress

stressen *vt* to put under stress

streuen [ʃtrɔʏən] *vt* to strew, to scatter, to spread; **Streuung** *f* dispersion

Strich [ʃtrɪç] (-(e)s, -e) *m* (*Linie*) line; (*Feder~, Pinsel~*) stroke; (*von Geweben*) nap; (*von Fell*) pile; **auf den ~ gehen** (*umg*) to walk the streets; **jdm gegen den ~ gehen** to rub sb up the wrong way; **einen ~ machen durch** to cross out; (*fig*) to foil; **~kode** *m* (*auf Waren*) bar code; **~mädchen** *nt* streetwalker; **~punkt** *m* semicolon; **s~weise** *adv* here and there

Strick [ʃtrɪk] (-(e)s, -e) *m* rope; **s~en** *vt, vi* to knit; **~jacke** *f* cardigan; **~leiter** *f* rope ladder; **~nadel** *f* knitting needle; **~waren** *pl* knitwear *sg*

striegeln *vt* (*Tiere, Fell*) to groom

strikt ['strɪkt] *adj* strict

strittig ['ʃtrɪtɪç] *adj* disputed, in dispute

Stroh [ʃtro:] (-(e)s) *nt* straw; **~blume** *f* everlasting flower; **~dach** *nt* thatched roof; **~halm** *m* (drinking) straw

Strom [ʃtro:m] (-(e)s, ¨e) *m* river; (*fig*) stream; (*ELEK*) current; **s~'abwärts** *adv* downstream; **s~'aufwärts** *adv* upstream

strömen ['ʃtrø:mən] *vi* to stream, to pour

Strom- *zW*: **~kreis** *m* circuit; **s~linienförmig** *adj* streamlined;

~**sperre** *f* power cut
Strömung ['ʃtrø:mʊŋ] *f* current
Strophe ['ʃtro:fə] *f* verse
strotzen ['ʃtrɔtsən] *vi*: ~ **vor** *od* **von** to abound in, to be full of
Strudel ['ʃtru:dəl] (**-s, -**) *m* whirlpool, vortex; (*KOCH*) strudel
Struktur [ʃtrʊk'tu:r] *f* structure
Strumpf [ʃtrʊmpf] (**-(e)s, ¨e**) *m* stocking; ~**band** *nt* garter; ~**hose** *f* (pair of) tights
Stube ['ʃtu:bə] *f* room
Stuben- *zW*: ~**arrest** *m* confinement to one's room; (*MIL*) confinement to quarters; ~**hocker** (*umg*) *m* stay-at-home; **s~rein** *adj* house-trained
Stuck [ʃtʊk] (**-(e)s**) *m* stucco
Stück [ʃtʏk] (**-(e)s, -e**) *nt* piece; (*etwas*) bit; (*THEAT*) play; ~**chen** *nt* little piece; ~**lohn** *m* piecework wages *pl*; **s~weise** *adv* bit by bit, piecemeal; (*COMM*) individually
Student(in) [ʃtu'dənt(ɪn)] *m(f)* student; **s~isch** *adj* student, academic
Studie ['ʃtu:diə] *f* study
studieren [ʃtu'di:rən] *vt, vi* to study
Studio ['ʃtu:dio] (**-s, -s**) *nt* studio
Studium ['ʃtu:diʊm] *nt* studies *pl*
Stufe ['ʃtu:fə] *f* step; (*Entwicklungs~*) stage; **s~nweise** *adv* gradually
Stuhl [ʃtu:l] (**-(e)s, ¨e**) *m* chair; ~**gang** *m* bowel movement
stülpen ['ʃtʏlpən] *vt* (*umdrehen*) to turn upside down; (*bedecken*) to put
stumm [ʃtʊm] *adj* silent; (*MED*) dumb
Stummel ['ʃtʊməl] (**-s, -**) *m* stump; (*Zigaretten~*) stub
Stummfilm *m* silent film
Stümper ['ʃtʏmpər] (**-s, -**) *m* incompetent, duffer; **s~haft** *adj* bungling, incompetent; **s~n** *vi* to bungle
Stumpf [ʃtʊmpf] (**-(e)s, ¨e**) *m* stump; **s~** *adj* blunt; (*teilnahmslos, glanzlos*) dull; (*Winkel*) obtuse; ~**sinn** *m* tediousness; **s~sinnig** *adj* dull
Stunde ['ʃtʊndə] *f* hour; (*SCH*) lesson
stunden *vt*: **jdm etw** ~ to give sb time to pay sth; **S~geschwindigkeit** *f* average speed per hour; **S~kilometer** *pl* kilometres per hour; ~**lang** *adj* for hours; **S~lohn** *m* hourly wage; **S~plan** *m* timetable; ~**weise** *adv* by the hour; every hour
stündlich ['ʃtʏntlɪç] *adj* hourly
Stups [ʃtʊps] (**-es, -e**; *umg*) *m* push; ~**nase** *f* snub nose
stur [ʃtu:r] *adj* obstinate, pigheaded
Sturm [ʃtʊrm] (**-(e)s, ¨e**) *m* storm, gale; (*MIL etc*) attack, assault
stürm- ['ʃtʏrm] *zW*: ~**en** *vi* (*Wind*) to blow hard, to rage; (*rennen*) to storm ♦ *vt* (*MIL, fig*) to storm ♦ *vb unpers*: **es** ~**t** there's a gale blowing; **S~er** (**-s, -**) *m* (*SPORT*) forward, striker; ~**isch** *adj* stormy
Sturmwarnung *f* gale warning
Sturz [ʃtʊrts] (**-es, ¨e**) *m* fall; (*POL*) overthrow
stürzen ['ʃtʏrtsən] *vt* (*werfen*) to hurl; (*POL*) to overthrow; (*umkehren*) to overturn ♦ *vr* to rush; (*hinein~*) to plunge ♦ *vi* to fall; (*AVIAT*) to dive; (*rennen*) to dash
Sturzflug *m* nose-dive
Sturzhelm *m* crash helmet
Stute ['ʃtu:tə] *f* mare
Stützbalken *m* brace, joist
Stütze ['ʃtʏtsə] *f* support; help
stutzen ['ʃtʊtsən] *vt* to trim; (*Ohr, Schwanz*) to dock; (*Flügel*) to clip ♦ *vi* to hesitate; to become suspicious
stützen *vt* (*auch fig*) to support; (*Ellbogen etc*) to prop up
stutzig *adj* perplexed, puzzled; (*mißtrauisch*) suspicious
Stützpunkt *m* point of support; (*von Hebel*) fulcrum; (*MIL, fig*) base
Styropor [ʃtyro'po:r] (®; **-s**) *nt* polystyrene
s.u. *abk* = **siehe unten**
Subjekt [zʊp'jɛkt] (**-(e)s, -e**) *nt* subject; **s~iv** [-'ti:f] *adj* subjective; ~**ivi'tät** *f* subjectivity
Substantiv ['zʊpstanti:f] (**-s, -e**) *nt* noun
Substanz [zʊp'stants] *f* substance
subtil [zʊp'ti:l] *adj* subtle

subtrahieren [zuptra'hi:rən] *vt* to subtract
subtropisch ['zuptro:pɪʃ] *adj* subtropical
Subvention [zupvɛntsi'o:n] *f* subsidy; **s~ieren** [-'ni:rən] *vt* to subsidize
Such- ['zu:x] *zW*: **~aktion** *f* search; **~e** *f* search; **s~en** *vt* to look (for), to seek; (*versuchen*) to try ♦ *vi* to seek, to search; **~er** (-s, -) *m* seeker, searcher; (*PHOT*) viewfinder
Sucht [zuxt] (-, ¨e) *f* mania; (*MED*) addiction, craving
süchtig ['zyçtɪç] *adj* addicted; **S~e(r)** *mf* addict
Süd- ['zy:t] *zW*: **~en** (-s) *m* south; **~früchte** *pl* Mediterranean fruit *sg*; **s~lich** *adj* southern; **s~lich von** (to the) south of; **~pol** *m* South Pole; **s~wärts** *adv* southwards
süffig ['zyfɪç] *adj* (*Wein*) pleasant to the taste
süffisant [zyfi'zant] *adj* smug
suggerieren [zuge'ri:rən] *vt* to suggest
Sühne ['zy:nə] *f* atonement, expiation; **s~n** *vt* to atone for, to expiate
Sultan ['zultan] (-s, -e) *m* sultan; **~ine** *f* sultana
Sülze ['zyltsə] *f* brawn
Summe ['zumə] *f* sum, total
summen *vt, vi* to buzz; (*Lied*) to hum
Sumpf [zumpf] (-(e)s, ¨e) *m* swamp, marsh; **s~ig** *adj* marshy
Sünde ['zyndə] *f* sin; **~nbock** (*umg*) *m* scapegoat; **~nfall** *m* Fall (of man); **~r(in)** (-s, -) *m(f)* sinner; **sündigen** *vi* to sin
Super ['zu:pər] (-s) *nt* (*Benzin*) four star (petrol) (*BRIT*), premium (*US*); **~lativ** [-lati:f] (-s, -e) *m* superlative; **~macht** *f* superpower; **~markt** *m* supermarket
Suppe ['zupə] *f* soup; **~nteller** *m* soup plate
süß [zy:s] *adj* sweet; **S~e** (-) *f* sweetness; **~en** *vt* to sweeten; **S~igkeit** *f* sweetness; (*Bonbon etc*) sweet (*BRIT*), candy (*US*); **~lich** *adj* sweetish; (*fig*) sugary; **~sauer** *adj* (*Gurke*) pickled; (*Sauce etc*) sweet-and-sour; **S~speise** *f* pudding, sweet; **S~stoff** *m* sweetener; **S~waren** *pl* confectionery (*sing*); **S~wasser** *nt* fresh water
Sylvester [zyl'vɛstər] (-s, -) *nt* = **Silvester**
Symbol [zym'bo:l] (-s, -e) *nt* symbol; **s~isch** *adj* symbolic(al)
Symmetrie [zyme'tri:] *f* symmetry
symmetrisch [zy'me:trɪʃ] *adj* symmetrical
Sympathie [zympa'ti:] *f* liking, sympathy; **sympathisch** [zym'pa:tɪʃ] *adj* likeable; **er ist mir sympathisch** I like him; **sympathi'sieren** *vi* to sympathize
Symphonie [zymfo'ni:] *f* (*MUS*) symphony
Symptom [zymp'to:m] (-s, -e) *nt* symptom; **s~atisch** [zympto'ma:tɪʃ] *adj* symptomatic
Synagoge [zyna'go:gə] *f* synagogue
synchron [zyn'kro:n] *adj* synchronous; **S~getriebe** *nt* synchromesh (gears *pl*); **~i'sieren** *vt* to synchronize; (*Film*) to dub
Synonym [zyno'ny:m] (-s, -e) *nt* synonym; **s~** *adj* synonymous
Synthese [zyn'te:zə] *f* synthesis
synthetisch [zyn'te:tɪʃ] *adj* synthetic
Syphilis ['zy:filɪs] (-) *f* syphilis
System [zys'te:m] (-s, -e) *nt* system; **s~atisch** [zyste'ma:tɪʃ] *adj* systematic; **s~ati'sieren** *vt* to systematize
Szene ['stse:nə] *f* scene; **~rie** [stsenə'ri:] *f* scenery

T

t *abk* (= *Tonne*) t
Tabak ['ta:bak] (-s, -e) *m* tobacco
Tabell- [ta'bɛl] *zW*: **t~arisch** [tabɛ'la:rɪʃ] *adj* tabular; **~e** *f* table
Tablett [ta'blɛt] *nt* tray; **~e** *f* tablet, pill
Tabu [ta'bu:] *nt* taboo; **t~** *adj* taboo
Tachometer [taxo'me:tər] (-s, -) *m*

(*AUT*) speedometer

Tadel ['ta:dəl] (**-s, -**) *m* censure; scolding; (*Fehler*) fault, blemish; **t~los** *adj* faultless, irreproachable; **t~n** *vt* to scold

Tafel ['ta:fəl] (**-, -n**) *f* (*auch MATH*) table; (*Anschlag~*) board; (*Wand~*) blackboard; (*Schiefer~*) slate; (*Gedenk~*) plaque; (*Illustration*) plate; (*Schalt~*) panel; (*Schokolade etc*) bar

Taft [taft] (**-(e)s, -e**) *m* taffeta

Tag [ta:k] (**-(e)s, -e**) *m* day; daylight; **unter/über ~e** (*MIN*) underground/on the surface; **an den ~ kommen** to come to light; **guten ~!** good morning/afternoon!; **t~aus** *adv*: **t~aus, t~ein** day in, day out; **~dienst** *m* day duty

Tage- ['ta:gə] *zW*: **~buch** ['ta:gəbu:x] *nt* diary, journal; **~geld** *nt* daily allowance; **t~lang** *adv* for days; **t~n** *vi* to sit, to meet ♦ *vb unpers*: **es tagt** dawn is breaking

Tages- *zW*: **~ablauf** *m* course of the day; **~anbruch** *m* dawn; **~fahrt** *f* day trip; **~karte** *f* menu of the day; (*Fahrkarte*) day ticket; **~licht** *nt* daylight; **~ordnung** *f* agenda; **~zeit** *f* time of day; **~zeitung** *f* daily (paper)

täglich ['tɛ:klıç] *adj, adv* daily

tagsüber ['ta:ks'y:bər] *adv* during the day

Tagung *f* conference

Taille ['taljə] *f* waist

Takt [takt] (**-(e)s, -e**) *m* tact; (*MUS*) time; **~gefühl** *nt* tact

Taktik *f* tactics *pl*

taktisch *adj* tactical

Takt- *zW*: **t~los** *adj* tactless; **~losigkeit** *f* tactlessness; **~stock** *m* (conductor's) baton; **t~voll** *adj* tactful

Tal [ta:l] (**-(e)s, ¨er**) *nt* valley

Talent [ta'lɛnt] (**-(e)s, -e**) *nt* talent; **t~iert** [talɛn'ti:rt] *adj* talented, gifted

Talisman ['ta:lısman] (**-s, -e**) *m* talisman

Talsohle *f* bottom of a valley

Talsperre *f* dam

Tamburin [tambu'ri:n] (**-s, -e**) *nt* tambourine

Tampon ['tampɔn] (**-s, -s**) *m* tampon

Tandem (**-s, -s**) *nt* tandem

Tang [taŋ] (**-(e)s, -e**) *m* seaweed

Tangente [taŋ'gɛntə] *f* tangent

Tango (**-s, -s**) *m* tango

Tank [taŋk] (**-s, -s**) *m* tank; **t~en** *vi* to fill up with petrol (*BRIT*) *od* gas (*US*); (*AVIAT*) to (re)fuel; **~er** (**-s, -**) *m* tanker; **~schiff** *nt* tanker; **~stelle** *f* petrol (*BRIT*) *od* gas (*US*) station; **~wart** *m* petrol pump (*BRIT*) *od* gas station (*US*) attendant

Tanne ['tanə] *f* fir; **~nbaum** *m* fir tree; **~nzapfen** *m* fir cone

Tante ['tantə] *f* aunt

Tanz [tants] (**-es, ¨e**) *m* dance; **t~en** *vt, vi* to dance

Tänzer(in) ['tɛntsər(ın)] (**-s, -**) *m(f)* dancer

Tanzfläche *f* (dance) floor

Tanzschule *f* dancing school

Tapete [ta'pe:tə] *f* wallpaper; **~nwechsel** *m* (*fig*) change of scenery

tapezieren [tape'tsi:rən] *vt* to (wall)paper

Tapezierer [tape'tsi:rər] (**-s, -**) *m* (interior) decorator

tapfer ['tapfər] *adj* brave; **T~keit** *f* courage, bravery

Tarif [ta'ri:f] (**-s, -e**) *m* tariff, (scale of) fares *od* charges; **~lohn** *m* standard wage rate; **~verhandlungen** *pl* wage negotiations

Tarn- ['tarn] *zW*: **t~en** *vt* to camouflage; (*Person, Absicht*) to disguise; **~farbe** *f* camouflage paint; **~ung** *f* camouflaging; disguising

Tasche ['taʃə] *f* pocket; handbag

Taschen- *in zW* pocket; **~buch** *nt* paperback; **~dieb** *m* pickpocket; **~geld** *nt* pocket money; **~lampe** *f* (electric) torch, flashlight (*US*); **~messer** *nt* penknife; **~tuch** *nt* handkerchief

Tasse ['tasə] *f* cup

Tastatur [tasta'tu:r] *f* keyboard

Taste ['tastə] *f* push-button control; (*an Schreibmaschine*) key; **t~n** *vt* to feel, to touch ♦ *vi* to feel, to grope ♦

vr to feel one's way

Tat [ta:t] (-, -en) *f* act, deed, action; **in der** ~ indeed, as a matter of fact; **t~** *etc vb siehe* **tun**; **~bestand** *m* facts *pl* of the case; **t~enlos** *adj* inactive

Tät- ['tɛ:t] *zW*: **~er(in)** (-s, -) *m(f)* perpetrator, culprit; **t~ig** *adj* active; **in einer Firma t~ig sein** to work for a firm; **~igkeit** *f* activity; (*Beruf*) occupation; **t~lich** *adj* violent; **~lichkeit** *f* violence; **~lichkeiten** *pl* (*Schläge*) blows

tätowieren [tɛto'vi:rən] *vt* to tattoo

Tatsache *f* fact

tatsächlich *adj* actual ♦ *adv* really

Tau[1] [tau] (-(e)s, -e) *nt* rope

Tau[2] (-(e)s) *m* dew

taub [taup] *adj* deaf; (*Nuß*) hollow; **T~heit** *f* deafness; **~stumm** *adj* deaf-and-dumb

Taube ['taubə] *f* dove; pigeon; **~nschlag** *m* dovecote; **hier geht es zu wie in einem ~nschlag** it's a hive of activity here

Tauch- ['taux] *zW*: **t~en** *vt* to dip ♦ *vi* to dive; (*NAUT*) to submerge; **~er** (-s, -) *m* diver; **~eranzug** *m* diving suit; **~erbrille** *f* diving goggles *pl*; **~sieder** (-s, -) *m* immersion coil (*for boiling water*)

tauen ['tauən] *vt, vi* to thaw ♦ *vb unpers*: **es taut** it's thawing

Tauf- ['tauf] *zW*: **~becken** *nt* font; **~e** *f* baptism; **t~en** *vt* to christen, to baptize; **~name** *m* Christian name; **~pate** *m* godfather; **~patin** *f* godmother; **~schein** *m* certificate of baptism

taug- ['taug] *zW*: **~en** *vi* to be of use; **~en für** to do for, to be good for; **nicht ~en** to be no good *od* useless; **T~enichts** (-es, -e) *m* good-for-nothing; **~lich** ['taukliç] *adj* suitable; (*MIL*) fit (for service)

Taumel ['tauməl] (-s) *m* dizziness; (*fig*) frenzy; **t~n** *vi* to reel, to stagger

Tausch [tauʃ] (-(e)s, -e) *m* exchange; **t~en** *vt* to exchange, to swap

täuschen ['tɔʏʃən] *vt* to deceive ♦ *vi* to be deceptive ♦ *vr* to be wrong; **~d** *adj* deceptive

Tauschhandel *m* barter

Täuschung *f* deception; (*optisch*) illusion

tausend ['tauzənt] *num* (a) thousand; **T~füßler** (-s, -) *m* centipede; millipede

Tauwetter *nt* thaw

Taxi ['taksi] (-(s), -(s)) *nt* taxi; **~fahrer** *m* taxi driver; **~stand** *m* taxi rank

Tech- ['tɛç] *zW*: **~nik** *f* technology; (*Methode, Kunstfertigkeit*) technique; **~niker** (-s, -) *m* technician; **t~nisch** *adj* technical; **~nolo'gie** *f* technology; **t~no'logisch** *adj* technological

TEE [te:'e:''e:] (-, -(s)) *m abk* (= *Trans-Europ-Express*) Trans-European Express

Tee [te:] (-s, -s) *m* tea; **~beutel** *m* tea bag; **~kanne** *f* teapot; **~löffel** *m* teaspoon

Teer [te:r] (-(e)s, -e) *m* tar; **t~en** *vt* to tar

Teesieb *nt* tea strainer

Teich [taiç] (-(e)s, -e) *m* pond

Teig [taik] (-(e)s, -e) *m* dough; **t~ig** ['taigiç] *adj* doughy; **~waren** *pl* pasta *sg*

Teil [tail] (-(e)s, -e) *m od nt* part; (*An~*) share; (*Bestand~*) component; **zum** ~ partly; **t~bar** *adj* divisible; **~betrag** *m* instalment; **~chen** *nt* (atomic) particle; **t~en** *vt, vr* to divide; (*mit jdm*) to share; **t~haben** (*unreg*) *vi*: **t~haben an** +*dat* to share in; **~haber** (-s, -) *m* partner; **~kaskoversicherung** *f* third party, fire and theft insurance; **~nahme** *f* participation; (*Mitleid*) sympathy; **t~nahmslos** *adj* disinterested, apathetic; **t~nehmen** (*unreg*) *vi*: **t~nehmen an** +*dat* to take part in; **~nehmer** (-s, -) *m* participant; **t~s** *adv* partly; **~ung** *f* division; **t~weise** *adv* partially, in part; **~zahlung** *f* payment by instalments; **~zeitarbeit** *f* part-time work

Teint [tɛ̃:] (-s, -s) *m* complexion

Telefax ['telefaks] *nt* fax

Telefon [tele'fo:n] (**-s, -e**) *nt* telephone; **~anruf** *m* (tele)phone call; **~at** [telefo'na:t] (**-(e)s, -e**) *nt* (tele)phone call; **~buch** *nt* telephone directory; **~hörer** *m* (telephone) receiver; **t~ieren** [telefo'ni:rən] *vi* to telephone; **t~isch** [-ɪʃ] *adj* telephone; (*Benachrichtigung*) by telephone; **~ist(in)** [telefo'nɪst(ɪn)] *m(f)* telephonist; **~karte** *f* phonecard; **~nummer** *f* (tele)phone number; **~zelle** *f* telephone kiosk, callbox; **~zentrale** *f* telephone exchange

Telegraf [tele'gra:f] (**-en, -en**) *m* telegraph; **~enmast** *m* telegraph pole; **~ie** [-'fi:] *f* telegraphy; **t~ieren** [-'fi:rən] *vt, vi* to telegraph, to wire; **t~isch** *adj* telegraphic

Telegramm [tele'gram] (**-s, -e**) *nt* telegram, cable; **~adresse** *f* telegraphic address

Tele- *zW*: **~objektiv** ['te:le'ɔpjɛkti:f] *nt* telephoto lens; **t~pathisch** [tele'pa:tɪʃ] *adj* telepathic; **~skop** [tele'sko:p] (**-s, -e**) *nt* telescope

Telex ['te:leks] (**-es, -e**) *nt* telex

Teller ['tɛlər] (**-s, -**) *m* plate

Tellergericht *nt* (*KOCH*) one-course meal

Tempel ['tɛmpəl] (**-s, -**) *m* temple

Temperament [tɛmpera'mɛnt] *nt* temperament; (*Schwung*) vivacity, liveliness; **t~voll** *adj* high-spirited, lively

Temperatur [tɛmpera'tu:r] *f* temperature

Tempo[1] ['tɛmpo] (**-s, -s**) *nt* speed, pace; **Tempo!** get a move on!

Tempo[2] (**-s, Tempi**) *nt* (*MUS*) tempo

Tendenz [tɛn'dɛnts] *f* tendency; (*Absicht*) intention; **t~iös** [-i'ø:s] *adj* biased, tendentious

tendieren [tɛn'di:rən] *vi*: **~ zu** to show a tendency to, to incline towards

Tennis ['tɛnɪs] (-) *nt* tennis; **~ball** *m* tennis ball; **~platz** *m* tennis court; **~schläger** *m* tennis racket; **~schuh** *m* tennis shoe; **~spieler(in)** *m(f)* tennis player

Tenor [te'no:r] (**-s, ¨e**) *m* tenor

Teppich ['tɛpɪç] (**-s, -e**) *m* carpet; **~boden** *m* wall-to-wall carpeting

Termin [tɛr'mi:n] (**-s, -e**) *m* (*Zeitpunkt*) date; (*Frist*) time limit, deadline; (*Arzt~ etc*) appointment; **~kalender** *m* diary, appointments book; **~planer** *m* personal organizer

Termite [tɛr'mi:tə] *f* termite

Terpentin [tɛrpɛn'ti:n] (**-s, -e**) *nt* turpentine, turps *sg*

Terrasse [tɛ'rasə] *f* terrace

Terrine [tɛ'ri:nə] *f* tureen

territorial [tɛritori'a:l] *adj* territorial

Territorium [tɛri'to:riʊm] *nt* territory

Terror ['tɛrɔr] (**-s**) *m* terror; reign of terror; **t~isieren** [tɛrori'zi:rən] *vt* to terrorize; **~ismus** [-'rɪsmʊs] *m* terrorism; **~ist** [-'rɪst] *m* terrorist

Terz [tɛrts] (**-, -en**) *f* (*MUS*) third; **~ett** [tɛr'tsɛt] (**-(e)s, -e**) *nt* trio

Tesafilm ['te:zafɪlm] (®) *m* Sellotape (®) (*BRIT*), Scotch tape (®) (*US*)

Test [test] (**-s, -s**) *m* test

Testament [tɛsta'mɛnt] *nt* will, testament; (*REL*) Testament; **t~arisch** [-'ta:rɪʃ] *adj* testamentary; **~svollstrecker** *m* executor (of a will)

testen *vt* to test

Tetanus ['te:tanʊs] (-) *m* tetanus; **~impfung** *f* (anti-)tetanus injection

teuer ['tɔʏər] *adj* dear, expensive; **T~ung** *f* increase in prices; **T~ungszulage** *f* cost of living bonus

Teufel ['tɔʏfəl] (**-s, -**) *m* devil

teuflisch ['tɔʏflɪʃ] *adj* fiendish, diabolical

Text [tɛkst] (**-(e)s, -e**) *m* text; (*Lieder~*) words *pl*; **t~en** *vi* to write the words

textil [tɛks'ti:l] *adj* textile; **T~ien** *pl* textiles; **T~industrie** *f* textile industry; **T~waren** *pl* textiles

Textverarbeitung *f* word processing

Theater [te'a:tər] (**-s, -**) *nt* theatre;

(*umg*) fuss; ~ **spielen** (*auch fig*) to playact; **~besucher** *m* playgoer; **~kasse** *f* box office; **~stück** *nt* (stage-)play

Theke ['te:kə] *f* (*Schanktisch*) bar; (*Ladentisch*) counter

Thema ['te:ma] (**-s, Themen** *od* **-ta**) *nt* theme, topic, subject

Themse ['tɛmzə] *f* Thames

Theo- [teo] *zW*: **~loge** [-'lo:gə] (**-n, -n**) *m* theologian; **~logie** [-lo'gi:] *f* theology; **t~logisch** [-'lo:gɪʃ] *adj* theological; **~retiker** [-'re:tikər] (**-s, -**) *m* theorist; **t~retisch** [-'re:tɪʃ] *adj* theoretical; **~rie** [-'ri:] *f* theory

Thera- [tera] *zW*: **~peut** [-'pɔʏt] (**-en, -en**) *m* therapist; **t~peutisch** [-'pɔʏtɪʃ] *adj* therapeutic; **~pie** [-'pi:] *f* therapy

Therm- *zW*: **~albad** [tɛr'ma:lba:t] *nt* thermal bath; thermal spa; **~odrucker** ['tɛrmo-] *m* thermal printer; **~ometer** [tɛrmo'me:tər] (**-s, -**) *nt* thermometer; **~osflasche** ® ['tɛrmɔs-flaʃə] *f* Thermos (®) flask; **~ostat** [tɛrmo'sta:t] (**-(e)s** *od* **-en, -e(n)**) *m* thermostat

These ['te:zə] *f* thesis

Thrombose [trɔm'bo:sə] *f* thrombosis

Thron [tro:n] (**-(e)s, -e**) *m* throne; **t~en** *vi* to sit enthroned; (*fig*) to sit in state; **~folge** *f* succession (to the throne)

Thunfisch ['tu:nfɪʃ] *m* tuna

Thymian ['ty:mia:n] (**-s, -e**) *m* thyme

Tick [tɪk] (**-(e)s, -s**) *m* tic; (*Eigenart*) quirk; (*Fimmel*) craze

ticken *vi* to tick

tief [ti:f] *adj* deep; (*~sinnig*) profound; (*Ausschnitt, Preis, Ton*) low; **T~** (**-s, -s**) *nt* (*MET*) depression; **T~druck** *m* low pressure; **T~e** *f* depth; **T~ebene** *f* plain; **T~enpsychologie** *f* depth psychology; **T~enschärfe** *f* (*PHOT*) depth of focus; **T~garage** *f* underground garage; **~gekühlt** *adj* frozen; **~greifend** *adj* far-reaching; **T~kühlfach** *nt* deep-freeze compartment; **T~kühlkost** *f* (deep) frozen food; **T~kühltruhe** *f* deep-freeze, freezer; **T~punkt** *m* low point; (*fig*) low ebb; **T~schlag** *m* (*BOXEN, fig*) blow below the belt; **~schürfend** *adj* profound; **T~see** *f* deep sea; **~sinnig** *adj* profound; melancholy; **T~stand** *m* low level; **T~stwert** *m* minimum *od* lowest value

Tier [ti:r] (**-(e)s, -e**) *nt* animal; **~arzt** *m* vet(erinary surgeon); **~garten** *m* zoo(logical gardens *pl*); **~heim** *nt* cat/dog home; **t~isch** *adj* animal; (*auch fig*) brutish; (*fig*: *Ernst etc*) deadly; **~kreis** *m* zodiac; **~kunde** *f* zoology; **t~liebend** *adj* fond of animals; **~park** *m* zoo; **~quälerei** [-kvɛ:lə'raɪ] *f* cruelty to animals; **~schutzverein** *m* society for the prevention of cruelty to animals

Tiger(in) ['ti:gər(ɪn)] (**-s, -**) *m* tiger(gress)

tilgen ['tɪlgən] *vt* to erase; (*Sünden*) to expiate; (*Schulden*) to pay off

Tinte ['tɪntə] *f* ink; **~nfisch** *m* cuttlefish; **~nstift** *m* copying *od* indelible pencil

Tip [tɪp] *m* tip; **t~pen** *vt, vi* to tap, to touch; (*umg*: *schreiben*) to type; (*im Lotto etc*) to bet (on); **auf jdn t~pen** (*umg*: *raten*) to tip sb, to put one's money on sb (*fig*)

Tipp- ['tɪp] *zW*: **~fehler** (*umg*) *m* typing error; **t~topp** (*umg*) *adj* tip-top; **~zettel** *m* (pools) coupon

Tirol [ti'ro:l] *nt* the Tyrol; **~er(in)** *m(f)* Tyrolean; **t~isch** *adj* Tyrolean

Tisch [tɪʃ] (**-(e)s, -e**) *m* table; **bei ~** at table; **vor/nach ~** before/after eating; **unter den ~ fallen** (*fig*) to be dropped; **~decke** *f* tablecloth; **~ler** (**-s, -**) *m* carpenter, joiner; **~le'rei** *f* joiner's workshop; (*Arbeit*) carpentry, joinery; **t~lern** *vi* to do carpentry *etc*; **~rede** *f* after-dinner speech; **~tennis** *nt* table tennis; **~tuch** *nt* tablecloth

Titel ['ti:təl] (**-s, -**) *m* title; **~bild** *nt* cover (picture); (*von Buch*) frontispiece; **~rolle** *f* title role; **~seite** *f* cover; (*Buch~*) title page; **~verteidiger** *m* defending champion, title holder

Toast [to:st] (**-(e)s, -s** *od* **-e**) *m* toast; **~brot** *nt* bread for toasting; **~er** (**-s, -**) *m* toaster

tob- ['to:b] *zW*: **~en** *vi* to rage; (*Kinder*) to romp about; **~süchtig** *adj* maniacal

Tochter ['tɔxtər] (**-, ¨**) *f* daughter; **~gesellschaft** *f* subsidiary (company)

Tod [to:t] (**-(e)s, -e**) *m* death; **t~ernst** *adj* deadly serious ♦ *adv* in dead earnest

Todes- ['to:dəs] *zW*: **~angst** [-aŋst] *f* mortal fear; **~anzeige** *f* obituary (notice); **~fall** *m* death; **~strafe** *f* death penalty; **~ursache** *f* cause of death; **~urteil** *nt* death sentence; **~verachtung** *f* utter disgust

todkrank *adj* dangerously ill

tödlich ['tø:tlɪç] *adj* deadly, fatal

tod- *zW*: **~müde** *adj* dead tired; **~schick** (*umg*) *adj* smart, classy; **~sicher** (*umg*) *adj* absolutely *od* dead certain; **T~sünde** *f* deadly sin

Toilette [toa'lɛtə] *f* toilet, lavatory; (*Frisiertisch*) dressing table; (*Kleidung*) outfit

Toiletten- *zW*: **~artikel** *pl* toiletries, toilet articles; **~papier** *nt* toilet paper; **~tisch** *m* dressing table

toi, toi, toi ['tɔʏ 'tɔʏ 'tɔʏ] *excl* touch wood

tolerant [tole'rant] *adj* tolerant

Toleranz [tole'rants] *f* tolerance

tolerieren [tole'ri:rən] *vt* to tolerate

toll [tɔl] *adj* mad; (*Treiben*) wild; (*umg*) terrific; **~en** *vi* to romp; **T~kirsche** *f* deadly nightshade; **~kühn** *adj* daring; **T~wut** *f* rabies

Tomate [to'ma:tə] *f* tomato; **~nmark** *nt* tomato puree

Tombola *f* tombola

Ton[1] [to:n] (**-(e)s, -e**) *m* (*Erde*) clay

Ton[2] (**-(e)s, ¨e**) *m* (*Laut*) sound; (*MUS*) note; (*Redeweise*) tone; (*Farb~, Nuance*) shade; (*Betonung*) stress; **~abnehmer** *m* pick-up; **~angebend** *adj* leading; **~art** *f* (musical) key; **~band** *nt* tape; **~bandgerät** *nt* tape recorder

tönen ['tø:nən] *vi* to sound ♦ *vt* to shade; (*Haare*) to tint

tönern ['tø:nərn] *adj* clay

Ton- *zW*: **~fall** *m* intonation; **~film** *m* sound film; **~leiter** *f* (*MUS*) scale; **t~los** *adj* soundless

Tonne ['tɔnə] *f* barrel; (*Maß*) ton

Tontaube *f* clay pigeon

Tonwaren *pl* pottery *sg*, earthenware *sg*

Topf [tɔpf] (**-(e)s, ¨e**) *m* pot; **~blume** *f* pot plant

Töpfer ['tœpfər] (**-s, -**) *m* potter; **~ei** [-'raɪ] *f* piece of pottery; potter's workshop; **~scheibe** *f* potter's wheel

topographisch [topo'gra:fɪʃ] *adj* topographic

Tor[1] [to:r] (**-en, -en**) *m* fool

Tor[2] (**-(e)s, -e**) *nt* gate; (*SPORT*) goal; **Torbogen** *m* archway

Torf [tɔrf] (**-(e)s**) *m* peat

Torheit *f* foolishness; foolish deed

töricht ['tø:rɪçt] *adj* foolish

torkeln ['tɔrkəln] *vi* to stagger, to reel

Torpedo [tɔr'pe:do] (**-s, -s**) *m* torpedo

Torte ['tɔrtə] *f* cake; (*Obst~*) flan, tart

Tortur [tɔr'tu:r] *f* ordeal

Torwart (**-(e)s, -e**) *m* goalkeeper

tosen ['to:zən] *vi* to roar

tot [to:t] *adj* dead

total [to'ta:l] *adj* total; **~itär** [tɔtali'tɛ:r] *adj* totalitarian; **T~schaden** *m* (*AUT*) complete write-off

Tote(r) *mf* dead person

töten ['tøtən] *vt, vi* to kill

Toten- ['to:tən] *zW*: **~bett** *nt* death bed; **t~blaß** *adj* deathly pale, white as a sheet; **~kopf** *m* skull; **~schein** *m* death certificate; **~stille** *f* deathly silence

tot- *zW*: **~fahren** (*unreg*) *vt* to run over; **~geboren** *adj* stillborn; **~lachen** (*umg*) *vr* to laugh one's head off

Toto ['to:to] (-s, -s) *m od nt* pools *pl*; **~schein** *m* pools coupon

tot- *zW*: **T~schlag** *m* manslaughter; **~schlagen** (*unreg*) *vt* (*auch fig*) to kill; **~schweigen** (*unreg*) *vt* to hush up; **~stellen** *vr* to pretend to be dead

Tötung ['tø:tuŋ] *f* killing

Toupet [tu'pe:] (-s, -s) *nt* toupee

toupieren [tu'pi:rən] *vt* to backcomb

Tour [tu:r] (-, -en) *f* tour, trip; (*Umdrehung*) revolution; (*Verhaltensart*) way; **in einer ~** incessantly; **~enzähler** *m* rev counter; **~ismus** [tu'rɪsmʊs] *m* tourism; **~ist** [tu'rɪst] *m* tourist; **~istenklasse** *f* tourist class; **~nee** [tʊr'ne:] (-, -n) *f* (*THEAT etc*) tour; **auf ~nee gehen** to go on tour

Trab [tra:p] (-(e)s) *m* trot

Trabantenstadt *f* satellite town

traben *vi* to trot

Tracht [traxt] (-, -en) *f* (*Kleidung*) costume, dress; **eine ~ Prügel** a sound thrashing; **t~en** *vi*: **t~en (nach)** to strive (for); **jdm nach dem Leben t~en** to seek to kill sb; **danach t~en, etw zu tun** to strive *od* endeavour to do sth

trächtig ['trɛçtɪç] *adj* (*Tier*) pregnant

Tradition [traditsi'o:n] *f* tradition; **t~ell** [-'nɛl] *adj* traditional

traf *etc* [tra:f] *vb siehe* **treffen**

Tragbahre *f* stretcher

tragbar *adj* (*Gerät*) portable; (*Kleidung*) wearable; (*erträglich*) bearable

träge ['trɛ:gə] *adj* sluggish, slow; (*PHYS*) inert

tragen ['tra:gən] (*unreg*) *vt* to carry; (*Kleidung, Brille*) to wear; (*Namen, Früchte*) to bear; (*erdulden*) to endure ♦ *vi* (*schwanger sein*) to be pregnant; (*Eis*) to hold; **sich mit einem Gedanken ~** to have an idea in mind; **zum T~ kommen** to have an effect

Träger ['trɛ:gər] (-s, -) *m* carrier; wearer; bearer; (*Ordens~*) holder; (*an Kleidung*) (shoulder) strap; (*Körperschaft etc*) sponsor; **~rakete** *f* launch vehicle

Tragetasche *f* carrier bag

Tragfläche *f* (*AVIAT*) wing

Tragflügelboot *nt* hydrofoil

Trägheit ['trɛ:khaɪt] *f* laziness; (*PHYS*) inertia

Tragik ['tra:gɪk] *f* tragedy

tragisch ['tra:gɪʃ] *adj* tragic

Tragödie [tra'gø:diə] *f* tragedy

Tragweite *f* range; (*fig*) scope

Train- ['trɛ:n] *zW*: **~er** (-s, -) *m* (*SPORT*) trainer, coach; (*Fußball*) manager; **t~ieren** [trɛ'ni:rən] *vt, vi* to train; (*Mensch*) to train, to coach; (*Übung*) to practise; **~ing** (-s, -s) *nt* training; **~ingsanzug** *m* track suit

Traktor ['traktɔr] *m* tractor; (*von Drucker*) tractor feed

trällern ['trɛlərn] *vt, vi* to trill, to sing

Tram (-, -s) *f* tram

trampeln ['trampəln] *vt, vi* to trample, to stamp

trampen ['trɛmpən] *vi* to hitch-hike

Tramper(in) (-s, -) *m(f)* hitch-hiker

Tran [tra:n] (-(e)s, -e) *m* train oil, blubber

tranchieren [trã'ʃi:rən] *vt* to carve

Träne ['trɛ:nə] *f* tear; **t~n** *vi* to water; **~ngas** *nt* teargas

trank *etc* [traŋk] *vb siehe* **trinken**

tränken ['trɛŋkən] *vt* (*Tiere*) to water

Trans- *zW*: **~formator** [transfɔr'ma:tɔr] *m* transformer; **~istor** [tran'zistɔr] *m* transistor; **~itverkehr** [tran'zi:tferke:r] *m* transit traffic; **~itvisum** *nt* transit visa; **t~parent** [transpa'rɛnt] *adj* transparent; **~parent** (-(e)s, -e) *nt* (*Bild*) transparency; (*Spruchband*) banner; **~plantation** [transplantatsi'o:n] *f* transplantation; (*Hauttransplantation*) graft(ing)

Transport [trans'pɔrt] (-(e)s, -e) *m* transport; **t~ieren** [transpɔr'ti:rən] *vt* to transport; **~kosten** *pl* transport charges, carriage *sg*; **~mittel** *nt* means *sg* of transportation; **~unternehmen** *nt* carrier

Trapez [tra'pe:ts] (**-es, -e**) *nt* trapeze; (*MATH*) trapezium

Traube ['traʊbə] *f* grape; bunch (of grapes); **~nzucker** *m* glucose

trauen ['traʊən] *vi*: **jdm/etw ~** to trust sb/sth ♦ *vr* to dare ♦ *vt* to marry

Trauer ['traʊər] (-) *f* sorrow; (*für Verstorbenen*) mourning; **~fall** *m* death, bereavement; **~feier** *f* funeral service; **~kleidung** *f* mourning; **t~n** *vi* to mourn; **um jdn t~n** to mourn (for) sb; **~rand** *m* black border; **~spiel** *nt* tragedy

traulich ['traʊlɪç] *adj* cosy, intimate

Traum [traʊm] (**-(e)s, Träume**) *m* dream

Trauma (**-s, -men**) *nt* trauma

träum- ['trɔʏm] *zW*: **~en** *vt, vi* to dream; **T~er** (**-s, -**) *m* dreamer; **T~e'rei** *f* dreaming; **~erisch** *adj* dreamy

traumhaft *adj* dreamlike; (*fig*) wonderful

traurig ['traʊrɪç] *adj* sad; **T~keit** *f* sadness

Trau- ['traʊ] *zW*: **~ring** *m* wedding ring; **~schein** *m* marriage certificate; **~ung** *f* wedding ceremony; **~zeuge** *m* witness (to a marriage); **~zeugin** *f* witness (at a marriage ceremony)

treffen ['trɛfən] (*unreg*) *vt* to strike, to hit; (*Bemerkung*) to hurt; (*begegnen*) to meet; (*Entscheidung etc*) to make; (*Maßnahmen*) to take ♦ *vi* to hit ♦ *vr* to meet; **er hat es gut getroffen** he did well; **~ auf** +*akk* to come across, to meet with; **es traf sich, daß ...** it so happened that ...; **es trifft sich gut** it's convenient; **wie es so trifft** as these things happen; **T~** (**-s, -**) *nt* meeting; **~d** *adj* pertinent, apposite

Treffer (**-s, -**) *m* hit; (*Tor*) goal; (*Los*) winner

Treffpunkt *m* meeting place

Treib- ['traɪb] *zW*: **~eis** *nt* drift ice; **t~en** (*unreg*) *vt* to drive; (*Studien etc*) to pursue; (*Sport*) to do, to go in for ♦ *vi* (*Schiff etc*) to drift; (*Pflanzen*) to sprout; (*KOCH*: *aufgehen*) to rise; (*Tee, Kaffee*) to be diuretic; **Unsinn t~en** to fool around; **~haus** *nt* greenhouse; **~hauseffekt** *m* greenhouse effect; **~hausgas** *nt* greenhouse gas; **~stoff** *m* fuel

trenn- ['trɛn] *zW*: **~bar** *adj* separable; **~en** *vt* to separate; (*teilen*) to divide ♦ *vr* to separate; **sich ~en von** to part with; **T~ung** *f* separation; **T~wand** *f* partition (wall)

Trepp- ['trɛp] *zW*: **t~ab** *adv* downstairs; **t~auf** *adv* upstairs; **~e** *f* stair(case); **~engeländer** *nt* banister; **~enhaus** *nt* staircase

Tresor [tre'zo:r] (**-s, -e**) *m* safe

Tretboot *nt* pedalo, pedal boat

treten ['tre:tən] (*unreg*) *vi* to step; (*Tränen, Schweiß*) to appear ♦ *vt* (*mit Fußtritt*) to kick; (*nieder~*) to tread, to trample; **~ nach** to kick at; **~ in** +*akk* to step in(to); **in Verbindung ~** to get in contact; **in Erscheinung ~** to appear

treu [trɔʏ] *adj* faithful, true; **T~e** (-) *f* loyalty, faithfulness; **T~händer** (**-s, -**) *m* trustee; **T~handgesellschaft** *f* trust company; **~herzig** *adj* innocent; **~los** *adj* faithless

Tribüne [tri'by:nə] *f* grandstand; (*Redner~*) platform

Trichter ['trɪçtər] (**-s, -**) *m* funnel; (*in Boden*) crater

Trick [trɪk] (**-s, -e** *od* **-s**) *m* trick; **~film** *m* cartoon

Trieb [tri:p] (**-(e)s, -e**) *m* urge, drive; (*Neigung*) inclination; (*an Baum etc*) shoot; **t~** *etc vb siehe* **treiben**; **~feder** *f* (*fig*) motivating force; **~kraft** *f* (*fig*) drive; **~täter** *m* sex offender; **~werk** *nt* engine

triefen ['tri:fən] *vi* to drip

triffst *etc* [trɪfst] *vb siehe* **treffen**

triftig ['trɪftɪç] *adj* good, convincing

Trikot [tri'ko:] (**-s, -s**) *nt* vest; (*SPORT*) shirt

Trimester [tri'mɛstər] (**-s, -**) *nt* term

trimmen ['trɪmən] *vr* to do keep fit

exercises

trink- ['trɪŋk] *zW*: **~bar** *adj* drinkable; **~en** (*unreg*) *vt, vi* to drink; **T~er** (-s, -) *m* drinker; **T~geld** *nt* tip; **T~halle** *f* refreshment kiosk; **T~wasser** *nt* drinking water

Tripper ['trɪpər] (-s, -) *m* gonorrhoea

Tritt [trɪt] (-(e)s, -e) *m* step; (*Fuß~*) kick; **~brett** *nt* (*EISENB*) step; (*AUT*) running-board

Triumph [tri'ʊmf] (-(e)s, -e) *m* triumph; **~bogen** *m* triumphal arch; **t~ieren** [triʊm'fi:rən] *vi* to triumph; (*jubeln*) to exult

trocken ['trɔkən] *adj* dry; **T~element** *nt* dry cell; **T~haube** *f* hair dryer; **T~heit** *f* dryness; **~legen** *vt* (*Sumpf*) to drain; (*Kind*) to put a clean nappy on; **T~milch** *f* dried milk; **T~rasur** *f* dry shave, electric shave

trocknen ['trɔknən] *vt, vi* to dry

Trödel ['trø:dəl] (-s; *umg*) *m* junk; **~markt** *m* flea market; **t~n** (*umg*) *vi* to dawdle

Trog [tro:k] (-(e)s, ¨e) *m* trough

Trommel ['trɔməl] (-, -n) *f* drum; **~fell** *nt* eardrum; **t~n** *vt, vi* to drum

Trompete [trɔm'pe:tə] *f* trumpet; **~r** (-s, -) *m* trumpeter

Tropen ['tro:pən] *pl* tropics; **~helm** *m* sun helmet

tröpfeln ['trœpfəln] *vi* to drop, to trickle

Tropfen ['trɔpfən] (-s, -) *m* drop; **t~** *vt, vi* to drip ♦ *vb unpers*: **es tropft** a few raindrops are falling; **t~weise** *adv* in drops

Tropfsteinhöhle *f* stalactite cave

tropisch ['tro:pɪʃ] *adj* tropical

Trost [tro:st] (-es) *m* consolation, comfort

trösten ['trø:stən] *vt* to console, to comfort

trost- *zW*: **~los** *adj* bleak; (*Verhältnisse*) wretched; **T~preis** *m* consolation prize; **~reich** *adj* comforting

Trott [trɔt] (-(e)s, -e) *m* trot; (*Routine*) routine; **~el** (-s, -; *umg*) *m* fool, dope; **t~en** *vi* to trot; **~oir** [trɔto'a:r] (-s, -s *od* -e) *nt* pavement, sidewalk (*US*)

Trotz [trɔts] (-es) *m* pigheadedness; **etw aus ~ tun** to do sth just to show them; **jdm zum ~** in defiance of sb; **t~** *präp* (+*gen od dat*) in spite of; **t~dem** *adv* nevertheless, all the same ♦ *konj* although; **t~en** *vi* (+*dat*) to defy; (*der Kälte, Klima etc*) to withstand; (*der Gefahr*) to brave; (*trotzig sein*) to be awkward; **t~ig** *adj* defiant, pig-headed; **~kopf** *m* obstinate child

trüb [try:p] *adj* dull; (*Flüssigkeit, Glas*) cloudy; (*fig*) gloomy

Trubel ['tru:bəl] (-s) *m* hurly-burly

trüb- *zW*: **~en** ['try:bən] *vt* to cloud ♦ *vr* to become clouded; **T~heit** *f* dullness; cloudiness; gloom; **T~sal** (-, -e) *f* distress; **~selig** *adj* sad, melancholy; **T~sinn** *m* depression; **~sinnig** *adj* depressed, gloomy

Trüffel ['trʏfəl] (-, -n) *f* truffle

trug *etc* [tru:k] *vb siehe* **tragen**

trügen ['try:gən] (*unreg*) *vt* to deceive ♦ *vi* to be deceptive

trügerisch *adj* deceptive

Trugschluß ['tru:gʃlʊs] *m* false conclusion

Truhe ['tru:ə] *f* chest

Trümmer ['trʏmər] *pl* wreckage *sg*; (*Bau~*) ruins; **~haufen** *m* heap of rubble

Trumpf [trʊmpf] (-(e)s, ¨e) *m* (*auch fig*) trump; **t~en** *vt, vi* to trump

Trunk [trʊŋk] (-(e)s, ¨e) *m* drink; **t~en** *adj* intoxicated; **~enheit** *f* intoxication; **~enheit am Steuer** drunken driving; **~sucht** *f* alcoholism

Trupp [trʊp] (-s, -s) *m* troop, **~e** *f* troop, (*Waffengattung*) force; (*Schauspiel~*) troupe; **~en** *pl* (*MIL*) troops; **~enübungsplatz** *m* training area

Truthahn ['tru:tha:n] *m* turkey

Tschech- ['tʃɛç] *zW*: **~e** *m* Czech, Czechoslovak(ian); **~in** *f* Czech, Czechoslovak(ian); **t~isch** *adj* Czech, Czechoslovak(ian); **~oslowake** [-oslo'va:kə] *m* Czech, Czechoslovak(ian); **~oslowakei** [-oslova'kaɪ] *f*: **die ~oslowakei** Czechoslovakia; **t~oslowakisch** [-oslo'va:kɪʃ] *adj* Czech, Czechoslovak(ian)

tschüs [tʃy:s] *excl* cheerio

T-Shirt ['ti:ʃœrt] *nt* T-shirt

Tube ['tu:bə] *f* tube

Tuberkulose [tubɛrku'lo:zə] *f* tuberculosis

Tuch [tu:x] (**-(e)s, ¨er**) *nt* cloth; (*Hals~*) scarf; (*Kopf~*) headscarf; (*Hand~*) towel

tüchtig ['tʏçtɪç] *adj* efficient, (cap)able; (*umg*: *kräftig*) good, sound; **T~keit** *f* efficiency, ability

Tücke ['tʏkə] *f* (*Arglist*) malice; (*Trick*) trick; (*Schwierigkeit*) difficulty, problem; **seine ~n haben** to be temperamental

tückisch ['tʏkɪʃ] *adj* treacherous; (*böswillig*) malicious

Tugend ['tu:gənt] (**-, -en**) *f* virtue; **t~haft** *adj* virtuous

Tüll [tʏl] (**-s, -e**) *m* tulle

Tülle *f* spout

Tulpe ['tʊlpə] *f* tulip

Tumor ['tu:mɔr] (**-s, -e**) *m* tumour

Tümpel ['tʏmpəl] (**-s, -**) *m* pool, pond

Tumult [tu'mʊlt] (**-(e)s, -e**) *m* tumult

tun [tu:n] (*unreg*) *vt* (*machen*) to do; (*legen*) to put ♦ *vi* to act ♦ *vr*: **es tut sich etwas/viel** something/a lot is happening; **jdm etw ~** (*antun*) to do sth to sb; **etw tut es auch** sth will do; **das tut nichts** that doesn't matter; **das tut nichts zur Sache** that's neither here nor there; **so ~, als ob** to act as if

tünchen ['tʏnçən] *vt* to whitewash

Tunke ['tʊŋkə] *f* sauce; **t~n** *vt* to dip, to dunk

tunlichst ['tu:nlɪçst] *adv* if at all possible; **~ bald** as soon as possible

Tunnel ['tʊnəl] (**-s, -s** *od* **-**) *m* tunnel

Tupfen ['tʊpfən] (**-s, -**) *m* dot, spot; **t~** *vt, vi* to dab; (*mit Farbe*) to dot

Tür [ty:r] (**-, -en**) *f* door

Turban(-s, -e) ['tʊrba:n] *m* turban

Turbine [tʊr'bi:nə] *f* turbine

Türk- [tʏrk] *zW*: **~e** *m* Turk; **~ei** [tʏr'kaɪ] *f*: **die ~ei** Turkey; **~in** *f* Turk

Türkis [tʏr'ki:s] (**-es, -e**) *m* turquoise; **t~** *adj* turquoise

türkisch ['tʏrkɪʃ] *adj* Turkish

Türklinke *f* doorknob, door handle

Turm [tʊrm] (**-(e)s, ¨e**) *m* tower; (*Kirch~*) steeple; (*Sprung~*) diving platform; (*SCHACH*) castle, rook

türmen ['tʏrmən] *vr* to tower up ♦ *vt* to heap up ♦ *vi* (*umg*) to scarper, to bolt

Turn- ['tʊrn] *zW*: **t~en** *vi* to do gymnastic exercises ♦ *vt* to perform; **~en** (**-s**) *nt* gymnastics; (*SCH*) physical education, P.E.; **~er(in)** (**-s, -**) *m(f)* gymnast; **~halle** *f* gym(nasium); **~hose** *f* gym shorts *pl*

Turnier [tʊr'ni:r] (**-s, -e**) *nt* tournament

Turn- *zW*: **~schuh** *m* gym shoe; **~verein** *m* gymnastics club; **~zeug** *nt* gym things *pl*

Tusche ['tʊʃə] *f* Indian ink

tuscheln ['tʊʃəln] *vt, vi* to whisper

Tuschkasten *m* paintbox

Tüte ['ty:tə] *f* bag

tuten ['tu:tən] *vi* (*AUT*) to hoot (*BRIT*), to honk (*US*)

TÜV [tʏf] (**-s, -s**) *m abk* (= *Technischer Überwachungsverein*) MOT

Typ [ty:p] (**-s, -en**) *m* type; **~e** *f* (*TYP*) type

Typhus ['ty:fʊs] (**-**) *m* typhoid (fever)

typisch ['ty:pɪʃ] *adj*: **~ (für)** typical (of)

Tyrann [ty'ran] (**-en, -en**) *m* tyrant; **~ei** [-'naɪ] *f* tyranny; **t~isch** *adj* tyrannical; **t~i'sieren** *vt* to tyrannize

U

u.a. *abk* = **unter anderem**

U-Bahn ['u:ba:n] *f* underground, tube

übel ['y:bəl] *adj* bad; (*moralisch*) bad, wicked; **jdm ist** ~ sb feels sick; **Ü~** (-s, -) *nt* evil; (*Krankheit*) disease; **~gelaunt** *adj* bad-tempered; **Ü~keit** *f* nausea; **~nehmen** (*unreg*) *vt*: **jdm eine Bemerkung** *etc* **~nehmen** to be offended at sb's remark *etc*

üben ['y:bən] *vt, vi* to exercise, to practise

SCHLÜSSELWORT

über ['y:bər] *präp +dat* **1** (*räumlich*) over, above; **zwei Grad über Null** two degrees above zero

2 (*zeitlich*) over; **über der Arbeit einschlafen** to fall asleep over one's work

♦ *präp +akk* **1** (*räumlich*) over; (*hoch über auch*) above; (*quer über auch*) across

2 (*zeitlich*) over; **über Weihnachten** over Christmas; **über kurz oder lang** sooner or later

3 (*mit Zahlen*): **Kinder über 12 Jahren** children over *od* above 12 years of age; **ein Scheck über 200 Mark** a cheque for 200 marks

4 (*auf dem Wege*) via; **nach Köln über Aachen** to Cologne via Aachen; **ich habe es über die Auskunft erfahren** I found out from information

5 (*betreffend*) about; **ein Buch über ...** a book about *od* on ...; **über jdn/etw lachen** to laugh about *od* at sb/sth

6: **Macht über jdn haben** to have power over sb; **sie liebt ihn über alles** she loves him more than everything

♦ *adv* over; **über und über** over and over; **den ganzen Tag über** all day long; **jdm in etw** *dat* **über sein** to be superior to sb in sth

überall [y:bər''al] *adv* everywhere; **~'hin** *adv* everywhere

überanstrengen [y:bər''anʃtrɛŋən] *vt insep* to overexert ♦ *vr insep* to overexert o.s.

überarbeiten [y:bər''arbaɪtən] *vt insep* to revise, to rework ♦ *vr insep* to overwork (o.s.)

überaus ['y:bər'aʊs] *adv* exceedingly

überbelichten ['y:bərbəlɪçtən] *vt* (*PHOT*) to overexpose

über'bieten (*unreg*) *vt insep* to outbid; (*übertreffen*) to surpass; (*Rekord*) to break

Überbleibsel ['y:bərblaɪpsəl] (-s, -) *nt* residue, remainder

Überblick ['y:bərblɪk] *m* view; (*fig*: *Darstellung*) survey, overview; (*Fähigkeit*): ~ **(über** *+akk***)** grasp (of), overall view (of); **ü~en** [-'blɪkən] *vt insep* to survey

überbring- [y:bər'brɪŋ] *zW*: **~en** (*unreg*) *vt insep* to deliver, to hand over; **Ü~er** (-s, -) *m* bearer

überbrücken [y:bər'brʏkən] *vt insep* to bridge

über'dauern [y:bər'daʊərn] *vt insep* to outlast

über'denken (*unreg*) *vt insep* to think over

überdies [y:bər'di:s] *adv* besides

überdimensional ['y:bərdimɛnzionaːl] *adj* oversize

Überdruß ['y:bərdrʊs] (-sses) *m* weariness; **bis zum** ~ ad nauseam

übereifrig ['y:bər'aɪfrɪç] *adj* overkeen

übereilt [y:bər''aɪlt] *adj* (over)hasty, premature

übereln- [y:bər''aɪn] *zW*: **~ander** [y:bər'aɪ'nandər] *adv* one upon the other; (*sprechen*) about each other; **~kommen** (*unreg*) *vi* to agree; **Ü~kunft** (-, -künfte) *f* agreement; **~stimmen** *vi* to agree; **Ü~stimmung** *f* agreement

überempfindlich ['y:bər'ɛmpfɪntlɪç] *adj* hypersensitive

überfahren [y:bər'fa:rən] (*unreg*) *vt insep* (*AUT*) to run over; (*fig*) to walk all over

Überfahrt ['y:bərfa:rt] *f* crossing

Überfall ['y:bərfal] *m* (*Bank~, MIL*) raid; (*auf jdn*) assault; **ü~en** [-'falən] (*unreg*) *vt insep* to attack; (*Bank*) to raid; (*besuchen*) to drop in on, to descend on

überfällig ['y:bərfɛlɪç] *adj* overdue

über'fliegen (*unreg*) *vt insep* to fly over, to overfly; (*Buch*) to skim through

Überfluß ['y:bərflʊs] *m*: ~ **(an** *+dat***)** (super)abundance (of), excess (of)

überflüssig ['y:bərflʏsɪç] *adj* superfluous

über'fordern *vt insep* to demand too much of; (*Kräfte etc*) to overtax

über'führen *vt insep* (*Leiche etc*) to transport; (*Täter*) to have convicted

Über'führung *f* transport; conviction; (*Brücke*) bridge, overpass

überfüllt *adj* (*Schulen, Straßen*) overcrowded; (*Kurs*) oversubscribed

Übergabe ['y:bərga:bə] *f* handing over; (*MIL*) surrender

Übergang ['y:bərgaŋ] *m* crossing; (*Wandel, Überleitung*) transition

Übergangs- *zW*: **~lösung** *f* provisional solution, stopgap; **~stadium** *nt* transitional stage; **~zeit** *f* transitional period

über'geben (*unreg*) *vt insep* to hand over; (*MIL*) to surrender ♦ *vr insep* to be sick; **dem Verkehr** ~ to open to traffic

übergehen ['y:bərge:ən] (*unreg*) *vi* (*Besitz*) to pass; (*zum Feind etc*) to go over, to defect; ~ **in** *+akk* to turn into; **uber'gehen** (*unreg*) *vt insep* to pass over, to omit

Übergewicht ['y:bərgəvɪçt] *nt* excess weight; (*fig*) preponderance

überglücklich *adj* overjoyed

überhaupt [y:bər'haʊpt] *adv* at all; (*im allgemeinen*) in general; (*besonders*) especially; ~ **nicht/keine** not/none at all

überheblich [y:bər'he:plɪç] *adj* arrogant; **Ü~keit** *f* arrogance

über'holen *vt insep* to overtake; (*TECH*) to overhaul

überholt *adj* out-of-date, obsolete

Überholverbot *nt* restriction on overtaking

über'hören *vt insep* not to hear; (*absichtlich*) to ignore

überirdisch ['y:bər'ɪrdɪʃ] *adj* supernatural, unearthly

über'laden (*unreg*) *vt insep* to overload ♦ *adj* (*fig*) cluttered

über'lassen (*unreg*) *vt insep*: **jdm etw** ~ to leave sth to sb ♦ *vr insep*: **sich einer Sache** *dat* ~ to give o.s. over to sth

über'lasten *vt insep* to overload; (*Mensch*) to overtax

überlaufen ['y:bərlaʊfən] (*unreg*) *vi* (*Flüssigkeit*) to flow over; (*zum Feind etc*) to go over, to defect; ~ **sein** to be inundated *od* besieged; **über'laufen** (*unreg*) *vt insep (Schauer*) to come over

Überläufer ['y:bərlɔʏfər] **(-s, -)** *m* deserter

über'leben *vt insep* to survive; **Ü~de(r)** *mf* survivor

über'legen *vt insep* to consider ♦ *adj* superior; **ich muß es mir** ~ I'll have to think about it; **Ü~heit** *f* superiority

Über'legung *f* consideration, deliberation

über'liefern *vt insep* to hand down, to transmit

Überlieferung *f* tradition

überlisten [y:bər'lɪstən] *vt insep* to outwit

überm ['y:bərm] = **über dem**

Übermacht ['y:bərmaxt] *f* superior force, superiority

übermächtig ['y:bərmɛçtɪç] *adj* superior (in strength); (*Gefühl etc*) overwhelming

übermannen [y:bər'manən] *vt insep* to overcome

übermäßig ['y:bərmɛ:sɪç] *adj* excessive

Übermensch ['y:bərmɛnʃ] *m* superman; **ü~lich** *adj* superhuman

übermitteln [y:bər'mɪtəln] *vt insep* to convey

übermorgen ['y:bərmɔrgən] *adv* the day after tomorrow

Übermüdung [y:bər'my:dʊŋ] *f* fatigue, overtiredness

Übermut ['y:bərmu:t] *m* exuberance

übermütig ['y:bərmy:tɪç] *adj* exuberant, high-spirited; ~ **werden** to get overconfident

übernächste(r, s) *adj* (*Jahr*) next but one

übernachten [y:bər'naxtən] *vi insep*: **(bei jdm)** ~ to spend the night (at sb's place)

Übernahme ['y:bərna:mə] *f* taking over *od* on, acceptance

über'nehmen (*unreg*) *vt insep* to take on, to accept; (*Amt, Geschäft*) to take over ♦ *vr insep* to take on too much

über'prüfen *vt insep* to examine, to check

überqueren *vt insep* to cross

überragen [y:bər'ra:gən] *vt insep* to tower above; (*fig*) to surpass

überraschen [y:bər'raʃən] *vt insep* to surprise

Überraschung *f* surprise

überreden [y:bər're:dən] *vt insep* to persuade

überreichen [y:bər'raɪçən] *vt insep* to present, to hand over

Überrest *m* remains, remnants

überrumpeln [y:bər'rʊmpəln] *vt insep* to take by surprise

überrunden [y:bər'rʊndən] *vt insep* to lap

übers ['y:bərs] = **über das**

Überschallflugzeug ['y:bərʃal-] *nt* supersonic jet

Überschallgeschwindigkeit *f* supersonic speed

über'schätzen *vt insep* to overestimate

überschäumen *vi* (*Bier*) to foam over, bubble over; (*Temperament*) to boil over

Überschlag ['y:bərʃla:k] *m* (*FIN*) estimate; (*SPORT*) somersault; **ü~en** [-'ʃla:gən] (*unreg*) *vt insep* (*berechnen*) to estimate; (*auslassen*: *Seite*) to omit ♦ *vr insep* to somersault; (*Stimme*) to crack; (*AVIAT*) to loop the loop; **'überschlagen** (*unreg*) *vt* (*Beine*) to cross ♦ *vi* (*Wellen*) to break; (*Funken*) to flash

überschnappen ['y:bərʃnapən] *vi* (*Stimme*) to crack; (*umg*: *Mensch*) to flip one's lid

über'schneiden (*unreg*) *vr insep* (*auch fig*) to overlap; (*Linien*) to intersect

über'schreiben (*unreg*) *vt insep* to provide with a heading; **jdm etw** ~ to transfer *od* make over sth to sb

über'schreiten (*unreg*) *vt insep* to cross over; (*fig*) to exceed; (*verletzen*) to transgress

Überschrift ['y:bərʃrɪft] *f* heading, title

Überschuß ['y:bərʃʊs] *m*: ~ **(an** +*dat***)** surplus (of)

überschüssig ['y:bərʃʏsɪç] *adj* surplus, excess

über'schütten *vt insep*: **jdn/etw mit etw** ~ to pour sth over sb/sth, **jdn mit etw** ~ (*fig*) to shower sb with sth

überschwemmen [y:bər'ʃvɛmən] *vt insep* to flood

Überschwemmung *f* flood

überschwenglich ['y:bərʃvɛŋlɪç] *adj* effusive

Übersee ['y:bərze:] *f*: **nach/in** ~ overseas; **ü~isch** *adj* overseas

über'sehen (*unreg*) *vt insep* to look (out) over; (*fig*: *Folgen*) to see, to get an overall view of; (: *nicht beachten*) to overlook

über'senden (*unreg*) *vt insep* to send, to forward

übersetz- *zW*: **~en** [y:bər'zɛtsən] *vt insep* to translate; **'übersetzen** *vi* to cross; **Ü~er(in)** [-'zɛtsər(ɪn)] **(-s, -)** *m(f)* translator; **Ü~ung** [-zɛtsʊŋ] *f* translation; (*TECH*) gear ratio

Übersicht ['y:bərzɪçt] *f* overall view; (*Darstellung*) survey; **ü~lich**

adj clear; (*Gelände*) open; **~lichkeit** *f* clarity, lucidity

übersiedeln ['y:bərzi:dəln] *vi sep* to move; **über'siedeln** *vi* to move

über'spannen *vt insep* (*zu sehr spannen*) to overstretch; (*überdecken*) to cover

über'spannt *adj* eccentric; (*Idee*) wild, crazy

überspitzt [y:bər'ʃpɪtst] *adj* exaggerated

über'springen (*unreg*) *vt insep* to jump over; (*fig*) to skip

überstehen [y:bər'ʃte:ən] (*unreg*) *vt insep* to overcome, to get over; (*Winter etc*) to survive, to get through; **'überstehen** (*unreg*) *vi* to project

über'steigen (*unreg*) *vt insep* to climb over; (*fig*) to exceed

über'stimmen *vt insep* to outvote

Überstunden ['y:bərʃtʊndən] *pl* overtime *sg*

über'stürzen *vt insep* to rush ♦ *vr insep* to follow (one another) in rapid succession

überstürzt *adj* (over)hasty

über'tönen *vt insep* to drown (out)

Übertrag ['y:bərtra:k] (**-(e)s, -träge**) *m* (*COMM*) amount brought forward; **ü~bar** [-'tra:kba:r] *adj* transferable; (*MED*) infectious; **ü~en** [-'tra:gən] (*unreg*) *vt insep* to transfer; (*RADIO*) to broadcast; (*übersetzen*) to render; (*Krankheit*) to transmit ♦ *vr insep* to spread ♦ *adj* figurative; **ü~en auf** +*akk* to transfer to; **jdm etw ü~en** to assign sth to sb; **sich ü~en auf** +*akk* to spread to; **~ung** [-'tra:gʊŋ] *f* transfer(ence); (*RADIO*) broadcast; rendering; transmission

über'treffen (*unreg*) *vt insep* to surpass

über'treiben (*unreg*) *vt insep* to exaggerate

Übertreibung *f* exaggeration

übertreten [y:bər'tre:tən] (*unreg*) *vt insep* to cross; (*Gebot etc*) to break; **'übertreten** (*unreg*) *vi* (*über Linie, Gebiet*) to step (over); (*SPORT*) to overstep; (*zu anderem Glauben*) to be converted; **'übertreten (in** +*akk*) (*POL*) to go over (to)

Über'tretung *f* violation, transgression

übertrieben [y:bər'tri:bən] *adj* exaggerated, excessive

übervölkert [y:bər'fœlkərt] *adj* overpopulated

übervoll ['y:bərfɔl] *adj* overfull

übervorteilen [y:bər'fɔrtaɪlən] *vt insep* to dupe, to cheat

über'wachen *vt insep* to supervise; (*Verdächtigen*) to keep under surveillance

Überwachung *f* supervision; surveillance

überwältigen [y:bər'vɛltɪgən] *vt insep* to overpower; **~d** *adj* overwhelming

überweisen [y:bər'vaɪzən] (*unreg*) *vt insep* to transfer

Überweisung *f* transfer

über'wiegen (*unreg*) *vi insep* to predominate; **~d** *adj* predominant

über'winden (*unreg*) *vt insep* to overcome ♦ *vr insep* to make an effort, to bring o.s. (to do sth)

Überwindung *f* effort, strength of mind

Überzahl ['y:bərtsa:l] *f* superiority, superior numbers *pl*; **in der ~ sein** to be numerically superior

überzählig ['y:bərtsɛ:lɪç] *adj* surplus

über'zeugen *vt insep* to convince; **~d** *adj* convincing

Überzeugung *f* conviction

überziehen ['y:bərtsi:ən] (*unreg*) *vt* to put on; **über'ziehen** (*unreg*) *vt insep* to cover; (*Konto*) to overdraw

Überzug ['y:bərtsu:k] *m* cover; (*Belag*) coating

üblich ['y:plɪç] *adj* usual

U-Boot ['u:bo:t] *nt* submarine

übrig ['y:brɪç] *adj* remaining; **für jdn etwas ~ haben** (*umg*) to be fond of sb; **die ~en** the others; **das ~e** the rest; **im ~en** besides; **~bleiben** (*unreg*) *vi* to remain, to be left (over); **~ens** ['y:brɪgəns] *adv* besides;

(*nebenbei bemerkt*) by the way; **~lassen** (*unreg*) *vt* to leave (over)

Übung ['y:buŋ] *f* practice; (*Turn~, Aufgabe etc*) exercise; **~ macht den Meister** practice makes perfect

Ufer ['u:fər] (**-s, -**) *nt* bank; (*Meeres~*) shore

Uhr [u:r] (**-, -en**) *f* clock; (*Armband~*) watch; **wieviel ~ ist es?** what time is it?; **1 ~** 1 o'clock; **20 ~** 8 o'clock, 20.00 (twenty hundred) hours; **~(arm)band** *nt* watch strap; **~band** *nt* watch strap; **~kette** *f* watch chain; **~macher** (**-s, -**) *m* watchmaker; **~werk** *nt* clockwork; works of a watch; **~zeiger** *m* hand; **~zeigersinn** *m*: **im ~zeigersinn** clockwise; **entgegen dem ~zeigersinn** anticlockwise; **~zeit** *f* time (of day)

Uhu ['u:hu] (**-s, -s**) *m* eagle owl

UKW [u:ka:'ve:] *abk* (= *Ultrakurzwelle*) VHF

ulkig *adj* funny

Ulme ['ʊlmə] *f* elm

Ultimatum [ʊlti'ma:tʊm] (**-s, Ultimaten**) *nt* ultimatum

Ultraschall ['ʊltraʃal] *m* (*PHYS*) ultrasound

ultraviolett ['ʊltravio'lɛt] *adj* ultraviolet

SCHLÜSSELWORT

um [ʊm] *präp +akk* **1** (*um herum*) (a)round; **um Weihnachten** around Christmas; **er schlug um sich** he hit about him

2 (*mit Zeitangabe*) at; **um acht (Uhr)** at eight (o'clock)

3 (*mit Größenangabe*) by; **etw um 4 cm kürzen** to shorten sth by 4 cm; **um 10% teurer** 10% more expensive; **um vieles besser** better by far; **um nichts besser** not in the least bit better; **um so besser** so much the better

4: **der Kampf um den Titel** the battle for the title; **um Geld spielen** to play for money; **Stunde um Stunde** hour after hour; **Auge um Auge** an eye for an eye

♦ *präp +gen*: **um ... willen** for the sake of ...; **um Gottes willen** for goodness *od* (*stärker*) God's sake

♦ *konj*: **um ... zu** (in order) to ...; **zu klug, um zu ...** too clever to ...; **um so besser/schlimmer** so much the better/worse

♦ *adv* **1** (*ungefähr*) about; **um (die) 30 Leute** about *od* around 30 people

2 (*vorbei*): **die 2 Stunden sind um** the two hours are up

umändern ['ʊm'ɛndərn] *vt* to alter

Umänderung *f* alteration

umarbeiten ['ʊm'arbaɪtən] *vt* to remodel; (*Buch etc*) to revise, to rework

umarmen [ʊm''armən] *vt insep* to embrace

Umbau ['ʊmbaʊ] (**-(e)s, -e** *od* **-ten**) *m* reconstruction, alteration(s); **u~en** *vt* to rebuild, to reconstruct

umbilden ['ʊmbɪldən] *vt* to reorganize; (*POL: Kabinett*) to reshuffle

umbinden ['ʊmbɪndən] (*unreg*) *vt* (*Krawatte etc*) to put on

umblättern ['ʊmblɛtərn] *vt* to turn over

umblicken ['ʊmblɪkən] *vr* to look around

umbringen ['ʊmbrɪŋən] (*unreg*) *vt* to kill

umbuchen ['ʊmbu:xən] *vi* to change one's reservation/flight *etc* ♦ *vt* to change

umdenken ['ʊmdɛŋkən] (*unreg*) *vi* to adjust one's views

umdrehen ['ʊmdre:ən] *vt* to turn (round); (*Hals*) to wring ♦ *vr* to turn (round)

Um'drehung *f* revolution; rotation

umeinander [ʊm'aɪ'nandər] *adv* round one another; (*füreinander*) for one another

umfahren ['ʊmfa:rən] (*unreg*) *vt* to run over; **um'fahren** (*unreg*) *vt insep* to drive round; to sail round

umfallen ['ʊmfalən] (*unreg*) *vi* to fall down *od* over

Umfang ['ʊmfaŋ] *m* extent; (*von Buch*) size; (*Reichweite*) range; (*Fläche*) area; (*MATH*) circumference; **u~reich** *adj* extensive; (*Buch etc*) voluminous

um'fassen *vt insep* to embrace; (*umgeben*) to surround; (*enthalten*) to include; **~d** *adj* comprehensive, extensive

umformen ['ʊmfɔrmən] *vi* to transform

Umformer (-s, -) *m* (*ELEK*) transformer, converter

Umfrage ['ʊmfra:gə] *f* poll

umfüllen ['ʊmfʏlən] *vt* to transfer; (*Wein*) to decant

umfunktionieren ['ʊmfʊŋktsioni:rən] *vt* to convert, to transform

Umgang ['ʊmgaŋ] *m* company; (*mit jdm*) dealings *pl*; (*Behandlung*) way of behaving

umgänglich ['ʊmgɛŋlɪç] *adj* sociable

Umgangsformen *pl* manners

Umgangssprache *f* colloquial language

umgeben [ʊm'ge:bən] (*unreg*) *vt insep* to surround

Umgebung *f* surroundings *pl*; (*Milieu*) environment; (*Personen*) people in one's circle

umgehen ['ʊmge:ən] (*unreg*) *vi* to go (a)round; **im Schlosse ~** to haunt the castle; **mit jdm grob** *etc* **~** to treat sb roughly *etc*; **mit Geld sparsam ~** to be careful with one's money; **um'gehen** (*unreg*) *vt insep* to bypass; (*MIL*) to outflank; (*Gesetz etc*) to circumvent; (*vermeiden*) to avoid; **'umgehend** *adj* immediate

Um'gehung *f* bypassing; outflanking; circumvention; avoidance; **Umgehungsstraße** *f* bypass

umgekehrt ['ʊmgəke:rt] *adj* reverse(d); (*gegenteilig*) opposite ♦ *adv* the other way around; **und ~** and vice versa

umgraben ['ʊmgra:bən] (*unreg*) *vt* to dig up

Umhang ['ʊmhaŋ] *m* wrap, cape

umhauen ['ʊmhaʊən] *vt* to fell; (*fig*) to bowl over

umher [ʊm'he:r] *adv* about, around; **~gehen** (*unreg*) *vi* to walk about; **~ziehen** (*unreg*) *vi* to wander from place to place

umhinkönnen [ʊm'hɪnkœnən] (*unreg*) *vi*: **ich kann nicht umhin, das zu tun** I can't help doing it

umhören ['ʊmhø:rən] *vr* to ask around

Umkehr ['ʊmke:r] (-) *f* turning back; (*Änderung*) change; **u~en** *vi* to turn back ♦ *vt* to turn round, to reverse; (*Tasche etc*) to turn inside out; (*Gefäß etc*) to turn upside down

umkippen ['ʊmkɪpən] *vt* to tip over ♦ *vi* to overturn; (*umg*: *Mensch*) to keel over; (*fig*: *Meinung ändern*) to change one's mind

Umkleidekabine *f* (*im Schwimmbad*) (changing) cubicle

Umkleideraum ['ʊmklaɪdəraʊm] *m* changing *od* dressing room

umkommen ['ʊmkɔmən] (*unreg*) *vi* to die, to perish; (*Lebensmittel*) to go bad

Umkreis ['ʊmkraɪs] *m* neighbourhood; **im ~ von** within a radius of

Umlage ['ʊmla:gə] *f* share of the costs

Umlauf ['ʊmlaʊf] *m* (*Geld~*) circulation; (*von Gestirn*) revolution; **~bahn** *f* orbit

Umlaut ['ʊmlaʊt] *m* umlaut

umlegen ['ʊmle:gən] *vt* to put on; (*verlegen*) to move, to shift; (*Kosten*) to share out; (*umkippen*) to tip over; (*umg*: *töten*) to bump off

umleiten ['ʊmlaɪtən] *vt* to divert

Umleitung *f* diversion

umliegend ['ʊmli:gənt] *adj* surrounding

um'rahmen *vt insep* to frame

um'randen *vt insep* to border, to edge

umrechnen ['ʊmrɛçnən] *vt* to convert; **Umrechnung** *f* conversion; **Umrechnungskurs** *m* rate of exchange

um'reißen (*unreg*) *vt insep* to outline, to sketch

Umriß ['ʊmrɪs] *m* outline

umrühren ['ʊmry:rən] *vt, vi* to stir

ums [ʊms] = **um das**

Umsatz ['ʊmzats] *m* turnover

Umsatzsteuer *f* sales tax

umschalten ['ʊmʃaltən] *vt* to switch

Umschau ['ʊmʃaʊ] *f* look(ing) round; ~ **halten nach** to look around for; **u~en** *vr* to look round

Umschlag ['ʊmʃla:k] *m* cover; (*Buch~ auch*) jacket; (*MED*) compress; (*Brief~*) envelope; (*Wechsel*) change; (*von Hose*) turn-up; **u~en** (*unreg*) *vi* to change; (*NAUT*) to capsize ♦ *vt* to knock over; (*Ärmel*) to turn up; (*Seite*) to turn over; (*Waren*) to transfer; **~platz** *m* (*COMM*) distribution centre

umschreiben ['ʊmʃraɪbən] (*unreg*) *vt* (*neu~*) to rewrite; (*übertragen*) to transfer; ~ **auf** +*akk* to transfer to; **um'schreiben** (*unreg*) *vt insep* to paraphrase; (*abgrenzen*) to define

umschulen ['ʊmʃu:lən] *vt* to retrain; (*Kind*) to send to another school

Umschweife ['ʊmʃvaɪfə] *pl*: **ohne** ~ without beating about the bush, straight out

Umschwung ['ʊmʃvʊŋ] *m* change (around), revolution

umsehen ['ʊmze:ən] (*unreg*) *vr* to look around *od* about; (*suchen*): **sich** ~ **(nach)** to look out (for)

umseitig ['ʊmzaɪtɪç] *adv* overleaf

umsichtig [ʊmzɪçtɪç] *adj* cautious, prudent

umsonst [ʊm'zɔnst] *adv* in vain; (*gratis*) for nothing

umspringen ['ʊmʃprɪŋən] (*unreg*) *vi* to change; (*Wind auch*) to veer; **mit jdm** ~ to treat sb badly

Umstand ['ʊmʃtant] *m* circumstance; **Umstände** *pl* (*fig*) fuss; **Umstände machen** to go to a lot of trouble; **unter Umständen** possibly

umständlich ['ʊmʃtɛntlɪç] *adj* (*Methode*) cumbersome, complicated; (*Ausdrucksweise, Erklärung*) long-winded; (*Mensch*) ponderous

Umstandskleid *nt* maternity dress

Umstehende(n) ['ʊmʃte:əndə(n)] *pl* bystanders

umsteigen ['ʊmʃtaɪgən] (*unreg*) *vi* (*EISENB*) to change

umstellen ['ʊmʃtɛlən] *vt* (*an anderen Ort*) to change round, to rearrange; (*TECH*) to convert ♦ *vr* to adapt (o.s.); **sich auf etw** *akk* ~ to adapt to sth; **um'stellen** *vt insep* to surround

Umstellung ['ʊmʃtɛlʊŋ] *f* change; (*Umgewöhnung*) adjustment; (*TECH*) conversion

umstimmen ['ʊmʃtɪmən] *vt* (*MUS*) to retune; **jdn** ~ to make sb change his mind

umstoßen ['ʊmʃto:sən] (*unreg*) *vt* to overturn; (*Plan etc*) to change, to upset

umstritten [ʊm'ʃtrɪtən] *adj* disputed

Umsturz ['ʊmʃtʊrts] *m* overthrow

umstürzen ['ʊmʃtʏrtsən] *vt* (*umwerfen*) to overturn ♦ *vi* to collapse, to fall down; (*Wagen*) to overturn

Umtausch ['ʊmtaʊʃ] *m* exchange; **u~en** *vt* to exchange

umtun ['ʊmtu:n] (*unreg; umg*) *vr* (*suchen*): **sich nach jdm/etw** ~ to look (around) for sb/sth

umwandeln ['ʊmvandəln] *vt* to change, to convert; (*ELEK*) to transform

umwechseln ['ʊmvɛksəln] *vt* to change

Umweg ['ʊmve:k] *m* detour, roundabout way

Umwelt ['ʊmvɛlt] *f* environment; **u~feindlich** *adj* ecologically harmful; **u~freundlich** *adj* not harmful to the environment, environment-friendly; **~schützer** *m* environmentalist; **~verschmutzung** *f* environmental pollution

umwenden ['ʊmvɛndən] (*unreg*) *vt, vr* to turn (round)

umwerfen ['ʊmvɛrfən] (*unreg*) *vt* to upset, to overturn; (*Mantel*) to throw on; (*fig*: *erschüttern*) to upset, to throw

umwerfend (*umg*) *adj* fantastic

umziehen ['ʊmtsi:ən] (*unreg*) *vt, vr* to change ♦ *vi* to move

Umzug ['ʊmtsu:k] *m* procession; (*Wohnungs~*) move, removal

unab- ['ʊn'ap] *zW*: **~änderlich** *adj* irreversible, unalterable; **~hängig** *adj* independent; **U~hängigkeit** *f* independence; **~kömmlich** *adj* indispensable; **zur Zeit ~kömmlich** not free at the moment; **~lässig** *adj* incessant, constant; **~sehbar** *adj* immeasurable; (*Folgen*) unforeseeable; (*Kosten*) incalculable; **~sichtlich** *adj* unintentional; **~'wendbar** *adj* inevitable

unachtsam ['ʊn'axtza:m] *adj* careless; **U~keit** *f* carelessness

unan- ['ʊn'an] *zW*: **~'fechtbar** *adj* indisputable; **~gebracht** *adj* uncalled-for; **~gemessen** *adj* inadequate; **~genehm** *adj* unpleasant; **U~nehmlichkeit** *f* inconvenience; **U~nehmlichkeiten** *pl* (*Ärger*) trouble *sg*; **~sehnlich** *adj* unsightly; **~ständig** *adj* indecent, improper

unappetitlich ['ʊn'apeti:tlɪç] *adj* unsavoury

Unart ['ʊn'a:rt] *f* bad manners *pl*; (*Angewohnheit*) bad habit; **u~ig** *adj* naughty, badly behaved

unauf- ['ʊn'aʊf] *zW*: **~fällig** *adj* unobtrusive; (*Kleidung*) inconspicuous; **~'findbar** *adj* not to be found; **~gefordert** *adj* unasked ♦ *adv* spontaneously; **~haltsam** *adj* irresistible; **~'hörlich** *adj* incessant, continuous; **~merksam** *adj* inattentive; **~richtig** *adj* insincere

unaus- ['ʊn'aʊs] *zW*: **~geglichen** *adj* unbalanced; **~'sprechlich** *adj* inexpressible; **~'stehlich** *adj* intolerable

unbarmherzig ['ʊnbarmhɛrtsɪç] *adj* pitiless, merciless

unbeabsichtigt ['ʊnbə'apzɪçtɪçt] *adj* unintentional

unbeachtet ['ʊnbə'axtət] *adj* unnoticed, ignored

unbedenklich ['ʊnbədɛŋklɪç] *adj* (*Plan*) unobjectionable ♦ *adv* without hesitation

unbedeutend ['ʊnbədɔʏtənt] *adj* insignificant, unimportant; (*Fehler*) slight

unbedingt ['ʊnbədɪŋt] *adj* unconditional ♦ *adv* absolutely; **mußt du ~ gehen?** do you really have to go?

unbefangen ['ʊnbəfaŋən] *adj* impartial, unprejudiced; (*ohne Hemmungen*) uninhibited; **U~heit** *f* impartiality; uninhibitedness

unbefriedigend ['ʊnbəfri:dɪgənt] *adj* unsatisfactory

unbefriedigt [-dɪçt] *adj* unsatisfied, dissatisfied

unbefugt ['ʊnbəfu:kt] *adj* unauthorized

unbegreiflich [ʊnbə'graɪflɪç] *adj* inconceivable

unbegrenzt ['ʊnbəgrɛntst] *adj* unlimited

unbegründet ['ʊnbəgrʏndət] *adj* unfounded

Unbehagen ['ʊnbəha:gən] *nt* discomfort

unbehaglich [-klɪç] *adj* uncomfortable; (*Gefühl*) uneasy

unbeholfen ['ʊnbəhɔlfən] *adj* awkward, clumsy

unbeirrt ['ʊnbə'ɪrt] *adj* imperturbable

unbekannt ['ʊnbəkant] *adj* unknown

unbekümmert ['ʊnbəkʏmərt] *adj* unconcerned

unbeliebt ['ʊnbəli:pt] *adj* unpopular

unbequem ['ʊnbəkve:m] *adj* (*Stuhl*) uncomfortable; (*Mensch*) bothersome; (*Regelung*) inconvenient

unberechenbar [ʊnbə'rɛçənba:r] *adj* incalculable; (*Mensch, Verhalten*) unpredictable

unberechtigt ['ʊnbərɛçtɪçt] *adj* unjustified; (*nicht erlaubt*) unauthorized

unberührt ['ʊnbəry:rt] *adj* untouched, intact; **sie ist noch ~** she is still a virgin

unbescheiden ['ʊnbəʃaɪdən] *adj*

presumptuous

unbeschreiblich [ʊnbə'ʃraɪplɪç] *adj* indescribable

unbesonnen ['ʊnbəzɔnən] *adj* unwise, rash, imprudent

unbeständig ['ʊnbəʃtɛndɪç] *adj* (*Mensch*) inconstant; (*Wetter*) unsettled; (*Lage*) unstable

unbestechlich [ʊnbə'ʃtɛçlɪç] *adj* incorruptible

unbestimmt ['ʊnbəʃtɪmt] *adj* indefinite; (*Zukunft auch*) uncertain

unbeteiligt ['ʊnbətaɪlɪçt] *adj* unconcerned, indifferent

unbewacht ['ʊnbəvaxt] *adj* unguarded, unwatched

unbeweglich ['ʊnbəve:klɪç] *adj* immovable

unbewußt ['ʊnbəvʊst] *adj* unconscious

unbezahlt ['ʊnbətsa:lt] *adj* (*Rechnung*) outstanding, unsettled, (*Urlaub*) unpaid

unbrauchbar ['ʊnbraʊxba:r] *adj* (*Arbeit*) useless; (*Gerät auch*) unusable

und [ʊnt] *konj* and; ~ **so weiter** and so on

Undank ['ʊndaŋk] *m* ingratitude; **u~bar** *adj* ungrateful

undefinierbar [ʊndefi'ni:rba:r] *adj* indefinable

undenkbar [ʊn'dɛŋkba:r] *adj* inconceivable

undeutlich ['ʊndɔʏtlɪç] *adj* indistinct

undicht ['ʊndɪçt] *adj* leaky

Unding ['ʊndɪŋ] *nt* absurdity

undurch- ['ʊndʊrç] *zW*: **~führbar** [-'fʏ:rba:r] *adj* impracticable; **~lässig** [-lɛsɪç] *adj* waterproof, impermeable; **~sichtig** [-zɪçtɪç] *adj* opaque; (*fig*) obscure

uneben ['ʊn'e:bən] *adj* uneven

unecht *adj* (*Schmuck*) fake (*vorgetäuscht*: *Freundlichkeit*) false

unehelich ['ʊn'e:əlɪç] *adj* illegitimate

uneinig ['ʊn'aɪnɪç] *adj* divided; ~ **sein** to disagree; **U~keit** *f* discord, dissension

uneins ['ʊn'aɪns] *adj* at variance, at odds

unempfindlich ['ʊn'ɛmpfɪntlɪç] *adj* insensitive; (*Stoff*) practical

unendlich [ʊn''ɛntlɪç] *adj* infinite

unent- ['ʊn'ɛnt] *zW*: **~behrlich** [-'be:rlɪç] *adj* indispensable; **~geltlich** [-gɛltlɪç] *adj* free (of charge); **~schieden** [-ʃi:dən] *adj* undecided; **~schieden enden** (*SPORT*) to end in a draw; **~schlossen** [-ʃlɔsən] *adj* undecided; irresolute; **~wegt** [-'ve:kt] *adj* unswerving; (*unaufhörlich*) incessant

uner- ['ʊn'ɛr] *zW*: **~bittlich** [-'bɪtlɪç] *adj* unyielding, inexorable; **~fahren** [-fa:rən] *adj* inexperienced; **~freulich** [-frɔʏlɪç] *adj* unpleasant; **~'gründlich** *adj* unfathomable; **~hört** [-hø:rt] *adj* unheard-of; (*Bitte*) outrageous; **~läßlich** [-'lɛslɪç] *adj* indispensable; **~laubt** *adj* unauthorized; **~'meßlich** *adj* immeasurable, immense; **~müdlich** [-'my:tlɪç] *adj* indefatigable; **~reichbar** *adj* (*Ziel*) unattainable; (*Ort*) inaccessible; (*telefonisch*) unobtainable; **~schöpflich** [-'ʃœpflɪç] *adj* inexhaustible; **~schütterlich** [-'ʃʏtərlɪç] *adj* unshakeable; **~schwinglich** [-'ʃvɪŋlɪç] *adj* (*Preis*) exorbitant; too expensive; **~träglich** [-'trɛ:klɪç] *adj* unbearable; (*Frechheit*) insufferable; **~wartet** *adj* unexpected; **~wünscht** *adj* undesirable, unwelcome

unfähig ['ʊnfɛ:ɪç] *adj* incapable, incompetent; **zu etw ~ sein** to be incapable of sth; **U~keit** *f* incapacity; incompetence

unfair ['ʊnfɛ:r] *adj* unfair

Unfall ['ʊnfal] *m* accident; **~flucht** *f* hit-and-run (driving); **~stelle** *f* scene of the accident; **~versicherung** *f* accident insurance

unfaßbar [ʊn'fasba:r] *adj* inconceivable

unfehlbar [ʊn'fe:lba:r] *adj* infallible ♦ *adv* inevitably; **U~keit** *f* infallibility

unförmig ['ʊnfœrmɪç] *adj* (*formlos*)

shapeless

unfrei ['ʊnfraɪ] *adj* not free, unfree; (*Paket*) unfranked; **~willig** *adj* involuntary, against one's will

unfreundlich ['ʊnfrɔʏntlɪç] *adj* unfriendly; **U~keit** *f* unfriendliness

Unfriede(n) ['ʊnfri:də(n)] *m* dissension, strife

unfruchtbar ['ʊnfrʊxtba:r] *adj* infertile; (*Gespräche*) unfruitful; **U~keit** *f* infertility; unfruitfulness

Unfug ['ʊnfu:k] (**-s**) *m* (*Benehmen*) mischief; (*Unsinn*) nonsense; **grober ~** (*JUR*) gross misconduct; malicious damage

Ungar(in) ['ʊŋgar(ɪn)] *m(f)* Hungarian; **u~isch** *adj* Hungarian; **~n** *nt* Hungary

ungeachtet ['ʊngə'axtət] *präp +gen* notwithstanding

ungeahnt ['ʊngə'a:nt] *adj* unsuspected, undreamt-of

ungebeten ['ʊngəbe:tən] *adj* uninvited

ungebildet ['ʊngəbɪldət] *adj* uneducated; uncultured

ungedeckt ['ʊngədɛkt] *adj* (*Scheck*) uncovered

Ungeduld ['ʊngədʊlt] *f* impatience; **u~ig** [-dɪç] *adj* impatient

ungeeignet ['ʊngə'aɪgnət] *adj* unsuitable

ungefähr ['ʊngəfɛ:r] *adj* rough, approximate; **das kommt nicht von ~** that's hardly surprising

ungefährlich *adj* not dangerous, harmless

ungehalten ['ʊngəhaltən] *adj* indignant

ungeheuer ['ʊngəhɔʏər] *adj* huge ♦ *adv* (*umg*) enormously; **U~** (**-s, -**) *nt* monster; **~lich** [-'hɔʏərlɪç] *adj* monstrous

ungehobelt ['ʊngəho:bəlt] *adj* (*fig*) uncouth

ungehörig ['ʊngəhø:rɪç] *adj* impertinent, improper

ungehorsam ['ʊngəho:rza:m] *adj* disobedient; **U~** *m* disobedience

ungeklärt ['ʊngəklɛ:rt] *adj* not cleared up; (*Rätsel*) unsolved

ungeladen ['ʊngəla:dən] *adj* not loaded; (*Gast*) uninvited

ungelegen ['ʊngəle:gən] *adj* inconvenient

ungelernt ['ʊngəlɛrnt] *adj* unskilled

ungelogen ['ʊngəlo:gən] *adv* really, honestly

ungemein ['ʊngəmaɪn] *adj* uncommon

ungemütlich ['ʊngəmy:tlɪç] *adj* uncomfortable; (*Person*) disagreeable

ungenau ['ʊngənaʊ] *adj* inaccurate; **U~igkeit** *f* inaccuracy

ungeniert ['ʊnʒeni:rt] *adj* free and easy, unceremonious ♦ *adv* without embarrassment, freely

ungenießbar ['ʊngəni:sba:r] *adj* inedible; undrinkable; (*umg*) unbearable

ungenügend ['ʊngəny:gənt] *adj* insufficient, inadequate

ungepflegt ['ʊngəpfle:kt] *adj* (*Garten etc*) untended; (*Person*) unkempt; (*Hände*) neglected

ungerade ['ʊngəra:də] *adj* odd, uneven (*US*)

ungerecht ['ʊngərɛçt] *adj* unjust; **~fertigt** *adj* unjustified; **U~igkeit** *f* injustice, unfairness

ungern ['ʊngɛrn] *adv* unwillingly, reluctantly

ungerührt ['ʊngəry:rt] *adj* unmoved

ungeschehen ['ʊngəʃe:ən] *adj*: **~ machen** to undo

Ungeschicklichkeit ['ʊngəʃɪklɪçkaɪt] *f* clumsiness

ungeschickt *adj* awkward, clumsy

ungeschminkt ['ʊngəʃmɪŋkt] *adj* without make-up; (*fig*) unvarnished

ungesetzlich ['ʊngəzɛtslɪç] *adj* illegal

ungestört ['ʊngəʃtø:rt] *adj* undisturbed

ungestraft ['ʊngəʃtra:ft] *adv* with impunity

ungestüm ['ʊngəʃty:m] *adj* impetuous; tempestuous; **U~** (**-(e)s**) *nt* impetuosity; passion

ungesund ['ʊngəzʊnt] *adj* unhealthy

ungetrübt ['ʊngətry:pt] *adj* clear; (*fig*) untroubled; (*Freude*) unalloyed
Ungetüm ['ʊngəty:m] **(-(e)s, -e)** *nt* monster
ungewiß ['ʊngəvɪs] *adj* uncertain; **U~heit** *f* uncertainty
ungewöhnlich ['ʊngəvø:nlɪç] *adj* unusual
ungewohnt ['ʊngəvo:nt] *adj* unaccustomed
Ungeziefer ['ʊngətsi:fər] **(-s)** *nt* vermin
ungezogen ['ʊngətso:gən] *adj* rude, impertinent; **U~heit** *f* rudeness, impertinence
ungezwungen ['ʊngətsvʊŋən] *adj* natural, unconstrained
ungläubig ['ʊnglɔʏbɪç] *adj* unbelieving; **die U~en** the infidel(s)
unglaublich [ʊn'glaʊplɪç] *adj* incredible
ungleich ['ʊnglaɪç] *adj* dissimilar; unequal ♦ *adv* incomparably; **~artig** *adj* different; **U~heit** *f* dissimilarity; inequality; **~mäßig** *adj* irregular, uneven
Unglück ['ʊnglʏk] **(-(e)s, -e)** *nt* misfortune; (*Pech*) bad luck; (*~sfall*) calamity, disaster; (*Verkehrs~*) accident; **u~lich** *adj* unhappy; (*erfolglos*) unlucky; (*unerfreulich*) unfortunate; **u~licherweise** [-'vaɪzə] *adv* unfortunately; **u~selig** *adj* calamitous; (*Person*) unfortunate, **~sfall** *m* accident, calamity
ungültig ['ʊngʏltɪç] *adj* invalid; **U~keit** *f* invalidity
ungünstig ['ʊngʏnstɪç] *adj* unfavourable
ungut ['ʊngu:t] *adj* (*Gefühl*) uneasy; **nichts für ~** no offence
unhaltbar ['ʊnhaltba:r] *adj* untenable
Unheil ['ʊnhaɪl] *nt* evil; (*Unglück*) misfortune; **~ anrichten** to cause mischief; **u~bar** *adj* incurable
unheimlich ['ʊnhaɪmlɪç] *adj* weird, uncanny ♦ *adv* (*umg*) tremendously
unhöflich ['ʊnhø:flɪç] *adj* impolite; **U~keit** *f* impoliteness
unhygienisch ['ʊnhygi'e:nɪʃ] *adj* unhygienic
Uni ['ʊni] (-, -s; *umg*) *f* university
uni [ʏ'ni:] *adj* self-coloured
Uniform [uni'fɔrm] *f* uniform; **u~iert** [-'mi:rt] *adj* uniformed
uninteressant ['ʊn'ɪntəresant] *adj* uninteresting
Universität [univɛrzi'tɛ:t] *f* university
Universum [uni'vɛrzʊm] **(-s)** *nt* universe
unkenntlich ['ʊnkɛntlɪç] *adj* unrecognizable
Unkenntnis ['ʊnkɛntnɪs] *f* ignorance
unklar ['ʊnkla:r] *adj* unclear; **im ~en sein über** *+akk* to be in the dark about; **U~heit** *f* unclarity; (*Unentschiedenheit*) uncertainty
unklug ['ʊnklu:k] *adj* unwise
Unkosten ['ʊnkɔstən] *pl* expense(s)
Unkostenbeitrag *m* contribution to costs *or* expenses
Unkraut ['ʊnkraʊt] *nt* weed; weeds *pl*
unkündbar *adj* (*Stelle*) permanent; (*Vertrag*) binding
unlängst ['ʊnlɛŋst] *adv* not long ago
unlauter ['ʊnlaʊtər] *adj* unfair
unleserlich ['ʊnlɛɪzərlɪç] *adj* illegible
unlogisch ['ʊnlo:gɪʃ] *adj* illogical
unlösbar [ʊn'lø:sbar] *adj* insoluble
unlöslich [ʊn'lø:slɪç] *adj* insoluble
Unlust ['ʊnlʊst] *f* lack of enthusiasm
unmäßig ['ʊnmɛ:sɪç] *adj* immoderate
Unmenge ['ʊnmɛŋə] *f* tremendous number, hundreds *pl*
Unmensch ['ʊnmɛnʃ] *m* ogre, brute; **u~lich** *adj* inhuman, brutal; (*ungeheuer*) awful
unmerklich [ʊn'mɛrklɪç] *adj* imperceptible
unmißverständlich ['ʊnmɪsfɛrʃtɛntlɪç] *adj* unmistakable
unmittelbar ['ʊnmɪtəlba:r] *adj* immediate
unmöbliert ['ʊnmøbli:rt] *adj* unfur-

nished
unmodern *adj* old-fashioned
unmöglich ['ʊnmø:klɪç] *adj* impossible; **U~keit** *f* impossibility
unmoralisch ['ʊnmora:lɪʃ] *adj* immoral
Unmut ['ʊnmu:t] *m* ill humour
unnachgiebig ['ʊnna:xgi:bɪç] *adj* unyielding
unnahbar [ʊn'na:ba:r] *adj* unapproachable
unnötig ['ʊnnø:tɪç] *adj* unnecessary
unnütz ['ʊnnʏts] *adj* useless
unordentlich ['ʊn'ɔrdəntlɪç] *adj* untidy
Unordnung ['ʊn'ɔrdnʊŋ] *f* disorder
unparteiisch ['ʊnpartaɪɪʃ] *adj* impartial; **U~e(r)** *m* umpire; (*FUSSBALL*) referee
unpassend ['ʊnpasənt] *adj* inappropriate; (*Zeit*) inopportune
unpäßlich ['ʊnpɛslɪç] *adj* unwell
unpersönlich ['ʊnpɛrzø:nlɪç] *adj* impersonal
unpolitisch ['ʊnpoli:tɪʃ] *adj* apolitical
unpraktisch ['ʊnpraktɪʃ] *adj* unpractical
unpünktlich ['ʊnpʏnktlɪç] *adj* unpunctual
unrationell ['ʊnratsionɛl] *adj* inefficient
unrealistisch *adj* unrealistic
unrecht ['ʊnrɛçt] *adj* wrong; **U~** *nt* wrong; **zu U~** wrongly; **U~ haben** to be wrong; **~mäßig** *adj* unlawful, illegal
unregelmäßig ['ʊnre:gəlmɛsɪç] *adj* irregular; **U~keit** *f* irregularity
unreif ['ʊnraɪf] *adj* (*Obst*) unripe; (*fig*) immature
unrentabel ['ʊnrɛnta:bəl] *adj* unprofitable
unrichtig ['ʊnrɪçtɪç] *adj* incorrect, wrong
Unruhe ['ʊnru:ə] *f* unrest; **~stifter** *m* troublemaker
unruhig ['ʊnru:ɪç] *adj* restless
uns [ʊns] (*akk, dat von* **wir**) *pron* us; ourselves
unsachlich ['ʊnzaxlɪç] *adj* not to the point, irrelevant
unsagbar [ʊn'za:kba:r] *adj* indescribable
unsanft ['ʊnzanft] *adj* rough
unsauber ['ʊnzaʊbər] *adj* unclean, dirty; (*fig*) crooked; (*MUS*) fuzzy
unschädlich ['ʊnʃɛ:tlɪç] *adj* harmless; **jdn/etw ~ machen** to render sb/sth harmless
unscharf ['ʊnʃarf] *adj* indistinct; (*Bild etc*) out of focus, blurred
unscheinbar ['ʊnʃaɪnba:r] *adj* insignificant; (*Aussehen, Haus etc*) unprepossessing
unschlagbar [ʊn'ʃla:kba:r] *adj* invincible
unschlüssig ['ʊnʃlʏsɪç] *adj* undecided
unschön *adj* (*häßlich: Anblick*) ugly, unattractive; (*unfreundlich: Benehmen*) unpleasant, ugly
Unschuld ['ʊnʃʊlt] *f* innocence; **u~ig** [-'dɪç] *adj* innocent
unselbständig ['ʊnzɛlpʃtɛndɪç] *adj* dependent, over-reliant on others
unser(e) ['ʊnzər(ə)] *adj* our; **~e(r, s)** *pron* ours; **~einer** *pron* people like us; **~eins** *pron* = **unsereiner**; **~erseits** *adv* on our part; **~twegen** *adv* (*für uns*) for our sake; (*wegen uns*) on our account; **~twillen** *adv*: **um ~twillen = unsertwegen**
unsicher ['ʊnzɪçər] *adj* uncertain; (*Mensch*) insecure; **U~heit** *f* uncertainty; insecurity
unsichtbar ['ʊnzɪçtba:r] *adj* invisible
Unsinn ['ʊnzɪn] *m* nonsense; **u~ig** *adj* nonsensical
Unsitte ['ʊnzɪtə] *f* deplorable habit
unsittlich ['ʊnzɪtlɪç] *adj* indecent
unsozial ['ʊnzotsia:l] *adj* (*Verhalten*) antisocial
unsportlich ['ʊnʃpɔrtlɪç] *adj* not sporty; unfit; (*Verhalten*) unsporting
unsre ['ʊnzrə] = **unsere**
unsterblich ['ʊnʃtɛrplɪç] *adj* immortal
Unstimmigkeit ['ʊnʃtɪmɪçkaɪt] *f*

inconsistency; (*Streit*) disagreement

unsympathisch ['ʊnzʏmpa:tɪʃ] *adj* unpleasant; **er ist mir ~** I don't like him

untätig ['ʊntɛ:tɪç] *adj* idle

untauglich ['ʊntaʊklɪç] *adj* unsuitable; (*MIL*) unfit

unteilbar [ʊn'taɪlba:r] *adj* indivisible

unten ['ʊntən] *adv* below; (*im Haus*) downstairs; (*an der Treppe etc*) at the bottom; **nach ~** down; **~ am Berg** *etc* at the bottom of the mountain *etc*; **ich bin bei ihm ~ durch** (*umg*) he's through with me

SCHLÜSSELWORT

unter [ʊntər] *präp +dat* **1** (*räumlich, mit Zahlen*) under; (*drunter*) underneath, below; **unter 18 Jahren** under 18 years
2 (*zwischen*) among(st); **sie waren unter sich** they were by themselves; **einer unter ihnen** one of them; **unter anderem** among other things
♦ *präp +akk* under, below

Unterarm ['ʊntər'arm] *m* forearm

unter- *zW*: **~belichten** *vt* (*PHOT*) to underexpose; **U~bewußtsein** *nt* subconscious; **~bezahlt** *adj* underpaid

unterbieten [ʊntər'bi:tən] (*unreg*) *vt insep* (*COMM*) to undercut; (*Rekord*) to lower

unterbrechen [ʊntər'brɛçən] (*unreg*) *vt insep* to interrupt

Unterbrechung *f* interruption

unterbringen ['ʊntərbrɪŋən] (*unreg*) *vt* (*in Koffer*) to stow; (*in Zeitung*) to place; (*Person: in Hotel etc*) to accommodate, to put up; (: *beruflich*): **jdn in einer Stellung** *od* **auf einem Posten ~** to fix sb up with a job

unterdessen [ʊntər'dɛsən] *adv* meanwhile

Unterdruck ['ʊntərdrʊk] *m* low pressure

unterdrücken [ʊntər'drʏkən] *vt insep* to suppress; (*Leute*) to oppress

untere(r, s) ['ʊntərə(r, s)] *adj* lower

untereinander [ʊntər'aɪ'nandər] *adv* with each other; among themselves *etc*

unterentwickelt ['ʊntər'ɛntvɪkəlt] *adj* underdeveloped

unterernährt ['ʊntər'ɛrnɛ:rt] *adj* undernourished, underfed

Unterernährung *f* malnutrition

Unter'führung *f* subway, underpass

Untergang ['ʊntərgaŋ] *m* (down)fall, decline; (*NAUT*) sinking; (*von Gestirn*) setting

unter'geben *adj* subordinate

untergehen ['ʊntərge:ən] (*unreg*) *vi* to go down; (*Sonne auch*) to set; (*Staat*) to fall; (*Volk*) to perish; (*Welt*) to come to an end; (*im Lärm*) to be drowned

Untergeschoß ['ʊntərgəʃɔs] *nt* basement

Untergewicht *nt* underweight

unter'gliedern *vt insep* to subdivide

Untergrund ['ʊntərgrʊnt] *m* foundation; (*POL*) underground; **~bahn** *f* underground, tube, subway (*US*); **~bewegung** *f* underground (movement)

unterhalb ['ʊntərhalp] *präp +gen* below ♦ *adv* below; **~ von** below

Unterhalt ['ʊntərhalt] *m* maintenance; **u~en** [ʊntər'haltən] (*unreg*) *vt insep* to maintain; (*belustigen*) to entertain ♦ *vr insep* to talk; (*sich belustigen*) to enjoy o.s.; **u~sam** *adj* (*Abend, Person*) entertaining, amusing; **~ung** *f* maintenance; (*Belustigung*) entertainment, amusement; (*Gespräch*) talk

Unterhändler ['ʊntərhɛntlər] *m* negotiator

Unterhemd ['ʊntərhɛmt] *nt* vest, undershirt (*US*)

Unterhose ['ʊntərho:zə] *f* underpants *pl*

Unterkiefer ['ʊntərki:fər] *m* jaw

unterkommen [illegible] *reg*) *vi* to fi[illegible]

das ist mir noch nie untergekommen I've never met with that

unterkühlt [ʊntər'ky:lt] *adj* (*Körper*) affected by hypothermia

Unterkunft ['ʊntərkʊnft] (-, **-künfte**) *f* accommodation

Unterlage ['ʊntərla:gə] *f* foundation; (*Beleg*) document; (*Schreib~ etc*) pad

unter'lassen (*unreg*) *vt insep* to fail to do; (*sich enthalten*) to refrain from

unterlaufen [ʊntər'laʊfən] (*unreg*) *vi insep* to happen ♦ *adj*: **mit Blut** ~ suffused with blood; (*Augen*) bloodshot

unterlegen ['ʊntərle:gən] *vt* to lay *od* put under; **unter'legen** *adj* inferior; (*besiegt*) defeated

Unterleib ['ʊntərlaɪp] *m* abdomen

unter'liegen (*unreg*) *vi insep* (+*dat*) to be defeated *od* overcome (by); (*unterworfen sein*) to be subject (to)

Untermiete ['ʊntərmi:tə] *f*: **zur ~ wohnen** to be a subtenant *od* lodger; **~r(in)** *m(f)* subtenant, lodger

unter'nehmen (*unreg*) *vt insep* to undertake; **U~** (-s, -) *nt* undertaking, enterprise (*auch COMM*)

Unternehmer [ʊntər'ne:mər] (-s, -) *m* entrepreneur, businessman

unterordnen *vr* +*dat* to submit o.s. (to) ♦ *vr* to give o.s. second place to

Unterredung [ʊntər're:dʊŋ] *f* discussion, talk

Unterricht ['ʊntərrɪçt] (-(e)s, -e) *m* instruction, lessons *pl*; **u~en** [ʊntər'rɪçtən] *vt insep* to instruct; (*SCH*) to teach ♦ *vr insep*: **sich u~en (über** +*akk*) to inform o.s. (about), to obtain information (about); **~sfach** *nt* subject (on school *etc* curriculum)

Unterrock ['ʊntərrɔk] *m* petticoat, slip

unter'sagen *vt insep* to forbid; **jdm etw untersagen** to forbid sb to do sth

Untersatz ['ʊntərzats] *m* coaster, saucer

unter'schätzen *vt insep* to underestimate

unter'scheiden (*unreg*) *vt insep* to distinguish ♦ *vr insep* to differ

Unter'scheidung *f* (*Unterschied*) distinction; (*Unterscheiden*) differentiation

Unterschied ['ʊntərʃi:t] (-(e)s, -e) *m* difference, distinction; **im ~ zu** as distinct from; **u~lich** *adj* varying, differing; (*diskriminierend*) discriminatory; **u~slos** *adv* indiscriminately

unter'schlagen (*unreg*) *vt insep* to embezzle; (*verheimlichen*) to suppress

Unter'schlagung *f* embezzlement

Unterschlupf ['ʊntərʃlʊpf] (-(e)s, **-schlüpfe**) *m* refuge

unter'schreiben (*unreg*) *vt insep* to sign

Unterschrift ['ʊntərʃrɪft] *f* signature

Unterseeboot ['ʊntərze:bo:t] *nt* submarine

Untersetzer ['ʊntərzɛtsər] *m* tablemat; (*für Gläser*) coaster

untersetzt [ʊntər'zɛtst] *adj* stocky

unterste(r, s) ['ʊntərstə(r, s)] *adj* lowest, bottom

unterstehen [ʊntər'ʃte:ən] (*unreg*) *vi insep* (+*dat*) to be under ♦ *vr insep* to dare; **'unterstehen** (*unreg*) *vi* to shelter

unterstellen [ʊntər'ʃtɛlən] *vt insep* to subordinate; (*fig*) to impute ♦ *vt* (*Auto*) to garage, to park ♦ *vr* to take shelter

unter'streichen (*unreg*) *vt insep* (*auch fig*) to underline

Unterstufe ['ʊntərʃtu:fə] *f* lower grade

unter'stützen *vt insep* to support

Unter'stützung *f* support, assistance

unter'suchen *vt insep* (*MED*) to examine; (*Polizei*) to investigate

Unter'suchung *f* examination; investigation, inquiry; **Untersuchungsausschuß** *m* committee of inquiry; **Untersuchungshaft** *f* imprisonment on remand

Untertan ['ʊntərta:n] (-s, -en) *m* subject

Untertasse ['ʊntərtasə] *f* saucer
untertauchen ['ʊntərtaʊxən] *vi* to dive; (*fig*) to disappear, to go underground
Unterteil ['ʊntərtaɪl] *nt od m* lower part, bottom; **u~en** [ʊntər'taɪlən] *vt insep* to divide up
Untertitel ['ʊntərti:təl] *m* subtitle
Unterwäsche ['ʊntərvɛʃə] *f* underwear
unterwegs [ʊntər've:ks] *adv* on the way
unter'werfen (*unreg*) *vt insep* to subject; (*Volk*) to subjugate ♦ *vr insep* (+*dat*) to submit (to)
unterwürfig ['ʊntərvʏrfɪç] *adj* obsequious, servile
unter'zeichnen *vt insep* to sign
unter'ziehen (*unreg*) *vt insep* to subject ♦ *vr insep* (+*dat*) to undergo; (*einer Prüfung*) to take
untragbar [ʊn'tra:kba:r] *adj* unbearable, intolerable
untreu ['ʊntrɔʏ] *adj* unfaithful; **U~e** *f* unfaithfulness
untröstlich [ʊn'trø:stlɪç] *adj* inconsolable
unüberlegt ['ʊn'y:bərle:kt] *adj* ill-considered ♦ *adv* without thinking
unübersichtlich *adj* (*Gelände*) broken; (*Kurve*) blind
unumgänglich [ʊn'ʊm'gɛŋlɪç] *adj* indispensable, vital; absolutely necessary
unumwunden [ʊn'ʊm'vʊndən] *adj* candid ♦ *adv* straight out
ununterbrochen ['ʊn'ʊntərbrɔxən] *adj* uninterrupted
unver- [ʊnfɛr] *zW*: **~änderlich** [-'ɛndərlɪç] *adj* unchangeable; **~antwortlich** [-''antvɔrtlɪç] *adj* irresponsible; (*unentschuldbar*) inexcusable; **~'besserlich** *adj* incorrigible; **~'bindlich** *adj* not binding; (*Antwort*) curt ♦ *adv* (*COMM*) without obligation; **~bleit** *adj* (*Benzin usw*) unleaded; **ich fahre ~bleit** I use unleaded; **~blümt** [-'bly:mt] *adj* plain, blunt ♦ *adv* plainly, bluntly; **~'daulich** *adj* indigestible; **~'einbar** *adj* incompatible; **~fänglich** [-'fɛŋlɪç] *adj* harmless; **~'froren** *adj* impudent; **~'geßlich** *adj* (*Tag, Erlebnis*) unforgettable; **~hofft** [-'hɔft] *adj* unexpected; **~meidlich** [-'maɪtlɪç] *adj* unavoidable; **~'mutet** *adj* unexpected; **~nünftig** [-'nʏnftɪç] *adj* foolish; **~'schämt** *adj* impudent; **U~schämtheit** *f* impudence, insolence; **~sehens** [-'ze:əns] *adv* all of a sudden; **~'sehrt** *adj* uninjured; **~söhnlich** [-'zø:nlɪç] *adj* irreconcilable; **~ständlich** [-'ʃtɛntlɪç] *adj* unintelligible; **~'träglich** *adj* quarrel'some; (*Meinungen, MED*) incompatible; **~wüstlich** [-'vy:stlɪç] *adj* indestructible; (*Mensch*) irrepressible; **~'zeihlich** *adj* unpardonable; **~züglich** [-'tsy:klɪç] *adj* immediate
unvollkommen ['ʊnfɔlkɔmən] *adj* imperfect
unvollständig *adj* incomplete
unvor- ['ʊnfo:r] *zW*: **~bereitet** *adj* unprepared; **~eingenommen** *adj* unbiased; **~hergesehen** [-he:rgeze:ən] *adj* unforeseen; **~sichtig** [-zɪçtɪç] *adj* careless, imprudent; **~stellbar** [-'ʃtɛlba:r] *adj* inconceivable; **~teilhaft** *adj* disadvantageous
unwahr ['ʊnva:r] *adj* untrue; **~scheinlich** *adj* improbable, unlikely ♦ *adv* (*umg*) incredibly
unweigerlich [ʊn'vaɪgərlɪç] *adj* unquestioning ♦ *adv* without fail
Unwesen ['ʊnve:zən] *nt* nuisance; (*Unfug*) mischief; **sein ~ treiben** to wreak havoc; **u~tlich** *adj* inessential, unimportant; **u~tlich besser** marginally better
Unwetter ['ʊnvɛtər] *nt* thunderstorm
unwichtig ['ʊnvɪçtɪç] *adj* unimportant
unwider- [ʊnvi:dər] *zW*: **~'legbar** *adj* irrefutable; **~'ruflich** *adj* irrevocable; **~'stehlich** *adj* irresistible
unwill- ['ʊnvɪl] *zW*: **U~e(n)** *m* indignation; **~ig** *adj* indignant; (*widerwillig*) reluctant; **~kürlich** [-ky:rlɪç] *adj* involuntary ♦ *adv* instinctively;

(*lachen*) involuntarily
unwirklich ['ʊnvɪrklɪç] *adj* unreal
unwirksam *adj* (*Mittel, Methode*) ineffective
unwirsch ['ʊnvɪrʃ] *adj* cross, surly
unwirtschaftlich ['ʊnvɪrtʃaftlɪç] *adj* uneconomical
unwissen- ['ʊnvɪsən] *zW*: **~d** *adj* ignorant; **U~heit** *f* ignorance; **~tlich** *adv* unknowingly, unwittingly
unwohl ['ʊnvo:l] *adj* unwell, ill; **U~sein** (-s) *nt* indisposition
unwürdig ['ʊnvʏrdɪç] *adj* unworthy
unzählig [ʊn'tsɛ:lɪç] *adj* innumerable, countless
unzer- [ʊntsɛr] *zW*: **~'brechlich** *adj* unbreakable; **~'störbar** *adj* indestructible; **~'trennlich** *adj* inseparable
Unzucht ['ʊntsʊxt] *f* sexual offence
unzüchtig ['ʊntsʏçtɪç] *adj* immoral; lewd
unzu- ['ʊntsu] *zW*: **~frieden** *adj* dissatisfied; **U~friedenheit** *f* discontent; **~länglich** *adj* inadequate; **~lässig** *adj* inadmissible; **~rechnungsfähig** *adj* irresponsible; **~treffend** *adj* incorrect; **~verlässig** *adj* unreliable
unzweideutig ['ʊntsvaɪdɔʏtɪç] *adj* unambiguous
üppig ['ʏpɪç] *adj* (*Frau*) curvaceous; (*Busen*) full, ample; (*Essen*) sumptuous; (*Vegetation*) luxuriant, lush
Ur- ['u:r] *in zW* original
uralt ['u:r'alt] *adj* ancient, very old
Uran [u'ra:n] (-s) *nt* uranium
Ur- *zW*: **~aufführung** *f* first performance; **~einwohner** *m* original inhabitant; **~eltern** *pl* ancestors; **~enkel(in)** *m(f)* great-grandchild, great-grandson(daughter); **~großeltern** *pl* great-grandparents; **~großmutter** *f* great-grandmother; **~großvater** *m* great-grandfather; **~heber** (-s, -) *m* originator; (*Autor*) author
Urin [u'ri:n] (-s, -e) *m* urine
Urkunde ['u:rkʊndə] *f* document, deed
Urlaub ['u:rlaʊp] (-(e)s, -e) *m* holiday(s *pl*) (*BRIT*), vacation (*US*); (*MIL etc*) leave; **~er** [-laʊbər] (-s, -) *m* holiday-maker (*BRIT*), vacationer (*US*); **~sort** *m* holiday resort
Urne ['ʊrnə] *f* urn
Urologe [uro'lo:gə] *m* (*MED*) urologist
Ursache ['u:rzaxə] *f* cause; **keine ~** that's all right
Ursprung ['u:rʃprʊŋ] *m* origin, source; (*von Fluß*) source
ursprünglich [u:r'ʃprʏŋlɪç] *adj* original ♦ *adv* originally
Urteil ['ʊrtaɪl] (-s, -e) *nt* opinion; (*JUR*) sentence, judgement; **u~en** *vi* to judge; **~sspruch** *m* sentence, verdict
Urwald *m* jungle
Urzeit *f* prehistoric times *pl*
USA [u:'ɛs''a:] *pl abk* (= *Vereinigte Staaten von Amerika*) USA
usw. *abk* (= *und so weiter*) etc
Utensilien [utɛn'zi:liən] *pl* utensils
Utopie [uto'pi:] *f* pipedream
utopisch [u'to:pɪʃ] *adj* utopian

V

vag(e) [va:k, va:gə] *adj* vague
Vagina [va'gi:na] (-, **Vaginen**) *f* vagina
Vakuum ['va:kuʊm] (-s, **Vakua** *od* **Vakuen**) *nt* vacuum
Vampir (-s, -e) *m* vampire
Vanille [va'nɪljə] (-) *f* vanilla
Variation [variatsi'o:n] *f* variation
variieren [vari'i:rən] *vt, vi* to vary
Vase ['va:zə] *f* vase
Vater ['fa:tər] (-s, ¨) *m* father; **~land** *nt* native country; Fatherland
väterlich ['fɛ:tərlɪç] *adj* fatherly
Vaterschaft *f* paternity
Vaterunser (-s, -) *nt* Lord's prayer
Vati ['fa:ti] *m* daddy
v.Chr. *abk* (= *vor Christus*) B.C.
Vegetarier(in) [vege'ta:riər(ɪn)] (-s, -) *m(f)* vegetarian
Veilchen ['faɪlçən] *nt* violet
Vene ['ve:nə] *f* vein
Ventil [vɛn'ti:l] (-s, -e) *nt* valve

Ventilator [vɛnti'la:tɔr] *m* ventilator
verab- [fɛr''ap] *zW*: **~reden** *vt* to agree, to arrange ♦ *vr*: **sich mit jdm ~reden** to arrange to meet sb; **mit jdm ~redet sein** to have arranged to meet sb; **V~redung** *f* arrangement; (*Treffen*) appointment; **~scheuen** *vt* to detest, to abhor; **~schieden** *vt* (*Gäste*) to say goodbye to; (*entlassen*) to discharge; (*Gesetz*) to pass ♦ *vr* to take one's leave; **V~schiedung** *f* leave-taking; discharge; passing
ver- [fɛr] *zW*: **~achten** *vt* to despise; **~ächtlich** [-''ɛçtlɪç] *adj* contemptuous; (*verachtenswert*) contemptible; **jdn ~ächtlich machen** to run sb down; **V~achtung** *f* contempt
verallgemeinern [fɛr'algə'maɪnərn] *vt* to generalize
Verallgemeinerung *f* generalization
veralten [fɛr''altən] *vi* to become obsolete *od* out-of-date
Veranda [ve'randa] (**-, Veranden**) *f* veranda
veränder- [fɛr''ɛndər] *zW*: **~lich** *adj* changeable; **~n** *vt, vr* to change, to alter; **V~ung** *f* change, alteration
veran- [fɛr''an] *zW*: **~lagt** *adj* with a ... nature; **V~lagung** *f* disposition; **~lassen** *vt* to cause; **Maßnahmen ~lassen** to take measures; **sich ~laßt sehen** to feel prompted; **~schaulichen** *vt* to illustrate; **~schlagen** *vt* to estimate; **~stalten** *vt* to organize, to arrange; **V~stalter** (**-s, -**) *m* organizer; **V~staltung** *f* (*Veranstalten*) organizing; (*Konzert etc*) event, function
verantwort- [fɛr''antvɔrt] *zW*: **~en** *vt* to answer for ♦ *vr* to justify o.s.; **~lich** *adj* responsible; **V~ung** *f* responsibility; **~ungsbewußt** *adj* responsible; **~ungslos** *adj* irresponsible
verarbeiten [fɛr''arbaɪtən] *vt* to process; (*geistig*) to assimilate; **etw zu etw ~** to make sth into sth
Verarbeitung *f* processing; assimilation
verärgern [fɛr''ɛrgərn] *vt* to annoy
verausgaben [fɛr''aʊsga:bən] *vr* to run out of money; (*fig*) to exhaust o.s.
Verb [vɛrp] (**-s, -en**) *nt* verb
Verband [fɛr'bant] (**-(e)s, ¨e**) *m* (*MED*) bandage, dressing; (*Bund*) association, society; (*MIL*) unit; **~kasten** *m* medicine chest, first-aid box; **~zeug** *nt* bandage
verbannen [fɛr'banən] *vt* to banish
Verbannung *f* exile
verbergen [fɛr'bɛrgən] (*unreg*) *vt, vr*: **(sich) ~ (vor** *+dat***)** to hide (from)
verbessern [fɛr'bɛsərn] *vt, vr* to improve; (*berichtigen*) to correct (o.s.)
Verbesserung *f* improvement; correction
verbeugen [fɛr'bɔʏgən] *vr* to bow
Verbeugung *f* bow
ver'biegen (*unreg*) *vi* to bend
ver'bieten (*unreg*) *vt* to forbid; **jdm etw verbieten** to forbid sb to do sth
ver'binden (*unreg*) *vt* to connect; (*kombinieren*) to combine; (*MED*) to bandage ♦ *vr* (*auch CHEM*) to combine, to join; **jdm die Augen ~** to blindfold sb
verbindlich [fɛr'bɪntlɪç] *adj* binding; (*freundlich*) friendly
Ver'bindung *f* connection; (*Zusammensetzung*) combination; (*CHEM*) compound; (*UNIV*) club
verbissen [fɛr'bɪsən] *adj* (*Kampf*) bitter; (*Gesichtsausdruck*) grim
ver'bitten (*unreg*) *vt*: **sich** *dat* **etw ~** not to tolerate sth, not to stand for sth
verblassen [fɛr'blasən] *vi* to fade
Verbleib [fɛ'blaɪp] (**-(e)s**) *m* whereabouts; **v~en** (*unreg*) *vi* to remain
verbleit [fɛr'blaɪt] *adj* (*Benzin*) leaded
verblüffen [fɛr'blʏfən] *vt* to stagger, to amaze
Verblüffung *f* stupefaction
ver'blühen *vi* to wither, to fade

ver'bluten *vi* to bleed to death
verborgen [fɛr'bɔrgən] *adj* hidden
Verbot [fɛr'bo:t] (**-(e)s, -e**) *nt* prohibition, ban; **v~en** *adj* forbidden; **Rauchen v~en!** no smoking; **~sschild** *nt* prohibitory sign
Verbrauch [fɛr'braʊx] (**-(e)s**) *m* consumption; **v~en** *vt* to use up; **~er** (**-s, -**) *m* consumer; **v~t** *adj* used up, finished; (*Luft*) stale; (*Mensch*) worn-out
Verbrechen [fɛr'brɛçən] (**-s, -**) *nt* crime
Verbrecher [fɛr'brɛçər] (**-s, -**) *m* criminal; **v~isch** *adj* criminal
ver'breiten *vt, vr* to spread; **sich über etw** *akk* ~ to expound on sth
verbreitern [fɛr'braɪtərn] *vt* to broaden
Verbreitung *f* spread(ing), propagation
verbrenn- [fɛr'brɛn] *zW*: **~bar** *adj* combustible; **~en** (*unreg*) *vt* to burn; (*Leiche*) to cremate; **V~ung** *f* burning; (*in Motor*) combustion; (*von Leiche*) cremation; **V~ungsmotor** *m* internal combustion engine
ver'bringen [fɛr'brɪŋən] (*unreg*) *vt* to spend
verbrühen [fɛr'bry:ən] *vt* to scald
verbuchen [fɛr'bu:xən] *vt* (*FIN*) to register; (*Erfolg*) to enjoy; (*Mißerfolg*) to suffer
verbunden [fɛr'bʊndən] *adj* connected; **jdm ~ sein** to be obliged *od* indebted to sb; **„falsch ~"** (*TEL*) "wrong number"
verbünden [fɛr'bʏndən] *vr* to ally o.s.
Verbündete(r) [fɛr'bʏndətə(r)] *mf* ally
ver'bürgen *vr*: **sich ~ für** to vouch for
ver'büßen *vt*: **eine Strafe ~** to serve a sentence
Verdacht [fɛr'daxt] (**-(e)s**) *m* suspicion
verdächtig [fɛr'dɛçtɪç] *adj* suspicious, suspect; **~en** [fɛr'dɛçtɪgən] *vt* to suspect
verdammen [fɛr'damən] *vt* to damn, to condemn; **verdammt!** damn!
verdammt (*umg*) *adj, adv* damned; **~ noch mal!** damn!; dammit!
ver'dampfen *vi* to vaporize, to evaporate
ver'danken *vt*: **jdm etw ~** to owe sb sth
verdauen [fɛr'daʊən] *vt* (*auch fig*) to digest
verdaulich [fɛr'daʊlɪç] *adj* digestible; **das ist schwer ~** that is hard to digest
Verdauung *f* digestion
Verdeck [fɛr'dɛk] (**-(e)s, -e**) *nt* (*AUT*) hood; (*NAUT*) deck; **v~en** *vt* to cover (up); (*verbergen*) to hide
Verderb- [fɛr'dɛrp] *zW*: **~en** [-'dɛrbən] (**-s**) *nt* ruin; **v~en** (*unreg*) *vt* to spoil; (*schädigen*) to ruin; (*moralisch*) to corrupt ♦ *vi* (*Essen*) to spoil, to rot; (*Mensch*) to go to the bad; **es mit jdm v~en** to get into sb's bad books; **v~lich** *adj* (*Einfluß*) pernicious; (*Lebensmittel*) perishable
verdeutlichen [fɛr'dɔʏtlɪçən] *vt* to make clear
ver'dichten *vt, vr* to condense
ver'dienen *vt* to earn; (*moralisch*) to deserve
Ver'dienst (**-(e)s, -e**) *m* earnings *pl* ♦ *nt* merit; (*Leistung*): **Verdienst (um)** service (to)
verdient [fɛr'di:nt] *adj* well-earned; (*Person*) deserving of esteem; **sich um etw ~ machen** to do a lot for sth
verdoppeln [fɛr'dɔpəln] *vt* to double
verdorben [fɛr'dɔrbən] *adj* spoilt; (*geschädigt*) ruined; (*moralisch*) corrupt
verdrängen [fɛr'drɛŋən] *vt* to oust, to displace (*auch PHYS*); (*PSYCH*) to repress
ver'drehen *vt* (*auch fig*) to twist; (*Augen*) to roll; **jdm den Kopf ~** (*fig*) to turn sb's head
verdreifachen [fɛr'draɪfaxən] *vt* to

treble

verdrießlich [fɛr'dri:slɪç] *adj* peevish, annoyed

Verdruß [fɛr'drʊs] (**-sses, -sse**) *m* annoyance, worry

verdummen [fɛr'dʊmən] *vt* to make stupid ♦ *vi* to grow stupid

verdunkeln [fɛr'dʊŋkəln] *vt* to darken; (*fig*) to obscure ♦ *vr* to darken

Verdunk(e)lung *f* blackout; (*fig*) obscuring

verdünnen [fɛr'dʏnən] *vt* to dilute

verdunsten [fɛr'dʊnstən] *vi* to evaporate

verdursten [fɛr'dʊrstən] *vi* to die of thirst

verdutzt [fɛr'dʊtst] *adj* nonplussed, taken aback

verehr- [fɛr''e:r] *zW*: **~en** *vt* to venerate, to worship (*auch REL*); **jdm etw ~en** to present sb with sth; **V~er(in)** (**-s, -**) *m(f)* admirer, worshipper (*auch REL*); **~t** *adj* esteemed; **V~ung** *f* respect; (*REL*) worship

Verein [fɛr''aɪn] (**-(e)s, -e**) *m* club, association; **v~bar** *adj* compatible; **v~baren** *vt* to agree upon; **~barung** *f* agreement; **v~en** *vt* (*Menschen, Länder*) to unite; (*Prinzipien*) to reconcile; **mit v~ten Kräften** having pooled resources, having joined forces; **~te Nationen** United Nations; **v~fachen** *vt* to simplify; **v~igen** *vt, vr* to unite; **~igung** *f* union, (*Verein*) association; **v~t** *adj* united; **v~zelt** *adj* isolated

vereiteln [fɛr''aɪtəln] *vt* to frustrate

ver'eitern *vi* to suppurate, to fester

verengen [fɛr''ɛŋən] *vr* to narrow

vererb- [fɛr''ɛrb] *zW*: **~en** *vt* to bequeath; (*BIOL*) to transmit ♦ *vr* to be hereditary; **~lich** [fɛr'ɛrplɪç] *adj* hereditary; **V~ung** *f* bequeathing; (*BIOL*) transmission; (*Lehre*) heredity

verewigen [fɛr''e:vɪgən] *vt* to immortalize ♦ *vr* (*umg*) to immortalize o.s.

ver'fahren (*unreg*) *vi* to act ♦ *vr* to get lost ♦ *adj* tangled; **~ mit** to deal with; **V~** (**-s, -**) *nt* procedure; (*TECH*) process; (*JUR*) proceedings *pl*

Verfall [fɛr'fal] (**-(e)s**) *m* decline; (*von Haus*) dilapidation; (*FIN*) expiry; **v~en** (*unreg*) *vi* to decline; (*Haus*) to be falling down; (*FIN*) to lapse; **v~en in** +*akk* to lapse into; **v~en auf** +*akk* to hit upon; **einem Laster v~en sein** to be addicted to a vice; **~sdatum** *nt* expiry date; (*der Haltbarkeit*) sell-by date

verfänglich [fɛr'fɛŋlɪç] *adj* (*Frage, Situation*) awkward, tricky

ver'färben *vr* to change colour

verfassen [fɛr'fasən] *vt* (*Rede*) to prepare, work out

Verfasser(in) [fɛr'fasər(ɪn)] (**-s, -**) *m(f)* author, writer

Verfassung *f* (*auch POL*) constitution

Verfassungs- *zW*: **~gericht** *nt* constitutional court; **v~widrig** *adj* unconstitutional

ver'faulen *vi* to rot

ver'fehlen *vt* to miss; **etw für verfehlt halten** to regard sth as mistaken

verfeinern [fɛr'faɪnərn] *vt* to refine

ver'filmen *vt* to film

verflixt [fɛr'flɪkst] (*umg*) *adj* damned, damn

ver'fluchen *vt* to curse

verfolg- [fɛr'fɔlg] *zW*: **~en** *vt* to pursue; (*gerichtlich*) to prosecute; (*grausam, bes POL*) to persecute; **V~er** (**-s, -**) *m* pursuer; **V~ung** *f* pursuit; prosecution; persecution

verfrüht [fɛr'fry:t] *adj* premature

verfüg- [fɛr'fy:g] *zW*: **~bar** *adj* available; **~en** *vt* to direct, to order ♦ *vr* to proceed ♦ *vi*: **~en über** +*akk* to have at one's disposal; **V~ung** *f* direction, order; **zur V~ung** at one's disposal; **jdm zur V~ung stehen** to be available to sb

verführ- [fɛr'fy:r] *zW*: **~en** *vt* to tempt; (*sexuell*) to seduce; **V~er** *m* tempter; seducer; **~erisch** *adj* seductive; **V~ung** *f* seduction; (*Versuchung*) temptation

ver'gammeln (*umg*) *vi* to go to

seed; (*Nahrung*) to go off

vergangen [fɛr'gaŋən] *adj* past; **V~heit** *f* past

vergänglich [fɛr'gɛŋlɪç] *adj* transitory; **V~keit** *f* transitoriness, impermanence

vergasen [fɛr'ga:zən] *vt* (*töten*) to gas

Vergaser (-s, -) *m* (*AUT*) carburettor

vergaß *etc* [fɛr'ga:s] *vb siehe* **vergessen**

vergeb- [fɛr'ge:b] *zW*: **~en** (*unreg*) *vt* (*verzeihen*) to forgive; (*weggeben*) to give away; **jdm etw ~en** to forgive sb (for) sth; **~ens** *adv* in vain; **~lich** [fɛr'ge:plɪç] *adv* in vain ♦ *adj* vain, futile; **V~ung** *f* forgiveness

ver'gehen (*unreg*) *vi* to pass by *od* away ♦ *vr* to commit an offence; **jdm vergeht etw** sb loses sth; **sich an jdm ~** to (sexually) assault sb; **V~** (-s, -) *nt* offence

ver'gelten (*unreg*) *vt*: **jdm etw vergelten** to pay sb back for sth, to repay sb for sth

Ver'geltung *f* retaliation, reprisal; **Vergeltungsschlag** *m* (*MIL*) reprisal

vergessen [fɛr'gɛsən] (*unreg*) *vt* to forget; **V~heit** *f* oblivion

vergeßlich [fɛr'gɛslɪç] *adj* forgetful; **V~keit** *f* forgetfulness

vergeuden [fɛr'gɔʏdən] *vt* to squander, to waste

vergewaltigen [fɛrgə'valtɪgən] *vt* to rape; (*fig*) to violate

Vergewaltigung *f* rape

vergewissern [fɛrgə'vɪsərn] *vr* to make sure

ver'gießen (*unreg*) *vt* to shed

vergiften [fɛr'gɪftən] *vt* to poison

Vergiftung *f* poisoning

Vergißmeinnicht [fɛr'gɪsmaɪnnɪçt] (-(e)s, -e) *nt* forget-me-not

vergißt *etc* [fɛr'gɪst] *vb siehe* **vergessen**

Vergleich [fɛr'glaɪç] (-(e)s, -e) *m* comparison; (*JUR*) settlement; **im ~ mit** *od* **zu** compared with *od* to; **v~bar** *adj* comparable; **v~en** (*unreg*) *vt* to compare ♦ *vr* to reach a settlement

vergnügen [fɛr'gny:gən] *vr* to enjoy *od* amuse o.s.; **V~** (-s, -) *nt* pleasure; **viel V~!** enjoy yourself!

vergnügt [fɛr'gny:kt] *adj* cheerful

Vergnügung *f* pleasure, amusement; **~spark** *m* amusement park

vergolden [fɛr'gɔldən] *vt* to gild

vergöttern [fɛr'gœtərn] *vt* to idolize

ver'graben *vt* to bury

ver'greifen (*unreg*) *vr*: **sich an jdm ~** to lay hands on sb; **sich an etw ~** to misappropriate sth; **sich im Ton ~** to say the wrong thing

vergriffen [fɛr'grɪfən] *adj* (*Buch*) out of print; (*Ware*) out of stock

vergrößern [fɛr'grø:sərn] *vt* to enlarge; (*mengenmäßig*) to increase; (*Lupe*) to magnify

Vergrößerung *f* enlargement; increase; magnification; **~sglas** *nt* magnifying glass

Vergünstigung [fɛr'gʏnstɪgʊŋ] *f* concession, privilege

Vergütung *f* compensation

verhaften [fɛr'haftən] *vt* to arrest

Verhaftung *f* arrest

ver'hallen *vi* to die away

ver'halten (*unreg*) *vr* to be, to stand; (*sich benehmen*) to behave ♦ *vt* to hold *od* keep back; (*Schritt*) to check; **sich ~ (zu)** (*MATH*) to be in proportion (to); **V~** (-s) *nt* behaviour

Verhältnis [fɛr'hɛltnɪs] (-ses, -se) *nt* relationship; (*MATH*) proportion, ratio; **~se** *pl* (*Umstände*) conditions; **über seine ~se leben** to live beyond one's means; **v~mäßig** *adj* relative, comparative ♦ *adv* relatively, comparatively

verhandeln [fɛr'handəln] *vi* to negotiate; (*JUR*) to hold proceedings ♦ *vt* to discuss; (*JUR*) to hear; **über etw** *akk* **~** to negotiate sth *od* about sth

Verhandlung *f* negotiation; (*JUR*) proceedings *pl*; **~sbasis** *f* (*FINANZ*) basis for negotiations

ver'hängen *vt* (*fig*) to impose, to inflict

Verhängnis [fɛr'hɛŋnɪs] (**-ses, -se**) *nt* fate, doom; **jdm zum ~ werden** to be sb's undoing; **v~voll** *adj* fatal, disastrous

verharmlosen [fɛr'harmlo:zən] *vt* to make light of, to play down

verhärten [fɛr'hɛrtən] *vr* to harden

verhaßt [fɛr'hast] *adj* odious, hateful

verhauen [fɛr'haʊən] (*unreg; umg*) *vt* (*verprügeln*) to beat up

verheerend [fɛr'he:rənt] *adj* disastrous, devastating

verheimlichen [fɛr'haɪmlɪçən] *vt*: **jdm etw ~** to keep sth secret from sb

verheiratet [fɛr'haɪra:tət] *adj* married

ver'helfen (*unreg*) *vi*: **jdm ~ zu** to help sb to get

ver'hexen *vt* to bewitch; **es ist wie verhext** it's jinxed

ver'hindern *vt* to prevent; **verhindert sein** to be unable to make it

verhöhnen [fɛr'hø:nən] *vt* to mock, to sneer at

Verhör [fɛr'hø:r] (**-(e)s, -e**) *nt* interrogation; (*gerichtlich*) (cross-) examination; **v~en** *vt* to interrogate; to (cross-)examine ♦ *vr* to misunderstand, to mishear

ver'hungern *vi* to starve, to die of hunger

ver'hüten *vt* to prevent, to avert

Ver'hütung *f* prevention, **Verhütungsmittel** *nt* contraceptive

verirren [fɛr''ɪrən] *vr* to go astray

ver'jagen *vt* to drive away *od* out

verkalken [fɛr'kalkən] *vi* to calcify; (*umg*) to become senile

verkannt [fɛr'kant] *adj* unappreciated

Verkauf [fɛr'kaʊf] *m* sale; **v~en** *vt* to sell

Verkäufer(in) [fɛr'kɔʏfər(ɪn)] (**-s, -**) *m(f)* seller; salesman(woman); (*in Laden*) shop assistant

verkaufsoffen *adj*: **~er Samstag** *Saturday when the shops stay open all day*

Verkehr [fɛr'ke:r] (**-s, -e**) *m* traffic; (*Umgang, bes sexuell*) intercourse; (*Umlauf*) circulation; **v~en** *vi* (*Fahrzeug*) to ply, to run ♦ *vt, vr* to turn, to transform; **v~en mit** to associate with; **bei jdm v~en** (*besuchen*) to visit sb regularly

Verkehrs- *zW*: **~ampel** *f* traffic lights *pl*; **~amt** *nt* tourist office; **~delikt** *nt* traffic offence; **v~günstig** *adj* convenient; **~mittel** *nt* means of transport; **~schild** *nt* road sign; **~stauung** *f* traffic jam, stoppage; **~stockung** *f* traffic jam, stoppage; **~unfall** *m* traffic accident; **~verein** *m* tourist information office; **~zeichen** *nt* traffic sign

verkehrt *adj* wrong; (*umgekehrt*) the wrong way round

ver'kennen (*unreg*) *vt* to misjudge, not to appreciate

ver'klagen *vt* to take to court

verkleiden [fɛr'klaɪdən] *vr* to disguise (o.s.); (*sich kostümieren*) to get dressed up ♦ *vt* (*Wand*) to cover

Verkleidung *f* disguise; (*ARCHIT*) wainscoting

verkleinern [fɛr'klaɪnərn] *vt* to make smaller, to reduce in size

verklemmt [fɛr'klɛmt] *adj* (*fig*) inhibited

ver'kneifen (*umg*) *vt*: **sich** *dat* **etw ~** (*Lachen*) to stifle sth; (*Schmerz*) to hide sth; (*sich versagen*) to do without sth

verknüpfen [fɛr'knʏpfən] *vt* to tie (up), to knot; (*fig*) to connect

ver'kommen (*unreg*) *vi* to deteriorate, to decay; (*Mensch*) to go downhill, to come down in the world ♦ *adj* (*moralisch*) dissolute, depraved

verkörpern [fɛr'kœrpərn] *vt* to embody, to personify

verkraften [fɛr'kraftən] *vt* to cope with

ver'kriechen (*unreg*) *vr* to creep away, to creep into a corner

Verkrümmung *f* bend, warp; (*ANAT*) curvature

verkrüppelt [fɛr'krʏpəlt] *adj* crippled
ver'kühlen *vr* to get a chill
ver'kümmern *vi* to waste away
verkünden [fɛr'kʏndən] *vt* to proclaim; (*Urteil*) to pronounce
verkürzen [fɛr'kʏrtsən] *vt* to shorten; (*Wort*) to abbreviate; **sich** *dat* **die Zeit** ~ to while away the time
Verkürzung *f* shortening; abbreviation
verladen [fɛr'la:dən] (*unreg*) *vt* (*Waren, Vieh*) to load; (*Truppen*) to embark, entrain, enplane
Verlag [fɛr'la:k] **(-(e)s, -e)** *m* publishing firm
verlangen [fɛr'laŋən] *vt* to demand; to desire ♦ *vi*: ~ **nach** to ask for, to desire; ~ **Sie Herrn X** ask for Mr X; **V~** (**-s, -**) *nt*: **V~ (nach)** desire (for); **auf jds V~ (hin)** at sb's request
verlängern [fɛr'lɛŋərn] *vt* to extend; (*länger machen*) to lengthen
Verlängerung *f* extension; (*SPORT*) extra time; **~sschnur** *f* extension cable
verlangsamen [fɛr'laŋza:mən] *vt, vr* to decelerate, to slow down
Verlaß [fɛr'las] *m*: **auf ihn/das ist kein** ~ he/it cannot be relied upon
ver'lassen (*unreg*) *vt* to leave ♦ *vr*: **sich verlassen auf** +*akk* to depend on ♦ *adj* desolate; (*Mensch*) abandoned
verläßlich [fɛr'lɛslɪç] *adj* reliable
Verlauf [fɛr'laʊf] *m* course; **v~en** (*unreg*) *vi* (*zeitlich*) to pass; (*Farben*) to run ♦ *vr* to get lost; (*Menschenmenge*) to disperse
ver'lauten *vi*: **etw** ~ **lassen** to disclose sth; **wie verlautet** as reported
ver'legen *vt* to move; (*verlieren*) to mislay; (*Buch*) to publish ♦ *vr*: **sich auf etw** *akk* ~ to take up *od* to sth ♦ *adj* embarrassed; **nicht** ~ **um** never at a loss for; **V~heit** *f* embarrassment; (*Situation*) difficulty, scrape
Verleger [fɛr'le:gər] **(-s, -)** *m* publisher
Verleih [fɛr'laɪ] **(-(e)s, -e)** *m* hire service; **v~en** (*unreg*) *vt* to lend; (*Kraft, Anschein*) to confer, to bestow; (*Preis, Medaille*) to award; **~ung** *f* lending; bestowal; award
ver'leiten *vt* to lead astray; ~ **zu** to talk into, to tempt into
ver'lernen *vt* to forget, to unlearn
ver'lesen (*unreg*) *vt* to read out; (*aussondern*) to sort out ♦ *vr* to make a mistake in reading
verletz- [fɛr'lɛts] *zW*: **~en** *vt* (*auch fig*) to injure, to hurt; (*Gesetz etc*) to violate; **~end** *adj* (*fig*: *Worte*) hurtful; **~lich** *adj* vulnerable, sensitive; **V~te(r)** *mf* injured person; **V~ung** *f* injury; (*Verstoß*) violation, infringement
verleugnen [fɛr'lɔʏgnən] *vt* (*Herkunft, Glauben*) to belie; (*Menschen*) to disown
verleumden [fɛr'lɔʏmdən] *vt* to slander
Verleumdung *f* slander, libel
ver'lieben *vr*: **sich verlieben (in** +*akk*) to fall in love (with)
verliebt [fɛr'li:pt] *adj* in love
verlieren [fɛr'li:rən] (*unreg*) *vt, vi* to lose ♦ *vr* to get lost
Verlierer *m* loser
verlob- [fɛr'lo:b] *zW*: **~en** *vr* to get engaged (to); **V~te(r)** [fɛr'lo:ptə(r)] *mf* fiancé(e); **V~ung** *f* engagement
ver'locken *vt* to entice, to lure
Ver'lockung *f* temptation, attraction
verlogen [fɛr'lo:gən] *adj* untruthful
verlor *etc v siehe* **verlieren**
verloren [fɛr'lo:rən] *adj;* lost; (*Eier*) poached ♦ *vb siehe* **verlieren**; **etw** ~ **geben** to give sth up for lost; **~gehen** (*unreg*) *vi* to get lost
verlosen [fɛr'lo:zən] *vt* to raffle, to draw lots for
Verlosung *f* raffle, lottery
verlottern [fɛr'lɔtərn] (*umg*) *vi* to go to the dogs
verludern [fɛr'lu:dərn] (*umg*) *vi* to go to the dogs
Verlust [fɛr'lʊst] **(-(e)s, -e)** *m* loss;

(*MIL*) casualty
ver'machen *vt* to bequeath, to leave
Vermächtnis [fɛr'mɛçtnɪs] (**-ses, -se**) *nt* legacy
Vermählung [fɛr'mɛ:lʊŋ] *f* wedding, marriage
vermarkten [fɛr'marktən] *vt* (*WIRTS*: *Artikel*) to market
vermehren [fɛr'me:rən] *vt, vr* to multiply; (*Menge*) to increase
Vermehrung *f* multiplying; increase
ver'meiden (*unreg*) *vt* to avoid
vermeintlich [fɛr'maɪntlɪç] *adj* supposed
Vermerk [fɛr'mɛrk] (**-(e)s, -e**) *m* note; (*in Ausweis*) endorsement; **v~en** *vt* to note
ver'messen (*unreg*) *vt* to survey ♦ *adj* presumptuous, bold; **V~heit** *f* presumptuousness; recklessness
Ver'messung *f* survey(ing)
ver'mieten *vt* to let, to rent (out); (*Auto*) to hire out, to rent
Ver'mieter(in) (**-s, -**) *m(f)* landlord(lady)
Ver'mietung *f* letting, renting (out); (*von Autos*) hiring (out)
vermindern [fɛr'mɪndərn] *vt, vr* to lessen, to decrease; (*Preise*) to reduce
Verminderung *f* reduction
ver'mischen *vt, vr* to mix, to blend
vermissen [fɛr'mɪsən] *vt* to miss
vermitteln [fɛr'mɪtəln] *vi* to mediate ♦ *vt* (*Gespräch*) to connect; **jdm etw ~** to help sb to obtain sth
Vermittler [fɛr'mɪtlər] (**-s, -**) *m* (*Schlichter*) agent, mediator
Vermittlung *f* procurement; (*Stellen~*) agency; (*TEL*) exchange; (*Schlichtung*) mediation
ver'mögen (*unreg*) *vt* to be capable of; **~ zu** to be able to; **V~** (**-s, -**) *nt* wealth; (*Fähigkeit*) ability; **ein V~ kosten** to cost a fortune; **~d** *adj* wealthy
vermuten [fɛr'mu:tən] *vt* to suppose, to guess; (*argwöhnen*) to suspect
vermutlich *adj* supposed, presumed ♦ *adv* probably
Vermutung *f* supposition; suspicion
vernachlässigen [fɛr'na:xlɛsɪgən] *vt* to neglect
ver'nehmen (*unreg*) *vt* to perceive, to hear; (*erfahren*) to learn; (*JUR*) to (cross-)examine; **dem V~ nach** from what I/we *etc* hear
Vernehmung *f* (cross-)examination
verneigen [fɛr'naɪgən] *vr* to bow
verneinen [fɛr'naɪnən] *vt* (*Frage*) to answer in the negative; (*ablehnen*) to deny; (*GRAM*) to negate; **~d** *adj* negative
Verneinung *f* negation
vernichten [fɛr'nɪçtən] *vt* to annihilate, to destroy; **~d** *adj* (*flg*) crushing; (*Blick*) withering; (*Kritik*) scathing
Vernunft [fɛr'nʊnft] (-) *f* reason, understanding
vernünftig [fɛr'nʏnftɪç] *adj* sensible, reasonable
veröffentlichen [fɛr''œfəntlɪçən] *vt* to publish
Veröffentlichung *f* publication
verordnen [fɛr''ɔrdnən] *vt* (*MED*) to prescribe
Verordnung *f* order, decree; (*MED*) prescription
ver'pachten *vt* to lease (out)
ver'packen *vt* to pack
Ver'packung *f* packing, wrapping, **Verpackungsmaterial** *nt* packing, wrapping
ver'passen *vt* to miss; **jdm eine Ohrfeige ~** (*umg*) to give sb a clip round the ear
verpfänden [fɛr'pfɛndən] *vt* (*Besitz*) to mortgage
ver'pflanzen *vt* to transplant
Ver'pflanzung *f* transplant(ing)
ver'pflegen *vt* to feed, to cater for
Ver'pflegung *f* feeding, catering; (*Kost*) food; (*in Hotel*) board
verpflichten [fɛr'pflɪçtən] *vt* to oblige, to bind; (*anstellen*) to engage ♦ *vr* to undertake; (*MIL*) to sign on ♦ *vi* to carry obligations; **jdm zu Dank verpflichtet sein** to be obliged to sb

Verpflichtung *f* obligation, duty
verpönt [fɛr'pø:nt] *adj* disapproved (of), taboo
ver'prügeln (*umg*) *vt* to beat up, to do over
Verputz [fɛr'pʊts] *m* plaster, roughcast; **v~en** *vt* to plaster; (*umg*: *Essen*) to put away
Verrat [fɛr'ra:t] (**-(e)s**) *m* treachery; (*POL*) treason; **v~en** (*unreg*) *vt* to betray; (*Geheimnis*) to divulge ♦ *vr* to give o.s. away
Verräter [fɛr'rɛ:tər(ɪn)] (**-s, -**) *m* traitor(tress); **v~isch** *adj* treacherous
ver'rechnen *vt*: ~ **mit** to set off against ♦ *vr* to miscalculate
Verrechnungsscheck [fɛr'rɛçnʊŋsʃɛk] *m* crossed cheque
verregnet [fɛr're:gnət] *adj* spoilt by rain, rainy
ver'reisen *vi* to go away (on a journey)
verrenken [fɛr'rɛŋkən] *vt* to contort; (*MED*) to dislocate; **sich** *dat* **den Knöchel** ~ to sprain one's ankle
ver'richten *vt* to do, to perform
verriegeln [fɛr'ri:gəln] *vt* to bolt up, to lock
verringern [fɛr'rɪŋərn] *vt* to reduce ♦ *vr* to diminish
Verringerung *f* reduction; lessening
ver'rinnen (*unreg*) *vi* to run out *od* away; (*Zeit*) to elapse
ver'rosten *vi* to rust
verrotten [fɛr'rɔtən] *vi* to rot
ver'rücken *vt* to move, to shift
verrückt [fɛr'rʏkt] *adj* crazy, mad; **V~e(r)** *mf* lunatic; **V~heit** *f* madness, lunacy
Verruf [fɛr'ru:f] *m*: **in ~ geraten/bringen** to fall/bring into disrepute; **v~en** *adj* notorious, disreputable
Vers [fɛrs] (**-es, -e**) *m* verse
ver'sagen *vt*: **jdm/sich etw** ~ to deny sb/o.s. sth ♦ *vi* to fail; **V~** (**-s**) *nt* failure
Versager [fɛr'za:gər] (**-s, -**) *m* failure
ver'salzen (*unreg*) *vt* to put too much salt in; (*fig*) to spoil
ver'sammeln *vt, vr* to assemble, to gather
Ver'sammlung *f* meeting, gathering
Versand [fɛr'zant] (**-(e)s**) *m* forwarding; dispatch; (*~abteilung*) dispatch department; **~haus** *nt* mail-order firm
versäumen [fɛr'zɔʏmən] *vt* to miss; (*unterlassen*) to neglect, to fail
ver'schaffen *vt*: **jdm/sich etw** ~ to get *od* procure sth for sb/o.s.
verschämt [fɛr'ʃɛ:mt] *adj* bashful
verschandeln [fɛr'ʃandəln] (*umg*) *vt* to spoil
verschärfen [fɛr'ʃɛrfən] *vt* to intensify; (*Lage*) to aggravate ♦ *vr* to intensify; to become aggravated
ver'schätzen *vr* to be out in one's reckoning
ver'schenken *vt* to give away
verscheuchen [fɛr'ʃɔʏçən] *vt* (*Tiere*) to chase off *or* away
ver'schicken *vt* to send off
ver'schieben (*unreg*) *vt* to shift; (*EISENB*) to shunt; (*Termin*) to postpone
verschieden [fɛr'ʃi:dən] *adj* different; (*pl*: *mehrere*) various; **sie sind ~ groß** they are of different sizes; **~tlich** *adv* several times
verschimmeln [fɛr'ʃɪməln] *vi* (*Nahrungsmittel*) to go mouldy
verschlafen [fɛr'ʃla:fən] (*unreg*) *vt* to sleep through; (*fig*: *versäumen*) to miss ♦ *vi, vr* to oversleep ♦ *adj* sleepy
Verschlag [fɛr'ʃla:k] *m* shed; **v~en** (*unreg*) *vt* to board up ♦ *adj* cunning; **jdm den Atem v~en** to take sb's breath away; **an einen Ort v~en werden** to wind up in a place
verschlechtern [fɛr'ʃlɛçtərn] *vt* to make worse ♦ *vr* to deteriorate, to get worse
Verschlechterung *f* deterioration
Verschleiß [fɛr'ʃlaɪs] (**-es, -e**) *m* wear and tear; **v~en** (*unreg*) *vt* to wear out
ver'schleppen *vt* to carry off, to

abduct; (*Krankheit*) to protract; (*zeitlich*) to drag out

ver'schleudern *vt* to squander; (*COMM*) to sell dirt-cheap

verschließbar *adj* lockable

verschließen [fɛr'ʃli:sən] (*unreg*) *vt* to close; to lock ♦ *vr*: **sich einer Sache** *dat* ~ to close one's mind to sth

verschlimmern [fɛr'ʃlɪmərn] *vt* to make worse, to aggravate ♦ *vr* to get worse, to deteriorate

verschlingen [fɛr'ʃlɪŋən] (*unreg*) *vt* to devour, to swallow up; (*Fäden*) to twist

verschlossen [fɛr'ʃlɔsən] *adj* locked; (*fig*) reserved; **V~heit** *f* reserve

ver'schlucken *vt* to swallow ♦ *vr* to choke

Verschluß [fɛr'ʃlʊs] *m* lock; (*von Kleid etc*) fastener; (*PHOT*) shutter; (*Stöpsel*) plug; **unter ~ halten** to keep under lock and key

verschlüsseln [fɛr'ʃlʏsəln] *vt* to encode

verschmähen [fɛr'ʃmɛ:ən] *vt* to disdain, to scorn

verschmerzen [fɛr'ʃmɛrtsən] *vt* to get over

verschmieren [fɛr'ʃmi:rən] *vt* (*verstreichen*: *Gips, Mörtel*) to apply, spread on; (*schmutzig machen*: *Wand etc*) to smear

verschmutzen [fɛr'ʃmʊtsən] *vt* to soil; (*Umwelt*) to pollute

verschneit [fɛr'ʃnaɪt] *adj* snowed up, covered in snow

verschollen [fɛr'ʃɔlən] *adj* lost, missing

ver'schonen *vt*: **jdn mit etw verschonen** to spare sb sth

verschönern [fɛr'ʃø:nərn] *vt* to decorate; (*verbessern*) to improve

ver'schreiben (*unreg*) *vt* (*MED*) to prescribe ♦ *vr* to make a mistake (in writing); **sich einer Sache** *dat* ~ to devote o.s. to sth

verschreibungspflichtig *adj* (*Medikament*) available on prescription only

verschroben [fɛr'ʃro:bən] *adj* eccentric, odd

verschrotten [fɛr'ʃrɔtən] *vt* to scrap

verschuld- [fɛr'ʃʊld] *zW*: **~en** *vt* to be guilty of; **V~en** (-s) *nt* fault, guilt; **~et** *adj* in debt; **V~ung** *f* fault; (*Geld*) debts *pl*

ver'schütten *vt* to spill; (*zuschütten*) to fill; (*unter Trümmer*) to bury

ver'schweigen (*unreg*) *vt* to keep secret; **jdm etw** ~ to keep sth from sb

verschwend- [fɛr'ʃvɛnd] *zW*: **~en** *vt* to squander; **V~er** (-s, -) *m* spendthrift; **~erisch** *adj* wasteful, extravagant; **V~ung** *f* waste; extravagance

verschwiegen [fɛr'ʃvi:gən] *adj* discreet; (*Ort*) secluded; **V~heit** *f* discretion; seclusion

ver'schwimmen (*unreg*) *vi* to grow hazy, to become blurred

ver'schwinden (*unreg*) *vi* to disappear, to vanish; **V~** (-s) *nt* disappearance

verschwitzt [fɛr'ʃvɪtst] *adj* (*Mensch*) sweaty

verschwommen [fɛr'ʃvomən] *adj* hazy, vague

verschwör- [fɛr'ʃvø:r] *zW*: **~en** (*unreg*) *vr* to plot, to conspire; **V~er** (-s, -) *m* conspirator; **V~ung** *f* conspiracy, plot

ver'sehen (*unreg*) *vt* to supply, to provide; (*Pflicht*) to carry out; (*Amt*) to fill; (*Haushalt*) to keep ♦ *vr* (*fig*) to make a mistake; **ehe er (es) sich ~ hatte ...** before he knew it ...; **V~** (-s, -) *nt* oversight; **aus V~** by mistake; **versehentlich** *adv* by mistake

Versehrte(r) [fɛr'ze:rtə(r)] *mf* disabled person

ver'senden (*unreg*) *vt* to forward, to dispatch

ver'senken *vt* to sink ♦ *vr*: **sich versenken in** +*akk* to become engrossed in

versessen [fɛr'zɛsən] *adj*: ~ **auf**

+*akk* mad about

ver'setzen *vt* to transfer; (*verpfänden*) to pawn; (*umg*) to stand up ♦ *vr*: **sich in jdn** *od* **in jds Lage** ~ to put o.s. in sb's place; **jdm einen Tritt/Schlag** ~ to kick/hit sb; **etw mit etw** ~ to mix sth with sth; **jdn in gute Laune** ~ to put sb in a good mood

Ver'setzung *f* transfer

verseuchen [fɛr'zɔʏçən] *vt* to contaminate

versichern [fɛr'zɪçərn] *vt* to assure; (*mit Geld*) to insure

Versicherung *f* assurance; insurance; **~sgesellschaft** *f* insurance company; **~spolice** *f* insurance policy

ver'siegen *vi* to dry up

ver'sinken (*unreg*) *vi* to sink

versöhnen [fɛr'zø:nən] *vt* to reconcile ♦ *vr* to become reconciled

Versöhnung *f* reconciliation

ver'sorgen *vt* to provide, to supply; (*Familie etc*) to look after

Ver'sorgung *f* provision; (*Unterhalt*) maintenance; (*Alters~ etc*) benefit, assistance

verspäten [fɛr'ʃpɛ:tən] *vr* to be late

verspätet *adj* (*Zug, Abflug, Ankunft*) late; (*Glückwünsche*) belated

Verspätung *f* delay; ~ **haben** to be late

ver'sperren *vt* to bar, to obstruct

verspielt [fɛr'ʃpi:lt] *adj* (*Kind, Tier*) playful

ver'spotten *vt* to ridicule, to scoff at

ver'sprechen (*unreg*) *vt* to promise; **sich** *dat* **etw von etw** ~ to expect sth from sth; **V~** (**-s, -**) *nt* promise

verstaatlichen [fɛr'ʃta:tlɪçən] *vt* to nationalize

Verstand [fɛr'ʃtant] *m* intelligence; mind; **den ~ verlieren** to go out of one's mind; **über jds ~ gehen** to go beyond sb

verständig [fɛr'ʃtɛndɪç] *adj* sensible; **~en** [fɛr'ʃtɛndɪgən] *vt* to inform ♦ *vr* to communicate; (*sich einigen*) to come to an understanding; **V~ung** *f* communication; (*Benachrichtigung*) informing; (*Einigung*) agreement

verständ- [fɛr'ʃtɛnt] *zW*: **~lich** *adj* understandable, comprehensible; **V~lichkeit** *f* clarity, intelligibility; **V~nis** (**-ses, -se**) *nt* understanding; **~nislos** *adj* uncomprehending; **~nisvoll** *adj* understanding, sympathetic

verstärk- [fɛr'ʃtɛrk] *zW*: **~en** *vt* to strengthen; (*Ton*) to amplify; (*erhöhen*) to intensify ♦ *vr* to intensify; **V~er** (**-s, -**) *m* amplifier; **V~ung** *f* strengthening; (*Hilfe*) reinforcements *pl*; (*von Ton*) amplification

verstauchen [fɛr'ʃtaʊxən] *vt* to sprain

verstauen [fɛr'ʃtaʊən] *vt* to stow away

Versteck [fɛr'ʃtɛk] (**-(e)s, -e**) *nt* hiding (place); **v~en** *vt, vr* to hide; **v~t** *adj* hidden

ver'stehen (*unreg*) *vt* to understand ♦ *vr* to get on; **das versteht sich (von selbst)** that goes without saying

versteigern [fɛr'ʃtaɪgərn] *vt* to auction

Versteigerung *f* auction

verstell- [fɛr'ʃtɛl] *zW*: **~bar** *adj* adjustable, variable; **~en** *vt* to move, to shift; (*Uhr*) to adjust; (*versperren*) to block; (*fig*) to disguise ♦ *vr* to pretend, to put on an act; **V~ung** *f* pretence

versteuern [fɛr'ʃtɔʏərn] *vt* to pay tax on

verstiegen [fɛr'ʃti:gən] *adj* exaggerated

verstimmt [fɛr'ʃtɪmt] *adj* out of tune; (*fig*) cross, put out; (*Magen*) upset

verstohlen [fɛr'ʃto:lən] *adj* stealthy

ver'stopfen *vt* to block, to stop up; (*MED*) to constipate

Ver'stopfung *f* obstruction; (*MED*) constipation

verstorben [fɛr'ʃtɔrbən] *adj* deceased, late

verstört [fɛr'ʃtø:rt] *adj* (*Mensch*) distraught

Verstoß [fɛr'ʃto:s] *m*: ~ **(gegen)** infringement (of), violation (of); **v~en** (*unreg*) *vt* to disown, to reject ♦ *vi*: **v~en gegen** to offend against

ver'streichen (*unreg*) *vt* to spread ♦ *vi* to elapse

ver'streuen *vt* to scatter (about)

verstümmeln [fɛr'ʃtʏməln] *vt* to maim, to mutilate (*auch fig*)

verstummen [fɛr'ʃtʊmən] *vi* to go silent; (*Lärm*) to die away

Versuch [fɛr'zu:x] **(-(e)s, -e)** *m* attempt; (*SCI*) experiment; **v~en** *vt* to try, (*verlocken*) to tempt ♦ *vr*: **sich an etw** *dat* **v~en** to try one's hand at sth; **~skaninchen** *nt* (*fig*) guinea-pig; **~ung** *f* temptation

versunken [fɛr'zʊŋkən] *adj* sunken; ~ **sein in** +*akk* to be absorbed *od* engrossed in

vertagen [fɛr'ta:gən] *vt, vi* to adjourn

ver'tauschen *vt* to exchange; (*versehentlich*) to mix up

verteidig- [fɛr'taɪdɪg] *zW*: **~en** *vt* to defend; **V~er** (-s, -) *m* defender; (*JUR*) defence counsel; **V~ung** *f* defence

ver'teilen *vt* to distribute; (*Rollen*) to assign; (*Salbe*) to spread

Verteilung *f* distribution, allotment

vertiefen [fɛr'ti:fən] *vt* to deepen ♦ *vr*: **sich in etw** *akk* ~ to become engrossed *od* absorbed in sth

Vertiefung *f* depression

vertikal [vɛrti'ka:l] *adj* vertical

vertilgen [fɛr'tɪlgən] *vt* to exterminate; (*umg*) to eat up, to consume

vertonen [fɛr'to:nən] *vt* to set to music

Vertrag [fɛr'tra:k] **(-(e)s, ¨e)** *m* contract, agreement; (*POL*) treaty; **v~en** (*unreg*) *vt* to tolerate, to stand ♦ *vr* to get along; (*sich aussöhnen*) to become reconciled; **v~lich** *adj* contractual

verträglich [fɛr'trɛ:klɪç] *adj* good-natured, sociable; (*Speisen*) easily digested; (*MED*) easily tolerated; **V~keit** *f* sociability; good nature; digestibility

Vertrags- *zW*: **~bruch** *m* breach of contract; **~partner** *m* party to a contract; **v~widrig** *adj* contrary to contract

vertrauen [fɛr'traʊən] *vi*: **jdm** ~ to trust sb; ~ **auf** +*akk* to rely on; **V~(-s)** *nt* confidence; **~erweckend** [fɛr'traʊənɛrvɛkənd] *adj* inspiring trust; **~svoll** *adj* trustful; **~swürdig** *adj* trustworthy

vertraulich [fɛr'traʊlɪç] *adj* familiar; (*geheim*) confidential

vertraut [fɛr'traʊt] *adj* familiar; **V~heit** *f* familiarity

ver'treiben (*unreg*) *vt* to drive away; (*aus Land*) to expel; (*COMM*) to sell; (*Zeit*) to pass

vertret- [fɛr'tre:t] *zW*: **~en** (*unreg*) *vt* to represent; (*Ansicht*) to hold, to advocate; **sich** *dat* **die Beine ~en** to stretch one's legs; **V~er** (-s, -) *m* representative; (*Verfechter*) advocate; **V~ung** *f* representation; advocacy

Vertrieb [fɛr'tri:p] **(-(e)s, -e)** *m* marketing (department)

ver'trocknen *vi* to dry up

ver'trösten *vt* to put off

vertun [fɛr'tu:n] (*unreg*) *vt* to waste ♦ *vr* (*umg*) to make a mistake

vertuschen [fɛr'tʊʃən] *vt* to hush *od* cover up

verübeln [fɛr''y:bəln] *vt*: **jdm etw** ~ to be cross *od* offended with sb on account of sth

verüben [fɛr''y:bən] *vt* to commit

verun- [fɛr''ʊn] *zW*: **~glimpfen** *vt* to disparage; **~glücken** *vi* to have an accident; **tödlich ~glücken** to be killed in an accident; **~reinigen** *vt* to soil; (*Umwelt*) to pollute; **~sichern** *vt* to rattle; **~treuen** [-trɔʏən] *vt* to embezzle

verur- [fɛr''u:r] *zW*: **~sachen** *vt* to cause; **~teilen** [-taɪlən] *vt* to condemn; **V~teilung** *f* condemnation; (*JUR*) sentence

verviel- [fɛr'fi:l] *zW*: **~fachen** *vt* to multiply; **~fältigen** [-fɛltɪgən] *vt* to duplicate, to copy; **V~fältigung** *f* duplication, copying

vervollkommnen [fɛr'fɔlkɔmnən] *vt* to perfect

vervollständigen *vt* to complete

ver'wackeln *vt* (*Foto*) to blur

ver'wählen *vr* (*TEL*) to dial the wrong number

verwahren *vt* to keep, to lock away ♦ *vr* to protest

verwalt- [fɛr'valt] *zW*: **~en** *vt* to manage; to administer; **V~er** (**-s, -**) *m* manager; (*Vermögensverwalter*) trustee; **V~ung** *f* administration; management

ver'wandeln *vt* to change, to transform ♦ *vr* to change; to be transformed

Ver'wandlung *f* change, transformation

verwandt [fɛr'vant] *adj*: **~ (mit)** related (to); **V~e(r)** *mf* relative, relation; **V~schaft** *f* relationship; (*Menschen*) relations *pl*

ver'warnen *vt* to caution

Ver'warnung *f* caution

ver'wechseln *vt*: **verwechseln mit** to confuse with; to mistake for; **zum V~ ähnlich** as like as two peas

Ver'wechslung *f* confusion, mixing up

verwegen [fɛr've:gən] *adj* daring, bold

Verwehung [fɛr've:uŋ] *f* snowdrift; sanddrift

verweichlicht [fɛr'vaɪçlɪçt] *adj* effeminate, soft

ver'weigern *vt*: **jdm etw verweigern** to refuse sb sth; **den Gehorsam/die Aussage ~** to refuse to obey/testify

Ver'weigerung *f* refusal

Verweis [fɛr'vaɪs] (**-es, -e**) *m* reprimand, rebuke; (*Hinweis*) reference; **v~en** [fɛr'vaɪzən] (*unreg*) *vt* to refer; **jdn von der Schule v~en** to expel sb (from school); **jdn des Landes v~en** to deport *od* expel sb

ver'welken *vi* to fade

verwendbar [fɛr'vɛntbər] *adj* usable

ver'wenden (*unreg*) *vt* to use; (*Mühe, Zeit, Arbeit*) to spend ♦ *vr* to intercede

Ver'wendung *f* use

ver'werfen (*unreg*) *vt* to reject

verwerflich [fɛr'vɛrflɪç] *adj* reprehensible

ver'werten *vt* to utilize

Ver'wertung *f* utilization

verwesen [fɛr've:zən] *vi* to decay

ver'wickeln *vt* to tangle (up); (*fig*) to involve ♦ *vr* to get tangled (up); **jdn in etw** *akk* **verwickeln** to involve sb in sth; **sich in etw** *akk* **verwickeln** to get involved in sth

verwickelt [fɛr'vɪkəlt] *adj* (*Situation, Fall*) difficult, complicated

verwildern [fɛr'vɪldərn] *vi* to run wild

ver'winden (*unreg*) *vt* to get over

verwirklichen [fɛr'vɪrklɪçən] *vt* to realize, to put into effect

Verwirklichung *f* realization

verwirren [fɛr'vɪrən] *vt* to tangle (up); (*fig*) to confuse

Verwirrung *f* confusion

verwittern [fɛr'vɪtərn] *vi* to weather

verwitwet [fɛr'vɪtvət] *adj* widowed

verwöhnen [fɛr'vø:nən] *vt* to spoil

verworfen [fɛr'vɔrfən] *adj* depraved

verworren [fɛr'vɔrən] *adj* confused

verwundbar [fɛr'vʊntba:r] *adj* vulnerable

verwunden [fɛr'vʊndən] *vt* to wound

verwunderlich [fɛr'vʊndərlɪç] *adj* surprising

Verwunderung [fɛr'vʊndəruŋ] *f* astonishment

Verwundete(r) *mf* injured person

Verwundung *f* wound, injury

ver'wünschen *vt* to curse

verwüsten [fɛr'vy:stən] *vt* to devastate

verzagen [fɛr'tsa:gən] *vi* to despair

ver'zählen *vr* to miscount

verzehren [fɛr'tse:rən] *vt* to consume

ver'zeichnen *vt* to list; (*Niederlage, Verlust*) to register

Verzeichnis [fɛr'tsaɪçnɪs] (**-ses, -se**) *nt* list, catalogue; (*in Buch*) index

verzeih- [fɛr'tsaɪ] *zW*: **~en** (*unreg*) *vt, vi* to forgive; **jdm etw ~en** to forgive sb for sth; **~lich** *adj* pardonable; **V~ung** *f* forgiveness, pardon; **V~ung!** sorry!, excuse me!

verzichten [fɛr'tsɪçtən] *vi*: **~ auf** +*akk* to forgo, to give up

ver'ziehen (*unreg*) *vi* to move ♦ *vt* to put out of shape; (*Kind*) to spoil; (*Pflanzen*) to thin out ♦ *vr* to go out of shape; (*Gesicht*) to contort; (*verschwinden*) to disappear; **das Gesicht ~** to pull a face

verzieren [fɛr'tsi:rən] *vt* to decorate, to ornament

Verzierung *f* decoration

verzinsen [fɛr'tsɪnzən] *vt* to pay interest on

ver'zögern *vt* to delay

Ver'zögerung *f* delay, time-lag; **Verzögerungstaktik** *f* delaying tactics *pl*

verzollen [fɛr'tsɔlən] *vt* to pay duty on

verzückt [fɛr'tsʏkt] *adj* enraptured

Verzug [fɛr'tsu:k] *m* delay

verzweif- [fɛr'tsvaɪf] *zW*: **~eln** *vi* to despair; **~elt** *adj* desperate; **V~lung** *f* despair

verzwickt [fɛr'tsvɪkt] (*umg*) *adj* awkward, complicated

Vesuv [ve'zu:f] (**-(s)**) *m* Vesuvius

Veto ['ve:to] (**-s, -s**) *nt* veto

Vetter ['fɛtər] (**-s, -n**) *m* cousin

vgl. *abk* (= *vergleiche*) cf.

v.H. *abk* (= *vom Hundert*) p.c.

vibrieren [vi'bri:rən] *vi* to vibrate

Video ['vi:deo] *nt* video; **~gerät** *nt* video recorder; **~recorder** *m* video recorder

Vieh [fi:] (**-(e)s**) *nt* cattle *pl*; **v~isch** *adj* bestial

viel [fi:l] *adj* a lot of, much ♦ *adv* a lot, much; **~e** *pron pl* a lot of, many; **~ zuwenig** much too little; **~erlei** *adj* a great variety of; **~es** *pron* a lot; **~fach** *adj, adv* many times; **auf ~fachen Wunsch** at the request of many people; **V~falt** (-) *f* variety; **~fältig** *adj* varied, many-sided

vielleicht [fi'laɪçt] *adv* perhaps

viel- *zW*: **~mal(s)** *adv* many times; **danke ~mals** many thanks; **~mehr** *adv* rather, on the contrary; **~sagend** *adj* significant; **~seitig** *adj* many-sided; **~versprechend** *adj* promising

vier [fi:r] *num* four; **V~eck** (**-(e)s, -e**) *nt* four-sided figure; (*gleichseitig*) square; **~eckig** *adj* four-sided; square; **V~taktmotor** *m* four-stroke engine; **~te(r, s)** ['fi:rtə(r, s)] *adj* fourth; **V~tel** (**-s, -**) ['fɪrtəl] *nt* quarter; **V~teljahr** *nt* quarter; **~teljährlich** *adj* quarterly; **~teln** *vt* to divide into four; (*Kuchen usw*) to divide into quarters; **V~telnote** *f* crotchet; **V~tel'stunde** *f* quarter of an hour; **~zehn** ['fɪrtse:n] *num* fourteen, **in ~zehn Tagen** in a fortnight; **~zehntägig** *adj* fortnightly; **~zig** ['fɪrtsɪç] *num* forty

Villa ['vɪla] (**-, Villen**) *f* villa

violett [vio'lɛt] *adj* violet

Violin- [vio'li:n] *zW*: **~e** *f* violin; **~schlüssel** *m* treble clef

Virus ['vi:rus] (**-, Viren**) *m od nt* (*auch*: *COMPUT*) virus

Visa ['vi:za] *pl von* **Visum**

vis-à-vis [viza'vi:] *adv* opposite

Visen ['vi:zən] *pl von* **Visum**

Visier [vi'zi:r] (**-s, -e**) *nt* gunsight; (*am Helm*) visor

Visite [vi'zi:tə] *f* (*MED*) visit; **~nkarte** *f* visiting card

Visum ['vi:zum] (**-s, Visa** *od* **Visen**) *nt* visa

vital [vi'ta:l] *adj* lively, full of life, vital

Vitamin [vita'mi:n] (**-s, -e**) *nt* vitamin

Vogel ['fo:gəl] (**-s, ¨**) *m* bird; **einen ~ haben** (*umg*) to have bats in the belfry; **jdm den ~ zeigen** to tap one's forehead (*meaning that one thinks sb stupid*); **~bauer** *nt* birdcage; **~häuschen** *nt* bird house; **~perspektive** *f* bird's-eye view; **~scheuche** *f* scarecrow

Vokabel [vo'ka:bəl] (**-, -n**) *f* word

Vokabular [vokabu'la:r] (**-s, -e**) *nt* vocabulary

Vokal [vo'ka:l] (**-s, -e**) *m* vowel

Volk [fɔlk] (**-(e)s, ¨er**) *nt* people; nation

Völker- ['fœlkər] *zW*: **~recht** *nt* international law; **v~rechtlich** *adj* according to international law; **~verständigung** *f* international understanding

Volks- *zW*: **~entscheid** *m* referendum; **~fest** *nt* fair; **~hochschule** *f* adult education classes *pl*; **~lied** *nt* folksong; **~republik** *f* people's republic; **die ~republik China** the People's Republic of China; **~schule** *f* elementary school; **~tanz** *m* folk dance; **~vertreter(in)** *m(f)* people's representative; **~wirtschaft** *f* economics *sg*; **~zählung** *f* (national) census

voll [fɔl] *adj* full; **etw ~ machen** to fill sth up; **~ und ganz** completely; **jdn für ~ nehmen** (*umg*) to take sb seriously; **~auf** [fɔl''aʊf] *adv* amply; **V~bart** *m* full beard; **~'bringen** (*unreg*) *vt insep* to accomplish; **~'enden** *vt insep* to finish, to complete; **~endet** *adj* (*vollkommen*) completed; **~ends** ['fɔlɛnts] *adv* completely; **V~'endung** *f* completion; **~er** *adj* fuller; **~er einer Sache** *gen* full of sth

Volleyball ['vɔlibal] *m* volleyball

Vollgas *nt*: **mit ~** at full throttle; **~ geben** to step on it

völlig ['fœlɪç] *adj* complete ♦ *adv* completely

voll- *zW*: **~jährig** *adj* of age; **V~kaskoversicherung** ['fɔlkaskofɛrzɪçərʊŋ] *f* fully comprehensive insurance; **~'kommen** *adj* perfect; **V~'kommenheit** *f* perfection; **V~kornbrot** *nt* wholemeal bread; **V~macht** (**-, -en**) *f* authority, full powers *pl*; **V~milch** *f* (*KOCH*) full-cream milk; **V~mond** *m* full moon; **V~pension** *f* full board; **~ständig** ['fɔlʃtɛndɪç] *adj* complete; **~'strecken** *vt insep* to execute; **~tanken** *vt, vi* to fill up; **V~wertkost** *f* wholefood; **~zählig** ['fɔltsɛ:lɪç] *adj* complete; in full number; **~'ziehen** (*unreg*) *vt insep* to carry out ♦ *vr insep* to happen

Voll'zug *m* execution

Volt [vɔlt] (**-** *od* **-(e)s, -**) *nt* volt

Volumen [vo'lu:mən] (**-s, -** *od* **Volumina**) *nt* volume

vom [fɔm] = **von dem**

SCHLÜSSELWORT

von [fɔn] *präp +dat* **1** (*Ausgangspunkt*) from; **von ... bis** from ... to; **von morgens bis abends** from morning till night; **von ... nach ...** from ... to ...; **von ... an** from ...; **von ... aus** from ...; **von dort aus** from there; **etw von sich aus tun** to do sth of one's own accord; **von mir aus** (*umg*) if you like, I don't mind; **von wo/wann ...?** where/when ... from?

2 (*Ursache, im Passiv*) by; **ein Gedicht von Schiller** a poem by Schiller; **von etw müde** tired from sth

3 (*als Genitiv*) of; **ein Freund von mir** a friend of mine; **nett von dir** nice of you; **jeweils zwei von zehn** two out of every ten

4 (*über*) about; **er erzählte vom Urlaub** he talked about his holiday

5: **von wegen!** (*umg*) no way!

voneinander *adv* from each other

SCHLÜSSELWORT

vor [fo:r] *präp +dat* **1** (*räumlich*) in front of; **vor der Kirche links abbiegen** turn left before the church

2 (*zeitlich*) before; **ich war vor ihm da** I was there before him; **vor 2 Tagen** 2 days ago; **5 (Minuten) vor 4** 5 (minutes) to 4; **vor kur-**

zem a little while ago
3 (*Ursache*) with; **vor Wut/Liebe** with rage/love; **vor Hunger sterben** to die of hunger; **vor lauter Arbeit** because of work
4: **vor allem, vor allen Dingen** most of all
♦ *präp +akk* (*räumlich*) in front of
♦ *adv*: **vor und zurück** backwards and forwards

Vorabend ['fo:r'a:bənt] *m* evening before, eve
voran [fo'ran] *adv* before, ahead; **mach ~!** get on with it!; **~gehen** (*unreg*) *vi* to go ahead; **einer Sache** *dat* **~gehen** to precede sth; **~kommen** (*unreg*) *vi* to come along, to make progress
Voranschlag *m* estimate
Vorarbeiter *m* foreman
voraus [fo'raus] *adv* ahead; (*zeitlich*) in advance; **jdm ~ sein** to be ahead of sb; **im ~** in advance; **~gehen** (*unreg*) *vi* to go (on) ahead; (*fig*) to precede; **~haben** (*unreg*) *vt*: **jdm etw ~haben** to have the edge on sb in sth; **V~sage** *f* prediction; **~sagen** *vt* to predict; **~sehen** (*unreg*) *vt* to foresee; **~setzen** *vt* to assume; **~gesetzt, daß** ... provided that ...; **V~setzung** *f* requirement, prerequisite; **V~sicht** *f* foresight; **aller V~sicht nach** in all probability, **~sichtlich** *adv* probably
Vorbehalt ['fo:rbəhalt] (**-(e)s, -e**) *m* reservation, proviso; **v~en** (*unreg*) *vt*: **sich/jdm etw v~en** to reserve sth (for o.s.)/for sb; **v~los** *adj* unconditional ♦ *adv* unconditionally
vorbei [fɔr'bai] *adv* by, past; **das ist ~** that's over; **~gehen** (*unreg*) *vi* to pass by, to go past; **~kommen** (*unreg*) *vi*: **bei jdm ~kommen** to drop in *od* call in on sb
vor- *zW*: **~belastet** ['fo:rbəlastət] *adj* (*fig*) handicapped; **~bereiten** *vt* to prepare; **V~bereitung** *f* preparation; **~bestraft** ['fo:rbəʃtra:ft] *adj* previously convicted, with a record
vorbeugen ['fo:rbɔʏgən] *vt, vr* to lean forward ♦ *vi +dat* to prevent; **~d** *adj* preventive
Vorbeugung *f* prevention; **zur ~ gegen** for the prevention of
Vorbild ['fo:rbɪlt] *nt* model; **sich** *dat* **jdn zum ~ nehmen** to model o.s. on sb; **v~lich** *adj* model, ideal
vorbringen ['fo:rbrɪŋən] (*unreg*) *vt* to advance, to state
Vorder- ['fɔrdər] *zW*: **~achse** *f* front axle; **v~e(r, s)** *adj* front; **~grund** *m* foreground; **~mann** (*pl* **-männer**) *m* man in front; **jdn auf ~mann bringen** (*umg*) to get sb to shape up; **~seite** *f* front (side); **v~ste(r, s)** *adj* front
vordrängen ['fo:rdrɛŋən] *vr* to push to the front
voreilig ['fo:r'aɪlɪç] *adj* hasty, rash
voreinander [fo:r'ai'nandər] *adv* (*räumlich*) in front of each other
voreingenommen ['fo:r'aɪngənɔmən] *adj* biased; **V~heit** *f* bias
vorenthalten ['fo:r'ɛnthaltən] (*unreg*) *vt*: **jdm etw ~** to withhold sth from sb
vorerst ['fo:r'e:rst] *adv* for the moment *od* present
Vorfahr ['fo:rfa:r] (**-en, -en**) *m* ancestor
vorfahren (*unreg*) *vi* to drive (on) ahead; (*vors Haus etc*) to drive up
Vorfahrt *f* (*AUT*) right of way; **~ achten!** give way!
Vorfahrts- *zW*: **~regel** *f* right of way; **~schild** *nt* give way sign
Vorfall ['fo:rfal] *m* incident; **v~en** (*unreg*) *vi* to occur
vorfinden ['fo:rfɪndən] (*unreg*) *vt* to find
Vorfreude ['fo:rfrɔʏdə] *f* (joyful) anticipation
vorführen ['fo:rfy:rən] *vt* to show, to display; **dem Gericht ~** to bring before the court
Vorgabe ['fo:rga:bə] *f* (*SPORT*) start, handicap ♦ *in zW* (*COMPUT*) default
Vorgang ['fo:rgaŋ] *m* course of

events; (*bes SCI*) process

Vorgänger(in) ['fo:rgɛŋər(ɪn)] (**-s, -**) *m(f)* predecessor

vorgeben ['fo:rge:bən] (*unreg*) *vt* to pretend, to use as a pretext; (*SPORT*) to give an advantage *od* a start of

vorgefaßt ['fo:rgəfast] *adj* preconceived

vorgefertigt ['fo:rgəfɛrtɪçt] *adj* prefabricated

vorgehen ['fo:rge:ən] (*unreg*) *vi* (*voraus*) to go (on) ahead; (*nach vorn*) to go up front; (*handeln*) to act, to proceed; (*Uhr*) to be fast; (*Vorrang haben*) to take precedence; (*passieren*) to go on; **V~** (**-s**) *nt* action

Vorgeschichte ['fo:rgəʃɪçtə] *f* past history

Vorgeschmack ['fo:rgəʃmak] *m* foretaste

Vorgesetzte(r) ['fo:rgəzɛtstə(r)] *mf* superior

vorgestern ['fo:rgɛstərn] *adv* the day before yesterday

vorhaben ['fo:rha:bən] (*unreg*) *vt* to intend; **hast du schon was vor?** have you got anything on?; **V~** (**-s, -**) *nt* intention

vorhalten ['fo:rhaltən] (*unreg*) *vt* to hold *od* put up ♦ *vi* to last; **jdm etw ~** (*fig*) to reproach sb for sth

vorhanden [fo:r'handən] *adj* existing; (*erhältlich*) available

Vorhang ['fo:rhaŋ] *m* curtain

Vorhängeschloß ['fo:rhɛŋəʃlɔs] *nt* padlock

vorher [fo:r'he:r] *adv* before(hand); **~bestimmen** *vt* (*Schicksal*) to preordain; **~gehen** (*unreg*) *vi* to precede; **~ig** [-ɪç] *adj* previous

Vorherrschaft ['fo:rhɛrʃaft] *f* predominance, supremacy

vorherrschen ['fo:rhɛrʃən] *vi* to predominate

vorher- [fo:r'he:r] *zW*: **V~sage** *f* forecast; **~sagen** *vt* to forecast, to predict; **~sehbar** *adj* predictable; **~sehen** (*unreg*) *vt* to foresee

vorhin [fo:r'hɪn] *adv* not long ago, just now; **~ein** *adv*: **im ~ein** beforehand

vorig ['fo:rɪç] *adj* previous, last

Vorkämpfer(in) ['fo:rkɛmpfər(ɪn)] *m(f)* pioneer

Vorkaufsrecht ['fo:rkaʊfsreçt] *nt* option to buy

Vorkehrung ['fo:rke:rʊŋ] *f* precaution

vorkommen ['fo:rkɔmən] (*unreg*) *vi* to come forward; (*geschehen, sich finden*) to occur; (*scheinen*) to seem (to be); **sich** *dat* **dumm** *etc* ~ to feel stupid *etc*; **V~** (**-s, -**) *nt* occurrence

Vorkriegs- ['fo:rkri:ks] *in zW* prewar

Vorladung ['fo:rla:dʊŋ] *f* summons *sg*

Vorlage ['fo:rla:gə] *f* model, pattern; (*Gesetzes~*) bill; (*SPORT*) pass

vorlassen ['fo:rlasən] (*unreg*) *vt* to admit; (*vorgehen lassen*) to allow to go in front

vorläufig ['forlɔʏfɪç] *adj* temporary, provisional

vorlaut ['fo:rlaʊt] *adj* impertinent, cheeky

vorlesen ['fo:rle:zən] (*unreg*) *vt* to read (out)

Vorlesung *f* (*UNIV*) lecture

vorletzte(r, s) ['fo:rlɛtstə(r, s)] *adj* last but one

Vorliebe ['fo:rli:bə] *f* preference, partiality

vorliebnehmen [fo:r'li:pne:mən] (*unreg*) *vi*: **~ mit** to make do with

vorliegen ['fo:rli:gən] (*unreg*) *vi* to be (here); **etw liegt jdm vor** sb has sth; **~d** ['fo:rli:gənd] *adj* present, at issue

vormachen ['fo:rmaxən] *vt*: **jdm etw ~** to show sb how to do sth; (*fig*) to fool sb; to have sb on

Vormachtstellung ['fo:rmaxtʃtɛlʊŋ] *f* supremacy, hegemony

Vormarsch ['fo:rmarʃ] *m* advance

vormerken ['fo:rmɛrkən] *vt* to book

Vormittag ['fo:rmɪta:k] *m* morning; **v~s** *adv* in the morning, before noon

Vormund ['fo:rmʊnt] (**-(e)s, -e** *od*

-münder) *m* guardian

vorn ['fɔrn] *adv* in front; **von ~ anfangen** to start at the beginning; **nach ~** to the front

Vorname ['fo:rna:mə] *m* first name, Christian name

vorne *adv* = **vorn**

vornehm ['fo:rne:m] *adj* distinguished; refined; elegant

vornehmen (*unreg*) *vt* (*fig*) to carry out; **sich** *dat* **etw ~** to start on sth; (*beschließen*) to decide to do sth; **sich** *dat* **jdn ~** to tell sb off

vornherein ['fɔrnhɛraɪn] *adv*: **von ~** from the start

Vorort ['fo:r'ɔrt] *m* suburb

Vorrang ['fo:rraŋ] *m* precedence, priority; **v~ig** *adj* of prime importance, primary

Vorrat ['fo:rra:t] *m* stock, supply

vorrätig ['fo:rrɛ:tɪç] *adj* in stock

Vorratskammer *f* pantry

Vorrecht ['fo:rrɛçt] *nt* privilege

Vorrichtung ['fo:rrɪçtʊŋ] *f* device, contrivance

vorrücken ['fo:rrʏkən] *vi* to advance ♦ *vt* to move forward

Vorsatz ['fo:rzats] *m* intention; (*JUR*) intent; **einen ~ fassen** to make a resolution

vorsätzlich ['fo:rzɛtslɪç] *adj* intentional; (*JUR*) premeditated ♦ *adv* intentionally

Vorschau ['fo:rʃaʊ] *f* (*RADIO, TV*) (programme) preview; (*Film*) trailer

Vorschlag ['fo:rʃla:k] *m* suggestion, proposal; **v~en** (*unreg*) *vt* to suggest, to propose

vorschreiben ['fo:rʃraɪbən] (*unreg*) *vt* to prescribe, to specify

Vorschrift ['fo:rʃrɪft] *f* regulation(s); rule(s); (*Anweisungen*) instruction(s); **Dienst nach ~** work-to-rule; **v~smäßig** *adj* as per regulations/instructions

Vorschuß ['fo:rʃʊs] *m* advance

vorsehen ['fo:rze:ən] (*unreg*) *vt* to provide for, to plan ♦ *vr* to take care, to be careful ♦ *vi* to be visible

Vorsehung *f* providence

vorsetzen ['fo:rzɛtsən] *vt* to move forward; (*anbieten*) to offer; **~ vor** +*akk* to put in front of

Vorsicht ['fo:rzɪçt] *f* caution, care; **~!** look out!, take care!; (*auf Schildern*) caution!, danger!; **~, Stufe!** mind the step!; **v~ig** *adj* cautious, careful; **v~shalber** *adv* just in case

Vorsilbe ['fo:rzɪlbə] *f* prefix

vorsingen *vt* (*vor Zuhörern*) to sing (to); (*in Prüfung, für Theater etc*) to audition (for) ♦ *vi* to sing

Vorsitz ['fo:rzɪts] *m* chair(manship); **~ende(r)** *mf* chairman(woman)

Vorsorge ['fo:rzɔrgə] *f* precaution(s), provision(s); **v~n** *vt*: **v~n für** to make provision(s) for; **~untersuchung** *f* check-up

vorsorglich ['fo:rzɔrklɪç] *adv* as a precaution

Vorspeise ['fo:rʃpaɪzə] *f* hors d'oeuvre, appetizer

Vorspiel ['fo:rʃpi:l] *nt* prelude

vorspielen *vt*: **jdm etw ~** (*MUS*) to play sth for *or* to sb ♦ *vi* (*zur Prüfung etc*) to play for *or* to sb

vorsprechen ['fo:rʃprɛçən] (*unreg*) *vt* to say out loud, to recite ♦ *vi*: **bei jdm ~** to call on sb

Vorsprung ['fo:rʃprʊŋ] *m* projection, ledge; (*fig*) advantage, start

Vorstadt ['fo:rʃtat] *f* suburbs *pl*

Vorstand ['fo:rʃtant] *m* executive committee; (*COMM*) board (of directors); (*Person*) director, head

vorstehen ['fo:rʃte:ən] (*unreg*) *vi* to project; **einer Sache** *dat* **~** (*fig*) to be the head of sth

vorstell- ['fo:rʃtɛl] *zW*: **~bar** *adj* conceivable; **~en** *vt* to put forward; (*bekannt machen*) to introduce; (*darstellen*) to represent; **~en vor** +*akk* to put in front of; **sich** *dat* **etw ~en** to imagine sth; **V~ung** *f* (*Bekanntmachen*) introduction; (*THEAT etc*) performance; (*Gedanke*) idea, thought

vorstoßen ['fo:rʃto:sən] (*unreg*) *vi* (*ins Unbekannte*) to venture (forth)

Vorstrafe ['fo:rʃtra:fə] *f* previous

conviction

Vortag ['fo:rta:k] *m*: **am ~ einer Sache** *gen* on the day before sth

vortäuschen ['fo:rtɔʏʃən] *vt* to feign, to pretend

Vorteil ['fɔrtaɪl] (**-s, -e**) *m*: **~ (gegenüber)** advantage (over); **im ~ sein** to have the advantage; **v~haft** *adj* advantageous

Vortrag ['fo:rtra:k] (**-(e)s, Vorträge**) *m* talk, lecture; **v~en** [-gən] (*unreg*) *vt* to carry forward; (*fig*) to recite; (*Rede*) to deliver; (*Lied*) to perform; (*Meinung etc*) to express

vortrefflich ['fo:rtrɛflɪç] *adj* excellent

vortreten ['fo:rtre:tən] (*unreg*) *vi* to step forward; (*Augen etc*) to protrude

vorüber [fo'ry:bər] *adv* past, over; **~gehen** (*unreg*) *vi* to pass (by); **~gehen an** +*dat* (*fig*) to pass over; **~gehend** *adj* temporary, passing

Vorurteil ['fo:r'ʊrtaɪl] *nt* prejudice

Vorverkauf ['fo:rfɛrkaʊf] *m* advance booking

Vorwahl ['fo:rva:l] *f* preliminary election; (*TEL*) dialling code

Vorwand ['fo:rvant] (**-(e)s, Vorwände**) *m* pretext

vorwärts ['fo:rvɛrts] *adv* forward; **V~gang** *m* (*AUT etc*) forward gear; **~gehen** (*unreg*) *vi* to progress; **~kommen** (*unreg*) *vi* to get on, to make progress

Vorwäsche *f* prewash

vorweg [fo:r'vɛk] *adv* in advance; **~nehmen** (*unreg*) *vt* to anticipate

vorweisen ['fo:rvaɪzən] (*unreg*) *vt* to show, to produce

vorwerfen ['fo:rvɛrfən] (*unreg*) *vt*: **jdm etw ~** to reproach sb for sth, to accuse sb of sth; **sich** *dat* **nichts vorzuwerfen haben** to have nothing to reproach o.s. with

vorwiegend ['fo:rvi:gənt] *adj* predominant ♦ *adv* predominantly

vorwitzig ['fo:rvɪtsɪç] *adj* (*Mensch, Bemerkung*) cheeky

Vorwort ['fo:rvɔrt] (**-(e)s, -e**) *nt* preface

Vorwurf ['fo:rvʊrf] *m* reproach; **jdm/sich Vorwürfe machen** to reproach sb/o.s.; **v~svoll** *adj* reproachful

vorzeigen ['fo:rtsaɪgən] *vt* to show, to produce

vorzeitig ['fo:rtsaɪtɪç] *adj* premature

vorziehen ['fo:rtsi:ən] (*unreg*) *vt* to pull forward; (*Gardinen*) to draw; (*lieber haben*) to prefer

Vorzimmer ['fo:rtsɪmər] *nt* (*Büro*) outer office

Vorzug ['fo:rtsu:k] *m* preference; (*gute Eigenschaft*) merit, good quality; (*Vorteil*) advantage

vorzüglich [fo:r'tsy:klɪç] *adj* excellent

vulgär [vʊl'gɛ:r] *adj* vulgar

Vulkan [vʊl'ka:n] (**-s, -e**) *m* volcano

W

Waage ['va:gə] *f* scales *pl*; (*ASTROL*) Libra; **w~recht** *adj* horizontal

Wabe ['va:bə] *f* honeycomb

wach [vax] *adj* awake; (*fig*) alert; **W~e** *f* guard, watch; **W~e halten** to keep watch; **W~e stehen** to stand guard; **~en** *vi* to be awake; (*Wache halten*) to guard

Wacholder [va'xɔldər] (**-s, -**) *m* juniper

Wachs [vaks] (**-es, -e**) *nt* wax

wachsam ['vaxza:m] *adj* watchful, vigilant, alert

wachsen (*unreg*) *vi* to grow

Wachstuch *nt* oilcloth

Wachstum (**-s**) *nt* growth

Wächter ['vɛçtər] (**-s, -**) *m* guard, warden, keeper; (*Parkplatz~*) attendant

wackel- ['vakəl] *zW*: **~ig** *adj* shaky, wobbly; **W~kontakt** *m* loose connection; **~n** *vi* to shake; (*fig*: *Position*) to be shaky

wacker ['vakər] *adj* valiant, stout ♦ *adv* well, bravely

Wade ['va:də] *f* (*ANAT*) calf

Waffe ['vafə] *f* weapon
Waffel (-, -n) *f* waffle; wafer
Waffen- *zW*: **~schein** *m* gun licence; **~stillstand** *m* armistice, truce
Wagemut ['va:gəmu:t] *m* daring
wagen ['va:gən] *vt* to venture, to dare
Wagen ['va:gən] (-s, -) *m* vehicle; (*Auto*) car; (*EISENB*) carriage; (*Pferde~*) cart; **~heber** (-s, -) *m* jack
Waggon [va'gõ:] (-s, -s) *m* carriage; (*Güter~*) goods van, freight truck (*US*)
waghalsig ['va:khalzɪç] *adj* foolhardy
Wagnis ['va:knɪs] (-ses, -se) *nt* risk
Wahl ['va:l] (-, -en) *f* choice; (*POL*) election; **zweite ~** (*COMM*) seconds
wähl- ['vɛ:l] *zW*: **~bar** *adj* eligible; **~en** *vt, vi* to choose; (*POL*) to elect, to vote (for); (*TEL*) to dial; **W~er(in)** (-s, -) *m(f)* voter; **~erisch** *adj* fastidious, particular
Wahl- *zW*: **~fach** *nt* optional subject; **~gang** *m* ballot; **~kabine** *f* polling booth; **~kampf** *m* election campaign; **~kreis** *m* constituency; **~lokal** *nt* polling station; **w~los** *adv* at random; **~recht** *nt* franchise, **~spruch** *m* motto; **~urne** *f* ballot box
Wahn [va:n] (-(e)s) *m* delusion, folly; **~sinn** *m* madness; **w~sinnig** *adj* insane, mad ♦ *adv* (*umg*) incredibly
wahr [va:r] *adj* true
wahren *vt* to maintain, to keep
während ['vɛ:rənt] *präp +gen* during ♦ *konj* while; **~dessen** *adv* meanwhile
wahr- *zW*: **~haben** (*unreg*) *vt*: **etw nicht ~haben wollen** to refuse to admit sth; **~haft** *adv* (*tatsächlich*) truly; **~haftig** [va:r'haftɪç] *adj* true, real ♦ *adv* really; **W~heit** *f* truth; **~nehmen** (*unreg*) *vt* to perceive, to observe; **W~nehmung** *f* perception; **~sagen** *vi* to prophesy, to tell fortunes; **W~sager(in)** (-s, -) *m(f)* fortune teller; **~scheinlich** [va:r'ʃaɪnlɪç] *adj* probable ♦ *adv* probably; **W~'scheinlichkeit** *f* probability; **aller W~scheinlichkeit nach** in all probability
Währung ['vɛ:rʊŋ] *f* currency
Waise ['vaɪzə] *f* orphan; **~nhaus** *nt* orphanage
Wald [valt] (-(e)s, ¨er) *m* wood(s); (*groß*) forest; **~brand** *m* forest fire; **~sterben** *nt trees dying due to pollution*
Wal(fisch) ['va:l(fɪʃ)] (-(e)s, -e) *m* whale
Wall [val] (-(e)s, ¨e) *m* embankment; (*Bollwerk*) rampart
Wallfahr- *zW*: **~er(in)** *m(f)* pilgrim; **~t** *f* pilgrimage
Walnuß ['valnʊs] *f* walnut
Walroß ['valrɔs] *nt* walrus
Walze ['valtsə] *f* (*Gerät*) cylinder; (*Fahrzeug*) roller; **w~n** *vt* to roll (out)
wälzen ['vɛltsən] *vt* to roll (over); (*Bücher*) to hunt through; (*Probleme*) to deliberate on ♦ *vr* to wallow; (*vor Schmerzen*) to roll about; (*im Bett*) to toss and turn
Walzer ['valtsər] (-s, -) *m* waltz
Wand [vant] (-, ¨e) *f* wall; (*Trenn~*) partition; (*Berg~*) precipice
Wandel ['vandəl] (-s) *m* change; **w~bar** *adj* changeable, variable; **w~n** *vt, vr* to change ♦ *vi* (*gehen*) to walk
Wander- ['vandər] *zW*: **~er** (-s, -) *m* hiker, rambler; **~karte** *f* map of country walks; **w~n** *vi* to hike; (*Blick*) to wander; (*Gedanken*) to stray; **~schaft** *f* travelling; **~ung** *f* walk, hike; **~weg** *m* trail, walk
Wandlung *f* change, transformation
Wange ['vaŋə] *f* cheek
wankelmütig [vaŋkəlmy:tɪç] *adj* vacillating, inconstant
wanken ['vankən] *vi* to stagger; (*fig*) to waver
wann [van] *adv* when
Wanne ['vanə] *f* tub
Wanze ['vantsə] *f* bug
Wappen ['vapən] (-s, -) *nt* coat of arms, crest; **~kunde** *f* heraldry
war *etc* [va:r] *vb siehe* **sein**

Ware ['va:rə] *f* ware
Waren- *zW*: **~haus** *nt* department store; **~lager** *nt* stock, store; **~probe** *f* sample; **~zeichen** *nt*: **(eingetragenes) ~zeichen** (registered) trademark
warf [va:rf] *vb siehe* **werfen**
warm [varm] *adj* warm; (*Essen*) hot
Wärm- ['vɛrm] *zW*: **~e** *f* warmth; **w~en** *vt, vr* to warm (up), to heat (up); **~flasche** *f* hot-water bottle
warnen ['varnən] *vt* to warn
Warnung *f* warning
warten ['vartən] *vi*: **~ (auf** *+akk*) to wait (for); **auf sich ~ lassen** to take a long time
Wärter(in) ['vɛrtər(ɪn)] (**-s, -**) *m(f)* attendant
Warte- ['vartə] *zW*: **~raum** *m* (*EISENB*) waiting room; **~saal** *m* (*EISENB*) waiting room; **~zimmer** *nt* waiting room
Wartung *f* servicing; service; **~ und Instandhaltung** maintenance
warum [va'rʊm] *adv* why
Warze [vartsə] *f* wart
was [vas] *pron* what; (*umg*: *etwas*) something; **~ für (ein) ...** what sort of ...
waschbar *adj* washable
Waschbecken *nt* washbasin
Wäsche ['vɛʃə] *f* wash(ing); (*Bett~*) linen; (*Unter~*) underclothing
waschecht *adj* colourfast; (*fig*) genuine
Wäscheklammer *f* clothes peg (*BRIT*), clothespin (*US*)
Wäscheleine *f* washing line (*BRIT*)
waschen ['vaʃən] (*unreg*) *vt, vi* to wash ♦ *vr* to (have a) wash; **sich** *dat* **die Hände ~** to wash one's hands
Wäsche'rei *f* laundry
Waschgelegenheit *f* washing facilities
Wasch- *zW*: **~küche** *f* laundry room; **~lappen** *m* face flannel, washcloth (*US*); (*umg*) sissy; **~maschine** *f* washing machine; **~mittel** *nt* detergent, washing powder; **~pulver** *nt* detergent, washing powder; **~raum** *m* washroom; **~salon** *m* Launderette (®)
Wasser ['vasər] (**-s, -**) *nt* water; **~ball** *m* water polo; **w~dicht** *adj* waterproof; **~fall** *m* waterfall; **~farbe** *f* watercolour; **~hahn** *m* tap, faucet (*US*); **~kraftwerk** *nt* hydroelectric power station; **~leitung** *f* water pipe; **~mann** *n* (*ASTROL*) Aquarius; **~melone** *f* (*BOT*) water melon
wässern ['vɛsərn] *vt, vi* to water
Wasser- *zW*: **w~scheu** *adj* afraid of (the) water; **~ski** ['vasərʃi:] *nt* waterskiing; **~stoff** *m* hydrogen; **~waage** *f* spirit level; **~zeichen** *nt* watermark
wäßrig ['vɛsrɪç] *adj* watery
waten ['va:tən] *vi* to wade
watscheln ['va:tʃəln] *vi* to waddle
Watt[1] [vat] (**-(e)s, -en**) *nt* mud flats *pl*
Watt[2] (**-s, -**) *nt* (*ELEK*) watt
Watte *f* cotton wool, absorbent cotton (*US*)
WC ['ve:'tse:] (**-s, -s**) *nt abk* (= *water closet*) W.C.
Web- ['ve:b] *zW*: **w~en** (*unreg*) *vt* to weave; **~er** (**-s, -**) *m* weaver; **~e'rei** *f* (*Betrieb*) weaving mill; **~stuhl** *m* loom
Wechsel ['vɛksəl] (**-s, -**) *m* change; (*COMM*) bill of exchange; **~geld** *nt* change; **w~haft** *adj* (*Wetter*) variable; **~jahre** *pl* change of life *sg*; **~kurs** *m* rate of exchange; **w~n** *vt* to change; (*Blicke*) to exchange ♦ *vi* to change; to vary; (*Geldwechseln*) to have change; **~strom** *m* alternating current; **~stube** *f* bureau de change; **~wirkung** *f* interaction
wecken ['vɛkən] *vt* to wake (up); to call
Wecker ['vɛkər] (**-s, -**) *m* alarm clock
wedeln ['ve:dəln] *vi* (*mit Schwanz*) to wag; (*mit Fächer etc*) to wave
weder ['ve:dər] *konj* neither; **~ ... noch ...** neither ... nor ...
Weg [ve:k] (**-(e)s, -e**) *m* way; (*Pfad*) path; (*Route*) route; **sich auf den ~ machen** to be on one's way; **jdm**

aus dem ~ gehen to keep out of sb's way

weg [vɛk] *adv* away, off; **über etw** *akk* **~ sein** to be over sth; **er war schon ~** he had already left; **Finger ~!** hands off!

wegbleiben (*unreg*) *vi* to stay away

wegen ['ve:gən] *präp +gen* (*umg*: *+dat*) because of

weg- ['vɛk] *zW*: **~fallen** (*unreg*) *vi* to be left out; (*Ferien, Bezahlung*) to be cancelled; (*aufhören*) to cease; **~gehen** (*unreg*) *vi* to go away; to leave; **~lassen** (*unreg*) *vt* to leave out; **~laufen** (*unreg*) *vi* to run away *od* off; **~legen** *vt* to put aside; **~machen** (*umg*) *vt* to get rid of; **~müssen** (*unreg; umg*) *vi* to have to go; **~nehmen** (*unreg*) *vt* to take away; **~tun** (*unreg*) *vt* to put away; **W~weiser** ['ve:gvaɪzər] (**-s, -**) *m* road sign, signpost; **~werfen** (*unreg*) *vt* to throw away; **~werfend** *adj* disparaging

weh [ve:] *adj* sore; **~ tun** to hurt, to be sore; **jdm/sich ~ tun** to hurt sb/o.s.; **~(e)** *excl*: **~(e), wenn du ...** woe betide you if ...; **o ~!** oh dear!; **~e!** just you dare!

wehen *vt, vi* to blow; (*Fahnen*) to flutter

weh- *zW*: **~leidig** *adj* whiny, whining; **~mütig** *adj* melancholy

Wehr[1] [ve:r] (**-(e)s, -e**) *nt* weir

Wehr[2] (**-, -en**) *f*: **sich zur ~ setzen** to defend o.s.; **~dienst** *m* military service; **~dienstverweigerer** *m* ≈ conscientious objector; **w~en** *vr* to defend o.s.; **w~los** *adj* defenceless; **~pflicht** *f* compulsory military service; **w~pflichtig** *adj* liable for military service

Weib [vaɪp] (**-(e)s, -er**) *nt* woman, female; wife; **~chen** *nt* female; **w~lich** *adj* feminine

weich [vaɪç] *adj* soft; **W~e** *f* (*EISENB*) points *pl*; **~en** (*unreg*) *vi* to yield, to give way; **W~heit** *f* softness; **~lich** *adj* soft, namby-pamby; **W~ling** *m* weakling

Weide ['vaɪdə] *f* (*Baum*) willow; (*Gras*) pasture; **w~n** *vi* to graze ♦ *vr*: **sich an etw** *dat* **w~n** to delight in sth

weidlich ['vaɪtlɪç] *adv* thoroughly

weigern ['vaɪgərn] *vr* to refuse

Weigerung ['vaɪgəruŋ] *f* refusal

Weihe ['vaɪə] *f* consecration; (*Priester~*) ordination; **w~n** *vt* to consecrate; to ordain

Weiher (**-s, -**) *m* pond

Weihnacht- *zW*: **~en** (-) *nt* Christmas; **w~lich** *adj* Christmas *cpd*; **~sabend** *m* Christmas Eve; **~slied** *nt* Christmas carol; **~smann** *m* Father Christmas, Santa Claus; **~smarkt** *m* Christmas fair; **~stag** *m* Christmas Day; **zweiter ~stag** Boxing Day

Weihrauch *m* incense

Weihwasser *nt* holy water

weil [vaɪl] *konj* because

Weile ['vaɪlə] (-) *f* while, short time

Wein [vaɪn] (**-(e)s, -e**) *m* wine; (*Pflanze*) vine; **~bau** *m* cultivation of vines; **~berg** *m* vineyard; **~bergschnecke** *f* snail; **~brand** *m* brandy

weinen *vt, vi* to cry; **das ist zum W~** it's enough to make you cry *od* weep

Wein- *zW*: **~glas** *nt* wine glass; **~karte** *f* wine list; **~lese** *f* vintage; **~probe** *f* wine-tasting; **~rebe** *f* vine; **w~rot** *adj* burgundy, claret, wine-red; **~stock** *m* vine; **~stube** *f* wine bar; **~traube** *f* grape

weise ['vaɪzə] *adj* wise

Weise *f* manner, way; (*Lied*) tune; **auf diese Weise** in this way

weisen (*unreg*) *vt* to show

Weisheit ['vaɪshaɪt] *f* wisdom; **~szahn** *m* wisdom tooth

weiß [vaɪs] *adj* white ♦ *vb siehe* **wissen**; **W~brot** *nt* white bread; **~en** *vt* to whitewash; **W~glut** *f* (*TECH*) incandescence; **jdn bis zur W~glut bringen** (*fig*) to make sb see red; **W~kohl** *m* (white) cabbage; **W~wein** *m* white wine

weit [vaɪt] *adj* wide; (*Begriff*) broad;

(*Reise, Wurf*) long ♦ *adv* far; **wie ~ ist es ...?** how far is it ...?; **in ~er Ferne** in the far distance; **das geht zu ~** that's going too far; **~aus** *adv* by far; **~blickend** *adj* far-seeing; **W~e** *f* width; (*Raum*) space; (*von Entfernung*) distance; **~en** *vt, vr* to widen

weiter ['vaɪtər] *adj* wider; broader; farther (away); (*zusätzlich*) further ♦ *adv* further; **ohne ~es** without further ado; just like that; **~ nichts/niemand** nothing/nobody else; **~arbeiten** *vi* to go on working; **~bilden** *vr* to continue one's education; **~empfehlen** (*unreg*) *vt* to recommend (to others); **W~fahrt** *f* continuation of the journey; **~führen** *vi* (*Straße*) to lead on (to) ♦ *vt* (*fortsetzen*) to continue, carry on; **~gehen** (*unreg*) *vi* to go on; **~hin** *adv*: **etw ~hin tun** to go on doing sth; **~kommen** (*unreg*) *vi* (*fig*: *mit Arbeit*) to make progress; **~leiten** *vt* to pass on; **~machen** *vt, vi* to continue

weit- *zW*: **~gehend** *adj* considerable ♦ *adv* largely; **~läufig** *adj* (*Gebäude*) spacious; (*Erklärung*) lengthy; (*Verwandter*) distant; **~reichend** *adj* long-range; (*fig*) far-reaching; **~schweifig** *adj* long-winded; **~sichtig** *adj* (*MED*) long-sighted; (*fig*) far-sighted; **W~sprung** *m* long jump; **~verbreitet** *adj* widespread; **W~winkelobjektiv** *nt* (*PHOT*) wide-angle lens

Weizen ['vaɪtzən] (**-s, -**) *m* wheat

SCHLÜSSELWORT

welche(r, s) ['vɛlçə(r, s)] *interrogativ pron* which; **welcher von beiden?** which (one) of the two?; **welchen hast du genommen?** which (one) did you take?; **welche eine ...!** what a ...!; **welche Freude!** what joy!

♦ *unbestimmt pron* some; (*in Fragen*) any; **ich habe welche** I have some; **haben Sie welche?** do you have any?

♦ *relativ pron* (*bei Menschen*) who; (*bei Sachen*) which, that; **welche(r, s) auch immer** whoever/whichever/whatever

welk [vɛlk] *adj* withered; **~en** *vi* to wither

Wellblech *nt* corrugated iron

Welle ['vɛlə] *f* wave; (*TECH*) shaft; **~nbereich** *m* waveband; **~nlänge** *f* (*auch fig*) wavelength; **~nlinie** *f* wavy line; **~nsittich** *m* budgerigar

Welt [vɛlt] (**-, -en**) *f* world; **~all** *nt* universe; **~anschauung** *f* philosophy of life; **w~berühmt** *adj* world-famous; **~krieg** *m* world war; **w~lich** *adj* worldly; (*nicht kirchlich*) secular; **~macht** *f* world power; **~meister** *m* world champion; **~raum** *m* space; **~reise** *f* trip round the world; **~stadt** *f* metropolis; **w~weit** *adj* world-wide

wem [ve:m] (*dat von* **wer**) *pron* to whom

wen [ve:n] (*akk von* **wer**) *pron* whom

Wende ['vɛndə] *f* turn; (*Veränderung*) change; **~kreis** *m* (*GEOG*) tropic; (*AUT*) turning circle; **~ltreppe** *f* spiral staircase; **w~n** (*unreg*) *vt, vi, vr* to turn; **sich an jdn w~n** to go/come to sb; **~punkt** *m* turning point

wendig ['vɛndɪç] *adj* (*Auto etc*) manœuvrable; (*fig*) agile

Wendung *f* turn; (*Rede~*) idiom

wenig ['ve:nɪç] *adj, adv* little; **~e** *pron pl* few *pl*; **~er** *adj* less; (*mit pl*) fewer ♦ *adv* less; **~ste(r, s)** *adj* least; **am ~sten** least; **~stens** *adv* at least

SCHLÜSSELWORT

wenn [vɛn] *konj* **1** (*falls, bei Wünschen*) if; **wenn auch ..., selbst wenn ...** even if ...; **wenn ich doch ...** if only I ...

2 (*zeitlich*) when; **immer wenn** whenever

wennschon ['vɛnʃo:n] *adv*: **na ~** so what?; **~, dennschon!** in for a penny, in for a pound

wer [ve:r] *pron* who

Werbe- ['vɛrbə] *zW*: **~fernsehen** *nt* commercial television; **w~n** (*unreg*) *vt* to win; (*Mitglied*) to recruit ♦ *vi* to advertise; **um jdn/etw w~n** to try to win sb/sth; **für jdn/etw w~n** to promote sb/sth

Werbung *f* advertising; (*von Mitgliedern*) recruitment; **~ um jdn/etw** promotion of sb/sth

Werdegang ['ve:rdəgaŋ] *m* (*Laufbahn*) development; (*beruflich*) career

SCHLÜSSELWORT

werden ['ve:rdən] (*pt* **wurde**, *pp* **geworden** *od (bei Passiv)* **worden**) *vi* to become; **was ist aus ihm/aus der Sache geworden?** what became of him/it?; **es ist nichts/gut geworden** it came to nothing/turned out well; **es wird Nacht/Tag** it's getting dark/light; **mir wird kalt** I'm getting cold; **mir wird schlecht** I feel ill; **Erster werden** to come *od* be first; **das muß anders werden** that'll have to change; **rot/zu Eis werden** to turn red/to ice; **was willst du (mal) werden?** what do you want to be?; **die Fotos sind gut geworden** the photos have come out nicely

♦ *als Hilfsverb* **1** (*bei Futur*): **er wird es tun** he will *od* he'll do it; **er wird das nicht tun** he will not *od* he won't do it; **es wird gleich regnen** it's going to rain

2 (*bei Konjunktiv*): **ich würde ...** I would ...; **er würde gern ...** he would *od* he'd like to ...; **ich würde lieber ...** I would *od* I'd rather ...

3 (*bei Vermutung*): **sie wird in der Küche sein** she will be in the kitchen

4 (*bei Passiv*): **gebraucht werden** to be used; **er ist erschossen worden** he has *od* he's been shot; **mir wurde gesagt, daß ...** I was told that ...

werfen ['vɛrfən] (*unreg*) *vt* to throw

Werft [vɛrft] (**-, -en**) *f* shipyard, dockyard

Werk [vɛrk] (**-(e)s, -e**) *nt* work; (*Tätigkeit*) job; (*Fabrik, Mechanismus*) works *pl*; **ans ~ gehen** to set to work; **~statt** (**-, -stätten**) *f* workshop; (*AUT*) garage; **~tag** *m* working day; **w~tags** *adv* on working days; **w~tätig** *adj* working; **~zeug** *nt* tool

Wermut ['ve:rmu:t] (**-(e)s**) *m* wormwood; (*Wein*) vermouth

Wert [ve:rt] (**-(e)s, -e**) *m* worth; (*FIN*) value; **~ legen auf** +*akk* to attach importance to; **es hat doch keinen ~** it's useless; **w~** *adj* worth; (*geschätzt*) dear; worthy; **das ist nichts/viel w~** it's not worth anything/it's worth a lot; **das ist es/er mir w~** it's/he's worth that to me; **w~en** *vt* to rate; **~gegenstände** *mpl* valuables; **w~los** *adj* worthless; **~papier** *nt* security; **w~voll** *adj* valuable

Wesen ['ve:zən] (**-s, -**) *nt* (*Geschöpf*) being; (*Natur, Character*) nature; **w~tlich** *adj* significant; (*beträchtlich*) considerable

weshalb [vɛs'halp] *adv* why

Wespe ['vɛspə] *f* wasp

wessen ['vɛsən] (*gen von* **wer**) *pron* whose

Weste ['vɛstə] *f* waistcoat, vest (*US*); (*Woll~*) cardigan

West- *zW*: **~en** (**-s**) *m* west; **~europa** *nt* Western Europe; **~indien** *nt* the West Indies

westlich *adj* western ♦ *adv* to the west

weswegen [vɛs've:gən] *adv* why

wett [vɛt] *adj* even; **W~bewerb** *m* competition; **W~e** *f* bet, wager; **~en** *vt, vi* to bet

Wetter ['vɛtər] (**-s, -**) *nt* weather; **~bericht** *m* weather report; **~dienst** *m* meteorological service; **~lage** *f*

(weather) situation; **~vorhersage** *f* weather forecast; **~warte** *f* weather station

Wett- *zW*: **~kampf** *m* contest; **~lauf** *m* race; **w~machen** *vt* to make good

wichtig ['vɪçtɪç] *adj* important; **W~keit** *f* importance

wickeln ['vɪkəln] *vt* to wind; (*Haare*) to set; (*Kind*) to change; **jdn/etw in etw** *akk* ~ to wrap sb/sth in sth

Widder ['vɪdər] (**-s**, -) *m* ram; (*ASTROL*) Aries

wider ['vi:dər] *präp* +*akk* against; **~'fahren** (*unreg*) *vi* to happen; **~'legen** *vt* to refute

widerlich ['vi:dərlɪç] *adj* disgusting, repulsive

wider- ['vi:dər] *zW*: **~rechtlich** *adj* unlawful; **W~rede** *f* contradiction; **W~ruf** *m* retraction; countermanding; **~'rufen** (*unreg*) *vt insep* to retract; (*Anordnung*) to revoke; (*Befehl*) to countermand; **~'setzen** *vr insep*: **sich jdm/etw ~setzen** to oppose sb/sth

widerspenstig ['vi:dərʃpɛnstɪç] *adj* wilful

widerspiegeln *vt* (*Entwicklung, Erscheinung*) to mirror, reflect ♦ *vr* to be reflected

wider'sprechen (*unreg*) *vi insep*: **jdm widersprechen** to contradict sb

Widerspruch ['vi:dərʃpruχ] *m* contradiction; **w~slos** *adv* without arguing

Widerstand ['vi:dərʃtant] *m* resistance

Widerstands- *zW*: **~bewegung** *f* resistance (movement); **w~fähig** *adj* resistant, tough; **w~los** *adj* unresisting

wider'stehen (*unreg*) *vi insep*: **jdm/etw widerstehen** to withstand sb/sth

wider- ['vi:dər] *zW*: **~wärtig** *adj* nasty, horrid; **W~wille** *m*: **W~wille (gegen)** aversion (to); **~willig** *adj* unwilling, reluctant

widmen ['vɪtmən] *vt* to dedicate; to devote ♦ *vr* to devote o.s.

widrig ['vi:drɪç] *adj* (*Umstände*) adverse

SCHLÜSSELWORT

wie [vi:] *adv* how; **wie groß/schnell?** how big/fast?; **wie wär's?** how about it?; **wie ist er?** what's he like?; **wie gut du das kannst!** you're very good at it; **wie bitte?** pardon?; (*entrüstet*) I beg your pardon!; **und wie!** and how!

♦ *konj* **1** (*bei Vergleichen*): **so schön wie ...** as beautiful as ...; **wie ich schon sagte** as I said; **wie du** like you; **singen wie ein ...** to sing like a ...; **wie (zum Beispiel)** such as (for example)

2 (*zeitlich*): **wie er das hörte, ging er** when he heard that he left; **er hörte, wie der Regen fiel** he heard the rain falling

wieder ['vi:dər] *adv* again; **~ da sein** to be back (again); **gehst du schon ~?** are you off again?; **~ ein(e) ...** another ...; **W~aufbau** [-'aʊfbaʊ] *m* rebuilding; **~aufbereiten** *vt sep* to recycle; **~aufnehmen** (*unreg*) *vt* to resume; **~bekommen** (*unreg*) *vt* to get back; **~bringen** (*unreg*) *vt* to bring back; **~erkennen** (*unreg*) *vt* to recognize; **W~gabe** *f* reproduction; **~geben** (*unreg*) *vt* (*zurückgeben*) to return; (*Erzählung etc*) to repeat; (*Gefühle etc*) to convey; **~gutmachen** *vt* to make up for; (*Fehler*) to put right; **W~'gutmachung** *f* reparation; **~'herstellen** *vt* to restore; **~'holen** *vt insep* to repeat; **W~'holung** *f* repetition; **W~hören** *nt*: **auf W~hören** (*TEL*) goodbye; **W~kehr** (-) *f* return; (*von Vorfall*) repetition, recurrence; **~sehen** (*unreg*) *vt* to see again; **auf W~sehen** goodbye; **~um** *adv* again; (*andererseits*) on the other hand; **~vereinigen** *vt* to reunite; (*POL*) to reunify; **~verwerten** *vt sep* to recycle; **W~wahl** *f* re-election

Wiege ['vi:gə] *f* cradle; **w~n**[1] *vt* (*schaukeln*) to rock

wiegen[2] (*unreg*) *vt, vi* (*Gewicht*) to weigh

wiehern ['vi:ərn] *vi* to neigh, to whinny

Wien [vi:n] *nt* Vienna

Wiese ['vi:zə] *f* meadow

Wiesel ['vi:zəl] (**-s, -**) *nt* weasel

wieso [vi:'zo:] *adv* why

wieviel [vi:'fi:l] *adj* how much; **~ Menschen** how many people; **~mal** *adv* how often; **~te(r, s)** *adj*: **zum ~ten Mal?** how many times?; **den W~ten haben wir?** what's the date?; **an ~ter Stelle?** in what place?; **der ~te Besucher war er?** how many visitors were there before him?

wieweit [vi:'vaɪt] *adv* to what extent

wild [vɪlt] *adj* wild; **W~** (**-(e)s**) *nt* game; **W~e(r)** *f(m)* savage; **w~ern** *vi* to poach; **~'fremd** (*umg*) *adj* quite strange *od* unknown; **W~heit** *f* wildness; **W~leder** *nt* suede; **W~nis** (**-, -se**) *f* wilderness; **W~schwein** *nt* (wild) boar

will *etc* [vɪl] *vb siehe* **wollen**

Wille ['vɪlə] (**-ns, -n**) *m* will; **w~n** *präp +gen*: **um ... w~n** for the sake of ...; **w~nsstark** *adj* strong-willed

will- *zW*: **~ig** *adj* willing; **W~kommen** [vɪl'kɔmən] (**-s, -**) *nt* welcome; **~kommen** *adj* welcome; **jdn ~kommen heißen** to welcome sb; **~kürlich** *adj* arbitrary; (*Bewegung*) voluntary

wimmeln ['vɪməln] *vi*: **~ (von)** to swarm (with)

wimmern ['vɪmərn] *vi* to whimper

Wimper ['vɪmpər] (**-, -n**) *f* eyelash

Wimperntusche *f* mascara

Wind [vɪnt] (**-(e)s, -e**) *m* wind; **~beutel** *m* cream puff; (*fig*) rake; **~e** *f* (*TECH*) winch, windlass; (*BOT*) bindweed; **~el** ['vɪndəl] (**-, -n**) *f* nappy, diaper (*US*); **w~en** *vi unpers* to be windy ♦ *vt* (*unreg*) to wind; (*Kranz*) to weave; (*entwinden*) to twist ♦ *vr* (*unreg*) to wind; (*Person*) to writhe; **~energie** *f* wind energy; **~hund** *m* greyhound; (*Mensch*) fly-by-night; **w~ig** ['vɪndɪç] *adj* windy; (*fig*) dubious; **~mühle** *f* windmill; **~pocken** *pl* chickenpox *sg*; **~schutzscheibe** *f* (*AUT*) windscreen (*BRIT*), windshield (*US*); **~stärke** *f* windforce; **w~still** *adj* (*Tag*) still, windless; (*Platz*) sheltered; **~stille** *f* calm; **~stoß** *m* gust of wind

Wink [vɪŋk] (**-(e)s, -e**) *m* (*mit Hand*) wave; (*mit Kopf*) nod; (*Hinweis*) hint

Winkel ['vɪnkəl] (**-s, -**) *m* (*MATH*) angle; (*Gerät*) set square; (*in Raum*) corner

winken ['vɪŋkən] *vt, vi* to wave

winseln ['vɪnzəln] *vi* to whine

Winter ['vɪntər] (**-s, -**) *m* winter; **w~fest** *adj* (*Pflanze*) hardy; **~garten** *m* conservatory; **w~lich** *adj* wintry; **~reifen** *m* winter tyre; **~sport** *m* winter sports *pl*

Winzer ['vɪntsər] (**-s, -**) *m* vine grower

winzig ['vɪntsɪç] *adj* tiny

Wipfel ['vɪpfəl] (**-s, -**) *m* treetop

wir [vi:r] *pron* we; **~ alle** all of us, we all

Wirbel ['vɪrbəl] (**-s, -**) *m* whirl, swirl; (*Trubel*) hurly-burly; (*Aufsehen*) fuss; (*ANAT*) vertebra; **w~n** *vi* to whirl, to swirl; **~säule** *f* spine

wird [vɪrt] *vb siehe* **werden**

wirfst *etc* [vɪrfst] *vb siehe* **werfen**

wirken ['vɪrkən] *vi* to have an effect; (*erfolgreich sein*) to work; (*scheinen*) to seem ♦ *vt* (*Wunder*) to work

wirklich ['vɪrklɪç] *adj* real ♦ *adv* really; **W~keit** *f* reality

wirksam ['vɪrkza:m] *adj* effective

Wirkstoff *m* (*biologisch, chemisch, pflanzlich*) active substance

Wirkung ['vɪrkʊŋ] *f* effect; **w~slos** *adj* ineffective; **w~slos bleiben** to have no effect; **w~svoll** *adj* effective

wirr [vɪr] *adj* confused, wild; **W~warr** (**-s**) *m* disorder, chaos

Wirsing ['vɪrzɪŋ] (**-s**) *m* savoy cabbage

wirst [vɪrst] *vb siehe* **werden**

Wirt(in) ['vɪrt(ɪn)] (**-(e)s, -e**) *m* landlord(lady); **~schaft** *f* (*Gaststätte*) pub; (*Haushalt*) housekeeping; (*eines Landes*) economy; (*umg*: *Durcheinander*) mess; **w~schaftlich** *adj* economical; (*POL*) economic

Wirtschafts- *zW*: **~krise** *f* economic crisis; **~politik** *f* economic policy; **~prüfer** *m* chartered accountant; **~wunder** *nt* economic miracle

Wirtshaus *nt* inn

wischen *vt* to wipe

Wischer (**-s, -**) *m* (*AUT*) wiper

wispern ['vɪspərn] *vt, vi* to whisper

Wißbegier(de) ['vɪsbəgi:r(də)] *f* thirst for knowledge; **wißbegierig** *adj* inquisitive, eager for knowledge

wissen ['vɪsən] (*unreg*) *vt* to know; **was weiß ich!** I don't know!; **W~** (**-s**) *nt* knowledge; **W~schaft** *f* science; **W~schaftler(in)** (**-s, -**) *m(f)* scientist; **~schaftlich** *adj* scientific; **~swert** *adj* worth knowing; **~tlich** *adj* knowing

wittern ['vɪtərn] *vt* to scent; (*fig*) to suspect

Witterung *f* weather; (*Geruch*) scent

Witwe ['vɪtvə] *f* widow; **~r** (**-s, -**) *m* widower

Witz [vɪts] (**-es, -e**) *m* joke; **~bold** *m* joker, wit; **w~ig** *adj* funny

wo [vo:] *adv* where; (*umg*: *irgendwo*) somewhere; **im Augenblick, ~ ...** the moment (that) ...; **die Zeit, ~ ...** the time when ...; **~anders** [vo:'andərs] *adv* elsewhere; **~bei** [-'baɪ] *adv* (*relativ*) by/with which; (*interrogativ*) what ... in/by/with

Woche ['vɔxə] *f* week

Wochen- *zW*: **~ende** *nt* weekend; **w~lang** *adj, adv* for weeks; **~schau** *f* newsreel

wöchentlich ['vœçəntlɪç] *adj, adv* weekly

wodurch [vo:'durç] *adv* (*relativ*) through which; (*interrogativ*) what ... through

wofür [vo:'fy:r] *adv* (*relativ*) for which; (*interrogativ*) what ... for

wog *etc* [vo:k] *vb siehe* **wiegen**

wo- *zW*: **~gegen** [vo:'ge:gən] *adv* (*relativ*) against which; (*interrogativ*) what ... against; **~her** [-'he:r] *adv* where ... from; **~hin** [-'hɪn] *adv* where ... to

SCHLÜSSELWORT

wohl [vo:l] *adv* **1**: **sich wohl fühlen** (*zufrieden*) to feel happy; (*gesundheitlich*) to feel well; **wohl oder übel** whether one likes it or not

2 (*wahrscheinlich*) probably; (*gewiß*) certainly; (*vielleicht*) perhaps; **sie ist wohl zu Hause** she's probably at home; **das ist doch wohl nicht dein Ernst!** surely you're not serious!; **das mag wohl sein** that may well be; **ob das wohl stimmt?** I wonder if that's true; **er weiß das sehr wohl** he knows that perfectly well

Wohl [vo:l] (**-(e)s**) *nt* welfare; **zum ~!** cheers!; **w~'auf** *adv* well; **~behagen** *nt* comfort; **~fahrt** *f* welfare; **~fahrtsstaat** *m* welfare state; **w~habend** *adj* wealthy; **w~ig** *adj* contented, comfortable; **w~schmeckend** *adj* delicious; **~stand** *m* prosperity; **~standsgesellschaft** *f* affluent society; **~tat** *f* relief; act of charity; **~täter(in)** *m(f)* benefactor; **w~tätig** *adj* charitable; **~tätigkeits-** *zW* charity, charitable; **w~tun** (*unreg*) *vi*: **jdm w~tun** to do sb good; **w~verdient** *adj* well-earned, well-deserved; **w~weislich** *adv* prudently; **~wollen** (**-s**) *nt* good will; **w~wollend** *adj* benevolent

wohn- ['vo:n] *zW*: **~en** *vi* to live; **W~gemeinschaft** *f* (*Menschen*) people sharing a flat; **~haft** *adj* resident; **W~heim** *nt* (*für Studenten*) hall of residence; (*für Senioren*) home; (*bes für Arbeiter*) hostel; **~lich** *adj* comfortable; **W~ort** *m* domicile; **W~sitz**

m place of residence; **W~ung** *f* house; (*Etagenwohnung*) flat, apartment (*US*); **W~wagen** *m* caravan; **W~zimmer** *nt* living room

wölben ['vœlbən] *vt, vr* to curve

Wölbung *f* curve

Wolf [vɔlf] (**-(e)s, ¨e**) *m* wolf

Wolke ['vɔlkə] *f* cloud; **~nkratzer** *m* skyscraper

wolkig ['vɔlkɪç] *adj* cloudy

Wolle ['vɔlə] *f* wool; **w~n**[1] *adj* woollen

SCHLÜSSELWORT

wollen[2] (*pt* **wollte**, *pp* **gewollt** *od* (*als Hilfsverb*) **wollen**) *vt, vi* to want; **ich will nach Hause** I want to go home; **er will nicht** he doesn't want to; **er wollte das nicht** he didn't want it; **wenn du willst** if you like; **ich will, daß du mir zuhörst** I want you to listen to me

♦ *Hilfsverb*: **er will ein Haus kaufen** he wants to buy a house; **ich wollte, ich wäre ...** I wish I were ...; **etw gerade tun wollen** to be going to do sth

wollüstig ['vɔlʏstɪç] *adj* lusty, sensual

wo- *zW*: **~mit** [vo:'mɪt] *adv* (*relativ*) with which; (*interrogativ*) what ... with; **~'möglich** *adv* probably, I suppose; **~'nach** *adv* (*relativ*) after/for which; (*interrogativ*) what ... for/after; **~'ran** *adv* (*relativ*) on/at which; (*interrogativ*) what ... on/at; **~'rauf** *adv* (*relativ*) on which; (*interrogativ*) what ... on; **~'raus** *adv* (*relativ*) from/out of which; (*interrogativ*) what ... from/out of; **~'rin** *adv* (*relativ*) in which; (*interrogativ*) what ... in

Wort [vɔrt] (**-(e)s, ¨er** *od* **-e**) *nt* word; **jdn beim ~ nehmen** to take sb at his word; **mit anderen ~en** in other words; **w~brüchig** *adj* not true to one's word

Wörterbuch ['vœrtərbu:x] *nt* dictionary

Wort- *zW*: **~führer** *m* spokesman; **w~karg** *adj* taciturn; **~laut** *m* wording

wörtlich ['vœrtlɪç] *adj* literal

Wort- *zW*: **w~los** *adj* mute; **w~reich** *adj* wordy, verbose; **~schatz** *m* vocabulary; **~spiel** *nt* play on words, pun

wo- *zW*: **~rüber** [vo:'ry:bər] *adv* (*relativ*) over/about which; (*interrogativ*) what ... over/about; **~'rum** *adv* (*relativ*) about/round which; (*interrogativ*) what ... about/round; **~'runter** *adv* (*relativ*) under which; (*interrogativ*) what ... under; **~'von** *adv* (*relativ*) from which; (*interrogativ*) what ... from; **~'vor** *adv* (*relativ*) in front of/before which; (*interrogativ*) in front of/before what; of what; **~'zu** *adv* (*relativ*) to/for which; (*interrogativ*) what ... for/to; (*warum*) why

Wrack [vrak] (**-(e)s, -s**) *nt* wreck

wringen ['vrɪŋən] (*unreg*) *vt* to wring

Wucher ['vu:xər] (**-s**) *m* profiteering; **~er** (**-s, -**) *m* profiteer; **w~isch** *adj* profiteering; **w~n** *vi* (*Pflanzen*) to grow wild; **~ung** *f* (*MED*) growth, tumour

Wuchs [vu:ks] (**-es**) *m* (*Wachstum*) growth; (*Statur*) build

Wucht [vʊxt] (**-**) *f* force

wühlen ['vy:lən] *vi* to scrabble; (*Tier*) to root; (*Maulwurf*) to burrow; (*umg*: *arbeiten*) to slave away ♦ *vt* to dig

Wulst [vʊlst] (**-es, ¨e**) *m* bulge; (*an Wunde*) swelling

wund [vʊnt] *adj* sore, raw; **W~e** *f* wound

Wunder ['vʊndər] (**-s, -**) *nt* miracle; **es ist kein ~** it's no wonder; **w~bar** *adj* wonderful, marvellous; **~kerze** *f* sparkler; **~kind** *nt* infant prodigy; **w~lich** *adj* odd, peculiar; **w~n** *vr* to be surprised ♦ *vt* to surprise; **sich w~n über** +*akk* to be surprised at; **w~schön** *adj* beautiful; **w~voll** *adj* wonderful

Wundstarrkrampf ['vʊntʃtarkrampf] *m* tetanus, lockjaw
Wunsch [vʊnʃ] (**-(e)s, ¨e**) *m* wish
wünschen ['vʏnʃən] *vt* to wish; **sich** *dat* **etw** ~ to want sth, to wish for sth; **~swert** *adj* desirable
wurde *etc* ['vʊrdə] *vb siehe* **werden**
Würde ['vʏrdə] *f* dignity; (*Stellung*) honour; **w~voll** *adj* dignified
würdig ['vʏrdɪç] *adj* worthy; (*würdevoll*) dignified; **~en** ['vʏrdɪgən] *vt* to appreciate; **jdn keines Blickes ~en** not to so much as look at sb
Wurf [vʊrf] (**-(e)s, ¨e**) *m* throw; (*Junge*) litter
Würfel ['vʏrfəl] (**-s, -**) *m* dice; (*MATH*) cube; **~becher** *m* (dice) cup; **w~n** *vi* to play dice ♦ *vt* to dice; **~zucker** *m* lump sugar
würgen ['vʏrgən] *vt, vi* to choke
Wurm [vʊrm] (**-(e)s, ¨er**) *m* worm
wurmstichig *adj* worm-ridden
Wurst [vʊrst] (**-, ¨e**) *f* sausage; **das ist mir ~** (*umg*) I don't care, I don't give a damn
Würstchen ['vʏrstçən] *nt* sausage
Würze ['vʏrtsə] *f* seasoning, spice
Wurzel ['vʊrtsəl] (**-, -n**) *f* root
würzen ['vʏrtsən] *vt* to season, to spice
würzig *adj* spicy
wusch *etc* [vʊʃ] *vb siehe* **waschen**
wußte *etc* ['vʊstə] *vb siehe* **wissen**
wüst [vy:st] *adj* untidy, messy; (*ausschweifend*) wild; (*öde*) waste; (*umg*: *heftig*) terrible; **W~e** *f* desert
Wut [vu:t] (**-**) *f* rage, fury; **~anfall** *m* fit of rage
wüten ['vy:tən] *vi* to rage; **~d** *adj* furious, mad

X

X-Beine ['ɪksbaɪnə] *pl* knock-knees
x-beliebig [ɪksbə'li:biç] *adj* any (whatever)
xerokopieren [kseroko'pi:rən] *vt* to xerox, to photocopy
x-mal ['ɪksma:l] *adv* any number of times, n times
Xylophon [ksylo'fo:n] (**-s, -e**) *nt* xylophone

Y

Ypsilon ['ʏpsilɔn] (**-(s), -s**) *nt* the letter Y

Z

Zacke ['tsakə] *f* point; (*Berg~*) jagged peak; (*Gabel~*) prong; (*Kamm~*) tooth
zackig ['tsakɪç] *adj* jagged; (*umg*) smart; (*Tempo*) brisk
zaghaft ['tsa:khaft] *adj* timid
zäh [tsɛ:] *adj* tough; (*Mensch*) tenacious; (*Flüssigkeit*) thick; (*schleppend*) sluggish; **Z~igkeit** *f* toughness; tenacity
Zahl [tsa:l] (**-, -en**) *f* number; **z~bar** *adj* payable; **z~en** *vt, vi* to pay; **z~en bitte!** the bill please!
zählen ['tsɛ:lən] *vt, vi* to count; **~ auf** +*akk* to count on; **~ zu** to be numbered among
Zahlenschloß *nt* combination lock
Zähler ['tsɛ:lər] (**-s, -**) *m* (*TECH*) meter; (*MATH*) numerator
Zahl- *zW*: **z~los** *adj* countless; **z~reich** *adj* numerous; **~tag** *m* payday; **~ung** *f* payment; **z~ungsfähig** *adj* solvent; **~wort** *nt* numeral
zahm [tsa:m] *adj* tame
zähmen ['tsɛ:mən] *vt* to tame; (*fig*) to curb
Zahn [tsa:n] (**-(e)s, ¨e**) *m* tooth; **~arzt** *m* dentist; **~ärztin** *f* (female)

dentist; **~bürste** *f* toothbrush; **~fleisch** *nt* gums *pl*; **~pasta** *f* toothpaste; **~rad** *nt* cog(wheel); **~schmerzen** *pl* toothache *sg*; **~stein** *m* tartar; **~stocher** (-s, -) *m* toothpick

Zange [tsaŋə] *f* pliers *pl*; (*Zucker~ etc*) tongs *pl*; (*Beiß~, ZOOL*) pincers *pl*; (*MED*) forceps *pl*

zanken ['tsaŋkən] *vi, vr* to quarrel

zänkisch ['tsɛŋkɪʃ] *adj* quarrelsome

Zäpfchen ['tsɛpfçən] *nt* (*ANAT*) uvula; (*MED*) suppository

Zapfen ['tsapfən] (-s, -) *m* plug; (*BOT*) cone; (*Eis~*) icicle

zappeln ['tsapəln] *vi* to wriggle; to fidget

zart [tsart] *adj* (*weich, leise*) soft; (*Fleisch*) tender; (*fein, schwächlich*) delicate; **Z~heit** *f* softness; tenderness; delicacy

zärtlich ['tsɛːrtlɪç] *adj* tender, affectionate

Zauber ['tsaʊbər] (-s, -) *m* magic; (*~bann*) spell; **~ei** [-'raɪ] *f* magic; **~er** (-s, -) *m* magician; conjuror; **z~haft** *adj* magical, enchanting; **~künstler** *m* conjuror; **~kunststück** *nt* conjuring trick; **z~n** *vi* to conjure, to practise magic

zaudern ['tsaʊdərn] *vi* to hesitate

Zaum [tsaʊm] (-(e)s, Zäume) *m* bridle; **etw im ~ halten** to keep sth in check

Zaun [tsaʊn] (-(e)s, Zäune) *m* fence, **~könig** *m* wren

z.B. *abk* (= *zum Beispiel*) e.g.

Zebra ['tseːbra] *nt* zebra; **~streifen** *m* zebra crossing

Zeche ['tsɛçə] *f* (*Rechnung*) bill; (*Bergbau*) mine

Zeh [tseː] (-s, -en) *m* toe

Zehe [tseːə] *f* toe; (*Knoblauch~*) clove

zehn [tseːn] *num* ten; **~te(r, s)** *adj* tenth; **Z~tel** (-s, -) *nt* tenth (part)

Zeich- ['tsaɪç] *zW*: **~en** (-s, -) *nt* sign; **z~nen** *vt* to draw; (*kennzeichnen*) to mark; (*unterzeichnen*) to sign ♦ *vi* to draw; to sign; **~ner** (-s, -) *m* artist; **technischer ~ner** draughtsman; **~nung** *f* drawing; (*Markierung*) markings *pl*

Zeige- ['tsaɪgə] *zW*: **~finger** *m* index finger; **z~n** *vt* to show ♦ *vi* to point ♦ *vr* to show o.s.; **z~n auf** +*akk* to point to; to point at; **es wird sich z~n** time will tell; **es zeigte sich, daß ...** it turned out that ...; **~r** (-s, -) *m* pointer; (*Uhrzeiger*) hand

Zeile ['tsaɪlə] *f* line; (*Häuser~*) row

Zeit [tsaɪt] (-, -en) *f* time; (*GRAM*) tense; **zur ~** at the moment; **sich** *dat* **~ lassen** to take one's time; **von ~ zu ~** from time to time; **~alter** *nt* age; **~arbeit** *f* (*WIRTS*) temporary job; **z~gemäß** *adj* in keeping with the times; **~genosse** *m* contemporary; **z~ig** *adj* early; **z~lich** *adj* temporal; **~lupe** *f* slow motion; **z~raubend** *adj* time-consuming; **~raum** *m* period; **~rechnung** *f* time, era; **nach/vor unserer ~rechnung** A.D./B.C.; **~schrift** *f* periodical; **~ung** *f* newspaper; **~verschwendung** *f* waste of time; **~vertreib** *m* pastime, diversion; **z~weilig** *adj* temporary; **z~weise** *adv* for a time; **~wort** *nt* verb; **~zünder** *m* time fuse

Zelle ['tsɛlə] *f* cell; (*Telefon~*) callbox

Zellstoff *m* cellulose

Zelt [tsɛlt] (-(e)s, -e) *nt* tent; **z~en** *vi* to camp; **~platz** *m* camp site

Zement [tse'mɛnt] (-(e)s, -e) *m* cement; **z~'ieren** *vt* to cement

zensieren [tsɛn'ziːrən] *vt* to censor; (*SCH*) to mark

Zensur [tsɛn'zuːr] *f* censorship; (*SCH*) mark

Zentimeter [tsɛnti'meːtər] *m od nt* centimetre

Zentner ['tsɛntnər] (-s, -) *m* hundredweight

zentral [tsɛn'traːl] *adj* central; **Z~e** *f* central office; (*TEL*) exchange; **Z~heizung** *f* central heating

Zentrum ['tsɛntrʊm] (-s, Zentren) *nt* centre

zerbrechen [tsɛr'brɛçən] (*unreg*) *vt, vi* to break

zerbrechlich *adj* fragile
zer'drücken *vt* to squash, to crush; (*Kartoffeln*) to mash
Zeremonie [tseremo'ni:] *f* ceremony
Zerfall [tsɛr'fal] *m* decay; **z~en** (*unreg*) *vi* to disintegrate, to decay; (*sich gliedern*): **z~en (in** *+akk***)** to fall (into)
zer'gehen (*unreg*) *vi* to melt, to dissolve
zerkleinern [tsɛr'klaɪnərn] *vt* to reduce to small pieces
zerlegbar *adj* able to be dismantled
zerlegen [tsɛr'le:gən] *vt* to take to pieces; (*Fleisch*) to carve; (*Satz*) to analyse
zermürben [tsɛr'mʏrbən] *vt* to wear down
zerquetschen [tsɛr'kvɛtʃən] *vt* to squash
Zerrbild ['tsɛrbɪlt] *nt* caricature, distorted picture
zer'reißen (*unreg*) *vt* to tear to pieces ♦ *vi* to tear, to rip
zerren ['tsɛrən] *vt* to drag ♦ *vi*: **~ (an** *+dat***)** to tug (at)
zer'rinnen (*unreg*) *vi* to melt away
zerrissen [tsɛr'rɪsən] *adj* torn, tattered; **Z~heit** *f* tattered state; (*POL*) disunion, discord; (*innere Zerrissenheit*) disintegration
Zerrung *f* (*MED*): **eine ~** pulled muscle
zerrütten [tsɛr'rʏtən] *vt* to wreck, to destroy
zerrüttet *adj* wrecked, shattered
zer'schlagen (*unreg*) *vt* to shatter, to smash ♦ *vr* to fall through
zer'schneiden (*unreg*) *vt* to cut up
zer'setzen *vt, vr* to decompose, to dissolve
zer'springen (*unreg*) *vi* to shatter, to burst
Zerstäuber [tsɛr'ʃtɔʏbər] **(-s, -)** *m* atomizer
zerstören [tsɛr'ʃtø:rən] *vt* to destroy
Zerstörung *f* destruction
zerstreu- [tsɛr'ʃtrɔʏ] *zW*: **~en** *vt* to disperse, to scatter; (*unterhalten*) to divert; (*Zweifel etc*) to dispel ♦ *vr* to disperse, to scatter; to be dispelled; **~t** *adj* scattered; (*Mensch*) absent-minded; **Z~theit** *f* absent-mindedness; **Z~ung** *f* dispersion; (*Ablenkung*) diversion
zerstückeln [tsɛr'ʃtʏkəln] *vt* to cut into pieces
zer'teilen *vt* to divide into parts
Zertifikat [tsɛrtifi'ka:t] **(-(e)s, -e)** *nt* certificate
zer'treten (*unreg*) *vt* to crush underfoot
zertrümmern [tsɛr'trʏmərn] *vt* to shatter; (*Gebäude etc*) to demolish
zetern ['tse:tərn] *vi* to shout, to shriek
Zettel ['tsɛtəl] **(-s, -)** *m* piece of paper, slip; (*Notiz~*) note; (*Formular*) form
Zeug [tsɔʏk] **(-(e)s, -e;** *umg***)** *nt* stuff; (*Ausrüstung*) gear; **dummes ~** (stupid) nonsense; **das ~ haben zu** to have the makings of; **sich ins ~ legen** to put one's shoulder to the wheel
Zeuge ['tsɔʏgə] **(-n, -n)** *m* witness; **z~n** *vi* to bear witness, to testify ♦ *vt* (*Kind*) to father; **es zeugt von ...** it testifies to ...; **~naussage** *f* evidence; **Zeugin** ['tsɔʏgɪn] *f* witness
Zeugnis ['tsɔʏgnɪs] **(-ses, -se)** *nt* certificate; (*SCH*) report; (*Referenz*) reference; (*Aussage*) evidence, testimony; **~ geben von** to be evidence of, to testify to
z.H(d). *abk* (= *zu Händen*) attn.
Zickzack ['tsɪktsak] **(-(e)s, -e)** *m* zigzag
Ziege ['tsi:gə] *f* goat
Ziegel ['tsi:gəl] **(-s, -)** *m* brick; (*Dach~*) tile
ziehen ['tsi:ən] (*unreg*) *vt* to draw; (*zerren*) to pull; (*SCHACH etc*) to move; (*züchten*) to rear ♦ *vi* to draw; (*um~, wandern*) to move; (*Rauch, Wolke etc*) to drift; (*reißen*) to pull ♦ *vb unpers*: **es zieht** there is a draught, it's draughty ♦ *vr* (*Gummi*) to stretch; (*Grenze etc*) to run; (*Gespräche*) to be drawn out; **etw nach**

sich ~ to lead to sth, to entail sth
Ziehharmonika ['tsi:harmo:nika] *f* concertina; accordion
Ziehung ['tsi:uŋ] *f* (*Los*~) drawing
Ziel [tsi:l] (**-(e)s, -e**) *nt* (*einer Reise*) destination; (*SPORT*) finish; (*MIL*) target; (*Absicht*) goal; **z~bewußt** *adj* decisive; **z~en** *vi*: **z~en (auf** +*akk*) to aim (at); **z~los** *adj* aimless; **~scheibe** *f* target; **z~strebig** *adj* purposeful
ziemlich ['tsi:mlıç] *adj* quite a; fair ♦ *adv* rather; quite a bit
zieren ['tsi:rən] *vr* to act coy
zierlich ['tsi:rlıç] *adj* dainty
Ziffer [tsıfər] (**-, -n**) *f* figure, digit; **~blatt** *nt* dial, clock-face
zig [tsıç] (*umg*) *adj* umpteen
Zigarette [tsiga'rɛtə] *f* cigarette
Zigaretten- *zW*: **~automat** *m* cigarette machine; **~schachtel** *f* cigarette packet; **~spitze** *f* cigarette holder
Zigarillo [tsiga'rılo] (**-s, -s**) *nt od m* cigarillo
Zigarre [tsi'garə] *f* cigar
Zigeuner(in) [tsi'gɔʏnər(ın)] (**-s, -**) *m(f)* gipsy
Zimmer ['tsımər] (**-s, -**) *nt* room; **~lautstärke** *f* reasonable volume; **~mädchen** *nt* chambermaid; **~mann** *m* carpenter; **z~n** *vt* to make (from wood); **~nachweis** *m* accommodation office; **~pflanze** *f* indoor plant
zimperlich ['tsımpərlıç] *adj* squeamish; (*pingelig*) fussy, finicky
Zimt [tsımt] (**-(e)s, -e**) *m* cinnamon
Zink [tsıŋk] (**-(e)s**) *nt* zinc
Zinn [tsın] (**-(e)s**) *nt* (*Element*) tin; (*in ~waren*) pewter; **~soldat** *m* tin soldier
Zins [tsıns] (**-es, -en**) *m* interest; **~esz~** *m* compound interest; **~fuß** *m* rate of interest; **z~los** *adj* interest-free; **~satz** *m* rate of interest
Zipfel ['tsıpfəl] (**-s, -**) *m* corner; (*spitz*) tip; (*Hemd*~) tail; (*Wurst*~) end; **~mütze** *f* stocking cap; nightcap
zirka ['tsırka] *adv* (round) about
Zirkel ['tsırkəl] (**-s, -**) *m* circle; (*MATH*) pair of compasses
Zirkus ['tsırkʊs] (**-, -se**) *m* circus
zischen ['tsıʃən] *vi* to hiss
Zitat [tsi'ta:t] (**-(e)s, -e**) *nt* quotation, quote
zitieren [tsi'ti:rən] *vt* to quote
Zitronat [tsitro'na:t] (**-(e)s, -e**) *nt* candied lemon peel
Zitrone [tsi'tro:nə] *f* lemon; **~nlimonade** *f* lemonade; **~nsaft** *m* lemon juice
zittern ['tsıtərn] *vi* to tremble
zivil [tsi'vi:l] *adj* civil; (*Preis*) moderate; **Z~** (**-s**) *nt* plain clothes *pl*; (*MIL*) civilian clothing; **Z~bevölkerung** *f* civilian population; **Z~courage** *f* courage of one's convictions; **Z~dienst** *m* community service; **Z~isation** [tsivilizatsi'o:n] *f* civilization; **Z~isationskrankheit** *f* disease peculiar to civilization; **~i'sieren** *vt* to civilize; **Z~ist** [tsivi'lıst] *m* civilian
zögern ['tsø:gərn] *vi* to hesitate
Zoll [tsɔl] (**-(e)s, ¨e**) *m* customs *pl*; (*Abgabe*) duty; **~abfertigung** *f* customs clearance; **~amt** *nt* customs office; **~beamte(r)** *m* customs official; **~erklärung** *f* customs declaration; **z~frei** *adj* duty-free; **~kontrolle** *f* customs check; **z~pflichtig** *adj* liable to duty, dutiable
Zone ['tso:nə] *f* zone
Zoo [tso:] (**-s, -s**) *m* zoo; **~loge** [tsoo'lo:gə] (**-n, -n**) *m* zoologist; **~lo'gie** *f* zoology; **z~'logisch** *adj* zoological
Zopf [tsɔpf] (**-(e)s, ¨e**) *m* plait; pigtail; **alter** ~ antiquated custom
Zorn [tsɔrn] (**-(e)s**) *m* anger; **z~ig** *adj* angry
zottlig ['tsɔtıç] *adj* shaggy
z.T. *abk* = **zum Teil**

SCHLÜSSELWORT

zu [tsu:] *präp* +*dat* **1** (*örtlich*) to; **zum Bahnhof/Arzt gehen** to go to the station/doctor; **zur Schule/Kirche gehen** to go to school/church; **sollen wir zu euch ge-**

hen? shall we go to your place?; **sie sah zu ihm hin** she looked towards him; **zum Fenster herein** through the window; **zu meiner Linken** to *od* on my left

2 (*zeitlich*) at; **zu Ostern** at Easter; **bis zum 1. Mai** until May 1st; (*nicht später als*) by May 1st; **zu meiner Zeit** in my time

3 (*Zusatz*) with; **Wein zum Essen trinken** to drink wine with one's meal; **sich zu jdm setzen** to sit down beside sb; **setz dich doch zu uns** (come and) sit with us; **Anmerkungen zu etw** notes on sth

4 (*Zweck*) for; **Wasser zum Waschen** water for washing; **Papier zum Schreiben** paper to write on; **etw zum Geburtstag bekommen** to get sth for one's birthday

5 (*Veränderung*) into; **zu etw werden** to turn into sth; **jdn zu etw machen** to make sb (into) sth; **zu Asche verbrennen** to burn to ashes

6 (*mit Zahlen*): **3 zu 2** (*SPORT*) 3-2; **das Stück zu 2 Mark** at 2 marks each; **zum ersten Mal** for the first time

7: **zu meiner Freude** *etc* to my joy *etc*; **zum Glück** luckily; **zu Fuß** on foot; **es ist zum Weinen** it's enough to make you cry

♦ *konj* to; **etw zu essen** sth to eat; **um besser sehen zu können** in order to see better; **ohne es zu wissen** without knowing it; **noch zu bezahlende Rechnungen** bills that are still to be paid

♦ *adv* **1** (*allzu*) too; **zu sehr** too much

2 (*örtlich*) toward(s); **er kam auf mich zu** he came up to me

3 (*geschlossen*) shut; closed; **die Geschäfte haben zu** the shops are closed; **auf/zu** (*Wasserhahn etc*) on/off

4 (*umg*: *los*): **nur zu!** just keep on!; **mach zu!** hurry up!

zuallererst [tsu''alər''e:rst] *adv* first of all

zuallerletzt [tsu''alər'lɛtst] *adv* last of all

Zubehör ['tsu:bəhø:r] (**-(e)s, -e**) *nt* accessories *pl*

zubereiten ['tsu:bəraɪtən] *vt* to prepare

zubilligen ['tsu:bɪlɪgən] *vt* to grant

zubinden ['tsu:bɪndən] (*unreg*) *vt* to tie up

zubringen ['tsu:brɪŋən] (*unreg*) *vt* (*Zeit*) to spend

Zubringer (**-s, -**) *m* (*Straße*) approach *od* slip road

Zucchini [tsʊ'ki:ni:] *pl* (*BOT, KOCH*) courgette (*BRIT*), zucchini (*US*)

Zucht [tsʊxt] (**-, -en**) *f* (*von Tieren*) breeding; (*von Pflanzen*) cultivation; (*Rasse*) breed; (*Erziehung*) raising; (*Disziplin*) discipline

züchten ['tsʏçtən] *vt* (*Tiere*) to breed; (*Pflanzen*) to cultivate, to grow

Züchter (**-s, -**) *m* breeder; grower

Zuchthaus *nt* prison, penitentiary (*US*)

züchtigen ['tsʏçtɪgən] *vt* to chastise

Züchtung *f* (*Zuchtart, Sorte*: *von Tier*) breed; (: *von Pflanze*) variety

zucken ['tsʊkən] *vi* to jerk, to twitch; (*Strahl etc*) to flicker ♦ *vt* (*Schultern*) to shrug

Zucker ['tsʊkər] (**-s, -**) *m* sugar; (*MED*) diabetes; **~guß** *m* icing; **z~krank** *adj* diabetic; **~krankheit** *f* (*MED*) diabetes; **z~n** *vt* to sugar; **~rohr** *nt* sugar cane; **~rübe** *f* sugar beet

Zuckung ['tsʊkʊŋ] *f* convulsion, spasm; (*leicht*) twitch

zudecken ['tsu:dɛkən] *vt* to cover (up)

zudem [tsu'de:m] *adv* in addition (to this)

zudringlich ['tsu:drɪŋlɪç] *adj* forward, pushing, obtrusive

zudrücken ['tsu:drʏkən] *vt* to close; **ein Auge ~** to turn a blind eye

zueinander [tsu'aɪ'nandər] *adv* to

one other; (*in Verbindung*) together

zuerkennen ['tsu:ˈɛrkɛnən] (*unreg*) *vt* to award; **jdm etw** ~ to award sth to sb, to award sb sth

zuerst [tsu''e:rst] *adv* first; (*zu Anfang*) at first; ~ **einmal** first of all

Zufahrt ['tsu:fa:rt] *f* approach; **~sstraße** *f* approach road; (*von Autobahn etc*) slip road

Zufall ['tsu:fal] *m* chance; (*Ereignis*) coincidence; **durch** ~ by accident; **so ein** ~ what a coincidence; **z~en** (*unreg*) *vi* to close, to shut; (*Anteil, Aufgabe*) to fall

zufällig ['tsu:fɛliç] *adj* chance ♦ *adv* by chance; (*in Frage*) by any chance

Zuflucht ['tsu:fluxt] *f* recourse; (*Ort*) refuge

zufolge [tsu'fɔlgə] *präp* (+*dat od gen*) judging by; (*laut*) according to

zufrieden [tsu'fri:dən] *adj* content(ed), satisfied; **~geben** (*unreg*) *vr* to be content *od* satisfied (with); **~stellen** *vt* to satisfy

zufrieren ['tsu:fri:rən] (*unreg*) *vi* to freeze up *od* over

zufügen ['tsu:fy:gən] *vt* to add; (*Leid etc*): **(jdm) etw** ~ to cause (sb) sth

Zufuhr ['tsu:fu:r] (-, **-en**) *f* (*Herbeibringen*) supplying; (*MET*) influx

Zug [tsu:k] (**-(e)s, ¨e**) *m* (*EISENB*) train; (*Luft~*) draught; (*Ziehen*) pull(ing); (*Gesichts~*) feature; (*SCHACH etc*) move; (*Klingel~*) pull; (*Schrift~*) stroke; (*Atem~*) breath; (*Charakter~*) trait; (*an Zigarette*) puff, pull, drag; (*Schluck*) gulp; (*Menschengruppe*) procession; (*von Vögeln*) flight; (*MIL*) platoon; **etw in vollen Zügen genießen** to enjoy sth to the full

Zu- ['tsu:] *zW*: **~gabe** *f* extra; (*in Konzert etc*) encore; **~gang** *m* access, approach; **z~gänglich** *adj* accessible; (*Mensch*) approachable

zugeben ['tsu:ge:bən] (*unreg*) *vt* (*beifügen*) to add, to throw in; (*zugestehen*) to admit; (*erlauben*) to permit

zugehen ['tsu:ge:ən] (*unreg*) *vi* (*schließen*) to shut; **es geht dort seltsam zu** there are strange goings-on there; **auf jdn/etw** ~ to walk towards sb/sth; **dem Ende** ~ to be finishing

Zugehörigkeit ['tsu:gəhø:rıçkaıt] *f*: ~ **(zu)** membership (of), belonging (to)

Zügel ['tsy:gəl] (**-s, -**) *m* rein(s); (*fig*) curb

zuge- ['tsu:gə] *zW*: **Z~ständnis** (**-ses, -se**) *nt* concession; **~stehen** (*unreg*) *vt* to admit; (*Rechte*) to concede

Zugführer *m* (*EISENB*) guard

zugig ['tsu:gıç] *adj* draughty

zügig ['tsy:gıç] *adj* speedy, swift

zugreifen ['tsu:graıfən] (*unreg*) *vi* to seize *od* grab at; (*helfen*) to help; (*beim Essen*) to help o.s.

zugrunde [tsu'grundə] *adv*: ~ **gehen** to collapse; (*Mensch*) to perish; **einer Sache** *dat* **etw** ~ **legen** to base sth on sth; **einer Sache** *dat* ~ **liegen** to be based on sth; ~ **richten** to ruin, to destroy

zugunsten [tsu'gunstən] *präp* (+*gen od dat*) in favour of

zugute [tsu'gu:tə] *adv*: **jdm etw** ~ **halten** to concede sth to sb; **jdm** ~ **kommen** to be of assistance to sb

Zugvogel *m* migratory bird

zuhalten ['tsu:haltən] (*unreg*) *vt* to keep closed ♦ *vi*: **auf jdn/etw** ~ to make a beeline for sb/sth

Zuhälter ['tsu:hɛltər] (**-s, -**) *m* pimp

Zuhause [tsu'hausə] (-) *nt* home

zuhören ['tsu:hø:rən] *vi* to listen

Zuhörer (**-s, -**) *m* listener

zukleben ['tsu:kle:bən] *vt* to paste up

zukommen ['tsu:kɔmən] (*unreg*) *vi* to come up; **auf jdn** ~ to come up to sb; **jdm etw** ~ **lassen** to give sb sth; **etw auf sich** ~ **lassen** to wait and see; **jdm** ~ (*sich gehören*) to be fitting for sb

Zukunft ['tsu:kunft] (**-, Zukünfte**) *f* future; **zukünftig** ['tsu:kynftıç] *adj*

future ♦ *adv* in future; **mein ~er Mann** my husband to be

Zulage ['tsu:la:gə] *f* bonus

zulassen ['tsu:lasən] (*unreg*) *vt* (*hereinlassen*) to admit; (*erlauben*) to permit; (*Auto*) to license; (*umg*: *nicht öffnen*) to (keep) shut

zulässig ['tsu:lɛsɪç] *adj* permissible, permitted

Zulassung *f* (*amtlich*) authorisation; (*von Kfz*) licensing

zulaufen ['tsu:laʊfən] (*unreg*) *vi* (*subj*: *Mensch*): **~ auf jdn/etw** to run up to sb/sth; (: *Straße*): **~ auf** to lead towards

zuleide [tsu'laɪdə] *adv*: **jdm etw ~ tun** to hurt *od* harm sb

zuletzt [tsu'lɛtst] *adv* finally, at last

zuliebe [tsu'li:bə] *adv*: **jdm ~** to please sb

zum [tsum] = **zu dem**; **~ dritten Mal** for the third time; **~ Scherz** as a joke; **~ Trinken** for drinking

zumachen ['tsu:maxən] *vt* to shut; (*Kleidung*) to do up, to fasten ♦ *vi* to shut; (*umg*) to hurry up

zumal [tsu'ma:l] *konj* especially (as)

zumeist [tsu'maɪst] *adv* mostly

zumindest [tsu'mɪndəst] *adv* at least

zumut- *zW*: **~bar** ['tsu:mu:tba:r] *adj* reasonable; **~e** *adv*: **wie ist ihm ~e?** how does he feel?; **~en** *vt*: **(jdm) etw ~en** to expect *od* ask sth (of sb); **Z~ung** *f* unreasonable expectation *od* demand, impertinence

zunächst [tsu'nɛ:çst] *adv* first of all; **~ einmal** to start with

Zunahme ['tsu:na:mə] *f* increase

Zuname ['tsu:na:mə] *m* surname

Zünd- [tsʏnd] *zW*: **z~en** *vi* (*Feuer*) to light, to ignite; (*Motor*) to fire; (*begeistern*): **bei jdm z~en** to fire sb (with enthusiasm); **z~end** *adj* fiery; **~er** (-s, -) *m* fuse; (*MIL*) detonator; **~holz** ['tsʏnt-] *nt* match; **~kerze** *f* (*AUT*) spark(ing) plug; **~schlüssel** *m* ignition key; **~schnur** *f* fuse wire; **~stoff** *m* (*fig*) inflammatory stuff; **~ung** *f* ignition

zunehmen ['tsu:ne:mən] (*unreg*) *vi* to increase, to grow; (*Mensch*) to put on weight

Zuneigung *f* affection

Zunft [tsʊnft] (-, ¨e) *f* guild

zünftig ['tsʏnftɪç] *adj* proper, real; (*Handwerk*) decent

Zunge ['tsʊŋə] *f* tongue

zunichte [tsu'nɪçtə] *adv*: **~ machen** to ruin, to destroy; **~ werden** to come to nothing

zunutze [tsu'nʊtsə] *adv*: **sich** *dat* **etw ~ machen** to make use of sth

zuoberst [tsu''o:bərst] *adv* at the top

zupfen ['tsʊpfən] *vt* to pull, to pick, to pluck; (*Gitarre*) to pluck

zur [tsu:r] = **zu der**

zurechnungsfähig ['tsu:rɛçnʊŋsfɛ:ɪç] *adj* responsible, accountable

zurecht- [tsu'rɛçt] *zW*: **~finden** (*unreg*) *vr* to find one's way (about); **~kommen** (*unreg*) *vi* to (be able to) cope, to manage; **~legen** *vt* to get ready; (*Ausrede etc*) to have ready; **~machen** *vt* to prepare ♦ *vr* to get ready; **~weisen** (*unreg*) *vt* to reprimand; **Z~weisung** *f* reprimand, rebuff

zureden ['tsu:re:dən] *vi*: **jdm ~** to persuade *od* urge sb

zurück [tsu'rʏk] *adv* back; **~behalten** (*unreg*) *vt* to keep back; **~bekommen** (*unreg*) *vt* to get back; **~bleiben** (*unreg*) *vi* (*Mensch*) to remain behind; (*nicht nachkommen*) to fall behind, to lag; (*Schaden*) to remain; **~bringen** (*unreg*) *vt* to bring back; **~fahren** (*unreg*) *vi* to travel back; (*vor Schreck*) to recoil, to start ♦ *vt* to drive back; **~finden** (*unreg*) *vi* to find one's way back; **~fordern** *vt* to demand back; **~führen** *vt* to lead back; **etw auf etw** *akk* **~führen** to trace sth back to sth; **~geben** (*unreg*) *vt* to give back; (*antworten*) to retort with; **~geblieben** *adj* retarded; **~gehen** (*unreg*) *vi* to go back; (*fallen*) to go down, to fall; (*zeitlich*): **~gehen (auf** +*akk*) to date back (to); **~gezogen** *adj* retired, withdrawn; **~halten** (*unreg*) *vt* to hold back; (*Mensch*) to restrain; (*hindern*) to prevent ♦ *vr* (*reserviert sein*) to be reserved; (*im Essen*) to hold back; **~haltend** *adj* reserved; **Z~haltung** *f* reserve; **~kehren** *vi* to return; **~kommen** (*unreg*) *vi* to come back; **auf etw** *akk* **~kommen** to return to sth; **~lassen** (*unreg*) *vt* to leave behind; **~legen** *vt* to put back; (*Geld*) to put by; (*reservieren*) to keep back; (*Strecke*) to cover; **~nehmen** (*unreg*) *vt* to take back; **~schrecken** *vi*: **~schrecken (vor** +*dat*) to shrink (from); **~stellen** *vt* to put back, to replace; (*aufschieben*) to put off, to postpone; (*MIL*) to turn down; (*Interessen*) to defer; (*Ware*) to keep; **~treten** (*unreg*) *vi* to step back; (*vom Amt*) to retire; **gegenüber etw** *od* **hinter etw** *dat* **~treten** to diminish in importance in view of sth; **~weisen** (*unreg*) *vt* to turn down; (*Mensch*) to reject; **~zahlen** *vt* to repay, to pay back; **~ziehen** (*unreg*) *vt* to pull back; (*Angebot*) to withdraw ♦ *vr* to retire

Zuruf ['tsu:ru:f] *m* shout, cry

Zusage ['tsu:za:gə] *f* promise; (*Annahme*) consent; **z~n** *vt* to promise ♦ *vi* to accept; **jdm z~n** (*gefallen*) to agree with *od* please sb

zusammen [tsu'zamən] *adv* together; **Z~arbeit** *f* cooperation; **~arbeiten** *vi* to cooperate; **~beißen** (*unreg*) *vt* (*Zähne*) to clench; **~bleiben** (*unreg*) *vi* to stay together; **~brechen** (*unreg*) *vi* to collapse; (*Mensch auch*) to break down; **~bringen** (*unreg*) *vt* to bring *od* get together; (*Geld*) to get; (*Sätze*) to put together; **Z~bruch** *m* collapse; **~fassen** *vt* to summarize; (*vereinigen*) to unite; **Z~fassung** *f* summary, résumé; **~fügen** *vt* to join (together), to unite; **~halten** (*unreg*) *vi* to stick together; **Z~hang** *m* connection; **im/aus dem Z~hang** in/out of context; **~hängen** (*unreg*) *vi* to be connected *od* linked; **~kommen** (*unreg*) *vi* to meet, to assemble; (*sich ereignen*) to occur at once *od* together; **~legen** *vt* to put together; (*stapeln*) to pile up; (*falten*) to fold; (*verbinden*) to combine, to unite; (*Termine, Fest*) to amalgamate; (*Geld*) to collect; **~nehmen** (*unreg*) *vt* to summon up ♦ *vr* to pull o.s. together; **alles ~genommen** all in all; **~passen** *vi* to go well together, to match; **~schließen** (*unreg*) *vt, vr* to join (together); **Z~schluß** *m* amalgamation; **~schreiben** (*unreg*) *vt* to write as one word; (*Bericht*) to put together; **Z~sein** (-s) *nt* get-together; **~setzen** *vt* to put together ♦ *vr* (*Stoff*) to be composed of; (*Menschen*) to get together; **Z~setzung** *f* composition; **~stellen** *vt* to put together; to compile; **Z~stoß** *m* collision; **~stoßen** (*unreg*) *vi* to collide; **~treffen** (*unreg*) *vi* to coincide; (*Menschen*) to meet; **~zählen** *vt* to add up; **~ziehen** (*unreg*) *vt* (*verengern*) to draw together; (*vereinigen*) to bring together; (*addieren*) to add up ♦ *vr* to shrink; (*sich bilden*) to form, to develop

zusätzlich ['tsu:zɛtslɪç] *adj* additional ♦ *adv* in addition

zuschauen ['tsu:ʃaʊən] *vi* to watch, to look on

Zuschauer(in) (-s, -) *m(f)* spectator ♦ *pl* (*THEAT*) audience *sg*

zuschicken ['tsu:ʃɪkən] *vt*: **(jdm etw)** ~ to send *od* to forward (sth to sb)

Zuschlag ['tsu:ʃlak] *m* extra charge, surcharge; **z~en** (*unreg*) *vt* (*Tür*) to slam; (*Ball*) to hit; (*bei Auktion*) to knock down; (*Steine etc*) to knock into shape ♦ *vi* (*Fenster, Tür*) to shut; (*Mensch*) to hit, to punch; **~karte** *f* (*EISENB*) surcharge ticket; **z~pflichtig** *adj* subject to surcharge

zuschneiden ['tsu:ʃnaɪdən] (*unreg*) *vt* to cut out; to cut to size

zuschrauben ['tsu:ʃraʊbən] *vt* to screw down *od* up

zuschreiben ['tsu:ʃraɪbən] (*unreg*) *vt* (*fig*) to ascribe, to attribute;

(*COMM*) to credit

Zuschrift ['tsu:ʃrɪft] *f* letter, reply

zuschulden [tsu'ʃʊldən] *adv*: **sich** *dat* **etw ~ kommen lassen** to make o.s. guilty of sth

Zuschuß ['tsu:ʃʊs] *m* subsidy, allowance

zusehen ['tsu:zɛ:ən] (*unreg*) *vi* to watch; (*dafür sorgen*) to take care; **jdm/etw ~** to watch sb/sth; **~ds** *adv* visibly

zusenden ['tsu:zɛndən] (*unreg*) *vt* to forward, to send on

zusichern ['tsu:zɪçərn] *vt*: **jdm etw ~** to assure sb of sth

zuspielen ['tsu:ʃpi:lən] *vt, vi* to pass

zuspitzen ['tsu:ʃpɪtsən] *vt* to sharpen ♦ *vr* (*Lage*) to become critical

zusprechen ['tsu:ʃprɛçən] (*unreg*) *vt* (*zuerkennen*) to award ♦ *vi* to speak; **jdm etw ~** to award sb sth *od* sth to sb; **jdm Trost ~** to comfort sb; **dem Essen/Alkohol ~** to eat/drink a lot

Zustand ['tsu:ʃtant] *m* state, condition; **z~e** [tsu'ʃtandə] *adv*: **z~e bringen** to bring about; **z~e kommen** to come about

zuständig ['tsu:ʃtɛndɪç] *adj* responsible; **Z~keit** *f* competence, responsibility

zustehen ['tsu:ʃte:ən] (*unreg*) *vi*: **jdm ~** to be sb's right

zustellen ['tsu:ʃtɛlən] *vt* (*verstellen*) to block; (*Post etc*) to send

zustimmen ['tsu:ʃtɪmən] *vi* to agree

Zustimmung *f* agreement, consent

zustoßen ['tsu:ʃto:sən] (*unreg*) *vi* (*fig*) to happen

zutage [tsu'ta:gə] *adv*: **~ bringen** to bring to light; **~ treten** to come to light

Zutaten ['tsu:ta:tən] *pl* ingredients

zuteilen ['tsu:taɪlən] *vt* (*Arbeit, Rolle*) to designate, assign; (*Aktien, Wohnung*) to allocate

zutiefst [tsu'ti:fst] *adv* deeply

zutragen ['tsu:tra:gən] (*unreg*) *vt* to bring; (*Klatsch*) to tell ♦ *vr* to happen

zutrau- ['tsu:traʊ] *zW*: **Z~en** (-s) *nt* **Z~en (zu)** trust (in); **~en** *vt*: **jdm etw ~en** to credit sb with sth; **~lich** *adj* trusting, friendly

zutreffen ['tsu:trɛfən] (*unreg*) *vi* to be correct; to apply

zutreffend *adj* (*richtig*) accurate; **Z~es bitte unterstreichen** please underline where applicable

Zutritt ['tsu:trɪt] *m* access, admittance

Zutun ['tsu:tu:n] (-s) *nt* assistance

zuverlässig ['tsu:fɛrlɛsɪç] *adj* reliable; **Z~keit** *f* reliability

zuversichtlich *adj* confident

zuviel [tsu'fi:l] *adv* too much

zuvor [tsu'fo:r] *adv* before, previously; **~kommen** (*unreg*) *vi +dat* to anticipate; **jdm ~kommen** to beat sb to it; **~kommend** *adj* obliging, courteous

Zuwachs ['tsu:vaks] (-es) *m* increase, growth; (*umg*) addition; **z~en** (*unreg*) *vi* to become overgrown; (*Wunde*) to heal (up)

zuwege [tsu've:gə] *adv*: **etw ~ bringen** to accomplish sth

zuweilen [tsu'vaɪlən] *adv* at times, now and then

zuweisen ['tsu:vaɪzən] (*unreg*) *vt* to assign; to allocate

zuwenden ['tsu:vɛndən] (*unreg*) *vt* (*+dat*) to turn (towards) ♦ *vr*: **sich jdm/etw ~** to devote o.s. to sb/sth; to turn to sb/sth; **jdm seine Aufmerksamkeit ~** to give sb one's attention

zuwenig [tsu've:nɪç] *adv* too little

zuwider [tsu'vi:dər] *adv*: **etw ist jdm ~** sb loathes sth, sb finds sth repugnant: **~handeln** *vi*: **einer Sache** *dat* **~handeln** to act contrary to sth; **einem Gesetz ~handeln** to contravene a law

zuziehen ['tsu:tsi:ən] (*unreg*) *vt* (*schließen*: *Vorhang*) to draw, to close; (*herbeirufen*: *Experten*) to call in ♦ *vi* to move in, to come; **sich** *dat* **etw ~** (*Krankheit*) to catch sth; (*Zorn*) to incur sth

zuzüglich ['tsu:tsy:klɪç] *präp +gen*

plus, with the addition of

Zwang [tsvaŋ] (**-(e)s, ¨e**) *m* compulsion, coercion

zwängen ['tsvɛŋən] *vt, vr* to squeeze

zwanglos *adj* informal

Zwangs- *zW*: **~arbeit** *f* forced labour; (*Strafe*) hard labour; **~lage** *f* predicament, tight corner; **z~läufig** *adj* necessary, inevitable

zwanzig ['tsvantsɪç] *num* twenty

zwar [tsva:r] *adv* to be sure, indeed; **das ist ~ ..., aber ...** that may be ... but ...; **und ~ am Sonntag** on Sunday to be precise; **und ~ so schnell, daß ...** in fact so quickly that ...

Zweck ['tsvɛk] (**-(e)s, -e**) *m* purpose, aim; **es hat keinen ~** there's no point; **z~dienlich** *adj* practical; expedient

Zwecke *f* hobnail; (*Heft~*) drawing pin, thumbtack (*US*)

Zweck- *zW*: **z~los** *adj* pointless; **z~mäßig** *adj* suitable, appropriate; **z~s** *präp +gen* for the purpose of

zwei [tsvaɪ] *num* two; **~deutig** *adj* ambiguous; (*unanständig*) suggestive; **~erlei** *adj*: **~erlei Stoff** two different kinds of material; **~erlei Meinung** of differing opinions; **~fach** *adj* double

Zweifel ['tsvaɪfəl] (**-s, -**) *m* doubt; **z~haft** *adj* doubtful, dubious; **z~los** *adj* doubtless; **z~n** *vi*: **(an etw** *dat*) **z~n** to doubt (sth)

Zweig [tsvaɪk] (**-(e)s, -e**) *m* branch; **~stelle** *f* branch (office)

zwei- *zW*: **~hundert** *num* two hundred; **Z~kampf** *m* duel; **~mal** *adv* twice; **~sprachig** *adj* bilingual; **~spurig** *adj* (*AUT*) two-lane; **~stimmig** *adj* for two voices; **Z~taktmotor** *m* two-stroke engine

zweit [tsvaɪt] *adv*: **zu ~** together; (*bei mehreren Paaren*) in twos; **~beste(r, s)** *adj* second best; **~e(r, s)** *adj* second

zweiteilig *adj* (*Gruppe*) two-piece; (*Fernsehfilm*) two-part; (*Kleidung*) two-piece

zweit- *zW*: **zweitens** *adv* secondly; **zweitgrößte(r, s)** *adj* second largest; **zweitklassig** *adj* second-class; **zweitletzte(r, s)** *adj* last but one, penultimate; **zweitrangig** *adj* second-rate

Zwerchfell ['tsvɛrçfɛl] *nt* diaphragm

Zwerg [tsvɛrk] (**-(e)s, -e**) *m* dwarf

Zwetsch(g)e ['tsvɛtʃ(g)ə] *f* plum

Zwieback ['tsvi:bak] (**-(e)s, -e**) *m* rusk

Zwiebel ['tsvi:bəl] (**-, -n**) *f* onion; (*Blumen~*) bulb

Zwie- ['tsvi:] *zW*: **z~lichtig** *adj* shady, dubious; **z~spältig** *adj* (*Gefühle*) conflicting; (*Charakter*) contradictory; **~tracht** *f* discord, dissension

Zwilling ['tsvɪlɪŋ] (**-s, -e**) *m* twin; **~e** *pl* (*ASTROL*) Gemini

zwingen ['tsvɪŋən] (*unreg*) *vt* to force; **~d** *adj* (*Grund etc*) compelling

zwinkern ['tsvɪŋkərn] *vi* to blink; (*absichtlich*) to wink

Zwirn [tsvɪrn] (**-(e)s, -e**) *m* thread

zwischen ['tsvɪʃən] *präp* (*+akk od dat*) between; **Z~bemerkung** *f* (incidental) remark; **Z~ding** *nt* cross; **~'durch** *adv* in between; (*räumlich*) here and there; **Z~ergebnis** *nt* intermediate result; **Z~fall** *m* incident; **Z~frage** *f* question; **Z~handel** *m* middlemen *pl*; middleman's trade; **Z~landung** *f* (*AVIAT*) stopover; **~menschlich** *adj* interpersonal; **Z~raum** *m* space; **Z~ruf** *m* interjection; **Z~zeit** *f* interval; **in der Z~zeit** in the interim, meanwhile

zwitschern ['tsvɪtʃərn] *vt, vi* to twitter, to chirp

zwo [tsvo:] *num* two

zwölf [tsvœlf] *num* twelve

Zyklus ['tsy:klʊs] (**-, Zyklen**) *m* cycle

Zylinder [tsi'lɪndər] (**-s, -**) *m* cylinder; (*Hut*) top hat

Zyniker ['tsy:nikər] (**-s, -**) *m* cynic

zynisch ['tsy:nɪʃ] *adj* cynical

Zypern ['tsy:pərn] *nt* Cyprus

Zyste ['tsystə] *f* cyst

z.Z(t). *abk* = **zur Zeit**

ENGLISH - GERMAN
ENGLISCH - DEUTSCH
A

A [eɪ] *n* (*MUS*) A *nt*; ~ **road** Hauptverkehrsstraße *f*

KEYWORD

a [eɪ, ə] (*before vowel or silent h: an*) *indef art* **1** ein; eine; **a woman** eine Frau; **a book** ein Buch; **an eagle** ein Adler; **she's a doctor** sie ist Ärztin
2 (*instead of the number one*) ein; eine; **a year ago** vor einem Jahr; **a hundred/thousand** *etc* **pounds** (ein) hundert/(ein) tausend *etc* Pfund
3 (*in expressing ratios, prices etc*) pro; **3 a day/week** 3 pro Tag/Woche, 3 am Tag/in der Woche; **10 km an hour** 10 km pro Stunde/in der Stunde

A.A. *n abbr* = **Alcoholics Anonymous**; (*BRIT*) **Automobile Association**
A.A.A. (*US*) *n abbr* = **American Automobile Association**
aback [ə'bæk] *adv*: **to be taken** ~ verblüfft sein
abandon [ə'bændən] *vt* (*give up*) aufgeben; (*desert*) verlassen ♦ *n* Hingabe *f*
abate [ə'beɪt] *vi* nachlassen, sich legen
abattoir ['æbətwɑ:*] (*BRIT*) *n* Schlachthaus *nt*
abbey ['æbɪ] *n* Abtei *f*
abbot ['æbət] *n* Abt *m*
abbreviate [ə'bri:vɪeɪt] *vt* abkürzen
abbreviation [əbri:vɪ'eɪʃən] *n* Abkürzung *f*
abdicate ['æbdɪkeɪt] *vt* aufgeben ♦ *vi* abdanken
abdomen ['æbdəmən] *n* Unterleib *m*
abduct [æb'dʌkt] *vt* entführen
aberration [æbə'reɪʃən] *n* (geistige) Verwirrung *f*
abet [ə'bet] *vt see* **aid**
abeyance [ə'beɪəns] *n*: **in** ~ in der Schwebe; (*disuse*) außer Kraft
abhor [əb'hɔ:*] *vt* verabscheuen
abide [ə'baɪd] *vt* vertragen; leiden; ~ **by** *vt* sich halten an +*acc*
ability [ə'bɪlɪtɪ] *n* (*power*) Fähigkeit *f*; (*skill*) Geschicklichkeit *f*
abject ['æbdʒekt] *adj* (*liar*) übel; (*poverty*) größte(r, s); (*apology*) zerknirscht
ablaze [ə'bleɪz] *adj* in Flammen
able ['eɪbl] *adj* geschickt, fähig; **to be** ~ **to do sth** etw tun können; ~**-bodied** *adj* kräftig; (*seaman*) Voll-
ably ['eɪblɪ] *adv* geschickt
abnormal [æb'nɔ:məl] *adj* regelwidrig, abnorm
aboard [ə'bɔ:d] *adv, prep* an Bord +*gen*
abode [ə'bəʊd] *n*: **of no fixed** ~ ohne festen Wohnsitz
abolish [ə'bɒlɪʃ] *vt* abschaffen
abolition [æbə'lɪʃən] *n* Abschaffung *f*
abominable [ə'bɒmɪnəbl] *adj* scheußlich
aborigine [æbə'rɪdʒɪnɪ:] *n* Ureinwohner *m*
abort [ə'bɔ:t] *vt* abtreiben; fehlgebären; ~**ion** [ə'bɔ:ʃən] *n* Abtreibung *f*; (*miscarriage*) Fehlgeburt *f*; ~**ive** *adj* mißlungen
abound [ə'baʊnd] *vi* im Überfluß vorhanden sein; **to** ~ **in** Überfluß haben an +*dat*

KEYWORD

about [ə'baʊt] *adv* **1** (*approximately*) etwa, ungefähr; **about a hundred/thousand** *etc* etwa hundert/tausend *etc*; **at about 2 o'clock** etwa um 2 Uhr; **I've just about finished** ich bin gerade fertig

2 (*referring to place*) herum, umher; **to leave things lying about** Sachen herumliegen lassen; **to run/walk** *etc* **about** herumrennen/gehen *etc*
3: **to be about to do sth** im Begriff sein, etw zu tun; **he was about to go to bed** er wollte gerade ins Bett gehen
♦ *prep* **1** (*relating to*) über +*acc*; **a book about London** ein Buch über London; **what is it about?** worum geht es?; (*book etc*) wovon handelt es?; **we talked about it** wir haben darüber geredet; **what** *or* **how about doing this?** wollen wir das machen?
2 (*referring to place*) um (... herum); **to walk about the town** in der Stadt herumgehen; **her clothes were scattered about the room** ihre Kleider waren über das ganze Zimmer verstreut

about-face [ə'baʊt'feɪs] *n* Kehrtwendung *f*
about-turn [ə'baʊt'tɜ:n] *n* Kehrtwendung *f*
above [ə'bʌv] *adv* oben ♦ *prep* über; **~ all** vor allem; **~ board** *adj* offen, ehrlich
abrasive [ə'breɪzɪv] *adj* Abschleif-; (*personality*) zermürbend, aufreibend
abreast [ə'brest] *adv* nebeneinander; **to keep ~ of** Schritt halten mit
abridge [ə'brɪdʒ] *vt* (ab)kürzen
abroad [ə'brɔ:d] *adv* (*be*) im Ausland; (*go*) ins Ausland
abrupt [ə'brʌpt] *adj* (*sudden*) abrupt, jäh; (*curt*) schroff
abscess ['æbsɪs] *n* Geschwür *nt*
abscond [əb'skɒnd] *vi* flüchten, sich davonmachen
abseil ['æbsaɪl] *vi* (*also*: ~ *down*) sich abseilen
absence ['æbsəns] *n* Abwesenheit *f*
absent ['æbsənt] *adj* abwesend, nicht da; (*lost in thought*) geistesabwesend; **~ee** [æbsən'ti:] *n* Abwesende(r) *m*; **~eeism** [æbsən'ti:ɪzəm] *n* Fehlen *nt* (am Arbeitsplatz/in der Schule); **~-minded** *adj* zerstreut
absolute ['æbsəlu:t] *adj* absolut; (*power*) unumschränkt; (*rubbish*) vollkommen, rein; **~ly** [æbsə'lu:tlɪ] *adv* absolut, vollkommen; **~ly!** ganz bestimmt!
absolve [əb'zɒlv] *vt* entbinden; freisprechen
absorb [əb'zɔ:b] *vt* aufsaugen, absorbieren; (*fig*) ganz in Anspruch nehmen, fesseln; **to be ~ed in a book** in ein Buch vertieft sein; **~ent cotton** (*US*) *n* Verbandwatte *f*; **~ing** *adj* aufsaugend; (*fig*) packend
absorption [əb'zɔ:pʃən] *n* Aufsaugung *f*, Absorption *f*; (*fig*) Versunkenheit *f*
abstain [əb'steɪn] *vi* (*in vote*) sich enthalten; **to ~ from** (*keep from*) sich enthalten +*gen*
abstemious [əb'sti:mɪəs] *adj* enthaltsam
abstention [əb'stenʃən] *n* (*in vote*) (Stimm)enthaltung *f*
abstinence ['æbstɪnəns] *n* Enthaltsamkeit *f*
abstract ['æbstrækt] *adj* abstrakt
absurd [əb'sɜ:d] *adj* absurd
abundance [ə'bʌndəns] *n*: **~ (of)** Überfluß *m* (an +*dat*)
abundant [ə'bʌndənt] *adj* reichlich
abuse [*n* ə'bju:s, *vb* ə'bju:z] *n* (*rude language*) Beschimpfung *f*; (*ill usage*) Mißbrauch *m*; (*bad practice*) (Amts)mißbrauch *m* ♦ *vt* (*misuse*) mißbrauchen
abusive [ə'bju:sɪv] *adj* beleidigend, Schimpf-
abysmal [ə'bɪzməl] *adj* scheußlich; (*ignorance*) bodenlos
abyss [ə'bɪs] *n* Abgrund *m*
AC *abbr* (= *alternating current*) Wechselstrom *m*
academic [ækə'demɪk] *adj* akademisch; (*theoretical*) theoretisch ♦ *n* Akademiker(in) *m(f)*
academy [ə'kædəmɪ] *n* (*school*) Hochschule *f*; (*society*) Akademie *f*
accelerate [æk'seləreɪt] *vi* schneller

werden; (*AUT*) Gas geben ♦ *vt* beschleunigen

acceleration [ækselə'reɪʃən] *n* Beschleunigung *f*

accelerator [ək'seləreɪtə*] *n* Gas(pedal) *nt*

accent ['æksent] *n* Akzent *m*, Tonfall *m*; (*mark*) Akzent *m*; (*stress*) Betonung *f*

accept [ək'sept] *vt* (*take*) annehmen; (*agree to*) akzeptieren; **~able** *adj* annehmbar; **~ance** *n* Annahme *f*

access ['ækses] *n* Zugang *m*; **~ible** [æk'sesɪbl] *adj* (*easy to approach*) zugänglich; (*within reach*) (leicht) erreichbar

accessory [æk'sesərɪ] *n* Zubehörteil *nt*; **toilet accessories** Toilettenartikel *pl*

accident ['æksɪdənt] *n* Unfall *m*; (*coincidence*) Zufall *m*; **by ~** zufällig; **~al** [æksɪ'dentl] *adj* unbeabsichtigt; **~ally** [æksɪ'dentəlɪ] *adv* zufällig; **~-prone** *adj*: **to be ~-prone** zu Unfällen neigen

acclaim [ə'kleɪm] *vt* zujubeln +*dat* ♦ *n* Beifall *m*

acclimate [ə'klaɪmət] (*US*) *vt* = **acclimatize**

acclimatize [ə'klaɪmətaɪz] *vt*: **to become ~d (to)** sich gewöhnen (an +*acc*), sich akklimatisieren (in +*dat*)

accolade ['ækəleɪd] *n* Auszeichnung *f*

accommodate [ə'kɒmədeɪt] *vt* unterbringen; (*hold*) Platz haben für; (*oblige*) (aus)helfen +*dat*

accommodating [ə'kɒmədeɪtɪŋ] *adj* entgegenkommend

accommodation [ə'kɒmə'deɪʃən] (*US* **~s**) *n* Unterkunft *f*

accompany [ə'kʌmpənɪ] *vt* begleiten

accomplice [ə'kʌmplɪs] *n* Helfershelfer *m*, Komplize *m*

accomplish [ə'kʌmplɪʃ] *vt* (*fulfil*) durchführen; (*finish*) vollenden; (*aim*) erreichen; **~ed** *adj* vollendet, ausgezeichnet; **~ment** *n* (*skill*) Fähigkeit *f*; (*completion*) Vollendung *f*; (*feat*) Leistung *f*

accord [ə'kɔ:d] *n* Übereinstimmung *f* ♦ *vt* gewähren; **of one's own ~** freiwillig; **~ing to** nach, laut +*gen*; **~ance** *n*: **in ~ance with** in Übereinstimmung mit; **~ingly** *adv* danach, dementsprechend

accordion [ə'kɔ:dɪən] *n* Akkordeon *nt*

accost [ə'kɒst] *vt* ansprechen

account [ə'kaʊnt] *n* (*bill*) Rechnung *f*; (*narrative*) Bericht *m*; (*report*) Rechenschaftsbericht *m*; (*in bank*) Konto *nt*; (*importance*) Geltung *f*; **~s** *npl* (*FIN*) Bücher *pl*; **on ~** auf Rechnung; **of no ~** ohne Bedeutung; **on no ~** keinesfalls; **on ~ of** wegen; **to take into ~** berücksichtigen; **~ for** *vt fus* (*expenditure*) Rechenschaft ablegen für; **how do you ~ for that?** wie erklären Sie (sich) das?; **~able** *adj* verantwortlich; **~ancy** [ə'kaʊntənsɪ] *n* Buchhaltung *f*; **~ant** [ə'kaʊntənt] *n* Wirtschaftsprüfer(in) *m(f)*; **~ number** *n* Kontonummer *f*

accredited [ə'kredɪtɪd] *adj* (offiziell) zugelassen

accrue [ə'kru:] *vi* sich ansammeln

accumulate [ə'kju:mjʊleɪt] *vt* ansammeln ♦ *vi* sich ansammeln

accuracy ['ækjʊrəsɪ] *n* Genauigkeit *f*

accurate ['ækjʊrɪt] *adj* genau; **~ly** *adv* genau, richtig

accusation [ækju:'zeɪʃən] *n* Anklage *f*, Beschuldigung *f*

accuse [ə'kju:z] *vt* anklagen, beschuldigen; **~d** *n* Angeklagte(r) *mf*

accustom [ə'kʌstəm] *vt*: **to ~ sb (to sth)** jdn (an etw *acc*) gewöhnen; **~ed** *adj* gewohnt

ace [eɪs] *n* As *nt*; (*inf*) As *nt*, Kanone *f*

ache [eɪk] *n* Schmerz *m* ♦ *vi* (*be sore*) schmerzen, weh tun

achieve [ə'tʃi:v] *vt* zustande bringen; (*aim*) erreichen; **~ment** *n* Leistung *f*; (*act*) Erreichen *nt*

acid ['æsɪd] *n* Säure *f* ♦ *adj* sauer, scharf; **~ rain** *n* Saure(r) Regen *m*

acknowledge [ək'nɒlɪdʒ] *vt* (*re-*

ceipt) bestätigen; (*admit*) zugeben; **~ment** *n* Anerkennung *f*; (*letter*) Empfangsbestätigung *f*

acne ['æknɪ] *n* Akne *f*

acorn ['eɪkɔ:n] *n* Eichel *f*

acoustic [ə'ku:stɪk] *adj* akustisch; **~s** *npl* Akustik *f*

acquaint [ə'kweɪnt] *vt* vertraut machen; **to be ~ed with sb** mit jdm bekannt sein; **~ance** *n* (*person*) Bekannte(r) *mf*; (*knowledge*) Kenntnis *f*

acquiesce [ækwɪ'es] *vi*: **to ~ (in)** sich abfinden (mit)

acquire [ə'kwaɪə*] *vt* erwerben

acquisition [ækwɪ'zɪʃən] *n* Errungenschaft *f*; (*act*) Erwerb *m*

acquisitive [ə'kwɪzɪtɪv] *adj* gewinnsüchtig

acquit [ə'kwɪt] *vt* (*free*) freisprechen; **to ~ o.s. well** sich bewähren; **~tal** *n* Freispruch *m*

acre ['eɪkə*] *n* Morgen *m*

acrid ['ækrɪd] *adj* (*smell, taste*) bitter; (*smoke*) beißend

acrimonious [ækrɪ'məʊnɪəs] *adj* bitter

acrobat ['ækrəbæt] *n* Akrobat *m*

across [ə'krɒs] *prep* über +*acc* ♦ *adv* hinüber, herüber; **he lives ~ the river** er wohnt auf der anderen Seite des Flusses; **ten metres ~** zehn Meter breit; **he lives ~ from us** er wohnt uns gegenüber; **to run/swim ~** hinüberlaufen/schwimmen

acrylic [ə'krɪlɪk] *adj* Acryl-

act [ækt] *n* (*deed*) Tat *f*; (*JUR*) Gesetz *nt*; (*THEAT*) Akt *m*; (: *turn*) Nummer *f* ♦ *vi* (*take action*) handeln; (*behave*) sich verhalten; (*pretend*) vorgeben; (*THEAT*) spielen ♦ *vt* (*in play*) spielen; **to ~ as** fungieren als; **~ing** *adj* stellvertretend ♦ *n* Schauspielkunst *f*; (*performance*) Aufführung *f*

action ['ækʃən] *n* (*deed*) Tat *f*; Handlung *f*; (*motion*) Bewegung *f*; (*way of working*) Funktionieren *nt*; (*battle*) Einsatz *m*, Gefecht *nt*; (*lawsuit*) Klage *f*, Prozeß *m*; **out of ~** (*person*) nicht einsatzfähig; (*thing*) außer Betrieb; **to take ~** etwas unternehmen; **~ replay** *n* (*TV*) Wiederholung *f*

activate ['æktɪveɪt] *vt* (*mechanism*) betätigen; (*CHEM, PHYS*) aktivieren

active ['æktɪv] *adj* (*brisk*) rege, tatkräftig; (*working*) aktiv; (*GRAM*) aktiv, Tätigkeits-; **~ly** *adv* aktiv; (*dislike*) offen

activity [æk'tɪvɪtɪ] *n* Aktivität *f*; (*doings*) Unternehmungen *pl*; (*occupation*) Tätigkeit *f*

actor ['æktə*] *n* Schauspieler *m*

actress ['æktrɪs] *n* Schauspielerin *f*

actual ['æktjʊəl] *adj* wirklich; **~ly** *adv* tatsächlich; **~ly no** eigentlich nicht

acumen ['ækjʊmen] *n* Scharfsinn *m*

acute [ə'kju:t] *adj* (*severe*) heftig, akut; (*keen*) scharfsinnig

ad [æd] *n abbr* = **advertisement**

A.D. *adv abbr* (= *Anno Domini*) n.Chr.

Adam ['ædəm] *n* Adam *m*

adamant ['ædəmənt] *adj* eisern; hartnäckig

adapt [ə'dæpt] *vt* anpassen ♦ *vi*: **to ~ (to)** sich anpassen (an +*acc*); **~able** *adj* anpassungsfähig; **~ation** [ædæp'teɪʃən] *n* (*THEAT etc*) Bearbeitung *f*; (*adjustment*) Anpassung *f*; **~er** *n* (*ELEC*) Zwischenstecker *m*; **~or** *n* (*ELEC*) Zwischenstecker *m*

add [æd] *vt* (*join*) hinzufügen; (*numbers*: *also*: *~ up*) addieren; **~ up** *vi* (*make sense*) stimmen; **~ up to** *vt fus* ausmachen

adder ['ædə*] *n* Kreuzotter *f*, Natter *f*

addict ['ædɪkt] *n* Süchtige(r) *mf*; **~ed** [ə'dɪktɪd] *adj*: **~ed to** -süchtig; **~ion** [ə'dɪkʃən] *n* Sucht *f*; **~ive** *adj*: **to be ~ive** süchtig machen

addition [ə'dɪʃən] *n* Anhang *m*, Addition *f*; (*MATH*) Addition *f*, Zusammenzählen *nt*; **in ~** zusätzlich, außerdem; **~al** *adj* zusätzlich, weiter

additive ['ædɪtɪv] *n* Zusatz *m*

address [ə'dres] *n* Adresse *f*; (*speech*) Ansprache *f* ♦ *vt* (*letter*) adressieren; (*speak to*) ansprechen; (*make speech to*) eine Ansprache halten an +*acc*

adept ['ædept] *adj* geschickt; **to be ~ at** gut sein in +*dat*

adequate ['ædɪkwɪt] *adj* angemessen

adhere [əd'hɪə*] *vi*: **to ~ to** haften an +*dat*; (*fig*) festhalten an +*dat*

adhesive [əd'hi:zɪv] *adj* klebend; Kleb(e)- ♦ *n* Klebstoff *m*; **~ tape** *n* (*BRIT*) Klebestreifen *m*; (*US*) Heftpflaster *nt*

ad hoc [æd'hɒk] *adj* (*decision, committee*) Ad-hoc- ♦ *adv* (*decide, appoint*) ad hoc

adjacent [ə'dʒeɪsənt] *adj* benachbart; **~ to** angrenzend an +*acc*

adjective ['ædʒəktɪv] *n* Adjektiv *nt*, Eigenschaftswort *nt*

adjoining [ə'dʒɔɪnɪŋ] *adj* benachbart, Neben-

adjourn [ə'dʒɜ:n] *vt* vertagen ♦ *vi* abbrechen

adjudicate [ə'dʒu:dɪkeɪt] *vi* entscheiden, ein Urteil fällen

adjust [ə'dʒʌst] *vt* (*alter*) anpassen; (*put right*) regulieren, richtig stellen ♦ *vi* sich anpassen; **~able** *adj* verstellbar

ad-lib [æd'lɪb] *vt, vi* improvisieren ♦ *adv*: **ad lib** aus dem Stegreif

administer [æd'mɪnɪstə*] *vt* (*manage*) verwalten; (*dispense*) ausüben; (*justice*) sprechen; (*medicine*) geben

administration [ədmɪnɪs'treɪʃən] *n* Verwaltung *f*; (*POL*) Regierung *f*

administrative [əd'mɪnɪstrətɪv] *adj* Verwaltungs-

administrator [əd'mɪnɪstreɪtə*] *n* Verwaltungsbeamte(r) *m*

admiral ['ædmərəl] *n* Admiral *m*

Admiralty ['ædmərəltɪ] (*BRIT*) *n* Admiralität *f*

admiration [ædmɪ'reɪʃən] *n* Bewunderung *f*

admire [əd'maɪə*] *vt* (*respect*) bewundern; (*love*) verehren; **~r** *n* Bewunderer *m*

admission [əd'mɪʃən] *n* (*entrance*) Einlaß *m*; (*fee*) Eintritt(spreis *m*) *m*; (*confession*) Geständnis *nt*

admit [əd'mɪt] *vt* (*let in*) einlassen; (*confess*) gestehen; (*accept*) anerkennen; **~tance** *n* Zulassung *f*; **~tedly** *adv* zugegebenermaßen

admonish [əd'mɒnɪʃ] *vt* ermahnen

ad nauseam [æd'nɔ:sɪæm] *adv* (*repeat, talk*) endlos

ado [ə'du:] *n*: **without more ~** ohne weitere Umstände

adolescence [ædə'lesns] *n* Jugendalter *nt*

adolescent [ædə'lesnt] *adj* jugendlich ♦ *n* Jugendliche(r) *mf*

adopt [ə'dɒpt] *vt* (*child*) adoptieren; (*idea*) übernehmen; **~ion** [ə'dɒpʃən] *n* Adoption *f*; Übernahme *f*

adore [ə'dɔ:*] *vt* anbeten; verehren

adorn [ə'dɔ:n] *vt* schmücken

Adriatic [eɪdrɪ'ætɪk] *n*: **the ~ (Sea)** die Adria

adrift [ə'drɪft] *adv* Wind und Wellen preisgegeben

adult ['ædʌlt] *n* Erwachsene(r) *mf*

adultery [ə'dʌltərɪ] *n* Ehebruch *m*

advance [əd'vɑ:ns] *n* (*progress*) Vorrücken *nt*; (*money*) Vorschuß *m* ♦ *vt* (*move forward*) vorrücken; (*money*) vorschießen; (*argument*) vorbringen ♦ *vi* vorwärtsgehen; **in ~** im voraus; **~d** *adj* (*ahead*) vorgerückt; (*modern*) fortgeschritten; (*study*) für Fortgeschrittene; **~ment** *n* Förderung *f*; (*promotion*) Beförderung *f*

advantage [əd'vɑ:ntɪdʒ] *n* Vorteil *m*; **to have an ~ over sb** jdm gegenüber im Vorteil sein; **to take ~ of** (*misuse*) ausnutzen; (*profit from*) Nutzen ziehen aus; **~ous** [ædvən'teɪdʒəs] *adj* vorteilhaft

advent ['ædvent] *n* Ankunft *f*; **A~** Advent *m*

adventure [əd'ventʃə*] *n* Abenteuer *nt*

adventurous [əd'ventʃərəs] *adj* abenteuerlich, waghalsig

adverb ['ædvɜ:b] *n* Adverb *nt*, Umstandswort *nt*

adversary ['ædvəsərɪ] *n* Gegner *m*

adverse ['ædvɜ:s] *adj* widrig

adversity [əd'vɜ:sɪtɪ] *n* Widrigkeit *f*,

Mißgeschick *nt*

advert ['ædvɜ:t] *n* Anzeige *f*

advertise ['ædvətaɪz] *vt* werben für ♦ *vi* annoncieren; **to ~ for sth** etw (per Anzeige) suchen

advertisement [əd'vɜ:tɪsmənt] *n* Anzeige *f*, Inserat *nt*

advertiser ['ædvətaɪzə*] *n* (*in newspaper etc*) Inserent *m*

advertising ['ædvətaɪzɪŋ] *n* Werbung *f*

advice [əd'vaɪs] *n* Rat(schlag) *m*; (*notification*) Benachrichtigung *f*

advisable [əd'vaɪzəbl] *adj* ratsam

advise [əd'vaɪz] *vt*: **to ~ (sb)** (jdm) raten

advisedly [əd'vaɪzədlɪ] *adv* (*deliberately*) bewußt

adviser *n* Berater *m*

advisory [əd'vaɪzərɪ] *adj* beratend, Beratungs-

advocate [*vb* 'ædvəkeɪt, *n* 'ædvəkət] *vt* vertreten ♦ *n* Befürworter(in) *m(f)*

Aegean [i:'dʒi:ən] *n*: **the ~ (Sea)** die Ägäis

aerial ['ɛərɪəl] *n* Antenne *f* ♦ *adj* Luft-

aerobics [ɛər'əʊbɪks] *n* Aerobic *nt*

aerodynamic ['ɛərəʊdaɪ'næmɪk] *adj* aerodynamisch

aeroplane ['ɛərəpleɪn] *n* Flugzeug *nt*

aerosol ['ɛərəsɒl] *n* Aerosol *nt*; Sprühdose *f*

aesthetic [ɪs'θetɪk] *adj* ästhetisch

afar [ə'fɑ:*] *adv*: **from ~** aus der Ferne

affable ['æfəbl] *adj* umgänglich

affair [ə'fɛə*] *n* (*concern*) Angelegenheit *f*; (*event*) Ereignis *nt*; (*love ~*) Verhältnis *nt*; **~s** *npl* (*business*) Geschäfte *pl*

affect [ə'fekt] *vt* (*influence*) (ein)wirken auf +*acc*; (*move deeply*) bewegen; **this change doesn't ~ us** diese Änderung betrifft uns nicht; **~ed** *adj* affektiert, gekünstelt

affection [ə'fekʃən] *n* Zuneigung *f*; **~ate** [ə'fekʃənɪt] *adj* liebevoll

affiliated [ə'fɪlɪeɪtɪd] *adj* angeschlossen

affinity [ə'fɪnɪtɪ] *n* (*attraction*) gegenseitige Anziehung *f*; (*relationship*) Verwandtschaft *f*

affirmation [æfə'meɪʃən] *n* Behauptung *f*

affirmative [ə'fɜ:mətɪv] *adj* bestätigend

affix [ə'fɪks] *vt* aufkleben, anheften

afflict [ə'flɪkt] *vt* quälen, heimsuchen

affluence ['æflʊəns] *n* (*wealth*) Wohlstand *m*

affluent ['æflʊənt] *adj* wohlhabend, Wohlstands-

afford [ə'fɔ:d] *vt* sich *dat* leisten; (*yield*) bieten, einbringen

affront [ə'frʌnt] *n* Beleidigung *f*

Afghanistan [æf'gænɪstɑ:n] *n* Afghanistan *nt*

afield [ə'fi:ld] *adv*: **far ~** weit fort

afloat [ə'fləʊt] *adj*: **to be ~** schwimmen

afoot [ə'fʊt] *adv* im Gang

afraid [ə'freɪd] *adj* ängstlich; **to be ~ of** Angst haben vor +*dat*; **to be ~ to do sth** sich scheuen, etw zu tun; **I am ~ I have ...** ich habe leider ...; **I'm ~ so/not** leider/leider nicht; **I am ~ that ...** ich fürchte(, daß) ...

afresh [ə'freʃ] *adv* von neuem

Africa ['æfrɪkə] *n* Afrika *nt*; **~n** *adj* afrikanisch ♦ *n* Afrikaner(in) *m(f)*

aft [ɑ:ft] *adv* achtern

after ['ɑ:ftə*] *prep* nach; (*following, seeking*) hinter ... *dat* ... her; (*in imitation*) nach, im Stil von ♦ *adv*: **soon ~** bald danach ♦ *conj* nachdem; **what are you ~?** was wollen Sie?; **~ he left** nachdem er gegangen war; **~ you!** nach Ihnen!; **~ all** letzten Endes; **~ having shaved** als er sich rasiert hatte; **~-effects** *npl* Nachwirkungen *pl*; **~math** *n* Auswirkungen *pl*; **~noon** *n* Nachmittag *m*; **~s** (*inf*) *n* (*dessert*) Nachtisch *m*; **~-sales service** (*BRIT*) *n* Kundendienst *m*; **~-shave (lotion)** *n* Rasierwasser *nt*; **~thought** *n* nachträgliche(r) Einfall *m*; **~wards** *adv* danach, nachher

again [ə'gen] *adv* wieder, noch einmal; (*besides*) außerdem, ferner; ~ **and** ~ immer wieder

against [ə'genst] *prep* gegen

age [eɪdʒ] *n* (*of person*) Alter *nt*; (*in history*) Zeitalter *nt* ♦ *vi* altern, alt werden ♦ *vt* älter machen; **to come of** ~ mündig werden; **20 years of** ~ 20 Jahre alt; **it's been ~s since ...** es ist ewig her, seit ...; **~d** *adj* ... Jahre alt, -jährig; ['eɪdʒɪd] (*elderly*) betagt ♦ *npl*: **the ~d** die Alten *pl*; ~ **group** *n* Altersgruppe *f*; ~ **limit** *n* Altersgrenze *f*

agency ['eɪdʒənsɪ] *n* Agentur *f*, Vermittlung *f*; (*CHEM*) Wirkung *f*; **through** *or* **by the** ~ **of ...** mit Hilfe von ...

agenda [ə'dʒendə] *n* Tagesordnung *f*

agent ['eɪdʒənt] *n* (*COMM*) Vertreter *m*; (*spy*) Agent *m*

aggravate ['ægrəveɪt] *vt* (*make worse*) verschlimmern; (*irritate*) reizen

aggregate ['ægrɪgɪt] *n* Summe *f*

aggression [ə'greʃən] *n* Aggression *f*

aggressive [ə'gresɪv] *adj* aggressiv

aggrieved [ə'gri:vd] *adj* bedrückt, verletzt

aghast [ə'gɑ:st] *adj* entsetzt

agile ['ædʒaɪl] *adj* flink; agil; (*mind*) rege

agitate ['ædʒɪteɪt] *vt* rütteln; **to** ~ **for** sich starkmachen für

ago [ə'gəʊ] *adv*: **two days** ~ vor zwei Tagen; **not long** ~ vor kurzem; **it's so long** ~ es ist schon so lange her

agog [ə'gɒg] *adj* gespannt

agonizing ['ægənaɪzɪŋ] *adj* quälend

agony ['ægənɪ] *n* Qual *f*; **to be in** ~ Qualen leiden

agree [ə'gri:] *vt* (*date*) vereinbaren ♦ *vi* (*have same opinion, correspond*) übereinstimmen; (*consent*) zustimmen; (*be in harmony*) sich vertragen; **to** ~ **to sth** einer Sache *dat* zustimmen; **to** ~ **that ...** (*admit*) zugeben, daß ...; **to** ~ **to do sth** sich bereit erklären, etw zu tun; **garlic doesn't** ~ **with me** Knoblauch vertrage ich nicht; **I** ~ einverstanden, ich stimme zu; **to** ~ **on sth** sich auf etw *acc* einigen; **~able** *adj* (*pleasing*) liebenswürdig; (*willing to consent*) einverstanden; **~d** *adj* vereinbart; **~ment** *n* (*agreeing*) Übereinstimmung *f*; (*contract*) Vereinbarung *f*, Vertrag *m*; **to be in ~ment** übereinstimmen

agricultural [ægrɪ'kʌltʃərəl] *adj* landwirtschaftlich, Landwirtschafts-

agriculture ['ægrɪkʌltʃə*] *n* Landwirtschaft *f*

aground [ə'graʊnd] *adv*: **to run** ~ auf Grund laufen

ahead [ə'hed] *adv* vorwärts; **to be** ~ voraus sein; ~ **of time** der Zeit voraus; **go right** *or* **straight** ~ gehen Sie geradeaus; fahren Sie geradeaus

aid [eɪd] *n* (*assistance*) Hilfe *f*, Unterstützung *f*; (*person*) Hilfe *f*; (*thing*) Hilfsmittel *nt* ♦ *vt* unterstützen, helfen +*dat*; **in** ~ **of** zugunsten +*gen*; **to** ~ **and abet sb** jdm Beihilfe leisten

aide [eɪd] *n* (*person*) Gehilfe *m*; (*MIL*) Adjutant *m*

AIDS [eɪdz] *n abbr* (= *acquired immune deficiency syndrome*) Aids *nt*

ailing ['eɪlɪŋ] *adj* kränkelnd

ailment ['eɪlmənt] *n* Leiden *nt*

aim [eɪm] *vt* (*gun, camera*) richten ♦ *vi* (*with gun*: *also*: *take* ~) zielen; (*intend*) beabsichtigen ♦ *n* (*intention*) Absicht *f*, Ziel *nt*; (*pointing*) Zielen *nt*, Richten *nt*; **to** ~ **at sth** auf etw *dat* richten; (*fig*) etw anstreben; **to** ~ **to do sth** vorhaben, etw zu tun; **~less** *adj* ziellos; **~lessly** *adv* ziellos

ain't [eɪnt] (*inf*) = **am not; are not; is not; has not; have not**

air [ɛə*] *n* Luft *f*; (*manner*) Miene *f*, Anschein *m*; (*MUS*) Melodie *f* ♦ *vt* lüften; (*fig*) an die Öffentlichkeit bringen ♦ *cpd* Luft-; **by** ~ (*travel*) auf dem Luftweg; **to be on the** ~ (*RADIO, TV*: *programme*) gesendet werden; **~bed** (*BRIT*) *n* Luftmatratze *f*;

~-borne *adj* in der Luft; **~-conditioned** *adj* mit Klimaanlage; **~-conditioning** *n* Klimaanlage *f*; **~craft** *n* Flugzeug *nt*, Maschine *f*; **~craft carrier** *n* Flugzeugträger *m*; **~field** *n* Flugplatz *m*; **~ force** *n* Luftwaffe *f*; **~ freshener** *n* Raumspray *nt*; **~gun** *n* Luftgewehr *nt*; **~ hostess** (*BRIT*) *n* Stewardeß *f*; **~ letter** (*BRIT*) *n* Luftpostbrief *m*; **~lift** *n* Luftbrücke *f*; **~line** *n* Luftverkehrsgesellschaft *f*; **~liner** *n* Verkehrsflugzeug *nt*; **~lock** *n* Luftblase *f*; **~mail** *n*: **by ~mail** mit Luftpost; **~plane** (*US*) *n* Flugzeug *nt*; **~port** *n* Flughafen *m*, Flugplatz *m*; **~ raid** *n* Luftangriff *m*; **~sick** *adj* luftkrank; **~space** *n* Luftraum *m*; **~strip** *n* Landestreifen *m*; **~ terminal** *n* Terminal *m*; **~tight** *adj* luftdicht; **~ traffic controller** *n* Fluglotse *m*; **~y** *adj* luftig; (*manner*) leichtfertig

aisle [aɪl] *n* Gang *m*

ajar [ə'dʒɑ:*] *adv* angelehnt; einen Spalt offen

akin [ə'kɪn] *adj*: **~ to** ähnlich +*dat*

alacrity [ə'lækrɪtɪ] *n* Bereitwilligkeit *f*

alarm [ə'lɑ:m] *n* (*warning*) Alarm *m*; (*bell etc*) Alarmanlage *f*; (*anxiety*) Sorge *f* ♦ *vt* erschrecken; **~ call** *n* (*in hotel etc*) Weckruf *m*; **~ clock** *n* Wecker *m*

alas [ə'læs] *excl* ach

Albania [æl'beɪnɪə] *n* Albanien *nt*

albeit [ɔ:l'bi:ɪt] *conj* obgleich

album [ælbəm] *n* Album *nt*

alcohol ['ælkəhɒl] *n* Alkohol *m*; **~ic** [ælkə'hɒlɪk] *adj* (*drink*) alkoholisch ♦ *n* Alkoholiker(in) *m(f)*; **~ism** *n* Alkoholismus *m*

ale [eɪl] *n* Ale *nt*

alert [ə'lɜ:t] *adj* wachsam ♦ *n* Alarm *m* ♦ *vt* alarmieren; **to be on the ~** wachsam sein

algebra ['ældʒɪbrə] *n* Algebra *f*

Algeria [æl'dʒɪərɪə] *n* Algerien *nt*

alias ['eɪlɪəs] *adv* alias ♦ *n* Deckname *m*

alibi ['ælɪbaɪ] *n* Alibi *nt*

alien ['eɪlɪən] *n* Ausländer *m* ♦ *adj* (*foreign*) ausländisch; (*strange*) fremd; **~ to** fremd +*dat*; **~ate** *vt* entfremden

alight [ə'laɪt] *adj* brennend; (*of building*) in Flammen ♦ *vi* (*descend*) aussteigen; (*bird*) sich setzen

align [ə'laɪn] *vt* ausrichten

alike [ə'laɪk] *adj* gleich, ähnlich ♦ *adv* gleich, ebenso; **to look ~** sich *dat* ähnlich sehen

alimony ['ælɪmənɪ] *n* Unterhalt *m*, Alimente *pl*

alive [ə'laɪv] *adj* (*living*) lebend; (*lively*) lebendig, aufgeweckt; **~ (with)** (*full of*) voll (von), wimmelnd (von)

KEYWORD

all [ɔ:l] *adj* alle(r, s); **all day/night** den ganzen Tag/die ganze Nacht; **all men are equal** alle Menschen sind gleich; **all five came** alle fünf kamen; **all the books/food** die ganzen Bücher/das ganze Essen; **all the time** die ganze Zeit (über); **all his life** sein ganzes Leben (lang)

♦ *pron* **1** alles; **I ate it all, I ate all of it** ich habe alles gegessen; **all of us/the boys went** wir gingen alle/alle Jungen gingen; **we all sat down** wir setzten uns alle

2 (*in phrases*): **above all** vor allem; **after all** schließlich; **at all**: **not at all** (*in answer to question*) überhaupt nicht; (*in answer to thanks*) gern geschehen; **I'm not at all tired** ich bin überhaupt nicht müde; **anything at all will do** es ist egal, welche(r, s); **all in all** alles in allem ♦ *adv* ganz; **all alone** ganz allein; **it's not as hard as all that** so schwer ist es nun auch wieder nicht; **all the more/the better** um so mehr/besser; **all but** fast; **the score is 2 all** es steht 2 zu 2

allay [ə'leɪ] *vt* (*fears*) beschwichtigen

all clear ['ɔ:l'klɪə*] *n* Entwarnung *f*

allegation [ælɪ'geɪʃən] *n* Behauptung *f*

allege [ə'ledʒ] *vt* (*declare*) behaupten; (*falsely*) vorgeben; **~dly** [ə'ledʒɪdlɪ] *adv* angeblich
allegiance [ə'li:dʒəns] *n* Treue *f*
allergic [ə'lɜ:dʒɪk] *adj*: **~ (to)** allergisch (gegen)
allergy ['ælədʒɪ] *n* Allergie *f*
alleviate [ə'li:vɪeɪt] *vt* lindern
alley ['ælɪ] *n* Gasse *f*, Durchgang *m*
alliance [ə'laɪəns] *n* Bund *m*, Allianz *f*
allied ['ælaɪd] *adj* vereinigt; (*powers*) alliiert; **~ (to)** verwandt (mit)
alligator ['ælɪgeɪtə*] *n* Alligator *m*
all-in ['ɔ:lɪn] (*BRIT*) *adj, adv* (*charge*) alles inbegriffen, Gesamt-; **~ wrestling** *n* Freistilringen *nt*
all-night ['ɔ:l'naɪt] *adj* (*café, cinema*) die ganze Nacht geöffnet, Nacht-
allocate ['æləkeɪt] *vt* zuteilen
allot [ə'lɒt] *vt* zuteilen; **~ment** *n* (*share*) Anteil *m*; (*plot*) Schrebergarten *m*
all-out ['ɔ:l'aʊt] *adj* total; **all out** *adv* mit voller Kraft
allow [ə'laʊ] *vt* (*permit*) erlauben (*sb jdm*), gestatten; (*grant*) bewilligen; (*deduct*) abziehen; (*concede*): **to ~ that ...** annehmen, daß ...; **to ~ sb sth** jdm etw erlauben, jdm etw gestatten; **to ~ sb to do sth** jdm erlauben *or* gestatten, etw zu tun; **~ for** *vt fus* berücksichtigen, einplanen; **~ance** *n* Beihilfe *f*; **to make ~ances for** berücksichtigen
alloy ['ælɔɪ] *n* Metallegierung *f*
all right *adv* (*well*) gut; (*correct*) richtig; (*as answer*) okay
all-round ['ɔ:l'raʊnd] *adj* (*sportsman*) allseitig, Allround-; (*view*) Rundum-
all-time ['ɔ:l'taɪm] *adj* (*record, high*) ... aller Zeiten, Höchst-
allude [ə'lu:d] *vi*: **to ~ to** hinweisen auf +*acc*, anspielen auf +*acc*
alluring [ə'ljʊərɪŋ] *adj* verlockend
allusion [ə'lu:ʒən] *n* Anspielung *f*
ally [*n* 'ælaɪ, *vb* ə'laɪ] *n* Verbündete(r) *mf*; (*POL*) Alliierte(r) *m* ♦ *vr*: **to ~ o.s. with** sich verbünden mit
almighty [ɔ:l'maɪtɪ] *adj* allmächtig
almond ['ɑ:mənd] *n* Mandel *f*
almost ['ɔ:lməʊst] *adv* fast, beinahe
alms [ɑ:mz] *npl* Almosen *nt*
aloft [ə'lɒft] *adv* (*be*) in der Luft; (*throw*) in die Luft
alone [ə'ləʊn] *adj, adv* allein; **to leave sth ~** etw sein lassen; **let ~ ...** geschweige denn ...
along [ə'lɒŋ] *prep* entlang, längs ♦ *adv* (*onward*) vorwärts, weiter; **~ with** zusammen mit; **he was limping ~** er humpelte einher; **all ~** (*all the time*) die ganze Zeit; **~side** *adv* (*walk*) nebenher; (*come*) nebendran; (*be*) daneben ♦ *prep* (*walk, compared with*) neben +*dat*; (*come*) neben +*acc*; (*be*) entlang, neben +*dat*; (*of ship*) längsseits +*gen*
aloof [ə'lu:f] *adj* zurückhaltend ♦ *adv* fern; **to stand ~** abseits stehen
aloud [ə'laʊd] *adv* laut
alphabet ['ælfəbet] *n* Alphabet *nt*; **~ical** [ælfə'betɪkl] *adj* alphabetisch
alpine ['ælpaɪn] *adj* alpin, Alpen-
Alps [ælps] *npl*: **the ~** die Alpen *pl*
already [ɔ:l'redɪ] *adv* schon, bereits
alright ['ɔ:l'raɪt] (*BRIT*) *adv* = **all right**
Alsatian [æl'seɪʃən] *n* (*dog*) Schäferhund *m*
also ['ɔ:lsəʊ] *adv* auch, außerdem
altar ['ɔ:ltə*] *n* Altar *m*
alter ['ɔ:ltə*] *vt* ändern; (*dress*) umändern; **~ation** [ɒltə'reɪʃən] *n* Änderung *f*; Umänderung *f*; (*to building*) Umbau *m*
alternate [*adj* ɒl'tɜ:nɪt, *vb* 'ɒltɜ:neɪt] *adj* abwechselnd ♦ *vi* abwechseln; **on ~ days** jeden zweiten Tag
alternating ['ɒltəneɪtɪŋ] *adj*: **~ current** Wechselstrom *m*
alternative [ɒl'tɜ:nətɪv] *adj* andere(r, s) ♦ *n* Alternative *f*; **~ly** *adv* im anderen Falle; **~ly one could ...** oder man könnte ...
alternator ['ɒltɛ:neɪtə*] *n* (*AUT*) Lichtmaschine *f*
although [ɔ:l'ðəʊ] *conj* obwohl

altitude ['æltɪtju:d] *n* Höhe *f*
alto ['æltəʊ] *n* Alt *m*
altogether [ɔ:ltə'geðə*] *adv* (*on the whole*) im ganzen genommen; (*entirely*) ganz und gar
aluminium [æljʊ'mɪnɪəm] (*BRIT*) *n* Aluminium *nt*
aluminum [ə'lu:mɪnəm] (*US*) *n* Aluminium *nt*
always ['ɔ:lweɪz] *adv* immer
Alzheimer's (disease) ['æltsheɪməz-] *n* (*MED*) Alzheimer-Krankheit *f*
am [æm] *see* **be**
a.m. *adv abbr* (= *ante meridiem*) vormittags
amalgamate [ə'mælgəmeɪt] *vi* (*combine*) sich vereinigen ♦ *vt* (*mix*) amalgamieren
amass [ə'mæs] *vt* anhäufen
amateur ['æmətɜ:*] *n* Amateur *m*; (*pej*) Amateur *m*, Stümper *m*; **~ish** (*pej*) *adj* dilettantisch, stümperhaft
amaze [ə'meɪz] *vt* erstaunen; **to be ~d (at)** erstaunt sein (über); **~ment** *n* höchste(s) Erstaunen *nt*
amazing [ə'meɪzɪŋ] *adj* höchst erstaunlich
Amazon ['æməzən] *n* (*GEOG*) Amazonas *m*
ambassador [æm'bæsədə*] *n* Botschafter *m*
amber ['æmbə*] *n* Bernstein *m*; **at ~** (*BRIT*: *AUT*) (auf) gelb
ambiguous [æm'bɪgjʊəs] *adj* zweideutig; (*not clear*) unklar
ambition [æm'bɪʃən] *n* Ehrgeiz *m*
ambitious [æm'bɪʃəs] *adj* ehrgeizig
ambivalent [æm'bɪvələnt] *n* (*attitude*) zwiespältig
amble ['æmbl] *vi* (*usu*: ~ *along*) schlendern
ambulance ['æmbjʊləns] *n* Krankenwagen *m*; **~man** (*irreg*) *n* Sanitäter *m*
ambush ['æmbʊʃ] *n* Hinterhalt *m* ♦ *vt* (aus dem Hinterhalt) überfallen
amenable [ə'mi:nəbl] *adj* gefügig; **~ (to)** (*reason*) zugänglich (+*dat*); (*flattery*) empfänglich (für); (*law*) unterworfen (+*dat*)
amend [ə'mend] *vt* (*law etc*) abändern, ergänzen; **to make ~s** etw wiedergutmachen; **~ment** *n* Abänderung *f*
amenities [ə'mi:nɪtɪz] *npl* Einrichtungen *pl*
America [ə'merɪkə] *n* Amerika *nt*; **~n** *adj* amerikanisch ♦ *n* Amerikaner(in) *m(f)*
amiable ['eɪmɪəbl] *adj* liebenswürdig
amicable ['æmɪkəbl] *adj* freundschaftlich; (*settlement*) gütlich
amid(st) [ə'mɪd(st)] *prep* mitten in *or* unter +*dat*
amiss [ə'mɪs] *adv*: **to take sth ~** etw übelnehmen; **there's something ~** da stimmt irgend etwas nicht
ammonia [ə'məʊnɪə] *n* Ammoniak *nt*
ammunition [æmjʊ'nɪʃən] *n* Munition *f*
amnesia [æm'ni:zɪə] *n* Gedächtnisverlust *m*
amnesty ['æmnɪstɪ] *n* Amnestie *f*
amok [ə'mɔk] *adv*: **to run ~** Amok laufen
among(st) [ə'mʌŋ(st)] *prep* unter
amoral [eɪ'mɒrəl] *adj* unmoralisch
amorous ['æmərəs] *adj* verliebt
amount [ə'maʊnt] *n* (*of money*) Betrag *m*; (*of water, sand*) Menge *f* ♦ *vi*: **to ~ to** (*total*) sich belaufen auf +*acc*; **a great ~ of time/energy** ein großer Aufwand an Zeit/Energie (*dat*); **this ~s to treachery** das kommt Verrat gleich; **it ~s to the same** es läuft aufs gleiche hinaus; **he won't ~ to much** aus ihm wird nie was
amp(ere) ['æmp(ɛə*)] *n* Ampere *nt*
amphibian [æm'fɪbɪən] *n* Amphibie *f*
amphibious [æm'fɪbɪəs] *adj* amphibisch, Amphibien-
ample ['æmpl] *adj* (*portion*) reichlich; (*dress*) weit, groß; **~ time** genügend Zeit
amplifier ['æmplɪfaɪə*] *n* Verstärker *m*

amuse [ə'mju:z] *vt* (*entertain*) unterhalten; (*make smile*) belustigen; **~ment** *n* (*feeling*) Unterhaltung *f*; (*recreation*) Zeitvertreib *m*; **~ment arcade** *n* Spielhalle *f*

an [æn] *see* **a**

anaemia [ə'ni:mɪə] *n* Anämie *f*

anaemic [ə'ni:mɪk] *adj* blutarm

anaesthetic [ænɪs'θetɪk] *n* Betäubungsmittel *nt*; **under ~** unter Narkose

anaesthetist [æ'ni:sθɪtɪst] *n* Anästhesist(in) *m(f)*

analgesic [ænæl'dʒi:sɪk] *n* schmerzlindernde(s) Mittel *nt*

analog(ue) ['ænəlɒg] *adj* Analog-

analogy [ə'nælədʒɪ] *n* Analogie *f*

analyse ['ænəlaɪz] (*BRIT*) *vt* analysieren

analyses [ə'nælɪsi:z] (*BRIT*) *npl of* **analysis**

analysis [ə'nælɪsɪs] (*pl* **analyses**) *n* Analyse *f*

analyst ['ænəlɪst] *n* Analytiker(in) *m(f)*

analytic(al) [ænə'lɪtɪk(əl)] *adj* analytisch

analyze ['ænəlaɪz] (*US*) *vt* = **analyse**

anarchy ['ænəkɪ] *n* Anarchie *f*

anathema [ə'næθɪmə] *n* (*fig*) Greuel *nt*

anatomy [ə'nætəmɪ] *n* (*structure*) anatomische(r) Aufbau *m*; (*study*) Anatomie *f*

ancestor ['ænsestə*] *n* Vorfahr *m*

anchor ['æŋkə*] *n* Anker *m* ♦ *vi* (*also*: *to drop ~*) ankern, vor Anker gehen ♦ *vt* verankern; **to weigh ~** den Anker lichten

anchovy ['æntʃəvɪ] *n* Sardelle *f*

ancient ['eɪnʃənt] *adj* alt; (*car etc*) uralt

ancillary [æn'sɪlərɪ] *adj* Hilfs-

and [ænd] *conj* und; **~ so on** und so weiter; **try ~ come** versuche zu kommen; **better ~ better** immer besser

Andes ['ændi:z] *npl*: **the ~** die Anden *pl*

anemia [ə'ni:mɪə] (*US*) *n* = **anaemia**

anesthetic [ænɪs'θetɪk] (*US*) *n* = **anaesthetic**

anew [ə'nju:] *adv* von neuem

angel ['eɪndʒəl] *n* Engel *m*

anger ['æŋgə*] *n* Zorn *m* ♦ *vt* ärgern

angina [æn'dʒaɪnə] *n* Angina *f*

angle ['æŋgl] *n* Winkel *m*; (*point of view*) Standpunkt *m*

angler *n* Angler *m*

Anglican ['æŋglɪkən] *adj* anglikanisch ♦ *n* Anglikaner(in) *m(f)*

angling ['æŋglɪŋ] *n* Angeln *nt*

Anglo- ['æŋgləʊ] *prefix* Anglo-

angrily ['æŋgrɪlɪ] *adv* ärgerlich, böse

angry ['æŋgrɪ] *adj* ärgerlich, ungehalten, böse; (*wound*) entzündet; **to be ~ with sb** auf jdn böse sein; **to be ~ at sth** über etw *acc* verärgert sein

anguish ['æŋgwɪʃ] *n* Qual *f*

angular ['æŋgjʊlə*] *adj* eckig, winkelförmig; (*face*) kantig

animal ['ænɪməl] *n* Tier *nt*; (*living creature*) Lebewesen *nt* ♦ *adj* tierisch

animate [*vb* 'ænɪmeɪt, *adj* 'ænɪmət] *vt* beleben ♦ *adj* lebhaft; **~d** *adj* lebendig; (*film*) Zeichentrick-

animosity [ænɪ'mɒsɪtɪ] *n* Feindseligkeit *f*, Abneigung *f*

aniseed ['ænɪsi:d] *n* Anis *m*

ankle ['æŋkl] *n* (Fuß)knöchel *m*; **~ sock** *n* Söckchen *nt*

annex [*n* 'æneks, *vb* ə'neks] *n* (*also*: *BRIT*: *annexe*) Anbau *m* ♦ *vt* anfügen; (*POL*) annektieren, angliedern

annihilate [ə'naɪəleɪt] *vt* vernichten

anniversary [ænɪ'vɜ:sərɪ] *n* Jahrestag *m*

annotate ['ænəteɪt] *vt* kommentieren

announce [ə'naʊns] *vt* ankündigen, anzeigen; **~ment** *n* Ankündigung *f*; (*official*) Bekanntmachung *f*; **~r** *n* Ansager(in) *m(f)*

annoy [ə'nɔɪ] *vt* ärgern; **don't get ~ed!** reg' dich nicht auf!; **~ance** *n* Ärgernis *nt*, Störung *f*; **~ing** *adj* ärgerlich; (*person*) lästig

annual ['ænjʊəl] *adj* jährlich; (*salary*) Jahres- ♦ *n* (*plant*) einjährige Pflanze *f*; (*book*) Jahrbuch *nt*; **~ly** *adv* jährlich

annul [ə'nʌl] *vt* aufheben, annullieren

annum ['ænəm] *n see* **per**

anomaly [ə'nɒməlɪ] *n* Abweichung *f* von der Regel

anonymous [ə'nɒnɪməs] *adj* anonym

anorak ['ænəræk] *n* Anorak *m*, Windjacke *f*

anorexia [ænə'reksɪə] *n* (*MED*) Magersucht *f*

another [ə'nʌðə*] *adj, pron* (*different*) ein(e) andere(r, s); (*additional*) noch eine(r, s); *see also* **one**

answer ['ɑ:nsə*] *n* Antwort *f* ♦ *vi* antworten; (*on phone*) sich melden ♦ *vt* (person) antworten +*dat*; (*letter, question*) beantworten; (*telephone*) gehen an +*acc*, abnehmen; (*door*) öffnen; **in ~ to your letter** in Beantwortung Ihres Schreibens; **to ~ the phone** ans Telefon gehen; **to ~ the bell** *or* **the door** aufmachen; **~ back** *vi* frech sein; **~ for** *vt*: **to ~ for sth** für etw verantwortlich sein; **~able** *adj*: **to be ~able to sb for sth** jdm gegenüber für etw verantwortlich sein; **~ing machine** *n* Anrufbeantworter *m*

ant [ænt] *n* Ameise *f*

antagonism [æn'tægənɪzəm] *n* Antagonismus *m*

antagonize [æn'tægənaɪz] *vt* reizen

Antarctic [ænt'ɑ:ktɪk] *adj* antarktisch ♦ *n*: **the ~** die Antarktis

antelope ['æntɪləʊp] *n* Antilope *f*

antenatal [æntɪ'neɪtl] *adj* vor der Geburt; **~ clinic** *n* Sprechstunde *f* für werdende Mütter

antenna [æn'tenə] *n* (*BIOL*) Fühler *m*; (*RADIO*) Antenne *f*

antennae [æn'teni:] *npl of* **antenna**

anthem ['ænθəm] *n* Hymne *f*; **national ~** Nationalhymne *f*

anthology [æn'θɒlədʒɪ] *n* Gedichtsammlung *f*, Anthologie *f*

anti- ['æntɪ] *prefix* Gegen-, Anti-

anti-aircraft ['æntɪ'ɛəkrɑ:ft] *adj* Flugabwehr-

antibiotic ['æntɪbaɪ'ɒtɪk] *n* Antibiotikum *nt*

antibody ['æntɪbɒdɪ] *n* Antikörper *m*

anticipate [æn'tɪsɪpeɪt] *vt* (*expect: trouble, question*) erwarten, rechnen mit; (*look forward to*) sich freuen auf +*acc*; (*do first*) vorwegnehmen; (*foresee*) ahnen, vorhersehen

anticipation [æntɪsɪ'peɪʃən] *n* Erwartung *f*; (*foreshadowing*) Vorwegnahme *f*

anticlimax ['æntɪ'klaɪmæks] *n* Ernüchterung *f*

anticlockwise ['æntɪ'klɒkwaɪz] *adv* entgegen dem Uhrzeigersinn

antics ['æntɪks] *npl* Possen *pl*

anticyclone ['æntɪ'saɪkləʊn] *n* Hoch *nt*, Hochdruckgebiet *nt*

antidote ['æntɪdəʊt] *n* Gegenmittel *nt*

antifreeze ['æntɪfri:z] *n* Frostschutzmittel *nt*

antihistamine [æntɪ'hɪstəmi:n] *n* Antihistamin *nt*

antiquated ['æntɪkweɪtɪd] *adj* antiquiert

antique [æn'ti:k] *n* Antiquität *f* ♦ *adj* antik; (*old-fashioned*) altmodisch; **~ shop** *n* Antiquitätenladen *m*

antiquity [æn'tɪkwɪtɪ] *n* Altertum *nt*

antiseptic [æntɪ'septɪk] *n* Antiseptikum *nt* ♦ *adj* antiseptisch

antisocial [æntɪ'səʊʃl] *adj* (*person*) ungesellig; (*law*) unsozial

antlers ['æntləz] *npl* Geweih *nt*

anus ['eɪnəs] *n* After *m*

anvil ['ænvɪl] *n* Amboß *m*

anxiety [æŋ'zaɪətɪ] *n* Angst *f*; (*worry*) Sorge *f*

anxious ['æŋkʃəs] *adj* ängstlich; (*worried*) besorgt; **to be ~ to do sth** etw unbedingt tun wollen

KEYWORD

any ['enɪ] *adj* **1** (*in questions etc*): **have you any butter?** haben Sie

(etwas) Butter?; **have you any children?** haben Sie Kinder?; **if there are any tickets left** falls noch Karten da sind
2 (*with negative*): **I haven't any money/books** ich habe kein Geld/keine Bücher
3 (*no matter which*) jede(r, s) (beliebige); **any colour (at all)** jede beliebige Farbe; **choose any book you like** nehmen Sie ein beliebiges Buch
4 (*in phrases*): **in any case** in jedem Fall; **any day now** jeden Tag; **at any moment** jeden Moment; **at any rate** auf jeden Fall
♦ *pron* **1** (*in questions etc*): **have you got any?** haben Sie welche?; **can any of you sing?** kann (irgend)einer von euch singen?
2 (*with negative*): **I haven't any (of them)** ich habe keinen/keines (davon)
3 (*no matter which one(s)*): **take any of those books (you like)** nehmen Sie irgendeines dieser Bücher
♦ *adv* **1** (*in questions etc*): **do you want any more soup/sandwiches?** möchten Sie noch Suppe/Brote?; **are you feeling any better?** fühlen Sie sich etwas besser?
2 (*with negative*): **I can't hear him any more** ich kann ihn nicht mehr hören

anybody ['enɪbɒdɪ] *pron* (*no matter who*) jede(r); (*in questions etc*) (irgend) jemand, (irgend) eine(r); (*with negative*): **I can't see** ~ ich kann niemanden sehen

anyhow ['enɪhaʊ] *adv* (*at any rate*): **I shall go** ~ ich gehe sowieso; (*haphazardly*): **do it** ~ machen Sie es, wie Sie wollen

anyone ['enɪwʌn] *pron* = **anybody**

KEYWORD

anything ['enɪθɪŋ] *pron* **1** (*in questions etc*) (irgend) etwas; **can you see anything?** können Sie etwas sehen?
2 (*with negative*): **I can't see anything** ich kann nichts sehen
3 (*no matter what*): **you can say anything you like** Sie können sagen, was Sie wollen; **anything will do** irgend etwas(, wird genügen), irgendeine(r, s) (wird genügen); **he'll eat anything** er ißt alles

anyway ['enɪweɪ] *adv* (*at any rate*) auf jeden Fall; (*besides*): ~, **I couldn't come even if I wanted to** jedenfalls könnte ich nicht kommen, selbst wenn ich wollte; **why are you phoning,** ~**?** warum rufst du überhaupt an?

anywhere ['enɪwɛə*] *adv* (*in questions etc*) irgendwo; (: *with direction*) irgendwohin; (*no matter where*) überall; (: *with direction*) überallhin; (*with negative*): **I can't see him** ~ ich kann ihn nirgendwo *or* nirgends sehen; **can you see him** ~**?** siehst du ihn irgendwo?; **put the books down** ~ leg die Bücher irgendwohin

apart [ə'pɑ:t] *adv* (*parted*) auseinander; (*away*) beiseite, abseits; **10 miles** ~ 10 Meilen auseinander; **to take** ~ auseinandernehmen; ~ **from** *prep* außer

apartheid [ə'pɑ:teɪt] *n* Apartheid *f*

apartment [ə'pɑ:tmənt] (*US*) *n* Wohnung *f*; ~ **building** (*US*) *n* Wohnhaus *nt*

apathy ['æpəθɪ] *n* Teilnahmslosigkeit *f*, Apathie *f*

ape [eɪp] *n* (Menschen)affe *m* ♦ *vt* nachahmen

aperitif *n* Aperitif *m*

aperture ['æpətjʊə*] *n* Öffnung *f*; (*PHOT*) Blende *f*

apex ['eɪpeks] *n* Spitze *f*

apiece [ə'pi:s] *adv* pro Stück; (*per person*) pro Kopf

apologetic [əpɒlə'dʒetɪk] *adj* entschuldigend; **to be** ~ sich sehr entschuldigen

apologize [ə'pɒlədʒaɪz] *vi*: **to** ~ **(for sth to sb)** sich (für etw bei jdm) entschuldigen

apology [ə'pɒlədʒɪ] *n* Entschuldigung *f*

apostle [ə'pɒsl] *n* Apostel *m*

apostrophe [ə'pɒstrəfɪ] *n* Apostroph *m*

appal [ə'pɔ:l] *vt* erschrecken; **~ling** [ə'pɔ:lɪŋ] *adj* schrecklich

apparatus [æpə'reɪtəs] *n* Gerät *nt*

apparel [ə'pærəl] (*US*) *n* Kleidung *f*

apparent [ə'pærənt] *adj* offenbar; **~ly** *adv* anscheinend

apparition [æpə'rɪʃən] *n* (*ghost*) Erscheinung *f*, Geist *m*; (*appearance*) Erscheinen *nt*

appeal [ə'pi:l] *vi* dringend ersuchen; (*JUR*) Berufung einlegen ♦ *n* Aufruf *m*; (*JUR*) Berufung *f*; **to ~ for** dringend bitten um; **to ~ to** sich wenden an +*acc*; (*to public*) appellieren an +*acc*; **it doesn't ~ to me** es gefällt mir nicht; **~ing** *adj* ansprechend

appear [ə'pɪə*] *vi* (*come into sight*) erscheinen; (*be seen*) auftauchen; (*seem*) scheinen; **it would ~ that ...** anscheinend ...; **~ance** *n* (*coming into sight*) Erscheinen *nt*; (*outward show*) Äußere(s) *nt*

appease [ə'pi:z] *vt* beschwichtigen

appendices [ə'pendɪsi:z] *npl of* **appendix**

appendicitis [əpendɪ'saɪtɪs] *n* Blinddarmentzündung *f*

appendix [ə'pendɪks] (*pl* **appendices**) *n* (*in book*) Anhang *m*; (*MED*) Blinddarm *m*

appetite ['æpɪtaɪt] *n* Appetit *m*; (*fig*) Lust *f*

appetizer ['æpətaɪzə*] *n* Appetitanreger *m*

appetizing ['æpɪtaɪzɪŋ] *adj* appetitanregend

applaud [ə'plɔ:d] *vi* Beifall klatschen, applaudieren ♦ *vt* Beifall klatschen +*dat*

applause [ə'plɔ:z] *n* Beifall *m*, Applaus *m*

apple ['æpl] *n* Apfel *m*; **~ tree** *n* Apfelbaum *m*

appliance [ə'plaɪəns] *n* Gerät *nt*

applicable [ə'plɪkəbl] *adj* anwendbar; (*in forms*) zutreffend

applicant ['æplɪkənt] *n* Bewerber(in) *m(f)*

application [æplɪ'keɪʃən] *n* (*request*) Antrag *m*; (*for job*) Bewerbung *f*; (*putting into practice*) Anwendung *f*; (*hard work*) Fleiß *m*; **~ form** *n* Bewerbungsformular *nt*

applied [ə'plaɪd] *adj* angewandt

apply [ə'plaɪ] *vi* (*be suitable*) zutreffen; (*ask*): **to ~ (to)** sich wenden (an +*acc*); (*request*): **to ~ for** sich melden für ♦ *vt* (*place on*) auflegen; (*cream*) auftragen; (*put into practice*) anwenden; **to ~ for sth** sich um etw bewerben; **to ~ o.s. to sth** sich bei etw anstrengen

appoint [ə'pɔɪnt] *vt* (*to office*) ernennen, berufen; (*settle*) festsetzen; **~ment** *n* (*meeting*) Verabredung *f*; (*at hairdresser etc*) Bestellung *f*; (*in business*) Termin *m*; (*choice for a position*) Ernennung *f*; (*UNIV*) Berufung *f*

appraisal [ə'preɪzl] *n* Beurteilung *f*

appreciable [ə'pri:ʃəbl] *adj* (*perceptible*) merklich; (*able to be estimated*) abschätzbar

appreciate [ə'pri:ʃɪeɪt] *vt* (*value*) zu schätzen wissen; (*understand*) einsehen ♦ *vi* (*increase in value*) im Wert steigen

appreciation [əpri:ʃɪ'eɪʃən] *n* Wertschätzung *f*; (*COMM*) Wertzuwachs *m*

appreciative [ə'pri:ʃɪətɪv] *adj* (*showing thanks*) dankbar; (*showing liking*) anerkennend

apprehend [æprɪ'hend] *vt* (*arrest*) festnehmen; (*understand*) erfassen

apprehension [æprɪ'henʃən] *n* Angst *f*

apprehensive [æprɪ'hensɪv] *adj* furchtsam

apprentice [ə'prentɪs] *n* Lehrling *m*; **~ship** *n* Lehrzeit *f*

approach [ə'prəʊtʃ] *vi* sich nähern ♦ *vt* herantreten an +*acc*; (*problem*) herangehen an +*acc* ♦ *n* Annäherung *f*; (*to problem*) Ansatz *m*; (*path*) Zugang *m*, Zufahrt *f*; **~able** *adj* zugänglich

appropriate [*adj* ə'prəʊprɪət, *vb* ə'prəʊprɪeɪt] *adj* angemessen; (*remark*) angebracht ♦ *vt* (*take for o.s.*) sich aneignen; (*set apart*) bereitstellen

approval [ə'pru:vəl] *n* (*show of satisfaction*) Beifall *m*; (*permission*) Billigung *f*; **on ~** (*COMM*) bei Gefallen

approve [ə'pru:v] *vt, vi* billigen; **I don't ~ of it/him** ich halte nichts davon/von ihm; **~d school** (*BRIT*) *n* Erziehungsheim *nt*

approximate [*adj* ə'prɒksɪmɪt, *vb* ə'prɒksɪmeɪt] *adj* annähernd, ungefähr ♦ *vt* nahekommen +*dat*; **~ly** *adv* rund, ungefähr

apricot ['eɪprɪkɒt] *n* Aprikose *f*

April ['eɪprəl] *n* April *m*; **~ Fools' Day** *n* der erste April

apron ['eɪprən] *n* Schürze *f*

apt [æpt] *adj* (*suitable*) passend; (*able*) begabt; (*likely*): **to be ~ to do sth** dazu neigen, etw zu tun

aptitude ['æptɪtju:d] *n* Begabung *f*

aqualung ['ækwəlʌŋ] *n* Unterwasseratmungsgerät *nt*

aquarium [ə'kwɛərɪəm] *n* Aquarium *nt*

Aquarius [ə'kwɛərɪəs] *n* Wassermann *m*

aquatic [ə'kwætɪk] *adj* Wasser-

Arab ['ærəb] *n* Araber(in) *m(f)*

Arabia [ə'reɪbɪə] *n* Arabien *nt*

Arabian [ə'reɪbɪən] *adj* arabisch

Arabic ['ærəbɪk] *adj* arabisch ♦ *n* Arabisch *nt*

arable ['ærəbl] *adj* bebaubar, Kultur-

arbitrary ['ɑ:bɪtrərɪ] *adj* willkürlich

arbitration [ɑ:bɪ'treɪʃən] *n* Schlichtung *f*

arc [ɑ:k] *n* Bogen *m*

arcade [ɑ:'keɪd] *n* Säulengang *m*

arch [ɑ:tʃ] *n* Bogen *m* ♦ *vt* überwölben; (*back*) krumm machen

archaeologist [ɑ:kɪ'ɒlədʒɪst] *n* Archäologe *m*

archaeology [ɑ:ki'ɒlədʒɪ] *n* Archäologie *f*

archaic [ɑ:'keɪɪk] *adj* altertümlich

archbishop ['ɑ:tʃ'bɪʃəp] *n* Erzbischof *m*

archenemy ['ɑ:tʃ'enəmɪ] *n* Erzfeind *m*

archeology *etc* (*US*) = **archaeology** *etc*

archer ['ɑ:tʃə*] *n* Bogenschütze *m*; **~y** *n* Bogenschießen *nt*

archipelago [ɑ:kɪ'peligəʊ] *n* Archipel *m*; (*sea*) Inselmeer *nt*

architect ['ɑ:kɪtekt] *n* Architekt(in) *m(f)*; **~ural** [ɑ:kɪ'tektʃərəl] *adj* architektonisch; **~ure** ['ɑ:kɪtektʃə*] *n* Architektur *f*

archives ['ɑ:kaɪvz] *npl* Archiv *nt*

archway ['ɑ:tʃweɪ] *n* Bogen *m*

Arctic ['ɑ:ktɪk] *adj* arktisch ♦ *n*: **the ~** die Arktis

ardent ['ɑ:dənt] *adj* glühend

arduous ['ɑ:djʊəs] *adj* mühsam

are [ɑ:*] *see* **be**

area ['ɛərɪə] *n* Fläche *f*; (*of land*) Gebiet *nt*; (*part of sth*) Teil *m*, Abschnitt *m*

arena [ə'ri:nə] *n* Arena *f*

aren't [ɑ:nt] = **are not**

Argentina [ɑ:dʒən'ti:nə] *n* Argentinien *nt*

Argentinian [ɑ:dʒən'tɪnɪən] *adj* argentinisch ♦ *n* Argentinier(in) *m(f)*

arguably ['ɑ:gjʊəblɪ] *adv* wohl

argue ['ɑ:gju:] *vi* diskutieren; (*angrily*) streiten

argument ['ɑ:gjʊmənt] *n* (*theory*) Argument *nt*, (*reasoning*) Argumentation *f*; (*row*) Auseinandersetzung *f*, Streit *m*; **to have an ~** sich streiten; **~ative** [ɑ:gjʊ'mentətɪv] *adj* streitlustig

aria ['ɑ:rɪə] *n* Arie *f*

arid ['ærɪd] *adj* trocken

Aries ['ɛərɪ:z] *n* Widder *m*

arise [ə'raɪz] (*pt* **arose**, *pp* **arisen**) *vi* aufsteigen; (*get up*) aufstehen; (*difficulties etc*) entstehen; (*case*) vorkommen; **to ~ from sth** herrühren von etw; **arisen** [ə'rɪzn] *pp of* **arise**

aristocracy [ærɪs'tɒkrəsɪ] *n* Adel *m*, Aristokratie *f*

aristocrat ['ærɪstəkræt] *n* Adlige(r)

mf, Aristokrat(in) *m(f)*

arithmetic [ə'rɪθmətɪk] *n* Rechnen *nt*, Arithmetik *f*

ark [ɑ:k] *n*: **Noah's A~** die Arche Noah

arm [ɑ:m] *n* Arm *m*; (*branch of military service*) Zweig *m* ♦ *vt* bewaffnen; **~s** *npl* (*weapons*) Waffen *pl*

armaments ['ɑ:məmənts] *npl* Ausrüstung *f*

armchair *n* Lehnstuhl *m*

armed *adj* (*forces*) Streit-, bewaffnet; **~ robbery** *n* bewaffnete(r) Raubüberfall *m*

armistice ['ɑ:mɪstɪs] *n* Waffenstillstand *m*

armour ['ɑ:mə*] (*US* **armor**) *n* (*knight's*) Rüstung *f*; (*MIL*) Panzerplatte *f*; **~ed car** *n* Panzerwagen *m*; **~y** *n* Waffenlager *nt*; (*factory*) Waffenfabrik *f*

armpit ['ɑ:mpɪt] *n* Achselhöhle *f*

armrest ['ɑ:mrest] *n* Armlehne *f*

army ['ɑ:mɪ] *n* Armee *f*, Heer *nt*; (*host*) Heer *nt*

aroma [ə'rəʊmə] *n* Duft *m*, Aroma *nt*; **~tic** [ærə'mætɪk] *adj* aromatisch, würzig

arose [ə'rəʊz] *pt of* **arise**

around [ə'raʊnd] *adv* ringsherum; (*almost*) ungefähr ♦ *prep* um ... herum; **is he ~?** ist er hier?

arouse [ə'raʊz] *vt* wecken

arrange [ə'reɪndʒ] *vt* (*time, meeting*) festsetzen; (*holidays*) festlegen; (*flowers, hair, objects*) anordnen; **I ~d to meet him** ich habe mit ihm ausgemacht, ihn zu treffen; **it's all ~d** es ist alles arrangiert; **~ment** *n* (*order*) Reihenfolge *f*; (*agreement*) Vereinbarung *f*; **~ments** *npl* (*plans*) Pläne *pl*

array [ə'reɪ] *n* (*collection*) Ansammlung *f*

arrears [ə'rɪəz] *npl* (*of debts*) Rückstand *m*; (*of work*) Unerledigte(s) *nt*; **in ~** im Rückstand

arrest [ə'rest] *vt* (*person*) verhaften; (*stop*) aufhalten ♦ *n* Verhaftung *f*; **under ~** in Haft

arrival [ə'raɪvəl] *n* Ankunft *f*

arrive [ə'raɪv] *vi* ankommen; **to ~ at** ankommen in +*dat*, ankommen bei

arrogance ['ærəgəns] *n* Überheblichkeit *f*, Arroganz *f*

arrogant ['ærəgənt] *adj* überheblich, arrogant

arrow ['ærəʊ] *n* Pfeil *m*

arse [ɑ:s] (*inf!*) *n* Arsch *m* (!)

arsenal ['ɑ:sɪnl] *n* Waffenlager *nt*, Zeughaus *nt*

arsenic ['ɑ:snɪk] *n* Arsen *nt*

arson ['ɑ:sn] *n* Brandstiftung *f*

art [ɑ:t] *n* Kunst *f*; **A~s** *npl* (*UNIV*) Geisteswissenschaften *pl*

artery ['ɑ:tərɪ] *n* Schlagader *f*, Arterie *f*

artful [ɑ:tfʊl] *adj* verschlagen

art gallery *n* Kunstgalerie *f*

arthritis [ɑ:'θraɪtɪs] *n* Arthritis *f*

artichoke ['ɑ:tɪtʃəʊk] *n* Artischocke *f*; **Jerusalem ~** Erdartischocke *f*

article ['ɑ:tɪkl] *n* (*PRESS, GRAM*) Artikel *m*; (*thing*) Gegenstand *m*, Artikel *m*; (*clause*) Abschnitt *m*, Paragraph *m*; **~ of clothing** Kleidungsstück *nt*

articulate [*adj* ɑ:'tɪkjʊlɪt, *vb* ɑ:'tɪkjʊleɪt] *adj* (*able to express o.s.*) redegewandt; (*speaking clearly*) deutlich, verständlich ♦ *vt* (*connect*) zusammenfügen, gliedern; **to be ~** sich gut ausdrücken können; **~d vehicle** *n* Sattelschlepper *m*

artificial [ɑ:tɪ'fɪʃəl] *adj* künstlich, Kunst-; **~ respiration** *n* künstliche Atmung *f*

artisan ['ɑ:tɪzæn] *n* gelernte(r) Handwerker *m*

artist ['ɑ:tɪst] *n* Künstler(in) *m(f)*; **~ic** [ɑ:'tɪstɪk] *adj* künstlerisch; **~ry** *n* künstlerische(s) Können *nt*

artless ['ɑ:tlɪs] *adj* ungekünstelt; (*character*) arglos

art school *n* Kunsthochschule *f*

KEYWORD

as [æz] *conj* **1** (*referring to time*) als; **as the years went by** mit den

Jahren; **he came in as I was leaving** als er hereinkam, ging ich gerade; **as from tomorrow** ab morgen

2 (*in comparisons*): **as big as** so groß wie; **twice as big as** zweimal so groß wie; **as much/many as** soviel/so viele wie; **as soon as** sobald

3 (*since, because*) da; **he left early as he had to be home by 10** er ging früher, da er um 10 zu Hause sein mußte

4 (*referring to manner, way*) wie; **do as you wish** mach was du willst; **as she said** wie sie sagte

5 (*concerning*): **as for** *or* **to that** was das betrifft *or* angeht

6: **as if** *or* **though** als ob

♦ *prep* als; *see also* **long**; **he works as a driver** er arbeitet als Fahrer; *see also* **such**; **he gave it to me as a present** er hat es mir als Geschenk gegeben; *see also* **well**

a.s.a.p. *abbr* = **as soon as possible**

ascend [ə'send] *vi* aufsteigen ♦ *vt* besteigen; **~ancy** *n* Oberhand *f*

ascent [ə'sent] *n* Aufstieg *m*; Besteigung *f*

ascertain [æsə'teɪn] *vt* feststellen

ascribe [əs'kraɪb] *vt*: **to ~ sth to sth/sth to sb** etw einer Sache/jdm etw zuschreiben

ash [æʃ] *n* Asche *f*; (*tree*) Esche *f*

ashamed [ə'ʃeɪmd] *adj* beschämt; **to be ~ of sth** sich für etw schämen

ashen ['æʃən] *adj* (*pale*) aschfahl

ashore [ə'ʃɔ:*] *adv* an Land

ashtray ['æʃtreɪ] *n* Aschenbecher *m*

Ash Wednesday *n* Aschermittwoch *m*

Asia ['eɪʃə] *n* Asien *nt*; **~n** *adj* asiatisch ♦ *n* Asiat(in) *m(f)*

aside [ə'saɪd] *adv* beiseite ♦ *n* beiseite gesprochene Worte *pl*

ask [ɑ:sk] *vt* fragen; (*permission*) bitten um; **~ him his name** frage ihn nach seinem Namen; **he ~ed to see you** er wollte dich sehen; **to ~ sb to do sth** jdn bitten, etw zu tun; **to ~ sb about sth** jdn nach etw fragen; **to ~ (sb) a question** jdn etwas fragen; **to ~ sb out to dinner** jdn zum Essen einladen; **~ after** *vt fus* fragen nach; **~ for** *vt fus* bitten um

askance [əs'kɑ:ns] *adv*: **to look ~ at sb** jdn schief ansehen

askew [əs'kju:] *adv* schief

asking price ['ɑ:skɪŋ-] *n* Verkaufspreis *m*

asleep [ə'sli:p] *adj*: **to be ~** schlafen; **to fall ~** einschlafen

asparagus [əs'pærəgəs] *n* Spargel *m*

aspect ['æspekt] *n* Aspekt *m*

aspersions [əs'pɜ:ʃənz] *npl*: **to cast ~ on sb/sth** sich abfällig über jdn/etw äußern

asphyxiation [əsfɪksɪ'eɪʃən] *n* Erstickung *f*

aspirations [æspə'reɪʃənz] *npl*: **to have ~ towards sth** etw anstreben

aspire [əs'paɪə*] *vi*: **to ~ to** streben nach

aspirin ['æsprɪn] *n* Aspirin *nt*

ass [æs] *n* (*also fig*) Esel *m*; (*US*: *infl*) Arsch *m* (!)

assailant [ə'seɪlənt] *n* Angreifer *m*

assassin [ə'sæsɪn] *n* Attentäter(in) *m(f)*; **~ate** [ə'sæsɪneɪt] *vt* ermorden

assassination [əsæsɪ'neɪʃən] *n* (geglückte(s)) Attentat *nt*

assault [ə'sɔ:lt] *n* Angriff *m* ♦ *vt* überfallen; (*girl*) herfallen über +*acc*

assemble [ə'sembl] *vt* versammeln; (*parts*) zusammensetzen ♦ *vi* sich versammeln

assembly [ə'semblɪ] *n* (*meeting*) Versammlung *f*; (*construction*) Zusammensetzung *f*, Montage *f*; **~ line** *n* Fließband *nt*

assent [ə'sent] *n* Zustimmung *f*

assert [ə'sɜ:t] *vt* erklären; **~ion** [ə'sɜ:ʃən] *n* Behauptung *f*

assess [ə'ses] *vt* schätzen; **~ment** *n* Bewertung *f*, Einschätzung *f*; **~or** *n* Steuerberater *m*

asset ['æset] *n* Vorteil *m*, Wert *m*; **~s** *npl* (*FIN*) Vermögen *nt*; (*estate*) Nachlaß *m*

assiduous [ə'sɪdjʊəs] *adj* fleißig, aufmerksam

assign [ə'saɪn] *vt* zuweisen

assignment [ə'saɪnmənt] *n* Aufgabe *f*, Auftrag *m*

assimilate [ə'sɪmɪleɪt] *vt* sich aneignen, aufnehmen

assist [ə'sɪst] *vt* beistehen +*dat*; **~ance** *n* Unterstützung *f*, Hilfe *f*; **~ant** *n* Assistent(in) *m(f)*, Mitarbeiter(in) *m(f)*; (*BRIT*: *also*: *shop ~ant*) Verkäufer(in) *m(f)*

assizes [ə'saɪzɪz] *npl* Landgericht *nt*

associate [*n* ə'səʊʃɪɪt, *vb* ə'səʊʃɪeɪt] *n* (*partner*) Kollege *m*, Teilhaber *m*; (*member*) außerordentliche(s) Mitglied *nt* ♦ *vt* verbinden ♦ *vi* (*keep company*) verkehren

association [əsəʊsɪ'eɪʃən] *n* Verband *m*, Verein *m*; (*PSYCH*) Assoziation *f*; (*link*) Verbindung *f*

assorted [ə'sɔ:tɪd] *adj* gemischt

assortment [ə'sɔ:tmənt] *n* Sammlung *f*; (*COMM*): **~ (of)** Sortiment *nt* (von), Auswahl *f* (an +*dat*)

assume [ə'sju:m] *vt* (*take for granted*) annehmen; (*put on*) annehmen, sich geben; **~d name** *n* Deckname *m*

assumption [ə'sʌmpʃən] *n* Annahme *f*

assurance [ə'ʃʊərəns] *n* (*firm statement*) Versicherung *f*; (*confidence*) Selbstsicherheit *f*; (*insurance*) (Lebens)versicherung *f*

assure [ə'ʃʊə*] *vt* (*make sure*) sicherstellen; (*convince*) versichern +*dat*; (*life*) versichern

asterisk ['æstərɪsk] *n* Sternchen *nt*

astern [əs'tɜ:n] *adv* achtern

asthma ['æsmə] *n* Asthma *nt*

astonish [əs'tɒnɪʃ] *vt* erstaunen; **~ment** *n* Erstaunen *nt*

astound [əs'taʊnd] *vt* verblüffen

astray [əs'treɪ] *adv* in die Irre; auf Abwege; **to go ~** (*go wrong*) sich vertun; **to lead ~** irreführen

astride [əs'traɪd] *adv* rittlings ♦ *prep* rittlings auf

astrologer [əs'trɒlədʒə*] *n* Astrologe *m*, Astrologin *f*

astrology [əs'trɒlədʒɪ] *n* Astrologie *f*

astronaut ['æstrənɔ:t] *n* Astronaut(in) *m(f)*

astronomer [əs'trɒnəmə*] *n* Astronom *m*

astronomical [æstrə'nɒmɪkəl] *adj* astronomisch; (*success*) riesig

astronomy [əs'trɒnəmɪ] *n* Astronomie *f*

astute [əs'tju:t] *adj* scharfsinnig; schlau, gerissen

asylum [ə'saɪləm] *n* (*home*) Heim *nt*; (*refuge*) Asyl *nt*

KEYWORD

at [æt] *prep* **1** (*referring to position, direction*) an +*dat*, bei +*dat*; (*with place*) in +*dat*; **at the top** an der Spitze; **at home/school** zu Hause/in der Schule; **at the baker's** beim Bäcker; **to look at sth** auf etw *acc* blicken; **to throw sth at sb** etw nach jdm werfen

2 (*referring to time*): **at 4 o'clock** um 4 Uhr; **at night** bei Nacht; **at Christmas** zu Weihnachten; **at times** manchmal

3 (*referring to rates, speed etc*): **at £1 a kilo** zu £1 pro Kilo; **two at a time** zwei auf einmal; **at 50 km/h** mit 50 km/h

4 (*referring to manner*): **at a stroke** mit einem Schlag; **at peace** in Frieden

5 (*referring to activity*): **to be at work** bei der Arbeit sein; **to play at cowboys** Cowboy spielen; **to be good at sth** gut in etw *dat* sein

6 (*referring to cause*): **shocked/surprised/annoyed at sth** schockiert/überrascht/verärgert über etw *acc*; **I went at his suggestion** ich ging auf seinen Vorschlag hin

ate [et, eɪt] *pt of* **eat**

atheist ['eɪθɪɪst] *n* Atheist(in) *m(f)*

Athens ['æθɪnz] *n* Athen *nt*
athlete ['æθli:t] *n* Athlet *m*, Sportler *m*
athletic [æθ'letɪk] *adj* sportlich, athletisch; **~s** *n* Leichtathletik *f*
Atlantic [ət'læntɪk] *adj* atlantisch ♦ *n*: **the ~ (Ocean)** der Atlantik
atlas ['ætləs] *n* Atlas *m*
atmosphere ['ætməsfɪə*] *n* Atmosphäre *f*
atom ['ætəm] *n* Atom *nt*; (*fig*) bißchen *nt*; **~ic** [ə'tɒmɪk] *adj* atomar, Atom-; **~(ic) bomb** *n* Atombombe *f*; **~izer** ['ætəmaɪzə*] *n* Zerstäuber *m*
atone [ə'təʊn] *vi* sühnen; **to ~ for sth** etw sühnen
atrocious [ə'trəʊʃəs] *adj* gräßlich
atrocity [ə'trɒsɪtɪ] *n* Scheußlichkeit *f*; (*deed*) Greueltat *f*
attach [ə'tætʃ] *vt* (*fasten*) befestigen; **to be ~ed to sb/sth** an jdm/etw hängen; **to ~ importance** *etc* **to sth** Wichtigkeit *etc* auf etw *acc* legen, einer Sache *dat* Wichtigkeit *etc* beimessen
attaché case [ə'tæʃeɪ-] *n* Aktenkoffer *m*
attachment [ə'tætʃmənt] *n* (*tool*) Zubehörteil *nt*; (*love*): **~ (to sb)** Zuneigung *f* (zu jdm)
attack [ə'tæk] *vt* angreifen ♦ *n* Angriff *m*; (*MED*) Anfall *m*; **~er** *n* Angreifer(in) *m(f)*
attain [ə'teɪn] *vt* erreichen; **~ments** *npl* Kenntnisse *pl*
attempt [ə'tempt] *n* Versuch *m* ♦ *vt* versuchen; **~ed murder** Mordversuch *m*
attend [ə'tend] *vt* (*go to*) teilnehmen (an +*dat*); (*lectures*) besuchen; **to ~ to** (*needs*) nachkommen +*dat*; (*person*) sich kümmern um; **~ance** *n* (*presence*) Anwesenheit *f*; (*people present*) Besucherzahl *f*; **good ~ance** gute Teilnahme; **~ant** *n* (*companion*) Begleiter(in) *m(f)*; Gesellschafter(in) *m(f)*; (*in car park etc*) Wächter(in) *m(f)*; (*servant*) Bedienstete(r) *mf* ♦ *adj* begleitend; (*fig*) damit verbunden
attention [ə'tenʃən] *n* Aufmerksamkeit *f*; (*care*) Fürsorge *f*; (*for machine etc*) Pflege *f* ♦ *excl* (*MIL*) Achtung!; **for the ~ of ...** zu Händen (von) ...
attentive [ə'tentɪv] *adj* aufmerksam
attest [ə'test] *vi*: **to ~ to** sich verbürgen für
attic ['ætɪk] *n* Dachstube *f*, Mansarde *f*
attitude ['ætɪtju:d] *n* (*mental*) Einstellung *f*
attorney [ə'tɜ:nɪ] *n* (*solicitor*) Rechtsanwalt *m*; **A~ General** *n* Justizminister *m*
attract [ə'trækt] *vt* anziehen; (*attention*) erregen; **~ion** [ə'trækʃən] *n* Anziehungskraft *f*; (*thing*) Attraktion *f*; **~ive** *adj* attraktiv
attribute [*n* 'ætrɪbju:t, *vb* ə'trɪbju:t] *n* Eigenschaft *f*, Attribut *nt* ♦ *vt* zuschreiben
attrition [ə'trɪʃən] *n*: **war of ~** Zermürbungskrieg *m*
aubergine ['əʊbəʒi:n] *n* Aubergine *f*
auburn ['ɔ:bən] *adj* kastanienbraun
auction ['ɔ:kʃən] *n* (*also*: *sale by ~*) Versteigerung *f*, Auktion *f* ♦ *vt* versteigern; **~eer** [ɔ:kʃə'nɪə*] *n* Versteigerer *m*
audacity [ɔ:'dæsɪtɪ] *n* (*boldness*) Wagemut *m*; (*impudence*) Unverfrorenheit *f*
audible ['ɔ:dɪbl] *adj* hörbar
audience ['ɔ:dɪəns] *n* Zuhörer *pl*, Zuschauer *pl*, (*with king etc*) Audienz *f*
audiotypist ['ɔ:dɪəʊ'taɪpɪst] *n* Phonotypistin *f*
audiovisual ['ɔ:dɪəʊ'vɪzjʊəl] *adj* audiovisuell
audit ['ɔ:dɪt] *vt* prüfen
audition [ɔ:'dɪʃən] *n* Probe *f*
auditor ['ɔ:dɪtə*] *n* (*accountant*) Rechnungsprüfer(in) *m(f)*, Buchprüfer *m*
auditorium [ɔ:dɪ'tɔ:rɪəm] *n* Zuschauerraum *m*
augment [ɔ:g'ment] *vt* vermehren
augur ['ɔ:gə*] *vi* bedeuten, voraussagen; **this ~s well** das ist ein gutes Omen

August ['ɔ:gəst] *n* August *m*
aunt [ɑ:nt] *n* Tante *f*; **~ie** *n* Tantchen *nt*; **~y** *n* = **auntie**
au pair ['əʊ'pɛə*] *n* (*also*: ~ *girl*) Au-pair-Mädchen *nt*
aura ['ɔ:rə] *n* Nimbus *m*
auspices ['ɔ:spɪsɪz] *npl*: **under the ~ of** unter der Schirmherrschaft von
auspicious [ɔ:s'pɪʃəs] *adj* günstig; verheißungsvoll
austere [ɒs'tɪə*] *adj* streng; (*room*) nüchtern
austerity [ɒs'terɪtɪ] *n* Strenge *f*; (*POL*) wirtschaftliche Einschränkung *f*
Australia [ɒs'treɪlɪə] *n* Australien *nt*; **~n** *adj* australisch ♦ *n* Australier(in) *m(f)*
Austria ['ɒstrɪə] *n* Österreich *nt*; **~n** *adj* österreichisch ♦ *n* Österreicher(in) *m(f)*
authentic [ɔ:'θentɪk] *adj* echt, authentisch
author ['ɔ:θə*] *n* Autor *m*, Schriftsteller *m*; (*beginner*) Urheber *m*, Schöpfer *m*
authoritarian [ɔ:θɒrɪ'tɛərɪən] *adj* autoritär
authoritative [ɔ:'θɒrɪtətɪv] *adj* (*account*) maßgeblich; (*manner*) herrisch
authority [ɔ:'θɒrɪtɪ] *n* (*power*) Autorität *f*; (*expert*) Autorität *f*, Fachmann *m*; **the authorities** *npl* (*ruling body*) die Behörden *pl*
authorize ['ɔ:θəraɪz] *vt* bevollmächtigen; (*permit*) genehmigen
auto ['ɔ:təʊ] (*US*) *n* Auto *nt*, Wagen *m*
autobiography [ɔ:təʊbaɪ'ɒgrəfɪ] *n* Autobiographie *f*
autograph ['ɔ:təgrɑ:f] *n* (*of celebrity*) Autogramm *nt* ♦ *vt* mit Autogramm versehen
automatic [ɔ:tə'mætɪk] *adj* automatisch ♦ *n* (*gun*) Selbstladepistole *f*; (*car*) Automatik *m*; **~ally** *adv* automatisch
automation [ɔ:tə'meɪʃən] *n* Automatisierung *f*
automobile ['ɔ:təməbi:l] (*US*) *n* Auto(mobil) *nt*
autonomous [ɔ:'tɒnəməs] *adj* autonom
autumn ['ɔ:təm] *n* Herbst *m*
auxiliary [ɔ:g'zɪlɪərɪ] *adj* Hilfs-
Av. *abbr* = **avenue**
avail [ə'veɪl] *vt*: **to ~ o.s. of sth** sich einer Sache *gen* bedienen ♦ *n*: **to no ~** nutzlos
availability [əveɪlə'bɪlɪtɪ] *n* Erhältlichkeit *f*, Vorhandensein *nt*
available [ə'veɪləbl] *adj* erhältlich; zur Verfügung stehend; (*person*) erreichbar, abkömmlich
avalanche ['ævəlɑ:nʃ] *n* Lawine *f*
avarice ['ævərɪs] *n* Habsucht *f*, Geiz *m*
Ave. *abbr* = **avenue**
avenge [ə'vendʒ] *vt* rächen, sühnen
avenue ['ævənju:] *n* Allee *f*
average ['ævərɪdʒ] *n* Durchschnitt *m* ♦ *adj* durchschnittlich, Durchschnitts- ♦ *vt* (*figures*) den Durchschnitt nehmen von; (*perform*) durchschnittlich leisten; (*in car etc*) im Schnitt fahren; **on ~** durchschnittlich, im Durchschnitt; **~ out** *vi*: **to ~ out at** im Durchschnitt betragen
averse [ə'vɜ:s] *adj*: **to be ~ to doing sth** eine Abneigung dagegen haben, etw zu tun
avert [ə'vɜ:t] *vt* (*turn away*) abkehren; (*prevent*) abwehren
aviary ['eɪvɪərɪ] *n* Vogelhaus *nt*
aviation [eɪvɪ'eɪʃən] *n* Luftfahrt *f*, Flugwesen *nt*
avid ['ævɪd] *adj*: **~ (for)** gierig (auf +*acc*)
avocado [ævə'kɑ:dəʊ] *n* (*also*: *BRIT*: ~ *pear*) Avocado(birne) *f*
avoid [ə'vɔɪd] *vt* vermeiden
await [ə'weɪt] *vt* erwarten, entgegensehen +*dat*
awake [ə'weɪk] (*pt* **awoke**, *pp* **awoken** *or* **awaked**) *adj* wach ♦ *vt* (auf)wecken ♦ *vi* aufwachen; **to be ~** wach sein; **~ning** *n* Erwachen *nt*
award [ə'wɔ:d] *n* (*prize*) Preis *m* ♦ *vt*: **to ~ (sb sth)** (jdm etw) zuerken-

nen

aware [ə'wɛə*] *adj* bewußt; **to be ~** sich bewußt sein; **~ness** *n* Bewußtsein *nt*

awash [ə'wɒʃ] *adj* überflutet

away [ə'weɪ] *adv* weg, fort; **two hours ~ by car** zwei Autostunden entfernt; **the holiday was two weeks ~** es war noch zwei Wochen bis zum Urlaub; **two kilometres ~** zwei Kilometer entfernt; **~ match** *n* (*SPORT*) Auswärtsspiel *nt*

awe [ɔ:] *n* Ehrfurcht *f*; **~-inspiring** *adj* ehrfurchtgebietend; **~some** *adj* ehrfurchtgebietend

awful ['ɔ:fʊl] *adj* (*very bad*) furchtbar; **~ly** *adv* furchtbar, sehr

awhile [ə'waɪl] *adv* eine Weile

awkward ['ɔ:kwəd] *adj* (*clumsy*) ungeschickt, linkisch; (*embarrassing*) peinlich

awning ['ɔ:nɪŋ] *n* Markise *f*

awoke [ə'wəʊk] *pt of* **awake**; **awoken** [ə'wəʊkən] *pp of* **awake**

awry [ə'raɪ] *adv* schief; **to go ~** (*person*) fehlgehen; (*plans*) schiefgehen

axe [æks] (*US* **ax**) *n* Axt *f*, Beil *nt* ♦ *vt* (*end suddenly*) streichen

axes[1] ['æksɪz] *npl of* **axe**

axes[2] ['æksi:z] *npl of* **axis**

axis ['æksɪs] (*pl* **axes**) *n* Achse *f*

axle ['æksl] *n* Achse *f*

ay(e) [aɪ] *excl* (*yes*) ja

azalea [ə'zeɪlɪə] *n* Azalee *f*

B

B [bi:] *n* (*MUS*) H *nt*

B.A. *n abbr* = **Bachelor of Arts**

babble ['bæbl] *vi* schwätzen; (*stream*) murmeln

baby ['beɪbɪ] *n* Baby *nt*; **~ carriage** (*US*) *n* Kinderwagen *m*; **~-sit** *vi* Kinder hüten, babysitten; **~-sitter** *n* Babysitter *m*

bachelor ['bætʃələ*] *n* Junggeselle *m*; **B~ of Arts** Bakkalaureus *m* der philosophischen Fakultät; **B~ of Science** Bakkalaureus *m* der Naturwissenschaften

back [bæk] *n* (*of person, horse*) Rücken *m*; (*of house*) Rückseite *f*; (*of train*) Ende *nt*; (*FOOTBALL*) Verteidiger *m* ♦ *vt* (*support*) unterstützen; (*wager*) wetten auf +*acc*; (*car*) rückwärts fahren ♦ *vi* (*go backwards*) rückwärts gehen *or* fahren ♦ *adj* hintere(r, s) ♦ *adv* zurück; (*to the rear*) nach hinten; **~ down** *vi* zurückstecken; **~ out** *vi* sich zurückziehen; (*inf*) kneifen; **~ up** *vt* (*support*) unterstützen; (*car*) zurücksetzen; (*COMPUT*) eine Sicherungskopie machen von; **~bencher** (*BRIT*) *n* Parlamentarier(in) *m(f)*; **~bone** *n* Rückgrat *nt*; (*support*) Rückhalt *m*; **~cloth** *n* Hintergrund *m*; **~date** *vt* rückdatieren; **~drop** *n* (*THEAT*) = **backcloth**; (*background*) Hintergrund *m*; **~fire** *vi* (*plan*) fehlschlagen; (*TECH*) fehlzünden; **~ground** *n* Hintergrund *m*; (*person's education*) Vorbildung *f*; **family ~ground** Familienverhältnisse *pl*; **~hand** *n* (*TENNIS*: *also*: *~hand stroke*) Rückhand *f*; **~hander** (*BRIT*) *n* (*bribe*) Schmiergeld *nt*; **~ing** *n* (*support*) Unterstützung *f*; **~lash** *n* (*fig*) Gegenschlag *m*; **~log** *n* (*of work*) Rückstand *m*; **~ number** *n* (*PRESS*) alte Nummer *f*; **~pack** *n* Rucksack *m*; **~ pay** *n* (Gehalts- *or* Lohn)nachzahlung *f*; **~ payments** *npl* Zahlungsrückstände *pl*; **~ seat** *n* (*AUT*) Rücksitz *m*; **~side** (*inf*) *n* Hintern *m*; **~stage** *adv* hinter den Kulissen; **~stroke** *n* Rückenschwimmen *nt*; **~up** *adj* (*train*) Zusatz-; (*plane*) Sonder-; (*COMPUT*) Sicherungs- ♦ *n* (*see adj*) Zusatzzug *m*; Sondermaschine *f*; Sicherungskopie *f*; **~ward** *adj* (*less developed*) zurückgeblieben; (*primitive*) rückständig; **~wards** *adv* rückwärts; **~water** *n* (*fig*) Kaff *nt*; **~yard** *n* Hinterhof *m*

bacon ['beɪkən] *n* Schinkenspeck *m*

bacteria [bæk'tɪərɪə] *npl* Bakterien *pl*

bad [bæd] *adj* schlecht, schlimm; **to go** ~ schlecht werden
bade [bæd] *pt of* **bid**
badge [bædʒ] *n* Abzeichen *nt*
badger ['bædʒə*] *n* Dachs *m*
badly ['bædlɪ] *adv* schlecht, schlimm; ~ **wounded** schwerverwundet; **he needs it** ~ er braucht es dringend; **to be** ~ **off (for money)** dringend Geld nötig haben
badminton ['bædmɪntən] *n* Federball *m*, Badminton *nt*
bad-tempered ['bæd'tempəd] *adj* schlecht gelaunt
baffle ['bæfl] *vt* (*puzzle*) verblüffen
bag [bæg] *n* (*sack*) Beutel *m*; (*paper*) Tüte *f*; (*hand*~) Tasche *f*; (*suitcase*) Koffer *m*; (*booty*) Jagdbeute *f*; (*inf*: *old woman*) alte Schachtel *f* ♦ *vt* (*put in sack*) in einen Sack stecken; (*hunting*) erlegen; ~**s of** (*inf*: *lots of*) eine Menge +*acc*; ~**gage** ['bægɪdʒ] *n* Gepäck *nt*; ~**gy** ['bægɪ] *adj* bauschig, sackartig; ~**pipes** ['bægpaɪps] *npl* Dudelsack *m*
Bahamas [bə'hɑːməz] *npl*: **the** ~ die Bahamas *pl*
bail [beɪl] *n* (*money*) Kaution *f* ♦ *vt* (*prisoner*: *usu*: *grant* ~ *to*) gegen Kaution freilassen; (*boat*: *also*: ~ *out*) ausschöpfen; **on** ~ (*prisoner*) gegen Kaution freigelassen; **to** ~ **sb out** die Kaution für jdn stellen; *see also* **bale**
bailiff ['beɪlɪf] *n* Gerichtsvollzieher(in) *m(f)*
bait [beɪt] *n* Köder *m* ♦ *vt* mit einem Köder versehen; (*fig*) ködern
bake [beɪk] *vt, vi* backen; ~**d beans** gebackene Bohnen *pl*; ~**r** *n* Bäcker *m*; ~**ry** *n* Bäckerei *f*
baking ['beɪkɪŋ] *n* Backen *nt*; ~ **powder** *n* Backpulver *nt*
balance ['bæləns] *n* (*scales*) Waage *f*; (*equilibrium*) Gleichgewicht *nt*; (*FIN*: *state of account*) Saldo *m*; (*difference*) Bilanz *f*; (*amount remaining*) Restbetrag *m* ♦ *vt* (*weigh*) wägen; (*make equal*) ausgleichen; ~ **of trade/payments** Handels-/Zahlungsbilanz *f*; ~**d** *adj* ausgeglichen; ~ **sheet** *n* Bilanz *f*, Rechnungsabschluß *m*
balcony ['bælkənɪ] *n* Balkon *m*
bald [bɔːld] *adj* kahl; (*statement*) knapp
bale [beɪl] *n* Ballen *m*; ~ **out** *vi* (*from a plane*) abspringen
ball [bɔːl] *n* Ball *m*; ~ **bearing** *n* Kugellager *nt*
ballet ['bæleɪ] *n* Ballett *nt*; ~ **dancer** *n* Ballettänzer(in) *m(f)*
balloon [bə'luːn] *n* (Luft)ballon *m*
ballot ['bælət] *n* (geheime) Abstimmung *f*
ballpoint (pen) ['bɔːlpɔɪnt] *n* Kugelschreiber *m*
ballroom ['bɔːlrʊm] *n* Tanzsaal *m*
Baltic ['bɔːltɪk] *n*: **the** ~ **(Sea)** die Ostsee
bamboo [bæm'buː] *n* Bambus *m*
ban [bæn] *n* Verbot *nt* ♦ *vt* verbieten
banana [bə'nɑːnə] *n* Banane *f*
band [bænd] *n* Band *nt*; (*group*) Gruppe *f*; (*of criminals*) Bande *f*; (*MUS*) Kapelle *f*, Band *f*; ~ **together** *vi* sich zusammentun
bandage ['bændɪdʒ] *n* Verband *m*; (*elastic*) Bandage *f* ♦ *vt* (*cut*) verbinden; (*broken limb*) bandagieren
Bandaid ['bændeɪd] ® (*US*) *n* Heftpflaster *nt*
bandwagon ['bændwægən] *n*: **to jump on the** ~ (*fig*) auf den fahrenden Zug aufspringen
bandy ['bændɪ] *vt* wechseln; ~**-legged** ['bændɪ'legɪd] *adj* o-beinig
bang [bæŋ] *n* (*explosion*) Knall *m*; (*blow*) Hieb *m* ♦ *vt, vi* knallen
Bangladesh [bæŋglə'deʃ] *n* Bangladesch *nt*
bangle ['bæŋgl] *n* Armspange *f*
bangs [bæŋz] (*US*) *npl* (*fringe*) Pony *m*
banish ['bænɪʃ] *vt* verbannen
banister(s) ['bænɪstə(z)] *n(pl)* (Treppen)geländer *nt*
bank [bæŋk] *n* (*raised ground*) Erdwall *m*; (*of lake etc*) Ufer *nt*; (*FIN*) Bank *f* ♦ *vt* (*tilt*: *AVIAT*) in die Kurve bringen; (*money*) einzahlen; ~ **on**

vt fus: **to ~ on sth** mit etw rechnen; **~ account** *n* Bankkonto *nt*; **~ card** *n* Scheckkarte *f*; **~er** *n* Bankier *m*; **~er's card** (*BRIT*) *n* = **bank card**; **B~ holiday** (*BRIT*) *n* gesetzliche(r) Feiertag *m*; **~ing** *n* Bankwesen *nt*; **~note** *n* Banknote *f*; **~ rate** *n* Banksatz *m*

bankrupt ['bæŋkrʌpt] *adj*: **to be ~** bankrott sein; **to go ~** Bankrott machen; **~cy** *n* Bankrott *m*

bank statement *n* Kontoauszug *m*

banner ['bænə*] *n* Banner *nt*

banns [bænz] *npl* Aufgebot *nt*

baptism ['bæptɪzəm] *n* Taufe *f*

baptize [bæp'taɪz] *vt* taufen

bar [bɑ:*] *n* (*rod*) Stange *f*; (*obstacle*) Hindernis *nt*; (*of chocolate*) Tafel *f*; (*of soap*) Stück *nt*; (*for food, drink*) Buffet *nt*, Bar *f*; (*pub*) Wirtschaft *f*; (*MUS*) Takt(strich) *m* ♦ *vt* (*fasten*) verriegeln; (*hinder*) versperren; (*exclude*) ausschließen; **behind ~s** hinter Gittern; **the B~: to be called to the B~** als Anwalt zugelassen werden; **~ none** ohne Ausnahme

barbaric [bɑ:'bærɪk] *adj* primitiv, unkultiviert

barbecue ['bɑ:bɪkju:] *n* Barbecue *nt*

barbed wire ['bɑ:bd-] *n* Stacheldraht *m*

barber ['bɑ:bə*] *n* Herrenfriseur *m*

bar code *n* (*on goods*) Registrierkode *f*

bare [bɛə*] *adj* nackt; (*trees, country*) kahl; (*mere*) bloß ♦ *vt* entblößen; **~back** *adv* ungesattelt; **~faced** *adj* unverfroren; **~foot** *adj, adv* barfuß; **~ly** *adv* kaum, knapp

bargain ['bɑ:gɪn] *n* (*sth cheap*) günstiger Kauf; (*agreement*: *written*) Kaufvertrag *m*; (: *oral*) Geschäft *nt*; **into the ~** obendrein; **~ for** *vt*: **he got more than he ~ed for** er erlebte sein blaues Wunder

barge [bɑ:dʒ] *n* Lastkahn *m*; **~ in** *vi* hereinplatzen; **~ into** *vt* rennen gegen

bark [bɑ:k] *n* (*of tree*) Rinde *f*; (*of dog*) Bellen *nt* ♦ *vi* (*dog*) bellen

barley ['bɑ:lɪ] *n* Gerste *f*; **~ sugar** *n* Malzbonbon *nt*

barmaid ['bɑ:meɪd] *n* Bardame *f*

barman ['bɑ:mən] (*irreg*) *n* Barkellner *m*

barn [bɑ:n] *n* Scheune *f*

barometer [bə'rɒmɪtə*] *n* Barometer *nt*

baron ['bærən] *n* Baron *m*; **~ess** *n* Baronin *f*

barracks ['bærəks] *npl* Kaserne *f*

barrage ['bærɑ:ʒ] *n* (*gunfire*) Sperrfeuer *nt*; (*dam*) Staudamm *m*; Talsperre *f*

barrel ['bærəl] *n* Faß *nt*; (*of gun*) Lauf *m*

barren ['bærən] *adj* unfruchtbar

barricade [bærɪ'keɪd] *n* Barrikade *f* ♦ *vt* verbarrikadieren

barrier ['bærɪə*] *n* (*obstruction*) Hindernis *nt*; (*fence*) Schranke *f*

barring ['bɑ:rɪŋ] *prep* außer im Falle +*gen*

barrister ['bærɪstə*] (*BRIT*) *n* Rechtsanwalt *m*

barrow ['bærəʊ] *n* (*cart*) Schubkarren *m*

bartender ['bɑ:tendə*] (*US*) *n* Barmann *or* -kellner *m*

barter ['bɑ:tə*] *vt* handeln

base [beɪs] *n* (*bottom*) Boden *m*, Basis *f*; (*MIL*) Stützpunkt *m* ♦ *vt* gründen; (*opinion, theory*): **to be ~d on** basieren auf +*dat* ♦ *adj* (*low*) gemein; **~ball** ['beɪsbɔ:l] *n* Baseball *m*; **~ment** ['beɪsmənt] *n* Kellergeschoß *nt*

bases[1] ['beɪsɪz] *npl of* **base**

bases[2] ['beɪsi:z] *npl of* **basis**

bash [bæʃ] (*inf*) *vt* (heftig) schlagen

bashful ['bæʃfʊl] *adj* schüchtern

basic ['beɪsɪk] *adj* grundlegend; **~s** *npl*: **the ~s** das Wesentliche (*sg*); **~ally** *adv* im Grunde

basil ['bæzl] *n* Basilikum *nt*

basin ['beɪsn] *n* (*dish*) Schüssel *f*; (*for washing, also valley*) Becken *nt*; (*dock*) (Trocken)becken *nt*

basis ['beɪsɪs] (*pl* **bases**) *n* Basis *f*, Grundlage *f*

bask [bɑ:sk] *vi*: **to ~ in the sun** sich sonnen

basket ['bɑ:skɪt] *n* Korb *m*; **~ball** *n* Basketball *m*

bass [beɪs] *n* (*MUS, also instrument*) Baß *m*; (*voice*) Baßstimme *f*

bassoon [bə'su:n] *n* Fagott *nt*

bastard ['bɑ:stəd] *n* Bastard *m*; (*inf!*) Arschloch *nt* (*!*)

bastion ['bæstɪən] *n* (*also fig*) Bollwerk *nt*

bat [bæt] *n* (*SPORT*) Schlagholz *nt*; Schläger *m*; (*ZOOL*) Fledermaus *f* ♦ *vt*: **he didn't ~ an eyelid** er hat nicht mit der Wimper gezuckt

batch [bætʃ] *n* (*of letters*) Stoß *m*; (*of samples*) Satz *m*

bated ['beɪtɪd] *adj*: **with ~ breath** mit angehaltenem Atem

bath [bɑ:θ, *pl* bɑ:ðz] *n* Bad *nt*; (*~ tub*) Badewanne *f* ♦ *vt* baden; **to have a ~** baden; *see also* **baths**

bathe [beɪð] *vt, vi* baden; **~r** *n* Badende(r) *mf*

bathing ['beɪðɪŋ] *n* Baden *nt*; **~ cap** *n* Badekappe *f*; **~ costume** *n* Badeanzug *m*; **~ suit** (*US*) *n* Badeanzug *m*; **~ trunks** (*BRIT*) *npl* Badehose *f*

bathrobe ['bɑ:θrəʊb] *n* Bademantel *m*

bathroom ['bɑ:θrʊm] *n* Bad(ezimmer *nt*) *nt*

baths [bɑ:ðz] *npl* (Schwimm)bad *nt*

bath towel *n* Badetuch *nt*

baton ['bætən] *n* (*of police*) Gummiknüppel *m*; (*MUS*) Taktstock *m*

batter ['bætə*] *vt* verprügeln ♦ *n* Schlagteig *m*; (*for cake*) Biskuitteig *m*; **~ed** *adj* (*hat, pan*) verbeult

battery ['bætərɪ] *n* (*ELEC*) Batterie *f*; (*MIL*) Geschützbatterie *f*

battle ['bætl] *n* Schlacht *f*; (*small*) Gefecht *nt* ♦ *vi* kämpfen; **~field** *n* Schlachtfeld *nt*; **~ship** *n* Schlachtschiff *nt*

Bavaria *n* Bayern *nt*; **~n** *adj* bay(e)risch ♦ *n* (*person*) Bayer(in) *m(f)*; (*LING*) Bay(e)risch *nt*

bawdy ['bɔ:dɪ] *adj* unflätig

bawl [bɔ:l] *vi* brüllen

bay [beɪ] *n* (*of sea*) Bucht *f* ♦ *vi* bellen; **to keep at ~** unter Kontrolle halten

bay window *n* Erkerfenster *nt*

bazaar [bə'zɑ:*] *n* Basar *m*

B. & B. *abbr* = **bed and breakfast**

BBC *n abbr* (= *British Broadcasting Corporation*) BBC *f or m*

B.C. *adv abbr* (= *before Christ*) v.Chr.

KEYWORD

be [bi:] (*pt* **was, were,** *pp* **been**) *aux vb* **1** (*with present participle: forming continuous tenses*): **what are you doing?** was machst du (gerade)?; **it is raining** es regnet; **I've been waiting for you for hours** ich warte schon seit Stunden auf dich

2 (*with pp: forming passives*): **to be killed** getötet werden; **the thief was nowhere to be seen** der Dieb war nirgendwo zu sehen

3 (*in tag questions*): **it was fun, wasn't it?** es hat Spaß gemacht, nicht wahr?

4 (*+to +infin*): **the house is to be sold** das Haus soll verkauft werden; **he's not to open it** er darf es nicht öffnen

♦ *vb +complement* **1** (*usu*) sein; **I'm tired** ich bin müde; **I'm hot/cold** mir ist heiß/kalt; **he's a doctor** er ist Arzt; **2 and 2 are 4** 2 und 2 ist *or* sind 4; **she's tall/pretty** sie ist groß/hübsch; **be careful/quiet** sei vorsichtig/ruhig

2 (*of health*): **how are you?** wie geht es dir?; **he's very ill** er ist sehr krank; **I'm fine now** jetzt geht es mir gut

3 (*of age*): **how old are you?** wie alt bist du?; **I'm sixteen (years old)** ich bin sechzehn (Jahre alt)

4 (*cost*): **how much was the meal?** was *or* wieviel hat das Essen gekostet?; **that'll be £5.75, please** das macht £5.75, bitte

♦ *vi* **1** (*exist, occur etc*) sein; **is**

there a God? gibt es einen Gott?; **be that as it may** wie dem auch sei; **so be it** also gut
2 (*referring to place*) sein; **I won't be here tomorrow** iche werde morgen nicht hier sein
3 (*referring to movement*): **where have you been?** wo bist du gewesen?; **I've been in the garden** ich war im Garten
♦ *impers vb* **1** (*referring to time, distance, weather*) sein; **it's 5 o'clock** es ist 5 Uhr; **it's 10 km to the village** es sind 10 km bis zum Dorf; **it's too hot/cold** es ist zu heiß/kalt
2 (*emphatic*): **it's me** ich bin's; **it's the postman** es ist der Briefträger

beach [bi:tʃ] *n* Strand *m* ♦ *vt* (*ship*) auf den Strand setzen
beacon ['bi:kən] *n* (*signal*) Leuchtfeuer *nt*; (*traffic* ~) Bake *f*
bead [bi:d] *n* Perle *f*; (*drop*) Tropfen *m*
beak [bi:k] *n* Schnabel *m*
beaker ['bi:kə*] *n* Becher *m*
beam [bi:m] *n* (*of wood*) Balken *m*; (*of light*) Strahl *m*; (*smile*) strahlende(s) Lächeln *nt* ♦ *vi* strahlen
bean [bi:n] *n* Bohne *f*; ~ **sprouts** *npl* Sojasprossen *pl*
bear [bɛə*] (*pt* **bore**, *pp* **borne**) *n* Bär *m* ♦ *vt* (*weight, crops*) tragen; (*tolerate*) ertragen; (*young*) gebären ♦ *vi*: **to** ~ **right/left** sich rechts/links halten; ~ **out** *vt* (*suspicions etc*) bestätigen; ~ **up** *vi* sich halten
beard [bɪəd] *n* Bart *m*; ~**ed** *adj* bärtig
bearer ['bɛərə*] *n* Träger *m*
bearing ['bɛərɪŋ] *n* (*posture*) Haltung *f*; (*relevance*) Relevanz *f* ♦ *n*; (*relation*) Bedeutung *f*; (*TECH*) Kugellager *nt*; ~**s** *npl* (*direction*) Orientierung *f*; (*also: ball* ~*s*) (Kugel)lager *nt*
beast [bi:st] *n* Tier *nt*, Vieh *nt*; (*person*) Biest *nt*; ~**ly** *adj* viehisch; (*inf*) scheußlich
beat [bi:t] (*pt* **beat**, *pp* **beaten**) *n* (*stroke*) Schlag *m*; (*pulsation*) (Herz)schlag *m*; (*police round*) Runde *f*; Revier *nt*; (*MUS*) Takt *m*; Beat *m* ♦ *vt, vi* schlagen; **to** ~ **it** abhauen; **off the** ~**en track** abgelegen; ~ **off** *vt* abschlagen; ~ **up** *vt* zusammenschlagen; **beaten** *pp of* **beat**; ~**ing** *n* Prügel *pl*
beautiful ['bju:tɪful] *adj* schön; ~**ly** *adv* ausgezeichnet
beauty ['bju:tɪ] *n* Schönheit *f*; ~ **salon** *n* Schönheitssalon *m*; ~ **spot** *n* Schönheitsfleck *m*; (*BRIT*: *TOURISM*) (besonders) schöne(r) Ort *m*
beaver ['bi:və*] *n* Biber *m*
became [bɪ'keɪm] *pt of* **become**
because [bɪ'kɒz] *conj* weil ♦ *prep*: ~ **of** wegen +*gen*, wegen +*dat* (*inf*)
beck [bek] *n*: **to be at the** ~ **and call of sb** nach jds Pfeife tanzen
beckon ['bekən] *vt, vi*: **to** ~ **to sb** jdm ein Zeichen geben
become [bɪ'kʌm] (*irreg: like* **come**) *vi* werden ♦ *vt* werden; (*clothes*) stehen +*dat*
becoming [bɪ'kʌmɪŋ] *adj* (*suitable*) schicklich; (*clothes*) kleidsam
bed [bed] *n* Bett *nt*; (*of river*) Flußbett *nt*; (*foundation*) Schicht *f*; (*in garden*) Beet *nt*; **to go to** ~ zu Bett gehen; ~ **and breakfast** *n* Übernachtung *f* mit Frühstück; ~**clothes** *npl* Bettwäsche *f*; ~**ding** *n* Bettzeug *nt*
bedlam ['bedləm] *n* (*uproar*) tolle(s) Durcheinander *nt*
bedraggled [bɪ'drægld] *adj* ramponiert
bed: ~**ridden** *adj* bettlägerig; ~**room** *n* Schlafzimmer *nt*; ~**side** *n*: **at the** ~**side** am Bett; ~**sit(ter)** (*BRIT*) *n* Einzimmerwohnung *f*, möblierte(s) Zimmer *nt*; ~**spread** *n* Tagesdecke *f*; ~**time** *n* Schlafenszeit *f*
bee [bi:] *n* Biene *f*
beech [bi:tʃ] *n* Buche *f*
beef [bi:f] *n* Rindfleisch *nt*; **roast** ~ Roastbeef *nt*; ~**burger** *n* Hamburger *m*
beehive ['bi:haɪv] *n* Bienenstock *m*

beeline ['bi:laɪn] *n*: **to make a ~ for** schnurstracks zugehen auf +*acc*
been [bi:n] *pp of* **be**
beer [bɪə*] *n* Bier *nt*
beet [bi:t] *n* (*vegetable*) Rübe *f*; (*US*: *also*: *red* ~) rote Bete *f or* Rübe *f*
beetle ['bi:tl] *n* Käfer *m*
beetroot ['bi:tru:t] (*BRIT*) *n* rote Bete *f*
before [bɪ'fɔ:*] *prep* vor ♦ *conj* bevor ♦ *adv* (*of time*) zuvor; früher; **the week** ~ die Woche zuvor *or* vorher; **I've done it** ~ das hab' ich schon mal getan; ~ **going** bevor er/sie *etc* geht/ging; ~ **she goes** bevor sie geht; ~**hand** *adv* im voraus
beg [beg] *vt, vi* (*implore*) dringend bitten; (*alms*) betteln
began [bɪ'gæn] *pt of* **begin**
beggar ['begə*] *n* Bettler(in) *m(f)*
begin [bɪ'gɪn] (*pt* **began**, *pp* **begun**) *vt, vi* anfangen, beginnen; (*found*) gründen; **to ~ doing** *or* **to do sth** anfangen *or* beginnen, etw zu tun; **to ~ with** zunächst (einmal); ~**ner** *n* Anfänger *m*; ~**ning** *n* Anfang *m*
begun [bɪ'gʌn] *pp of* **begin**
behalf [bɪ'hɑ:f] *n*: **on ~ of** im Namen +*gen*; **on my ~** für mich
behave [bɪ'heɪv] *vi* sich benehmen
behaviour [bɪ'heɪvjə*] (*US* **behavior**) *n* Benehmen *nt*
behead [bɪ'hed] *vt* enthaupten
beheld [bɪ'held] *pt, pp of* **behold**
behind [bɪ'haɪnd] *prep* hinter ♦ *adv* (*late*) im Rückstand; (*in the rear*) hinten ♦ *n* (*inf*) Hinterteil *nt*; ~ **the scenes** (*fig*) hinter den Kulissen
behold [bɪ'həʊld] (*irreg: like* **hold**) *vt* erblicken
beige [beɪʒ] *adj* beige
Beijing ['beɪ'dʒɪŋ] *n* Peking *nt*
being ['bi:ɪŋ] *n* (*existence*) (Da)sein *nt*; (*person*) Wesen *nt*; **to come into ~** entstehen
belated [bɪ'leɪtɪd] *adj* verspätet
belch [beltʃ] *vi* rülpsen ♦ *vt* (*smoke*) ausspeien
belfry ['belfrɪ] *n* Glockenturm *m*
Belgian ['beldʒən] *adj* belgisch ♦ *n* Belgier(in) *m(f)*
Belgium ['beldʒəm] *n* Belgien *nt*
belie [bɪ'laɪ] *vt* Lügen strafen +*acc*
belief [bɪ'li:f] *n* Glaube *m*; (*conviction*) Überzeugung *f*; ~ **in sb/sth** Glaube an jdn/etw
believe [bɪ'li:v] *vt* glauben +*dat*; (*think*) glauben, meinen, denken ♦ *vi* (*have faith*) glauben; **to ~ in sth** an etw *acc* glauben; ~**r** *n* Gläubige(r) *mf*
belittle [bɪ'lɪtl] *vt* herabsetzen
bell [bel] *n* Glocke *f*
belligerent [bɪ'lɪdʒərənt] *adj* (*person*) streitsüchtig; (*country*) kriegsführend
bellow ['beləʊ] *vt, vi* brüllen
bellows ['beləʊz] *npl* (*TECH*) Gebläse *nt*; (*for fire*) Blasebalg *m*
belly ['belɪ] *n* Bauch *m*
belong [bɪ'lɒŋ] *vi* gehören; **to ~ to sb** jdm gehören; **to ~ to a club** *etc* einem Club *etc* angehören; **it does not ~ here** es gehört nicht hierher; ~**ings** *npl* Habe *f*
beloved [bɪ'lʌvɪd] *adj* innig geliebt ♦ *n* Geliebte(r) *mf*
below [bɪ'ləʊ] *prep* unter ♦ *adv* unten
belt [belt] *n* (*band*) Riemen *m*; (*round waist*) Gürtel *m* ♦ *vt* (*fasten*) mit Riemen befestigen; (*inf*: *beat*) schlagen; ~**way** (*US*) *n* (*AUT*: *ring road*) Umgehungsstraße *f*
bemused [bɪ'mju:zd] *adj* verwirrt
bench [bentʃ] *n* (*seat*) Bank *f*; (*workshop*) Werkbank *f*; (*judge's seat*) Richterbank *f*; (*judges*) Richter *pl*
bend [bend] (*pt, pp* **bent**) *vt* (*curve*) biegen; (*stoop*) beugen ♦ *vi* sich biegen; sich beugen ♦ *n* Biegung *f*; (*BRIT*: *in road*) Kurve *f*; ~ **down** *or* **over** *vi* sich bücken
beneath [bɪ'ni:θ] *prep* unter ♦ *adv* darunter
benefactor ['benɪfæktə*] *n* Wohltäter(in) *m(f)*
beneficial [benɪ'fɪʃl] *adj* vorteilhaft; (*to health*) heilsam
benefit ['benɪfɪt] *n* (*advantage*) Nutzen *m* ♦ *vt* fördern ♦ *vi*: **to ~**

(from) Nutzen ziehen (aus)

Benelux ['benɪlʌks] *n* Beneluxstaaten *pl*

benevolent [bɪ'nevələnt] *adj* wohlwollend

benign [bɪ'naɪn] *adj* (*person*) gütig; (*climate*) mild

bent [bent] *pt, pp of* **bend** ♦ *n* (*inclination*) Neigung *f* ♦ *adj* (*inf*: *dishonest*) unehrlich; **to be ~ on** versessen sein auf +*acc*

bequest [bɪ'kwest] *n* Vermächtnis *nt*

bereaved [bɪ'ri:vd] *npl*: **the ~** die Hinterbliebenen *pl*

bereft [bɪ'reft] *adj*: **~ of** bar +*gen*

beret ['berɪ] *n* Baskenmütze *f*

Berlin [bɜ:'lɪn] *n* Berlin *nt*

berm [bɜ:m] (*US*) *n* (*AUT*) Seitenstreifen *m*

Bermuda [bɜ:'mju:də] *n* Bermuda *nt*

berry ['berɪ] *n* Beere *f*

berserk [bə'sɜ:k] *adj*: **to go ~** wild werden

berth [bɜ:θ] *n* (*for ship*) Ankerplatz *m*; (*in ship*) Koje *f*; (*in train*) Bett *nt* ♦ *vt* am Kai festmachen ♦ *vi* anlegen

beseech [bɪ'si:tʃ] (*pt, pp* **besought**) *vt* anflehen

beset [bɪ'set] (*pt, pp* **beset**) *vt* bedrängen

beside [bɪ'saɪd] *prep* neben, bei; (*except*) außer; **to be ~ o.s. (with)** außer sich sein (vor +*dat*); **that's ~ the point** das tut nichts zur Sache

besides [bɪ'saɪdz] *prep* außer, neben ♦ *adv* außerdem

besiege [bɪ'si:dʒ] *vt* (*MIL*) belagern; (*surround*) umlagern, bedrängen

besought [bɪ'sɔ:t] *pt, pp of* **beseech**

best [best] *adj* beste(r, s) ♦ *adv* am besten; **the ~ part of** (*quantity*) das meiste +*gen*; **at ~** höchstens; **to make the ~ of it** das Beste daraus machen; **to do one's ~** sein Bestes tun; **to the ~ of my knowledge** meines Wissens; **to the ~ of my ability** so gut ich kann; **for the ~** zum Besten; **~ man** *n* Trauzeuge *m*

bestow [bɪ'stəʊ] *vt* verleihen

bet [bet] (*pt, pp* **bet** *or* **betted**) *n* Wette *f* ♦ *vt, vi* wetten

betray [bɪ'treɪ] *vt* verraten

better ['betə*] *adj, adv* besser ♦ *vt* verbessern ♦ *n*: **to get the ~ of sb** jdn überwinden; **he thought ~ of it** er hat sich eines Besseren besonnen; **you had ~ leave** Sie gehen jetzt wohl besser; **to get ~** (*MED*) gesund werden; **~ off** *adj* (*richer*) wohlhabender

betting ['betɪŋ] *n* Wetten *nt*; **~ shop** (*BRIT*) *n* Wettbüro *nt*

between [bɪ'twi:n] *prep* zwischen; (*among*) unter ♦ *adv* dazwischen

beverage ['bevərɪdʒ] *n* Getränk *nt*

bevy ['bevɪ] *n* Schar *f*

beware [bɪ'weə*] *vt, vi* sich hüten vor +*dat*; **"~ of the dog"** „Vorsicht, bissiger Hund!"

bewildered [bɪ'wɪldəd] *adj* verwirrt

bewitching [bɪ'wɪtʃɪŋ] *adj* bezaubernd

beyond [bɪ'jɒnd] *prep* (*place*) jenseits +*gen*; (*time*) über ... hinaus; (*out of reach*) außerhalb +*gen* ♦ *adv* darüber hinaus; **~ doubt** ohne Zweifel; **~ repair** nicht mehr zu reparieren

bias ['baɪəs] *n* (*slant*) Neigung *f*; (*prejudice*) Vorurteil *nt*; **~(s)ed** *adj* voreingenommen

bib [bɪb] *n* Latz *m*

Bible ['baɪbl] *n* Bibel *f*

bicarbonate of soda [baɪ'kɑ:bənɪt-] *n* Natron *nt*

bicker ['bɪkə*] *vi* zanken

bicycle ['baɪsɪkl] *n* Fahrrad *nt*

bid [bɪd] (*pt* **bade** *or* **bid**, *pp* **bid(den)**) *n* (*offer*) Gebot *nt*; (*attempt*) Versuch *m* ♦ *vt, vi* (*offer*) bieten; **to ~ farewell** Lebewohl sagen; **bidden** ['bɪdn] *pp of* **bid**; **~der** *n* (*person*) Steigerer *m*; **the highest ~der** der Meistbietende; **~ding** *n* (*command*) Geheiß *nt*

bide [baɪd] *vt*: **to ~ one's time** abwarten

bifocals [baɪ'fəʊkəlz] *npl* Bifokalbril-

le *f*
big [bɪg] *adj* groß
big dipper [-'dɪpə*] *n* Achterbahn *f*
bigheaded ['bɪg'hedɪd] *adj* eingebildet
bigot ['bɪgət] *n* Frömmler *m*; **~ed** *adj* bigott; **~ry** *n* Bigotterie *f*
big top *n* Zirkuszelt *nt*
bike [baɪk] *n* Rad *nt*
bikini [bɪ'ki:nɪ] *n* Bikini *m*
bile [baɪl] *n* (*BIOL*) Galle *f*
bilingual [baɪ'lɪŋgwəl] *adj* zweisprachig
bill [bɪl] *n* (*account*) Rechnung *f*; (*POL*) Gesetzentwurf *m*; (*US*: *FIN*) Geldschein *m*; **to fit** *or* **fill the ~** (*fig*) der/die/das richtige sein; **"post no ~s"** „Plakate ankleben verboten"; **~board** ['bɪlbɔ:d] *n* Reklameschild *nt*
billet ['bɪlɪt] *n* Quartier *nt*
billfold ['bɪlfəʊld] (*US*) *n* Geldscheintasche *f*
billiards ['bɪljədz] *n* Billard *nt*
billion ['bɪljən] *n* (*BRIT*) Billion *f*; (*US*) Milliarde *f*
bin [bɪn] *n* Kasten *m*; (*dust~*) (Abfall)eimer *m*
bind [baɪnd] (*pt, pp* **bound**) *vt* (*tie*) binden; (*tie together*) zusammenbinden; (*oblige*) verpflichten; **~ing** *n* (Buch)einband *m* ♦ *adj* verbindlich
binge [bɪndʒ] (*inf*) *n* Sauferei *f*
bingo ['bɪŋgəʊ] *n* Bingo *nt*
binoculars [bɪ'nɒkjʊləz] *npl* Fernglas *nt*
bio... [baɪəʊ] *prefix*: **~chemistry** *n* Biochemie *f*; **~graphy** *n* Biographie *f*; **~logical** [baɪə'lɒdʒɪkəl] *adj* biologisch; **~logy** [baɪ'ɒlədʒɪ] *n* Biologie *f*
birch [bɜ:tʃ] *n* Birke *f*
bird [bɜ:d] *n* Vogel *m*; (*BRIT*: *inf*: *girl*) Mädchen *nt*; **~'s-eye view** *n* Vogelschau *f*; **~ watcher** *n* Vogelbeobachter(in) *m(f)*
Biro ['baɪrəʊ] (®) *n* Kugelschreiber *m*
birth [bɜ:θ] *n* Geburt *f*; **to give ~ to** zur Welt bringen; **~ certificate** *n* Geburtsurkunde *f*; **~ control** *n* Geburtenkontrolle *f*; **~day** *n* Geburtstag *m*; **~day card** *n* Geburtstagskarte *f*; **~place** *n* Geburtsort *m*; **~ rate** *n* Geburtenrate *f*
biscuit ['bɪskɪt] *n* Keks *m*
bisect [baɪ'sekt] *vt* halbieren
bishop ['bɪʃəp] *n* Bischof *m*
bit [bɪt] *pt of* **bite** ♦ *n* bißchen, Stückchen *nt*; (*horse's*) Gebiß *nt*; (*COMPUT*) Bit *nt*; **a ~ tired** etwas müde
bitch [bɪtʃ] *n* (*dog*) Hündin *f*; (*unpleasant woman*) Weibsstück *nt*
bite [baɪt] (*pt* **bit**, *pp* **bitten**) *vt, vi* beißen ♦ *n* Biß *m*; (*mouthful*) Bissen *m*; **to ~ one's nails** Nägel kauen; **let's have a ~ to eat** laß uns etwas essen
biting ['baɪtɪŋ] *adj* beißend
bitten ['bɪtn] *pp of* **bite**
bitter ['bɪtə*] *adj* bitter; (*memory etc*) schmerzlich; (*person*) verbittert ♦ *n* (*BRIT*: *beer*) dunkle(s) Bier *nt*; **~ness** *n* Bitterkeit *f*
blab [blæb] *vi* klatschen ♦ *vt* (*also*: *~ out*) ausplaudern
black [blæk] *adj* schwarz; (*night*) finster ♦ *vt* schwärzen; (*shoes*) wichsen; (*eye*) blau schlagen; (*BRIT*: *INDUSTRY*) boykottieren; **to give sb a ~ eye** jdm ein blaues Auge schlagen; **in the ~** (*bank account*) in den schwarzen Zahlen; **~ and blue** *adj* grün und blau; **~berry** *n* Brombeere *f*; **~bird** *n* Amsel *f*; **~board** *n* (Wand)tafel *f*; **~ coffee** *n* schwarze(r) Kaffee *m*; **~currant** *n* schwarze Johannisbeere *f*; **~en** *vt* schwärzen; (*fig*) verunglimpfen; **B~ Forest** *n* Schwarzwald *m*; **~ ice** *n* Glatteis *nt*; **~jack** (*US*) *n* Siebzehn und Vier; **~leg** (*BRIT*) *n* Streikbrecher(in) *m(f)*; **~list** *n* schwarze Liste *f*; **~mail** *n* Erpressung *f* ♦ *vt* erpressen; **~ market** *n* Schwarzmarkt *m*; **~out** *n* Verdunklung *f*; (*MED*): **to have a ~out** bewußtlos werden; **B~ Sea** *n*: **the B~ Sea** das Schwarze Meer; **~ sheep** *n* schwarze(s) Schaf *nt*; **~smith** *n* Schmied *m*; **~ spot** *n* (*AUT*) Gefahrenstelle *f*; (*for unemploy-*

ment etc) schwer betroffene(s) Gebiet *nt*

bladder ['blædə*] *n* Blase *f*

blade [bleɪd] *n* (*of weapon*) Klinge *f*; (*of grass*) Halm *m*; (*of oar*) Ruderblatt *nt*

blame [bleɪm] *n* Tadel *m*, Schuld *f* ♦ *vt* Vorwürfe machen +*dat*; **to ~ sb for sth** jdm die Schuld an etw *dat* geben; **he is to ~** er ist daran schuld

bland [blænd] *adj* mild

blank [blæŋk] *adj* leer, unbeschrieben; (*look*) verdutzt; (*verse*) Blank- ♦ *n* (*space*) Lücke *f*; Zwischenraum *m*; (*cartridge*) Platzpatrone *f*; **~ cheque** *n* Blankoscheck *m*; (*fig*) Freibrief *m*

blanket ['blæŋkɪt] *n* (Woll)decke *f*

blare [bleə*] *vi* (*radio*) plärren; (*horn*) tuten; (*MUS*) schmettern

blasé ['blɑ:zeɪ] *adj* blasiert

blast [blɑ:st] *n* Explosion *f*; (*of wind*) Windstoß *m* ♦ *vt* (*blow up*) sprengen; **~!** (*inf*) verflixt!; **~-off** *n* (*SPACE*) (Raketen)abschuß *m*

blatant ['bleɪtənt] *adj* offenkundig

blaze [bleɪz] *n* (*fire*) lodernde(s) Feuer *nt* ♦ *vi* lodern ♦ *vt*: **to ~ a trail** Bahn brechen

blazer ['bleɪzə*] *n* Blazer *m*

bleach [bli:tʃ] *n* (*also: household ~*) Bleichmittel *nt* ♦ *vt* bleichen

bleachers ['bli:tʃəz] (*US*) *npl* (*SPORT*) unüberdachte Tribüne *f*

bleak [bli:k] *adj* kahl, rauh; (*future*) trostlos

bleary-eyed ['blɪərɪ'aɪd] *adj* triefäugig; (*on waking up*) mit verschlafenen Augen

bleat [bli:t] *vi* blöken; (*fig: complain*) meckern

bled [bled] *pt, pp of* **bleed**

bleed [bli:d] (*pt, pp* **bled**) *vi* bluten ♦ *vt* (*draw blood*) zur Ader lassen; **to ~ to death** verbluten

bleeper [bli:pə*] *n* (*of doctor etc*) Funkrufempfänger *m*

blemish ['blemɪʃ] *n* Makel *m* ♦ *vt* verunstalten

blend [blend] *n* Mischung *f* ♦ *vt* mischen ♦ *vi* sich mischen

bless [bles] (*pt, pp* **blessed** *or* **blest**) *vt* segnen; (*give thanks*) preisen; (*make happy*) glücklich machen; **~ you!** Gesundheit!; **~ing** *n* Segen *m*; (*at table*) Tischgebet *nt*; (*happiness*) Wohltat *f*; Segen *m*; (*good wish*) Glück *nt*

blest [blest] *pt, pp of* **bless**

blew [blu:] *pt of* **blow**

blight [blaɪt] *vt* zunichte machen

blimey ['blaɪmɪ] (*BRIT: inf*) *excl* verflucht

blind [blaɪnd] *adj* blind; (*corner*) unübersichtlich ♦ *n* (*for window*) Rouleau *nt* ♦ *vt* blenden; **~ alley** *n* Sackgasse *f*; **~fold** *n* Augenbinde *f* ♦ *adj, adv* mit verbundenen Augen ♦ *vt*: **to ~fold sb** jdm die Augen verbinden; **~ly** *adv* blind; (*fig*) blindlings; **~ness** *n* Blindheit *f*; **~ spot** *n* (*AUT*) tote(r) Winkel *m*; (*fig*) schwache(r) Punkt *m*

blink [blɪŋk] *vi* blinzeln; **~ers** *npl* Scheuklappen *pl*

bliss [blɪs] *n* (Glück)seligkeit *f*

blister ['blɪstə*] *n* Blase *f* ♦ *vi* Blasen werfen

blithe [blaɪð] *adj* munter

blitz [blɪts] *n* Luftkrieg *m*

blizzard ['blɪzəd] *n* Schneesturm *m*

bloated ['bləʊtɪd] *adj* aufgedunsen; (*inf: full*) nudelsatt

blob [blɒb] *n* Klümpchen *nt*

bloc [blɒk] *n* (*POL*) Block *m*

block [blɒk] *n* (*of wood*) Block *m*, Klotz *m*; (*of houses*) Häuserblock *m* ♦ *vt* hemmen; **~ade** [blɒ'keɪd] *n* Blockade *f* ♦ *vt* blockieren; **~age** *n* Verstopfung *f*; **~buster** *n* Knüller *m*; **~ of flats** (*BRIT*) *n* Häuserblock *m*; **~ letters** *npl* Blockbuchstaben *pl*

bloke [bləʊk] (*BRIT: inf*) *n* Kerl *m*, Typ *m*

blond(e) [blɒnd] *adj* blond ♦ *n* Blondine *f*

blood [blʌd] *n* Blut *nt*; **~ donor** *n* Blutspender *m*; **~ group** *n* Blutgruppe *f*; **~ pressure** *n* Blutdruck *m*; **~shed** *n* Blutvergießen *nt*; **~shot**

adj blutunterlaufen; **~stained** *adj* blutbefleckt; **~stream** *n* Blut *nt*, Blutkreislauf *m*; **~ test** *n* Blutprobe *f*; **~thirsty** *adj* blutrünstig; **~y** *adj* blutig; (*BRIT*: *inf*) verdammt; **~y-minded** (*BRIT*: *inf*) *adj* stur

bloom [blu:m] *n* Blüte *f*; (*freshness*) Glanz *m* ♦ *vi* blühen

blossom ['blɒsəm] *n* Blüte *f* ♦ *vi* blühen

blot [blɒt] *n* Klecks *m* ♦ *vt* bekleckseln; (*ink*) (ab)löschen; **~ out** *vt* auslöschen

blotchy ['blɒtʃɪ] *adj* fleckig

blotting paper ['blɒtɪŋ-] *n* Löschpapier *nt*

blouse [blaʊz] *n* Bluse *f*

blow [bləʊ] (*pt* **blew**, *pp* **blown**) *n* Schlag *m* ♦ *vt* blasen ♦ *vi* (*wind*) wehen; **to ~ one's nose** sich *dat* die Nase putzen; **~ away** *vt* wegblasen; **~ down** *vt* unwehen; **~ out** *vi* ausgehen; **~ over** *vi* vorübergehen; **~ up** *vi* explodieren ♦ *vt* sprengen; **~-dry** *n*: **to have a ~-dry** sich fönen lassen ♦ *vt* fönen; **~lamp** (*BRIT*) *n* Lötlampe *f*; **~n** [bləʊn] *pp of* **blow**; **~-out** *n* (*AUT*) geplatzte(r) Reifen *m*; **~torch** *n* = **blowlamp**

blue [blu:] *adj* blau; (*inf*: *unhappy*) niedergeschlagen; (*obscene*) pornographisch; (*joke*) anzüglich; **out of the ~** (*fig*) aus heiterem Himmel; **to have the ~s** traurig sein; **~bell** *n* Glockenblume *f*; **~bottle** *n* Schmeißfliege *f*; **~ film** *n* Pornofilm *m*; **~print** *n* (*fig*) Entwurf *m*

bluff [blʌf] *vi* bluffen, täuschen ♦ *n* (*deception*) Bluff *m*; **to call sb's ~** es darauf ankommen lassen

blunder ['blʌndə*] *n* grobe(r) Fehler *m*, Schnitzer *m* ♦ *vi* einen groben Fehler machen

blunt [blʌnt] *adj* (*knife*) stumpf; (*talk*) unverblümt ♦ *vt* abstumpfen

blur [blɜ:*] *n* Fleck *m* ♦ *vt* verschwommen machen

blurb [blɜ:b] *n* Waschzettel *m*

blurt [blɜ:t] *vt*: **to ~ out** herausplatzen mit

blush [blʌʃ] *vi* erröten ♦ *n* (Scham)röte *f*

blustery ['blʌstərɪ] *adj* stürmisch

boar [bɔ:*] *n* Keiler *m*, Eber *m*

board [bɔ:d] *n* (*of wood*) Brett *nt*; (*of card*) Pappe *f*; (*committee*) Ausschuß *m*; (*of firm*) Aufsichtsrat *m*; (*SCH*) Direktorium *nt* ♦ *vt* (*train*) einsteigen in +*acc*; (*ship*) an Bord gehen +*gen*; **on ~** (*AVIAT*, *NAUT*) an Bord; **~ and lodging** Unterkunft *f* und Verpflegung; **full/half ~** (*BRIT*) Voll-/Halbpension *f*; **to go by the ~** flachfallen, über Bord gehen; **~ up** *vt* mit Brettern vernageln; **~er** *n* Kostgänger *m*; (*SCH*) Internatsschüler(in) *m(f)*; **~ing card** *n* (*AVIAT*, *NAUT*) Bordkarte *f*; **~ing house** *n* Pension *f*; **~ing school** *n* Internat *nt*; **~ room** *n* Sitzungszimmer *nt*

boast [bəʊst] *vi* prahlen ♦ *vt* sich rühmen +*gen* ♦ *n* Großtuerei *f*; Prahlerei *f*; **to ~ about** *or* **of sth** mit etw prahlen

boat [bəʊt] *n* Boot *nt*; (*ship*) Schiff *nt*; **~er** *n* (*hat*) Kreissäge *f*; **~swain** *n* = **bosun**

bob [bɒb] *vi* sich auf und nieder bewegen ♦ *n* (*BRIT*: *inf*) = **shilling**; **~ up** *vi* auftauchen

bobbin ['bɒbɪn] *n* Spule *f*

bobby ['bɒbɪ] (*BRIT*: *inf*) *n* Bobby *m*

bobsleigh ['bɒbsleɪ] *n* Bob *m*

bode [bəʊd] *vi*: **to ~ well/ill** ein gutes/schlechtes Zeichen sein

bodily ['bɒdɪlɪ] *adj*, *adv* körperlich

body ['bɒdɪ] *n* Körper *m*; (*dead*) Leiche *f*; (*group*) Mannschaft *f*; (*AUT*) Karosserie *f*; (*trunk*) Rumpf *m*; **~guard** *n* Leibwache *f*; **~work** *n* Karosserie *f*

bog [bɒg] *n* Sumpf *m* ♦ *vt*: **to get ~ged down** sich festfahren

boggle ['bɒgl] *vi* stutzen; **the mind ~s** es ist kaum auszumalen

bogus ['bəʊgəs] *adj* unecht, Schein-

boil [bɔɪl] *vt*, *vi* kochen ♦ *n* (*MED*) Geschwür *nt*; **to come to the** (*BRIT*) *or* **a** (*US*) **~** zu kochen anfangen; **to ~ down to** (*fig*) hinauslaufen auf +*acc*; ~ **over** *vi* überkochen; ~**ed egg** *n* gekochte(s) Ei *nt*; ~**ed potatoes** *npl* Salzkartoffeln *pl*; ~**er** *n* Boiler *m*; ~**er suit** (*BRIT*) *n* Arbeitsanzug *m*; ~**ing point** *n* Siedepunkt *m*

boisterous ['bɔɪstərəs] *adj* ungestüm

bold [bəʊld] *adj* (*fearless*) unerschrokken; (*handwriting*) fest und klar

bollard ['bɒləd] *n* (*NAUT*) Poller *m*; (*BRIT*: *AUT*) Pfosten *m*

bolster ['bəʊlstə*] : ~ **up** *vt* unterstützen

bolt [bəʊlt] *n* Bolzen *m*; (*lock*) Riegel *m* ♦ *adv*: ~ **upright** kerzengerade ♦ *vt* verriegeln; (*swallow*) verschlingen ♦ *vi* (*horse*) durchgehen

bomb [bɒm] *n* Bombe *f* ♦ *vt* bombardieren; ~**ard** [bɒm'bɑ:d] *vt* bombardieren; ~**ardment** [bɒm'bɑ:dmənt] *n* Beschießung *f*; ~ **disposal** *n*: ~ **disposal unit** Bombenräumkommando *nt*; ~**shell** *n* (*fig*) Bombe *f*

bona fide ['bəʊnə'faɪdɪ] *adj* echt

bond [bɒnd] *n* (*link*) Band *nt*; (*FIN*) Schuldverschreibung *f*

bondage ['bɒndɪdʒ] *n* Sklaverei *f*

bone [bəʊn] *n* Knochen *m*; (*of fish*) Gräte *f*; (*piece of* ~) Knochensplitter *m* ♦ *vt* die Knochen herausnehmen +*dat*; (*fish*) entgräten; ~ **idle** *adj* stinkfaul

bonfire ['bɒnfaɪə*] *n* Feuer *nt* im Freien

bonnet ['bɒnɪt] *n* Haube *f*; (*for baby*) Häubchen *nt*; (*BRIT*: *AUT*) Motorhaube *f*

bonus ['bəʊnəs] *n* Bonus *m*; (*annual* ~) Prämie *f*

bony ['bəʊnɪ] *adj* knochig, knochendürr

boo [bu:] *vt* auspfeifen

booby trap ['bu:bɪ-] *n* Falle *f*

book [bʊk] *n* Buch *nt* ♦ *vt* (*ticket etc*) vorbestellen; (*person*) verwarnen; ~**s** *npl* (*COMM*) Bücher *pl*; ~**case** *n* Bücherregal *nt*, Bücherschrank *m*; ~**ing office** (*BRIT*) *n* (*RAIL*) Fahrkartenschalter *m*; (*THEAT*) Vorverkaufsstelle *f*; ~**-keeping** *n* Buchhaltung *f*; ~**let** *n* Broschüre *f*; ~**maker** *n* Buchmacher *m*; ~**seller** *n* Buchhändler *m*; ~**shop**, ~**store** *n* Buchhandlung *f*

boom [bu:m] *n* (*noise*) Dröhnen *nt*; (*busy period*) Hochkonjunktur *f* ♦ *vi* dröhnen

boon [bu:n] *n* Wohltat *f*, Segen *m*

boost [bu:st] *n* Auftrieb *m* +*dat*; (*fig*) Reklame *f* ♦ *vt* Auftrieb geben; ~**er** *n* (*MED*) Wiederholungsimpfung *f*

boot [bu:t] *n* Stiefel *m*; (*BRIT*: *AUT*) Kofferraum *m* ♦ *vt* (*kick*) einen Fußtritt geben +*dat*; (*COMPUT*) laden; **to** ~ (*in addition*) obendrein

booth [bu:ð] *n* (*at fair*) Bude *f*; (*telephone* ~) Zelle *f*; (*voting* ~) Kabine *f*

booze [bu:z] (*inf*) *n* Alkohol *m*, Schnaps *m* ♦ *vi* saufen

border ['bɔ:də*] *n* Grenze *f*; (*edge*) Kante *f*; (*in garden*) (Blumen)rabatte *f* ♦ *adj* Grenz-; **the B~s** *Grenzregion f zwischen England und Schottland*; ~ **on** *vt* grenzen an +*acc*; ~**line** *n* Grenze *f*; ~**line case** *n* Grenzfall *m*

bore [bɔ:*] *pt of* **bear** ♦ *vt* bohren; (*weary*) langweilen ♦ *n* (*person*) Langweiler *m*; (*thing*) langweilige Sache *f*; (*of gun*) Kaliber *nt*; **I am** ~**d** ich langweile mich; ~**dom** *n* Langeweile *f*

boring ['bɔ:rɪŋ] *adj* langweilig

born [bɔ:n] *adj*: **to be** ~ geboren werden

borne [bɔ:n] *pp of* **bear**

borough ['bʌrə] *n* Stadt(gemeinde) *f*, Stadtbezirk *m*

borrow ['bɒrəʊ] *vt* borgen

Bosnia (and) Herzegovina ['bɒznɪə (ənd) hɜ:tsəgəʊ'vi:nə] *n* Bosnien und Herzegowina *nt*

bosom ['bʊzəm] *n* Busen *m*

boss [bɒs] *n* Chef *m*, Boß *m* ♦ *vt*: **to** ~ **around** herumkommandieren; ~**y** *adj* herrisch

bosun ['bəʊsn] *n* Bootsmann *m*

botany ['bɒtənɪ] *n* Botanik *f*

botch [bɒtʃ] *vt* (*also*: ~ *up*) verpfuschen

both [bəʊθ] *adj* beide(s) ♦ *pron* beide(s) ♦ *adv*: ~ **X and Y** sowohl X wie *or* als auch Y; ~ **(of) the books** beide Bücher; ~ **of us went, we** ~ **went** wir gingen beide

bother ['bɒðə*] *vt* (*pester*) quälen ♦ *vi* (*fuss*) sich aufregen ♦ *n* Mühe *f*, Umstand *m*; **to** ~ **doing sth** sich *dat* die Mühe machen, etw zu tun; **what a** ~! wie ärgerlich!

bottle ['bɒtl] *n* Flasche *f* ♦ *vt* (in Flaschen) abfüllen; ~ **up** *vt* aufstauen; ~ **bank** *n* Altglascontainer *m*; ~**neck** *n* (*also fig*) Engpaß *m*; ~**opener** *n* Flaschenöffner *m*

bottom ['bɒtəm] *n* Boden *m*; (*of person*) Hintern *m*; (*riverbed*) Flußbett *nt* ♦ *adj* unterste(r, s)

bough [baʊ] *n* Zweig *m*, Ast *m*

bought [bɔ:t] *pt, pp of* **buy**

boulder ['bəʊldə*] *n* Felsbrocken *m*

bounce [baʊns] *vi* (*ball*) hochspringen; (*person*) herumhüpfen; (*cheque*) platzen ♦ *vt* (auf)springen lassen ♦ *n* (*rebound*) Aufprall *m*; ~**r** *n* Rausschmeißer *m*

bound [baʊnd] *pt, pp of* **bind** ♦ *n* Grenze *f*; (*leap*) Sprung *m* ♦ *vi* (*spring, leap*) (auf)springen ♦ *adj* (*obliged*) gebunden, verpflichtet; **out of** ~**s** Zutritt verboten; **to be** ~ **to do sth** verpflichtet sein, etw zu tun; **it's** ~ **to happen** es muß so kommen; **to be** ~ **for ...** nach ... fahren

boundary ['baʊndərɪ] *n* Grenze *f*

bouquet [bʊ'keɪ] *n* Strauß *m*; (*of wine*) Blume *f*

bourgeois ['bʊəʒwɑ:] *adj* kleinbürgerlich, bourgeois ♦ *n* Spießbürger(in) *m(f)*

bout [baʊt] *n* (*of illness*) Anfall *m*; (*of contest*) Kampf *m*

bow[1] [bəʊ] *n* (*ribbon*) Schleife *f*; (*weapon, MUS*) Bogen *m*

bow[2] [baʊ] *n* (*with head, body*) Verbeugung *f*; (*of ship*) Bug *m* ♦ *vi* sich verbeugen; (*submit*): **to bow to** sich beugen +*dat*

bowels ['baʊəlz] *npl* Darm *m*; (*centre*) Innere *nt*

bowl [bəʊl] *n* (*basin*) Schüssel *f*; (*of pipe*) (Pfeifen)kopf *m*; (*wooden ball*) (Holz)kugel *f* ♦ *vt, vi* (die Kugel) rollen; ~**s** *n* (*game*) Bowls-Spiel *nt*

bow-legged ['bəʊ'legɪd] *adj* o-beinig

bowler ['bəʊlə*] *n* Werfer *m*; (*BRIT*: *also*: ~ *hat*) Melone *f*

bowling ['bəʊlɪŋ] *n* Kegeln *nt*; ~ **alley** *n* Kegelbahn *f*; ~ **green** *n* Rasen *m* zum Bowling-Spiel

bow tie ['bəʊ-] *n* Fliege *f*

box [bɒks] *n* (*also*: *cardboard* ~) Schachtel *f*; (*bigger*) Kasten *m*; (*THEAT*) Loge *f* ♦ *vt* einpacken ♦ *vi* boxen; ~**er** *n* Boxer *m*; ~**ing** *n* (*SPORT*) Boxen *nt*; **B**~**ing Day** (*BRIT*) *n* zweite(r) Weihnachtsfeiertag *m*; ~**ing gloves** *npl* Boxhandschuhe *pl*; ~**ing ring** *n* Boxring *m*; ~ **office** *n* (Theater)kasse *f*; ~**room** *n* Rumpelkammer *f*

boy [bɔɪ] *n* Junge *m*

boycott ['bɔɪkɒt] *n* Boykott *m* ♦ *vt* boykottieren

boyfriend ['bɔɪfrend] *n* Freund *m*

boyish ['bɔɪɪʃ] *adj* jungenhaft

B.R. *n abbr* = **British Rail**

bra [brɑ:] *n* BH *m*

brace [breɪs] *n* (*TECH*) Stütze *f*; (*MED*) Klammer *f* ♦ *vt* stützen; ~**s** *npl* (*BRIT*) Hosenträger *pl*; **to** ~ **o.s. for sth** (*fig*) sich auf etw *acc* gefaßt machen

bracelet ['breɪslɪt] *n* Armband *nt*

bracing ['breɪsɪŋ] *adj* kräftigend

bracken ['brækən] *n* Farnkraut *nt*

bracket ['brækɪt] *n* Halter *m*, Klammer *f*; (*in punctuation*) Klammer *f*; (*group*) Gruppe *f* ♦ *vt* einklammern; (*fig*) in dieselbe Gruppe einordnen

brag [bræg] *vi* sich rühmen

braid [breɪd] *n* (*hair*) Flechte *f*; (*trim*) Borte *f*

Braille [breɪl] *n* Blindenschrift *f*

brain [breɪn] *n* (*ANAT*) Gehirn *nt*; (*intellect*) Intelligenz *f*, Verstand *m*; (*person*) kluge(r) Kopf *m*; ~**s** *npl* (*intelligence*) Verstand *m*; ~**child** *n* Erfindung *f*; ~**wash** *vt* eine Gehirnwäsche vornehmen bei; **~wave** *n* Geistesblitz *m*; **~y** *adj* gescheit

braise [breɪz] *vt* schmoren

brake [breɪk] *n* Bremse *f* ♦ *vt, vi* bremsen; **~ fluid** *n* Bremsflüssigkeit *f*; **~ light** *n* Bremslicht *nt*

bramble ['bræmbl] *n* Brombeere *f*

bran [bræn] *n* Kleie *f*; (*food*) Frühstückflocken *pl*

branch [brɑ:ntʃ] *n* Ast *m*; (*division*) Zweig *m* ♦ *vi* (*also*: ~ *out*: *road*) sich verzweigen

brand [brænd] *n* (*COMM*) Marke *f*, Sorte *f*; (*on cattle*) Brandmal *nt* ♦ *vt* brandmarken; (*COMM*) ein Warenzeichen geben +*dat*

brandish ['brændɪʃ] *vt* (drohend) schwingen

brand-new ['brænd'nju:] *adj* funkelnagelneu

brandy ['brændɪ] *n* Weinbrand *m*, Kognak *m*

brash [bræʃ] *adj* unverschämt

brass [brɑ:s] *n* Messing *nt*; **the ~** (*MUS*) das Blech; **~ band** *n* Blaskapelle *f*

brassière ['bræsɪə*] *n* Büstenhalter *m*

brat [bræt] *n* Gör *nt*

bravado [brə'vɑ:dəʊ] *n* Tollkühnheit *f*

brave [breɪv] *adj* tapfer ♦ *n* indianische(r) Krieger *m* ♦ *vt* die Stirn bieten +*dat*

bravery ['breɪvərɪ] *n* Tapferkeit *f*

brawl [brɔ:l] *n* Rauferei *f*

brawn [brɔ:n] *n* (*ANAT*) Muskeln *pl*; (*strength*) Muskelkraft *f*

bray [breɪ] *vi* schreien

brazen ['breɪzn] *adj* (*shameless*) unverschämt ♦ *vt*: **to ~ it out** sich mit Lügen und Betrügen durchsetzen

brazier ['breɪzɪə*] *n* (*of workmen*) offene(r) Kohlenofen *m*

Brazil [brə'zɪl] *n* Brasilien *nt*; **~ian** *adj* brasilianisch ♦ *n* Brasilianer(in) *m(f)*

breach [bri:tʃ] *n* (*gap*) Lücke *f*; (*MIL*) Durchbruch *m*; (*of discipline*) Verstoß *m* (gegen die Disziplin); (*of faith*) Vertrauensbruch *m* ♦ *vt* durchbrechen; **~ of contract** Vertragsbruch *m*; **~ of the peace** öffentliche Ruhestörung *f*

bread [bred] *n* Brot *nt*; **~ and butter** Butterbrot *nt*; **~bin** *n* Brotkasten *m*; **~box** (*US*) *n* Brotkasten *m*; **~crumbs** *npl* Brotkrumen *pl*; (*COOK*) Paniermehl *nt*; **~line** *n*: **to be on the ~line** sich gerade so durchschlagen

breadth [bretθ] *n* Breite *f*

breadwinner ['bredwɪnə*] *n* Ernährer *m*

break [breɪk] (*pt* **broke**, *pp* **broken**) *vt* (*destroy*) (ab- *or* zer)brechen; (*promise*) brechen, nicht einhalten ♦ *vi* (*fall apart*) auseinanderbrechen; (*collapse*) zusammenbrechen; (*dawn*) anbrechen ♦ *n* (*gap*) Lücke *f*; (*chance*) Chance *f*, Gelegenheit *f*; (*fracture*) Bruch *m*; (*rest*) Pause *f*; **~ down** *vt* (*figures, data*) aufschlüsseln; (*undermine*) überwinden ♦ *vi* (*car*) eine Panne haben; (*person*) zusammenbrechen; **~ even** *vi* die Kosten decken; **~ free** *vi* sich losreißen; **~ in** *vt* (*animal*) abrichten; (*horse*) zureiten ♦ *vi* (*burglar*) einbrechen; **~ into** *vt fus* (*house*) einbrechen in +*acc*; **~ loose** *vi* sich losreißen; **~ off** *vt* abbrechen; **~ open** *vt* (*door etc*) aufbrechen; **~ out** *vi* ausbrechen; **to ~ out in spots** Pickel bekommen; **~ up** *vi* zerbrechen; (*fig*) sich zerstreuen; (*BRIT*: *SCH*) in die Ferien gehen ♦ *vt* brechen; **~age** *n* Bruch *m*, Beschädigung *f*; **~down** *n* (*TECH*) Panne *f*; (*MED*: *also*: *nervous ~down*) Zusammenbruch *m*; **~down van** (*BRIT*) *n* Abschleppwagen *m*; **~er** *n* Brecher *m*

breakfast ['brekfəst] *n* Frühstück *nt*

break: **~-in** *n* Einbruch *m*; **~ing** *n*: **~ing and entering** (*JUR*) Einbruch *m*; **~through** *n* Durchbruch *m*; **~water** *n* Wellenbrecher *m*

breast [brest] *n* Brust *f*; **~-feed** (*irreg*: *like* **feed**) *vt, vi* stillen; **~-stroke** *n* Brustschwimmen *nt*

breath [breθ] *n* Atem *m*; **out of** ~ außer Atem; **under one's** ~ flüsternd
Breathalyzer ['breθəlaɪzə*] (®) *n* Röhrchen *nt*
breathe [bri:ð] *vt, vi* atmen; ~ **in** *vt, vi* einatmen; ~ **out** *vt, vi* ausatmen; ~**r** *n* Verschnaufpause *f*
breathing ['bri:ðɪŋ] *n* Atmung *f*
breathless ['breθlɪs] *adj* atemlos
breathtaking ['breθteɪkɪŋ] *adj* atemberaubend
bred [bred] *pt, pp of* **breed**
breed [bri:d] (*pt, pp* **bred**) *vi* sich vermehren ♦ *vt* züchten ♦ *n* (*race*) Rasse *f*, Zucht *f*; ~**er** *n* (*person*) Züchter *m*; ~**ing** *n* Züchtung *f*; (*upbringing*) Erziehung *f*; (*education*) Bildung *f*
breeze [bri:z] *n* Brise *f*
breezy ['bri:zɪ] *adj* windig; (*manner*) munter
brevity ['brevɪtɪ] *n* Kürze *f*
brew [bru:] *vt* brauen; (*plot*) anzetteln ♦ *vi* (*storm*) sich zusammenziehen; ~**ery** *n* Brauerei *f*
bribe ['braɪb] *n* Bestechungsgeld *nt* Bestechungsgeschenk *nt* ♦ *vt* bestechen; ~**ry** ['braɪbərɪ] *n* Bestechung *f*
bric-a-brac ['brɪkəbræk] *n* Nippes *pl*
brick [brɪk] *n* Backstein *m*; ~**layer** *n* Maurer *m*; ~**works** *n* Ziegelei *f*
bridal ['braɪdl] *adj* Braut-
bride [braɪd] *n* Braut *f*; ~**groom** *n* Bräutigam *m*; ~**smaid** *n* Brautjungfer *f*
bridge [brɪdʒ] *n* Brücke *f*; (*NAUT*) Kommandobrücke *f*; (*CARDS*) Bridge *nt*; (*ANAT*) Nasenrücken *m* ♦ *vt* eine Brücke schlagen über +*acc*; (*fig*) überbrücken
bridle ['braɪdl] *n* Zaum *m* ♦ *vt* (*fig*) zügeln; (*horse*) aufzäumen; ~ **path** *n* Reitweg *m*
brief [bri:f] *adj* kurz ♦ *n* (*JUR*) Akten *pl* ♦ *vt* instruieren; ~**s** *npl* (*underwear*) Schlüpfer *m*, Slip *m*; ~**case** *n* Aktentasche *f*; ~**ing** *n* (genaue) Anweisung *f*; ~**ly** *adv* kurz
brigadier [brɪgə'dɪə*] *n* Brigadegeneral *m*
bright [braɪt] *adj* hell; (*cheerful*) heiter; (*idea*) klug; ~**en (up)** ['braɪtn-] *vt* aufhellen; (*person*) aufheitern ♦ *vi* sich aufheitern
brilliance ['brɪljəns] *n* Glanz *m*; (*of person*) Scharfsinn *m*
brilliant ['brɪljənt] *adj* glänzend
brim [brɪm] *n* Rand *m*
brine [braɪn] *n* Salzwasser *nt*
bring [brɪŋ] (*pt, pp* **brought**) *vt* bringen; ~ **about** *vt* zustande bringen; ~ **back** *vt* zurückbringen; ~ **down** *vt* (*price*) senken; ~ **forward** *vt* (*meeting*) vorverlegen; (*COMM*) übertragen; ~ **in** *vt* hereinbringen; (*harvest*) einbringen; ~ **off** *vt* davontragen; (*success*) erzielen; ~ **out** *vt* (*object*) herausbringen; ~ **round** *or* **to** *vt* wieder zu sich bringen; ~ **up** *vt* aufziehen; (*question*) zur Sprache bringen
brink [brɪŋk] *n* Rand *m*
brisk [brɪsk] *adj* lebhaft
brisket ['brɪskɪt] *n* Bruststück *nt*
bristle ['brɪsl] *n* Borste *f* ♦ *vi* sich sträuben; **bristling with** strotzend vor +*dat*
Britain ['brɪtən] *n* (*also: Great* ~) Großbritannien *nt*
British ['brɪtɪʃ] *adj* britisch ♦ *npl*: **the** ~ die Briten *pl*; **the** ~ **Isles** *npl* die Britischen Inseln *pl*; ~ **Rail** *n die Britischen Eisenbahnen pl*
Briton ['brɪtən] *n* Brite *m*, Britin *f*
brittle ['brɪtl] *adj* spröde
broach [brəʊtʃ] *vt* (*subject*) anschneiden
broad [brɔ:d] *adj* breit; (*hint*) deutlich; (*daylight*) hellicht; (*general*) allgemein; (*accent*) stark; **in** ~ **daylight** am hellichten Tag; ~**cast** (*pt, pp* **broadcast**) *n* Rundfunkübertragung *f* ♦ *vt, vi* übertragen, senden; ~**en** *vt* erweitern ♦ *vi* sich erweitern; ~**ly** *adv* allgemein gesagt; ~**-minded** *adj* tolerant
broccoli ['brɒkəlɪ] *n* Brokkoli *pl*
brochure ['brəʊʃʊə*] *n* Broschüre *f*
broil [brɔɪl] *vt* (*grill*) grillen

broke [brəʊk] *pt of* **break** ♦ *adj* (*inf*) pleite

broken ['brəʊkən] *pp of* **break** ♦ *adj*: ~ **leg** gebrochenes Bein; **in** ~ **English** in gebrochenen Englisch; ~**-hearted** *adj* untröstlich

broker ['brəʊkə*] *n* Makler *m*

brolly ['brɒlɪ] (*BRIT: inf*) *n* Schirm *m*

bronchitis [brɒŋ'kaɪtɪs] *n* Bronchitis *f*

bronze [brɒnz] *n* Bronze *f*

brooch [brəʊtʃ] *n* Brosche *f*

brood [bru:d] *n* Brut *f* ♦ *vi* brüten

brook [brʊk] *n* Bach *m*

broom [bru:m] *n* Besen *m*; ~**stick** *n* Besenstiel *m*

Bros. *abbr* = **Brothers**

broth [brɒθ] *n* Suppe *f*, Fleischbrühe *f*

brothel ['brɒθl] *n* Bordell *nt*

brother ['brʌðə*] *n* Bruder *m*, ~**-in-law** *n* Schwager *m*

brought [brɔ:t] *pt, pp of* **bring**

brow [braʊ] *n* (*eyebrow*) (Augen)braue *f*; (*forehead*) Stirn *f*; (*of hill*) Bergkuppe *f*

brown [braʊn] *adj* braun ♦ *n* Braun *nt* ♦ *vt* bräunen; ~ **bread** *n* Mischbrot *nt*; **B**~**ie** *n* Wichtel *m*; ~ **paper** *n* Packpapier *nt*; ~ **sugar** *n* braune(r) Zucker *m*

browse [braʊz] *vi* (*in books*) blättern; (*in shop*) schmökern, herumschauen

bruise [bru:z] *n* Bluterguß *m*, blaue(r) Fleck *m* ♦ *vt* einen blauen Fleck geben ♦ *vi* einen blauen Fleck bekommen

brunt [brʌnt] *n* volle Wucht *f*

brush [brʌʃ] *n* Bürste *f*; (*for sweeping*) Handbesen *m*; (*for painting*) Pinsel *m*; (*fight*) kurze(r) Kampf *m*; (*MIL*) Scharmützel *nt*; (*fig*) Auseinandersetzung *f* ♦ *vt* (*clean*) bürsten; (*sweep*) fegen; (*usu*: ~ *past*, ~ *against*) streifen; ~ **aside** *vt* abtun; ~ **up** *vt* (*knowledge*) auffrischen, ~**wood** *n* Gestrüpp *nt*

brusque [bru:sk] *adj* schroff

Brussels ['brʌslz] *n* Brüssel *nt*; ~ **sprout** *n* Rosenkohl *m*

brutal ['bru:tl] *adj* brutal

brute [bru:t] *n* (*person*) Scheusal *nt* ♦ *adj*: **by** ~ **force** mit roher Kraft

B.Sc. *n abbr* = **Bachelor of Science**

bubble ['bʌbl] *n* (Luft)blase *f* ♦ *vi* sprudeln; (*with joy*) übersprudeln; ~ **bath** *n* Schaumbad *nt*; ~**gum** *n* Kaugummi *m or nt*

buck [bʌk] *n* Bock *m*; (*US*: *inf*) Dollar *m* ♦ *vi* bocken; **to pass the** ~ **(to sb)** die Verantwortung (auf jdn) abschieben; ~ **up** (*inf*) *vi* sich zusammenreißen

bucket ['bʌkɪt] *n* Eimer *m*

buckle ['bʌkl] *n* Schnalle *f* ♦ *vt* (an- *or* zusammen)schnallen ♦ *vi* (*bend*) sich verziehen

bud [bʌd] *n* Knospe *f* ♦ *vi* knospen, keimen

Buddhism ['bʊdɪzəm] *n* Buddhismus *m*

budding ['bʌdɪŋ] *adj* angehend

buddy ['bʌdɪ] (*inf*) *n* Kumpel *m*

budge [bʌdʒ] *vt, vi* (sich) von der Stelle rühren

budgerigar ['bʌdʒərɪgɑ:*] *n* Wellensittich *m*

budget ['bʌdʒɪt] *n* Budget *nt*; (*POL*) Haushalt *m* ♦ *vi*: **to** ~ **for sth** etw einplanen

budgie ['bʌdʒɪ] *n* = **budgerigar**

buff [bʌf] *adj* (*colour*) lederfarben ♦ *n* (*enthusiast*) Fan *m*

buffalo ['bʌfələʊ] (*pl* ~ *or* ~**es**) *n* (*BRIT*) Büffel *m*; (*US*: *bison*) Bison *m*

buffer ['bʌfə*] *n* Puffer *m*; (*COMPUT*) Pufferspeicher *m*

buffet[1] ['bʌfɪt] *n* (*blow*) Schlag *m* ♦ *vt* (herum)stoßen

buffet[2] ['bʊfeɪ] (*BRIT*) *n* (*bar*) Imbißraum *m*, Erfrischungsraum *m*; (*food*) (kaltes) Büffet *nt*; ~ **car** (*BRIT*) *n* Speisewagen *m*

bug [bʌg] *n* (*also fig*) Wanze *f* ♦ *vt* verwanzen

bugle ['bju:gl] *n* Jagdhorn *nt*; (*MIL*: *MUS*) Bügelhorn *nt*

build [bɪld] (*pt, pp* **built**) *vt* bauen ♦ *n* Körperbau *m*; ~ **up** *vt* aufbauen; ~**er** *n* Bauunternehmer *m*; ~**ing** *n* Gebäude *nt*; ~**ing society** (*BRIT*) *n* Bausparkasse *f*

built [bɪlt] *pt, pp of* **build**

built-in *adj* (*cupboard*) eingebaut

built-up area *n* Wohngebiet *nt*

bulb [bʌlb] *n* (*BOT*) (Blumen)zwiebel *f*; (*ELEC*) Glühlampe *f*, Birne *f*

Bulgaria [bʌl'gɛərɪə] *n* Bulgarien *nt*; ~**n** *adj* bulgarisch ♦ *n* Bulgare *m*, Bulgarin *f*; (*LING*) Bulgarisch *nt*

bulge [bʌldʒ] *n* (Aus)bauchung *f* ♦ *vi* sich (aus)bauchen

bulk [bʌlk] *n* Größe *f*, Masse *f*; (*greater part*) Großteil *m*; **in** ~ (*COMM*) en gros; **the** ~ **of** der größte Teil +*gen*; ~**head** *n* Schott *nt*; ~**y** *adj* (sehr) umfangreich; (*goods*) sperrig

bull [bʊl] *n* (*animal*) Bulle *m*; (*cattle*) Stier *m*; (*papal*) Bulle *f*; ~**dog** *n* Bulldogge *f*

bulldozer ['bʊldəʊzə*] *n* Planierraupe *f*

bullet ['bʊlɪt] *n* Kugel *f*

bulletin ['bʊlɪtɪn] *n* Bulletin *nt*, Bekanntmachung *f*

bulletproof ['bʊlɪtpru:f] *adj* kugelsicher

bullfight ['bʊlfaɪt] *n* Stierkampf *m*; ~**er** *n* Stierkämpfer *m*

bullion ['bʊlɪən] *n* Barren *m*

bullock ['bʊlək] *n* Ochse *m*

bullring ['bʊlrɪŋ] *n* Stierkampfarena *f*

bull's-eye ['bʊlzaɪ] *n* Zentrum *nt*

bully ['bʊlɪ] *n* Raufbold *m* ♦ *vt* einschüchtern

bum [bʌm] *n* (*inf*: *backside*) Hintern *m*; (*tramp*) Landstreicher *m*

bumblebee ['bʌmblbi:] *n* Hummel *f*

bump [bʌmp] *n* (*blow*) Stoß *m*; (*swelling*) Beule *f* ♦ *vt, vi* stoßen, prallen; ~ **into** *vt fus* stoßen gegen ♦ *vt* (*person*) treffen; ~ **cars** (*US*) *npl* (*dodgems*) Autoskooter *pl*; ~**er** *n* (*AUT*) Stoßstange *f* ♦ *adj* (*edition*) dick; (*harvest*) Rekord-

bumptious ['bʌmpʃəs] *adj* aufgeblasen

bumpy ['bʌmpɪ] *adj* holprig

bun [bʌn] *n* Korinthenbrötchen *nt*

bunch [bʌntʃ] *n* (*of flowers*) Strauß *m*; (*of keys*) Bund *m*; (*of people*) Haufen *m*

bundle ['bʌndl] *n* Bündel *nt* ♦ *vt* (*also*: ~ *up*) bündeln

bungalow ['bʌŋgələʊ] *n* einstöckige(s) Haus *nt*, Bungalow *m*

bungle ['bʌŋgl] *vt* verpfuschen

bunion ['bʌnjən] *n* entzündete(r) Fußballen *m*

bunk [bʌŋk] *n* Schlafkoje *f*; ~ **beds** *npl* Etagenbett *nt*

bunker ['bʌŋkə*] *n* (*coal store*) Kohlenbunker *m*; (*GOLF*) Sandloch *nt*

bunny ['bʌnɪ] *n* (*also*: ~ *rabbit*) Häschen *nt*

bunting ['bʌntɪŋ] *n* Fahnentuch *nt*

buoy [bɔɪ] *n* Boje *f*; (*life*~) Rettungsboje *f*; ~ **up** *vt* Auftrieb geben +*dat*; ~**ant** *adj* (*floating*) schwimmend; (*fig*) heiter

burden ['bɜ:dn] *n* (*weight*) Ladung *f*, Last *f*; (*fig*) Bürde *f* ♦ *vt* belasten

bureau ['bjʊərəʊ] (*pl* ~**x**) *n* (*BRIT*: *writing desk*) Sekretär *m*; (*US*: *chest of drawers*) Kommode *f*; (*for information etc*) Büro *nt*

bureaucracy [bjʊ'rɒkrəsɪ] *n* Bürokratie *f*

bureaucrat ['bjʊərəkræt] *n* Bürokrat(in) *m(f)*

bureaux ['bjʊərəʊz] *npl of* **bureau**

burglar ['bɜ:glə*] *n* Einbrecher *m*; ~ **alarm** *n* Einbruchssicherung *f*; ~**y** *n* Einbruch *m*

burial ['berɪəl] *n* Beerdigung *f*

burly ['bɜ:lɪ] *adj* stämmig

Burma ['bɜ:mə] *n* Birma *nt*

burn [bɜ:n] (*pt, pp* **burned** *or* **burnt**) *vt* verbrennen ♦ *vi* brennen ♦ *n* Brandwunde *f*; ~ **down** *vt, vi* abbrennen; ~**er** *n* Brenner *m*; ~**ing** *adj* brennend; ~**t** [bɜ:nt] *pt, pp of* **burn**

burrow ['bʌrəʊ] *n* (*of fox*) Bau *m*; (*of rabbit*) Höhle *f* ♦ *vt* eingraben

bursar ['bɜ:sə*] *n* Kassenverwalter

m, Quästor *m*; **~y** (*BRIT*) *n* Stipendium *nt*

burst [bɜ:st] (*pt, pp* **burst**) *vt* zerbrechen ♦ *vi* platzen ♦ *n* Explosion *f*; (*outbreak*) Ausbruch *m*; (*in pipe*) Bruch(stelle *f*) *m*; **to ~ into flames** in Flammen aufgehen; **to ~ into tears** in Tränen ausbrechen; **to ~ out laughing** in Gelächter ausbrechen; **~ into** *vt fus* (*room etc*) platzen in +*acc*; **~ open** *vi* aufbrechen

bury ['berɪ] *vt* vergraben; (*in grave*) beerdigen

bus [bʌs] *n* (Auto)bus *m*, Omnibus *m*

bush [bʊʃ] *n* Busch *m*; **to beat about the ~** wie die Katze um den heißen Brei herumgehen

bushy ['bʊʃɪ] *adj* buschig

busily ['bɪzɪlɪ] *adv* geschäftig

business ['bɪznɪs] *n* Geschäft *nt*; (*concern*) Angelegenheit *f*; **it's none of your ~** es geht dich nichts an; **to mean ~** es ernst meinen; **to be away on ~** geschäftlich verreist sein; **it's my ~ to ...** es ist meine Sache, zu ...; **~like** *adj* geschäftsmäßig; **~man** (*irreg*) *n* Geschäftsmann *m*; **~ trip** *n* Geschäftsreise *f*; **~woman** (*irreg*) *n* Geschäftsfrau *f*

busker ['bʌskə*] (*BRIT*) *n* Straßenmusikant *m*

bus stop *n* Bushaltestelle *f*

bust [bʌst] *n* Büste *f* ♦ *adj* (*broken*) kaputt(gegangen); (*business*) pleite; **to go ~** pleite machen

bustle ['bʌsl] *n* Getriebe *nt* ♦ *vi* hasten

bustling ['bʌslɪŋ] *adj* geschäftig

busy ['bɪzɪ] *adj* beschäftigt; (*road*) belebt ♦ *vt*: **to ~ o.s.** sich beschäftigen; **~body** *n* Übereifrige(r) *mf*; **~ signal** (*US*) *n* (*TEL*) Besetztzeichen *nt*

KEYWORD

but [bʌt] *conj* **1** (*yet*) aber; **not X but Y** nicht X sondern Y

2 (*however*): **I'd love to come, but I'm busy** ich würde gern kommen, bin aber beschäftigt

3 (*showing disagreement, surprise etc*): **but that's fantastic!** (aber) das ist ja fantastisch!

♦ prep (*apart from, except*): **nothing but trouble** nichts als Ärger; **no-one but him can do it** niemand außer ihn kann es machen; **but for you/your help** ohne dich/deine Hilfe; **anything but that** alles, nur das nicht

♦ *adv* (*just, only*): **she's but a child** sie ist noch ein Kind; **had I but known** wenn ich es nur gewußt hätte; **I can but try** ich kann es immerhin versuchen; **all but finished** so gut wie fertig

butcher ['bʊtʃə*] *n* Metzger *m*; (*murderer*) Schlächter *m* ♦ *vt* schlachten; (*kill*) abschlachten

butcher's (shop) ['bʊtʃəz-] *n* Metzgerei f

butler ['bʌtlə*] *n* Butler *m*

butt [bʌt] *n* (*cask*) große(s) Faß *nt*; (*BRIT*: *fig*: *target*) Zielscheibe *f*; (*thick end*) dicke(s) Ende *nt*; (*of gun*) Kolben *m*; (*of cigarette*) Stummel *m* ♦ *vt* (mit dem Kopf) stoßen; **~ in** *vi* (*interrupt*) sich einmischen

butter ['bʌtə*] *n* Butter *f* ♦ *vt* buttern; **~ bean** *n* Wachsbohne *f*; **~cup** *n* Butterblume *f*

butterfly ['bʌtəflaɪ] *n* Schmetterling *m*; (*SWIMMING*: *also ~ stroke*) Butterflystil *m*

buttocks ['bʌtəks] *npl* Gesäß *nt*

button ['bʌtn] *n* Knopf *m* ♦ *vt, vi* (*also*: *~ up*) zuknöpfen

buttress ['bʌtrɪs] *n* Strebepfeiler *m*; Stützbogen *m*

buxom ['bʌksəm] *adj* drall

buy [baɪ] (*pt, pp* **bought**) *vt* kaufen ♦ *n* Kauf *m*; **to ~ sb a drink** jdm einen Drink spendieren; **~er** *n* Käufer(in) *m(f)*

buzz [bʌz] *n* Summen *nt* ♦ *vi* summen

buzzer ['bʌzə*] *n* Summer *m*

buzz word *n* Modewort *nt*

KEYWORD

by [baɪ] *prep* **1** (*referring to cause, agent*) von, durch; **killed by lightning** vom Blitz getötet; **a painting by Picasso** ein Gemälde von Picasso
2 (*referring to method, manner, means*): **by bus/car/train** mit dem Bus/Auto/Zug; **to pay by cheque** per Scheck bezahlen; **by moonlight** bei Mondschein; **by saving hard, he ...** indem er eisern sparte, ... er ...
3 (*via, through*) über +*acc*; **he came in by the back door** er kam durch die Hintertür herein
4 (*close to, past*) bei, an +*dat*; **a holiday by the sea** ein Urlaub am Meer; **she rushed by me** sie eilte an mir vorbei
5 (*not later than*): **by 4 o'clock** bis 4 Uhr; **by this time tomorrow** morgen um diese Zeit; **by the time I got here it was too late** als ich hier ankam, war es zu spät
6 (*during*): **by day** bei Tag
7 (*amount*): **by the kilo/metre** kiloweise/meterweise; **paid by the hour** stundenweise bezahlt
8 (*MATH, measure*): **to divide by 3** durch 3 teilen; **to multiply by 3** mit 3 malnehmen; **a room 3 metres by 4** ein Zimmer 3 mal 4 Meter; **it's broader by a metre** es ist (um) einem Meter breiter
9 (*according to*) nach; **it's all right by me** von mir aus gern
10: **(all) by oneself** *etc* ganz allein
11: **by the way** übrigens
♦ *adv* **1** *see* **go; pass** *etc*
2: **by and by** irgendwann; (*with past tenses*) nach einiger Zeit; **by and large** (*on the whole*) im großen und ganzen

bye(-bye) ['baɪ('baɪ)] *excl* (auf) Wiedersehen
by(e)-law ['baɪlɔ:] *n* Verordnung *f*
by-election ['baɪɪ'lekʃən] (*BRIT*) *n* Nachwahl *f*
bygone ['baɪgɒn] *adj* vergangen ♦ *n*: **let ~s be ~s** laß(t) das Vergangene vergangen sein
bypass ['baɪpɑ:s] *n* Umgehungsstraße *f* ♦ *vt* umgehen
by-product ['baɪprɒdʌkt] *n* Nebenprodukt *nt*
bystander ['baɪstændə*] *n* Zuschauer *m*
byte [baɪt] *n* (*COMPUT*) Byte *nt*
byword ['baɪwɜ:d] *n* Inbegriff *m*

C

C [si:] *n* (*MUS*) C *nt*
C. *abbr* (= *centigrade*) C
C.A. *abbr* = **chartered accountant**
cab [kæb] *n* Taxi *nt*; (*of train*) Führerstand *m*; (*of truck*) Führersitz *m*
cabaret ['kæbəreɪ] *n* Kabarett *nt*
cabbage ['kæbɪdʒ] *n* Kohl(kopf) *m*
cabin ['kæbɪn] *n* Hütte *f*; (*NAUT*) Kajüte *f*; (*AVIAT*) Kabine *f*; **~ cruiser** *n* Motorjacht *f*
cabinet ['kæbɪnɪt] *n* Schrank *m*; (*for china*) Vitrine *f*; (*POL*) Kabinett *nt*; **~-maker** *n* Kunsttischler *m*
cable ['keɪbl] *n* Drahtseil *nt*, Tau *nt*; (*TEL*) (Leitungs)kabel *nt*; (*telegram*) Kabel *nt* ♦ *vt* kabeln, telegraphieren; **~-car** *n* Seilbahn *f*; **~ television** *n* Kabelfernsehen *nt*
cache [kæʃ] *n* geheime(s) (Waffen)lager *nt*; geheime(s) (Proviant)lager *nt*
cackle ['kækl] *vi* gacken
cacti ['kæktaɪ] *npl of* **cactus**
cactus ['kæktəs] (*pl* **cacti**) *n* Kaktus *m*, Kaktee *f*
caddie ['kædɪ] *n* (*GOLF*) Golfjunge *m*
caddy *n* = **caddie**
cadet [kə'det] *n* Kadett *m*
cadge [kædʒ] *vt* schmarotzen
Caesarean [si:'zɛərɪən] *adj*: **~ (section)** Kaiserschnitt *m*

café ['kæfɪ] *n* Café *nt*, Restaurant *nt*
cafeteria [kæfɪ'tɪərɪə] *n* Selbstbedienungsrestaurant *nt*
caffein(e) ['kæfi:n] *n* Koffein *nt*
cage [keɪdʒ] *n* Käfig *m* ♦ *vt* einsperren
cagey ['keɪdʒɪ] *adj* geheimnistuerisch, zurückhaltend
cagoule [kə'gu:l] *n* Windhemd *nt*
Cairo ['kaɪərəʊ] *n* Kairo *nt*
cajole [kə'dʒəʊl] *vt* überreden
cake [keɪk] *n* Kuchen *m*; (*of soap*) Stück *nt*; **~d** *adj* verkrustet
calamity [kə'læmɪtɪ] *n* Unglück *nt*, (Schicksals)schlag *m*
calcium ['kælsɪəm] *n* Kalzium *nt*
calculate ['kælkjʊleɪt] *vt* berechnen, kalkulieren; **calculating** *adj* berechnend; **calculation** [kælkjʊ'leɪʃən] *n* Berechnung *f*; **calculator** *n* Rechner *m*
calculus ['kælkjʊləs] *n* Infinitesimalrechnung *f*
calendar ['kælɪndə*] *n* Kalender *m*; **~ month** *n* Kalendermonat *m*
calf [kɑ:f] (*pl* **calves**) *n* Kalb *nt*; (*also*: *~skin*) Kalbsleder *nt*; (*ANAT*) Wade *f*
calibre ['kælɪbə*] (*US* **caliber**) *n* Kaliber *nt*
call [kɔ:l] *vt* rufen; (*name*) nennen; (*meeting*) einberufen; (*awaken*) wecken; (*TEL*) anrufen ♦ *vi* (*shout*) rufen; (*visit*: *also*: *~ in*, *~ round*) vorbeikommen ♦ *n* (*shout*) Ruf *m*; (*TEL*) Anruf *m*; **to be ~ed** heißen; **on ~** in Bereitschaft; **~ back** *vi* (*return*) wiederkommen; (*TEL*) zurückrufen; **~ for** *vt fus* (*demand*) erfordern, verlangen; (*fetch*) abholen; **~ off** *vt* (*cancel*) absagen; **~ on** *vt fus* (*visit*) besuchen; (*turn to*) bitten; **~ out** *vi* rufen; **~ up** *vt* (*MIL*) einberufen; **~box** (*BRIT*) *n* Telefonzelle *f*; **~er** *n* Besucher(in) *m(f)*; (*TEL*) Anrufer *m*; **~ girl** *n* Call-Girl *nt*; **~-in** (*US*) *n* (*phone-in*) Phone-in *nt*; **~ing** *n* (*vocation*) Berufung *f*; **~ing card** (*US*) *n* Visitenkarte *f*
callous ['kæləs] *adj* herzlos
calm [kɑ:m] *n* Ruhe *f*; (*NAUT*) Flaute *f* ♦ *vt* beruhigen ♦ *adj* ruhig; (*person*) gelassen; **~ down** *vi* sich beruhigen ♦ *vt* beruhigen
Calor gas ['kælə-] (®) *n* Propangas *nt*
calorie ['kælərɪ] *n* Kalorie *f*
calves [kɑ:vz] *npl of* **calf**
camber ['kæmbə*] *n* Wölbung *f*
Cambodia [kæm'bəʊdjə] *n* Kambodscha *nt*
camcorder ['kæmkɔ:də*] *n* Camcorder *m*
came [keɪm] *pt of* **come**
cameo ['kæmɪəʊ] *n* Kameo *f*
camera ['kæmərə] *n* Fotoapparat *m*; (*CINE*, *TV*) Kamera *f*; **in ~** unter Ausschluß der Öffentlichkeit; **~man** (*irreg*) *n* Kameramann *m*
camouflage ['kæməflɑ:ʒ] *n* Tarnung *f* ♦ *vt* tarnen
camp [kæmp] *n* Lager *nt* ♦ *vi* zelten, campen ♦ *adj* affektiert
campaign [kæm'peɪn] *n* Kampagne *f*; (*MIL*) Feldzug *m* ♦ *vi* Krieg führen; (*fig*) werben, Propaganda machen; (*POL*) den Wahlkampf führen
campbed ['kæmp'bed] (*BRIT*) *n* Campingbett *nt*
camper ['kæmpə*] *n* Camper(in) *m(f)*; (*vehicle*) Camping-wagen *m*
camping ['kæmpɪŋ] *n*: **to go ~** zelten, Camping machen
campsite ['kæmpsaɪt] *n* Campingplatz *m*
campus ['kæmpəs] *n* Universitätsgelände *nt*, Campus *m*
can[1] [kæn] *n* Büchse *f*, Dose *f*; (*for water*) Kanne *f* ♦ *vt* konservieren, in Büchsen einmachen

KEYWORD

can[2] [kæn] (*negative* **cannot, can't**; *conditional* **could**) *aux vb* **1** (*be able to, know how to*) können; **I can see you tomorrow, if you like** ich könnte Sie morgen sehen, wenn Sie wollen; **I can swim** ich kann schwimmen; **can you speak German?** sprechen Sie Deutsch?

2 (*may*) können, dürfen; **could I have a word with you?** könnte ich Sie kurz sprechen?

Canada ['kænədə] *n* Kanada *nt*
Canadian [kə'neɪdɪən] *adj* kanadisch ♦ *n* Kanadier(in) *m(f)*
canal [kə'næl] *n* Kanal *m*
canary [kə'nɛərɪ] *n* Kanarienvogel *m*
cancel ['kænsəl] *vt* absagen; (*delete*) durchstreichen; (*train*) streichen; **~lation** [kænsə'leɪʃən] *n* Absage *f*; Streichung *f*
cancer ['kænsə*] *n* (*also*: *ASTROL*: *C~*) Krebs *m*
candid ['kændɪd] *adj* offen, ehrlich
candidate ['kændɪdeɪt] *n* Kandidat(in) *m(f)*
candle ['kændl] *n* Kerze *f*; **~light** *n* Kerzenlicht *nt*; **~stick** *n* (*also*: *~ holder*) Kerzenhalter *m*
candour ['kændə*] (*US* **candor**) *n* Offenheit *f*
candy ['kændɪ] *n* Kandis(zucker) *m*; (*US*) Bonbons *pl*; **~-floss** (*BRIT*) *n* Zuckerwatte *f*
cane [keɪn] *n* (*BOT*) Rohr *nt*; (*stick*) Stock *m* ♦ *vt* (*BRIT*: *SCH*) schlagen
canine ['kæneɪn] *adj* Hunde-
canister ['kænɪstə*] *n* Blechdose *f*
cannabis ['kænəbɪs] *n* Hanf *m*, Haschisch *nt*
canned [kænd] *adj* Büchsen-, eingemacht
cannibal ['kænɪbəl] *n* Menschenfresser *m*
cannon ['kænən] (*pl ~ or ~s*) *n* Kanone *f*
cannot ['kænɒt] = **can not**
canny ['kænɪ] *adj* schlau
canoe [kə'nu:] *n* Kanu *nt*
canon ['kænən] *n* (*clergyman*) Domherr *m*; (*standard*) Grundsatz *m*
canonize ['kænənaɪz] *vt* heiligsprechen
can-opener [-'əʊpnə*] *n* Büchsenöffner *m*
canopy ['kænəpɪ] *n* Baldachin *m*
can't [kɑ:nt] = **can not**
cantankerous [kæn'tæŋkərəs] *adj* zänkisch, mürrisch
canteen [kæn'ti:n] *n* Kantine *f*; (*BRIT*: *of cutlery*) Besteckkasten *m*; (*bottle*) Feldflasche *f*
canter ['kæntə*] *n* Kanter *m* ♦ *vi* in kurzem Galopp reiten
canvas ['kænvəs] *n* Segeltuch *nt*; (*sail*) Segel *nt*; (*for painting*) Leinwand *f*; **under ~** (*camping*) in Zelten
canvass ['kænvəs] *vi* um Stimmen werben; **~ing** *n* Wahlwerbung *f*
canyon ['kænjən] *n* Felsenschlucht *f*
cap [kæp] *n* Mütze *f*; (*of pen*) Kappe *f*; (*of bottle*) Deckel *m* ♦ *vt* (*surpass*) übertreffen; (*SPORT*) aufstellen; (*put limit on*) einen Höchstsatz festlegen für
capability [keɪpə'bɪlɪtɪ] *n* Fähigkeit *f*
capable ['keɪpəbl] *adj* fähig
capacity [kə'pæsɪtɪ] *n* Fassungsvermögen *nt*; (*ability*) Fähigkeit *f*; (*position*) Eigenschaft *f*
cape [keɪp] *n* (*garment*) Cape *nt*, Umhang *m*; (*GEOG*) Kap *nt*
caper ['keɪpə*] *n* (*COOK*: *usu*: *~s*) Kaper *f*; (*prank*) Kapriole *f*
capital ['kæpɪtl] *n* (*~ city*) Hauptstadt *f*; (*FIN*) Kapital *nt*; (*~ letter*) Großbuchstabe *m*; **~ gains tax** *n* Kapitalertragssteuer *f*; **~ism** *n* Kapitalismus *m*; **~ist** *adj* kapitalistisch ♦ *n* Kapitalist(in) *m(f)*; **~ize** *vi*: **to ~ize on** Kapital schlagen aus; **~ punishment** *n* Todesstrafe *f*
capitulate [kə'pɪtjʊleɪt] *vi* kapitulieren
capricious [kə'prɪʃəs] *adj* launisch
Capricorn ['kæprɪkɔ:n] *n* Steinbock *m*
capsize [kæp'saɪz] *vt, vi* kentern
capsule ['kæpsju:l] *n* Kapsel *f*
captain ['kæptɪn] *n* Kapitän *m*; (*MIL*) Hauptmann *m* ♦ *vt* anführen
caption ['kæpʃən] *n* (*heading*) Überschrift *f*; (*to picture*) Unterschrift *f*
captivate ['kæptɪveɪt] *vt* fesseln
captive ['kæptɪv] *n* Gefangene(r) *mf*

♦ *adj* gefangen(gehalten)

captivity [kæp'tɪvɪtɪ] *n* Gefangenschaft *f*

capture ['kæptʃə*] *vt* gefangennehmen; (*place*) erobern; (*attention*) erregen ♦ *n* Gefangennahme *f*; (*data* ~) Erfassung *f*

car [kɑ:*] *n* Auto *nt*, Wagen *m*; (*RAIL*) Wagen *m*

carat ['kærət] *n* Karat *nt*

caravan ['kærəvæn] *n* (*BRIT*) Wohnwagen *m*; (*in desert*) Karawane *f*; ~ **site** (*BRIT*) *n* Campingplatz *m* für Wohnwagen

carbohydrate [kɑ:bəʊ'haɪdreɪt] *n* Kohlenhydrat *nt*

carbon ['kɑ:bən] *n* Kohlenstoff *m*; ~ **copy** *n* Durchschlag *m*; ~ **paper** *n* Kohlepapier *nt*

carburettor ['kɑ:bjʊretə*] (*US* **carburetor**) *n* Vergaser *m*

carcass ['kɑ:kəs] *n* Kadaver *m*

card [kɑ:d] *n* Karte *f*; ~**board** *n* Pappe *f*; ~ **game** *n* Kartenspiel *nt*

cardiac ['kɑ:dɪæk] *adj* Herz-

cardigan ['kɑ:dɪgən] *n* Strickjacke *f*

cardinal ['kɑ:dɪnl] *adj*: ~ **number** Kardinalzahl *f* ♦ *n* (*REL*) Kardinal *m*

card index *n* Kartei *f*; (*in library*) Katalog *m*

care [kɛə*] *n* (*of teeth, car etc*) Pflege *f*; (*of children*) Fürsorge *f*; (*carefulness*) Sorgfalt *f*; (*worry*) Sorge *f* ♦ *vi*: **to ~ about** sich kümmern um; ~ **of** bei; **in sb's ~** in jds Obhut; **I don't ~** das ist mir egal; **I couldn't ~ less** es ist mir doch völlig egal; **to take ~** aufpassen; **to take ~ of** sorgen für; **to take ~ to do sth** sich bemühen, etw zu tun; ~ **for** *vt* sorgen für; (*like*) mögen

career [kə'rɪə*] *n* Karriere *f*, Laufbahn *f* ♦ *vi* (*also*: ~ *along*) rasen

carefree ['kɛəfri:] *adj* sorgenfrei

careful ['kɛəful] *adj* sorgfältig; **(be) ~!** paß auf!

careless ['kɛəlɪs] *adj* nachlässig; ~**ness** *n* Nachlässigkeit *f*

carer ['kɛarə*] *n* (*MED*) Betreuer(in) *m(f)*

caress [kə'res] *n* Liebkosung *f* ♦ *vt* liebkosen

caretaker ['kɛəteɪkə*] *n* Hausmeister *m*

car-ferry ['kɑ:ferɪ] *n* Autofähre *f*

cargo ['kɑ:gəʊ] (*pl* ~**es**) *n* Schiffsladung *f*

car hire *n* Autovermietung *f*

Caribbean [kærɪ'bi:ən] *n*: **the ~ (Sea)** die Karibik

caricature ['kærɪkətjʊə*] *n* Karikatur *f*

caring ['kɛərɪŋ] *adj* (*society, organization*) sozial eingestellt; (*person*) liebevoll

carnage ['kɑ:nɪdʒ] *n* Blutbad *nt*

carnal ['kɑ:nl] *adj* fleischlich

carnation [kɑ:'neɪʃən] *n* Nelke *f*

carnival ['kɑ:nɪvəl] *n* Karneval *m*, Fasching *m*; (*US*: *fun fair*) Kirmes *f*

carnivorous [kɑ:'nɪvərəs] *adj* fleischfressend

carol ['kærəl] *n*: **(Christmas) ~** (Weihnachts)lied *nt*

carp [kɑ:p] *n* (*fish*) Karpfen *m*; ~ **at** *vt* herumnörgeln an +*dat*

car park (*BRIT*) *n* Parkplatz *m*; (*covered*) Parkhaus *nt*

carpenter ['kɑ:pɪntə*] *n* Zimmermann *m*

carpentry ['kɑ:pɪntrɪ] *n* Zimmerei *f*

carpet ['kɑ:pɪt] *n* Teppich *m* ♦ *vt* mit einem Teppich auslegen; ~ **slippers** *npl* Pantoffeln *pl*; ~ **sweeper** *n* Teppichkehrer *m*

car phone *n* (*TEL*) Autotelefon *nt*

carriage ['kærɪdʒ] *n* Kutsche *f*; (*RAIL, of typewriter*) Wagen *m*; (*of goods*) Beförderung *f*; (*bearing*) Haltung *f*; ~ **return** *n* (*on typewriter*) Rücklauftaste *f*; ~**way** (*BRIT*) *n* (*part of road*) Fahrbahn *f*

carrier ['kærɪə*] *n* Träger(in) *m(f)*; (*COMM*) Spediteur *m*; ~ **bag** (*BRIT*) *n* Tragetasche *m*

carrot ['kærət] *n* Möhre *f*, Karotte *f*

carry ['kærɪ] *vt, vi* tragen; **to get carried away** (*fig*) sich nicht mehr bremsen können; ~ **on** *vi* (*continue*) weitermachen; (*inf*: *complain*) Theater machen; ~ **out** *vt* (*orders*) ausführen; (*investigation*) durchführen; ~**cot** (*BRIT*) *n* Babytragetasche *f*; ~**-on** (*inf*) *n* (*fuss*) Theater *nt*

cart [kɑ:t] *n* Wagen *m*, Karren *m* ♦ *vt* schleppen

cartilage ['kɑ:tɪlɪdʒ] *n* Knorpel *m*

carton ['kɑ:tən] *n* Karton *m*; (*of milk*) Tüte *f*

cartoon [kɑ:'tu:n] *n* (*PRESS*) Karikatur *f*; (*comic strip*) Comics *pl*; (*CINE*) (Zeichen)trickfilm *m*

cartridge ['kɑ:trɪdʒ] *n* Patrone *f*

carve [kɑ:v] *vt* (*wood*) schnitzen; (*stone*) meißeln; (*meat*) (vor)schneiden; ~ **up** *vt* aufschneiden

carving ['kɑ:vɪŋ] *n* Schnitzerei *f*; ~ **knife** *n* Tranchiermesser *nt*

car wash *n* Autowäsche *f*

cascade [kæs'keɪd] *n* Wasserfall *m* ♦ *vi* kaskadenartig herabfallen

case [keɪs] *n* (*box*) Kasten *m*; (*BRIT*: *also*: *suit*~) Koffer *m*; (*JUR*, *matter*) Fall *m*; **in** ~ falls, im Falle; **in any** ~ jedenfalls, auf jeden Fall

cash [kæʃ] *n* (Bar)geld *nt* ♦ *vt* einlösen; ~ **on delivery** per Nachnahme; ~ **book** *n* Kassenbuch *nt*; ~ **card** *n* Scheckkarte *f*; ~ **desk** (*BRIT*) *n* Kasse *f*; ~ **dispenser** *n* Geldautomat *m*

cashew [kæ'ʃu:] *n* (*also*: ~ *nut*) Cashewnuß *f*

cash flow *n* Cash-flow *m*

cashier [kæ'ʃɪə*] *n* Kassierer(in) *m(f)*

cashmere ['kæʃmɪə*] *n* Kaschmirwolle *f*

cash register *n* Registrierkasse *f*

casing ['keɪsɪŋ] *n* Gehäuse *nt*

casino [kə'si:nəʊ] *n* Kasino *nt*

cask [kɑ:sk] *n* Faß *nt*

casket ['kɑ:skɪt] *n* Kästchen *nt*; (*US*: *coffin*) Sarg *m*

casserole ['kæsərəʊl] *n* Kasserolle *f*; (*food*) Auflauf *m*

cassette [kæ'set] *n* Kassette *f*; ~ **player** *n* Kassettengerät *nt*

cast [kɑ:st] (*pt*, *pp* **cast**) *vt* werfen; (*horns*) verlieren; (*metal*) gießen; (*THEAT*) besetzen; (*vote*) abgeben ♦ *n* (*THEAT*) Besetzung *f*; (*also*: *plaster* ~) Gipsverband *m*; ~ **off** *vi* (*NAUT*) losmachen

castaway ['kɑ:stəweɪ] *n* Schiffbrüchige(r) *mf*

caste [kɑ:st] *n* Kaste *f*

caster sugar ['kɑ:stə-] (*BRIT*) *n* Raffinade *f*

casting vote ['kɑ:stɪŋ-] (*BRIT*) *n* entscheidende Stimme *f*

cast iron *n* Gußeisen *nt*

castle ['kɑ:sl] *n* Burg *f*; Schloß nt; (*CHESS*) Turm *m*

castor ['kɑ:stə*] *n* (*wheel*) Laufrolle *f*

castor oil *n* Rizinusöl *nt*

castrate [kæs'treɪt] *vt* kastrieren

casual ['kæʒjʊl] *adj* (*attitude*) nachlässig; (*dress*) leger; (*meeting*) zufällig; (*work*) Gelegenheits-; ~**ly** *adv* (*dress*) zwanglos, leger; (*remark*) beiläufig

casualty ['kæʒjʊltɪ] *n* Verletzte(r) *mf*; (*dead*) Tote(r) *mf*; (*also*: ~ *department*) Unfallstation *f*

cat [kæt] *n* Katze *f*

catalogue ['kætəlɒg] (*US* **catalog**) *n* Katalog *m* ♦ *vt* katalogisieren

catalyst ['kætəlɪst] *n* Katalysator *m*

catalytic converter [kætə'lɪtɪk kən'vɜ:tə*] *n* Katalysator *m*

catapult ['kætəpʌlt] *n* Schleuder *f*

cataract ['kætərækt] *n* (*MED*) graue(r) Star *m*

catarrh [kə'tɑ:*] *n* Katarrh *m*

catastrophe [kə'tæstrəfɪ] *n* Katastrophe *f*

catch [kætʃ] (*pt*, *pp* **caught**) *vt* fangen; (*arrest*) fassen; (*train*) erreichen; (*person*: *by surprise*) ertappen; (*also*: ~ *up*) einholen ♦ *vi* (*fire*) in Gang kommen; (*in branches etc*) hängenbleiben ♦ *n* (*fish etc*) Fang *m*; (*trick*) Haken *m*; (*of lock*) Sperrhaken *m*; **to** ~ **an illness** sich *dat* eine Krankheit holen; **to** ~ **fire** Feuer fangen; ~ **on** *vi* (*understand*) begreifen; (*grow popular*) ankommen; ~ **up** *vi* (*fig*) aufholen

catching ['kætʃɪŋ] *adj* ansteckend

catchment area ['kætʃmənt-] (*BRIT*) *n* Einzugsgebiet *nt*

catch phrase *n* Slogan *m*
catchy ['kætʃɪ] *adj* (*tune*) eingängig
catechism ['kætɪkɪzəm] *n* Katechismus *m*
categoric(al) [kætə'gɒrɪk(l)] *adj* kategorisch
category ['kætɪgərɪ] *n* Kategorie *f*
cater ['keɪtə*] *vi* versorgen; ~ **for** (*BRIT*) *vt fus* (*party*) ausrichten; (*needs*) eingestellt sein auf +*acc*; ~**er** *n* Lieferant(in) *m(f)* von Speisen und Getränken; ~**ing** *n* Gastronomie *f*
caterpillar ['kætəpɪlə*] *n* Raupe *f*; ~ **track** ® *n* Gleiskette *f*
cathedral [kə'θi:drəl] *n* Kathedrale *f*, Dom *m*
catholic ['kæθəlɪk] *adj* (*tastes etc*) vielseitig; **C**~ *adj* (*REL*) katholisch ♦ *n* Katholik(in) *m(f)*
cat's-eye ['kætsaɪ] (*BRIT*) *n* (*AUT*) Katzenauge *nt*
cattle ['kætl] *npl* Vieh *nt*
catty ['kætɪ] *adj* gehässig
caucus ['kɔ:kəs] *n* (*POL*) Gremium *nt*; (*US*: *meeting*) Sitzung *f*
caught [kɔ:t] *pt, pp of* **catch**
cauliflower ['kɒlɪflaʊə*] *n* Blumenkohl *m*
cause [kɔ:z] *n* Ursache *f*; (*purpose*) Sache *f* ♦ *vt* verursachen
causeway ['kɔ:zweɪ] *n* Damm *m*
caustic ['kɔ:stɪk] *adj* ätzend; (*fig*) bissig
caution ['kɔ:ʃən] *n* Vorsicht *f*; (*warning*) Verwarnung *f* ♦ *vt* verwarnen
cautious ['kɔ:ʃəs] *adj* vorsichtig
cavalier [kævə'lɪə*] *adj* blasiert
cavalry ['kævəlrɪ] *n* Kavallerie *f*
cave [keɪv] *n* Höhle *f*; ~ **in** *vi* einstürzen; ~**man** (*irreg*) *n* Höhlenmensch *m*
cavern ['kævən] *n* Höhle *f*
caviar(e) ['kævɪɑ:*] *n* Kaviar *m*
cavity ['kævɪtɪ] *n* Loch *nt*
cavort [kə'vɔ:t] *vi* umherspringen
C.B. *n abbr* (= *Citizens' Band (Radio)*) CB
C.B.I. *n abbr* (= *Confederation of British Industry*) ≈ BDI *m*
cc *n abbr* = **carbon copy; cubic centimetres**
CD *n abbr* (= *compact disc*) CD *f*; (: *player*) CD-Spieler *m*
CD-ROM *n abbr* (= *compact disc read-only memory*) CD-Rom *f*
cease [si:s] *vi* aufhören ♦ *vt* beenden; ~**fire** *n* Feuereinstellung *f*; ~**less** *adj* unaufhörlich
cedar ['si:də*] *n* Zeder *f*
cede [si:d] *vt* abtreten
ceiling ['si:lɪŋ] *n* Decke *f*; (*fig*) Höchstgrenze *f*
celebrate ['selɪbreɪt] *vt, vi* feiern; ~**d** *adj* gefeiert
celebration [selɪ'breɪʃən] *n* Feier *f*
celebrity [sɪ'lebrɪtɪ] *n* gefeierte Persönlichkeit *f*
celery ['selərɪ] *n* Sellerie *m or f*
celestial [sɪ'lestɪəl] *adj* himmlisch
celibacy ['selɪbəsɪ] *n* Zölibat *nt or m*
cell [sel] *n* Zelle *f*; (*ELEC*) Element *nt*
cellar ['selə*] *n* Keller *m*
cello ['tʃeləʊ] *n* Cello *nt*
Cellophane ['seləfeɪn] (®) *n* Cellophan *nt* (®)
cellphone *n* Funktelefon *nt*
cellular ['seljʊlə*] *adj* zellular
cellulose ['seljʊləʊs] *n* Zellulose *f*
Celt [kelt, selt] *n* Kelte *m*, Keltin *f*; ~**ic** ['keltɪk, 'seltɪk] *adj* keltisch
cement [sɪ'ment] *n* Zement *m* ♦ *vt* zementieren; ~ **mixer** *n* Betonmischmaschine *f*
cemetery ['semɪtrɪ] *n* Friedhof *m*
cenotaph ['senətɑ:f] *n* Ehrenmal *nt*
censor ['sensə*] *n* Zensor *m* ♦ *vt* zensieren; ~**ship** *n* Zensur *f*
censure ['senʃə*] *vt* rügen
census ['sensəs] *n* Volkszählung *f*
cent [sent] *n* (*US*: *coin*) Cent *m*; *see also* **per cent**
centenary [sen'ti:nərɪ] *n* Jahrhundertfeier *f*
center ['sentə*] (*US*) *n* = **centre**
centigrade ['sentɪgreɪd] *adj* Celsius
centimetre ['sentɪmi:tə*] (*US* **centimeter**) *n* Zentimeter *nt*
centipede ['sentɪpi:d] *n* Tausendfüßler *m*
central ['sentrəl] *adj* zentral; **C**~

America *n* Mittelamerika *nt*; ~ **heating** *n* Zentralheizung *f*; ~**ize** *vt* zentralisieren; ~ **reservation** (*BRIT*) *n* (*AUT*) Mittelstreifen *m*

centre ['sentə*] (*US* **center**) *n* Zentrum *nt* ♦ *vt* zentrieren; ~**-forward** *n* (*SPORT*) Mittelstürmer *m*; ~**-half** *n* (*SPORT*) Stopper *m*

century ['sentjʊrɪ] *n* Jahrhundert *nt*

ceramic [sɪ'ræmɪk] *adj* keramisch; ~**s** *npl* Keramiken *pl*

cereal ['sɪərɪəl] *n* (*grain*) Getreide *nt*; (*at breakfast*) Getreideflocken *pl*

cerebral ['serɪbrəl] *adj* zerebral; (*intellectual*) geistig

ceremony ['serɪmənɪ] *n* Zeremonie *f*; **to stand on** ~ förmlich sein

certain ['sɜ:tən] *adj* sicher; (*particular*) gewiß; **for** ~ ganz bestimmt; ~**ly** *adv* sicher, bestimmt; ~**ty** *n* Gewißheit *f*

certificate [sə'tɪfɪkɪt] *n* Bescheinigung *f*; (*SCH etc*) Zeugnis *nt*

certified mail ['sɜ:tɪfaɪd-] (*US*) *n* Einschreiben *nt*

certified public accountant ['sɜ:tɪfaɪd-] (*US*) *n* geprüfte(r) Buchhalter *m*

certify ['sɜ:tɪfaɪ] *vt* bescheinigen

cervical ['sɜ:vɪkl] *adj* (*smear, cancer*) Gebärmutterhals-

cervix ['sɜ:vɪks] *n* Gebärmutterhals *m*

cessation [se'seɪʃən] *n* Einstellung *f*, Ende *nt*

cf. *abbr* (= *compare*) vgl.

CFC *n abbr* (= *chlorofluorocarbon*) FCKW *m*

ch. *abbr* (= *chapter*) Kap.

chafe [tʃeɪf] *vt* scheuern

chaffinch ['tʃæfɪntʃ] *n* Buchfink *m*

chagrin ['ʃægrɪn] *n* Verdruß *m*

chain [tʃeɪn] *n* Kette *f* ♦ *vt* (*also*: ~ *up*) anketten; ~ **reaction** *n* Kettenreaktion *f*; ~**-smoke** *vi* kettenrauchen; ~ **store** *n* Kettenladen *m*

chair [tʃɛə*] *n* Stuhl *m*; (*arm*~) Sessel *m*; (*UNIV*) Lehrstuhl *m* ♦ *vt* (*meeting*) den Vorsitz führen bei; ~**-lift** *n* Sessellift *m*; ~**man** (*irreg*) *n* Vorsitzende(r) *m*

chalet ['ʃæleɪ] *n* Chalet *nt*

chalice ['tʃælɪs] *n* Kelch *m*

chalk [tʃɔ:k] *n* Kreide *f*

challenge ['tʃælɪndʒ] *n* Herausforderung *f* ♦ *vt* herausfordern; (*contest*) bestreiten

challenging ['tʃælɪndʒɪŋ] *adj* (*tone*) herausfordernd; (*work*) anspruchsvoll

chamber ['tʃeɪmbə*] *n* Kammer *f*; ~ **of commerce** Handelskammer *f*; ~**maid** *n* Zimmermädchen *nt*; ~ **music** *n* Kammermusik *f*

chamois ['ʃæmwɑ:] *n* Gemse *f*

champagne [ʃæm'peɪn] *n* Champagner *m*, Sekt *m*

champion ['tʃæmpɪən] *n* (*SPORT*) Meister(in) *m(f)*; (*of cause*) Verfechter(in) *m(f)*; ~**ship** *n* Meisterschaft *f*

chance [tʃɑ:ns] *n* (*luck*) Zufall *m*; (*possibility*) Möglichkeit *f*; (*opportunity*) Gelegenheit *f*, Chance *f*; (*risk*) Risiko *nt* ♦ *adj* zufällig ♦ *vt*: **to** ~ **it** es darauf ankommen lassen; **by** ~ zufällig; **to take a** ~ ein Risiko eingehen

chancellor ['tʃɑ:nsələ*] *n* Kanzler *m*; **C**~ **of the Exchequer** (*BRIT*) *n* Schatzkanzler *m*

chandelier [ʃændɪ'lɪə*] *n* Kronleuchter *m*

change [tʃeɪndʒ] *vt* ändern; (*replace, COMM*: *money*) wechseln; (*exchange*) umtauschen; (*transform*) verwandeln ♦ *vi* sich ändern; (~ *trains*) umsteigen; (~ *clothes*) sich umziehen ♦ *n* Veränderung *f*; (*money returned*) Wechselgeld *nt*; (*coins*) Kleingeld *nt*; **to** ~ **one's mind** es sich *dat* anders überlegen; **to** ~ **into sth** (*be transformed*) sich in etw *acc* verwandeln; **for a** ~ zur Abwechslung; ~**able** *adj* (*weather*) wechselhaft; ~ **machine** *n* Geldwechselautomat *m*; ~**over** *n* Umstellung *f*

changing ['tʃeɪndʒɪŋ] *adj* veränderlich; ~ **room** (*BRIT*) *n* Umkleideraum *m*

channel ['tʃænl] *n* (*stream*) Bachbett *nt*; (*NAUT*) Straße *f*; (*TV*) Kanal *m*;

(*fig*) Weg *m* ♦ *vt* (*efforts*) lenken; **the (English) C~** der Ärmelkanal; **C~ Islands** *npl*: **the C~ Islands** die Kanalinseln *pl*

chant [tʃɑ:nt] *n* Gesang *m*; (*of football fans etc*) Sprechchor *m* ♦ *vt* intonieren

chaos ['keɪɒs] *n* Chaos *nt*

chap [tʃæp] (*inf*) *n* Kerl *m*

chapel ['tʃæpəl] *n* Kapelle *f*

chaperon ['ʃæpərəʊn] *n* Anstandsdame *f*

chaplain ['tʃæplɪn] *n* Kaplan *m*

chapped ['tʃæpt] *adj* (*skin, lips*) spröde

chapter ['tʃæptə*] *n* Kapitel *nt*

char [tʃɑ:*] *vt* (*burn*) verkohlen ♦ *n* (*BRIT*) = **charlady**

character ['kærɪktə*] *n* Charakter *m*, Wesen *nt*; (*in novel, film*) Figur *f*; **~istic** [kærɪktə'rɪstɪk] *adj*: **~istic (of sb/sth)** (für jdn/etw) charakteristisch ♦ *n* Kennzeichen *nt*; **~ize** *vt* charakterisieren, kennzeichnen

charade [ʃə'rɑ:d] *n* Scharade *f*

charcoal ['tʃɑ:kəʊl] *n* Holzkohle *f*

charge [tʃɑ:dʒ] *n* (*cost*) Preis *m*; (*JUR*) Anklage *f*; (*explosive*) Ladung *f*; (*attack*) Angriff *m* ♦ *vt* (*gun, battery*) laden; (*price*) verlangen; (*JUR*) anklagen; (*MIL*) angreifen ♦ *vi* (*rush*) (an)stürmen; **bank ~s** Bankgebühren *pl*; **free of ~** kostenlos; **to reverse the ~s** (*TEL*) ein R Gespräch führen; **to be in ~ of** verantwortlich sein für; **to take ~** (die Verantwortung) übernehmen; **to ~ sth (up) to sb's account** jdm etw in Rechnung stellen; **~ card** *n* Kundenkarte *f*

charitable ['tʃærɪtəbl] *adj* wohltätig; (*lenient*) nachsichtig

charity ['tʃærɪtɪ] *n* (*institution*) Hilfswerk *nt*; (*attitude*) Nächstenliebe *f*

charlady ['tʃɑ:leɪdɪ] (*BRIT*) *n* Putzfrau *f*

charlatan ['ʃɑ:lətən] *n* Scharlatan *m*

charm [tʃɑ:m] *n* Charme *m*; (*spell*) Bann *m*; (*object*) Talisman *m* ♦ *vt* bezaubern; **~ing** *adj* reizend

chart [tʃɑ:t] *n* Tabelle *f*; (*NAUT*) Seekarte *f* ♦ *vt* (*course*) abstecken

charter ['tʃɑ:tə*] *vt* chartern ♦ *n* Schutzbrief *m*; **~ed accountant** *n* Wirtschaftsprüfer(in) *m(f)*; **~ flight** *n* Charterflug *m*

charwoman ['tʃɑ:wʊmən] *n* = **charlady**

chase [tʃeɪs] *vt* jagen, verfolgen ♦ *n* Jagd *f*

chasm ['kæzəm] *n* Kluft *f*

chassis ['ʃæsɪ] *n* Fahrgestell *nt*

chastity ['tʃæstɪtɪ] *n* Keuschheit *f*

chat [tʃæt] *vi* (*also*: *have a ~*) plaudern ♦ *n* Plaudorei *f*; **~ show** (*BRIT*) *n* Talkshow *f*

chatter ['tʃætə*] *vi* schwatzen; (*teeth*) klappern ♦ *n* Geschwätz *nt*; **~box** *n* Quasselstrippe *f*

chatty ['tʃætɪ] *adj* geschwätzig

chauffeur ['ʃəʊfə*] *n* Chauffeur *m*

chauvinist ['ʃəʊvɪnɪst] *n* (*male ~*) Chauvi *m* (*inf*); (*nationalist*) Chauvinist(in) *m(f)*

cheap [tʃi:p] *adj, adv* billig; **~ly** *adv* billig

cheat [tʃi:t] *vt, vi* betrügen; (*SCH*) mogeln ♦ *n* Betrüger(in) *m(f)*

check [tʃek] *vt* (*examine*) prüfen; (*make sure*) nachsehen; (*control*) kontrollieren; (*restrain*) zügeln; (*stop*) anhalten ♦ *n* (*examination, restraint*) Kontrolle *f*; (*bill*) Rechnung *f*; (*pattern*) Karo(muster) *nt*; (*US*) = **cheque** ♦ *adj* (*pattern, cloth*) kariert; **~ in** *vi* (*in hotel, airport*) einchecken ♦ *vt* (*luggage*) abfertigen lassen; **~ out** *vi* (*of hotel*) abreisen; **~ up** *vi* nachschauen; **~ up on** *vt* kontrollieren; **~ered** (*US*) *adj* = **chequered**; **~ers** (*US*) *n* (*draughts*) Damespiel *nt*; **~-in (desk)** *n* Abfertigung *f*; **~ing account** (*US*) *n* (*current account*) Girokonto *nt*; **~mate** *n* Schachmatt *nt*; **~out** *n* Kasse *f*; **~point** *n* Kontrollpunkt *m*; **~ room** (*US*) *n* (*left-luggage office*) Gepäckaufbewahrung *f*; **~up** *n* (Nach)prüfung *f*; (*MED*) (ärztliche) Untersuchung *f*

cheek [tʃi:k] *n* Backe *f*; (*fig*) Frechheit *f*; ~**bone** *n* Backenknochen *m*; ~**y** *adj* frech

cheep [tʃi:p] *vi* piepsen

cheer [tʃɪə*] *n* (*usu pl*) Hurra- *or* Beifallsruf *m* ♦ *vt* zujubeln; (*encourage*) aufmuntern ♦ *vi* jauchzen; ~**s!** Prost!; ~ **up** *vi* bessere Laune bekommen ♦ *vt* aufmuntern; ~ **up!** nun lach doch mal!; ~**ful** *adj* fröhlich

cheerio ['tʃɪərɪ'əʊ] (*BRIT*) *excl* tschüs!

cheese [tʃi:z] *n* Käse *m*; ~**board** *n* (gemischte) Käseplatte *f*

cheetah ['tʃi:tə] *n* Gepard *m*

chef [ʃef] *n* Küchenchef *m*

chemical ['kemɪkəl] *adj* chemisch ♦ *n* Chemikalie *f*

chemist ['kemɪst] *n* (*BRIT*: *pharmacist*) Apotheker *m*, Drogist *m*; (*scientist*) Chemiker *m*; ~**ry** *n* Chemie *f*; ~**'s (shop)** (*BRIT*) *n* Apotheke *f*, Drogerie *f*

cheque [tʃek] (*BRIT*) *n* Scheck *m*; ~**book** *n* Scheckbuch *nt*; ~ **card** *n* Scheckkarte *f*

chequered ['tʃekəd] *adj* (*fig*) bewegt

cherish ['tʃerɪʃ] *vt* (*person*) lieben; (*hope*) hegen

cherry ['tʃerɪ] *n* Kirsche *f*

chess [tʃes] *n* Schach *nt*; ~**board** *n* Schachbrett *nt*; ~**man** (*irreg*) *n* Schachfigur *f*

chest [tʃest] *n* (*ANAT*) Brust *f*; (*box*) Kiste *f*; ~ **of drawers** *n* Kommode *f*

chestnut ['tʃesnʌt] *n* Kastanie *f*; ~ **tree** *n* Kastanienbaum *m*

chew [tʃu:] *vt, vi* kauen; ~**ing gum** *n* Kaugummi *m*

chic [ʃi:k] *adj* schick, elegant

chick [tʃɪk] *n* Küken *nt*; (*US*: *inf*: *girl*) Biene *f*

chicken ['tʃɪkɪn] *n* Huhn *nt*; (*food*) Hähnchen *nt*; ~ **out** (*inf*) *vi* kneifen (*inf*)

chickenpox ['tʃɪkɪnpɒks] *n* Windpocken *pl*

chicory ['tʃɪkərɪ] *n* (*in coffee*) Zichorie *f*; (*plant*) Chicorée *f*

chief [tʃi:f] *n* (*of tribe*) Häuptling *m*; (*COMM*) Chef *m* ♦ *adj* Haupt-; ~ **executive** *n* Geschäftsführer(in) *m(f)*; ~**ly** *adv* hauptsächlich

chiffon ['ʃɪfɒn] *n* Chiffon *m*

chilblain ['tʃɪlbleɪn] *n* Frostbeule *f*

child [tʃaɪld] (*pl* **children**) *n* Kind *nt*; ~**birth** *n* Entbindung *f*; ~**hood** *n* Kindheit *f*; ~**ish** *adj* kindisch; ~**like** *adj* kindlich; ~ **minder** (*BRIT*) *n* Tagesmutter *f*

children ['tʃɪldrən] *npl of* **child**

Chile ['tʃɪlɪ] *n* Chile *nt*; ~**an** *adj* chilenisch

chill [tʃɪl] *n* Kühle *f*; (*MED*) Erkältung *f* ♦ *vt* (*CULIN*) kühlen

chilli ['tʃɪlɪ] *n* Peperoni *pl*; (*meal, spice*) Chili *m*

chilly ['tʃɪlɪ] *adj* kühl, frostig

chime [tʃaɪm] *n* Geläut *nt* ♦ *vi* ertönen

chimney ['tʃɪmnɪ] *n* Schornstein *m*; ~ **sweep** *n* Schornsteinfeger(in) *m(f)*

chimpanzee [tʃɪmpæn'zi:] *n* Schimpanse *m*

chin [tʃɪn] *n* Kinn *nt*

China ['tʃaɪnə] *n* China *nt*

china ['tʃaɪnə] *n* Porzellan *nt*

Chinese [tʃaɪ'ni:z] *adj* chinesisch ♦ *n* (*inv*) Chinese *m*, Chinesin *f*; (*LING*) Chinesisch *nt*

chink [tʃɪŋk] *n* (*opening*) Ritze *f*; (*noise*) Klirren *nt*

chip [tʃɪp] *n* (*of wood etc*) Splitter *m* (*in poker etc*; *US*: *crisp*) Chip *m* ♦ *vt* absplittern; ~**s** *npl* (*BRIT*: *COOK*) Pommes frites *pl*; ~ **in** *vi* Zwischenbemerkungen machen

chiropodist [kɪ'rɒpədɪst] (*BRIT*) *n* Fußpfleger(in) *m(f)*

chirp [tʃɜ:p] *vi* zwitschern

chisel ['tʃɪzl] *n* Meißel *m*

chit [tʃɪt] *n* Notiz *f*

chitchat ['tʃɪttʃæt] *n* Plauderei *f*

chivalrous ['ʃɪvəlrəs] *adj* ritterlich

chivalry ['ʃɪvəlrɪ] *n* Ritterlichkeit *f*

chives [tʃaɪvz] *npl* Schnittlauch *m*

chlorine ['klɔ:ri:n] *n* Chlor *nt*

chock [tʃɒk] *n* Bremsklotz *m*; ~**-a-block** *adj* vollgepfropft; ~**-full** *adj* vollgepfropft

chocolate ['tʃɒklɪt] *n* Schokolade *f*

choice [tʃɔɪs] *n* Wahl *f*; (*of goods*) Auswahl *f* ♦ *adj* Qualitäts-
choir ['kwaɪə*] *n* Chor *m*; **~boy** *n* Chorknabe *m*
choke [tʃəʊk] *vi* ersticken ♦ *vt* erdrosseln; (*block*) (ab)drosseln ♦ *n* (*AUT*) Starterklappe *f*
cholera ['kɒlərə] *n* Cholera *f*
cholesterol [kə'lestərəl] *n* Cholesterin *nt*
choose [tʃu:z] (*pt* **chose**, *pp* **chosen**) *vt* wählen
choosy ['tʃu:zɪ] *adj* wählerisch
chop [tʃɒp] *vt* (*wood*) spalten; (*COOK*: *also*: ~ *up*) (zer)hacken ♦ *n* Hieb *m*; (*COOK*) Kotelett *nt*; **~s** *npl* (*jaws*) Lefzen *pl*
chopper ['tʃɒpə*] *n* (*helicopter*) Hubschrauber *m*
choppy ['tʃɒpɪ] *adj* (*sea*) bewegt
chopsticks ['tʃɒpstɪks] *npl* (Eß)stäbchen *pl*
choral ['kɔ:rəl] *adj* Chor-
chord [kɔ:d] *n* Akkord *m*
chore [tʃɔ:*] *n* Pflicht *f*; **~s** *npl* (*housework*) Hausarbeit *f*
choreographer [kɒrɪ'ɒgrəfə*] *n* Choreograph(in) *m(f)*
chorister ['kɒrɪstə*] *n* Chorsänger(in) *m(f)*
chortle ['tʃɔ:tl] *vi* glucksen
chorus ['kɔ:rəs] *n* Chor *m*; (*in song*) Refrain *m*
chose [tʃəʊz] *pt of* **choose**
chosen ['tʃəʊzn] *pp of* **choose**
Christ [kraɪst] *n* Christus *m*
christen ['krɪsn] *vt* taufen
Christian ['krɪstɪən] *adj* christlich ♦ *n* Christ(in) *m(f)*; **~ity** [krɪstɪ'ænɪtɪ] *n* Christentum *nt*; **~ name** *n* Vorname *m*
Christmas ['krɪsməs] *n* Weihnachten *pl*; **Happy** *or* **Merry ~!** Frohe *or* fröhliche Weihnachten!; **~ card** *n* Weihnachtskarte *f*; **~ Day** *n* der erste Weihnachtstag; **~ Eve** *n* Heiligabend *m*; **~ tree** *n* Weihnachtsbaum *m*
chrome [krəʊm] *n* Verchromung *f*
chromium ['krəʊmɪəm] *n* Chrom *nt*
chronic ['krɒnɪk] *adj* chronisch
chronicle ['krɒnɪkl] *n* Chronik *f*
chronological [krɒnə'lɒdʒɪkəl] *adj* chronologisch
chubby ['tʃʌbɪ] *adj* rundlich
chuck [tʃʌk] *vt* werfen; (*BRIT*: *also*: ~ *up*) hinwerfen; **~ out** *vt* (*person*) rauswerfen; (*old clothes etc*) wegwerfen
chuckle ['tʃʌkl] *vi* in sich hineinlachen
chug [tʃʌg] *vi* tuckern
chum [tʃʌm] *n* Kumpel *m*
chunk [tʃʌŋk] *n* Klumpen *m*; (*of food*) Brocken *m*
church [tʃɜ:tʃ] *n* Kirche *f*; **~yard** *n* Kirchhof *m*
churlish ['tʃɜ:lɪʃ] *adj* grob
churn [tʃɜ:n] *n* (*for butter*) Butterfaß *nt*; (*for milk*) Milchkanne *f*; **~ out** (*inf*) *vt* produzieren
chute [ʃu:t] *n* Rutsche *f*; (*rubbish* ~) Müllschlucker *m*
CIA (*US*) *n abbr* (= *Central Intelligence Agency*) CIA *m*
CID (*BRIT*) *n abbr* (= *Criminal Investigation Department*) ≈ Kripo *f*
cider ['saɪdə*] *n* Apfelwein *m*
cigar [sɪ'gɑ:*] *n* Zigarre *f*
cigarette [sɪgə'ret] *n* Zigarette *f*; **~ case** *n* Zigarettenetui *nt*; **~ end** *n* Zigarettenstummel *m*
Cinderella [sɪndə'relə] *n* Aschenbrödel *nt*
cinders ['sɪndəz] *npl* Asche *f*
cine-camera ['sɪnɪ'kæmərə] (*BRIT*) *n* Filmkamera *f*
cine-film ['sɪnɪfɪlm] (*BRIT*) *n* Schmalfilm *m*
cinema ['sɪnəmə] *n* Kino *nt*
cinnamon ['sɪnəmən] *n* Zimt *m*
cipher ['saɪfə*] *n* (*code*) Chiffre *f*
circle ['sɜ:kl] *n* Kreis *m*; (*in cinema etc*) Rang *m* ♦ *vi* kreisen ♦ *vt* (*surround*) umgeben; (*move round*) kreisen um
circuit ['sɜ:kɪt] *n* (*track*) Rennbahn *f*; (*lap*) Runde *f*; (*ELEC*) Stromkreis *m*; **~ous** [sɜ:'kju:ɪtəs] *adj* weitschweifig
circular ['sɜ:kjʊlə*] *adj* rund ♦ *n*

Rundschreiben *nt*

circulate ['sɜ:kjʊleɪt] *vi* zirkulieren ♦ *vt* in Umlauf setzen; **circulation** [sɜ:kjʊ'leɪʃən] *n* (*of blood*) Kreislauf *m*; (*of newspaper*) Auflage *f*; (*of money*) Umlauf *m*

circumcise ['sɜ:kəmsaɪz] *vt* beschneiden

circumference [sə'kʌmfərəns] *n* (Kreis)umfang *m*

circumspect ['sɜ:kəmspekt] *adj* umsichtig

circumstances ['sɜ:kəmstənsəz] *npl* Umstände *pl*; (*financial condition*) Verhältnisse *pl*

circumvent [sɜ:kəm'vent] *vt* umgehen

circus ['sɜ:kəs] *n* Zirkus *m*

CIS *n abbr* (= *Commonwealth of Independent States*) GUS *f*

cistern ['sɪstən] *n* Zisterne *f*; (*of W.C.*) Spülkasten *m*

cite [saɪt] *vt* zitieren, anführen

citizen ['sɪtɪzn] *n* Bürger(in) *m(f)*; **~ship** *n* Staatsbürgerschaft *f*

citrus fruit ['sɪtrəs fru:t] Zitrusfrucht *f*

city ['sɪtɪ] *n* Großstadt *f*; **the C~** die City, das Finanzzentrum Londons

civic ['sɪvɪk] *adj* (*of town*) städtisch; (*of citizen*) Bürger-; **~ centre** *n* Stadtverwaltung *f*

civil ['sɪvɪl] *adj* bürgerlich; (*not military*) zivil; (*polite*) höflich; **~ engineer** *n* Bauingenieur *m*; **~ian** [sɪ'vɪlɪən] *n* Zivilperson *f* ♦ *adj* zivil, Zivil-

civilization [sɪvɪlaɪ'zeɪʃən] *n* Zivilisation *f*

civilized ['sɪvɪlaɪzd] *adj* zivilisiert

civil : **~ law** *n* Zivilrecht *nt*; **~ servant** *n* Staatsbeamte(r) *m*; **C~ Service** *n* Staatsdienst *m*; **~ war** *n* Bürgerkrieg *m*

clad [klæd] *adj*: **~ in** gehüllt in +*acc*

claim [kleɪm] *vt* beanspruchen; (*have opinion*) behaupten ♦ *vi* (*for insurance*) Ansprüche geltend machen ♦ *n* (*demand*) Forderung *f*; (*right*) Anspruch *m*; (*pretension*) Behauptung *f*; **~ant** *n* Antragsteller(in) *m(f)*

clairvoyant [klɛə'vɔɪənt] *n* Hellseher(in) *m(f)*

clam [klæm] *n* Venusmuschel *f*

clamber ['klæmbə*] *vi* kraxeln

clammy ['klæmɪ] *adj* klamm

clamour ['klæmə*] *vi*: **to ~ for sth** nach etw verlangen

clamp [klæmp] *n* Schraubzwinge *f* ♦ *vt* einspannen; **~ down on** *vt fus* Maßnahmen ergreifen gegen

clan [klæn] *n* Clan *m*

clandestine [klæn'destɪn] *adj* geheim

clang [klæŋ] *vi* scheppern

clap [klæp] *vi* klatschen ♦ *vt* Beifall klatschen +*dat* ♦ *n* (*of hands*) Klatschen *nt*; (*of thunder*) Donnerschlag *m*; **~ping** *n* Klatschen *nt*

claret ['klærɪt] *n* rote(r) Bordeaux(wein) *m*

clarify ['klærɪfaɪ] *vt* klären, erklären

clarinet [klærɪ'net] *n* Klarinette *f*

clarity ['klærɪtɪ] *n* Klarheit *f*

clash [klæʃ] *n* (*fig*) Konflikt *m* ♦ *vi* zusammenprallen; (*colours*) sich beißen; (*argue*) sich streiten

clasp [klɑ:sp] *n* Griff *m*; (*on jewels, bag*) Verschluß *m* ♦ *vt* umklammern

class [klɑ:s] *n* Klasse *f* ♦ *vt* einordnen; **~-conscious** *adj* klassenbewußt

classic ['klæsɪk] *n* Klassiker *m* ♦ *adj* klassisch; **~al** *adj* klassisch

classified ['klæsɪfaɪd] *adj* (*information*) Geheim-; **~ advertisement** *n* Kleinanzeige *f*

classify ['klæsɪfaɪ] *vt* klassifizieren

classmate ['klɑ:smeɪt] *n* Klassenkamerad(in) *m(f)*

classroom ['klɑ:sru:m] *n* Klassenzimmer *nt*

clatter ['klætə*] *vi* klappern; (*feet*) trappeln

clause [klɔ:z] *n* (*JUR*) Klausel *f*; (*GRAM*) Satz *m*

claustrophobia [klɒstrə'fəʊbɪə] *n* Platzangst *f*

claw [klɔ:] *n* Kralle *f* ♦ *vt* (zer)kratzen

clay [kleɪ] *n* Lehm *m*; (*for pots*) Ton

m

clean [kli:n] *adj* sauber ♦ *vt* putzen; (*clothes*) reinigen; ~ **out** *vt* gründlich putzen; ~ **up** *vt* aufräumen; ~**-cut** *adj* (*person*) adrett; (*clear*) klar; ~**er** *n* (*person*) Putzfrau *f*; ~**ing** *n* Putzen *nt*; (*clothes*) Reinigung *f*; ~**liness** ['klenlɪnɪs] *n* Reinlichkeit *f*

cleanse [klenz] *vt* reinigen; ~**r** *n* (*for face*) Reinigungsmilch *f*

clean-shaven ['kli:n'ʃeɪvn] *adj* glattrasiert

cleansing department ['klenzɪŋ-] (*BRIT*) *n* Stadtreinigung *f*

clear ['klɪə*] *adj* klar; (*road*) frei ♦ *vt* (*road etc*) freimachen; (*obstacle*) beseitigen; (*JUR*: *suspect*) freisprechen ♦ *vi* klarwerden; (*fog*) sich lichten ♦ *adv*: ~ **of** von ... entfernt; **to** ~ **the table** den Tisch abräumen; ~ **up** *vt* aufräumen; (*solve*) aufklären; ~**ance** ['klɪərəns] *n* (*removal*) Räumung *f*; (*free space*) Lichtung *f*; (*permission*) Freigabe *f*; ~**-cut** *adj* (*case*) eindeutig; ~**ing** *n* Lichtung *f*; ~**ing bank** (*BRIT*) *n* Clearingbank *f*; ~**ly** *adv* klar; (*obviously*) eindeutig; ~**way** (*BRIT*) *n* (Straße *f* mit) Halteverbot *nt*

cleaver ['kli:və*] *n* Hackbeil *f*

clef [klef] *n* Notenschlüssel *m*

cleft [kleft] *n* (*in rock*) Spalte *f*

clemency ['klemənsɪ] *n* Milde *f*

clench [klentʃ] *vt* (*teeth*) zusammenbeißen; (*fist*) ballen

clergy ['klɜ:dʒɪ] *n* Geistliche(n) *pl*; ~**man** (*irreg*) *n* Geistliche(r) *m*

clerical ['klerɪkəl] *adj* (*office*) Schreib-, Büro-; (*REL*) geistlich

clerk [klɑ:k, (*US*) klɜ:k] *n* (*in office*) Büroangestellte(r) *mf*; (*US*: *sales person*) Verkäufer(in) *m(f)*

clever ['klevə*] *adj* klug; (*crafty*) schlau

cliché ['kli:ʃeɪ] *n* Klischee *nt*

click [klɪk] *vt* (*heels*) zusammenklappen; (*tongue*) schnalzen mit

client ['klaɪənt] *n* Klient(in) *m(f)*; ~**ele** [kli:ɒn'tel] *n* Kundschaft *f*

cliff [klɪf] *n* Klippe *f*

climate ['klaɪmɪt] *n* Klima *nt*

climax ['klaɪmæks] *n* Höhepunkt *m*

climb [klaɪm] *vt* besteigen ♦ *vi* steigen, klettern ♦ *n* Aufstieg *m*; ~**-down** *n* Abstieg *m*; ~**er** *n* Bergsteiger(in) *m(f)*; ~**ing** *n* Bergsteigen *nt*

clinch [klɪntʃ] *vt* (*decide*) entscheiden; (*deal*) festmachen

cling [klɪŋ] (*pt, pp* **clung**) *vi* (*clothes*) eng anliegen; **to** ~ **to** sich festklammern an +*dat*

clinic ['klɪnɪk] *n* Klinik *f*; ~**al** *adj* klinisch

clink [klɪŋk] *vi* klimpern

clip [klɪp] *n* Spange *f*; (*also: paper* ~) Klammer *f* ♦ *vt* (*papers*) heften; (*hair, hedge*) stutzen; ~**pers** *npl* (*for hedge*) Heckenschere *f*; (*for hair*) Haarschneidemaschine *f*; ~**ping** *n* Ausschnitt *m*

cloak [kləʊk] *n* Umhang *m* ♦ *vt* hüllen; ~**room** *n* (*for coats*) Garderobe *f*; (*BRIT. W.C.*) Toilette *f*

clock [klɒk] *n* Uhr *f*; ~ **in** *or* **on** *vi* stempeln; ~ **off** *or* **out** *vi* stempeln; ~**wise** *adv* im Uhrzeigersinn; ~**work** *n* Uhrwerk *nt* ♦ *adj* zum Aufziehen

clog [klɒg] *n* Holzschuh *m* ♦ *vt* verstopfen

cloister ['klɔɪstə*] *n* Kreuzgang *m*

clone [kləʊn] *n* Klon *m*

close[1] [kləʊs] *adj* (*near*) in der Nähe; (*friend, connection, print*) eng; (*relative*) nahe; (*result*) knapp; (*examination*) eingehend; (*weather*) schwül; (*room*) stickig ♦ *adv* nahe, dicht; ~ **by** in der Nähe; ~ **at hand** in der Nähe; **to have a** ~ **shave** (*fig*) mit knapper Not davorkommen

close[2] [kləʊz] *vt* (*shut*) schließen; (*end*) beenden ♦ *vi* (*shop etc*) schließen; (*door etc*) sich schließen ♦ *n* Ende *nt*; ~ **down** *vi* schließen; ~**d** *adj* (*shop etc*) geschlossen; ~**d shop** *n* Gewerkschaftszwang *m*

close-knit [kləʊs'nɪt] *adj* eng zusammengewachsen

closely ['kləʊslɪ] *adv* eng; (*carefully*) genau

closet ['klɒzɪt] *n* Schrank *m*

close-up ['kləʊsʌp] *n* Nahaufnahme

f

closure ['kləʊʒə*] *n* Schließung *f*

clot [klɒt] *n* (*of blood*) Blutgerinnsel *nt*; (*fool*) Blödmann *m* ♦ *vi* gerinnen

cloth [klɒθ] *n* (*material*) Tuch *nt*; (*rag*) Lappen *m*

clothe [klɒθ] *vt* kleiden; **~s** *npl* Kleider *pl*; **~s brush** *n* Kleiderbürste *f*; **~s line** *n* Wäscheleine *f*; **~s peg** (*US* **~s pin**) *n* Wäscheklammer *f*

clothing [klɒθɪŋ] *n* Kleidung *f*

cloud [klaʊd] *n* Wolke *f*; **~burst** *n* Wolkenbruch *m*; **~y** *adj* bewölkt; (*liquid*) trüb

clout [klaʊt] *vt* hauen

clove [kləʊv] *n* Gewürznelke *f*; **~ of garlic** Knoblauchzehe *f*

clover ['kləʊvə*] *n* Klee *m*

clown [klaʊn] *n* Clown *m* ♦ *vi* (*also*: *~ about*, *~ around*) kaspern

cloying ['klɔɪɪŋ] *adj* (*taste, smell*) übersüß

club [klʌb] *n* (*weapon*) Knüppel *m*; (*society*) Klub *m*; (*also*: *golf ~*) Golfschläger *m* ♦ *vt* prügeln ♦ *vi*: **to ~ together** zusammenlegen; **~s** *npl* (*CARDS*) Kreuz *nt*; **~ car** (*US*) *n* (*RAIL*) Speisewagen *m*; **~house** *n* Klubhaus *nt*

cluck [klʌk] *vi* glucken

clue [klu:] *n* Anhaltspunkt *m*; (*in crosswords*) Frage *f*; **I haven't a ~** (ich hab') keine Ahnung

clump [klʌmp] *n* Gruppe *f*

clumsy ['klʌmzɪ] *adj* (*person*) unbeholfen; (*shape*) unförmig

clung [klʌŋ] *pt, pp of* **cling**

cluster ['klʌstə*] *n* (*of trees etc*) Gruppe *f* ♦ *vi* sich drängen, sich scharen

clutch [klʌtʃ] *n* Griff *m*; (*AUT*) Kupplung *f* ♦ *vt* sich festklammern an +*dat*

clutter ['klʌtə*] *vt* vollpropfen; (*desk*) übersäen

CND *n abbr* = **Campaign for Nuclear Disarmament**

Co. *abbr* = **county; company**

c/o *abbr* (= *care of*) c/o

coach [kəʊtʃ] *n* (*bus*) Reisebus *m*; (*horse-drawn*) Kutsche *f*; (*RAIL*) (Personen)wagen *m*; (*trainer*) Trainer *m* ♦ *vt* (*SCH*) Nachhilfeunterricht geben +*dat*; (*SPORT*) trainieren; **~ trip** *n* Busfahrt *f*

coagulate [kəʊ'ægjʊleɪt] *vi* gerinnen

coal [kəʊl] *n* Kohle *f*; **~ face** *n* Streb *m*; **~ field** *n* Kohlengebiet *nt*

coalition [kəʊə'lɪʃən] *n* Koalition *f*

coalman ['kəʊlmən] (*irreg*) *n* Kohlenhändler *m*

coal merchant *n* = **coalman**

coal mine *n* Kohlenbergwerk *nt*

coarse [kɔ:s] *adj* grob; (*fig*) ordinär

coast [kəʊst] *n* Küste *f* ♦ *vi* dahinrollen; (*AUT*) im Leerlauf fahren; **~al** *adj* Küsten-; **~guard** *n* Küstenwache *f*; **~line** *n* Küste(nlinie) *f*

coat [kəʊt] *n* Mantel *m*; (*on animals*) Fell *nt*; (*of paint*) Schicht *f* ♦ *vt* überstreichen; **~ of arms** *n* Wappen *nt*; **~hanger** *n* Kleiderbügel *m*; **~ing** *n* Überzug *m*; (*of paint*) Schicht *f*

coax [kəʊks] *vt* beschwatzen

cob [kɒb] *n see* **corn**

cobbler ['kɒblə*] *n* Schuster *m*

cobbles ['kɒblz] *npl* Pflastersteine *pl*

cobblestones ['kɒblstəʊnz] *npl* Pflastersteine *pl*

cobweb ['kɒbweb] *n* Spinnennetz *nt*

cocaine [kə'keɪn] *n* Kokain *nt*

cock [kɒk] *n* Hahn *m* ♦ *vt* (*gun*) entsichern; **~erel** *n* junge(r) Hahn *m*; **~-eyed** *adj* (*fig*) verrückt

cockle ['kɒkl] *n* Herzmuschel *f*

cockney ['kɒknɪ] *n* echte(r) Londoner *m*

cockpit ['kɒkpɪt] *n* (*AVIAT*) Pilotenkanzel *f*

cockroach ['kɒkrəʊtʃ] *n* Küchenschabe *f*

cocktail ['kɒkteɪl] *n* Cocktail *m*; **~ cabinet** *n* Hausbar *f*; **~ party** *n* Cocktailparty *f*

cocoa ['kəʊkəʊ] *n* Kakao *m*

coconut ['kəʊkənʌt] *n* Kokosnuß *f*

cocoon [kə'ku:n] *n* Kokon *m*

cod [kɒd] *n* Kabeljau *m*

C.O.D. *abbr* = **cash on delivery**

code [kəʊd] *n* Kode *m*; (*JUR*) Kodex *m*
cod-liver oil ['kɒdlɪvər-] *n* Lebertran *m*
coercion [kəʊ'ɜ:ʃən] *n* Zwang *m*
coffee ['kɒfɪ] *n* Kaffee *m*; ~ **bar** (*BRIT*) *n* Café *nt*; ~ **bean** *n* Kaffeebohne *f*; ~ **break** *n* Kaffeepause *f*; ~**pot** *n* Kaffeekanne *f*; ~ **table** *n* Couchtisch *m*
coffin ['kɒfɪn] *n* Sarg *m*
cog [kɒg] *n* (Rad)zahn *m*
cogent ['kəʊdʒənt] *adj* triftig, überzeugend, zwingend
cognac ['kɒnjæk] *n* Kognak *m*
coherent [kəʊ'hɪərənt] *adj* zusammenhängend; (*person*) verständlich
cohesion [kəʊ'hi:ʒən] *n* Zusammenhang *m*
coil [kɔɪl] *n* Rolle *f*; (*ELEC*) Spule *f*; (*contraceptive*) Spirale *f* ♦ *vt* aufwickeln
coin [kɔɪn] *n* Münze *f* ♦ *vt* prägen; ~**age** *n* (*word*) Prägung *f*; ~**-box** (*BRIT*) *n* Münzfernsprecher *m*
coincide [kəʊɪn'saɪd] *vi* (*happen together*) zusammenfallen; (*agree*) übereinstimmen; ~**nce** [kəʊ'ɪnsɪdəns] *n* Zufall *m*
Coke [kəʊk] (®) *n* (*drink*) Coca-Cola *f* (®)
coke *n* Koks *m*
colander ['kʌləndə*] *n* Durchschlag *m*
cold [kəʊld] *adj* kalt ♦ *n* Kälte *f*; (*MED*) Erkältung *f*; **I'm** ~ mir ist kalt; **to catch** ~ sich erkälten; **in** ~ **blood** kaltblütig; **to give sb the** ~ **shoulder** jdm die kalte Schulter zeigen; ~**ly** *adv* kalt; ~**-shoulder** *vt* die kalte Schulter zeigen +*dat*; ~ **sore** *n* Erkältungsbläschen *nt*
coleslaw ['kəʊlslɔ:] *n* Krautsalat *m*
colic ['kɒlɪk] *n* Kolik *f*
collaborate [kə'læbəreɪt] *vi* zusammenarbeiten
collaboration [kəlæbə'reɪʃən] *n* Zusammenarbeit *f*; (*POL*) Kollaboration *f*
collapse [kə'læps] *vi* (*people*) zusammenbrechen; (*things*) einstürzen ♦ *n* Zusammenbruch *m*; Einsturz *m*
collapsible [kə'læpsəbl] *adj* zusammenklappbar, Klapp-
collar ['kɒlə*] *n* Kragen *m*; ~**bone** *n* Schlüsselbein *nt*
collateral [kɒ'lætərəl] *n* (zusätzliche) Sicherheit *f*
colleague ['kɒli:g] *n* Kollege *m*, Kollegin *f*
collect [kə'lekt] *vt* sammeln; (*BRIT*: *call and pick up*) abholen ♦ *vi* sich sammeln ♦ *adv*: **to call** ~ (*US*: *TEL*) ein R-Gespräch führen; ~**ion** [kə'lekʃən] *n* Sammlung *f*; (*REL*) Kollekte *f*; (*of post*) Leerung *f*
collective [kə'lektɪv] *adj* gemeinsam; (*POL*) kollektiv
collector [kə'lektə*] *n* Sammler *m*; (*tax* ~) (Steuer)einnehmer *m*
college ['kɒlɪdʒ] *n* (*UNIV*) College *nt*; (*TECH*) Fach-, Berufsschule *f*
collide [kə'laɪd] *vi* zusammenstoßen
colliery ['kɒlɪərɪ] (*BRIT*) *n* Zeche *f*
collision [kə'lɪʒən] *n* Zusammenstoß *m*
colloquial [kə'ləʊkwɪəl] *adj* umgangssprachlich
collusion [kə'lu:ʒən] *n* Geheime(s) Einverständnis *nt*
colon ['kəʊlɒn] *n* Doppelpunkt *m*; (*MED*) Dickdarm *m*
colonel ['kɜ:nl] *n* Oberst *m*
colonial [kə'ləʊnɪəl] *adj* Kolonial-
colonize ['kɒlənaɪz] *vt* kolonisieren
colony ['kɒlənɪ] *n* Kolonie *f*
colour ['kʌlə*] (*US* **color**) *n* Farbe *f* ♦ *vt* (*also fig*) färben ♦ *vi* sich verfärben; ~**s** *npl* (*of club*) Fahne *f*; ~ **bar** *n* Rassenschranke *f*; ~**-blind** *adj* farbenblind; ~**ed** *adj* farbig; ~ **film** *n* Farbfilm *m*; ~**ful** *adj* bunt; (*personality*) schillernd; ~**ing** *n* (*complexion*) Gesichtsfarbe *f*; (*substance*) Farbstoff *m*; ~ **scheme** *n* Farbgebung *f*; ~ **television** *n* Farbfernsehen *nt*
colt [kəʊlt] *n* Fohlen *nt*
column ['kɒləm] *n* Säule *f*; (*MIL*) Kolonne *f*; (*of print*) Spalte *f*; ~**ist** ['kɒləmnɪst] *n* Kolumnist *m*

coma ['kəʊmə] *n* Koma *nt*

comb [kəʊm] *n* Kamm *m* ♦ *vt* kämmen; (*search*) durchkämmen

combat ['kɒmbæt] *n* Kampf *m* ♦ *vt* bekämpfen

combination [kɒmbɪ'neɪʃən] *n* Kombination *f*

combine [*vb* kəm'baɪn, *n* 'kɒmbaɪn] *vt* verbinden ♦ *vi* sich vereinigen ♦ *n* (*COMM*) Konzern *m*; ~ **(harvester)** *n* Mähdrescher *m*

combustion [kəm'bʌstʃən] *n* Verbrennung *f*

come [kʌm] (*pt* **came**, *pp* **come**) *vi* kommen; **to ~ undone** aufgehen; **~ about** *vi* geschehen; **~ across** *vt fus* (*find*) stoßen auf +*acc*; **~ away** *vi* (*person*) weggehen; (*handle etc*) abgehen; **~ back** *vi* zurückkommen; **~ by** *vt fus* (*find*): **to ~ by sth** zu etw kommen; **~ down** *vi* (*price*) fallen; **~ forward** *vi* (*volunteer*) sich melden; **~ from** *vt fus* (*result*) kommen von; **where do you ~ from?** wo kommen Sie her?; **I ~ from London** ich komme aus London; **~ in** *vi* hereinkommen; (*train*) einfahren; **~ in for** *vt fus* abkriegen; **~ into** *vt fus* (*inherit*) erben; **~ off** *vi* (*handle*) abgehen; (*succeed*) klappen; **~ on** *vi* (*progress*) vorankommen; **~ on!** komm!; (*hurry*) beeil dich!; **~ out** *vi* herauskommen; **~ round** *vi* (*MED*) wieder zu sich kommen; **~ to** *vi* (*MED*) wieder zu sich kommen ♦ *vt fus* (*bill*) sich belaufen auf +*acc*; **~ up** *vi* hochkommen; (*sun*) aufgehen; (*problem*) auftauchen; **~ up against** *vt fus* (*resistance, difficulties*) stoßen auf +*acc*; **~ upon** *vt fus* stoßen auf +*acc*; **~ up with** *vt fus* sich einfallen lassen

comedian [kə'mi:dɪən] *n* Komiker *m*

comedienne [kəmi:dɪ'en] *n* Komikerin *f*

comedown ['kʌmdaʊn] *n* Abstieg *m*

comedy ['kɒmədɪ] *n* Komödie *f*

comet ['kɒmɪt] *n* Komet *m*

comeuppance [kʌm'ʌpəns] *n*: **to get one's ~** seine Quittung bekommen

comfort ['kʌmfət] *n* Komfort *m*; (*consolation*) Trost *m* ♦ *vt* trösten; **~able** *adj* bequem; **~ably** *adv* (*sit etc*) bequem; (*live*) angenehm; **~ station** (*US*) *n* öffentliche Toilette *f*

comic ['kɒmɪk] *n* Comic(heft) *nt*; (*comedian*) Komiker *m* ♦ *adj* (*also*: **~al**) komisch

coming ['kʌmɪŋ] *n* Kommen *nt*; **~(s) and going(s)** *n(pl)* Kommen und Gehen *nt*

comma ['kɒmə] *n* Komma *nt*

command [kə'mɑ:nd] *n* Befehl *m*; (*control*) Führung *f*; (*MIL*) Kommando *nt*; (*mastery*) Beherrschung *f* ♦ *vt* befehlen +*dat*; (*MIL*) kommandieren; (*be able to get*) verfügen über +*acc*; **~eer** [kɒmən'dɪə*] *vt* requirieren; **~er** *n* Kommandant *m*

commandment [kə'mɑ:ndmənt] *n* (*REL*) Gebot *nt*

commando [kə'mɑ:ndəʊ] *n* Kommandotruppe *nt*; (*person*) Mitglied *nt* einer Kommandotruppe

commemorate [kə'meməreɪt] *vt* gedenken +*gen*

commence [kə'mens] *vt, vi* beginnen

commend [kə'mend] *vt* (*recommend*) empfehlen; (*praise*) loben

commensurate [kə'mensjʊrɪt] *adj*: **~ with sth** einer Sache *dat* entsprechend

comment ['kɒment] *n* Bemerkung *f* ♦ *vi*: **to ~ (on)** sich äußern (zu); **~ary** ['kɒməntrɪ] *n* Kommentar *m*; **~ator** ['kɒmənteɪtə*] *n* Kommentator *m*; (*TV*) Reporter(in) *m(f)*

commerce ['kɒmɜ:s] *n* Handel *m*

commercial [kə'mɜ:ʃəl] *adj* kommerziell, geschäftlich; (*training*) kaufmännisch ♦ *n* (*TV*) Fernsehwerbung *f*; **~ break** *n* Werbespot *m*; **~ize** *vt* kommerzialisieren

commiserate [kə'mɪzəreɪt] *vi*: **to ~ with** Mitleid haben mit

commission [kə'mɪʃən] *n* (*act*) Auftrag *m*; (*fee*) Provision *f*; (*body*) Kommission *f* ♦ *vt* beauftragen; (*MIL*) zum Offizier ernennen; (*work of art*) in Auftrag geben; **out of** ~ außer Betrieb; **~aire** [kəmɪʃə'nɛə*] (*BRIT*) *n* Portier *m*; **~er** *n* (*POLICE*) Polizeipräsident *m*

commit [kə'mɪt] *vt* (*crime*) begehen; (*entrust*) anvertrauen; **to ~ o.s.** sich festlegen; **~ment** *n* Verpflichtung *f*

committee [kə'mɪtɪ] *n* Ausschuß *m*

commodity [kə'mɒdɪtɪ] *n* Ware *f*

common ['kɒmən] *adj* (*cause*) gemeinsam; (*pej*) gewöhnlich; (*widespread*) üblich, häufig ♦ *n* Gemeindeland *nt*; **C~s** *npl* (*BRIT*): **the C~s** das Unterhaus; **~er** *n* Bürgerliche(r) *mf*; **~ law** *n* Gewohnheitsrecht *nt*; **~ly** *adv* gewöhnlich; **C~ Market** *n* Gemeinsame(r) Markt *m*; **~place** *adj* alltäglich; **~room** *n* Gemeinschaftsraum *m*; **~ sense** *n* gesunde(r) Menschenverstand *m*; **C~wealth** *n*: **the C~wealth** das Commonwealth

commotion [kə'məʊʃən] *n* Aufsehen *nt*

communal ['kɒmju:nl] *adj* Gemeinde-; Gemeinschafts-

commune [*n* 'kɒmju:n, *vb* kə'mju:n] *n* Kommune *f* ♦ *vi*: **to ~ with** sich mitteilen +*dat*

communicate [kə'mju:nɪkeɪt] *vt* (*transmit*) übertragen ♦ *vi* (*be in touch*) in Verbindung stehen; (*make self understood*) sich verständigen

communication [kəmju:nɪ'keɪʃən] *n* (*message*) Mitteilung *f*; (*making understood*) Kommunikation *f*; **~ cord** (*BRIT*) *n* Notbremse *f*

communion [kə'mju:nɪən] *n* (*also*: *Holy C~*) Abendmahl *nt*, Kommunion *f*

communism ['kɒmjʊnɪzəm] *n* Kommunismus *m*

communist ['kɒmjʊnɪst] *n* Kommunist(in) *m(f)* ♦ *adj* kommunistisch

community [kə'mju:nɪtɪ] *n* Gemeinschaft *f*; **~ centre** *n* Gemeinschaftszentrum *nt*; **~ chest** (*US*) *n* Wohltätigkeitsfonds *m*; **~ home** (*BRIT*) *n* Erziehungsheim *nt*

commutation ticket [kɒmjʊ'teɪʃən-] (*US*) *n* Zeitkarte *f*

commute [kə'mju:t] *vi* pendeln ♦ *vt* umwandeln; **~r** *n* Pendler *m*

compact [*adj* kəm'pækt, *n* 'kɒmpækt] *adj* kompakt ♦ *n* (*for make-up*) Puderdose *f*; **~ disc** *n* Compact-disc *f*; **~ disc player** *n* CD-Spieler *m*

companion [kəm'pænɪən] *n* Begleiter(in) *m(f)*; **~ship** *n* Gesellschaft *f*

company ['kʌmpənɪ] *n* Gesellschaft *f*; (*COMM*) Firma *f*, Gesellschaft *f*; **to keep sb ~** jdm Gesellschaft leisten; **~ secretary** (*BRIT*) *n* ≈ Prokurist(in) *m(f)*

comparable ['kɒmpərəbl] *adj* vergleichbar

comparative [kəm'pærətɪv] *adj* (*relative*) relativ; **~ly** *adv* verhältnismäßig

compare [kəm'pɛə*] *vt* vergleichen ♦ *vi* sich vergleichen lassen

comparison [kəm'pærɪsn] *n* Vergleich *m*; **in ~ (with)** im Vergleich (mit *or* zu)

compartment [kəm'pɑ:tmənt] *n* (*RAIL*) Abteil *nt*; (*in drawer etc*) Fach *nt*

compass ['kʌmpəs] *n* Kompaß *m*; **~es** *npl* (*MATH etc*: *also*: *pair of ~es*) Zirkel *m*

compassion [kəm'pæʃən] *n* Mitleid *nt*; **~ate** *adj* mitfühlend

compatible [kəm'pætɪbl] *adj* vereinbar; (*COMPUT*) kompatibel

compel [kəm'pel] *vt* zwingen

compensate ['kɒmpenseɪt] *vt* entschädigen ♦ *vi*: **to ~ for** Ersatz leisten für

compensation [kɒmpen'seɪʃən] *n* Entschädigung *f*

compère ['kɒmpɛə*] *n* Conférencier *m*

compete [kəm'pi:t] *vi* (*take part*) teilnehmen; (*vie with*) konkurrieren

competent ['kɒmpɪtənt] *adj* kompetent

competition [kɒmpɪ'tɪʃən] *n* (*contest*) Wettbewerb *m*; (*COMM*, *rivalry*) Konkurrenz *f*

competitive [kəm'petɪtɪv] *adj* Konkurrenz-; (*COMM*) konkurrenzfähig

competitor [kəm'petɪtə*] *n* (*COMM*) Konkurrent(in) *m(f)*; (*participant*) Teilnehmer(in) *m(f)*

compile [kəm'paɪl] *vt* zusammenstellen

complacency [kəm'pleɪsnsɪ] *n* Selbstzufriedenheit *f*

complacent [kəm'pleɪsnt] *adj* selbstzufrieden

complain [kəm'pleɪn] *vi* sich beklagen; (*formally*) sich beschweren; **~t** *n* Klage *f*; (*formal ~t*) Beschwerde *f*; (*MED*) Leiden *nt*

complement [*n* 'kɒmplɪmənt, *vb* 'kɒmplɪment] *n* Ergänzung *f*; (*ship's crew etc*) Bemannung *f* ♦ *vt* ergänzen; **~ary** [kɒmplɪ'mentərɪ] *adj* (sich) ergänzend

complete [kəm'pli:t] *adj* (*full*) vollkommen, ganz; (*finished*) fertig ♦ *vt* vervollständigen; (*finish*) beenden; (*fill in: form*) ausfüllen; **~ly** *adv* ganz

completion [kəm'pli:ʃən] *n* Fertigstellung *f*; (*of contract etc*) Abschluß *m*

complex ['kɒmpleks] *adj* kompliziert

complexion [kəm'plekʃən] *n* Gesichtsfarbe *f*; (*fig*) Aspekt *m*

complexity [kəm'pleksɪtɪ] *n* Kompliziertheit *f*

compliance [kəm'plaɪəns] *n* Fügsamkeit *f*, Einwilligung *f*; **in ~ with sth** einer Sache *dat* gemäß

complicate ['kɒmplɪkeɪt] *vt* komplizieren; **~d** *adj* kompliziert

complication [kɒmplɪ'keɪʃən] *n* Komplikation *f*

complicity [kəm'plɪsɪtɪ] *n*: **~ (in)** Mittäterschaft *f* (bei)

compliment [*n* 'kɒmplɪmənt, *vb* 'kɒmplɪment] *n* Kompliment *nt* ♦ *vt* ein Kompliment machen *+dat*; **~s** *npl* (*greetings*) Grüße *pl*; **to pay sb a ~** jdm ein Kompliment machen; **~ary** [kɒmplɪ'mentərɪ] *adj* schmeichelhaft; (*free*) Frei-, Gratis-

comply [kəm'plaɪ] *vi*: **to ~ with** erfüllen *+acc*; entsprechen *+dat*

component [kəm'pəʊnənt] *adj* Teil- ♦ *n* Bestandteil *m*

compose [kəm'pəʊz] *vt* (*music*) komponieren; (*poetry*) verfassen; **to ~ o.s.** sich sammeln; **~d** *adj* gefaßt; **~r** *n* Komponist(in) *m(f)*

composite ['kɒmpəzɪt] *adj* zusammengesetzt

composition [kɒmpə'zɪʃən] *n* (*MUS*) Komposition *f*; (*SCH*) Aufsatz *m*; (*structure*) Zusammensetzung *f*, Aufbau *m*

compost ['kɒmpɒst] *n* Kompost *m*

composure [kəm'pəʊʒə*] *n* Fassung *f*

compound ['kɒmpaʊnd] *n* (*CHEM*) Verbindung *f*; (*enclosure*) Lager *nt*; (*LING*) Kompositum *nt* ♦ *adj* zusammengesetzt; (*fracture*) kompliziert; **~ interest** *n* Zinseszins *m*

comprehend [kɒmprɪ'hend] *vt* begreifen

comprehension [kɒmprɪ'henʃən] *n* Verständnis *nt*

comprehensive [kɒmprɪ'hensɪv] *adj* umfassend ♦ *n* = **comprehensive school**; **~ insurance** *n* Vollkasko *nt*; **~ school** (*BRIT*) *n* Gesamtschule *f*

compress [*vb* kəm'pres, *n* 'kɒmpres] *vt* komprimieren ♦ *n* (*MED*) Kompresse *f*

comprise [kəm'praɪz] *vt* (*also: be ~d of*) umfassen, bestehen aus

compromise ['kɒmprəmaɪz] *n* Kompromiß *m* ♦ *vt* kompromittieren ♦ *vi* einen Kompromiß schließen

compulsion [kəm'pʌlʃən] *n* Zwang *m*

compulsive [kəm'pʌlsɪv] *adj* zwanghaft

compulsory [kəm'pʌlsərɪ] *adj* obligatorisch

computer [kəm'pju:tə*] *n* Computer *m*, Rechner *m*; **~ game** *n* Computerspiel *nt*; **~ize** *vt* (*information*) computerisieren; (*company, accounts*) auf Computer umstellen; **~ programmer** *n* Programmierer(in) *m(f)*; **~**

programming *n* Programmieren *nt*; ~ **science** *n* Informatik *f*

computing *n* (*science*) Informatik *f*; (*work*) Computerei *f*

comrade ['kɒmrɪd] *n* Kamerad *m*; (*POL*) Genosse *m*

con [kɒn] *vt* hereinlegen ♦ *n* Schwindel *nt*

concave [kɒn'keɪv] *adj* konkav

conceal [kən'si:l] *vt* (*secret*) verschweigen; (*hide*) verbergen

concede [kən'si:d] *vt* (*grant*) gewähren; (*point*) zugeben ♦ *vi* (*admit defeat*) nachgeben

conceit [kən'si:t] *n* Einbildung *f*; ~**ed** *adj* eingebildet

conceivable [kən'si:vəbl] *adj* vorstellbar

conceive [kən'si:v] *vt* (*idea*) ausdenken; (*imagine*) sich vorstellen; (*baby*) empfangen ♦ *vi* empfangen

concentrate ['kɒnsəntreɪt] *vi* sich konzentrieren ♦ *vt* konzentrieren; **to** ~ **on sth** sich auf etw *acc* konzentrieren

concentration [kɒnsən'treɪʃən] *n* Konzentration *f*; ~ **camp** *n* Konzentrationslager *nt*, KZ *nt*

concept ['kɒnsɛpt] *n* Begriff *m*

conception [kən'sepʃən] *n* (*idea*) Vorstellung *f*; (*BIOL*) Empfängnis *f*

concern [kən'sɜ:n] *n* (*affair*) Angelegenheit *f*; (*COMM*) Unternehmen *nt*; (*worry*) Sorge *f* ♦ *vt* (*interest*) angehen; (*be about*) handeln von; (*have connection with*) betreffen; **to be** ~**ed (about)** sich Sorgen machen (um); ~**ing** *prep* hinsichtlich +*gen*

concert ['kɒnsət] *n* Konzert *nt*

concerted [kən'sɜ:tɪd] *adj* gemeinsam

concert hall *n* Konzerthalle *f*

concertina [kɒnsə'ti:nə] *n* Handharmonika *f*

concerto [kən'tʃɜ:təʊ] *n* Konzert *nt*

concession [kən'seʃən] *n* (*yielding*) Zugeständnis *nt*; **tax** ~ Steuer-Konzession *f*

conciliation [kənsɪlɪ'eɪʃən] *n* Versöhnung *f*; (*official*) Schlichtung *f*

concise [kən'saɪs] *adj* präzis

conclude [kən'klu:d] *vt* (*end*) beenden; (*treaty*) (ab)schließen; (*decide*) schließen, folgern

conclusion [kən'klu:ʒən] *n* (Ab)schluß *m*; (*deduction*) Schluß *m*

conclusive [kən'klu:sɪv] *adj* schlüssig

concoct [kən'kɒkt] *vt* zusammenbrauen; ~**ion** [kən'kɒkʃən] *n* Gebräu *nt*

concourse ['kɒŋkɔ:s] *n* (Bahnhofs)halle *f*, Vorplatz *m*

concrete ['kɒŋkri:t] *n* Beton *m* ♦ *adj* konkret

concur [kən'kɜ:*] *vi* übereinstimmen

concurrently [kən'kʌrəntlɪ] *adv* gleichzeitig

concussion [kɒn'kʌʃən] *n* (Gehirn)erschütterung *f*

condemn [kən'dem] *vt* (*JUR*) verurteilen; (*building*) abbruchreif erklären

condensation [kɒnden'seɪʃən] *n* Kondensation *f*

condense [kən'dens] *vi* (*CHEM*) kondensieren ♦ *vt* (*fig*) zusammendrängen; ~**d milk** *n* Kondensmilch *f*

condescending [kɒndɪ'sendɪŋ] *adj* herablassend

condition [kən'dɪʃən] *n* (*state*) Zustand *m*; (*presupposition*) Bedingung *f* ♦ *vt* (*hair etc*) behandeln; (*accustom*) gewöhnen; ~**s** *npl* (*circumstances*) Verhältnisse *pl*; **on** ~ **that** ... unter der Bedingung, daß ...; ~**al** *adj* bedingt; (*LING*) Bedingungs-; ~**er** *n* (*for hair*) Spülung *f*; (*for fabrics*) Weichspüler *m*

condolences [kən'dəʊlənsɪz] *npl* Beileid *nt*

condom ['kɒndəm] *n* Kondom *nt or m*

condominium [kɒndə'mɪnɪəm] (*US*) *n* Eigentumswohnung *f*; (*block*) Eigentumsblock *m*

condone [kən'dəʊn] *vt* gutheißen

conducive [kən'dju:sɪv] *adj*: ~ **to** dienlich +*dat*

conduct [*n* 'kɒndʌkt, *vb* kən'dʌkt] *n* (*behaviour*) Verhalten *nt*; (*manage-*

ment) Führung *f* ♦ *vt* führen; (*MUS*) dirigieren; **~ed tour** *n* Führung *f*; **~or** [kən'dʌktə*] *n* (*of orchestra*) Dirigent *m*; (*in bus, US: on train*) Schaffner *m*; (*ELEC*) Leiter *m*; **~ress** [kən'dʌktrɪs] *n* (*in bus*) Schaffnerin *f*

cone [kəʊn] *n* (*MATH*) Kegel *m*; (*for ice cream*) (Waffel)tüte *f*; (*BOT*) Tannenzapfen *m*

confectioner [kən'fekʃənə*] *n* Konditor *m*; **~'s (shop)** *n* Konditorei *f*; **~y** *n* Süßigkeiten *pl*

confederation [kənfedə'reɪʃən] *n* Bund *m*

confer [kən'fɜ:*] *vt* (*degree*) verleihen ♦ *vi* (*discuss*) konferieren, verhandeln; **~ence** ['kɒnfərəns] *n* Konferenz *f*

confess [kən'fes] *vt, vi* gestehen; (*ECCL*) beichten; **~ion** [kən'feʃən] *n* Geständnis *nt*; (*ECCL*) Beichte *f*; **~ional** [kən'feʃənl] *n* Beichtstuhl *m*

confetti [kən'fetɪ] *n* Konfetti *nt*

confide [kən'faɪd] *vi*: **to ~ in** (sich) anvertrauen +*dat*

confidence ['kɒnfɪdəns] *n* Vertrauen *nt*; (*assurance*) Selbstvertrauen *nt*; (*secret*) Geheimnis *nt*; **in ~** (*speak, write*) vertraulich; **~ trick** *n* Schwindel *m*

confident ['kɒnfɪdənt] *adj* (*sure*) überzeugt; (*self-assured*) selbstsicher

confidential [kɒnfɪ'denʃəl] *adj* vertraulich

confine [kən'faɪn] *vt* (*limit*) beschränken; (*lock up*) einsperren; **~d** *adj* (*space*) eng; **~ment** *n* (*in prison*) Haft *f*; (*MED*) Wochenbett *nt*; **~s** ['kɒnfaɪnz] *npl* Grenzen *pl*

confirm [kən'fɜ:m] *vt* bestätigen; **~ation** [kɒnfə'meɪʃən] *n* Bestätigung *f*; (*REL*) Konfirmation *f*; **~ed** *adj* unverbesserlich; (*bachelor*) eingefleischt

confiscate ['kɒnfɪskeɪt] *vt* beschlagnahmen

conflict [*n* 'kɒnflɪkt, *vb* kən'flɪkt] *n* Konflikt *m* ♦ *vi* im Widerspruch stehen; **~ing** [kən'flɪktɪŋ] *adj* widersprüchlich

conform [kən'fɔ:m] *vi*: **to ~ (to)** (*things*) entsprechen +*dat*; (*people*) sich anpassen +*dat*; (*to rules*) sich richten (nach)

confound [kən'faʊnd] *vt* verblüffen; (*throw into confusion*) durcheinanderbringen

confront [kən'frʌnt] *vt* (*enemy*) entgegentreten +*dat*; (*problems*) sich stellen +*dat*; **to ~ sb with sth** jdn mit etw konfrontieren; **~ation** [kɒnfrən'teɪʃən] *n* Konfrontation *f*

confuse [kən'fju:z] *vt* verwirren; (*sth with sth*) verwechseln; **~d** *adj* verwirrt; **confusing** *adj* verwirrend; **confusion** [kən'fju:ʒən] *n* (*perplexity*) Verwirrung *f*; (*mixing up*) Verwechslung *f*; (*tumult*) Aufruhr *m*

congeal [kən'dʒi:l] *vi* (*freeze*) gefrieren; (*clot*) gerinnen

congenial [kən'dʒi:nɪəl] *adj* angenehm

congenital [kən'dʒenɪtəl] *adj* angeboren

congested [kən'dʒestɪd] *adj* überfüllt

congestion [kən'dʒestʃən] *n* Stau *m*

conglomerate [kən'glɒmərət] *n* (*COMM, GEOL*) Konglomerat *nt*

conglomeration [kənglɒmə'reɪʃən] *n* Anhäufung *f*

congratulate [kən'grætjʊleɪt] *vt*: **to ~ sb (on sth)** jdn (zu etw) beglückwünschen

congratulations [kəngrætjʊ'leɪʃənz] *npl* Glückwünsche *pl*; **~!** gratuliere!, herzlichen Glückwunsch!

congregate ['kɒŋgrɪgeɪt] *vi* sich versammeln

congregation [kɒŋgrɪ'geɪʃən] *n* Gemeinde *f*

congress ['kɒŋgres] *n* Kongreß *m*; **~man** (*US: irreg*) *n* Mitglied *nt* des amerikanischen Repräsentantenhauses

conical ['kɒnɪkəl] *adj* kegelförmig

conifer ['kɒnɪfə*] *n* Nadelbaum *m*

conjecture [kən'dʒektʃə*] *n* Vermutung *f*

conjugal ['kɒndʒʊgəl] *adj* ehelich

conjugate ['kɒndʒʊgeɪt] *vt* konjugieren
conjunction [kən'dʒʌŋkʃən] *n* Verbindung *f*; (*GRAM*) Konjunktion *f*
conjunctivitis [kəndʒʌŋktɪ'vaɪtɪs] *n* Bindehautentzündung *f*
conjure ['kʌndʒə*] *vi* zaubern; ~ **up** *vt* heraufbeschwören; ~**r** *n* Zauberkünstler(in) *m(f)*
conk out [kɒŋk-] (*inf*) *vi* den Geist aufgeben
con man (*irreg*) *n* Schwindler *m*
connect [kə'nekt] *vt* verbinden; (*ELEC*) anschließen; **to be ~ed with** ein Beziehung haben zu; (*be related to*) verwandt sein mit; ~**ion** [kə'nekʃən] *n* Verbindung *f*; (*relation*) Zusammenhang *m*; (*ELEC, TEL, RAIL*) Anschluß *m*
connive [kə'naɪv] *vi*: **to ~ at** stillschweigend dulden
connoisseur [kɒnɪ'sɜ:*] *n* Kenner *m*
conquer ['kɒŋkə*] *vt* (*feelings*) überwinden; (*enemy*) besiegen; (*country*) erobern; ~**or** *n* Eroberer *m*
conquest ['kɒŋkwest] *n* Eroberung *f*
cons [kɒnz] *npl see* **convenience; pro**
conscience ['kɒnʃəns] *n* Gewissen *nt*
conscientious [kɒnʃɪ'enʃəs] *adj* gewissenhaft
conscious ['kɒnʃəs] *adj* bewußt; (*MED*) bei Bewußtsein; ~**ness** *n* Bewußtsein *nt*
conscript ['kɒnskrɪpt] *n* Wehrpflichtige(r) *m*; ~**ion** [kən'skrɪpʃən] *n* Wehrpflicht *f*
consecrate ['kɒnsɪkreɪt] *vt* weihen
consecutive [kən'sekjʊtɪv] *adj* aufeinanderfolgend
consensus [kən'sensəs] *n* allgemeine Übereinstimmung *f*
consent [kən'sent] *n* Zustimmung *f* ♦ *vi* zustimmen
consequence ['kɒnsɪkwəns] *n* (*importance*) Bedeutung *f*; (*effect*) Folge *f*
consequently ['kɒnsɪkwəntlɪ] *adv* folglich
conservation [kɒnsə'veɪʃən] *n* Erhaltung *f*; (*nature* ~) Umweltschutz *m*
conservative [kən'sɜ:vətɪv] *adj* konservativ; **C~** (*BRIT*) *adj* konservativ ♦ *n* Konservative(r) *mf*
conservatory [kən'sɜ:vətrɪ] *n* (*room*) Wintergarten *m*
conserve [kən'sɜ:v] *vt* erhalten
consider [kən'sɪdə*] *vt* überlegen; (*take into account*) in Betracht ziehen; (*regard as*) halten für; **to ~ doing sth** daran denken, etw zu tun
considerable [kən'sɪdərəbl] *adj* beträchtlich
considerably *adv* beträchtlich
considerate [kən'sɪdərɪt] *adj* rücksichtsvoll
consideration [kənsɪdə'reɪʃən] *n* Rücksicht(nahme) *f*; (*thought*) Erwägung *f*; (*reward*) Entgelt *nt*
considering [kən'sɪdərɪŋ] *prep* in Anbetracht +*gen*
consign [kən'saɪn] *vt* übergeben; ~**ment** *n* Sendung *f*
consist [kən'sɪst] *vi*: **to ~ of** bestehen aus
consistency [kən'sɪstənsɪ] *n* (*of material*) Konsistenz *f*; (*of argument, person*) Konsequenz *f*
consistent [kən'sɪstənt] *adj* (*person*) konsequent; (*argument*) folgerichtig
consolation [kɒnsə'leɪʃən] *n* Trost *m*
console[1] [kən'səʊl] *vt* trösten
console[2] ['kɒnsəʊl] *n* Kontroll(pult) *nt*
consolidate [kən'sɒlɪdeɪt] *vt* festigen
consommé [kən'sɒmeɪ] *n* Fleischbrühe *f*
consortium [kən'sɔ:tɪəm] *n* (*COMM*) Konsortium *nt*
conspicuous [kən'spɪkjʊəs] *adj* (*prominent*) auffällig; (*visible*) deutlich sichtbar
conspiracy [kən'spɪrəsɪ] *n* Verschwörung *f*
conspire [kən'spaɪə*] *vi* sich verschwören
constable ['kʌnstəbl] (*BRIT*) *n* Poli-

zist(in) *m(f)*; **chief** ~ Polizeipräsident *m*

constabulary [kən'stæbjʊlərɪ] *n* Polizei *f*

constant ['kɒnstənt] *adj* (*continuous*) ständig; (*unchanging*) konstant; **~ly** *adv* ständig

constellation [kɒnstə'leɪʃən] *n* Sternbild *nt*

consternation [kɒnstə'neɪʃən] *n* Bestürzung *f*

constipated ['kɒnstɪpeɪtəd] *adj* verstopft

constipation [kɒnstɪ'peɪʃən] *n* Verstopfung *f*

constituency [kən'stɪtjʊənsɪ] *n* Wahlkreis *m*

constituent [kən'stɪtjʊənt] *n* (*person*) Wähler *m*; (*part*) Bestandteil *m*

constitute ['kɒnstɪtju:t] *vt* (*make up*) bilden; (*amount to*) darstellen

constitution [kɒnstɪ'tju:ʃən] *n* Verfassung *f*; **~al** *adj* Verfassungs-

constraint [kən'streɪnt] *n* Zwang *m*; (*shyness*) Befangenheit *f*

construct [kən'strʌkt] *vt* bauen; **~ion** [kən'strʌkʃən] *n* Konstruktion *f*; (*building*) Bau *m*; **~ive** *adj* konstruktiv

construe [kən'stru:] *vt* deuten

consul ['kɒnsl] *n* Konsul *m*; **~ate** ['kɒnsjʊlət] *n* Konsulat *nt*

consult [kən'sʌlt] *vt* um Rat fragen; (*doctor*) konsultieren; (*book*) nachschlagen in +*dat*; **~ant** *n* (*MED*) Facharzt *m*; (*other specialist*) Gutachter *m*; **~ation** [kɒnsəl'teɪʃən] *n* Beratung *f*; (*MED*) Konsultation *f*; **~ing room** *n* Sprechzimmer *nt*

consume [kən'sju:m] *vt* verbrauchen; (*food*) konsumieren; **~r** *n* Verbraucher *m*; **~r goods** *npl* Konsumgüter *pl*; **~rism** *n* Konsum *m*; **~r society** *n* Konsumgesellschaft *f*

consummate ['kɒnsʌmeɪt] *vt* (*marriage*) vollziehen

consumption [kən'sʌmpʃən] *n* Verbrauch *m*; (*of food*) Konsum *m*

cont. *abbr* (= *continued*) Forts.

contact ['kɒntækt] *n* (*touch*) Berührung *f*; (*connection*) Verbindung *f*; (*person*) Kontakt *m* ♦ *vt* sich in Verbindung setzen mit; **~ lenses** *npl* Kontaktlinsen *pl*

contagious [kən'teɪdʒəs] *adj* ansteckend

contain [kən'teɪn] *vt* enthalten; **to ~ o.s.** sich zügeln; **~er** *n* Behälter *m*; (*transport*) Container *m*

contaminate [kən'tæmɪneɪt] *vt* verunreinigen

contamination [kəntæmɪ'neɪʃən] *n* Verunreinigung *f*

cont'd *abbr* (= *continued*) Forts.

contemplate ['kɒntəmpleɪt] *vt* (*look at*) (nachdenklich) betrachten; (*think about*) überdenken; (*plan*) vorhaben

contemporary [kən'tempərərɪ] *adj* zeitgenössisch ♦ *n* Zeitgenosse *m*

contempt [kən'tempt] *n* Verachtung *f*; **~ of court** (*JUR*) Mißachtung *f* des Gerichts; **~ible** *adj* verachtenswert; **~uous** *adj* verächtlich

contend [kən'tend] *vt* (*argue*) behaupten ♦ *vi* kämpfen; **~er** *n* (*for post*) Bewerber(in) *m(f)*; (*SPORT*) Wettkämpfer(in) *m(f)*

content [*adj, vb* kən'tent, *n* 'kɒntent] *adj* zufrieden ♦ *vt* befriedigen ♦ *n* (*also*: ~*s*) Inhalt *m*; **~ed** *adj* zufrieden

contention [kən'tenʃən] *n* (*dispute*) Streit *m*; (*argument*) Behauptung *f*

contentment [kən'tentmənt] *n* Zufriedenheit *f*

contest [*n* 'kɒntest, *vb* kən'test] *n* (Wett)kampf *m* ♦ *vt* (*dispute*) bestreiten; (*JUR*) anfechten; (*POL*) kandidieren in +*dat*; **~ant** [kən'testənt] *n* Bewerber(in) *m(f)*

context ['kɒntekst] *n* Zusammenhang *m*

continent ['kɒntɪnənt] *n* Kontinent *m*; **the C~** (*BRIT*) das europäische Festland; **~al** [kɒntɪ'nentl] *adj* kontinental; **~al quilt** (*BRIT*) *n* Federbett *nt*

contingency [kən'tɪndʒənsɪ] *n* Möglichkeit *f*

contingent [kən'tɪndʒənt] *n* Kontingent *nt*

continual [kən'tɪnjʊəl] *adj* (*endless*) fortwährend; (*repeated*) immer wiederkehrend; **~ly** *adv* immer wieder

continuation [kəntɪnjʊ'eɪʃən] *n* Fortsetzung *f*

continue [kən'tɪnju:] *vi* (*person*) weitermachen; (*thing*) weitergehen ♦ *vt* fortsetzen

continuity [kɒntɪ'njʊɪtɪ] *n* Kontinuität *f*

continuous [kən'tɪnjʊəs] *adj* ununterbrochen; **~ stationery** *n* Endlospapier *nt*

contort [kən'tɔ:t] *vt* verdrehen; **~ion** [kən'tɔ:ʃən] *n* Verzerrung *f*

contour ['kɒntʊə*] *n* Umriß *m*; (*also*: ~ *line*) Höhenlinie *f*

contraband ['kɒntrəbænd] *n* Schmuggelware *f*

contraception [kɒntrə'sepʃən] *n* Empfängnisverhütung *f*

contraceptive [kɒntrə'septɪv] *n* empfängnisverhütende(s) Mittel *nt* ♦ *adj* empfängnisverhütend

contract [*n* 'kɒntrækt, *vb* kən'trækt] *n* Vertrag *m* ♦ *vi* (*muscle, metal*) sich zusammenziehen ♦ *vt* zusammenziehen; **to ~ to do sth** (*COMM*) sich vertraglich verpflichten, etw zu tun; **~ion** [kən'trækʃən] *n* (*shortening*) Verkürzung *f*; **~or** [kən'træktə*] *n* Unternehmer *m*

contradict [kɒntrə'dɪkt] *vt* widersprechen +*dat*; **~ion** [kɒntrə'dɪkʃən] *n* Widerspruch *m*; **~ory** *adj* widersprüchlich

contraption [kən'træpʃən] (*inf*) *n* Apparat *m*

contrary[1] ['kɒntrərɪ] *adj* (*opposite*) entgegengesetzt ♦ *n* Gegenteil *nt*; **on the contrary** im Gegenteil

contrary[2] [kən'treərɪ] *adj* (*obstinate*) widerspenstig

contrast [*n* 'kɒntrɑ:st, *vb* kən'trɑ:st] *n* Kontrast *m* ♦ *vt* entgegensetzen; **~ing** [kən'trɑ:stɪŋ] *adj* Kontrast-

contravene [kɒntrə'vi:n] *vt* verstoßen gegen

contribute [kən'trɪbju:t] *vt, vi*: **to ~ to** beitragen zu

contribution [kɒntrɪ'bju:ʃən] *n* Beitrag *m*

contributor [kən'trɪbjʊtə*] *n* Beitragende(r) *mf*

contrive [kən'traɪv] *vt* ersinnen ♦ *vi*: **to ~ to do sth** es schaffen, etw zu tun

control [kən'trəʊl] *vt* (*direct, test*) kontrollieren ♦ *n* Kontrolle *f*; **~s** *npl* (*of vehicle*) Steuerung *f*; (*of engine*) Schalttafel *f*; **to be in ~ of** (*business, office*) leiten; (*group of children*) beaufsichtigen; **out of ~** außer Kontrolle; **under ~** unter Kontrolle; **~ panel** *n* Schalttafel *f*; **~ room** *n* Kontrollraum *m*; **~ tower** *n* (*AVIAT*) Kontrollturm *m*

controversial [kɒntrə'vɜ:ʃəl] *adj* umstritten

controversy ['kɒntrəvɜ:sɪ] *n* Kontroverse *f*

conurbation [kɒnɜ:'beɪʃən] *n* Ballungsgebiet *nt*

convalesce [kɒnvə'les] *vi* genesen; **~nce** *n* Genesung *f*

convector [kən'vektə*] *n* Heizlüfter *m*

convene [kən'vi:n] *vt* zusammenrufen ♦ *vi* sich versammeln

convenience [kən'vi:nɪəns] *n* Annehmlichkeit *f*; **all modern ~s** mit allem Komfort; **all mod cons** (*BRIT*) mit allem Komfort; **at your ~** wann es Ihnen paßt

convenient [kən'vi:nɪənt] *adj* günstig

convent ['kɒnvənt] *n* Kloster *nt*

convention [kən'venʃən] *n* Versammlung *f*; (*custom*) Konvention *f*; **~al** *adj* konventionell

converge [kən'vɜ:dʒ] *vi* zusammenlaufen

conversant [kən'vɜ:sənt] *adj*: **to be ~ with** bewandert sein in +*dat*

conversation [kɒnvə'seɪʃən] *n* Gespräch *nt*; **~al** *adj* Unterhaltungs-

converse [*n* 'kɒnvɜ:s, *vb* kən'vɜ:s] *n* Gegenteil *nt* ♦ *vi* sich unterhalten

conversion [kən'vɜːʃən] *n* Umwandlung *f*; (*esp REL*) Bekehrung *f*

convert [*vb* kən'vɜːt, *n* 'kɒnvɜːt] *vt* (*change*) umwandeln; (*REL*) bekehren ♦ *n* Bekehrte(r) *mf*; Konvertit(in) *m(f)*; **~ible** *n* (*AUT*) Kabriolett *nt* ♦ *adj* umwandelbar; (*FIN*) konvertierbar

convex [kɒn'veks] *adj* konvex

convey [kən'veɪ] *vt* (*carry*) befördern; (*feelings*) vermitteln; **~or belt** *n* Fließband *nt*

convict [*vb* kən'vɪkt, *n* 'kɒnvɪkt] *vt* verurteilen ♦ *n* Häftling *m*; **~ion** [kən'vɪkʃən] *n* (*verdict*) Verurteilung *f*; (*belief*) Überzeugung *f*

convince [kən'vɪns] *vt* überzeugen; **~d** *adj*: **~d that** überzeugt davon, daß; **convincing** *adj* überzeugend

convoluted [kɒnvə'luːtɪd] *adj* verwickelt; (*style*) gewunden

convoy ['kɒnvɔɪ] *n* (*of vehicles*) Kolonne *f*; (*protected*) Konvoi *m*

convulse [kən'vʌls] *vt* zusammenzucken lassen; **to be ~d with laughter** sich vor Lachen krümmen

convulsion [kən'vʌlʃən] *n* (*esp MED*) Zuckung *f*, Krampf *m*

coo [kuː] *vi* gurren

cook [kʊk] *vt, vi* kochen ♦ *n* Koch *m*, Köchin *f*; **~ book** *n* Kochbuch *nt*; **~er** *n* Herd *m*; **~ery** *n* Kochkunst *f*; **~ery book** (*BRIT*) *n* = **cook book**; **~ie** (*US*) *n* Plätzchen *nt*; **~ing** *n* Kochen *nt*

cool [kuːl] *adj* kühl ♦ *vt, vi* (ab)kühlen; **~ down** *vt, vi* (*fig*) (sich) beruhigen; **~ness** *n* Kühle *f*; (*of temperament*) kühle(r) Kopf *m*

coop [kuːp] *n* Hühnerstall *m* ♦ *vt*: **~ up** (*fig*) einpferchen

cooperate [kəʊ'ɒpəreɪt] *vi* zusammenarbeiten; **cooperation** [kəʊɒpə'reɪʃən] *n* Zusammenarbeit *f*

cooperative [kəʊ'ɒpərətɪv] *adj* hilfsbereit; (*COMM*) genossenschaftlich ♦ *n* (*of farmers*) Genossenschaft *f*; (*~ store*) Konsumladen *m*

coordinate [*vb* kəʊ'ɔːdɪneɪt, *n* kəʊ'ɔːdɪnət] *vt* koordinieren ♦ *n* (*MATH*) Koordinate *f*; **~s** *npl* (*clothes*) Kombinationen *pl*

coordination [kəʊɔːdɪ'neɪʃən] *n* Koordination *f*

cop [kɒp] (*inf*) *n* Polyp *m*, Bulle *m*

cope [kəʊp] *vi*: **to ~ with** fertig werden mit

copious ['kəʊpɪəs] *adj* reichhaltig

copper ['kɒpə*] *n* (*metal*) Kupfer *nt*; (*inf*: *policeman*) Polyp *m*, Bulle *m*; **~s** *npl* (*money*) Kleingeld *nt*

coppice ['kɒpɪs] *n* Unterholz *nt*

copse [kɒps] *n* Unterholz *nt*

copulate ['kɒpjʊleɪt] *vi* sich paaren

copy ['kɒpɪ] *n* (*imitation*) Kopie *f*; (*of book etc*) Exemplar *nt*; (*of newspaper*) Nummer *f* ♦ *vt* kopieren, abschreiben; **~right** *n* Copyright *nt*

coral ['kɒrəl] *n* Koralle *f*; **~ reef** *n* Korallenriff *nt*

cord [kɔːd] *n* Schnur *f*; (*ELEC*) Kabel *nt*

cordial ['kɔːdɪəl] *adj* herzlich ♦ *n* Fruchtsaft *m*

cordon ['kɔːdn] *n* Absperrkette *f*; **~ off** *vt* abriegeln

corduroy ['kɔːdərɔɪ] *n* Kord(samt) *m*

core [kɔː*] *n* Kern *m* ♦ *vt* entkernen

cork [kɔːk] *n* (*bark*) Korkrinde *f*; (*stopper*) Korken *m*; **~screw** *n* Korkenzieher *m*

corn [kɔːn] *n* (*BRIT*: *wheat*) Getreide *nt*, Korn *nt*; (*US*: *maize*) Mais *m*; (*on foot*) Hühnerauge *nt*; **~ on the cob** Maiskolben *m*

cornea ['kɔːnɪə] *n* Hornhaut *f*

corned beef ['kɔːnd-] *n* Corned Beef *nt*

corner ['kɔːnə*] *n* Ecke *f*; (*on road*) Kurve *f* ♦ *vt* in die Enge treiben; (*market*) monopolisieren ♦ *vi* (*AUT*) in die Kurve gehen; **~stone** *n* Eckstein *m*

cornet ['kɔːnɪt] *n* (*MUS*) Kornett *nt*; (*BRIT*: *of ice cream*) Eistüte *f*

cornflakes ['kɔːnfleɪks] *npl* Cornflakes *pl* (®)

cornflour ['kɔːnflaʊə*] (*BRIT*) *n* Maizena *nt* (®)

cornstarch ['kɔːnstɑːtʃ] (*US*) *n* Mai-

zena *nt* (®)
Cornwall ['kɔ:nwəl] *n* Cornwall *nt*
corny ['kɔ:nɪ] *adj* (*joke*) blöd(e)
corollary [kə'rɒlərɪ] *n* Folgesatz *m*
coronary ['kɒrənərɪ] *n* (*also*: ~ *thrombosis*) Herzinfarkt *m*
coronation [kɒrə'neɪʃən] *n* Krönung *f*
coroner ['kɒrənə*] *n* Untersuchungsrichter *m*
coronet ['kɒrənɪt] *n* Adelskrone *f*
corporal ['kɔ:pərəl] *n* Obergefreite(r) *m* ♦ *adj*: ~ **punishment** Prügelstrafe *f*
corporate ['kɔ:pərɪt] *adj* gemeinschaftlich, korporativ
corporation [kɔ:pə'reɪʃən] *n* (*of town*) Gemeinde *f*; (*COMM*) Körperschaft *f*, Aktiengesellschaft *f*
corps [kɔ:*, *pl* kɔ:z] (*pl* **corps**) *n* (Armee)korps *nt*
corpse [kɔ:ps] *n* Leiche *f*
corpuscle ['kɔ:pʌsl] *n* Blutkörperchen *nt*
corral [kə'rɑ:l] *n* Pferch *m*, Korral *m*
correct [kə'rekt] *adj* (*accurate*) richtig; (*proper*) korrekt ♦ *vt* korrigieren; **~ion** [kə'rekʃən] *n* Berichtigung *f*
correlation [kɒrɪ'leɪʃən] *n* Wechselbeziehung *f*
correspond [kɒrɪs'pɒnd] *vi* (*agree*) übereinstimmen; (*exchange letters*) korrespondieren; **~ence** *n* (*similarity*) Entsprechung *f*; (*letters*) Briefwechsel *m*, Korrespondenz *f*; **~ence course** *n* Fernkurs *m*; **~ent** *n* (*PRESS*) Berichterstatter *m*
corridor ['kɒrɪdɔ:*] *n* Gang *m*
corroborate [kə'rɒbəreɪt] *vt* bestätigen
corrode [kə'rəʊd] *vt* zerfressen ♦ *vi* rosten
corrosion [kə'rəʊʒən] *n* Korrosion *f*
corrugated ['kɒrəgeɪtɪd] *adj* gewellt; **~ iron** *n* Wellblech *nt*
corrupt [kə'rʌpt] *adj* korrupt ♦ *vt* verderben; (*bribe*) bestechen; **~ion** [kə'rʌpʃən] *n* (*of society*) Verdorbenheit *f*; (*bribery*) Bestechung *f*
corset ['kɔ:sɪt] *n* Korsett *nt*
Corsica ['kɔ:sɪkə] *n* Korsika *nt*
cortège [kɔ:'teɪʒ] *n* Zug *m*; (*of funeral*) Leichenzug *m*
cosh [kɒʃ] (*BRIT*) *n* Totschläger *m*
cosmetics *npl* Kosmetika *pl*
cosmic ['kɒzmɪk] *adj* kosmisch
cosmonaut ['kɒzmənɔ:t] *n* Kosmonaut(in) *m(f)*
cosmopolitan [kɒzmə'pɒlɪtən] *adj* international; (*city*) Welt-
cosmos ['kɒzmɒs] *n* Kosmos *m*
cosset ['kɒsɪt] *vt* verwöhnen
cost [kɒst] (*pt, pp* **cost**) *n* Kosten *pl*, Preis *m* ♦ *vt, vi* kosten; **~s** *npl* (*JUR*) Kosten *pl*; **how much does it ~?** wieviel kostet das?; **at all ~s** um jeden Preis
co-star ['kəʊstɑ:*] *n* zweite(r) *or* weitere(r) Hauptdarsteller(in) *m(f)*
cost-effective ['kɒstɪ'fektɪv] *adj* rentabel
costly ['kɒstlɪ] *adj* kostspielig
cost-of-living ['kɒstəv'lɪvɪŋ] *adj* (*allowance, index*) Lebenshaltungskosten-
cost price (*BRIT*) *n* Selbstkostenpreis *m*
costume ['kɒstju:m] *n* Kostüm *nt*; (*fancy dress*) Maskenkostüm *nt*; (*BRIT*: *also*: *swimming* ~) Badeanzug *m*; **~ jewellery** *n* Modeschmuck *m*
cosy ['kəʊzɪ] (*BRIT*) *adj* behaglich; (*atmosphere*) gemütlich
cot [kɒt] *n* (*BRIT*: *child's*) Kinderbett(chen) *nt*; (*US*: *campbed*) Feldbett *nt*
cottage ['kɒtɪdʒ] *n* kleine(s) Haus *nt*; **~ cheese** *n* Hüttenkäse *m*; **~ industry** *n* Heimindustrie *f*; **~ pie** *n* *Auflauf mit Hackfleisch und Kartoffelbrei*
cotton ['kɒtn] *n* Baumwolle *f*; (*thread*) Garn *nt*; **~ on to** (*inf*) *vt* kapieren; **~ candy** (*US*) *n* Zuckerwatte *f*; **~ wool** (*BRIT*) *n* Watte *f*
couch [kaʊtʃ] *n* Couch *f*
couchette [ku:'ʃet] *n* (*on train, boat*) Liegewagenplatz *m*
cough [kɒf] *vi* husten ♦ *n* Husten *m*; **~ drop** *n* Hustenbonbon *nt*
could [kʊd] *pt of* **can²**; **~n't** =

could not

council ['kaʊnsl] *n* (*of town*) Stadtrat *m*; ~ **estate** (*BRIT*) *n* Siedlung *f* des sozialen Wohnungsbaus; ~ **house** (*BRIT*) *n* Haus *nt* des sozialen Wohnungsbaus; ~**lor** ['kaʊnsɪlə*] *n* Stadtrat *m*/-rätin *f*

counsel ['kaʊnsl] *n* (*barrister*) Anwalt *m*; (*advice*) Rat(schlag) *m* ♦ *vt* beraten; ~**lor** *n* Berater *m*

count [kaʊnt] *vt, vi* zählen ♦ *n* (*reckoning*) Abrechnung *f*; (*nobleman*) Graf *m*; ~ **on** *vt* zählen auf +*acc*; ~**down** *n* Countdown *m*

countenance ['kaʊntɪnəns] *n* (*old*) Antlitz *nt* ♦ *vt* (*tolerate*) gutheißen

counter ['kaʊntə*] *n* (*in shop*) Ladentisch *m*; (*in café*) Theke *f*; (*in bank, post office*) Schalter *m* ♦ *vt* entgegnen; ~**act** [kaʊntə'rækt] *vt* entgegenwirken +*dat*; ~**-espionage** *n* Spionageabwehr *f*

counterfeit ['kaʊntəfi:t] *n* Fälschung *f* ♦ *vt* fälschen ♦ *adj* gefälscht

counterfoil ['kaʊntəfɔɪl] *n* (Kontroll)abschnitt *m*

countermand ['kaʊntəmɑ:nd] *vt* rückgängig machen

counterpart ['kaʊntəpɑ:t] *n* (*object*) Gegenstück *nt*; (*person*) Gegenüber *nt*

counterproductive ['kaʊntəprə'dʌktɪv] *adj* destruktiv

countersign ['kaʊntəsaɪn] *vt* gegenzeichnen

countess ['kaʊntɪs] *n* Gräfin *f*

countless ['kaʊntlɪs] *adj* zahllos, unzählig

country ['kʌntrɪ] *n* Land *nt*; ~ **dancing** (*BRIT*) *n* Volkstanz *m*; ~ **house** *n* Landhaus *nt*; ~**man** (*irreg*) *n* (*national*) Landsmann *m*; (*rural*) Bauer *m*; ~**side** *n* Landschaft *f*

county ['kaʊntɪ] *n* Landkreis *m*; (*BRIT*) Grafschaft *f*

coup [ku:] (*pl* ~**s**) *n* Coup *m*; (*also*: ~ *d'état*) Staatsstreich *m*, Putsch *m*

coupé *n* (*AUT*) Coupé *nt*

couple *n* Paar *nt* ♦ *vt* koppeln; **a** ~ **of** ein paar

coupon *n* Gutschein *m*

coups [ku:z] *npl of* **coup**

courage ['kʌrɪdʒ] *n* Mut *m*; ~**ous** [kə'reɪdʒəs] *adj* mutig

courgette [kʊə'ʒet] (*BRIT*) *n* Zucchini *f*

courier ['kʊrɪə*] *n* (*for holiday*) Reiseleiter *m*; (*messenger*) Kurier *m*

course [kɔ:s] *n* (*race*) Bahn *f*; (*of stream*) Lauf *m*; (*golf* ~) Platz *m*; (*NAUT, SCH*) Kurs *m*; (*in meal*) Gang *m*; **of** ~ natürlich

court [kɔ:t] *n* (*royal*) Hof *m*; (*JUR*) Gericht *nt* ♦ *vt* (*woman*) gehen mit; (*danger*) herausfordern; **to take to** ~ vor Gericht bringen

courteous ['kɜ:tɪəs] *adj* höflich

courtesan [kɔ:tɪ'zæn] *n* Kurtisane *f*

courtesy ['kɜ:təsɪ] *n* Höflichkeit *f*

court-house ['kɔ:thaʊs] (*US*) *n* Gerichtsgebäude *nt*

courtier ['kɔ:tɪə*] *n* Höfling *m*

court-martial ['kɔ:t'mɑ:ʃəl] (*pl* **courts-martial**) *n* Kriegsgericht *nt* ♦ *vt* vor ein Kriegsgericht stellen

courtroom ['kɔ:trʊm] *n* Gerichtssaal *m*

courts-martial ['kɔ:ts'mɑ:ʃəl] *npl of* **court-martial**

courtyard ['kɔ:tjɑ:d] *n* Hof *m*

cousin ['kʌzn] *n* Cousin *m*, Vetter *m*; Kusine *f*

cove [kəʊv] *n* kleine Bucht *f*

covenant ['kʌvənənt] *n* (*ECCL*) Bund *m*; (*JUR*) Verpflichtung *f*

cover ['kʌvə*] *vt* (*spread over*) bedecken; (*shield*) abschirmen; (*include*) sich erstrecken über +*acc*; (*protect*) decken; (*distance*) zurücklegen; (*report on*) berichten über +*acc* ♦ *n* (*lid*) Deckel *m*; (*for bed*) Decke *f*; (*MIL*) Bedeckung *f*; (*of book*) Einband *m*; (*of magazine*) Umschlag *m*; (*insurance*) Versicherung *f*; **to take** ~ (*from rain*) sich unterstellen; (*MIL*) in Deckung gehen; **under** ~ (*indoors*) drinnen; **under** ~ **of** im Schutze +*gen*; **under separate** ~ (*COMM*) mit getrennter Post; **to** ~ **up for sb** jdn decken; ~**age** *n* (*PRESS*: *reports*)

Berichterstattung *f*; (*distribution*) Verbreitung *f*; ~ **charge** *n* Bedienungsgeld *nt*; ~**ing** *n* Bedeckung *f*; ~**ing letter** (*US* **cover letter**) *n* Begleitbrief *m*; ~ **note** *n* (*INSURANCE*) vorläufige(r) Versicherungsschein *m*

covert ['kʌvət] *adj* geheim

cover-up ['kʌvərʌp] *n* Vertuschung *f*

covet ['kʌvɪt] *vt* begehren

cow [kaʊ] *n* Kuh *f* ♦ *vt* einschüchtern

coward ['kaʊəd] *n* Feigling *m*; ~**ice** ['kaʊədɪs] *n* Feigheit *f*; ~**ly** *adj* feige

cowboy ['kaʊbɔɪ] *n* Cowboy *m*

cower ['kaʊə*] *vi* kauern

coxswain ['kɒksn] *n* (*abbr*: *cox*) Steuermann *m*

coy [kɔɪ] *adj* schüchtern

coyote [kɔɪ'əʊtɪ] *n* Präriewolf *m*

cozy ['kəʊzɪ] (*US*) *adj* = **cosy**

CPA (*US*) *n abbr* = **certified public accountant**

crab [kræb] *n* Krebs *m*; ~ **apple** *n* Holzapfel *m*

crack [kræk] *n* Riß *m*, Sprung *m*; (*noise*) Knall *m*; (*drug*) Crack *nt* ♦ *vt* (*break*) springen lassen; (*joke*) reißen; (*nut, safe*) knacken; (*whip*) knallen lassen ♦ *vi* springen ♦ *adj* erstklassig; (*troops*) Elite-; ~ **down** *vi*: **to** ~ **down (on)** hart durchgreifen (bei); ~ **up** *vi* (*fig*) zusammenbrechen; ~**er** *n* (*firework*) Knallkörper *m*, Kracher *m*; (*biscuit*) Keks *m*; (*Christmas* ~) Knallbonbon *nt*

crackle ['krækl] *vi* knistern; (*fire*) prasseln

cradle ['kreɪdl] *n* Wiege *f*

craft [krɑ:ft] *n* (*skill*) (Hand- *or* Kunst)fertigkeit *f*; (*trade*) Handwerk *nt*; (*NAUT*) Schiff *nt*; ~**sman** (*irreg*) *n* Handwerker *m*; ~**smanship** *n* (*quality*) handwerkliche Ausführung *f*; (*ability*) handwerkliche(s) Können *nt*; ~**y** *adj* schlau

crag [kræg] *n* Klippe *f*

cram [kræm] *vt* vollstopfen ♦ *vi* (*learn*) pauken; **to** ~ **sth into sth** etw in etw *acc* stopfen

cramp [kræmp] *n* Krampf *m* ♦ *vt* (*limit*) einengen; (*hinder*) hemmen; ~**ed** *adj* (*position*) verkrampft; (*space*) eng

crampon ['kræmpən] *n* Steigeisen *nt*

cranberry ['krænbərɪ] *n* Preiselbeere *f*

crane [kreɪn] *n* (*machine*) Kran *m*; (*bird*) Kranich *m*

crank [kræŋk] *n* (*lever*) Kurbel *f*; (*person*) Spinner *m*; ~**shaft** *n* Kurbelwelle *f*

cranny ['krænɪ] *n see* **nook**

crash [kræʃ] *n* (*noise*) Krachen *nt*; (*with cars*) Zusammenstoß *m*; (*with plane*) Absturz *m*; (*COMM*) Zusammenbruch *m* ♦ *vt* (*plane*) abstürzen mit ♦ *vi* (*cars*) zusammenstoßen; (*plane*) abstürzen; (*economy*) zusammenbrechen; (*noise*) knallen; ~ **course** *n* Schnellkurs *m*; ~ **helmet** *n* Sturzhelm *m*; ~ **landing** *n* Bruchlandung *f*

crass [kræs] *adj* kraß

crate [kreɪt] *n* (*also fig*) Kiste *f*

crater ['kreɪtə*] *n* Krater *m*

cravat(e) [krə'væt] *n* Halstuch *nt*

crave [kreɪv] *vt* verlangen nach

crawl [krɔ:l] *vi* kriechen; (*baby*) krabbeln ♦ *n* Kriechen *nt*; (*swim*) Kraul *nt*

crayfish ['kreɪfɪʃ] *n inv* (*freshwater*) Krebs *m*; (*saltwater*) Languste *f*

crayon ['kreɪən] *n* Buntstift *m*

craze [kreɪz] *n* Fimmel *m*

crazy ['kreɪzɪ] *adj* verrückt; ~ **paving** *n* Mosaikpflaster *nt*

creak [kri:k] *vi* knarren

cream [kri:m] *n* (*from milk*) Rahm *m*, Sahne *f*; (*polish, cosmetic*) Creme *f*; (*fig*: *people*) Elite *f* ♦ *adj* cremfarbig; ~ **cake** *n* Sahnetorte *f*; ~ **cheese** *n* Rahmquark *m*; ~**y** *adj* sahnig

crease [kri:s] *n* Falte *f* ♦ *vt* falten; (*untidy*) zerknittern ♦ *vi* (*wrinkle up*) knittern

create [krɪ'eɪt] *vt* erschaffen; (*cause*) verursachen

creation [krɪ'eɪʃən] *n* Schöpfung *f*

creative [krɪ'eɪtɪv] *adj* kreativ

creator [krɪ'eɪtə*] *n* Schöpfer *m*

creature ['kri:tʃə*] *n* Geschöpf *nt*

crèche [kreʃ] *n* Krippe *f*
credence ['kri:dəns] *n*: **to lend** *or* **give ~ to sth** etw *dat* Glauben schenken
credentials [krɪ'denʃəlz] *npl* Beglaubigungsschreiben *nt*
credibility [kredɪ'bɪlɪtɪ] *n* Glaubwürdigkeit *f*
credible ['kredɪbl] *adj* (*person*) glaubwürdig; (*story*) glaubhaft
credit ['kredɪt] *n* (*also COMM*) Kredit *m* ♦ *vt* Glauben schenken *+dat*; (*COMM*) gutschreiben; **~s** *npl* (*of film*) Mitwirkenden *pl*; **~able** *adj* rühmlich; **~ card** *n* Kreditkarte *f*; **~or** *n* Gläubiger *m*
creed [kri:d] *n* Glaubensbekenntnis *nt*
creek [kri:k] *n* (*inlet*) kleine Bucht *f*; (*US*: *river*) kleine(r) Wasserlauf *m*
creep [kri:p] (*pt, pp* **crept**) *vi* kriechen; **~er** *n* Kletterpflanze *f*; **~y** *adj* (*frightening*) gruselig
cremate [krɪ'meɪt] *vt* einäschern
cremation [krɪ'meɪʃən] *n* Einäscherung *f*
crêpe [kreɪp] *n* Krepp *m*; **~ bandage** (*BRIT*) *n* Elastikbinde *f*
crept [krept] *pt, pp of* **creep**
crescent ['kresnt] *n* (*of moon*) Halbmond *m*
cress [kres] *n* Kresse *f*
crest [krest] *n* (*of cock*) Kamm *m*; (*of wave*) Wellenkamm *m*; (*coat of arms*) Wappen *nt*; **~fallen** *adj* niedergeschlagen
Crete [kri:t] *n* Kreta *nt*
crevice ['krevɪs] *n* Riß *m*
crew [kru:] *n* Besatzung *f*, Mannschaft *f*; **~-cut** *n* Bürstenschnitt *m*; **~-neck** *n* runde(r) Ausschnitt *m*
crib [krɪb] *n* (*bed*) Krippe *f* ♦ *vt* (*inf*) spicken
crick [krɪk] *n* Muskelkrampf *m*
cricket ['krɪkɪt] *n* (*insect*) Grille *f*; (*game*) Kricket *nt*
crime [kraɪm] *n* Verbrechen *nt*
criminal ['krɪmɪnl] *n* Verbrecher *m* ♦ *adj* kriminell; (*act*) strafbar
crimson ['krɪmzn] *adj* leuchtend rot
cringe [krɪndʒ] *vi* sich ducken
crinkle ['krɪŋkl] *vt* zerknittern
cripple ['krɪpl] *n* Krüppel *m* ♦ *vt* lahmlegen; (*MED*) verkrüppeln
crises ['kraɪsi:z] *npl of* **crisis**
crisis ['kraɪsɪs] (*pl* **crises**) *n* Krise *f*
crisp [krɪsp] *adj* knusprig; **~s** (*BRIT*) *npl* Chips *pl*
crisscross ['krɪskrɒs] *adj* gekreuzt, Kreuz-
criteria [kraɪ'tɪərɪə] *npl of* **criterion**
criterion [kraɪ'tɪərɪən] (*pl* **criteria**) *n* Kriterium *nt*
critic ['krɪtɪk] *n* Kritiker(in) *m(f)*; **~al** *adj* kritisch; **~ally** *adv* kritisch; (*ill*) gefährlich; **~ism** ['krɪtɪsɪzəm] *n* Kritik *f*; **~ize** ['krɪtɪsaɪz] *vt* kritisieren
croak [krəʊk] *vi* krächzen; (*frog*) quaken
Croatia [krəʊ'e:ʃə] *n* Kroatien *nt*
crochet ['krəʊʃeɪ] *n* Häkelei *f*
crockery ['krɒkərɪ] *n* Geschirr *nt*
crocodile ['krɒkədaɪl] *n* Krokodil *nt*
crocus ['krəʊkəs] *n* Krokus *m*
croft [krɒft] (*BRIT*) *n* kleine(s) Pachtgut *nt*
crony ['krəʊnɪ] (*inf*) *n* Kumpel *m*
crook [krʊk] *n* (*criminal*) Gauner *m*; (*stick*) Hirtenstab *m*; **~ed** ['krʊkɪd] *adj* krumm
crop [krɒp] *n* (*harvest*) Ernte *f*; (*riding ~*) Reitpeitsche *f* ♦ *vt* ernten; **~ up** *vi* passieren
croquet ['krəʊkeɪ] *n* Krocket *nt*
croquette [krə'ket] *n* Krokette *f*
cross [krɒs] *n* Kreuz *nt* ♦ *vt* (*road*) überqueren; (*legs*) übereinander legen; kreuzen ♦ *adj* (*annoyed*) böse; **~ out** *vt* streichen; **~ over** *vi* hinübergehen; **~bar** *n* Querstange *f*; **~country (race)** *n* Geländelauf *m*; **~-examine** *vt* ins Kreuzverhör nehmen; **~-eyed** *adj*: **to be ~-eyed** schielen; **~fire** *n* Kreuzfeuer *nt*; **~ing** *n* (*crossroads*) (Straßen)kreuzung *f*; (*of ship*) Überfahrt *f*; (*for pedestrians*) Fußgängerüberweg *m*; **~ing guard** (*US*) *n* Schülerlotse *m*; **~ purposes** *npl*: **to be at ~ purposes** aneinander vorbeireden; **~-reference** *n* Quer-

verweis *m*; **~roads** *n* Straßenkreuzung *f*; (*fig*) Scheideweg *m*; **~ section** *n* Querschnitt *m*; **~walk** (*US*) *n* Fußgängerüberweg *m*; **~wind** *n* Seitenwind *m*; **~word (puzzle)** *n* Kreuzworträtsel *nt*

crotch [krɒtʃ] *n* Zwickel *m*; (*ANAT*) Unterleib *nt*

crotchet ['krɒtʃɪt] *n* Viertelnote *f*

crotchety ['krɒtʃɪtɪ] *adj* launenhaft

crouch [kraʊtʃ] *vi* hocken

croupier ['kru:pɪeɪ] *n* Croupier *m*

crow [krəʊ] *n* (*bird*) Krähe *f*; (*of cock*) Krähen *nt* ♦ *vi* krähen

crowbar ['krəʊbɑ:*] *n* Stemmeisen *nt*

crowd [kraʊd] *n* Menge *f* ♦ *vt* (*fill*) überfüllen ♦ *vi* drängen; **~ed** *adj* überfüllt

crown [kraʊn] *n* Krone *f*; (*of head, hat*) Kopf *m* ♦ *vt* krönen; **~ jewels** *npl* Kronjuwelen *pl*; **~ prince** *n* Kronprinz *m*

crow's-feet ['krəʊzfi:t] *npl* Krähenfüße *pl*

crucial ['kru:ʃəl] *adj* entscheidend

crucifix ['kru:sɪfɪks] *n* Kruzifix *nt*; **~ion** [kru:sɪ'fɪkʃən] *n* Kreuzigung *f*

crude [kru:d] *adj* (*raw*) roh; (*humour, behaviour*) grob; (*basic*) primitiv; **~ (oil)** *n* Rohöl *nt*

cruel ['kruəl] *adj* grausam; **~ty** *n* Grausamkeit *f*

cruet ['kru:ɪt] *n* Gewürzständer *m*

cruise [kru:z] *n* Kreuzfahrt *f* ♦ *vi* kreuzen; **~r** *n* (*MIL*) Kreuzer *m*

crumb [krʌm] *n* Krume *f*

crumble ['krʌmbl] *vt, vi* zerbröckeln

crumbly ['krʌmblɪ] *adj* krümelig

crumpet ['krʌmpɪt] *n* Tee(pfann)kuchen *m*

crumple ['krʌmpl] *vt* zerknittern

crunch [krʌntʃ] *n*: **the ~** (*fig*) der Knackpunkt ♦ *vt* knirschen; **~y** *adj* knusprig

crusade [kru:'seɪd] *n* Kreuzzug *m*

crush [krʌʃ] *n* Gedränge *nt* ♦ *vt* zerdrücken; (*rebellion*) unterdrücken

crust [krʌst] *n* Kruste *f*

crutch [krʌtʃ] *n* Krücke *f*

crux [krʌks] *n* springende(r) Punkt *m*

cry [kraɪ] *vi* (*shout*) schreien; (*weep*) weinen ♦ *n* (*call*) Schrei *m*; **~ off** *vi* (plötzlich) absagen

crypt [krɪpt] *n* Krypta *f*

cryptic ['krɪptɪk] *adj* hintergründig

crystal ['krɪstl] *n* Kristall *m*; (*glass*) Kristallglas *nt*; (*mineral*) Bergkristall *m*; **~-clear** *adj* kristallklar

crystallize *vt, vi* kristallisieren; (*fig*) klären

cub [kʌb] *n* Junge(s) *nt*; (*also: C~ scout*) Wölfling *m*

Cuba ['kju:bə] *n* Kuba *nt*; **~n** *adj* kubanisch ♦ *n* Kubaner(in) *m(f)*

cubbyhole ['kʌbɪhəʊl] *n* Eckchen *nt*

cube [kju:b] *n* Würfel *m* ♦ *vt* (*MATH*) hoch drei nehmen; **~ root** *n* Kubikwurzel *f*

cubic ['kju:bɪk] *adj* würfelförmig; (*centimetre etc*) Kubik-; **~ capacity** *n* Fassungsvermögen *nt*

cubicle ['kju:bɪkl] *n* Kabine *f*

cuckoo ['kʊku:] *n* Kuckuck *m*; **~ clock** *n* Kuckucksuhr *f*

cucumber ['kju:kʌmbə*] *n* Gurke *f*

cuddle ['kʌdl] *vt, vi* herzen, drücken (*inf*)

cue [kju:] *n* (*THEAT*) Stichwort *nt*; (*snooker ~*) Billardstock *m*

cuff [kʌf] *n* (*BRIT: of shirt, coat etc*) Manschette *f*; Aufschlag *m*; (*US*) = **turn-up**; **off the ~** aus dem Handgelenk; **~link** *n* Manschettenknopf *m*

cuisine [kwɪ'zi:n] *n* Kochkunst *f*, Küche *f*

cul-de-sac ['kʌldəsæk] *n* Sackgasse *f*

culinary ['kʌlɪnərɪ] *adj* Koch-

cull [kʌl] *vt* (*flowers*) pflücken; (*select*) auswählen

culminate ['kʌlmɪneɪt] *vi* gipfeln

culmination [kʌlmɪ'neɪʃən] *n* Höhepunkt *m*

culottes [kjʊ'lɒts] *npl* Hosenrock *m*

culpable ['kʌlpəbl] *adj* schuldig

culprit ['kʌlprɪt] *n* Täter *m*

cult [kʌlt] *n* Kult *m*

cultivate ['kʌltɪveɪt] *vt* (*AGR*) bebauen; (*mind*) bilden

cultivation [kʌltɪ'veɪʃən] *n* (*AGR*)

Bebauung *f*; (*of person*) Bildung *f*

cultural ['kʌltʃərəl] *adj* kulturell, Kultur-

culture ['kʌltʃə*] *n* Kultur *f*; **~d** *adj* gebildet

cumbersome ['kʌmbəsəm] *adj* (*object*) sperrig

cumulative ['kju:mjʊlətɪv] *adj* gehäuft

cunning ['kʌnɪŋ] *n* Verschlagenheit *f* ♦ *adj* schlau

cup [kʌp] *n* Tasse *f*; (*prize*) Pokal *m*

cupboard ['kʌbəd] *n* Schrank *m*

Cupid ['kju:pɪd] *n* Amor *m*

cup tie (*BRIT*) *n* Pokalspiel *nt*

curate ['kjʊərɪt] *n* (*Catholic*) Kurat *m*; (*Protestant*) Vikar *m*

curator [kjʊ'reɪtə*] *n* Kustos *m*

curb [kɜ:b] *vt* zügeln ♦ *n* (*on spending etc*) Einschränkung *f*; (*US*) Bordstein *m*

curdle ['kɜ:dl] *vi* gerinnen

cure [kjʊə*] *n* Heilmittel *nt*; (*process*) Heilverfahren *nt* ♦ *vt* heilen

curfew ['kɜ:fju:] *n* Ausgangssperre *f*; Sperrstunde *f*

curio ['kjʊərɪəʊ] *n* Kuriosität *f*

curiosity [kjʊərɪ'ɒsɪtɪ] *n* Neugier *f*

curious ['kjʊərɪəs] *adj* neugierig; (*strange*) seltsam

curl [kɜ:l] *n* Locke *f* ♦ *vt* locken ♦ *vi* sich locken; **~ up** *vi* sich zusammenrollen; (*person*) sich ankuscheln; **~er** *n* Lockenwickler *m*; **~y** ['kɜ:lɪ] *adj* lockig

currant ['kʌrənt] *n* Korinthe *f*

currency ['kʌrənsɪ] *n* Währung *f*; **to gain ~** an Popularität gewinnen

current ['kʌrənt] *n* Strömung *f* ♦ *adj* (*expression*) gängig, üblich; (*issue*) neueste; **~ account** (*BRIT*) *n* Girokonto *nt*; **~ affairs** *npl* Zeitgeschehen *nt*; **~ly** *adv* zur Zeit

curricula [kə'rɪkjʊlə] *npl of* **curriculum**

curriculum [kə'rɪkjʊləm] (*pl* **~s** *or* **curricula**) *n* Lehrplan *m*; **~ vitae** *n* Lebenslauf *m*

curry ['kʌrɪ] *n* Currygericht *nt* ♦ *vt*: **to ~ favour with** sich einschmeicheln bei; **~ powder** *n* Curry(pulver) *nt*

curse [kɜ:s] *vi* (*swear*): **to ~ (at)** fluchen (auf *or* über) +*acc* ♦ *vt* (*insult*) verwünschen ♦ *n* Fluch *m*

cursor ['kɜ:sə*] *n* (*COMPUT*) Cursor *m*

cursory ['kɜ:sərɪ] *adj* flüchtig

curt [kɜ:t] *adj* schroff

curtail [kɜ:'teɪl] *vt* abkürzen; (*rights*) einschränken

curtain ['kɜ:tn] *n* Vorhang *m*

curts(e)y *n* Knicks *m* ♦ *vi* knicksen

curve [kɜ:v] *n* Kurve *f*; (*of body, vase etc*) Rundung *f* ♦ *vi* sich biegen; (*hips, breasts*) sich runden; (*road*) einen Bogen machen

cushion ['kʊʃən] *n* Kissen *nt* ♦ *vt* dämpfen

custard ['kʌstəd] *n* Vanillesoße *f*

custodian [kʌs'təʊdɪən] *n* Kustos *m*, Verwalter(in) *m(f)*

custody ['kʌstədɪ] *n* Aufsicht *f*; (*police ~*) Haft *f*; **to take into ~** verhaften

custom ['kʌstəm] *n* (*tradition*) Brauch *m*; (*COMM*) Kundschaft *f*; **~ary** *adj* üblich

customer ['kʌstəmə*] *n* Kunde *m*, Kundin *f*

customized ['kʌstəmaɪzd] *adj* (*car etc*) mit Spezialausrüstung

custom-made ['kʌstəm'meɪd] *adj* speziell angefertigt

customs ['kʌstəmz] *npl* Zoll *m*; **~ duty** *n* Zollabgabe *f*; **~ officer** *n* Zollbeamte(r) *m*, Zollbeamtin *f*

cut [kʌt] (*pt, pp* **cut**) *vt* schneiden; (*wages*) kürzen; (*prices*) heruntersetzen ♦ *vi* schneiden; (*intersect*) sich schneiden ♦ *n* Schnitt *m*; (*wound*) Schnittwunde *f*; (*in book, income etc*) Kürzung *f*; (*share*) Anteil *m*; **to ~ a tooth** zahnen; **~ down** *vt* (*tree*) fällen; (*reduce*) einschränken; **~ off** *vt* (*also fig*) abschneiden; (*allowance*) sperren; **~ out** *vt* (*shape*) ausschneiden; (*delete*) streichen; **~ up** *vt* (*meat*) aufschneiden; **~back** *n* Kürzung *f*; (*CINE*) Rückblende *f*

cute [kju:t] *adj* niedlich
cuticle ['kju:tɪkl] *n* Nagelhaut *f*
cutlery ['kʌtlərɪ] *n* Besteck *nt*
cutlet ['kʌtlɪt] *n* (*pork*) Kotelett *nt*; (*veal*) Schnitzel *nt*
cut: ~out *n* (*cardboard ~out*) Ausschneidemodell *nt*; **~-price** (*US* **cut-rate**) *adj* verbilligt; **~throat** *n* Verbrechertyp *m* ♦ *adj* mörderisch
cutting ['kʌtɪŋ] *adj* schneidend ♦ *n* (*BRIT*: *PRESS*) Ausschnitt *m*; (: *RAIL*) Durchstich *m*
CV *n abbr* = **curriculum vitae**
cwt *abbr* = **hundredweight(s)**
cyanide ['saɪənaɪd] *n* Zyankali *nt*
cycle ['saɪkl] *n* Fahrrad *nt*; (*series*) Reihe *f* ♦ *vi* radfahren; **cycling** ['saɪklɪŋ] *n* Radfahren *nt*; **cyclist** ['saɪklɪst] *n* Radfahrer(in) *m(f)*
cyclone ['saɪkləʊn] *n* Zyklon *m*
cygnet ['sɪgnɪt] *n* junge(r) Schwan *m*
cylinder ['sɪlɪndə*] *n* Zylinder *m*; (*TECH*) Walze *f*; **~-head gasket** *n* Zylinderkopfdichtung *f*
cymbals ['sɪmbəlz] *npl* Becken *nt*
cynic ['sɪnɪk] *n* Zyniker(in) *m(f)*; **~al** *adj* zynisch; **~ism** ['sɪnɪsɪzəm] *n* Zynismus *m*
cypress ['saɪprəs] *n* Zypresse *f*
Cyprus ['saɪprəs] *n* Zypern *nt*
cyst [sɪst] *n* Zyste *f*
cystitis [sɪs'taɪtɪs] *n* Blasenentzündung *f*
czar [zɑ:*] *n* Zar *m*
Czech [tʃek] *adj* tschechisch ♦ *n* Tscheche *m*, Tschechin *f*
Czechoslovakia [tʃekəslə'vækɪə] *n* die Tschechoslowakei; **~n** *adj* tschechoslowakisch ♦ *n* Tschechoslowake *m*, Tchechoslowakin *f*

D

D [di:] *n* (*MUS*) D *nt*
dab [dæb] *vt* (*wound, paint*) betupfen ♦ *n* (*little bit*) bißchen *nt*; (*of paint*) Tupfer *m*
dabble ['dæbl] *vi*: **to ~ in sth** in etw *dat* machen
dad [dæd] *n* Papa *m*, Vati *m*; **~dy** ['dædɪ] *n* Papa *m*, Vati *m*; **~dy-long-legs** *n* Weberknecht *m*
daffodil ['dæfədɪl] *n* Osterglocke *f*
daft [dɑ:ft] (*inf*) *adj* blöd(e), doof
dagger ['dægə*] *n* Dolch *m*
daily ['deɪlɪ] *adj* täglich ♦ *n* (*PRESS*) Tageszeitung *f*; (*BRIT*: *cleaning woman*) Haushaltshilfe *f* ♦ *adv* täglich
dainty ['deɪntɪ] *adj* zierlich
dairy ['dɛərɪ] *n* (*shop*) Milchgeschäft *nt*; (*on farm*) Molkerei *f* ♦ *adj* Milch-; **~ farm** *n* Hof *m* mit Milchwirtschaft; **~ produce** *n* Molkereiprodukte *pl*; **~ store** (*US*) *n* Milchgeschäft *nt*
dais ['deɪɪs] *n* Podium *nt*
daisy ['deɪzɪ] *n* Gänseblümchen *nt*; **~ wheel** *n* (*on printer*) Typenrad *nt*
dale [deɪl] *n* Tal *nt*
dam [dæm] *n* (Stau)damm *m* ♦ *vt* stauen
damage ['dæmɪdʒ] *n* Schaden *m* ♦ *vt* beschädigen; **~s** *npl* (*JUR*) Schaden(s)ersatz *m*
damn [dæm] *vt* verdammen ♦ *n* (*inf*): **I don't give a ~** das ist mir total egal ♦ *adj* (: *also*: *~ed*) verdammt; **~ it!** verflucht!; **~ing** *adj* vernichtend
damp [dæmp] *adj* feucht ♦ *n* Feuchtigkeit *f* ♦ *vt* (*also*: *~en*) befeuchten; (*discourage*) dämpfen
damson ['dæmzən] *n* Damaszenerpflaume *f*
dance [dɑ:ns] *n* Tanz *m* ♦ *vi* tanzen; **~ hall** *n* Tanzlokal *nt*; **~r** *n* Tänzer *m*
dancing ['dɑ:nsɪŋ] *n* Tanzen *nt*
dandelion ['dændɪlaɪən] *n* Löwenzahn *m*
dandruff ['dændrəf] *n* (Kopf)schuppen *pl*
Dane [deɪn] *n* Däne *m*, Dänin *f*
danger ['deɪndʒə*] *n* Gefahr *f*; **~!** (*sign*) Achtung!; **to be in ~ of doing sth** Gefahr laufen, etw zu tun; **~ous** *adj* gefährlich
dangle ['dæŋgl] *vi* baumeln ♦ *vt* herabhängen lassen
Danish ['deɪnɪʃ] *adj* dänisch ♦ *n*

Dänisch *nt*

dapper ['dæpə*] *adj* elegant

dare [dɛə*] *vt* herausfordern ♦ *vi*: **to ~ (to) do sth** es wagen, etw zu tun; **I ~ say** ich würde sagen; **~-devil** *n* Draufgänger(in) *m(f)*

daring ['dɛərɪŋ] *adj* (*audacious*) verwegen; (*bold*) wagemutig; (*dress*) gewagt ♦ *n* Mut *m*

dark [dɑ:k] *adj* dunkel; (*fig*) düster, trübe; (*deep colour*) dunkel- ♦ *n* Dunkelheit *f*; **to be left in the ~ about** im dunkeln sein über +*acc*; **after ~** nach Anbruch der Dunkelheit; **~en** *vt, vi* verdunkeln; **~ glasses** *npl* Sonnenbrille *f*; **~ness** *n* Finsternis *nt*; **~room** *n* Dunkelkammer *f*

darling ['dɑ:lɪŋ] *n* Liebling *m* ♦ *adj* lieb

darn [dɑ:n] *vt* stopfen

dart [dɑ:t] *n* (*weapon*) Pfeil *m*; (*in sewing*) Abnäher *m* ♦ *vi* sausen; **~s** *n* (*game*) Pfeilwerfen *nt*; **~board** *n* Zielschiebe *f*

dash [dæʃ] *n* Sprung *m*; (*mark*) (Gedanken)strich *m*; (*small amount*) bißchen *nt* ♦ *vt* (*hopes*) zunichte machen ♦ *vi* stürzen; **~ away** *vi* davonstürzen; **~ off** *vi* davonstürzen

dashboard ['dæʃbɔ:d] *n* Armaturenbrett *nt*

dashing ['dæʃɪŋ] *adj* schneidig

data ['deɪtə] *npl* Einzelheiten *pl*, Daten *pl*; **~ base** *n* Datenbank *f*; **~ processing** *n* Datenverarbeitung *f*

date [deɪt] *n* Datum *nt*; (*for meeting etc*) Termin *m*; (*with person*) Verabredung *f*; (*fruit*) Dattel *f* ♦ *vt* (*letter etc*) datieren; (*person*) gehen mit; **~ of birth** Geburtsdatum *nt*; **to ~** bis heute; **out of ~** überholt; **up to ~** (*clothes*) modisch; (*report*) up-to-date; (*with news*) auf dem laufenden; **~d** *adj* altmodisch

daub [dɔ:b] *vt* beschmieren; (*paint*) schmieren

daughter ['dɔ:tə*] *n* Tochter *f*; **~-in-law** *n* Schwiegertochter *f*

daunting ['dɔ:ntɪŋ] *adj* entmutigend

dawdle ['dɔ:dl] *vi* trödeln

dawn [dɔ:n] *n* Morgendämmerung *f* ♦ *vi* dämmern; (*fig*): **it ~ed on him that ...** es dämmerte ihm, daß ...

day [deɪ] *n* Tag *m*; **the ~ before/after** am Tag zuvor/danach; **the ~ after tomorrow** übermorgen; **the ~ before yesterday** vorgestern; **by ~** am Tage; **~break** *n* Tagesanbruch *m*; **~dream** *vi* mit offenen Augen träumen; **~light** *n* Tageslicht *nt*; **~ return** (*BRIT*) *n* Tagesrückfahrkarte *f*; **~time** *n* Tageszeit *f*; **~-to-day** *adj* alltäglich

daze [deɪz] *vt* betäuben ♦ *n* Betäubung *f*; **in a ~** benommen

dazzle ['dæzl] *vt* blenden

DC *abbr* (= *direct current*) Gleichstrom *m*

D-day ['di:deɪ] *n* (*HIST*) *Tag der Invasion durch die Alliierten (6.6.44)*; (*fig*) der Tag X

deacon ['di:kən] *n* Diakon *m*

dead [ded] *adj* tot; (*without feeling*) gefühllos ♦ *adv* ganz; (*exactly*) genau ♦ *npl*: **the ~** die Toten *pl*; **to shoot sb ~** jdn erschießen; **~ tired** todmüde; **to stop ~** abrupt stehenbleiben; **~en** *vt* (*pain*) abtöten; (*sound*) ersticken; **~ end** *n* Sackgasse *f*; **~ heat** *n* tote(s) Rennen *nt*; **~line** *n* Stichtag *m*; **~lock** *n* Stillstand *m*; **~ loss** (*inf*) *n*: **to be a ~ loss** ein hoffnungsloser Fall sein; **~ly** *adj* tödlich; **~pan** *adj* undurchdringlich; **D~ Sea** *n*: **the D~ Sea** das Tote Meer

deaf [def] *adj* taub; **~en** *vt* taub machen; **~-mute** *n* Taubstumme(r) *mf*; **~ness** *n* Taubheit *f*

deal [di:l] (*pt, pp* **dealt**) *n* Geschäft *nt* ♦ *vt* austeilen; (*CARDS*) geben; **a great ~ of** sehr viel; **~ in** *vt fus* handeln mit; **~ with** *vt fus* (*person*) behandeln; (*subject*) sich befassen mit; (*problem*) in Angriff nehmen; **~er** *n* (*COMM*) Händler *m*; (*CARDS*) Kartengeber *m*; **~ings** *npl* (*FIN*) Geschäfte *pl*; (*relations*) Beziehungen *pl*; **~t** [delt] *pt, pp of* **deal**

dean [di:n] *n* (*Protestant*) Superintendent *m*; (*Catholic*) Dechant *m*; (*UNIV*) Dekan *m*

dear [dɪə*] *adj* lieb; (*expensive*) teuer ♦ *n* Liebling *m* ♦ *excl*: ~ **me!** du liebe Zeit!; **D~ Sir** Sehr geehrter Herr!; **D~ John** Lieber John!; **~ly** *adv* (*love*) herzlich; (*pay*) teuer

death [deθ] *n* Tod *m*; (*statistic*) Todesfall *m*; ~ **certificate** *n* Totenschein *m*; ~ **duties** (*BRIT*) *npl* Erbschaftssteuer *f*; **~ly** *adj* totenähnlich, Toten-; ~ **penalty** *n* Todesstrafe *f*; ~ **rate** *n* Sterblichkeitsziffer *f*

debar [dɪ'bɑ:*] *vt* ausschließen

debase [dɪ'beɪs] *vt* entwerten

debatable [dɪ'beɪtəbl] *adj* anfechtbar

debate [dɪ'beɪt] *n* Debatte *f* ♦ *vt* debattieren, diskutieren; (*consider*) überlegen

debauchery [dɪ'bɔ:tʃərɪ] *n* Ausschweifungen *pl*

debilitating [dɪ'bɪlɪteɪtɪŋ] *adj* schwächend

debit ['debɪt] *n* Schuldposten *m* ♦ *vt* belasten

debris ['debri:] *n* Trümmer *pl*

debt [det] *n* Schuld *f*; **to be in** ~ verschuldet sein; **~or** *n* Schuldner *m*

debunk [di:'bʌŋk] *vt* entlarven

decade ['dekeɪd] *n* Jahrzehnt *nt*

decadence ['dekədəns] *n* Dekadenz *f*

decaffeinated [di:'kæfɪneɪtɪd] *adj* koffeinfrei

decanter [dɪ'kæntə*] *n* Karaffe *f*

decay [dɪ'keɪ] *n* Verfall *m*; (*tooth* ~) Karies *m* ♦ *vi* verfallen; (*teeth, meat etc*) faulen; (*leaves etc*) verrotten

deceased [dɪ'si:st] *adj* verstorben

deceit [dɪ'si:t] *n* Betrug *m*; **~ful** *adj* falsch

deceive [dɪ'si:v] *vt* täuschen

December [dɪ'sembə*] *n* Dezember *m*

decency ['di:sənsɪ] *n* Anstand *m*

decent [di:sənt] *adj* (*respectable*) anständig; (*pleasant*) annehmbar

deception [dɪ'sepʃən] *n* Betrug *m*

deceptive [dɪ'septɪv] *adj* irreführend

decibel ['desɪbel] *n* Dezibel *nt*

decide [dɪ'saɪd] *vt* entscheiden ♦ *vi* sich entscheiden; **to ~ on sth** etw beschließen; **~d** *adj* entschieden; **~dly** [dɪ'saɪdɪdlɪ] *adv* entschieden

deciduous [dɪ'sɪdjʊəs] *adj* Laub-

decimal ['desɪməl] *adj* dezimal ♦ *n* Dezimalzahl *f*; ~ **point** *n* Komma *nt*

decimate ['desɪmeɪt] *vt* dezimieren

decipher [dɪ'saɪfə*] *vt* entziffern

decision [dɪ'sɪʒən] *n* Entscheidung *f*, Entschluß *m*

decisive [dɪ'saɪsɪv] *adj* entscheidend; (*person*) entschlossen

deck [dek] *n* (*NAUT*) Deck *nt*; (*of cards*) Pack *m*; **~chair** *n* Liegestuhl *m*

declaration [deklə'reɪʃən] *n* Erklärung *f*

declare [dɪ'kleə*] *vt* erklären; (*CUSTOMS*) verzollen

decline [dɪ'klaɪn] *n* (*decay*) Verfall *m*; (*lessening*) Rückgang *m* ♦ *vt* (*invitation*) ablehnen ♦ *vi* (*of strength*) nachlassen; (*say no*) ablehnen

declutch ['di:'klʌtʃ] *vi* auskuppeln

decode ['di:'kəʊd] *vt* entschlüsseln

decoder *n* (*TV*) decoder *m*

decompose [di:kəm'pəʊz] *vi* (sich) zersetzen

décor ['deɪkɔ:*] *n* Ausstattung *f*

decorate ['dekəreɪt] *vt* (*room*: *paper*) tapezieren; (: *paint*) streichen; (*adorn*) (aus)schmücken; (*cake*) verzieren; (*honour*) auszeichnen

decoration [dekə'reɪʃən] *n* (*of house*) (Wand)dekoration *f*; (*medal*) Orden *m*

decorator ['dekəreɪtə*] *n* Maler *m*, Anstreicher *m*

decorum [dɪ'kɔ:rəm] *n* Anstand *m*

decoy ['di:kɔɪ] *n* Lockvogel *m*

decrease [*n* 'di:kri:s, *vb* di:'kri:s] *n* Abnahme *f* ♦ *vt* vermindern ♦ *vi* abnehmen

decree [dɪ'kri:] *n* Erlaß *m*; ~ **nisi** *n* vorläufige(s) Scheidungsurteil *nt*

decrepit [dɪ'krepɪt] *adj* hinfällig

dedicate ['dedɪkeɪt] *vt* widmen
dedication [dedɪ'keɪʃən] *n* (*devotion*) Ergebenheit; (*in book*) Widmung *f*
deduce [dɪ'dju:s] *vt*: **to ~ sth (from sth)** etw (aus etw) ableiten, etw (aus etw) schließen
deduct [dɪ'dʌkt] *vt* abziehen; **~ion** [dɪ'dʌkʃən] *n* (*of money*) Abzug *m*; (*conclusion*) (Schluß)folgerung *f*
deed *n* Tat *f*; (*document*) Urkunde *f*
deem [di:m] *vt*: **to ~ sb/sth (to be) sth** jdn/etw für etw halten
deep [di:p] *adj* tief ♦ *adv*: **the spectators stood 20 ~** die Zuschauer standen in 20 Reihen hintereinander; **to be 4m ~** 4 Meter tief sein; **~en** *vt* vertiefen ♦ *vi* (*darkness*) tiefer werden; **~-freeze** *n* Tiefkühlung *f*; **~-fry** *vt* fritieren; **~ly** *adv* tief; **~-sea diving** *n* Tiefseetauchen *nt*; **~-seated** *adj* tiefsitzend
deer [dɪə*] *n* Reh *nt*; **~skin** *n* Hirsch-/Rehleder *nt*
deface [dɪ'feɪs] *vt* entstellen
defamation [defə'meɪʃən] *n* Verleumdung *f*
default [dɪ'fɔ:lt] *n* Versäumnis *nt*; (*COMPUT*) Standardwert *m* ♦ *vi* versäumen; **by ~** durch Nichterscheinen
defeat [dɪ'fi:t] *n* Niederlage *f* ♦ *vt* schlagen; **~ist** *adj* defätistisch ♦ *n* Defätist *m*
defect [*n* di:fekt, *vb* dɪ'fekt] *n* Fehler *m* ♦ *vi* überlaufen; **~ive** [dɪ'fektɪv] *adj* fehlerhaft
defence [dɪ'fens] *n* Verteidigung *f*; **~less** *adj* wehrlos
defend [dɪ'fend] *vt* verteidigen; **~ant** *n* Angeklagte(r) *m*; **~er** *n* Verteidiger *m*
defense [dɪ'fens] (*US*) *n* = **defence**
defensive [dɪ'fensɪv] *adj* defensiv ♦ *n*: **on the ~** in der Defensive
defer [dɪ'fɜ:*] *vt* verschieben
deference ['defərəns] *n* Rücksichtnahme *f*
defiance [dɪ'faɪəns] *n* Trotz *m*, Unnachgiebigkeit *f*; **in ~ of sth** einer Sache *dat* zum Trotz
defiant [dɪ'faɪənt] *adj* trotzig, unnachgiebig
deficiency [dɪ'fɪʃənsɪ] *n* (*lack*) Mangel *m*; (*weakness*) Schwäche *f*
deficient [dɪ'fɪʃənt] *adj* mangelhaft
deficit ['defɪsɪt] *n* Defizit *nt*
defile [*vb* dɪ'faɪl, *n* 'di:faɪl] *vt* beschmutzen ♦ *n* Hohlweg *m*
define [dɪ'faɪn] *vt* bestimmen; (*explain*) definieren
definite ['defɪnɪt] *adj* (*fixed*) definitiv; (*clear*) eindeutig; **~ly** *adv* bestimmt
definition [defɪ'nɪʃən] *n* Definition *f*; (*PHOT*) Schärfe *f*
deflate [di:'fleɪt] *vt* die Luft ablassen aus
deflect [dɪ'flekt] *vt* ablenken
deform [dɪ'fɔ:m] *vt* deformieren; **~ity** *n* Mißbildung *f*
defraud [dɪ'frɔ:d] *vt* betrügen
defray [dɪ'freɪ] *vt* (*costs*) übernehmen
defrost [di:'frɒst] *vt* (*fridge*) abtauen; (*food*) auftauen; **~er** (*US*) *n* (*demister*) Gebläse *nt*
deft [deft] *adj* geschickt
defunct [dɪ'fʌŋkt] *adj* verstorben
defuse [di:'fju:z] *vt* entschärfen
defy [dɪ'faɪ] *vt* (*disobey*) sich widersetzen +*dat*; (*orders, death*) trotzen +*dat*; (*challenge*) herausfordern
degenerate [*vb* dɪ'dʒenəreɪt, *adj* dɪ'dʒenərɪt] *vi* degenerieren ♦ *adj* degeneriert
degrading [dɪ'greɪdɪŋ] *adj* erniedrigend
degree [dɪ'gri:] *n* Grad *m*; (*UNIV*) Universitätsabschluß *m*; **by ~s** allmählich; **to some ~** zu einem gewissen Grad
dehydrated [di:haɪ'dreɪtɪd] *adj* (*person*) ausgetrocknet; (*food*) Trocken-
de-ice [di:'aɪs] *vt* enteisen
deign [deɪn] *vi* sich herablassen
deity ['di:ɪtɪ] *n* Gottheit *f*
dejected [dɪ'dʒektɪd] *adj* niedergeschlagen
delay [dɪ'leɪ] *vt* (*hold back*) aufschieben ♦ *vi* (*linger*) sich aufhalten ♦ *n* Aufschub *m*, Verzögerung *f*; (*of train*

etc) Verspätung *f*; **to be ~ed** (*train*) Verspätung haben; **without ~** unverzüglich

delectable [dɪ'lektəbl] *adj* köstlich; (*fig*) reizend

delegate [*n* 'delɪgɪt, *vb* 'delɪgeɪt] *n* Delegierte(r) *mf* ♦ *vt* delegieren

delete [dɪ'li:t] *vt* (aus)streichen

deliberate [*adj* dɪ'lɪbərɪt, *vb* dɪ'lɪbəreɪt] *adj* (*intentional*) absichtlich; (*slow*) bedächtig ♦ *vi* (*consider*) überlegen; (*debate*) sich beraten; **~ly** *adv* absichtlich

delicacy ['delɪkəsɪ] *n* Zartheit *f*; (*weakness*) Anfälligkeit *f*; (*food*) Delikatesse *f*

delicate ['delɪkɪt] *adj* (*fine*) fein; (*fragile*) zart; (*situation*) heikel; (*MED*) empfindlich

delicatessen [delɪkə'tesn] *n* Feinkostgeschäft *nt*

delicious [dɪ'lɪʃəs] *adj* lecker

delight [dɪ'laɪt] *n* Wonne *f* ♦ *vt* entzücken; **to take ~ in sth** Freude an etw *dat* haben; **~ed** *adj*: **~ed (at** *or* **with sth)** entzückt (über *+acc* etw); **~ed to do sth** etw sehr gern tun; **~ful** *adj* entzückend, herrlich

delinquency [dɪ'lɪŋkwənsɪ] *n* Kriminalität *f*

delinquent [dɪ'lɪŋkwənt] *n* Straffällige(r) *mf* ♦ *adj* straffällig

delirious [dɪ'lɪrɪəs] *adj* im Fieberwahn

deliver [dɪ'lɪvə*] *vt* (*goods*) (ab)liefern; (*letter*) zustellen; (*speech*) halten; **~y** *n* (Ab)lieferung *f*; (*of letter*) Zustellung *f*; (*of speech*) Vortragsweise *f*; (*MED*) Entbindung *f*; **to take ~y of** in Empfang nehmen

delude [dɪ'lu:d] *vt* täuschen

deluge ['delju:dʒ] *n* Überschwemmung *f*; (*fig*) Flut *f* ♦ *vt* überfluten

delusion [dɪ'lu:ʒən] *n* (Selbst)täuschung *f*

de luxe [dɪ'lʌks] *adj* Luxus-

delve [delv] *vi*: **to ~ into** sich vertiefen in *+acc*

demand [dɪ'mɑ:nd] *vt* verlangen ♦ *n* (*request*) Verlangen *nt*; (*COMM*) Nachfrage *f*; **in ~** gefragt; **on ~** auf Verlangen; **~ing** *adj* anspruchsvoll

demarcation [di:mɑ:'keɪʃən] *n* Abgrenzung *f*

demean [dɪ'mi:n] *vt*: **to ~ o.s.** sich erniedrigen

demeanour [dɪ'mi:nə*] (*US* **demeanor**) *n* Benehmen *nt*

demented [dɪ'mentɪd] *adj* wahnsinnig

demise [dɪ'maɪz] *n* Ableben *nt*

demister [di:'mɪstə*] *n* (*AUT*) Gebläse *nt*

demo ['deməʊ] (*inf*) *n abbr* (= *demonstration*) Demo *f*

democracy [dɪ'mɒkrəsɪ] *n* Demokratie *f*

democrat ['deməkræt] *n* Demokrat *m*; **~ic** [demə'krætɪk] *adj* demokratisch

demolish [dɪ'mɒlɪʃ] *vt* abreißen; (*fig*) vernichten

demolition [demə'lɪʃən] *n* Abbruch *m*

demon ['di:mən] *n* Dämon *m*

demonstrate ['demənstreɪt] *vt, vi* demonstrieren

demonstration [demən'streɪʃən] *n* Demonstration *f*

demonstrator ['demənstreɪtə*] *n* (*POL*) Demonstrant(in) *m(f)*

demote [dɪ'məʊt] *vt* degradieren

demure [dɪ'mjʊə*] *adj* ernst

den [den] *n* (*of animal*) Höhle *f*; (*study*) Bude *f*

denatured alcohol [di:'neɪtʃəd-] (*US*) *n* ungenießbar gemachte(r) Alkohol *m*

denial [dɪ'naɪəl] *n* Leugnung *f*; **official ~** Dementi *nt*

denim ['denɪm] *adj* Denim-; **~s** *npl* Denim-Jeans *pl*

Denmark ['denmɑ:k] *n* Dänemark *nt*

denomination [dɪnɒmɪ'neɪʃən] *n* (*ECCL*) Bekenntnis *nt*; (*type*) Klasse *f*; (*FIN*) Wert *m*

denominator [dɪ'nɒmɪneɪtə*] *n* Nenner *m*

denote [dɪ'nəʊt] *vt* bedeuten

denounce [dɪ'naʊns] *vt* brandmarken
dense [dens] *adj* dicht; (*stupid*) schwer von Begriff; **~ly** *adv* dicht
density ['densɪtɪ] *n* Dichte *f*; **single-/double-density disk** Diskette *f* mit einfacher/doppelter Dichte
dent [dent] *n* Delle *f* ♦ *vt* (*also*: *make a ~ in*) einbeulen
dental ['dentl] *adj* Zahn-; **~ surgeon** *n* = **dentist**
dentist ['dentɪst] *n* Zahnarzt(ärztin) *m(f)*; **~ry** *n* Zahnmedizin *f*
dentures ['dentʃəz] *npl* Gebiß *nt*
deny [dɪ'naɪ] *vt* leugnen; (*officially*) dementieren; (*help*) abschlagen
deodorant [di:'əʊdərənt] *n* Deodorant *nt*
depart [dɪ'pɑ:t] *vi* abfahren; **to ~ from** (*fig*: *differ from*) abweichen von
department [dɪ'pɑ:tmənt] *n* (*COMM*) Abteilung *f*; (*UNIV*) Seminar *nt*; (*POL*) Ministerium *nt*; **~ store** *n* Warenhaus *nt*
departure [dɪ'pɑ:tʃə*] *n* (*of person*) Abreise *f*; (*of train*) Abfahrt *f*; (*of plane*) Abflug *m*; **new ~** Neuerung *f*; **~ lounge** *n* (*at airport*) Abflughalle *f*
depend [dɪ'pend] *vi*: **to ~ on** abhängen von; (*rely on*) angewiesen sein auf +*acc*; **it ~s** es kommt darauf an; **~ing on the result ...** abhängend vom Resultat ...; **~able** *adj* zuverlässig; **~ant** *n* Angehörige(r) *mf*; **~ence** *n* Abhängigkeit *f*; **~ent** *adj* abhängig ♦ *n* = **dependant**; **~ent on** abhängig von
depict [dɪ'pɪkt] *vt* schildern
depleted [dɪ'pli:tɪd] *adj* aufgebraucht
deplorable [dɪ'plɔ:rəbl] *adj* bedauerlich
deplore [dɪ'plɔ:*] *vt* mißbilligen
deploy [dɪ'plɔɪ] *vt* einsetzen
depopulation ['di:pɒpjʊ'leɪʃən] *n* Entvölkerung *f*
deport [dɪ'pɔ:t] *vt* deportieren; **~ation** [di:pɔ:'teɪʃən] *n* Abschiebung *f*
deportment [dɪ'pɔ:tmənt] *n* Betragen *nt*
depose [dɪ'pəʊz] *vt* absetzen
deposit [dɪ'pɒzɪt] *n* (*in bank*) Guthaben *nt*; (*down payment*) Anzahlung *f*; (*security*) Kaution *f*; (*CHEM*) Niederschlag *m* ♦ *vt* (*in bank*) deponieren; (*put down*) niederlegen; **~ account** *n* Sparkonto *nt*
depot ['depəʊ] *n* Depot *nt*
depraved [dɪ'preɪvd] *adj* verkommen
depreciate [dɪ'pri:ʃɪeɪt] *vi* im Wert sinken; **depreciation** [dɪpri:ʃɪ'eɪʃən] *n* Wertminderung *f*
depress [dɪ'pres] *vt* (*press down*) niederdrücken; (*in mood*) deprimieren; **~ed** *adj* deprimiert; **~ing** *adj* deprimierend; **~ion** [dɪ'preʃən] *n* (*mood*) Depression *f*; (*in trade*) Wirtschaftskrise *f*; (*hollow*) Vertiefung *f*; (*MET*) Tief(druckgebiet) *nt*
deprivation [deprɪ'veɪʃən] *n* Not *f*
deprive [dɪ'praɪv] *vt*: **to ~ sb of sth** jdn einer Sache *gen* berauben; **~d** *adj* (*child*) sozial benachteiligt; (*area*) unterentwickelt
depth [depθ] *n* Tiefe *f*; **in the ~s of despair** in tiefster Verzweiflung
deputation [depjʊ'teɪʃən] *n* Abordnung *f*
deputize ['depjʊtaɪz] *vi*: **to ~ (for sb)** (jdn) vertreten
deputy ['depjʊtɪ] *adj* stellvertretend ♦ *n* (Stell)vertreter *m*
derail [dɪ'reɪl] *vt*: **to be ~ed** entgleisen; **~ment** *n* Entgleisung *f*
deranged [dɪ'reɪndʒd] *adj* verrückt
derby ['dɜ:bɪ] (*US*) *n* (*bowler hat*) Melone *f*
derelict ['derɪlɪkt] *adj* verlassen
deride [dɪ'raɪd] *vt* auslachen
derisory [dɪ'raɪsərɪ] *adj* spöttisch
derivative [dɪ'rɪvətɪv] *n* Derivat *nt* ♦ *adj* abgeleitet
derive [dɪ'raɪv] *vt* (*get*) gewinnen; (*deduce*) ableiten ♦ *vi* (*come from*) abstammen
dermatitis [dɜ:mə'taɪtɪs] *n* Hautentzündung *f*
derogatory [dɪ'rɒgətərɪ] *adj* gering-

schätzig

derrick ['derɪk] *n* Drehkran *m*

descend [dɪ'send] *vt, vi* hinuntersteigen; **to ~ from** abstammen von; **~ant** *n* Nachkomme *m*

descent [dɪ'sent] *n* (*coming down*) Abstieg *m*; (*origin*) Abstammung *f*

describe [dɪs'kraɪb] *vt* beschreiben

description [dɪs'krɪpʃən] *n* Beschreibung *f*; (*sort*) Art *f*

descriptive [dɪs'krɪptɪv] *adj* beschreibend; (*word*) anschaulich

desecrate ['desɪkreɪt] *vt* schänden

desert [*n* 'dezət, *vb* dɪ'zɜ:t] *n* Wüste *f* ♦ *vt* verlassen; (*temporarily*) im Stich lassen ♦ *vi* (*MIL*) desertieren; **~s** *npl* (*what one deserves*): **to get one's just ~s** seinen gerechten Lohn bekommen; **~er** *n* Deserteur *m*; **~ion** [dɪ'zɜ:ʃən] *n* (*of wife*) Verlassen *nt*; (*MIL*) Fahnenflucht *f*; **~ island** *n* einsame Insel *f*

deserve [dɪ'zɜ:v] *vt* verdienen

deserving [dɪ'zɜ:vɪŋ] *adj* verdienstvoll

design [dɪ'zaɪn] *n* (*plan*) Entwurf; (*planning*) Design *nt* ♦ *vt* entwerfen

designate [*vb* 'dezɪgneɪt, *adj* 'dezɪgnɪt] *vt* bestimmen ♦ *adj* designiert

designer [dɪ'zaɪnə*] *n* Designer(in) *m(f)*, (*TECH*) Konstrukteur(in) *m(f)*; (*fashion ~*) Modeschöpfer(in) *m(f)*

desirable [dɪ'zaɪərəbl] *adj* wünschenswert

desire [dɪ'zaɪə*] *n* Wunsch *m*, Verlangen *nt* ♦ *vt* (*lust*) begehren; (*ask for*) wollen

desk [desk] *n* Schreibtisch *m*; (*BRIT*: *in shop, restaurant*) Kasse *f*

desolate ['desəlɪt] *adj* öde; (*sad*) trostlos

desolation [desə'leɪʃən] *n* Trostlosigkeit *f*

despair [dɪs'peə*] *n* Verzweiflung *f* ♦ *vi*: **to ~ (of)** verzweifeln (an +*dat*)

despatch [dɪs'pætʃ] *n, vt* = **dispatch**

desperate ['despərɪt] *adj* verzweifelt; **~ly** ['despərɪtlɪ] *adv* verzweifelt

desperation [despə'reɪʃən] *n* Verzweiflung *f*

despicable [dɪs'pɪkəbl] *adj* abscheulich

despise [dɪs'paɪz] *vt* verachten

despite [dɪs'paɪt] *prep* trotz +*gen*

despondent [dɪs'pɒndənt] *adj* mutlos

dessert [dɪ'zɜ:t] *n* Nachtisch *m*; **~spoon** *n* Dessertlöffel *m*

destination [destɪ'neɪʃən] *n* (*of person*) (Reise)ziel *nt*; (*of goods*) Bestimmungsort *m*

destiny ['destɪnɪ] *n* Schicksal *nt*

destitute ['destɪtju:t] *adj* notleidend

destroy [dɪs'trɔɪ] *vt* zerstören; **~er** *n* (*NAUT*) Zerstörer *m*

destruction [dɪs'trʌkʃən] *n* Zerstörung *f*

destructive [dɪs'trʌktɪv] *adj* zerstörend

detach [dɪ'tætʃ] *vt* loslösen; **~able** *adj* abtrennbar; **~ed** *adj* (*attitude*) distanziert; (*house*) Einzel-; **~ment** *n* (*MIL*) Sonderkommando *nt*; (*fig*) Abstand *m*

detail ['di:teɪl] *n* Einzelheit *f*, Detail *nt* ♦ *vt* (*relate*) ausführlich berichten; (*appoint*) abkommandieren; **in ~** im Detail; **~ed** *adj* detailliert

detain [dɪ'teɪn] *vt* aufhalten; (*imprison*) in Haft halten

detect [dɪ'tekt] *vt* entdecken; **~ion** [dɪ'tekʃən] *n* Aufdeckung *f*; **~ive** *n* Detektiv *m*; **~ive story** *n* Kriminalgeschichte *f*, Krimi *m*; **~or** *n* Detektor *m*

détente ['deɪtɑ̃:nt] *n* Entspannung *f*

detention [dɪ'tenʃən] *n* Haft *f*; (*SCH*) Nachsitzen *nt*

deter [dɪ'tɜ:*] *vt* abschrecken

detergent [dɪ'tɜ:dʒənt] *n* Waschmittel *nt*

deteriorate [dɪ'tɪərɪəreɪt] *vi* sich verschlechtern; **deterioration** [dɪtɪərɪə'reɪʃən] *n* Verschlechterung *f*

determination [dɪtɜ:mɪ'neɪʃən] *n* Entschlossenheit *f*

determine [dɪ'tɜ:mɪn] *vt* bestimmen; **~d** *adj* entschlossen

deterrent [dɪ'terənt] *n* Abschreckungsmittel *nt*

detest [dɪ'test] *vt* verabscheuen

detonate ['detəneɪt] *vt* explodieren lassen ♦ *vi* detonieren

detour ['di:tʊə*] *n* Umweg *m*; (*US*: *AUT*: *diversion*) Umleitung *f* ♦ *vt* (: *traffic*) umleiten

detract [dɪ'trækt] *vi*: **to ~ from** schmälern

detriment ['detrɪmənt] *n*: **to the ~ of** zum Schaden +*gen*; **~al** [detrɪ'mentl] *adj* schädlich

devaluation [dɪvælju'eɪʃən] *n* Abwertung *f*

devastate ['devəsteɪt] *vt* verwüsten

devastating ['devəsteɪtɪŋ] *adj* verheerend

develop [dɪ'veləp] *vt* entwickeln; (*resources*) erschließen ♦ *vi* sich entwikkeln; **~ing country** *n* Entwicklungsland *nt*; **~ment** *n* Entwicklung *f*

deviate ['di:vɪeɪt] *vi* abweichen; **deviation** [di:vɪ'eɪʃən] *n* Abweichung *f*

device [dɪ'vaɪs] *n* Gerät *nt*

devil ['devl] *n* Teufel *m*; **~ish** *adj* teuflisch

devious ['di:vɪəs] *adj* (*means*) krumm; (*person*) verschlagen

devise [dɪ'vaɪz] *vt* entwickeln

devoid [dɪ'vɔɪd] *adj*: **~ of** ohne

devolution [di:və'lu:ʃən] *n* (*POL*) Dezentralisierung *f*

devote [dɪ'vəʊt] *vt*: **to ~ sth (to sth)** etw (einer Sache *dat*) widmen; **~d** *adj* ergeben; **~e** [devəʊ'ti:] *n* Anhänger(in) *m(f)*, Verehrer(in) *m(f)*

devotion [dɪ'vəʊʃən] *n* (*piety*) Andacht *f*; (*loyalty*) Ergebenheit *f*, Hingabe *f*

devour [dɪ'vaʊə*] *vt* verschlingen

devout [dɪ'vaʊt] *adj* andächtig

dew [dju:] *n* Tau *m*

dexterity [deks'terɪtɪ] *n* Geschicklichkeit *f*

DHSS (*BRIT*) *n abbr* = **Department of Health and Social Security**

diabetes [daɪə'bi:ti:z] *n* Zuckerkrankheit *f*

diabetic [daɪə'betɪk] *adj* zuckerkrank; (*food*) Diabetiker- ♦ *n* Diabetiker *m*

diabolical [daɪə'bɒlɪkl] (*inf*) *adj* (*weather, behaviour*) saumäßig

diagnose ['daɪəgnəʊz] *vt* diagnostizieren

diagnoses [daɪəg'nəʊsi:z] *npl of* **diagnosis**

diagnosis [daɪəg'nəʊsɪs] *n* Diagnose *f*

diagonal [daɪ'ægənl] *adj* diagonal ♦ *n* Diagonale *f*

diagram ['daɪəgræm] *n* Diagramm *nt*, Schaubild *nt*

dial ['daɪəl] *n* (*TEL*) Wählscheibe *f*; (*of clock*) Zifferblatt *nt* ♦ *vt* wählen; **~ code** (*US*) *n* = **dialling code**

dialect ['daɪəlekt] *n* Dialekt *m*

dialling code ['daɪəlɪŋ-] *n* Vorwahl *f*

dialling tone ['daɪəlɪŋ-] *n* Amtszeichen *nt*

dialogue ['daɪəlɒg] *n* Dialog *m*

dial tone (*US*) *n* = **dialling tone**

diameter [daɪ'æmɪtə*] *n* Durchmesser *m*

diamond ['daɪəmənd] *n* Diamant *m*; **~s** *npl* (*CARDS*) Karo *nt*

diaper ['daɪəpə*] (*US*) *n* Windel *f*

diaphragm ['daɪəfræm] *n* Zwerchfell *nt*

diarrhoea [daɪə'ri:ə] (*US* **diarrhea**) *n* Durchfall *m*

diary ['daɪərɪ] *n* Taschenkalender *m*; (*account*) Tagebuch *nt*

dice [daɪs] *n* Würfel *pl* ♦ *vt* in Würfel schneiden

dichotomy [dɪ'kɒtəmɪ] *n* Kluft *f*

dictate [dɪk'teɪt] *vt* diktieren; **~s** ['dɪkteɪts] *npl* Gebote *pl*

dictation [dɪk'teɪʃən] *n* Diktat *nt*

dictator [dɪk'teɪtə*] *n* Diktator *m*; **~ship** [dɪk'teɪtəʃɪp] *n* Diktatur *f*

diction ['dɪkʃən] *n* Ausdrucksweise *f*

dictionary ['dɪkʃənrɪ] *n* Wörterbuch *nt*

did [dɪd] *pt of* **do**

didn't ['dɪdənt] = **did not**

die [daɪ] *vi* sterben; **to be dying for sth** etw unbedingt haben wollen;

to be dying to do sth darauf brennen, etw zu tun; ~ **away** *vi* schwächer werden; ~ **down** *vi* nachlassen; ~ **out** *vi* aussterben

diehard *n* Dickkopf *m*; (*POL*) Reaktionär *m*

diesel ['di:zəl] *n* (*car*) Diesel *m*; ~ **engine** *n* Dieselmotor *m*; ~ **oil** *n* Dieselkraftstoff *m*

diet ['daɪət] *n* Nahrung *f*; (*special food*) Diät *f*; (*slimming*) Abmagerungskur *f* ♦ *vi* (*also: be on a* ~) eine Abmagerungskur machen

differ ['dɪfə*] *vi* sich unterscheiden; (*disagree*) anderer Meinung sein; ~**ence** *n* Unterschied *m*; ~**ent** *adj* anders; (*two things*) verschieden; ~**ential** [dɪfə'renʃəl] *n* (*in wages*) Lohnstufe *f*; ~**entiate** [dɪfə'renʃɪeɪt] *vt, vi* unterscheiden; ~**ently** *adv* anders; (*from one another*) unterschiedlich

difficult ['dɪfɪkəlt] *adj* schwierig; ~**y** *n* Schwierigkeit *f*

diffident ['dɪfɪdənt] *adj* schüchtern

diffuse [*adj* dɪ'fju:s, *vb* dɪ'fju:z] *adj* langatmig ♦ *vt* verbreiten

dig [dɪg] (*pt, pp* **dug**) *vt* graben ♦ *n* (*prod*) Stoß *m*; (*remark*) Spitze *f*; (*archaeological*) Ausgrabung *f*; ~ **in** *vi* (*MIL*) sich eingraben; ~ **into** *vt fus* (*sb's past*) wühlen in +*dat*; (*savings*) angreifen; ~ **up** *vt* ausgraben; (*fig*) aufgabeln

digest [*vb* daɪ'dʒest, *n* 'daɪdʒest] *vt* verdauen ♦ *n* Auslese *f*; ~**ion** [dɪ'dʒestʃən] *n* Verdauung *f*

digit ['dɪdʒɪt] *n* Ziffer *f*; (*ANAT*) Finger *m*; ~**al** *adj* digital, Digital-

dignified ['dɪgnɪfaɪd] *adj* würdevoll

dignity ['dɪgnɪtɪ] *n* Würde *f*

digress [daɪ'gres] *vi* abschweifen

digs [dɪgz] (*BRIT: inf*) *npl* Bude *f*

dilapidated [dɪ'læpɪdeɪtɪd] *adj* baufällig

dilate [daɪ'leɪt] *vt* weiten ♦ *vi* sich weiten

dilemma [daɪ'lemə] *n* Dilemma *nt*

diligent ['dɪlɪdʒənt] *adj* fleißig

dilute [daɪ'lu:t] *vt* verdünnen

dim [dɪm] *adj* trübe; (*stupid*) schwer von Begriff ♦ *vt* verdunkeln; **to** ~ **one's headlights** (*esp US*) abblenden

dime [daɪm] (*US*) *n* Zehncentstück *nt*

dimension [dɪ'menʃən] *n* Dimension *f*

diminish [dɪ'mɪnɪʃ] *vt, vi* verringern

diminutive [dɪ'mɪnjʊtɪv] *adj* winzig ♦ *n* Verkleinerungsform *f*

dimmer ['dɪmə*] (*US*) *n* (*AUT*) Abblendschalter *m*; ~**s** *npl* Abblendlicht *nt*; (*sidelights*) Begrenzungsleuchten *pl*

dimple ['dɪmpl] *n* Grübchen *nt*

din [dɪn] *n* Getöse *nt*

dine [daɪn] *vi* speisen; ~**r** *n* Tischgast *m*; (*RAIL*) Speisewagen *m*

dinghy ['dɪŋgɪ] *n* Dinghy *nt*; **rubber** ~ Schlauchboot *nt*

dingy ['dɪndʒɪ] *adj* armselig

dining car ['daɪnɪŋ-] (*BRIT*) *n* Speisewagen *m*

dining room ['daɪnɪŋ-] *n* Eßzimmer *nt*; (*in hotel*) Speisezimmer *nt*

dinner ['dɪnə*] *n* (*lunch*) Mittagessen *nt*; (*evening*) Abendessen *nt*; (*public*) Festessen *nt*; ~ **jacket** *n* Smoking *m*; ~ **party** *n* Tischgesellschaft *f*; ~ **time** *n* Tischzeit *f*

dinosaur ['daɪnəsɔ:*] *n* Dinosaurier *m*

dint [dɪnt] *n*: **by** ~ **of** durch

diocese ['daɪəsɪs] *n* Diözese *f*

dip [dɪp] *n* (*hollow*) Senkung *f*; (*bathe*) kurze(s) Baden *nt* ♦ *vt* eintauchen; (*BRIT: AUT: lights*) abblenden ♦ *vi* (*slope*) sich senken, abfallen

diploma [dɪ'pləʊmə] *n* Diplom *nt*

diplomacy [dɪ'pləʊməsɪ] *n* Diplomatie *f*

diplomat ['dɪpləmæt] *n* Diplomat(in) *m(f)*; ~**ic** [dɪplə'mætɪk] *adj* diplomatisch

dip stick *n* Ölmeßstab *m*

dipswitch (*BRIT*) *n* (*AUT*) Abblendschalter *m*

dire [daɪə*] *adj* schrecklich

direct [daɪ'rekt] *adj* direkt ♦ *vt* leiten; (*film*) die Regie führen +*gen*;

(*aim*) richten; (*order*) anweisen; **can you ~ me to ...?** können Sie mir sagen, wo ich zu ... komme?

direction [dɪ'rekʃən] *n* Richtung *f*; (*CINE*) Regie *f*; Leitung *f*; **~s** *npl* (*for use*) Gebrauchsanleitung *f*; (*orders*) Anweisungen *pl*; **sense of ~** Orientierungssinn *m*

directly [dɪ'rektlɪ] *adv* direkt; (*at once*) sofort

director [dɪ'rektə*] *n* Direktor *m*; (*of film*) Regisseur *m*

directory [dɪ'rektərɪ] *n* (*TEL*) Telefonbuch *nt*

dirt [dɜ:t] *n* Schmutz *m*, Dreck *m*; **~-cheap** *adj* spottbillig; **~y** *adj* schmutzig ♦ *vt* beschmutzen; **~y trick** *n* gemeine(r) Trick *m*

disability [dɪsə'bɪlɪtɪ] *n* Körperbehinderung *f*

disabled [dɪs'eɪbld] *adj* körperbehindert

disadvantage [dɪsəd'vɑ:ntɪdʒ] *n* Nachteil *m*

disaffection [dɪsə'fekʃən] *n* Entfremdung *f*

disagree [dɪsə'gri:] *vi* nicht übereinstimmen; (*quarrel*) (sich) streiten; (*food*): **to ~ with sb** jdm nicht bekommen; **~able** *adj* unangenehm; **~ment** *n* (*between persons*) Streit *m*; (*between things*) Widerspruch *m*

disallow [dɪsə'laʊ] *vt* nicht zulassen

disappear [dɪsə'pɪə*] *vi* verschwinden; **~ance** *n* Verschwinden *nt*

disappoint [dɪsə'pɔɪnt] *vt* enttäuschen; **~ed** *adj* enttäuscht; **~ing** *adj* enttäuschend; **~ment** *n* Enttäuschung *f*

disapproval [dɪsə'pru:vəl] *n* Mißbilligung *f*

disapprove [dɪsə'pru:v] *vi*: **to ~ of** mißbilligen

disarm [dɪs'ɑ:m] *vt* entwaffnen; (*POL*) abrüsten; **~ament** *n* Abrüstung *f*

disarray ['dɪsə'reɪ] *n*: **to be in ~** (*army*) in Auflösung (begriffen) sein; (*clothes*) in unordentlichen Zustand sein

disaster [dɪ'zɑ:stə*] *n* Katastrophe *f*

disastrous [dɪ'zɑ:strəs] *adj* verhängnisvoll

disband [dɪs'bænd] *vt* auflösen ♦ *vi* auseinandergehen

disbelief ['dɪsbə'li:f] *n* Ungläubigkeit *f*

disc [dɪsk] *n* Scheibe *f*; (*record*) (Schall)platte *f*; (*COMPUT*) = **disk**

discard ['dɪskɑ:d] *vt* ablegen

discern [dɪ'sɜ:n] *vt* erkennen; **~ing** *adj* scharfsinnig

discharge [*vb* dɪs'tʃɑ:dʒ, *n* 'dɪstʃɑ:dʒ] *vt* (*ship*) entladen; (*duties*) nachkommen +*dat*; (*dismiss*) entlassen; (*gun*) abschießen; (*JUR*) freisprechen ♦ *n* (*of ship, ELEC*) Entladung *f*; (*dismissal*) Entlassung *f*; (*MED*) Ausfluß *m*

disciple [dɪ'saɪpl] *n* Jünger *m*

discipline ['dɪsɪplɪn] *n* Disziplin *f* ♦ *vt* (*train*) schulen; (*punish*) bestrafen

disc jockey *n* Diskjockey *m*

disclaim [dɪs'kleɪm] *vt* nicht anerkennen

disclose [dɪs'kləʊz] *vt* enthüllen

disclosure [dɪs'kləʊʒə*] *n* Enthüllung *f*

disco ['dɪskəʊ] *n abbr* = **discotheque**

discoloured [dɪs'kʌləd] (*US* **discolored**) *adj* verfärbt

discomfort [dɪs'kʌmfət] *n* Unbehagen *nt*

disconcert [dɪskən'sɜ:t] *vt* aus der Fassung bringen

disconnect ['dɪskə'nekt] *vt* abtrennen

discontent [dɪskən'tent] *n* Unzufriedenheit *f*; **~ed** *adj* unzufrieden

discontinue ['dɪskən'tɪnju:] *vt* einstellen

discord ['dɪskɔ:d] *n* Zwietracht *f*; (*noise*) Dissonanz *f*; **~ant** [dɪs'kɔ:dənt] *adj* uneinig

discotheque ['dɪskəʊtek] *n* Diskothek *f*

discount [*n* 'dɪskaʊnt, *vb* dɪs'kaʊnt] *n* Rabatt *m* ♦ *vt* außer acht lassen

discourage [dɪs'kʌrɪdʒ] *vt* entmutigen; (*prevent*) abraten

discouraging [dɪs'kʌrɪdʒɪŋ] *adj* entmutigend

discourteous [dɪs'kɜ:tɪəs] *adj* unhöflich

discover [dɪs'kʌvə*] *vt* entdecken; **~y** *n* Entdeckung *f*

discredit [dɪs'kredɪt] *vt* in Verruf bringen

discreet [dɪs'kri:t] *adj* diskret

discrepancy [dɪs'krepənsɪ] *n* Diskrepanz *f*

discriminate [dɪs'krɪmɪneɪt] *vi* unterscheiden; **to ~ against** diskriminieren

discriminating [dɪs'krɪmɪneɪtɪŋ] *adj* anspruchsvoll

discrimination [dɪskrɪmɪ'neɪʃən] *n* Urteilsvermögen *nt*; (*pej*) Diskriminierung *f*

discuss [dɪs'kʌs] *vt* diskutieren, besprechen; **~ion** [dɪs'kʌʃən] *n* Diskussion *f*, Besprechung *f*

disdain [dɪs'deɪn] *vt* verachten ♦ *n* Verachtung *f*

disease [dɪ'zi:z] *n* Krankheit *f*

disembark [dɪsɪm'bɑ:k] *vt* aussteigen lassen ♦ *vi* von Bord gehen

disenchanted ['dɪsɪn'tʃɑ:ntɪd] *adj* desillusioniert

disengage [dɪsɪn'geɪdʒ] *vt* (*AUT*) auskuppeln

disentangle ['dɪsɪn'tæŋgl] *vt* entwirren

disfigure [dɪs'fɪgə*] *vt* entstellen

disgrace [dɪs'greɪs] *n* Schande *f* ♦ *vt* Schande bringen über +*acc*; **~ful** *adj* unerhört

disgruntled [dɪs'grʌntld] *adj* verärgert

disguise [dɪs'gaɪz] *vt* verkleiden; (*feelings*) verhehlen ♦ *n* Verkleidung *f*; **in ~** verkleidet, maskiert

disgust [dɪs'gʌst] *n* Abscheu *f* ♦ *vt* anwidern; **~ing** *adj* widerlich

dish [dɪʃ] *n* Schüssel *f*; (*food*) Gericht *nt*; **to do** *or* **wash the ~es** abwaschen; **~ up** *vt* auftischen; **~ cloth** *n* Spüllappen *m*

dishearten [dɪs'hɑ:tn] *vt* entmutigen

dishevelled [dɪ'ʃevəld] *adj* (*hair*) zerzaust; (*clothing*) ungepflegt

dishonest [dɪs'ɒnɪst] *adj* unehrlich; **~y** *n* Unehrlichkeit *f*

dishonour [dɪs'ɒnə*] (*US* **dishonor**) *n* Unehre *f*; **~able** *adj* unehrenhaft

dishtowel ['dɪʃtaʊəl] *n* Geschirrtuch *nt*

dishwasher ['dɪʃwɒʃə*] *n* Geschirrspülmaschine *f*

disillusion [dɪsɪ'lu:ʒən] *vt* enttäuschen, desillusionieren

disincentive ['dɪsɪn'sentɪv] *n* Entmutigung *f*

disinfect [dɪsɪn'fekt] *vt* desinfizieren; **~ant** *n* Desinfektionsmittel *nt*

disintegrate [dɪs'ɪntɪgreɪt] *vi* sich auflösen

disinterested [dɪs'ɪntrɪstɪd] *adj* uneigennützig; (*inf*) uninteressiert

disjointed [dɪs'dʒɔɪntɪd] *adj* unzusammenhängend

disk [dɪsk] *n* (*COMPUT*) Diskette *f*; **single-/double-sided ~** einseitige/beidseitige Diskette; **~ drive** *n* Diskettenlaufwerk *nt*; **~ette** (*US*) *n* = **disk**

dislike [dɪs'laɪk] *n* Abneigung *f* ♦ *vt* nicht leiden können

dislocate ['dɪsləʊkeɪt] *vt* auskugeln

dislodge [dɪs'lɒdʒ] *vt* verschieben; (*MIL*) aus der Stellung werfen

disloyal ['dɪs'lɔɪəl] *adj* treulos

dismal ['dɪzməl] *adj* trostlos, trübe

dismantle [dɪs'mæntl] *vt* demontieren

dismay [dɪs'meɪ] *n* Bestürzung *f* ♦ *vt* bestürzen

dismiss [dɪs'mɪs] *vt* (*employee*) entlassen; (*idea*) von sich weisen; (*send away*) wegschicken; (*JUR*) abweisen; **~al** *n* Entlassung *f*

dismount [dɪs'maʊnt] *vi* absteigen

disobedience [dɪsə'bi:dɪəns] *n* Ungehorsam *m*

disobedient [dɪsə'bi:dɪənt] *adj* ungehorsam

disobey ['dɪsə'beɪ] *vt* nicht gehorchen +*dat*

disorder [dɪs'ɔ:də*] *n* (*confusion*) Verwirrung *f*; (*commotion*) Aufruhr *m*; (*MED*) Erkrankung *f*
disorderly [dɪs'ɔ:dəlɪ] *adj* (*untidy*) unordentlich; (*unruly*) ordnungswidrig
disorganized [dɪs'ɔ:gənaɪzd] *adj* unordentlich
disorientated [dɪs'ɔ:rɪɛnteɪtɪd] *adj* (*person*: *after journey, deep sleep*) verwirrt
disown [dɪs'əʊn] *vt* (*child*) verstoßen
disparaging [dɪs'pærɪdʒɪŋ] *adj* geringschätzig
disparity [dɪs'pærɪtɪ] *n* Verschiedenheit *f*
dispassionate [dɪs'pæʃnɪt] *adj* objektiv
dispatch [dɪs'pætʃ] *vt* (*goods*) abschicken, abfertigen ♦ *n* Absendung *f*; (*esp MIL*) Meldung *f*
dispel [dɪs'pel] *vt* zerstreuen
dispensary [dɪs'pensərɪ] *n* Apotheke *f*
dispense [dɪs'pens] *vt* verteilen, austeilen; ~ **with** *vt fus* verzichten auf +*acc*; ~**r** *n* (*container*) Spender *m*
dispensing [dɪs'pensɪŋ] *adj*: ~ **chemist** (*BRIT*) Apotheker *m*
dispersal [dɪs'pɜ:səl] *n* Zerstreuung *f*
disperse [dɪs'pɜ:s] *vt* zerstreuen ♦ *vi* sich verteilen
dispirited [dɪs'pɪrɪtɪd] *adj* niedergeschlagen
displace [dɪs'pleɪs] *vt* verschieben; ~**d person** *n* Verschleppte(r) *mf*
display [dɪs'pleɪ] *n* (*of goods*) Auslage *f*; (*of feeling*) Zurschaustellung *f* ♦ *vt* zeigen; (*ostentatiously*) vorführen; (*goods*) ausstellen
displease [dɪs'pli:z] *vt* mißfallen +*dat*
displeasure [dɪs'pleʒə*] *n* Mißfallen *nt*
disposable [dɪs'pəʊzəbl] *adj* Wegwerf-; ~ **nappy** *n* Papierwindel *f*
disposal [dɪs'pəʊzəl] *n* (*of property*) Verkauf *m*; (*throwing away*) Beseitigung *f*; **to be at one's** ~ einem zur Verfügung stehen
dispose [dɪs'pəʊz] *vi*: **to** ~ **of** loswerden
disposed [dɪs'pəʊzd] *adj* geneigt
disposition [dɪspə'zɪʃən] *n* Wesen *nt*
disproportionate [dɪsprə'pɔ:ʃnɪt] *adj* unverhältnismäßig
disprove [dɪs'pru:v] *vt* widerlegen
dispute [dɪs'pju:t] *n* Streit *m*; (*also*: *industrial* ~) Arbeitskampf *m* ♦ *vt* bestreiten
disqualify [dɪs'kwɒlɪfaɪ] *vt* disqualifizieren
disquiet [dɪs'kwaɪət] *n* Unruhe *f*
disregard [dɪsrɪ'gɑ:d] *vt* nicht (be)achten
disrepair ['dɪsrɪ'pɛə*] *n*: **to fall into** ~ verfallen
disreputable [dɪs'repjʊtəbl] *adj* verrufen
disrespectful [dɪsrɪs'pektfʊl] *adj* respektlos
disrupt [dɪs'rʌpt] *vt* stören; (*service*) unterbrechen; ~**ion** [dɪs'rʌpʃən] *n* Störung *f*; Unterbrechung *f*
dissatisfaction ['dɪssætɪs'fækʃən] *n* Unzufriedenheit *f*
dissatisfied ['dɪs'sætɪsfaɪd] *adj* unzufrieden
dissect [dɪ'sekt] *vt* zerlegen, sezieren
disseminate [dɪ'semɪneɪt] *vt* verbreiten
dissent [dɪ'sent] *n* abweichende Meinung *f*
dissertation [dɪsə'teɪʃən] *n* wissenschaftliche Arbeit *f*; (*Ph.D.*) Doktorarbeit *f*
disservice [dɪs'sɜ:vɪs] *n*: **to do sb a** ~ jdm einen schlechten Dienst erweisen
dissident ['dɪsɪdənt] *adj* andersdenkend ♦ *n* Dissident *m*
dissimilar ['dɪ'sɪmɪlə*] *adj*: ~ **(to sb/sth)** (jdm/etw) unähnlich
dissipate ['dɪsɪpeɪt] *vt* (*waste*) verschwenden; (*scatter*) zerstreuen
dissociate [dɪ'səʊʃɪeɪt] *vt* trennen
dissolute ['dɪsəlu:t] *adj* liederlich
dissolution [dɪsə'lu:ʃən] *n* Auflösung *f*

dissolve [dɪ'zɒlv] *vt* auflösen ♦ *vi* sich auflösen
dissuade [dɪ'sweɪd] *vt*: **to ~ sb from doing sth** jdn davon abbringen, etw zu tun
distance ['dɪstəns] *n* Entfernung *f*; **in the ~** in der Ferne
distant ['dɪstənt] *adj* entfernt, fern; (*with time*) fern; (*formal*) distanziert
distaste ['dɪs'teɪst] *n* Abneigung *f*; **~ful** *adj* widerlich
distended [dɪs'tendɪd] *adj* (*stomach*) aufgebläht
distil [dɪs'tɪl] *vt* destillieren; **~lery** *n* Brennerei *f*
distinct [dɪs'tɪŋkt] *adj* (*separate*) getrennt; (*clear*) klar, deutlich; **as ~ from** im Unterschied zu; **~ion** [dɪs'tɪŋkʃən] *n* Unterscheidung *f*; (*eminence*) Auszeichnung *f*; **~ive** *adj* bezeichnend
distinguish [dɪs'tɪŋgwɪʃ] *vt* unterscheiden; **~ed** *adj* (*eminent*) berühmt; **~ing** *adj* bezeichnend
distort [dɪs'tɔ:t] *vt* verdrehen; (*misrepresent*) entstellen; **~ion** [dɪs'tɔ:ʃən] *n* Verzerrung *f*
distract [dɪs'trækt] *vt* ablenken; **~ing** *adj* verwirrend; **~ion** [dɪs'trækʃən] *n* (*distress*) Raserei *f*; (*diversion*) Zerstreuung *f*
distraught [dɪs'trɔ:t] *adj* bestürzt
distress [dɪs'tres] *n* Not *f*; (*suffering*) Qual *f* ♦ *vt* quälen; **~ing** *adj* erschütternd; **~ signal** *n* Notsignal *nt*
distribute [dɪs'trɪbju:t] *vt* verteilen
distribution [dɪstrɪ'bju:ʃən] *n* Verteilung *f*
distributor [dɪs'trɪbjʊtə*] *n* Verteiler *m*
district ['dɪstrɪkt] *n* (*of country*) Kreis *m*; (*of town*) Bezirk *m*; **~ attorney** (*US*) *n* Oberstaatsanwalt *m*; **~ nurse** *n* Kreiskrankenschwester *f*
distrust [dɪs'trʌst] *n* Mißtrauen *nt* ♦ *vt* mißtrauen +*dat*
disturb [dɪs'tɜ:b] *vt* stören; (*agitate*) erregen; **~ance** *n* Störung *f*; **~ed** *adj* beunruhigt; **emotionally ~ed** emotional gestört; **~ing** *adj* beunruhigend
disuse ['dɪs'ju:s] *n*: **to fall into ~** außer Gebrauch kommen
disused ['dɪs'ju:zd] *adj* außer Gebrauch; (*mine, railway line*) stillgelegt
ditch [dɪtʃ] *n* Graben *m* ♦ *vt* (*person*) loswerden; (*plan*) fallenlassen
dither ['dɪðə*] *vi* verdattert sein
ditto ['dɪtəʊ] *adv* dito, ebenfalls
divan [dɪ'væn] *n* Liegesofa *nt*
dive [daɪv] *n* (*into water*) Kopfsprung *m*; (*AVIAT*) Sturzflug *m* ♦ *vi* tauchen; **~r** *n* Taucher *m*
diverge [daɪ'vɜ:dʒ] *vi* auseinandergehen
diverse [daɪ'vɜ:s] *adj* verschieden
diversion [daɪ'vɜ:ʃən] *n* Ablenkung *f*; (*BRIT: AUT*) Umleitung *f*
diversity [daɪ'vɜ:sɪtɪ] *n* Vielfalt *f*
divert [daɪ'vɜ:t] *vt* ablenken; (*traffic*) umleiten
divide [dɪ'vaɪd] *vt* teilen ♦ *vi* sich teilen; **~d highway** (*US*) *n* Schnellstraße *f*
divine [dɪ'vaɪn] *adj* göttlich
diving ['daɪvɪŋ] *n* (*SPORT*) Turmspringen *nt*; (*underwater ~*) Tauchen *nt*; **~ board** *n* Sprungbrett *nt*
divinity [dɪ'vɪnɪtɪ] *n* Gottheit *f*; (*subject*) Religion *f*
division [dɪ'vɪʒən] *n* Teilung *f*; (*MIL*) Division *f*; (*part*) Abteilung *f*; (*in opinion*) Uneinigkeit *f*; (*BRIT: POL*) (Abstimmung *f* durch) Hammelsprung *f*
divorce [dɪ'vɔ:s] *n* (Ehe)scheidung *f* ♦ *vt* scheiden, **~d** *adj* geschieden; **~e** [dɪvɔ:'si:] *n* Geschiedene(r) *mf*
divulge [daɪ'vʌldʒ] *vt* preisgeben
D.I.Y. (*BRIT*) *n abbr* = **do-it-yourself**
dizzy ['dɪzɪ] *adj* schwindlig
DJ *n abbr* = **disc jockey**

KEYWORD

do [du:] (*pt* **did**, *pp* **done**) *n* (*inf: party etc*) Fete *f*
♦ *aux vb* **1** (*in negative constructions and questions*): **I don't understand** ich verstehe nicht; **didn't you know?** wußtest du das nicht?; **what**

do you think? was meinen Sie?
2 (*for emphasis, in polite expressions*): **she does seem rather tired** sie scheint wirklich sehr müde zu sein; **do sit down/help yourself** setzen Sie sich doch hin/greifen Sie doch zu
3 (*used to avoid repeating vb*): **she swims better than I do** sie schwimmt besser als ich; **she lives in Glasgow - so do I** sie wohnt in Glasgow - ich auch
4 (*in question tags*): **you like him, don't you?** du magst ihn doch, oder?
♦ *vt* **1** (*carry out, perform etc*) tun, machen; **what are you doing tonight?** was machst du heute abend?; **I've got nothing to do** ich habe nichts zu tun; **to do one's hair/nails** sich die Haare/Nägel machen
2 (*AUT etc*) fahren
♦ *vi* **1** (*act, behave*): **do as I do** mach es wie ich
2 (*get on, fare*): **he's doing well/badly at school** er ist gut/schlecht in der Schule; **how do you do?** guten Tag
3 (*be suitable*) gehen; (*be sufficient*) reichen; **to make do (with)** auskommen mit
do away with *vt* (*kill*) umbringen; (*abolish*: *law etc*) abschaffen
do up *vt* (*laces, dress, buttons*) zumachen; (*renovate*: *room, house*) renovieren
do with *vt* (*need*) brauchen; (*be connected*) zu tun haben mit
do without *vt, vi* auskommen ohne

docile ['dəʊsaɪl] *adj* gefügig
dock [dɒk] *n* Dock *nt*; (*JUR*) Anklagebank *f* ♦ *vi* ins Dock gehen; **~er** *n* Hafenarbeiter *m*; **~yard** *n* Werft *f*
doctor ['dɒktə*] *n* Arzt *m*, Ärztin *f*; (*UNIV*) Doktor *m* ♦ *vt* (*fig*) fälschen; (*drink etc*) etw beimischen +*dat*; **D~ of Philosophy** *n* Doktor *m* der Philosophie
document ['dɒkjʊmənt] *n* Dokument *nt*; **~ary** [dɒkjʊ'mentərɪ] *n* Dokumentarbericht *m*; (*film*) Dokumentarfilm *m* ♦ *adj* dokumentarisch; **~ation** [dɒkjʊmen'teɪʃən] *n* dokumentarische(r) Nachweis *m*
dodge [dɒdʒ] *n* Kniff *m* ♦ *vt* ausweichen +*dat*; **~ms** (*BRIT*) *npl* Autoskooter *m*
doe [dəʊ] *n* (*roe deer*) Ricke *f*; (*red deer*) Hirschkuh *f*; (*rabbit*) Weibchen *nt*
does [dʌz] *vb see* **do**; **~n't = does not**
dog [dɒg] *n* Hund *m*; **~ collar** *n* Hundehalsband *nt*; (*ECCL*) Kragen *m* des Geistlichen; **~-eared** *adj* mit Eselsohren
dogged ['dɒgɪd] *adj* hartnäckig
dogsbody ['dɒgzbɒdɪ] *n* Mädchen *nt* für alles
doings ['du:ɪŋz] *npl* (*activities*) Treiben *nt*
do-it-yourself ['du:ɪtjə'self] *n* Do-it-yourself *nt*
doldrums ['dɒldrəmz] *npl*: **to be in the ~** (*business*) Flaute haben; (*person*) deprimiert sein
dole [dəʊl] (*BRIT*) *n* Stempelgeld *nt*; **to be on the ~** stempeln gehen; **~ out** *vt* ausgeben, austeilen
doleful ['dəʊlfʊl] *adj* traurig
doll [dɒl] *n* Puppe *f* ♦ *vt*: **to ~ o.s. up** sich aufdonnern
dollar ['dɒlə*] *n* Dollar *m*
dolphin ['dɒlfɪn] *n* Delphin *m*
dome [dəʊm] *n* Kuppel *f*
domestic [də'mestɪk] *adj* häuslich; (*within country*) Innen-, Binnen-; (*animal*) Haus-; **~ated** *adj* (*person*) häuslich; (*animal*) zahm
dominant ['dɒmɪnənt] *adj* vorherrschend
dominate ['dɒmɪneɪt] *vt* beherrschen
domineering [dɒmɪ'nɪərɪŋ] *adj* herrisch
dominion [də'mɪnɪən] *n* (*rule*) Regierungsgewalt *f*; (*land*) Staatsgebiet *nt* mit Selbstverwaltung
domino ['dɒmɪnəʊ] (*pl* **dominoes**) *n* Dominostein *m*; **~es** *n* (*game*) Do-

mino(spiel) *nt*
don [dɒn] (*BRIT*) *n* akademische(r) Lehrer *m*
donate [dəʊ'neɪt] *vt* (*blood, little money*) spenden; (*lot of money*) stiften
donation [dəʊ'neɪʃən] *n* Spende *f*
done [dʌn] *pp of* **do**
donkey ['dɒŋkɪ] *n* Esel *m*
donor ['dəʊnə*] *n* Spender *m*
don't [dəʊnt] = **do not**
doodle ['du:dl] *vi* kritzeln
doom [du:m] *n* böse(s) Geschick *nt*; (*downfall*) Verderben *nt* ♦ *vt*: **to be ~ed** zum Untergang verurteilt sein; **~sday** *n* der Jüngste Tag
door [dɔ:*] *n* Tür *f*, **~bell** *n* Türklingel *f*; **~-handle** *n* Türklinke *f*; **~man** (*irreg*) *n* Türsteher *m*; **~mat** *n* Fußmatte *f*; **~step** *n* Türstufe *f*; **~way** *n* Türöffnung *f*
dope [dəʊp] *n* (*drug*) Aufputschmittel *nt* ♦ *vt* (*horse etc*) dopen
dopey ['dəʊpɪ] (*inf*) *adj* bekloppt
dormant ['dɔ:mənt] *adj* latent
dormitory ['dɔ:mɪtrɪ] *n* Schlafsaal *m*
dormouse ['dɔ:maʊs] (*pl* **-mice**) *n* Haselmaus *f*
DOS [dɒs] *n abbr* (= *disk operating system*) DOS *nt*
dosage ['dəʊsɪdʒ] *n* Dosierung *f*
dose [dəʊs] *n* Dosis *f*
doss house ['dɒs] (*BRIT*) *n* Bleibe *f*
dot [dɒt] *n* Punkt *m*; **~ted with** übersät mit; **on the ~** pünktlich
dote [dəʊt] : **to ~ on** *vt fus* vernarrt sein in +*acc*
dot matrix printer *n* Matrixdrucker *m*
dotted line *n* punktierte Linie *f*
double ['dʌbl] *adj, adv* doppelt ♦ *n* Doppelgänger *m* ♦ *vt* verdoppeln ♦ *vi* sich verdoppeln; **~s** *npl* (*TENNIS*) Doppel *nt*; **on** *or* **at the ~** im Laufschritt; **~ bass** *n* Kontrabaß *m*; **~ bed** *n* Doppelbett *nt*; **~ bend** (*BRIT*) *n* S-Kurve *f*; **~-breasted** *adj* zweireihig; **~cross** *vt* hintergehen; **~decker** *n* Doppeldecker *m*; **~ glazing** (*BRIT*) *n* Doppelverglasung *f*; **~ room** *n* Doppelzimmer *nt*
doubly ['dʌblɪ] *adv* doppelt
doubt [daʊt] *n* Zweifel *m* ♦ *vt* bezweifeln; **~ful** *adj* zweifelhaft; **~less** *adv* ohne Zweifel
dough [dəʊ] *n* Teig *m*; **~nut** *n* Berliner *m*
douse [daʊz] *vt* (*drench*) mit Wasser begießen, durchtränken; (*extinguish*) ausmachen
dove [dʌv] *n* Taube *f*
Dover *n* (*GEO*) Dover *nt*
dovetail ['dʌvteɪl] *vi* (*plans*) übereinstimmen
dowdy ['daʊdɪ] *adj* unmodern
down [daʊn] *n* (*fluff*) Flaum *m*; (*hill*) Hügel *m* ♦ *adv* unten; (*motion*) herunter; hinunter ♦ *prep*: **to go ~ the street** die Straße hinuntergehen ♦ *vt* niederschlagen; **~ with X!** nieder mit X!; **~-and-out** *n* Tramp *m*; **~-at-heel** *adj* schäbig; **~cast** *adj* niedergeschlagen; **~fall** *n* Sturz *m*; **~hearted** *adj* niedergeschlagen; **~hill** *adv* bergab; **~ payment** *n* Anzahlung *f*; **~pour** *n* Platzregen *m*; **~right** *adj* ausgesprochen
Down's syndrome [-'sɪndrəʊm] *n* (*MED*) Down-Syndrom *nt*
down: ~stairs *adv* unten; (*motion*) nach unten; **~stream** *adv* flußabwärts; **~-to-earth** *adj* praktisch; **~town** *adv* in der Innenstadt; (*motion*) in die Innenstadt; **~ under** (*BRIT: inf*) *adv* in/nach Australien/Neuseeland; **~ward** *adj* Abwärts-, nach unten ♦ *adv* abwärts, nach unten; **~wards** *adv* abwärts, nach unten
doz. *abbr* (= *dozen*) Dtzd.
doze [dəʊz] *vi* dösen, **~ off** *vi* einnicken
dozen ['dʌzn] *n* Dutzend *nt*; **a ~ books** ein Dutzend Bücher; **~s of** Dutzende von
Dr. *abbr* = **doctor; drive**
drab [dræb] *adj* düster, eintönig
draft [drɑ:ft] *n* Entwurf *m*; (*FIN*) Wechsel *m*; (*US: MIL*) Einberufung *f* ♦ *vt* skizzieren; *see also* **draught**

draftsman ['drɑ:ftsmən] (*US; irreg*) *n* = **draughtsman**

drag [dræg] *vt* schleppen; (*river*) mit einem Schleppnetz absuchen ♦ *vi* sich (dahin)schleppen ♦ *n* (*bore*) etwas Blödes; **in** ~ als Tunte; **a man in** ~ eine Tunte; ~ **on** *vi* sich in die Länge ziehen

dragon ['drægən] *n* Drache *m*; ~**fly** ['drægənflaɪ] *n* Libelle *f*

drain [dreɪn] *n* Abfluß *m*; (*fig*: *burden*) Belastung *f* ♦ *vt* ableiten; (*exhaust*) erschöpfen ♦ *vi* (*of water*) abfließen; ~**age** *n* Kanalisation *f*; ~**ing board** (*US* **drainboard**) *n* Ablaufbrett *nt*; ~**pipe** *n* Abflußrohr *nt*

dram [dræm] *n* Schluck *m*

drama ['drɑ:mə] *n* Drama *nt*; ~**tic** [drə'mætɪk] *adj* dramatisch; ~**tist** ['dræmətɪst] *n* Dramatiker *m*; ~**tize** *vt* (*events*) dramatisieren; (*adapt*: *for TV, cinema*) bearbeiten

drank [dræŋk] *pt of* **drink**

drape [dreɪp] *vt* drapieren; ~**r** (*BRIT*) *n* Tuchhändler *m*; ~**s** (*US*) *npl* Vorhänge *pl*

drastic ['dræstɪk] *adj* drastisch

draught [drɑ:ft] (*US* **draft**) *n* Zug *m*; (*NAUT*) Tiefgang *m*; ~**s** *n* Damespiel *nt*; **on** ~ (*beer*) vom Faß; ~**board** (*BRIT*) *n* Zeichenbrett *nt*

draughtsman ['drɑ:ftsmən] (*irreg*) *n* technische(r) Zeichner *m*

draw [drɔ:] (*pt* **drew**, *pp* **drawn**) *vt* ziehen; (*crowd*) anlocken; (*picture*) zeichnen; (*money*) abheben; (*water*) schöpfen ♦ *vi* (*SPORT*) unentschieden spielen ♦ *n* Unentschieden *nt*; (*lottery*) Ziehung *f*; ~ **near** *vi* näherrücken; ~ **out** *vi* (*train*) ausfahren; (*lengthen*) sich hinziehen; ~ **up** *vi* (*stop*) halten ♦ *vt* (*document*) aufsetzen; ~**back** *n* Nachteil *m*; ~**bridge** *n* Zugbrücke *f*

drawer [drɔ:*] *n* Schublade *f*

drawing ['drɔ:ɪŋ] *n* Zeichnung *f*; Zeichnen *nt*; ~ **board** *n* Reißbrett *nt*; ~ **pin** (*BRIT*) *n* Reißzwecke *f*; ~ **room** *n* Salon *m*

drawl [drɔ:l] *n* schleppende Sprechweise *f*

drawn [drɔ:n] *pp of* **draw**

dread [dred] *n* Furcht *f* ♦ *vt* fürchten; ~**ful** *adj* furchtbar

dream [dri:m] (*pt, pp* **dreamed** *or* **dreamt**) *n* Traum *m* ♦ *vt* träumen ♦ *vi*: **to** ~ **(about)** träumen (von); ~**er** *n* Träumer *m*; **dreamt** [dremt] *pt, pp of* **dream**; ~**y** *adj* verträumt

dreary ['drɪərɪ] *adj* trostlos, öde

dredge [dredʒ] *vt* ausbaggern

dregs [dregz] *npl* Bodensatz *m*; (*fig*) Abschaum *m*

drench [drentʃ] *vt* durchnässen

dress [dres] *n* Kleidung *f*; (*garment*) Kleid *nt* ♦ *vt* anziehen; (*MED*) verbinden; **to get** ~**ed** sich anziehen; ~ **up** *vi* sich fein machen; ~ **circle** (*BRIT*) *n* erste(r) Rang *m*; ~**er** *n* (*furniture*) Anrichte *f*; ~**ing** *n* (*MED*) Verband *m*; (*COOK*) Soße *f*; ~**ing gown** (*BRIT*) *n* Morgenrock *m*; ~**ing room** *n* (*THEAT*) Garderobe *f*; (*SPORT*) Umkleideraum *m*; ~**ing table** *n* Toilettentisch *m*; ~**maker** *n* Schneiderin *f*; ~ **rehearsal** *n* Generalprobe *f*

drew [dru:] *pt of* **draw**

dribble ['drɪbl] *vi* sabbern ♦ *vt* (*ball*) dribbeln

dried [draɪd] *adj* getrocknet; (*fruit*) Dörr-, gedörrte(r, s); ~ **milk** *n* Milchpulver *nt*

drier ['draɪə*] *n* = **dryer**

drift [drɪft] *n* Strömung *f*; (*snow*~) Schneewehe *f*; (*fig*) Richtung *f* ♦ *vi* sich treiben lassen; ~**wood** *n* Treibholz *nt*

drill [drɪl] *n* Bohrer *m*; (*MIL*) Drill *m* ♦ *vt* bohren; (*MIL*) ausbilden ♦ *vi*: **to** ~ **(for)** bohren (nach)

drink [drɪŋk] (*pt* **drank**, *pp* **drunk**) *n* Getränk *nt*; (*spirits*) Drink *m* ♦ *vt, vi* trinken; **to have a** ~ etwas trinken; ~**er** *n* Trinker *m*; ~**ing water** *n* Trinkwasser *nt*

drip [drɪp] *n* Tropfen *m* ♦ *vi* tropfen; ~**-dry** *adj* bügelfrei; ~**ping** *n* Bratenfett *nt*

drive [draɪv] (*pt* **drove**, *pp* **driven**)

n Fahrt *f*; (*road*) Einfahrt *f*; (*campaign*) Aktion *f*; (*energy*) Schwung *m*; (*SPORT*) Schlag *m*; (*also*: *disk* ~) Diskettenlaufwerk *nt* ♦ *vt* (*car*) fahren; (*animals, people, objects*) treiben; (*power*) antreiben ♦ *vi* fahren; **left-/right-hand** ~ Links-/Rechtssteuerung *f*; **to** ~ **sb mad** jdn verrückt machen

drivel ['drɪvl] *n* Faselei *f*

driven ['drɪvn] *pp of* **drive**

driver ['draɪvə*] *n* Fahrer *m*; ~**'s license** (*US*) *n* Führerschein *m*

driveway ['draɪvweɪ] *n* Auffahrt *f*; (*longer*) Zufahrtsstraße *f*

driving ['draɪvɪŋ] *adj* (*rain*) stürmisch; ~ **instructor** *n* Fahrlehrer *m*; ~ **lesson** *n* Fahrstunde *f*; ~ **licence** (*BRIT*) *n* Führerschein *m*; ~ **school** *n* Fahrschule *f*; ~ **test** *n* Fahrprüfung *f*

drizzle ['drɪzl] *n* Nieselregen *m* ♦ *vi* nieseln

droll [drəʊl] *adj* drollig

drone [drəʊn] *n* (*sound*) Brummen *nt*; (*bee*) Drohne *f*

drool [dru:l] *vi* sabbern

droop [dru:p] *vi* (schlaff) herabhängen

drop [drɒp] *n* (*of liquid*) Tropfen *m*; (*fall*) Fall *m* ♦ *vt* fallen lassen; (*lower*) senken; (*abandon*) fallenlassen ♦ *vi* (*fall*) herunterfallen; ~**s** *npl* (*MED*) Tropfen *pl*; ~ **off** *vi* (*sleep*) einschlafen ♦ *vt* (*passenger*) absetzen; ~ **out** *vi* (*withdraw*) ausscheiden; ~**-out** *n* Aussteiger *m*; ~**per** *n* Pipette *f*; ~**pings** *npl* Kot *m*

drought [draʊt] *n* Dürre *f*

drove [drəʊv] *pt of* **drive**

drown [draʊn] *vt* ertränken; (*sound*) übertönen ♦ *vi* ertrinken

drowsy ['draʊzɪ] *adj* schläfrig

drudgery ['drʌdʒərɪ] *n* Plackerei *f*

drug [drʌg] *n* (*MED*) Arznei *f*; (*narcotic*) Rauschgift *nt* ♦ *vt* betäuben; ~ **addict** *n* Rauschgiftsüchtige(r) *mf*; ~**gist** (*US*) *n* Drogist(in) *m(f)*; ~**store** (*US*) *n* Drogerie *f*

drum [drʌm] *n* Trommel *f* ♦ *vi* trommeln; ~**s** *npl* (*MUS*) Schlagzeug *nt*; ~**mer** *n* Trommler *m*

drunk [drʌŋk] *pp of* **drink** ♦ *adj* betrunken ♦ *n* (*also*: ~*ard*) Trinker(in) *m(f)*; ~**en** *adj* betrunken

dry [draɪ] *adj* trocken ♦ *vt* (ab)trocknen ♦ *vi* trocknen; ~ **up** *vi* austrocknen ♦ *vt* (*dishes*) abtrocknen; ~ **cleaning** *n* chemische Reinigung *f*; ~**er** *n* Trockner *m*; (*US*: *spin-dryer*) (Wäsche)schleuder *f*; ~ **goods store** (*US*) *n* Kurzwarengeschäft *nt*; ~**ness** *n* Trockenheit *f*; ~ **rot** *n* Hausschwamm *m*

DSS *n abbr* (= *Department of Social Security*) ≈ Sozialministerium *nt*

dual ['djʊəl] *adj* doppelt; ~ **carriageway** (*BRIT*) *n* zweispurige Fahrbahn *f*; ~ **nationality** *n* doppelte Staatsangehörigkeit *f*; ~**-purpose** *adj* Mehrzweck-

dubbed [dʌbd] *adj* (*film*) synchronisiert

dubious ['dju:bɪəs] *adj* zweifelhaft

duchess ['dʌtʃɪs] *n* Herzogin *f*

duck [dʌk] *n* Ente *f* ♦ *vi* sich ducken; ~**ling** *n* Entchen *nt*

duct [dʌkt] *n* Röhre *f*

dud [dʌd] *n* Niete *f* ♦ *adj* (*cheque*) ungedeckt

due [dju:] *adj* fällig; (*fitting*) angemessen ♦ *n* Gebühr *f*; (*right*) Recht *nt* ♦ *adv* (*south etc*) genau; ~**s** *npl* (*for club, union*) Beitrag *m*; (*in harbour*) Gebühren *pl*; ~ **to** wegen +*gen*

duel ['djʊəl] *n* Duell *nt*

duet [dju:'et] *n* Duett *nt*

duffel ['dʌfl] *adj*: ~ **bag** Matchbeutel *m*, Matchsack *m*; ~ **coat** Dufflecoat *m*

dug [dʌg] *pt, pp of* **dig**

duke [dju:k] *n* Herzog *m*

dull [dʌl] *adj* (*colour, weather*) trübe; (*stupid*) schwer von Begriff; (*boring*) langweilig ♦ *vt* abstumpfen

duly ['dju:lɪ] *adv* ordnungsgemäß

dumb [dʌm] *adj* stumm; (*inf*: *stupid*) doof, blöde; ~**founded** [dʌm'faundɪd] *adj* verblüfft

dummy ['dʌmɪ] *n* Schneiderpuppe *f*;

(*substitute*) Attrappe *f*; (*BRIT*: *for baby*) Schnuller *m* ♦ *adj* Schein-

dump [dʌmp] *n* Abfallhaufen *m*; (*MIL*) Stapelplatz *m*; (*inf*: *place*) Nest *nt* ♦ *vt* abladen, auskippen; **~ing** *n* (*COMM*) Schleuderexport *m*; (*of rubbish*) Schuttabladen *nt*

dumpling ['dʌmplɪŋ] *n* Kloß *m*, Knödel *m*

dumpy ['dʌmpɪ] *adj* pummelig

dunce [dʌns] *n* Dummkopf *m*

dune [dju:n] *n* Düne *f*

dung [dʌŋ] *n* Dünger *m*

dungarees [dʌŋgə'ri:z] *npl* Latzhose *f*

dungeon ['dʌndʒən] *n* Kerker *m*

dupe [dju:p] *n* Gefoppte(r) *m* ♦ *vt* hintergehen, anführen

duplex ['dju:pleks] (*US*) *n* zweistöckige Wohnung *f*

duplicate [*n* 'dju:plɪkɪt, *vb* 'dju:plɪkeɪt] *n* Duplikat *nt* ♦ *vt* verdoppeln; (*make copies*) kopieren; **in ~** in doppelter Ausführung

duplicity [dju:'plɪsɪtɪ] *n* Doppelspiel *nt*

durable ['djʊərəbl] *adj* haltbar

duration [djʊə'reɪʃən] *n* Dauer *f*

duress [djʊə'res] *n*: **under ~** unter Zwang

during ['djʊərɪŋ] *prep* während +*gen*

dusk [dʌsk] *n* Abenddämmerung *f*

dust [dʌst] *n* Staub *m* ♦ *vt* abstauben; (*sprinkle*) bestäuben; **~bin** (*BRIT*) *n* Mülleimer *m*; **~er** *n* Staubtuch *nt*; **~ jacket** *n* Schutzumschlag *m*; **~man** (*BRIT*; *irreg*) *n* Müllmann *m*; **~y** *adj* staubig

Dutch [dʌtʃ] *adj* holländisch, niederländisch ♦ *n* (*LING*) Holländisch *nt*, Niederländisch *nt*; **the ~** *npl* (*people*) die Holländer *pl*, die Niederländer *pl*; **to go ~** getrennte Kasse machen; **~man/woman** (*irreg*) *n* Holländer(in) *m(f)*, Niederländer(in) *m(f)*

dutiful ['dju:tɪfʊl] *adj* pflichtbewußt

duty ['dju:tɪ] *n* Pflicht *f*; (*job*) Aufgabe *f*; (*tax*) Einfuhrzoll *m*; **on ~** im Dienst; **~-free** *adj* zollfrei

duvet ['du:veɪ] (*BRIT*) *n* Daunendecke *f*

dwarf [dwɔ:f] (*pl* **dwarves**) *n* Zwerg *m* ♦ *vt* überragen

dwell [dwel] (*pt*, *pp* **dwelt**) *vi* wohnen; **~ on** *vt fus* verweilen bei; **~ing** *n* Wohnung *f*

dwelt [dwelt] *pt*, *pp of* **dwell**

dwindle ['dwɪndl] *vi* schwinden

dye [daɪ] *n* Farbstoff *m* ♦ *vt* färben

dying ['daɪɪŋ] *adj* (*person*) sterbend; (*moments*) letzt

dyke [daɪk] (*BRIT*) *n* (*channel*) Kanal *m*; (*barrier*) Deich *m*, Damm *m*

dynamic [daɪ'næmɪk] *adj* dynamisch

dynamite ['daɪnəmaɪt] *n* Dynamit *nt*

dynamo ['daɪnəməʊ] *n* Dynamo *m*

dyslexia [dɪs'leksɪə] *n* Legasthenie *f*

E

E [i:] *n* (*MUS*) E *nt*

each [i:tʃ] *adj* jeder/jede/jedes ♦ *pron* (ein) jeder/(eine) jede/(ein) jedes; **they have two books ~** sie haben je 2 Bücher; **~ other** einander, sich

eager ['i:gə*] *adj* eifrig

eagle ['i:gl] *n* Adler *m*

ear [ɪə*] *n* Ohr *nt*; (*of corn*) Ähre *f*; **~ache** *n* Ohrenschmerzen *pl*; **~drum** *n* Trommelfell *nt*

earl [ɜ:l] *n* Graf *m*

early ['ɜ:lɪ] *adj*, *adv* früh; **~ retirement** *n* vorzeitige Pensionierung

earmark ['ɪəmɑ:k] *vt* vorsehen

earn [ɜ:n] *vt* verdienen

earnest ['ɜ:nɪst] *adj* ernst; **in ~** im Ernst

earnings ['ɜ:nɪŋz] *npl* Verdienst *m*

earphones ['ɪəfəʊnz] *npl* Kopfhörer *pl*

earring ['ɪərɪŋ] *n* Ohrring *m*

earshot ['ɪəʃɒt] *n* Hörweite *f*

earth [ɜ:θ] *n* Erde *f*; (*BRIT*: *ELEC*) Erdung *f* ♦ *vt* erden; **~enware** *n* Steingut *nt*

earthquake [-kweɪk] *n* Erdbeben *nt*

earthy ['ɜ:θɪ] *adj* roh; (*sensual*) sinnlich

earwig ['ɪəwɪg] *n* Ohrwurm *m*
ease [i:z] *n* (*simplicity*) Leichtigkeit *f*; (*social*) Ungezwungenheit *f* ♦ *vt* (*pain*) lindern; (*burden*) erleichtern; **at ~** ungezwungen; (*MIL*) rührt euch!; **~ off** *or* **up** *vi* nachlassen
easel ['i:zl] *n* Staffelei *f*
easily ['i:zɪlɪ] *adv* leicht
east [i:st] *n* Osten *m* ♦ *adj* östlich ♦ *adv* nach Osten
Easter ['i:stə*] *n* Ostern *nt*; **~ egg** *n* Osterei *nt*
easterly ['i:stəlɪ] *adj* östlich, Ost-
eastern ['i:stən] *adj* östlich
eastward(s) ['i:stwəd(z)] *adv* ostwärts
easy ['i:zɪ] *adj* (*task*) einfach; (*life*) bequem; (*manner*) ungezwungen, natürlich ♦ *adv* leicht; **~ chair** *n* Sessel *m*; **~-going** *adj* gelassen; (*lax*) lässig
eat [i:t] (*pt* **ate**, *pp* **eaten**) *vt* essen; (*animals*) fressen; (*destroy*) (zer)fressen ♦ *vi* essen; fressen; **~ away** *vt* zerfressen; **~ into** *vt fus* zerfressen
eaten *pp of* **eat**
eau de Cologne [əʊdəkə'ləʊn] *n* Kölnisch Wasser *nt*
eaves [i:vz] *npl* Dachrand *m*
eavesdrop ['i:vzdrɒp] *vi* lauschen; **to ~ on sb** jdn belauschen
ebb [eb] *n* Ebbe *f* ♦ *vi* (*fig*: *also*: *~ away*) (ab)ebben
ebony ['ebənɪ] *n* Ebenholz *nt*
ebullient [ɪ'bʌlɪənt] *adj* sprudelnd, temperamentvoll
EC *n abbr* (= *European Community*) EG *f*
eccentric [ɪk'sentrɪk] *adj* exzentrisch ♦ *n* Exzentriker(in) *m(f)*
ecclesiastical [ɪkli:zɪ'æstɪkəl] *adj* kirchlich
echo ['ekəʊ] (*pl* **~es**) *n* Echo *nt* ♦ *vt* zurückwerfen; (*fig*) nachbeten ♦ *vi* widerhallen
eclipse [ɪ'klɪps] *n* Finsternis *f* ♦ *vt* verfinstern
ecology [ɪ'kɒlədʒɪ] *n* Ökologie *f*
economic [i:kə'nɒmɪk] *adj* wirtschaftlich; **~al** *adj* wirtschaftlich; (*person*) sparsam; **~s** *n* Volkswirtschaft *f*
economist [ɪ'kɒnəmɪst] *n* Volkswirt(schaftler) *m*
economize [ɪ'kɒnəmaɪz] *vi* sparen
economy [ɪ'kɒnəmɪ] *n* (*thrift*) Sparsamkeit *f*; (*of country*) Wirtschaft *f*
ecstasy ['ekstəsɪ] *n* Ekstase *f*; (*drug*) Ecstasy *nt*
ecstatic [eks'tætɪk] *adj* hingerissen
ECU ['eɪkju:] *n abbr* (= *European Currency Unit*) ECU *m*
ecumenical [i:kjʊ'menɪkəl] *adj* ökumenisch
eczema ['eksɪmə] *n* Ekzem *nt*
edge [edʒ] *n* Rand *m*; (*of knife*) Schneide *f* ♦ *vt* (*SEWING*) einfassen; **on ~** (*fig*) = **edgy**; **to ~ away from** langsam abrücken von; **~ways** *adv*: **he couldn't get a word in ~ways** er kam überhaupt nicht zu Wort
edgy ['edʒɪ] *adj* nervös
edible ['edɪbl] *adj* eßbar
edict ['i:dɪkt] *n* Erlaß *m*
edifice ['edɪfɪs] *n* Gebäude *nt*
Edinburgh [edɪnbərə] *n* (*GEOG*) Edinburgh *nt*
edit ['edɪt] *vt* redigieren; **~ion** [ɪ'dɪʃən] *n* Ausgabe *f*; **~or** *n* (*of newspaper*) Redakteur *m*; (*of book*) Lektor *m*
editorial [edɪ'tɔ:rɪəl] *adj* Redaktions- ♦ *n* Leitartikel *m*
educate ['edjʊkeɪt] *vt* erziehen, (aus)bilden
education [edjʊ'keɪʃən] *n* (*teaching*) Unterricht *m*; (*system*) Schulwesen *nt*; (*schooling*) Erziehung *f*; Bildung *f*; **~al** *adj* pädagogisch
eel [i:l] *n* Aal *m*
eerie ['ɪərɪ] *adj* unheimlich
effect [ɪ'fekt] *n* Wirkung *f* ♦ *vt* bewirken; **~s** *npl* (*sound, visual*) Effekte *pl*; **in ~** in der Tat; **to take ~** (*law*) in Kraft treten; (*drug*) wirken; **~ive** *adj* wirksam, effektiv; **~ively** *adv* wirksam, effektiv
effeminate [ɪ'femɪnɪt] *adj* weibisch
effervescent [efə'vesnt] *adj* (*also*

fig) sprudelnd
efficacy ['efɪkəsɪ] *n* Wirksamkeit *f*
efficiency [ɪ'fɪʃənsɪ] *n* Leistungsfähigkeit *f*
efficient [ɪ'fɪʃənt] *adj* tüchtig; (*TECH*) leistungsfähig; (*method*) wirksam
effigy ['efɪdʒɪ] *n* Abbild *nt*
effort ['efət] *n* Anstrengung *f*; **~less** *adj* mühelos
effrontery [ɪ'frʌntərɪ] *n* Unverfrorenheit *f*
effusive [ɪ'fju:sɪv] *adj* überschwenglich
e.g. *adv abbr* (= *exempli gratia*) z.B.
egalitarian [ɪgælɪ'tɛərɪən] *adj* Gleichheits-, egalitär
egg [eg] *n* Ei *nt*; **~ on** *vt* anstacheln; **~cup** *n* Eierbecher *m*; **~plant** (*esp US*) *n* Aubergine *f*; **~shell** *n* Eierschale *f*
ego ['i:gəʊ] *n* Ich *nt*, Selbst *nt*
egotism ['egəʊtɪzəm] *n* Ichbezogenheit *f*
egotist ['egəʊtɪst] *n* Egozentriker *m*
Egypt ['i:dʒɪpt] *n* Ägypten *nt*; **~ian** [ɪ'dʒɪpʃən] *adj* ägyptisch ♦ *n* Ägypter(in) *m(f)*
eiderdown ['aɪdədaʊn] *n* Daunendecke *f*
eight [eɪt] *num* acht; **~een** *num* achtzehn; **~h** [eɪtθ] *adj* achte(r, s) ♦ *n* Achtel *nt*; **~y** *num* achtzig
Eire ['ɛərə] *n* Irland *nt*
either ['aɪðə*] *conj*: **~ ... or** entweder ... oder ♦ *pron*: **~ of the two** eine(r, s) von beiden ♦ *adj*: **on ~ side** auf beiden Seiten ♦ *adv*: **I don't ~** ich auch nicht; **I don't want ~** ich will keins von beiden
eject [ɪ'dʒekt] *vt* ausstoßen, vertreiben
eke [i:k] *vt*: **to ~ out** strecken
elaborate [*adj* ɪ'læbərɪt, *vb* ɪ'læbəreɪt] *adj* sorgfältig ausgearbeitet, ausführlich ♦ *vt* sorgfältig ausarbeiten ♦ *vi* ausführlich darstellen
elapse [ɪ'læps] *vi* vergehen
elastic [ɪ'læstɪk] *n* Gummiband *nt* ♦ *adj* elastisch; **~ band** (*BRIT*) *n* Gummiband *nt*
elated [ɪ'leɪtɪd] *adj* froh
elation [ɪ'leɪʃən] *n* gehobene Stimmung *f*
elbow ['elbəʊ] *n* Ellbogen *m*
elder ['eldə*] *adj* älter ♦ *n* Ältere(r) *mf*; **~ly** *adj* ältere(r, s) ♦ *npl*: **the ~ly** die Älteren *pl*
eldest ['eldɪst] *adj* älteste(r, s) ♦ *n* Älteste(r) *mf*
elect [ɪ'lekt] *vt* wählen ♦ *adj* zukünftig; **~ion** [ɪ'lekʃən] *n* Wahl *f*; **~ioneering** [ɪlekʃə'nɪərɪŋ] *n* Wahlpropaganda *f*; **~or** *n* Wähler *m*; **~oral** *adj* Wahl-; **~orate** *n* Wähler *pl*, Wählerschaft *f*
electric [ɪ'lektrɪk] *adj* elektrisch, Elektro-; **~al** *adj* elektrisch; **~ blanket** *n* Heizdecke *f*; **~ chair** *n* elektrische(r) Stuhl *m*; **~ fire** *n* elektrische(r) Heizofen *m*
electrician [ɪlek'trɪʃən] *n* Elektriker *m*
electricity [ɪlek'trɪsɪtɪ] *n* Elektrizität *f*
electrify [ɪ'lektrɪfaɪ] *vt* elektrifizieren; (*fig*) elektrisieren
electrocute [ɪ'lektrəʊkju:t] *vt* durch elektrischen Strom töten
electronic [ɪlek'trɒnɪk] *adj* elektronisch, Elektronen-; **~ mail** *n* elektronische(r) Briefkasten *m*; **~s** *n* Elektronik *f*
elegance ['elɪgəns] *n* Eleganz *f*
elegant ['elɪgənt] *adj* elegant
element ['elɪmənt] *n* Element *nt*; **~ary** [elɪ'mentərɪ] *adj* einfach; (*primary*) Grund-
elephant ['elɪfənt] *n* Elefant *m*
elevate ['elɪveɪt] *vt* emporheben
elevation [elɪ'veɪʃən] *n* (*height*) Erhebung *f*; (*ARCHIT*) (Quer)schnitt *m*
elevator ['elɪveɪtə*] (*US*) *n* Fahrstuhl *m*, Aufzug *m*
eleven [ɪ'levn] *num* elf; **~ses** (*BRIT*) *npl* ≈ zweite(s) Frühstück *nt*; **~th** *adj* elfte(r, s)
elf [elf] (*pl* **elves**) *n* Elfe *f*
elicit [ɪ'lɪsɪt] *vt* herausbekommen
eligible ['elɪdʒəbl] *adj* wählbar; **to**

be ~ for a pension pensionsberechtigt sein
eliminate [ɪ'lɪmɪneɪt] *vt* ausschalten
elimination [ɪlɪmɪ'neɪʃən] *n* Ausschaltung *f*
elite [eɪ'li:t] *n* Elite *f*
elm [elm] *n* Ulme *f*
elocution [elə'kju:ʃən] *n* Sprecherziehung *f*
elongated ['i:lɒŋgeɪtɪd] *adj* verlängert
elope [ɪ'ləʊp] *vi* entlaufen
eloquence ['eləkwəns] *n* Beredsamkeit *f*
eloquent ['eləkwənt] *adj* redegewandt
else [els] *adv* sonst; **who ~?** wer sonst?; **somebody ~** jemand anders; **or ~** sonst; **~where** *adv* anderswo, woanders
elucidate [ɪ'lu:sɪdeɪt] *vt* erläutern
elude [ɪ'lu:d] *vt* entgehen +*dat*
elusive [ɪ'lu:sɪv] *adj* schwer faßbar
elves [elvz] *npl of* **elf**
emaciated [ɪ'meɪsɪeɪtɪd] *adj* abgezehrt
emanate ['eməneɪt] *vi*: **to ~ from** ausströmen aus
emancipate [ɪ'mænsɪpeɪt] *vt* emanzipieren; (*slave*) freilassen
emancipation [ɪmænsɪ'peɪʃən] *n* Emanzipation *f*; Freilassung *f*
embankment [ɪm'bæŋkmənt] *n* (*of river*) Uferböschung *f*; (*of road*) Straßendamm *m*
embargo [ɪm'bɑ:gəʊ] (*pl* **~es**) *n* Embargo *nt*
embark [ɪm'bɑ:k] *vi* sich einschiffen; **~ on** *vt fus* unternehmen; **~ation** [embɑ:'keɪʃən] *n* Einschiffung *f*
embarrass [ɪm'bærəs] *vt* in Verlegenheit bringen; **~ed** *adj* verlegen, **~ing** *adj* peinlich; **~ment** *n* Verlegenheit *f*
embassy ['embəsɪ] *n* Botschaft *f*
embed [ɪm'bed] *vt* einbetten
embellish [ɪm'belɪʃ] *vt* verschönern
embers ['embəz] *npl* Glut(asche) *f*
embezzle [ɪm'bezl] *vt* unterschlagen; **~ment** *n* Unterschlagung *f*
embitter [ɪm'bɪtə*] *vt* verbittern
embody [ɪm'bɒdɪ] *vt* (*ideas*) verkörpern; (*new features*) (in sich) vereinigen
embossed [ɪm'bɒst] *adj* geprägt
embrace [ɪm'breɪs] *vt* umarmen; (*include*) einschließen ♦ *vi* sich umarmen ♦ *n* Umarmung *f*
embroider [ɪm'brɔɪdə*] *vt* (be)sticken; (*story*) ausschmücken; **~y** *n* Stickerei *f*
emerald ['emərəld] *n* Smaragd *m*
emerge [ɪ'mɜ:dʒ] *vi* auftauchen; (*truth*) herauskommen
emergence [ɪ'mɜdʒəns] *n* Erscheinen *nt*
emergency [ɪ'mɜ:dʒənsɪ] *n* Notfall *m*; **~ cord** (*US*) *n* Notbremse *f*; **~ exit** *n* Notausgang *m*; **~ landing** *n* Notlandung *f*; **~ services** *npl* Notdienste *pl*
emery board ['emərɪ-] *n* Papiernagelfeile *f*
emetic [ɪ'metɪk] *n* Brechmittel *nt*
emigrant ['emɪgrənt] *n* Auswanderer *m*
emigrate ['emɪgreɪt] *vi* auswandern
emigration [emɪ'greɪʃən] *n* Auswanderung *f*
eminence ['emɪnəns] *n* hohe(r) Rang *m*
eminent ['emɪnənt] *adj* bedeutend
emission [ɪ'mɪʃən] *n* Ausströmen *nt*; **~s** *npl* Emissionen *fpl*
emit [ɪ'mɪt] *vt* von sich *dat* geben
emotion [ɪ'məʊʃən] *n* Emotion *f*, Gefühl *nt*; **~al** *adj* (*person*) emotional; (*scene*) ergreifend
emotive [ɪ'məʊtɪv] *adj* gefühlsbetont
emperor ['empərə*] *n* Kaiser *m*
emphases ['emfəsi:z] *npl of* **emphasis**
emphasis ['emfəsɪs] *n* (*LING*) Betonung *f*; (*fig*) Nachdruck *m*
emphasize ['emfəsaɪz] *vt* betonen
emphatic [ɪm'fætɪk] *adj* nachdrücklich; **~ally** [ɪm'fætɪkəlɪ] *adv* nachdrücklich
empire ['empaɪə*] *n* Reich *nt*
empirical [em'pɪrɪkəl] *adj* empirisch

employ [ɪm'plɔɪ] *vt* (*hire*) anstellen; (*use*) verwenden; **~ee** [emplɔɪ'i:] *n* Angestellte(r) *mf*; **~er** *n* Arbeitgeber(in) *m(f)*; **~ment** *n* Beschäftigung *f*; **~ment agency** *n* Stellenvermittlung *f*

empower [ɪm'paʊə*] *vt*: **to ~ sb to do sth** jdn ermächtigen, etw zu tun

empress ['emprɪs] *n* Kaiserin *f*

emptiness ['emptɪnɪs] *n* Leere *f*

empty ['emptɪ] *adj* leer ♦ *n* (*bottle*) Leergut *nt* ♦ *vt* (*contents*) leeren; (*container*) ausleeren ♦ *vi* (*water*) abfließen; (*river*) münden; (*house*) sich leeren; **~-handed** *adj* mit leeren Händen

emulate ['emjʊleɪt] *vt* nacheifern +*dat*

emulsion [ɪ'mʌlʃən] *n* Emulsion *f*

enable [ɪ'neɪbl] *vt*: **to ~ sb to do sth** es jdm ermöglichen, etw zu tun

enact [ɪn'ækt] *vt* (*law*) erlassen; (*play*) aufführen; (*role*) spielen

enamel [ɪ'næməl] *n* Email *nt*; (*of teeth*) (Zahn)schmelz *m*

encased [ɪn'keɪst] *adj*: **~ in** (*enclosed*) eingeschlossen in +*dat*; (*covered*) verkleidet mit

enchant [ɪn'tʃɑ:nt] *vt* bezaubern; **~ing** *adj* entzückend

encircle [ɪn'sɜ:kl] *vt* umringen

encl. *abbr* (= *enclosed*) Anl.

enclose [ɪn'kləʊz] *vt* einschließen; **to ~ sth (in** *or* **with a letter)** etw (einem Brief) beilegen; **~d** (*in letter*) beiliegend, anbei

enclosure [ɪn'kləʊʒə*] *n* Einfriedung *f*; (*in letter*) Anlage *f*

encompass [ɪn'kʌmpəs] *vt* (*include*) umfassen

encore ['ɒŋkɔ:*] *n* Zugabe *f*

encounter [ɪn'kaʊntə*] *n* Begegnung *f*; (*MIL*) Zusammenstoß *m* ♦ *vt* treffen; (*resistance*) stoßen auf +*acc*

encourage [ɪn'kʌrɪdʒ] *vt* ermutigen; **~ment** *n* Ermutigung *f*, Förderung *f*

encouraging [ɪn'kʌrɪdʒɪŋ] *adj* ermutigend, vielversprechend

encroach [ɪn'krəʊtʃ] *vi*: **to ~ (up)on** eindringen in +*acc*; (*time*) in Anspruch nehmen

encrusted [ɪn'krʌstəd] *adj*: **~ with** besetzt mit

encumber [ɪn'kʌmbə*] *vt*: **to be ~ed with** (*parcels*) beladen sein mit; (*debts*) belastet sein mit

encyclop(a)edia [ensaɪkləʊ'pi:dɪə] *n* Konversationslexikon *nt*

end [end] *n* Ende *nt*, Schluß *m*; (*purpose*) Zweck *m* ♦ *vt* (*also*: *bring to an ~*, *put an ~ to*) beenden ♦ *vi* zu Ende gehen; **in the ~** zum Schluß; **on ~** (*object*) hochkant; **to stand on ~** (*hair*) zu Berge stehen; **for hours on ~** stundenlang; **~ up** *vi* landen

endanger [ɪn'deɪndʒə*] *vt* gefährden

endearing [ɪn'dɪərɪŋ] *adj* gewinnend

endeavour [ɪn'devə*] (*US* **endeavor**) *n* Bestrebung *f* ♦ *vi* sich bemühen

ending ['endɪŋ] *n* Ende *nt*

endive ['endaɪv] *n* Endivie *f*

endless ['endlɪs] *adj* endlos

endorse [ɪn'dɔ:s] *vt* unterzeichnen; (*approve*) unterstützen; **~ment** *n* (*on licence*) Eintrag *m*

endow [ɪn'daʊ] *vt*: **to ~ sb with sth** jdm etw verleihen; (*with money*) jdm etw stiften

endurance [ɪn'djʊərəns] *n* Ausdauer *f*

endure [ɪn'djʊə*] *vt* ertragen ♦ *vi* (*last*) (fort)dauern

enemy ['enɪmɪ] *n* Feind *m* ♦ *adj* feindlich

energetic [enə'dʒetɪk] *adj* tatkräftig

energy ['enədʒɪ] *n* Energie *f*

enforce [ɪn'fɔ:s] *vt* durchsetzen

engage [ɪn'geɪdʒ] *vt* (*employ*) einstellen; (*in conversation*) verwickeln; (*TECH*) einschalten ♦ *vi* ineinandergreifen; (*clutch*) fassen; **to ~ in** sich beteiligen an +*dat*; **~d** *adj* verlobt; (*BRIT*: *TEL*, *toilet*) besetzt; (: *busy*) beschäftigt; **to get ~d** sich verloben; **~d tone** (*BRIT*) *n* (*TEL*) Besetztzeichen *nt*; **~ment** *n* (*appointment*) Verabredung *f*; (*to marry*) Verlobung *f*;

(*MIL*) Gefecht *nt*; **~ment ring** *n* Verlobungsring *m*

engaging [ɪn'geɪdʒɪŋ] *adj* gewinnend

engender [ɪn'dʒendə*] *vt* hervorrufen

engine ['endʒɪn] *n* (*AUT*) Motor *m*; (*RAIL*) Lokomotive *f*; **~ driver** *n* Lok(omotiv)führer(in) *m(f)*

engineer [endʒɪ'nɪə*] *n* Ingenieur *m*; (*US*: *RAIL*) Lok(omotiv)führer(in) *m(f)*; **~ing** [endʒɪ'nɪərɪŋ] *n* Technik *f*

England ['ɪŋgləndˌ] *n* England *nt*

English ['ɪŋglɪʃ] *adj* englisch ♦ *n* (*LING*) Englisch *nt*; **the ~** *npl* (*people*) die Engländer *pl*; **the ~ Channel** *n* der Ärmelkanal *m*; **~man/woman** (*irreg*) *n* Engländer(in) *m(f)*

engraving [ɪn'greɪvɪŋ] *n* Stich *m*

engrossed [ɪn'grəʊst] *adj* vertieft

engulf [ɪn'gʌlf] *vt* verschlingen

enhance [ɪn'hɑ:ns] *vt* steigern, heben

enigma [ɪ'nɪgmə] *n* Rätsel *nt*; **~tic** [enɪg'mætɪk] *adj* rätselhaft

enjoy [ɪn'dʒɔɪ] *vt* genießen; (*privilege*) besitzen; **to ~ o.s.** sich amüsieren; **~able** *adj* erfreulich; **~ment** *n* Genuß *m*, Freude *f*

enlarge [ɪn'lɑ:dʒ] *vt* erweitern; (*PHOT*) vergrößern ♦ *vi*: **to ~ on sth** etw weiter ausführen; **~ment** *n* Vergrößerung *f*

enlighten [ɪn'laɪtn] *vt* aufklären; **~ment** *n*: **the E~ment** (*HIST*) die Aufklärung

enlist [ɪn'lɪst] *vt* gewinnen ♦ *vi* (*MIL*) sich melden

enmity ['enmɪtɪ] *n* Feindschaft *f*

enormity [ɪ'nɔ:mɪtɪ] *n* Ungeheuerlichkeit *f*

enormous [ɪ'nɔ:məs] *adj* ungeheuer

enough [ɪ'nʌf] *adj, adv* genug; **funnily ~** komischerweise

enquire [ɪn'kwaɪə*] *vt, vi* = **inquire**

enrage [ɪn'reɪdʒ] *vt* wütend machen

enrich [ɪn'rɪtʃ] *vt* bereichern

enrol [ɪn'rəʊl] *vt* einschreiben ♦ *vi* (*register*) sich anmelden; **~ment** *n* (*for course*) Anmeldung *f*

en route [ɑ̃:n'ru:t] *adv* unterwegs

ensign ['ensaɪn, 'ensən] *n* (*NAUT*) Flagge *f*; (*MIL*) Fähnrich *m*

enslave [ɪn'sleɪv] *vt* versklaven

ensue [ɪn'sju:] *vi* folgen, sich ergeben

ensure [ɪn'ʃʊə*] *vt* garantieren

entail [ɪn'teɪl] *vt* mit sich bringen

entangle [ɪn'tæŋgl] *vt* verwirren, verstricken; **~d** *adj*: **to become ~d (in)** (*in net, rope etc*) sich verfangen (in +*dat*)

enter ['entə*] *vt* eintreten in +*dat*, betreten; (*club*) beitreten +*dat*; (*in book*) eintragen ♦ *vi* hereinkommen, hineingehen; **~ for** *vt fus* sich beteiligen an +*dat*; **~ into** *vt fus* (*agreement*) eingehen; (*plans*) eine Rolle spielen bei; **~ (up)on** *vt fus* beginnen

enterprise ['entəpraɪz] *n* (*in person*) Initiative *f*; (*COMM*) Unternehmen *nt*

enterprising ['entəpraɪzɪŋ] *adj* unternehmungslustig

entertain [entə'teɪn] *vt* (*guest*) bewirten; (*amuse*) unterhalten; **~er** *n* Unterhaltungskünstler(in) *m(f)*; **~ing** *adj* unterhaltsam; **~ment** *n* Unterhaltung *f*

enthralled [ɪn'θrɔ:ld] *adj* gefesselt

enthusiasm [ɪn'θu:zɪæzəm] *n* Begeisterung *f*

enthusiast [ɪn'θu:zɪæst] *n* Enthusiast *m*; **~ic** [ɪnθu:zɪ'æstɪk] *adj* begeistert

entice [ɪn'taɪs] *vt* verleiten, locken

entire [ɪn'taɪə*] *adj* ganz; **~ly** *adv* ganz, völlig; **~ty** [ɪn'taɪərətɪ] *n*: **in its ~ty** in seiner Gesamtheit

entitle [ɪn'taɪtl] *vt* (*allow*) berechtigen; (*name*) betiteln; **~d** *adj* (*book*) mit dem Titel; **to be ~d to sth** das Recht auf etw *acc* haben; **to be ~d to do sth** das Recht haben, etw zu tun

entity ['entɪtɪ] *n* Ding *nt*, Wesen *nt*

entourage [ɒntʊ'rɑ:ʒ] *n* Gefolge *nt*

entrails ['entreɪlz] *npl* Eingeweide *pl*

entrance [*n* 'entrəns, *vb* ɪn'trɑ:ns] *n* Eingang *m*; (*entering*) Eintritt *m* ♦

vt hinreißen; ~ **examination** *n* Aufnahmeprüfung *f*; ~ **fee** *n* Eintrittsgeld *nt*; ~ **ramp** (*US*) *n* (*AUT*) Einfahrt *f*

entrant ['entrənt] *n* (*for exam*) Kandidat *m*; (*in race*) Teilnehmer *m*

entreat [ɪn'tri:t] *vt* anflehen

entrenched [ɪn'trentʃt] *adj* (*fig*) verwurzelt

entrepreneur [ɒntrəprə'nɜ:*] *n* Unternehmer(in) *m(f)*

entrust [ɪn'trʌst] *vt*: **to ~ sb with sth** *or* **sth to sb** jdm etw anvertrauen

entry ['entrɪ] *n* Eingang *m*; (*THEAT*) Auftritt *m*; (*in account*) Eintragung *f*; (*in dictionary*) Eintrag *m*; **"no ~"** „Eintritt verboten"; (*for cars*) „Einfahrt verboten"; ~ **form** *n* Anmeldeformular *nt*; ~ **phone** *n* Sprechanlage *f*

enumerate [ɪ'nju:məreɪt] *vt* aufzählen

enunciate [ɪ'nʌnsɪeɪt] *vt* aussprechen

envelop [ɪn'veləp] *vt* einhüllen

envelope ['envələʊp] *n* Umschlag *m*

enviable ['envɪəbl] *adj* beneidenswert

envious ['envɪəs] *adj* neidisch

environment [ɪn'vaɪərənmənt] *n* Umgebung *f*; (*ECOLOGY*) Umwelt *f*; **~al** [ɪnvaɪrən'mentl] *adj* Umwelt-; **~-friendly** *adj* umweltfreundlich

envisage [ɪn'vɪzɪdʒ] *vt* sich *dat* vorstellen

envoy ['envɔɪ] *n* Gesandte(r) *mf*

envy ['envɪ] *n* Neid *m* ♦ *vt*: **to ~ sb sth** jdn um etw beneiden

enzyme ['enzaɪm] *n* Enzym *nt*

ephemeral [ɪ'femərəl] *adj* flüchtig

epic ['epɪk] *n* Epos *nt* ♦ *adj* episch

epidemic [epɪ'demɪk] *n* Epidemie *f*

epilepsy ['epɪlepsɪ] *n* Epilepsie *f*

epileptic [epɪ'leptɪk] *adj* epileptisch ♦ *n* Epileptiker(in) *m(f)*

episode ['epɪsəʊd] *n* (*incident*) Vorfall *m*; (*story*) Episode *f*

epitaph ['epɪtɑ:f] *n* Grabinschrift *f*

epithet ['epɪθət] *n* Beiname *m*

epitome [ɪ'pɪtəmɪ] *n* Inbegriff *m*

epitomize [ɪ'pɪtəmaɪz] *vt* verkörpern

equable ['ekwəbl] *adj* ausgeglichen

equal ['i:kwl] *adj* gleich ♦ *n* Gleichgestellte(r) *mf* ♦ *vt* gleichkommen +*dat*; ~ **to the task** der Aufgabe gewachsen; **~ity** [ɪ'kwɒlɪtɪ] *n* Gleichheit *f*; (~ *rights*) Gleichberechtigung *f*; **~ize** *vt* gleichmachen ♦ *vi* (*SPORT*) ausgleichen; **~izer** *n* (*SPORT*) Ausgleich(streffer) *m*; **~ly** *adv* gleich

equanimity [ekwə'nɪmɪtɪ] *n* Gleichmut *m*

equate [ɪ'kweɪt] *vt* gleichsetzen

equation [ɪ'kweɪʒən] *n* Gleichung *f*

equator [ɪ'kweɪtə*] *n* Äquator *m*

equestrian [ɪ'kwestrɪən] *adj* Reit-

equilibrium [i:kwɪ'lɪbrɪəm] *n* Gleichgewicht *nt*

equinox ['i:kwɪnɒks] *n* Tagundnachtgleiche *f*

equip [ɪ'kwɪp] *vt* ausrüsten; **~ment** *n* Ausrüstung *f*; (*TECH*) Gerät *nt*

equitable ['ekwɪtəbl] *adj* gerecht, billig

equities ['ekwɪtɪz] (*BRIT*) *npl* (*FIN*) Stammaktien *pl*

equivalent [ɪ'kwɪvələnt] *adj* gleichwertig, entsprechend ♦ *n* Äquivalent *nt*; (*in money*) Gegenwert *m*; ~ **to** gleichwertig +*dat*, entsprechend +*dat*

equivocal [ɪ'kwɪvəkəl] *adj* zweideutig

era ['ɪərə] *n* Epoche *f*, Ära *f*

eradicate [ɪ'rædɪkeɪt] *vt* ausrotten

erase [ɪ'reɪz] *vt* ausradieren; (*tape*) löschen; **~r** *n* Radiergummi *m*

erect [ɪ'rekt] *adj* aufrecht ♦ *vt* errichten

erection [ɪ'rekʃən] *n* Errichtung *f*; (*ANAT*) Erektion *f*

ergonomics *n* Ergonomie *f*, Ergonomik *f*

ERM *n abbr* (= *Exchange Rate Mechanism*) Wechselkursmechanismus *m*

erode [ɪ'rəʊd] *vt* zerfressen; (*land*) auswaschen

erotic [ɪ'rɒtɪk] *adj* erotisch; **~ism**

[ɪ'rɒtɪsɪzəm] *n* Erotik *f*
err [ɜ:*] *vi* sich irren
errand ['erənd] *n* Besorgung *f*
erratic [ɪ'rætɪk] *adj* unberechenbar
erroneous [ɪ'rəʊnɪəs] *adj* irrig
error ['erə*] *n* Fehler *m*
erudite ['erʊdaɪt] *adj* gelehrt
erupt [ɪ'rʌpt] *vi* ausbrechen; **~ion** [ɪ'rʌpʃən] *n* Ausbruch *m*
escalate ['eskəleɪt] *vi* sich steigern
escalator ['eskəleɪtə*] *n* Rolltreppe *f*
escape [ɪs'keɪp] *n* Flucht *f*; (*of gas*) Entweichen *nt* ♦ *vi* entkommen; (*prisoners*) fliehen; (*leak*) entweichen ♦ *vt* entkommen +*dat*
escapism [ɪs'keɪpɪzəm] *n* Flucht *f* (vor der Wirklichkeit)
escort [*n* 'eskɔ:t, *vb* ɪs'kɔ:t] *n* (*person accompanying*) Begleiter *m*; (*guard*) Eskorte *f* ♦ *vt* (*lady*) begleiten; (*MIL*) eskortieren
especially [ɪs'peʃəlɪ] *adv* besonders
espionage ['espɪənɑ:ʒ] *n* Spionage *f*
esplanade ['esplənеɪd] *n* Promenade *f*
espouse [ɪ'spaʊz] *vt* Partei ergreifen für
Esquire [ɪs'kwaɪə*] *n*: **J. Brown ~** Herrn J. Brown
essay ['eseɪ] *n* Aufsatz *m*; (*LITER*) Essay *m*
essence ['esəns] *n* (*quality*) Wesen *nt*; (*extract*) Essenz *f*
essential [ɪ'senʃəl] *adj* (*necessary*) unentbehrlich; (*basic*) wesentlich ♦ *n* Allernötigste(s) *nt*; **~ly** *adv* eigentlich
establish [ɪs'tæblɪʃ] *vt* (*set up*) gründen; (*prove*) nachweisen; **~ed** *adj* anerkannt; (*belief, laws etc*) herrschend; **~ment** *n* (*setting up*) Einrichtung *f*; **the E~ment** das Establishment
estate [ɪs'teɪt] *n* Gut *nt*; (*BRIT*: *housing ~*) Siedlung *f*; (*will*) Nachlaß *m*; **~ agent** (*BRIT*) *n* Grundstücksmakler *m*; **~ car** (*BRIT*) *n* Kombiwagen *m*
esteem [ɪs'ti:m] *n* Wertschätzung *f*
esthetic [ɪs'θetɪk] (*US*) *adj* = **aesthetic**
estimate [*n* 'estɪmət, *vb* 'estɪmeɪt] *n* Schätzung *f*; (*of price*) (Kosten)voranschlag *m* ♦ *vt* schätzen
estimation [estɪ'meɪʃən] *n* Einschätzung *f*; (*esteem*) Achtung *f*
estranged [ɪ'streɪndʒd] *adj* entfremdet
estuary ['estjʊərɪ] *n* Mündung *f*
etc *abbr* (= *et cetera*) usw
etching ['etʃɪŋ] *n* Kupferstich *m*
eternal [ɪ'tɜ:nl] *adj* ewig
eternity [ɪ'tɜ:nɪtɪ] *n* Ewigkeit *f*
ether ['i:θə*] *n* Äther *m*
ethical ['eθɪkəl] *adj* ethisch
ethics ['eθɪks] *n* Ethik *f* ♦ *npl* Moral *f*
Ethiopia [i:θɪ'əʊpɪə] *n* Äthiopien *nt*
ethnic ['eθnɪk] *adj* Volks-, ethnisch
ethos ['i:θɒs] *n* Gesinnung *f*
etiquette ['etɪket] *n* Etikette *f*
euphemism ['ju:fɪmɪzəm] *n* Euphemismus *m*
Eurocheque ['jʊərəʊ'tʃek] *n* Euroscheck *m*
Europe ['jʊərəp] *n* Europa *nt*; **~an** [jʊərə'pi:ən] *adj* europäisch ♦ *n* Europäer(in) *m(f)*
euro-sceptic *n Kritiker(in) m(f) der Europäischen Gemeinschaft*
evacuate [ɪ'vækjʊeɪt] *vt* (*place*) räumen; (*people*) evakuieren
evacuation [ɪvækjʊ'eɪʃən] *n* Räumung *f*; Evakuierung *f*
evade [ɪ'veɪd] *vt* (*escape*) entkommen +*dat*; (*avoid*) meiden; (*duty*) sich entziehen +*dat*
evaluate [ɪ'væljʊeɪt] *vt* bewerten; (*information*) auswerten
evaporate [ɪ'væpəreɪt] *vi* verdampfen ♦ *vt* verdampfen lassen; **~d milk** *n* Kondensmilch *f*
evasion [ɪ'veɪʒən] *n* Umgehung *f*
evasive [ɪ'veɪzɪv] *adj* ausweich
eve [i:v] *n*: **on the ~ of** abend +*gen*
even ['i:vən] *adj* eben; (*score etc*) unentschie[illegible] gerade ♦ *adv*: **~ y[illegible]** **get ~ with sb** j[illegible] **if** selbst wenn;

though obwohl; ~ **more** sogar noch mehr; ~ **out** *vi* sich ausgleichen

evening ['i:vnɪŋ] *n* Abend *m*; **in the** ~ abends, am Abend; ~ **class** *n* Abendschule *f*; ~ **dress** *n* (*man's*) Gesellschaftsanzug *m*; (*woman's*) Abendkleid *nt*

event [ɪ'vent] *n* (*happening*) Ereignis *nt*; (*SPORT*) Disziplin *f*; **in the** ~ **of** im Falle +*gen*; ~**ful** *adj* ereignisreich

eventual [ɪ'ventʃʊəl] *adj* (*final*) schließlich; ~**ity** [ɪventʃʊ'ælɪtɪ] *n* Möglichkeit *f*; ~**ly** *adv* (*at last*) am Ende; (*given time*) schließlich

ever ['evə*] *adv* (*always*) immer; (*at any time*) je(mals); ~ **since** seitdem ♦ *conj* seit; **have you** ~ **seen it?** haben Sie es je gesehen?; ~**green** *n* Immergrün *nt*; ~**lasting** *adj* immerwährend

every ['evrɪ] *adj* jede(r, s); ~ **other/third day** jeden zweiten/dritten Tag; ~ **one of them** alle; **I have** ~ **confidence in him** ich habe uneingeschränktes Vertrauen in ihn; **we wish you** ~ **success** wir wünschen Ihnen viel Erfolg; **he's** ~ **bit as clever as his brother** er ist genauso klug wie sein Bruder; ~ **now and then** ab und zu; ~**body** *pron* = **everyone**; ~**day** *adj* (*daily*) täglich; (*commonplace*) alltäglich, Alltags-; ~**one** *pron* jeder, alle *pl*; ~**thing** *pron* alles; ~**where** *adv* überall(hin); (*wherever*) wohin; ~**where you go** wohin du auch gehst

evict [ɪ'vɪkt] *vt* ausweisen; ~**ion** *n* Ausweisung *f*

evidence ['evɪdəns] *n* (*sign*) Spur *f*; (*proof*) Beweis *m*; (*testimony*) Aussage *f*

vident ['evɪdənt] *adj* augenscheinlich; ~**ly** *adv* offensichtlich

evil [i:vl] *adj* böse ♦ *n* Böse *nt*

evo[illegible]**ve** [ɪ'vɒkətɪv] *adj*: **to be** ~ [illegible]etw *acc* erinnern

[illegible] *vt* hervorrufen

[illegible]'lu:ʃən] *n* Entwicklung *f*; (*of life*) Evolution *f*

evolve [ɪ'vɒlv] *vt* entwickeln ♦ *vi* sich entwickeln

ewe [ju:] *n* Mutterschaf *nt*

ex- [eks] *prefix* Ex-, Alt-, ehemalig

exacerbate [ek'sæsəbeɪt] *vt* verschlimmern

exact [ɪg'zækt] *adj* genau ♦ *vt* (*demand*) verlangen; ~**ing** *adj* anspruchsvoll; ~**ly** *adv* genau

exaggerate [ɪg'zædʒəreɪt] *vt, vi* übertreiben

exaggeration [ɪgzædʒə'reɪʃən] *n* Übertreibung *f*

exalted [ɪg'zɔ:ltɪd] *adj* (*position, style*) hoch; (*person*) exaltiert

exam [ɪg'zæm] *n abbr* (*SCH*) = **examination**

examination [ɪgzæmɪ'neɪʃən] *n* Untersuchung *f*; (*SCH*) Prüfung *f*, Examen *nt*; (*customs*) Kontrolle *f*

examine [ɪg'zæmɪn] *vt* untersuchen; (*SCH*) prüfen; (*consider*) erwägen; ~**r** *n* Prüfer *m*

example [ɪg'zɑ:mpl] *n* Beispiel *nt*; **for** ~ zum Beispiel

exasperate [ɪg'zɑ:spəreɪt] *vt* zum Verzweifeln bringen

exasperating [ɪg'zɑ:spəreɪtɪŋ] *adj* ärgerlich, zum Verzweifeln bringend

exasperation [ɪgzɑ:spə'reɪʃən] *n* Verzweiflung *f*

excavate ['ekskəveɪt] *vt* ausgraben

excavation [ekskə'veɪʃən] *n* Ausgrabung *f*

exceed [ɪk'si:d] *vt* überschreiten; (*hopes*) übertreffen

exceedingly *adv* (*enormously: stupid, rich, pleasant*) äußerst

excel [ɪk'sel] *vi* sich auszeichnen

excellence ['eksələns] *n* Vortrefflichkeit *f*

excellency ['eksələnsɪ] *n*: **His E**~ Seine Exzellenz *f*

excellent ['eksələnt] *adj* ausgezeichnet

except [ɪk'sept] *prep* (*also*: ~ *for*, ~*ing*) außer +*dat* ♦ *vt* ausnehmen; ~**ion** [ɪk'sepʃən] *n* Ausnahme *f*; **to take** ~**ion to** Anstoß nehmen an

+*dat*; ~**ional** [ɪk'sepʃənl] *adj* außergewöhnlich

excerpt ['eksɜ:pt] *n* Auszug *m*

excess [ek'ses] *n* Übermaß *nt*; **an ~ of** ein Übermaß an +*dat*; ~ **baggage** *n* Mehrgepäck *nt*; ~ **fare** *n* Nachlösegebühr *f*; ~**ive** *adj* übermäßig

exchange [ɪks'tʃeɪndʒ] *n* Austausch *m*; (*also*: *telephone* ~) Zentrale *f* ♦ *vt* (goods) tauschen; (*greetings*) austauschen; (*money*, *blows*) wechseln; ~ **rate** *n* Wechselkurs *m*

Exchequer [ɪks'tʃekə*] (*BRIT*) *n*: **the** ~ das Schatzamt

excise [*n* 'eksaɪz, *vb* ek'saɪz] *n* Verbrauchssteuer *f* ♦ *vt* (*MED*) herausschneiden

excite [ɪk'saɪt] *vt* erregen; **to get ~d** sich aufregen; ~**ment** *n* Aufregung *f*

exciting [ɪk'saɪtɪŋ] *adj* spannend

exclaim [ɪks'kleɪm] *vi* ausrufen

exclamation [eksklə'meɪʃən] *n* Ausruf *m*; ~ **mark** *n* Ausrufezeichen *nt*

exclude [ɪks'klu:d] *vt* ausschließen

exclusion [ɪks'klu:ʒən] *n* Ausschluß *m*

exclusive [ɪks'klu:sɪv] *adj* (*select*) exklusiv; (*sole*) ausschließlich, Allein-; ~ **of** exklusive +*gen*; ~**ly** *adv* nur, ausschließlich

excommunicate [ekskə'mju:nɪkeɪt] *vt* exkommunizieren

excrement ['ekskrɪmənt] *n* Kot *m*

excruciating [ɪks'kru:ʃɪeɪtɪŋ] *adj* qualvoll

excursion [ɪks'kɜ:ʃən] *n* Ausflug *m*

excusable [ɪks'kju:zəbl] *adj* entschuldbar

excuse [*n* ɪks'kju:s, *vb* ɪks'kju:z] *n* Entschuldigung *f* ♦ *vt* entschuldigen; ~ **me!** entschuldigen Sie!

ex-directory ['eksdaɪ'rektərɪ] (*BRIT*) *adj*: **to be** ~ nicht im Telefonbuch stehen

execute ['eksɪkju:t] *vt* (*carry out*) ausführen; (*kill*) hinrichten

execution [eksɪ'kju:ʃən] *n* Ausführung *f*; (*killing*) Hinrichtung *f*; ~**er** *n* Scharfrichter *m*

executive [ɪg'zekjʊtɪv] *n* (*COMM*) Geschäftsführer *m*; (*POL*) Exekutive *f* ♦ *adj* Exekutiv-, ausführend

executor [ɪg'zekjʊtə*] *n* Testamentsvollstrecker *m*

exemplary [ɪg'zempləɪ] *adj* musterhaft

exemplify [ɪg'zemplɪfaɪ] *vt* veranschaulichen

exempt [ɪg'zempt] *adj* befreit ♦ *vt* befreien; ~**ion** [ɪg'zempʃən] *n* Befreiung *f*

exercise ['eksəsaɪz] *n* Übung *f* ♦ *vt* (*power*) ausüben; (*muscle*, *patience*) üben, (*dog*) ausführen ♦ *vi* Sport treiben; ~ **bike** *n* Heimtrainer *m*; ~ **book** *n* (Schul)heft *nt*

exert [ɪg'zɜ:t] *vt* (*influence*) ausüben; **to ~ o.s.** sich anstrengen; ~**ion** [ɪg'zɜ:ʃən] *n* Anstrengung *f*

exhale [eks'heɪl] *vt*, *vi* ausatmen

exhaust [ɪg'zɔ:st] *n* (*fumes*) Abgase *pl*; (*pipe*) Auspuffrohr *nt* ♦ *vt* erschöpfen; ~**ed** *adj* erschöpft; ~**ion** [ɪg'zɔ:stʃən] *n* Erschöpfung *f*; ~**ive** *adj* erschöpfend

exhibit [ɪg'zɪbɪt] *n* (*ART*) Ausstellungsstück *nt*; (*JUR*) Beweisstück *nt* ♦ *vt* ausstellen; ~**ion** [eksɪ'bɪʃən] *n* (*ART*) Ausstellung *f*; (*of temper etc*) Zurschaustellung *f*; ~**ionist** [eksɪ'bɪʃənɪst] *n* Exhibitionist *m*

exhilarating [ɪg'zɪləreɪtɪŋ] *adj* erhebend

exhort [ɪg'zɔ:t] *vt* ermahnen

exile ['eksaɪl] *n* Exil *nt*; (*person*) Verbannte(r) *mf* ♦ *vt* verbannen

exist [ɪg'zɪst] *vi* existieren; ~**ence** *n* Existenz *f*; ~**ing** *adj* bestehend

exit ['eksɪt] *n* Ausgang *m*; (*THEAT*) Abgang *m* ♦ *vi* abtreten, (*COMPUT*) aus einem Programm herausgehen; ~ **ramp** (*US*) *n* (*AUT*) Ausfahrt *f*

exodus ['eksədəs] *n* Auszug *m*

exonerate [ɪg'zɒnəreɪt] *vt* entlasten

exorbitant [ɪg'zɔ:bɪtənt] *adj* übermäßig; (*price*) Phantasie-

exotic [ɪg'zɒtɪk] *adj* exotisch

expand [ɪks'pænd] *vt* ausdehnen ♦ *vi* sich ausdehnen

expanse [ɪks'pæns] *n* Fläche *f*
expansion [ɪks'pænʃən] *n* Erweiterung *f*
expatriate [eks'pætrɪɪt] *n* Ausländer(in) *m(f)*
expect [ɪks'pekt] *vt* erwarten; (*suppose*) annehmen ♦ *vi*: **to be ~ing** ein Kind erwarten; **~ancy** *n* Erwartung *f*; **~ant mother** *n* werdende Mutter *f*; **~ation** [ekspek'teɪʃən] *n* Hoffnung *f*
expedience [ɪks'pi:dɪəns] *n* Zweckdienlichkeit *f*
expediency [ɪks'pi:dɪənsɪ] *n* Zweckdienlichkeit *f*
expedient [ɪks'pi:dɪənt] *adj* zweckdienlich ♦ *n* (Hilfs)mittel *nt*
expedition [ekspɪ'dɪʃən] *n* Expedition *f*
expel [ɪks'pel] *vt* ausweisen; (*student*) (ver)weisen
expend [ɪks'pend] *vt* (*effort*) aufwenden; **~iture** [ɪk'spendɪtʃə*] *n* Ausgaben *pl*
expense [ɪks'pens] *n* Kosten *pl*; **~s** *npl* (*COMM*) Spesen *pl*; **at the ~ of** auf Kosten von; **~ account** *n* Spesenkonto *nt*
expensive [ɪks'pensɪv] *adj* teuer
experience [ɪks'pɪərɪəns] *n* (*incident*) Erlebnis *nt*; (*practice*) Erfahrung *f* ♦ *vt* erleben; **~d** *adj* erfahren
experiment [*n* ɪks'perɪmənt, *vb* ɪks'perɪment] *n* Versuch *m*, Experiment *nt* ♦ *vi* experimentieren; **~al** [ɪksperɪ'mentl] *adj* experimentell
expert ['ekspɜ:t] *n* Fachmann *m*; (*official*) Sachverständige(r) *m* ♦ *adj* erfahren; **~ise** [ekspə'ti:z] *n* Sachkenntnis *f*
expire [ɪks'paɪə*] *vi* (*end*) ablaufen; (*ticket*) verfallen; (*die*) sterben
expiry [ɪks'paɪərɪ] *n* Ablauf *m*
explain [ɪks'pleɪn] *vt* erklären
explanation [eksplə'neɪʃən] *n* Erklärung *f*
explanatory [ɪks'plænətərɪ] *adj* erklärend
explicit [ɪks'plɪsɪt] *adj* ausdrücklich
explode [ɪks'pləʊd] *vi* explodieren ♦ *vt* (*bomb*) sprengen; (*theory*) platzen lassen
exploit [*n* 'ekspɔɪt, *vb* ɪks'plɔɪt] *n* (Helden)tat *f* ♦ *vt* ausbeuten; **~ation** [eksplɔɪ'teɪʃən] *n* Ausbeutung *f*
exploration [eksplɔ:'reɪʃən] *n* Erforschung *f*
exploratory [eks'plɒrətərɪ] *adj* Probe-
explore [ɪks'plɔ:*] *vt* (*travel*) erforschen; (*search*) untersuchen; **~r** *n* Erforscher(in) *m(f)*
explosion [ɪks'pləʊʒən] *n* Explosion *f*; (*fig*) Ausbruch *m*
explosive [ɪks'pləʊzɪv] *adj* explosiv, Spreng- ♦ *n* Sprengstoff *m*
exponent [eks'pəʊnənt] *n* Exponent *m*
export [*vb* eks'pɔ:t, *n* 'ekspɔ:t] *vt* exportieren ♦ *n* Export *m* ♦ *cpd* (*trade*) Export-; **~er** *n* Exporteur *m*
expose [ɪks'pəʊz] *vt* (*to danger etc*) aussetzen; (*impostor*) entlarven; **to ~ sb to sth** jdn einer Sache *dat* aussetzen; **~d** [ɪks'pəʊzd] *adj* (*position*) exponiert
exposure [ɪks'pəʊʒə*] *n* (*MED*) Unterkühlung *f*; (*PHOT*) Belichtung *f*; **~ meter** *n* Belichtungsmesser *m*
expound [ɪks'paʊnd] *vt* entwickeln
express [ɪks'pres] *adj* ausdrücklich; (*speedy*) Expreß-, Eil- ♦ *n* (*RAIL*) Schnellzug *m* ♦ *adv* (*send*) per Expreß ♦ *vt* ausdrücken; **to ~ o.s.** sich ausdrücken; **~ion** [ɪks'preʃən] *n* Ausdruck *m*; **~ive** *adj* ausdrucksvoll; **~ly** *adv* ausdrücklich; **~way** (*US*) *n* (*urban motorway*) Schnellstraße *f*
expulsion [ɪks'pʌlʃən] *n* Ausweisung *f*
expurgate ['ekspɜ:geɪt] *vt* zensieren
exquisite [eks'kwɪzɪt] *adj* erlesen
extend [ɪks'tend] *vt* (*visit etc*) verlängern; (*building*) ausbauen; (*hand*) ausstrecken; (*welcome*) bieten ♦ *vi* (*land*) sich erstrecken
extension [ɪks'tenʃən] *n* Erweiterung *f*; (*of building*) Anbau *m*; (*TEL*) Apparat *m*
extensive [ɪks'tensɪv] *adj* (*knowl-*

edge) umfassend; (*use*) weitgehend

extent [ɪks'tent] *n* Ausdehnung *f*; (*fig*) Ausmaß *nt*; **to a certain ~** bis zu einem gewissen Grade; **to such an ~ that ...** dermaßen, daß ...; **to what ~?** inwieweit?

extenuating [eks'tenjʊeɪtɪŋ] *adj* mildernd

exterior [eks'tɪərɪə*] *adj* äußere(r, s), Außen- ♦ *n* Äußere(s) *nt*

exterminate [eks'tɜ:mɪneɪt] *vt* ausrotten

external [eks'tɜ:nl] *adj* äußere(r, s), Außen-

extinct [ɪks'tɪŋkt] *adj* ausgestorben; **~ion** [ɪks'tɪŋkʃən] *n* Aussterben *nt*

extinguish [ɪks'tɪŋgwɪʃ] *vt* (aus)löschen; **~er** *n* Löschgerät *nt*

extort [ɪks'tɔ:t] *vt* erpressen; **~ion** [ɪks'tɔ:ʃən] *n* Erpressung *f*; **~ionate** [ɪks'tɔ:ʃənɪt] *adj* überhöht, erpresserisch

extra ['ekstrə] *adj* zusätzlich ♦ *adv* besonders ♦ *n* (*for car etc*) Extra *nt*; (*charge*) Zuschlag *m*; (*THEAT*) Statist *m* ♦ *prefix* außer...

extract [*vb* ɪks'trækt, *n* 'ekstrækt] *vt* (heraus)ziehen ♦ *n* (*from book etc*) Auszug *m*; (*COOK*) Extrakt *m*

extracurricular ['ekstrəkə'rɪkjʊlə*] *adj* außerhalb des Stundenplans

extradite ['ekstrədaɪt] *vt* ausliefern

extramarital [ekstrə'mærɪtl] *adj* außerehelich

extramural [ekstrə'mjʊərl] *adj* (*course*) Volkshochschul-

extraordinary [ɪks'trɔ:dnrɪ] *adj* außerordentlich; (*amazing*) erstaunlich

extravagance [ɪks'trævəgəns] *n* Verschwendung *f*; (*lack of restraint*) Zügellosigkeit *f*; (*an ~*) Extravaganz *f*

extravagant [ɪks'trævəgənt] *adj* extravagant

extreme [ɪks'tri:m] *adj* (*edge*) äußerste(r, s), hinterste(r, s); (*cold*) äußerste(r, s); (*behaviour*) außergewöhnlich, übertrieben ♦ *n* Extrem *nt*; **~ly** *adv* äußerst, höchst

extremity [ɪks'tremɪtɪ] *n* (*end*) Spitze *f*, äußerste(s) Ende *nt*; (*hardship*) bitterste Not *f*; (*ANAT*) Hand *f*; Fuß *m*

extricate ['ekstrɪkeɪt] *vt* losmachen, befreien

extrovert ['ekstrəʊvɜ:t] *n* extrovertierte(r) Mensch *m*

exuberant [ɪg'zu:bərənt] *adj* ausgelassen

exude [ɪg'zju:d] *vt* absondern

exult [ɪg'zʌlt] *vi* frohlocken

eye [aɪ] *n* Auge *nt*; (*of needle*) Öhr *nt* ♦ *vt* betrachten; (*up and down*) mustern; **to keep an ~ on** aufpassen auf +*acc*; **~ball** *n* Augapfel *m*; **~bath** *n* Augenbad *nt*; **~brow** *n* Augenbraue *f*; **~brow pencil** *n* Augenbrauenstift *m*; **~drops** *npl* Augentropfen *pl*; **~lash** *n* Augenwimper *f*; **~lid** *n* Augenlid *nt*; **~liner** *n* Eyeliner *nt*; **~-opener** *n* **that was an ~-opener** das hat mir/ihm *etc* die Augen geöffnet; **~shadow** *n* Lidschatten *m*; **~sight** *n* Sehkraft *f*; **~sore** *n* Schandfleck *m*; **~ witness** *n* Augenzeuge *m*

F

F [ef] *n* (*MUS*) F *nt*

F. *abbr* (= *Fahrenheit*) F

fable ['feɪbl] *n* Fabel *f*

fabric ['fæbrɪk] *n* Stoff *m*, (*fig*) Gefüge *nt*

fabrication [fæbrɪ'keɪʃən] *n* Erfindung *f*

fabulous ['fæbjʊləs] *adj* sagenhaft

face [feɪs] *n* Gesicht *nt*; (*surface*) Oberfläche *f*; (*of clock*) Zifferblatt *nt* ♦ *vt* (*point towards*) liegen nach; (*situation, difficulty*) sich stellen +*dat*; **~ down** (*person*) mit dem Gesicht nach unten; (*card*) mit der Vorderseite nach unten; **to make** *or* **pull a ~** das Gesicht verziehen; **in the ~ of** angesichts +*gen*; **on the ~ of it** so, wie es aussieht; **~ to ~** Auge in Auge; **to ~ up to sth** einer Sache *dat* ins Auge sehen; **~ cloth** (*BRIT*) *n* Waschlappen *m*; ~ **cream** *n* Gesichtscreme *f*; ~ **lift** *n* Face-lifting *nt*; ~ **powder** *n* (Gesichts)puder *m*

facet ['fæsɪt] *n* Aspekt *m*; (*of gem*) Facette *f*

facetious [fə'si:ʃəs] *adj* witzig

face value *n* Nennwert *m*; **to take sth at (its)** ~ (*fig*) etw für bare Münze nehmen

facial ['feɪʃəl] *adj* Gesichts-

facile ['fæsaɪl] *adj* oberflächlich; (*US*: *easy*) leicht

facilitate [fə'sɪlɪteɪt] *vt* erleichtern

facilities [fə'sɪlɪtɪz] *npl* Einrichtungen *pl*; **credit** ~ Kreditmöglichkeiten *pl*

facing ['feɪsɪŋ] *adj* zugekehrt ♦ *prep* gegenüber

facsimile [fæk'sɪmɪlɪ] *n* Faksimile *nt*; (*machine*) Telekopierer *m*

fact [fækt] *n* Tatsache *f*; **in** ~ in der Tat

faction ['fækʃən] *n* Splittergruppe *f*

factor ['fæktə*] *n* Faktor *m*

factory ['fæktərɪ] *n* Fabrik *f*

factual ['fæktjʊəl] *adj* sachlich

faculty ['fækəltɪ] *n* Fähigkeit *f*; (*UNIV*) Fakultät *f*; (*US*: *teaching staff*) Lehrpersonal *nt*

fad [fæd] *n* Tick *m*; (*fashion*) Masche *f*

fade [feɪd] *vi* (*lose colour*) verblassen; (*grow dim*) nachlassen; (*sound, memory*) schwächer werden; (*wither*) verwelken

fag [fæg] (*inf*) *n* (*cigarette*) Kippe *f*

fail [feɪl] *vt* (*exam*) nicht bestehen; (*student*) durchfallen lassen; (*courage*) verlassen; (*memory*) im Stich lassen ♦ *vi* (*supplies*) zu Ende gehen; (*student*) durchfallen; (*eyesight*) nachlassen; (*light*) schwächer werden; (*crop*) fehlschlagen; (*remedy*) nicht wirken; **to** ~ **to do sth** (*neglect*) es unterlassen, etw zu tun; (*be unable*) es nicht schaffen, etw zu tun; **without** ~ unbedingt; ~**ing** *n* Schwäche *f* ♦ *prep* mangels +*gen*; ~**ure** *n* (*person*) Versager *m*; (*act*) Versagen *nt*; (*TECH*) Defekt *m*

faint [feɪnt] *adj* schwach ♦ *n* Ohnmacht *f* ♦ *vi* ohnmächtig werden

fair [fɛə*] *adj* (*just*) gerecht, fair; (*hair*) blond; (*skin*) hell; (*weather*) schön; (*not very good*) mittelmäßig; (*sizeable*) ansehnlich ♦ *adv* (*play*) fair ♦ *n* (*COMM*) Messe *f*; (*BRIT*: *fun*~) Jahrmarkt *m*; ~**ly** *adv* (*honestly*) gerecht, fair; (*rather*) ziemlich; ~**ness** *n* Fairneß *f*

fairy ['fɛərɪ] *n* Fee *f*; ~ **tale** *n* Märchen *nt*

faith [feɪθ] *n* Glaube *m*; (*trust*) Vertrauen *nt*; (*sect*) Bekenntnis *nt*; ~**ful** *adj* treu; ~**fully** *adv* treu; **yours** ~**fully** (*BRIT*) hochachtungsvoll

fake [feɪk] *n* (*thing*) Fälschung *f*; (*person*) Schwindler *m* ♦ *adj* vorgetäuscht ♦ *vt* fälschen

falcon ['fɔ:lkən] *n* Falke *m*

fall [fɔ:l] (*pt* **fell**, *pp* **fallen**) *n* Fall *m*, Sturz *m*; (*decrease*) Fallen *nt*; (*of snow*) (Schnee)fall *m*; (*US*: *autumn*) Herbst *m* ♦ *vi* (*also fig*) fallen; (*night*) hereinbrechen; ~**s** *npl* (*waterfall*) Fälle *pl*; **to** ~ **flat** platt hinfallen; (*joke*) nicht ankommen; ~ **back** *vi* zurückweichen; ~ **back on** *vt fus* zurückgreifen auf +*acc*; ~ **behind** *vi* zurückbleiben; ~ **down** *vi* (*person*) hinfallen; (*building*) einstürzen; ~ **for** *vt fus* (*trick*) hereinfallen auf +*acc*; (*person*) sich verknallen in +*acc*; ~ **in** *vi* (*roof*) einstürzen; ~ **off** *vi* herunterfallen; (*diminish*) sich vermindern; ~ **out** *vi* sich streiten; (*MIL*) wegtreten; ~ **through** *vi* (*plan*) ins Wasser fallen

fallacy ['fæləsɪ] *n* Trugschluß *m*

fallen ['fɔ:lən] *pp of* **fall**

fallible ['fæləbl] *adj* fehlbar

fallout ['fɔ:laʊt] *n* radioaktive(r) Niederschlag *m*; ~ **shelter** *n* Atombunker *m*

fallow ['fæləʊ] *adj* brach(liegend)

false [fɔ:ls] *adj* falsch; (*artificial*) künstlich; **under** ~ **pretences** unter Vorspiegelung falscher Tatsachen; ~ **alarm** *n* Fehlalarm *m*; ~ **teeth** (*BRIT*) *npl* Gebiß *nt*

falter ['fɔ:ltə*] *vi* schwanken; (*in speech*) stocken
fame [feɪm] *n* Ruhm *m*
familiar [fə'mɪlɪə*] *adj* bekannt; (*intimate*) familiär; **to be ~ with** vertraut sein mit; **~ize** *vt* vertraut machen
family ['fæmɪlɪ] *n* Familie *f*; (*relations*) Verwandtschaft *f*; **~ business** *n* Familienunternehmen *nt*; **~ doctor** *n* Hausarzt *m*
famine ['fæmɪn] *n* Hungersnot *f*
famished ['fæmɪʃt] *adj* ausgehungert
famous ['feɪməs] *adj* berühmt; **~ly** *adv* (*get on*) prächtig
fan [fæn] *n* (*folding*) Fächer *m*; (*ELEC*) Ventilator *m*; (*admirer*) Fan *m* ♦ *vt* fächeln; **~ out** *vi* sich (fächerförmig) ausbreiten
fanatic [fə'nætɪk] *n* Fanatiker(in) *m(f)*
fan belt *n* Keilriemen *m*
fanciful ['fænsɪfʊl] *adj* (*odd*) seltsam; (*imaginative*) phantasievoll
fancy ['fænsɪ] *n* (*liking*) Neigung *f*; (*imagination*) Einbildung *f* ♦ *adj* schick ♦ *vt* (*like*) gern haben; wollen; (*imagine*) sich einbilden; **he fancies her** er mag sie; **~ dress** *n* Maskenkostüm *nt*; **~-dress ball** *n* Maskenball *m*
fang [fæŋ] *n* Fangzahn *m*, (*of snake*) Giftzahn *m*
fantastic [fæn'tæstɪk] *adj* phantastisch
fantasy ['fæntəzɪ] *n* Phantasie *f*
far [fɑ:*] *adj* weit ♦ *adv* weit entfernt; (*very much*) weitaus, ; **by ~** bei weitem; **so ~** soweit; bis jetzt; **go as ~ as the farm** gehen Sie bis zum Bauernhof; **as ~ as I know** soweit *or* soviel ich weiß; **~away** *adj* weit entfernt
farce [fɑ:s] *n* Farce *f*
farcical ['fɑ:sɪkəl] *adj* lächerlich
fare [feə*] *n* Fahrpreis *m*; Fahrgeld nt; (*food*) Kost *f*; **half/full ~** halber/voller Fahrpreis *m*
Far East *n*: **the ~** der Ferne Osten
farewell [feə'wel] *n* Abschied(sgruß) *m* ♦ *excl* lebe wohl!
farm [fɑ:m] *n* Bauernhof *m*, Farm *f* ♦ *vt* bewirtschaften; **~er** *n* Bauer *m*, Landwirt *m*; **~hand** *n* Landarbeiter *m*; **~house** *n* Bauernhaus *nt*; **~ing** *n* Landwirtschaft *f*; **~land** *n* Ackerland *nt*; **~yard** *n* Hof *m*
far-reaching ['fɑ:'ri:tʃɪŋ] *adj* (*reform, effect*) weitreichend
fart [fɑ:t] (*inf!*) *n* Furz *m* ♦ *vi* furzen
farther ['fɑ:ðə*] *adv* weiter
farthest ['fɑ:ðɪst] *adj* fernste(r, s) ♦ *adv* am weitesten
fascinate ['fæsɪneɪt] *vt* faszinieren
fascination [fæsɪ'neɪʃən] *n* Faszination *f*
fascism ['fæʃɪzəm] *n* Faschismus *m*
fashion ['fæʃən] *n* (*of clothes*) Mode *f*; (*manner*) Art *f* (und Weise *f*) ♦ *vt* machen; **in ~** in Mode; **out of ~** unmodisch; **~able** *adj* (*clothes*) modisch; (*place*) elegant; **~ show** *n* Mode(n)schau *f*
fast [fɑ:st] *adj* schnell; (*firm*) fest ♦ *adv* schnell; fest ♦ *n* Fasten *nt* ♦ *vi* fasten; **to be ~** (*clock*) vorgehen
fasten ['fɑ:sn] *vt* (*attach*) befestigen; (*with rope*) zuschnüren; (*seat belt*) festmachen; (*coat*) zumachen ♦ *vi* sich schließen lassen; **~er** *n* Verschluß *m*; **~ing** *n* Verschluß *m*
fast food *n* Fast food *nt*
fastidious [fæs'tɪdɪəs] *adj* wählerisch
fat [fæt] *adj* dick ♦ *n* Fett *nt*
fatal ['feɪtl] *adj* tödlich; (*disastrous*) verhängnisvoll; **~ity** [fə'tælɪtɪ] *n* (*road death etc*) Todesopfer *nt*; **~ly** *adv* tödlich
fate [feɪt] *n* Schicksal *nt*; **~ful** *adj* (*prophetic*) schicksalsschwer; (*important*) schicksalhaft
father ['fɑ:ðə*] *n* Vater *m*; (*REL*) Pater *m*; **~-in-law** *n* Schwiegervater *m*; **~ly** *adj* väterlich
fathom ['fæðəm] *n* Klafter *m* ♦ *vt* ausloten; (*fig*) ergründen
fatigue [fə'ti:g] *n* Ermüdung *f*
fatten ['fætn] *vt* dick machen; (*ani-*

mals) mästen ♦ *vi* dick werden

fatty ['fætɪ] *adj* fettig ♦ *n* (*inf*) Dickerchen *nt*

fatuous ['fætjʊəs] *adj* albern, affig

faucet ['fɔːsɪt] (*US*) *n* Wasserhahn *m*

fault [fɔːlt] *n* (*defect*) Defekt *m*; (*ELEC*) Störung *f*; (*blame*) Schuld *f*; (*GEOG*) Verwerfung *f* ♦ *vt*: **it's your ~** du bist daran schuld; **to find ~ with (sth/sb)** etwas auszusetzen haben an (etw/jdm); **at ~** im Unrecht; **~less** *adj* tadellos; **~y** *adj* fehlerhaft, defekt

favour ['feɪvə*] (*US* **favor**) *n* (*approval*) Wohlwollen *nt*; (*kindness*) Gefallen *m* ♦ *vt* (*prefer*) vorziehen; **in ~ of** für; zugunsten +*gen*; **to find ~ with sb** bei jdm Anklang finden; **~able** *adj* günstig; **~ite** ['feɪvərɪt] *adj* Lieblings- ♦ *n* (*child*) Liebling *m*; (*SPORT*) Favorit *m*

fawn [fɔːn] *adj* rehbraun ♦ *n* (*colour*) Rehbraun *nt*; (*animal*) (Reh)kitz *nt* ♦ *vi*: **to ~ (up)on** (*fig*) katzbuckeln vor +*dat*

fax [fæks] *n* (*document*) Fax *nt*; (*machine*) Telefax *nt* ♦ *vt*: **to ~ sth to sb** jdm etw faxen

FBI ['efbiː'aɪ] (*US*) *n abbr* (= *Federal Bureau of Investigation*) FBI *nt*

fear [fɪə*] *n* Furcht *f* ♦ *vt* fürchten; **~ful** *adj* (*timid*) furchtsam; (*terrible*) fürchterlich; **~less** *adj* furchtlos

feasible ['fiːzəbl] *adj* durchführbar

feast [fiːst] *n* Festmahl *nt*; (*REL*: *also*: *~ day*) Feiertag *m* ♦ *vi*: **to ~ (on)** sich gütlich tun (an +*dat*)

feat [fiːt] *n* Leistung *f*

feather ['feðə*] *n* Feder *f*

feature ['fiːtʃə*] *n* (Gesichts)zug *m*; (*important part*) Grundzug *m*; (*CINE, PRESS*) Feature *nt* ♦ *vt* darstellen; (*advertising etc*) groß herausbringen ♦ *vi* vorkommen; **featuring X** mit X; **~ film** *n* Spielfilm *m*

February ['febrʊərɪ] *n* Februar *m*

fed [fed] *pt, pp of* **feed**

federal ['fedərəl] *adj* Bundes-

federation [fedə'reɪʃən] *n* (*society*) Verband *m*; (*of states*) Staatenbund *m*

fed up *adj*: **to be ~ with sth** etw satt haben; **I'm ~** ich habe die Nase voll

fee [fiː] *n* Gebühr *f*

feeble ['fiːbl] *adj* (*person*) schwach; (*excuse*) lahm

feed [fiːd] (*pt, pp* **fed**) *n* (*for baby*) Essen *nt*; (*for animals*) Futter *nt* ♦ *vt* füttern; (*support*) ernähren; (*data*) eingeben; **to ~ on** fressen; **~back** *n* (*information*) Feedback *nt*; **~ing bottle** (*BRIT*) *n* Flasche *f*

feel [fiːl] (*pt, pp* **felt**) *n*: **it has a soft ~** es fühlt sich weich an ♦ *vt* (*sense*) fühlen; (*touch*) anfassen; (*think*) meinen ♦ *vi* (*person*) sich fühlen; (*thing*) sich anfühlen; **to get the ~ of sth** sich an etw *acc* gewöhnen; **I ~ cold** mir ist kalt; **I ~ like a cup of tea** ich habe Lust auf eine Tasse Tee; **~ about** *or* **around** *vi* herumsuchen; **~er** *n* Fühler *m*; **~ing** *n* Gefühl *nt*; (*opinion*) Meinung *f*

feet [fiːt] *npl of* **foot**

feign [feɪn] *vt* vortäuschen

feline ['fiːlaɪn] *adj* katzenartig

fell [fel] *pt of* **fall** ♦ *vt* (*tree*) fällen

fellow ['feləʊ] *n* (*man*) Kerl *m*; **~ citizen** *n* Mitbürger(in) *m(f)*; **~ countryman** (*irreg*) *n* Landsmann *m*; **~ men** *npl* Mitmenschen *pl*; **~ship** *n* (*group*) Körperschaft *f*; (*friendliness*) Kameradschaft *f*; (*scholarship*) Forschungsstipendium *nt*; **~ student** *n* Kommilitone *m*, Kommilitonin *f*

felony ['felənɪ] *n* schwere(s) Verbrechen *nt*

felt [felt] *pt, pp of* **feel** ♦ *n* Filz *m*; **~-tip pen** *n* Filzstift *m*

female ['fiːmeɪl] *n* (*of animals*) Weibchen *nt* ♦ *adj* weiblich

feminine ['femɪnɪn] *adj* (*LING*) weiblich; (*qualities*) fraulich

feminist ['femɪnɪst] *n* Feminist(in) *m(f)*

fence [fens] *n* Zaun *m* ♦ *vt* (*also*: *~ in*) einzäunen ♦ *vi* fechten

fencing ['fensɪŋ] *n* Zaun *m*; (*SPORT*) Fechten *nt*

fend [fend] *vi*: **to ~ for o.s.** sich (allein) durchschlagen; **~ off** *vt* abwehren
fender ['fendə*] *n* Kaminvorsetzer *m*; (*US*: *AUT*) Kotflügel *m*
ferment [*vb* fə'ment, *n* 'fɜ:ment] *vi* (*CHEM*) gären ♦ *n* (*excitement*) Unruhe *f*
fern [fɜ:n] *n* Farn *m*
ferocious [fə'rəʊʃəs] *adj* wild, grausam
ferret ['ferɪt] *n* Frettchen *nt* ♦ *vt*: **to ~ out** aufspüren
ferry ['ferɪ] *n* Fähre *f* ♦ *vt* übersetzen
fertile ['fɜ:taɪl] *adj* fruchtbar
fertilize ['fɜ:tɪlaɪz] *vt* (*AGR*) düngen; (*BIOL*) befruchten; **~r** ['fɜ:tɪlaɪzə*] *n* (Kunst)dünger *m*
fervent ['fɜ:vənt] *adj* (*admirer*) glühend; (*hope*) innig
fervour ['fɜ:və*] (*US* **fervor**) *n* Leidenschaft *f*
fester ['festə*] *vi* eitern
festival ['festɪvəl] *n* (*REL etc*) Fest *nt*; (*ART, MUS*) Festspiele *pl*
festive ['festɪv] *adj* festlich; **the ~ season** (*Christmas*) die Festzeit
festivities [fes'tɪvɪtɪz] *npl* Feierlichkeiten *pl*
festoon [fes'tu:n] *vt*: **to ~ with** schmücken mit
fetch [fetʃ] *vt* holen; (*in sale*) einbringen
fetching ['fetʃɪŋ] *adj* reizend
fête [feɪt] *n* Fest *nt*
fetus ['fi:təs] (*US*) *n* = **foetus**
feud [fju:d] *n* Fehde *f*
feudal ['fju:dl] *adj* Feudal-
fever ['fi:və*] *n* Fieber *nt*; **~ish** *adj* (*MED*) fiebrig; (*fig*) fieberhaft
few [fju:] *adj* wenig; **a ~** einige; **~er** *adj* weniger; **~est** *adj* wenigste(r,s)
fiancé [fɪ'ɑ:nseɪ] *n* Verlobte(r) *m*; **~e** *n* Verlobte *f*
fib [fɪb] *n* Flunkerei *f* ♦ *vi* flunkern
fibre ['faɪbə*] (*US* **fiber**) *n* Faser *f*; **~-glass** *n* Glaswolle *f*
fickle ['fɪkl] *adj* unbeständig
fiction ['fɪkʃən] *n* (*novels*) Romanliteratur *f*; (*story*) Erdichtung *f*; **~al** *adj* erfunden
fictitious [fɪk'tɪʃəs] *adj* erfunden, fingiert
fiddle ['fɪdl] *n* Geige *f*; (*trick*) Schwindelei *f* ♦ *vt* (*BRIT*: *accounts*) frisieren; **~ with** *vt fus* herumfummeln an +*dat*
fidelity [fɪ'delɪtɪ] *n* Treue *f*
fidget ['fɪdʒɪt] *vi* zappeln
field [fi:ld] *n* Feld *nt*; (*range*) Gebiet *nt*; **~ marshal** *n* Feldmarschall *m*; **~work** *n* Feldforschung *f*
fiend [fi:nd] *n* Teufel *m*
fierce [fɪəs] *adj* wild
fiery ['faɪərɪ] *adj* (*hot-tempered*) hitzig
fifteen [fɪf'ti:n] *num* fünfzehn
fifth [fɪfθ] *adj* fünfte(r, s) ♦ *n* Fünftel *nt*
fifty ['fɪftɪ] *num* fünfzig; **~-fifty** *adj, adv* halbe halbe, fifty fifty (*inf*)
fig [fɪg] *n* Feige *f*
fight [faɪt] (*pt, pp* **fought**) *n* Kampf *m*; (*brawl*) Schlägerei *f*; (*argument*) Streit *m* ♦ *vt* kämpfen gegen; sich schlagen mit; (*fig*) bekämpfen ♦ *vi* kämpfen; sich schlagen; streiten; **~er** *n* Kämpfer(in) *m(f)*; (*plane*) Jagdflugzeug *nt*; **~ing** *n* Kämpfen *nt*; (*war*) Kampfhandlungen *pl*
figment ['fɪgmənt] *n*: **~ of the imagination** reine Einbildung *f*
figurative ['fɪgərətɪv] *adj* bildlich
figure ['fɪgə*] *n* (*of person*) Figur *f*; (*person*) Gestalt *f*; (*number*) Ziffer *f* ♦ *vt* (*US*: *imagine*) glauben ♦ *vi* (*appear*) erscheinen; **~ out** *vt* herausbekommen; **~head** *n* (*NAUT, fig*) Galionsfigur *f*; **~ of speech** *n* Redensart *f*
filament ['fɪləmənt] *n* Faden *m*; (*ELEC*) Glühfaden *m*
filch [fɪltʃ] (*inf*) *vt* filzen
file [faɪl] *n* (*tool*) Feile *f*; (*dossier*) Akte *f*; (*folder*) Aktenordner *m*; (*COMPUT*) Datei *f*; (*row*) Reihe *f* ♦ *vt* (*metal, nails*) feilen; (*papers*) abheften; (*claim*) einreichen ♦ *vi*: **to ~ in/out** hintereinander hereinkommen/hinausgehen; **to ~ past** vorbeimar-

schieren

filing ['faɪlɪŋ] *n* Ablage *f*; ~ **cabinet** *n* Aktenschrank *m*

fill [fɪl] *vt* füllen; (*occupy*) ausfüllen; (*satisfy*) sättigen ♦ *n*: **to eat one's** ~ sich richtig satt essen; ~ **in** *vt* (*hole*) (auf)füllen; (*form*) ausfüllen; ~ **up** *vt* (*container*) auffüllen; (*form*) ausfüllen ♦ *vi* (*AUT*) tanken

fillet ['fɪlɪt] *n* Filet *nt*; ~ **steak** *n* Filetsteak *nt*

filling ['fɪlɪŋ] *n* (*COOK*) Füllung *f*; (*for tooth*) (Zahn)plombe *f*; ~ **station** *n* Tankstelle *f*

film [fɪlm] *n* Film *m* ♦ *vt* (*scene*) filmen; ~ **star** *n* Filmstar *m*; ~**strip** *n* Filmstreifen *m*

filter ['fɪltə*] *n* Filter *m* ♦ *vt* filtern; ~ **lane** (*BRIT*) *n* Abbiegespur *f*; ~-**tipped** *adj* Filter-

filth [fɪlθ] *n* Dreck *m*; ~**y** *adj* dreckig; (*weather*) scheußlich

fin [fɪn] *n* Flosse *f*

final ['faɪnl] *adj* letzte(r, s); End-; (*conclusive*) endgültig ♦ *n* (*FOOTBALL etc*) Endspiel *nt*; ~**s** *npl* (*UNIV*) Abschlußexamen *nt*; (*SPORT*) Schlußrunde *f*; ~**e** [fɪ'nɑ:lɪ] *n* (*MUS*) Finale *nt*; ~**ist** *n* (*SPORT*) Schlußrundenteilnehmer *m*; ~**ize** *vt* endgültige Form geben +*dat*; abschließen; ~**ly** *adv* (*lastly*) zuletzt; (*eventually*) endlich; (*irrevocably*) endgültig

finance [faɪ'næns] *n* Finanzwesen *nt* ♦ *vt* finanzieren; ~**s** *npl* (*funds*) Finanzen *pl*

financial [faɪ'nænʃəl] *adj* Finanz-; finanziell

find [faɪnd] (*pt, pp* **found**) *vt* finden ♦ *n* Fund *m*; **to** ~ **sb guilty** jdn für schuldig erklären; ~ **out** *vt* herausfinden; ~**ings** *npl* (*JUR*) Ermittlungsergebnis *nt*; (*of report*) Befund *m*

fine [faɪn] *adj* fein; (*good*) gut; (*weather*) schön ♦ *adv* (*well*) gut; (*small*) klein ♦ *n* (*JUR*) Geldstrafe *f* ♦ *vt* mit einer Geldstrafe belegen; ~ **arts** *npl* schöne(n) Künste *pl*

finery ['faɪnərɪ] *n* Putz *m*

finger ['fɪŋgə*] *n* Finger *m* ♦ *vt* befühlen; ~**nail** *n* Fingernagel *m*; ~**print** *n* Fingerabdruck *m*; ~**tip** *n* Fingerspitze *f*

finicky ['fɪnɪkɪ] *adj* pingelig

finish ['fɪnɪʃ] *n* Ende *nt*; (*SPORT*) Ziel *nt*; (*of object*) Verarbeitung *f*; (*of paint*) Oberflächenwirkung *f* ♦ *vt* beenden; (*book*) zu Ende lesen ♦ *vi* aufhören; (*SPORT*) ans Ziel kommen; **to be** ~**ed with sth** fertig sein mit etw; **to** ~ **doing sth** mit etw fertig werden; ~ **off** *vt* (*complete*) fertigmachen; (*kill*) den Gnadenstoß geben +*dat*; (*knock out*) erledigen (*umg*); ~ **up** *vt* (*food*) aufessen; (*drink*) austrinken ♦ *vi* (*end up*) enden; ~**ing line** *n* Ziellinie *f*; ~**ing school** *n* Mädchenpensionat *nt*

finite ['faɪnaɪt] *adj* endlich, begrenzt

Finland ['fɪnlənd] *n* Finnland *nt*

Finn [fɪn] *n* Finne *m*, Finnin *f*; ~**ish** *adj* finnisch ♦ *n* (*LING*) Finnisch *nt*

fir [fɜ:*] *n* Tanne *f*

fire [faɪə*] *n* Feuer *nt*; (*in house etc*) Brand *m* ♦ *vt* (*gun*) abfeuern; (*imagination*) entzünden; (*dismiss*) hinauswerfen ♦ *vi* (*AUT*) zünden; **to be on** ~ brennen; ~ **alarm** *n* Feueralarm *m*; ~**arm** *n* Schußwaffe *f*; ~ **brigade** (*BRIT*) *n* Feuerwehr *f*; ~ **department** (*US*) *n* Feuerwehr *f*; ~ **engine** *n* Feuerwehrauto *nt*; ~ **escape** *n* Feuerleiter *f*; ~ **extinguisher** *n* Löschgerät *nt*; ~**man** (*irreg*) *n* Feuerwehrmann *m*; ~**place** *n* Kamin *m*; ~**side** *n* Kamin *m*; ~ **station** *n* Feuerwehrwache *f*; ~**works** *npl* Feuerwerk *nt*

firing ['faɪərɪŋ] *n* Schießen *nt*; ~ **squad** *n* Exekutionskommando *nt*

firm [fɜ:m] *adj* fest ♦ *n* Firma *f*

firmly *adv* (*grasp, speak*) fest; (*push, tug*) energisch; (*decide*) endgültig

first [fɜ:st] *adj* erste(r, s) ♦ *adv* zuerst; (*arrive*) als erste(r); (*happen*) zum erstenmal ♦ *n* (*person*: *in race*) Erste(r) *mf*; (*UNIV*) Eins *f*; (*AUT*) erste(r) Gang *m*; **at** ~ zuerst; ~ **of all** zu allererst; ~ **aid** *n* Erste Hilfe *f*; ~-**aid kit** *n* Verbandskasten *m*; ~-

class *adj* erstklassig; (*travel*) erster Klasse; **~-hand** *adj* aus erster Hand; **~ lady** (*US*) *n* First Lady *f*; **~ly** *adv* erstens; **~ name** *n* Vorname *m*; **~-rate** *adj* erstklassig

fiscal ['fɪskəl] *adj* Finanz-

fish [fɪʃ] *n inv* Fisch *m* ♦ *vi* fischen; angeln; **to go ~ing** angeln gehen; (*in sea*) fischen gehen; **~erman** (*irreg*) *n* Fischer *m*; **~ farm** *n* Fischzucht *f*; **~ fingers** (*BRIT*) *npl* Fischstäbchen *pl*; **~ing boat** *n* Fischerboot *nt*; **~ing line** *n* Angelschnur *f*; **~ing rod** *n* Angel(rute) *f*; **~-monger's (shop)** *n* Fischhändler *m*; **~ slice** *n* Fischvorleger *m*; **~ sticks** (*US*) *npl* = **fish fingers**; **~y** (*inf*) *adj* (*suspicious*) faul

fission ['fɪʃən] *n* Spaltung *f*

fissure ['fɪʃə*] *n* Riß *m*

fist [fɪst] *n* Faust *f*

fit [fɪt] *adj* (*MED*) gesund; (*SPORT*) in Form, fit; (*suitable*) geeignet ♦ *vt* passen +*dat*; (*insert, attach*) einsetzen ♦ *vi* passen; (*in space, gap*) hineinpassen ♦ *n* (*of clothes*) Sitz *m*; (*MED, of anger*) Anfall *m*; (*of laughter*) Krampf *m*; **by ~s and starts** (*move*) ruckweise; (*work*) unregelmäßig; **~ in** *vi* hineinpassen; (*fig: person*) passen; **~ out** *vt* (*also: fit up*) ausstatten; **~ful** *adj* (*sleep*) unruhig; **~ment** *n* Einrichtungsgegenstand *m*; **~ness** *n* (*suitability*) Eignung *f*; (*MED*) Gesundheit *f*; (*SPORT*) Fitneß *f*; **~ted carpet** *n* Teppichboden *m*; **~ted kitchen** *n* Einbauküche *f*; **~ter** *n* (*TECH*) Monteur *m*; **~ting** *adj* passend ♦ *n* (*of dress*) Anprobe *f*; (*piece of equipment*) (Ersatz)teil *nt*; **~tings** *npl* (*equipment*) Zubehör *nt*; **~ting room** *n* Anproberaum *m*

five [faɪv] *num* fünf; **~r** (*inf*) *n* (*BRIT*) Fünf-Pfund-Note *f*; (*US*) Fünf-Dollar-Note *f*

fix [fɪks] *vt* befestigen; (*settle*) festsetzen; (*repair*) reparieren ♦ *n*: **in a ~** in der Klemme; **~ up** *vt* (*meeting*) arrangieren; **to ~ sb up with sth** jdm etw *acc* verschaffen; **~ation** [fɪks'eɪʃən] *n* Fixierung *f*; **~ed** [fɪkst] *adj* fest; **~ture** ['fɪkstʃə*] *n* Installationsteil *m*; (*SPORT*) Spiel *nt*

fizzle ['fɪzl] *vi*: **to ~ out** verpuffen

fizzy ['fɪzɪ] *adj* Sprudel-, sprudelnd

flabbergasted ['flæbəgɑ:stɪd] (*inf*) *adj* platt

flabby ['flæbɪ] *adj* wabbelig

flag [flæg] *n* Fahne *f* ♦ *vi* (*strength*) nachlassen; (*spirit*) erlahmen; **~ down** *vt* anhalten

flagpole ['flægpəʊl] *n* Fahnenstange *f*

flagrant ['fleɪgrənt] *adj* kraß

flair [flɛə*] *n* Talent *nt*

flak [flæk] *n* Flakfeuer *nt*

flake [fleɪk] *n* (*of snow*) Flocke *f*; (*of rust*) Schuppe *f* ♦ *vi* (*also: ~ off*) abblättern

flamboyant [flæm'bɔɪənt] *adj* extravagant

flame [fleɪm] *n* Flamme *f*

flamingo [flə'mɪŋgəʊ] *n* Flamingo *m*

flammable ['flæməbl] *adj* brennbar

flan [flæn] (*BRIT*) *n* Obsttorte *f*

flank [flæŋk] *n* Flanke *f* ♦ *vt* flankieren

flannel ['flænl] *n* Flanell *m*; (*BRIT: also: face ~*) Waschlappen *m*; (: *inf*) Geschwafel *nt*; **~s** *npl* (*trousers*) Flanellhose *f*

flap [flæp] *n* Klappe *f*; (*inf: crisis*) (helle) Aufregung *f* ♦ *vt* (*wings*) schlagen mit ♦ *vi* flattern

flare [flɛə*] *n* (*signal*) Leuchtsignal *nt*; (*in skirt etc*) Weite *f*; **~ up** *vi* aufflammen; (*fig*) aufbrausen; (*revolt*) (plötzlich) ausbrechen

flash [flæʃ] *n* Blitz *m*; (*also: news ~*) Kurzmeldung *f*; (*PHOT*) Blitzlicht *nt* ♦ *vt* aufleuchten lassen ♦ *vi* aufleuchten; **in a ~** im Nu; **~ by** *or* **past** *vi* vorbeirasen; **~back** *n* Rückblende *f*; **~bulb** *n* Blitzlichtbirne *f*; **~ cube** *n* Blitzwürfel *m*; **~light** *n* Blitzlicht *nt*

flashy ['flæʃɪ] (*pej*) *adj* knallig

flask [flɑ:sk] *n* (*CHEM*) Kolben *m*; (*also: vacuum ~*) Thermosflasche *f* (®)

flat [flæt] *adj* flach; (*dull*) matt;

(*MUS*) erniedrigt; (*beer*) schal; (*tyre*) platt ♦ *n* (*BRIT*: *rooms*) Wohnung *f*; (*MUS*) b *nt*; (*AUT*) Platte(r) *m*; **to work ~ out** auf Hochtouren arbeiten; **~ly** *adv* glatt; **~ten** *vt* (*also*: *~ten out*) ebnen

flatter ['flætə*] *vt* schmeicheln +*dat*; **~ing** *adj* schmeichelhaft; **~y** *n* Schmeichelei *f*

flatulence ['flætjʊləns] *n* Blähungen *pl*

flaunt [flɔ:nt] *vt* prunken mit

flavour ['fleɪvə*] (*US* **flavor**) *n* Geschmack *m* ♦ *vt* würzen; **~ed** *adj*: **strawberry-flavoured** mit Erdbeergeschmack; **~ing** *n* Würze *f*

flaw [flɔ:] *n* Fehler *m*; **~less** *adj* einwandfrei

flax [flæks] *n* Flachs *m*; **~en** *adj* flachsfarben

flea [fli:] *n* Floh *m*

fleck [flek] *n* (*mark*) Fleck *m*; (*pattern*) Tupfen *m*

fled [fled] *pt, pp of* **flee**

flee (*pt, pp* **fled**) *vi* fliehen ♦ *vt* fliehen vor +*dat*; (*country*) fliehen aus

fleece [fli:s] *n* Vlies *nt* ♦ *vt* (*inf*) schröpfen

fleet [fli:t] *n* Flotte *f*

fleeting ['fli:tɪŋ] *adj* flüchtig

Flemish ['flemɪʃ] *adj* flämisch

flesh [fleʃ] *n* Fleisch *nt*; **~ wound** *n* Fleischwunde *f*

flew [flu:] *pt of* **fly**

flex [fleks] *n* Kabel *nt* ♦ *vt* beugen; **~ibility** [fleksɪ'bɪlɪtɪ] *n* Biegsamkeit *f*; (*fig*) Flexibilität *f*; **~ible** *adj* biegsam; (*plans*) flexibel

flick [flɪk] *n* leichte(r) Schlag *m* ♦ *vt* leicht schlagen; **~ through** *vt fus* durchblättern

flicker ['flɪkə*] *n* Flackern *nt* ♦ *vi* flackern

flier ['flaɪə*] *n* Flieger *m*

flight [flaɪt] *n* Flug *m*; (*fleeing*) Flucht *f*; (*also*: *~ of steps*) Treppe *f*; **to take ~** die Flucht ergreifen; **~ attendant** (*US*) *n* Steward(eß) *m(f)*; **~ deck** *n* Flugdeck *nt*

flimsy ['flɪmzɪ] *adj* (*thin*) hauchdünn; (*excuse*) fadenscheinig

flinch [flɪntʃ] *vi*: **to ~ (away from)** zurückschrecken (vor +*dat*)

fling [flɪŋ] (*pt, pp* **flung**) *vt* schleudern

flint [flɪnt] *n* Feuerstein *m*

flip [flɪp] *vt* werfen

flippant ['flɪpənt] *adj* schnippisch

flipper ['flɪpə*] *n* Flosse *f*

flirt [flɜ:t] *vi* flirten ♦ *n*: **he/she is a ~** er/sie flirtet gern; **~ation** [flɜ:'teɪʃən] *n* Flirt *m*

flit [flɪt] *vi* flitzen

float [fləʊt] *n* (*FISHING*) Schwimmer *m*; (*esp in procession*) Plattformwagen *m* ♦ *vi* schwimmen; (*in air*) schweben ♦ *vt* (*COMM*) gründen; (*currency*) floaten

flock [flɒk] *n* (*of sheep, REL*) Herde *f*; (*of birds*) Schwarm *m*; (*of people*) Schar *f*

flog [flɒg] *vt* prügeln; (*inf*: *sell*) verkaufen

flood [flʌd] *n* Überschwemmung *f*; (*fig*) Flut *f* ♦ *vt* überschwemmen; **~ing** *n* Überschwemmung *f*; **~light** *n* Flutlicht *nt*

floor [flɔ:*] *n* (Fuß)boden *m*; (*storey*) Stock *m* ♦ *vt* (*person*) zu Boden schlagen; **ground ~** (*BRIT*) Erdgeschoß *nt*; **first ~** erste(r) Stock *m*; (*US*) Erdegeschoß *nt*; **~board** *n* Diele *f*; **~ show** *n* Kabarettvorstellung *f*

flop [flɒp] *n* Plumps *m*; (*failure*) Reinfall *m* ♦ *vi* (*fail*) durchfallen

floppy ['flɒpɪ] *adj* hängend; **~ (disk)** *n* (*COMPUT*) Diskette *f*

flora ['flɔ:rə] *n* Flora *f*; **~l** *adj* Blumen-

florid ['flɒrɪd] *adj* (*style*) blumig

florist ['flɒrɪst] *n* Blumenhändler(in) *m(f)*; **~'s (shop)** *n* Blumengeschäft *nt*

flotation *n* (*FINANCE*) Auflegung *f*

flounce [flaʊns] *n* Volant *m*

flounder ['flaʊndə*] *vi* (*fig*) ins Schleudern kommen ♦ *n* (*ZOOL*) Flunder *f*

flour ['flaʊə*] *n* Mehl *nt*

flourish ['flʌrɪʃ] *vi* blühen; gedeihen ♦ *n* (*waving*) Schwingen *nt*; (*of trum-*

pets) Tusch *m*, Fanfare *f*; **~ing** *adj* blühend

flout [flaʊt] *vt* mißachten

flow [fləʊ] *n* Fließen *nt*; (*of sea*) Flut *f* ♦ *vi* fließen; **~ chart** *n* Flußdiagramm *nt*

flower ['flaʊə*] *n* Blume *f* ♦ *vi* blühen; **~ bed** *n* Blumenbeet *nt*; **~pot** *n* Blumentopf *m*; **~y** *adj* (*style*) blumenreich

flown [fləʊn] *pp of* **fly**

flu [flu:] *n* Grippe *f*

fluctuate ['flʌktjʊeɪt] *vi* schwanken

fluctuation [flʌktjʊ'eɪʃən] *n* Schwankung *f*

fluency ['flu:ənsɪ] *n* Flüssigkeit *f*

fluent ['flu:ənt] *adj* fließend; **~ly** *adv* fließend

fluff [flʌf] *n* Fussel *f*; **~y** *adj* flaumig

fluid ['flu:ɪd] *n* Flüssigkeit *f* ♦ *adj* flüssig; (*fig*: *plans*) veränderbar

fluke [flu:k] (*inf*) *n* Dusel *m*

flung [flʌŋ] *pt, pp of* **fling**

fluoride ['flʊəraɪd] *n* Fluorid *nt*; **~ toothpaste** *n* Fluorzahnpasta *f*

flurry ['flʌrɪ] *n* (*of snow*) Gestöber *nt*; (*of activity*) Aufregung *f*

flush [flʌʃ] *n* Erröten *nt*; (*of excitement*) Glühen *nt* ♦ *vt* (aus)spülen ♦ *vi* erröten ♦ *adj* glatt; **~ out** *vt* aufstöbern; **~ed** *adj* rot

flustered ['flʌstəd] *adj* verwirrt

flute [flu:t] *n* Querflöte *f*

flutter ['flʌtə*] *n* Flattern *nt* ♦ *vi* flattern

flux [flʌks] *n*: **in a state of ~** im Fluß

fly [flaɪ] (*pt* **flew**, *pp* **flown**) *n* (*insect*) Fliege *f*; (*on trousers*: *also*: *flies*) (Hosen)schlitz *m* ♦ *vt* fliegen ♦ *vi* fliegen; (*flee*) fliehen; (*flag*) wehen; **~ away** *or* **off** *vi* (*bird, insect*) wegfliegen; **~ing** *n* Fliegen *nt* ♦ *adj*: **with ~ing colours** mit fliegenden Fahnen; **~ing start** gute(r) Start *m*; **~ing visit** Stippvisite *f*; **~ing saucer** *n* fliegende Untertasse *f*; **~over** (*BRIT*) *n* Überführung *f*; **~past** *n* Luftparade *f*; **~sheet** *n* (*for tent*) Regendach *nt*

foal [fəʊl] *n* Fohlen *nt*

foam [fəʊm] *n* Schaum *m* ♦ *vi* schäumen; **~ rubber** *n* Schaumgummi *m*

fob [fɒb] *vt*: **to ~ sb off with sth** jdm etw andrehen; (*with promise*) jdn mit etw abspeisen

focal ['fəʊkəl] *adj* Brenn-; **~ point** *n* (*of room, activity*) Mittelpunkt *m*

focus ['fəʊkəs] (*pl* **~es**) *n* Brennpunkt *m* ♦ *vt* (*attention*) konzentrieren; (*camera*) scharf einstellen ♦ *vi*: **to ~ (on)** sich konzentrieren (auf +*acc*); **in ~** scharf eingestellt; **out of ~** unscharf

fodder ['fɒdə*] *n* Futter *nt*

foe [fəʊ] *n* Feind *m*

foetus ['fi:təs] (*US* **fetus**) *n* Fötus *m*

fog [fɒg] *n* Nebel *m*; **~gy** *adj* neblig; **~ lamp** *n* (*AUT*) Nebellampe *f*

foil [fɔɪl] *vt* vereiteln ♦ *n* (*metal, also fig*) Folie *f*; (*FENCING*) Florett *nt*

fold [fəʊld] *n* (*bend, crease*) Falte *f*; (*AGR*) Pferch *m* ♦ *vt* falten; **~ up** *vt* (*map etc*) zusammenfalten ♦ *vi* (*business*) eingehen; **~er** *n* Schnellhefter *m*; **~ing** *adj* (*chair etc*) Klapp-

foliage ['fəʊlɪɪdʒ] *n* Laubwerk *nt*

folk [fəʊk] *npl* Leute *pl* ♦ *adj* Volks-; **~s** *npl* (*family*) Leute *pl*; **~lore** ['fəʊklɔ:*] *n* (*study*) Volkskunde *f*; (*tradition*) Folklore *f*; **~ song** *n* Volkslied *nt*; (*modern*) Folksong *m*

follow ['fɒləʊ] *vt* folgen (*dat*); (*fashion*) mitmachen ♦ *vi* folgen; **~ up** *vt* verfolgen; **~er** *n* Anhänger(in) *m(f)*; **~ing** *adj* folgend ♦ *n* (*people*) Gefolgschaft *f*

folly ['fɒlɪ] *n* Torheit *f*

fond [fɒnd] *adj*: **to be ~ of** gern haben

fondle ['fɒndl] *vt* streicheln

font [fɒnt] *n* Taufbecken *nt*

food [fu:d] *n* Essen *nt*; (*for animals*) Futter *nt*; **~ mixer** *n* Küchenmixer *m*; **~ poisoning** *n* Lebensmittelvergiftung *f*; **~ processor** *n* Küchenmaschine *f*; **~stuffs** *npl* Lebensmittel *pl*

fool [fu:l] *n* Narr *m*, Närrin *f* ♦ *vt*

(*deceive*) hereinlegen ♦ *vi* (*also*: ~ *around*) (herum)albern; **~hardy** *adj* tollkühn; **~ish** *adj* albern; **~proof** *adj* idiotensicher

foot [fʊt] (*pl* **feet**) *n* Fuß *m* ♦ *vt* (*bill*) bezahlen; **on ~** zu Fuß; **~age** *n* (*CINE*) Filmmaterial *nt*; **~ball** *n* Fußball *m*; (*game*: *BRIT*) Fußball *m*; (: *US*) Football *m*; **~ball player** *n* (*BRIT*: *also*: *~baller*) Fußballspieler *m*, Fußballer *m*; (*US*) Footballer *m*; **~brake** *n* Fußbremse *f*; **~bridge** *n* Fußgängerbrücke *f*; **~hills** *npl* Ausläufer *pl*; **~hold** *n* Halt *m*; **~ing** *n* Halt *m*; (*fig*) Verhältnis *nt*; **~lights** *npl* Rampenlicht *nt*; **~man** (*irreg*) *n* Bedienstete(r) *m*; **~note** *n* Fußnote *f*; **~path** *n* Fußweg *m*; **~print** *n* Fußabdruck *m*; **~sore** *adj* fußkrank; **~step** *n* Schritt *m*; **~wear** *n* Schuhzeug *nt*

KEYWORD

for [fɔ:*] *prep* **1** für; **is this for me?** ist das für mich?; **the train for London** der Zug nach London; **he went for the paper** er ging die Zeitung holen; **give it to me - what for?** gib es mir - warum?
2 (*because of*) wegen; **for this reason** aus diesem Grunde
3 (*referring to distance*): **there are roadworks for 5 km** die Baustelle ist 5 km lang; **we walked for miles** wir sind meilenweit gegangen
4 (*referring to time*) seit; (: *with future sense*) für; **he was away for 2 years** er war zwei Jahre lang weg
5 (*with infin clauses*): **it is not for me to decide** das kann ich nicht entscheiden; **for this to be possible ...** damit dies möglich wird/wurde ...
6 (*in spite of*) trotz *+gen or* (*inf*) *dat*; **for all his complaints** obwohl er sich ständig beschwert
♦ *conj* denn

forage ['fɒrɪdʒ] *n* (Vieh)futter *nt*
foray ['fɒreɪ] *n* Raubzug *m*
forbad(e) [fə'bæd] *pt of* **forbid**
forbid [fə'bɪd] (*pt* **forbad(e)**, *pp* **forbidden**) *vt* verbieten; **~den** [fə'bɪdn] *pp of* **forbid**; **~ding** *adj* einschüchternd
force [fɔ:s] *n* Kraft *f*; (*compulsion*) Zwang *m* ♦ *vt* zwingen; (*lock*) aufbrechen; **the F~s** *npl* (*BRIT*) die Streitkräfte; **in ~** (*rule*) gültig; (*group*) in großer Stärke; **~d** [fɔ:st] *adj* (*smile*) gezwungen; (*landing*) Not-; **~-feed** *vt* zwangsernähren; **~ful** *adj* (*speech*) kraftvoll; (*personality*) resolut
forceps ['fɔ:seps] *npl* Zange *f*
forcibly ['fɔ:səblɪ] *adv* zwangsweise
ford [fɔ:d] *n* Furt *f* ♦ *vt* durchwaten
fore [fɔ:*] *n*: **to the ~** in den Vordergrund
forearm ['fɔ:rɑ:m] *n* Unterarm *m*
foreboding [fɔ:'bəʊdɪŋ] *n* Vorahnung *f*
forecast ['fɔ:kɑ:st] (*irreg*: *like* **cast**) *n* Vorhersage *f* ♦ *vt* voraussagen
forecourt ['fɔ:kɔ:t] *n* (*of garage*) Vorplatz *m*
forefathers ['fɔ:fɑ:ðəz] *npl* Vorfahren *pl*
forefinger ['fɔ:fɪŋgə*] *n* Zeigefinger *m*
forefront ['fɔ:frʌnt] *n* Spitze *f*
forego [fɔ:'gəʊ] (*irreg*: *like* **go**) *vt* verzichten auf *+acc*
foregone ['fɔ:gɒn] *adj*: **it's a ~ conclusion** es steht von vornherein fest
foreground ['fɔ:graʊnd] *n* Vordergrund *m*
forehead ['fɒrɪd] *n* Stirn *f*
foreign ['fɒrɪn] *adj* Auslands-; (*accent*) ausländisch; (*trade*) Außen-; (*body*) Fremd-; **~er** *n* Ausländer(in) *m(f)*; **~ exchange** *n* Devisen *pl*; **F~ Office** (*BRIT*) *n* Außenministerium *nt*; **F~ Secretary** (*BRIT*) *n* Außenminister *m*
foreleg ['fɔ:leg] *n* Vorderbein *nt*
foreman ['fɔ:mən] (*irreg*) *n* Vorarbeiter *m*
foremost ['fɔ:məʊst] *adj* erste(r, s) ♦ *adv*: **first and ~** vor allem

forensic [fə'rensɪk] *adj* gerichtsmedizinisch
forerunner ['fɔ:rʌnə*] *n* Vorläufer *m*
foresee [fɔ:'si:] (*irreg: like* **see**) *vt* vorhersehen; **~able** *adj* absehbar
foreshadow [fɔ:'ʃædəʊ] *vt* andeuten
foresight ['fɔ:saɪt] *n* Voraussicht *f*
forest ['fɒrɪst] *n* Wald *m*
forestall [fɔ:'stɔ:l] *vt* zuvorkommen *+dat*
forestry ['fɒrɪstrɪ] *n* Forstwirtschaft *f*
foretaste ['fɔ:teɪst] *n* Vorgeschmack *m*
foretell [fɔ:'tel] (*irreg: like* **tell**) *vt* vorhersagen
forever [fə'revə*] *adv* für immer
foreword ['fɔ:wɜ:d] *n* Vorwort *nt*
forfeit ['fɔ:fɪt] *n* Einbuße *f* ♦ *vt* verwirken
forgave [fə'geɪv] *pt of* **forgive**
forge [fɔ:dʒ] *n* Schmiede *f* ♦ *vt* fälschen; (*iron*) schmieden; **~ ahead** *vi* Fortschritte machen; **~r** *n* Fälscher *m*; **~ry** *n* Fälschung *f*
forget [fə'get] (*pt* **forgot,** *pp* **forgotten**) *vt, vi* vergessen; **~ful** *adj* vergeßlich; **~-me-not** *n* Vergißmeinnicht *nt*
forgive [fə'gɪv] (*pt* **forgave,** *pp of* **forgiven**) *vt* verzeihen; **to ~ sb (for sth)** jdm (etw) verzeihen; **~n** *pp of* **forgive**; **~ness** *n* Verzeihung *f*
forgo [fɔ:'gəʊ] (*irreg: like* **go**) *vt* verzichten auf *+acc*
forgot [fə'gɒt] *pt of* **forget**
forgotten [fə'gɒtn] *pp of* **forget**
fork [fɔ:k] *n* Gabel *f*; (*in road*) Gabelung *f* ♦ *vi* (*road*) sich gabeln; **~ out** (*inf*) *vt* (*pay*) blechen; **~-lift truck** *n* Gabelstapler *m*
forlorn [fə'lɔ:n] *adj* (*person*) verlassen; (*hope*) vergeblich
form [fɔ:m] *n* Form *f*; (*type*) Art *f*; (*figure*) Gestalt *f*; (*SCH*) Klasse *f*; (*bench*) (Schul)bank *f*; (*document*) Formular *nt* ♦ *vt* formen; (*be part of*) bilden
formal ['fɔ:məl] *adj* formell; (*occasion*) offiziell; **~ly** *adv* (*ceremoniously*) formell; (*officially*) offiziell
format ['fɔ:mæt] *n* Format *nt* ♦ *vt* (*COMPUT*) formatieren
formation [fɔ:'meɪʃən] *n* Bildung *f*; (*AVIAT*) Formation *f*
formative ['fɔ:mətɪv] *adj* (*years*) formend
former ['fɔ:mə*] *adj* früher; (*opposite of latter*) erstere(r, s); **~ly** *adv* früher
formidable ['fɔ:mɪdəbl] *adj* furchtbar
formula ['fɔ:mjʊlə] (*pl* **~e** *or* **~s**) *n* Formel *f*; **formulae** ['fɔ:mjʊli:] *npl of* **formula**; **~te** ['fɔ:mjʊleɪt] *vt* formulieren
forsake [fə'seɪk] (*pt* **forsook,** *pp* **forsaken**) *vt* verlassen; **forsaken** *pp of* **forsake**
forsook [fə'sʊk] *pt of* **forsake**
fort [fɔ:t] *n* Feste *f*, Fort *nt*
forte ['fɔ:tɪ] *n* Stärke *f*, starke Seite *f*
forth [fɔ:θ] *adv*: **and so ~** und so weiter; **~coming** *adj* kommend; (*character*) entgegenkommend; **~right** *adj* offen; **~with** *adv* umgehend
fortify ['fɔ:tɪfaɪ] *vt* (ver)stärken; (*protect*) befestigen
fortitude ['fɔ:tɪtju:d] *n* Seelenstärke *f*
fortnight ['fɔ:tnaɪt] (*BRIT*) *n* vierzehn Tage *pl*; **~ly** (*BRIT*) *adj* zweiwöchentlich ♦ *adv* alle vierzehn Tage
fortress ['fɔ:trɪs] *n* Festung *f*
fortuitous [fɔ:'tju:ɪtəs] *adj* zufällig
fortunate ['fɔ:tʃənɪt] *adj* glücklich; **~ly** *adv* glücklicherweise, zum Glück
fortune ['fɔ:tʃən] *n* Glück *nt*; (*money*) Vermögen *nt*; **~-teller** *n* Wahrsager(in) *m(f)*
forty ['fɔ:tɪ] *num* vierzig
forum ['fɔ:rəm] *n* Forum *nt*
forward ['fɔ:wəd] *adj* vordere(r, s); (*movement*) Vorwärts-; (*person*) vorlaut; (*planning*) Voraus- ♦ *adv* vorwärts ♦ *n* (*SPORT*) Stürmer *m* ♦ *vt* (*send*) schicken; (*help*) fördern; **~s** *adv* vorwärts
forwent [fɔ:'went] *pt of* **forgo**

fossil ['fɒsl] *n* Fossil *nt*, Versteinerung *f*
foster ['fɒstə*] *vt* (*talent*) fördern; ~ **child** *n* Pflegekind *nt*; ~ **mother** *n* Pflegemutter *f*
fought [fɔ:t] *pt, pp of* **fight**
foul [faʊl] *adj* schmutzig; (*language*) gemein; (*weather*) schlecht ♦ *n* (*SPORT*) Foul *nt* ♦ *vt* (*mechanism*) blockieren; (*SPORT*) foulen; ~ **play** *n* (*SPORT*) Foulspiel *nt*; (*LAW*) Verbrechen *nt*
found [faʊnd] *pt, pp of* **find** ♦ *vt* gründen; ~**ation** [faʊn'deɪʃən] *n* (*act*) Gründung *f*; (*fig*) Fundament *nt*; (*also*: ~ *cream*) Grundierungscreme *f*; ~**ations** *npl* (*of house*) Fundament *nt*
founder ['faʊndə*] *n* Gründer(in) *m(f)* ♦ *vi* sinken
foundry ['faʊndrɪ] *n* Gießerei *f*
fount [faʊnt] *n* Quelle *f*; ~**ain** ['faʊntɪn] *n* (Spring)brunnen *m*; ~**ain pen** *n* Füllfederhalter *m*
four [fɔ:*] *num* vier; **on all** ~**s** auf allen vieren; ~**-poster** *n* Himmelbett *nt*; ~**some** *n* Quartett *nt*; ~**teen** *num* vierzehn; ~**teenth** *adj* vierzehnte(r, s); ~**th** *adj* vierte(r, s)
fowl [faʊl] *n* Huhn *nt*; (*food*) Geflügel *nt*
fox [fɒks] *n* Fuchs *m* ♦ *vt* täuschen
foyer ['fɔɪeɪ] *n* Foyer *nt*, Vorhalle *f*
fraction ['frækʃən] *n* (*MATH*) Bruch *m*; (*part*) Bruchteil *m*
fracture ['fræktʃə*] *n* (*MED*) Bruch *m* ♦ *vt* brechen
fragile ['frædʒaɪl] *adj* zerbrechlich
fragment ['frægmənt] *n* Bruchstück *nt*; (*small part*) Splitter *m*
fragrance ['freɪgrəns] *n* Duft *m*
fragrant ['freɪgrənt] *adj* duftend
frail [freɪl] *adj* schwach, gebrechlich
frame [freɪm] *n* Rahmen *m*; (*of spectacles*: *also*: ~*s*) Gestell *nt*; (*body*) Gestalt *f* ♦ *vt* einrahmen; **to** ~ **sb** (*inf*: *incriminate*) jdm etwas anhängen; ~ **of mind** Verfassung *f*; ~**work** *n* Rahmen *m*; (*of society*) Gefüge *nt*
France [frɑ:ns] *n* Frankreich *nt*
franchise ['fræntʃaɪz] *n* (*POL*) (aktives) Wahlrecht *nt*; (*COMM*) Lizenz *f*
frank [fræŋk] *adj* offen ♦ *vt* (*letter*) frankieren; ~**ly** *adv* offen gesagt; ~**ness** *n* Offenheit *f*
frantic ['fræntɪk] *adj* verzweifelt
fraternal [frə'tɜ:nl] *adj* brüderlich
fraternity [frə'tɜ:nɪtɪ] *n* (*club*) Vereinigung *f*; (*spirit*) Brüderlichkeit *f*; (*US*: *SCH*) Studentenverbindung *f*
fraternize ['frætənaɪz] *vi* fraternisieren
fraud [frɔ:d] *n* (*trickery*) Betrug *m*; (*person*) Schwindler(in) *m(f)*
fraudulent ['frɔ:djʊlənt] *adj* betrügerisch
fraught [frɔ:t] *adj*: ~ **with** voller +*gen*
fray [freɪ] *n* Rauferei *f* ♦ *vt, vi* ausfransen; **tempers were** ~**ed** die Gemüter waren erhitzt
freak [fri:k] *n* Monstrosität *f* ♦ *cpd* (*storm etc*) anormal
freckle ['frekl] *n* Sommersprosse *f*
free [fri:] *adj* frei; (*loose*) lose; (*liberal*) freigebig ♦ *vt* (*set free*) befreien; (*unblock*) freimachen; ~ **(of charge)** gratis, umsonst; **for** ~ gratis, umsonst; ~**dom** ['fri:dəm] *n* Freiheit *f*; ~**-for-all** *n* (*fight*) allgemeine(s) Handgemenge *nt*; ~ **gift** *n* Geschenk *nt*; ~**hold property** *n* (freie(r)) Grundbesitz *m*; ~ **kick** *n* Freistoß *m*; ~**lance** *adj* frei; (*artist*) freischaffend; ~**ly** *adv* frei; (*admit*) offen; ~**mason** *n* Freimaurer *m*; ~**post** *n* ≈ Gebühr zahlt Empfänger; ~**-range** *adj* (*hen*) Farmhof-; (*eggs*) Land-; ~ **trade** *n* Freihandel *m*; ~**way** (*US*) *n* Autobahn *f*; ~**wheel** *vi* im Freilauf fahren; ~ **will** *n*: **of one's own** ~ **will** aus freien Stücken
freeze [fri:z] (*pt* **froze**, *pp* **frozen**) *vi* gefrieren; (*feel cold*) frieren ♦ *vt* (*also fig*) einfrieren ♦ *n* (*fig, FIN*) Stopp *m*; ~**r** *n* Tiefkühltruhe *f*; (*in fridge*) Gefrierfach *nt*
freezing ['fri:zɪŋ] *adj* eisig; (~ *cold*) eiskalt; ~ **point** *n* Gefrierpunkt *m*
freight [freɪt] *n* Fracht *f*; ~ **train** *n*

Güterzug *m*

French [frentʃ] *adj* französisch ♦ *n* (*LING*) Französisch *nt*; **the ~** *npl* (*people*) die Franzosen *pl*; **~ bean** *n* grüne Bohne *f*; **~ fried potatoes** (*BRIT*) *npl* Pommes frites *pl*; **~ fries** (*US*) *npl* Pommes frites *pl*; **~man/woman** (*irreg*) *n* Franzose *m*/Französin *f*; **~ window** *n* Verandatür *f*

frenzy ['frenzɪ] *n* Raserei *f*

frequency ['fri:kwənsɪ] *n* Häufigkeit *f*; (*PHYS*) Frequenz *f*

frequent [*adj* 'fri:kwənt, *vb* fri:'kwent] *adj* häufig ♦ *vt* (regelmäßig) besuchen; **~ly** *adv* (*often*) häufig, oft

fresco ['freskəʊ] *n* Fresko *nt*

fresh [freʃ] *adj* frisch; **~en** *vi* (*also*: *~en up*) (sich) auffrischen; (*person*) sich frisch machen; **~er** (*BRIT*: *inf*) *n* (*UNIV*) Erstsemester *nt*; **~ly** *adv* gerade; **~man** (*US*; *irreg*) *n* = **fresher**; **~ness** *n* Frische *f*; **~water** *adj* (*fish*) Süßwasser-

fret [fret] *vi* sich *dat* Sorgen machen

friar ['fraɪə*] *n* Klosterbruder *m*

friction ['frɪkʃən] *n* (*also fig*) Reibung *f*

Friday ['fraɪdeɪ] *n* Freitag *m*

fridge [frɪdʒ] (*BRIT*) *n* Kühlschrank *m*

fried [fraɪd] *adj* gebraten

friend [frend] *n* Freund(in) *m(f)*; **~ly** *adj* freundlich; (*relations*) freundschaftlich; **~ship** *n* Freundschaft *f*

frieze [fri:z] *n* Fries *m*

frigate ['frɪgɪt] *n* Fregatte *f*

fright [fraɪt] *n* Schrecken *m*; **to take ~** es mit der Angst zu tun bekommen; **~en** *vt* erschrecken; **to be ~ened** Angst haben; **~ening** *adj* schrecklich; **~ful** (*inf*) *adj* furchtbar; **~fully** (*inf*) *adv* furchtbar

frigid ['frɪdʒɪd] *adj* (*woman*) frigide

frill [frɪl] *n* Rüsche *f*

fringe [frɪndʒ] *n* Besatz *m*; (*BRIT*: *of hair*) Pony *m*; (*fig*) Peripherie *f*; **~ benefits** *npl* zusätzliche Leistungen *pl*

frisk [frɪsk] *vt* durchsuchen

frisky ['frɪskɪ] *adj* lebendig, ausgelassen

fritter ['frɪtə*] *vt*: **to ~ away** vergeuden

frivolous ['frɪvələs] *adj* frivol

frizzy ['frɪzɪ] *adj* kraus

fro [frəʊ] *see* **to**

frock [frɒk] *n* Kleid *nt*

frog [frɒg] *n* Frosch *m*; **~man** (*irreg*) *n* Froschmann *m*

frolic ['frɒlɪk] *vi* ausgelassen sein

KEYWORD

from [frɒm] *prep* **1** (*indicating starting place*) von; (*indicating origin etc*) aus +*dat*; **a letter/telephone call from my sister** ein Brief/Anruf von meiner Schwester; **where do you come from?** woher kommen Sie?; **to drink from the bottle** aus der Flasche trinken

2 (*indicating time*) von ... an; (: *past*) seit; **from one o'clock to** *or* **until** *or* **till two** von ein Uhr bis zwei; **from January (on)** ab Januar

3 (*indicating distance*) von ... (entfernt)

4 (*indicating price, number etc*) ab +*dat*; **from £10** ab £10; **there were from 20 to 30 people there** es waren zwischen 20 und 30 Leute da

5 (*indicating difference*): **he can't tell red from green** er kann nicht zwischen rot und grün unterscheiden; **to be different from sb/sth** anders sein als jd/etw

6 (*because of, on the basis of*): **from what he says** aus dem, was er sagt; **weak from hunger** schwach vor Hunger

front [frʌnt] *n* Vorderseite *f*; (*of house*) Fassade *f*; (*also*: *sea ~*) Strandpromenade *f*; (*MIL, POL, MET*) Front *f*; (*fig*: *appearances*) Fassade *f* ♦ *adj* (*forward*) vordere(r, s), Vorder-; (*first*) vorderste(r, s); **in ~** vorne; **in ~ of** vor; **~age** *n* Vorderfront *f*; **~al** *adj* frontal, Vorder-; **~ door** *n* Haustür *f*;

~**ier** ['frʌntɪə*] *n* Grenze *f*; ~ **page** *n* Titelseite *f*; ~ **room** (*BRIT*) *n* Wohnzimmer *nt*; ~**-wheel drive** *n* Vorderradantrieb *m*

frost [frɒst] *n* Frost *m*; ~**bite** *n* Erfrierung *f*; ~**ed** *adj* (*glass*) Milch-; ~**y** *adj* frostig

froth [frɒθ] *n* Schaum *m*

frown [fraʊn] *n* Stirnrunzeln *nt* ♦ *vi* die Stirn runzeln

froze [frəʊz] *pt of* **freeze**

frozen [frəʊzn] *pp of* **freeze**

frugal ['fru:gəl] *adj* sparsam, bescheiden

fruit [fru:t] *n inv* (*as collective*) Obst *nt*; (*particular*) Frucht *f*; ~**erer** *n* Obsthändler *m*; ~**ful** *adj* fruchtbar; ~**ion** [fru:'ɪʃən] *n*: **to come to** ~**ion** in Erfüllung gehen; ~ **juice** *n* Fruchtsaft *m*; ~ **machine** (*BRIT*) *n* Spielautomat *m*; ~ **salad** *n* Obstsalat *m*

frustrate [frʌs'treɪt] *vt* vereiteln; ~**d** *adj* gehemmt; (*PSYCH*) frustriert

fry [fraɪ] (*pt, pp* **fried**) *vt* braten ♦ *npl*: **small** ~ kleine Fische *pl*; ~**ing pan** *n* Bratpfanne *f*

ft. *abbr* = **foot; feet**

fuddy-duddy ['fʌdɪdʌdɪ] *n* altmodische(r) Kauz *m*

fudge [fʌdʒ] *n* Fondant *m*

fuel [fjʊəl] *n* Treibstoff *m*; (*for heating*) Brennstoff *m*; (*for lighter*) Benzin *nt*; ~ **oil** *n* (*diesel fuel*) Heizöl *nt*; ~ **tank** *n* Tank *m*

fugitive ['fju:dʒɪtɪv] *n* Flüchtling *m*

fulfil [fʊl'fɪl] *vt* (*duty*) erfüllen; (*promise*) einhalten; ~**ment** *n* Erfüllung *f*

full [fʊl] *adj* (*box, bottle, price*) voll; (*person*: *satisfied*) satt; (*member, power, employment, moon*) Voll-; (*complete*) vollständig, Voll-; (*speed*) höchste(r, s); (*skirt*) weit ♦ *adv*: ~ **well** sehr wohl; **in** ~ vollständig; **a** ~ **two hours** volle zwei Stunden; ~**-length** *adj* (*lifesize*) lebensgroß; **a** ~**-length photograph** eine Ganzaufnahme; ~ **moon** *n* Vollmond *m*; ~**-scale** *adj* (*attack*) General-; (*drawing*) in Originalgröße; ~ **stop** *n* Punkt *m*; ~**-time** *adj* (*job*) Ganztags- ♦ *adv* (*work*) ganztags ♦ *n* (*SPORT*) Spielschluß *nt*; ~**y** *adv* völlig; ~**y-fledged** *adj* (*also fig*) flügge

fulsome ['fʊlsəm] *adj* übertrieben

fumble ['fʌmbl] *vi*: **to** ~ **(with)** herumfummeln (an +*dat*)

fume [fju:m] *vi* qualmen; (*fig*) kochen (*inf*); ~**s** *npl* (*of car*) Abgase *pl*

fumigate ['fju:mɪgeɪt] *vt* ausräuchern

fun [fʌn] *n* Spaß *m*; **to make** ~ **of** sich lustig machen über +*acc*

function ['fʌŋkʃən] *n* Funktion *f*; (*occasion*) Veranstaltung *f* ♦ *vi* funktionieren; ~**al** *adj* funktionell

fund [fʌnd] *n* (*money*) Geldmittel *pl*, Fonds *m*; (*store*) Vorrat *m*; ~**s** *npl* (*resources*) Mittel *pl*

fundamental [fʌndə'mentl] *adj* fundamental, grundlegend

funeral ['fju:nərəl] *n* Beerdigung *f*; ~ **parlour** *n* Leichenhalle *f*; ~ **service** *n* Trauergottesdienst *m*

funfair ['fʌnfɛə*] (*BRIT*) *n* Jahrmarkt *m*

fungi ['fʌŋgaɪ] *npl of* **fungus**

fungus ['fʌŋgəs] *n* Pilz *m*

funnel ['fʌnl] *n* Trichter *m*; (*NAUT*) Schornstein *m*

funny ['fʌnɪ] *adj* komisch

fur [fɜ:*] *n* Pelz *m*; ~ **coat** *n* Pelzmantel *m*

furious ['fjʊərɪəs] *adj* wütend; (*attempt*) heftig

furlong ['fɜ:lɒŋ] *n* = *201.17 m*

furlough ['fɜ:ləʊ] *n* Urlaub *m*

furnace ['fɜ:nɪs] *n* (Brenn)ofen *m*

furnish ['fɜ:nɪʃ] *vt* einrichten; (*supply*) versehen; ~**ings** *npl* Einrichtung *f*

furniture ['fɜ:nɪtʃə*] *n* Möbel *pl*; **piece of** ~ Möbelstück *nt*

furrow ['fʌrəʊ] *n* Furche *f*

furry ['fɜ:rɪ] *adj* (*tongue*) pelzig; (*animal*) Pelz-

further ['fɜ:ðə*] *adj* weitere(r, s) ♦ *adv* weiter ♦ *vt* fördern; ~ **education** *n* Weiterbildung *f*; Erwachsenen-

bildung *f*; ~**more** *adv* ferner
furthest ['fɜ:ðɪst] *superl of* **far**
furtive ['fɜ:tɪv] *adj* verstohlen
fury ['fjʊərɪ] *n* Wut *f*, Zorn *m*
fuse [fju:z] *n* (*ELEC*) Sicherung *f*; (*of bomb*) Zünder *m* ♦ *vt* verschmelzen ♦ *vi* (*BRIT*: *ELEC*) durchbrennen; ~ **box** *n* Sicherungskasten *m*
fuselage ['fju:zəlɑ:ʒ] *n* Flugzeugrumpf *m*
fusion ['fju:ʒən] *n* Verschmelzung *f*
fuss [fʌs] *n* Theater *nt*; ~**y** *adj* kleinlich
futile ['fju:taɪl] *adj* zwecklos, sinnlos
futility [fju:'tɪlɪtɪ] *n* Zwecklosigkeit *f*
future ['fju:tʃə*] *adj* zukünftig ♦ *n* Zukunft *f*; **in (the)** ~ in Zukunft
fuze [fju:z] (*US*) = **fuse**
fuzzy ['fʌzɪ] *adj* (*indistinct*) verschwommen; (*hair*) kraus

G

G [dʒi:] *n* (*MUS*) G *nt*
G7 *n abbr* (= *Group of Seven*) G7 *f*
gabble ['gæbl] *vi* plappern
gable ['geɪbl] *n* Giebel *m*
gadget ['gædʒɪt] *n* Vorrichtung *f*
Gaelic ['geɪlɪk] *adj* gälisch ♦ *n* (*LING*) Gälisch *nt*
gaffe [gæf] *n* Fauxpas *m*
gag [gæg] *n* Knebel *m*; (*THEAT*) Gag *m* ♦ *vt* knebeln
gaiety ['geɪətɪ] *n* Fröhlichkeit *f*
gaily ['geɪlɪ] *adv* lustig, fröhlich
gain [geɪn] *vt* (*obtain*) erhalten; (*win*) gewinnen ♦ *vi* (*clock*) vorgehen ♦ *n* Gewinn *m*; **to** ~ **in sth** an etw *dat* gewinnen; ~ **on** *vt fus* einholen
gait [geɪt] *n* Gang *m*
gal. *abbr* = **gallon**
gala ['gɑ:lə] *n* Fest *nt*
galaxy ['gæləksɪ] *n* Sternsystem *nt*
gale [geɪl] *n* Sturm *m*
gallant ['gælənt] *adj* tapfer; (*polite*) galant; ~**ry** *n* Tapferkeit *f*; Galanterie *f*
gallbladder ['gɔ:l-] *n* Gallenblase *f*
gallery ['gælərɪ] *n* (*also*: *art* ~) Galerie *f*
galley ['gælɪ] *n* (*ship's kitchen*) Kombüse *f*; (*ship*) Galeere *f*
gallon ['gælən] *n* Gallone *f*
gallop ['gæləp] *n* Galopp *m* ♦ *vi* galoppieren
gallows ['gæləʊz] *n* Galgen *m*
gallstone ['gɔ:lstəʊn] *n* Gallenstein *m*
galore [gə'lɔ:*] *adv* in Hülle und Fülle
galvanize ['gælvənaɪz] *vt* (*metal*) galvanisieren; (*fig*) elektrisieren
gambit ['gæmbɪt] *n* (*fig*): **opening** ~ (einleitende(r)) Schachzug *m*
gamble ['gæmbl] *vi* (um Geld) spielen ♦ *vt* (*risk*) aufs Spiel setzen ♦ *n* Risiko *nt*; ~**r** *n* Spieler(in) *m(f)*
gambling ['gæmblɪŋ] *n* Glücksspiel *nt*
game [geɪm] *n* Spiel *nt*; (*hunting*) Wild *nt* ♦ *adj*: ~ **(for)** bereit (zu); ~**keeper** *n* Wildhüter *m*; ~**s console** *n* (*COMPUT*) Gameboy *m* (®), Konsole *f*
gammon ['gæmən] *n* geräucherte(r) Schinken *m*
gamut ['gæmət] *n* Tonskala *f*
gang [gæŋ] *n* (*of criminals, youths*) Bande *f*; (*of workmen*) Kolonne *f* ♦ *vi*: **to** ~ **up on sb** sich gegen jdn verschwören
gangrene ['gæŋgri:n] *n* Brand *m*
gangster ['gæŋstə*] *n* Gangster *m*
gangway ['gæŋweɪ] *n* (*NAUT*) Laufplanke *f*; (*aisle*) Gang *m*
gaol [dʒeɪl] (*BRIT*) *n, vt* = **jail**
gap [gæp] *n* Lücke *f*
gape [geɪp] *vi* glotzen
gaping ['geɪpɪŋ] *adj* (*wound*) klaffend; (*hole*) gähnend
garage ['gærɑ:ʒ] *n* Garage *f*; (*for repair*) (Auto)reparaturwerkstatt *f*; (*for petrol*) Tankstelle *f*
garbage ['gɑ:bɪdʒ] *n* Abfall *m*; ~ **can** (*US*) *n* Mülltonne *f*
garbled ['gɑ:bld] *adj* (*story*) verdreht
garden ['gɑ:dn] *n* Garten *m*; ~**er** *n* Gärtner(in) *m(f)*; ~**ing** *n* Gärtnern *nt*
gargle ['gɑ:gl] *vi* gurgeln

gargoyle ['gɑ:gɔɪl] *n* Wasserspeier *m*
garish ['gɛərɪʃ] *adj* grell
garland ['gɑ:lənd] *n* Girlande *f*
garlic ['gɑ:lɪk] *n* Knoblauch *m*
garment ['gɑ:mənt] *n* Kleidungsstück *nt*
garnish ['gɑ:nɪʃ] *vt* (*food*) garnieren
garrison ['gærɪsən] *n* Garnison *f*
garrulous ['gærʊləs] *adj* geschwätzig
garter ['gɑ:tə*] *n* Strumpfband *nt*; (*US*) Strumpfhalter *m*
gas [gæs] *n* Gas *nt*; (*esp US*: *petrol*) Benzin *nt* ♦ *vt* vergasen; ~ **cooker** (*BRIT*) *n* Gasherd *m*; ~ **cylinder** *n* Gasflasche *f*; ~ **fire** *n* Gasofen *m*
gash [gæʃ] *n* klaffende Wunde *f* ♦ *vt* tief verwunden
gasket ['gæskɪt] *n* Dichtungsring *m*
gas mask *n* Gasmaske *f*
gas meter *n* Gaszähler *m*
gasoline ['gæsəli:n] (*US*) *n* Benzin *nt*
gasp [gɑ:sp] *vi* keuchen; (*in astonishment*) tief Luft holen ♦ *n* Keuchen *nt*
gas ring *n* Gasring *m*
gas tap *n* Gashahn *m*
gastric ['gæstrɪk] *adj* Magen-
gate [geɪt] *n* Tor *nt*; (*barrier*) Schranke *f*; ~**crash** (*BRIT*) *vt* (*party*) platzen in +*acc*; ~**way** *n* Toreingang *m*
gather ['gæðə*] *vt* (*people*) versammeln; (*things*) sammeln; (*understand*) annehmen ♦ *vi* (*assemble*) sich versammeln; **to** ~ **speed** schneller werden; **to** ~ **(from)** schließen (aus); ~**ing** *n* Versammlung *f*
gauche [gəʊʃ] *adj* linkisch
gaudy ['gɔ:dɪ] *adj* schreiend
gauge [geɪdʒ] *n* (*instrument*) Meßgerät *nt*; (*RAIL*) Spurweite *f*; (*dial*) Anzeiger *m*; (*measure*) Maß *nt* ♦ *vt* (ab)messen; (*fig*) abschätzen
gaunt [gɔ:nt] *adj* hager
gauntlet ['gɔ:ntlɪt] *n* (*knight's*) (Fehde)handschuh *m*
gauze [gɔ:z] *n* Gaze *f*
gave [geɪv] *pt of* **give**
gay [geɪ] *adj* (*homosexual*) schwul; (*lively*) lustig
gaze [geɪz] *n* Blick *m* ♦ *vi* starren; **to** ~ **at sth** etw *dat* anstarren
gazelle [gə'zel] *n* Gazelle *f*
gazetteer [gæzɪ'tɪə*] *n* geographische(s) Lexikon *nt*
gazumping [gə'zʌmpɪŋ] (*BRIT*) *n* *Hausverkauf an Höherbietenden trotz Zusage an anderen*
GB *n abbr* = **Great Britain**
GCE (*BRIT*) *n abbr* = **General Certificate of Education**
GCSE (*BRIT*) *n abbr* = **General Certificate of Secondary Education**
gear [gɪə*] *n* Getriebe *nt*; (*equipment*) Ausrüstung *f*; (*AUT*) Gang *m* ♦ *vt* (*fig*: *adapt*): **to be** ~**ed to** ausgerichtet sein auf +*acc*; **top** ~ höchste(r) Gang *m*; **high** ~ (*US*) höchste(r) Gang *m*; **low** ~ niedrige(r) Gang *m*; **in** ~ eingekuppelt; ~ **box** *n* Getriebe(gehäuse) *nt*; ~ **lever** *n* Schalthebel *m*; ~ **shift** (*US*) *n* Schalthebel *m*
geese [gi:s] *npl of* **goose**
gel [dʒel] *n* Gel *nt*
gelatin(e) ['dʒelətɪ:n] *n* Gelatine *f*
gelignite ['dʒelɪgnaɪt] *n* Plastiksprengstoff *m*
gem [dʒem] *n* Edelstein *m*; (*fig*) Juwel *nt*
Gemini ['dʒemɪnɪ:] *n* Zwillinge *pl*
gender ['dʒendə*] *n* (*GRAM*) Geschlecht *nt*
gene [dʒi:n] *n* Gen *nt*
general ['dʒenərəl] *n* General *m* ♦ *adj* allgemein; ~ **delivery** (*US*) *n* Ausgabe(schalter *m*) *f* postlagernder Sendungen; ~ **election** *n* allgemeine Wahlen *pl*; ~**ization** [dʒenərəlaɪ'zeɪʃən] *n* Verallgemeinerung *f*; ~**ize** *vi* verallgemeinern; ~**ly** *adv* allgemein, im allgemeinen; ~ **practitioner** *n* praktische(r) Arzt *m*, praktische Ärztin *f*
generate ['dʒenəreɪt] *vt* erzeugen
generation [dʒenə'reɪʃən] *n* Generation *f*; (*act*) Erzeugung *f*
generator ['dʒenəreɪtə*] *n* Generator *m*

generosity [dʒenə'rɒsɪtɪ] *n* Großzügigkeit *f*
generous ['dʒenərəs] *adj* großzügig
genetic [dʒɪ'netɪk]: ~ **engineering** *n* Gentechnik *f*; ~ **fingerprinting** *n* genetische Fingerabdrücke *pl*
genetics [dʒɪ'netɪks] *n* Genetik *f*
Geneva [dʒɪ'ni:və] *n* Genf *nt*
genial ['dʒi:nɪəl] *adj* freundlich, jovial
genitals ['dʒenɪtlz] *npl* Genitalien *pl*
genius ['dʒi:nɪəs] *n* Genie *nt*
genocide ['dʒenəʊsaɪd] *n* Völkermord *m*
gent [dʒent] *n abbr* = **gentleman**
genteel [dʒen'ti:l] *adj* (*polite*) wohlanständig; (*affected*) affektiert
gentle ['dʒentl] *adj* sanft, zart
gentleman ['dʒentlmən] (*irreg*) *n* Herr *m*; (*polite*) Gentleman *m*
gentleness ['dʒentlnɪs] *n* Zartheit *f*, Milde *f*
gently ['dʒentlɪ] *adv* zart, sanft
gentry ['dʒentrɪ] *n* Landadel *m*
gents [dʒents] *n*: **G~** (*lavatory*) Herren *pl*
genuine ['dʒenjʊɪn] *adj* echt
geographic(al) [dʒɪə'græfɪk(əl)] *adj* geographisch
geography [dʒɪ'ɒgrəfɪ] *n* Geographie *f*
geological [dʒɪəʊ'lɒdʒɪkəl] *adj* geologisch
geologist [dʒɪ'ɒlədʒɪst] *n* Geologe *m*, Geologin *f*
geology [dʒɪ'ɒlədʒɪ] *n* Geologie *f*
geometric(al) [dʒɪə'metrɪk(l)] *adj* geometrisch
geometry [dʒɪ'ɒmɪtrɪ] *n* Geometrie *f*
geranium [dʒɪ'reɪnɪəm] *n* Geranie *f*
geriatric [dʒerɪ'ætrɪk] *adj* Alten- ♦ *n* Greis(in) *m(f)*
germ [dʒɜ:m] *n* Keim *m*; (*MED*) Bazillus *m*
German ['dʒɜ:mən] *adj* deutsch ♦ *n* Deutsche(r) *mf*; (*LING*) Deutsch *nt*; ~ **measles** *n* Röteln *pl*
Germany ['dʒɜ:mənɪ] *n* Deutschland *nt*
germination [dʒɜ:mɪ'neɪʃən] *n* Keimen *nt*
gesticulate [dʒes'tɪkjʊleɪt] *vi* gestikulieren
gesture ['dʒestʃə*] *n* Geste *f*

KEYWORD

get [get] (*pt, pp* **got**, *pp* **gotten** (*US*)) *vi* **1** (*become, be*) werden; **to get old/tired** alt/müde werden; **to get married** heiraten
2 (*go*) (an)kommen, gehen
3 (*begin*): **to get to know sb** jdn kennenlernen; **let's get going** *or* **started** fangen wir an!
4 (*modal aux vb*): **you've got to do it** du mußt es tun
♦ *vt* **1**: **to get sth done** (*do*) etw machen; (*have done*) etw machen lassen; **to get sth going** *or* **to go** etw in Gang bringen *or* bekommen; **to get sb to do sth** jdn dazu bringen, etw zu tun
2 (*obtain*: *money, permission, results*) erhalten; (*find*: *job, flat*) finden; (*fetch*: *person, doctor, object*) holen; **to get sth for sb** jdm etw besorgen; **get me Mr Jones, please** (*TEL*) verbinden Sie mich bitte mit Mr Jones
3 (*receive*: *present, letter*) bekommen, kriegen; (*acquire*: *reputation etc*) erwerben
4 (*catch*) bekommen, kriegen; (*hit*: *target etc*) treffen, erwischen; **get him!** (*to dog*) faß!
5 (*take, move*) bringen; **to get sth to sb** jdm etw bringen
6 (*understand*) verstehen; (*hear*) mitbekommen; **I've got it!** ich hab's!
7 (*have, possess*): **to have got sth** etw haben
get about *vi* herumkommen; (*news*) sich verbreiten
get along *vi* (*people*) (gut) zurechtkommen; (*depart*) sich *acc* auf den Weg machen
get at *vt* (*facts*) herausbekommen; **to get at sb** (*nag*) an jdm herumnörgeln
get away *vi* (*leave*) sich *acc* davonmachen; (*escape*): **to get away**

from sth von etw *dat* entkommen; **to get away with sth** mit etw davon kommen
get back *vi* (*return*) zurückkommen ♦ *vt* zurückbekommen
get by *vi* (*pass*) vorbeikommen; (*manage*) zurechtkommen
get down *vi* (her)untergehen ♦ *vt* (*depress*) fertigmachen; **to get down to** in Angriff nehmen; (*find time to do*) kommen zu
get in *vi* (*train*) ankommen; (*arrive home*) heimkommen
get into *vt* (*enter*) hinein-/hereinkommen in +*acc*; (: *car, train etc*) einsteigen in +*acc*; (*clothes*) anziehen
get off *vi* (*from train etc*) aussteigen; (*from horse*) absteigen ♦ *vt* aussteigen aus; absteigen von
get on *vi* (*progress*) vorankommen; (*be friends*) auskommen; (*age*) alt werden; (*onto train etc*) einsteigen; (*onto horse*) aufsteigen ♦ *vt* einsteigen in +*acc* ♦ *vi* aufsteigen auf +*acc*
get out *vi* (*of house*) herauskommen; (*of vehicle*) aussteigen ♦ *vt* (*take out*) herausholen
get out of *vt* (*duty etc*) herumkommen um
get over *vt* (*illness*) sich *acc* erholen von; (*surprise*) verkraften; (*news*) fassen; (*loss*) sich abfinden mit
get round *vt* herumkommen; (*fig: person*) herumkriegen
get through to *vt* (*TEL*) durchkommen zu
get together *vi* zusammenkommen
get up *vi* aufstehen ♦ *vt* hinaufbringen; (*go up*) hinaufgehen; (*organize*) auf die Beine stellen
get up to *vt* (*reach*) erreichen; (*prank etc*) anstellen

getaway ['getəweɪ] *n* Flucht *f*
get-up ['getʌp] (*inf*) *n* Aufzug *m*
geyser ['giːzə*] *n* Geiser *m*; (*heater*) Durchlauferhitzer *m*
ghastly ['gɑːstlɪ] *adj* gräßlich
gherkin ['gɜːkɪn] *n* Gewürzgurke *f*
ghetto ['getəʊ] *n* G(h)etto *nt*; ~ **blaster** *n* (groß(er)) Radiorekorder *m*
ghost [gəʊst] *n* Gespenst *nt*
giant ['dʒaɪənt] *n* Riese *m* ♦ *adj* riesig, Riesen-
gibberish ['dʒɪbərɪʃ] *n* dumme(s) Geschwätz *nt*
gibe [dʒaɪb] *n* spöttische Bemerkung *f*
giblets ['dʒɪblɪts] *npl* Geflügelinnereien *pl*
Gibraltar [dʒɪ'brɔːltə*] *n* Gibraltar *nt*
giddiness ['gɪdɪnəs] *n* Schwindelgefühl *nt*
giddy ['gɪdɪ] *adj* schwindlig
gift [gɪft] *n* Geschenk *nt*; (*ability*) Begabung *f*; ~**ed** *adj* begabt; ~ **token,** ~ **voucher** *n* Geschenkgutschein *m*
gigantic [dʒaɪ'gæntɪk] *adj* riesenhaft
giggle ['gɪgl] *vi* kichern ♦ *n* Gekicher *nt*
gild [gɪld] *vt* vergolden
gill [dʒɪl] *n* (*1/4 pint*) Viertelpinte *f*
gills [gɪlz] *npl* (*of fish*) Kiemen *pl*
gilt [gɪlt] *n* Vergoldung *f* ♦ *adj* vergoldet; ~**-edged** *adj* mündelsicher
gimmick ['gɪmɪk] *n* Gag *m*
ginger ['dʒɪndʒə*] *n* Ingwer *m*; ~ **ale** *n* Ingwerbier *nt*; ~ **beer** *n* Ingwerbier *nt*; ~**bread** *n* Pfefferkuchen *m*; ~**-haired** *adj* rothaarig
gingerly ['dʒɪndʒəlɪ] *adv* behutsam
gipsy ['dʒɪpsɪ] *n* Zigeuner(in) *m(f)*
girder ['gɜːdə*] *n* Eisenträger *m*
girdle ['gɜːdl] *n* Hüftgürtel *m*
girl [gɜːl] *n* Mädchen *nt*; **an English** ~ eine (junge) Engländerin; ~**friend** *n* Freundin *f*; ~**ish** *adj* mädchenhaft
giro ['dʒaɪrəʊ] *n* (*bank* ~) Giro *nt*; (*post office* ~) Postscheckverkehr *m*
girth [gɜːθ] *n* (*measure*) Umfang *m*; (*strap*) Sattelgurt *m*
gist [dʒɪst] *n* Wesentliche(s) *nt*
give [gɪv] (*pt* **gave,** *pp* **given**) *vt* geben ♦ *vi* (*break*) nachgeben; ~ **away** *vt* verschenken; (*betray*) verraten; ~ **back** *vt* zurückgeben; ~ **in** *vi* nachgeben ♦ *vt* (*hand in*) abgeben; ~ **off** *vt* abgeben; ~ **out** *vt* verteilen; (*an-*

nounce) bekanntgeben; ~ **up** *vt, vi* aufgeben; **to ~ o.s. up** sich stellen; (*after siege*) sich ergeben; ~ **way** *vi* (*BRIT*: *traffic*) Vorfahrt lassen; (*to feelings*): **to ~ way to** nachgeben +*dat*; ~**n** *pp of* **give**

glacier ['glæsɪə*] *n* Gletscher *m*

glad [glæd] *adj* froh

gladly ['glædlɪ] *adv* gern(e)

glamorous ['glæmərəs] *adj* reizvoll

glamour ['glæmə*] *n* Glanz *m*

glance [glɑ:ns] *n* Blick *m* ♦ *vi*: **to ~ (at)** (hin)blicken (auf +*acc*); ~ **off** *vt fus* (*fly off*) abprallen von

glancing ['glɑ:nsɪŋ] *adj* (*blow*) Streif-

gland [glænd] *n* Drüse *f*

glare [glɛə*] *n* (*light*) grelle(s) Licht *nt*; (*stare*) wilde(r) Blick *m* ♦ *vi* grell scheinen; (*angrily*): **to ~ at** böse ansehen

glaring ['glɛərɪŋ] *adj* (*injustice*) schreiend; (*mistake*) kraß

glass [glɑ:s] *n* Glas *nt*; (*mirror*: *also*: *looking* ~) Spiegel *m*; ~**es** *npl* (*spectacles*) Brille *f*; ~**house** *n* Gewächshaus *nt*; ~**ware** *n* Glaswaren *pl*; ~**y** *adj* glasig

glaze [gleɪz] *vt* verglasen; (*finish with a* ~) glasieren ♦ *n* Glasur *f*; ~**d** *adj* (*eye*) glasig; (*pottery*) glasiert

glazier ['gleɪzɪə*] *n* Glaser *m*

gleam [gli:m] *n* Schimmer *m* ♦ *vi* schimmern; ~**ing** *adj* schimmernd

glean [gli:n] *vt* (*fig*) ausfindig machen

glen [glen] *n* Bergtal *nt*

glib [glɪb] *adj* oberflächlich

glide [glaɪd] *vi* gleiten; ~**r** *n* (*AVIAT*) Segelflugzeug *nt*

gliding ['glaɪdɪŋ] *n* Segelfliegen *nt*

glimmer ['glɪmə*] *n* Schimmer *m*

glimpse [glɪmps] *n* flüchtige(r) Blick *m* ♦ *vt* flüchtig erblicken

glint [glɪnt] *n* Glitzern *nt* ♦ *vi* glitzern

glisten ['glɪsn] *vi* glänzen

glitter ['glɪtə*] *vi* funkeln ♦ *n* Funkeln *nt*

gloat ['gləʊt] *vi*: **to ~ over** sich weiden an +*dat*

globe [gləʊb] *n* Erdball *m*; (*sphere*) Globus *m*

gloom [glu:m] *n* (*darkness*) Dunkel *nt*; (*depression*) düstere Stimmung *f*; ~**y** *adj* düster

glorify ['glɔ:rɪfaɪ] *vt* verherrlichen

glorious ['glɔ:rɪəs] *adj* glorreich

glory ['glɔ:rɪ] *n* Ruhm *m*

gloss [glɒs] *n* (*shine*) Glanz *m*; ~ **over** *vt fus* übertünchen

glossary ['glɒsərɪ] *n* Glossar *nt*

glossy ['glɒsɪ] *adj* (*surface*) glänzend

glove [glʌv] *n* Handschuh *m*; ~ **compartment** *n* (*AUT*) Handschuhfach *nt*

glow [gləʊ] *vi* glühen ♦ *n* Glühen *nt*

glower ['glaʊə*] *vi*: **to ~ at** finster anblicken

glucose ['glu:kəʊs] *n* Traubenzucker *m*

glue [glu:] *n* Klebstoff *m* ♦ *vt* kleben

glum [glʌm] *adj* bedrückt

glut [glʌt] *n* Überfluß *m*

glutton ['glʌtn] *n* Vielfraß *m*; **a ~ for work** ein Arbeitstier *nt*; ~**y** *n* Völlerei *f*

glycerin(e) ['glɪsəri:n] *n* Glyzerin *nt*

gnarled [nɑ:ld] *adj* knorrig

gnat [næt] *n* Stechmücke *f*

gnaw [nɔ:] *vt* nagen an +*dat*

gnome [nəʊm] *n* Gnom *m*

go [gəʊ] (*pt* **went**, *pp* **gone**; *pl* ~**es**) *vi* gehen; (*travel*) reisen, fahren; (*depart*: *train*) (ab)fahren; (*be sold*) verkauft werden; (*work*) gehen, funktionieren; (*fit, suit*) passen; (*become*) werden; (*break etc*) nachgeben ♦ *n* (*energy*) Schwung *m*; (*attempt*) Versuch *m*; **he's ~ing to do it** er wird es tun; **to ~ for a walk** spazieren gehen; **to ~ dancing** tanzen gehen; **how did it ~?** wie war's?; **to ~ with** (*be suitable*) passen zu; **to have a ~ at sth** etw versuchen; **to be on the ~** auf Trab sein; **whose ~ is it?** wer ist dran?; ~ **about** *vi* (*rumour*) umgehen ♦ *vt fus*: **how do I ~ about this?** wie packe ich das an?; ~ **ahead** *vi* (*pro-*

ceed) weitergehen; ~ **along** *vi* dahingehen, dahinfahren ♦ *vt* entlanggehen, entlangfahren; **to ~ along with** (*agree to support*) zustimmen +*dat*; ~ **away** *vi* (*depart*) weggehen; ~ **back** *vi* (*return*) zurückgehen; ~ **back on** *vt fus* (*promise*) nicht halten; ~ **by** *vi* (*years, time*) vergehen ♦ *vt fus* sich richten nach; ~ **down** *vi* (*sun*) untergehen ♦ *vt fus* hinuntergehen, hinunterfahren; ~ **for** *vt fus* (*fetch*) holen (gehen); (*like*) mögen; (*attack*) sich stürzen auf +*acc*; ~ **in** *vi* hineingehen; ~ **in for** *vt fus* (*competition*) teilnehmen an; ~ **into** *vt fus* (*enter*) hineingehen in +*acc*; (*study*) sich befassen mit; ~ **off** *vi* (*depart*) weggehen; (*lights*) ausgehen; (*milk etc*) sauer werden; (*explode*) losgehen ♦ *vt fus* (*dislike*) nicht mehr mögen; ~ **on** *vi* (*continue*) weitergehen; (*inf: complain*) meckern; (*lights*) angehen; **to ~ on with sth** mit etw weitermachen; ~ **out** *vi* (*fire, light*) ausgehen; (*of house*) hinausgehen; ~ **over** *vi* (*ship*) kentern ♦ *vt fus* (*examine, check*) durchgehen; ~ **through** *vt fus* (*town etc*) durchgehen, durchfahren; ~ **up** *vi* (*price*) steigen; ~ **without** *vt fus* sich behelfen ohne; (*food*) entbehren

goad [gəʊd] *vt* anstacheln

go-ahead ['gəʊəhed] *adj* zielstrebig; (*progressive*) fortschrittlich ♦ *n* grüne(s) Licht *nt*

goal [gəʊl] *n* Ziel *nt*; (*SPORT*) Tor *nt*; ~**keeper** *n* Torwart *m*; ~**-post** *n* Torpfosten *m*

goat [gəʊt] *n* Ziege *f*

gobble ['gɒbl] *vt* (*also*: ~ *down*, ~ *up*) hinunterschlingen

go-between ['gəʊbɪtwi:n] *n* Mittelsmann *m*

goblet ['gɒblɪt] *n* Kelch(glas *nt*) *m*

god [gɒd] *n* Gott *m*; **G~** *n* Gott *m*; ~**child** *n* Patenkind *nt*; ~**daughter** *n* Patentochter *f*; ~**dess** *n* Göttin *f*; ~**father** *n* Pate *m*; ~**-forsaken** *adj* gottverlassen; ~**mother** *n* Patin *f*; ~**send** *n* Geschenk *nt* des Himmels; ~**son** *n* Patensohn *m*

goggles ['gɒglz] *npl* Schutzbrille *f*

going ['gəʊɪŋ] *n* (*HORSE-RACING*) Bahn *f* ♦ *adj* (*rate*) gängig; (*concern*) gutgehend; **it's hard ~** es ist schwierig

gold [gəʊld] *n* Gold *nt* ♦ *adj* golden; ~**en** *adj* golden, Gold-; ~**fish** *n* Goldfisch *m*; ~ **mine** *n* Goldgrube *f*; ~**-plated** *adj* vergoldet; ~**smith** *n* Goldschmied(in) *m(f)*

golf [gɒlf] *n* Golf *nt*; ~**ball** *n* Golfball *m*; (*on typewriter*) Kugelkopf *m*; ~ **club** *n* (*society*) Golfklub *m*; (*stick*) Golfschläger *m*; ~ **course** *n* Golfplatz *m*; ~**er** *n* Golfspieler(in) *m(f)*

gondola ['gɒndələ] *n* Gondel *f*

gone [gɒn] *pp of* **go**

gong [gɒŋ] *n* Gong *m*

good [gʊd] *n* (*benefit*) Wohl *nt*; (*moral excellence*) Güte *f* ♦ *adj* gut; ~**s** *npl* (*merchandise etc*) Waren *pl*, Güter *pl*; **a ~ deal (of)** ziemlich viel; **a ~ many** ziemlich viele; ~ **morning!** guten Morgen!; ~ **afternoon!** guten Tag!; ~ **evening!** guten Abend!; ~ **night!** gute Nacht!; **would you be ~ enough to ...?** könnten Sie bitte ...?; ~**bye** *excl* auf Wiedersehen!; **G~ Friday** *n* Karfreitag *m*; ~**-looking** *adj* gutaussehend; ~**-natured** *adj* gutmütig; (*joke*) harmlos; ~**ness** *n* Güte *f*; (*virtue*) Tugend *f*; ~**s train** (*BRIT*) *n* Güterzug *m*; ~**will** *n* (*favour*) Wohlwollen *nt*; (*COMM*) Firmenansehen *nt*

goose [gu:s] (*pl* **geese**) *n* Gans *f*

gooseberry ['gʊzbərɪ] *n* Stachelbeere *f*

gooseflesh ['gu:sfleʃ] *n* Gänsehaut *f*

goose pimples *npl* Gänsehaut *f*

gore [gɔ:*] *vt* aufspießen ♦ *n* Blut *nt*

gorge [gɔ:dʒ] *n* Schlucht *f* ♦ *vt*: **to ~ o.s.** (sich voll)fressen

gorgeous ['gɔ:dʒəs] *adj* prächtig

gorilla [gə'rɪlə] *n* Gorilla *m*

gorse [gɔ:s] *n* Stechginster *m*

gory ['gɔ:rɪ] *adj* blutig

go-slow ['gəʊ'sləʊ] (*BRIT*) *n* Bummelstreik *m*

gospel ['gɒspəl] *n* Evangelium *nt*

gossip ['gɒsɪp] *n* Klatsch *m*; (*person*) Klatschbase *f* ♦ *vi* klatschen

got [gɒt] *pt, pp of* **get**

gotten ['gɒtən] (*US*) *pp of* **get**

gout [gaʊt] *n* Gicht *f*

govern ['gʌvən] *vt* regieren; verwalten

governess ['gʌvənɪs] *n* Gouvernante *f*

government ['gʌvnmənt] *n* Regierung *f*

governor ['gʌvənə*] *n* Gouverneur *m*

gown [gaʊn] *n* Gewand *nt*; (*UNIV*) Robe *f*

G.P. *n abbr* = **general practitioner**

grab [græb] *vt* packen

grace [greɪs] *n* Anmut *f*; (*blessing*) Gnade *f*; (*prayer*) Tischgebet *nt* ♦ *vt* (*adorn*) zieren; (*honour*) auszeichnen; **5 days'** ~ 5 Tage Aufschub; **~ful** *adj* anmutig

gracious ['greɪʃəs] *adj* gnädig; (*kind*) freundlich

grade [greɪd] *n* Grad *m*; (*slope*) Gefälle *nt* ♦ *vt* (*classify*) einstufen; **~ crossing** (*US*) *n* Bahnübergang *m*; **~ school** (*US*) *n* Grundschule *f*

gradient ['greɪdɪənt] *n* Steigung *f*; Gefälle *nt*

gradual ['grædjʊəl] *adj* allmählich; **~ly** *adv* allmählich

graduate [*n* 'grædjʊɪt, *vb* 'grædjʊeɪt] *n*: **to be a ~** das Staatsexamen haben ♦ *vi* das Staatsexamen machen

graduation [grædjʊ'eɪʃən] *n* Abschlußfeier *f*

graffiti [grə'fi:tɪ] *npl* Graffiti *pl*

graft [grɑ:ft] *n* (*hard work*) Schufterei *f*; (*MED*) Verpflanzung *f* ♦ *vt* propfen; (*fig*) aufpfropfen; (*MED*) verpflanzen

grain [greɪn] *n* Korn *nt*; (*in wood*) Maserung *f*

gram [græm] *n* Gramm *nt*

grammar ['græmə*] *n* Grammatik *f*; **~ school** (*BRIT*) *n* Gymnasium *nt*

grammatical [grə'mætɪkl] *adj* grammat(ikal)isch

gramme [græm] *n* = **gram**

granary ['grænərɪ] *n* Kornspeicher *m*

grand [grænd] *adj* großartig; **~child** (*pl* **grandchildren**) *n* Enkelkind *nt*, Enkel(in) *m(f)*; **~dad** *n* Opa *m*; **~daughter** *n* Enkelin *f*; **~eur** ['grændjə*] *n* Erhabenheit *f*; **~father** *n* Großvater *m*; **~iose** ['grændɪəʊs] *adj* (*imposing*) großartig; (*pompous*) schwülstig; **~ma** *n* Oma *f*; **~mother** *n* Großmutter *f*; **~pa** *n* = **granddad**; **~parents** *npl* Großeltern *pl*, **~ piano** *n* Flügel *m*; **~son** *n* Enkel *m*; **~stand** *n* Haupttribüne *f*

granite ['grænɪt] *n* Granit *m*

granny ['grænɪ] *n* Oma *f*

grant [grɑ:nt] *vt* gewähren ♦ *n* Unterstützung *f*; (*UNIV*) Stipendium *nt*; **to take sth for ~ed** etw als selbstverständlich (an)nehmen

granulated sugar ['grænjʊleɪtɪd-] *n* Zuckerraffinade *f*

granule ['grænju:l] *n* Körnchen *nt*

grape [greɪp] *n* (Wein)traube *f*

grapefruit ['greɪpfru:t] *n* Pampelmuse *f*, Grapefruit *f*

graph [grɑ:f] *n* Schaubild *nt*; **~ic** ['græfɪk] *adj* (*descriptive*) anschaulich; (*drawing*) graphisch; **~ics** *npl* Grafik *f*

grapple ['græpl] *vi*: **to ~ with** kämpfen mit

grasp [grɑ:sp] *vt* ergreifen; (*understand*) begreifen ♦ *n* Griff *m*; (*of subject*) Beherrschung *f*; **~ing** *adj* habgierig

grass [grɑ:s] *n* Gras *nt*; **~hopper** *n* Heuschrecke *f*; **~land** *n* Weideland *nt*; **~-roots** *adj* an der Basis; **~ snake** *n* Ringelnatter *f*

grate [greɪt] *n* Kamin *m* ♦ *vi* (*sound*) knirschen ♦ *vt* (*cheese etc*) reiben; **to ~ on the nerves** auf die Nerven gehen

grateful ['greɪtfʊl] *adj* dankbar

grater ['greɪtə*] *n* Reibe *f*

gratify ['grætɪfaɪ] *vt* befriedigen;

~ing ['grætɪfaɪɪŋ] *adj* erfreulich
grating ['greɪtɪŋ] *n* (*iron bars*) Gitter *nt* ♦ *adj* (*noise*) knirschend
gratitude ['grætɪtju:d] *n* Dankbarkeit *f*
gratuity [grə'tju:ɪtɪ] *n* Gratifikation *f*
grave [greɪv] *n* Grab *nt* ♦ *adj* (*serious*) ernst
gravel ['grævəl] *n* Kies *m*
gravestone ['greɪvstəʊn] *n* Grabstein *m*
graveyard ['greɪvjɑ:d] *n* Friedhof *m*
gravity ['grævɪtɪ] *n* Schwerkraft *f*; (*seriousness*) Schwere *f*
gravy ['greɪvɪ] *n* (Braten)soße *f*
gray [greɪ] *adj* = **grey**
graze [greɪz] *vi* grasen ♦ *vt* (*touch*) streifen; (*MED*) abschürfen ♦ *n* Abschürfung *f*
grease [gri:s] *n* (*fat*) Fett *nt*; (*lubricant*) Schmiere *f* ♦ *vt* (ab)schmieren; **~proof** (*BRIT*) *adj* (*paper*) Butterbrot-
greasy ['gri:sɪ] *adj* fettig
great [greɪt] *adj* groß; (*inf: good*) prima; **G~ Britain** *n* Großbritannien *nt*; **~-grandfather** *n* Urgroßvater *m*; **~-grandmother** *n* Urgroßmutter *f*; **~ly** *adv* sehr; **~ness** *n* Größe *f*
Greece [gri:s] *n* Griechenland *nt*
greed [gri:d] *n* (*also: ~iness*) Gier *f*; (*meanness*) Geiz *m*; **~(iness) for** Gier nach; **~y** *adj* gierig
Greek [gri:k] *adj* griechisch ♦ *n* Grieche *m*, Griechin *f*; (*LING*) Griechisch *nt*
green [gri:n] *adj* grün ♦ *n* (*village ~*) Dorfwiese *f*; **~ belt** *n* Grüngürtel *m*; **~ card** *n* (*AUT*) grüne Versicherungskarte *f*; **~ery** *n* Grün *nt*; grüne(s) Laub *nt*; **~gage** *n* Reineclaude *f*; **~grocer** (*BRIT*) *n* Obst- und Gemüsehändler *m*; **~house** *n* Gewächshaus *nt*; **~house effect** *n* Treibhauseffekt *m*; **~house gas** *n* Treibhausgas *nt*; **~ish** *adj* grünlich
Greenland ['gri:nlənd] *n* Grönland *nt*
greet [gri:t] *vt* grüßen; **~ing** *n* Gruß *m*; **~ing(s) card** *n* Glückwunschkarte *f*
gregarious [grɪ'gɛərɪəs] *adj* gesellig
grenade [grɪ'neɪd] *n* Granate *f*
grew [gru:] *pt of* **grow**
grey [greɪ] *adj* grau; **~-haired** *adj* grauhaarig; **~hound** *n* Windhund *m*; **~ish** *adj* gräulich
grid [grɪd] *n* Gitter *nt*; (*ELEC*) Leitungsnetz *nt*; (*on map*) Gitternetz *nt*
grief [gri:f] *n* Gram *m*, Kummer *m*
grievance ['gri:vəns] *n* Beschwerde *f*
grieve [gri:v] *vi* sich grämen ♦ *vt* betrüben
grievous ['gri:vəs] *adj*: **~ bodily harm** (*JUR*) schwere Körperverletzung *f*
grill [grɪl] *n* Grill *m* ♦ *vt* (*BRIT*) grillen; (*question*) in die Mangel nehmen
grille [grɪl] *n* (*on car etc*) (Kühler)gitter *nt*
grim [grɪm] *adj* grimmig; (*situation*) düster
grimace [grɪ'meɪs] *n* Grimasse *f* ♦ *vi* Grimassen schneiden
grime [graɪm] *n* Schmutz *m*
grimy ['graɪmɪ] *adj* schmutzig
grin [grɪn] *n* Grinsen *nt* ♦ *vi* grinsen
grind [graɪnd] (*pt, pp* **ground**) *vt* mahlen; (*US: meat*) durch den Fleischwolf drehen; (*sharpen*) schleifen; (*teeth*) knirschen mit ♦ *n* (*bore*) Plackerei *f*
grip [grɪp] *n* Griff *m*; (*suitcase*) Handkoffer *m* ♦ *vt* packen; **~ping** *adj* (*exciting*) spannend
grisly ['grɪzlɪ] *adj* gräßlich
gristle ['grɪsl] *n* Knorpel *m*
grit [grɪt] *n* Splitt *m*; (*courage*) Mut *m* ♦ *vt* (*teeth*) zusammenbeißen; (*road*) (mit Splitt be)streuen
groan [grəʊn] *n* Stöhnen *nt* ♦ *vi* stöhnen
grocer ['grəʊsə*] *n* Lebensmittelhändler *m*; **~ies** *npl* Lebensmittel *pl*; **~'s (shop)** *n* Lebensmittelgeschäft *nt*
groggy ['grɒgɪ] *adj* benommen
groin [grɔɪn] *n* Leistengegend *f*
groom [gru:m] *n* (*also: bride~*)

Bräutigam *m*; (*for horses*) Pferdeknecht *m* ♦ *vt* (*horse*) striegeln; **(well-)groomed** gepflegt

groove [gru:v] *n* Rille *f*, Furche *f*

grope [grəʊp] *vi* tasten; ~ **for** *vt fus* suchen nach

gross [grəʊs] *adj* (*coarse*) dick, plump; (*bad*) grob, schwer; (*COMM*) brutto; ~**ly** *adv* höchst

grotesque [grəʊ'tesk] *adj* grotesk

grotto ['grɒtəʊ] *n* Grotte *f*

ground [graʊnd] *pt, pp of* **grind** ♦ *n* Boden *m*; (*land*) Grundbesitz *m*; (*reason*) Grund *m*; (*US*: *also*: ~ *wire*) Endleitung *f* ♦ *vi* (*run ashore*) stranden, auflaufen; ~**s** *npl* (*dregs*) Bodensatz *m*; (*around house*) (Garten)anlagen *pl*; **on the** ~ am Boden; **to the** ~ zu Boden; **to gain/lose** ~ Boden gewinnen/verlieren; ~ **cloth** (*US*) *n* = **ground sheet**; ~**ing** *n* (*instruction*) Anfangsunterricht *m*; ~**less** *adj* grundlos; ~**sheet** (*BRIT*) *n* Zeltboden *m*; ~ **staff** *n* Bodenpersonal *nt*; ~ **swell** *n* (*of sea*) Dünung *f*; (*fig*) Zufnahme *f*; ~**work** *n* Grundlage *f*

group [gru:p] *n* Gruppe *f* ♦ *vt* (*also*: ~ *together*) gruppieren ♦ *vi* sich gruppieren

grouse [graʊs] *n inv* (*bird*) schottische(s) Moorhuhn *nt* ♦ *vi* (*complain*) meckern

grove [grəʊv] *n* Gehölz *nt*, Hain *m*

grovel ['grɒvl] *vi* (*fig*) kriechen

grow [grəʊ] (*pt* **grew**, *pp* **grown**) *vi* wachsen; (*become*) werden ♦ *vt* (*raise*) anbauen; ~ **up** *vi* aufwachsen; ~**er** *n* Züchter *m*; ~**ing** *adj* zunehmend

growl [graʊl] *vi* knurren

grown [grəʊn] *pp of* **grow**; ~**-up** *n* Erwachsene(r) *mf*

growth [grəʊθ] *n* Wachstum *nt*; (*increase*) Zunahme *f*; (*of beard etc*) Wuchs *m*

grub [grʌb] *n* Made *f*, Larve *f*; (*inf*: *food*) Futter *nt*; ~**by** ['grʌbɪ] *adj* schmutzig

grudge [grʌdʒ] *n* Groll *m* ♦ *vt*: **to** ~ **sb sth** jdm etw misgönnen; **to bear sb a** ~ einen Groll gegen jdn hegen

gruelling ['gruəlɪŋ] *adj* (*climb, race*) mörderisch

gruesome ['gru:səm] *adj* grauenhaft

gruff [grʌf] *adj* barsch

grumble ['grʌmbl] *vi* murren

grumpy ['grʌmpɪ] *adj* verdrießlich

grunt [grʌnt] *vi* grunzen ♦ *n* Grunzen *nt*

G-string ['dʒi:-] *n* Minislip *m*

guarantee [gærən'ti:] *n* Garantie *f* ♦ *vt* garantieren

guard [gɑ:d] *n* (*sentry*) Wache *f*; (*BRIT*: *RAIL*) Zugbegleiter *m* ♦ *vt* bewachen; ~**ed** *adj* vorsichtig; ~**ian** *n* Vormund *m*; (*keeper*) Hüter *m*; ~**'s van** (*BRIT*) *n* (*RAIL*) Dienstwagen *m*

guerrilla [gə'rɪlə] *n* Guerilla(kämpfer) *m*; ~ **warfare** *n* Guerillakrieg *m*

guess [ges] *vt, vi* (er)raten, schätzen ♦ *n* Vermutung *f*; ~**work** *n* Raterei *f*

guest [gest] *n* Gast *m*; ~**-house** *n* Pension *f*; ~ **room** *n* Gastzimmer *nt*

guffaw [gʌ'fɔ:] *vi* schallend lachen

guidance ['gaɪdəns] *n* (*control*) Leitung *f*; (*advice*) Beratung *f*

guide [gaɪd] *n* Führer *m*; (*also*: *girl* ~) Pfadfinderin *f* ♦ *vt* führen; ~**book** *n* Reiseführer *m*; ~ **dog** *n* Blindenhund *m*; ~**lines** *npl* Richtlinien *pl*

guild [gɪld] *n* (*HIST*) Gilde *f*; ~**hall** (*BRIT*) *n* Stadthalle *f*

guile [gaɪl] *n* Arglist *f*

guillotine [gɪlə'ti:n] *n* Guillotine *f*

guilt [gɪlt] *n* Schuld *f*; ~**y** *adj* schuldig

guinea pig ['gɪnɪ-] *n* Meerschweinchen *nt*; (*fig*) Versuchskaninchen *nt*

guise [gaɪz] *n*: **in the** ~ **of** in der Form +*gen*

guitar [gɪ'tɑ:*] *n* Gitarre *f*

gulf [gʌlf] *n* Golf *m*; (*fig*) Abgrund *m*

gull [gʌl] *n* Möwe *f*

gullet ['gʌlɪt] *n* Schlund *m*

gullible ['gʌlɪbl] *adj* leichtgläubig

gully ['gʌlɪ] *n* (Wasser)rinne *f*

gulp [gʌlp] *vt* (*also*: ~ *down*) hinunterschlucken ♦ *vi* (*gasp*) schlucken

gum [gʌm] *n* (*around teeth*) Zahnfleisch *nt*; (*glue*) Klebstoff *m*; (*also*: *chewing-~*) Kaugummi *m* ♦ *vt* gummieren; **~boots** (*BRIT*) *npl* Gummistiefel *pl*

gumption ['gʌmpʃən] (*inf*) *n* Mumm *m*

gun [gʌn] *n* Schußwaffe *f*; **~boat** *n* Kanonenboot *nt*; **~fire** *n* Geschützfeuer *nt*; **~man** (*irreg*) *n* bewaffnete(r) Verbrecher *m*; **~point** *n*: **at ~point** mit Waffengewalt; **~powder** *n* Schießpulver *nt*; **~shot** *n* Schuß *m*

gurgle ['gɜ:gl] *vi* gluckern

guru ['guru:] *n* Guru *m*

gush [gʌʃ] *vi* (*rush out*) hervorströmen; (*fig*) schwärmen

gust [gʌst] *n* Windstoß *m*, Bö *f*

gusto ['gʌstəʊ] *n* Genuß *m*, Lust *f*

gut [gʌt] *n* (*ANAT*) Gedärme *pl*; (*string*) Darm *m*; **~s** *npl* (*fig*) Schneid *m*

gutter ['gʌtə*] *n* Dachrinne *f*; (*in street*) Gosse *f*

guttural ['gʌtərəl] *adj* guttural, Kehl-

guy [gaɪ] *n* (*also*: *~rope*) Halteseil *nt*; (*man*) Typ *m*, Kerl *m*

guzzle ['gʌzl] *vt*, *vi* (*drink*) saufen; (*eat*) fressen

gym [dʒɪm] *n* (*also*: *gymnasium*) Turnhalle *f*; (: *gymnastics*) Turnen *nt*; **~nast** ['dʒɪmnæst] *n* Turner(in) *m(f)*; **~nastics** [dʒɪm'næstɪks] *n* Turnen *nt*, Gymnastik *f*; **~ shoes** *npl* Turnschuhe *pl*; **~ slip** (*BRIT*) *n* Schulträgerrock *m*

gynaecologist [gaɪnɪ'kɒlədʒɪst] (*US* **gynecologist**) *n* Frauenarzt(ärztin) *m(f)*

gypsy ['dʒɪpsɪ] *n* = **gipsy**

gyrate [dʒaɪ'reɪt] *vi* kreisen

H

haberdashery [hæbə'dæʃərɪ] (*BRIT*) *n* Kurzwaren *pl*

habit ['hæbɪt] *n* (An)gewohnheit *f*; (*monk's*) Habit *nt or* m

habitable ['hæbɪtəbl] *adj* bewohnbar

habitat ['hæbɪtæt] *n* Lebensraum *m*

habitual [hə'bɪtjʊəl] *adj* gewohnheitsmäßig; **~ly** *adv* gewöhnlich

hack [hæk] *vt* hacken ♦ *n* Hieb *m*; (*writer*) Schreiberling *m*

hacker ['hækə*] *n* (*COMPUT*) Hacker *m*

hackneyed ['hæknɪd] *adj* abgedroschen

had [hæd] *pt*, *pp of* **have**

haddock ['hædək] (*pl* ~ *or* **~s**) *n* Schellfisch *m*

hadn't ['hædnt] = **had not**

haemorrhage ['hemərɪdʒ] (*US* **hemorrhage**) *n* Blutung *f*

haemorrhoids ['hemərɔɪdz] (*US* **hemorrhoids**) *npl* Hämorrhoiden *pl*

haggard ['hægəd] *adj* abgekämpft

haggle ['hægl] *vi* feilschen

Hague [heɪg] *n*: **The ~** Den Haag *nt*

hail [heɪl] *n* Hagel *m* ♦ *vt* umjubeln ♦ *vi* hageln; **~stone** *n* Hagelkorn *nt*

hair [hɛə*] *n* Haar *nt*, Haare *pl*; (*one ~*) Haar *nt*; **~brush** *n* Haarbürste *f*; **~cut** *n* Haarschnitt *m*; **to get a ~cut** sich *dat* die Haare schneiden lassen; **~do** *n* Frisur *f*; **~dresser** *n* Friseur *m*, Friseuse *f*; **~dresser's** *n* Friseursalon *m*; **~ dryer** *n* Trockenhaube *f*; (*hand-held*) Fön *m* ®; **~grip** *n* Klemme *f*; **~net** *n* Haarnetz *nt*; **~pin** *n* Haarnadel *f*; **~pin bend** (*US* **hairpin curve**) *n* Haarnadelkurve *f*; **~raising** *adj* haarsträubend; **~ removing cream** *n* Enthaarungscreme *nt*; **~ spray** *n* Haarspray *nt*; **~style** *n* Frisur *f*; **~y** *adj* haarig

hake [heɪk] *n* Seehecht *m*

half [hɑ:f] (*pl* **halves**) *n* Hälfte *f* ♦ *adj* halb ♦ *adv* halb, zur Hälfte; **~-an-hour** eine halbe Stunde; **two**

and a ~ zweieinhalb; **to cut sth in** ~ etw halbieren; ~ **a dozen** ein halbes Dutzend, sechs; **~-back** *n* Läufer *m*; ~ **board** *n* Halbpension *f*; **~-caste** *n* Mischling *m*; **~-hearted** *adj* lustlos; **~-hour** *n* halbe Stunde *f*; **~penny** ['heɪpnɪ] (*BRIT*) *n* halbe(r) Penny *m*; **~-price** *n*: **(at) ~-price** zum halben Preis; ~ **term** (*BRIT*) *n* (*SCH*) Ferien *pl* in der Mitte des Trimesters; **~-time** *n* Halbzeit *f*; **~way** *adv* halbwegs, auf halbem Wege

halibut ['hælɪbət] *n inv* Heilbutt *m*

hall [hɔ:l] *n* Saal *m*; (*entrance* ~) Hausflur *m*; (*building*) Halle *f*; ~ **of residence** (*BRIT*) *n* Studentenwohnheim *nt*

hallmark ['hɔ:lmɑ:k] *n* Stempel *m*

hallo [hʌ'ləʊ] *excl* = **hello**

Hallowe'en ['hæləʊ'i:n] *n* Tag *m* vor Allerheiligen

hallucination [həlu:sɪ'neɪʃən] *n* Halluzination *f*

hallway ['hɔ:lweɪ] *n* Korridor *m*

halo ['heɪləʊ] *n* Heiligenschein *m*

halt [hɔ:lt] *n* Halt *m* ♦ *vt, vi* anhalten

halve [hɑɪv] *vt* halbieren

halves [hɑ:vz] *pl of* **half**

ham [hæm] *n* Schinken *m*

hamburger ['hæmbɜ:gə*] *n* Hamburger *m*

hamlet ['hæmlɪt] *n* Weiler *m*

hammer ['hæmə*] *n* Hammer *m* ♦ *vt, vi* hämmern

hammock ['hæmək] *n* Hängematte *f*

hamper ['hæmpə*] *vt* (be)hindern ♦ *n* Picknickkorb *m*

hand [hænd] *n* Hand *f*; (*of clock*) (Uhr)zeiger *m*; (*worker*) Arbeiter *m* ♦ *vt* (*pass*) geben; **to give sb a** ~ jdm helfen; **at** ~ nahe; **to** ~ zur Hand; **in** ~ (*under control*) unter Kontrolle; (*being done*) im Gange; (*extra*) übrig; **on** ~ zur Verfügung; **on the one** ~ **..., on the other** ~ **...** einerseits ..., andererseits ...; ~ **in** *vt* abgeben; (*forms*) einreichen; ~ **out** *vt* austeilen; ~ **over** *vt* (*deliver*) übergeben; (*surrender*) abgeben; (: *prisoner*) ausliefern; **~bag** *n* Handtasche *f*; **~book** *n* Handbuch *nt*; **~brake** *n* Handbremse *f*; **~cuffs** *npl* Handschellen *pl*; **~ful** *n* Handvoll *f*; (*inf*: *person*) Plage *f*

handicap ['hændɪkæp] *n* Handikap *nt* ♦ *vt* benachteiligen; **mentally/physically ~ped** geistig/körperlich behindert

handicraft ['hændɪkrɑ:ft] *n* Kunsthandwerk *nt*

handiwork ['hændɪwɜ:k] *n* Arbeit *f*; (*fig*) Werk *nt*

handkerchief ['hæŋkətʃɪf] *n* Taschentuch *nt*

handle ['hændl] *n* (*of door etc*) Klinke *f*; (*of cup etc*) Henkel *m*; (*for winding*) Kurbel *f* ♦ *vt* (*touch*) anfassen; (*deal with*: *things*) sich befassen mit; (: *people*) umgehen mit; **~bar(s)** *n(pl)* Lenkstange *f*

hand: ~ **luggage** *n* Handgepäck *nt*; **~made** *adj* handgefertigt; **~out** *n* (*distribution*) Verteilung *f*; (*charity*) Geldzuwendung *f*; (*leaflet*) Flugblatt *nt*; **~rail** *n* Geländer *nt*; (*on ship*) Reling *f*; **~shake** *n* Händedruck *f*

handsome ['hænsəm] *adj* gutaussehend

handwriting ['hændraɪtɪŋ] *n* Handschrift *f*

handy ['hændɪ] *adj* praktisch; (*shops*) leicht erreichbar; **~man** ['hændɪmən] (*irreg*) *n* Bastler *m*

hang [hæŋ] (*pt, pp* **hung**) *vt* aufhängen; (*criminal*: *pt, pp hanged*) hängen ♦ *vi* hängen ♦ *n*: **to get the** ~ **of sth** (*inf*) den richtigen Dreh bei etw herauskriegen; ~ **about** *vi* sich herumtreiben; ~ **on** *vi* (*wait*) warten; ~ **up** *vi* (*TEL*) auflegen

hangar ['hæŋə*] *n* Hangar *m*

hanger ['hæŋə*] *n* Kleiderbügel *m*

hanger-on ['hæŋər'ɒn] *n* Anhänger(in) *m(f)*

hang-gliding ['hæŋglaɪdɪŋ] *n* Drachenfliegen *nt*

hangover ['hæŋəʊvə*] *n* Kater *m*

hang-up ['hæŋʌp] *n* Komplex *m*

hanker ['hæŋkə*] *vi*: **to** ~ **for** *or*

after sich sehnen nach

hankie ['hæŋkɪ] *n abbr* = **handkerchief**

hanky ['hæŋkɪ] *n abbr* = **handkerchief**

haphazard ['hæp'hæzəd] *adj* zufällig

happen ['hæpən] *vi* sich ereignen, passieren; **as it ~s I'm going there today** zufällig(erweise) gehe ich heute (dort)hin; **~ing** *n* Ereignis *nt*

happily ['hæpɪlɪ] *adv* glücklich; (*fortunately*) glücklicherweise

happiness ['hæpɪnɪs] *n* Glück *nt*

happy ['hæpɪ] *adj* glücklich; **~ birthday!** alles Gute zum Geburtstag!; **~-go-lucky** *adj* sorglos

harass ['hærəs] *vt* plagen; **~ment** *n* Belästigung *f*

harbour ['hɑ:bə*] (*US* **harbor**) *n* Hafen *m* ♦ *vt* (*hope etc*) hegen; (*criminal etc*) Unterschlupf gewähren

hard [hɑ:d] *adj* (*firm*) hart; (*difficult*) schwer; (*harsh*) hart(herzig) ♦ *adv* (*work*) hart; (*try*) sehr; (*push, hit*) fest; **no ~ feelings!** ich nehme es dir nicht übel; **~ of hearing** schwerhörig; **to be ~ done by** übel dran sein: **~back** *n* kartonierte Ausgabe *f*; **~ cash** *n* Bargeld *nt*; **~ disk** *n* (*COMPUT*) Festplatte *f*; **~en** *vt* erhärten; (*fig*) verhärten ♦ *vi* hart werden; (*fig*) sich verhärten; **~-headed** *adj* nüchtern; **~ labour** *n* Zwangsarbeit *f*

hardly ['hɑ:dlɪ] *adv* kaum

hard: **~ness** *n* Härte *f*; (*difficulty*) Schwierigkeit *f*; **~ship** *n* Not *f*; **~-up** *adj* knapp bei Kasse; **~ware** *n* Eisenwaren *pl*; (*COMPUT*) Hardware *f*; **~ware shop** *n* Eisenwarenhandlung *f*; **~-wearing** *adj* strapazierfähig; **~-working** *adj* fleißig

hardy ['hɑ:dɪ] *adj* widerstandsfähig

hare [hɛə*] *n* Hase *m*; **~-brained** *adj* schwachsinnig

harm [hɑ:m] *n* Schaden *m* ♦ *vt* schaden +*dat*; **out of ~'s way** in Sicherheit; **~ful** *adj* schädlich; **~less** *adj* harmlos

harmonica [hɑ:'mɒnɪkə] *n* Mundharmonika *f*

harmonious [hɑ:'məʊnɪəs] *adj* harmonisch

harmonize ['hɑ:mənaɪz] *vt* abstimmen ♦ *vi* harmonieren

harmony ['hɑ:mənɪ] *n* Harmonie *f*

harness ['hɑ:nɪs] *n* Geschirr *nt* ♦ *vt* (*horse*) anschirren; (*fig*) nutzbar machen

harp [hɑ:p] *n* Harfe *f* ♦ *vi*: **to ~ on about sth** auf etw *dat* herumreiten

harpoon [hɑ:'pu:n] *n* Harpune *f*

harrowing ['hærəʊɪŋ] *adj* nervenaufreibend

harsh [hɑ:ʃ] *adj* (*rough*) rauh; (*severe*) streng; **~ness** *n* Härte *f*

harvest ['hɑ:vɪst] *n* Ernte *f* ♦ *vt, vi* ernten; **~er** ['hɑ:vɪstə*] *n* Mähbinder *m*

has [hæz] *vb see* **have**

hash [hæʃ] *vt* kleinhacken ♦ *n* (*mess*) Kuddelmuddel *m*; (*meat*) Haschee *nt*

hashish ['hæʃɪʃ] *n* Haschisch *nt*

hasn't ['hæznt] = **has not**

hassle ['hæsl] (*inf*) *n* Theater *nt*

haste [heɪst] *n* Eile *f*; **~n** ['heɪsn] *vt* beschleunigen ♦ *vi* eilen

hasty [heɪstɪ] *adj* hastig; (*rash*) vorschnell

hat [hæt] *n* Hut *m*

hatch [hætʃ] *n* (*NAUT*: *also*: *~way*) Luke *f*; (*in house*) Durchreiche *f* ♦ *vi* (*young*) ausschlüpfen ♦ *vt* (*brood*) ausbrüten; (*plot*) aushecken

hatchback ['hætʃbæk] *n* (*AUT*) (Auto *nt* mit) Heckklappe *f*

hatchet ['hætʃɪt] *n* Beil *nt*

hate [heɪt] *vt* hassen ♦ *n* Haß *m*; **~ful** *adj* verhaßt

hatred ['heɪtrɪd] *n* Haß *m*

haughty ['hɔ:tɪ] *adj* hochnäsig, überheblich

haul [hɔ:l] *vt* ziehen ♦ *n* (*catch*) Fang *m*; **~age** *n* Spedition *f*; **~ier** (*US* **hauler**) *n* Spediteur *m*

haunch [hɔ:ntʃ] *n* Lende *f*

haunt [hɔ:nt] *vt* (*ghost*) spuken in +*dat*; (*memory*) verfolgen; (*pub*) häufig besuchen ♦ *n* Lieblingsplatz *m*; **the**

castle is ~ed in dem Schloß spukt es

KEYWORD

have [hæv] (*pt, pp* **had**) *aux vb* **1** haben; (*esp with vbs of motion*) sein; **to have arrived/slept** angekommen sein/geschlafen haben; **to have been** gewesen sein; **having eaten** *or* **when he had eaten, he left** nachdem er gegessen hatte, ging er
2 (*in tag questions*): **you've done it, haven't you?** du hast es doch gemacht, oder nicht?
3 (*in short answers and questions*): **you've made a mistake - so I have/no I haven't** du hast einen Fehler gemacht - ja, stimmt/nein; **we haven't paid - yes we have!** wir haben nicht bezahlt - doch; **I've been there before, have you?** ich war schon einmal da, du auch?
♦ *modal aux vb* (*be obliged*): **to have (got) to do sth** etw tun müssen; **you haven't to tell her** du darfst es ihr nicht erzählen
♦ *vt* **1** (*possess*) haben; **he has (got) blue eyes** er hat blaue Augen; **I have (got) an idea** ich habe eine Idee
2 (*referring to meals etc*): **to have breakfast/a cigarette** frühstücken/eine Zigarette rauchen
3 (*receive, obtain etc*) haben; **may I have your address?** kann ich Ihre Adresse haben?; **to have a baby** ein Kind bekommen
4 (*maintain, allow*): **he will have it that he is right** er besteht darauf, daß er recht hat; **I won't have it** das lasse ich mir nicht bieten
5: **to have sth done** etw machen lassen; **to have sb do sth** jdn etw machen lassen; **he soon had them all laughing** er brachte sie alle zum Lachen
6 (*experience, suffer*): **she had her bag stolen** man hat ihr die Tasche gestohlen; **he had his arm broken** er hat sich den Arm gebrochen
7 (*+noun: take, hold etc*): **to have a walk/rest** spazierengehen/sich ausruhen; **to have a meeting/party** eine Besprechung/Party haben
have out *vt*: **to have it out with sb** (*settle a problem etc*) etw mit jdm bereden

haven ['heɪvn] *n* Zufluchtsort *m*
haven't ['hævnt] = **have not**
haversack ['hævəsæk] *n* Rucksack *m*
havoc ['hævək] *n* Verwüstung *f*
Hawaii [hə'waɪi:] *n* Hawaii *nt*
hawk [hɔ:k] *n* Habicht *m*
hay [heɪ] *n* Heu *nt*; **~ fever** *n* Heuschnupfen *m*; **~stack** *n* Heuschober *m*
haywire ['heɪwaɪə*] (*inf*) *adj* durcheinander
hazard ['hæzəd] *n* Risiko *nt* ♦ *vt* aufs Spiel setzen; **~ous** *adj* gefährlich; **~ (warning) lights** *npl* (*AUT*) Warnblinklicht *nt*
haze [heɪz] *n* Dunst *m*
hazelnut ['heɪzlnʌt] *n* Haselnuß *f*
hazy ['heɪzɪ] *adj* (*misty*) dunstig; (*vague*) verschwommen
he [hi:] *pron* er
head [hed] *n* Kopf *m*; (*leader*) Leiter *m* ♦ *vt* (an)führen, leiten; (*ball*) köpfen; **~s (or tails)** Kopf (oder Zahl); **~ first** mit dem Kopf nach unten; **~ over heels** kopfüber; **~ for** *vt fus* zugehen auf +*acc*; **~ache** *n* Kopfschmerzen *pl*; **~dress** *n* Kopfschmuck *m*; **~ing** *n* Überschrift *f*; **~lamp** (*BRIT*) *n* Scheinwerfer *m*; **~land** *n* Landspitze *f*; **~light** *n* Scheinwerfer *m*; **~line** *n* Schlagzeile *f*; **~long** *adv* kopfüber; **~master** *n* (*of primary school*) Rektor *m*; (*of secondary school*) Direktor *m*; **~mistress** *n* Rektorin *f*; Direktorin *f*; **~ office** *n* Zentrale *f*; **~-on** *adj* Frontal-; **~phones** *npl* Kopfhörer *pl*; **~quarters** *npl* Zentrale *f*; (*MIL*) Hauptquartier *nt*; **~rest** *n* Kopfstütze *f*; **~room** *n* (*of bridges etc*) lichte Höhe *f*; **~scarf** *n* Kopftuch *nt*;

~strong *adj* eigenwillig; ~ **waiter** *n* Oberkellner *m*; **~way** *n* Fortschritte *pl*; **~wind** *n* Gegenwind *m*; **~y** *adj* berauschend

heal [hi:l] *vt* heilen ♦ *vi* verheilen

health [helθ] *n* Gesundheit *f*; ~ **food** *n* Reformkost *f*; **the H~ Service** (*BRIT*) *n* das Gesundheitswesen; **~y** *adj* gesund

heap [hi:p] *n* Haufen *m* ♦ *vt* häufen

hear [hɪə*] (*pt, pp* **heard**) *vt* hören; (*listen to*) anhören ♦ *vi* hören; **~d** [hɜ:d] *pt, pp of* **hear**; **~ing** *n* Gehör *nt*; (*JUR*) Verhandlung *f*; **~ing aid** *n* Hörapparat *m*; **~say** *n* Hörensagen *nt*

hearse [hɜ:s] *n* Leichenwagen *m*

heart [hɑ:t] *n* Herz *nt*; **~s** *npl* (*CARDS*) Herz *nt*; **by** ~ auswendig; ~ **attack** *n* Herzanfall *m*; **~beat** *n* Herzschlag *m*; **~breaking** *adj* herzzerbrechend; **~broken** *adj* untröstlich; **~burn** *n* Sodbrennen *nt*; ~ **failure** *n* Herzschlag *m*; **~felt** *adj* aufrichtig

hearth [hɑ:θ] *n* Herd *m*

heartily ['hɑ:tɪlɪ] *adv* herzlich; (*eat*) herzhaft

heartless ['hɑ:tlɪs] *adj* herzlos

hearty ['hɑ:tɪ] *adj* kräftig; (*friendly*) freundlich

heat [hi:t] *n* Hitze *f*; (*of food, water etc*) Wärme *f*; (*SPORT*: *also*: *qualifying* ~) Ausscheidungsrunde *f* ♦ *vt* (*house*) heizen; (*substance*) heiß machen, erhitzen; ~ **up** *vi* warm werden ♦ *vt* aufwärmen; **~ed** *adj* erhitzt; (*fig*) hitzig; **~er** *n* (Heiz)ofen *m*

heath [hi:θ] (*BRIT*) *n* Heide *f*

heathen ['hi:ðən] *n* Heide *m*/Heidin *f* ♦ *adj* heidnisch, Heiden-

heather ['heðə*] *n* Heidekraut *nt*

heating ['hi:tɪŋ] *n* Heizung *f*

heatstroke ['hi:tstrəʊk] *n* Hitzschlag *m*

heat wave *n* Hitzewelle *f*

heave [hi:v] *vt* hochheben; (*sigh*) ausstoßen ♦ *vi* wogen; (*breast*) sich heben ♦ *n* Heben *nt*

heaven ['hevn] *n* Himmel *m*; **~ly** *adj* himmlisch

heavily ['hevɪlɪ] *adv* schwer

heavy ['hevɪ] *adj* schwer; ~ **goods vehicle** *n* Lastkraftwagen *m*; **~weight** *n* (*SPORT*) Schwergewicht *nt*

Hebrew ['hi:bru:] *adj* hebräisch ♦ *n* (*LING*) Hebräisch *nt*

Hebrides ['hebrɪdi:z] *npl* Hebriden *pl*

heckle ['hekl] *vt* unterbrechen

hectic ['hektɪk] *adj* hektisch

he'd [hi:d] = **he had; he would**

hedge [hedʒ] *n* Hecke *f* ♦ *vt* einzäunen ♦ *vi* (*fig*) ausweichen; **to** ~ **one's bets** sich absichern

hedgehog ['hedʒhɒg] *n* Igel *m*

heed [hi:d] *vt* (*also*: *take* ~ *of*) beachten ♦ *n* Beachtung *f*; **~less** *adj* achtlos

heel [hi:l] *n* Ferse *f*; (*of shoe*) Absatz *m* ♦ *vt* (*shoes*) mit Absätzen versehen

hefty ['heftɪ] *adj* (*person*) stämmig; (*portion*) reichlich

heifer ['hefə*] *n* Färse *f*

height [haɪt] *n* (*of person*) Größe *f*; (*of object*) Höhe *f*; **~en** *vt* erhöhen

heir [ɛə*] *n* Erbe *m*; **~ess** ['ɛərɪs] *n* Erbin *f*; **~loom** *n* Erbstück *nt*

held [held] *pt, pp of* **hold**

helicopter ['helɪkɒptə*] *n* Hubschrauber *m*

heliport ['helɪpɔ:t] *n* Hubschrauberlandeplatz *m*

hell [hel] *n* Hölle *f* ♦ *excl* verdammt!

he'll [hi:l] = **he will; he shall**

hellish ['helɪʃ] *adj* höllisch, verteufelt

hello [hʌ'ləʊ] *excl* hallo

helm [helm] *n* Ruder *nt*, Steuer *nt*

helmet ['helmɪt] *n* Helm *m*

help [help] *n* Hilfe *f* ♦ *vt* helfen +*dat*; **I can't** ~ **it** ich kann nichts dafür; ~ **yourself** bedienen Sie sich; **~er** *n* Helfer *m*; **~ful** *adj* hilfreich; **~ing** *n* Portion *f*; **~less** *adj* hilflos

hem [hem] *n* Saum *m* ♦ *vt* säumen; ~ **in** *vt* einengen

hemorrhage ['hemərɪdʒ] (*US*) *n* = **haemorrhage**

hemorrhoids ['hemərɔɪdz] (*US*) *npl* = **haemorrhoids**

hen [hen] *n* Henne *f*
hence [hens] *adv* von jetzt an; (*therefore*) daher; **~forth** *adv* von nun an; (*from then on*) von da an
henchman ['hentʃmən] (*irreg*) *n* Gefolgsmann *m*
her [hɜ:*] *pron* (*acc*) sie; (*dat*) ihr ♦ *adj* ihr; *see also* **me; my**
herald ['herəld] *n* (Vor)bote *m* ♦ *vt* verkünden
heraldry ['herəldrɪ] *n* Wappenkunde *f*
herb [hɜ:b] *n* Kraut *nt*
herd [hɜ:d] *n* Herde *f*
here [hɪə*] *adv* hier; (*to this place*) hierher; **~after** *adv* hernach, künftig ♦ *n* Jenseits *nt*; **~by** *adv* hiermit
hereditary [hɪ'redɪtərɪ] *adj* erblich
heredity [hɪ'redɪtɪ] *n* Vererbung *f*
heresy ['herəsɪ] *n* Ketzerei *f*
heretic ['herətɪk] *n* Ketzer *m*
heritage ['herɪtɪdʒ] *n* Erbe *nt*
hermetically [hɜ:'metɪkəlɪ] *adv*: **~ sealed** hermetisch verschlossen
hermit ['hɜ:mɪt] *n* Einsiedler *m*
hernia ['hɜ:nɪə] *n* Bruch *m*
hero ['hɪərəʊ] (*pl* **~es**) *n* Held *m*; **~ic** [hɪ'rəʊɪk] *adj* heroisch
heroin ['herəʊɪn] *n* Heroin *nt*
heroine ['herəʊɪn] *n* Heldin *f*
heroism ['herəʊɪzəm] *n* Heldentum *nt*
heron ['herən] *n* Reiher *m*
herring ['herɪŋ] *n* Hering *m*
hers [hɜ:z] *pron* ihre(r, s); *see also* **mine**[2]
herself [hɜ:'self] *pron* sich (selbst); (*emphatic*) selbst; *see also* **oneself**
he's [hi:z] = **he is; he has**
hesitant ['hezɪtənt] *adj* zögernd
hesitate ['hezɪteɪt] *vi* zögern
hesitation [hezɪ'teɪʃən] *n* Zögern *nt*
hew [hju:] (*pt* **hewed**, *pp* **hewn**) *vt* hauen, hacken
hexagon ['heksəgən] *n* Sechseck *nt*; **~al** [hek'sægənəl] *adj* sechseckig
heyday ['heɪdeɪ] *n* Blüte *f*, Höhepunkt *m*
HGV *n abbr* = **heavy goods vehicle**
hi [haɪ] *excl* he, hallo
hiatus [haɪ'eɪtəs] *n* (*gap*) Lücke *f*
hibernate ['haɪbəneɪt] *vi* Winterschlaf *m* halten
hibernation [haɪbə'neɪʃən] *n* Winterschlaf *m*
hiccough ['hɪkʌp] *vi* den Schluckauf haben; **~s** *npl* Schluckauf *m*
hiccup ['hɪkʌp] = **hiccough**
hid [hɪd] *pt of* **hide**; **~den** ['hɪdn] *pp of* **hide**
hide [haɪd] (*pt* **hid**, *pp* **hidden**) *n* (*skin*) Haut *f*, Fell *nt* ♦ *vt* verstecken ♦ *vi* sich verstecken; **~-and-seek** *n* Versteckspiel *nt*; **~away** *n* Versteck *nt*
hideous ['hɪdɪəs] *adj* abscheulich
hiding ['haɪdɪŋ] *n* (*beating*) Tracht *f* Prügel; **to be in ~** (*concealed*) sich versteckt halten; **~ place** *n* Versteck *nt*
hi-fi ['haɪfaɪ] *n* Hi-Fi *nt* ♦ *adj* Hi-Fi-
high [haɪ] *adj* hoch; (*wind*) stark ♦ *adv* hoch; **it is 20m ~** es ist 20 Meter hoch; **~brow** *adj* (betont) intellektuell; **~chair** *n* Hochstuhl *m*; **~er education** *n* Hochschulbildung *f*; **~-handed** *adj* eigenmächtig; **~-heeled** *adj* hochhackig; **~ jump** *n* (*SPORT*) Hochsprung *m*; **the H~lands** *npl* das schottische Hochland; **~light** *n* (*fig*) Höhepunkt *m* ♦ *vt* hervorheben; **~ly** *adv* höchst; **~ly strung** *adj* überempfindlich; **~ness** *n* Höhe *f*; **Her H~ness** Ihre Hoheit *f*; **~-pitched** *adj* hoch; **~-rise block** *n* Hochhaus *nt*; **~ school** (*US*) *n* Oberschule *f*; **~ season** (*BRIT*) *n* Hochsaison *f*; **~ street** (*BRIT*) *n* Hauptstraße *f*
highway ['haɪweɪ] *n* Landstraße *f*; **H~ Code** (*BRIT*) *n* Straßenverkehrsordnung *f*
hijack ['haɪdʒæk] *vt* entführen; **~er** *n* Entführer(in) *m(f)*
hike [haɪk] *vi* wandern ♦ *n* Wanderung *f*; **~r** *n* Wanderer *m*
hilarious [hɪ'leərɪəs] *adj* lustig
hill [hɪl] *n* Berg *m*; **~side** *n* (Berg)hang *m*; **~y** *adj* hügelig

hilt [hɪlt] *n* Heft *nt*; **(up) to the ~** ganz und gar
him [hɪm] *pron* (*acc*) ihn; (*dat*) ihm; *see also* **me**
himself [hɪm'self] *pron* sich (selbst); (*emphatic*) selbst; *see also* **oneself**
hind [haɪnd] *adj* hinter, Hinter-
hinder ['hɪndə*] *vt* (*stop*) hindern; (*delay*) behindern
hindrance ['hɪndrəns] *n* (*delay*) Behinderung *f*; (*obstacle*) Hindernis *nt*
hindsight ['haɪndsaɪt] *n*: **with ~** im nachhinein
Hindu ['hɪndu:] *n* Hindu *m*
hinge [hɪndʒ] *n* Scharnier *nt*; (*on door*) Türangel *f* ♦ *vi* (*fig*): **to ~ on** abhängen von
hint [hɪnt] *n* Tip *m*; (*trace*) Anflug *m* ♦ *vt*: **to ~ that** andeuten, daß ♦ *vi*: **to ~ at** andeuten
hip [hɪp] *n* Hüfte *f*
hippopotami [hɪpə'pɒtəmaɪ] *npl of* **hippopotamus**
hippopotamus [hɪpə'pɒtəməs] (*pl* **~es** *or* **hippopotami**) *n* Nilpferd *nt*
hire ['haɪə*] *vt* (*worker*) anstellen; (*BRIT*: *car*) mieten ♦ *n* Miete *f*; **for ~** (*taxi*) frei; **~ purchase** (*BRIT*) *n* Teilzahlungskauf *m*
his [hɪz] *adj* sein ♦ *pron* seine(r, s); *see also* **my; mine²**
hiss [hɪs] *vi* zischen ♦ *n* Zischen *nt*
historian [hɪs'tɔ:rɪən] *n* Historiker *m*
historic [hɪs'tɒrɪk] *adj* historisch
historical [hɪs'tɒrɪkəl] *adj* historisch, geschichtlich
history ['hɪstərɪ] *n* Geschichte *f*
hit [hɪt] (*pt, pp* **hit**) *vt* schlagen; (*injure*) treffen ♦ *n* (*blow*) Schlag *m*; (*success*) Erfolg *m*; (*MUS*) Hit *m*; **to ~ it off with sb** prima mit jdm auskommen; **~-and-run driver** *n* jemand, der Fahrerflucht begeht
hitch [hɪtʃ] *vt* festbinden; (*also*: *~ up*) hochziehen ♦ *n* (*difficulty*) Haken *m*; **to ~ a lift** trampen
hitchhike ['hɪtʃhaɪk] *vi* trampen; **~r** *n* Tramper *m*
hi-tech ['haɪtek] *adj* Hi-tech- ♦ *n* Spitzentechnologie *f*
hitherto ['hɪðə'tu:] *adv* bislang
HIV *n abbr*: **HIV-negative/-positive** HIV-negativ/-positiv
hive [haɪv] *n* Bienenkorb *m*; **~ off** *vt* ausgliedern
HMS *abbr* = **His (Her) Majesty's Ship**
hoard [hɔ:d] *n* Schatz *m* ♦ *vt* horten, hamstern
hoarding ['hɔ:dɪŋ] *n* Bretterzaun *m*; (*BRIT*: *for advertising*) Reklamewand *f*
hoarse [hɔ:s] *adj* heiser, rauh
hoax [həʊks] *n* Streich *m*
hob [hɒb] *n* Kochmulde *f*
hobble ['hɒbl] *vi* humpeln
hobby ['hɒbɪ] *n* Hobby *nt*; **~-horse** *n* (*fig*) Steckenpferd *nt*
hobo ['həʊbəʊ] (*US*) *n* Tippelbruder *m*
hock [hɒk] *n* (*wine*) weiße(r) Rheinwein *m*
hockey ['hɒkɪ] *n* Hockey *nt*
hoe [həʊ] *n* Hacke *f* ♦ *vt* hacken
hog [hɒg] *n* Schlachtschwein *nt* ♦ *vt* mit Beschlag belegen; **to go the whole ~** aufs Ganze gehen
hoist [hɔɪst] *n* Winde *f* ♦ *vt* hochziehen
hold [həʊld] (*pt, pp* **held**) *vt* halten; (*contain*) enthalten; (*be able to contain*) fassen; (*breath*) anhalten; (*meeting*) abhalten ♦ *vi* (*withstand pressure*) aushalten ♦ *n* (*grasp*) Halt *m*; (*NAUT*) Schiffsraum *m*; **~ the line!** (*TEL*) bleiben Sie am Apparat!; **to ~ one's own** sich behaupten; **~ back** *vt* zurückhalten; **~ down** *vt* niederhalten; (*job*) behalten; **~ off** *vt* (*enemy*) abwehren; **~ on** *vi* sich festhalten; (*resist*) durchhalten; (*wait*) warten; **~ on to** *vt fus* festhalten an +*dat*; (*keep*) behalten; **~ out** *vt* hinhalten ♦ *vi* aushalten; **~ up** *vt* (*delay*) aufhalten; (*rob*) überfallen; **~all** (*BRIT*) *n* Reisetasche *f*; **~er** *n* Behälter *m*; **~ing** *n* (*share*) (Aktien)anteil *m*; **~up** *n* (*BRIT*: *in traffic*) Stockung *f*; (*robbery*) Überfall

m; (*delay*) Verzögerung *f*

hole [həʊl] *n* Loch *nt* ♦ *vt* durchlöchern

holiday ['hɒlədɪ] *n* (*day*) Feiertag *m*; freie(r) Tag *m*; (*vacation*) Urlaub *m*; (*SCH*) Ferien *pl*; ~ **camp** *n* Ferienlager *nt*; ~**-maker** (*BRIT*) *n* Urlauber(in) *m(f)*; ~ **resort** *n* Ferienort *m*

holiness ['həʊlɪnɪs] *n* Heiligkeit *f*

Holland ['hɒlənd] *n* Holland *nt*

hollow ['hɒləʊ] *adj* hohl; (*fig*) leer ♦ *n* Vertiefung *f*; ~ **out** *vt* aushöhlen

holly ['hɒlɪ] *n* Stechpalme *f*

holocaust ['hɒləkɔ:st] *n* Inferno *nt*

holster ['həʊlstə*] *n* Pistolenhalfter *m*

holy ['həʊlɪ] *adj* heilig; **the H~ Ghost** *or* **Spirit** *n* der Heilige Geist

homage ['hɒmɪdʒ] *n* Huldigung *f*; **to pay ~ to** huldigen +*dat*

home [həʊm] *n* Zuhause *nt*; (*institution*) Heim *nt*, Anstalt *f* ♦ *adj* einheimisch; (*POL*) inner ♦ *adv* heim, nach Hause; **at ~** zu Hause; ~ **address** *n* Heimatadresse *f*; ~**coming** *n* Heimkehr *f*; ~**land** *n* Heimat(land *nt*) *f*; ~**less** *adj* obdachlos; ~**ly** *adj* häuslich; (*US*: *ugly*) unscheinbar; ~**-made** *adj* selbstgemacht; **H~ Office** (*BRIT*) *n* Innenministerium *nt*; ~ **rule** *n* Selbstverwaltung *f*; **H~ Secretary** (*BRIT*) *n* Innenminister(in) *m(f)*; ~**sick** *adj*: **to be ~sick** Heimweh haben; ~ **town** *n* Heimatstadt *f*; ~**ward** *adj* (*journey*) Heim-; ~**work** *n* Hausaufgaben *pl*

homicide ['hɒmɪsaɪd] (*US*) *n* Totschlag *m*

homoeopathy [həʊmɪ'ɒpəθɪ] *n* Homöopathie *f*

homogeneous [hɒmə'dʒi:nɪəs] *adj* homogen

homosexual [hɒməʊ'seksjʊəl] *adj* homosexuell ♦ *n* Homosexuelle(r) *mf*

honest ['ɒnɪst] *adj* ehrlich; ~**ly** *adv* ehrlich; ~**y** *n* Ehrlichkeit *f*

honey ['hʌnɪ] *n* Honig *m*; ~**comb** *n* Honigwabe *f*; ~**moon** *n* Flitterwochen *pl*, Hochzeitsreise *f*; ~**suckle** *n* Geißblatt *nt*

honk [hɒŋk] *vi* hupen

honor ['ɒnə*] (*US*) *vt, n* = **honour**

honorary ['ɒnərərɪ] *adj* Ehren-

honour ['ɒnə*] (*US* **honor**) *vt* ehren; (*cheque*) einlösen ♦ *n* Ehre *f*; ~**able** *adj* ehrenwert; (*intention*) ehrenhaft; ~**s degree** *n* (*UNIV*) *akademischer Grad mit Prüfung im Spezialfach*

hood [hʊd] *n* Kapuze *f*; (*BRIT*: *AUT*) Verdeck *nt*; (*US*) Kühlerhaube *f*

hoodlum ['hu:dləm] *n* Rowdy *m*; (*member of gang*) Gangster *m*

hoodwink ['hʊdwɪŋk] *vt* reinlegen

hoof [hu:f] (*pl* **hooves**) *n* Huf *m*

hook [hʊk] *n* Haken *m* ♦ *vt* einhaken

hooligan ['hu:lɪgən] *n* Rowdy *m*

hoop [hu:p] *n* Reifen *m*

hoot [hu:t] *vi* (*AUT*) hupen; ~**er** *n* (*NAUT*) Dampfpfeife *f*; (*BRIT*; *AUT*) (Auto)hupe *f*

Hoover ['hu:və*] (®; *BRIT*) *n* Staubsauger *m* ♦ *vt*: **h~** staubsaugen

hooves [hu:vz] *pl of* **hoof**

hop [hɒp] *vi* hüpfen, hopsen ♦ *n* (*jump*) Hopser *m*

hope [həʊp] *vt, vi* hoffen ♦ *n* Hoffnung *f*; **I ~ so/not** hoffentlich/hoffentlich nicht; ~**ful** *adj* hoffnungsvoll; (*promising*) vielversprechend; ~**fully** *adv* hoffentlich; ~**less** *adj* hoffnungslos

hops [hɒps] *npl* Hopfen *m*

horizon [hə'raɪzn] *n* Horizont *m*; ~**tal** [hɒrɪ'zɒntl] *adj* horizontal

hormone ['hɔ:məʊn] *n* Hormon *nt*

horn [hɔ:n] *n* Horn *nt*; (*AUT*) Hupe *f*

hornet ['hɔ:nɪt] *n* Hornisse *f*

horny ['hɔ:nɪ] *adj* schwielig; (*US*: *inf*) scharf

horoscope ['hɒrəskəʊp] *n* Horoskop *nt*

horrendous [hə'rendəs] *adj* (*crime*) abscheulich; (*error*) schrecklich

horrible ['hɒrɪbl] *adj* fürchterlich

horrid ['hɒrɪd] *adj* scheußlich

horrify ['hɒrɪfaɪ] *vt* entsetzen

horror ['hɒrə*] *n* Schrecken *m*; ~ **film** *n* Horrorfilm *m*

hors d'oeuvre [ɔ:'dɜ:vr] *n* Vorspeise *f*

horse [hɔ:s] *n* Pferd *nt*; **~back** *n*: **on ~back** beritten; **~ chestnut** *n* Roßkastanie *f*; **~man/woman** (*irreg*) *n* Reiter(in) *m(f)*; **~power** *n* Pferdestärke *f*; **~-racing** *n* Pferderennen *nt*; **~radish** *n* Meerrettich *m*; **~shoe** *n* Hufeisen *nt*

horticulture ['hɔ:tɪkʌltʃə*] *n* Gartenbau *m*

hose [həʊz] *n* (*also*: *~pipe*) Schlauch *m*

hosiery ['həʊzɪərɪ] *n* Strumpfwaren *pl*

hospitable [hɒs'pɪtəbl] *adj* gastfreundlich

hospital ['hɒspɪtl] *n* Krankenhaus *nt*

hospitality [hɒspɪ'tælɪtɪ] *n* Gastfreundschaft *f*

host [həʊst] *n* Gastgeber *m*; (*innkeeper*) (Gast)wirt *m*; (*large number*) Heerschar *f*; (*ECCL*) Hostie *f*

hostage ['hɒstɪdʒ] *n* Geisel *f*

hostel ['hɒstəl] *n* Herberge *f*; (*also*: *youth ~*) Jugendherberge *f*

hostess ['həʊstes] *n* Gastgeberin *f*

hostile ['hɒstaɪl] *adj* feindlich

hostility [hɒs'tɪlɪtɪ] *n* Feindschaft *f*; **hostilities** *npl* (*fighting*) Feindseligkeiten *pl*

hot [hɒt] *adj* heiß; (*drink, food, water*) warm; (*spiced*) scharf; **I'm ~** mir ist heiß; **~bed** *n* (*fig*) Nährboden *m*; **~ dog** *n* heiße(s) Würstchen *nt*

hotel [həʊ'tel] *n* Hotel *nt*; **~ier** *n* Hotelier *m*

hot: **~headed** *adj* hitzig; **~house** *n* Treibhaus *nt*; **~ line** *n* (*POL*) heiße(r) Draht *m*; **~ly** *adv* (*argue*) hitzig; **~plate** *n* Kochplatte *f*; **~-water bottle** *n* Wärmflasche *f*

hound [haʊnd] *n* Jagdhund *m* ♦ *vt* hetzen

hour ['aʊə*] *n* Stunde *f*; (*time of day*) (Tages)zeit *f*; **~ly** *adj, adv* stündlich

house [*n* haʊs, *pl* 'haʊzɪz, *vb* haʊz] *n* Haus *nt* ♦ *vt* unterbringen; **on the ~** auf Kosten des Hauses; **~ arrest** *n* (*POL, MIL*) Hausarrest *m*; **~boat** *n* Hausboot *nt*; **~breaking** *n* Einbruch *m*; **~-coat** *n* Morgenmantel *m*; **~hold** *n* Haushalt *m*; **~keeper** *n* Haushälterin *f*; **~keeping** *n* Haushaltung *f*; **~-warming party** *n* Einweihungsparty *f*; **~wife** (*irreg*) *n* Hausfrau *f*; **~work** *n* Hausarbeit *f*

housing ['haʊzɪŋ] *n* (*act*) Unterbringung *f*; (*houses*) Wohnungen *pl*; (*POL*) Wohnungsbau *m*; (*covering*) Gehäuse *nt*; **~ estate** (*US* **housing development**) *n* (Wohn)siedlung *f*

hovel ['hɒvəl] *n* elende Hütte *f*

hover ['hɒvə*] *vi* (*bird*) schweben; (*person*) herumstehen; **~craft** *n* Luftkissenfahrzeug *nt*

how [haʊ] *adv* wie; **~ are you?** wie geht es Ihnen?; **~ much milk?** wieviel Milch?; **~ many people?** wie viele Leute?

however [haʊ'evə*] *adv* (*but*) (je)doch, aber; **~ you phrase it** wie Sie es auch ausdrücken

howl [haʊl] *n* Heulen *nt* ♦ *vi* heulen

H.P. *abbr* = **hire purchase**

h.p. *abbr* = **horsepower**

H.Q. *abbr* = **headquarters**

hub [hʌb] *n* Radnabe *f*

hubbub ['hʌbʌb] *n* Tumult *m*

hubcap ['hʌbkæp] *n* Radkappe *f*

huddle ['hʌdl] *vi*: **to ~ together** sich zusammendrängen

hue [hju:] *n* Färbung *f*; **~ and cry** *n* Zetergeschrei *nt*

huff [hʌf] *n*: **to go into a ~** einschnappen

hug [hʌg] *vt* umarmen ♦ *n* Umarmung *f*

huge [hju:dʒ] *adj* groß, riesig

hulk [hʌlk] *n* (*ship*) abgetakelte(s) Schiff *nt*; (*person*) Koloß *m*

hull [hʌl] *n* Schiffsrumpf *m*

hullo [hʌ'ləʊ] *excl* = **hello**

hum [hʌm] *vt, vi* summen

human ['hju:mən] *adj* menschlich ♦ *n* (*also*: *~ being*) Mensch *m*

humane [hju:'meɪn] *adj* human

humanitarian [hju:mænɪ'tɛərɪən] *adj* humanitär

humanity [hju:'mænɪtɪ] *n* Menschheit *f*; (*kindliness*) Menschlichkeit *f*

humble ['hʌmbl] *adj* demütig; (*modest*) bescheiden ♦ *vt* demütigen

humbug ['hʌmbʌg] *n* Humbug *m*; (*BRIT*: *sweet*) Pfefferminzbonbon *nt*

humdrum ['hʌmdrʌm] *adj* stumpfsinnig

humid ['hju:mɪd] *adj* feucht; **~ity** *n* Feuchtigkeit *f*

humiliate [hju:'mɪlɪeɪt] *vt* demütigen

humiliation [hju:mɪlɪ'eɪʃən] *n* Demütigung *f*

humility [hju:'mɪlɪtɪ] *n* Demut *f*

humor ['hju:mə*] (*US*) *n, vt* = **humour**

humorous ['hju:mərəs] *adj* humorvoll

humour ['hju:mə*] (*US* **humor**) *n* (*fun*) Humor *m*; (*mood*) Stimmung *f* ♦ *vt* bei Stimmung halten

hump [hʌmp] *n* Buckel *m*

hunch [hʌntʃ] *n* Buckel *m*; (*premonition*) (Vor)ahnung *f*; **~back** *n* Bucklige(r) *mf*; **~ed** *adj* gekrümmt

hundred ['hʌndrɪd] *num* hundert; **~weight** *n* Zentner *m* (*BRIT* = *50.8kg; US =45.3kg*)

hung [hʌŋ] *pt, pp of* **hang**

Hungarian [hʌŋ'gɛərɪən] *adj* ungarisch ♦ *n* Ungar(in) *m(f)*; (*LING*) Ungarisch *nt*

Hungary ['hʌŋgərɪ] *n* Ungarn *nt*

hunger ['hʌŋgə*] *n* Hunger *m* ♦ *vi* hungern

hungry ['hʌŋgrɪ] *adj* hungrig; **to be ~** Hunger haben

hunk [hʌŋk] *n* (*of bread*) Stück *nt*

hunt [hʌnt] *vt, vi* jagen ♦ *n* Jagd *f*; **to ~ for** suchen; **~er** *n* Jäger *m*; **~ing** *n* Jagd *f*

hurdle ['hɜ:dl] *n* (*also fig*) Hürde *f*

hurl [hɜ:l] *vt* schleudern

hurrah [hʊ'rɑ:] *n* Hurra *nt*

hurray [hʊ'reɪ] *n* Hurra *nt*

hurricane ['hʌrɪkən] *n* Orkan *m*

hurried ['hʌrɪd] *adj* eilig; (*hasty*) übereilt; **~ly** *adv* übereilt, hastig

hurry ['hʌrɪ] *n* Eile *f* ♦ *vi* sich beeilen ♦ *vt* (an)treiben; (*job*) übereilen; **to be in a ~** es eilig haben; **~ up** *vi* sich beeilen ♦ *vt* (*person*) zur Eile antreiben; (*work*) vorantreiben

hurt [hɜ:t] (*pt, pp* **hurt**) *vt* weh tun +*dat*; (*injure, fig*) verletzen ♦ *vi* weh tun; **~ful** *adj* schädlich; (*remark*) verletzend

hurtle ['hɜ:tl] *vi* sausen

husband ['hʌzbənd] *n* (Ehe)mann *m*

hush [hʌʃ] *n* Stille *f* ♦ *vt* zur Ruhe bringen ♦ *excl* pst, still

husk [hʌsk] *n* Spelze *f*

husky ['hʌskɪ] *adj* (*voice*) rauh ♦ *n* Eskimohund *m*

hustle ['hʌsl] *vt* (*push*) stoßen; (*hurry*) antreiben ♦ *n*: **~ and bustle** Geschäftigkeit *f*

hut [hʌt] *n* Hütte *f*

hutch [hʌtʃ] *n* (Kaninchen)stall *m*

hyacinth ['haɪəsɪnθ] *n* Hyazinthe *f*

hybrid ['haɪbrɪd] *n* Kreuzung *f* ♦ *adj* Misch-

hydrant ['haɪdrənt] *n* (*also: fire ~*) Hydrant *m*

hydraulic [haɪ'drɔlɪk] *adj* hydraulisch

hydroelectric [haɪdrəʊɪ'lektrɪk] *adj* (*energy*) durch Wasserkraft erzeugt; **~ power station** *n* Wasserkraftwerk *nt*

hydrofoil ['haɪdrəʊfɔɪl] *n* Tragflügelboot *nt*

hydrogen ['haɪdrɪdʒən] *n* Wasserstoff *m*

hyena [haɪ'i:nə] *n* Hyäne *f*

hygiene ['haɪdʒi:n] *n* Hygiene *f*

hygienic [haɪ'dʒi:nɪk] *adj* hygienisch

hymn [hɪm] *n* Kirchenlied *nt*

hype [haɪp] (*inf*) *n* Publicity *f*

hypermarket ['haɪpə'mɑ:kɪt] (*BRIT*) *n* Hypermarket *m*

hyphen ['haɪfən] *n* Bindestrich *m*

hypnosis [hɪp'nəʊsɪs] *n* Hypnose *f*

hypnotic [hɪp'nɔtɪk] *adj* hypnotisierend

hypnotize ['hɪpnətaɪz] *vt* hypnotisieren

hypocrisy [hɪ'pɔkrɪsɪ] *n* Heuchelei *f*

hypocrite ['hɪpəkrɪt] *n* Heuchler *m*

hypocritical [hɪpə'krɪtɪkəl] *adj* scheinheilig, heuchlerisch

hypothermia ['haɪpəʊ'θɜːmɪə] *n* Unterkühlung *f*
hypotheses [haɪ'pɔθɪsiːz] *npl of* **hypothesis**
hypothesis [haɪ'pɔθɪsɪs] (*pl* **hypotheses**) *n* Hypothese *f*
hypothetic(al) [haɪpəʊ'θetɪk(əl)] *adj* hypothetisch
hysterical [hɪs'terɪkəl] *adj* hysterisch
hysterics [hɪs'terɪks] *npl* hysterische(r) Anfall *m*

I

I [aɪ] *pron* ich
ice [aɪs] *n* Eis *nt* ♦ *vt* (*COOK*) mit Zuckerguß überziehen ♦ *vi* (*also*: ~ *up*) vereisen; ~ **axe** *n* Eispickel *m*; ~**berg** *n* Eisberg *m*; ~**box** (*US*) *n* Kühlschrank *m*; ~ **cream** *n* Eis *nt*; ~ **cube** *n* Eiswürfel *m*; ~ **hockey** *n* Eishockey *nt*
Iceland ['aɪslənd] *n* Island *nt*
ice: ~ **lolly** (*BRIT*) *n* Eis *nt* am Stiel; ~ **rink** *n* (Kunst)eisbahn *f*; ~ **skating** *n* Schlittschuhlaufen *nt*
icicle ['aɪsɪkl] *n* Eiszapfen *m*
icing ['aɪsɪŋ] *n* (*on cake*) Zuckerguß *m*; (*on window*) Vereisung *f*; ~ **sugar** (*BRIT*) *n* Puderzucker *m*
icon ['aɪkɒn] *n* Ikone *f*
icy ['aɪsɪ] *adj* (*slippery*) vereist; (*cold*) eisig
I'd [aɪd] = **I would; I had**
idea [aɪ'dɪə] *n* Idee *f*
ideal [aɪ'dɪəl] *n* Ideal *nt* ♦ *adj* ideal; ~**ist** *n* Idealist *m*
identical [aɪ'dentɪkəl] *adj* identisch; (*twins*) eineiig
identification [aɪdentɪfɪ'keɪʃən] *n* Identifizierung *f*; **means of** ~ Ausweispapiere *pl*
identify [aɪ'dentɪfaɪ] *vt* identifizieren; (*regard as the same*) gleichsetzen
Identikit picture [aɪ'dentɪkɪt-] *n* Phantombild *nt*
identity [aɪ'dentɪtɪ] *n* Identität *f*; ~ **card** *n* Personalausweis *m*
ideology [aɪdɪ'ɒlədʒɪ] *n* Ideologie *f*
idiom ['ɪdɪəm] *n* (*expression*) Redewendung *f*; (*dialect*) Idiom *nt*; ~**atic** [ɪdɪə'mætɪk] *adj* idiomatisch
idiosyncrasy [ɪdɪə'sɪŋkrəsɪ] *n* Eigenart *f*
idiot ['ɪdɪət] *n* Idiot(in) *m(f)*; ~**ic** [ɪdɪ'ɒtɪk] *adj* idiotisch
idle ['aɪdl] *adj* (*doing nothing*) untätig; (*lazy*) faul; (*useless*) nutzlos; (*machine*) still(stehend); (*threat, talk*) leer ♦ *vi* (*machine*) leerlaufen ♦ *vt*: **to ~ away the time** die Zeit vertrödeln; ~**ness** *n* Müßiggang *m*; Faulheit *f*
idol ['aɪdl] *n* Idol *nt*; ~**ize** *vt* vergöttern
i.e. *abbr* (= *id est*) d.h.

KEYWORD

if [ɪf] *conj* **1** wenn; (*in case also*) falls; **if I were you** wenn ich Sie wäre
2 (*although*): **(even) if** (selbst *or* auch) wenn
3 (*whether*) ob
4: **if so/not** wenn ja/nicht; **if only ...** wenn ... doch nur ...; *see also* **as**; **if only I could** wenn ich doch nur könnte

ignite [ɪg'naɪt] *vt* (an)zünden ♦ *vi* sich entzünden
ignition [ɪg'nɪʃən] *n* Zündung *f*; **to switch on/off the** ~ den Motor anlassen/abstellen; ~ **key** *n* (*AUT*) Zündschlüssel *m*
ignorance ['ɪgnərəns] *n* Unwissenheit *f*
ignorant ['ɪgnərənt] *adj* unwissend; **to be ~ of** nicht wissen
ignore [ɪg'nɔː*] *vt* ignorieren
I'll [aɪl] = **I will; I shall**
ill [ɪl] *adj* krank ♦ *n* Übel *nt* ♦ *adv* schlecht; ~**-advised** *adj* unklug; ~**-at-ease** *adj* unbehaglich
illegal [ɪ'liːgəl] *adj* illegal
illegible [ɪ'ledʒəbl] *adj* unleserlich
illegitimate [ɪlɪ'dʒɪtɪmət] *adj* unehelich
ill-fated [ɪl'feɪtɪd] *adj* unselig

ill feeling *n* Verstimmung *f*
illicit [ɪ'lɪsɪt] *adj* verboten
illiterate [ɪ'lɪtərət] *adj* ungebildet
ill-mannered ['ɪl'mænəd] *adj* ungehobelt
illness ['ɪlnəs] *n* Krankheit *f*
illogical [ɪ'lɒdʒɪkəl] *adj* unlogisch
ill-treat ['ɪl'tri:t] *vt* mißhandeln
illuminate [ɪ'lu:mɪneɪt] *vt* beleuchten
illumination [ɪlu:mɪ'neɪʃən] *n* Beleuchtung *f*; **~s** *pl* (*decorative lights*) festliche Beleuchtung *f*
illusion [ɪ'lu:ʒən] *n* Illusion *f*; **to be under the ~ that ...** sich *dat* einbilden, daß ...
illusory [ɪ'lu:sərɪ] *adj* trügerisch
illustrate ['ɪləstreɪt] *vt* (*book*) illustrieren; (*explain*) veranschaulichen
illustration [ɪləs'treɪʃən] *n* Illustration *f*; (*explanation*) Veranschaulichung *f*
illustrious [ɪ'lʌstrɪəs] *adj* berühmt
ill will *n* Groll *m*
I'm [aɪm] = **I am**
image ['ɪmɪdʒ] *n* Bild *nt*; (*public ~*) Image *nt*; **~ry** *n* Symbolik *f*
imaginary [ɪ'mædʒɪnərɪ] *adj* eingebildet; (*world*) Phantasie-
imagination [ɪmædʒɪ'neɪʃən] *n* Einbildung *f*; (*creative*) Phantasie *f*
imaginative [ɪ'mædʒɪnətɪv] *adj* phantasiereich, einfallsreich
imagine [ɪ'mædʒɪn] *vt* sich vorstellen; (*wrongly*) sich einbilden
imbalance [ɪm'bæləns] *n* Unausgeglichenheit *f*
imbecile ['ɪmbəsi:l] *n* Schwachsinnige(r) *mf*
imbue [ɪm'bju:] *vt*: **to ~ sth with** etw erfüllen mit
imitate ['ɪmɪteɪt] *vt* imitieren
imitation [ɪmɪ'teɪʃən] *n* Imitation *f*
immaculate [ɪ'mækjʊlɪt] *adj* makellos; (*dress*) tadellos; (*ECCL*) unbefleckt
immaterial [ɪmə'tɪərɪəl] *adj* unwesentlich; **it is ~ whether ...** es ist unwichtig, ob ...
immature [ɪmə'tjʊə*] *adj* unreif
immediate [ɪ'mi:dɪət] *adj* (*instant*) sofortig; (*near*) unmittelbar; (*relatives*) nächste(r, s); (*needs*) dringlich; **~ly** *adv* sofort; **~ly next to** direkt neben
immense [ɪ'mens] *adj* unermeßlich
immerse [ɪ'mɜ:s] *vt* eintauchen; **to be ~d in** (*fig*) vertieft sein in +*acc*
immersion heater [ɪ'mɜ:ʃən-] (*BRIT*) *n* Boiler *m*
immigrant ['ɪmɪgrənt] *n* Einwanderer *m*
immigrate ['ɪmɪgreɪt] *vi* einwandern
immigration [ɪmɪ'greɪʃən] *n* Einwanderung *f*
imminent ['ɪmɪnənt] *adj* bevorstehend
immobile [ɪ'məʊbaɪl] *adj* unbeweglich
immobilize [ɪ'məʊbɪlaɪz] *vt* lähmen
immoral [ɪ'mɒrəl] *adj* unmoralisch; **~ity** [ɪmə'rælɪtɪ] *n* Unsittlichkeit *f*
immortal [ɪ'mɔ:tl] *adj* unsterblich
immune [ɪ'mju:n] *adj* (*secure*) sicher; (*MED*) immun; **~ from** sicher vor +*dat*
immunity [ɪ'mju:nɪtɪ] *n* (*MED, JUR*) Immunität *f*; (*fig*) Freiheit *f*
immunize ['ɪmjʊnaɪz] *vt* immunisieren
imp [ɪmp] *n* Kobold *m*
impact ['ɪmpækt] *n* Aufprall *m*; (*fig*) Wirkung *f*
impair [ɪm'peə*] *vt* beeinträchtigen
impale [ɪm'peɪl] *vt* aufspießen
impart [ɪm'pɑ:t] *vt* mitteilen; (*knowledge*) vermitteln; (*exude*) abgeben
impartial [ɪm'pɑ:ʃəl] *adj* unparteiisch
impassable [ɪm'pɑ:səbl] *adj* unpassierbar
impasse [æm'pɑ:s] *n* Sackgasse *f*
impassive [ɪm'pæsɪv] *adj* gelassen
impatience [ɪm'peɪʃəns] *n* Ungeduld *f*
impatient [ɪm'peɪʃənt] *adj* ungeduldig
impeccable [ɪm'pekəbl] *adj* tadellos
impede [ɪm'pi:d] *vt* (be)hindern
impediment [ɪm'pedɪmənt] *n* Hindernis *nt*; (*in speech*) Sprachfehler *m*

impending [ɪm'pendɪŋ] *adj* bevorstehend
impenetrable [ɪm'penɪtrəbl] *adj* (*also fig*) undurchdringlich
imperative [ɪm'perətɪv] *adj* (*necessary*) unbedingt erforderlich ♦ *n* (*GRAM*) Imperativ *m*, Befehlsform *f*
imperceptible [ɪmpə'septəbl] *adj* nicht wahrnehmbar
imperfect [ɪm'pɜ:fɪkt] *adj* (*faulty*) fehlerhaft; **~ion** [ɪmpɜ:'fekʃən] *n* Unvollkommenheit *f*; (*fault*) Fehler *m*
imperial [ɪm'pɪərɪəl] *adj* kaiserlich; **~ism** *n* Imperialismus *m*
impersonal [ɪm'pɜ:snl] *adj* unpersönlich
impersonate [ɪm'pɜ:səneɪt] *vt* sich ausgeben als; (*for amusement*) imitieren
impertinent [ɪm'pɜ:tɪnənt] *adj* unverschämt, frech
impervious [ɪm'pɜ:vɪəs] *adj* (*fig*): **~ (to)** unempfänglich (für)
impetuous [ɪm'petjʊəs] *adj* ungestüm
impetus ['ɪmpɪtəs] *n* Triebkraft *f*; (*fig*) Auftrieb *m*
impinge [ɪm'pɪndʒ] : **~ on** *vt* beeinträchtigen
implacable [ɪm'plækəbl] *adj* unerbittlich
implement [*n* 'ɪmplɪmənt, *vb* 'ɪmplɪment] *n* Werkzeug *nt* ♦ *vt* ausführen
implicate ['ɪmplɪkeɪt] *vt* verwickeln
implication [ɪmplɪ'keɪʃən] *n* (*effect*) Auswirkung *f*; (*in crime*) Verwicklung *f*
implicit [ɪm'plɪsɪt] *adj* (*suggested*) unausgesprochen; (*utter*) vorbehaltlos
implore [ɪm'plɔ:*] *vt* anflehen
imply [ɪm'plaɪ] *vt* (*hint*) andeuten; (*be evidence for*) schließen lassen auf +*acc*
impolite [ɪmpə'laɪt] *adj* unhöflich
import [*vb* ɪm'pɔ:t, *n* 'ɪmpɔ:t] *vt* einführen ♦ *n* Einfuhr *f*; (*meaning*) Bedeutung *f*
importance [ɪm'pɔ:təns] *n* Bedeutung *f*
important [ɪm'pɔ:tənt] *adj* wichtig; **it's not ~** es ist unwichtig
importer [ɪm'pɔ:tə*] *n* Importeur *m*
impose [ɪm'pəʊz] *vt, vi*: **to ~ (on)** auferlegen (+*dat*); (*penalty, sanctions*) verhängen (gegen); **to ~ (o.s.) on sb** sich jdm aufdrängen
imposing [ɪm'pəʊzɪŋ] *adj* eindrucksvoll
imposition [ɪmpə'zɪʃən] *n* (*of burden, fine*) Auferlegung *f*; (*SCH*) Strafarbeit *f*; **to be an ~** (*on person*) eine Zumutung sein
impossible [ɪm'pɒsəbl] *adj* unmöglich
impostor [ɪm'pɒstə*] *n* Hochstapler *m*
impotent ['ɪmpətənt] *adj* machtlos; (*sexually*) impotent
impound [ɪm'paʊnd] *vt* beschlagnahmen
impoverished [ɪm'pɒvərɪʃt] *adj* verarmt
impracticable [ɪm'præktɪkəbl] *adj* undurchführbar
impractical [ɪm'præktɪkəl] *adj* unpraktisch
imprecise [ɪmprə'saɪs] *adj* ungenau
impregnable [ɪm'pregnəbl] *adj* (*castle*) uneinnehmbar
impregnate ['ɪmpregneɪt] *vt* (*saturate*) sättigen; (*fertilize*) befruchten
impress [ɪm'pres] *vt* (*influence*) beeindrucken; (*imprint*) (auf)drücken; **to ~ sth on sb** jdm etw einschärfen
impression [ɪm'preʃən] *n* Eindruck *m*; (*on wax, footprint*) Abdruck *m*; (*of book*) Auflage *f*; (*take-off*) Nachahmung *f*; **I was under the ~** ich hatte den Eindruck; **~able** *adj* leicht zu beeindrucken; **~ist** *n* Impressionist *m*
impressive [ɪm'presɪv] *adj* eindrucksvoll
imprint ['ɪmprɪnt] *n* Abdruck *m*
imprison [ɪm'prɪzn] *vt* ins Gefängnis schicken; **~ment** *n* Inhaftierung *f*
improbable [ɪm'prɒbəbl] *adj* unwahrscheinlich
impromptu [ɪm'prɒmptju:] *adj, adv*

aus dem Stegreif, improvisiert

improper [ɪm'prɒpə*] *adj* (*indecent*) unanständig; (*unsuitable*) unpassend

improve [ɪm'pru:v] *vt* verbessern ♦ *vi* besser werden; **~ment** *n* (Ver)besserung *f*

improvise ['ɪmprəvaɪz] *vt, vi* improvisieren

imprudent [ɪm'pru:dənt] *adj* unklug

impudent ['ɪmpjʊdənt] *adj* unverschämt

impulse ['ɪmpʌls] *n* Impuls *m*; **to act on ~** spontan handeln

impulsive [ɪm'pʌlsɪv] *adj* impulsiv

impunity [ɪm'pju:nɪtɪ] *n* Straflosigkeit *f*

impure [ɪm'pjʊə*] *adj* (*dirty*) verunreinigt; (*bad*) unsauber

impurity [ɪm'pjʊərɪtɪ] *n* Unreinheit *f*; (*TECH*) Verunreinigung *f*

KEYWORD

in [ɪn] *prep* **1** (*indicating place, position*) in +*dat*; (*with motion*) in +*acc*; **in here/there** hier/dort; **in London** in London; **in the United States;** in den Vereinigten Staaten

2 (*indicating time: during*) in +*dat*; **in summer** im Sommer; **in 1988** (im Jahre) 1988; **in the afternoon** nachmittags, am Nachmittag

3 (*indicating time: in the space of*) innerhalb von; **I'll see you in 2 weeks** *or* **in 2 weeks' time** ich sehe Sie in zwei Wochen

4 (*indicating manner, circumstances, state etc*) in +*dat*; **in the sun/rain** in der Sonne/im Regen; **in English/French** auf Englisch/Französisch; **in a loud/soft voice** mit lauter/leiser Stimme

5 (*with ratios, numbers*): **1 in 10** jeder zehnte; **20 pence in the pound** 20 Pence pro Pfund; **they lined up in twos** sie stellten sich in Zweierreihe auf

6 (*referring to people, works*): **the disease is common in children** die Krankheit ist bei Kindern häufig; **in Dickens** bei Dickens; **we have a loyal friend in him** er ist uns ein treuer Freund

7 (*indicating profession etc*): **to be in teaching/the army** Lehrer(in)/beim Militär sein; **to be in publishing** im Verlagswesen arbeiten

8 (*with present participle*): **in saying this, I ...** wenn ich das sage, ... ich; **in accepting this view, he ...** weil er diese Meinung akzeptierte, ... er

♦ *adv*: **to be in** (*person: at home, work*) dasein; (*train, ship, plane*) angekommen sein; (*in fashion*) in sein; **to ask sb in** jdn hereinbitten; **to run/limp** *etc* **in** hereingerannt/gehumpelt *etc* kommen

♦ *n*: **the ins and outs** (*of proposal, situation etc*) die Feinheiten

in. *abbr* = **inch**

inability [ɪnə'bɪlɪtɪ] *n* Unfähigkeit *f*

inaccessible [ɪnæk'sesəbl] *adj* unzugänglich

inaccurate [ɪn'ækjʊrɪt] *adj* ungenau; (*wrong*) unrichtig

inactivity [ɪnæk'tɪvɪtɪ] *n* Untätigkeit *f*

inadequate [ɪn'ædɪkwət] *adj* unzulänglich

inadvertently [ɪnəd'vɜ:təntlɪ] *adv* unabsichtlich

inadvisable [ɪnəd'vaɪzəbl] *adj* nicht ratsam

inane [ɪ'neɪn] *adj* dumm, albern

inanimate [ɪn'ænɪmət] *adj* leblos

inappropriate [ɪnə'prəʊprɪət] *adj* (*clothing*) ungeeignet; (*remark*) unangebracht

inarticulate [ɪnɑ:'tɪkjʊlət] *adj* unklar

inasmuch as [ɪnəz'mʌtʃəz] *adv* da; (*in so far as*) soweit

inaudible [ɪn'ɔ:dəbl] *adj* unhörbar

inaugural [ɪ'nɔ:gjʊrəl] *adj* Eröffnungs-

inaugurate [ɪ'nɔ:gjʊreɪt] *vt* (*open*) einweihen; (*admit to office*) (feierlich) einführen

inauguration [ɪnɔ:gjʊ'reɪʃən] *n*

Eröffnung *f*; (feierliche) Amtseinführung *f*

inborn ['ɪn'bɔ:n] *adj* angeboren

inbred ['ɪn'bred] *adj* angeboren

Inc. *abbr* = **incorporated**

incalculable [ɪn'kælkjʊləbl] *adj* (*consequences*) unabsehbar

incapable [ɪn'keɪpəbl] *adj*: ~ **(of doing sth)** unfähig(, etw zu tun)

incapacitate [ɪnkə'pæsɪteɪt] *vt* untauglich machen

incapacity [ɪnkə'pæsɪtɪ] *n* Unfähigkeit *f*

incarcerate [ɪn'kɑ:səreɪt] *vt* einkerkern

incarnation [ɪnkɑ:'neɪʃən] *n* (*ECCL*) Menschwerdung *f*; (*fig*) Inbegriff *m*

incendiary [ɪn'sendɪərɪ] *adj* Brand-

incense [*n* 'ɪnsens, *vb* ɪn'sens] *n* Weihrauch *m* ♦ *vt* erzürnen

incentive [ɪn'sentɪv] *n* Anreiz *m*

incessant [ɪn'sesnt] *adj* unaufhörlich; **~ly** *adv* unaufhörlich

incest ['ɪnsest] *n* Inzest *m*

inch [ɪntʃ] *n* Zoll *m* ♦ *vi*: **to ~ forward** sich Stückchen für Stückchen vorwärts bewegen; **to be within an ~ of** kurz davor sein; **he didn't give an ~** er gab keinen Zentimeter nach

incidence ['ɪnsɪdəns] *n* Auftreten *nt*; (*of crime*) Quote *f*

incident ['ɪnsɪdənt] *n* Vorfall *m*; (*disturbance*) Zwischenfall *m*

incidental [ɪnsɪ'dentl] *adj* (*music*) Begleit-; (*unimportant*) nebensächlich; (*remark*) beiläufig; **~ly** *adv* übrigens

incinerator [ɪn'sɪnəreɪtə*] *n* Verbrennungsofen *m*

incipient [ɪn'sɪpɪənt] *adj* beginnend

incision [ɪn'sɪʒən] *n* Einschnitt *m*

incisive [ɪn'saɪsɪv] *adj* (*style*) treffend; (*person*) scharfsinnig

incite [ɪn'saɪt] *vt* anstacheln

inclination [ɪnklɪ'neɪʃən] *n* Neigung *f*

incline [*n* 'ɪnklaɪn, *vb* ɪn'klaɪn] *n* Abhang *m* ♦ *vt* neigen; (*fig*) veranlassen ♦ *vi* sich neigen; **to be ~d to do sth** dazu neigen, etw zu tun

include [ɪn'klu:d] *vt* einschließen; (*on list, in group*) aufnehmen

including [ɪn'klu:dɪŋ] *prep*: **~ X** X inbegriffen

inclusion [ɪn'klu:ʒən] *n* Aufnahme *f*

inclusive [ɪn'klu:sɪv] *adj* einschließlich; (*COMM*) inklusive; **~ of** einschließlich +*gen*

incoherent [ɪnkəʊ'hɪərənt] *adj* zusammenhanglos

income ['ɪnkʌm] *n* Einkommen *nt*; (*from business*) Einkünfte *pl*; **~ tax** *n* Lohnsteuer *f*; (*of self-employed*) Einkommenssteuer *f*

incoming ['ɪnkʌmɪŋ] *adj*: **~ flight** eintreffende Maschine *f*

incomparable [ɪn'kɒmpərəbl] *adj* unvergleichlich

incompatible [ɪnkəm'pætəbl] *adj* unvereinbar; (*people*) unverträglich

incompetence [ɪn'kɒmpɪtəns] *n* Unfähigkeit *f*

incompetent [ɪn'kɒmpɪtənt] *adj* unfähig

incomplete [ɪnkəm'pli:t] *adj* unvollständig

incomprehensible [ɪnkɒmprɪ'hensəbl] *adj* unverständlich

inconceivable [ɪnkən'si:vəbl] *adj* unvorstellbar

incongruous [ɪn'kɒŋgrʊəs] *adj* seltsam; (*remark*) unangebracht

inconsiderate [ɪnkən'sɪdərət] *adj* rücksichtslos

inconsistency [ɪnkən'sɪstənsɪ] *n* Widersprüchlichkeit *f*; (*state*) Unbeständigkeit *f*

inconsistent [ɪnkən'sɪstənt] *adj* (*action, speech*) widersprüchlich; (*person, work*) unbeständig; **~ with** nicht übereinstimmend mit

inconspicuous [ɪnkən'spɪkjʊəs] *adj* unauffällig

incontinent [ɪn'kɒntɪnənt] *adj* (*MED*) nicht fähig, Stuhl und Harn zurückzuhalten

inconvenience [ɪnkən'vi:nɪəns] *n* Unbequemlichkeit *f*; (*trouble to others*) Unannehmlichkeiten *pl*

inconvenient [ɪnkən'vi:nɪənt] *adj*

ungelegen; (*journey*) unbequem

incorporate [ɪn'kɔ:rpəreɪt] *vt* (*include*) aufnehmen; (*contain*) enthalten

incorporated [ɪn'kɔ:pəreɪtɪd] *adj*: ~ **company** (*US*) eingetragene Aktiengesellschaft *f*

incorrect [ɪnkə'rekt] *adj* unrichtig

incorrigible [ɪn'kɒrɪdʒəbl] *adj* unverbesserlich

incorruptible [ɪnkə'rʌptəbl] *adj* unzerstörbar; (*person*) unbestechlich

increase [*n* 'ɪnkri:s, *vb* ɪn'kri:s] *n* Zunahme *f*; (*pay* ~) Gehaltserhöhung *f*; (*in size*) Vergrößerung *f* ♦ *vt* erhöhen; (*wealth, rage*) vermehren; (*business*) erweitern ♦ *vi* zunehmen; (*prices*) steigen; (*in size*) größer werden; (*in number*) sich vermehren

increasing [ɪn'kri:sɪŋ] *adj* (*number*) steigend

increasingly [ɪn'kri:sɪŋlɪ] *adv* zunehmend

incredible [ɪn'kredəbl] *adj* unglaublich

incredulous [ɪn'kredjʊləs] *adj* ungläubig

increment ['ɪnkrɪmənt] *n* Zulage *f*

incriminate [ɪn'krɪmɪneɪt] *vt* belasten

incubation [ɪnkjʊ'beɪʃən] *n* Ausbrüten *nt*

incubator ['ɪnkjʊbeɪtə*] *n* Brutkasten *m*

incumbent [ɪn'kʌmbənt] *n* Amtsinhaber(in) *m(f)* ♦ *adj*: **it is ~ on him to ...** es obliegt ihm, ...

incur [ɪn'kɜ:*] *vt* sich zuziehen; (*debts*) machen

incurable [ɪn'kjʊərəbl] *adj* unheilbar; (*fig*) unverbesserlich

incursion [ɪn'kɜ:ʃən] *n* Einfall *m*

indebted [ɪn'detɪd] *adj* (*obliged*): ~ **(to sb)** (jdm) verpflichtet

indecent [ɪn'di:snt] *adj* unanständig; ~ **assault** (*BRIT*) *n* Notzucht *f*; ~ **exposure** *n* Exhibitionismus *m*

indecisive [ɪndɪ'saɪsɪv] *adj* (*battle*) nicht entscheidend; (*person*) unentschlossen

indeed [ɪn'di:d] *adv* tatsächlich, in der Tat; **yes ~!** Allerdings!

indefinitely [ɪn'defɪnɪtlɪ] *adv* auf unbestimmte Zeit; (*wait*) unbegrenzt lange

indelible [ɪn'deləbl] *adj* unauslöschlich

independence [ɪndɪ'pendəns] *n* Unabhängigkeit *f*; **independent** *adj* unabhängig

indestructible [ˌɪndɪs'trʌktəbl] *adj* unzerstörbar

indeterminate [ˌɪndɪ'tɜ:mɪnɪt] *adj* unbestimmt

index ['ɪndeks] (*pl* **~es** *or* **indices**) *n* Index *m*; ~ **card** *n* Karteikarte *f*; ~ **finger** *n* Zeigefinger *m*; **~-linked** (*US* **indexed**) *adj* (*salaries*) der Inflationsrate *dat* angeglichen; (*pensions*) dynamisch

India ['ɪndɪə] *n* Indien *nt*; **~n** *adj* indisch ♦ *n* Inder(in) *m(f)*; **Red ~n** Indianer(in) *m(f)*; **the ~n Ocean** *n* der Indische Ozean

indicate ['ɪndɪkeɪt] *vt* anzeigen; (*hint*) andeuten

indication [ɪndɪ'keɪʃən] *n* Anzeichen *nt*; (*information*) Angabe *f*

indicative [ɪn'dɪkətɪv] *adj*: ~ **of** bezeichnend für ♦ *n* (*GRAM*) Indikativ *m*

indicator ['ɪndɪkeɪtə*] *n* (*sign*) (An)zeichen *nt*; (*AUT*) Richtungsanzeiger *m*

indictment [ɪn'daɪtmənt] *n* Anklage *f*

indifference [ɪn'dɪfrəns] *n* Gleichgültigkeit *f*; Unwichtigkeit *f*

indifferent [ɪn'dɪfrənt] *adj* gleichgültig; (*mediocre*) mäßig

indigenous [ɪn'dɪdʒɪnəs] *adj* einheimisch

indigestion [ɪndɪ'dʒestʃən] *n* Verdauungsstörung *f*

indignant [ɪn'dɪgnənt] *adj*: **to be ~ about sth** über etw *acc* empört sein

indignation [ɪndɪg'neɪʃən] *n* Entrüstung *f*

indignity [ɪn'dɪgnɪtɪ] *n* Demütigung *f*

indirect [ɪndɪ'rekt] *adj* indirekt; **~ly**

adv indirekt

indiscreet [ɪndɪs'kri:t] *adj* (*insensitive*) taktlos; (*telling secrets*) indiskret

indiscretion [ɪndɪs'kreʃən] *n* Taktlosigkeit *f*; Indiskretion *f*

indiscriminate [ɪndɪs'krɪmɪnət] *adj* wahllos; kritiklos

indispensable [ɪndɪs'pensəbl] *adj* unentbehrlich

indisposed [ɪndɪs'pəʊzd] *adj* unpäßlich

indisputable [ɪndɪs'pju:təbl] *adj* unbestreitbar; (*evidence*) unanfechtbar

indistinct [ɪndɪs'tɪŋkt] *adj* undeutlich

individual [ɪndɪ'vɪdjʊəl] *n* Individuum *nt* ♦ *adj* individuell; (*case*) Einzel-; (*of, for one person*) eigen, individuell; (*characteristic*) eigentümlich; **~ly** *adv* einzeln, individuell

indivisible [ɪndɪ'vɪzəbl] *adj* unteilbar

indoctrinate [ɪn'dɒktrɪneɪt] *vt* indoktrinieren

indolent ['ɪndələnt] *adj* träge

Indonesia [ɪndəʊ'ni:zɪə] *n* Indonesien *nt*

indoor ['ɪndɔ:*] *adj* Haus-; Zimmer-; Innen-; (*SPORT*) Hallen-; **~s** [ɪn'dɔ:z] *adv* drinnen, im Haus

induce [ɪn'dju:s] *vt* dazu bewegen; (*reaction*) herbeiführen; **~ment** *n* Veranlassung *f*; (*incentive*) Anreiz *m*

induction course (*BRIT*) *n* Einführungskurs *m*

indulge [ɪn'dʌldʒ] *vt* (*give way*) nachgeben +*dat*; (*gratify*) frönen +*dat* ♦ *vi*: **to ~ (in)** frönen (+*dat*); **~nce** *n* Nachsicht *f*; (*enjoyment*) Genuß *m*; **~nt** *adj* nachsichtig; (*pej*) nachgiebig

industrial [ɪn'dʌstrɪəl] *adj* Industrie-, industriell; (*dispute, injury*) Arbeits-; **~ action** *n* Arbeitskampfmaßnahmen *pl*; **~ estate** (*BRIT*) *n* Industriegebiet *nt*; **~ist** *n* Industrielle(r) *mf*; **~ize** *vt* industrialisieren; **~ park** (*US*) *n* Industriegebiet *nt*

industrious [ɪn'dʌstrɪəs] *adj* fleißig

industry ['ɪndəstrɪ] *n* Industrie *f*; (*diligence*) Fleiß *m*

inebriated [ɪ'ni:brɪeɪtɪd] *adj* betrunken

inedible [ɪn'edɪbl] *adj* ungenießbar

ineffective [ɪnɪ'fektɪv] *adj* unwirksam; (*person*) untauglich

ineffectual [ɪnɪ'fektjʊəl] *adj* = **ineffective**

inefficiency [ɪnɪ'fɪʃənsɪ] *n* Ineffizienz *f*

inefficient [ɪnɪ'fɪʃənt] *adj* ineffizient; (*ineffective*) unwirksam

inept [ɪ'nept] *adj* (*remark*) unpassend; (*person*) ungeeignet

inequality [ɪnɪ'kwɒlɪtɪ] *n* Ungleichheit *f*

inert [ɪ'nɜ:t] *adj* träge; (*CHEM*) inaktiv; (*motionless*) unbeweglich

inertia [ɪ'nɜ:ʃə] *n* Trägheit *f*

inescapable [ɪnɪs'keɪpəbl] *adj* unvermeidbar

inevitable [ɪn'evɪtəbl] *adj* unvermeidlich

inevitably [ɪn'evɪtəblɪ] *adv* zwangsläufig

inexcusable [ɪnɪks'kju:zəbl] *adj* unverzeihlich

inexhaustible [ɪnɪg'zɔ:stəbl] *adj* unerschöpflich

inexorable [ɪn'eksərəbl] *adj* unerbittlich

inexpensive [ɪnɪks'pensɪv] *adj* preiswert

inexperience [ɪnɪks'pɪərɪəns] *n* Unerfahrenheit *f*; **~d** [ɪnɪks'pɪərɪənst] *adj* unerfahren

inexplicable [ɪnɪks'plɪkəbl] *adj* unerklärlich

inextricably [ɪnɪks'trɪkəblɪ] *adv* untrennbar

infallible [ɪn'fæləbl] *adj* unfehlbar

infamous ['ɪnfəməs] *adj* (*place*) verrufen; (*deed*) schändlich; (*person*) niederträchtig

infamy ['ɪnfəmɪ] *n* Verrufenheit *f*; Niedertracht *f*; (*disgrace*) Schande *f*

infancy ['ɪnfənsɪ] *n* frühe Kindheit *f*; (*fig*) Anfangsstadium *nt*

infant ['ɪnfənt] *n* kleine(s) Kind *nt*, Säugling *m*.; **~ile** *adj* kindisch, infantil; **~ school** (*BRIT*) *n* Vorschule *f*

infatuated [ɪn'fætjʊeɪtɪd] *adj* vernarrt; **to become ~ with** sich vernarren in +*acc*
infatuation [ɪnfætjʊ'eɪʃən] *n*: **~ (with)** Vernarrtheit *f* (in +*acc*)
infect [ɪn'fekt] *vt* anstecken (*also fig*); **~ed with** (*illness*) infiziert mit; **~ion** [ɪn'fekʃən] *n* Infektion *f*; **~ious** [ɪn'fekʃəs] *adj* ansteckend
infer [ɪn'fɜ:*] *vt* schließen; **~ence** ['ɪnfərəns] *adj* Schlußfolgerung *f*
inferior [ɪn'fɪərɪə*] *adj* (*rank*) untergeordnet; (*quality*) minderwertig ♦ *n* Untergebene(r) *mf*; **~ity** [ɪnfɪərɪ'ɒrɪtɪ] *n* Minderwertigkeit *f*; (*in rank*) untergeordnete Stellung *f*; **~ity complex** *n* Minderwertigkeitskomplex *m*
infernal [ɪn'fɜ:nl] *adj* höllisch
infertile [ɪn'fɜ:taɪl] *adj* unfruchtbar
infertility [ɪnfɜ:'tɪlɪtɪ] *n* Unfruchtbarkeit *f*
infested [ɪn'festɪd] *adj*: **to be ~ with** wimmeln von
infidelity [ɪnfɪ'delɪtɪ] *n* Untreue *f*
infighting ['ɪnfaɪtɪŋ] *n* Nahkampf *m*
infiltrate ['ɪnfɪltreɪt] *vt* infiltrieren; (*spies*) einschleusen ♦ *vi* (*MIL, liquid*) einsickern; (*POL*): **to ~ (into)** unterwandern (+*acc*)
infinite ['ɪnfɪnɪt] *adj* unendlich
infinitive [ɪn'fɪnɪtɪv] *n* Infinitiv *m*
infinity [ɪn'fɪnɪtɪ] *n* Unendlichkeit *f*
infirm [ɪn'fɜ:m] *adj* gebrechlich
infirmary [ɪn'fɜ:mərɪ] *n* Krankenhaus *nt*
infirmity [ɪn'fɜ:mɪtɪ] *n* Schwäche *f*, Gebrechlichkeit *f*
inflamed [ɪn'fleɪmd] *adj* entzündet
inflammable [ɪn'flæməbl] (*BRIT*) *adj* feuergefährlich
inflammation [ɪnflə'meɪʃən] *n* Entzündung *f*
inflatable [ɪn'fleɪtəbl] *adj* aufblasbar
inflate [ɪn'fleɪt] *vt* aufblasen; (*tyre*) aufpumpen; (*prices*) hochtreiben
inflation [ɪn'fleɪʃən] *n* Inflation *f*; **~ary** [ɪn'fleɪʃnərɪ] *adj* (*increase*) inflationistisch; (*situation*) inflationär
inflexible [ɪn'fleksəbl] *adj* (*person*) nicht flexibel; (*opinion*) starr; (*thing*) unbiegsam
inflict [ɪn'flɪkt] *vt*: **to ~ sth on sb** jdm etw zufügen; (*wound*) jdm etw beibringen
influence ['ɪnflʊəns] *n* Einfluß *m* ♦ *vt* beeinflussen
influential [ɪnflʊ'enʃəl] *adj* einflußreich
influenza [ɪnflʊ'enzə] *n* Grippe *f*
influx ['ɪnflʌks] *n* (*of people*) Zustrom *m*; (*of ideas*) Eindringen *nt*
inform [ɪn'fɔ:m] *vt* informieren ♦ *vi*: **to ~ on sb** jdn denunzieren; **to keep sb ~ed** jdn auf dem laufenden halten
informal [ɪn'fɔ:məl] *adj* zwanglos; **~ity** [ɪnfɔ:'mælɪtɪ] *n* Ungezwungenheit *f*
informant [ɪn'fɔ:mənt] *n* Informant(in) *m(f)*
information [ɪnfə'meɪʃən] *n* Auskunft *f*, Information *f*; **a piece of ~** eine Auskunft, eine Information; **~ office** *n* Informationsbüro *nt*
informative [ɪn'fɔ:mətɪv] *adj* informativ; (*person*) mitteilsam
informer [ɪn'fɔ:mə*] *n* Denunziant(in) *m(f)*
infra-red [ɪnfrə'red] *adj* infrarot
infrequent [ɪn'fri:kwənt] *adj* selten
infringe [ɪn'frɪndʒ] *vt* (*law*) verstoßen gegen; **~ upon** *vt* verletzen; **~ment** *n* Verstoß *m*, Verletzung *f*
infuriating [ɪn'fjʊərɪeɪtɪŋ] *adj* ärgerlich
infusion [ɪn'fju:ʒən] *n* (*tea etc*) Aufguß *m*
ingenious [ɪn'dʒi:nɪəs] *adj* genial
ingenuity [ɪndʒɪ'nju:ɪtɪ] *n* Genialität *f*
ingenuous [ɪn'dʒenjuəs] *adj* aufrichtig; (*naive*) naiv
ingot ['ɪŋgət] *n* Barren *m*
ingrained [ɪn'greɪnd] *adj* tiefsitzend
ingratiate [ɪn'greɪʃɪeɪt] *vt*: **to ~ o.s. with sb** sich bei jdm einschmeicheln
ingratitude [ɪn'grætɪtju:d] *n* Undankbarkeit *f*
ingredient [ɪn'gri:dɪənt] *n* Bestand-

teil *m*; (*COOK*) Zutat *f*

inhabit [ɪn'hæbɪt] *vt* bewohnen; **~ant** [ɪn'hæbɪtnt] *n* Bewohner(in) *m(f)*; (*of island, town*) Einwohner(in) *m(f)*

inhale [ɪn'heɪl] *vt* einatmen; (*MED, cigarettes*) inhalieren

inherent [ɪn'hɪərənt] *adj*: **~ (in)** innewohnend (+*dat*)

inherit [ɪn'herɪt] *vt* erben; **~ance** *n* Erbe *nt*, Erbschaft *f*

inhibit [ɪn'hɪbɪt] *vt* hemmen; **to ~ sb from doing sth** jdn daran hindern, etw zu tun; **~ion** [ɪnhɪ'bɪʃən] *n* Hemmung *f*

inhospitable [ɪnhɒs'pɪtəbl] *adj* (*person*) ungastlich; (*country*) unwirtlich

inhuman [ɪn'hju:mən] *adj* unmenschlich

inimitable [ɪ'nɪmɪtəbl] *adj* unnachahmlich

iniquity [ɪ'nɪkwɪtɪ] *n* Ungerechtigkeit *f*

initial [ɪ'nɪʃəl] *adj* anfänglich, Anfangs- ♦ *n* Initiale *f* ♦ *vt* abzeichnen; (*POL*) paraphieren; **~ly** *adv* anfangs

initiate [ɪ'nɪʃɪeɪt] *vt* einführen; (*negotiations*) einleiten; **to ~ sb into a secret** jdn in ein Geheimnis einweihen; **to ~ proceedings against sb** (*JUR*) gerichtliche Schritte gegen jdn einleiten

initiation [ɪnɪʃɪ'eɪʃən] *n* Einführung *f*; Einleitung *f*

initiative [ɪ'nɪʃətɪv] *n* Initiative *f*

inject [ɪn'dʒekt] *vt* einspritzen; (*fig*) einflößen; **~ion** [ɪn'dʒekʃən] *n* Spritze *f*

injunction [ɪn'dʒʌŋkʃən] *n* Verfügung *f*

injure ['ɪndʒə*] *vt* verletzen; **~d** *adj* (*person, arm*) verletzt

injury ['ɪndʒərɪ] *n* Verletzung *f*; **to play ~ time** (*SPORT*) nachspielen

injustice [ɪn'dʒʌstɪs] *n* Ungerechtigkeit *f*

ink [ɪŋk] *n* Tinte *f*

inkling ['ɪŋklɪŋ] *n* (dunkle) Ahnung *f*

inlaid ['ɪn'leɪd] *adj* eingelegt, Einlege-

inland [*adj* 'ɪnlənd, *adv* 'ɪnlænd] *adj* Binnen-; (*domestic*) Inlands- ♦ *adv* landeinwärts; **~ revenue** (*BRIT*) *n* Fiskus *m*

in-laws ['ɪnlɔ:z] *npl* (*parents-in-law*) Schwiegereltern *pl*; (*others*) angeheiratete Verwandte *pl*

inlet ['ɪnlet] *n* Einlaß *m*; (*bay*) kleine Bucht *f*

inmate ['ɪnmeɪt] *n* Insasse *m*

inn [ɪn] *n* Gasthaus *nt*, Wirtshaus *nt*

innate [ɪ'neɪt] *adj* angeboren

inner ['ɪnə*] *adj* inner, Innen-; (*fig*) verborgen; **~ city** *n* Innenstadt *f*; **~ tube** *n* (*of tyre*) Schlauch *m*

innings ['ɪnɪŋz] *n* (*CRICKET*) Innenrunde *f*

innocence ['ɪnəsns] *n* Unschuld *f*; (*ignorance*) Unkenntnis *f*

innocent ['ɪnəsnt] *adj* unschuldig

innocuous [ɪ'nɒkjʊəs] *adj* harmlos

innovation [ɪnəʊ'veɪʃən] *n* Neuerung *f*

innuendo [ɪnjʊ'endəʊ] *n* (versteckte) Anspielung *f*

innumerable [ɪ'nju:mərəbl] *adj* unzählig

inoculation [ɪnɒkjʊ'leɪʃən] *n* Impfung *f*

inopportune [ɪn'ɒpətju:n] *adj* (*remark*) unangebracht; (*visit*) ungelegen

inordinately [ɪ'nɔ:dɪnɪtlɪ] *adv* unmäßig

inpatient ['ɪnpeɪʃənt] *n* stationäre(r) Patient *m*/stationäre Patientin *f*

input ['ɪnpʊt] *n* (*COMPUT*) Eingabe *f*; (*power ~*) Energiezufuhr *f*; (*of energy, work*) Aufwand *m*

inquest ['ɪnkwest] *n* gerichtliche Untersuchung *f*

inquire [ɪn'kwaɪə*] *vi* sich erkundigen ♦ *vt* (*price*) sich erkundigen nach; **~ into** *vt* untersuchen

inquiry [ɪn'kwaɪərɪ] *n* (*question*) Erkundigung *f*; (*investigation*) Untersuchung *f*; **~ office** (*BRIT*) *n* Auskunft(sbüro *nt*) *f*

inquisitive [ɪn'kwɪzɪtɪv] *adj* neugierig

inroad ['ɪnrəʊd] *n* (*MIL*) Einfall *m*;

(*fig*) Eingriff *m*

ins. *abbr* = **inches**

insane [ɪn'seɪn] *adj* wahnsinnig; (*MED*) geisteskrank

insanity [ɪn'sænɪtɪ] *n* Wahnsinn *m*

insatiable [ɪn'seɪʃəbl] *adj* unersättlich

inscribe [ɪn'skraɪb] *vt* eingravieren

inscription [ɪn'skrɪpʃən] *n* (*on stone*) Inschrift *f*; (*in book*) Widmung *f*

inscrutable [ɪn'skru:təbl] *adj* unergründlich

insect ['ɪnsekt] *n* Insekt *nt*; **~icide** [ɪn'sektɪsaɪd] *n* Insektenvertilgungsmittel *nt*

insecure [ɪnsɪ'kjʊə*] *adj* (*person*) unsicher; (*thing*) nicht fest *or* sicher

insecurity [ɪnsɪ'kjʊərɪtɪ] *n* Unsicherheit *f*

insemination [ɪnsemɪ'neɪʃən] *n*: **artificial ~** künstliche Befruchtung *f*

insensible [ɪn'sensɪbl] *adj* (*unconscious*) bewußtlos

insensitive [ɪn'sensɪtɪv] *adj* (*to pain*) unempfindlich; (*without feelings*) gefühllos

inseparable [ɪn'sepərəbl] *adj* (*people*) unzertrennlich; (*word*) untrennbar

insert [*vb* ɪn'sɜ:t, *n* 'ɪnsɜ:t] *vt* einfügen; (*coin*) einwerfen; (*stick into*) hineinstecken; (*advertisement*) aufgeben ♦ *n* (*in book*) Einlage *f*; (*in magazine*) Beilage *f*; **~ion** [ɪn'sɜ:ʃən] *n* Einfügung *f*; (*PRESS*) Inserat *nt*

in-service ['ɪn'sɜ:vɪs] *adj* (*training*) berufsbegleitend

inshore ['ɪn'ʃɔ:*] *adj* Küsten- ♦ *adv* an der Küste

inside ['ɪn'saɪd] *n* Innenseite *f*, Innere(s) *nt* ♦ *adj* innere(r, s), Innen- ♦ *adv* (*place*) innen; (*direction*) nach innen, hinein ♦ *prep* (*place*) in +*dat*; (*direction*) in +*acc* ... hinein; (*time*) innerhalb +*gen*; **~s** *npl* (*inf*) Eingeweide *nt*; **~ 10 minutes** unter 10 Minuten; **~ lane** *n* (*AUT*: *in Britain*) linke Spur; **~ out** *adv* linksherum; (*know*) in- und auswendig

insider dealing *n* (*STOCK EXCHANGE*) Insiderhandel *m*

insider trading *n* (*STOCK EXCHANGE*) Insiderhandel *m*

insidious [ɪn'sɪdɪəs] *adj* heimtückisch

insight ['ɪnsaɪt] *n* Einsicht *f*; **~ into** Einblick *m* in +*acc*

insignificant [ɪnsɪg'nɪfɪkənt] *adj* unbedeutend

insincere [ɪnsɪn'sɪə*] *adj* unaufrichtig

insinuate [ɪn'sɪnjʊeɪt] *vt* (*hint*) andeuten

insipid [ɪn'sɪpɪd] *adj* fad(e)

insist [ɪn'sɪst] *vi*: **to ~ (on)** bestehen (auf +*acc*); **~ence** *n* Bestehen *nt*; **~ent** *adj* hartnäckig; (*urgent*) dringend

insole ['ɪnsəʊl] *n* Einlegesohle *f*

insolence ['ɪnsələns] *n* Frechheit *f*

insolent ['ɪnsələnt] *adj* frech

insoluble [ɪn'sɒljʊbl] *adj* unlösbar; (*CHEM*) unlöslich

insolvent [ɪn'sɒlvənt] *adj* zahlungsunfähig

insomnia [ɪn'sɒmnɪə] *n* Schlaflosigkeit *f*

inspect [ɪn'spekt] *vt* prüfen; (*officially*) inspizieren; **~ion** [ɪn'spekʃən] *n* Inspektion *f*; **~or** *n* (*official*) Inspektor *m*; (*police*) Polizeikommissar *m*; (*BRIT*: *on buses, trains*) Kontrolleur *m*

inspiration [ɪnspɪ'reɪʃən] *n* Inspiration *f*

inspire [ɪn'spaɪə*] *vt* (*person*) inspirieren; **to ~ sth in sb** (*respect*) jdm etw einflößen; (*hope*) etw in jdm wecken

instability [ɪnstə'bɪlɪtɪ] *n* Unbeständigkeit *f*, Labilität *f*

install [ɪn'stɔ:l] *vt* (*put in*) installieren; (*telephone*) anschließen; (*establish*) einsetzen; **~ation** [ɪnstə'leɪʃən] *n* (*of person*) (Amts)einsetzung *f*; (*of machinery*) Installierung *f*; (*machines etc*) Anlage *f*

instalment [ɪn'stɔ:lmənt] (*US* **installment**) *n* Rate *f*; (*of story*) Fortsetzung *f*; **to pay in ~s** auf Raten zahlen

instance ['ɪnstəns] *n* Fall *m*; (*example*) Beispiel *nt*; **for ~** zum Beispiel; **in the first ~** zunächst

instant ['ɪnstənt] *n* Augenblick *m* ♦ *adj* augenblicklich, sofortig

instantaneous [ɪnstən'teɪnɪəs] *adj* unmittelbar

instant coffee *n* Pulverkaffee *m*

instantly ['ɪnstəntlɪ] *adv* sofort

instead [ɪn'sted] *adv* statt dessen; **~ of** *prep* anstatt +*gen*

instep ['ɪnstep] *n* Spann *m*; (*of shoe*) Blatt *nt*

instil [ɪn'stɪl] *vt* (*fig*): **to ~ sth in sb** jdm etw beibringen

instinct ['ɪnstɪŋkt] *n* Instinkt *m*; **~ive** [ɪn'stɪŋktɪv] *adj* instinktiv

institute ['ɪnstɪtju:t] *n* Institut *nt* ♦ *vt* einführen; (*search*) einleiten

institution [ɪnstɪ'tju:ʃən] *n* Institution *f*; (*home*) Anstalt *f*

instruct [ɪn'strʌkt] *vt* anweisen; (*officially*) instruieren; **~ion** [ɪn'strʌkʃən] *n* Unterricht *m*; **~ions** *npl* (*orders*) Anweisungen *pl*; (*for use*) Gebrauchsanweisung *f*; **~ive** *adj* lehrreich; **~or** *n* Lehrer *m*; (*MIL*) Ausbilder *m*

instrument ['ɪnstrʊmənt] *n* Instrument *nt*; **~al** [ɪnstrʊ'mentl] *adj* (*MUS*) Instrumental-; (*helpful*): **~al (in)** behilflich (bei); **~ panel** *n* Armaturenbrett *nt*

insubordinate [ɪnsə'bɔ:dənət] *adj* aufsässig, widersetzlich

insubordination ['ɪnsəbɔ:dɪ'neɪʃən] *n* Gehorsamsverweigerung *f*

insufferable [ɪn'sʌfərəbl] *adj* unerträglich

insufficient [ɪnsə'fɪʃənt] *adj* ungenügend

insular ['ɪnsjələ*] *adj* (*fig*) engstirnig

insulate ['ɪnsjʊleɪt] *vt* (*ELEC*) isolieren; (*fig*): **to ~ (from)** abschirmen (vor +*dat*)

insulating tape *n* Isolierband *nt*

insulation [ɪnsjʊ'leɪʃən] *n* Isolierung *f*

insulin ['ɪnsjʊlɪn] *n* Insulin *nt*

insult [*n* 'ɪnsʌlt, *vb* ɪn'sʌlt] *n* Beleidigung *f* ♦ *vt* beleidigen; **~ing** [ɪn'sʌltɪŋ] *adj* beleidigend

insuperable [ɪn'su:pərəbl] *adj* unüberwindlich

insurance [ɪn'ʃʊərəns] *n* Versicherung *f*; **fire/life ~** Feuer-/Lebensversicherung; **~ agent** *n* Versicherungsvertreter *m*; **~ policy** *n* Versicherungspolice *f*

insure [ɪn'ʃʊə*] *vt* versichern

insurrection [ɪnsə'rekʃən] *n* Aufstand *m*

intact [ɪn'tækt] *adj* unversehrt

intake ['ɪnteɪk] *n* (*place*) Einlaßöffnung *f*; (*act*) Aufnahme *f*; (*BRIT*: *SCH*): **an ~ of 200 a year** ein Neuzugang von 200 im Jahr

intangible [ɪn'tændʒəbl] *adj* nicht greifbar

integral ['ɪntɪgrəl] *adj* (*essential*) wesentlich; (*complete*) vollständig; (*MATH*) Integral-

integrate ['ɪntɪgreɪt] *vt* integrieren ♦ *vi* sich integrieren

integrity [ɪn'tegrɪtɪ] *n* (*honesty*) Redlichkeit *f*, Integrität *f*

intellect ['ɪntɪlekt] *n* Intellekt *m*; **~ual** [ɪntɪ'lektjʊəl] *adj* geistig, intellektuell ♦ *n* Intellektuelle(r) *mf*

intelligence [ɪn'telɪdʒəns] *n* (*understanding*) Intelligenz *f*; (*news*) Information *f*; (*MIL*) Geheimdienst *m*

intelligent [ɪn'telɪdʒənt] *adj* intelligent; **~ly** *adv* klug; (*write, speak*) verständlich

intelligentsia [ɪntelɪ'dʒentsɪə] *n* Intelligenz *f*

intelligible [ɪn'telɪdʒəbl] *adj* verständlich

intend [ɪn'tend] *vt* beabsichtigen; **that was ~ed for you** das war für dich gedacht

intense [ɪn'tens] *adj* stark, intensiv; (*person*) ernsthaft; **~ly** *adv* äußerst; (*study*) intensiv

intensify [ɪn'tensɪfaɪ] *vt* verstärken, intensivieren

intensity [ɪn'tensɪtɪ] *n* Intensität *f*

intensive [ɪn'tensɪv] *adj* intensiv; **~ care unit** *n* Intensivstation *f*

intent [ɪn'tent] *n* Absicht *f* ♦ *adj*: **to be ~ on doing sth** fest entschlossen sein, etw zu tun; **to all ~s and purposes** praktisch

intention [ɪn'tenʃən] *n* Absicht *f*

intentional *adj* absichtlich; **~ly** *adv* absichtlich

intently [ɪn'tentlɪ] *adv* konzentriert

interact [ɪntər'ækt] *vi* aufeinander einwirken; **~ion** *n* Wechselwirkung *f*

interactive *adj* (*COMPUT*) interaktiv

intercede [ɪntə'si:d] *vi* sich verwenden

intercept [ɪntə'sept] *vt* abfangen

interchange [*n* 'ɪntətʃeɪndʒ, *vb* ɪntə'tʃeɪndʒ] *n* (*exchange*) Austausch *m*; (*on roads*) Verkehrskreuz *nt* ♦ *vt* austauschen; **~able** [ɪntə'tʃeɪndʒəbl] *adj* austauschbar

intercom ['ɪntəkɒm] *n* (Gegen)sprechanlage *f*

intercourse ['ɪntəkɔ:s] *n* (*exchange*) Beziehungen *pl*; (*sexual*) Geschlechtsverkehr *m*

interest ['ɪntrest] *n* Interesse *nt*; (*FIN*) Zinsen *pl*; (*COMM*: *share*) Anteil *m*; (*group*) Interessengruppe *f* ♦ *vt* interessieren; **~ed** *adj* (*having claims*) beteiligt; (*attentive*) interessiert, **to be ~ed in** sich interessieren für; **~ing** *adj* interessant; **~ rate** *n* Zinssatz *m*

interface ['ɪntəfeɪs] *n* (*COMPUT*) Schnittstelle *f*, Interface *nt*

interfere [ɪntə'fɪə*] *vi*: **to ~ (with)** (*meddle*) sich einmischen (in +*acc*); (*disrupt*) stören +*acc*

interference [ɪntə'fɪərəns] *n* Einmischung *f*; (*TV*) Störung *f*

interim ['ɪntərɪm] *n*: **in the ~** inzwischen

interior [ɪn'tɪərɪə*] *n* Innere(s) *nt* ♦ *adj* innere(r, s), Innen-; **~ designer** *n* Innenarchitekt(in) *m(f)*

interjection [ɪntə'dʒekʃən] *n* Ausruf *m*

interlock [ɪntə'lɒk] *vi* ineinandergreifen

interlude ['ɪntəlu:d] *n* Pause *f*

intermarry [ɪntə'mærɪ] *vi* untereinander heiraten

intermediary [ɪntə'mi:dɪərɪ] *n* Vermittler *m*

intermediate [ɪntə'mi:dɪət] *adj* Zwischen-, Mittel-

interminable [ɪn'tɜ:mɪnəbl] *adj* endlos

intermission [ɪntə'mɪʃən] *n* Pause *f*

intermittent [ɪntə'mɪtənt] *adj* periodisch, stoßweise

intern [*vb* ɪn'tɜ:n, *n* 'ɪntɜ:n] *vt* internieren ♦ *n* (*US*) Assistenzarzt *m*/-ärztin *f*

internal [ɪn'tɜ:nl] *adj* (*inside*) innere(r, s); (*domestic*) Inlands-; **~ly** *adv* innen; (*MED*) innerlich; **"not to be taken ~ly"** „nur zur äußerlichen Anwendung"; **I~ Revenue Service** (*US*) *n* Finanzamt *nt*

international [ɪntə'næʃnəl] *adj* international ♦ *n* (*SPORT*) Nationalspieler(in) *m(f)*; (: *match*) internationale(s) Spiel *nt*

interplay ['ɪntəpleɪ] *n* Wechselspiel *nt*

interpret [ɪn'tɜ:prɪt] *vt* (*explain*) auslegen, interpretieren; (*translate*) dolmetschen; **~ation** [ɪntɜ:prɪ'teɪʃən] *n* Interpretation *f*; **~er** *n* Dolmetscher(in) *m(f)*

interrelated [ɪntərɪ'leɪtɪd] *adj* untereinander zusammenhängend

interrogate [ɪn'terəgeɪt] *vt* verhören

interrogation [ɪntərə'geɪʃən] *n* Verhör *nt*

interrogative [ɪntə'rɒgətɪv] *adj* Frage-

interrupt [ɪntə'rʌpt] *vt* unterbrechen; **~ion** [ɪntə'rʌpʃən] *n* Unterbrechung *f*

intersect [ɪntə'sekt] *vt* (durch)schneiden ♦ *vi* sich schneiden; **~ion** [ɪntə'sekʃən] *n* (*of roads*) Kreuzung *f*; (*of lines*) Schnittpunkt *m*

intersperse [ɪntə'spɜ:s] *vt*: **to ~ sth with sth** etw mit etw durchsetzen

intertwine [ɪntə'twaɪn] *vt* verflechten ♦ *vi* sich verflechten

interval ['ɪntəvəl] *n* Abstand *m*; (*BRIT*: *SCH, THEAT, SPORT*) Pause *f*; **at ~s** in Abständen

intervene [ɪntə'vi:n] *vi* dazwischenliegen; (*act*): **to ~ (in)** einschreiten (gegen)

intervention [ɪntə'venʃən] *n* Eingreifen *nt*, Intervention *f*

interview ['ɪntəvju:] *n* (*PRESS etc*) Interview *nt*; (*for job*) Vorstellungsgespräch *nt* ♦ *vt* interviewen; **~er** *n* Interviewer *m*

intestine [ɪn'testɪn] *n*: **large/small ~** Dick-/Dünndarm *m*

intimacy ['ɪntɪməsɪ] *n* Intimität *f*

intimate [*adj* 'ɪntɪmət, *vb* 'ɪntɪmeɪt] *adj* (*inmost*) innerste(r, s); (*knowledge*) eingehend; (*familiar*) vertraut; (*friends*) eng ♦ *vt* andeuten

intimidate [ɪn'tɪmɪdeɪt] *vt* einschüchtern

intimidation [ɪntɪmɪ'deɪʃən] *n* Einschüchterung *f*

into ['ɪntʊ] *prep* (*motion*) in +*acc* ... hinein; **5 ~ 25** 25 durch 5

intolerable [ɪn'tɒlərəbl] *adj* unerträglich

intolerance [ɪn'tɒlərns] *n* Unduldsamkeit *f*

intolerant [ɪn'tɒlərənt] *adj*: **~ of** unduldsam gegen(über)

intoxicate [ɪn'tɒksɪkeɪt] *vt* berauschen; **~d** *adj* betrunken

intoxication [ɪntɒksɪ'keɪʃən] *n* Rausch *m*

intractable [ɪn'træktəbl] *adj* schwer zu handhaben; (*problem*) schwer lösbar

intransigent [ɪn'trænsɪdʒənt] *adj* unnachgiebig

intransitive [ɪn'trænsɪtɪv] *adj* intransitiv

intravenous [ɪntrə'vi:nəs] *adj* intravenös

in-tray ['ɪntreɪ] *n* Eingangskorb *m*

intrepid [ɪn'trepɪd] *adj* unerschrocken

intricate ['ɪntrɪkət] *adj* kompliziert

intrigue [ɪn'tri:g] *n* Intrige *f* ♦ *vt* faszinieren ♦ *vi* intrigieren

intriguing [ɪn'tri:gɪŋ] *adj* faszinierend

intrinsic [ɪn'trɪnsɪk] *adj* innere(r, s); (*difference*) wesentlich

introduce [ɪntrə'dju:s] *vt* (*person*) vorstellen; (*sth new*) einführen; (*subject*) anschneiden; **to ~ sb to sb** jdm jdn vorstellen; **to ~ sb to sth** jdn in etw *acc* einführen

introduction [ɪntrə'dʌkʃən] *n* Einführung *f*; (*to book*) Einleitung *f*

introductory [ɪntrə'dʌktərɪ] *adj* Einführungs-, Vor-

introspective [ɪntrəʊ'spektɪv] *adj* nach innen gekehrt

introvert ['ɪntrəʊvɜ:t] *n* Introvertierte(r) *mf* ♦ *adj* introvertiert

intrude [ɪn'tru:d] *vi*: **to ~ (on sb/sth)** (jdn/etw) stören; **~r** *n* Eindringling *m*

intrusion [ɪn'tru:ʒən] *n* Störung *f*

intrusive [ɪn'tru:sɪv] *adj* aufdringlich

intuition [ɪntju:'ɪʃən] *n* Intuition *f*

inundate ['ɪnʌndeɪt] *vt* (*also fig*) überschwemmen

invade [ɪn'veɪd] *vt* einfallen in +*acc*; **~r** *n* Eindringling *m*

invalid[1] ['ɪnvəlɪd] *n* (*disabled*) Invalide *m* ♦ *adj* (*ill*) krank; (*disabled*) invalide

invalid[2] [ɪn'vælɪd] *adj* (*not valid*) ungültig

invaluable [ɪn'vælju:əbl] *adj* unschätzbar

invariable [ɪn'vɛərɪəbl] *adj* unveränderlich

invariably [ɪn'vɛərɪəblɪ] *adv* ausnahmslos

invasion [ɪn'veɪʒən] *n* Invasion *f*

invent [ɪn'vent] *vt* erfinden; **~ion** [ɪn'venʃən] *n* Erfindung *f*; **~ive** *adj* erfinderisch; **~or** *n* Erfinder *m*

inventory ['ɪnvəntrɪ] *n* Inventar *nt*

inverse ['ɪn'vɜ:s] *n* Umkehrung *f* ♦ *adj* umgekehrt

invert [ɪn'vɜ:t] *vt* umdrehen; **~ed commas** (*BRIT*) *npl* Anführungsstriche *pl*

invest [ɪn'vest] *vt* investieren
investigate [ɪn'vestɪgeɪt] *vt* untersuchen
investigation [ɪnvestɪ'geɪʃən] *n* Untersuchung *f*
investigator [ɪn'vestɪgeɪtə*] *n* Untersuchungsbeamte(r) *m*
investiture [ɪn'vestɪtʃə*] *n* Amtseinsetzung *f*
investment [ɪn'vestmənt] *n* Investition *f*
investor [ɪn'vestə*] *n* (Geld)anleger *m*
inveterate [ɪn'vetərət] *adj* unverbesserlich
invidious [ɪn'vɪdɪəs] *adj* unangenehm; (*distinctions, remark*) ungerecht
invigilate [ɪn'vɪdʒɪleɪt] *vi* (*in exam*) Aufsicht führen ♦ *vt* Aufsicht führen bei
invigorating [ɪn'vɪgəreɪtɪŋ] *adj* stärkend
invincible [ɪn'vɪnsəbl] *adj* unbesiegbar
invisible [ɪn'vɪzəbl] *adj* unsichtbar
invitation [ɪnvɪ'teɪʃən] *n* Einladung *f*
invite [ɪn'vaɪt] *vt* einladen
inviting [ɪn'vaɪtɪŋ] *adj* einladend
invoice ['ɪnvɔɪs] *n* Rechnung *f* ♦ *vt* (*goods*): **to ~ sb for sth** jdm etw *acc* in Rechnung stellen
invoke [ɪn'vəʊk] *vt* anrufen
involuntary [ɪn'vɒləntərɪ] *adj* unabsichtlich
involve [ɪn'vɒlv] *vt* (*entangle*) verwickeln; (*entail*) mit sich bringen; **~d** *adj* verwickelt; **~ment** *n* Verwicklung *f*
inward ['ɪnwəd] *adj* innere(r, s); (*curve*) Innen- ♦ *adv* nach innen; **~ly** *adv* im Innern; **~s** *adv* nach innen
I/O *abbr* (*COMPUT*: = *input/output*) I/O
iodine ['aɪədi:n] *n* Jod *nt*
iota [aɪ'əʊtə] *n* (*fig*) bißchen *nt*
IOU *n abbr* (= *I owe you*) Schuldschein *m*
IQ *n abbr* (= *intelligence quotient*) IQ *m*
IRA *n abbr* (= *Irish Republican Army*) IRA *f*
Iran [ɪ'rɑ:n] *n* Iran *m*; **~ian** *adj* iranisch ♦ *n* Iraner(in) *m(f)*; (*LING*) Iranisch *nt*
Iraq [ɪ'rɑ:k] *n* Irak *m*; **~i** *adj* irakisch ♦ *n* Iraker(in) *m(f)*
irascible [ɪ'ræsɪbl] *adj* reizbar
irate [aɪ'reɪt] *adj* zornig
Ireland ['aɪələnd] *n* Irland *nt*
iris ['aɪrɪs] (*pl* **~es**) *n* Iris *f*
Irish ['aɪrɪʃ] *adj* irisch ♦ *npl*: **the ~** die Iren *pl*, die Irländer *pl*; **~man** (*irreg*) *n* Ire *m*, Irländer *m*; **~ Sea** *n* (*GEO*): **the ~ Sea** die Irische See *f*; **~woman** (*irreg*) *n* Irin *f*, Irländerin *f*
irksome ['ɜ:ksəm] *adj* lästig
iron ['aɪən] *n* Eisen *nt*; (*for ironing*) Bügeleisen *nt* ♦ *adj* eisern ♦ *vt* bügeln; **~ out** *vt* (*also fig*) ausbügeln; **I~ Curtain** *n* Eiserne(r) Vorhang *m*
ironic(al) [aɪ'rɒnɪk(əl)] *adj* ironisch; (*coincidence etc*) witzig
ironing ['aɪənɪŋ] *n* Bügeln *nt*; (*laundry*) Bügelwäsche *f*; **~ board** *n* Bügelbrett *nt*
irony ['aɪərənɪ] *n* Ironie *f*
irrational [ɪ'ræʃənl] *adj* irrational
irreconcilable [ɪrekən'saɪləbl] *adj* unvereinbar
irrefutable [ɪrɪ'fju:təbl] *adj* unwiderlegbar
irregular [ɪ'regjʊlə*] *adj* unregelmäßig; (*shape*) ungleich(mäßig); (*fig*) unüblich; (: *behaviour*) ungehörig; **~ity** [ɪregjʊ'lærɪtɪ] *n* Unregelmäßigkeit *f*; Ungleichmäßigkeit *f*; (*fig*) Vergehen *nt*
irrelevant [ɪ'reləvənt] *adj* belanglos, irrelevant
irreparable [ɪ'repərəbl] *adj* nicht wiedergutzumachen
irreplaceable [ɪrɪ'pleɪsəbl] *adj* unersetzlich
irresistible [ɪrɪ'zɪstəbl] *adj* unwiderstehlich
irrespective [ɪrɪ'spektɪv]: **~ of** *prep* ungeachtet +*gen*

irresponsible [ɪrɪ'spɒnsəbl] *adj* verantwortungslos
irreverent [ɪ'revərənt] *adj* respektlos
irrevocable [ɪ'revəkəbl] *adj* unwiderrufbar
irrigate ['ɪrɪgeɪt] *vt* bewässern
irrigation [ɪrɪ'geɪʃən] *n* Bewässerung *f*
irritable ['ɪrɪtəbl] *adj* reizbar
irritate ['ɪrɪteɪt] *vt* irritieren, reizen (*also MED*)
irritation [ɪrɪ'teɪʃən] *n* (*anger*) Ärger *m*; (*MED*) Reizung *f*
IRS *n abbr* = **Internal Revenue Service**
is [ɪz] *vb see* **be**
Islam ['ɪzlɑːm] *n* Islam *m*
island ['aɪlənd] *n* Insel *f*; **~er** *n* Inselbewohner(in) *m(f)*
isle [aɪl] *n* (kleine) Insel *f*
isn't ['ɪznt] = **is not**
isolate ['aɪsəʊleɪt] *vt* isolieren; **~d** *adj* isoliert; (*case*) Einzel-
isolation [aɪsəʊ'leɪʃən] *n* Isolierung *f*
Israel ['ɪzreɪəl] *n* Israel *nt*; **~i** [ɪz'reɪlɪ] *adj* israelisch ♦ *n* Israeli *mf*
issue ['ɪʃuː] *n* (*matter*) Frage *f*; (*outcome*) Ausgang *m*; (*of newspaper, shares*) Ausgabe *f*; (*offspring*) Nachkommenschaft *f* ♦ *vt* ausgeben; (*warrant*) erlassen; (*documents*) ausstellen; (*orders*) erteilen; (*books*) herausgeben; (*verdict*) aussprechen; **to be at ~** zur Debatte stehen; **to take ~ with sb over sth** jdm in etw *dat* widersprechen
isthmus ['ɪsməs] *n* Landenge *f*

KEYWORD

it [ɪt] *pron* **1** (*specific: subject*) er/sie/es; (: *direct object*) ihn/sie/es; (: *indirect object*) ihm/ihr/ihm; **about/from/in/of it** darüber/davon/darin/davon
2 (*impers*) es; **it's raining** es regnet; **it's Friday tomorrow** morgen ist Freitag; **who is it? - it's me** wer ist da? - ich (bin's)

Italian [ɪ'tæljən] *adj* italienisch ♦ *n* Italiener(in) *m(f)*; (*LING*) Italienisch *nt*
italic [ɪ'tælɪk] *adj* kursiv; **~s** *npl* Kursivschrift *f*
Italy ['ɪtəlɪ] *n* Italien *nt*
itch [ɪtʃ] *n* Juckreiz *m*; (*fig*) Lust *f* ♦ *vi* jucken; **to be ~ing to do sth** darauf brennen, etw zu tun; **~y** *adj* juckend
it'd ['ɪtd] = **it would; it had**
item ['aɪtəm] *n* Gegenstand *m*; (*on list*) Posten *m*; (*in programme*) Nummer *f*; (*in agenda*) (Programm)punkt *m*; (*in newspaper*) (Zeitungs)notiz *f*; **~ize** *vt* verzeichnen
itinerant [ɪ'tɪnərənt] *adj* (*person*) umherreisend
itinerary [aɪ'tɪnərərɪ] *n* Reiseroute *f*
it'll ['ɪtl] = **it will; it shall**
its [ɪts] *adj* (*masculine, neuter*) sein; (*feminine*) ihr
it's [ɪts] = **it is; it has**
itself [ɪt'self] *pron* sich (selbst); (*emphatic*) selbst
ITV (*BRIT*) *n abbr* = **Independent Television**
I.U.D. *n abbr* (= *intra-uterine device*) Pessar *nt*
I've [aɪv] = **I have**
ivory ['aɪvərɪ] *n* Elfenbein *nt*
ivy ['aɪvɪ] *n* Efeu *nt*

J

jab [dʒæb] *vt* (hinein)stechen ♦ *n* Stich *m*, Stoß *m*; (*inf*) Spritze *f*
jabber ['dʒæbə*] *vi* plappern
jack [dʒæk] *n* (*AUT*) (Wagen)heber *m*; (*CARDS*) Bube *m*; **~ up** *vt* aufbocken
jackal ['dʒækəl] *n* (*ZOOL*) Schakal *m*
jackdaw ['dʒækdɔː] *n* Dohle *f*
jacket ['dʒækɪt] *n* Jacke *f*; (*of book*) Schutzumschlag *m*; (*TECH*) Ummantelung *f*
jackknife ['dʒæknaɪf] *vi* (*truck*) sich zusammenschieben
jack plug *n* (*ELEC*) Buchsenstecker *m*
jackpot ['dʒækpɒt] *n* Haupttreffer *m*

jaded ['dʒeɪdɪd] *adj* ermattet
jagged ['dʒægɪd] *adj* zackig
jail [dʒeɪl] *n* Gefängnis *nt* ♦ *vt* einsperren; **~er** *n* Gefängniswärter *m*
jam [dʒæm] *n* Marmelade *f*; (*also*: *traffic ~*) (Verkehrs)stau *m*; (*inf*: *trouble*) Klemme *f* ♦ *vt* (*wedge*) einklemmen; (*cram*) hineinzwängen; (*obstruct*) blockieren ♦ *vi* sich verklemmen; **to ~ sth into sth** etw in etw *acc* hineinstopfen
Jamaica [dʒə'meɪkə] *n* Jamaika *nt*
jangle ['dʒæŋgl] *vt, vi* klimpern
janitor ['dʒænɪtə*] *n* Hausmeister *m*
January ['dʒænjʊərɪ] *n* Januar *m*
Japan [dʒə'pæn] *n* Japan *nt*; **~ese** [dʒæpə'ni:z] *adj* japanisch ♦ *n inv* Japaner(in) *m(f)*; (*LING*) Japanisch *nt*
jar [dʒɑ:*] *n* Glas *nt* ♦ *vi* kreischen; (*colours etc*) nicht harmonieren
jargon ['dʒɑ:gən] *n* Fachsprache *f*, Jargon *m*
jaundice ['dʒɔ:ndɪs] *n* Gelbsucht *f*; **~d** *adj* (*fig*) mißgünstig
jaunt [dʒɔ:nt] *n* Spritztour *f*; **~y** *adj* (*lively*) munter; (*brisk*) flott
javelin ['dʒævlɪn] *n* Speer *m*
jaw [dʒɔ:] *n* Kiefer *m*
jay [dʒeɪ] *n* (*ZOOL*) Eichelhäher *m*
jaywalker ['dʒeɪwɔ:kə*] *n* unvorsichtige(r) Fußgänger *m*
jazz [dʒæz] *n* Jazz *m*; **~ up** *vt* (*MUS*) verjazzen; (*enliven*) aufpolieren; **~y** *adj* (*colour*) schreiend, auffallend
jealous ['dʒeləs] *adj* (*envious*) mißgünstig; (*husband*) eifersüchtig; **~y** *n* Mißgunst *f*; Eifersucht *f*
jeans [dʒi:nz] *npl* Jeans *pl*
Jeep [dʒi:p] ® *n* Jeep *m* ®
jeer [dʒɪə*] *vi*: **to ~ (at sb)** (über jdn) höhnisch lachen, (jdn) verspotten
jelly ['dʒelɪ] *n* Gelee *nt*; (*dessert*) Grütze *f*; **~fish** *n* Qualle *f*
jeopardize ['dʒepədaɪz] *vt* gefährden
jeopardy ['dʒepədɪ] *n*: **to be in ~** in Gefahr sein
jerk [dʒɜ:k] *n* Ruck *m*; (*inf*: *idiot*) Trottel *m* ♦ *vt* ruckartig bewegen ♦ *vi* sich ruckartig bewegen
jerkin ['dʒɜ:kɪn] *n* Wams *nt*
jerky ['dʒɜ:kɪ] *adj* (*movement*) ruckartig; (*ride*) rüttelnd
jersey ['dʒɜ:zɪ] *n* Pullover *m*
jest [dʒest] *n* Scherz *m* ♦ *vi* spaßen; **in ~** im Spaß
Jesus ['dʒi:zəs] *n* Jesus *m*
jet [dʒet] *n* (*stream*: *of water etc*) Strahl *m*; (*spout*) Düse *f*; (*AVIAT*) Düsenflugzeug *nt*; **~-black** *adj* rabenschwarz; **~ engine** *n* Düsenmotor *m*; **~-lag** *n* Jet-lag *m*
jettison ['dʒetɪsn] *vt* über Bord werfen
jetty ['dʒetɪ] *n* Landesteg *m*, Mole *f*
Jew [dʒu:] *n* Jude *m*
jewel ['dʒu:əl] *n* (*also fig*) Juwel *nt*; **~ler** (*US* **jeweler**) *n* Juwelier *m*; **~ler's (shop)** *n* Juwelier *m*; **~lery** (*US* **jewelry**) *n* Schmuck *m*
Jewess ['dʒu:ɪs] *n* Jüdin *f*
Jewish ['dʒu:ɪʃ] *adj* jüdisch
jib [dʒɪb] *n* (*NAUT*) Kluver *m*
jibe [dʒaɪb] *n* spöttische Bemerkung *f*
jiffy ['dʒɪfɪ] (*inf*) *n*: **in a ~** sofort
jigsaw ['dʒɪgsɔ:] *n* (*also*: *~ puzzle*) Puzzle(spiel) *nt*
jilt [dʒɪlt] *vt* den Laufpaß geben +*dat*
jingle ['dʒɪŋgl] *n* (*advertisement*) Werbesong *m* ♦ *vi* klimpern, (*bells*) bimmeln ♦ *vt* klimpern mit; bimmeln lassen
jinx [dʒɪŋks] *n*: **there's a ~ on it** es ist verhext
jitters ['dʒɪtəz] (*inf*) *npl*: **to get the ~** einen Bammel kriegen
job [dʒɒb] *n* (*piece of work*) Arbeit *f*; (*position*) Stellung *f*; (*duty*) Aufgabe *f*; (*difficulty*) Mühe *f*; **it's a good ~ he ...** es ist ein Glück, daß er ...; **just the ~** genau das Richtige; **J~centre** (*BRIT*) *n* Arbeitsamt *nt*; **~less** *adj* arbeitslos
jockey ['dʒɒkɪ] *n* Jockei *m* ♦ *vi*: **to ~ for position** sich in eine gute Position drängeln
jocular ['dʒɒkjʊlə*] *adj* scherzhaft
jog [dʒɒg] *vt* (an)stoßen ♦ *vi* (*run*) joggen; **to ~ along** vor sich *acc* hinwursteln; (*work*) seinen Gang gehen; **~ging** *n* Jogging *nt*

join [dʒɔɪn] *vt* (*club*) beitreten +*dat*; (*person*) sich anschließen +*dat*; (*put together*): **to ~ (sth to sth)** (etw mit etw) verbinden ♦ *vi* (*unite*) sich vereinigen ♦ *n* Verbindungsstelle *f*, Naht *f*; **~ in** *vt, vi*: **to ~ in (sth)** (bei etw) mitmachen; **~ up** *vi* (*MIL*) zur Armee gehen

joiner ['dʒɔɪnə*] *n* Schreiner *m*; **~y** *n* Schreinerei *f*

joint [dʒɔɪnt] *n* (*TECH*) Fuge *f*; (*of bones*) Gelenk *nt*; (*of meat*) Braten *m*; (*inf*: *place*) Lokal *nt* ♦ *adj* gemeinsam; **~ account** *n* (*with bank etc*) gemeinsame(s) Konto *nt*; **~ly** *adv* gemeinsam

joke [dʒəʊk] *n* Witz *m* ♦ *vi* Witze machen; **to play a ~ on sb** jdm einen Streich spielen; **~r** *n* Witzbold *m*; (*CARDS*) Joker *m*

jolly ['dʒɒlɪ] *adj* lustig ♦ *adv* (*inf*) ganz schön

jolt [dʒəʊlt] *n* (*shock*) Schock *m*; (*jerk*) Stoß *m* ♦ *vt* (*push*) stoßen; (*shake*) durchschütteln; (*fig*) aufrütteln ♦ *vi* holpern

Jordan ['dʒɔ:dən] *n* Jordanien *nt*; (*river*) Jordan *m*

jostle ['dʒɒsl] *vt* anrempeln

jot [dʒɒt] *n*: **not one ~** kein Jota *nt*; **~ down** *vt* notieren; **~ter** (*BRIT*) *n* Notizblock *m*

journal ['dʒɜ:nl] *n* (*diary*) Tagebuch *nt*; (*magazine*) Zeitschrift *f*; **~ism** *n* Journalismus *m*; **~ist** *n* Journalist(in) *m(f)*

journey ['dʒɜ:nɪ] *n* Reise *f*

jovial ['dʒəʊvɪəl] *adj* jovial

joy [dʒɔɪ] *n* Freude *f*; **~ful** *adj* freudig; **~ous** *adj* freudig; **~ ride** *n* Schwarzfahrt *f*; **~rider** *n Autodieb m, der den Wagen nur für eine Spritztour stiehlt*; **~stick** *n* Steuerknüppel *m*; (*COMPUT*) Joystick *m*

J.P. *n abbr* = **Justice of the Peace**

Jr *abbr* = **junior**

jubilant ['dʒu:bɪlənt] *adj* triumphierend

jubilee ['dʒu:bɪli:] *n* Jubiläum *nt*

judge [dʒʌdʒ] *n* Richter *m*; (*fig*) Kenner *m* ♦ *vt* (*JUR*: *person*) die Verhandlung führen über +*acc*; (*case*) verhandeln; (*assess*) beurteilen; (*estimate*) einschätzen; **~ment** *n* (*JUR*) Urteil *nt*; (*ECCL*) Gericht *nt*; (*ability*) Urteilsvermögen *nt*

judicial [dʒu:'dɪʃəl] *adj* gerichtlich, Justiz-

judiciary [dʒu:'dɪʃɪərɪ] *n* Gerichtsbehörden *pl*; (*judges*) Richterstand *m*

judicious [dʒu:'dɪʃəs] *adj* weise

judo ['dʒu:dəʊ] *n* Judo *nt*

jug [dʒʌg] *n* Krug *m*

juggernaut ['dʒʌgənɔ:t] (*BRIT*) *n* (*huge truck*) Schwertransporter *m*

juggle ['dʒʌgl] *vt, vi* jonglieren; **~r** *n* Jongleur *m*

Jugoslav *etc* = **Yugoslav** *etc*

juice [dʒu:s] *n* Saft *m*

juicy ['dʒu:sɪ] *adj* (*also fig*) saftig

jukebox ['dʒu:kbɒks] *n* Musikautomat *m*

July [dʒu:'laɪ] *n* Juli *m*

jumble ['dʒʌmbl] *n* Durcheinander *nt* ♦ *vt* (*also*: *~ up*) durcheinanderwerfen; (*facts*) durcheinanderbringen; **~ sale** (*BRIT*) *n* Basar *m*, Flohmarkt *m*

jumbo (jet) *n* Jumbo(-Jet) *m*

jump [dʒʌmp] *vi* springen; (*nervously*) zusammenzucken ♦ *vt* überspringen ♦ *n* Sprung *m*; **to ~ the queue** (*BRIT*) sich vordrängeln

jumper ['dʒʌmpə*] *n* (*BRIT*: *pullover*) Pullover *m*; (*US*: *dress*) Trägerkleid *nt*; **~ cables** (*US*) *npl* = **jump leads**

jump leads (*BRIT*) *npl* Starthilfekabel *nt*

jumpy ['dʒʌmpɪ] *adj* nervös

Jun. *abbr* = **junior**

junction ['dʒʌŋkʃən] *n* (*BRIT*: *of roads*) (Straßen)kreuzung *f*; (*RAIL*) Knotenpunkt *m*

juncture ['dʒʌŋktʃə*] *n*: **at this ~** in diesem Augenblick

June [dʒu:n] *n* Juni *m*

jungle ['dʒʌŋgl] *n* Dschungel *m*

junior ['dʒu:nɪə*] *adj* (*younger*)

jünger; (*after name*) junior; (*SPORT*) Junioren-; (*lower position*) untergeordnet; (*for young people*) Junioren- ♦ *n* Jüngere(r) *mf*; ~ **school** (*BRIT*) *n* Grundschule *f*

junk [dʒʌŋk] *n* (*rubbish*) Plunder *m*; (*ship*) Dschunke *f*; ~ **food** *n* Plastikessen *nt*; ~ **mail** *n Reklame f die unangefordert in den Briefkasten gesteckt ist*; ~**shop** *n* Ramschladen *m*

Junr *abbr* = **junior**

jurisdiction [dʒʊərɪs'dɪkʃən] *n* Gerichtsbarkeit *f*; (*range of authority*) Zuständigkeit(sbereich *m*) *f*

juror ['dʒʊərə*] *n* Geschworene(r) *mf*; (*in competition*) Preisrichter *m*

jury ['dʒʊərɪ] *n* (*court*) Geschworene *pl*; (*in competition*) Jury *f*

just [dʒʌst] *adj* gerecht ♦ *adv* (*recently, now*) gerade, eben; (*barely*) gerade noch; (*exactly*) genau, gerade; (*only*) nur, bloß; (*a small distance*) gleich; (*absolutely*) einfach; ~ **as I arrived** gerade als ich ankam; ~ **as nice** genauso nett; ~ **as well** um so besser; ~ **now** soeben, gerade; ~ **try** versuch es mal; **she's** ~ **left** sie ist gerade *or* (so)eben gegangen; **he's** ~ **done it** er hat es gerade *or* (so)eben getan; ~ **before** gerade *or* kurz bevor; ~ **enough** gerade genug; **he** ~ **missed** er hat fast *or* beinahe getroffen

justice ['dʒʌstɪs] *n* (*fairness*) Gerechtigkeit *f*; ~ **of the peace** *n* Friedensrichter *m*

justifiable ['dʒʌstɪfaɪəbl] *adj* berechtigt

justification [dʒʌstɪfɪ'keɪʃən] *n* Rechtfertigung *f*

justify ['dʒʌstɪfaɪ] *vt* rechtfertigen; (*text*) justieren

justly ['dʒʌstlɪ] *adv* (*say*) mit Recht; (*condemn*) gerecht

jut [dʒʌt] *vi* (*also*: ~ *out*) herausragen, vorstehen

juvenile ['dʒu:vənaɪl] *adj* (*young*) jugendlich; (*for the young*) Jugend- ♦ *n* Jugendliche(r) *mf*

juxtapose ['dʒʌkstəpəʊz] *vt* nebeneinanderstellen

K

K *abbr* (= *one thousand*) Tsd.; (= *kilobyte*) K

kangaroo [kæŋgə'ru:] *n* Känguruh *nt*

karate [kə'rɑ:tɪ] *n* Karate *nt*

kebab [kə'bæb] *n* Kebab *m*

keel [ki:l] *n* Kiel *m*; **on an even** ~ (*fig*) im Lot

keen [ki:n] *adj* begeistert; (*intelligence, wind, blade*) scharf; (*sight, hearing*) gut; **to be** ~ **to do** *or* **on doing sth** etw unbedingt tun wollen; **to be** ~ **on sth/sb** scharf auf etw/jdn sein

keep [ki:p] (*pt, pp* **kept**) *vt* (*retain*) behalten; (*have*) haben; (*animals, one's word*) halten; (*support*) versorgen; (*maintain in state*) halten; (*preserve*) aufbewahren; (*restrain*) abhalten ♦ *vi* (*continue in direction*) sich halten; (*food*) sich halten; (*remain: quiet etc*) bleiben ♦ *n* Unterhalt *m*; (*tower*) Burgfried *m*; (*inf*): **for** ~**s** für immer; **to** ~ **sth to o.s.** etw für sich behalten; **it** ~**s happening** es passiert immer wieder; ~ **back** *vt* fernhalten; (*secret*) verschweigen; ~ **on** *vi*: ~ **on doing sth** etw immer weiter tun; ~ **out** *vt* nicht hereinlassen; **"~ out"** „Eintritt verboten!"; ~ **up** *vi* Schritt halten ♦ *vt* aufrechterhalten; (*continue*) weitermachen; **to** ~ **up with** Schritt halten mit; ~**er** *n* Wärter(in) *m(f)*; (*goalkeeper*) Torhüter(in) *m(f)*; ~**-fit** *n* Keep-fit *nt*; ~**ing** *n* (*care*) Obhut *f*; **in** ~**ing with** in Übereinstimmung mit; ~**sake** *n* Andenken *nt*

keg [keg] *n* Faß *nt*

kennel ['kenl] *n* Hundehütte *f*; ~**s** *npl* (*for boarding*): **to put a dog in** ~**s** einen Hund in Pflege geben

Kenya ['kenjə] *n* Kenia *nt*; ~**n** *adj* kenianisch ♦ *n* Kenianer(in) *m(f)*

kept [kept] *pt, pp of* **keep**

kerb ['kɜ:b] (*BRIT*) *n* Bordstein *m*
kernel ['kɜ:nl] *n* Kern *m*
kerosene ['kerəsi:n] *n* Kerosin *nt*
ketchup ['ketʃəp] *n* Ketchup *nt or m*
kettle ['ketl] *n* Kessel *m*; **~drum** *n* Pauke *f*
key [ki:] *n* Schlüssel *m*; (*of piano, typewriter*) Taste *f*; (*MUS*) Tonart *f* ♦ *vt* (*also*: ~ *in*) eingeben; **~board** *n* Tastatur *f*; **~ed up** *adj* (*person*) überdreht; **~hole** *n* Schlüsselloch *nt*; **~note** *n* Grundton *m*; **~ ring** *n* Schlüsselring *m*
khaki ['kɑ:kɪ] *n* K(h)aki *nt* ♦ *adj* k(h)aki(farben)
kick [kɪk] *vt* einen Fußtritt geben +*dat*, treten ♦ *vi* treten; (*baby*) strampeln; (*horse*) ausschlagen ♦ *n* (Fuß)tritt *m*; (*thrill*) Spaß *m*; **he does it for ~s** er macht das aus Jux; **~ off** *vi* (*SPORT*) anstoßen; **~-off** *n* (*SPORT*) Anstoß *m*
kid [kɪd] *n* (*inf*: *child*) Kind *nt*; (*goat*) Zicklein *nt*; (*leather*) Glacéleder *nt* ♦ *vi* (*inf*) Witze machen
kidnap ['kɪdnæp] *vt* entführen; **~per** *n* Entführer *m*; **~ping** *n* Entführung *f*
kidney ['kɪdnɪ] *n* Niere *f*
kill [kɪl] *vt* töten, umbringen ♦ *vi* töten ♦ *n* Tötung *f*; (*hunting*) (Jagd)beute *f*; **~er** *n* Mörder(in) *m(f)*; **~ing** *n* Mord *m*; **~joy** *n* Spaßverderber(in) *m(f)*
kiln [kɪln] *n* Brennofen *m*
kilo ['ki:ləʊ] *n* Kilo *nt*; **~byte** *n* (*COMPUT*) Kilobyte *nt*; **~gram(me)** ['kɪləʊgræm] *n* Kilogramm *nt*; **~metre** ['kɪləmi:tə*] (*US* **kilometer**) *n* Kilometer *m*; **~watt** *n* Kilowatt *nt*
kilt [kɪlt] *n* Schottenrock *m*
kind [kaɪnd] *adj* freundlich ♦ *n* Art *f*; **a ~ of** eine Art von; **(two) of a ~** (zwei) von der gleichen Art; **in ~** auf dieselbe Art; (*in goods*) in Naturalien
kindergarten ['kɪndəgɑ:tn] *n* Kindergarten *m*
kind-hearted ['kaɪnd'hɑ:tɪd] *adj* gutherzig
kindle ['kɪndl] *vt* (*set on fire*) anzünden; (*rouse*) reizen, (er)wecken
kindly ['kaɪndlɪ] *adj* freundlich ♦ *adv* liebenswürdig(erweise); **would you ~ ...?** wären Sie so freundlich und ...?
kindness ['kaɪndnəs] *n* Freundlichkeit *f*
kindred ['kɪndrɪd] *adj*: **~ spirit** Gleichgesinnte(r) *mf*
king [kɪŋ] *n* König *m*; **~dom** *n* Königreich *nt*; **~fisher** *n* Eisvogel *m*; **~-size** *adj* (*cigarette*) Kingsize
kinky ['kɪŋkɪ] (*inf*) *adj* (*person, ideas*) verrückt; (*sexual*) abartig
kiosk ['ki:ɒsk] (*BRIT*) *n* (*TEL*) Telefonhäuschen *nt*
kipper ['kɪpə*] *n* Räucherhering *m*
kiss [kɪs] *n* Kuß *m* ♦ *vt* küssen ♦ *vi*: **they ~ed** sie küßten sich
kit [kɪt] *n* Ausrüstung *f*; (*tools*) Werkzeug *nt*
kitchen ['kɪtʃɪn] *n* Küche *f*; **~ sink** *n* Spülbecken *nt*
kite [kaɪt] *n* Drachen *m*
kith [kɪθ] *n*: **~ and kin** Blutsverwandte *pl*
kitten ['kɪtn] *n* Kätzchen *nt*
kitty ['kɪtɪ] *n* (*money*) Kasse *f*
km *abbr* (= *kilometre*) km
knack [næk] *n* Dreh *m*, Trick *m*
knapsack ['næpsæk] *n* Rucksack *m*; (*MIL*) Tornister *m*
knead [ni:d] *vt* kneten
knee [ni:] *n* Knie *nt*; **~cap** *n* Kniescheibe *f*
kneel [ni:l] (*pt, pp* **knelt**) *vi* (*also*: ~ *down*) knien
knell [nel] *n* Grabgeläute *nt*
knelt [nelt] *pt, pp of* **kneel**
knew [nju:] *pt of* **know**
knickers ['nɪkəz] (*BRIT*) *npl* Schlüpfer *m*
knife [naɪf] (*pl* **knives**) *n* Messer *nt* ♦ *vt* erstechen
knight [naɪt] *n* Ritter *m*; (*chess*) Springer *m*; **~hood** *n* (*title*): **to get a ~hood** zum Ritter geschlagen wer-

den

knit [nɪt] *vt* stricken ♦ *vi* stricken; (*bones*) zusammenwachsen; **~ting** *n* (*occupation*) Stricken *nt*; (*work*) Strickzeug *nt*; **~ting needle** *n* Stricknadel *f*; **~wear** *n* Strickwaren *pl*

knives [naɪvz] *pl of* **knife**

knob [nɒb] *n* Knauf *m*; (*on instrument*) Knopf *m*; (*BRIT*: *of butter etc*) kleine(s) Stück *nt*

knock [nɒk] *vt* schlagen; (*criticize*) heruntermachen ♦ *vi*: **to ~ at** *or* **on the door** an die Tür klopfen ♦ *n* Schlag *m*; (*on door*) Klopfen *nt*, **~ down** *vt* umwerfen; (*with car*) anfahren; **~ off** *vt* (*do quickly*) hinhauen; (*inf*: *steal*) klauen ♦ *vi* (*finish*) Feierabend machen; **~ out** *vt* ausschlagen; (*BOXING*) k.o. schlagen; **~ over** *vt* (*person, object*) umwerfen; (*with car*) anfahren; **~er** *n* (*on door*) Türklopfer *m*; **~-kneed** *adj* x-beinig; **~out** *n* K.o.-Schlag *m*; (*fig*) Sensation *f*

knot [nɒt] *n* Knoten *m* ♦ *vt* (ver)knoten

knotty ['nɒtɪ] *adj* (*fig*) kompliziert

know [nəʊ] (*pt* **knew**, *pp* **known**) *vt, vi* wissen; (*be able to*) können; (*be acquainted with*) kennen; (*recognize*) erkennen; **to ~ how to do sth** wissen, wie man etw macht, etw tun können; **to ~ about** *or* **of sth/sb** etw/jdn kennen; **~ all** *n* Alleswisser *m*; **~-how** *n* Kenntnis *f*, Know-how *nt*; **~ing** *adj* (*look, smile*) wissend, **~ingly** *adv* wissend; (*intentionally*) wissentlich

knowledge ['nɒlɪdʒ] *n* Wissen *nt*, Kenntnis *f*; **~able** *adj* informiert

known [nəʊn] *pp of* **know**

knuckle ['nʌkl] *n* Fingerknöchel *m*

K.O. *n abbr* = **knockout**

Koran [kɔ:'rɑ:n] *n* Koran *m*

Korea [kə'rɪə] *n* Korea *nt*

kosher ['kəʊʃə*] *adj* koscher

L

l. *abbr* = **litre**

lab [læb] (*inf*) *n* Labor *nt*

label ['leɪbl] *n* Etikett *nt* ♦ *vt* etikettieren

labor *etc* (*US*) = **labour** *etc*

laboratory [lə'bɒrətərɪ] *n* Laboratorium *nt*

laborious [lə'bɔ:rɪəs] *adj* mühsam

labour ['leɪbə*] (*US* **labor**) *n* Arbeit *f*; (*workmen*) Arbeitskräfte *pl*; (*MED*) Wehen *pl* ♦ *vi*: **to ~ (at)** sich abmühen (mit) ♦ *vt* breittreten (*inf*); **in ~** (*MED*) in den Wehen; **L~** (*BRIT*: *also the Labour party*) die Labour Party; **~ed** *adj* (*movement*) gequält; (*style*) schwerfällig; **~er** *n* Arbeiter *m*; **farm ~er** (Land)arbeiter *m*

lace [leɪs] *n* (*fabric*) Spitze *f*; (*of shoe*) Schnürsenkel *m*; (*braid*) Litze *f* ♦ *vt* (*also*: *~ up*) (zu)schnüren

lack [læk] *n* Mangel *m* ♦ *vt* nicht haben; **sb ~s sth** jdm fehlt etw *nom*; **to be ~ing** fehlen; **sb is ~ing in sth** es fehlt jdm an etw *dat*; **through** *or* **for ~ of** aus Mangel an +*dat*

lacquer ['lækə*] *n* Lack *m*

lad [læd] *n* Junge *m*

ladder ['lædə*] *n* Leiter *f*; (*BRIT*: *in tights*) Laufmasche *f* ♦ *vt* (*in tights*) Laufmaschen bekommen in +*dat*

laden ['leɪdn] *adj* beladen, voll

ladle ['leɪdl] *n* Schöpfkelle *f*

lady ['leɪdɪ] *n* Dame *f*; (*title*) Lady *f*; **young ~** junge Dame; **the ladies' (room)** die Damentoilette; **~bird** (*US* **ladybug**) *n* Marienkäfer *m*; **~like** *adj* damenhaft, vornehm; **~ship** *n*: **your ~ship** Ihre Ladyschaft

lag [læg] *vi* (*also*: *~ behind*) zurückbleiben ♦ *vt* (*pipes*) verkleiden

lager ['lɑ:gə*] *n* helle(s) Bier *nt*

lagging ['lægɪŋ] *n* Isolierung *f*

lagoon [lə'gu:n] *n* Lagune *f*

laid [leɪd] *pt, pp of* **lay**; **~ back** (*inf*) *adj* cool

lain [leɪn] *pp of* **lie**
lair [lɛə*] *n* Lager *nt*
laity ['leɪɪtɪ] *n* Laien *pl*
lake [leɪk] *n* See *m*
lamb [læm] *n* Lamm *nt*; (*meat*) Lammfleisch *nt*; ~ **chop** *n* Lammkotelett *nt*; ~**swool** *n* Lammwolle *f*
lame [leɪm] *adj* lahm; (*excuse*) faul
lament [lə'ment] *n* Klage *f* ♦ *vt* beklagen
laminated ['læmɪneɪtɪd] *adj* beschichtet
lamp [læmp] *n* Lampe *f*; (*in street*) Straßenlaterne *f*
lamppost ['læmppəʊst] *n* Laternenpfahl *m*
lampshade ['læmpʃeɪd] *n* Lampenschirm *m*
lance [lɑ:ns] *n* Lanze *f* ♦ *vt* (*MED*) aufschneiden; ~ **corporal** (*BRIT*) *n* Obergefreite(r) *m*
land [lænd] *n* Land *nt* ♦ *vi* (*from ship*) an Land gehen; (*AVIAT, end up*) landen ♦ *vt* (*obtain*) kriegen; (*passengers*) absetzen; (*goods*) abladen; (*troops, space probe*) landen; ~**fill site** ['lændfɪl-] *n* Mülldeponie *f*; ~**ing** *n* Landung *f*; (*on stairs*) (Treppen)absatz *m*; ~**ing gear** *n* Fahrgestell *nt*; ~**ing stage** (*BRIT*) *n* Landesteg *m*; ~**ing strip** *n* Landebahn *f*; ~**lady** *n* (Haus)wirtin *f*; ~**locked** *adj* landumschlossen, Binnen-; ~**lord** *n* (*of house*) Hauswirt *m*, Besitzer *m*; (*of pub*) Gastwirt *m*; (*of land*) Grundbesitzer *m*; ~**mark** *n* Wahrzeichen *nt*; (*fig*) Meilenstein *m*; ~**owner** *n* Grundbesitzer *m*
landscape ['lændskeɪp] *n* Landschaft *f*
landslide ['lændslaɪd] *n* (*GEOG*) Erdrutsch *m*; (*POL*) überwältigende(r) Sieg *m*
lane [leɪn] *n* (*in town*) Gasse *f*; (*in country*) Weg *m*; (*of motorway*) Fahrbahn *f*, Spur *f*; (*SPORT*) Bahn *f*
language ['læŋgwɪdʒ] *n* Sprache *f*; **bad** ~ unanständige Ausdrücke *pl*; ~ **laboratory** *n* Sprachlabor *nt*
languid ['læŋgwɪd] *adj* schlaff, matt
languish ['læŋgwɪʃ] *vi* schmachten
lank [læŋk] *adj* dürr
lanky ['læŋkɪ] *adj* schlaksig
lantern ['læntən] *n* Laterne *f*
lap [læp] *n* Schoß *m*; (*SPORT*) Runde *f* ♦ *vt* (*also*: ~ *up*) auflecken ♦ *vi* (*water*) plätschern
lapel [lə'pel] *n* Revers *nt or m*
Lapland ['læplænd] *n* Lappland *nt*
lapse [læps] *n* (*moral*) Fehltritt *m* ♦ *vi* (*decline*) nachlassen; (*expire*) ablaufen; (*claims*) erlöschen; **to** ~ **into bad habits** sich schlechte Gewohnheiten angewöhnen
laptop (computer) ['læptɒp] *n* Laptop(-Computer) *m*
larceny ['lɑ:sənɪ] *n* Diebstahl *m*
lard [lɑ:d] *n* Schweineschmalz *nt*
larder ['lɑ:də*] *n* Speisekammer *f*
large [lɑ:dʒ] *adj* groß; **at** ~ auf freiem Fuß; ~**ly** *adv* zum größten Teil; ~**-scale** *adj* groß angelegt, Groß-
largesse [lɑ:'ʒes] *n* Freigebigkeit *f*
lark [lɑ:k] *n* (*bird*) Lerche *f*; (*joke*) Jux *m*; ~ **about** (*inf*) *vi* herumalbern
laryngitis [lærɪn'dʒaɪtɪs] *n* Kehlkopfentzündung *f*
larynx ['lærɪŋks] *n* Kehlkopf *m*
laser ['leɪzə*] *n* Laser *m*; ~ **printer** *n* Laserdrucker *m*
lash [læʃ] *n* Peitschenhieb *m*; (*eye*~) Wimper *f* ♦ *vt* (*rain*) schlagen gegen; (*whip*) peitschen; (*bind*) festbinden; ~ **out** *vi* (*with fists*) um sich schlagen; (*spend money*) sich in Unkosten stürzen ♦ *vt* (*money etc*) springen lassen
lass [læs] *n* Mädchen *nt*
lasso [læ'su:] *n* Lasso *nt*
last [lɑ:st] *adj* letzte(r, s) ♦ *adv* zuletzt; (*last time*) das letztemal ♦ *vi* (*continue*) dauern; (*remain good*) sich halten; (*money*) ausreichen; **at** ~ endlich; ~ **night** gestern abend; ~ **week** letzte Woche; ~ **but one** vorletzte(r, s); ~**-ditch** *adj* (*attempt*) in letzter Minute; ~**ing** *adj* dauerhaft; (*shame etc*) andauernd; ~**ly** *adv* schließlich; ~**-minute** *adj* in letzter

Minute

latch [lætʃ] *n* Riegel *m*

late [leɪt] *adj* spät; (*dead*) verstorben ♦ *adv* spät; (*after proper time*) zu spät; **to be** ~ zu spät kommen; **of** ~ in letzter Zeit; **in** ~ **May** Ende Mai; ~**comer** *n* Nachzügler(in) *m(f)*; ~**ly** *adv* in letzter Zeit

later ['leɪtə*] *adj* (*date etc*) später; (*version etc*) neuer ♦ *adv* später

lateral ['lætərəl] *adj* seitlich

latest ['leɪtɪst] *adj* (*fashion*) neueste(r, s) ♦ *n* (*news*) Neu(e)ste(s) *nt*; **at the** ~ spätestens

lathe [leɪð] *n* Drehbank *f*

lather ['lɑ:ðə*] *n* (Seifen)schaum *m* ♦ *vt* einschäumen ♦ *vi* schäumen

Latin ['lætɪn] *n* Latein *nt* ♦ *adj* lateinisch; (*Roman*) römisch; ~ **America** *n* Lateinamerika *nt*; ~**-American** *adj* lateinamerikanisch

latitude ['lætɪtju:d] *n* (*GEOG*) Breite *f*; (*freedom*) Spielraum *m*

latter ['lætə*] *adj* (*second of two*) letztere; (*coming at end*) letzte(r, s), später ♦ *n*: **the** ~ der/die/das letztere, die letzteren; ~**ly** *adv* in letzter Zeit

lattice ['lætɪs] *n* Gitter *nt*

laudable ['lɔ:dəbl] *adj* löblich

laugh [lɑ:f] *n* Lachen *nt* ♦ *vi* lachen; ~ **at** *vt* lachen über (*acc*; ~ **off** *vt* lachend abtun; ~**able** *adj* lachhaft; ~**ing stock** *n* Zielscheibe *f* des Spottes; ~**ter** *n* Gelächter *nt*

launch [lɔ:ntʃ] *n* (*of ship*) Stapellauf *m*; (*of rocket*) Abschuß *m*; (*boat*) Barkasse *f*; (*of product*) Einführung *f* ♦ *vt* (*set afloat*) vom Stapel lassen; (*rocket*) (ab)schießen; (*product*) auf den Markt bringen; ~**(ing) pad** *n* Abschußrampe *f*

launder ['lɔ:ndə*] *vt* waschen

Launderette [lɔ:n'dret] (®: *BRIT*) *n* Waschsalon *m*

Laundromat ['lɔ:ndrəmæt] (®: *US*) *n* Waschsalon *m*

laundry ['lɔ:ndrɪ] *n* (*place*) Wäscherei *f*; (*clothes*) Wäsche *f*; **to do the** ~ waschen

laureate ['lɔ:rɪət] *adj see* **poet**

laurel ['lɒrəl] *n* Lorbeer *m*

lava ['lɑ:və] *n* Lava *f*

lavatory ['lævətrɪ] *n* Toilette *f*

lavender ['lævɪndə*] *n* Lavendel *m*

lavish ['lævɪʃ] *n* (*extravagant*) verschwenderisch; (*generous*) großzügig ♦ *vt* (*money*): **to** ~ **sth on sth** etw auf etw *acc* verschwenden; (*attention, gifts*): **to** ~ **sth on sb** jdn mit etw überschütten

law [lɔ:] *n* Gesetz *nt*; (*system*) Recht *nt*; (*as studies*) Jura *no art*; ~**-abiding** *adj* gesetzestreu; ~ **and order** *n* Recht *nt* und Ordnung *f*; ~ **court** *n* Gerichtshof *m*; ~**ful** *adj* gesetzlich; ~**less** *adj* gesetzlos

lawn [lɔ:n] *n* Rasen *m*; ~**mower** *n* Rasenmäher *m*; ~ **tennis** *n* Rasentennis *m*

law school *n* Rechtsakademie *f*

lawsuit ['lɔ:su:t] *n* Prozeß *m*

lawyer ['lɔ:jə*] *n* Rechtsanwalt *m*, Rechtsanwältin *f*

lax [læks] *adj* (*behaviour*) nachlässig; (*standards*) lax

laxative ['læksətɪv] *n* Abführmittel *nt*

lay [leɪ] (*pt, pp* **laid**) *pt of* **lie** ♦ *adj* Laien- ♦ *vt* (*place*) legen; (*table*) decken; (*egg*) legen; (*trap*) stellen; (*money*) wetten; ~ **aside** *vt* zurücklegen; ~ **by** *vt* (*set aside*) beiseite legen; ~ **down** *vt* hinlegen; (*rules*) vorschreiben; (*arms*) strecken; **to** ~ **down the law** Vorschriften machen; ~ **off** *vt* (*workers*) (vorübergehend) entlassen; ~ **on** *vt* (*water, gas*) anschließen; (*concert etc*) veranstalten; ~ **out** *vt* (her)auslegen; (*money*) ausgeben; (*corpse*) aufbahren; ~ **up** *vt* (*subj: illness*) ans Bett fesseln; (*supplies*) anlegen; ~**about** *n* Faulenzer *m*; ~**-by** (*BRIT*) *n* Parkbucht *f*; (*bigger*) Rastplatz *m*

layer ['leɪə*] *n* Schicht *f*

layette [leɪ'et] *n* Babyausstattung *f*

layman ['leɪmən] *n* Laie *m*

layout ['leɪaʊt] *n* Anlage *f*; (*ART*) Layout *nt*

laze [leɪz] *vi* faulenzen
laziness ['leɪzɪnəs] *n* Faulheit *f*
lazy ['leɪzɪ] *adj* faul; (*slow-moving*) träge
lb. *abbr* = **pound** *(weight)*
lead[1] [led] *n* (*chemical*) Blei *nt*; (*of pencil*) (Bleistift)mine *f* ♦ *adj* bleiern, Blei-
lead[2] [li:d] (*pt, pp* **led**) *n* (*front position*) Führung *f*; (*distance, time ahead*) Vorsprung *f*; (*example*) Vorbild *nt*; (*clue*) Tip *m*; (*of police*) Spur *f*; (*THEAT*) Hauptrolle *f*; (*dog's*) Leine *f* ♦ *vt* (*guide*) führen; (*group etc*) leiten ♦ *vi* (*be first*) führen; **in the ~** (*SPORT, fig*) in Führung; **~ astray** *vt* irreführen; **~ away** *vt* wegführen; (*prisoner*) abführen; **~ back** *vi* zurückführen; **~ on** *vt* anführen; **~ on to** *vt* (*induce*) dazu bringen; **~ to** *vt* (*street*) (hin)führen nach; (*result in*) führen zu; **~ up to** *vt* (*drive*) führen zu; (*speaker etc*) hinführen auf +*acc*
leaden ['ledn] *adj* (*sky, sea*) bleiern; (*heavy: footsteps*) bleischwer
leader ['li:də*] *n* Führer *m*, Leiter *m*; (*of party*) Vorsitzende(r) *m*; (*PRESS*) Leitartikel *m*; **~ship** *n* (*office*) Leitung *f*; (*quality*) Führerschaft *f*
lead-free ['ledfri:] *adj* bleifrei
leading ['li:dɪŋ] *adj* führend; **~ lady** *n* (*THEAT*) Hauptdarstellerin *f*; **~ light** *n* (*person*) führende(r) Geist *m*
leaf [li:f] (*pl* **leaves**) *n* Blatt *nt* ♦ *vi*: **to ~ through** durchblättern; **to turn over a new ~** einen neuen Anfang machen
leaflet ['li:flɪt] *n* (*advertisement*) Prospekt *m*; (*pamphlet*) Flugblatt *nt*; (*for information*) Merkblatt *nt*
league [li:g] *n* (*union*) Bund *m*; (*SPORT*) Liga *f*; **to be in ~ with** unter einer Decke stecken mit
leak [li:k] *n* undichte Stelle *f*; (*in ship*) Leck *nt* ♦ *vt* (*liquid etc*) durchlassen ♦ *vi* (*pipe etc*) undicht sein; (*liquid etc*) auslaufen; **the information was ~ed to the enemy** die Information wurde dem Feind zugespielt; **~ out** *vi* (*liquid etc*) auslaufen; (*information*) durchsickern
leaky ['li:kɪ] *adj* undicht
lean [li:n] (*pt, pp* **leaned** *or* **leant**) *adj* mager ♦ *vi* sich neigen ♦ *vt* (an)lehnen; **to ~ against sth** an etw *dat* angelehnt sein; sich an etw *acc* anlehnen; **~ back** *vi* sich zurücklehnen; **~ forward** *vi* sich vorbeugen; **~ on** *vt fus* sich stützen auf +*acc*; **~ out** *vi* sich hinauslehnen; **~ over** *vi* sich hinüberbeugen; **~ing** *n* Neigung *f* ♦ *adj* schief; **leant** [lent] *pt, pp of* **lean**; **~-to** *n* Anbau *m*
leap [li:p] (*pt, pp* **leaped** *or* **leapt**) *n* Sprung *m* ♦ *vi* springen; **~frog** *n* Bockspringen *nt*; **leapt** [lept] *pt, pp of* **leap**; **~ year** *n* Schaltjahr *nt*
learn [lɜ:n] (*pt, pp* **learned** *or* **learnt**) *vt, vi* lernen; (*find out*) erfahren; **to ~ how to do sth** etw (er)lernen; **~ed** ['lɜ:nɪd] *adj* gelehrt; **~er** *n* Anfänger(in) *m(f)*; (*AUT: BRIT: also ~ driver*) Fahrschüler(in) *m(f)*; **~ing** *n* Gelehrsamkeit *f*; **~t** [lɜ:nt] *pt, pp of* **learn**
lease [li:s] *n* (*of property*) Mietvertrag *m* ♦ *vt* pachten
leash [li:ʃ] *n* Leine *f*
least [li:st] *adj* geringste(r, s) ♦ *adv* am wenigsten ♦ *n* Mindeste(s) *nt*; **the ~ possible effort** möglichst geringer Aufwand; **at ~** zumindest; **not in the ~!** durchaus nicht!
leather ['leðə*] *n* Leder *nt*
leave [li:v] (*pt, pp* **left**) *vt* verlassen; (*~ behind*) zurücklassen; (*forget*) vergessen; (*allow to remain*) lassen; (*after death*) hinterlassen; (*entrust*): **to ~ sth to sb** jdm etw überlassen ♦ *vi* weggehen, wegfahren; (*for journey*) abreisen; (*bus, train*) abfahren ♦ *n* Erlaubnis *f*; (*MIL*) Urlaub *m*; **to be left** (*remain*) übrigbleiben; **there's some milk left over** es ist noch etwas Milch übrig; **on ~** auf Urlaub; **~ behind** *vt* (*person, object*) dalassen; (: *forget*) liegenlassen, stehenlassen; **~ out** *vt* auslassen; **~ of absence** *n* Urlaub *m*

leaves [li:vz] *pl of* **leaf**
Lebanon ['lebənən] *n* Libanon *m*
lecherous ['letʃərəs] *adj* lüstern
lecture ['lektʃə*] *n* Vortrag *m*; (*UNIV*) Vorlesung *f* ♦ *vi* einen Vortrag halten; (*UNIV*) lesen ♦ *vt* (*scold*) abkanzeln; **to give a ~ on sth** einen Vortrag über etwas halten; **~r** ['lektʃərə*] *n* Vortragende(r) *mf*; (*BRIT*: *UNIV*) Dozent(in) *m(f)*
led [led] *pt, pp of* **lead²**
ledge [ledʒ] *n* Leiste *f*; (*window ~*) Sims *m or nt*; (*of mountain*) (Fels)vorsprung *m*
ledger ['ledʒə*] *n* Hauptbuch *nt*
leech [li:tʃ] *n* Blutegel *m*
leek [li:k] *n* Lauch *m*
leer [liə*] *vi*: **to ~ (at sb)** (nach jdm) schielen
leeway ['li:wei] *n* (*fig*): **to have some ~** etwas Spielraum haben
left [left] *pt, pp of* **leave** ♦ *adj* linke(r, s) ♦ *n* (*side*) linke Seite *f* ♦ *adv* links; **on the ~** links; **to the ~** nach links; **the L~** (*POL*) die Linke *f*; **~-handed** *adj* linkshändig; **~-hand side** *n* linke Seite *f*; **~-luggage (office)** (*BRIT*) *n* Gepäckaufbewahrung *f*; **~-overs** *npl* Reste *pl*; **~-wing** *adj* linke(r, s)
leg [leg] *n* Bein *nt*; (*of meat*) Keule *f*; (*stage*) Etappe *f*; **1st/2nd ~** (*SPORT*) 1./2. Etappe
legacy ['legəsi] *n* Erbe *nt*, Erbschaft *f*
legal ['li:gəl] *adj* gesetzlich; (*allowed*) legal; **~ holiday** (*US*) *n* gesetzliche(r) Feiertag *m*; **~ize** *vt* legalisieren; **~ly** *adv* gesetzlich; legal; **~ tender** *n* gesetzliche(s) Zahlungsmittel *nt*
legend ['ledʒənd] *n* Legende *f*; **~ary** *adj* legendär
legible ['ledʒəbl] *adj* leserlich
legislation [ledʒɪs'leɪʃən] *n* Gesetzgebung *f*
legislative ['ledʒɪslətɪv] *adj* gesetzgebend
legislature ['ledʒɪslətʃə*] *n* Legislative *f*
legitimate [lɪ'dʒɪtɪmət] *adj* rechtmäßig, legitim; (*child*) ehelich
legroom ['legrum] *n* Platz *m* für die Beine
leisure ['leʒə*] *n* Freizeit *f*; **to be at ~** Zeit haben; **~ centre** *n* Freizeitzentrum *nt*; **~ly** *adj* gemächlich
lemon ['lemən] *n* Zitrone *f*; (*colour*) Zitronengelb *nt*; **~ade** [lemə'neɪd] *n* Limonade *f*; **~ tea** *n* Zitronentee *m*
lend [lend] (*pt, pp* **lent**) *vt* leihen; **to ~ sb sth** jdm etw leihen; **~ing library** *n* Leihbibliothek *f*
length [leŋθ] *n* Länge *f*; (*section of road, pipe etc*) Strecke *f*; (*of material*) Stück *nt*; **at ~** (*lengthily*) ausführlich; (*at last*) schließlich; **~en** *vt* verlängern ♦ *vi* länger werden; **~ways** *adv* längs; **~y** *adj* sehr lang, langatmig
lenient ['li:nɪənt] *adj* nachsichtig
lens [lenz] *n* Linse *f*; (*PHOT*) Objektiv *nt*
Lent [lent] *n* Fastenzeit *f*
lent *pt, pp of* **lend**
lentil ['lentl] *n* Linse *f*
Leo ['li:əʊ] *n* Löwe *m*
leotard ['li:ətɑ:d] *n* Trikot *nt*, Gymnastikanzug *m*
leper ['lepə*] *n* Leprakranke(r) *f(m)*
leprosy ['leprəsɪ] *n* Lepra *f*
lesbian ['lezbɪən] *adj* lesbisch ♦ *n* Lesbierin *f*
less [les] *adj, adv* weniger ♦ *n* weniger ♦ *pron* weniger; **~ than half** weniger als die Hälfte; **~ than ever** weniger denn je; **~ and ~** immer weniger; **the ~ he works** je weniger er arbeitet
lessen ['lesn] *vi* abnehmen ♦ *vt* verringern, verkleinern
lesser ['lesə*] *adj* kleiner, geringer; **to a ~ extent** in geringerem Maße
lesson ['lesn] *n* (*SCH*) Stunde *f*; (*unit of study*) Lektion *f*; (*fig*) Lehre *f*; (*ECCL*) Lesung *f*; **a maths ~** eine Mathestunde
lest [lest] *conj*: **~ it happen** damit es nicht passiert
let [let] (*pt, pp* **let**) *vt* lassen; (*BRIT*: *lease*) vermieten; **to ~ sb do sth**

jdn etw tun lassen; **to ~ sb know sth** jdn etw wissen lassen; **~'s go!** gehen wir!; **~ him come** soll er doch kommen; **~ down** *vt* hinunterlassen; (*disappoint*) enttäuschen; **~ go** *vi* loslassen ♦ *vt* (*things*) loslassen; (*person*) gehen lassen; **~ in** *vt* hereinlassen; (*water*) durchlassen; **~ off** *vt* (*gun*) abfeuern; (*steam*) ablassen; (*forgive*) laufen lassen; **~ on** *vi* durchblicken lassen; (*pretend*) vorgeben; **~ out** *vt* herauslassen; (*scream*) fahren lassen; **~ up** *vi* nachlassen; (*stop*) aufhören

lethal ['li:θəl] *adj* tödlich

lethargic [le'θa:dʒɪk] *adj* lethargisch

letter ['letə*] *n* (*of alphabet*) Buchstabe *m*; (*message*) Brief *m*; **~ bomb** *n* Briefbombe *f*; **~box** (*BRIT*) *n* Briefkasten *m*; **~ing** *n* Beschriftung *f*; **~ of credit** *n* Akkreditiv *m*

lettuce ['letɪs] *n* (Kopf)salat *m*

let-up ['letʌp] (*inf*) *n* Nachlassen *nt*

leukaemia [lu:'ki:mɪə] (*US* **leukemia**) *n* Leukämie *f*

level ['levl] *adj* (*ground*) eben; (*at same height*) auf gleicher Höhe; (*equal*) gleich gut; (*head*) kühl ♦ *adv* auf gleicher Höhe ♦ *n* (*instrument*) Wasserwaage *f*; (*altitude*) Höhe *f*; (*flat place*) ebene Fläche *f*; (*position on scale*) Niveau *nt*; (*amount, degree*) Grad *m* ♦ *vt* (*ground*) einebnen; **to draw ~ with** gleichziehen mit; **to be ~ with** auf einer Höhe sein mit; **A ~s** (*BRIT*) ≈ Abitur *nt*; **O ~s** ≈ mittlere Reife *f*; **on the ~** (*fig*: *honest*) ehrlich; **to ~ sth at sb** (*blow*) jdm etw versetzen; (*remark*) etw gegen jdn richten; **~ off** *or* **out** *vi* flach *or* eben werden; (*fig*) sich ausgleichen; (*plane*) horizontal fliegen ♦ *vt* (*ground*) planieren; (*differences*) ausgleichen; **~ crossing** (*BRIT*) *n* Bahnübergang *m*; **~-headed** *adj* vernünftig

lever ['li:və*] *n* Hebel *m*; (*fig*) Druckmittel *nt* ♦ *vt* (hoch)stemmen; **~age** *n* Hebelkraft *f*; (*fig*) Einfluß *m*

levity ['levɪtɪ] *n* Leichtfertigkeit *f*

levy ['levɪ] *n* (*of taxes*) Erhebung *f*; (*tax*) Abgaben *pl*; (*MIL*) Aushebung *f* ♦ *vt* erheben; (*MIL*) ausheben

lewd [lu:d] *adj* unzüchtig, unanständig

liability [laɪə'bɪlɪtɪ] *n* (*burden*) Belastung *f*; (*duty*) Pflicht *f*; (*debt*) Verpflichtung *f*; (*proneness*) Anfälligkeit *f*; (*responsibility*) Haftung *f*

liable ['laɪəbl] *adj* (*responsible*) haftbar; (*prone*) anfällig; **to be ~ for sth** etw *dat* unterliegen; **it's ~ to happen** es kann leicht vorkommen

liaise [li:'eɪz] *vi*: **to ~ (with sb)** (mit jdm) zusammenarbeiten

liaison [li:'eɪzɒn] *n* Verbindung *f*

liar ['laɪə*] *n* Lügner *m*

libel ['laɪbəl] *n* Verleumdung *f* ♦ *vt* verleumden

liberal ['lɪbərəl] *adj* (*generous*) großzügig; (*open-minded*) aufgeschlossen; (*POL*) liberal

liberate ['lɪbəreɪt] *vt* befreien

liberation [lɪbə'reɪʃən] *n* Befreiung *f*

liberty ['lɪbətɪ] *n* Freiheit *f*; (*permission*) Erlaubnis *f*; **to be at ~ to do sth** etw tun dürfen; **to take the ~ of doing sth** sich *dat* erlauben, etw zu tun

Libra ['li:brə] *n* Waage *f*

librarian [laɪ'brɛərɪən] *n* Bibliothekar(in) *m(f)*

library ['laɪbrərɪ] *n* Bibliothek *f*; (*lending ~*) Bücherei *f*

Libya ['lɪbɪə] *n* Libyen *nt*; **~n** *adj* libysch ♦ *n* Libyer(in) *m(f)*

lice [laɪs] *npl of* **louse**

licence ['laɪsəns] (*US* **license**) *n* (*permit*) Erlaubnis *f*; (*also*: *driving ~*, *US* driver's ~) Führerschein *m*; (*excess*) Zügellosigkeit *f*

license ['laɪsəns] *n* (*US*) = **licence** ♦ *vt* genehmigen, konzessionieren; **~d** *adj* (*for alcohol*) konzessioniert (*für den Alkoholausschank*)

license plate (*US*) *n* (*AUT*) Nummernschild *nt*

licentious [laɪ'senʃəs] *adj* ausschweifend

lichen ['laɪkən] *n* Flechte *f*

lick [lɪk] *vt* lecken ♦ *n* Lecken *nt*; **a ~ of paint** ein bißchen Farbe

licorice ['lɪkərɪs] (*US*) *n* = **liquorice**

lid [lɪd] *n* Deckel *m*; (*eye~*) Lid *nt*

lie [laɪ] (*pt* **lay**, *pp* **lain**) *vi* (*rest, be situated*) liegen; (*put o.s. in position*) sich legen; (*pt, pp lied: tell lies*) lügen ♦ *n* Lüge *f*; **to ~ low** (*fig*) untertauchen; **~ about** *vi* (*things*) herumliegen; (*people*) faulenzen; **~-down** (*BRIT*) *n*: **to have a ~-down** ein Nickerchen machen; **~-in** (*BRIT*) *n*: **to have a ~-in** sich ausschlafen

lieu [lu:] *n*: **in ~ of** anstatt +*gen*

lieutenant [lef'tenənt, (*US*) lu'tenənt] *n* Leutnant *m*

life [laɪf] (*pl* **lives**) *n* Leben *nt*; **~ assurance** (*BRIT*) *n* = **life insurance**; **~belt** (*BRIT*) *n* Rettungsring *m*; **~boat** *n* Rettungsboot *nt*; **~guard** *n* Rettungsschwimmer *m*; **~ insurance** *n* Lebensversicherung *f*; **~ jacket** *n* Schwimmweste *f*; **~less** *adj* (*dead*) leblos; (*dull*) langweilig; **~like** *adj* lebenswahr, naturgetreu; **~line** *n* Rettungsleine *f*; (*fig*) Rettungsanker *m*; **~long** *adj* lebenslang; **~ preserver** (*US*) *n* = **lifebelt**; **~-saver** *n* Lebensretter(in) *m(f)*; **~ sentence** *n* lebenslängliche Freiheitsstrafe *f*; **~-sized** *adj* in Lebensgröße; **~ span** *n* Lebensspanne *f*; **~style** *n* Lebensstil *m*; **~ support system** *n* (*MED*) Lebenserhaltungssystem *nt*; **~time** *n*: **in his ~time** während er lebte; **once in a ~time** einmal im Leben

lift [lɪft] *vt* hochheben ♦ *vi* sich heben ♦ *n* (*BRIT*: *elevator*) Aufzug *m*, Lift *m*; **to give sb a ~** jdn mitnehmen; **~-off** *n* Abheben *nt* (vom Boden)

ligament ['lɪgəmənt] *n* Band *nt*

light [laɪt] (*pt, pp* **lighted** *or* **lit**) *n* Licht *nt*; (*for cigarette etc*): **have you got a ~?** haben Sie Feuer? ♦ *vt* beleuchten (*lamp*); anmachen; (*fire, cigarette*) anzünden ♦ *adj* (*bright*) hell; (*pale*) hell-; (*not heavy, easy*) leicht; (*punishment*) milde; (*touch*) leicht; **~s** *npl* (*AUT*) Beleuchtung *f*; **~ up** *vi* (*lamp*) angehen; (*face*) aufleuchten ♦ *vt* (*illuminate*) beleuchten; (*lights*) anmachen; **~ bulb** *n* Glühbirne *f*; **~en** *vi* (*brighten*) hell werden; (*lightning*) blitzen ♦ *vt* (*give light to*) erhellen; (*hair*) aufhellen; (*gloom*) aufheitern; (*make less heavy*) leichter machen; (*fig*) erleichtern; **~er** *n* Feuerzeug *nt*; **~-headed** *adj* (*thoughtless*) leichtsinnig; (*giddy*) schwindlig; **~-hearted** *adj* leichtherzig, fröhlich; **~house** *n* Leuchtturm *m*; **~ing** *n* Beleuchtung *f*; **~ly** *adv* leicht; (*irresponsibly*) leichtfertig; **to get off ~ly** mit einem blauen Auge davonkommen; **~ness** *n* (*of weight*) Leichtigkeit *f*; (*of colour*) Helle *f*

lightning ['laɪtnɪŋ] *n* Blitz *m*; **~ conductor** (*US* **lightning rod**) *n* Blitzableiter *m*

light: **~ pen** *n* Lichtstift *m*; **~weight** *adj* (*suit*) leicht; **~weight boxer** *n* Leichtgewichtler *m*; **~ year** *n* Lichtjahr *nt*

like [laɪk] *vt* mögen, gernhaben ♦ *prep* wie ♦ *adj* (*similar*) ähnlich; (*equal*) gleich ♦ *n*: **the ~** dergleichen; **I would** *or* **I'd ~** ich möchte gern; **would you ~ a coffee?** möchten Sie einen Kaffee?; **to be** *or* **look ~ sb/sth** jdm/etw ähneln; **that's just ~ him** das ist typisch für ihn; **do it ~ this** mach es so; **it is nothing ~ ...** es ist nicht zu vergleichen mit ...; **what does it look ~?** wie sieht es aus?; **what does it sound ~?** wie hört es sich an?; **what does it taste ~?** wie schmeckt es?; **his ~s and dislikes** was er mag und was er nicht mag; **~able** *adj* sympathisch

likelihood ['laɪklɪhʊd] *n* Wahrscheinlichkeit *f*

likely ['laɪklɪ] *adj* wahrscheinlich; **he's ~ to leave** er geht möglicherweise; **not ~!** wohl kaum!

likeness ['laɪknɪs] *n* Ähnlichkeit *f*; (*portrait*) Bild *nt*

likewise ['laɪkwaɪz] *adv* ebenso
liking ['laɪkɪŋ] *n* Zuneigung *f*; (*taste*) Vorliebe *f*
lilac ['laɪlək] *n* Flieder *m* ♦ *adj* (*colour*) fliederfarben
lily ['lɪlɪ] *n* Lilie *f*; ~ **of the valley** *n* Maiglöckchen *nt*
limb [lɪm] *n* Glied *nt*
limber ['lɪmbə*] : ~ **up** *vi* sich auflockern; (*fig*) sich vorbereiten
limbo ['lɪmbəʊ] *n*: **to be in** ~ (*fig*) in der Schwebe sein
lime [laɪm] *n* (*tree*) Linde *f*; (*fruit*) Limone *f*; (*substance*) Kalk *m*
limelight ['laɪmlaɪt] *n*: **to be in the** ~ (*fig*) im Rampenlicht stehen
limestone ['laɪmstəʊn] *n* Kalkstein *m*
limit ['lɪmɪt] *n* Grenze *f*; (*inf*) Höhe *f* ♦ *vt* begrenzen, einschränken; ~**ation** *n* Einschränkung *f*; ~**ed** *adj* beschränkt; **to be** ~**ed to** sich beschränken auf +*acc*; ~**ed (liability) company** (*BRIT*) *n* Gesellschaft *f* mit beschränkter Haftung
limp [lɪmp] *n* Hinken *nt* ♦ *vi* hinken ♦ *adj* schlaff
limpet ['lɪmpɪt] *n* (*fig*) Klette *f*
line [laɪn] *n* Linie *f*; (*rope*) Leine *f*; (*on face*) Falte *f*; (*row*) Reihe *f*; (*of hills*) Kette *f*; (*US*: *queue*) Schlange *f*; (*company*) Linie *f*, Gesellschaft *f*; (*RAIL*) Strecke *f*; (*TEL*) Leitung *f*; (*written*) Zeile *f*; (*direction*) Richtung *f*; (*fig*: *business*) Branche *f*; (*range of items*) Kollektion *f* ♦ *vt* (*coat*) füttern; (*border*) säumen; ~**s** *npl* (*RAIL*) Gleise *pl*; **in** ~ **with** in Übereinstimmung mit; ~ **up** *vi* sich aufstellen ♦ *vt* aufstellen; (*prepare*) sorgen für; (*support*) mobilisieren; (*surprise*) planen
linear ['lɪnɪə*] *adj* gerade; (*measure*) Längen-
lined [laɪnd] *adj* (*face*) faltig; (*paper*) liniert
linen ['lɪnɪn] *n* Leinen *nt*; (*sheets etc*) Wäsche *f*
liner ['laɪnə*] *n* Überseedampfer *m*
linesman ['laɪnzmən] (*irreg*) *n* (*SPORT*) Linienrichter *m*
line-up ['laɪnʌp] *n* Aufstellung *f*
linger ['lɪŋgə*] *vi* (*remain long*) verweilen; (*taste*) (zurück)bleiben; (*delay*) zögern, verharren
lingerie ['lænʒəriː] *n* Damenunterwäsche *f*
lingering ['lɪŋgərɪŋ] *adj* (*doubt*) zurückbleibend; (*disease*) langwierig; (*taste*) nachhaltend; (*look*) lang
lingo ['lɪŋgəʊ] (*pl* ~**es**; *inf*) *n* Sprache *f*
linguist ['lɪŋgwɪst] *n* Sprachkundige(r) *mf*; (*UNIV*) Sprachwissenschaftler(in) *m(f)*
linguistic [lɪŋ'gwɪstɪk] *adj* sprachlich; sprachwissenschaftlich; ~**s** [lɪŋ'gwɪstɪks] *n* Sprachwissenschaft *f*, Linguistik *f*
lining ['laɪnɪŋ] *n* Futter *nt*
link [lɪŋk] *n* Glied *nt*; (*connection*) Verbindung *f* ♦ *vt* verbinden; ~**s** *npl* (*GOLF*) Golfplatz *m*; ~ **up** *vt* verbinden ♦ *vi* zusammenkommen; (*companies*) sich zusammenschließen; ~**-up** *n* (*TEL*) Verbindung *f*; (*of spaceships*) Kopplung *f*
lino ['laɪnəʊ] *n* = **linoleum**
linoleum [lɪ'nəʊlɪəm] *n* Linoleum *nt*
linseed oil ['lɪnsiːd-] *n* Leinöl *nt*
lion ['laɪən] *n* Löwe *m*; ~**ess** *n* Löwin *f*
lip [lɪp] *n* Lippe *f*; (*of jug*) Schnabel *m*; **to pay** ~ **service (to)** ein Lippenbekenntnis ablegen (zu); ~**read** (*irreg*) *vi* von den Lippen ablesen; ~ **salve** *n* Lippenbalsam *m*; ~**stick** *n* Lippenstift *m*
liqueur [lɪ'kjʊə*] *n* Likör *m*
liquid ['lɪkwɪd] *n* Flüßigkeit *f* ♦ *adj* flüssig
liquidate ['lɪkwɪdeɪt] *vt* liquidieren
liquidation [lɪkwɪ'deɪʃən] *n* Liquidation *f*
liquidize ['lɪkwɪdaɪz] *vt* (*CULIN*) (im Mixer) pürieren; ~**r** ['lɪkwɪdaɪzə*] *n* Mixgerät *nt*
liquor ['lɪkə*] *n* Alkohol *m*
liquorice ['lɪkərɪs] (*BRIT*) *n* Lakritze *f*

liquor store (*US*) *n* Spirituosengeschäft *nt*
Lisbon ['lɪzbən] *n* Lissabon *nt*
lisp [lɪsp] *n* Lispeln *nt* ♦ *vt, vi* lispeln
list [lɪst] *n* Liste *f*, Verzeichnis *nt*; (*of ship*) Schlagseite *f* ♦ *vt* (*write down*) eine Liste machen von; (*verbally*) aufzählen ♦ *vi* (*ship*) Schlagseite haben
listen ['lɪsn] *vi* hören; ~ **to** *vt* zuhören +*dat*; ~**er** *n* (Zu)hörer(in) *m(f)*
listless ['lɪstləs] *adj* lustlos
lit [lɪt] *pt, pp of* **light**
liter ['li:tə*] (*US*) *n* = **litre**
literacy ['lɪtərəsɪ] *n* Fähigkeit *f* zu lesen und zu schreiben
literal ['lɪtərəl] *adj* buchstäblich; (*translation*) wortwörtlich; ~**ly** *adv* wörtlich; buchstäblich
literary ['lɪtərərɪ] *adj* literarisch
literate ['lɪtərət] *adj* des Lesens und Schreibens kundig
literature ['lɪtrətʃə*] *n* Literatur *f*
lithe [laɪð] *adj* geschmeidig
litigation [lɪtɪ'geɪʃən] *n* Prozeß *m*
litre ['li:tə*] (*US* **liter**) *n* Liter *m*
litter ['lɪtə*] *n* (*rubbish*) Abfall *m*; (*of animals*) Wurf *m* ♦ *vt* in Unordnung bringen; **to be ~ed with** übersät sein mit; ~ **bin** (*BRIT*) *n* Abfalleimer *m*
little ['lɪtl] *adj* klein ♦ *adv, n* wenig; **a ~** ein bißchen; **~ by ~** nach und nach
live[1] [laɪv] *adj* lebendig; (*MIL*) scharf; (*ELEC*) geladen; (*broadcast*) live
live[2] [lɪv] *vi* leben; (*dwell*) wohnen ♦ *vt* (*life*) führen; **~ down** *vt*: **I'll never ~ it down** das wird man mir nie vergessen; **~ on** *vi* weiterleben ♦ *vt fus*: **to live on sth** von etw leben; **~ together** *vi* zusammenleben; (*share a flat*) zusammenwohnen; **~ up to** *vt* (*standards*) gerecht werden +*dat*; (*principles*) anstreben; (*hopes*) entsprechen +*dat*
livelihood ['laɪvlɪhʊd] *n* Lebensunterhalt *m*
lively ['laɪvlɪ] *adj* lebhaft, lebendig
liven up ['laɪvn-] *vt* beleben
liver ['lɪvə*] *n* (*ANAT*) Leber *f*
lives [laɪvz] *pl of* **life**
livestock ['laɪvstɒk] *n* Vieh *nt*
livid ['lɪvɪd] *adj* bläulich; (*furious*) fuchsteufelswild
living ['lɪvɪŋ] *n* (Lebens)unterhalt *m* ♦ *adj* lebendig; (*language etc*) lebend; **to earn** *or* **make a ~** sich *dat* seinen Lebensunterhalt verdienen; **~ conditions** *npl* Wohnverhältnisse *pl*; **~ room** *n* Wohnzimmer *nt*; **~ standards** *npl* Lebensstandard *m*; **~ wage** *n* ausreichender Lohn *m*
lizard ['lɪzəd] *n* Eidechse *f*
load [ləʊd] *n* (*burden*) Last *f*; (*amount*) Ladung *f* ♦ *vt* (*also*: ~ *up*) (be)laden; (*COMPUT*) laden; (*camera*) Film einlegen in +*acc*; (*gun*) laden; **a ~ of, ~s of** (*fig*) jede Menge; ~**ed** *adj* beladen; (*dice*) präpariert; (*question*) Fang-; (*inf*: *rich*) steinreich; ~**ing bay** *n* Ladeplatz *m*
loaf [ləʊf] (*pl* **loaves**) *n* Brot *nt* ♦ *vi* (*also*: ~ *about*, ~ *around*) herumlungern, faulenzen
loan [ləʊn] *n* Leihgabe *f*; (*FIN*) Darlehen *nt* ♦ *vt* leihen; **on ~** geliehen
loath [ləʊθ] *adj*: **to be ~ to do sth** etw ungern tun
loathe [ləʊð] *vt* verabscheuen
loathing ['ləʊðɪŋ] *n* Abscheu *f*
loaves [ləʊvz] *pl of* **loaf**
lobby ['lɒbɪ] *n* Vorhalle *f*; (*POL*) Lobby *f* ♦ *vt* politisch beeinflussen (wollen)
lobe [ləʊb] *n* Ohrläppchen *nt*
lobster ['lɒbstə*] *n* Hummer *m*
local ['ləʊkəl] *adj* ortsansässig, Orts- ♦ *n* (*pub*) Stammwirtschaft *f*; **the ~s** *npl* (*people*) die Ortsansässigen *pl*; **~ anaesthetic** *n* (*MED*) örtliche Betäubung *f*; **~ authority** *n* städtische Behörden *pl*; **~ call** *n* (*TEL*) Ortsgespräch *nt*; **~ government** *n* Gemeinde-/Kreisverwaltung *f*; ~**ity** [ləʊ'kælɪtɪ] *n* Ort *m*; ~**ly** *adv* örtlich, am Ort
locate [ləʊ'keɪt] *vt* ausfindig machen; (*establish*) errichten
location [ləʊ'keɪʃən] *n* Platz *m*, Lage

f; **on** ~ (*CINE*) auf Außenaufnahme
loch [lɒx] (*SCOTTISH*) *n* See *m*
lock [lɒk] *n* Schloß *nt*; (*NAUT*) Schleuse *f*; (*of hair*) Locke *f* ♦ *vt* (*fasten*) (ver)schließen ♦ *vi* (*door*) sich schließen (lassen); (*wheels*) blokkieren; ~ **up** *vt* (*criminal, mental patient*) einsperren; (*house*) abschließen
locker ['lɒkə*] *n* Spind *m*
locket ['lɒkɪt] *n* Medaillon *nt*
lock-out ['lɒkaʊt] *n* Aussperrung *f*
locksmith ['lɒksmɪθ] *n* Schlosser(in) *m(f)*
lockup ['lɒkʌp] *n* (*jail*) Gefängnis *nt*; (*garage*) Garage *f*
locomotive [ləʊkə'məʊtɪv] *n* Lokomotive *f*
locum ['ləʊkəm] *n* (*MED*) Vertreter(in) *m(f)*
locust ['ləʊkəst] *n* Heuschrecke *f*
lodge [lɒdʒ] *n* (*gatehouse*) Pförtnerhaus *nt*; (*freemasons'*) Loge *f* ♦ *vi* (*get stuck*) stecken(bleiben); (*in Untermiete*): **to** ~ **(with)** wohnen (bei) ♦ *vt* (*protest*) einreichen; ~**r** *n* (Unter)mieter *m*
lodgings ['lɒdʒɪŋz] *n* (Miet)wohnung *f*
loft [lɒft] *n* (Dach)boden *m*
lofty ['lɒftɪ] *adj* hoch(ragend); (*proud*) hochmütig
log [lɒg] *n* Klotz *m*; (*book*) = **logbook**
logbook ['lɒgbʊk] *n* Bordbuch *nt*; (*for lorry*) Fahrtenschreiber *m*; (*AUT*) Kraftfahrzeugbrief *m*
loggerheads ['lɒgəhedz] *npl*: **to be at** ~ sich in den Haaren liegen
logic ['lɒdʒɪk] *n* Logik *f*; ~**al** *adj* logisch
logistics [lɒ'dʒɪstɪks] *npl* Logistik *f*
logo ['ləʊgəʊ] *n* Firmenzeichen *nt*
loin [lɔɪn] *n* Lende *f*
loiter ['lɔɪtə*] *vi* herumstehen
loll [lɒl] *vi* (*also*: ~ *about*) sich rekeln
lollipop ['lɒlɪpɒp] *n* (Dauer)lutscher *m*; ~ **man/lady** (*BRIT*) *n* ≈ Schülerlotse *m*
London ['lʌndən] *n* London *nt*; ~**er** *n* Londoner(in) *m(f)*
lone [ləʊn] *adj* einsam
loneliness ['ləʊnlɪnəs] *n* Einsamkeit *f*
lonely ['ləʊnlɪ] *adj* einsam
loner ['ləʊnə*] *n* Einzelgänger(in) *m(f)*
long [lɒŋ] *adj* lang; (*distance*) weit ♦ *adv* lange ♦ *vi*: **to** ~ **for** sich sehnen nach; **before** ~ bald; **as** ~ **as** solange; **in the** ~ **run** auf die Dauer; **don't be** ~! beeil dich!; **how** ~ **is the street?** wie lang ist die Straße?; **how** ~ **is the lesson?** wie lange dauert die Stunde?; **6 metres** ~ 6 Meter lang; **6 months** ~ 6 Monate lang; **all night** ~ die ganze Nacht; **he no** ~**er comes** er kommt nicht mehr; ~ **ago** vor langer Zeit; ~ **before** lange vorher; **at** ~ **last** endlich; ~**-distance** *adj* Fern-
longevity [lɒn'dʒevɪtɪ] *n* Langlebigkeit *f*
long: ~**-haired** *adj* langhaarig; ~**hand** *n* Langschrift *f*; ~**ing** *n* Sehnsucht *f* ♦ *adj* sehnsüchtig
longitude ['lɒŋgɪtju:d] *n* Längengrad *m*
long: ~ **jump** *n* Weitsprung *m*; ~**-lost** *adj* längst verloren geglaubt; ~**-playing record** *n* Langspielplatte *f*; ~**-range** *adj* Langstrecken-, Fern-; ~**-sighted** *adj* weitsichtig; ~**-standing** *adj* alt, seit langer Zeit bestehend; ~**-suffering** *adj* schwer geprüft; ~**-term** *adj* langfristig; ~ **wave** *n* Langwelle *f*; ~**-winded** *adj* langatmig
loo [lu:] (*BRIT: inf*) *n* Klo *nt*
look [lʊk] *vi* schauen; (*seem*) aussehen; (*building etc*): **to** ~ **on to the sea** aufs Meer gehen ♦ *n* Blick *m*; ~**s** *npl* (*appearance*) Aussehen *nt*; ~ **after** *vt* (*care for*) sorgen für; (*watch*) aufpassen auf +*acc*; ~ **at** *vt* ansehen; (*consider*) sich überlegen; ~ **back** *vi* sich umsehen; (*fig*) zurückblicken; ~ **down on** *vt* (*fig*) herabsehen auf +*acc*; ~ **for** *vt* (*seek*) suchen; ~ **forward to** *vt* sich freuen auf +*acc*; (*in*

letters): **we ~ forward to hearing from you** wir hoffen, bald von Ihnen zu hören; **~ into** *vt* untersuchen; **~ on** *vi* zusehen; **~ out** *vi* hinaussehen; (*take care*) aufpassen; **~ out for** *vt* Ausschau halten nach; (*be careful*) achtgeben auf +*acc*; **~ round** *vi* sich umsehen; **~ to** *vt* (*take care of*) achtgeben auf +*acc*; (*rely on*) sich verlassen auf +*acc*; **~ up** *vi* aufblicken; (*improve*) sich bessern ♦ *vt* (*word*) nachschlagen; (*person*) besuchen; **~ up to** *vt* aufsehen zu; **~-out** *n* (*watch*) Ausschau *f*; (*person*) Wachposten *m*; (*place*) Ausguck *m*; (*prospect*) Aussichten *pl*; **to be on the ~-out for sth** nach etw Ausschau halten

loom [lu:m] *n* Webstuhl *m* ♦ *vi* sich abzeichnen

loony ['lu:nɪ] (*inf*) *n* Verrückte(r) *mf*

loop [lu:p] *n* Schlaufe *f*; **~hole** *n* (*fig*) Hintertürchen *nt*

loose [lu:s] *adj* lose, locker; (*free*) frei; (*inexact*) unpräzise ♦ *vt* lösen, losbinden; **~ change** *n* Kleingeld *nt*; **~ chippings** *npl* (*on road*) Rollsplit *m*; **~ end** *n*: **to be at a ~ end** (*BRIT*) *or* **at ~-ends** (*US*) nicht wissen, was man tun soll; **~ly** *adv* lokker, lose; **~n** *vt* lockern, losmachen

loot [lu:t] *n* Beute *f* ♦ *vt* plündern

lop off *vt* abhacken

lopsided ['lɒp'saɪdɪd] *adj* schief

lord [lɔ:d] *n* (*ruler*) Herr *m*; (*BRIT*: *title*) Lord *m*; **the L~** (*Gott*) der Herr; **the (House of) L~s** das Oberhaus; **~ship** *n*: **your L~ship** Eure Lordschaft

lore [lɔ:*] *n* Überlieferung *f*

lorry ['lɒrɪ] (*BRIT*) *n* Lastwagen *m*; **~ driver** (*BRIT*) *n* Lastwagenfahrer(in) *m(f)*

lose [lu:z] (*pt, pp* **lost**) *vt* verlieren; (*chance*) verpassen ♦ *vi* verlieren; **to ~ (time)** (*clock*) nachgehen; **~r** *n* Verlierer *m*

loss [lɒs] *n* Verlust *m*; **at a ~** (*COMM*) mit Verlust; (*unable*) außerstande

lost [lɒst] *pt, pp of* **lose** ♦ *adj* verloren; **~ property** (*US* **lost and found**) *n* Fundsachen *pl*

lot [lɒt] *n* (*quantity*) Menge *f*; (*fate, at auction*) Los *nt*; (*inf*: *people, things*) Haufen *m*; **the ~** alles; (*people*) alle; **a ~ of** (*with sg*) viel; (*with pl*) viele; **~s of** massenhaft, viel(e); **I read a ~** ich lese viel; **to draw ~s for sth** etw verlosen

lotion ['ləʊʃən] *n* Lotion *f*

lottery ['lɒtərɪ] *n* Lotterie *f*

loud [laʊd] *adj* laut; (*showy*) schreiend ♦ *adv* laut; **~hailer** (*BRIT*) *n* Megaphon *nt*; **~ly** *adv* laut; **~speaker** *n* Lautsprecher *m*

lounge [laʊndʒ] *n* (*in hotel*) Gesellschaftsraum *m*; (*in house*) Wohnzimmer *nt* ♦ *vi* sich herumlümmeln; **~ suit** (*BRIT*) *n* Straßenanzug *m*

louse [laʊs] (*pl* **lice**) *n* Laus *f*

lousy ['laʊzɪ] *adj* (*fig*) miserabel

lout [laʊt] *n* Lümmel *m*

louvre ['lu:və*] (*US* **louver**) *adj* (*door, window*) Jalousie-

lovable ['lʌvəbl] *adj* liebenswert

love [lʌv] *n* Liebe *f*; (*person*) Liebling *m*; (*SPORT*) null ♦ *vt* (*person*) lieben; (*activity*) gerne mögen; **to be in ~ with sb** in jdn verliebt sein; **to make ~** sich lieben; **for the ~ of** aus Liebe zu; **"15 ~"** (*TENNIS*) „15 null"; **to ~ to do sth** etw (sehr) gerne tun; **~ affair** *n* (Liebes)vorhältnis *nt*; **~ letter** *n* Liebesbrief *m*; **~ life** *n* Liebesleben *nt*

lovely ['lʌvlɪ] *adj* schön

lover ['lʌvə*] *n* Liebhaber(in) *m(f)*

loving ['lʌvɪŋ] *adj* liebend, liebevoll

low [ləʊ] *adj* niedrig; (*rank*) niedere(r, s); (*level, note, neckline*) tief; (*intelligence, density*) gering; (*vulgar*) ordinär; (*not loud*) leise; (*depressed*) gedrückt ♦ *adv* (*not high*) niedrig; (*not loudly*) leise ♦ *n* (*low point*) Tiefstand *m*; (*MET*) Tief *nt*; **to feel ~** sich mies fühlen; **to turn (down) ~** leiser stellen; **~-cut** *adj* (*dress*) tiefausgeschnitten

lower ['ləʊə*] *vt* herunterlassen; (*eyes, gun*) senken; (*reduce*) herabsetzen, senken ♦ *vr*: **to ~ o.s. to** (*fig*) sich herablassen zu

low: **~-fat** *adj* fettarm, Mager-; **~lands** *npl* (*GEOG*) Flachland *nt*; **~ly** *adj* bescheiden; **~-lying** *adj* tiefgelegen

loyal ['lɔɪəl] *adj* treu; **~ty** *n* Treue *f*

lozenge ['lɒzɪndʒ] *n* Pastille *f*

L.P. *n abbr* = **long-playing record**

L-plates ['elpleɪts] (*BRIT*) *npl* L-Schild *nt* (*für Fahrschüler*)

Ltd *abbr* (= *limited company*) GmbH.

lubricant ['lu:brɪkənt] *n* Schmiermittel *nt*

lubricate ['lu:brɪkeɪt] *vt* schmieren

lucid ['lu:sɪd] *adj* klar; (*sane*) bei klarem Verstand; (*moment*) licht

luck [lʌk] *n* Glück *nt*; **bad** *or* **hard** *or* **tough ~!** (so ein) Pech!; **good ~!** viel Glück!; **~ily** *adv* glücklicherweise, zum Glück; **~y** *adj* Glücks-; **to be ~y** Glück haben

lucrative ['lu:krətɪv] *adj* einträglich

ludicrous ['lu:dɪkrəs] *adj* grotesk

lug [lʌg] *vt* schleppen

luggage ['lʌgɪdʒ] *n* Gepäck *nt*; **~ rack** *n* Gepäcknetz *nt*

lukewarm ['lu:kwɔ:m] *adj* lauwarm; (*indifferent*) lau

lull [lʌl] *n* Flaute *f* ♦ *vt* einlullen; (*calm*) beruhigen

lullaby ['lʌləbaɪ] *n* Schlaflied *nt*

lumbago [lʌm'beɪgəʊ] *n* Hexenschuß *m*

lumber ['lʌmbə*] *n* Plunder *m*; (*wood*) Holz *nt*; **~jack** *n* Holzfäller *m*

luminous ['lu:mɪnəs] *adj* Leucht-

lump [lʌmp] *n* Klumpen *m*; (*MED*) Schwellung *f*; (*in breast*) Knoten *m*; (*of sugar*) Stück *nt* ♦ *vt* (*also*: ~ *together*) zusammentun; (*judge together*) in einen Topf werfen; **~ sum** *n* Pauschalsumme *f*; **~y** *adj* klumpig

lunacy ['lu:nəsɪ] *n* Irrsinn *m*

lunar ['lu:nə*] *adj* Mond-

lunatic ['lu:nətɪk] *n* Wahnsinnige(r) *mf* ♦ *adj* wahnsinnig, irr

lunch [lʌntʃ] *n* Mittagessen *nt*

luncheon ['lʌntʃən] *n* Mittagessen *nt*; **~ meat** *n* Frühstücksfleisch *nt*; **~ voucher** (*BRIT*) *n* Essensmarke *f*

lunchtime *n* Mittagszeit *f*

lung [lʌŋ] *n* Lunge *f*

lunge [lʌndʒ] *vi* (*also*: ~ *forward*) (los)stürzen; **to ~ at** sich stürzen auf +*acc*

lurch [lɜ:tʃ] *vi* taumeln; (*NAUT*) schlingern ♦ *n* Ruck *m*; (*NAUT*) Schlingern *nt*; **to leave sb in the ~** jdn im Stich lassen

lure [ljʊə*] *n* Köder *m*; (*fig*) Lockung *f* ♦ *vt* (ver)locken

lurid ['ljʊərɪd] *adj* (*shocking*) grausig, widerlich; (*colour*) grell

lurk [lɜ:k] *vi* lauern

luscious ['lʌʃəs] *adj* köstlich

lush [lʌʃ] *adj* satt; (*vegetation*) üppig

lust [lʌst] *n* (*sensation*) Wollust *f*; (*greed*) Gier *f* ♦ *vi*: **to ~ after** gieren nach

lustre ['lʌstə*] (*US* **luster**) *n* Glanz *m*

lusty ['lʌstɪ] *adj* gesund und munter

Luxembourg ['lʌksəmbɜ:g] *n* Luxemburg *nt*

luxuriant [lʌg'zjʊərɪənt] *adj* üppig

luxurious [lʌg'zjʊərɪəs] *adj* luxuriös, Luxus-

luxury ['lʌkʃərɪ] *n* Luxus *m* ♦ *cpd* Luxus-

lying ['laɪɪŋ] *n* Lügen *nt* ♦ *adj* verlogen

lynx [lɪŋks] *n* Luchs *m*

lyric ['lɪrɪk] *n* Lyrik *f* ♦ *adj* lyrisch; **~s** *pl* (*words for song*) (Lied)text *m*; **~al** *adj* lyrisch, gefühlvoll

M

m *abbr* = **metre; mile; million**

M.A. *n abbr* = **Master of Arts**

mac [mæk] (*BRIT*: *inf*) *n* Regenmantel *m*

macaroni [mækə'rəʊnɪ] *n* Makkaroni *pl*

machine [mə'ʃi:n] *n* Maschine *f* ♦ *vt* (*dress etc*) mit der Maschine nähen; **~ gun** *n* Maschinengewehr *nt*; **~ language** *n* (*COMPUT*) Maschinensprache *f*; **~ry** [mə'ʃi:nərɪ] *n* Maschinerie *f*

macho ['mætʃəu] *adj* macho

mackerel ['mækrəl] *n* Makrele *f*

mackintosh ['mækɪntɒʃ] (*BRIT*) *n* Regenmantel *m*

mad [mæd] *adj* verrückt; (*dog*) tollwütig; (*angry*) wütend; **~ about** (*fond of*) verrückt nach, versessen auf +*acc*

madam ['mædəm] *n* gnädige Frau *f*

madden ['mædn] *vt* verrückt machen; (*make angry*) ärgern

made [meɪd] *pt, pp of* **make**

Madeira [mə'dɪərə] *n* (*GEOG*) Madeira *nt*; (*wine*) Madeira *m*

made-to-measure ['meɪdtə'meʒə*] (*BRIT*) *adj* Maß-

madly ['mædlɪ] *adv* wahnsinnig

madman ['mædmən] (*irreg*) *n* Verrückte(r) *m*, Irre(r) *m*

madness ['mædnəs] *n* Wahnsinn *m*

Madrid [mə'drɪd] *n* Madrid *nt*

magazine ['mægəzi:n] *n* Zeitschrift *f*; (*in gun*) Magazin *nt*

maggot ['mægət] *n* Made *f*

magic ['mædʒɪk] *n* Zauberei *f*, Magie *f*; (*fig*) Zauber *m* ♦ *adj* magisch, Zauber-; **~al** *adj* magisch; **~ian** [mə'dʒɪʃən] *n* Zauberer *m*

magistrate ['mædʒɪstreɪt] *n* (Friedens)richter *m*

magnanimous [mæg'nænɪməs] *adj* großmütig

magnesium [mæg'ni:zɪəm] *n* Magnesium *nt*

magnet ['mægnɪt] *n* Magnet *m*; **~ic** [mæg'netɪk] *adj* magnetisch; **~ic tape** *n* Magnetband *nt*; **~ism** *n* Magnetismus *m*; (*fig*) Ausstrahlungskraft *f*

magnificent [mæg'nɪfɪsənt] *adj* großartig

magnify ['mægnɪfaɪ] *vt* vergrößern; **~ing glass** *n* Lupe *f*

magnitude ['mægnɪtju:d] *n* (*size*) Größe *f*; (*importance*) Ausmaß *nt*

magpie ['mægpaɪ] *n* Elster *f*

mahogany [mə'hɒgənɪ] *n* Mahagoni *nt* ♦ *cpd* Mahagoni-

maid [meɪd] *n* Dienstmädchen *nt*; **old ~** alte Jungfer *f*

maiden ['meɪdn] *n* Maid *f* ♦ *adj* (*flight, speech*) Jungfern-

mail [meɪl] *n* Post *f* ♦ *vt* aufgeben; **~ box** (*US*) *n* Briefkasten *m*; **~ing list** *n* Anschreibeliste *f*; **~ order** *n* Bestellung *f* durch die Post; **~ order firm** *n* Versandhaus *nt*

maim [meɪm] *vt* verstümmeln

main [meɪn] *adj* hauptsächlich, Haupt- ♦ *n* (*pipe*) Hauptleitung *f*; **the ~s** *npl* (*ELEC*) das Stromnetz; **in the ~** im großen und ganzen; **~frame** *n* (*COMPUT*) Großrechner *m*; **~land** *n* Festland *nt*; **~ly** *adv* hauptsächlich; **~ road** *n* Hauptstraße *f*; **~stay** *n* (*fig*) Hauptstütze *f*; **~stream** *n* Hauptrichtung *f*

maintain [meɪn'teɪn] *vt* (*machine, roads*) instand halten; (*support*) unterhalten; (*keep up*) aufrechterhalten; (*claim*) behaupten; (*innocence*) beteuern

maintenance ['meɪntənəns] *n* (*TECH*) Wartung *f*; (*of family*) Unterhalt *m*

maize [meɪz] *n* Mais *m*

majestic [mə'dʒestɪk] *adj* majestätisch

majesty ['mædʒɪstɪ] *n* Majestät *f*

major ['meɪdʒə*] *n* Major *m* ♦ *adj* (*MUS*) Dur; (*more important*) Haupt-; (*bigger*) größer

Majorca [mə'jɔ:kə] *n* Mallorca *nt*

majority [mə'dʒɒrɪtɪ] *n* Mehrheit *f*; (*JUR*) Volljährigkeit *f*

make [meɪk] (*pt, pp* **made**) *vt* machen; (*appoint*) ernennen (zu); (*cause to do sth*) veranlassen; (*reach*) erreichen; (*in time*) schaffen; (*earn*) verdienen ♦ *n* Marke *f*; **to ~ sth happen** etw geschehen lassen; **to ~ it** es schaffen; **what time do you ~ it?** wie spät hast du es?; **to ~ do with** auskommen mit; **~ for** *vi* gehen/fahren nach; **~ out** *vt* (*write out*) ausstellen; (*understand*) verstehen; (*write: cheque*) ausstellen; **~ up** *vt* machen; (*face*) schminken; (*quarrel*) beilegen; (*story etc*) erfinden ♦ *vi* sich versöhnen; ~ **up for** *vt* wiedergutmachen; (*COMM*) vergüten; ~**-believe** *n* Phantasie *f*; ~**r** *n* (*COMM*) Hersteller *m*; ~**shift** *adj* behelfsmäßig, Not-; ~**-up** *n* Schminke *f*, Make-up *nt*; ~**-up remover** *n* Make-up-Entferner *m*

making ['meɪkɪŋ] *n*: **in the** ~ im Entstehen; **to have the ~s of** das Zeug haben zu

malaise [mæ'leɪz] *n* Unbehagen *nt*

malaria [mə'lɛərɪə] *n* Malaria *f*

Malaysia [mə'leɪzɪə] *n* Malaysia *nt*

male [meɪl] *n* Mann *m*; (*animal*) Männchen *nt* ♦ *adj* männlich

malevolent [mə'levələnt] *adj* übelwollend

malfunction [mæl'fʌnkʃən] *n* (*MED*) Funktionsstörung *f*; (*of machine*) Defekt *m*

malice ['mælɪs] *n* Bosheit *f*

malicious [mə'lɪʃəs] *adj* böswillig, gehässig

malign [mə'laɪn] *vt* verleumden ♦ *adj* böse

malignant [mə'lɪgnənt] *adj* bösartig

mall [mɔ:l] *n* (*also*: *shopping* ~) Einkaufszentrum *nt*

malleable ['mælɪəbl] *adj* formbar

mallet ['mælɪt] *n* Holzhammer *m*

malnutrition ['mælnjʊ'trɪʃən] *n* Unterernährung *f*

malpractice ['mæl'præktɪs] *n* Amtsvergehen *nt*

malt [mɔ:lt] *n* Malz *nt*

Malta ['mɔ:ltə] *n* Malta *nt*; **Maltese** ['mɔ:l'ti:z] *adj inv* maltesisch ♦ *n inv* Malteser(in) *m(f)*

maltreat [mæl'tri:t] *vt* mißhandeln

mammal ['mæməl] *n* Säugetier *nt*

mammoth ['mæməθ] *n* Mammut *nt* ♦ *adj* Mammut-

man [mæn] (*pl* **men**) *n* Mann *m*; (*human race*) der Mensch, die Menschen *pl* ♦ *vt* bemannen; **an old** ~ ein alter Mann, ein Greis *m*; ~ **and wife** Mann und Frau

manage ['mænɪdʒ] *vi* zurechtkommen ♦ *vt* (*control*) führen, leiten; (*cope with*) fertigwerden mit; ~**able** *adj* (*person, animal*) fügsam; (*object*) handlich; ~**ment** *n* (*control*) Führung *f*, Leitung *f*; (*directors*) Management *nt*; ~**r** *n* Geschäftsführer *m*; ~**ress** ['mænɪdʒə'res] *n* Geschäftsführerin *f*; ~**rial** [mænə'dʒɪərɪəl] *adj* (*post*) leitend; (*problem etc*) Management-

managing ['mænɪdʒɪŋ] *adj*: ~ **director** Betriebsleiter *m*

mandarin ['mændərɪn] *n* (*fruit*) Mandarine *f*

mandatory ['mændətərɪ] *adj* obligatorisch

mane [meɪn] *n* Mähne *f*

maneuver [mə'nu:və*] (*US*) = **manoeuvre**

manfully ['mænfʊlɪ] *adv* mannhaft

mangle ['mæŋgl] *vt* verstümmeln ♦ *n* Mangel *f*

mango ['mæŋgəʊ] (*pl* ~**es**) *n* Mango(pflaume) *f*

mangy ['meɪndʒɪ] *adj* (*dog*) räudig

manhandle ['mænhændl] *vt* grob behandeln

manhole ['mænhəʊl] *n* (Straßen)schacht *m*

manhood ['mænhʊd] *n* Mannesalter *nt*; (*manliness*) Männlichkeit *f*

man-hour ['mæn'aʊə*] *n* Arbeitsstunde *f*

manhunt ['mænhʌnt] *n* Fahndung *f*

mania ['meɪnɪə] *n* Manie *f*; ~**c** ['meɪnɪæk] *n* Wahnsinnige(r) *mf*

manic ['mænɪk] *adj* (*behaviour, activity*) hektisch

manicure ['mænɪkjʊə*] *n* Maniküre *f*; ~ **set** *n* Necessaire *nt*

manifest ['mænɪfest] *vt* offenbaren ♦ *adj* offenkundig; ~**ation** *n* (*sign*) Anzeichen *nt*

manifesto [mænɪ'festəʊ] *n* Manifest *nt*

manipulate [mə'nɪpjʊleɪt] *vt* handhaben; (*fig*) manipulieren

mankind [mæn'kaɪnd] *n* Menschheit *f*

manly ['mænlɪ] *adj* männlich; mannhaft

man-made ['mæn'meɪd] *adj* (*fibre*) künstlich

manner ['mænə*] *n* Art *f*, Weise *f*; **~s** *npl* (*behaviour*) Manieren *pl*; **in a ~ of speaking** sozusagen; **~ism** *n* (*of person*) Angewohnheit *f*; (*of style*) Maniertheit *f*

manoeuvre [mə'nu:və*] (*US* **maneuver**) *vt, vi* manövrieren ♦ *n* (*MIL*) Feldzug *m*; (*general*) Manöver *nt*, Schachzug *m*

manor ['mænə*] *n* Landgut *nt*; **~ house** *n* Herrenhaus *nt*

manpower ['mænpaʊə*] *n* Arbeitskräfte *pl*

mansion ['mænʃən] *n* Villa *f*

manslaughter ['mænslɔ:tə*] *n* Totschlag *m*

mantelpiece ['mæntlpi:s] *n* Kaminsims *m*

manual ['mænjʊəl] *adj* manuell, Hand- ♦ *n* Handbuch *nt*

manufacture [mænjʊ'fæktʃə*] *vt* herstellen ♦ *n* Herstellung *f*; **~r** *n* Hersteller *m*

manure [mə'njʊə*] *n* Dünger *m*

manuscript ['mænjʊskrɪpt] *n* Manuskript *nt*

Manx [mæŋks] *adj* der Insel Man

many ['menɪ] *adj, pron* viele; **a great ~** sehr viele; **~ a time** oft

map [mæp] *n* (Land)karte *f*; (*of town*) Stadtplan *m* ♦ *vt* eine Karte machen von; **~ out** *vt* (*fig*) ausarbeiten

maple ['meɪpl] *n* Ahorn *m*

mar [mɑ:*] *vt* verderben

marathon ['mærəθən] *n* (*SPORT*) Marathonlauf *m*; (*fig*) Marathon *m*

marauder [mə'rɔ:də*] *n* Plünderer *m*

marble ['mɑ:bl] *n* Marmor *m*; (*for game*) Murmel *f*

March [mɑ:tʃ] *n* März *m*

march [mɑ:tʃ] *vi* marschieren ♦ *n* Marsch *m*

mare [meə*] *n* Stute *f*

margarine [mɑ:dʒə'ri:n] *n* Margarine *f*

margin ['mɑ:dʒɪn] *n* Rand *m*; (*extra amount*) Spielraum *m*; (*COMM*) Spanne *f*; **~al** *adj* (*note*) Rand-; (*difference etc*) geringfügig; **~al (seat)** *n* (*POL*) *Wahlkreis, der nur mit knapper Mehrheit gehalten wird*

marigold ['mærɪgəʊld] *n* Ringelblume *f*

marijuana [mærɪ'wɑ:nə] *n* Marihuana *nt*

marina [mə'ri:nə] *n* Yachthafen *m*

marinate ['mærɪneɪt] *vt* marinieren

marine [mə'ri:n] *adj* Meeres-, See- ♦ *n* (*MIL*) Marineinfanterist *m*

marital ['mærɪtl] *adj* ehelich, Ehe-; **~ status** *n* Familienstand *m*

maritime ['mærɪtaɪm] *adj* See-

mark [mɑ:k] *n* (*coin*) Mark *f*; (*spot*) Fleck *m*; (*scar*) Kratzer *m*; (*sign*) Zeichen *nt*; (*target*) Ziel *nt*; (*SCH*) Note *f* ♦ *vt* (*make ~ on*) Flecken/Kratzer machen auf +*acc*; (*indicate*) markieren; (*exam*) korrigieren; **to ~ time** (*also fig*) auf der Stelle treten; **~ out** *vt* bestimmen; (*area*) abstecken; **~ed** *adj* deutlich; **~er** *n* (*in book*) (Lese)zeichen *nt*; (*on road*) Schild *nt*

market ['mɑ:kɪt] *n* Markt *m*; (*stock ~*) Börse *f* ♦ *vt* (*COMM*: *new product*) auf den Markt bringen; (*sell*) vertreiben; **~ garden** (*BRIT*) *n* Handelsgärtnerei *f*; **~ing** *n* Marketing *nt*; **~ research** *n* Marktforschung *f*; **~ value** *n* Marktwert *m*

marksman ['mɑ:ksmən] (*irreg*) *n* Scharfschütze *m*

marmalade ['mɑ:məleɪd] *n* Orangenmarmelade *f*

maroon [mə'ru:n] *vt* aussetzen ♦ *adj* (*colour*) kastanienbraun

marquee [mɑ:'ki:] *n* große(s) Zelt *nt*

marriage ['mærɪdʒ] *n* Ehe *f*; (*wedding*) Heirat *f*; **~ bureau** *n* Heiratsinstitut *nt*; **~ certificate** *n* Heiratsurkunde *f*

married ['mærɪd] *adj* (*person*) verheiratet; (*couple, life*) Ehe-

marrow ['mærəʊ] *n* (Knochen)mark *nt*; (*vegetable*) Kürbis *m*

marry ['mærɪ] *vt* (*join*) trauen; (*take as husband, wife*) heiraten ♦ *vi* (*also*: *get married*) heiraten

Mars [mɑ:z] *n* (*planet*) Mars *m*

marsh [mɑ:ʃ] *n* Sumpf *m*

marshal ['mɑ:ʃəl] *n* (*US*) Bezirkspolizeichef *m* ♦ *vt* (an)ordnen, arrangieren

marshy ['mɑ:ʃɪ] *adj* sumpfig

martial ['mɑ:ʃəl] *adj* kriegerisch; **~ law** *n* Kriegsrecht *nt*

martyr ['mɑ:tə*] *n* (*also fig*) Märtyrer(in) *m(f)* ♦ *vt* zum Märtyrer machen; **~dom** *n* Martyrium *nt*

marvel ['mɑ:vəl] *n* Wunder *nt* ♦ *vi*: **to ~ (at)** sich wundern (über +*acc*); **~lous** (*US* **marvelous**) *adj* wunderbar

Marxist ['mɑ:ksɪst] *n* Marxist(in) *m(f)*

marzipan [mɑ:zɪ'pæn] *n* Marzipan *nt*

mascara [mæs'kɑ:rə] *n* Wimperntusche *f*

mascot ['mæskət] *n* Maskottchen *nt*

masculine ['mæskjʊlɪn] *adj* männlich

mash [mæʃ] *n* Brei *m*; **~ed potatoes** *npl* Kartoffelbrei *m* or -püree *nt*

mask [mɑ:sk] *n* (*also fig*) Maske *f* ♦ *vt* maskieren, verdecken

mason ['meɪsn] *n* (*stone~*) Steinmetz *m*; (*free~*) Freimaurer *m*; **~ic** [mə'sɒnɪk] *adj* Freimaurer-; **~ry** *n* Mauerwerk *nt*

masquerade [mæskə'reɪd] *n* Maskerade *f* ♦ *vi*: **to ~ as** sich ausgeben als

mass [mæs] *n* Masse *f*; (*greater part*) Mehrheit *f*; (*REL*) Messe *f* ♦ *vi* sich sammeln; **the ~es** *npl* (*people*) die Masse(n) *f(pl)*

massacre ['mæsəkə*] *n* Blutbad *nt* ♦ *vt* niedermetzeln, massakrieren

massage ['mæsɑ:ʒ] *n* Massage *f* ♦ *vt* massieren

massive ['mæsɪv] *adj* gewaltig, massiv

mass media *npl* Massenmedien *pl*

mass production *n* Massenproduktion *f*

mast [mɑ:st] *n* Mast *m*

master ['mɑ:stə*] *n* Herr *m*; (*NAUT*) Kapitän *m*; (*teacher*) Lehrer *m*; (*artist*) Meister *m* ♦ *vt* meistern; (*language etc*) beherrschen; **~ly** *adj* meisterhaft; **~mind** *n* Kapazität *f* ♦ *vt* geschickt lenken; **M~ of Arts** *n* Magister *m* der philosophischen; **M~ of Science** *n* Magister *m* der naturwissenschaftlichen; **~piece** *n* Meisterwerk *nt*; **~ plan** *n* kluge(r) Plan *m*; **~y** *n* Können *nt*

masturbate ['mæstəbeɪt] *vi* masturbieren, onanieren

mat [mæt] *n* Matte *f*; (*for table*) Untersetzer *m* ♦ *adj* = **mat(t)**

match [mætʃ] *n* Streichholz *nt*; (*sth corresponding*) Pendant *nt*; (*SPORT*) Wettkampf *m*; (*ball games*) Spiel *nt* ♦ *vt* (*be like, suit*) passen zu; (*equal*) gleichkommen +*dat* ♦ *vi* zusammenpassen; **it's a good ~ (for)** es paßt gut (zu); **~box** *n* Streichholzschachtel *f*; **~ing** *adj* passend

mate [meɪt] *n* (*companion*) Kamerad *m*; (*spouse*) Lebensgefährte *m*; (*of animal*) Weibchen *nt*/Männchen *nt*; (*NAUT*) Schiffsoffizier *m* ♦ *vi* (*animals*) sich paaren ♦ *vt* paaren

material [mə'tɪərɪəl] *n* Material *nt*; (*for book, cloth*) Stoff *m* ♦ *adj* (*important*) wesentlich; (*damage*) Sach-; (*comforts etc*) materiell; **~s** *npl* (*for building etc*) Materialien *pl*; **~istic** *adj* materialistisch; **~ize** *vi* sich verwirklichen, zustande kommen

maternal [mə'tɜ:nl] *adj* mütterlich, Mutter-

maternity [mə'tɜ:nɪtɪ] *adj* (*dress*) Umstands-; (*benefit*) Wochen-; **~ hospital** *n* Entbindungsheim *nt*

math [mæθ] (*US*) *n* = **maths**

mathematical [mæθə'mætɪkl] *adj* mathematisch

mathematics [mæθə'mætɪks] *n* Mathematik *f*

maths [mæθs] (*US* **math**) *n* Mathe *f*

matinée ['mætɪneɪ] *n* Matinee *f*

mating call ['meɪtɪŋ-] *n* Lockruf *m*

matrices ['meɪtrɪsi:z] *npl of* **matrix**

matriculation [mətrɪkju'leɪʃən] *n* Immatriculation *f*

matrimonial [mætrɪ'məʊnɪəl] *adj* ehelich, Ehe-

matrimony ['mætrɪmənɪ] *n* Ehestand *m*

matrix ['meɪtrɪks] (*pl* **matrices**) *n* Matrize *f*; (*GEOL etc*) Matrix *f*

matron ['meɪtrən] *n* (*MED*) Oberin *f*; (*SCH*) Hausmutter *f*; **~ly** *adj* matronenhaft

mat(t) [mæt] *adj* (*paint*) matt

matted ['mætɪd] *adj* verfilzt

matter ['mætə*] *n* (*substance*) Materie *f*; (*affair*) Angelegenheit *f* ♦ *vi* darauf ankommen; **no ~ how/what** egal wie/was; **what is the ~?** was ist los?; **as a ~ of course** selbstverständlich; **as a ~ of fact** eigentlich; **it doesn't ~** es macht nichts

matter-of-fact ['mætərəv'fækt] *adj* sachlich, nüchtern

mattress ['mætrəs] *n* Matratze *f*

mature [mə'tjʊə*] *adj* reif ♦ *vi* reif werden

maturity [mə'tjʊərɪtɪ] *n* Reife *f*

maudlin ['mɔ:dlɪn] *adj* gefühlsduselig

maul [mɔ:l] *vt* übel zurichten

maxima ['mæksɪmə] *npl of* **maximum**

maximum ['mæksɪməm] (*pl* **maxima**) *adj* Höchst-, Maximal- ♦ *n* Maximum *nt*

May [meɪ] *n* Mai *m*

may [meɪ] (*conditional* **might**) *vi* (*be possible*) können; (*have permission*) dürfen; **he ~ come** er kommt vielleicht

maybe ['meɪbi:] *adv* vielleicht

May Day *n* der 1. Mai

mayhem ['meɪhem] *n* Chaos *nt*; (*US*) Körperverletzung *f*

mayonnaise [meɪə'neɪz] *n* Mayonnaise *f*

mayor [mɛə*] *n* Bürgermeister *m*; **~ess** *n* (*wife*) (die) Frau *f* Bürgermeister; (*lady ~*) Bürgermeisterin *f*

maypole ['meɪpəʊl] *n* Maibaum *m*

maze [meɪz] *n* Irrgarten *m*; (*fig*) Wirrwarr *nt*

M.D. *abbr* = **Doctor of Medicine**

KEYWORD

me [mi:] *pron* **1** (*direct*) mich; **it's me** ich bin's
2 (*indirect*) mir; **give them to me** gib sie mir
3 (*after prep*: +*acc*) mich; (: +*dat*) mir; **with/without me** mit mir/ohne mich

meadow ['medəʊ] *n* Wiese *f*

meagre ['mi:gə*] (*US* **meager**) *adj* dürftig, spärlich

meal [mi:l] *n* Essen *nt*, Mahlzeit *f*; (*grain*) Schrotmehl *nt*; **to have a ~** essen (gehen); **~time** *n* Essenszeit *f*

mean [mi:n] (*pt, pp* **meant**) *adj* (*stingy*) geizig; (*spiteful*) gemein; (*average*) durchschnittlich, Durchschnitts- ♦ *vt* (*signify*) bedeuten; (*intend*) vorhaben, beabsichtigen ♦ *n* (*average*) Durchschnitt *m*; **~s** *npl* (*wherewithal*) Mittel *pl*; (*wealth*) Vermögen *nt*; **do you ~ me?** meinst du mich?; **do you ~ it?** meinst du das ernst?; **what do you ~?** was willst du damit sagen?; **to be ~t for sb/sth** für jdn/etw bestimmt sein; **by ~s of** durch; **by all ~s** selbstverständlich; **by no ~s** keineswegs

meander [mɪ'ændə*] *vi* sich schlängeln

meaning ['mi:nɪŋ] *n* Bedeutung *f*; (*of life*) Sinn *m*; **~ful** *adj* bedeutungsvoll; (*life*) sinnvoll; **~less** *adj* sinnlos

meanness ['mi:nnəs] *n* (*stinginess*) Geiz *m*; (*spitefulness*) Gemeinheit *f*

meant [ment] *pt, pp of* **mean**

meantime ['mi:n'taɪm] *adv* inzwischen

meanwhile ['mi:n'waɪl] *adv* inzwischen

measles ['mi:zlz] *n* Masern *pl*

measly ['mi:zlɪ] (*inf*) *adj* poplig

measure ['meʒə*] *vt, vi* messen ♦ *n* Maß *nt*; (*step*) Maßnahme *f*; **~d** *adj* (*slow*) gemessen; **~ments** *npl* Maße *pl*

meat [mi:t] *n* Fleisch *nt*; **cold ~** Aufschnitt *m*; **~ ball** *n* Fleischkloß *m*; ~ **pie** *n* Fleischpastete *f*; ~**y** *adj* fleischig; (*fig*) gehaltvoll

Mecca ['mekə] *n* Mekka *nt* (*also fig*)

mechanic [mɪ'kænɪk] *n* Mechaniker *m*; ~**al** *adj* mechanisch; ~**s** *n* Mechanik *f* ♦ *npl* Technik *f*

mechanism ['mekənɪzəm] *n* Mechanismus *m*

mechanize ['mekənaɪz] *vt* mechanisieren

medal ['medl] *n* Medaille *f*; (*decoration*) Orden *m*; ~**list** (*US* **medalist**) *n* Medaillengewinner(in) *m(f)*

meddle ['medl] *vi*: **to ~ (in)** sich einmischen (in +*acc*); **to ~ with sth** sich an etw *dat* zu schaffen machen

media ['mi:dɪə] *npl* Medien *pl*

mediaeval [medɪ'i:vəl] *adj* = **medieval**

median ['mi:dɪən] (*US*) *n* (*also*: ~ *strip*) Mittelstreifen *m*

mediate ['mi:dɪeɪt] *vi* vermitteln

mediator ['mi:dɪeɪtə*] *n* Vermittler *m*

Medicaid ['medɪkeɪd] (®: *US*) *n medizinisches Versorgungsprogramm für Sozialschwache*

medical ['medɪkəl] *adj* medizinisch; Medizin-; ärztlich ♦ *n* (ärztliche) Untersuchung *f*

Medicare ['medɪkɛə*] (*US*) *n staatliche Krankenversicherung besonders für Ältere*

medicated ['medɪkeɪtɪd] *adj* medizinisch

medication [medɪ'keɪʃən] *n* (*drugs etc*) Medikamente *pl*

medicinal [me'dɪsɪnl] *adj* medizinisch, Heil-

medicine ['medsɪn] *n* Medizin *f*; (*drugs*) Arznei *f*

medieval [medɪ'i:vəl] *adj* mittelalterlich

mediocre [mi:dɪ'əʊkə*] *adj* mittelmäßig

mediocrity [mi:dɪ'ɒkrɪtɪ] *n* Mittelmäßigkeit *f*

meditate ['meditеɪt] *vi* meditieren; **to ~ (on sth)** (über etw *acc*) nachdenken

meditation [medɪ'teɪʃən] *n* Nachsinnen *nt*; Meditation *f*

Mediterranean [medɪtə'reɪnɪən] *adj* Mittelmeer-; (*person*) südländisch; **the ~ (Sea)** das Mittelmeer

medium ['mi:dɪəm] *adj* mittlere(r, s) Mittel-, mittel- ♦ *n* Mitte *f*; (*means*) Mittel *nt*; (*person*) Medium *nt*; **happy ~** goldener Mittelweg; ~ **wave** *n* Mittelwelle *f*

medley ['medlɪ] *n* Gemisch *nt*

meek [mi:k] *adj* sanft(mütig); (*pej*) duckmäuserisch

meet [mi:t] (*pt, pp* **met**) *vt* (*encounter*) treffen, begegnen +*dat*; (*by arrangement*) sich treffen mit; (*difficulties*) stoßen auf +*acc*; (*become acquainted with*) kennenlernen; (*fetch*) abholen; (*join*) zusammentreffen mit; (*satisfy*) entsprechen +*dat* ♦ *vi* sich treffen; (*become acquainted*) sich kennenlernen; ~ **with** *vt* (*problems*) stoßen auf +*acc*; (*US*: *people*) zusammentreffen mit; ~**ing** *n* Treffen *nt*; (*business meeting*) Besprechung *f*; (*of committee*) Sitzung *f*; (*assembly*) Versammlung *f*

megabyte ['megəbaɪt] *n* (*COMPUT*) Megabyte *nt*

megaphone ['megəfəʊn] *n* Megaphon *nt*

melancholy ['melənkəlɪ] *adj* melancholisch; (*sight, event*) traurig

mellow ['meləʊ] *adj* mild, weich; (*fruit*) reif; (*fig*) gesetzt ♦ *vi* reif werden

melodious [mɪ'ləʊdɪəs] *adj* wohlklingend

melody ['melədɪ] *n* Melodie *f*

melon ['melən] *n* Melone *f*

melt [melt] *vi* schmelzen; (*anger*) verfliegen ♦ *vt* schmelzen; ~ **away** *vi* dahinschmelzen; ~ **down** *vt* einschmelzen; ~**down** *n* (*in nuclear reactor*) Kernschmelze *f*; ~**ing point** *n* Schmelzpunkt *m*; ~**ing pot** *n* (*fig*) Schmelztiegel *m*

member ['membə*] *n* Mitglied *nt*; (*of tribe, species*) Angehörige(r) *m*;

(*ANAT*) Glied *nt*; **M~ of Parliament** (*BRIT*) *n* Parlamentsmitglied *nt*; **M~ of the European Parliament** (*BRIT*) *n* Mitglied *nt* des Europäischen Parlaments; **~ship** *n* Mitgliedschaft *f*; **to seek ~ship of** einen Antrag auf Mitgliedschaft stellen; **~ship card** *n* Mitgliedskarte *f*

memento [mə'mentəʊ] *n* Andenken *nt*

memo ['meməʊ] *n* Mitteilung *f*

memoirs ['memwɑ:z] *npl* Memoiren *pl*

memorable ['memərəbl] *adj* denkwürdig

memoranda [memə'rændə] *npl of* **memorandum**

memorandum [memə'rændəm] (*pl* **memoranda**) *n* Mitteilung *f*

memorial [mɪ'mɔ:rɪəl] *n* Denkmal *nt* ♦ *adj* Gedenk-

memorize ['meməraɪz] *vt* sich einprägen

memory ['meməri] *n* Gedächtnis *nt*; (*of computer*) Speicher *m*; (*sth recalled*) Erinnerung *f*

men [men] *pl of* **man** ♦ *n* (*human race*) die Menschen *pl*

menace ['menɪs] *n* Drohung *f*; Gefahr *f* ♦ *vt* bedrohen

menacing ['menɪsɪŋ] *adj* drohend

menagerie [mɪ'nædʒəri] *n* Tierschau *f*

mend [mend] *vt* reparieren, flicken ♦ *vi* (ver)heilen ♦ *n* ausgebesserte Stelle *f*; **on the ~** auf dem Wege der Besserung; **~ing** *n* (*articles*) Flickarbeit *f*

menial ['mi:nɪəl] *adj* niedrig

meningitis [menɪn'dʒaɪtɪs] *n* Hirnhautentzündung *f*, Meningitis *f*

menopause ['menəʊpɔ:z] *n* Wechseljahre *pl*, Menopause *f*

menstruation [menstrʊ'eɪʃən] *n* Menstruation *f*

mental ['mentl] *adj* geistig, Geistes-; (*arithmetic*) Kopf-; (*hospital*) Nerven-; (*cruelty*) seelisch; (*inf: abnormal*) verrückt; **~ity** [men'tælɪti] *n* Mentalität *f*

menthol ['menθəl] *n* Menthol *nt*

mention ['menʃən] *n* Erwähnung *f* ♦ *vt* erwähnen; **don't ~ it!** bitte (sehr), gern geschehen

mentor ['mentɔ:*] *n* Mentor *m*

menu ['menju:] *n* Speisekarte *f*

MEP *n abbr* = **Member of the European Parliament**

mercenary ['mɜ:sɪnəri] *adj* (*person*) geldgierig; (*MIL*) Söldner- ♦ *n* Söldner *m*

merchandise ['mɜ:tʃəndaɪz] *n* (Handels)ware *f*

merchant ['mɜ:tʃənt] *n* Kaufmann *m*; **~ navy** (*US* **merchant marine**) *n* Handelsmarine *f*

merciful ['mɜ:sɪfʊl] *adj* gnädig

merciless ['mɜ:sɪləs] *adj* erbarmungslos

mercury ['mɜ:kjʊri] *n* Quecksilber *nt*

mercy ['mɜ:si] *n* Erbarmen *nt*; Gnade *f*; **at the ~ of** ausgeliefert *+dat*

mere [mɪə*] *adj* bloß

merely *adv* bloß

merge [mɜ:dʒ] *vt* verbinden; (*COMM*) fusionieren ♦ *vi* verschmelzen; (*roads*) zusammenlaufen; (*COMM*) fusionieren; **~r** *n* (*COMM*) Fusion *f*

meringue [mə'ræŋ] *n* Baiser *nt*

merit ['merɪt] *n* Verdienst *nt*; (*advantage*) Vorzug *m* ♦ *vt* verdienen

mermaid ['mɜ:meɪd] *n* Wassernixe *f*

merry ['meri] *adj* fröhlich; **~-go-round** *n* Karussell *nt*

mesh [meʃ] *n* Masche *f* ♦ *vi* (*gears*) ineinandergreifen

mesmerize ['mezməraɪz] *vt* hypnotisieren; (*fig*) faszinieren

mess [mes] *n* Unordnung *f*; (*dirt*) Schmutz *m*; (*trouble*) Schwierigkeiten *pl*; (*MIL*) Messe *f*; **~ about** *or* **around** *vi* (*play the fool*) herumalbern; (*do nothing in particular*) herumgammeln; **~ about** *or* **around with** *vt fus* (*tinker with*) herummurksen an *+dat*; **~ up** *vt* verpfuschen; (*make untidy*) in Unordnung bringen

message ['mesɪdʒ] *n* Mitteilung *f*; **to get the ~** kapieren

messenger ['mesɪndʒə*] *n* Bote *m*
Messrs ['mesəz] *abbr* (*on letters*) die Herren
messy ['mesɪ] *adj* schmutzig; (*untidy*) unordentlich
met [met] *pt, pp of* **meet**
metabolism [me'tæbəlɪzəm] *n* Stoffwechsel *m*
metal ['metl] *n* Metall *nt*
metaphor ['metəfɔ:*] *n* Metapher *f*
mete [mi:t] : **to ~ out** *vt* austeilen
meteorology [mi:tɪə'rɒlədʒɪ] *n* Meteorologie *f*
meter ['mi:tə*] *n* Zähler *m*; (*US*) = **metre**
method ['meθəd] *n* Methode *f*; **~ical** [mɪ'θɒdɪkəl] *adj* methodisch; **M~ist** ['meθədɪst] *adj* methodistisch ♦ *n* Methodist(in) *m(f)*; **~ology** [meθə'dɒlədʒɪ] *n* Methodik *f*
meths [meθs] (*BRIT*) *n* = **methylated spirit(s)**
methylated spirit(s) ['meθɪleɪtɪd 'spɪrɪts] (*BRIT*) *n* (Brenn)spiritus *m*
meticulous [mɪ'tɪkjʊləs] *adj* (über)genau
metre ['mi:tə*] (*US* **meter**) *n* Meter *m or nt*
metric ['metrɪk] *adj* (*also*: *~al*) metrisch
metropolitan [metrə'pɒlɪtən] *adj* der Großstadt; **the M~ Police** (*BRIT*) *n* die Londoner Polizei
mettle ['metl] *n* Mut *m*
mew [mju:] *vi* (*cat*) miauen
mews [mju:z] *n*: **~ cottage** (*BRIT*) ehemaliges Kutscherhäuschen
Mexican ['meksɪkən] *adj* mexikanisch ♦ *n* Mexikaner(in) *m(f)*
Mexico ['meksɪkəʊ] *n* Mexiko *nt*; **~ City** *n* Mexiko City *f*
miaow [mi:'aʊ] *vi* miauen
mice [maɪs] *pl of* **mouse**
micro ['maɪkrəʊ] *n* (*also*: *~computer*) Mikrocomputer *m*
microchip ['maɪkrəʊtʃɪp] *n* Mikrochip *m*
microcosm ['maɪkrəʊkɒzəm] *n* Mikrokosmos *m*
microfilm ['maɪkrəʊfɪlm] *n* Mikrofilm *m* ♦ *vt* auf Mikrofilm aufnehmen
microphone ['maɪkrəfəʊn] *n* Mikrophon *nt*
microprocessor ['maɪkrəʊ'prəʊsesə*] *n* Mikroprozessor *m*
microscope ['maɪkrəskəʊp] *n* Mikroskop *nt*
microwave ['maɪkrəʊweɪv] *n* (*also*: *~ oven*) Mikrowelle(nherd *nt*) *f*
mid [mɪd] *adj*: **in ~ afternoon** am Nachmittag; **in ~ air** in der Luft; **in ~ May** Mitte Mai
midday ['mɪd'deɪ] *n* Mittag *m*
middle ['mɪdl] *n* Mitte *f*; (*waist*) Taille *f* ♦ *adj* mittlere(r, s), Mittel-; **in the ~ of** mitten in +*dat*; **~-aged** *adj* mittleren Alters; **the M~ Ages** *npl* das Mittelalter; **~-class** *adj* Mittelstands-; **the M~ East** *n* der Nahe Osten; **~man** (*irreg*) *n* (*COMM*) Zwischenhändler *m*; **~ name** *n* zweiter Vorname *m*; **~ weight** *n* (*BOXING*) Mittelgewicht *nt*
middling ['mɪdlɪŋ] *adj* mittelmäßig
midge [mɪdʒ] *n* Mücke *f*
midget ['mɪdʒɪt] *n* Liliputaner(in) *m(f)*
Midlands ['mɪdləndz] *npl* Midlands *pl*
midnight ['mɪdnaɪt] *n* Mitternacht *f*
midriff ['mɪdrɪf] *n* Taille *f*
midst [mɪdst] *n*: **in the ~ of** (*persons*) mitten unter +*dat*; (*things*) mitten in +*dat*
midsummer ['mɪd'sʌmə*] *n* Hochsommer *m*
midway ['mɪd'weɪ] *adv* auf halbem Wege ♦ *adj* Mittel-
midweek ['mɪd'wi:k] *adv* in der Mitte der Woche
midwife ['mɪdwaɪf] (*irreg*) *n* Hebamme *f*; **~ry** ['mɪdwɪfərɪ] *n* Geburtshilfe *f*
midwinter ['mɪd'wɪntə*] *n* tiefste(r) Winter *m*
might [maɪt] *vi see* **may** ♦ *n* Macht *f*, Kraft *f*; **I ~ come** ich komme vielleicht; **~y** *adj, adv* mächtig
migraine ['mi:greɪn] *n* Migräne *f*

migrant ['maɪgrənt] *adj* Wander-; (*bird*) Zug-
migrate [maɪ'greɪt] *vi* (ab)wandern; (*birds*) (fort)ziehen
migration [maɪ'greɪʃən] *n* Wanderung *f*, Zug *m*
mike [maɪk] *n* = **microphone**
Milan [mɪ'læn] *n* Mailand *nt*
mild [maɪld] *adj* mild; (*medicine, interest*) leicht; (*person*) sanft
mildew ['mɪldju:] *n* (*on plants*) Mehltau *m*; (*on food*) Schimmel *m*
mildly ['maɪldlɪ] *adv* leicht; **to put it** ~ gelinde gesagt
mile [maɪl] *n* Meile *f*; **~age** *n* Meilenzahl *f*
mileometer *n* = **milometer**
milestone *n* (*also fig*) Meilenstein *m*
military ['mɪlɪtərɪ] *adj* militärisch, Militär-, Wehr-
militate ['mɪlɪteɪt] *vi*: **to ~ against** entgegenwirken +*dat*
militia [mɪ'lɪʃə] *n* Miliz *f*
milk [mɪlk] *n* Milch *f* ♦ *vt* (*also fig*) melken; **~ chocolate** *n* Milchschokolade *f*; **~man** (*irreg*) *n* Milchmann *m*; **~ shake** *n* Milchmixgetränk *nt*; **~y** *adj* milchig; **M~y Way** *n* Milchstraße *f*
mill [mɪl] *n* Mühle *f*; (*factory*) Fabrik *f* ♦ *vt* mahlen ♦ *vi* (*move around*) umherlaufen
millennia [mɪ'lenɪə] *npl of* **millennium**
millennium [mɪ'lenɪəm] (*pl* **~s** *or* **millennia**) *n* Jahrtausend *nt*
miller ['mɪlə*] *n* Müller *m*
millet ['mɪlɪt] *n* Hirse *f*
milligram(me) ['mɪlɪgræm] *n* Milligramm *nt*
millimetre ['mɪlɪmi:tə*] (*US* **millimeter**) *n* Millimeter *m*
million ['mɪljən] *n* Million *f*; **a ~ times** tausendmal; **~aire** [mɪljə'nɛə*] *n* Millionär(in) *m(f)*
millstone ['mɪlstəʊn] *n* Mühlstein *m*
milometer [maɪ'lɒmɪtə*] *n* ≈ Kilometerzähler *m*
mime [maɪm] *n* Pantomime *f* ♦ *vt, vi* mimen
mimic ['mɪmɪk] *n* Mimiker *m* ♦ *vt, vi* nachahmen; **~ry** ['mɪmɪkrɪ] *n* Nachahmung *f*; (*BIOL*) Mimikry *f*
min. *abbr* = **minutes; minimum**
minaret [mɪnə'ret] *n* Minarett *nt*
mince [mɪns] *vt* (zer)hacken ♦ *vi* (*walk*) trippeln ♦ *n* (*meat*) Hackfleisch *nt*; **~meat** *n* süße Pastetenfüllung *f*; **~ pie** *n* gefüllte (süße) Pastete *f*; **~r** *n* Fleischwolf *m*
mind [maɪnd] *n* Verstand *m*, Geist *m*; (*opinion*) Meinung *f* ♦ *vt* aufpassen auf +*acc*; (*object to*) etwas haben gegen; **on my ~** auf dem Herzen; **to my ~** meiner Meinung nach; **to be out of one's ~** wahnsinnig sein; **to bear** *or* **keep in ~** bedenken; **to change one's ~** es sich *dat* anders überlegen; **to make up one's ~** sich entschließen; **I don't ~** das macht mir nichts aus; **~ you, ...** allerdings ...; **never ~!** macht nichts!; **"~ the step"** „Vorsicht Stufe"; **~ your own business** kümmern Sie sich um Ihre eigenen Angelegenheiten; **~er** *n* Aufpasser(in) *m(f)*; **~ful** *adj*: **~ful of** achtsam auf +*acc*; **~less** *adj* sinnlos
mine[1] [maɪn] *n* (*coal~*) Bergwerk *nt*; (*MIL*) Mine *f* ♦ *vt* abbauen; (*MIL*) verminen
mine[2] [maɪn] *pron* meine(r, s); **that book is mine** das Buch gehört mir; **a friend of mine** ein Freund von mir
minefield ['maɪnfi:ld] *n* Minenfeld *nt*
miner ['maɪnə*] *n* Bergarbeiter *m*
mineral ['mɪnərəl] *adj* mineralisch, Mineral- ♦ *n* Mineral *nt*; **~s** *npl* (*BRIT*: *soft drinks*) alkoholfreie Getränke *pl*; **~ water** *n* Mineralwasser *nt*
minesweeper ['maɪnswi:pə*] *n* Minensuchboot *nt*
mingle ['mɪŋgl] *vi*: **to ~ (with)** sich mischen (unter +*acc*)
miniature ['mɪnɪtʃə*] *adj* Miniatur- ♦ *n* Miniatur *f*
minibus ['mɪnɪbʌs] *n* Kleinbus *m*

minim ['mɪnɪm] *n* halbe Note *f*
minimal ['mɪnɪməl] *adj* minimal
minimize ['mɪnɪmaɪz] *vt* auf das Mindestmaß beschränken
minimum ['mɪnɪməm] (*pl* **minima**) *n* Minimum *nt* ♦ *adj* Mindest-
mining ['maɪnɪŋ] *n* Bergbau *m* ♦ *adj* Bergbau-, Berg-
miniskirt ['mɪnɪskɜ:t] *n* Minirock *m*
minister ['mɪnɪstə*] *n* (*BRIT: POL*) Minister *m*; (*ECCL*) Pfarrer *m* ♦ *vi*: **to ~ to sb/sb's needs** sich um jdn kümmern; **~ial** [mɪnɪs'tɪərɪəl] *adj* ministeriell, Minister-
ministry ['mɪnɪstrɪ] *n* (*BRIT: POL*) Ministerium *nt*; (*ECCL: office*) geistliche(s) Amt *nt*
mink [mɪŋk] *n* Nerz *m*
minnow ['mɪnəʊ] *n* Elritze *f*
minor ['maɪnə*] *adj* kleiner; (*operation*) leicht; (*problem, poet*) unbedeutend; (*MUS*) Moll ♦ *n* (*BRIT: under 18*) Minderjährige(r) *mf*
minority [maɪ'nɒrɪtɪ] *n* Minderheit *f*
mint [mɪnt] *n* Minze *f*; (*sweet*) Pfefferminzbonbon *nt* ♦ *vt* (*coins*) prägen; **the (Royal** *(BRIT) or* **US** *(US)*) **M~** die Münzanstalt; **in ~ condition** in tadellosem Zustand
minus ['maɪnəs] *n* Minuszeichen *nt*; (*amount*) Minusbetrag *m* ♦ *prep* minus, weniger
minuscule ['mɪnəskju:l] *adj* winzig
minute[1] [maɪ'nju:t] *adj* winzig; (*detailed*) minuziös
minute[2] ['mɪnɪt] *n* Minute *f*; (*moment*) Augenblick *m*; **minutes** *npl* (*of meeting etc*) Protokoll *nt*
miracle ['mɪrəkl] *n* Wunder *nt*
miraculous [mɪ'rækjʊləs] *adj* wunderbar
mirage ['mɪrɑ:ʒ] *n* Fata Morgana *f*
mire ['maɪə*] *n* Morast *m*
mirror ['mɪrə*] *n* Spiegel *m* ♦ *vt* (wider)spiegeln
mirth [mɜ:θ] *n* Heiterkeit *f*
misadventure [mɪsəd'ventʃə*] *n* Mißgeschick *nt*, Unfall *m*
misanthropist [mɪ'zænθrəpɪst] *n* Menschenfeind *m*
misapprehension ['mɪsæprɪ'henʃən] *n* Mißverständnis *nt*
misbehave ['mɪsbɪ'heɪv] *vi* sich schlecht benehmen
miscalculate ['mɪs'kælkjʊleɪt] *vt* falsch berechnen
miscarriage ['mɪskærɪdʒ] *n* (*MED*) Fehlgeburt *f*; **~ of justice** Fehlurteil *nt*
miscellaneous [mɪsɪ'leɪnɪəs] *adj* verschieden
mischance [mɪs'tʃɑ:ns] *n* Mißgeschick *nt*
mischief ['mɪstʃɪf] *n* Unfug *m*
mischievous ['mɪstʃɪvəs] *adj* (*person*) durchtrieben; (*glance*) verschmitzt; (*rumour*) bösartig
misconception ['mɪskən'sepʃən] *n* fälschliche Annahme *f*
misconduct [mɪs'kɒndʌkt] *n* Vergehen *nt*; **professional ~** Berufsvergehen *nt*
misconstrue ['mɪskən'stru:] *vt* mißverstehen
misdeed [mɪs'di:d] *n* Untat *f*
misdemeanour [mɪsdɪ'mi:nə*] (*US* **misdemeanor**) *n* Vergehen *nt*
miser ['maɪzə*] *n* Geizhals *m*
miserable ['mɪzərəbl] *adj* (*unhappy*) unglücklich; (*headache, weather*) fürchterlich; (*poor*) elend; (*contemptible*) erbärmlich
miserly ['maɪzəlɪ] *adj* geizig
misery ['mɪzərɪ] *n* Elend *nt*, Qual *f*
misfire ['mɪs'faɪə*] *vi* (*gun*) versagen; (*engine*) fehlzünden; (*plan*) fehlgehen
misfit ['mɪsfɪt] *n* Außenseiter *m*
misfortune [mɪs'fɔ:tʃən] *n* Unglück *nt*
misgiving(s) [mɪs'gɪvɪŋ(z)] *n(pl)* Bedenken *pl*
misguided ['mɪs'gaɪdɪd] *adj* fehlgeleitet; (*opinions*) irrig
mishandle ['mɪs'hændl] *vt* falsch handhaben
mishap ['mɪshæp] *n* Mißgeschick *nt*
misinform ['mɪsɪn'fɔ:m] *vt* falsch unterrichten
misinterpret ['mɪsɪn'tɜ:prɪt] *vt*

falsch auffassen

misjudge ['mɪs'dʒʌdʒ] *vt* falsch beurteilen

mislay [mɪs'leɪ] (*irreg: like* **lay**) *vt* verlegen

mislead [mɪs'li:d] (*irreg: like* **lead**) *vt* (*deceive*) irreführen; **~ing** *adj* irreführend

mismanage ['mɪs'mænɪdʒ] *vt* schlecht verwalten

misnomer ['mɪs'nəʊmə*] *n* falsche Bezeichnung *f*

misogynist [mɪ'sɒdʒɪnɪst] *n* Weiberfeind *m*

misplace ['mɪs'pleɪs] *vt* verlegen

misprint ['mɪsprɪnt] *n* Druckfehler *m*

Miss [mɪs] *n* Fräulein *nt*

miss [mɪs] *vt* (*fail to hit, catch*) verfehlen; (*not notice*) verpassen; (*be too late*) versäumen, verpassen; (*omit*) auslassen; (*regret the absence of*) vermissen ♦ *vi* fehlen ♦ *n* (*shot*) Fehlschuß *m*; (*failure*) Fehlschlag *m*; **I ~ you** du fehlst mir; **~ out** *vt* auslassen

missal ['mɪsəl] *n* Meßbuch *nt*

misshapen ['mɪs'ʃeɪpən] *adj* mißgestaltet

missile ['mɪsaɪl] *n* Rakete *f*

missing ['mɪsɪŋ] *adj* (*person*) vermißt; (*thing*) fehlend; **to be ~** fehlen

mission ['mɪʃən] *n* (*work*) Auftrag *m*; (*people*) Delegation *f*; (*REL*) Mission *f*; **~ary** *n* Missionar(in) *m(f)*

misspell ['mɪs'spel] (*irreg: like* **spell**) *vt* falsch schreiben

misspent ['mɪs'spent] *adj* (*youth*) vergeudet

mist [mɪst] *n* Dunst *m*, Nebel *m* ♦ *vi* (*also: ~ over, ~ up*) sich trüben; (*BRIT: windows*) sich beschlagen

mistake [mɪs'teɪk] (*irreg: like* **take**) *n* Fehler *m* ♦ *vt* (*misunderstand*) mißverstehen; (*mix up*): **to ~ (sth for sth)** (etw mit etw) verwechseln; **to make a ~** einen Fehler machen; **by ~** aus Versehen; **to ~ A for B** A mit B verwechseln; **mistaken** *pp of* **mistake** ♦ *adj* (*idea*) falsch; **to be ~n** sich irren

mister ['mɪstə*] *n* (*inf*) Herr *m*; *see* **Mr**

mistletoe ['mɪsltəʊ] *n* Mistel *f*

mistook [mɪs'tʊk] *pt of* **mistake**

mistress ['mɪstrɪs] *n* (*teacher*) Lehrerin *f*; (*in house*) Herrin *f*; (*lover*) Geliebte *f*; *see* **Mrs**

mistrust ['mɪs'trʌst] *vt* mißtrauen +*dat*

misty ['mɪstɪ] *adj* neblig

misunderstand ['mɪsʌndə'stænd] (*irreg: like* **understand**) *vt, vi* mißverstehen, falsch verstehen; **~ing** *n* Mißverständnis *nt*; (*disagreement*) Meinungsverschiedenheit *f*

misuse [*n* 'mɪs'ju:s, *vb* 'mɪs'ju:z] *n* falsche(r) Gebrauch *m* ♦ *vt* falsch gebrauchen

mitigate ['mɪtɪgeɪt] *vt* mildern

mitt(en) ['mɪt(n)] *n* Fausthandschuh *m*

mix [mɪks] *vt* (*blend*) (ver)mischen ♦ *vi* (*liquids*) sich (ver)mischen lassen; (*people: get on*) sich vertragen; (: *associate*) Kontakt haben ♦ *n* (*mixture*) Mischung *f*; **~ up** *vt* zusammenmischen; (*confuse*) verwechseln; **~ed** *adj* gemischt; **~ed-up** *adj* durcheinander; **~er** *n* (*for food*) Mixer *m*; **~ture** *n* Mischung *f*; **~-up** *n* Durcheinander *nt*

mm *abbr* (= *millimetre(s)*) mm

moan [məʊn] *n* Stöhnen *nt*; (*complaint*) Klage *f* ♦ *vi* stöhnen; (*complain*) maulen

moat [məʊt] *n* (Burg)graben *m*

mob [mɒb] *n* Mob *m*; (*the masses*) Pöbel *m* ♦ *vt* (*star*) herfallen über +*acc*

mobile ['məʊbaɪl] *adj* beweglich; (*library etc*) fahrbar ♦ *n* (*decoration*) Mobile *nt*; **~ home** *n* Wohnwagen *m*; **~ phone** *n* (*TEL*) Mobiltelefon *nt*

mobility [məʊ'bɪlɪtɪ] *n* Beweglichkeit *f*

mobilize ['məʊbɪlaɪz] *vt* mobilisieren

moccasin ['mɒkəsɪn] *n* Mokassin *m*

mock [mɒk] *vt* verspotten; (*defy*) trotzen +*dat* ♦ *adj* Schein-; **~ery** *n* Spott *m*; (*person*) Gespött *nt*

mod [mɒd] *adj see* **convenience**

mode [məʊd] *n* (Art *f* und) Weise *f*

model ['mɒdl] *n* Modell *nt*; (*example*) Vorbild *nt*; (*in fashion*) Mannequin *nt* ♦ *adj* (*railway*) Modell-; (*perfect*) Muster-; vorbildlich ♦ *vt* (*make*) bilden; (*clothes*) vorführen ♦ *vi* als Mannequin arbeiten

modem ['məʊdem] *n* (*COMPUT*) Modem *nt*

moderate [*adj, n* 'mɒdərət, *vb* 'mɒdəreɪt] *adj* gemäßigt ♦ *n* (*POL*) Gemäßigte(r) *mf* ♦ *vi* sich mäßigen ♦ *vt* mäßigen

moderation [mɒdə'reɪʃən] *n* Mäßigung *f*; **in** ~ mit Maßen

modern ['mɒdən] *adj* modern; (*history, languages*) neuere(r, s); (*Greek etc*) Neu-; ~**ize** *vt* modernisieren

modest ['mɒdɪst] *adj* bescheiden; ~**y** *n* Bescheidenheit *f*

modicum ['mɒdɪkəm] *n* bißchen *nt*

modification [mɒdɪfɪ'keɪʃən] *n* (Ab)änderung *f*

modify ['mɒdɪfaɪ] *vt* abändern

module ['mɒdjʊl] *n* (*component*) (Bau)element *nt*; (*SPACE*) (Raum)kapsel *f*

mogul ['məʊgəl] *n* (*fig*) Mogul *m*

mohair ['məʊhɛə*] *n* Mohair *m*

moist [mɔɪst] *adj* feucht; ~**en** ['mɔɪsn] *vt* befeuchten; ~**ure** ['mɔɪstʃə*] *n* Feuchtigkeit *f*; ~**urizer** ['mɔɪstʃəraɪzə*] *n* Feuchtigkeitscreme *f*

molar ['məʊlə*] *n* Backenzahn *m*

molasses [mə'læsɪz] *n* Melasse *f*

mold [məʊld] (*US*) = **mould**

mole [məʊl] *n* (*spot*) Leberfleck *m*; (*animal*) Maulwurf *m*; (*pier*) Mole *f*

molest [məʊ'lest] *vt* belästigen

mollycoddle ['mɒlɪkɒdl] *vt* verhätscheln

molt [məʊlt] (*US*) *vi* = **moult**

molten ['məʊltən] *adj* geschmolzen

mom [mɒm] (*US*) *n* = **mum**

moment ['məʊmənt] *n* Moment *m*, Augenblick *m*; (*importance*) Tragweite *f*; **at the** ~ im Augenblick; ~**ary** *adj* kurz; ~**ous** [məʊ'mentəs] *adj* folgenschwer

momentum [məʊ'mentəm] *n* Schwung *m*; **to gather** ~ in Fahrt kommen

mommy ['mɒmɪ] (*US*) *n* = **mummy**

Monaco ['mɒnəkəʊ] *n* Monaco *nt*

monarch ['mɒnək] *n* Herrscher(in) *m(f)*; ~**y** *n* Monarchie *f*

monastery ['mɒnəstrɪ] *n* Kloster *nt*

monastic [mə'næstɪk] *adj* klösterlich, Kloster-

Monday ['mʌndeɪ] *n* Montag *m*

monetary ['mʌnɪtərɪ] *adj* Geld-; (*of currency*) Währungs-

money ['mʌnɪ] *n* Geld *nt*; **to make** ~ Geld verdienen; ~**lender** *n* Geldverleiher *m*; ~ **order** *n* Postanweisung *f*; ~-**spinner** (*inf*) *n* Verkaufsschlager *m* (*inf*)

mongol ['mɒŋgəl] *n* (*MED*) mongoloide(s) Kind *nt* ♦ *adj* mongolisch; (*MED*) mongoloid

mongrel ['mʌŋgrəl] *n* Promenadenmischung *f*

monitor ['mɒnɪtə*] *n* (*SCH*) Klassenordner *m*; (*television* ~) Monitor *m* ♦ *vt* (*broadcasts*) abhören; (*control*) überwachen

monk [mʌŋk] *n* Mönch *m*

monkey ['mʌŋkɪ] *n* Affe *m*; ~ **nut** (*BRIT*) *n* Erdnuß *f*; ~ **wrench** *n* (*TECH*) Engländer *m*, Franzose *m*

monochrome ['mɒnəkrəʊm] *adj* schwarz-weiß

monopolize [mə'nɒpəlaɪz] *vt* beherrschen

monopoly [mə'nɒpəlɪ] *n* Monopol *nt*

monosyllable ['mɒnəsɪləbl] *n* einsilbige(s) Wort *nt*

monotone ['mɒnətəʊn] *n* gleichbleibende(r) Ton(fall) *m*; **to speak in a** ~ monoton sprechen

monotonous [mə'nɒtənəs] *adj* eintönig

monotony [mə'nɒtənɪ] *n* Eintönigkeit *f*, Monotonie *f*

monsoon [mɒn'su:n] *n* Monsun *m*

monster ['mɒnstə*] *n* Ungeheuer *nt*;

(*person*) Scheusal *nt*

monstrosity [mɒnsˈtrɒsɪtɪ] *n* Ungeheuerlichkeit *f*; (*thing*) Monstrosität *f*

monstrous [ˈmɒnstrəs] *adj* (*shocking*) gräßlich, ungeheuerlich; (*huge*) riesig

month [mʌnθ] *n* Monat *m*; **~ly** *adj* monatlich, Monats- ♦ *adv* einmal im Monat ♦ *n* (*magazine*) Monatsschrift *f*

monument [ˈmɒnjʊmənt] *n* Denkmal *nt*; **~al** [mɒnjʊˈmentl] *adj* (*huge*) gewaltig; (*ignorance*) ungeheuer

moo [muː] *vi* muhen

mood [muːd] *n* Stimmung *f*, Laune *f*; **to be in a good/bad ~** gute/schlechte Laune haben; **~y** *adj* launisch

moon [muːn] *n* Mond *m*; **~light** *n* Mondlicht *nt*; **~lighting** *n* Schwarzarbeit *f*; **~lit** *adj* mondhell

moor [mʊə*] *n* Heide *f*, Hochmoor *nt* ♦ *vt* (*ship*) festmachen, verankern ♦ *vi* anlegen; **~ings** *npl* Liegeplatz *m*

moorland [ˈmʊələnd] *n* Heidemoor *nt*

moose [muːs] *n* Elch *m*

mop [mɒp] *n* Mop *m* ♦ *vt* (auf)wischen; **~ up** *vt* aufwischen

mope [məʊp] *vi* Trübsal blasen

moped [ˈməʊped] *n* Moped *nt*

moral [ˈmɒrəl] *adj* moralisch; (*values*) sittlich; (*virtuous*) tugendhaft ♦ *n* Moral *f*; **~s** *npl* (*ethics*) Moral *f*; **~e** [mɒˈrɑːl] *n* Moral *f*; **~ity** [məˈrælɪtɪ] *n* Sittlichkeit *f*

morass [məˈræs] *n* Sumpf *m*

morbid [ˈmɔːbɪd] *adj* krankhaft; (*jokes*) makaber

KEYWORD

more [mɔː*] *adj* (*greater in number etc*) mehr; (*additional*) noch mehr; **do you want (some) more tea?** möchten Sie noch etwas Tee?; **I have no** *or* **I don't have any more money** ich habe kein Geld mehr

♦ *pron* (*greater amount*) mehr; (*further or additional amount*) noch mehr; **is there any more?** gibt es noch mehr?; (*left over*) ist noch etwas da?; **there's no more** es ist nichts mehr da

♦ *adv* mehr; **more dangerous/easily** *etc* **(than)** gefährlicher/einfacher *etc* (als); **more and more** immer mehr; **more and more excited** immer aufgeregter; **more or less** mehr oder weniger; **more than ever** mehr denn je; **more beautiful than ever** schöner denn je

moreover [mɔːˈrəʊvə*] *adv* überdies

morgue [mɔːg] *n* Leichenschauhaus *nt*

moribund [ˈmɒrɪbʌnd] *adj* aussterbend

Mormon [ˈmɔːmən] *n* Mormone *m*, Mormonin *f*

morning [ˈmɔːnɪŋ] *n* Morgen *m*; **in the ~** am Morgen; **7 o'clock in the ~** 7 Uhr morgens

Morocco [məˈrɒkəʊ] *n* Marokko *nt*

moron [ˈmɔːrɒn] *n* Schwachsinnige(r) *mf*

morose [məˈrəʊs] *adj* mürrisch

morphine [ˈmɔːfiːn] *n* Morphium *nt*

Morse [mɔɪs] *n* (*also*: *~ code*) Morsealphabet *nt*

morsel [ˈmɔɪsl] *n* Bissen *m*

mortal [ˈmɔːtl] *adj* sterblich; (*deadly*) tödlich; (*very great*) Todes- ♦ *n* (*human being*) Sterbliche(r) *mf*; **~ity** [mɔːˈtælɪtɪ] *n* Sterblichkeit *f*; (*death rate*) Sterblichkeitsziffer *f*

mortar [ˈmɔːtə*] *n* (*for building*) Mörtel *m*; (*bowl*) Mörser *m*; (*MIL*) Granatwerfer *m*

mortgage [ˈmɔːgɪdʒ] *n* Hypothek *f* ♦ *vt* hypothekarisch belasten; **~ company** *n* ≈ Bausparkasse *f*

mortify [ˈmɔːtɪfaɪ] *vt* beschämen

mortuary [ˈmɔːtjʊərɪ] *n* Leichenhalle *f*

mosaic [məʊˈzeɪɪk] *n* Mosaik *nt*

Moscow [ˈmɒskəʊ] *n* Moskau *nt*

Moslem [ˈmɒzləm] = **Muslim**

mosque [mɒsk] *n* Moschee *f*

mosquito [mɒsˈkiːtəʊ] (*pl* **~es**) *n*

Moskito *m*

moss [mɒs] *n* Moos *nt*

most [məʊst] *adj* meiste(r, s) ♦ *adv* am meisten; (*very*) höchst ♦ *n* das meiste, der größte Teil; (*people*) die meisten; ~ **men** die meisten Männer; **at the (very)** ~ allerhöchstens; **to make the** ~ **of** das Beste machen aus; **a** ~ **interesting book** ein höchst interessantes Buch; ~**ly** *adv* größtenteils

MOT (*BRIT*) *n abbr* (= *Ministry of Transport*): **the** ~ **(test)** ≈ der TÜV

motel [məʊ'tel] *n* Motel *nt*

moth [mɒθ] *n* Nachtfalter *m*; (*wool-eating*) Motte *f*; ~**ball** *n* Mottenkugel *f*

mother ['mʌðə*] *n* Mutter *f* ♦ *vt* bemuttern; ~**hood** *n* Mutterschaft *f*; ~**-in-law** *n* Schwiegermutter *f*; ~**ly** *adj* mütterlich; ~**-to-be** *n* werdende Mutter *f*; ~ **tongue** *n* Muttersprache *f*

motif [məʊ'ti:f] *n* Motiv *nt*

motion ['məʊʃən] *n* Bewegung *f*; (*in meeting*) Antrag *m* ♦ *vt, vi*: **to** ~ **(to) sb** jdm winken, jdm zu verstehen geben; ~**less** *adj* regungslos; ~ **picture** *n* Film *m*

motivated ['məʊtɪveɪtɪd] *adj* motiviert

motivation [məʊtɪ'veɪʃən] *n* Motivierung *f*

motive ['məʊtɪv] *n* Motiv *nt*, Beweggrund *m* ♦ *adj* treibend

motley ['mɒtlɪ] *adj* bunt

motor ['məʊtə*] *n* Motor *m*; (*BRIT*: *inf*: *vehicle*) Auto *nt* ♦ *adj* Motor-; ~**bike** *n* Motorrad *nt*; ~**boat** *n* Motorboot *nt*; ~**car** (*BRIT*) *n* Auto *nt*; ~**cycle** *n* Motorrad *nt*; ~**cyclist** *n* Motorradfahrer(in) *m(f)*; ~**ing** (*BRIT*) *n* Autofahren *nt* ♦ *adj* Auto-; ~**ist** ['məʊtərɪst] *n* Autofahrer(in) *m(f)*; ~ **racing** (*BRIT*) *n* Autorennen *nt*; ~ **vehicle** *n* Kraftfahrzeug *nt*; ~**way** (*BRIT*) *n* Autobahn *f*

mottled ['mɒtld] *adj* gesprenkelt

motto ['mɒtəʊ] (*pl* ~**es**) *n* Motto *nt*

mould [məʊld] (*US* **mold**) *n* Form *f*; (*mildew*) Schimmel *m* ♦ *vt* (*also fig*) formen; ~**er** *vi* (*decay*) vermodern; ~**y** *adj* schimmelig

moult [məʊlt] (*US* **molt**) *vi* sich mausern

mound [maʊnd] *n* (Erd)hügel *m*

mount [maʊnt] *n* (*liter*: *hill*) Berg *m*; (*horse*) Pferd *nt*; (*for jewel etc*) Fassung *f* ♦ *vt* (*horse*) steigen auf +*acc*; (*put in setting*) fassen; (*exhibition*) veranstalten; (*attack*) unternehmen ♦ *vi* (*also*: ~ *up*) sich häufen; (*on horse*) aufsitzen

mountain ['maʊntɪn] *n* Berg *m* ♦ *cpd* Berg-; ~ **bike** *n* Mountain-Bike *nt*; ~**eer** [maʊntɪ'nɪə*] *n* Bergsteiger(in) *m(f)*; ~**eering** *n* Bergsteigen *nt*; ~**ous** *adj* bergig; ~ **rescue team** *n* Bergwacht *f*; ~**side** *n* Berg(ab)hang *m*

mourn [mɔ:n] *vt* betrauen, beklagen ♦ *vi*: **to** ~ **(for sb)** (um jdn) trauern; ~**er** *n* Trauernde(r) *mf*; ~**ful** *adj* traurig; ~**ing** *n* (*grief*) Trauer *f* ♦ *cpd* (*dress*) Trauer-; **in** ~**ing** (*period etc*) in Trauer; (*dress*) in Trauerkleidung *f*

mouse [maʊs] (*pl* **mice**) *n* Maus *f*; ~**trap** *n* Mausefalle *f*

mousse [mu:s] *n* (*CULIN*) Creme *f*; (*cosmetic*) Schaumfestiger *m*

moustache [məs'tɑ:ʃ] *n* Schnurrbart *m*

mousy ['maʊsɪ] *adj* (*colour*) mausgrau; (*person*) schüchtern

mouth [maʊθ, *pl* maʊðz] *n* Mund *m*; (*opening*) Öffnung *f*; (*of river*) Mündung *f*; ~**ful** *n* Mundvoll *m*; ~ **organ** *n* Mundharmonika *f*; ~**piece** *n* Mundstück *nt*; (*fig*) Sprachrohr *nt*; ~**wash** *n* Mundwasser *nt*; ~**watering** *adj* lecker, appetitlich

movable ['mu:vəbl] *adj* beweglich

move [mu:v] *n* (*movement*) Bewegung *f*; (*in game*) Zug *m*; (*step*) Schritt *m*; (*of house*) Umzug *m* ♦ *vt* bewegen; (*people*) transportieren; (*in job*) versetzen; (*emotionally*) bewegen ♦ *vi* sich bewegen; (*vehicle, ship*) fahren; (*go to another house*) umziehen; **to**

get a ~ on sich beeilen; **to ~ sb to do sth** jdn veranlassen, etw zu tun; **~ about** *or* **around** *vi* sich hin- und herbewegen; (*travel*) unterwegs sein; **~ along** *vi* weitergehen; (*cars*) weiterfahren; **~ away** *vi* weggehen; **~ back** *vi* zurückgehen; (*to the rear*) zurückweichen; **~ forward** *vi* vorwärtsgehen, sich vorwärtsbewegen ♦ *vt* vorschieben; (*time*) vorverlegen; **~ in** *vi* (*to house*) einziehen; (*troops*) einrücken; **~ on** *vi* weitergehen ♦ *vt* weitergehen lassen; **~ out** *vi* (*of house*) ausziehen; (*troops*) abziehen; **~ over** *vi* zur Seite rücken; **~ up** *vi* aufsteigen; (*in job*) befördert werden ♦ *vt* nach oben bewegen; (*in job*) befördern

movement ['mu:vmənt] *n* Bewegung *f*

movie ['mu:vɪ] *n* Film *m*; **to go to the ~s** ins Kino gehen; **~ camera** *n* Filmkamera *f*

moving ['mu:vɪŋ] *adj* beweglich; (*touching*) ergreifend

mow [məʊ] (*pt* **mowed**, *pp* **mowed** *or* **mown**) *vt* mähen; **~ down** *vt* (*fig*) niedermähen; **~er** *n* (*machine*) Mähmaschine *f*; (*lawn~*) Rasenmäher *m*

mown [məʊn] *pp of* **mow**

MP *n abbr* = **Member of Parliament**

m.p.h. *abbr* = **miles per hour**

Mr ['mɪstə*] (*US* **Mr.**) *n* Herr *m*

Mrs ['mɪsɪz] (*US* **Mrs.**) *n* Frau *f*

Ms [mɪz] (*US* **Ms.**) *n* (= *Miss or Mrs*) Frau *f*

M.Sc. *n abbr* = **Master of Science**

much [mʌtʃ] *adj* viel ♦ *adv* sehr; viel ♦ *n* viel, eine Menge; **how ~ is it?** wieviel kostet das?; **too ~** zuviel; **it's not ~** es ist nicht viel; **as ~ as** sosehr, soviel; **however ~ he tries** sosehr er es auch versucht

muck [mʌk] *n* Mist *m*; (*fig*) Schmutz *m*; **~ about** *or* **around** (*inf*) *vi*: **to ~ about** *or* **around (with sth)** (an etw *dat*) herumalbern; **~ up** *vt* (*inf*: *ruin*) vermasseln; (*dirty*) dreckig machen; **~y** *adj* (*dirty*) dreckig

mucus ['mju:kəs] *n* Schleim *m*

mud [mʌd] *n* Schlamm *m*

muddle ['mʌdl] *n* Durcheinander *nt* ♦ *vt* (*also*: *~ up*) durcheinanderbringen; **~ through** *vi* sich durchwursteln

muddy ['mʌdɪ] *adj* schlammig

mudguard ['mʌdgɑ:d] *n* Schutzblech *nt*

mud-slinging ['mʌdslɪŋɪŋ] (*inf*) *n* Verleumdung *f*

muff [mʌf] *n* Muff *m* ♦ *vt* (*chance*) verpassen; (*lines*) verpatzen (*inf*)

muffin ['mʌfɪn] *n* süße(s) Teilchen *nt*

muffle ['mʌfl] *vt* (*sound*) dämpfen; (*wrap up*) einhüllen; **~d** *adj* gedämpft

muffler ['mʌflə*] (*US*) *n* (*AUT*) Schalldämpfer *m*

mug [mʌg] *n* (*cup*) Becher *m*; (*inf*: *face*) Visage *f*; (: *fool*) Trottel *m* ♦ *vt* überfallen und ausrauben; **~ging** *n* Überfall *m*

muggy ['mʌgɪ] *adj* (*weather*) schwül

mule [mju:l] *n* Maulesel *m*

mull [mʌl] : **~ over** *vt* nachdenken über +*acc*

mulled [mʌld] *adj* (*wine*) Glüh-

multi- ['mʌltɪ] *prefix* Multi-, multi

multicoloured ['mʌltɪ'kʌləd] (*US* **multicolored**) *adj* mehrfarbig

multi-level ['mʌltɪlevl] (*US*) *adj* = **multistorey**

multiple ['mʌltɪpl] *n* Vielfache(s) *nt* ♦ *adj* mehrfach; (*many*) mehrere; **~ sclerosis** *n* multiple Sklerose *f*

multiply ['mʌltɪplaɪ] *vt*: **to ~ (by)** multiplizieren (mit) ♦ *vi* (*BIOL*) sich vermehren

multistorey ['mʌltɪ'stɔ:rɪ] (*BRIT*) *adj* (*building, car park*) mehrstöckig

multitude ['mʌltɪtju:d] *n* Menge *f*

mum [mʌm] *n* (*BRIT*: *inf*) Mutti *f* ♦ *adj*: **to keep ~ (about)** den Mund halten (über +*acc*)

mumble ['mʌmbl] *vt, vi* murmeln ♦ *n* Gemurmel *nt*

mummy ['mʌmɪ] *n* (*dead body*) Mu-

mie *f*; (*BRIT*: *inf*) Mami *f*
mumps [mʌmps] *n* Mumps *m*
munch [mʌntʃ] *vt, vi* mampfen
mundane ['mʌn'deɪn] *adj* banal
municipal [mju:'nɪsɪpəl] *adj* städtisch, Stadt-; **~ity** [mju:nɪsɪ'pælɪtɪ] *n* Stadt *f* mit Selbstverwaltung
mural ['mjʊərəl] *n* Wandgemälde *nt*
murder ['mɜ:də*] *n* Mord *m* ♦ *vt* ermorden; **~er** *n* Mörder *m*; **~ous** *adj* Mord-; (*fig*) mörderisch
murky ['mɜ:kɪ] *adj* finster
murmur ['mɜ:mə*] *n* Murmeln *nt*; (*of water, wind*) Rauschen *nt* ♦ *vt, vi* murmeln
muscle ['mʌsl] *n* Muskel *m*; **~ in** *vi* mitmischen
muscular ['mʌskjʊlə*] *adj* Muskel-; (*strong*) muskulös
muse [mju:z] *vi* (nach)sinnen
museum [mju:'zɪəm] *n* Museum *nt*
mushroom ['mʌʃru:m] *n* Champignon *m*; Pilz *m* ♦ *vi* (*fig*) emporschießen
music ['mju:zɪk] *n* Musik *f*; (*printed*) Noten *pl*; **~al** *adj* (*sound*) melodisch; (*person*) musikalisch ♦ *n* (*show*) Musical *nt*; **~al instrument** *n* Musikinstrument *nt*; **~ hall** (*BRIT*) *n* Varieté *nt*; **~ian** [mju:'zɪʃən] *n* Musiker(in) *m(f)*
musk [mʌsk] *n* Moschus *m*
Muslim ['mʌzlɪm] *adj* moslemisch ♦ *n* Moslem *m*
muslin ['mʌzlɪn] *n* Musselin *m*
mussel ['mʌsl] *n* Miesmuschel *f*
must [mʌst] *vb aux* müssen; (*in negation*) dürfen ♦ *n* Muß *nt*; **the film is a ~** den Film muß man einfach gesehen haben
mustard ['mʌstəd] *n* Senf *m*
muster ['mʌstə*] *vt* (*MIL*) antreten lassen; (*courage*) zusammennehmen
mustn't ['mʌsnt] = **must not**
musty ['mʌstɪ] *adj* muffig
mute [mju:t] *adj* stumm ♦ *n* (*person*) Stumme(r) *mf*; (*MUS*) Dämpfer *m*
muted ['mju:tɪd] *adj* gedämpft
mutilate ['mju:tɪleɪt] *vt* verstümmeln
mutiny ['mju:tɪnɪ] *n* Meuterei *f* ♦ *vi* meutern
mutter ['mʌtə*] *vt, vi* murmeln
mutton ['mʌtn] *n* Hammelfleisch *nt*
mutual ['mju:tjʊəl] *adj* gegenseitig; beiderseitig; **~ly** *adv* gegenseitig; für beide Seiten
muzzle ['mʌzl] *n* (*of animal*) Schnauze *f*; (*for animal*) Maulkorb *m*; (*of gun*) Mündung *f* ♦ *vt* einen Maulkorb anlegen +*dat*
my [maɪ] *adj* mein; **this is ~ car** das ist mein Auto; **I've washed ~ hair** ich habe mir die Haare gewaschen
myopic [maɪ'ɒpɪk] *adj* kurzsichtig
myriad ['mɪrɪəd] *n*: **a ~ of** (*people, things*) unzählige
myself [maɪ'self] *pron* mich *acc*; mir *dat*; (*emphatic*) selbst; *see also* **oneself**
mysterious [mɪs'tɪərɪəs] *adj* geheimnisvoll
mystery ['mɪstərɪ] *n* (*secret*) Geheimnis *nt*; (*sth difficult*) Rätsel *nt*
mystify ['mɪstɪfaɪ] *vt* ein Rätsel sein +*dat*; verblüffen
mystique [mɪs'ti:k] *n* geheimnisvolle Natur *f*
myth [mɪθ] *n* Mythos *m*; (*fig*) Erfindung *f*; **~ology** [mɪ'θɒlədʒɪ] *n* Mythologie *f*

N

n/a *abbr* (= *not applicable*) nicht zutreffend
nab [næb] (*inf*) *vt* schnappen
nag [næg] *n* (*horse*) Gaul *m*; (*person*) Nörgler(in) *m(f)* ♦ *vt, vi*: **to ~ (at) sb** an jdm herumnörgeln; **~ging** *adj* (*doubt*) nagend ♦ *n* Nörgelei *f*
nail [neɪl] *n* Nagel *m* ♦ *vt* nageln; **to ~ sb down to doing sth** jdn darauf festnageln, etw zu tun; **~brush** *n* Nagelbürste *f*; **~file** *n* Nagelfeile *f*; **~ polish** *n* Nagellack *m*; **~ polish remover** *n* Nagellackentferner *m*; **~ scissors** *npl* Nagelschere *f*; **~ var-**

nish (*BRIT*) *n* = **nail polish**
naïve [naɪ'iːv] *adj* naiv
naked ['neɪkɪd] *adj* nackt
name [neɪm] *n* Name *m*; (*reputation*) Ruf *m* ♦ *vt* nennen; (*sth new*) benennen; (*appoint*) ernennen; **by ~** mit Namen; **I know him only by ~** ich kenne ihn nur dem Namen nach; **what's your ~?** wie heißen Sie?; **in the ~ of** im Namen +*gen*; (*for the sake of*) um +*gen* ...willen; **~less** *adj* namenlos; **~ly** *adv* nämlich; **~sake** *n* Namensvetter *m*
nanny ['nænɪ] *n* Kindermädchen *nt*
nap [næp] *n* (*sleep*) Nickerchen *nt*; (*on cloth*) Strich *m* ♦ *vi*: **to be caught ~ping** (*fig*) überrumpelt werden
nape [neɪp] *n* Nacken *m*
napkin ['næpkɪn] *n* (*at table*) Serviette *f*; (*BRIT*: *for baby*) Windel *f*
nappy ['næpɪ] (*BRIT*) *n* (*for baby*) Windel *f*; **~ liner** *n* Windeleinlage *f*; **~ rash** *n* wunde Stellen *pl*
narcissi [nɑː'sɪsaɪ] *npl of* **narcissus**
narcissus [nɑː'sɪsəs] *n* (*BOT*) Narzisse *f*
narcotic [nɑː'kɒtɪk] *adj* betäubend ♦ *n* Betäubungsmittel *nt*
narrative ['nærətɪv] *n* Erzählung *f* ♦ *adj* erzählend
narrator [nə'reɪtə*] *n* Erzähler(in) *m(f)*
narrow ['nærəʊ] *adj* eng, schmal; (*limited*) beschränkt ♦ *vi* sich verengen; **to have a ~ escape** mit knapper Not davonkommen; **to ~ sth down to sth** etw auf etw *acc* einschränken; **~ly** *adv* (*miss*) knapp; (*escape*) mit knapper Not; **~-minded** *adj* engstirnig
nasty ['nɑːstɪ] *adj* ekelhaft, fies; (*business, wound*) schlimm
nation ['neɪʃən] *n* Nation *f*, Volk *nt*; **~al** ['næʃənl] *adj* national, National-, Landes- ♦ *n* Staatsangehörige(r) *mf*; **~al dress** *n* Tracht *f*; **N~al Health Service** (*BRIT*) *n* Staatliche(r) Gesundheitsdienst *m*; **N~al Insurance** (*BRIT*) *n* Sozialversicherung *f*; **~alism** ['næʃnəlɪzəm] *n* Nationalismus *m*; **~alist** ['næʃnəlɪst] *n* Nationalist(in) *m(f)* ♦ *adj* nationalistisch; **~ality** [næʃə'nælɪtɪ] *n* Staatsangehörigkeit *f*; **~alize** ['næʃnəlaɪz] *vt* verstaatlichen; **~ally** ['næʃnəlɪ] *adv* national, auf Staatsebene; **~-wide** ['neɪʃənwaɪd] *adj, adv* allgemein, landesweit
native ['neɪtɪv] *n* (*born in*) Einheimische(r) *mf*; (*original inhabitant*) Eingeborene(r) *mf* ♦ *adj* (*coming from a certain place*) einheimisch; (*of the original inhabitants*) Eingeborenen-; (*belonging by birth*) heimatlich, Heimat-; (*inborn*) angeboren, natürlich; **a ~ of Germany** ein gebürtiger Deutscher; **a ~ speaker of French** ein französischer Muttersprachler; **~ American** *n* Indianer(in) *m(f)*, Ureinwohner(in) *m/f* Americas; **~ language** *n* Muttersprache *f*
Nativity [nə'tɪvɪtɪ] *n*: **the ~** Christi Geburt *no art*
NATO ['neɪtəʊ] *n abbr* (= *North Atlantic Treaty Organization*) NATO *f*
natter ['nætə*] (*BRIT*; *inf*) *vi* quatschen ♦ *n* Gequatsche *nt*
natural ['nætʃrəl] *adj* natürlich; Natur-; (*inborn*) (an)geboren; **~ gas** *n* Erdgas *nt*; **~ist** *n* Naturkundler(in) *m(f)*; **~ize** *vt* (*foreigner*) einbürgern; (*plant etc*) einführen; **~ly** *adv* natürlich
nature ['neɪtʃə*] *n* Natur *f*; **by ~** von Natur (aus)
naught [nɔːt] *n* = **nought**
naughty ['nɔːtɪ] *adj* (*child*) unartig, ungezogen; (*action*) ungehörig
nausea ['nɔːsɪə] *n* (*sickness*) Übelkeit *f*; (*disgust*) Ekel *m*; **~te** ['nɔːsɪeɪt] *vt* anekeln
nautical ['nɔːtɪkəl] *adj* nautisch; See-; (*expression*) seemännisch
naval ['neɪvəl] *adj* Marine-, Flotten-; **~ officer** *n* Marineoffizier *m*
nave [neɪv] *n* Kirchen(haupt)schiff *nt*
navel ['neɪvəl] *n* Nabel *m*
navigate ['nævɪgeɪt] *vi* navigieren
navigation [nævɪ'geɪʃən] *n* Naviga-

tion *f*

navigator ['nævɪgeɪtə*] *n* Steuermann *m*; (*AVIAT*) Navigator *m*; (*AUT*) Beifahrer(in) *m(f)*

navvy ['nævɪ] (*BRIT*) *n* Straßenarbeiter *m*

navy ['neɪvɪ] *n* (Kriegs)marine *f* ♦ *adj* marineblau

Nazi ['nɑ:tsɪ] *n* Nazi *m*

NB *abbr* (= *nota bene*) NB

near [nɪə*] *adj* nah ♦ *adv* in der Nähe ♦ *prep* (*also*: ~ *to*: *space*) in der Nähe +*gen*; (: *time*) um +*acc* ... herum ♦ *vt* sich nähern +*dat*; **a ~ miss** knapp daneben; **~by** *adj* nahe (gelegen) ♦ *adv* in der Nähe; **~ly** *adv* fast; **I ~ly fell** ich wäre fast gefallen; **~side** *n* (*AUT*) Beifahrerseite *f* ♦ *adj* auf der Beifahrerseite

near-sighted *adj* kurzsichtig

neat ['ni:t] *adj* (*tidy*) ordentlich; (*solution*) sauber; (*pure*) pur; **~ly** *adv* (*tidily*) ordentlich

nebulous ['nebjʊləs] *adj* nebulös

necessarily ['nesɪsərɪlɪ] *adv* unbedingt

necessary ['nesɪsərɪ] *adj* notwendig, nötig; **he did all that was ~** er erledigte alles, was nötig war; **it is ~ to/that ...** man muß ...

necessitate [nɪ'sesɪteɪt] *vt* erforderlich machen

necessity [nɪ'sesɪtɪ] *n* (*need*) Not *f*; (*compulsion*) Notwendigkeit *f*; **necessities** *npl* (*things needed*) das Notwendigste

neck [nek] *n* Hals *m* ♦ *vi* (*inf*) knutschen; **~ and ~** Kopf an Kopf

necklace ['neklɪs] *n* Halskette *f*

neckline ['neklaɪn] *n* Ausschnitt *m*

necktie ['nektaɪ] (*US*) *n* Krawatte *f*

née [neɪ] *adj* geborene

need [ni:d] *n* Bedürfnis *nt*; (*lack*) Mangel *m*; (*necessity*) Notwendigkeit *f*; (*poverty*) Not *f* ♦ *vt* brauchen; **I ~ to do it** ich muß es tun; **you don't ~ to go** du brauchst nicht zu gehen

needle ['ni:dl] *n* Nadel *f* ♦ *vt* (*fig*: *inf*) ärgern

needless ['ni:dlɪs] *adj* unnötig; **~ to say** natürlich

needlework ['ni:dlwɜ:k] *n* Handarbeit *f*

needn't ['ni:dnt] = **need not**

needy ['ni:dɪ] *adj* bedürftig

negation [nɪ'geɪʃən] *n* Verneinung *f*

negative ['negətɪv] *n* (*PHOT*) Negativ *nt* ♦ *adj* negativ; (*answer*) abschlägig

neglect [nɪ'glekt] *vt* vernachlässigen ♦ *n* Vernachlässigung *f*

negligee ['neglɪʒeɪ] *n* Negligé *nt*

negligence ['neglɪdʒəns] *n* Nachlässigkeit *f*

negligible ['neglɪdʒəbl] *adj* unbedeutend, geringfügig

negotiable [nɪ'gəʊʃɪəbl] *adj* (*cheque*) übertragbar, einlösbar

negotiate [nɪ'gəʊʃɪeɪt] *vi* verhandeln ♦ *vt* (*treaty*) abschließen; (*difficulty*) überwinden; (*corner*) nehmen; **negotiation** [nɪgəʊʃɪ'eɪʃən] *n* Verhandlung *f*; **negotiator** *n* Unterhändler *m*

Negress ['ni:gres] *n* Negerin *f*

Negro ['ni:grəʊ] *n* Neger *m* ♦ *adj* Neger-

neigh [neɪ] *vi* wiehern

neighbour ['neɪbə*] (*US* **neighbor**) *n* Nachbar(in) *m(f)*; **~hood** *n* Nachbarschaft *f*; Umgebung *f*; **~ing** *adj* benachbart, angrenzend; **~ly** *adj* (*person, attitude*) nachbarlich

neither ['naɪðə*] *adj, pron* keine(r, s) (von beiden) ♦ *conj*: **he can't do it, and ~ can I** er kann es nicht und ich auch nicht ♦ *adv*: **~ good nor bad** weder gut noch schlecht; **~ story is true** keine der beiden Geschichten stimmt

neon ['ni:ɔn] *n* Neon *nt*

nephew ['nefju:] *n* Neffe *m*

nerve [nɜ:v] *n* Nerv *m*; (*courage*) Mut *m*; (*impudence*) Frechheit *f*; **to have a fit of ~s** in Panik geraten; **~-racking** *adj* nervenaufreibend

nervous ['nɜ:vəs] *adj* (*of the nerves*) Nerven-; (*timid*) nervös, ängstlich; **~ breakdown** *n* Nervenzusammenbruch *m*; **~ness** *n* Nervosität *f*

nest [nest] *n* Nest *nt* ♦ *vi* nisten; ~ **egg** *n* (*fig*) Notgroschen *m*

nestle ['nesl] *vi* sich kuscheln

net [net] *n* Netz *nt* ♦ *adj* netto, Netto- ♦ *vt* netto einnehmen; ~**ball** *n* Netzball *m*; ~ **curtain** *n* Store *m*

Netherlands ['neðələndz] *npl*: **the** ~ die Niederlande *pl*

nett [net] *adj* = **net**

netting ['netɪŋ] *n* Netz(werk) *nt*

nettle ['netl] *n* Nessel *f*

network ['netwɜ:k] *n* Netz *nt*

neurotic [njʊə'rɔtɪk] *adj* neurotisch ♦ *n* Neurotiker(in) *m(f)*

neuter ['nju:tə*] *adj* (*BIOL*) geschlechtslos; (*GRAM*) sächlich ♦ *vt* kastrieren

neutral ['nju:trəl] *adj* neutral ♦ *n* (*AUT*) Leerlauf *m*; ~**ity** *n* Neutralität *f*; ~**ize** *vt* (*fig*) ausgleichen

never ['nevə*] *adv* nie(mals); **I** ~ **went** ich bin gar nicht gegangen; ~ **in my life** nie im Leben; ~**-ending** *adj* endlos; ~**theless** [nevəðə'les] *adv* trotzdem, dennoch

new [nju:] *adj* neu; **N**~ **Age** *adj* New-Age-; ~**born** *adj* neugeboren; ~**comer** ['nju:kʌmə*] *n* Neuankömmling *m*; ~**-fangled** (*pej*) *adj* neumodisch; ~**-found** *adj* neuentdeckt; ~**ly** *adv* frisch, neu; ~**ly-weds** *npl* Frischvermählte *pl*; ~ **moon** *n* Neumond *m*

news [nju:z] *n* Nachricht *f*; (*RAD, TV*) Nachrichten *pl*; **a piece of** ~ eine Nachricht; ~ **agency** *n* Nachrichtenagentur *f*; ~**agent** (*BRIT*) *n* Zeitungshändler *m*; ~**caster** *n* Nachrichtensprecher(in) *m(f)*; ~ **dealer** (*US*) *n* = **newsagent**; ~ **flash** *n* Kurzmeldung *f*; ~**letter** *n* Rundschreiben *nt*; ~**paper** *n* Zeitung *f*; ~**print** *n* Zeitungspapier *nt*; ~**reader** *n* = **newscaster**; ~**reel** *n* Wochenschau *f*; ~**stand** *n* Zeitungsstand *m*

newt [nju:t] *n* Wassermolch *m*

New Year *n* Neujahr *nt*; ~**'s Day** *n* Neujahrstag *m*; ~**'s Eve** *n* Silvester(abend *m*) *nt*

New York [-'jɔ:k] *n* New York *nt*

New Zealand [-'zi:lənd] *n* Neuseeland *nt*; ~**er** *n* Neuseeländer(in) *m(f)*

next [nekst] *adj* nächste(r, s) ♦ *adv* (*after*) dann, darauf; (~ *time*) das nächstemal; **the** ~ **day** am nächsten *or* folgenden Tag; ~ **time** das nächste Mal; ~ **year** nächstes Jahr; ~ **door** *adv* nebenan ♦ *adj* (*neighbour, flat*) von nebenan; ~ **of kin** *n* nächste(r) Verwandte(r) *mf*; ~ **to** *prep* neben; ~ **to nothing** so gut wie nichts

NHS *n abbr* = **National Health Service**

nib [nɪb] *n* Spitze *f*

nibble ['nɪbl] *vt* knabbern an +*dat*

nice [naɪs] *adj* (*person*) nett; (*thing*) schön; (*subtle*) fein; ~**-looking** *adj* gutaussehend; ~**ly** *adv* gut, nett; ~**ties** ['naɪsɪtɪz] *npl* Feinheiten *pl*

nick [nɪk] *n* Einkerbung *f* ♦ *vt* (*inf*: *steal*) klauen; **in the** ~ **of time** gerade rechtzeitig

nickel ['nɪkl] *n* Nickel *nt*; (*US*) Nickel *m* (*5 cents*)

nickname ['nɪkneɪm] *n* Spitzname *m* ♦ *vt* taufen

niece [ni:s] *n* Nichte *f*

Nigeria [naɪ'dʒɪərɪə] *n* Nigeria *nt*

niggling ['nɪglɪŋ] *adj* pedantisch; (*doubt*) quälend; (*detail*) kleinlich

night [naɪt] *n* Nacht *f*; (*evening*) Abend *m*; **the** ~ **before last** vorletzte Nacht; **at** *or* **by** ~ (*after midnight*) nachts; (*before midnight*) abends; ~**cap** *n* (*drink*) Schlummertrunk *m*; ~**club** *n* Nachtlokal *nt*; ~**dress** *n* Nachthemd *nt*; ~**fall** *n* Einbruch *m* der Nacht; ~ **gown** *n* = **nightdress**; ~**ie** ['naɪtɪ] (*inf*) *n* Nachthemd *nt*

nightingale ['naɪtɪŋgeɪl] *n* Nachtigall *f*

nightlife ['naɪtlaɪf] *n* Nachtleben *nt*

nightly ['naɪtlɪ] *adj, adv* jeden Abend; jede Nacht

nightmare ['naɪtmeə*] *n* Alptraum *m*

night : ~ **porter** *n* Nachtportier *m*;

~ **school** *n* Abendschule *f*; ~ **shift** *n* Nachtschicht *f*; ~**time** *n* Nacht *f*

nil [nɪl] *n* Null *f*

Nile [naɪl] *n*: **the** ~ der Nil

nimble ['nɪmbl] *adj* beweglich

nine [naɪn] *num* neun; ~**teen** *num* neunzehn; ~**ty** *num* neunzig

ninth [naɪnθ] *adj* neunte(r, s)

nip [nɪp] *vt* kneifen ♦ *n* Kneifen *nt*

nipple ['nɪpl] *n* Brustwarze *f*

nippy ['nɪpɪ] (*inf*) *adj* (*person*) flink; (*BRIT*: *car*) flott; (: *cold*) frisch

nitrogen ['naɪtrədʒən] *n* Stickstoff *m*

KEYWORD

no [nəʊ] (*pl* ~**es**) *adv* (*opposite of yes*) nein; **to answer no** (*to question*) mit Nein antworten; (*to request*) nein sagen; **no thank you** nein, danke ♦ *adj* (*not any*) kein(e); **I have no money/time** ich habe kein Geld/keine Zeit; **no smoking** Rauchen verboten
♦ *n* Nein *nt*; (*no vote*) Neinstimme *f*

nobility [nəʊ'bɪlɪtɪ] *n* Adel *m*

noble ['nəʊbl] *adj* (*rank*) adlig; (*splendid*) nobel, edel

nobody ['nəʊbədɪ] *pron* niemand, keiner

nocturnal [nɒk'tɜ:nl] *adj* (*tour, visit*) nächtlich; (*animal*) Nacht-

nod [nɒd] *vi* nicken ♦ *vt* nicken mit ♦ *n* Nicken *nt*; ~ **off** *vi* einnicken

noise [nɔɪz] *n* (*sound*) Geräusch *nt*; (*unpleasant, loud*) Lärm *m*

noisy ['nɔɪzɪ] *adj* laut; (*crowd*) lärmend

nominal ['nɒmɪnl] *adj* nominell

nominate ['nɒmɪneɪt] *vt* (*suggest*) vorschlagen; (*in election*) aufstellen; (*appoint*) ernennen

nomination [nɒmɪ'neɪʃən] *n* (*election*) Nominierung *f*; (*appointment*) Ernennung *f*

nominee [nɒmɪ'ni:] *n* Kandidat(in) *m(f)*

non- [nɒn] *prefix* Nicht-, un-; ~**-alcoholic** *adj* alkoholfrei; ~**-aligned** *adj* bündnisfrei

nonchalant ['nɒnʃələnt] *adj* lässig

non-committal ['nɒnkə'mɪtl] *adj* (*reserved*) zurückhaltend; (*uncommitted*) unverbindlich

nondescript ['nɒndɪskrɪpt] *adj* mittelmäßig

none [nʌn] *adj, pron* kein(e, er, es) ♦ *adv*: **he's** ~ **the worse for it** es hat ihm nicht geschadet; ~ **of you** keiner von euch; **I've** ~ **left** ich habe keinen mehr

nonentity [nɒ'nentɪtɪ] *n* Null *f* (*inf*)

nonetheless ['nʌnðə'les] *adv* nichtsdestoweniger

non-existent [nɒnɪg'zɪstənt] *adj* nicht vorhanden

non-fiction ['nɒn'fɪkʃən] *n* Sachbücher *pl*

nonplussed ['nɒn'plʌst] *adj* verdutzt

nonsense ['nɒnsəns] *n* Unsinn *m*

non : ~**-smoker** *n* Nichtraucher(in) *m(f)*; ~**-stick** *adj* (*pan, surface*) Teflon- (®); ~**-stop** *adj* Nonstop-

noodles ['nu:dlz] *npl* Nudeln *pl*

nook [nʊk] *n* Winkel *m*; ~**s and crannies** Ecken und Winkel

noon [nu:n] *n* (12 Uhr) Mittag *m*

no one ['nəʊwʌn] *pron* = **nobody**

noose [nu:s] *n* Schlinge *f*

nor [nɔ:*] *conj* = **neither** ♦ *adv see* **neither**

norm [nɔ:m] *n* (*convention*) Norm *f*; (*rule, requirement*) Vorschrift *f*

normal ['nɔ:məl] *adj* normal; ~**ly** *adv* normal; (*usually*) normalerweise

north [nɔ:θ] *n* Norden *m* ♦ *adj* nördlich, Nord- ♦ *adv* nördlich, nach *or* im Norden; **N**~ **Africa** *n* Nordafrika *nt*; ~**-east** *n* Nordosten *m*; ~**erly** ['nɔ:ðəlɪ] *adj* nördlich; ~**ern** ['nɔ:ðən] *adj* nördlich, Nord-; **N**~**ern Ireland** *n* Nordirland *nt*; **N**~ **Pole** *n* Nordpol *m*; **N**~ **Sea** *n* Nordsee *f*; ~**ward(s)** ['nɔ:θwəd(z)] *adv* nach Norden; ~**-west** *n* Nordwesten *m*

Norway ['nɔ:weɪ] *n* Norwegen *nt*

Norwegian [nɔ:'wɪ:dʒən] *adj* norwegisch ♦ *n* Norweger(in) *m(f)*; (*LING*) Norwegisch *nt*

nose [nəʊz] *n* Nase *f* ♦ *vi*: **to ~ about** herumschnüffeln; **~bleed** *n* Nasenbluten *nt*; **~-dive** *n* Sturzflug *m*; **~y** *adj* = **nosy**

nostalgia [nɒs'tældʒɪə] *n* Nostalgie *f*; **nostalgic** *adj* nostalgisch

nostril ['nɒstrɪl] *n* Nasenloch *nt*

nosy ['nəʊzɪ] (*inf*) *adj* neugierig

not [nɒt] *adv* nicht; **he is ~** *or* **isn't here** er ist nicht hier; **it's too late, isn't it?** es ist zu spät, oder *or* nicht wahr?; **~ yet/now** noch nicht/nicht jetzt; *see also* **all only**

notably ['nəʊtəblɪ] *adv* (*especially*) besonders; (*noticeably*) bemerkenswert

notary ['nəʊtərɪ] *n* Notar(in) *m(f)*

notch [nɒtʃ] *n* Kerbe *f*, Einschnitt *m*

note [nəʊt] *n* (*MUS*) Note *f*, Ton *m*; (*short letter*) Nachricht *f*; (*POL*) Note *f*; (*comment, attention*) Notiz *f*; (*of lecture etc*) Aufzeichnung *f*; (*bank~*) Schein *m*; (*fame*) Ruf *m* ♦ *vt* (*observe*) bemerken; (*write down*) notieren; **~book** *n* Notizbuch *nt*; **~d** ['nəʊtɪd] *adj* bekannt; **~pad** *n* Notizblock *m*; **~paper** *n* Briefpapier *nt*

nothing ['nʌθɪŋ] *n* nichts; **~ new/much** nichts Neues/nicht viel; **for ~** umsonst

notice ['nəʊtɪs] *n* (*announcement*) Bekanntmachung *f*; (*warning*) Ankündigung *f*; (*dismissal*) Kündigung *f* ♦ *vt* bemerken; **to take ~ of** beachten; **at short ~** kurzfristig; **until further ~** bis auf weiteres; **to hand in one's ~** kündigen; **~able** *adj* merklich; **~ board** *n* Anschlagtafel *f*

notify ['nəʊtɪfaɪ] *vt* benachrichtigen

notion ['nəʊʃən] *n* Idee *f*

notorious [nəʊ'tɔːrɪəs] *adj* berüchtigt

notwithstanding [nɒtwɪθ'stændɪŋ] *adv* trotzdem; **~ this** ungeachtet dessen

nought [nɔːt] *n* Null *f*

noun [naʊn] *n* Substantiv *nt*

nourish ['nʌrɪʃ] *vt* nähren; **~ing** *adj* nahrhaft; **~ment** *n* Nahrung *f*

novel ['nɒvəl] *n* Roman *m* ♦ *adj* neu(artig); **~ist** *n* Schriftsteller(in) *m(f)*; **~ty** *n* Neuheit *f*

November [nəʊ'vembə*] *n* November *m*

novice ['nɒvɪs] *n* Neuling *m*; (*ECCL*) Novize *m*

now [naʊ] *adv* jetzt; **right ~** jetzt, gerade; **by ~** inzwischen; **just ~** gerade; **~ and then, ~ and again** ab und zu, manchmal; **from ~ on** von jetzt an; **~adays** ['naʊədeɪz] *adv* heutzutage

nowhere ['nəʊwɛə*] *adv* nirgends

nozzle ['nɒzl] *n* Düse *f*

nubile ['nju:baɪl] *adj* (*woman*) gut entwickelt

nuclear ['nju:klɪə*] *adj* (*energy etc*) Atom-, Kern-

nuclei ['nju:klɪaɪ] *npl of* **nucleus**

nucleus ['nju:klɪəs] *n* Kern *m*

nude [nju:d] *adj* nackt ♦ *n* (*ART*) Akt *m*; **in the ~** nackt

nudge [nʌdʒ] *vt* leicht anstoßen

nudist ['nju:dɪst] *n* Nudist(in) *m(f)*

nudity ['nju:dɪtɪ] *n* Nacktheit *f*

nuisance ['nju:sns] *n* Ärgernis *nt*; **what a ~!** wie ärgerlich!

nuke [nju:k] (*inf*) *n* Kernkraftwerk *nt* ♦ *vt* atomar vernichten

null [nʌl] *adj*: **~ and void** null und nichtig

numb [nʌm] *adj* taub, gefühllos ♦ *vt* betäuben

number ['nʌmbə*] *n* Nummer *f*; (*numeral also*) Zahl *f*; (*quantity*) (An)zahl *f* ♦ *vt* (*give a ~ to*) numerieren; (*amount to*) sein; **to be ~ed among** gezählt werden zu; **a ~ of** (*several*) einige; **they were ten in ~** sie waren zehn an der Zahl; **~ plate** (*BRIT*) *n* (*AUT*) Nummernschild *nt*

numeral ['nju:mərəl] *n* Ziffer *f*

numerate ['nju:mərɪt] *adj* rechenkundig

numerical [nju:'merɪkəl] *adj* (*order*) zahlenmäßig

numerous ['nju:mərəs] *adj* zahlreich

nun [nʌn] *n* Nonne *f*

nurse [nɜ:s] *n* Krankenschwester *f*; (*for children*) Kindermädchen *nt* ♦ *vt* (*patient*) pflegen; (*doubt etc*) hegen
nursery ['nɜ:sərɪ] *n* (*for children*) Kinderzimmer *nt*; (*for plants*) Gärtnerei *f*; (*for trees*) Baumschule *f*; ~ **rhyme** *n* Kinderreim *m*; ~ **school** *n* Kindergarten *m*; ~ **slope** (*BRIT*) *n* (*SKI*) Idiotenhügel *m* (*inf*), Anfängerhügel *m*
nursing ['nɜ:sɪŋ] *n* (*profession*) Krankenpflege *f*; ~ **home** *n* Privatklinik *f*
nurture ['nɜ:tʃə*] *vt* aufziehen
nut [nʌt] *n* Nuß *f*; (*screw*) Schraubenmutter *f*; (*inf*) Verrückte(r) *mf*; **he's ~s** er ist verrückt
nutcrackers ['nʌtkrækəz] *npl* Nußknacker *m*
nutmeg ['nʌtmeg] *n* Muskat(nuß *f*) *m*
nutrient ['nju:trɪənt] *n* Nährstoff *m*
nutrition [nju:'trɪʃən] *n* Nahrung *f*
nutritious [nju:'trɪʃəs] *adj* nahrhaft
nylon ['naɪlɒn] *n* Nylon *nt* ♦ *adj* Nylon-

O

oak [əʊk] *n* Eiche *f* ♦ *adj* Eichen(holz)-
O.A.P. *abbr* = **old-age pensioner**
oar [ɔ:*] *n* Ruder *nt*
oases [əʊ'eɪsi:z] *npl of* **oasis**
oasis [əʊ'eɪsɪs] *n* Oase *f*
oath [əʊθ] *n* (*statement*) Eid *m*, Schwur *m*; (*swearword*) Fluch *m*
oatmeal ['əʊtmi:l] *n* Haferschrot *m*
oats [əʊts] *npl* Hafer *m*
obedience [ə'bi:dɪəns] *n* Gehorsam *m*
obedient [ə'bi:dɪənt] *adj* gehorsam
obesity [əʊ'bi:sɪtɪ] *n* Fettleibigkeit *f*
obey [ə'beɪ] *vt, vi*: **to ~ (sb)** (jdm) gehorchen
obituary [ə'bɪtjʊərɪ] *n* Nachruf *m*
object [*n* 'ɒbdʒɪkt, *vb* əb'dʒekt] *n* (*thing*) Gegenstand *m*, Objekt *nt*; (*purpose*) Ziel *nt* ♦ *vi* dagegen sein; **expense is no ~** Ausgaben spielen keine Rolle; **I ~!** ich protestiere!; **to ~ to sth** Einwände gegen etw haben; (*morally*) Anstoß an etw *acc* nehmen; **to ~ that** einwenden, daß; **~ion** [əb'dʒekʃən] *n* (*reason against*) Einwand *m*, Einspruch *m*; (*dislike*) Abneigung *f*; **I have no ~ion to ...** ich habe nichts gegen ... einzuwenden; **~ionable** [əb'dʒekʃnəbl] *adj* nicht einwandfrei; (*language*) anstößig; **~ive** [əb'dʒektɪv] *n* Ziel *nt* ♦ *adj* objektiv
obligation [ɒblɪ'geɪʃən] *n* Verpflichtung *f*; **without ~** unverbindlich
obligatory [ɒ'blɪgətərɪ] *adj* obligatorisch
oblige [ə'blaɪdʒ] *vt* (*compel*) zwingen; (*do a favour*) einen Gefallen tun +*dat*; **to be ~d to sb for sth** jdm für etw verbunden sein
obliging [ə'blaɪdʒɪŋ] *adj* entgegenkommend
oblique [ə'bli:k] *adj* schräg, schief ♦ *n* Schrägstrich *m*
obliterate [ə'blɪtəreɪt] *vt* auslöschen
oblivion [ə'blɪvɪən] *n* Vergessenheit *f*
oblivious [ə'blɪvɪəs] *adj* nicht bewußt
oblong ['ɒblɒŋ] *n* Rechteck *nt* ♦ *adj* länglich
obnoxious [əb'nɒkʃəs] *adj* widerlich
obscene [əb'si:n] *adj* obszön
obscenity [əb'senɪtɪ] *n* Obszönität *f*; **obscenities** *npl* (*swearwords*) Zoten *pl*
obscure [əb'skjʊə*] *adj* unklar; (*indistinct*) undeutlich; (*unknown*) unbekannt, obskur; (*dark*) düster ♦ *vt* verdunkeln; (*view*) verbergen; (*confuse*) verwirren
obscurity [əb'skjʊərɪtɪ] *n* Unklarheit *f*; (*darkness*) Dunkelheit *f*
obsequious [əb'si:kwɪəs] *adj* servil
observance [əb'zɜ:vəns] *n* Befolgung *f*
observant [əb'zɜ:vənt] *adj* aufmerksam

observation [ɒbzə'veɪʃən] *n* (*noticing*) Beobachtung *f*; (*surveillance*) Überwachung *f*; (*remark*) Bemerkung *f*

observatory [əb'zɜ:vətrɪ] *n* Sternwarte *f*, Observatorium *nt*

observe [əb'zɜ:v] *vt* (*notice*) bemerken; (*watch*) beobachten; (*customs*) einhalten; **~r** *n* Beobachter(in) *m(f)*

obsess [əb'ses] *vt* verfolgen, quälen; **~ion** [əb'seʃən] *n* Besessenheit *f*, Wahn *m*; **~ive** *adj* krankhaft

obsolescence [ɒbsə'lesns] *n* Veralten *nt*

obsolete ['ɒbsəli:t] *adj* überholt, veraltet

obstacle ['ɒbstəkl] *n* Hindernis *nt*; **~ race** *n* Hindernisrennen *nt*

obstetrics [ɒb'stetrɪks] *n* Geburtshilfe *f*

obstinate ['ɒbstɪnət] *adj* hartnäckig, stur

obstruct [əb'strʌkt] *vt* versperren; (*pipe*) verstopfen; (*hinder*) hemmen; **~ion** [əb'strʌkʃən] *n* Versperrung *f*; Verstopfung *f*; (*obstacle*) Hindernis *nt*

obtain [əb'teɪn] *vt* erhalten, bekommen; (*result*) erzielen

obtrusive [əb'tru:sɪv] *adj* aufdringlich

obvious ['ɒbvɪəs] *adj* offenbar, offensichtlich; **~ly** *adv* offensichtlich

occasion [ə'keɪʒən] *n* Gelegenheit *f*; (*special event*) Ereignis *nt*; (*reason*) Anlaß *m* ♦ *vt* veranlassen; **~al** *adj* gelegentlich; **~ally** *adv* gelegentlich

occupant ['ɒkjʊpənt] *n* Inhaber(in) *m(f)*; (*of house etc*) Bewohner(in) *m(f)*

occupation [ɒkjʊ'peɪʃən] *n* (*employment*) Tätigkeit *f*, Beruf *m*; (*pastime*) Beschäftigung *f*; (*of country*) Besetzung *f*, Okkupation *f*; **~al hazard** *n* Berufsrisiko *nt*

occupier ['ɒkjʊpaɪə*] *n* Bewohner(in) *m(f)*

occupy ['ɒkjʊpaɪ] *vt* (*take possession of*) besetzen; (*seat*) belegen; (*live in*) bewohnen; (*position, office*) bekleiden; (*position in sb's life*) einnehmen; (*time*) beanspruchen; **to ~ o.s. with sth** sich mit etw beschäftigen; **to ~ o.s. by doing sth** sich damit beschäftigen, etw zu tun

occur [ə'kɜ:*] *vi* vorkommen; **to ~ to sb** jdm einfallen; **~rence** *n* (*event*) Ereignis *nt*; (*appearing*) Auftreten *nt*

ocean ['əʊʃən] *n* Ozean *m*, Meer *nt*; **~-going** *adj* Hochsee-

o'clock [ə'klɒk] *adv*: **it is 5 ~** es ist 5 Uhr

OCR *n abbr* = **optical character reader**

octagonal [ɒk'tægənl] *adj* achteckig

October [ɒk'təʊbə*] *n* Oktober *m*

octopus ['ɒktəpəs] *n* Krake *f*; (*small*) Tintenfisch *m*

odd [ɒd] *adj* (*strange*) sonderbar; (*not even*) ungerade; (*the other part missing*) einzeln; (*surplus*) übrig; **60-odd** so um die 60; **at ~ times** ab und zu; **to be the ~ one out** (*person*) das fünfte Rad am Wagen sein, (*thing*) nicht dazugehören; **~ity** *n* (*strangeness*) Merkwürdigkeit *f*; (*queer person*) seltsame(r) Kauz *m*; (*thing*) Kuriosität *f*; **~-job man** (*irreg*) *n* Mädchen *nt* für alles; **~ jobs** *npl* gelegentlich anfallende Arbeiten; **~ly** *adv* seltsam; **~ments** *npl* Reste *pl*; **~s** *npl* Chancen *pl*; (*betting*) Gewinnchancen *pl*; **it makes no ~s** es spielt keine Rolle; **at ~s** uneinig; **~s and ends** *npl* Krimskrams *m*

odious ['əʊdɪəs] *adj* verhaßt; (*action*) abscheulich

odometer [əʊ'dɒmətə*] (*esp US*) *n* Tacho(meter) *m*

odour ['əʊdə*] (*US* **odor**) *n* Geruch *m*

KEYWORD

of [ɒv, əv] *prep* **1** von +*dat*, *use of gen*; **the history of Germany** die Geschichte Deutschlands; **a friend of ours** ein Freund von uns; **a boy of 10** ein 10-jähriger Junge; **that was kind of you** das war sehr freundlich von Ihnen

2 (*expressing quantity, amount, dates*

etc): **a kilo of flour** ein Kilo Mehl; **how much of this do you need?** wieviel brauchen Sie (davon)?; **there were 3 of them** (*people*) sie waren zu dritt; (*objects*) es gab 3 (davon); **a cup of tea/vase of flowers** eine Tasse Tee/Vase mit Blumen; **the 5th of July** der 5 Juli
3 (*from, out of*) aus; **a bridge made of wood** eine Holzbrücke, eine Brücke aus Holz

off [ɒf] *adj, adv* (*absent*) weg, fort; (*switch*) aus(geschaltet), ab(geschaltet); (*BRIT*: *food*: *bad*) schlecht; (*cancelled*) abgesagt ♦ *prep* von +*dat*; **to be ~** (*to leave*) gehen; **to be ~ sick** krank sein; **a day ~** ein freier Tag; **to have an ~ day** einen schlechten Tag haben; **he had his coat ~** er hatte seinen Mantel aus; **10% ~** (*COMM*) 10% Rabatt; **5 km ~ (the road)** 5 km (von der Straße) entfernt; **~ the coast** vor der Küste; **I'm ~ meat** (*no longer eat it*) ich esse kein Fleisch mehr; (*no longer like it*) ich mag kein Fleisch mehr; **on the ~ chance** auf gut Glück
offal ['ɒfəl] *n* Innereien *pl*
offbeat ['ɒfbi:t] *adj* unkonventionell
off-colour ['ɒf'kʌlə*] *adj* nicht wohl
offence [ə'fens] (*US* **offense**) *n* (*crime*) Vergehen *nt*, Straftat *f*; (*insult*) Beleidigung *f*; **to take ~ at** gekränkt sein wegen
offend [ə'fend] *vt* beleidigen; **~er** *n* Gesetzesübertreter *m*
offense [ə'fens] (*US*) *n* = **offence**
offensive [ə'fensɪv] *adj* (*unpleasant*) übel, abstoßend; (*weapon*) Kampf-; (*remark*) verletzend ♦ *n* Angriff *m*
offer ['ɒfə*] *n* Angebot *f* ♦ *vt* anbieten; (*opinion*) äußern; (*resistance*) leisten; **on ~** zum Verkauf angeboten; **~ing** *n* Gabe *f*
offhand ['ɒf'hænd] *adj* lässig ♦ *adv* ohne weiteres
office ['ɒfɪs] *n* Büro *nt*; (*position*) Amt *nt*; **doctor's ~** (*US*) Praxis *f*; **to take ~** sein Amt antreten; (*POL*) die Regierung übernehmen; **~ automation** *n* Büroautomatisierung *f*; **~ block** (*US* **office building**) *n* Büro(hoch)haus *nt*; **~ hours** *npl* Dienstzeit *f*; (*US*: *MED*) Sprechstunde *f*
officer ['ɒfɪsə*] *n* (*MIL*) Offizier *m*; (*public ~*) Beamte(r) *m*
official [ə'fɪʃəl] *adj* offiziell, amtlich ♦ *n* Beamte(r) *m*; **~dom** *n* Beamtentum *nt*
officiate [ə'fɪʃɪeɪt] *vi* amtieren
officious [ə'fɪʃəs] *adj* aufdringlich
offing ['ɒfɪŋ] *n*: **in the ~** in (Aus)sicht
off: **~-licence** (*BRIT*) *n* (*shop*) Wein- und Spirituosenhandlung *f*; **~-line** *adj* (*COMPUT*) Off-line- ♦ *adv* off line; **~-peak** *adj* (*charges*) verbilligt; **~-putting** (*BRIT*) *adj* (*person, remark etc*) abstoßend; **~-season** *adj* außer Saison
offset ['ɒfset] (*irreg: like* **set**) *vt* ausgleichen ♦ *n* (*also*: *~ printing*) Offset(druck) *m*
offshoot ['ɒfʃu:t] *n* (*fig*: *of organization*) Zweig *m*; (: *of discussion etc*) Randergebnis *nt*
offshore ['ɒf'ʃɔ:*] *adv* in einiger Entfernung von der Küste ♦ *adj* küstennah, Küsten-
offside ['ɒf'saɪd] *adj* (*SPORT*) im Abseits ♦ *adv* abseits ♦ *n* (*AUT*) Fahrerseite *f*
offspring ['ɒfsprɪŋ] *n* Nachkommenschaft *f*; (*one*) Sprößling *m*
off: **~stage** *adv* hinter den Kulissen; **~-the-cuff** *adj* unvorbereitet, aus dem Stegreif; **~-the-peg** (*US* **off-the-rack**) *adv* von der Stange; **~-white** *adj* naturweiß
often ['ɒfən] *adv* oft
ogle ['əʊgl] *vt* liebäugeln mit
oh [əʊ] *excl* oh, ach
oil [ɔɪl] *n* Öl *nt* ♦ *vt* ölen; **~can** *n* Ölkännchen *nt*; **~field** *n* Ölfeld *nt*; **~ filter** *n* (*AUT*) Ölfilter *m*; **~-fired** *adj* Öl-; **~ painting** *n* Ölgemälde *nt*; **~-rig** *n* Ölplattform *f*; **~skins** *npl* Ölzeug *nt*; **~ tanker** *n* (Öl)tanker *m*;

~ **well** *n* Ölquelle *f*; ~**y** *adj* ölig; (*dirty*) ölbeschmiert

ointment ['ɔɪntmənt] *n* Salbe *f*

O.K. ['əʊ'keɪ] *excl* in Ordnung, O.K. ♦ *adj* in Ordnung ♦ *vt* genehmigen

okay ['əʊ'keɪ] = **O.K.**

old [əʊld] *adj* alt; **how ~ are you?** wie alt bist du?; **he's 10 years ~** er ist 10 Jahre alt; **~er brother** ältere(r) Bruder *m*; **~ age** *n* Alter *nt*; **~-age pensioner** (*BRIT*) *n* Rentner(in) *m(f)*; **~-fashioned** *adj* altmodisch

olive ['ɒlɪv] *n* (*fruit*) Olive *f*; (*colour*) Olive *nt* ♦ *adj* Oliven-; (*coloured*) olivenfarbig; **~ oil** *n* Olivenöl *nt*

Olympic [əʊ'lɪmpɪk] *adj* olympisch; **the ~ Games, the ~s** die Olympischen Spiele

omelet(te) ['ɒmlət] *n* Omelett *nt*

omen ['əʊmən] *n* Omen *nt*

ominous ['ɒmɪnəs] *adj* bedrohlich

omission [əʊ'mɪʃən] *n* Auslassung *f*; (*neglect*) Versäumnis *nt*

omit [əʊ'mɪt] *vt* auslassen; (*fail to do*) versäumen

KEYWORD

on [ɒn] *prep* **1** (*indicating position*) auf +*dat*; (*with vb of motion*) auf +*acc*; (*on vertical surface, part of body*) an +*dat/acc*; **it's on the table** es ist auf dem Tisch; **she put the book on the table** sie legte das Buch auf den Tisch; **on the left** links

2 (*indicating means, method, condition etc*): **on foot** (*go, be*) zu Fuß; **on the train/plane** (*go*) mit dem Zug/Flugzeug; (*be*) im Zug/Flugzeug; **on the telephone/television** am Telefon/im Fernsehen; **to be on drugs** Drogen nehmen; **to be on holiday/business** im Urlaub/auf Geschäftsreise sein

3 (*referring to time*): **on Friday** (am) Freitag; **on Fridays** freitags; **on June 20th** am 20. Juni; **a week on Friday** Freitag in einer Woche; **on arrival he ...** als er ankam,

4 (*about, concerning*) über +*acc*

♦ *adv* **1** (*referring to dress*) an; **she put her boots/hat on** sie zog ihre Stiefel an/setzte ihren Hut auf

2 (*further, continuously*) weiter; **to walk on** weitergehen

♦ *adj* **1** (*functioning, in operation: machine, TV, light*) an; (: *tap*) aufgedreht; (: *brakes*) angezogen; **is the meeting still on?** findet die Versammlung noch statt?; **there's a good film on** es läuft ein guter Film

2: **that's not on!** (*inf: of behaviour*) das liegt nicht drin!

once [wʌns] *adv* einmal ♦ *conj* wenn ... einmal; **~ he had left/it was done** nachdem er gegangen war/es fertig war; **at ~** sofort; (*at the same time*) gleichzeitig; **~ a week** einmal in der Woche; **~ more** noch einmal; **~ and for all** ein für allemal; **~ upon a time** es war einmal

oncoming ['ɒnkʌmɪŋ] *adj* (*traffic*) Gegen-, entgegenkommend

KEYWORD

one [wʌn] *num* eins; (*with noun, referring back to noun*) ein/eine/ein; **it is one (o'clock)** es ist eins, es ist ein Uhr; **one hundred and fifty** einhundertfünfzig

♦ *adj* **1** (*sole*) einzige(r, s); **the one book which** das einzige Buch, welches

2 (*same*) derselbe/dieselbe/dasselbe; **they came in the one car** sie kamen alle in dem einen Auto

3 (*indef*): **one day I discovered ...** eines Tages bemerkte ich ...

♦ *pron* **1** eine(r, s); **do you have a red one?** haben Sie einen roten/eine rote/ein rotes?; **this one** diese(r, s); **that one** der/die/das; **which one?** welche(r, s)?; **one by one** einzeln

2: **one another** einander; **do you two ever see one another?** seht

ihr beide euch manchmal?
3 (*impers*) man; **one never knows** man kann nie wissen; **to cut one's finger** sich in den Finger schneiden

one: ~**-armed bandit** *n* einarmiger Bandit *m*; ~**-day excursion** (*US*) *n* (*day return*) Tagesrückfahrkarte *f*; ~**-man** *adj* Einmann-; ~**-man band** *n* Einmannkapelle *f*; (*fig*) Einmannbetrieb *m*; ~**-off** (*BRIT: inf*) *n* Einzelfall *m*

oneself [wʌn'self] *pron* (*reflexive: after prep*) sich; (~ *personally*) sich selbst *or* selber; (*emphatic*) (sich) selbst; **to hurt** ~ sich verletzen

one: ~**-sided** *adj* (*argument*) einseitig; ~**-to-one** *adj* (*relationship*) eins-zu-eins; ~**-upmanship** *n* die Kunst, anderen um eine Nasenlänge voraus zu sein; ~**-way** *adj* (*street*) Einbahn-

ongoing ['ɒngəʊɪŋ] *adj* momentan; (*progressing*) sich entwickelnd

onion ['ʌnjən] *n* Zwiebel *f*

on-line ['ɒn'laɪn] *adj* (*COMPUT*) On-line-

onlooker ['ɒnlʊkə*] *n* Zuschauer(in) *m(f)*

only ['əʊnlɪ] *adv* nur, bloß ♦ *adj* einzige(r, s) ♦ *conj* nur, bloß; **an** ~ **child** ein Einzelkind; **not** ~ **... but also ...** nicht nur ... sondern auch ...

onset ['ɒnset] *n* (*beginning*) Beginn *m*

onshore ['ɒnʃɔ:*] *adj* (*wind*) See-

onslaught ['ɒnslɔ:t] *n* Angriff *m*

onto ['ɒntʊ] *prep* = **on to**

onus ['əʊnəs] *n* Last *f*, Pflicht *f*

onward(s) ['ɒnwəd(z)] *adv* (*place*) voran, vorwärts; **from that day onwards** von dem Tag an; **from today onwards** ab heute

ooze [u:z] *vi* sickern

opaque [əʊ'peɪk] *adj* undurchsichtig

OPEC ['əʊpek] *n abbr* (= *Organization of Petroleum-Exporting Countries*) OPEC *f*

open ['əʊpən] *adj* offen; (*public*) öffentlich; (*mind*) aufgeschlossen ♦ *vt* öffnen, aufmachen; (*trial, motorway, account*) eröffnen ♦ *vi* (*begin*) anfangen; (*shop*) aufmachen; (*door, flower*) aufgehen; (*play*) Premiere haben; **in the** ~ **(air)** im Freien; ~ **on to** *vt fus* sich öffnen auf +*acc*; ~ **up** *vt* (*route*) erschließen; (*shop, prospects*) eröffnen ♦ *vi* öffnen; ~**ing** *n* (*hole*) Öffnung *f*; (*beginning*) Anfang *m*; (*good chance*) Gelegenheit *f*; ~**ly** *adv* offen; (*publicly*) öffentlich; ~**-minded** *adj* aufgeschlossen; ~**-necked** *adj* offen; ~**-plan** *adj* (*office*) Großraum-; (*flat etc*) offen angelegt

opera ['ɒpərə] *n* Oper *f*; ~ **house** *n* Opernhaus *nt*

operate ['ɒpəreɪt] *vt* (*machine*) bedienen; (*brakes, light*) betätigen ♦ *vi* (*machine*) laufen, in Betrieb sein; (*person*) arbeiten; (*MED*): **to** ~ **on** operieren

operatic [ɒpə'rætɪk] *adj* Opern-

operating ['ɒpəreɪtɪŋ] *adj*: ~ **table/theatre** Operationstisch *m*/-saal *m*

operation [ɒpə'reɪʃən] *n* (*working*) Betrieb *m*; (*MED*) Operation *f*; (*undertaking*) Unternehmen *nt*; (*MIL*) Einsatz *m*; **to be in** ~ (*JUR*) in Kraft sein; (*machine*) in Betrieb sein; **to have an** ~ (*MED*) operiert werden; ~**al** *adj* einsatzbereit

operative ['ɒpərətɪv] *adj* wirksam; (*MED*) operativ

operator ['ɒpəreɪtə*] *n* (*of machine*) Arbeiter *m*; (*TEL*) Telefonist(in) *m(f)*

ophthalmic [ɒf'θælmɪk] *adj* Augen-

opinion [ə'pɪnjən] *n* Meinung *f*; **in my** ~ meiner Meinung nach; ~**ated** *adj* starrsinnig; ~ **poll** *n* Meinungsumfrage *f*

opponent [ə'pəʊnənt] *n* Gegner *m*

opportunity [ɒpə'tju:nɪtɪ] *n* Gelegenheit *f*, Möglichkeit *f*; **to take the** ~ **of doing sth** die Gelegenheit ergreifen, etw zu tun

oppose [ə'pəʊz] *vt* entgegentreten +*dat*; (*argument, idea*) ablehnen; (*plan*) bekämpfen; **to be** ~**d to sth** gegen etw sein; **as** ~**d to** im Gegensatz zu

opposing [ə'pəʊzɪŋ] *adj* gegnerisch; (*points of view*) entgegengesetzt

opposite ['ɒpəzɪt] *adj* (*house*) gegenüberliegend; (*direction*) entgegengesetzt ♦ *adv* gegenüber ♦ *prep* gegenüber ♦ *n* Gegenteil *nt*

opposition [ɒpə'zɪʃən] *n* (*resistance*) Widerstand *m*; (*POL*) Opposition *f*; (*contrast*) Gegensatz *m*

oppress [ə'pres] *vt* unterdrücken; (*heat etc*) bedrücken; **~ion** [ə'preʃən] *n* Unterdrückung *f*; **~ive** *adj* (*authority, law*) repressiv; (*burden, thought*) bedrückend; (*heat*) drückend

opt [ɒpt] *vi*: **to ~ for** sich entscheiden für; **to ~ to do sth** sich entscheiden, etw zu tun; **to ~ out of** sich drücken vor +*dat*; (*of society*) ausflippen aus

optical ['ɒptɪkəl] *adj* optisch; **~ character reader** *n* optische(s) Lesegerät *nt*

optician [ɒp'tɪʃən] *n* Optiker *m*

optimist ['ɒptɪmɪst] *n* Optimist *m*; **~ic** ['ɒptɪ'mɪstɪk] *adj* optimistisch

optimum ['ɒptɪməm] *adj* optimal

option ['ɒpʃən] *n* Wahl *f*; (*COMM*) Option *f*; **to keep one's ~s open** sich alle Möglichkeiten offenhalten; **~al** *adj* freiwillig; (*subject*) wahlfrei; **~al extras** *npl* Extras auf Wunsch

opulent ['ɒpjʊlənt] *adj* sehr reich

or [ɔ:*] *conj* oder; **he could not read ~ write** er konnte weder lesen noch schreiben; **~ else** sonst

oral ['ɔ:rəl] *adj* mündlich ♦ *n* (*exam*) mündliche Prüfung *f*

orange ['ɒrɪndʒ] *n* (*fruit*) Apfelsine *f*, Orange *f*; (*colour*) Orange *nt* ♦ *adj* orange

orator ['ɒrətə*] *n* Redner(in) *m(f)*

orbit ['ɔ:bɪt] *n* Umlaufbahn *f*

orchard ['ɔ:tʃəd] *n* Obstgarten *m*

orchestra ['ɔ:kɪstrə] *n* Orchester *nt*; (*US*: *seating*) Parkett *nt*; **~l** [ɔ:'kestrəl] *adj* Orchester-, orchestral

orchid ['ɔ:kɪd] *n* Orchidee *f*

ordain [ɔ:'deɪn] *vt* (*ECCL*) weihen; (*decide*) verfügen

ordeal [ɔ:'di:l] *n* Qual *f*

order ['ɔ:də*] *n* (*sequence*) Reihenfolge *f*; (*good arrangement*) Ordnung *f*; (*command*) Befehl *m*; (*JUR*) Anordnung *f*; (*peace*) Ordnung *f*; (*condition*) Zustand *m*; (*rank*) Klasse *f*; (*COMM*) Bestellung *f*; (*ECCL, honour*) Orden *m* ♦ *vt* (*also*: *put in ~*) ordnen; (*command*) befehlen; (*COMM*) bestellen; **in ~** in der Reihenfolge; **in (working) ~** in gutem Zustand; **in ~ to do sth** um etw zu tun; **on ~** (*COMM*) auf Bestellung; **to ~ sb to do sth** jdm befehlen, etw zu tun; **to ~ sth** (*command*) etw *acc* befehlen; **~ form** *n* Bestellschein *m*; **~ly** *n* (*MIL*) Sanitäter *m*; (*MED*) Pfleger *m* ♦ *adj* (*tidy*) ordentlich; (*well-behaved*) ruhig

ordinary ['ɔ:dnrɪ] *adj* gewöhnlich; **out of the ~** außergewöhnlich

ordnance ['ɔ:dnəns] *n* Artillerie *f*; **O~ Survey** (*BRIT*) *n* amtliche(r) Kartographiedienst *m*

ore [ɔ:*] *n* Erz *nt*

organ ['ɔ:gən] *n* (*MUS*) Orgel *f*; (*BIOL, fig*) Organ *nt*

organic [ɔ:'gænɪk] *adj* (*food, farming etc*) biodynamisch

organization [ɔ:gənaɪ'zeɪʃən] *n* Organisation *f*; (*make-up*) Struktur *f*

organize ['ɔ:gənaɪz] *vt* organisieren; **~r** *n* Organisator *m*, Veranstalter *m*

orgasm ['ɔ:gæzəm] *n* Orgasmus *m*

orgy ['ɔ:dʒɪ] *n* Orgie *f*

Orient ['ɔ:rɪənt] *n* Orient *m*

oriental [ɔ:rɪ'entəl] *adj* orientalisch

origin ['ɒrɪdʒɪn] *n* Ursprung *m*; (*of the world*) Anfang *m*, Entstehung *f*

original [ə'rɪdʒɪnl] *adj* (*first*) ursprünglich; (*painting*) original; (*idea*) originell ♦ *n* Original *nt*; **~ly** *adv* ursprünglich; originell

originate [ə'rɪdʒɪneɪt] *vi* entstehen ♦ *vt* ins Leben rufen; **to ~ from** stammen aus

Orkneys ['ɔ:knɪz] *npl* (*also*: *the Orkney Islands*) die Orkneyinseln *pl*

ornament ['ɔ:nəmənt] *n* Schmuck *m*; (*on mantelpiece*) Nippesfigur *f*; **~al** [ɔ:nə'mentl] *adj* Zier-

ornate [ɔ:'neɪt] *adj* reich verziert
orphan ['ɔ:fən] *n* Waise *f*, Waisenkind *nt* ♦ *vt*: **to be ~ed** Waise werden; **~age** *n* Waisenhaus *nt*
orthodox ['ɔ:θədɒks] *adj* orthodox; **~y** *n* Orthodoxie *f*; (*fig*) Konventionalität *f*
orthopaedic [ɔ:θəʊ'pi:dɪk] (*US* **orthopedic**) *adj* orthopädisch
ostensibly [ɒs'tensəblɪ] *adv* vorgeblich, angeblich
ostentatious [ɒsten'teɪʃəs] *adj* großtuerisch, protzig
ostracize ['ɒstrəsaɪz] *vt* ausstoßen
ostrich ['ɒstrɪtʃ] *n* Strauß *m*
other ['ʌðə*] *adj* andere(r, s) ♦ *pron* andere(r, s) ♦ *adv*: **~ than** anders als; **the ~ (one)** der/die/das andere; **the ~ day** neulich; **~s** (*~ people*) andere; **~wise** *adv* (*in a different way*) anders; (*or else*) sonst
ouch [aʊtʃ] *excl* aua
ought [ɔ:t] *vb aux* sollen; **I ~ to do it** ich sollte es tun; **this ~ to have been corrected** das hätte korrigiert werden sollen
ounce [aʊns] *n* Unze *f*
our [aʊə*] *adj* unser; *see also* **my**; **~s** *pron* unsere(r, s); *see also* **mine²**; **~selves** *pron* uns (selbst); (*emphatic*) (wir) selbst; *see also* **oneself**
oust [aʊst] *vt* verdrängen
out [aʊt] *adv* hinaus/heraus; (*not indoors*) draußen; (*not alight*) aus; (*unconscious*) bewußtlos; (*results*) bekanntgegeben; **to eat/go ~** auswärts essen/ausgehen; **~ there** da draußen; **he is ~** (*absent*) er ist nicht da; **he was ~ in his calculations** seine Berechnungen waren nicht richtig; **~ loud** laut; **~ of** aus; (*away from*) außerhalb +*gen*; **to be ~ of milk** *etc* keine Milch *etc* mehr haben; **~ of order** außer Betrieb; **~-and-out** *adj* (*liar, thief etc*) ausgemacht
outback ['aʊtbæk] *n* Hinterland *nt*
outboard (motor) ['aʊtbɔ:d-] *n* Außenbordmotor *m*
outbreak ['aʊtbreɪk] *n* Ausbruch *m*
outburst ['aʊtbɜ:st] *n* Ausbruch *m*
outcast ['aʊtkɑ:st] *n* Ausgestoßene(r) *mf*
outcome ['aʊtkʌm] *n* Ergebnis *nt*
outcrop ['aʊtkrɒp] *n* (*of rock*) Felsnase *f*
outcry ['aʊtkraɪ] *n* Protest *m*
outdated ['aʊt'deɪtɪd] *adj* überholt
outdo [aʊt'du:] (*irreg: like* **do**) *vt* übertrumpfen
outdoor ['aʊtdɔ:*] *adj* Außen-; (*SPORT*) im Freien; **~s** *adv* im Freien
outer ['aʊtə*] *adj* äußere(r, s); **~ space** *n* Weltraum *m*
outfit ['aʊtfɪt] *n* Kleidung *f*; **~ters** (*BRIT*) *n* (*for men's clothes*) Herrenausstatter *m*
outgoing ['aʊtgəʊɪŋ] *adj* (*character*) aufgeschlossen; **~s** (*BRIT*) *npl* Ausgaben *pl*
outgrow [aʊt'grəʊ] (*irreg: like* **grow**) *vt* (*clothes*) herauswachsen aus; (*habit*) ablegen
outhouse ['aʊthaʊs] *n* Nebengebäude *nt*
outing ['aʊtɪŋ] *n* Ausflug *m*
outlandish [aʊt'lændɪʃ] *adj* eigenartig
outlaw ['aʊtlɔ:] *n* Geächtete(r) *m* ♦ *vt* ächten; (*thing*) verbieten
outlay ['aʊtleɪ] *n* Auslage *f*
outlet ['aʊtlet] *n* Auslaß *m*, Abfluß *m*; (*also: retail ~*) Absatzmarkt *m*; (*US: ELEC*) Steckdose *f*; (*for emotions*) Ventil *nt*
outline ['aʊtlaɪn] *n* Umriß *m*
outlive [aʊt'lɪv] *vt* überleben
outlook ['aʊtlʊk] *n* (*also fig*) Aussicht *f*; (*attitude*) Einstellung *f*
outlying ['aʊtlaɪɪŋ] *adj* entlegen; (*district*) Außen-
outmoded [aʊt'məʊdɪd] *adj* veraltet
outnumber [aʊt'nʌmbə*] *vt* zahlenmäßig überlegen sein +*dat*
out-of-date [aʊtəv'deɪt] *adj* (*passport*) abgelaufen; (*clothes etc*) altmodisch; (*ideas etc*) überholt
out-of-the-way [aʊtəvðə'weɪ] *adj* abgelegen

outpatient ['aʊtpeɪʃənt] *n* ambulante(r) Patient *m*/ambulante Patientin *f*
outpost ['aʊtpəʊst] *n* (*MIL, fig*) Vorposten *m*
output ['aʊtpʊt] *n* Leistung *f*, Produktion *f*; (*COMPUT*) Ausgabe *f*
outrage ['aʊtreɪdʒ] *n* (*cruel deed*) Ausschreitung *f*; (*indecency*) Skandal *m* ♦ *vt* (*morals*) verstoßen gegen; (*person*) empören; **~ous** [aʊt'reɪdʒəs] *adj* unerhört
outright [*adv* aʊt'raɪt, *adj* 'aʊtraɪt] *adv* (*at once*) sofort; (*openly*) ohne Umschweife ♦ *adj* (*denial*) völlig; (*sale*) Total-; (*winner*) unbestritten
outset ['aʊtset] *n* Beginn *m*
outside ['aʊt'saɪd] *n* Außenseite *f* ♦ *adj* äußere(r, s), Außen-; (*chance*) gering ♦ *adv* außen ♦ *prep* außerhalb +*gen*; **at the ~** (*fig*) maximal; (*time*) spätestens; **to go ~** nach draußen gehen; **~ lane** *n* (*AUT*) äußere Spur *f*; **~ line** *n* (*TEL*) Amtsanschluß *m*; **~r** *n* Außenseiter(in) *m(f)*
outsize ['aʊtsaɪz] *adj* übergroß
outskirts ['aʊtskɜ:ts] *npl* Stadtrand *m*
outspoken [aʊt'spəʊkən] *adj* freimütig
outstanding [aʊt'stændɪŋ] *adj* hervorragend; (*debts etc*) ausstehend
outstay [aʊt'steɪ] *vt*: **to ~ one's welcome** länger bleiben als erwünscht
outstretched ['aʊtstretʃt] *adj* ausgestreckt
outstrip [aʊt'strɪp] *vt* übertreffen
out-tray ['aʊttreɪ] *n* Ausgangskorb *m*
outward ['aʊtwəd] *adj* äußere(r, s); (*journey*) Hin-; (*freight*) ausgehend ♦ *adv* nach außen; **~ly** *adv* äußerlich
outweigh [aʊt'weɪ] *vt* (*fig*) überwiegen
outwit [aʊt'wɪt] *vt* überlisten
oval ['əʊvəl] *adj* oval ♦ *n* Oval *nt*
ovary ['əʊvərɪ] *n* Eierstock *m*
ovation [əʊ'veɪʃən] *n* Beifallssturm *m*
oven ['ʌvn] *n* Backofen *m*; **~proof** *adj* feuerfest
over ['əʊvə*] *adv* (*across*) hinüber/herüber; (*finished*) vorbei; (*left*) übrig; (*again*) wieder, noch einmal ♦ *prep* über ♦ *prefix* (*excessively*) übermäßig; **~ here** hier(hin); **~ there** dort(hin); **all ~** (*everywhere*) überall; (*finished*) vorbei; **~ and ~** immer wieder; **~ and above** darüber hinaus; **to ask sb ~** jdn einladen; **to bend ~** sich bücken
overall [*adj, n* 'əʊvərɔ:l, *adv* əʊvər'ɔ:l] *adj* (*situation*) allgemein; (*length*) Gesamt- ♦ *n* (*BRIT*) Kittel *m* ♦ *adv* insgesamt; **~s** *npl* (*for man*) Overall *m*
overawe [əʊvər'ɔ:] *vt* (*frighten*) einschüchtern; (*make impression*) überwältigen
overbalance [əʊvə'bæləns] *vi* Übergewicht bekommen
overbearing [əʊvə'beərɪŋ] *adj* aufdringlich
overboard ['əʊvəbɔ:d] *adv* über Bord
overbook [əʊvə'bʊk] *vi* überbuchen
overcast ['əʊvəkɑ:st] *adj* bedeckt
overcharge ['əʊvə'tʃɑ:dʒ] *vt*: **to ~ sb** von jdm zuviel verlangen
overcoat ['əʊvəkəʊt] *n* Mantel *m*
overcome [əʊvə'kʌm] (*irreg: like* **come**) *vt* überwinden
overcrowded [əʊvə'kraʊdɪd] *adj* überfüllt
overcrowding [əʊvə'kraʊdɪŋ] *n* Überfüllung *f*
overdo [əʊvə'du:] (*irreg: like* **do**) *vt* (*cook too much*) verkochen; (*exaggerate*) übertreiben
overdose ['əʊvədəʊs] *n* Überdosis *f*
overdraft ['əʊvədrɑ:ft] *n* (Konto)überziehung *f*
overdrawn ['əʊvə'drɔ:n] *adj* (*account*) überzogen
overdue ['əʊvə'dju:] *adj* überfällig
overestimate ['əʊvər'estɪmeɪt] *vt* überschätzen
overexcited ['əʊvərɪk'saɪtɪd] *adj* überreizt; (*children*) aufgeregt
overflow [*vb* əʊvə'fləʊ, *n* 'əʊvəfləʊ]

vi überfließen ♦ *n* (*excess*) Überschuß *m*; (*also*: ~ *pipe*) Überlaufrohr *nt*

overgrown ['əʊvə'grəʊn] *adj* (*garden*) verwildert

overhaul [*vb* əʊvə'hɔ:l, *n* 'əʊvəhɔ:l] *vt* (*car*) überholen; (*plans*) überprüfen ♦ *n* Überholung *f*

overhead [*adv* əʊvə'hed, *adj, n* 'əʊvəhed] *adv* oben ♦ *adj* Hoch-; (*wire*) oberirdisch; (*lighting*) Decken- ♦ *n* (*US*) = **overheads**; **~s** *npl* (*costs*) allgemeine Unkosten *pl*

overhear [əʊvə'hɪə*] (*irreg: like* **hear**) *vt* (mit an)hören

overheat [əʊvə'hi:t] *vi* (*engine*) heiß laufen

overjoyed [əʊvə'dʒɔɪd] *adj* überglücklich

overkill ['əʊvəkɪl] *n* (*fig*) Rundumschlag *m*

overland [*adj* 'əʊvəlænd, *adv* əʊvə'lænd] *adj* Überland- ♦ *adv* (*travel*) über Land

overlap [*vb* əʊvə'læp, *n* 'əʊvəlæp] *vi* sich überschneiden; (*objects*) sich teilweise decken ♦ *n* Überschneidung *f*

overleaf [əʊvə'li:f] *adv* umseitig

overload ['əʊvə'ləʊd] *vt* überladen

overlook [əʊvə'lʊk] *vt* (*view from above*) überblicken; (*not notice*) übersehen; (*pardon*) hinwegsehen über +*acc*

overnight [*adv* 'əʊvə'naɪt, *adj* 'əʊvənaɪt] *adv* über Nacht ♦ *adj* (*journey*) Nacht-; **~ stay** Übernachtung *f*; **to stay ~** übernachten

overpass ['əʊvəpɑ:s] *n* Überführung *f*

overpower [əʊvə'paʊə*] *vt* überwältigen; **~ing** *adj* überwältigend

overrate ['əʊvə'reɪt] *vt* überschätzen

override [əʊvə'raɪd] (*irreg: like* **ride**) *vt* (*order, decision*) aufheben; (*objection*) übergehen

overriding [əʊvə'raɪdɪŋ] *adj* vorherrschend

overrule [əʊvə'ru:l] *vt* verwerfen

overrun [əʊvə'rʌn] (*irreg: like* **run**) *vt* (*country*) einfallen in; (*time limit*) überziehen

overseas ['əʊvə'si:z] *adv* nach/in Übersee ♦ *adj* überseeisch, Übersee-

overseer ['əʊvəsɪə*] *n* Aufseher *m*

overshadow [əʊvə'ʃædəʊ] *vt* überschatten

overshoot ['əʊvə'ʃu:t] (*irreg: like* **shoot**) *vt* (*runway*) hinausschießen über +*acc*

oversight ['əʊvəsaɪt] *n* (*mistake*) Versehen *nt*

oversleep ['əʊvə'sli:p] (*irreg: like* **sleep**) *vi* verschlafen

overspill ['əʊvəspɪl] *n* (Bevölkerungs)überschuß *m*

overstate ['əʊvə'steɪt] *vt* übertreiben

overstep [əʊvə'step] *vt*: **to ~ the mark** zu weit gehen

overt [əʊ'vɜ:t] *adj* offen(kundig)

overtake [əʊvə'teɪk] (*irreg: like* **take**) *vt, vi* überholen

overthrow [əʊvə'θrəʊ] (*irreg: like* **throw**) *vt* (*POL*) stürzen

overtime ['əʊvətaɪm] *n* Überstunden *pl*

overtone ['əʊvətəʊn] *n* (*fig*) Note *f*

overture ['əʊvətʃuə*] *n* Ouvertüre *f*

overturn [əʊvə'tɜ:n] *vt, vi* umkippen

overweight ['əʊvə'weɪt] *adj* zu dick

overwhelm [əʊvə'welm] *vt* überwältigen; **~ing** *adj* überwältigend

overwork ['əʊvə'wɜ:k] *n* Überarbeitung *f* ♦ *vt* überlasten ♦ *vi* sich überarbeiten

overwrought ['əʊvə'rɔ:t] *adj* überreizt

owe [əʊ] *vt* schulden; **to ~ sth to sb** (*money*) jdm etw schulden; (*favour etc*) jdm etw verdanken

owing to ['əʊɪŋ-] *prep* wegen +*gen*

owl [aʊl] *n* Eule *f*

own [əʊn] *vt* besitzen ♦ *adj* eigen; **a room of my ~** mein eigenes Zimmer; **to get one's ~ back** sich rächen; **on one's ~** allein; **~ up** *vi*: **to ~ up (to sth)** (etw) zugeben;

~**er** *n* Besitzer(in) *m(f)*; ~**ership** *n* Besitz *m*

ox [ɒks] (*pl* **oxen**) *n* Ochse *m*

oxen ['ɒksn] *npl of* **ox**

oxtail ['ɒksteɪl] *n*: ~ **soup** Ochsenschwanzsuppe *f*

oxygen ['ɒksɪdʒən] *n* Sauerstoff *m*; ~ **mask** *n* Sauerstoffmaske *f*; ~ **tent** *n* Sauerstoffzelt *nt*

oyster ['ɔɪstə*] *n* Auster *f*

oz. *abbr* = **ounce(s)**

ozone ['əʊzəʊn] *n* Ozon *nt*; ~-**friendly** *adj* (*aerosol*) ohne Treibgas; (*fridge*) FCKW-frei; ~ **hole** *n* Ozonloch *nt*; ~ **layer** *n* Ozonschicht *f*

P

p [pi:] *abbr* = **penny; pence**

pa [pɑ:] (*inf*) *n* Papa *m*

P.A. *n abbr* = **personal assistant; public address system**

p.a. *abbr* = **per annum**

pace [peɪs] *n* Schritt *m*; (*speed*) Tempo *nt* ♦ *vi* schreiten; **to keep ~ with** Schritt halten mit; ~-**maker** *n* Schrittmacher *m*

pacific [pə'sɪfɪk] *adj* pazifisch ♦ *n*: **the P~ (Ocean)** der Pazifik

pacifist ['pæsɪfɪst] *n* Pazifist *m*

pacify ['pæsɪfaɪ] *vt* befrieden; (*calm*) beruhigen

pack [pæk] *n* (*of goods*) Packung *f*; (*of hounds*) Meute *f*; (*of cards*) Spiel *nt*; (*gang*) Bande *f* ♦ *vt* (*case*) packen; (*clothes*) einpacken ♦ *vi* packen; **to ~ sb off to ...** jdn nach ... schicken; **~ it in!** laß es gut sein!

package ['pækɪdʒ] *n* Paket *nt*; ~ **tour** *n* Pauschalreise *f*

packed lunch ['pækt-] *n* Lunchpaket *nt*

packet ['pækɪt] *n* Päckchen *nt*

packing ['pækɪŋ] *n* (*action*) Packen *nt*; (*material*) Verpackung *f*; ~ **case** *n* (Pack)kiste *f*

pact [pækt] *n* Pakt *m*, Vertrag *m*

pad [pæd] *n* (*of paper*) (Schreib)block *m*; (*stuffing*) Polster *nt* ♦ *vt* polstern; ~**ding** *n* Polsterung *f*

paddle ['pædl] *n* Paddel *nt*; (*US*: *for table tennis*) Schläger *m* ♦ *vt* (*boat*) paddeln ♦ *vi* (*in sea*) planschen; ~ **steamer** *n* Raddampfer *m*

paddling pool ['pædlɪŋ-] (*BRIT*) *n* Planschbecken *nt*

paddock ['pædək] *n* Koppel *f*

paddy field ['pædɪ-] *n* Reisfeld *nt*

padlock ['pædlɒk] *n* Vorhängeschloß *nt* ♦ *vt* verschließen

paediatrics [pi:dɪ'ætrɪks] (*US* **pediatrics**) *n* Kinderheilkunde *f*

pagan ['peɪgən] *adj* heidnisch ♦ *n* Heide *m*, Heidin *f*

page [peɪdʒ] *n* Seite *f*; (*person*) Page *m* ♦ *vt* (*in hotel etc*) ausrufen lassen

pageant ['pædʒənt] *n* Festzug *m*; ~**ry** *n* Gepränge *nt*

pager ['peɪdʒə*] *n* (*TEL*) Funkrufempfänger *m*, Piepser *m* (*inf*)

paging device ['peɪdʒɪŋ-] *n* (*TEL*) = **pager**

paid [peɪd] *pt, pp of* **pay** ♦ *adj* bezahlt; **to put ~ to** (*BRIT*) zunichte machen

pail [peɪl] *n* Eimer *m*

pain [peɪn] *n* Schmerz *m*; **to be in ~** Schmerzen haben; **on ~ of death** bei Todesstrafe; **to take ~s to do sth** sich *dat* Mühe geben, etw zu tun; ~**ed** *adj* (*expression*) gequält; ~**ful** *adj* (*physically*) schmerzhaft; (*embarrassing*) peinlich; (*difficult*) mühsam; ~**fully** *adv* (*fig*: *very*) schrecklich; ~**killer** *n* Schmerzmittel *nt*; ~**less** *adj* schmerzlos; ~**staking** ['peɪnzteɪkɪŋ] *adj* gewissenhaft

paint [peɪnt] *n* Farbe *f* ♦ *vt* anstreichen; (*picture*) malen; **to ~ the door blue** die Tür blau streichen; ~**brush** *n* Pinsel *m*; ~**er** *n* Maler *m*; ~**ing** *n* Malerei *f*; (*picture*) Gemälde *nt*; ~**work** *n* Anstrich *m*; (*of car*) Lack *m*

pair [peə*] *n* Paar *nt*; ~ **of scissors** Schere *f*; ~ **of trousers** Hose *f*

pajamas [pə'dʒɑ:məz] (*US*) *npl* Schlafanzug *m*

Pakistan [pɑ:kɪ'stɑ:n] *n* Pakistan *nt*;

~i *adj* pakistanisch ♦ *n* Pakistani *mf*
pal [pæl] (*inf*) *n* Kumpel *m*
palace ['pæləs] *n* Palast *m*, Schloß *nt*
palatable ['pælətəbl] *adj* schmackhaft
palate ['pælɪt] *n* Gaumen *m*
palatial [pə'leɪʃəl] *adj* palastartig
pale [peɪl] *adj* blaß, bleich ♦ *n*: **to be beyond the ~** die Grenzen überschreiten
Palestine ['pælɪstaɪn] *n* Palästina *nt*
Palestinian [pælɪs'tɪnɪən] *adj* palästinensisch ♦ *n* Palästinenser(in) *m(f)*
palette ['pælɪt] *n* Palette *f*
paling ['peɪlɪŋ] *n* (*stake*) Zaunpfahl *m*; (*fence*) Lattenzaun *m*
pall [pɔ:l] *n* (*of smoke*) (Rauch)wolke *f* ♦ *vi* jeden Reiz verlieren, verblassen
pallet ['pælɪt] *n* (*for goods*) Palette *f*
pallid ['pælɪd] *adj* blaß, bleich
pallor ['pælə*] *n* Blässe *f*
palm [pɑ:m] *n* (*of hand*) Handfläche *f*; (*also*: *~ tree*) Palme *f* ♦ *vt*: **to ~ sth off on sb** jdm etw andrehen; **P~ Sunday** *n* Palmsonntag *m*
palpable ['pælpəbl] *adj* (*also fig*) greifbar
palpitation [pælpɪ'teɪʃən] *n* Herzklopfen *nt*
paltry ['pɔ:ltrɪ] *adj* armselig
pamper ['pæmpə*] *vt* verhätscheln
pamphlet ['pæmflət] *n* Broschüre *f*
pan [pæn] *n* Pfanne *f* ♦ *vi* (*CINE*) schwenken
panacea [pænə'sɪə] *n* (*fig*) Allheilmittel *nt*
panache [pə'næʃ] *n* Schwung *m*
pancake ['pænkeɪk] *n* Pfannkuchen *m*
pancreas ['pæŋkrɪəs] *n* Bauchspeicheldrüse *f*
panda ['pændə] *n* Panda *m*; **~ car** (*BRIT*) *n* (Funk)streifenwagen *m*
pandemonium [pændɪ'məʊnɪəm] *n* Hölle *f*; (*noise*) Höllenlärm *m*
pander ['pændə*] *vi*: **to ~ to** sich richten nach
pane [peɪn] *n* (Fenster)scheibe *f*
panel ['pænl] *n* (*of wood*) Tafel *f*; (*TV*) Diskussionsrunde *f*; **~ling** (*US* **paneling**) *n* Täfelung *f*
pang [pæŋ] *n*: **~s of hunger** quälende(r) Hunger *m*; **~s of conscience** Gewissensbisse *pl*
panic ['pænɪk] *n* Panik *f* ♦ *vi* in Panik geraten; **don't ~** (nur) keine Panik; **~ky** *adj* (*person*) überängstlich; **~-stricken** *adj* von panischem Schrecken erfaßt; (*look*) panisch
pansy ['pænzɪ] *n* (*flower*) Stiefmütterchen *nt*; (*inf*) Schwule(r) *m*
pant [pænt] *vi* keuchen; (*dog*) hecheln
panther ['pænθə*] *n* Panther *m*
panties ['pæntɪz] *npl* (Damen)slip *m*
pantihose ['pæntɪhəʊz] (*US*) *n* Strumpfhose *f*
pantomime ['pæntəmaɪm] (*BRIT*) *n* Märchenkomödie *f* um Weihnachten
pantry ['pæntrɪ] *n* Vorratskammer *f*
pants [pænts] *npl* (*BRIT*: *woman's*) Schlüpfer *m*; (: *man's*) Unterhose *f*; (*US*: *trousers*) Hose *f*
papal ['peɪpəl] *adj* päpstlich
paper ['peɪpə*] *n* Papier *nt*; (*news~*) Zeitung *f*; (*essay*) Referat *nt* ♦ *adj* Papier-, aus Papier ♦ *vt* (*wall*) tapezieren; **~s** *npl* (*identity ~s*) Ausweis(papiere *pl*) *m*; **~back** *n* Taschenbuch *nt*; **~ bag** *n* Tüte *f*; **~ clip** *n* Büroklammer *f*; **~ hankie** *n* Tempotaschentuch *nt* ®; **~weight** *n* Briefbeschwerer *m*; **~work** *n* Schreibarbeit *f*
par [pɑ:*] *n* (*COMM*) Nennwert *m*; (*GOLF*) Par *nt*; **on a ~ with** ebenbürtig +*dat*
parable ['pærəbl] *n* (*REL*) Gleichnis *nt*
parachute ['pærəʃu:t] *n* Fallschirm *m* ♦ *vi* (mit dem Fallschirm) abspringen
parade [pə'reɪd] *n* Parade *f* ♦ *vt* aufmarschieren lassen; (*fig*) zur Schau stellen ♦ *vi* paradieren, vorbeimarschieren
paradise ['pærədaɪs] *n* Paradies *nt*
paradox ['pærədɒks] *n* Paradox *nt*;

~ically [pærə'dɒksɪkəlɪ] *adv* paradoxerweise
paraffin ['pærəfɪn] (*BRIT*) *n* Paraffin *nt*
paragon ['pærəgən] *n* Muster *nt*
paragraph ['pærəgrɑ:f] *n* Absatz *m*
parallel ['pærəlel] *adj* parallel ♦ *n* Parallele *f*
paralyse ['pærəlaɪz] (*BRIT*) *vt* (*MED*) lähmen, paralysieren; (*fig: organization, production etc*) lahmlegen
paralysis [pə'ræləsɪs] *n* Lähmung *f*
paralyze ['pærəlaɪz] *vt* lähmen
parameter [pə'ræmɪtə*] *n* Parameter *m*; **~s** *npl* (*framework, limits*) Rahmen *m*
paramount ['pærəmaʊnt] *adj* höchste(r, s), oberste(r, s)
paranoid ['pærənɔɪd] *adj* (*person*) paranoid, an Verfolgungswahn leidend; (*feeling*) krankhaft
parapet ['pærəpɪt] *n* Brüstung *f*
paraphernalia ['pærəfə'neɪlɪə] *n* Zubehör *nt*, Utensilien *pl*
paraphrase ['pærəfreɪz] *vt* umschreiben
paraplegic [pærə'pli:dʒɪk] *n* Querschnittsgelähmte(r) *mf*
parasite ['pærəsaɪt] *n* (*also fig*) Schmarotzer *m*, Parasit *m*
parasol ['pærəsɒl] *n* Sonnenschirm *m*
paratrooper ['pærətru:pə*] *n* Fallschirmjäger *m*
parcel ['pɑ:sl] *n* Paket *nt* ♦ *vt* (*also: ~ up*) einpacken
parch [pɑ:tʃ] *vt* (aus)dörren; **~ed** *adj* ausgetrocknet; (*person*) am Verdursten
parchment ['pɑ:tʃmənt] *n* Pergament *nt*
pardon ['pɑ:dn] *n* Verzeihung *f* ♦ *vt* (*JUR*) begnadigen; **~ me!, I beg your ~!** verzeihen Sie bitte!; **~ me?** (*US*) wie bitte?; **(I beg your) ~?** wie bitte?
parent ['peərənt] *n* Elternteil *m*; **~s** *npl* (*mother and father*) Eltern *pl*; **~al** [pə'rentl] *adj* elterlich, Eltern-
parentheses [pə'renθɪsi:z] *npl of* **parenthesis**
parenthesis [pə'renθɪsɪs] *n* Klammer *f*; (*sentence*) Parenthese *f*
Paris ['pærɪs] *n* Paris *nt*
parish ['pærɪʃ] *n* Gemeinde *f*
parity ['pærɪtɪ] *n* (*FIN*) Umrechnungskurs *m*, Parität *f*
park [pɑ:k] *n* Park *m* ♦ *vt, vi* parken
parking ['pɑ:kɪŋ] *n* Parken *nt*; **"no ~"** „Parken verboten"; **~ lot** (*US*) *n* Parkplatz *m*; **~ meter** *n* Parkuhr *f*; **~ ticket** *n* Strafzettel *m*
parlance ['pɑ:ləns] *n* Sprachgebrauch *m*
parliament ['pɑ:ləmənt] *n* Parlament *nt*; **~ary** [pɑ:lə'mentərɪ] *adj* parlamentarisch, Parlaments-
parlour ['pɑ:lə*] (*US* **parlor**) *n* Salon *m*
parochial [pə'rəʊkɪəl] *adj* Gemeinde-; (*narrow-minded*) eng(stirnig)
parole [pə'rəʊl] *n*: **on ~** (*prisoner*) auf Bewährung
paroxysm ['pærəksɪzəm] *n* Anfall *m*
parrot ['pærət] *n* Papagei *m*
parry ['pærɪ] *vt* parieren, abwehren
parsimonious [pɑ:sɪ'məʊnɪəs] *adj* knauserig
parsley ['pɑ:slɪ] *n* Petersilie *m*
parsnip ['pɑ:snɪp] *n* Pastinake *f*
parson ['pɑ:sn] *n* Pfarrer *m*
part [pɑ:t] *n* (*piece*) Teil *m*, (*THEAT*) Rolle *f*; (*of machine*) Teil *nt* ♦ *adv* = **partly** ♦ *vt* trennen; (*hair*) scheiteln ♦ *vi* (*people*) sich trennen; **to take ~ in** teilnehmen an +*dat*; **to take sth in good ~** etw nicht übelnehmen; **to take sb's ~** sich auf jds Seite *acc* stellen; **for my ~** ich für meinen Teil; **for the most ~** meistens, größtenteils; **in ~ exchange** (*BRIT*) in Zahlung; **~ with** *vt fus* hergeben; (*renounce*) aufgeben; **~ial** ['pɑ:ʃəl] *adj* (*incomplete*) teilweise; (*biased*) parteiisch; **to be ~ial to** eine (besondere) Vorliebe haben für
participant [pɑ:'tɪsɪpənt] *n* Teilnehmer(in) *m(f)*
participate [pɑ:'tɪsɪpeɪt] *vi*: **to ~**

(in) teilnehmen (an +*dat*)

participation [pɑ:tɪsɪ'peɪʃən] *n* Teilnahme *f*; (*sharing*) Beteiligung *f*

participle ['pɑ:tɪsɪpl] *n* Partizip *nt*

particle ['pɑ:tɪkl] *n* Teilchen *nt*; (*GRAM*) Partikel *m*

particular [pə'tɪkjʊlə*] *adj* bestimmt; (*exact*) genau; (*fussy*) eigen; **in** ~ besonders; **~ly** *adv* besonders; **~s** *npl* (*details*) Einzelheiten *pl*; (*of person*) Personalien *pl*

parting ['pɑ:tɪŋ] *n* (*separation*) Abschied *m*; (*BRIT*: *of hair*) Scheitel *m* ♦ *adj* Abschieds-

partition [pɑ:'tɪʃən] *n* (*wall*) Trennwand *f*; (*division*) Teilung *f* ♦ *vt* aufteilen

partly ['pɑ:tlɪ] *adv* zum Teil, teilweise

partner ['pɑ:tnə*] *n* Partner *m* ♦ *vt* der Partner sein von; **~ship** *n* Partnerschaft *f*; (*COMM*) Teilhaberschaft *f*

partridge ['pɑ:trɪdʒ] *n* Rebhuhn *nt*

part-time ['pɑ:t'taɪm] *adj* Teilzeit- ♦ *adv* stundenweise

party ['pɑ:tɪ] *n* (*POL, JUR*) Partei *f*; (*group*) Gesellschaft *f*; (*celebration*) Party *f* ♦ *adj* (*dress*) Party-; (*politics*) Partei-; ~ **line** *n* (*TEL*) Gemeinschaftsanschluß *m*

pass [pɑ:s] *vt* (*on foot*) vorbeigehen an +*dat*; (*driving*) vorbeifahren an +*dat*; (*surpass*) übersteigen; (*hand on*) weitergeben; (*approve*) genehmigen; (*time*) verbringen; (*exam*) bestehen ♦ *vi* (*go by*) vorbeigehen; vorbeifahren; (*years*) vergehen; (*be successful*) bestehen ♦ *n* (*in mountains, SPORT*) Paß *m*; (*permission*) Passierschein *m*; (*in exam*): **to get a** ~ bestehen; **to** ~ **sth through sth** etw durch etw führen; **to make a** ~ **at sb** (*inf*) bei jdm Annäherungsversuche machen; ~ **away** *vi* (*euph*) verscheiden; ~ **by** *vi* vorbeigehen; vorbeifahren; (*years*) vergehen; ~ **for** *vt fus* gehalten werden für; ~ **on** *vt* weitergeben; ~ **out** *vi* (*faint*) ohnmächtig werden; ~ **up** *vt* vorbeigehen lassen; **~able** *adj* (*road*) passierbar; (*fairly good*) passabel

passage ['pæsɪdʒ] *n* (*corridor*) Gang *m*; (*in book*) (Text)stelle *f*; (*voyage*) Überfahrt *f*; **~way** *n* Durchgang *m*

passbook ['pɑ:sbʊk] *n* Sparbuch *nt*

passenger ['pæsɪndʒə*] *n* Passagier *m*; (*on bus*) Fahrgast *m*

passer-by ['pɑ:sə'baɪ] *n* Passant(in) *m(f)*

passing ['pɑ:sɪŋ] *adj* (*car*) vorbeifahrend; (*thought, affair*) momentan ♦ *n*: **in** ~ en passant; ~ **place** *n* (*AUT*) Ausweichstelle *f*

passion ['pæʃən] *n* Leidenschaft *f*; **~ate** *adj* leidenschaftlich

passive ['pæsɪv] *adj* passiv; (*LING*) passivisch; ~ **smoking** *n* Passivrauchen *nt*

Passover ['pɑ:səʊvə*] *n* Passahfest *nt*

passport ['pɑ:spɔ:t] *n* (Reise)paß *m*; ~ **control** *n* Paßkontrolle *f*

password ['pɑ:swɜ:d] *n* Parole *f*, Kennwort *nt*, Losung *f*

past [pɑ:st] *prep* (*motion*) an +*dat* ... vorbei; (*position*) hinter +*dat*; (*later than*) nach ♦ *adj* (*years*) vergangen; (*president etc*) ehemalig ♦ *n* Vergangenheit *f*; **he's** ~ **forty** er ist über vierzig; **for the** ~ **few/3 days** in den letzten paar/3 Tagen; **to run** ~ vorbeilaufen; **ten/quarter** ~ **eight** zehn/viertel nach acht

pasta ['pæstə] *n* Teigwaren *pl*

paste [peɪst] *n* (*fish* ~ *etc*) Paste *f*; (*glue*) Kleister *m* ♦ *vt* kleben; (*put* ~ *on*) mit Kleister bestreichen

pasteurized ['pæstəraɪzd] *adj* pasteurisiert

pastime ['pɑ:staɪm] *n* Zeitvertreib *m*

pastor ['pɑ:stə*] *n* Pfarrer *m*

pastry ['peɪstrɪ] *n* Blätterteig *m*; **pastries** *npl* (*tarts etc*) Stückchen *pl*

pasture ['pɑ:stʃə*] *n* Weide *f*

pasty [*n* 'pæstɪ, *adj* 'peɪstɪ] *n* (Fleisch)pastete *f* ♦ *adj* bläßlich, käsig

pat [pæt] *n* leichte(r) Schlag *m*, Klaps *m* ♦ *vt* tätscheln

patch [pætʃ] *n* Fleck *m* ♦ *vt* flicken;

(to go through) a bad ~ eine Pechsträhne (haben); ~ **up** *vt* flicken; (*quarrel*) beilegen; ~**y** *adj* (*irregular*) ungleichmäßig

pâté ['pæteɪ] *n* Pastete *f*

patent ['peɪtənt] *n* Patent *nt* ♦ *vt* patentieren lassen; (*by authorities*) patentieren ♦ *adj* offenkundig; ~ **leather** *n* Lackleder *nt*

paternal [pə'tɜ:nl] *adj* väterlich

paternity [pə'tɜ:nɪtɪ] *n* Vaterschaft *f*

path [pɑ:θ] *n* Pfad *m*; Weg *m*; (*of the sun*) Bahn *f*

pathetic [pə'θetɪk] *adj* (*very bad*) kläglich

pathological [pæθə'lɔdʒɪkl] *adj* pathologisch

pathology [pə'θɒlədʒɪ] *n* Pathologie *f*

pathos ['peɪθɒs] *n* Rührseligkeit *f*

pathway ['pɑ:θweɪ] *n* Weg *m*

patience ['peɪʃəns] *n* Geduld *f*; (*BRIT*: *CARDS*) Patience *f*

patient ['peɪʃənt] *n* Patient(in) *m(f)*, Kranke(r) *mf* ♦ *adj* geduldig

patio ['pætɪəʊ] *n* Terrasse *f*

patriotic [pætrɪ'ɒtɪk] *adj* patriotisch

patrol [pə'trəʊl] *n* Patrouille *f*; (*police*) Streife *f* ♦ *vt* patrouillieren in +*dat* ♦ *vi* (*police*) die Runde machen; (*MIL*) patrouillieren; ~ **car** *n* Streifenwagen *m*; ~**man** (*US*; *irreg*) *n* (Streifen)polizist *m*

patron ['peɪtrən] *n* (*in shop*) (Stamm)kunde *m*; (*in hotel*) (Stamm)gast *m*; (*supporter*) Förderer *m*; ~ **of the arts** Mäzen *m*; ~**age** ['pætrənɪdʒ] *n* Schirmherrschaft *f*; ~**ize** ['pætrənaɪz] *vt* (*support*) unterstützen; (*shop*) besuchen; (*treat condescendingly*) von oben herab behandeln; ~ **saint** *n* Schutzpatron(in) *m(f)*

patter ['pætə*] *n* (*sound*: *of feet*) Trappeln *nt*; (: *of rain*) Prasseln *nt*; (*sales talk*) Gerede *nt* ♦ *vi* (*feet*) trappeln; (*rain*) prasseln

pattern ['pætən] *n* Muster *nt*; (*SEWING*) Schnittmuster *nt*; (*KNITTING*) Strickanleitung *f*

paunch [pɔ:ntʃ] *n* Wanst *m*

pauper ['pɔ:pə*] *n* Arme(r) *mf*

pause [pɔ:z] *n* Pause *f* ♦ *vi* innehalten

pave [peɪv] *vt* pflastern; **to** ~ **the way for** den Weg bahnen für

pavement ['peɪvmənt] (*BRIT*) *n* Bürgersteig *m*

pavilion [pə'vɪlɪən] *n* Pavillon *m*; (*SPORT*) Klubhaus *nt*

paving ['peɪvɪŋ] *n* Straßenpflaster *nt*; ~ **stone** *n* Pflasterstein *m*

paw [pɔ:] *n* Pfote *f*; (*of big cats*) Tatze *f*, Pranke *f* ♦ *vt* (*scrape*) scharren; (*handle*) betatschen

pawn [pɔ:n] *n* Pfand *nt*; (*chess*) Bauer *m* ♦ *vt* verpfänden; ~**broker** *n* Pfandleiher *m*; ~**shop** *n* Pfandhaus *nt*

pay [peɪ] (*pt*, *pp* **paid**) *n* Bezahlung *f*, Lohn *m* ♦ *vt* bezahlen ♦ *vi* zahlen; (*be profitable*) sich bezahlt machen; **to** ~ **attention (to)** achtgeben (auf +*acc*); **to** ~ **sb a visit** jdn besuchen; ~ **back** *vt* zurückzahlen; ~ **for** *vt fus* bezahlen; ~ **in** *vt* einzahlen; ~ **off** *vt* abzahlen ♦ *vi* (*scheme*, *decision*) sich bezahlt machen; ~ **up** *vi* bezahlen; ~**able** *adj* zahlbar, fällig; ~**ee** [peɪ'i:] *n* Zahlungsempfänger *m*; ~ **envelope** (*US*) *n* Lohntüte *f*; ~**ment** *n* Bezahlung *f*; **advance** ~**ment** Vorauszahlung *f*; **monthly** ~**ment** monatliche Rate *f*; ~ **packet** (*BRIT*) *n* Lohntüte *f*; ~ **phone** *n* Münzfernsprecher *m*; ~**roll** *n* Lohnliste *f*; ~ **slip** *n* Lohn-/Gehaltsstreifen *m*; ~ **television** *n* Münzfernsehen *nt*

PC *n abbr* = **personal computer**

p.c. *abbr* = **per cent**

pea [pi:] *n* Erbse *f*

peace [pi:s] *n* Friede(n) *m*; ~**able** *adj* friedlich; ~**ful** *adj* friedlich, ruhig; ~**-keeping** *adj* Friedens-

peach [pi:tʃ] *n* Pfirsich *m*

peacock ['pi:kɒk] *n* Pfau *m*

peak [pi:k] *n* Spitze *f*; (*of mountain*) Gipfel *m*; (*fig*) Höhepunkt *m*; ~ **hours** *npl* (*traffic*) Hauptverkehrszeit *f*; (*telephone*, *electricity*) Hauptbelastungszeit *f*; ~ **period** *n* Stoßzeit *f*,

Hauptzeit *f*

peal [pi:l] *n* (Glocken)läuten *nt*; ~**s of laughter** schallende(s) Gelächter *nt*

peanut ['pi:nʌt] *n* Erdnuß *f*; ~ **butter** *n* Erdnußbutter *f*

pear [pɛə*] *n* Birne *f*

pearl [pɜ:l] *n* Perle *f*

peasant ['pezənt] *n* Bauer *m*

peat [pi:t] *n* Torf *m*

pebble ['pebl] *n* Kiesel *m*

peck [pek] *vt, vi* picken ♦ *n* (*with beak*) Schnabelhieb *m*; (*kiss*) flüchtige(r) Kuß *m*; ~**ing order** *n* Hackordnung *f*; ~**ish** (*BRIT: inf*) *adj* ein bißchen hungrig

peculiar [pɪ'kju:lɪə*] *adj* (*odd*) seltsam; ~ **to** charakteristisch für; ~**ity** [pɪkju:lɪ'ærɪtɪ] *n* (*singular quality*) Besonderheit *f*; (*strangeness*) Eigenartigkeit *f*

pedal ['pedl] *n* Pedal *nt* ♦ *vt, vi* (*cycle*) fahren, radfahren

pedantic [pɪ'dæntɪk] *adj* pedantisch

peddler ['pedlə*] *n* Hausierer(in) *m(f)*; (*of drugs*) Drogenhändler(in) *m(f)*

pedestal ['pedɪstl] *n* Sockel *m*

pedestrian [pɪ'destrɪən] *n* Fußgänger *m* ♦ *adj* Fußgänger-; (*humdrum*) langweilig; ~ **crossing** (*BRIT*) *n* Fußgängerüberweg *m*

pediatrics [pi:dɪ'ætrɪks] (*US*) *n* = **paediatrics**

pedigree ['pedɪgri:] *n* Stammbaum *m* ♦ *cpd* (*animal*) reinrassig, Zucht-

pedlar ['pedlə*] *n* = **peddler**

pee [pi:] (*inf*) *vi* pissen, pinkeln

peek [pi:k] *vi* gucken

peel [pi:l] *n* Schale *f* ♦ *vt* schälen ♦ *vi* (*paint etc*) abblättern; (*skin*) sich schälen

peep [pi:p] *n* (*BRIT: look*) kurze(r) Blick *m*; (*sound*) Piepsen *nt* ♦ *vi* (*BRIT: look*) gucken; ~ **out** *vi* herausgucken; ~**hole** *n* Guckloch *nt*

peer [pɪə*] *vi* starren; (*peep*) gucken ♦ *n* (*nobleman*) Peer *m*; (*equal*) Ebenbürtige(r) *m*; ~**age** *n* Peerswürde *f*

peeved [pi:vd] *adj* ärgerlich; (*person*) sauer

peevish ['pi:vɪʃ] *adj* verdrießlich

peg [peg] *n* (*stake*) Pflock *m*; (*BRIT: also: clothes* ~) Wäscheklammer *f*

Peking [pi:'kɪŋ] *n* Peking *nt*

pelican ['pelɪkən] *n* Pelikan *m*; ~ **crossing** (*BRIT*) *n* (*AUT*) Ampelüberweg *m*

pellet ['pelɪt] *n* Kügelchen *nt*

pelmet ['pelmɪt] *n* Blende *f*

pelt [pelt] *vt* bewerfen ♦ *vi* (*rain*) schütten ♦ *n* Pelz *m*, Fell *nt*

pelvis ['pelvɪs] *n* Becken *nt*

pen [pen] *n* (*fountain* ~) Federhalter *m*; (*ball-point* ~) Kuli *m*; (*for sheep*) Pferch *m*

penal ['pi:nl] *adj* Straf-; ~**ize** *vt* (*punish*) bestrafen; (*disadvantage*) benachteiligen; ~**ty** ['penəltɪ] *n* Strafe *f*; (*FOOTBALL*) Elfmeter *m*; ~**ty (kick)** *n* Elfmeter *m*

penance ['penəns] *n* Buße *f*

pence [pens] (*BRIT*) *npl of* **penny**

pencil ['pensl] *n* Bleistift *m*; ~ **case** *n* Federmäppchen *nt*; ~ **sharpener** *n* Bleistiftspitzer *m*

pendant ['pendənt] *n* Anhänger *m*

pending ['pendɪŋ] *prep* bis (zu) ♦ *adj* unentschieden, noch offen

pendulum ['pendjʊləm] *n* Pendel *nt*

penetrate ['penɪtreɪt] *vt* durchdringen; (*enter into*) eindringen in +*acc*

penetration [penɪ'treɪʃən] *n* Durchdringen *nt*; Eindringen *nt*

penfriend ['penfrend] (*BRIT*) *n* Brieffreund(in) *m(f)*

penguin ['peŋgwɪn] *n* Pinguin *m*

penicillin [penɪ'sɪlɪn] *n* Penizillin *nt*

peninsula [pɪ'nɪnsjʊlə] *n* Halbinsel *f*

penis ['pi:nɪs] *n* Penis *m*

penitence ['penɪtəns] *n* Reue *f*

penitent ['penɪtənt] *adj* reuig

penitentiary [penɪ'tenʃərɪ] (*US*) *n* Zuchthaus *nt*

penknife ['pennaɪf] *n* Federmesser *nt*

pen name *n* Pseudonym *nt*

penniless ['penɪləs] *adj* mittellos

penny ['penɪ] (*pl* **pennies** *or BRIT* **pence**) *n* Penny *m*; (*US*) Centstück *nt*

penpal ['penpæl] *n* Brieffreund(in) *m(f)*

pension ['penʃən] *n* Rente *f*; **~er** (*BRIT*) *n* Rentner(in) *m(f)*; **~ fund** *n* Rentenfonds *m*

pensive ['pensɪv] *adj* nachdenklich

Pentecost ['pentɪkɒst] *n* Pfingsten *pl or nt*

penthouse ['penthaʊs] *n* Dachterrassenwohnung *f*

pent-up ['pentʌp] *adj* (*feelings*) angestaut

penultimate [pɪ'nʌltɪmət] *adj* vorletzte(r, s)

people ['pi:pl] *n* (*nation*) Volk *nt* ♦ *npl* (*persons*) Leute *pl*; (*inhabitants*) Bevölkerung *f* ♦ *vt* besiedeln; **several ~ came** mehrere Leute kamen; **~ say that ...** man sagt, daß ...

pep [pep] (*inf*) *n* Schwung *m*, Schmiß *m*; **~ up** *vt* aufmöbeln

pepper ['pepə*] *n* Pfeffer *m*; (*vegetable*) Paprika *m* ♦ *vt* (*pelt*) bombardieren; **~mint** *n* (*plant*) Pfefferminze *f*; (*sweet*) Pfefferminz *nt*

peptalk ['peptɔ:k] (*inf*) *n* Anstachelung *f*

per [pɜ:*] *prep* pro; **~ day/person** pro Tag/Person; **~ annum** *adv* pro Jahr; **~ capita** *adj* (*income*) Pro-Kopf- ♦ *adv* pro Kopf

perceive [pə'si:v] *vt* (*realize*) wahrnehmen; (*understand*) verstehen

per cent [pə'sent] *n* Prozent *nt*

percentage [pə'sentɪdʒ] *n* Prozentsatz *m*

perception [pə'sepʃən] *n* Wahrnehmung *f*; (*insight*) Einsicht *f*

perceptive [pə'septɪv] *adj* (*person*) aufmerksam, (*analysis*) tiefgehend

perch [pɜ:tʃ] *n* Stange *f*; (*fish*) Flußbarsch *m* ♦ *vi* sitzen, hocken

percolator ['pɜ:kəleɪtə*] *n* Kaffeemaschine *f*

percussion [pɜ:'kʌʃən] *n* (*MUS*) Schlagzeug *nt*

peremptory [pə'remptərɪ] *adj* schroff

perennial [pə'renɪəl] *adj* wiederkehrend; (*everlasting*) unvergänglich

perfect [*adj, n* 'pɜ:fɪkt, *vb* pə'fekt] *adj* vollkommen; (*crime, solution*) perfekt ♦ *n* (*GRAM*) Perfekt *nt* ♦ *vt* vervollkommnen; **~ion** [pə'fekʃən] *n* Vollkommenheit *f*; **~ionist** [pə'fekʃənɪst] *n* Perfektionist *m*; **~ly** *adv* vollkommen, perfekt; (*quite*) ganz, einfach

perforate ['pɜ:fəreɪt] *vt* durchlöchern

perforation [pə:fə'reɪʃən] *n* Perforieren *nt*; (*line of holes*) Perforation *f*

perform [pə'fɔ:m] *vt* (*carry out*) durch- *or* ausführen; (*task*) verrichten; (*THEAT*) spielen, geben ♦ *vi* auftreten; **~ance** *n* Durchführung *f*; (*efficiency*) Leistung *f*, (*show*) Vorstellung *f*; **~er** *n* Künstler(in) *m(f)*; **~ing** *adj* (*animal*) dressiert

perfume ['pɜ:fju:m] *n* Duft *m*; (*lady's*) Parfüm *nt*

perfunctory [pə'fʌŋktərɪ] *adj* oberflächlich, mechanisch

perhaps [pə'hæps] *adv* vielleicht

peril ['perɪl] *n* Gefahr *f*

perimeter [pə'rɪmɪtə*] *n* Peripherie *f*; (*of circle etc*) Umfang *m*

period ['pɪərɪəd] *n* Periode *f*; (*GRAM*) Punkt *m*; (*MED*) Periode *f* ♦ *adj* (*costume*) historisch; **~ic** [pɪərɪ'ɒdɪk] *adj* periodisch; **~ical** [pɪərɪ'ɒdɪkəl] *n* Zeitschrift *f*; **~ically** [pɪərɪ'ɒdɪkəlɪ] *adv* periodisch

peripheral [pə'rɪfərəl] *adj* Rand-, peripher ♦ *n* (*COMPUT*) Peripheriegerät *nt*

perish ['perɪʃ] *vi* umkommen; (*fruit*) verderben; **~able** *adj* leicht verderblich

perjury ['pɜ:dʒərɪ] *n* Meineid *m*

perk [pɜ:k] (*inf*) *n* (*fringe benefit*) Vergünstigung *f*; **~ up** *vi* munter werden; **~y** *adj* (*cheerful*) keck

perm [pɜ:m] *n* Dauerwelle *f*

permanent ['pɜ:mənənt] *adj* dauernd, ständig

permeate ['pɜ:mɪeɪt] *vt, vi* durchdringen

permissible [pə'mɪsəbl] *adj* zulässig

permission [pə'mɪʃən] *n* Erlaubnis *f*
permissive [pə'mɪsɪv] *adj* nachgiebig; **the ~ society** die permissive Gesellschaft
permit [*n* 'pɜ:mɪt, *vb* pə'mɪt] *n* Zulassung *f* ♦ *vt* erlauben, zulassen
pernicious [pɜ:'nɪʃəs] *adj* schädlich
perpendicular [pɜ:pən'dɪkjʊlə*] *adj* senkrecht
perpetrate ['pɜ:pɪtreɪt] *vt* begehen
perpetual [pə'petjʊəl] *adj* dauernd, ständig
perpetuate [pə'petjʊeɪt] *vt* verewigen, bewahren
perplex [pə'pleks] *vt* verblüffen
persecute ['pɜ:sɪkju:t] *vt* verfolgen
persecution [pɜ:sɪ'kju:ʃən] *n* Verfolgung *f*
perseverance [pɜ:sɪ'vɪərəns] *n* Ausdauer *f*
persevere [pɜ:sɪ'vɪə*] *vi* durchhalten
Persian ['pɜ:ʃən] *adj* persisch ♦ *n* Perser(in) *m(f)*; **the (Persian) Gulf** der Persische Golf
persist [pə'sɪst] *vi* (*in belief etc*) bleiben; (*rain, smell*) andauern; (*continue*) nicht aufhören; **to ~ in** bleiben bei; **~ence** *n* Beharrlichkeit *f*; **~ent** *adj* beharrlich; (*unending*) ständig
person ['pɜ:sn] *n* Person *f*; **in ~** persönlich; **~able** *adj* gut aussehend; **~al** *adj* persönlich; (*private*) privat; (*of body*) körperlich, Körper-; **~al assistant** *n* Assistent(in) *m(f)*; **~al computer** *n* Personalcomputer *m*; **~ality** [pɜ:sə'nælɪtɪ] *n* Persönlichkeit *f*; **~ally** *adv* persönlich; **~al organiser** *n* Terminplaner *m*, Zeitplaner *m*; (*electronic*) elektronisches Notizbuch *nt*; **~al stereo** *n* Walkman *m* ®; **~ify** [pɜ:'sɒnɪfaɪ] *vt* verkörpern
personnel [pɜ:sə'nel] *n* Personal *nt*
perspective [pə'spektɪv] *n* Perspektive *f*
Perspex ['pɜ:speks] ® *n* Acrylglas *nt*
perspiration [pɜ:spə'reɪʃən] *n* Transpiration *f*
perspire [pəs'paɪə*] *vi* transpirieren
persuade [pə'sweɪd] *vt* überreden; (*convince*) überzeugen
persuasion [pə'sweɪʒən] *n* Überredung *f*; Überzeugung *f*
persuasive [pə'sweɪsɪv] *adj* überzeugend
pert [pɜ:t] *adj* keck
pertaining [pɜ:'teɪnɪŋ]: **~ to** *prep* betreffend +*acc*
pertinent ['pɜ:tɪnənt] *adj* relevant
perturb [pə'tɜ:b] *vt* beunruhigen
peruse [pə'ru:z] *vt* lesen
pervade [pɜ:'veɪd] *vt* erfüllen
perverse [pə'vɜ:s] *adj* pervers; (*obstinate*) eigensinnig
pervert [*n* 'pɜ:vɜ:t, *vb* pə'vɜ:t] *n* perverse(r) Mensch *m* ♦ *vt* verdrehen; (*morally*) verderben
pessimist ['pesɪmɪst] *n* Pessimist *m*; **~ic** [pesɪ'mɪstɪk] *adj* pessimistisch
pest [pest] *n* (*insect*) Schädling *m*; (*fig: person*) Nervensäge *f*; (: *thing*) Plage *f*
pester ['pestə*] *vt* plagen
pesticide ['pestɪsaɪd] *n* Insektenvertilgungsmittel *nt*
pet [pet] *n* (*animal*) Haustier *nt* ♦ *vt* liebkosen, streicheln ♦ *vi* (*inf*) Petting machen
petal ['petl] *n* Blütenblatt *nt*
peter out ['pi:tə-] *vi* allmählich zu Ende gehen
petite [pə'ti:t] *adj* zierlich
petition [pə'tɪʃən] *n* Bittschrift *f*
petrified ['petrɪfaɪd] *adj* versteinert; (*person*) starr (vor Schreck)
petrify ['petrɪfaɪ] *vt* versteinern; (*person*) erstarren lassen
petrol ['petrəl] (*BRIT*) *n* Benzin *nt*, Kraftstoff *m*; **two-/four-star ~** ≈ Normal-/Superbenzin *nt*; **~ can** *n* Benzinkanister *m*
petroleum [pɪ'trəʊlɪəm] *n* Petroleum *nt*
petrol: ~ pump (*BRIT*) *n* (*in car*) Benzinpumpe *f*; (*at garage*) Zapfsäule *f*; **~ station** (*BRIT*) *n* Tankstelle *f*; **~ tank** (*BRIT*) *n* Benzintank *m*
petticoat ['petɪkəʊt] *n* Unterrock *m*

petty ['petɪ] *adj* (*unimportant*) unbedeutend; (*mean*) kleinlich; ~ **cash** *n* Portokasse *f*; ~ **officer** *n* Maat *m*

petulant ['petjʊlənt] *adj* leicht reizbar

pew [pju:] *n* Kirchenbank *f*

pewter ['pju:tə*] *n* Zinn *nt*

pharmacist ['fɑ:məsɪst] *n* Pharmazeut *m*; (*druggist*) Apotheker *m*

pharmacy ['fɑ:məsɪ] *n* Pharmazie *f*; (*shop*) Apotheke *f*

phase [feɪz] *n* Phase *f* ♦ *vt*: **to ~ sth in** etw allmählich einführen; **to ~ sth out** etw auslaufen lassen

Ph.D. *n abbr* = **Doctor of Philosophy**

pheasant ['fezənt] *n* Fasan *m*

phenomena [fɪ'nɒmɪnə] *npl of* **phenomenon**

phenomenon [fɪ'nɒmɪnən] *n* Phänomen *nt*

philanthropist [fɪ'lænθrəpɪst] *n* Philanthrop *m*, Menschenfreund *m*

Philippines ['fɪlɪpi:nz] *npl*: **the ~** die Philippinen *pl*

philosopher [fɪ'lɒsəfə*] *n* Philosoph *m*

philosophical [fɪlə'sɒfɪkl] *adj* philosophisch

philosophy [fɪ'lɒsəfɪ] *n* Philosophie *f*

phlegm [flem] *n* (*MED*) Schleim *m*; (*calmness*) Gelassenheit *f*; **~atic** [fleg'mætɪk] *adj* gelassen

phobia ['fəʊbjə] *n* (*irrational fear*: *of insects, flying, water etc*) Phobie *f*

phone [fəʊn] *n* Telefon *nt* ♦ *vt, vi* telefonieren, anrufen; **to be on the ~** telephonieren; ~ **back** *vt, vi* zurückrufen; ~ **up** *vt, vi* anrufen; ~ **book** *n* Telefonbuch *nt*; ~ **booth** *n* Telefonzelle *f*; ~ **box** *n* Telefonzelle *f*; ~ **call** *n* Telefonanruf *m*; ~ **card** *n* (*TEL*) Telefonkarte *f*; **~-in** *n* (*RADIO, TV*) Phone-in *nt*

phonetics [fə'netɪks] *n* Phonetik *f*

phoney ['fəʊnɪ] (*inf*) *adj* unecht ♦ *n* (*person*) Schwindler *m*; (*thing*) Fälschung *f*; (*banknote*) Blüte *f*

phony ['fəʊnɪ] *adj, n* = **phoney**

photo ['fəʊtəʊ] *n* Foto *nt*

photocopier ['fəʊtəʊ'kɒpɪə*] *n* Kopiergerät *nt*

photocopy ['fəʊtəʊkɒpɪ] *n* Fotokopie *f* ♦ *vt* fotokopieren

photogenic [fəʊtəʊ'dʒenɪk] *adj* fotogen

photograph ['fəʊtəgrɑ:f] *n* Fotografie *f*, Aufnahme *f* ♦ *vt* fotografieren; **~er** [fə'tɒgrəfə*] *n* Fotograf *m*; **~ic** ['fəʊtə'græfɪk] *adj* fotografisch; **~y** [fə'tɒgrəfɪ] *n* Fotografie *f*

phrase [freɪz] *n* Satz *m*; (*expression*) Ausdruck *m* ♦ *vt* ausdrücken, formulieren; ~ **book** *n* Sprachführer *m*

physical ['fɪzɪkəl] *adj* physikalisch; (*bodily*) körperlich, physisch; ~ **education** *n* Turnen *nt*; **~ly** *adv* physikalisch

physician [fɪ'zɪʃən] *n* Arzt *m*

physicist ['fɪzɪsɪst] *n* Physiker(in) *m(f)*

physics ['fɪzɪks] *n* Physik *f*

physiotherapy [fɪzɪə'θerəpɪ] *n* Heilgymnastik *f*, Physiotherapie *f*

physique [fɪ'zi:k] *n* Körperbau *m*

pianist ['pɪənɪst] *n* Pianist(in) *m(f)*

piano [pɪ'ænəʊ] *n* Klavier *nt*

pick [pɪk] *n* (*tool*) Pickel *m*; (*choice*) Auswahl *f* ♦ *vt* (*fruit*) pflücken; (*choose*) aussuchen, **take your ~** such dir etwas aus; **to ~ sb's pocket** jdn bestehlen; ~ **off** *vt* (*kill*) abschießen; ~ **on** *vt fus* (*person*) herumhacken auf +*dat*; ~ **out** *vt* auswählen; ~ **up** *vi* (*improve*) sich erholen ♦ *vt* (*lift up*) aufheben; (*learn*) (schnell) mitbekommen; (*collect*) abholen; (*girl*) (sich *dat*) anlachen; (*AUT*: *passenger*) mitnehmen; (*speed*) gewinnen an +*dat*; **to ~ o.s. up** aufstehen

picket ['pɪkɪt] *n* (*striker*) Streikposten *m* ♦ *vt* (*factory*) (Streik)posten aufstellen vor +*dat* ♦ *vi* (Streik)posten stehen

pickle ['pɪkl] *n* (*salty mixture*) Pökel *m*; (*inf*) Klemme *f* ♦ *vt* (in Essig) einlegen; einpökeln

pickpocket ['pɪkpɒkɪt] *n* Taschendieb *m*

pick-up ['pɪkʌp] *n* (*BRIT*: *on record player*) Tonabnehmer *m*; (*small truck*) Lieferwagen *m*
picnic ['pɪknɪk] *n* Picknick *nt* ♦ *vi* picknicken
pictorial [pɪk'tɔːrɪəl] *adj* in Bildern
picture ['pɪktʃə*] *n* Bild *nt* ♦ *vt* (*visualize*) sich *dat* vorstellen; **the ~s** *npl* (*BRIT*) das Kino; **~ book** *n* Bilderbuch *nt*
picturesque [pɪktʃə'resk] *adj* malerisch
pie [paɪ] *n* (*meat*) Pastete *f*; (*fruit*) Torte *f*
piece [piːs] *n* Stück *nt* ♦ *vt*: **to ~ together** zusammenstückeln; (*fig*) sich *dat* zusammenreimen; **to take to ~s** in Einzelteile zerlegen; **~meal** *adv* stückweise, Stück für Stück; **~work** *n* Akkordarbeit *f*
pie chart *n* Kreisdiagramm *nt*
pier [pɪə*] *n* Pier *m*, Mole *f*
pierce [pɪəs] *vt* durchstechen, durchbohren (*also look*); **piercing** ['pɪəsɪŋ] *adj* (*cry*) durchdringend
piety ['paɪətɪ] *n* Frömmigkeit *f*
pig [pɪg] *n* Schwein *nt*
pigeon ['pɪdʒən] *n* Taube *f*; **~hole** *n* (*compartment*) Ablegefach *nt*
piggy bank ['pɪgɪ-] *n* Sparschwein *nt*
pigheaded ['pɪg'hedɪd] *adj* dickköpfig
piglet ['pɪglət] *n* Ferkel *nt*
pigskin ['pɪgskɪn] *n* Schweinsleder *nt*
pigsty ['pɪgstaɪ] *n* (*also fig*) Schweinestall *m*
pigtail ['pɪgteɪl] *n* Zopf *m*
pike [paɪk] *n* Pike *f*; (*fish*) Hecht *m*
pilchard ['pɪltʃəd] *n* Sardine *f*
pile [paɪl] *n* Haufen *m*; (*of books, wood*) Stapel *m*; (*in ground*) Pfahl *m*; (*on carpet*) Flausch *m* ♦ *vt* (*also*: **~ up**) anhäufen ♦ *vi* (*also*: *~ up*) sich anhäufen
piles [paɪlz] *npl* Hämorrhoiden *pl*
pile-up ['paɪlʌp] *n* (*AUT*) Massenzusammenstoß *m*
pilfering ['pɪlfərɪŋ] *n* Diebstahl *m*
pilgrim ['pɪlgrɪm] *n* Pilger(in) *m(f)*; **~age** *n* Wallfahrt *f*
pill [pɪl] *n* Tablette *f*, Pille *f*; **the ~** die (Antibaby)pille
pillage ['pɪlɪdʒ] *vt* plündern
pillar ['pɪlə*] *n* Pfeiler *m*, Säule *f* (*also fig*); **~ box** (*BRIT*) *n* Briefkasten *m*
pillion ['pɪljən] *n* Soziussitz *m*
pillory ['pɪlərɪ] *vt* (*fig*) anprangern
pillow ['pɪləʊ] *n* Kissen *nt*; **~case** *n* Kissenbezug *m*
pilot ['paɪlət] *n* Pilot *m*; (*NAUT*) Lotse *m* ♦ *adj* (*scheme etc*) Versuchs- ♦ *vt* führen; (*ship*) lotsen; **~ light** *n* Zündflamme *f*
pimp [pɪmp] *n* Zuhälter *m*
pimple ['pɪmpl] *n* Pickel *m*
pimply ['pɪmplɪ] *adj* pick(e)lig
pin [pɪn] *n* Nadel *f*; (*for sewing*) Stecknadel *f*; (*TECH*) Stift *m*, Bolzen *m* ♦ *vt* stecken; (*keep in one position*) pressen, drücken; **to ~ sth to sth** etw an etw *acc* heften; **to ~ sth on sb** (*fig*) jdm etw anhängen; **~s and needles** Kribbeln *nt*; **~ down** *vt* (*fig*: *person*): **to ~ sb down (to sth)** jdn (auf etw *acc*) festnageln
pinafore ['pɪnəfɔː*] *n* Schürze *f*; **~ dress** *n* Kleiderrock *m*
pinball ['pɪnbɔːl] *n* Flipper *m*
pincers ['pɪnsəz] *npl* Kneif- *or* Beißzange *f*; (*MED*) Pinzette *f*
pinch [pɪntʃ] *n* Zwicken *nt*, Kneifen *nt*; (*of salt*) Prise *f* ♦ *vt* zwicken, kneifen; (*inf*: *steal*) klauen; (: *arrest*) schnappen ♦ *vi* (*shoe*) drücken; **at a ~** notfalls, zur Not
pincushion ['pɪnkʊʃən] *n* Nadelkissen *nt*
pine [paɪn] *n* (*also*: *~ tree*) Kiefer *f* ♦ *vi*: **to ~ for** sich sehnen nach; **~ away** *vi* sich zu Tode sehnen
pineapple ['paɪnæpl] *n* Ananas *f*
ping [pɪŋ] *n* Klingeln *nt*; **~-pong** (®) *n* Pingpong *nt*
pink [pɪŋk] *adj* rosa *inv* ♦ *n* Rosa *nt*; (*BOT*) Nelke *f*
pinnacle ['pɪnəkl] *n* Spitze *f*
PIN (number) *n* Geheimnummer *f*

pinpoint ['pɪnpɔɪnt] *vt* festlegen
pinstripe ['pɪnstraɪp] *n* Nadelstreifen *m*
pint [paɪnt] *n* Pint *nt*; (*BRIT*: *inf*: *of beer*) große(s) Bier *nt*
pioneer [paɪə'nɪə*] *n* Pionier *m*; (*fig also*) Bahnbrecher *m*
pious ['paɪəs] *adj* fromm
pip [pɪp] *n* Kern *m*; **the ~s** *npl* (*BRIT*: *time signal on radio*) das Zeitzeichen
pipe [paɪp] *n* (*smoking*) Pfeife *f*; (*tube*) Rohr *nt*; (*in house*) (Rohr)leitung *f* ♦ *vt* (durch Rohre) leiten; (*MUS*) blasen; **~s** *npl* (*also*: *bagpipes*) Dudelsack *m*; **~ down** *vi* (*be quiet*) die Luft anhalten; **~ cleaner** *n* Pfeifenreiniger *m*; **~-dream** *n* Luftschloß *nt*; **~line** *n* (*for oil*) Pipeline *f*; **~r** *n* Pfeifer *m*; (*bagpipes*) Dudelsackbläser *m*
piping ['paɪpɪŋ] *adv*: **~ hot** siedend heiß
pique [pi:k] *n* gekränkte(r) Stolz *m*
pirate ['paɪərɪt] *n* Pirat *m*, Seeräuber *m*; **~ radio** (*BRIT*) *n* Piratensender *m*
Pisces ['paɪsi:z] *n* Fische *pl*
piss [pɪs] (*inf*) *vi* pissen; **~ed** (*inf*) *adj* (*drunk*) voll
pistol ['pɪstl] *n* Pistole *f*
piston ['pɪstən] *n* Kolben *m*
pit [pɪt] *n* Grube *f*; (*THEAT*) Parterre *nt*; (*orchestra ~*) Orchestergraben *m* ♦ *vt* (*mark with scars*) zerfressen; (*compare*): **to ~ sb against sb** jdn an jdm messen; **the ~s** *npl* (*MOTOR RACING*) die Boxen
pitch [pɪtʃ] *n* Wurf *m*; (*of trader*) Stand *m*; (*SPORT*) (Spiel)feld *nt*; (*MUS*) Tonlage *f*; (*substance*) Pech *nt* ♦ *vt* werfen; (*set up*) aufschlagen ♦ *vi* (*NAUT*) rollen; **to ~ a tent** ein Zelt aufbauen; **~-black** *adj* pechschwarz; **~ed battle** *n* offene Schlacht *f*
pitcher ['pɪtʃə*] *n* Krug *m*
piteous ['pɪtɪəs] *adj* kläglich, erbärmlich
pitfall ['pɪtfɔ:l] *n* (*fig*) Falle *f*
pith [pɪθ] *n* Mark *nt*
pithy ['pɪθɪ] *adj* prägnant
pitiful ['pɪtɪfʊl] *adj* (*deserving pity*) bedauernswert; (*contemptible*) jämmerlich
pitiless ['pɪtɪləs] *adj* erbarmungslos
pittance ['pɪtəns] *n* Hungerlohn *m*
pity ['pɪtɪ] *n* (*sympathy*) Mitleid *nt* ♦ *vt* Mitleid haben mit; **what a ~!** wie schade!
pivot ['pɪvət] *n* Drehpunkt *m* ♦ *vi*: **to ~ (on)** sich drehen (um)
pixie ['pɪksɪ] *n* Elf *m*, Elfe *f*
pizza ['pi:tsə] *n* Pizza *f*
placard ['plæka:d] *n* Plakat *nt*, Anschlag *m*
placate [plə'keɪt] *vt* beschwichtigen
place [pleɪs] *n* Platz *m*; (*spot*) Stelle *f*; (*town etc*) Ort *m* ♦ *vt* setzen, stellen, legen; (*order*) aufgeben; (*SPORT*) plazieren; (*identify*) unterbringen; **to take ~** stattfinden; **out of ~** nicht am rechten Platz; (*fig*: *remark*) unangebracht; **in the first ~** erstens; **to change ~s with sb** mit jdm den Platz tauschen; **to be ~d third** (*in race, exam*) auf dem dritten Platz liegen
placid ['plæsɪd] *adj* gelassen, ruhig
plagiarism ['pleɪdʒɪərɪzəm] *n* Plagiat *nt*
plague [pleɪg] *n* Pest *f*; (*fig*) Plage *f* ♦ *vt* plagen
plaice [pleɪs] *n* Scholle *f*
plain [pleɪn] *adj* (*clear*) klar, deutlich; (*simple*) einfach, schlicht; (*not beautiful*) alltäglich ♦ *n* Ebene *f*; **in ~ clothes** (*police*) in Zivil(kleidung); **~ chocolate** *n* Bitterschokolade *f*
plaintiff ['pleɪntɪf] *n* Kläger *m*
plaintive ['pleɪntɪv] *adj* wehleidig
plait [plæt] *n* Zopf *m* ♦ *vt* flechten
plan [plæn] *n* Plan *m* ♦ *vt*, *vi* planen; **according to ~** planmäßig; **to ~ to do sth** vorhaben, etw zu tun
plane [pleɪn] *n* Ebene *f*; (*AVIAT*) Flugzeug *nt*; (*tool*) Hobel *m*; (*tree*) Platane *f*
planet ['plænɪt] *n* Planet *m*
plank [plæŋk] *n* Brett *nt*
planning ['plænɪŋ] *n* Planung *f*;

family ~ Familienplanung *f*; ~ **permission** *n* Baugenehmigung *f*

plant [plɑ:nt] *n* Pflanze *f*; (*TECH*) (Maschinen)anlage *f*; (*factory*) Fabrik *f*, Werk *nt* ♦ *vt* pflanzen; (*set firmly*) stellen

plantation [plæn'teɪʃən] *n* Plantage *f*

plaque [plæk] *n* Gedenktafel *f*; (*on teeth*) (Zahn)belag *m*

plaster ['plɑ:stə*] *n* Gips *m*; (*in house*) Verputz *m*; (*BRIT*: *also*: *sticking* ~) Pflaster *nt*; (*for fracture*: ~ *of Paris*) Gipsverband *m* ♦ *vt* gipsen; (*hole*) zugipsen; (*ceiling*) verputzen; (*fig*: *with pictures etc*) bekleben, verkleben; ~**ed** (*inf*) *adj* besoffen; ~**er** *n* Gipser *m*

plastic ['plæstɪk] *n* Plastik *nt or f* ♦ *adj* (*made of* ~) Plastik-; (*ART*) plastisch, bildend; ~ **bag** *n* Plastiktüte *f*

plasticine ['plæstɪsi:n] (®) *n* Plastilin *nt*

plastic surgery *n* plastische Chirurgie *f*

plate [pleɪt] *n* Teller *m*; (*gold/silver* ~) vergoldete(s)/versilberte(s) Tafelgeschirr *nt*; (*flat sheet*) Platte *f*; (*in book*) (Bild)tafel *f*

plateau ['plætəʊ] (*pl* ~**s** *or* ~**x**) *n* (*GEOG*) Plateau *nt*, Hochebene *f*

plateaux ['plætəʊz] *npl of* **plateau**

plate glass *n* Tafelglas *nt*

platform ['plætfɔ:m] *n* (*at meeting*) Plattform *f*, Podium *nt*; (*RAIL*) Bahnsteig *m*; (*POL*) Parteiprogramm *nt*; ~ **ticket** *n* Bahnsteigkarte *f*

platinum ['plætɪnəm] *n* Platin *nt*

platoon [plə'tu:n] *n* (*MIL*) Zug *m*

platter ['plætə*] *n* Platte *f*

plausible ['plɔ:zɪbl] *adj* (*theory, excuse, statement*) plausibel; (*person*) überzeugend

play [pleɪ] *n* (*also TECH*) Spiel *nt*; (*THEAT*) (Theater)stück *nt* ♦ *vt* spielen; (*another team*) spielen gegen ♦ *vi* spielen; **to** ~ **safe** auf Nummer sicher gehen; ~ **down** *vt* herunterspielen; ~ **up** *vi* (*cause trouble*) frech werden; (*bad leg etc*) weh tun ♦ *vt* (*person*) plagen; **to** ~ **up to sb** jdm flattieren; ~-**acting** *n* Schauspielerei *f*; ~**boy** *n* Playboy *m*; ~**er** *n* Spieler(in) *m(f)*; ~**ful** *adj* spielerisch; ~**ground** *n* Spielplatz *m*; ~**group** *n* Kindergarten *m*; ~**ing card** *n* Spielkarte *f*; ~**ing field** *n* Sportplatz *m*; ~**mate** *n* Spielkamerad *m*; ~-**off** *n* (*SPORT*) Entscheidungsspiel *nt*; ~**pen** *n* Laufstall *m*; ~**school** *n* = **playgroup**; ~**thing** *n* Spielzeug *nt*; ~**wright** *n* Theaterschriftsteller *m*

plc *abbr* (= *public limited company*) AG

plea [pli:] *n* Bitte *f*; (*general appeal*) Appell *m*; (*JUR*) Plädoyer *nt*

plead [pli:d] *vt* (*poverty*) zur Entschuldigung anführen; (*JUR*: *sb's case*) vertreten ♦ *vi* (*beg*) dringend bitten; (*JUR*) plädieren; **to** ~ **with sb** jdn dringend bitten

pleasant ['plezntˌ] *adj* angenehm; ~**ness** *n* Angenehme(s) *nt*; (*of person*) Freundlichkeit *f*; ~**ries** *npl* (*polite remarks*) Nettigkeiten *pl*

please [pli:z] *vt, vi* (*be agreeable to*) gefallen +*dat*; ~! bitte!; ~ **yourself!** wie du willst!; ~**d** *adj* zufrieden; (*glad*): ~**d (about sth)** erfreut (über etw *acc*); ~**d to meet you** angenehm

pleasing ['pli:zɪŋ] *adj* erfreulich

pleasure ['pleʒə*] *n* Freude *f*; (*old*: *will*) Wünsche *pl* ♦ *cpd* Vergnügungs-; **"it's a** ~**"** „gern geschehen"

pleat [pli:t] *n* Falte *f*

plectrum ['plektrəm] *n* Plektron *nt*

pledge [pledʒ] *n* Pfand *nt*; (*promise*) Versprechen *nt* ♦ *vt* verpfänden; (*promise*) geloben, versprechen

plentiful ['plentɪfʊl] *adj* reichlich

plenty ['plentɪ] *n* Fülle *f*, Überfluß *m*; ~ **of** eine Menge, viel

pleurisy ['plʊərɪsɪ] *n* Rippenfellentzündung *f*

pliable ['plaɪəbl] *adj* biegsam; (*person*) beeinflußbar

pliers ['plaɪəz] *npl* (Kneif)zange *f*

plight [plaɪt] *n* (Not)lage *f*

plimsolls ['plɪmsəlz] (*BRIT*) *npl* Turnschuhe *pl*
plinth [plɪnθ] *n* Sockel *m*
plod [plɒd] *vi* (*work*) sich abplagen; (*walk*) trotten; **~der** *n* Arbeitstier *nt*
plonk [plɒŋk] *n* (*BRIT*: *inf*: *wine*) billige(r) Wein *m* ♦ *vt*: **to ~ sth down** etw hinknallen
plot [plɒt] *n* Komplott *nt*; (*story*) Handlung *f*; (*of land*) Grundstück *nt* ♦ *vt* markieren; (*curve*) zeichnen; (*movements*) nachzeichnen ♦ *vi* (*plan secretly*) sich verschwören; **~ter** *n* (*instrument*) Plotter *m*
plough [plaʊ] (*US* **plow**) *n* Pflug *m* ♦ *vt* pflügen; **~ back** *vt* (*COMM*) wieder in das Geschäft stecken; **~ through** *vt fus* (*water*) durchpflügen; (*book*) sich kämpfen durch
plow (*US*) = **plough**
ploy [plɔɪ] *n* Masche *f*
pluck [plʌk] *vt* (*fruit*) pflücken; (*guitar*) zupfen; (*goose etc*) rupfen ♦ *n* Mut *m*; **to ~ up courage** all seinen Mut zusammennehmen; **~y** *adj* beherzt
plug [plʌg] *n* Stöpsel *m*; (*ELEC*) Stecker *m*; (*inf*: *publicity*) Schleichwerbung *f*; (*AUT*) Zündkerze *f* ♦ *vt* (zu)stopfen; (*inf*: *advertise*) Reklame machen für; **~ in** *vt* (*ELEC*) anschließen
plum [plʌm] *n* Pflaume *f*, Zwetsch(g)e *f* ♦ *adj* (*job etc*) Bomben-
plumage ['pluːmɪdʒ] *n* Gefieder *nt*
plumb [plʌm] *adj* senkrecht ♦ *n* Lot *nt* ♦ *adv* (*exactly*) genau ♦ *vt* ausloten; (*fig*) sondieren
plumber ['plʌmə*] *n* Klempner *m*, Installateur *m*
plumbing ['plʌmɪŋ] *n* (*craft*) Installieren *nt*; (*fittings*) Leitungen *pl*
plume [pluːm] *n* Feder *f*; (*of smoke etc*) Fahne *f*
plummet ['plʌmɪt] *vi* (ab)stürzen
plump [plʌmp] *adj* rundlich, füllig ♦ *vt* plumpsen lassen; **to ~ for** (*inf*: *choose*) sich entscheiden für
plunder ['plʌndə*] *n* Plünderung *f*; (*loot*) Beute *f* ♦ *vt* plündern
plunge [plʌndʒ] *n* Sturz *m* ♦ *vt* stoßen ♦ *vi* (sich) stürzen; **to take the ~** den Sprung wagen
plunging ['plʌndʒɪŋ] *adj* (*neckline*) offenherzig
pluperfect ['pluː'pɜːfɪkt] *n* Plusquamperfekt *nt*
plural ['plʊərəl] *n* Plural *m*, Mehrzahl *f*
plus [plʌs] *n* (*also*: *~ sign*) Plus(zeichen) *nt* ♦ *prep* plus, und; **ten/twenty ~** mehr als zehn/zwanzig
plush [plʌʃ] *adj* (*also ~y*: *inf*: *luxurious*) feudal
ply [plaɪ] *vt* (*trade*) (be)treiben; (*with questions*) zusetzen +*dat*; (*ship, taxi*) befahren ♦ *vi* verkehren ♦ *n*: **three-~** (*wool*) Dreifach-; **to ~ sb with drink** jdn zum Trinken animieren; **~wood** *n* Sperrholz *nt*
P.M. *n abbr* = **Prime Minister**
p.m. *adv abbr* (= *post meridiem*) nachmittags
pneumatic [njuː'mætɪk] *adj* pneumatisch; (*TECH*) Luft-; **~ drill** *n* Preßlufthammer *m*
pneumonia [njuː'məʊnɪə] *n* Lungenentzündung *f*
poach [pəʊtʃ] *vt* (*COOK*) pochieren; (*game*) stehlen ♦ *vi* (*steal*) wildern; **~ed** *adj* (*egg*) verloren; **~er** *n* Wilddieb *m*
P.O. Box *n abbr* = **Post Office Box**
pocket ['pɒkɪt] *n* Tasche *f*; (*of resistance*) (Widerstands)nest *nt* ♦ *vt* einstecken; **to be out of ~** (*BRIT*) draufzahlen; **~book** *n* Taschenbuch *nt*; **~ knife** *n* Taschenmesser *nt*; **~ money** *n* Taschengeld *nt*
pod [pɒd] *n* Hülse *f*, (*of peas also*) Schote *f*
podgy ['pɒdʒɪ] *adj* pummelig
podiatrist [pɒ'diːətrɪst] (*US*) *n* Fußpfleger(in) *m(f)*
poem ['pəʊəm] *n* Gedicht *nt*
poet ['pəʊɪt] *n* Dichter *m*, Poet *m*; **~ic** [pəʊ'etɪk] *adj* poetisch, dichterisch; **~ laureate** *n* Hofdichter *m*;

~**ry** *n* Poesie *f*; (*poems*) Gedichte *pl*

poignant ['pɔɪnjənt] *adj* (*touching*) ergreifend

point [pɔɪnt] *n* (*also in discussion, scoring*) Punkt *m*; (*spot*) Punkt *m*, Stelle *f*; (*sharpened tip*) Spitze *f*; (*moment*) (Zeit)punkt *m*; (*purpose*) Zweck *m*; (*idea*) Argument *nt*; (*decimal*) Dezimalstelle *f*; (*personal characteristic*) Seite *f* ♦ *vt* zeigen mit; (*gun*) richten ♦ *vi* zeigen; ~**s** *npl* (*RAIL*) Weichen *pl*; **to be on the ~ of doing sth** drauf und dran sein, etw zu tun; **to make a ~ of** Wert darauf legen; **to get the ~** verstehen, worum es geht; **to come to the ~** zur Sache kommen; **there's no ~ (in doing sth)** es hat keinen Sinn(, etw zu tun); ~ **out** *vt* hinweisen auf +*acc*; ~ **to** *vt fus* zeigen auf +*acc*; ~**-blank** *adv* (*at close range*) aus nächster Entfernung; (*bluntly*) unverblümt; ~**ed** *adj* (*also fig*) spitz, scharf; ~**edly** *adv* (*fig*) spitz; ~**er** *n* Zeigestock *m*; (*on dial*) Zeiger *m*; ~**less** *adj* sinnlos; ~ **of view** *n* Stand- *or* Gesichtspunkt *m*

poise [pɔɪz] *n* Haltung *f*; (*fig*) Gelassenheit *f*

poison ['pɔɪzn] *n* (*also fig*) Gift *nt* ♦ *vt* vergiften; ~**ing** *n* Vergiftung *f*; ~**ous** *adj* giftig, Gift-

poke [pəʊk] *vt* stoßen; (*put*) stecken; (*fire*) schüren; (*hole*) bohren; ~ **about** *vi* herumstochern; (*nose around*) herumwühlen

poker ['pəʊkə*] *n* Schürhaken *m*; (*CARDS*) Poker *nt*; ~**-faced** *adj* undurchdringlich

poky ['pəʊkɪ] *adj* eng

Poland ['pəʊlənd] *n* Polen *nt*

polar ['pəʊlə*] *adj* Polar-, polar; ~ **bear** *n* Eisbär *m*; ~**ize** *vt* polarisieren

Pole [pəʊl] *n* Pole *m*, Polin *f*

pole [pəʊl] *n* Stange *f*, Pfosten *m*; (*flag~, telegraph ~*) Stange *f*, Mast *m*; (*ELEC, GEOG*) Pol *m*; (*SPORT: vaulting ~*) Stab *m*; (*ski ~*) Stock *m*; ~ **bean** (*US*) *n* (*runner bean*) Stangenbohne *f*; ~ **vault** *n* Stabhochsprung *m*

police [pə'li:s] *n* Polizei *f* ♦ *vt* kontrollieren; ~ **car** *n* Polizeiwagen *m*; ~**man** (*irreg*) *n* Polizist *m*; ~ **state** *n* Polizeistaat *m*; ~ **station** *n* (Polizei)revier *nt*, Wache *f*; ~**woman** (*irreg*) *n* Polizistin *f*

policy ['pɒlɪsɪ] *n* Politik *f*; (*insurance*) (Versicherungs)police *f*

polio ['pəʊlɪəʊ] *n* (spinale) Kinderlähmung *f*, Polio *f*

Polish ['pəʊlɪʃ] *adj* polnisch ♦ *n* (*LING*) Polnisch *nt*

polish ['pɒlɪʃ] *n* Politur *f*; (*for floor*) Wachs *nt*; (*for shoes*) Creme *f*; (*for nails*) Lack *m*; (*shine*) Glanz *m*; (*of furniture*) Politur *f*; (*fig*) Schliff *m* ♦ *vt* polieren; (*shoes*) putzen; (*fig*) den letzten Schliff geben +*dat*; ~ **off** *vt* (*inf: work*) erledigen; (: *food*) wegputzen; (: *drink*) hinunterschütten; ~**ed** *adj* (*also fig*) glänzend; (*manners*) verfeinert

polite [pə'laɪt] *adj* höflich; ~**ness** *n* Höflichkeit *f*

politic ['pɒlɪtɪk] *adj* (*prudent*) diplomatisch; ~**al** [pə'lɪtɪkəl] *adj* politisch; ~**ally** *adv* politisch; ~**ian** [pɒlɪ'tɪʃən] *n* Politiker *m*; ~**s** *npl* Politik *f*

polka dot *n* Tupfen *m*

poll [pəʊl] *n* Abstimmung *f*; (*in election*) Wahl *f*; (*votes cast*) Wahlbeteiligung *f*; (*opinion ~*) Umfrage *f* ♦ *vt* (*votes*) erhalten

pollen ['pɒlən] *n* (*BOT*) Blütenstaub *m*, Pollen *m*

pollination [pɒlɪ'neɪʃən] *n* Befruchtung *f*

polling ['pəʊlɪŋ] (*BRIT*) : ~ **booth** (*BRIT*) *n* Wahlkabine *f*; ~ **day** (*BRIT*) *n* Wahltag *m*; ~ **station** (*BRIT*) *n* Wahllokal *nt*

pollute [pə'lu:t] *vt* verschmutzen, verunreinigen; **pollution** [pə'lu:ʃən] *n* Verschmutzung *f*

polo ['pəʊləʊ] *n* Polo *nt*; ~**-neck** *n* Rollkragen *m*; Rollkragenpullover *m*; ~ **shirt** *n* Polohemd *nt*

polystyrene [pɒlɪ'staɪri:n] *n* Styropor *nt*

polytechnic [pɒlɪ'teknɪk] *n* technische Hochschule *f*
polythene ['pɒlɪθi:n] *n* Plastik *nt*
pomegranate ['pɒmǝgrænɪt] *n* Granatapfel *m*
pommel ['pʌml] *vt* mit den Fäusten bearbeiten ♦ *n* Sattelknopf *m*
pompom ['pɒmpɒm] *n* Troddel *f*, Pompon *m*
pompous ['pɒmpǝs] *adj* aufgeblasen; (*language*) geschwollen
pond [pɒnd] *n* Teich *m*, Weiher *m*
ponder ['pɒndǝ*] *vt* nachdenken über +*acc*; **~ous** *adj* schwerfällig
pong [pɒŋ] (*BRIT: inf*) *n* Mief *m*
pontiff ['pɒntɪf] *n* Pontifex *m*
pontificate [pɒn'tɪfɪkeɪt] *vi* (*fig*) geschwollen reden
pontoon [pɒn'tu:n] *n* Ponton *m*; (*CARDS*) 17-und-4 *nt*
pony ['pǝʊnɪ] *n* Pony *nt*; **~tail** *n* Pferdeschwanz *m*; **~ trekking** (*BRIT*) *n* Ponyreiten *nt*
poodle ['pu:dl] *n* Pudel *m*
pool [pu:l] *n* (*swimming ~*) Schwimmbad *nt*; (: *private*) Swimmingpool *m*; (*of spilt liquid, blood*) Lache *f*; (*fund*) (gemeinsame) Kasse *f*; (*billiards*) Poolspiel *nt* ♦ *vt* (*money etc*) zusammenlegen; **typing ~** Schreibzentrale *f*; **(football) ~s** Toto *nt*
poor [pʊǝ*] *adj* arm; (*not good*) schlecht ♦ *npl*: **the ~** die Armen *pl*; **~ in** (*resources etc*) arm an +*dat*; **~ly** *adv* schlecht; (*dressed*) ärmlich ♦ *adj* schlecht
pop [pɒp] *n* Knall *m*; (*music*) Popmusik *f*; (*drink*) Limo(nade) *f*; (*US: inf*) Pa *m* ♦ *vt* (*put*) stecken; (*balloon*) platzen lassen ♦ *vi* knallen; **~ in** *vi* kurz vorbeigehen *or* vorbeikommen; **~ out** *vi* (*person*) kurz rausgehen; (*thing*) herausspringen; **~ up** *vi* auftauchen; **~corn** *n* Puffmais *m*
pope [pǝʊp] *n* Papst *m*
poplar ['pɒplǝ*] *n* Pappel *f*
poppy ['pɒpɪ] *n* Mohn *m*
Popsicle ['pɒpsɪkl] (®; *US*) *n* (*ice lolly*) Eis *nt* am Stiel
populace ['pɒpjʊlɪs] *n* Volk *nt*
popular ['pɒpjʊlǝ*] *adj* beliebt, populär; (*of the people*) volkstümlich; (*widespread*) allgemein; **~ity** [pɒpʊ'lærɪtɪ] *n* Beliebtheit *f*, Popularität *f*; **~ize** [pɒpjʊlǝrɪz] *vt* popularisieren; **~ly** *adv* allgemein, überall
population [pɒpjʊ'leɪʃǝn] *n* Bevölkerung *f*; (*of town*) Einwohner *pl*
populous ['pɒpjʊlǝs] *adj* dicht besiedelt
porcelain ['pɔ:slɪn] *n* Porzellan *nt*
porch [pɔ:tʃ] *n* Vorbau *m*, Veranda *f*
porcupine ['pɔ:kjʊpaɪn] *n* Stachelschwein *nt*
pore [pɔ:*] *n* Pore *f* ♦ *vt*: **to ~ over** brüten über +*dat*
pork [pɔ:k] *n* Schweinefleisch *nt*
pornography [pɔ:'nɒgrǝfɪ] *n* Pornographie *f*
porous ['pɔ:rǝs] *adj* porös; (*skin*) porig
porpoise ['pɔ:pǝs] *n* Tümmler *m*
porridge ['pɒrɪdʒ] *n* Haferbrei *m*
port [pɔ:t] *n* Hafen *m*; (*town*) Hafenstadt *f*; (*NAUT: left side*) Backbord *nt*; (*wine*) Portwein *m*; **~ of call** Anlaufhafen *m*
portable ['pɔ:tǝbl] *adj* tragbar
portent ['pɔ:tent] *n* schlimme(s) Vorzeichen *nt*
porter ['pɔ:tǝ*] *n* Pförtner(in) *m(f)*; (*for luggage*) (Gepäck)träger *m*
portfolio [pɔ:t'fǝʊlɪǝʊ] *n* (*case*) Mappe *f*; (*POL*) Geschäftsbereich *m*; (*FIN*) Portefeuille *nt*; (*of artist*) Kollektion *f*
porthole ['pɔ:thǝʊl] *n* Bullauge *nt*
portion ['pɔ:ʃǝn] *n* Teil *m*, Stück *nt*; (*of food*) Portion *f*
portly ['pɔ:tlɪ] *adj* korpulent, beleibt
portrait ['pɔ:trɪt] *n* Porträt *nt*
portray [pɔ:'treɪ] *vt* darstellen; **~al** *n* Darstellung *f*
Portugal ['pɔ:tjʊgǝl] *n* Portugal *nt*
Portuguese [pɔ:tjʊ'gi:z] *adj* portugiesisch ♦ *n inv* Portugiese *m*, Portugiesin *f*; (*LING*) Portugiesisch *nt*
pose [pǝʊz] *n* Stellung *f*, Pose *f*; (*affectation*) Pose *f* ♦ *vi* posieren ♦ *vt* stellen

posh [pɒʃ] (*inf*) *adj* (piek)fein
position [pə'zɪʃən] *n* Stellung *f*; (*place*) Lage *f*; (*job*) Stelle *f*; (*attitude*) Standpunkt *m* ♦ *vt* aufstellen
positive ['pɒzɪtɪv] *adj* positiv; (*convinced*) sicher; (*definite*) eindeutig
posse ['pɒsɪ] (*US*) *n* Aufgebot *nt*
possess [pə'zes] *vt* besitzen; **~ion** [pə'zeʃən] *n* Besitz *m*; **~ive** *adj* besitzergreifend, eigensüchtig
possibility [pɒsə'bɪlɪtɪ] *n* Möglichkeit *f*
possible ['pɒsəbl] *adj* möglich; **as big as ~** so groß wie möglich, möglichst groß
possibly ['pɒsəblɪ] *adv* möglicherweise, vielleicht; **I cannot ~ come** ich kann unmöglich kommen
post [pəʊst] *n* (*BRIT*: *letters, delivery*) Post *f*; (*pole*) Pfosten *m*, Pfahl *m*; (*place of duty*) Posten *m*; (*job*) Stelle *f* ♦ *vt* (*notice*) anschlagen; (*BRIT*: *letters*) aufgeben; (: *appoint*) versetzen; (*soldiers*) aufstellen; **~age** *n* Postgebühr *f*, Porto *nt*; **~al** *adj* Post-; **~al order** *n* Postanweisung *f*; **~box** (*BRIT*) *n* Briefkasten *m*; **~card** *n* Postkarte *f*; **~code** (*BRIT*) *n* Postleitzahl *f*
postdate [pəʊst'deɪt] *vt* (*cheque*) nachdatieren
poster ['pəʊstə*] *n* Plakat *nt*, Poster *nt*
poste restante ['pəʊst'restɑ̃:nt] *n* Aufbewahrungsstelle *f* für postlagernde Sendungen
posterior [pɒs'tɪərɪə*] (*inf*) *n* Hintern *m*
posterity [pɒs'terɪtɪ] *n* Nachwelt *f*
postgraduate ['pəʊst'grædjuɪt] *n* Weiterstudierende(r) *mf*
posthumous ['pɒstjʊməs] *adj* post(h)um
postman ['pəʊstmən] (*irreg*) *n* Briefträger *m*
postmark ['pəʊstmɑ:k] *n* Poststempel *m*
post-mortem ['pəʊst'mɔ:təm] *n* Autopsie *f*
post office *n* Postamt *nt*, Post *f*; (*organization*) Post *f*; **Post Office Box** *n* Postfach *nt*
postpone [pə'spəʊn] *vt* verschieben
postscript ['pəʊsskrɪpt] *n* Postskript *nt*; (*to affair*) Nachspiel *nt*
postulate ['pɒstjʊleɪt] *vt* voraussetzen; (*maintain*) behaupten
posture ['pɒstʃə*] *n* Haltung *f* ♦ *vi* posieren
postwar ['pəʊst'wɔ:*] *adj* Nachkriegs-
posy ['pəʊzɪ] *n* Blumenstrauß *m*
pot [pɒt] *n* Topf *m*; (*tea~*) Kanne *f*; (*inf*: *marijuana*) Hasch *m* ♦ *vt* (*plant*) eintopfen; **to go to ~** (*inf*: *work, performance*) auf den Hund kommen
potato [pə'teɪtəʊ] (*pl* **~es**) *n* Kartoffel *f*; **~ peeler** *n* Kartoffelschäler *m*
potent ['pəʊtənt] *adj* stark; (*argument*) zwingend
potential [pə'tenʃəl] *adj* potentiell ♦ *n* Potential *nt*; **~ly** *adv* potentiell
pothole ['pɒthəʊl] *n* (*in road*) Schlagloch *nt*; (*BRIT*: *underground*) Höhle *f*
potholing ['pɒthəʊlɪŋ] (*BRIT*) *n*: **to go ~** Höhlen erforschen
potion ['pəʊʃən] *n* Trank *m*
potluck ['pɒt'lʌk] *n*: **to take ~ with sth** etw auf gut Glück nehmen
potshot ['pɒtʃɒt] *n*: **to take a ~ at sth** auf etw *acc* ballern
potted ['pɒtɪd] *adj* (*food*) eingelegt, eingemacht; (*plant*) Topf-; (*fig*: *book, version*) konzentriert
potter ['pɒtə*] *n* Töpfer *m* ♦ *vi* herumhantieren; **~y** *n* Töpferwaren *pl*; (*place*) Töpferei *f*
potty ['pɒtɪ] *adj* (*inf*: *mad*) verrückt ♦ *n* Töpfchen *nt*
pouch [pəʊtʃ] *n* Beutel *m*
pouf(fe) [pu:f] *n* Sitzkissen *nt*
poultry ['pəʊltrɪ] *n* Geflügel *nt*
pounce [paʊns] *vi* sich stürzen ♦ *n* Sprung *m*, Satz *m*; **to ~ on** sich stürzen auf +*acc*
pound [paʊnd] *n* (*FIN, weight*) Pfund *nt*; (*for cars, animals*) Auslösestelle *f* ♦ *vt* (zer)stampfen ♦ *vi* klopfen, hämmern; **~ sterling** *n* Pfund Sterling *nt*

pour [pɔ:*] *vt* gießen, schütten ♦ *vi* gießen; (*crowds etc*) strömen; ~ **away** *vt* abgießen; ~ **in** *vi* (*people*) hereinströmen; ~ **off** *vt* abgießen; ~ **out** *vi* (*people*) herausströmen ♦ *vt* (*drink*) einschenken; ~**ing** *adj*: ~**ing rain** strömende(r) Regen *m*

pout [paʊt] *vi* schmollen

poverty ['pɒvətɪ] *n* Armut *f*; ~-**stricken** *adj* verarmt, sehr arm

powder ['paʊdə*] *n* Pulver *nt*; (*cosmetic*) Puder *m* ♦ *vt* pulverisieren; **to** ~ **one's nose** sich *dat* die Nase pudern; ~ **compact** *n* Puderdose *f*; ~**ed milk** *n* Milchpulver *nt*; ~ **room** *n* Damentoilette *f*; ~**y** *adj* pulverig

power ['paʊə*] *n* (*also POL*) Macht *f*; (*ability*) Fähigkeit *f*; (*strength*) Stärke *f*; (*MATH*) Potenz *f*; (*ELEC*) Strom *m* ♦ *vt* betreiben, antreiben; **to be in** ~ (*POL etc*) an der Macht sein; ~ **cut** *n* Stromausfall *m*; ~**ed** *adj*: ~**ed by** betrieben mit; ~ **failure** (*US*) *n* Stromausfall *m*; ~**ful** *adj* (*person*) mächtig; (*engine, government*) stark; ~**less** *adj* machtlos; ~ **point** (*BRIT*) *n* elektrische(r) Anschluß *m*; ~ **station** *n* Elektrizitätswerk *nt*

p.p. *abbr* (= *per procurationem*): ~ **J. Smith** i.A. J. Smith

PR *n abbr* = **public relations**

practicable ['præktɪkəbl] *adj* durchführbar

practical ['præktɪkəl] *adj* praktisch; ~**ity** [præktɪ'kælɪtɪ] *n* (*of person*) praktische Veranlagung *f*; (*of situation etc*) Durchführbarkeit *f*; ~ **joke** *n* Streich *m*; ~**ly** *adv* praktisch

practice ['præktɪs] *n* Übung *f*; (*reality, also of doctor, lawyer*) Praxis *f*; (*custom*) Brauch *m*; (*in business*) Usus *m* ♦ *vt, vi* (*US*) = **practise**; **in** ~ (*in reality*) in der Praxis; **out of** ~ außer Übung

practicing (*US*) *adj* = **practising**

practise ['præktɪs] (*US* **practice**) *vt* üben; (*profession*) ausüben ♦ *vi* (sich) üben; (*doctor, lawyer*) praktizieren

practising ['præktɪsɪŋ] (*US* **practicing**) *adj* praktizierend; (*Christian etc*) aktiv

practitioner [præk'tɪʃənə*] *n* praktische(r) Arzt *m*, praktische Ärztin *f*

pragmatic [præg'mætɪk] *adj* pragmatisch

prairie ['prɛərɪ] *n* Prärie *f*, Steppe *f*

praise [preɪz] *n* Lob *nt* ♦ *vt* loben; ~**worthy** *adj* lobenswert

pram [præm] (*BRIT*) *n* Kinderwagen *m*

prance [prɑ:ns] *vi* (*horse*) tänzeln; (*person*) stolzieren; (: *gaily*) herumhüpfen

prank [præŋk] *n* Streich *m*

prattle ['prætl] *vi* schwatzen, plappern

prawn [prɔ:n] *n* Garnele *f*; Krabbe *f*

pray [preɪ] *vi* beten; ~**er** [prɛə*] *n* Gebet *nt*

preach [pri:tʃ] *vi* predigen; ~**er** *n* Prediger *m*

preamble [pri:'æmbl] *n* Einleitung *f*

precarious [prɪ'kɛərɪəs] *adj* prekär, unsicher

precaution [prɪ'kɔ:ʃən] *n* (Vorsichts)maßnahme *f*

precede [prɪ'si:d] *vi* vorausgehen ♦ *vt* vorausgehen +*dat*; ~**nce** ['presɪdəns] *n* Vorrang *m*; ~**nt** ['presɪdənt] *n* Präzedenzfall *m*

preceding [prɪ'si:dɪŋ] *adj* vorhergehend

precept ['pri:sept] *n* Gebot *nt*, Regel *f*

precinct ['pri:sɪŋkt] *n* (*US*: *district*) Bezirk *m*; ~**s** *npl* (*round building*) Gelände *nt*; (*area, environs*) Umgebung *f*; **pedestrian** ~ Fußgängerzone *f*; **shopping** ~ Geschäftsviertel *nt*

precious ['preʃəs] *adj* kostbar, wertvoll; (*affected*) preziös, geziert

precipice ['presɪpɪs] *n* Abgrund *m*

precipitate [*adj* prɪ'sɪpɪtɪt, *vb* prɪ'sɪpɪteɪt] *adj* überstürzt, übereilt ♦ *vt* hinunterstürzen; (*events*) heraufbeschwören

precise [prɪ'saɪs] *adj* genau, präzis; ~**ly** *adv* genau, präzis

precision [prɪ'sɪʒən] *n* Präzision *f*

preclude [prɪ'klu:d] *vt* ausschließen

precocious [prɪ'kəʊʃəs] *adj* frühreif
preconceived ['pri:kən'si:vd] *adj* (*idea*) vorgefaßt
precondition ['pri:kən'dɪʃən] *n* Vorbedingung *f*, Voraussetzung *f*
precursor [pri:'kɜ:sə*] *n* Vorläufer *m*
predator ['predətə*] *n* Raubtier *nt*
predecessor ['pri:dɪsesə*] *n* Vorgänger *m*
predestination [pri:destɪ'neɪʃən] *n* Vorherbestimmung *f*
predicament [prɪ'dɪkəmənt] *n* mißliche Lage *f*
predict [prɪ'dɪkt] *vt* voraussagen; **~able** *adj* vorhersagbar; **~ion** [prɪ'dɪkʃən] *n* Voraussage *f*
predominantly [prɪ'dɒmɪnəntlɪ] *adv* überwiegend, hauptsächlich
predominate [prɪ'dɒmɪneɪt] *vi* vorherrschen; (*fig*) vorherrschen, überwiegen
pre-eminent [pri:'emɪnənt] *adj* hervorragend, herausragend
pre-empt [pri:'empt] *vt* (*action, decision*) vorwegnehmen
preen [pri:n] *vt* putzen; **to ~ o.s.** (*person*) sich brüsten
prefab ['pri:fæb] *n* Fertighaus *nt*
prefabricated ['pri:fæbrɪkeɪtɪd] *adj* vorgefertigt, Fertig-
preface ['prefɪs] *n* Vorwort *nt*
prefect ['pri:fekt] *n* Präfekt *m*; (*SCH*) Aufsichtsschüler(in) *m(f)*
prefer [prɪ'fɜ:*] *vt* vorziehen, lieber mögen; **to ~ to do sth** etw lieber tun; **~ably** *adv* vorzugsweise, am liebsten; **~ence** *n* Präferenz *f*, Vorzug *m*; **~ential** [prefə'renʃəl] *adj* bevorzugt, Vorzugs-
prefix ['pri:fɪks] *n* Vorsilbe *f*, Präfix *nt*
pregnancy ['pregnənsɪ] *n* Schwangerschaft *f*
pregnant ['pregnənt] *adj* schwanger
prehistoric ['pri:hɪs'tɒrɪk] *adj* prähistorisch, vorgeschichtlich
prejudice ['predʒʊdɪs] *n* (*opinion*) Vorurteil *nt*; (*bias*) Voreingenommenheit *f*; (*harm*) Schaden *m* ♦ *vt* beeinträchtigen; **~d** *adj* (*person*) voreingenommen
preliminary [prɪ'lɪmɪnərɪ] *adj* einleitend, Vor-
prelude ['prelju:d] *n* Vorspiel *nt*; (*fig*) Auftakt *m*
premarital ['pri:'mærɪtl] *adj* vorehelich
premature ['premətʃʊə*] *adj* vorzeitig, verfrüht; (*birth*) Früh-
premeditated [pri:'medɪteɪtɪd] *adj* geplant; (*murder*) vorsätzlich
premier ['premɪə*] *adj* erste(r, s) ♦ *n* Premier *m*
première [premɪ'eə*] *n* Premiere *f*; Uraufführung *f*
premise ['premɪs] *n* Voraussetzung *f*, Prämisse *f*; **~s** *npl* (*shop*) Räumlichkeiten *pl*; (*grounds*) Gelände *nt*; **on the ~s** im Hause
premium ['pri:mɪəm] *n* Prämie *f*; **to be at a ~** über pari stehen; **~ bond** (*BRIT*) *n* Prämienanleihe *f*
premonition [premə'nɪʃən] *n* Vorahnung *f*
preoccupation [pri:ɒkjʊ'peɪʃən] *n* Sorge *f*
preoccupied [pri:'ɒkjʊpaɪd] *adj* (*look*) geistesabwesend
prep [prep] *n* (*SCH*: *study*) Hausaufgabe *f*
prepaid ['pri:peɪd] *adj* vorausbezahlt; (*letter*) frankiert
preparation [prepə'reɪʃən] *n* Vorbereitung *f*
preparatory [prɪ'pærətərɪ] *adj* Vor(bereitungs)-; **~ school** *n* (*BRIT*) *private Vorbereitungsschule für die Public School*; (*US*) *private Vorbereitungsschule für die Hochschule*
prepare [prɪ'peə*] *vt* vorbereiten ♦ *vi* sich vorbereiten; **to ~ for/~ sth for** sich/etw vorbereiten auf +*acc*; **to be ~d to ...** bereit sein zu ...
preponderance [prɪ'pɒndərəns] *n* Übergewicht *nt*
preposition [prepə'zɪʃən] *n* Präposition *f*, Verhältniswort *nt*
preposterous [prɪ'pɒstərəs] *adj* absurd

prep school *n* = **preparatory school**

prerequisite ['pri:'rekwɪzɪt] *n* (unerläßliche) Voraussetzung *f*

prerogative [prɪ'rɒgətɪv] *n* Vorrecht *nt*

Presbyterian [prezbɪ'tɪərɪən] *adj* presbyterianisch ♦ *n* Presbyterier(in) *m(f)*

preschool ['pri:sku:l] *adj* Vorschul-

prescribe [prɪs'kraɪb] *vt* vorschreiben; (*MED*) verschreiben

prescription [prɪs'krɪpʃən] *n* (*MED*) Rezept *nt*

presence ['prezns] *n* Gegenwart *f*; **~ of mind** Geistesgegenwart *f*

present [*adj, n* 'preznt, *vb* prɪ'zent] *adj* (*here*) anwesend; (*current*) gegenwärtig ♦ *n* Gegenwart *f*; (*gift*) Geschenk *nt* ♦ *vt* vorlegen; (*introduce*) vorstellen; (*show*) zeigen; (*give*): **to ~ sb with sth** jdm etw überreichen; **at ~** im Augenblick; **to give sb a ~** jdm ein Geschenk machen; **~able** [prɪ'zentəbl] *adj* präsentabel; **~ation** [prezən'teɪʃən] *n* Überreichung *f*; **~-day** *adj* heutig; **~er** [prɪ'zentə*] *n* (*RADIO, TV*) Moderator(in) *m(f)*; **~ly** *adv* bald; (*at present*) im Augenblick

preservation [prezə'veɪʃən] *n* Erhaltung *f*

preservative [prɪ'zɜ:vətɪv] *n* Konservierungsmittel *nt*

preserve [prɪ'zɜɪv] *vt* erhalten; (*food*) einmachen ♦ *n* (*jam*) Eingemachte(s) *nt*; (*hunting*) Schutzgebiet *nt*

preside [prɪ'zaɪd] *vi* den Vorsitz haben

presidency ['prezɪdənsɪ] *n* (*POL*) Präsidentschaft *f*

president ['prezɪdənt] *n* Präsident *m*; **~ial** [prezɪ'denʃəl] *adj* Präsidenten-; (*election*) Präsidentschafts-; (*system*) Präsidial-

press [pres] *n* Presse *f*; (*printing house*) Druckerei *f* ♦ *vt* drücken; (*iron*) bügeln; (*urge*) (be)drängen ♦ *vi* (*push*) drücken; **to be ~ed for time** unter Zeitdruck stehen; **to ~ for sth** drängen auf etw *acc*; **~ on** *vi* vorwärtsdrängen; **~ agency** *n* Presseagentur *f*; **~ conference** *n* Pressekonferenz *f*; **~ing** *adj* dringend; **~-stud** (*BRIT*) *n* Druckknopf *m*; **~-up** (*BRIT*) *n* Liegestütz *m*

pressure [preʃə*] *n* Druck *m*; **~ cooker** *n* Schnellkochtopf *m*; **~ gauge** *n* Druckmesser *m*

pressurized ['preʃəraɪzd] *adj* Druck-

prestige [pres'ti:ʒ] *n* Prestige *nt*

prestigious [pres'tɪdʒəs] *adj* Prestige-

presumably [prɪ'zju:məblɪ] *adv* vermutlich

presume [prɪ'zju:m] *vt, vi* annehmen; **to ~ to do sth** sich erlauben, etw zu tun

presumption [prɪ'zʌmpʃən] *n* Annahme *f*

presumptuous [prɪ'zʌmptjʊəs] *adj* anmaßend

presuppose [pri:səpəʊz] *vt* voraussetzen

pretence [prɪ'tens] (*US* **pretense**) *n* Vorgabe *f*, Vortäuschung *f*; (*false claim*) Vorwand *m*

pretend [prɪ'tend] *vt* vorgeben, so tun als ob ... ♦ *vi* so tun; **to ~ to sth** Anspruch erheben auf etw *acc*

pretense [prɪ'tens] (*US*) *n* = **pretence**

pretension [prɪ'tenʃən] *n* Anspruch *m*; (*impudent claim*) Anmaßung *f*

pretentious [prɪ'tenʃəs] *adj* angeberisch

pretext ['pri:tekst] *n* Vorwand *m*

pretty ['prɪtɪ] *adj* hübsch ♦ *adv* (*inf*) ganz schön

prevail [prɪ'veɪl] *vi* siegen; (*custom*) vorherrschen; **to ~ against** *or* **over** siegen über +*acc*; **to ~ (up)on sb to do sth** jdn dazu bewegen, etw zu tun; **~ing** *adj* vorherrschend

prevalent ['prevələnt] *adj* vorherrschend

prevent [prɪ'vent] *vt* (*stop*) verhindern, verhüten; **to ~ sb from doing sth** jdn (daran) hindern, etw zu tun; **~ative** *n* Vorbeugungsmittel *nt*; **~ion** [prɪ'venʃən] *n* Verhütung *f*; **~ive** *adj* vorbeugend, Schutz-

preview ['pri:vju:] *n* private Voraufführung *f*; (*trailer*) Vorschau *f*

previous ['pri:vɪəs] *adj* früher, vorherig; **~ly** *adv* früher

prewar ['pri:'wɔ:*] *adj* Vorkriegs-

prey [preɪ] *n* Beute *f*; **~ on** *vt fus* Jagd machen auf +*acc*; **it was ~ing on his mind** es quälte sein Gewissen

price [praɪs] *n* Preis *m*; (*value*) Wert *m* ♦ *vt* (*label*) auszeichnen; **~less** *adj* (*also fig*) unbezahlbar; **~ list** *n* Preisliste *f*

prick [prɪk] *n* Stich *m* ♦ *vt, vi* stechen; **to ~ up one's ears** die Ohren spitzen

prickle ['prɪkl] *n* Stachel *m*, Dorn *m*

prickly ['prɪklɪ] *adj* stachelig; (*fig*: *person*) reizbar; **~ heat** *n* Hitzebläschen *pl*

pride [praɪd] *n* Stolz *m*; (*arrogance*) Hochmut *m* ♦ *vt*: **to ~ o.s. on sth** auf etw *acc* stolz sein

priest [pri:st] *n* Priester *m*; **~ess** *n* Priesterin *f*; **~hood** *n* Priesteramt *nt*

prig [prɪg] *n* Selbstgefällige(r) *mf*

prim [prɪm] *adj* prüde

primarily ['praɪmərɪlɪ] *adv* vorwiegend

primary ['praɪmərɪ] *adj* (*main*) Haupt-; (*SCH*) Grund-; **~ school** (*BRIT*) *n* Grundschule *f*

prime [praɪm] *adj* erste(r, s); (*excellent*) erstklassig ♦ *vt* vorbereiten; (*gun*) laden; **in the ~ of life** in der Blüte der Jahre; **P~ Minister** *n* Premierminister *m*, Ministerpräsident *m*; **~r** ['praɪmə*] *n* Fibel *f*

primeval [praɪ'mi:vəl] *adj* vorzeitlich; (*forests*) Ur-

primitive ['prɪmɪtɪv] *adj* primitiv

primrose ['prɪmrəʊz] *n* (gelbe) Primel *f*

primus (stove) ['praɪməs-] (®; *BRIT*) *n* Primuskocher *m*

prince [prɪns] *n* Prinz *m*; (*ruler*) Fürst *m*

princess [prɪn'ses] *n* Prinzessin *f*; Fürstin *f*

principal ['prɪnsɪpəl] *adj* Haupt- ♦ *n* (*SCH*) (Schul)direktor *m*, Rektor *m*; (*money*) (Grund)kapital *nt*

principle ['prɪnsəpl] *n* Grundsatz *m*, Prinzip *nt*; **in ~** im Prinzip; **on ~** aus Prinzip, prinzipiell

print [prɪnt] *n* Druck *m*; (*made by feet, fingers*) Abdruck *m*; (*PHOT*) Abzug *m* ♦ *vt* drucken; (*name*) in Druckbuchstaben schreiben; (*PHOT*) abziehen; **out of ~** vergriffen; **~ed matter** *n* Drucksache *f*; **~er** *n* Drucker *m*; **~ing** *n* Drucken *nt*; (*of photos*) Abziehen *nt*; **~out** *n* (*COMPUT*) Ausdruck *m*

prior ['praɪə*] *adj* früher ♦ *n* Prior *m*; **~ to sth** vor etw *dat*; **~ to going abroad, she had ...** bevor sie ins Ausland ging, hatte sie ...

priority [praɪ'ɒrɪtɪ] *n* Vorrang *m*; Priorität *f*

prise [praɪz] *vt*: **to ~ open** aufbrechen

prison ['prɪzn] *n* Gefängnis *nt* ♦ *adj* Gefängnis-; (*system etc*) Strafvollzugs-; **~er** *n* Gefangene(r) *mf*

pristine ['prɪsti:n] *adj* makellos

privacy ['prɪvəsɪ] *n* Ungestörtheit *f*, Ruhe *f*; Privatleben *nt*

private ['praɪvɪt] *adj* privat, Privat-; (*secret*) vertraulich, geheim ♦ *n* einfache(r) Soldat *m*; **"~"** (*on envelope*) „persönlich"; **in ~** privat, unter vier Augen; **~ enterprise** *n* Privatunternehmen *nt*; **~ eye** *n* Privatdetektiv *m*; **~ly** *adv* privat; vertraulich, geheim; **~ property** *n* Privatbesitz *m*; **~ school** *n* Privatschule *f*; **privatize** *vt* privatisieren

privet ['prɪvɪt] *n* Liguster *m*

privilege ['prɪvɪlɪdʒ] *n* Privileg *nt*; **~d** *adj* bevorzugt, privilegiert

privy ['prɪvɪ] *adj* geheim, privat; **P~ Council** *n* Geheime(r) Staatsrat *m*

prize [praɪz] *n* Preis *m* ♦ *adj* (*example*) erstklassig; (*idiot*) Voll- ♦ *vt* (hoch)schätzen; **~-giving** *n* Preisverteilung *f*; **~winner** *n* Preisträger(in) *m(f)*

pro [prəʊ] *n* (*professional*) Profi *m*; **the ~s and cons** (*for and against*) das Für und Wider

probability [prɒbə'bɪlɪtɪ] *n* Wahrscheinlichkeit *f*

probable ['prɒbəbl] *adj* wahrscheinlich

probably *adv* wahrscheinlich

probation [prə'beɪʃən] *n* Probe(zeit) *f*; (*JUR*) Bewährung *f*; **on ~** auf Probe; auf Bewährung

probe [prəʊb] *n* Sonde *f*; (*enquiry*) Untersuchung *f* ♦ *vt, vi* erforschen

problem ['prɒbləm] *n* Problem *nt*; **~atic** [prɒblɪ'mætɪk] *adj* problematisch

procedure [prə'si:dʒə*] *n* Verfahren *nt*

proceed [prə'si:d] *vi* (*advance*) vorrücken; (*start*) anfangen; (*carry on*) fortfahren; (*set about*) vorgehen; **~ings** *npl* Verfahren *nt*; **~s** ['prəʊsi:dz] *npl* Erlös *m*

process ['prəʊses] *n* Prozeß *m*; (*method*) Verfahren *nt* ♦ *vt* bearbeiten; (*food*) verarbeiten; (*film*) entwickeln; **~ing** *n* (*PHOT*) Entwickeln *nt*

procession [prə'seʃən] *n* Prozession *f*, Umzug *m*; **funeral ~** Trauerprozession *f*

proclaim [prə'kleɪm] *vt* verkünden

proclamation [prɒklə'meɪʃən] *n* Verkündung *f*

procrastinate [prəʊ'kræstɪneɪt] *vi* zaudern

procreation [prəʊkrɪ'eɪʃən] *n* (Er)zeugung *f*

procure [prə'kjʊə*] *vt* beschaffen

prod [prɒd] *vt* stoßen ♦ *n* Stoß *m*

prodigal ['prɒdɪgəl] *adj*: **~ (with** *or* **of)** verschwenderisch (mit)

prodigious [prə'dɪdʒəs] *adj* gewaltig; (*wonderful*) wunderbar

prodigy ['prɒdɪdʒɪ] *n* Wunder *nt*

produce [*n* 'prɒdju:s, *vb* prə'dju:s] *n* (*AGR*) (Boden)produkte *pl*, (Natur)erzeugnis *nt* ♦ *vt* herstellen, produzieren; (*cause*) hervorrufen; (*farmer*) erzeugen; (*yield*) liefern, bringen; (*play*) inszenieren; **~r** *n* Hersteller *m*, Produzent *m* (*also CINE*); Erzeuger *m*

product ['prɒdʌkt] *n* Produkt *nt*, Erzeugnis *nt*

production [prə'dʌkʃən] *n* Produktion *f*, Herstellung *f*; (*thing*) Erzeugnis *nt*, Produkt *nt*; (*THEAT*) Inszenierung *f*; **~ line** *n* Fließband *nt*

productive [prə'dʌktɪv] *adj* produktiv; (*fertile*) ertragreich, fruchtbar

productivity [prɒdʌk'tɪvɪtɪ] *n* Produktivität *f*

profane [prə'feɪn] *adj* (*secular, lay*) weltlich, profan; (*language etc*) gotteslästerlich

profess [prə'fes] *vt* bekennen; (*show*) zeigen; (*claim to be*) vorgeben

profession [prə'feʃən] *n* Beruf *m*; (*declaration*) Bekenntnis *nt*; **~al** *n* Fachmann *m*; (*SPORT*) Berufsspieler(in) *m(f)* ♦ *adj* Berufs-; (*expert*) fachlich; (*player*) professionell

professor [prə'fesə*] *n* Professor *m*

proficiency [prə'fɪʃənsɪ] *n* Können *nt*

proficient [prə'fɪʃənt] *adj* fähig

profile ['prəʊfaɪl] *n* Profil *nt*; (*fig: report*) Kurzbiographie *f*

profit ['prɒfɪt] *n* Gewinn *m* ♦ *vi*: **to ~ (by** *or* **from)** profitieren (von); **~ability** [prɒfɪtə'bɪlɪtɪ] *n* Rentabilität *f*; **~able** *adj* einträglich, rentabel

profiteering [prɒfɪ'tɪərɪŋ] *n* Profitmacherei *f*

profound [prə'faʊnd] *adj* tief

profuse [prə'fju:s] *adj* überreich; **~ly** [prə'fju:slɪ] *adv* überschwenglich; (*sweat*) reichlich

profusion [prə'fju:ʒən] *n*: **~ (of)** Überfülle *f* (von), Überfluß *m* (an +*dat*)

progeny ['prɒdʒɪnɪ] *n* Nachkommenschaft *f*

programme ['prəʊgræm] (*US* **program**) *n* Programm *nt* ♦ *vt* planen; (*computer*) programmieren

programmer (*US* **programer**) *n* Programmierer(in) *m(f)*

programming ['prəʊgræmɪŋ] (*US* **programing**) *n* Programmieren *nt*

progress [*n* 'prəʊgres, *vb* prə'gres]

n Fortschritt *m* ♦ *vi* fortschreiten, weitergehen; **in** ~ im Gang; **~ion** [prə'greʃən] *n* Folge *f*; **~ive** [prə'gresɪv] *adj* fortschrittlich, progressiv

prohibit [prə'hɪbɪt] *vt* verbieten; **to ~ sb from doing sth** jdm untersagen, etw zu tun; **~ion** [prəʊɪ'bɪʃən] *n* Verbot *nt*; (*US*) Alkoholverbot *nt*, Prohibition *f*; **~ive** *adj* (*price etc*) unerschwinglich

project [*n* 'prɒdʒekt, *vb* prə'dʒekt] *n* Projekt *nt* ♦ *vt* vorausplanen; (*film etc*) projizieren; (*personality, voice*) zum Tragen bringen ♦ *vi* (*stick out*) hervorragen, (her)vorstehen

projectile [prə'dʒektaɪl] *n* Geschoß *nt*

projection [prə'dʒekʃən] *n* Projektion *f*; (*sth prominent*) Vorsprung *m*

projector [prə'dʒektə*] *n* Projektor *m*

proletariat [prəʊlə'tɛərɪət] *n* Proletariat *nt*

proliferate [prə'lɪfəreɪt] *vi* sich vermehren

prolific [prə'lɪfɪk] *adj* fruchtbar; (*author etc*) produktiv

prologue ['prəʊlɒg] *n* Prolog *m*; (*event*) Vorspiel *nt*

prolong [prə'lɒŋ] *vt* verlängern

prom [prɒm] *n abbr* = **promenade; promenade concert** ♦ *n* (*US*: *college ball*) Studentenball *m*

promenade [prɒmɪ'nɑ:d] *n* Promenade *f*; **~ concert** *n* Promenadenkonzert *nt*

prominence ['prɒmɪnəns] *n* (große) Bedeutung *f*

prominent ['prɒmɪnənt] *adj* bedeutend; (*politician*) prominent; (*easily seen*) herausragend, auffallend

promiscuous [prə'mɪskjʊəs] *adj* lose

promise ['prɒmɪs] *n* Versprechen *nt*; (*hope*: *promise of sth*) Aussicht *f* auf etw *acc* ♦ *vt, vi* versprechen

promising ['prɒmɪsɪŋ] *adj* vielversprechend

promontory ['prɒməntrɪ] *n* Vorsprung *m*

promote [prə'məʊt] *vt* befördern; (*help on*) fördern, unterstützen; **~r** *n* (*in sport, entertainment*) Veranstalter *m*; (*for charity etc*) Organisator *m*

promotion [prə'məʊʃən] *n* (*in rank*) Beförderung *f*; (*furtherance*) Förderung *f*; (*COMM*): **~ (of)** Werbung *f* (für)

prompt [prɒmpt] *adj* prompt, schnell ♦ *adv* (*punctually*) genau ♦ *n* (*COMPUT*) Meldung *f* ♦ *vt* veranlassen; (*THEAT*) souffleren +*dat*; **to ~ sb to do sth** jdn dazu veranlassen, etw zu tun; **~ly** *adv* sofort

prone [prəʊn] *adj* hingestreckt; **to be ~ to sth** zu etw neigen

prong [prɒŋ] *n* Zinke *f*

pronoun ['prəʊnaʊn] *n* Fürwort *nt*

pronounce [prə'naʊns] *vt* aussprechen; (*JUR*) verkünden ♦ *vi* (*give an opinion*): **to ~ (on)** sich äußern (zu); **~d** *adj* ausgesprochen; **~ment** *n* Erklärung *f*

pronunciation [prənʌnsɪ'eɪʃən] *n* Aussprache *f*

proof [pru:f] *n* Beweis *m*; (*PRINT*) Korrekturfahne *f*; (*of alcohol*) Alkoholgehalt *m* ♦ *adj* sicher

prop [prɒp] *n* (*also fig*) Stütze *f*; (*THEAT*) Requisit *nt* ♦ *vt* (*also*: ~ *up*) (ab)stützen

propaganda [prɒpə'gændə] *n* Propaganda *f*

propagate ['prɒpəgeɪt] *vt* fortpflanzen; (*news*) propagieren, verbreiten

propel [prə'pel] *vt* (an)treiben; **~ler** *n* Propeller *m*; **~ling pencil** (*BRIT*) *n* Drehbleistift *m*

propensity [prə'pensɪtɪ] *n* Tendenz *f*

proper ['prɒpə*] *adj* richtig; (*seemly*) schicklich; **~ly** *adv* richtig; **~ noun** *n* Eigenname *m*

property ['prɒpətɪ] *n* Eigentum *nt*; (*quality*) Eigenschaft *f*; (*land*) Grundbesitz *m*; **~ owner** *n* Grundbesitzer *m*

prophecy ['prɒfɪsɪ] *n* Prophezeiung *f*

prophesy ['prɒfɪsaɪ] *vt* prophezeien

prophet ['prɒfɪt] *n* Prophet *m*

proportion [prə'pɔ:ʃən] *n* Verhältnis *nt*; (*share*) Teil *m* ♦ *vt*: **to ~ (to)** abstimmen (auf +*acc*); **~al** *adj* proportional; **~ate** *adj* verhältnismäßig

proposal [prə'pəʊzl] *n* Vorschlag *m*; (*of marriage*) Heiratsantrag *m*

propose [prə'pəʊz] *vt* vorschlagen; (*toast*) ausbringen ♦ *vi* (*offer marriage*) einen Heiratsantrag machen; **to ~ to do sth** beabsichtigen, etw zu tun

proposition [prɒpə'zɪʃən] *n* Angebot *nt*; (*statement*) Satz *m*

proprietor [prə'praɪətə*] *n* Besitzer *m*, Eigentümer *m*

propriety [prə'praɪətɪ] *n* Anstand *m*

pro rata [prəʊ'rɑ:tə] *adv* anteilmäßig

prose [prəʊz] *n* Prosa *f*

prosecute ['prɒsɪkju:t] *vt* (strafrechtlich) verfolgen

prosecution [prɒsɪ'kju:ʃən] *n* (*JUR*) strafrechtliche Verfolgung *f*; (*party*) Anklage *f*

prosecutor ['prɒsɪkju:tə*] *n* Vertreter *m* der Anklage; **Public P~** Staatsanwalt *m*

prospect [*n* 'prɒspekt, *vb* prə'spekt] *n* Aussicht *f* ♦ *vt* auf Bodenschätze hin untersuchen ♦ *vi*: **to ~ (for)** suchen (nach); **~ing** [prə'spektɪŋ] *n* (*for minerals*) Suche *f*; **~or** *n* (Gold)sucher *m*; **~us** *n* (Werbe)prospekt *m*

prosper ['prɒspə*] *vi* blühen, gedeihen; (*person*) erfolgreich sein; **~ity** [prɒ'sperɪtɪ] *n* Wohlstand *m*; **~ous** *adj* wohlhabend, reich

prostitute ['prɒstɪtju:t] *n* Prostituierte *f*

prostrate ['prɒstreɪt] *adj* ausgestreckt (liegend); **~ with grief/exhaustion** von Schmerz/Erschöpfung übermannt

protagonist [prəʊ'tægənɪst] *n* Hauptperson *f*, Held *m*

protect [prə'tekt] *vt* (be)schützen; **~ion** *n* Schutz *m*; **~ive** *adj* Schutz-, (be)schützend

protégé ['prɒteʒeɪ] *n* Schützling *m*

protein ['prəʊti:n] *n* Protein *nt*, Eiweiß *nt*

protest [*n* 'prəʊtest, *vb* prə'test] *n* Protest *m* ♦ *vi* protestieren ♦ *vt* (*affirm*) beteuern

Protestant ['prɒtɪstənt] *adj* protestantisch ♦ *n* Protestant(in) *m(f)*

protester [prə'testə*] *n* (*demonstrator*) Demonstrant(in) *m(f)*

protracted [prə'træktɪd] *adj* sich hinziehend

protrude [prə'tru:d] *vi* (her)vorstehen

proud [praʊd] *adj*: **~ (of)** stolz (auf +*acc*)

prove [pru:v] *vt* beweisen ♦ *vi*: **to ~ (to be) correct** sich als richtig erweisen; **to ~ o.s.** sich bewähren

proverb ['prɒvɜ:b] *n* Sprichwort *nt*; **~ial** [prə'vɜɪbɪəl] *adj* sprichwörtlich

provide [prə'vaɪd] *vt* versehen; (*supply*) besorgen; **to ~ sb with sth** jdn mit etw versorgen; **~ for** *vt fus* sorgen für; (*emergency*) Vorkehrungen treffen für; **~d (that)** *conj* vorausgesetzt (, daß)

Providence ['prɒvɪdəns] *n* die Vorsehung

providing [prə'vaɪdɪŋ] *conj* vorausgesetzt (, daß)

province ['prɒvɪns] *n* Provinz *f*; (*division of work*) Bereich *m*

provincial [prə'vɪnʃəl] *adj* provinziell, Provinz-

provision [prə'vɪʒən] *n* Vorkehrung *f*; (*condition*) Bestimmung *f*; **~s** *npl* (*food*) Vorräte *pl*, Proviant *m*; **~al** *adj* provisorisch

proviso [prə'vaɪzəʊ] *n* Bedingung *f*

provocative [prə'vɒkətɪv] *adj* provozierend

provoke [prə'vəʊk] *vt* provozieren; (*cause*) hervorrufen

prow [praʊ] *n* Bug *m*

prowess ['praʊes] *n* überragende(s) Können *nt*

prowl [praʊl] *vi* herumstreichen; (*animal*) schleichen ♦ *n*: **on the ~**

umherstreifend; ~**er** *n* Herumtreiber(in) *m(f)*

proximity [prɒk'sɪmɪtɪ] *n* Nähe *f*

proxy ['prɒksɪ] *n* (Stell)vertreter *m*; (*authority, document*) Vollmacht *f*; **by** ~ durch einen Stellvertreter

prudence ['pru:dəns] *n* Umsicht *f*

prudent ['pru:dənt] *adj* klug, umsichtig

prudish ['pru:dɪʃ] *adj* prüde

prune [pru:n] *n* Backpflaume *f* ♦ *vt* ausputzen; (*fig*) zurechtstutzen

pry [praɪ] *vi*: **to** ~ **(into)** seine Nase stecken (in +*acc*)

PS *n abbr* (= *postscript*) PS

pseudo- ['sju:dəʊ] *prefix* Pseudo-; ~**nym** ['sju:dənɪm] *n* Pseudonym *nt*, Deckname *m*

psychiatric [saɪkɪ'ætrɪk] *adj* psychiatrisch

psychiatrist [saɪ'kaɪətrɪst] *n* Psychiater *m*

psychic ['saɪkɪk] *adj* (*also*: ~*al*) übersinnlich; (*person*) paranormal begabt

psychoanalyse [saɪkəʊ'ænəlaɪz] (*US* **psychoanalyze**) *vt* psychoanalytisch behandeln

psychoanalyst [saɪkəʊ'ænəlɪst] *n* Psychoanalytiker(in) *m(f)*

psychological [saɪkə'lɒdʒɪkəl] *adj* psychologisch

psychologist [saɪ'kɒlədʒɪst] *n* Psychologe *m*, Psychologin *f*

psychology [saɪ'kɒlədʒɪ] *n* Psychologie *f*

PTO *abbr* = **please turn over**

pub [pʌb] *n abbr* (= *public house*) Kneipe *f*

pubic ['pju:bɪk] *adj* Scham-

public ['pʌblɪk] *adj* öffentlich ♦ *n* (*also*: *general* ~) Öffentlichkeit *f*; **in** ~ in der Öffentlichkeit; ~ **address system** *n* Lautsprecheranlage *f*

publican ['pʌblɪkən] *n* Wirt *m*

publication [pʌblɪ'keɪʃən] *n* Veröffentlichung *f*

public: ~ **company** *n* Aktiengesellschaft *f*; ~ **convenience** (*BRIT*) *n* öffentliche Toiletten *pl*; ~ **holiday** *n* gesetzliche(r) Feiertag *m*; ~ **house** (*BRIT*) *n* Lokal *nt*, Kneipe *f*

publicity [pʌb'lɪsɪtɪ] *n* Publicity *f*, Werbung *f*

publicize ['pʌblɪsaɪz] *vt* bekannt machen; (*advertise*) Publicity machen für

publicly ['pʌblɪklɪ] *adv* öffentlich

public : ~ **opinion** *n* öffentliche Meinung *f*; ~ **relations** *npl* Public Relations *pl*; ~ **school** *n* (*BRIT*) Privatschule *f*; (*US*) staatliche Schule *f*; ~**-spirited** *adj* mit Gemeinschaftssinn; ~ **transport** *n* öffentliche Verkehrsmittel *pl*

publish ['pʌblɪʃ] *vt* veröffentlichen; (*event*) bekanntgeben; ~**er** *n* Verleger *m*; ~**ing** *n* (*business*) Verlagswesen *nt*

pucker ['pʌkə*] *vt* (*face*) verziehen; (*lips*) kräuseln

pudding ['pʊdɪŋ] *n* (*BRIT*: *course*) Nachtisch *m*; Pudding *m*; **black** ~ ≈ Blutwurst *f*

puddle ['pʌdl] *n* Pfütze *f*

puff [pʌf] *n* (*of wind etc*) Stoß *m*; (*cosmetic*) Puderquaste *f* ♦ *vt* blasen, pusten; (*pipe*) paffen ♦ *vi* keuchen, schnaufen; (*smoke*) paffen; **to** ~ **out smoke** Rauch ausstoßen; ~**ed** (*inf*) *adj* (*out of breath*) außer Puste; ~ **pastry** (*US* ~ **paste**) *n* Blätterteig *m*; ~**y** *adj* aufgedunsen

pull [pʊl] *n* Ruck *m*; (*influence*) Beziehung *f* ♦ *vt* ziehen; (*trigger*) abdrücken ♦ *vi* ziehen; **to** ~ **sb's leg** jdn auf den Arm nehmen; **to** ~ **to pieces** in Stücke reißen; (*fig*) verreißen; **to** ~ **one's punches** sich zurückhalten; **to** ~ **one's weight** sich in die Riemen legen; **to** ~ **o.s. together** sich zusammenreißen; ~ **apart** *vt* (*break*) zerreißen; (*dismantle*) auseinandernehmen; (*fighters*) trennen; ~ **down** *vt* (*house*) abreißen; ~ **in** *vi* hineinfahren; (*stop*) anhalten; (*RAIL*) einfahren; ~ **off** *vt* (*deal etc*) abschließen; ~ **out** *vi* (*car*) herausfahren; (*fig*: *partner*) aussteigen ♦ *vt* herausziehen; ~ **over** *vi* (*AUT*) an die Seite fahren; ~ **round** *vi* durchkommen; ~ **through** *vi* durchkommen; ~ **up** *vi* anhalten ♦ *vt* (*uproot*) herausreißen; (*stop*) anhalten

pulley ['pʊlɪ] *n* Rolle *f*, Flaschenzug *m*

pullover ['pʊləʊvə*] *n* Pullover *m*

pulp [pʌlp] *n* Brei *m*; (*of fruit*) Fruchtfleisch *nt*

pulpit ['pʊlpɪt] *n* Kanzel *f*

pulsate [pʌl'seɪt] *vi* pulsieren

pulse [pʌls] *n* Puls *m*

pummel ['pʌml] *vt* mit den Fäusten bearbeiten

pump [pʌmp] *n* Pumpe *f*; (*shoe*) leichter (Tanz)schuh *m* ♦ *vt* pumpen; ~ **up** *vt* (*tyre*) aufpumpen

pumpkin ['pʌmpkɪn] *n* Kürbis *m*

pun [pʌn] *n* Wortspiel *nt*

punch [pʌntʃ] *n* (*tool*) Locher *m*; (*blow*) (Faust)schlag *m*; (*drink*) Punsch *m*, Bowle *f* ♦ *vt* lochen; (*strike*) schlagen, boxen; ~**line** *n* Pointe *f*; ~**-up** (*BRIT: inf*) *n* Keilerei *f*

punctual ['pʌŋktjʊəl] *adj* pünktlich

punctuate ['pʌŋktjʊeɪt] *vt* mit Satzzeichen versehen; (*fig*) unterbrechen

punctuation [pʌŋktjʊ'eɪʃən] *n* Zeichensetzung *f*, Interpunktion *f*

puncture ['pʌŋktʃə*] *n* Loch *nt*; (*AUT*) Reifenpanne *f* ♦ *vt* durchbohren

pundit ['pʌndɪt] *n* Gelehrte(r) *m*

pungent ['pʌndʒənt] *adj* scharf

punish ['pʌnɪʃ] *vt* bestrafen; (*in boxing etc*) übel zurichten; ~**ment** *n* Strafe *f*; (*action*) Bestrafung *f*

punk [pʌŋk] *n* (*also*: ~ *rocker*) Punker(in) *m(f)*; (: ~ *rock*) Punk *m*; (*US: inf: hoodlum*) Ganove *m*

punt [pʌnt] *n* Stechkahn *m*

punter ['pʌntə*] (*BRIT*) *n* (*better*) Wetter *m*

puny ['pjuːnɪ] *adj* kümmerlich

pup [pʌp] *n* = **puppy**

pupil ['pjuːpl] *n* Schüler(in) *m(f)*; (*in eye*) Pupille *f*

puppet ['pʌpɪt] *n* Puppe *f*; Marionette *f*

puppy ['pʌpɪ] *n* junge(r) Hund *m*

purchase ['pɜːtʃɪs] *n* Kauf *m*; (*grip*) Halt *m* ♦ *vt* kaufen, erwerben; ~**r** *n* Käufer(in) *m(f)*

pure [pjʊə*] *adj* (*also fig*) rein; ~**ly** ['pjʊəlɪ] *adv* rein

purgatory ['pɜːgətərɪ] *n* Fegefeuer *nt*

purge [pɜːdʒ] *n* (*also POL*) Säuberung *f*; (*medicine*) Abführmittel *nt* ♦ *vt* reinigen; (*body*) entschlacken

purify ['pjʊərɪfaɪ] *vt* reinigen

purity ['pjʊərɪtɪ] *n* Reinheit *f*

purl [pɜːl] *n* linke Masche *f*

purple ['pɜːpl] *adj* violett; (*face*) dunkelrot

purport [pɜː'pɔːt] *vi* vorgeben

purpose ['pɜːpəs] *n* Zweck *m*, Ziel *nt*; (*of person*) Absicht *f*; **on** ~ absichtlich; ~**ful** *adj* zielbewußt, entschlossen

purr [pɜː*] *n* Schnurren *nt* ♦ *vi* schnurren

purse [pɜːs] *n* Portemonnaie *nt*, Geldbeutel *m* ♦ *vt* (*lips*) zusammenpressen, schürzen

purser ['pɜːsə*] *n* Zahlmeister *m*

pursue [pə'sjuː] *vt* verfolgen; (*study*) nachgehen +*dat*; ~**r** *n* Verfolger *m*

pursuit [pə'sjuːt] *n* Verfolgung *f*; (*occupation*) Beschäftigung *f*

purveyor [pɜː'veɪə*] *n* Lieferant *m*

pus [pʌs] *n* Eiter *m*

push [pʊʃ] *n* Stoß *m*, Schub *m*; (*MIL*) Vorstoß *m* ♦ *vt* stoßen, schieben; (*button*) drücken; (*idea*) durchsetzen ♦ *vi* stoßen, schieben; ~ **aside** *vt* beiseiteschieben; ~ **off** (*inf*) *vi* abschieben; ~ **on** *vi* weitermachen; ~ **through** *vt* durchdrücken; (*policy*) durchsetzen; ~ **up** *vt* (*total*) erhöhen; (*prices*) hochtreiben; ~**chair** (*BRIT*) *n* (Kinder)sportwagen *m*; ~**over** (*inf*) *n* Kinderspiel *nt*; ~**-up** (*US*) *n* (*press-up*) Liegestütz *m*; ~**y** (*inf*) *adj* aufdringlich

puss [pʊs] *n* Mieze(katze) *f*; ~**y(-cat)** ['pʊsɪ(kæt)] *n* Mieze(katze) *f*

put [pʊt] (*pt, pp* **put**) *vt* setzen, stellen, legen; (*express*) ausdrücken, sagen; (*write*) schreiben; ~ **about** *vi* (*turn back*) wenden ♦ *vt* (*spread*) verbreiten; ~ **across** *vt* (*explain*) erklären; ~ **away** *vt* weglegen; (*store*) beiseitelegen; ~ **back** *vt* zurückstellen *or* -legen; ~ **by** *vt* zurücklegen, sparen; ~ **down** *vt* hinstellen *or* -legen; (*rebellion*) niederschlagen; (*animal*) einschläfern; (*in writing*) niederschreiben; ~ **forward** *vt* (*idea*) vorbringen; (*clock*) vorstellen; ~ **in** *vt* (*application, complaint*) einreichen; ~ **off** *vt* verschieben; (*discourage*): **to ~ sb off sth** jdn von etw abbringen; ~ **on** *vt* (*clothes etc*) anziehen; (*light etc*) anschalten, anmachen; (*play etc*) aufführen; (*brake*) anziehen; ~ **out** *vt* (*hand etc*) (her)ausstrecken; (*news, rumour*) verbreiten; (*light etc*) ausschalten, ausmachen; ~ **through** *vt* (*TEL: person*) verbinden; (: *call*) durchstellen; ~ **up** *vt* (*tent*) aufstellen; (*building*) errichten; (*price*) erhöhen; (*person*) unterbringen; ~ **up with** *vt fus* sich abfinden mit

putrid ['pju:trɪd] *adj* faul

putt [pʌt] *vt* (*golf*) putten ♦ *n* Putten *nt*; ~**ing green** *n* kleine(r) Golfplatz *m* nur zum Putten

putty ['pʌtɪ] *n* Kitt *m*; (*fig*) Wachs *nt*

put-up ['pʊtʌp] *adj*: ~ **job** abgekartete(s) Spiel *nt*

puzzle ['pʌzl] *n* Rätsel *nt*; (*toy*) Geduldspiel *nt* ♦ *vt* verwirren ♦ *vi* sich den Kopf zerbrechen

puzzling ['pʌzlɪŋ] *adj* rätselhaft, verwirrend

pyjamas [pɪ'dʒɑ:məz] (*BRIT*) *npl* Schlafanzug *m*, Pyjama *m*

pylon ['paɪlən] *n* Mast *m*

pyramid ['pɪrəmɪd] *n* Pyramide *f*

Q

quack [kwæk] *n* Quaken *nt*; (*doctor*) Quacksalber *m* ♦ *vi* quaken

quad [kwɒd] *n abbr* = **quadrangle; quadruplet**

quadrangle ['kwɒdræŋgl] *n* (*court*) Hof *m*; (*MATH*) Viereck *nt*

quadruple [kwɒ'dru:pl] *adj* vierfach ♦ *vi* sich vervierfachen ♦ *vt* vervierfachen

quadruplets [kwɒ'dru:plɪts] *npl* Vierlinge *pl*

quagmire ['kwægmaɪə*] *n* Morast *m*

quail [kweɪl] *n* (*bird*) Wachtel *f* ♦ *vi* (vor Angst) zittern

quaint [kweɪnt] *adj* kurios; malerisch

quake [kweɪk] *vi* beben, zittern ♦ *n abbr* = **earthquake**

qualification [kwɒlɪfɪ'keɪʃən] *n* Qualifikation *f*; (*sth which limits*) Einschränkung *f*

qualified ['kwɒlɪfaɪd] *adj* (*competent*) qualifiziert; (*limited*) bedingt

qualify ['kwɒlɪfaɪ] *vt* (*prepare*) befähigen; (*limit*) einschränken ♦ *vi* sich qualifizieren; **to ~ as a doctor/lawyer** sein medizinisches/juristisches Staatsexamen machen

quality ['kwɒlɪtɪ] *n* Qualität *f*; (*characteristic*) Eigenschaft *f*

qualm [kwɑ:m] *n* Bedenken *nt*

quandary ['kwɒndərɪ] *n*: **to be in a ~** in Verlegenheit sein

quantity ['kwɒntɪtɪ] *n* Menge *f*; ~ **surveyor** *n* Baukostenkalkulator *m*

quarantine ['kwɒrəntɪ:n] *n* Quarantäne *f*

quarrel ['kwɒrəl] *n* Streit *m* ♦ *vi* sich streiten; ~**some** *adj* streitsüchtig

quarry ['kwɒrɪ] *n* Steinbruch *m*; (*animal*) Wild *nt*; (*fig*) Opfer *nt*

quart [kwɔ:t] *n* Quart *nt*

quarter ['kwɔ:tə*] *n* Viertel *nt*; (*of year*) Quartal *nt* ♦ *vt* (*divide*) vierteln; (*MIL*) einquartieren; ~**s** *npl* (*esp MIL*) Quartier *nt*; ~ **of an hour** Viertelstunde *f*; ~ **final** *n* Viertelfinale *nt*; ~**ly** *adj* vierteljährlich

quartet(te) [kwɔ:'tet] *n* Quartett *nt*

quartz [kwɔ:ts] *n* Quarz *m*

quash [kwɒʃ] *vt* (*verdict*) aufheben

quasi- ['kwɑ:zɪ] *prefix* Quasi-

quaver ['kweɪvə*] *n* (*BRIT: MUS*) Achtelnote *f* ♦ *vi* (*tremble*) zittern

quay [ki:] *n* Kai *m*

queasy ['kwi:zɪ] *adj* übel

queen [kwi:n] *n* Königin *f*; ~ **mother** *n* Königinmutter *f*
queer [kwɪə*] *adj* seltsam ♦ *n* (*inf*: *homosexual*) Schwule(r) *m*
quell [kwel] *vt* unterdrücken
quench [kwentʃ] *vt* (*thirst*) löschen
querulous ['kweruləs] *adj* nörglerisch
query ['kwɪərɪ] *n* (*question*) (An)frage *f*; (*question mark*) Fragezeichen *nt* ♦ *vt* in Zweifel ziehen, in Frage stellen
quest [kwest] *n* Suche *f*
question ['kwestʃən] *n* Frage *f* ♦ *vt* (*ask*) (be)fragen, (*suspect*) verhören; (*doubt*) in Frage stellen, bezweifeln; **beyond** ~ ohne Frage; **out of the** ~ ausgeschlossen; ~**able** *adj* zweifelhaft; ~ **mark** *n* Fragezeichen *nt*
questionnaire [kwestʃə'neə*] *n* Fragebogen *m*
queue [kju:] (*BRIT*) *n* Schlange *f* ♦ *vi* (*also*: ~ *up*) Schlange stehen
quibble ['kwɪbl] *vi* kleinlich sein
quick [kwɪk] *adj* schnell ♦ *n* (*of nail*) Nagelhaut *f*; **be** ~! mach schnell!; **cut to the** ~ (*fig*) tief getroffen; ~**en** *vt* (*hasten*) beschleunigen ♦ *vi* sich beschleunigen; ~**ly** *adj* schnell; ~**sand** *n* Treibsand *m*; ~-**witted** *adj* schlagfertig
quid [kwɪd] (*BRIT*: *inf*) *n* (£1) Pfund *nt*
quiet ['kwaɪət] *adj* (*without noise*) leise; (*peaceful, calm*) still, ruhig ♦ *n* Stille *f*, Ruhe *f* ♦ *vt, vi* (*US*) = **quieten**; **keep** ~! sei still!; ~**en** *vi* (*also*: ~*en down*) ruhig werden ♦ *vt* beruhigen; ~**ly** *adv* leise, ruhig; ~**ness** *n* Ruhe *f*, Stille *f*
quilt [kwɪlt] *n* (*continental* ~) Steppdecke *f*
quin [kwɪn] *n abbr* = **quintuplet**
quinine [kwɪ'ni:n] *n* Chinin *nt*
quintuplets [kwɪn'tju:pləts] *npl* Fünflinge *pl*
quip [kwɪp] *n* witzige Bemerkung *f*
quirk [kwɜ:k] *n* (*oddity*) Eigenart *f*
quit [kwɪt] (*pt, pp* **quit** *or* **quitted**) *vt* verlassen ♦ *vi* aufhören
quite [kwaɪt] *adv* (*completely*) ganz, völlig; (*fairly*) ziemlich; ~ **a few of them** ziemlich viele von ihnen; ~ **(so)!** richtig!
quits [kwɪts] *adj* quitt; **let's call it** ~ lassen wir's gut sein
quiver ['kwɪvə*] *vi* zittern ♦ *n* (*for arrows*) Köcher *m*
quiz [kwɪz] *n* (*competition*) Quiz *nt* ♦ *vt* prüfen; ~**zical** *adj* fragend
quorum ['kwɔ:rəm] *n* beschlußfähige Anzahl *f*
quota ['kwəʊtə] *n* Anteil *m*; (*COMM*) Quote *f*
quotation [kwəʊ'teɪʃən] *n* Zitat *nt*; (*price*) Kostenvoranschlag *m*; ~ **marks** *npl* Anführungszeichen *pl*
quote [kwəʊt] *n* = **quotation** ♦ *vi* (*from book*) zitieren ♦ *vt* zitieren; (*price*) angeben

R

rabbi ['ræbaɪ] *n* Rabbiner *m*; (*title*) Rabbi *m*
rabbit ['ræbɪt] *n* Kaninchen *nt*; ~ **hole** *n* Kaninchenbau *m*; ~ **hutch** *n* Kaninchenstall *m*
rabble ['ræbl] *n* Pöbel *m*
rabies ['reɪbi:z] *n* Tollwut *f*
RAC (*BRIT*) *n abbr* = **Royal Automobile Club**
raccoon [rə'ku:n] *n* Waschbär *m*
race [reɪs] *n* (*species*) Rasse *f*; (*competition*) Rennen *nt*; (*on foot*) Rennen *nt*, Wettlauf *m*; (*rush*) Hetze *f* ♦ *vt* um die Wette laufen mit; (*horses*) laufen lassen ♦ *vi* (*run*) rennen; (*in contest*) am Rennen teilnehmen; ~ **car** (*US*) *n* = **racing car**; ~ **car driver** (*US*) *n* = **racing driver**; ~**course** *n* (*for horses*) Rennbahn *f*; ~**horse** *n* Rennpferd *nt*; ~**track** *n* (*for cars etc*) Rennstrecke *f*
racial ['reɪʃəl] *adj* Rassen-; ~**ist** *adj* rassistisch ♦ *n* Rassist *m*
racing ['reɪsɪŋ] *n* Rennen *nt*; ~ **car** (*BRIT*) *n* Rennwagen *m*; ~ **driver** (*BRIT*) *n* Rennfahrer *m*
racism ['reɪsɪzəm] *n* Rassismus *m*

racist ['reɪsɪst] *n* Rassist *m* ♦ *adj* rassistisch

rack [ræk] *n* Ständer *m*, Gestell *nt* ♦ *vt* plagen; **to go to ~ and ruin** verfallen; **to ~ one's brains** sich *dat* den Kopf zerbrechen

racket ['rækɪt] *n* (*din*) Krach *m*; (*scheme*) (Schwindel)geschäft *nt*; (*TENNIS*: *also racquet*) (Tennis)schläger *m*

racoon [rə'ku:n] *n* = **raccoon**

racquet ['rækɪt] *n* (Tennis)schläger *m*

racy ['reɪsɪ] *adj* gewagt; (*style*) spritzig

radar ['reɪdɑ:*] *n* Radar *nt or* m

radial ['reɪdɪəl] *adj* (*also*: *US*: *~-ply*) radial

radiance ['reɪdɪəns] *n* strahlende(r) Glanz *m*

radiant ['reɪdɪənt] *adj* strahlend; (*giving out rays*) Strahlungs-

radiate ['reɪdɪeɪt] *vi* ausstrahlen; (*roads, lines*) strahlenförmig wegführen ♦ *vt* ausstrahlen

radiation [reɪdɪ'eɪʃən] *n* (Aus)strahlung *f*

radiator ['reɪdɪeɪtə*] *n* (*for heating*) Heizkörper *m*; (*AUT*) Kühler *m*

radical ['rædɪkəl] *adj* radikal

radii ['reɪdɪaɪ] *npl of* **radius**

radio ['reɪdɪəʊ] *n* Rundfunk *m*, Radio *nt*; (*set*) Radio *nt*, Radioapparat *m*; **on the ~** im Radio; **~active** [reɪdɪəʊ'æktɪv] *adj* radioaktiv; **~logy** [reɪdɪ'ɒlədʒɪ] *n* Strahlenkunde *f*; **~ station** *n* Rundfunkstation *f*; **~-therapy** ['reɪdɪəʊ'θerəpɪ] *n* Röntgentherapie *f*

radish ['rædɪʃ] *n* (*big*) Rettich *m*; (*small*) Radieschen *nt*

radius ['reɪdɪəs] (*pl* **radii**) *n* Radius *m*; (*area*) Umkreis *m*

RAF *n abbr* = **Royal Air Force**

raffle ['ræfl] *n* Verlosung *f*, Tombola *f* ♦ *vt* verlosen

raft [rɑ:ft] *n* Floß *nt*

rafter ['rɑ:ftə*] *n* Dachsparren *m*

rag [ræg] *n* (*cloth*) Lumpen *m*, Lappen *m*; (*inf*: *newspaper*) Käseblatt *nt*; (*UNIV*: *for charity*) studentische Sammelaktion *f* ♦ *vt* (*BRIT*) auf den Arm nehmen; **~s** *npl* (*cloth*) Lumpen *pl*; **~-and-bone man** (*irreg; BRIT*) *n* = **ragman**; **~ doll** *n* Flickenpuppe *f*

rage [reɪdʒ] *n* Wut *f*; (*fashion*) große Mode *f* ♦ *vi* wüten, toben

ragged ['rægɪd] *adj* (*edge*) gezackt; (*clothes*) zerlumpt

ragman ['rægmæn] (*irreg*) *n* Lumpensammler *m*

raid [reɪd] *n* Überfall *m*; (*MIL*) Angriff *m*; (*by police*) Razzia *f* ♦ *vt* überfallen

rail [reɪl] *n* (*also RAIL*) Schiene *f*; (*on stair*) Geländer *nt*; (*of ship*) Reling *f*; **~s** *npl* (*RAIL*) Geleise *pl*; **by ~** per Bahn; **~ing(s)** *n(pl)* Geländer *nt*; **~road** (*US*) *n* Eisenbahn *f*; **~way** (*BRIT*) *n* Eisenbahn *f*; **~way line** (*BRIT*) *n* (Eisen)bahnlinie *f*; (*track*) Gleis *nt*; **~wayman** (*irreg; BRIT*) *n* Eisenbahner *m*; **~way station** (*BRIT*) *n* Bahnhof *m*

rain [reɪn] *n* Regen *m* ♦ *vt, vi* regnen; **in the ~** im Regen; **it's ~ing** es regnet; **~bow** *n* Regenbogen *m*; **~coat** *n* Regenmantel *m*; **~drop** *n* Regentropfen *m*; **~fall** *n* Niederschlag *m*; **~forest** *n* Regenwald *m*; **~y** *adj* (*region, season*) Regen-; (*day*) regnerisch, verregnet

raise [reɪz] *n* (*esp US*: *increase*) (Gehalts)erhöhung *f* ♦ *vt* (*lift*) (hoch) heben; (*increase*) erhöhen; (*question*) aufwerfen; (*doubts*) äußern; (*funds*) beschaffen; (*family*) großziehen; (*livestock*) züchten; **to ~ one's voice** die Stimme erheben

raisin ['reɪzən] *n* Rosine *f*

rake [reɪk] *n* Rechen *m*, Harke *f*; (*person*) Wüstling *m* ♦ *vt* rechen, harken; (*with gun*) (mit Feuer) bestreichen; (*search*) (durch)suchen

rakish ['reɪkɪʃ] *adj* verwegen

rally ['rælɪ] *n* (*POL etc*) Kundgebung *f*; (*AUT*) Rallye *f* ♦ *vt* (*MIL*) sammeln ♦ *vi* Kräfte sammeln; **~ round** *vt fus* (sich) scharen um; (*help*) zu Hilfe kommen +*dat* ♦ *vi* zu Hilfe kommen

RAM [ræm] *n abbr* (= *random access memory*) RAM *m*
ram [ræm] *n* Widder *m*; (*instrument*) Ramme *f* ♦ *vt* (*strike*) rammen; (*stuff*) (hinein)stopfen
ramble ['ræmbl] *n* Wanderung *f* ♦ *vi* (*talk*) schwafeln; **~r** *n* Wanderer *m*
rambling ['ræmblɪŋ] *adj* (*speech*) weitschweifig; (*town*) ausgedehnt
ramp [ræmp] *n* Rampe *f*; **on/off ~** (*US*: *AUT*) Ein-/Ausfahrt *f*
rampage [ræm'peɪdʒ] *n*: **to be on the ~** randalieren ♦ *vi* randalieren
rampant ['ræmpənt] *adj* wild wuchernd
rampart ['ræmpɑ:t] *n* (Schutz)wall *m*
ramshackle ['ræmʃækl] *adj* baufällig
ran [ræn] *pt of* **run**
ranch [rɑ:ntʃ] *n* Ranch *f*
rancid ['rænsɪd] *adj* ranzig
rancour ['ræŋkə*] (*US* **rancor**) *n* Verbitterung *f*, Groll *m*
random ['rændəm] *adj* ziellos, wahllos ♦ *n*: **at ~** aufs Geratewohl; **~ access** *n* (*COMPUT*) wahlfreie(r) Zugriff *m*
randy ['rændɪ] (*BRIT*: *inf*) *adj* geil, scharf
rang [ræŋ] *pt of* **ring**
range [reɪndʒ] *n* Reihe *f*; (*of mountains*) Kette *f*; (*COMM*) Sortiment *nt*; (*reach*) (Reich)weite *f*; (*of gun*) Schußweite *f*; (*for shooting practice*) Schießplatz *m*; (*stove*) (großer) Herd *m* ♦ *vt* (*set in row*) anordnen, aufstellen; (*roam*) durchstreifen ♦ *vi*: **to ~ over** (*wander*) umherstreifen in +*dat*; (*extend*) sich erstrecken auf +*acc*; **a ~ of** (*selection*) eine (große) Auswahl an +*dat*; **prices ranging from £5 to £10** Preise, die sich zwischen £5 und £10 bewegen; **~r** ['reɪndʒə*] *n* Förster *m*
rank [ræŋk] *n* (*row*) Reihe *f*; (*BRIT*: *also*: *taxi ~*) (Taxi)stand *m*; (*MIL*) Rang *m*; (*social position*) Stand *m* ♦ *vi* (*have ~*): **to ~ among** gehören zu ♦ *adj* (*strong-smelling*) stinkend; (*extreme*) krass; **the ~ and file** (*fig*) die breite Masse
rankle ['ræŋkl] *vi* nagen
ransack ['rænsæk] *vt* (*plunder*) plündern; (*search*) durchwühlen
ransom ['rænsəm] *n* Lösegeld *nt*; **to hold sb to ~** jdn gegen Lösegeld festhalten
rant [rænt] *vi* hochtrabend reden
rap [ræp] *n* Schlag *m*; (*music*) Rap *m* ♦ *vt* klopfen
rape [reɪp] *n* Vergewaltigung *f*; (*BOT*) Raps *m* ♦ *vt* vergewaltigen; **~(seed) oil** *n* Rapsöl *nt*
rapid ['ræpɪd] *adj* rasch, schnell; **~ity** [rə'pɪdɪtɪ] *n* Schnelligkeit *f*; **~ly** *adv* schnell; **~s** *npl* Stromschnellen *pl*
rapist ['reɪpɪst] *n* Vergewaltiger *m*
rapport [ræ'pɔ:*] *n* gute(s) Verhältnis *nt*
rapture ['ræptʃə*] *n* Entzücken *nt*
rapturous ['ræptʃərəs] *adj* (*applause*) stürmisch; (*look*) verzückt
rare [rɛə*] *adj* selten, rar; (*underdone*) nicht durchgebraten
rarely ['rɛəlɪ] *adv* selten
raring ['rɛərɪŋ] *adj*: **to be ~ to go** (*inf*) es kaum erwarten können, bis es losgeht
rarity ['rɛərɪtɪ] *n* Seltenheit *f*
rascal ['rɑ:skəl] *n* Schuft *m*
rash [ræʃ] *adj* übereilt; (*reckless*) unbesonnen ♦ *n* (Haut)ausschlag *m*
rasher ['ræʃə*] *n* Speckschelbe *f*
raspberry ['rɑ:zbərɪ] *n* Himbeere *f*
rasping ['rɑ:spɪŋ] *adj* (*noise*) kratzend; (*voice*) krächzend
rat [ræt] *n* (*animal*) Ratte *f*; (*person*) Halunke *m*
rate [reɪt] *n* (*proportion*) Rate *f*; (*price*) Tarif *m*; (*speed*) Tempo *nt* ♦ *vt* (ein)schätzen; **~s** *npl* (*BRIT*: *tax*) Grundsteuer *f*; **to ~ as** für etw halten; **~able value** (*BRIT*) *n* Einheitswert *m* (*als Bemessungsgrundlage*); **~payer** (*BRIT*) *n* Steuerzahler(in) *m(f)*
rather ['rɑ:ðə*] *adv* (*in preference*) lieber, eher; (*to some extent*) ziemlich; **I would** *or* **I'd ~ go** ich würde lie-

ber gehen; **it's ~ expensive** (*quite*) es ist ziemlich teuer; (*too*) es ist etwas zu teuer; **there's ~ a lot** es ist ziemlich viel

ratify ['rætɪfaɪ] *vt* bestätigen; (*POL*) ratifizieren

rating ['reɪtɪŋ] *n* Klasse *f*; (*BRIT*: *sailor*) Matrose *m*

ratio ['reɪʃɪəʊ] *n* Verhältnis *nt*; **in the ~ of 100 to 1** im Verhältnis 100 zu 1

ration ['ræʃən] *n* (*usu pl*) Ration *f* ♦ *vt* rationieren

rational ['ræʃənl] *adj* rational; **~e** [ræʃə'nɑ:l] *n* Grundprinzip *nt*; **~ize** ['ræʃnəlaɪz] *vt* rationalisieren; **~ly** *adv* rational

rat race *n* Konkurrenzkampf *m*

rattle ['rætl] *n* (*sound*) Rasseln *nt*; (*toy*) Rassel *f* ♦ *vi* ratteln, klappern ♦ *vt* rasseln mit; **~snake** *n* Klapperschlange *f*

raucous ['rɔ:kəs] *adj* heiser, rauh

ravage ['rævɪdʒ] *vt* verheeren; **~s** *npl* verheerende Wirkungen *pl*

rave [reɪv] *vi* (*talk wildly*) phantasieren; (*rage*) toben

raven ['reɪvn] *n* Rabe *m*

ravenous ['rævənəs] *adj* heißhungrig

ravine [rə'vi:n] *n* Schlucht *f*

raving ['reɪvɪŋ] *adj*: **~ lunatic** völlig Wahnsinnige(r) *mf*

ravishing ['rævɪʃɪŋ] *adj* atemberaubend

raw [rɔ:] *adj* roh; (*tender*) wund(gerieben); (*inexperienced*) unerfahren; **to get a ~ deal** (*inf*) schlecht wegkommen; **~ material** *n* Rohmaterial *nt*

ray [reɪ] *n* (*of light*) Strahl *m*; **~ of hope** Hoffnungsschimmer *m*

raze [reɪz] *vt* (*also*: *raze to the ground*) dem Erdboden gleichmachen

razor ['reɪzə*] *n* Rasierapparat *m*; **~ blade** *n* Rasierklinge *f*

Rd *abbr* = **road**

re [ri:] *prep* (*COMM*) betreffs +*gen*

reach [ri:tʃ] *n* Reichweite *f*; (*of river*) Strecke *f* ♦ *vt* (*arrive at*) erreichen; (*give*) reichen ♦ *vi* (*stretch*) sich erstrecken; **within ~** (*shops etc*) in erreichbarer Weite *or* Entfernung; **out of ~** außer Reichweite; **to ~ for** (*try to get*) langen nach; **~ out** *vi* die Hand ausstrecken; **to ~ out for sth** nach etw greifen

react [ri:'ækt] *vi* reagieren; **~ion** [ri:'ækʃən] *n* Reaktion *f*

reactor [ri:'æktə*] *n* Reaktor *m*

read[1] [red] *pt, pp of* **read**[2]

read[2] [ri:d] (*pt, pp* **read**) *vt, vi* lesen; (*aloud*) vorlesen; **~ out** *vt* vorlesen; **~able** *adj* leserlich; (*worth reading*) lesenswert; **~er** *n* (*person*) Leser(in) *m(f)*; (*book*) Lesebuch *nt*; **~ership** *n* Leserschaft *f*

readily ['redɪlɪ] *adv* (*willingly*) bereitwillig; (*easily*) prompt

readiness ['redɪnəs] *n* (*willingness*) Bereitwilligkeit *f*; (*being ready*) Bereitschaft *f*; **in ~** (*prepared*) bereit

reading ['ri:dɪŋ] *n* Lesen *nt*

readjust ['ri:ə'dʒʌst] *vt* neu einstellen ♦ *vi* (*person*): **to ~ to** sich wieder anpassen an +*acc*

ready ['redɪ] *adj* (*prepared, willing*) bereit ♦ *adv*: **~-cooked** vorgekocht ♦ *n*: **at the ~** bereit; **~-made** *adj* gebrauchsfertig, Fertig-; (*clothes*) Konfektions-; **~ money** *n* Bargeld *nt*; **~ reckoner** *n* Rechentabelle *f*; **~-to-wear** *adj* Konfektions-

real [rɪəl] *adj* wirklich; (*actual*) eigentlich; (*not fake*) echt; **in ~ terms** effektiv; **~ estate** *n* Grundbesitz *m*; **~istic** [rɪə'lɪstɪk] *adj* realistisch

reality [ri:'ælɪtɪ] *n* Wirklichkeit *f*, Realität *f*; **in ~** in Wirklichkeit

realization [rɪəlaɪ'zeɪʃən] *n* (*understanding*) Erkenntnis *f*; (*fulfilment*) Verwirklichung *f*

realize ['rɪəlaɪz] *vt* (*understand*) begreifen; (*make real*) verwirklichen; (*money*) einbringen; **I didn't ~ ...** ich wußte nicht, ...

really ['rɪəlɪ] *adv* wirklich; **~?** (*indicating interest*) tatsächlich?; (*expressing surprise*) wirklich?

realm [relm] *n* Reich *nt*

realtor ['rɪəltɔ:*] (®; *US*)) *n* Grundstücksmakler(in) *m(f)*
reap [ri:p] *vt* ernten
reappear ['ri:ə'pɪə*] *vi* wieder erscheinen
rear [rɪə*] *adj* hintere(r, s), Rück- ♦ *n* Rückseite *f*; (*last part*) Schluß *m* ♦ *vt* (*raise*) aufziehen ♦ *vi* (*horse*) sich aufbäumen; **~guard** *n* Nachhut *f*
rearmament ['ri:'ɑ:məmənt] *n* Wiederaufrüstung *f*
rearrange ['ri:ə'reɪndʒ] *vt* umordnen
rear-view mirror ['rɪəvju:-] *n* Rückspiegel *m*
reason ['ri:zn] *n* (*cause*) Grund *m*; (*ability to think*) Verstand *m*; (*sensible thoughts*) Vernunft *f* ♦ *vi* (*think*) denken; (*use arguments*) argumentieren; **it stands to ~ that** es ist logisch, daß; **to ~ with sb** mit jdm diskutieren; **~able** *adj* vernünftig; **~ably** *adv* vernünftig, (*fairly*) ziemlich, **~ed** *adj* (*argument*) durchdacht; **~ing** *n* Urteilen *nt*; (*argumentation*) Beweisführung *f*
reassurance ['ri:ə'ʃʊərəns] *n* Beruhigung *f*; (*confirmation*) Bestätigung *f*
reassure ['ri:ə'ʃʊə*] *vt* beruhigen; **to ~ sb of sth** jdm etw versichern
reassuring ['ri:ə'ʃʊərɪŋ] *adj* beruhigend
rebate ['ri:beɪt] *n* Rückzahlung *f*
rebel [*n* 'rebl, *vb* rɪ'bel] *n* Rebell *m* ♦ *vi* rebellieren; **~lion** [rɪ'beljən] *n* Rebellion *f*, Aufstand *m*; **~lious** *adj* (*subject, child, behaviour*) rebellisch
rebirth ['ri:'bɜ:θ] *n* Wiedergeburt *f*
rebound [*vb* rɪ'baʊnd, *n* 'ri:baʊnd] *vi* zurückprallen ♦ *n* Rückprall *m*
rebuff [rɪ'bʌf] *n* Abfuhr *f* ♦ *vt* abblitzen lassen
rebuild ['ri:'bɪld] (*irreg*) *vt* wiederaufbauen; (*fig*) wiederherstellen
rebuke [rɪ'bju:k] *n* Tadel *m* ♦ *vt* tadeln, rügen
rebut [rɪ'bʌt] *vt* widerlegen
recalcitrant [rɪ'kælsɪtrənt] *adj* widerspenstig
recall [rɪ'kɔ:l] *vt* (*call back*) zurückrufen; (*remember*) sich erinnern an +*acc* ♦ *n* Rückruf *m*
recant [rɪ'kænt] *vi* widerrufen
recap ['ri:kæp] *vt, vi* wiederholen
recapitulate [ri:kə'pɪtjuleɪt] *vt, vi* = **recap**
rec'd *abbr* (= *received*) Eing.
recede [rɪ'si:d] *vi* zurückweichen
receding [rɪ'si:dɪŋ] *adj*: **~ hairline** Stirnglatze *f*
receipt [rɪ'si:t] *n* (*document*) Quittung *f*; (*receiving*) Empfang *m*; **~s** *npl* (*ECON*) Einnahmen *pl*
receive [rɪ'si:v] *vt* erhalten; (*visitors etc*) empfangen; **~r** [rɪ'si:və*] *n* (*TEL*) Hörer *m*
recent ['ri:snt] *adj* vor kurzem (geschehen), neuerlich; (*modern*) neu; **~ly** *adv* kürzlich, neulich
receptacle [rɪ'septəkl] *n* Behälter *m*
reception [rɪ'sepʃən] *n* Empfang *m*; **~ desk** *n* Empfang *m*, (*in hotel*) Rezeption *f*; **~ist** *n* (*in hotel*) Empfangschef *m*, Empfangsdame *f*; (*MED*) Sprechstundenhilfe *f*
receptive [rɪ'septɪv] *adj* aufnahmebereit
recess [ri:'ses] *n* (*break*) Ferien *pl*; (*hollow*) Nische *f*; **~ion** [rɪ'seʃən] *n* Rezession *f*
recharge ['ri:'tʃɑ:dʒ] *vt* (*battery*) aufladen
recipe ['resɪpɪ] *n* Rezept *nt*
recipient [rɪ'sɪpɪənt] *n* Empfänger *m*
reciprocal [rɪ'sɪprəkəl] *adj* gegenseitig; (*mutual*) wechselseitig
recital [rɪ'saɪtl] *n* Vortrag *m*
recite [rɪ'saɪt] *vt* vortragen, aufsagen
reckless ['rekləs] *adj* leichtsinnig; (*driving*) fahrlässig
reckon ['rekən] *vt* (*count*) rechnen, berechnen, errechnen; (*estimate*) schätzen; (*think*): **I ~ that ...** ich nehme an, daß ...; **~ on** *vt fus* rechnen mit; **~ing** *n* (*calculation*) Rechnen *nt*
reclaim [rɪ'kleɪm] *vt* (*expenses*) zurückverlangen; (*land*): **to ~ (from sth)** (etw *dat*) gewinnen
reclamation [reklə'meɪʃən] *n* (*of*

land) Gewinnung *f*

recline [rɪ'klaɪn] *vi* sich zurücklehnen

reclining [rɪ'klaɪnɪŋ] *adj* Liege-

recluse [rɪ'klu:s] *n* Einsiedler *m*

recognition [rekəg'nɪʃən] *n* (*recognizing*) Erkennen *nt*; (*acknowledgement*) Anerkennung *f*; **transformed beyond** ~ völlig verändert

recognizable ['rekəgnaɪzəbl] *adj* erkennbar

recognize ['rekəgnaɪz] *vt* erkennen; (*POL, approve*) anerkennen; **to** ~ **as** anerkennen als; **to** ~ **by** erkennen an +*dat*

recoil [rɪ'kɔɪl] *vi* (*in horror*) zurückschrecken; (*rebound*) zurückprallen; (*person*): **to** ~ **from doing sth** davor zurückschrecken, etw zu tun

recollect [rekə'lekt] *vt* sich erinnern an +*acc*; ~**ion** [rekə'lekʃən] *n* Erinnerung *f*

recommend [rekə'mend] *vt* empfehlen; ~**ation** *n* Empfehlung *f*

recompense ['rekəmpens] *n* (*compensation*) Entschädigung *f*; (*reward*) Belohnung *f* ♦ *vt* entschädigen; belohnen

reconcile ['rekənsaɪl] *vt* (*facts*) vereinbaren; (*people*) versöhnen; **to** ~ **o.s. to sth** sich mit etw abfinden

reconciliation [rekənsɪlɪ'eɪʃən] *n* Versöhnung *f*

recondition ['ri:kən'dɪʃən] *vt* (*machine*) generalüberholen

reconnaissance [rɪ'kɒnɪsəns] *n* Aufklärung *f*

reconnoitre [rekə'nɔɪtə*] (*US* **reconnoiter**) *vt* erkunden ♦ *vi* aufklären

reconsider ['ri:kən'sɪdə*] *vt* von neuem erwägen, noch einmal überdenken ♦ *vi* es noch einmal überdenken

reconstruct ['ri:kən'strʌkt] *vt* wiederaufbauen; (*crime*) rekonstruieren; ~**ion** ['ri:kən'strʌkʃən] *n* Rekonstruktion *f*

record [*n* 'rekɔ:d, *vb* rɪ'kɔ:d] *n* Aufzeichnung *f*; (*MUS*) Schallplatte *f*; (*best performance*) Rekord *m* ♦ *vt* aufzeichnen; (*music etc*) aufnehmen; **off the** ~ vertraulich ♦ *adv* im Vertrauen; **in** ~ **time** in Rekordzeit; ~ **card** *n* (*in file*) Karteikarte *f*; ~**ed delivery** (*BRIT*) *n* (*POST*) Einschreiben *nt*; ~**er** *n* (*TECH*) Registriergerät *nt*; (*MUS*) Blockflöte *f*; ~ **holder** *n* (*SPORT*) Rekordinhaber *m*; ~**ing** *n* (*MUS*) Aufnahme *f*; ~ **player** *n* Plattenspieler *m*

recount [rɪ'kaʊnt] *vt* (*tell*) berichten

re-count ['ri:kaʊnt] *n* Nachzählung *f* ♦ *vt* nachzählen

recoup [rɪ'ku:p] *vt*: **to** ~ **one's losses** seinen Verlust wiedergutmachen

recourse [rɪ'kɔ:s] *n*: **to have** ~ **to** Zuflucht nehmen zu *or* bei

recover [rɪ'kʌvə*] *vt* (*get back*) zurückerhalten ♦ *vi* sich erholen

re-cover [ri:'kʌvə*] *vt* (*quilt etc*) neu überziehen

recovery [rɪ'kʌvərɪ] *n* Wiedererlangung *f*; (*of health*) Erholung *f*

recreate ['ri:krɪ'eɪt] *vt* wiederherstellen

recreation [rekrɪ'eɪʃən] *n* Erholung *f*; ~**al** *adj* Erholungs-

recrimination [rɪkrɪmɪ'neɪʃən] *n* Gegenbeschuldigung *f*

recruit [rɪ'kru:t] *n* Rekrut *m* ♦ *vt* rekrutieren; ~**ment** *n* Rekrutierung *f*

rectangle ['rektæŋgl] *n* Rechteck *nt*

rectangular [rek'tæŋgjʊlə*] *adj* rechteckig, rechtwinklig

rectify ['rektɪfaɪ] *vt* berichtigen

rector ['rektə*] *n* (*REL*) Pfarrer *m*; (*SCH*) Direktor(in) *m(f)*; ~**y** ['rektərɪ] *n* Pfarrhaus *nt*

recuperate [rɪ'ku:pəreɪt] *vi* sich erholen

recur [rɪ'kɜ:*] *vi* sich wiederholen; ~**rence** *n* Wiederholung *f*; ~**rent** *adj* wiederkehrend

recycle *vt* wiederverwerten, wiederaufbereiten

red [red] *n* Rot *nt*; (*POL*) Rote(r) *m* ♦ *adj* rot; **in the** ~ in den roten Zahlen; ~ **carpet treatment** *n* Sonderbehandlung *f*, große(r) Bahnhof *m*; **R~ Cross** *n* Rote(s) Kreuz *nt*; **~currant** *n* rote Johannisbeere *f*; **~den** *vi* sich röten; (*blush*) erröten ♦ *vt* röten; **~dish** *adj* rötlich

redeem [rɪ'di:m] *vt* (*COMM*) einlösen; (*save*) retten

redeeming [rɪ'di:mɪŋ] *adj*: **~ feature** versöhnende(s) Moment *nt*

redeploy ['ri:dɪ'plɔɪ] *vt* (*resources*) umverteilen

red-haired ['red'hɛəd] *adj* rothaarig

red-handed ['red'hændɪd] *adv*: **to be caught ~** auf frischer Tat ertappt werden

redhead ['redhed] *n* Rothaarige(r) *mf*

red herring *n* Ablenkungsmanöver *nt*

red-hot ['red'hɒt] *adj* rotglühend

redirect ['ri:daɪ'rekt] *vt* umleiten

red light *n*: **to go through a ~** (*AUT*) bei Rot über die Ampel fahren; **red-light district** *n* Strichviertel *nt*

redo ['ri:'du:] (*irreg: like* **do**) *vt* nochmals machen

redolent ['redəʊlənt] *adj*: **~ of** riechend nach; (*fig*) erinnernd an +*acc*

redouble [ri:'dʌbl] *vt*: **to ~ one's efforts** seine Anstrengungen verdoppeln

redress [rɪ'dres] *n* Entschädigung *f* ♦ *vt* wiedergutmachen

Red Sea *n*: **the ~** das Rote Meer

redskin ['redskɪn] *n* Rothaut *f*

red tape *n* Bürokratismus *m*

reduce [rɪ'dju:s] *vt* (*speed, temperature*) vermindern; (*photo*) verkleinern; **"~speed now"** (*AUT*) ≈ „langsam"; **to ~ the price (to)** den Preis herabsetzen (auf +*acc*); **at a ~d price** zum ermäßigten Preis

reduction [rɪ'dʌkʃən] *n* Verminderung *f*; Verkleinerung *f*; Herabsetzung *f*; (*amount of money*) Nachlaß *m*

redundancy [rɪ'dʌndənsɪ] *n* Überflüssigkeit *f*; (*of workers*) Entlassung *f*

redundant [rɪ'dʌndənt] *adj* überflüssig; (*workers*) ohne Arbeitsplatz; **to be made ~** arbeitslos werden

reed [ri:d] *n* Schilf *nt*; (*MUS*) Rohrblatt *nt*

reef [ri:f] *n* Riff *nt*

reek [ri:k] *vi*: **to ~ (of)** stinken (nach)

reel [ri:l] *n* Spule *f*, Rolle *f* ♦ *vt* (*also*: ~ *in*) wickeln, spulen ♦ *vi* (*stagger*) taumeln

ref [ref] (*inf*) *n abbr* (= *referee*) Schiri *m*

refectory [rɪ'fektərɪ] *n* (*UNIV*) Mensa *f*; (*SCH*) Speisesaal *m*; (*ECCL*) Refektorium *nt*

refer [rɪ'fɜ:*] *vt*: **to ~ sb to sb/sth** jdn an jdn/etw verweisen ♦ *vi*: **to ~ to** (*to book*) nachschlagen in +*dat*; (*mention*) sich beziehen auf +*acc*

referee [refə'ri:] *n* Schiedsrichter *m*; (*BRIT*: *for job*) Referenz *f* ♦ *vt* schiedsrichtern

reference ['refrəns] *n* (*for job*) Referenz *f*; (*in book*) Verweis *m*; (*number, code*) Aktenzeichen *nt*; (*allusion*): **~ (to)** Anspielung (auf +*acc*); **with ~ to** in bezug auf +*acc*; **~ book** *n* Nachschlagewerk *nt*; **~ number** *n* Aktenzeichen *nt*

referenda [refə'rendə] *npl of* **referendum**

referendum [refə'rendəm] (*pl* **-da**) *n* Volksabstimmung *f*

refill [*vb* 'ri:'fɪl, *n* 'ri:fɪl] *vt* nachfüllen ♦ *n* (*for pen*) Ersatzmine *f*

refine [rɪ'faɪn] *vt* (*purify*) raffinieren; **~d** *adj* kultiviert; **~ment** *n* Kultiviertheit *f*

reflect [rɪ'flekt] *vt* (*light*) reflektieren; (*fig*) (wider)spiegeln ♦ *vi* (*meditate*): **to ~ (on)** nachdenken (über +*acc*); **it ~s badly/well on him** das stellt ihn in ein schlechtes/gutes Licht; **~ion** [rɪ'flekʃən] *n* Reflexion *f*; (*image*) Spiegelbild *nt*; (*thought*) Überlegung *f*; **on ~ion** wenn man sich *dat* das recht überlegt

reflex ['ri:fleks] *adj* Reflex- ♦ *n* Reflex *m*; **~ive** [rɪ'fleksɪv] *adj* reflexiv

reform [rɪ'fɔ:m] *n* Reform *f* ♦ *vt* (*person*) bessern; **the R~ation** *n* die Reformation; **~atory** (*US*) *n* Besserungsanstalt *f*

refrain [rɪ'freɪn] *vi*: **to ~ from** unterlassen ♦ *n* Refrain *m*

refresh [rɪ'freʃ] *vt* erfrischen; **~er course** (*BRIT*) *n* Wiederholungskurs *m*; **~ing** *adj* erfrischend; **~ments** *npl* Erfrischungen *pl*

refrigeration [rɪfrɪdʒə'reɪʃən] *n* Kühlung *f*

refrigerator [rɪ'frɪdʒəreɪtə*] *n* Kühlschrank *m*

refuel ['ri:'fjʊəl] *vt, vi* auftanken

refuge ['refju:dʒ] *n* Zuflucht *f*; **to take ~ in** sich flüchten in +*acc*

refugee [refjʊ'dʒi:] *n* Flüchtling *m*

refund [*n* 'ri:fʌnd, *vb* rɪ'fʌnd] *n* Rückvergütung *f* ♦ *vt* zurückerstatten

refurbish ['ri:'fɜ:bɪʃ] *vt* aufpolieren

refusal [rɪ'fju:zəl] *n* (Ver)weigerung *f*; **first ~** Vorkaufsrecht *nt*

refuse[1] [rɪ'fju:z] *vt* abschlagen ♦ *vi* sich weigern

refuse[2] ['refju:s] *n* Abfall *m*, Müll *m*; **refuse collection** *n* Müllabfuhr *f*

refute [rɪ'fju:t] *vt* widerlegen

regain [rɪ'geɪn] *vt* wiedergewinnen; (*consciousness*) wiedererlangen

regal ['ri:gəl] *adj* königlich

regalia [rɪ'geɪlɪə] *npl* Insignien *pl*

regard [rɪ'gɑ:d] *n* Achtung *f* ♦ *vt* ansehen; **to send one's ~s to sb** jdn grüßen lassen; **"with kindest ~s"** „mit freundlichen Grüßen"; **~ing** *or* **as ~s** *or* **with ~ to** bezüglich +*gen*, in bezug auf +*acc*; **~less** *adj*: **~less of** ohne Rücksicht auf +*acc* ♦ *adv* trotzdem

regenerate [rɪ'dʒenəreɪt] *vt* erneuern

régime [reɪ'ʒi:m] *n* Regime *nt*

regiment [*n* 'redʒɪmənt, *vb* 'redʒɪment] *n* Regiment *nt* ♦ *vt* (*fig*) reglementieren; **~al** [redʒɪ'mentl] *adj* Regiments-

region ['ri:dʒən] *n* Region *f*; **in the ~ of** (*fig*) so um; **~al** *adj* örtlich, regional

register ['redʒɪstə*] *n* Register *nt* ♦ *vt* (*list*) registrieren; (*emotion*) zeigen; (*write down*) eintragen ♦ *vi* (*at hotel*) sich eintragen; (*with police*) sich melden; (*make impression*) wirken, ankommen; **to ~ with the police** sich bei der Polizei melden, sich polizeilich melden; **~ed** (*BRIT*) *adj* (*letter*) Einschreibe-, eingeschrieben; **~ed trademark** *n* eingetragene(s) Warenzeichen *nt*

registrar [redʒɪs'trɑ:*] *n* Standesbeamte(r) *m*

registration [redʒɪs'treɪʃən] *n* (*act*) Registrierung *f*; (*AUT*: *also*: *~ number*) polizeiliche(s) Kennzeichen *nt*

registry ['redʒɪstrɪ] *n* Sekretariat *nt*; **~ office** (*BRIT*) *n* Standesamt *nt*; **to get married in a ~ office** standesamtlich heiraten

regret [rɪ'gret] *n* Bedauern *nt* ♦ *vt* bedauern; **~fully** *adv* mit Bedauern, ungern; **~table** *adj* bedauerlich

regroup ['ri:gru:p] *vt* umgruppieren ♦ *vi* sich umgruppieren

regular ['regjʊlə*] *adj* regelmäßig; (*usual*) üblich; (*inf*) regelrecht ♦ *n* (*client etc*) Stammkunde *m*; **~ity** [regjʊ'lærɪtɪ] *n* Regelmäßigkeit *f*; **~ly** *adv* regelmäßig

regulate ['regjʊleɪt] *vt* regeln, regulieren

regulation [regjʊ'leɪʃən] *n* (*rule*) Vorschrift *f*; (*control*) Regulierung *f*

rehabilitation ['ri:həbɪlɪ'teɪʃən] *n* (*of criminal*) Resozialisierung *f*

rehearsal [rɪ'hɜ:səl] *n* Probe *f*

rehearse [rɪ'hɜ:s] *vt* proben

reign [reɪn] *n* Herrschaft *f* ♦ *vi* herrschen

reimburse [ri:ɪm'bɜ:s] *vt*: **to ~ sb for sth** jdn für etw entschädigen, jdm etw zurückzahlen

rein [reɪn] *n* Zügel *m*

reincarnation ['ri:ɪnkɑ:'neɪʃən] *n* Wiedergeburt *f*

reindeer ['reɪndɪə*] *n* Ren *nt*

reinforce [ri:ɪn'fɔ:s] *vt* verstärken; **~d concrete** *n* Stahlbeton *m*; **~ment** *n* Verstärkung *f*; **~ments**

npl (*MIL*) Verstärkungstruppen *pl*

reinstate ['ri:ɪn'steɪt] *vt* wiedereinsetzen

reissue ['ri:'ɪʃu:] *vt* neu herausgeben

reiterate [ri:'ɪtəreɪt] *vt* wiederholen

reject [*n* 'ri:dʒekt, *vb* rɪ'dʒekt] *n* (*COMM*) Ausschuß(artikel) *m* ♦ *vt* ablehnen; **~ion** ['ri:dʒekʃən] *n* Zurückweisung *f*

rejoice [rɪ'dʒɔɪs] *vi*: **to ~ at** *or* **over** sich freuen über +*acc*

rejuvenate [rɪ'dʒu:vɪneɪt] *vt* verjüngen

rekindle ['ri:'kɪndl] *vt* wieder anfachen

relapse [rɪ'læps] *n* Rückfall *m*

relate [rɪ'leɪt] *vt* (*tell*) erzählen; (*connect*) verbinden ♦ *vi*: **to ~ to** zusammenhängen mit; (*form relationship*) eine Beziehung aufbauen zu; **~d** *adj*: **~d (to)** verwandt (mit); **relating** *prep*: **relating to** bezüglich +*gen*

relation [rɪ'leɪʃən] *n* Verwandte(r) *mf*; (*connection*) Beziehung *f*; **~ship** *n* Verhältnis *nt*, Beziehung *f*

relative ['relətɪv] *n* Verwandte(r) *mf* ♦ *adj* relativ; **~ly** *adv* verhältnismäßig

relax [rɪ'læks] *vi* (*slacken*) sich lockern; (*muscles, person*) sich entspannen ♦ *vt* (*ease*) lockern, entspannen; **~ation** [ri:læk'seɪʃən] *n* Entspannung *f*; **~ed** *adj* entspannt, locker; **~ing** *adj* entspannend

relay ['ri:leɪ] *n* (*SPORT*) Staffel *f* ♦ *vt* (*message*) weiterleiten; (*RADIO, TV*) übertragen

release [rɪ'li:s] *n* (*freedom*) Entlassung *f*; (*TECH*) Auslöser *m* ♦ *vt* befreien; (*prisoner*) entlassen; (*report, news*) verlautbaren, bekanntgeben

relegate ['relɪgeɪt] *vt* (*SPORT*): **to be ~d** absteigen

relent [rɪ'lent] *vi* nachgeben; **~less** *adj* unnachgiebig; **~lessly** *adv* unnachgiebig

relevant ['reləvənt] *adj* wichtig, relevant; **~ to** relevant für

reliability [rɪlaɪə'bɪlɪtɪ] *n* Zuverlässigkeit *f*

reliable [rɪ'laɪəbl] *adj* zuverlässig; **reliably** *adv* zuverlässig; **to be reliably informed that ...** aus zuverlässiger Quelle wissen, daß ...

reliance [rɪ'laɪəns] *n*: **~ (on)** Abhängigkeit *f* (von)

relic ['relɪk] *n* (*from past*) Überbleibsel *nt*; (*REL*) Reliquie *f*

relief [rɪ'li:f] *n* Erleichterung *f*; (*help*) Hilfe *f*; (*person*) Ablösung *f*

relieve [rɪ'li:v] *vt* (*ease*) erleichtern; (*bring help*) entlasten; (*person*) ablösen; **to ~ sb of sth** jdm etw abnehmen; **to ~ o.s.** (*euph*) sich erleichtern (*euph*)

religion [rɪ'lɪdʒən] *n* Religion *f*

religious [rɪ'lɪdʒəs] *adj* religiös

relinquish [rɪ'lɪŋkwɪʃ] *vt* aufgeben

relish ['relɪʃ] *n* Würze *f* ♦ *vt* genießen; **to ~ doing** gern tun

relocate ['rɪ:ləʊ'keɪt] *vt* verlegen ♦ *vi* umziehen

reluctance [rɪ'lʌktəns] *n* Widerstreben *nt*, Abneigung *f*

reluctant [rɪ'lʌktənt] *adj* widerwillig; **~ly** *adv* ungern

rely [rɪ'laɪ] : **to ~ on** *vt fus* sich verlassen auf +*acc*

remain [rɪ'meɪn] *vi* (*be left*) übrigbleiben; (*stay*) bleiben; **~der** *n* Rest *m*; **~ing** *adj* übrig(geblieben); **~s** *npl* Überreste *pl*

remand [rɪ'mɑ:nd] *n*: **on ~** in Untersuchungshaft ♦ *vt*: **to ~ in custody** in Untersuchungshaft schicken; **~ home** (*BRIT*) *n* Untersuchungsgefängnis *nt* für Jugendliche

remark [rɪ'mɑ:k] *n* Bemerkung *f* ♦ *vt* bemerken; **~able** *adj* bemerkenswert

remarry ['ri:'mærɪ] *vi* sich wieder verheiraten

remedial [rɪ'mi:dɪəl] *adj* Heil-; (*teaching*) Hilfsschul-

remedy ['remədɪ] *n* Mittel *nt* ♦ *vt* (*pain*) abhelfen +*dat*; (*trouble*) in Ordnung bringen

remember [rɪ'membə*] *vt* sich erinnern an +*acc*

remembrance [rɪ'membrəns] *n*

Erinnerung *f*; (*official*) Gedenken *nt*

remind [rɪ'maɪnd] *vt*: **to ~ sb to do sth** jdn daran erinnern, etw zu tun; **to ~ sb of sth** jdn an etw *acc* erinnern; **she ~s me of her mother** sie erinnert mich an ihre Mutter; **~er** *n* Mahnung *f*

reminisce [remɪ'nɪs] *vi* in Erinnerungen schwelgen

reminiscent [remɪ'nɪsnt] *adj*: **to be ~ of sth** an etw *acc* erinnern

remiss [rɪ'mɪs] *adj* nachlässig

remission [rɪ'mɪʃən] *n* Nachlaß *m*; (*of debt, sentence*) Erlaß *m*

remit [rɪ'mɪt] *vt* (*money*): **to ~ (to)** überweisen (an +*acc*); **~tance** *n* Geldanweisung *f*

remnant ['remnənt] *n* Rest *m*; **~s** *npl* (*COMM*) Einzelstücke *pl*

remorse [rɪ'mɔ:s] *n* Gewissensbisse *pl*; **~ful** *adj* reumütig; **~less** *adj* unbarmherzig; **~lessly** *adv* unbarmherzig

remote [rɪ'məʊt] *adj* abgelegen; (*slight*) gering; **~ control** *n* Fernsteuerung *f*; **~ly** *adv* entfernt

remould ['ri:məʊld] (*BRIT*) *n* runderneuerte(r) Reifen *m*

removable [rɪ'mu:vəbl] *adj* entfernbar

removal [rɪ'mu:vəl] *n* Beseitigung *f*; (*of furniture*) Umzug *m*; (*from office*) Entlassung *f*; **~ van** (*BRIT*) *n* Möbelwagen *m*

remove [rɪ'mu:v] *vt* beseitigen, entfernen; **~rs** *npl* Möbelspedition *f*

remuneration [rɪmju:nə'reɪʃən] *n* Vergütung *f*, Honorar *nt*

render ['rendə*] *vt* machen; (*translate*) übersetzen; **~ing** *n* (*MUS*) Wiedergabe *f*

rendezvous ['rɒndɪvu:] *n* (*meeting*) Rendezvous *nt*; (*place*) Treffpunkt *m* ♦ *vi* sich treffen

renew [rɪ'nju:] *vt* erneuern; (*contract, licence*) verlängern; (*replace*) ersetzen

renewable *adj* regenerierbar; **renewal** *n* Erneuerung *f*; Verlängerung *f*

renounce [rɪ'naʊns] *vt* (*give up*) verzichten auf +*acc*; (*disown*) verstoßen

renovate ['renəveɪt] *vt* renovieren; (*building*) restaurieren

renown [rɪ'naʊn] *n* Ruf *m*; **~ed** *adj* namhaft

rent [rent] *n* Miete *f*; (*for land*) Pacht *f* ♦ *vt* (*hold as tenant*) mieten; pachten; (*let*) vermieten; verpachten; (*car etc*) mieten; (*firm*) vermieten; **~al** *n* Miete *f*

renunciation [rɪnʌnsɪ'eɪʃən] *n*: **~ (of)** Verzicht *m* (auf +*acc*)

reorganize ['ri:'ɔ:gənaɪz] *vt* umgestalten, reorganisieren

rep [rep] *n abbr* (*COMM*) = **representative;** (*THEAT*) = **repertory**

repair [rɪ'peə*] *n* Reparatur *f* ♦ *vt* reparieren; (*damage*) wiedergutmachen; **in good/bad ~** in gutem/schlechtem Zustand; **~ kit** *n* Werkzeugkasten *m*

repartee [repɑ:'ti:] *n* Witzeleien *pl*

repatriate [ri:'pætrɪeɪt] *vt* in die Heimat zurückschicken

repay [ri:'peɪ] (*irreg*) *vt* zurückzahlen; (*reward*) vergelten; **~ment** *n* Rückzahlung *f*; (*fig*) Vergeltung *f*

repeal [rɪ'pi:l] *n* Aufhebung *f* ♦ *vt* aufheben

repeat [rɪ'pi:t] *n* (*RADIO, TV*) Wiederholung(ssendung) *f* ♦ *vt* wiederholen; **~edly** *adv* wiederholt

repel [rɪ'pel] *vt* (*drive back*) zurückschlagen; (*disgust*) abstoßen; **~lent** *adj* abstoßend ♦ *n*: **insect ~lent** Insektenmittel *nt*

repent [rɪ'pent] *vt, vi*: **to ~ (of)** bereuen; **~ance** *n* Reue *f*

repercussion [ri:pə'kʌʃən] *n* Auswirkung *f*; **to have ~s** ein Nachspiel haben

repertory ['repətərɪ] *n* Repertoire *nt*

repetition [repə'tɪʃən] *n* Wiederholung *f*

repetitive [rɪ'petɪtɪv] *adj* sich wiederholend

replace [rɪ'pleɪs] *vt* ersetzen; (*put back*) zurückstellen; **~ment** *n* Ersatz *m*

replay ['rɪ:pleɪ] *n* (*of match*) Wiederholungsspiel *nt*; (*of tape, film*) Wiederholung *f*

replenish [rɪ'plenɪʃ] *vt* ergänzen

replete [rɪ'pli:t] *adj* (zum Platzen) voll

replica ['replɪkə] *n* Kopie *f*

reply [rɪ'plaɪ] *n* Antwort *f* ♦ *vi* antworten; ~ **coupon** *n* Antwortschein *m*

report [rɪ'pɔ:t] *n* Bericht *m*; (*BRIT: SCH*) Zeugnis *nt* ♦ *vt* (*tell*) berichten; (*give information against*) melden; (*to police*) anzeigen ♦ *vi* (*make report*) Bericht erstatten; (*present o.s.*): **to ~ (to sb)** sich (bei jdm) melden; **~ card** (*US, Scot*) *n* Zeugnis *nt*; **~edly** *adv* wie verlautet; **~er** *n* Reporter *m*

repose [rɪ'pəuz] *n*: **in ~** (*face, body*) entspannt; (*mind*) gelassen

reprehensible [reprɪ'hensɪbl] *adj* tadelnswert

represent [reprɪ'zent] *vt* darstellen; (*speak for*) vertreten; **~ation** [reprɪzen'teɪʃən] *n* Darstellung *f*; (*being represented*) Vertretung *f*; **~ations** *npl* (*protest*) Vorhaltungen *pl*; **~ative** *n* (*person*) Vertreter *m*; (*US: POL*) Abgeordnete(r) *mf* ♦ *adj* repräsentativ

repress [rɪ'pres] *vt* unterdrücken; **~ion** [rɪ'preʃən] *n* Unterdrückung *f*

reprieve [rɪ'pri:v] *n* (*JUR*) Begnadigung *f*; (*fig*) Gnadenfrist *f* ♦ *vt* (*JUR*) begnadigen

reprimand ['reprɪmɑ:nd] *n* Verweis *m* ♦ *vt* einen Verweis erteilen +*dat*

reprint [*n* 'ri:prɪnt, *vb* 'ri:'prɪnt] *n* Neudruck *m* ♦ *vt* wieder abdrucken

reprisal [rɪ'praɪzəl] *n* Vergeltung *f*

reproach [rɪ'prəʊtʃ] *n* Vorwurf *m* ♦ *vt* Vorwürfe machen +*dat*; **to ~ sb with sth** jdm etw vorwerfen; **~ful** *adj* vorwurfsvoll

reproduce [ri:prə'dju:s] *vt* reproduzieren ♦ *vi* (*have offspring*) sich vermehren

reproduction [ri:prə'dʌkʃən] *n* (*ART, PHOT*) Reproduktion *f*; (*breeding*) Fortpflanzung *f*

reproductive [ri:prə'dʌktɪv] *adj* reproduktiv; (*breeding*) Fortpflanzungs-

reproof [rɪ'pru:f] *n* Tadel *m*

reprove [rɪ'pru:v] *vt* tadeln

reptile ['reptaɪl] *n* Reptil *nt*

republic [rɪ'pʌblɪk] *n* Republik *f*

repudiate [rɪ'pju:dɪeɪt] *vt* zurückweisen

repugnant [rɪ'pʌgnənt] *adj* widerlich

repulse [rɪ'pʌls] *vt* (*drive back*) zurückschlagen; (*reject*) abweisen

repulsive [rɪ'pʌlsɪv] *adj* abstoßend

reputable ['repjʊtəbl] *adj* angesehen

reputation [repjʊ'teɪʃən] *n* Ruf *m*

repute [rɪ'pju:t] *n* hohe(s) Ansehen *nt*; **~d** *adj* angeblich; **~dly** *adv* angeblich

request [rɪ'kwest] *n* Bitte *f* ♦ *vt* (*thing*) erbitten; **to ~ sth of** *or* **from sb** jdn um etw bitten; (*formally*) jdn um etw ersuchen; **~ stop** (*BRIT*) *n* Bedarfshaltestelle *f*

require [rɪ'kwaɪə*] *vt* (*need*) brauchen; (*demand*) erfordern; **~ment** *n* (*condition*) Anforderung *f*; (*need*) Bedarf *m*

requisite ['rekwɪzɪt] *n* Erfordernis *nt* ♦ *adj* erforderlich

requisition [rekwɪ'zɪʃən] *n* Anforderung *f* ♦ *vt* beschlagnahmen

resale ['ri:seɪl] *n* Weiterverkauf *m*

rescind [rɪ'sɪnd] *vt* aufheben

rescue ['reskju:] *n* Rettung *f* ♦ *vt* retten; **~ party** *n* Rettungsmannschaft *f*; **~r** *n* Retter *m*

research [rɪ'sɜ:tʃ] *n* Forschung *f* ♦ *vi* forschen ♦ *vt* erforschen; **~er** *n* Forscher *m*

resemblance [rɪ'zembləns] *n* Ähnlichkeit *f*

resemble [rɪ'zembl] *vt* ähneln +*dat*

resent [rɪ'zent] *vt* übelnehmen; **~ful** *adj* nachtragend, empfindlich; **~ment** *n* Verstimmung *f*, Unwille *m*

reservation [rezə'veɪʃən] *n* (*booking*) Reservierung *f*; (*THEAT*) Vorbestellung *f*; (*doubt*) Vorbehalt *m*; (*land*) Reservat *nt*

reserve [rɪ'zɜ:v] *n* (*store*) Vorrat *m*,

Reserve *f*; (*manner*) Zurückhaltung *f*; (*game* ~) Naturschutzgebiet *nt*; (*SPORT*) Ersatzspieler(in) *m(f)* ♦ *vt* reservieren; (*judgement*) sich *dat* vorbehalten; **~s** *npl* (*MIL*) Reserve *f*; **in ~** in Reserve; **~d** *adj* reserviert

reshape ['ri:'ʃeɪp] *vt* umformen

reshuffle ['ri:'ʃʌfl] *n* (*POL*): **cabinet ~** Kabinettsumbildung *f* ♦ *vt* (*POL*) umbilden

reside [rɪ'zaɪd] *vi* wohnen, ansässig sein

residence ['rezɪdəns] *n* (*house*) Wohnsitz *m*; (*living*) Aufenthalt *m*

resident ['rezɪdənt] *n* (*in house*) Bewohner *m*; (*in area*) Einwohner *m* ♦ *adj* wohnhaft, ansässig; **~ial** [rezɪ'denʃəl] *adj* Wohn-

residue ['rezɪdju:] *n* Rest *m*; (*CHEM*) Rückstand *m*; (*fig*) Bodensatz *m*

resign [rɪ'zaɪn] *vt* (*office*) aufgeben, zurücktreten von ♦ *vi* (*from office*) zurücktreten; (*employee*) kündigen; **to be ~ed to sth, to ~ o.s. to sth** sich mit etw abfinden; **~ation** [rezɪg'neɪʃən] *n* (*from job*) Kündigung *f*; (*POL*) Rücktritt *m*; (*submission*) Resignation *f*; **~ed** *adj* resigniert

resilience [rɪ'zɪlɪəns] *n* Spannkraft *f*; (*of person*) Unverwüstlichkeit *f*

resilient [rɪ'zɪlɪənt] *adj* unverwüstlich

resin ['rezɪn] *n* Harz *nt*

resist [rɪ'zɪst] *vt* widerstehen +*dat*; **~ance** *n* Widerstand *m*

resolute ['rezəlu:t] *adj* entschlossen, resolut

resolution [rezə'lu:ʃən] *n* (*firmness*) Entschlossenheit *f*; (*intention*) Vorsatz *m*; (*decision*) Beschluß *m*

resolve [rɪ'zɒlv] *n* Entschlossenheit *f* ♦ *vt* (*decide*) beschließen ♦ *vi* sich lösen; **~d** *adj* (fest) entschlossen

resonant ['rezənənt] *adj* voll

resort [rɪ'zɔ:t] *n* (*holiday place*) Erholungsort *m*; (*help*) Zuflucht *f* ♦ *vi*: **to ~ to** Zuflucht nehmen zu; **as a last ~** als letzter Ausweg

resound [rɪ'zaʊnd] *vi*: **to ~ (with)** widerhallen (von); **~ing** [rɪ'zaʊndɪŋ] *adj* nachhallend; (*success*) groß

resource [rɪ'sɔ:s] *n* Findigkeit *f*; **~s** *npl* (*financial*) Geldmittel *pl*; (*natural*) Bodenschätze *pl*; **~ful** *adj* findig

respect [rɪs'pekt] *n* Respekt *m* ♦ *vt* achten, respektieren; **~s** *npl* (*regards*) Grüße *pl*; **with ~ to** in bezug auf +*acc*, hinsichtlich +*gen*; **in this ~** in dieser Hinsicht; **~ability** [rɪspektə'bɪlɪtɪ] *n* Anständigkeit *f*; **~able** *adj* (*decent*) anständig; (*fairly good*) leidlich; **~ful** *adj* höflich

respective [rɪs'pektɪv] *adj* jeweilig; **~ly** *adv* beziehungsweise

respiration [respɪ'reɪʃən] *n* Atmung *f*

respite ['respaɪt] *n* Ruhepause *f*

resplendent [rɪs'plendənt] *adj* strahlend

respond [rɪs'pɒnd] *vi* antworten; (*react*): **to ~ (to)** reagieren (auf +*acc*)

response [rɪs'pɒns] *n* Antwort *f*; Reaktion *f*; (*to advertisement etc*) Resonanz *f*

responsibility [rɪspɒnsə'bɪlɪtɪ] *n* Verantwortung *f*

responsible [rɪs'pɒnsəbl] *adj* verantwortlich; (*reliable*) verantwortungsvoll

responsive [rɪs'pɒnsɪv] *adj* empfänglich

rest [rest] *n* Ruhe *f*; (*break*) Pause *f*; (*remainder*) Rest *m* ♦ *vi* sich ausruhen; (*be supported*) (auf)liegen ♦ *vt* (*lean*): **to ~ sth on/against sth** etw gegen etw *acc* lehnen; **the ~ of them** die übrigen; **it ~s with him to ...** es liegt bei ihm, zu ...

restaurant ['restərɒŋ] *n* Restaurant *nt*; **~ car** (*BRIT*) *n* Speisewagen *m*

restful ['restfʊl] *adj* erholsam, ruhig

rest home *n* Erholungsheim *nt*

restive ['restɪv] *adj* unruhig

restless ['restləs] *adj* unruhig

restoration [restə'reɪʃən] *n* Rückgabe *f*; (*of building etc*) Rückerstattung *f*

restore [rɪ'stɔ:*] *vt* (*order*) wiederherstellen; (*customs*) wieder einführen; (*person to position*) wiedereinsetzen; (*give back*) zurückgeben; (*paintings, buildings*) restaurieren

restrain [rɪs'treɪn] *vt* zurückhalten; (*curiosity etc*) beherrschen; (*person*): **to ~ sb from doing sth** jdn davon abhalten, etw zu tun; **~ed** *adj* (*style etc*) gedämpft, verhalten; **~t** *n* (*self-control*) Zurückhaltung *f*

restrict [rɪs'trɪkt] *vt* einschränken; **~ion** [rɪs'trɪkʃən] *n* Einschränkung *f*; **~ive** *adj* einschränkend

rest room (*US*) *n* Toilette *f*

restructure ['ri:'strʌktʃə*] *vt* umstrukturieren

result [rɪ'zʌlt] *n* Resultat *nt*, Folge *f*; (*of exam, game*) Ergebnis *nt* ♦ *vi*: **to ~ in sth** etw zur Folge haben; **as a ~ of** als Folge +*gen*

resume [rɪ'zju:m] *vt* fortsetzen; (*occupy again*) wieder einnehmen ♦ *vi* (*work etc*) wieder beginnen

résumé ['reɪzju:meɪ] *n* Zusammenfassung *f*

resumption [rɪ'zʌmpʃən] *n* Wiederaufnahme *f*

resurgence [rɪ'sɜ:dʒəns] *n* Wiedererwachen *nt*

resurrection [rezə'rekʃən] *n* Auferstehung *f*

resuscitate [rɪ'sʌsɪteɪt] *vt* wiederbeleben

resuscitation [rɪsʌsɪ'teɪʃən] *n* Wiederbelebung *f*

retail [*n, adj* 'ri:teɪl, *vb* 'ri:'teɪl] *n* Einzelhandel *m* ♦ *adj* Einzelhandels- ♦ *vt* im kleinen verkaufen ♦ *vi* im Einzelhandel kosten; **~er** ['ri:teɪlə*] *n* Einzelhändler *m*, Kleinhändler *m*; **~ price** *n* Ladenpreis *m*

retain [rɪ'teɪn] *vt* (*keep*) (zurück)behalten; **~er** *n* (*servant*) Gefolgsmann *m*; (*fee*) (Honorar)vorschuß *m*

retaliate [rɪ'tælɪeɪt] *vi* zum Vergeltungsschlag ausholen

retaliation [rɪtælɪ'eɪʃən] *n* Vergeltung *f*

retarded [rɪ'tɑ:dɪd] *adj* zurückgeblieben

retch [retʃ] *vi* würgen

retentive [rɪ'tentɪv] *adj* (*memory*) gut

reticent ['retɪsənt] *adj* schweigsam

retina ['retɪnə] *n* Netzhaut *f*

retinue ['retɪnju:] *n* Gefolge *nt*

retire [rɪ'taɪə*] *vi* (*from work*) in den Ruhestand treten; (*withdraw*) sich zurückziehen; (*go to bed*) schlafen gehen; **~d** *adj* (*person*) pensioniert, im Ruhestand; **~ment** *n* Ruhestand *m*

retiring [rɪ'taɪərɪŋ] *adj* zurückhaltend

retort [rɪ'tɔ:t] *n* (*reply*) Erwiderung *f*; (*SCI*) Retorte *f* ♦ *vi* (scharf) erwidern

retrace [rɪ'treɪs] *vt* zurückverfolgen; **to ~ one's steps** denselben Weg zurückgehen

retract [rɪ'trækt] *vt* (*statement*) zurücknehmen; (*claws*) einziehen ♦ *vi* einen Rückzieher machen; **~able** *adj* (*aerial*) ausziehbar

retrain ['ri:'treɪn] *vt* umschulen; **~ing** *n* Umschulung *f*

retread ['ri:tred] *n* (*tyre*) Reifen *m* mit erneuerter Lauffläche

retreat [rɪ'tri:t] *n* Rückzug *m*; (*place*) Zufluchtsort *m* ♦ *vi* sich zurückziehen

retribution [retrɪ'bju:ʃən] *n* Strafe *f*

retrieval [rɪ'tri:vəl] *n* Wiedergewinnung *f*

retrieve [rɪ'tri:v] *vt* wiederbekommen; (*rescue*) retten; **~r** *n* Apportierhund *m*

retrograde ['retrəʊgreɪd] *adj* (*step*) Rück-; (*policy*) rückschrittlich

retrospect ['retrəʊspekt] *n*: **in ~** im Rückblick, rückblickend; **~ive** [retrəʊ'spektɪv] *adj* (*action*) rückwirkend; (*look*) rückblickend

return [rɪ'tɜ:n] *n* Rückkehr *f*; (*profits*) Ertrag *m*; (*BRIT*: *rail ticket etc*) Rückfahrkarte *f*; (: *plane ticket*) Rückflugkarte *f* ♦ *adj* (*journey, match*) Rück- ♦ *vi* zurückkehren, zurückkommen ♦ *vt* zurückgeben, zurücksenden; (*pay back*) zurückzahlen; (*elect*) wählen; (*verdict*) aussprechen; **~s** *npl* (*COMM*) Gewinn *m*; (*receipts*)

Einkünfte *pl*; **in ~** dafür; **by ~ of post** postwendend; **many happy ~s (of the day)!** herzlichen Glückwunsch zum Geburtstag!

reunion [ri:'ju:njən] *n* Wiedervereinigung *f*; (*SCH etc*) Treffen *nt*

reunite ['ri:ju:'naɪt] *vt* wiedervereinigen

rev [rev] *n abbr* (*AUT*: = *revolution*) Drehzahl *f* ♦ *vt* (*also*: ~ *up*: *engine*) auf Touren bringen ♦ *vi* (*also*: ~ *up*) den Motor auf Touren bringen

revamp ['ri:'væmp] *vt* aufpolieren

reveal [rɪ'vi:l] *vt* enthüllen; **~ing** *adj* aufschlußreich

reveille [rɪ'vælɪ] *n* Wecken *nt*

revel ['revl] *vi*: **to ~ in sth/in doing sth** seine Freude an etw *dat* haben/daran haben, etw zu tun

revelation [revə'leɪʃən] *n* Offenbarung *f*

revelry ['revlrɪ] *n* Rummel *m*

revenge [rɪ'vendʒ] *n* Rache *f*; **to take ~ on** sich rächen an +*dat*

revenue ['revənju:] *n* Einnahmen *pl*

reverberate [rɪ'vɜ:bəreɪt] *vi* widerhallen

revere [rɪ'vɪə*] *vt* (ver)ehren; **~nce** ['revərəns] *n* Ehrfurcht *f*

Reverend ['revərənd] *adj*: **the ~ Robert Martin** ≈ Pfarrer Robert Martin

reverent ['revərənt] *adj* ehrfurchtsvoll

reversal [rɪ'vɜ:səl] *n* Umkehrung *f*

reverse [rɪ'vɜ:s] *n* Rückseite *f*; (*AUT*: *gear*) Rückwärtsgang *m* ♦ *adj* (*order*, *direction*) entgegengesetzt ♦ *vt* umkehren ♦ *vi* (*BRIT*: *AUT*) rückwärts fahren; **~-charge call** (*BRIT*) *n* R-Gespräch *nt*; **reversing lights** *npl* (*AUT*) Rückfahrscheinwerfer *pl*

revert [rɪ'vɜ:t] *vi*: **to ~ to** zurückkehren zu; (*to bad state*) zurückfallen in +*acc*

review [rɪ'vju:] *n* (*MIL*) Truppenschau *f*; (*of book*) Rezension *f*; (*magazine*) Zeitschrift *f* ♦ *vt* Rückschau halten auf +*acc*; (*MIL*) mustern; (*book*) rezensieren; (*reexamine*) von neuem untersuchen; **~er** *n* (*critic*) Rezensent *m*

revile [rɪ'vaɪl] *vt* verunglimpfen

revise [rɪ'vaɪz] *vt* (*book*) überarbeiten; (*reconsider*) ändern, revidieren

revision [rɪvɪʒən] *n* Prüfung *f*; (*COMM*) Revision *f*; (*SCH*) Wiederholung *f*

revitalize ['ri:'vaɪtəlaɪz] *vt* neu beleben

revival [rɪ'vaɪvəl] *n* Wiederbelebung *f*; (*REL*) Erweckung *f*; (*THEAT*) Wiederaufnahme *f*

revive [rɪ'vaɪv] *vt* wiederbeleben; (*fig*) wieder auffrischen ♦ *vi* wiedererwachen; (*fig*) wieder aufleben

revoke [rɪ'vəʊk] *vt* aufheben

revolt [rɪ'vəʊlt] *n* Aufstand *m*, Revolte *f* ♦ *vi* sich auflehnen ♦ *vt* entsetzen; **~ing** *adj* widerlich

revolution [revə'lu:ʃən] *n* (*turn*) Umdrehung *f*; (*POL*) Revolution *f*; **~ary** *adj* revolutionär ♦ *n* Revolutionär *m*; **~ize** *vt* revolutionieren

revolve [rɪ'vɒlv] *vi* kreisen; (*on own axis*) sich drehen

revolver [rɪ'vɒlvə*] *n* Revolver *m*

revolving door [rɪ'vɔlvɪŋ-] *n* Drehtür *f*

revulsion [rɪ'vʌlʃən] *n* Ekel *m*

reward [rɪ'wɔ:d] *n* Belohnung *f* ♦ *vt* belohnen; **~ing** *adj* lohnend

rewire ['ri:'waɪə*] *vt* (*house*) neu verkabeln

reword ['ri:'wɜ:d] *vt* anders formulieren

rewrite ['ri:'raɪt] (*irreg: like* **write**) *vt* umarbeiten, neu schreiben

rheumatism ['ru:mətɪzəm] *n* Rheumatismus *m*, Rheuma *nt*

Rhine [raɪn] *n*: **the ~** der Rhein

rhinoceros [raɪ'nɒsərəs] *n* Nashorn *nt*

Rhone [rəʊn] *n*: **the ~** die Rhone

rhubarb ['ru:bɑ:b] *n* Rhabarber *m*

rhyme [raɪm] *n* Reim *m*

rhythm ['rɪðəm] *n* Rhythmus *m*

rib [rɪb] *n* Rippe *f* ♦ *vt* (*mock*) hänseln, aufziehen

ribald ['rɪbəld] *adj* saftig
ribbon ['rɪbən] *n* Band *nt*; **in ~s** (*torn*) in Fetzen
rice [raɪs] *n* Reis *m*; **~ pudding** *n* Milchreis *m*
rich [rɪtʃ] *adj* reich; (*food*) reichhaltig ♦ *npl*: **the ~** die Reichen *pl*; **~es** *npl* Reichtum *m*; **~ly** *adv* reich; (*deserve*) völlig
rickets ['rɪkɪts] *n* Rachitis *f*
rickety ['rɪkɪtɪ] *adj* wack(e)lig
rickshaw ['rɪkʃɔ:] *n* Rickscha *f*
ricochet ['rɪkəʃeɪ] *n* Abprallen *nt*; (*shot*) Querschläger *m* ♦ *vi* abprallen
rid [rɪd] (*pt, pp* **rid**) *vt* befreien; **to get ~ of** loswerden
riddle ['rɪdl] *n* Rätsel *nt* ♦ *vt*: **to be ~d with** völlig durchlöchert sein von
ride [raɪd] (*pt* **rode**, *pp* **ridden**) *n* (*in vehicle*) Fahrt *f*; (*on horse*) Ritt *m* ♦ *vt* (*horse*) reiten; (*bicycle*) fahren ♦ *vi* fahren, reiten; **to take sb for a ~** mit jdm eine Fahrt *etc* machen; (*fig*) jdn aufs Glatteis führen; **~r** *n* Reiter *m*; (*addition*) Zusatz *m*
ridge [rɪdʒ] *n* Kamm *m*; (*of roof*) First *m*
ridicule ['rɪdɪkju:l] *n* Spott *m* ♦ *vt* lächerlich machen
ridiculous [rɪ'dɪkjʊləs] *adj* lächerlich; **~ly** *adv* lächerlich
riding ['raɪdɪŋ] *n* Reiten *nt*; **~ school** *n* Reitschule *f*
rife [raɪf] *adj* weit verbreitet; **to be ~** grassieren; **to be ~ with** voll sein von
riffraff ['rɪfræf] *n* Pöbel *m*
rifle ['raɪfl] *n* Gewehr *nt* ♦ *vt* berauben; **~ range** *n* Schießstand *m*
rift [rɪft] *n* Spalte *f*, (*fig*) Bruch *m*
rig [rɪg] *n* (*outfit*) Takelung *f*; (*fig*) Aufmachung *f*; (*oil ~*) Bohrinsel *f* ♦ *vt* (*election etc*) manipulieren; **~ out** (*BRIT*) *vt* ausstatten; **~ up** *vt* zusammenbasteln; **~ging** *n* Takelage *f*
right [raɪt] *adj* (*correct, just*) richtig, recht; (*~ side*) rechte(r, s) ♦ *n* Recht *nt*; (*not left, POL*) Rechte *f* ♦ *adv* (*on the ~*) rechts; (*to the ~*) nach rechts; (*look, work*) richtig, recht; (*directly*) gerade; (*exactly*) genau ♦ *vt* in Ordnung bringen, korrigieren ♦ *excl* gut; **on the ~** rechts; **to be in the ~** im Recht sein; **by ~s** von Rechts wegen; **to be ~** recht haben; **~ away** sofort; **~ now** in diesem Augenblick, eben; **~ in the middle** genau in der Mitte; **~ angle** *n* rechte(r) Winkel *m*; **~eous** ['raɪtʃəs] *adj* rechtschaffen; **~ful** *adj* rechtmäßig; **~-handed** *adj* rechtshändig; **~-hand man** (*irreg*) *n* rechte Hand *f*; **~-hand side** *n* rechte Seite *f*; **~ly** *adv* mit Recht; **~ of way** *n* Vorfahrt *f*; **~-wing** *adj* rechtsorientiert
rigid ['rɪdʒɪd] *adj* (*stiff*) starr, steif; (*strict*) streng; **~ity** [rɪ'dʒɪdɪtɪ] *n* Starrheit *f*; Strenge *f*
rigmarole ['rɪgmərəʊl] *n* Gewäsch *nt*
rigor (*US*) *n* = **rigour**
rigorous ['rɪgərəs] *adj* streng
rigour ['rɪgə*] (*US* **rigor**) *n* Strenge *f*, Härte *f*
rile [raɪl] *vt* ärgern
rim [rɪm] *n* (*edge*) Rand *m*; (*of wheel*) Felge *f*
rind [raɪnd] *n* Rinde *f*
ring [rɪŋ] (*pt* **rang**, *pp* **rung**) *n* Ring *m*; (*of people*) Kreis *m*; (*arena*) Manege *f*; (*of telephone*) Klingeln *nt* ♦ *vt, vi* (*bell*) läuten; (*BRIT*) anrufen; **~ back** (*BRIT*) *vt, vi* zurückrufen; **~ off** (*BRIT*) *vi* aufhängen; **~ up** (*BRIT*) *vt* anrufen; **~ing** *n* Klingeln *nt*; (*of large bell*) Läuten *nt*; (*in ears*) Klingen *nt*; **~ing tone** *n* (*TEL*) Rufzeichen *nt*
ringleader ['rɪŋli:də*] *n* Anführer *m*, Rädelsführer *m*
ringlets ['rɪŋlɪts] *npl* Ringellocken *pl*
ring road (*BRIT*) *n* Umgehungsstraße *f*
rink [rɪŋk] *n* (*ice ~*) Eisbahn *f*
rinse [rɪns] *n* Spülen *nt* ♦ *vt* spülen
riot ['raɪət] *n* Aufruhr *m* ♦ *vi* randalieren; **to run ~** (*people*) randalieren; (*vegetation*) wuchern; **~er** *n* Aufrührer *m*; **~ous** *adj* aufrührerisch; (*noisy*) lärmend; **~ously** *adv* auf-

rührerisch

rip [rɪp] *n* Schlitz *m*, Riß *m* ♦ *vt, vi* (zer)reißen; **~cord** ['rɪpkɔ:d] *n* Reißleine *f*

ripe [raɪp] *adj* reif; **~n** *vi* reifen ♦ *vt* reifen lassen

rip-off ['rɪpɒf] (*inf*) *n*: **it's a ~!** das ist Wucher!

ripple ['rɪpl] *n* kleine Welle *f* ♦ *vt* kräuseln ♦ *vi* sich kräuseln

rise [raɪz] (*pt* **rose**, *pp* **risen**) *n* (*slope*) Steigung *f*; (*esp in wages*: *BRIT*) Erhöhung *f*; (*growth*) Aufstieg *m* ♦ *vi* (*sun*) aufgehen; (*smoke*) aufsteigen; (*mountain*) sich erheben; (*ground*) ansteigen; (*prices*) steigen; (*in revolt*) sich erheben; **to give ~ to** Anlaß geben zu; **to ~ to the occasion** sich der Lage gewachsen zeigen; **risen** ['rɪzn] *pp of* **rise**

rising *adj* (*increasing*: *tide, numbers, prices*) steigend; (*sun, moon*) aufgehend ♦ *n* (*uprising*) Aufstand *m*

risk [rɪsk] *n* Gefahr *f*, Risiko *nt* ♦ *vt* (*venture*) wagen; (*chance loss of*) riskieren, aufs Spiel setzen; **to take** *or* **run the ~ of doing** das Risiko eingehen, zu tun; **at ~** in Gefahr; **at one's own ~** auf eigene Gefahr; **~y** *adj* riskant

risqué ['ri:skeɪ] *adj* gewagt

rissole ['rɪsəʊl] *n* Fleischklößchen *nt*

rite [raɪt] *n* Ritus *m*; **last ~s** Letzte Ölung *f*

ritual ['rɪtjʊəl] *n* Ritual *nt* ♦ *adj* ritual, Ritual-; (*fig*) rituell

rival ['raɪvəl] *n* Rivale *m*, Konkurrent *m* ♦ *adj* rivalisierend ♦ *vt* rivalisieren mit; (*COMM*) konkurrieren mit; **~ry** *n* Rivalität *f*; Konkurrenz *f*

river ['rɪvə*] *n* Fluß *m*, Strom *m* ♦ *cpd* (*port, traffic*) Fluß-; **up/down ~** flußaufwärts/-abwärts; **~bank** *n* Flußufer *nt*; **~bed** *n* Flußbett *nt*

rivet ['rɪvɪt] *n* Niete *f* ♦ *vt* (*fasten*) (ver)nieten

Riviera [rɪvɪ'ɛərə] *n*: **the ~** die Riviera

road [rəʊd] *n* Straße *f* ♦ *cpd* Straßen-; **major/minor ~** Haupt-/Nebenstraße *f*; **~block** *n* Straßensperre *f*; **~hog** *n* Verkehrsrowdy *m*; **~map** *n* Straßenkarte *f*; **~ safety** *n* Verkehrssicherheit *f*; **~side** *n* Straßenrand *m* ♦ *adj* an der Landstraße (gelegen); **~ sign** *n* Straßenschild *nt*; **~ user** *n* Verkehrsteilnehmer *m*; **~way** *n* Fahrbahn *f*; **~ works** *npl* Straßenbauarbeiten *pl*; **~worthy** *adj* verkehrssicher

roam [rəʊm] *vi* (umher)streifen ♦ *vt* durchstreifen

roar [rɔ:*] *n* Brüllen *nt*, Gebrüll *nt* ♦ *vi* brüllen; **to ~ with laughter** vor Lachen brüllen; **to do a ~ing trade** ein Riesengeschäft machen

roast [rəʊst] *n* Braten *m* ♦ *vt* braten, schmoren; **~ beef** *n* Roastbeef *nt*

rob [rɒb] *vt* bestehlen, berauben; (*bank*) ausrauben; **to ~ sb of sth** jdm etw rauben; **~ber** *n* Räuber *m*; **~bery** *n* Raub *m*

robe [rəʊb] *n* (*dress*) Gewand *nt*; (*US*) Hauskleid *nt*; (*judge's*) Robe *f*

robin ['rɒbɪn] *n* Rotkehlchen *nt*

robot ['rəʊbɒt] *n* Roboter *m*

robust [rəʊ'bʌst] *adj* (*person*) robust; (*appetite, economy*) gesund

rock [rɒk] *n* Felsen *m*; (*BRIT*: *sweet*) Zuckerstange *f* ♦ *vt, vi* wiegen, schaukeln; **on the ~s** (*drink*) mit Eis(würfeln); (*marriage*) gescheitert; (*ship*) aufgelaufen; **~ and roll** *n* Rock and Roll *m*; **~-bottom** *n* (*fig*) Tiefpunkt *m*; **~ery** *n* Steingarten *m*

rocket ['rɒkɪt] *n* Rakete *f*

rocking chair ['rɒkɪŋ-] *n* Schaukelstuhl *m*

rocking horse ['rɒkɪŋ-] *n* Schaukelpferd *nt*

rocky ['rɒkɪ] *adj* felsig

rod [rɒd] *n* (*bar*) Stange *f*; (*stick*) Rute *f*

rode [rəʊd] *pt of* **ride**

rodent ['rəʊdənt] *n* Nagetier *nt*

roe [rəʊ] *n* (*deer*) Reh *nt*; (*of fish*: *also*: *hard ~*) Rogen *m*; **soft ~** Milch *f*

rogue [rəʊg] *n* Schurke *m*

role [rəʊl] *n* Rolle *f*

roll [rəʊl] *n* Rolle *f*; (*bread*) Brötchen *nt*; (*list*) (Namens)liste *f*; (*of drum*) Wirbel *m* ♦ *vt* (*turn*) rollen, (herum)wälzen; (*grass etc*) walzen ♦ *vi* (*swing*) schlingern; (*sound*) rollen, grollen; ~ **about** *or* **around** *vi* herumkugeln; (*ship*) schlingern; (*dog etc*) sich wälzen; ~ **by** *vi* (*time*) verfließen; ~ **in** *vi* (*mail*) hereinkommen; ~ **over** *vi* sich (herum)drehen; ~ **up** *vi* (*arrive*) kommen, auftauchen ♦ *vt* (*carpet*) aufrollen; ~ **call** *n* Namensaufruf *m*; ~**er** *n* Rolle *f*, Walze *f*; (*road roller*) Straßenwalze *f*; ~**er coaster** *n* Achterbahn *f*; ~**er skates** *npl* Rollschuhe *pl*

rolling ['rəʊlɪŋ] *adj* (*landscape*) wellig; ~ **pin** *n* Nudel- *or* Wellholz *nt*; ~ **stock** *n* Wagenmaterial *nt*

ROM [rɒm] *n abbr* (= *read only memory*) ROM *m*

Roman ['rəʊmən] *adj* römisch ♦ *n* Römer(in) *m(f)*; ~ **Catholic** *adj* römisch-katholisch ♦ *n* Katholik(in) *m(f)*

romance [rəʊ'mæns] *n* Romanze *f*; (*story*) (Liebes)roman *m*

Romania [rəʊ'meɪnɪə] *n* = **Rumania**

Roman numeral *n* römische Ziffer

romantic [rəʊ'mæntɪk] *adj* romantisch; ~**ism** [rəʊ'mæntɪsɪzəm] *n* Romantik *f*

Rome [rəʊm] *n* Rom *nt*

romp [rɒmp] *n* Tollen *nt* ♦ *vi* (*also*: ~ *about*) herumtollen

rompers ['rɒmpəz] *npl* Spielanzug *m*

roof [ru:f] (*pl* **roofs**) *n* Dach *nt*; (*of mouth*) Gaumen *m* ♦ *vt* überdachen, überdecken; ~**ing** *n* Deckmaterial *nt*; ~ **rack** *n* (*AUT*) Dachgepäckträger *m*

rook [rʊk] *n* (*bird*) Saatkrähe *f*; (*chess*) Turm *m*

room [rʊm] *n* Zimmer *nt*, Raum *m*; (*space*) Platz *m*; (*fig*) Spielraum *m*; ~**s** *npl* (*accommodation*) Wohnung *f*; "~**s to let** *(BRIT) or* **for rent** *(US)*" „Zimmer zu vermieten"; **single/double** ~ Einzel-/Doppelzimmer *nt*; ~**ing house** (*US*) *n* Mietshaus *nt* (*mit möblierten Wohnungen*); ~**-mate** *n* Mitbewohner(in) *m(f)*; ~ **service** *n* Zimmerbedienung *f*; ~**y** *adj* geräumig

roost [ru:st] *n* Hühnerstange *f* ♦ *vi* auf der Stange hocken

rooster ['ru:stə*] *n* Hahn *m*

root [ru:t] *n* (*also fig*) Wurzel *f* ♦ *vi* wurzeln; ~ **about** *vi* (*fig*) herumwühlen; ~ **for** *vt fus* Stimmung machen für; ~ **out** *vt* ausjäten; (*fig*) ausrotten

rope [rəʊp] *n* Seil *nt* ♦ *vt* (*tie*) festschnüren; **to know the** ~**s** sich auskennen; **to** ~ **sb in** jdn gewinnen; ~ **off** *vt* absperren; ~ **ladder** *n* Strickleiter *f*

rosary ['rəʊzərɪ] *n* Rosenkranz *m*

rose [rəʊz] *pt of* **rise** ♦ *n* Rose *f* ♦ *adj* Rosen-, rosenrot

rosé ['rəʊzeɪ] *n* Rosé *m*

rosebud ['rəʊzbʌd] *n* Rosenknospe *f*

rosebush ['rəʊzbʊʃ] *n* Rosenstock *m*

rosemary ['rəʊzmərɪ] *n* Rosmarin *m*

rosette [rəʊ'zet] *n* Rosette *f*

roster ['rɒstə*] *n* Dienstplan *m*

rostrum ['rɒstrəm] *n* Rednerbühne *f*

rosy ['rəʊzɪ] *adj* rosig

rot [rɒt] *n* Fäulnis *f*; (*nonsense*) Quatsch *m* ♦ *vi* verfaulen ♦ *vt* verfaulen lassen

rota ['rəʊtə] *n* Dienstliste *f*

rotary ['rəʊtərɪ] *adj* rotierend

rotate [rəʊ'teɪt] *vt* rotieren lassen; (*two or more things in order*) turnusmäßig wechseln ♦ *vi* rotieren

rotating [rəʊ'teɪtɪŋ] *adj* rotierend

rotation [rəʊ'teɪʃən] *n* Umdrehung *f*

rote [rəʊt] *n*: **by** ~ auswendig

rotten ['rɒtn] *adj* faul; (*fig*) schlecht, gemein; **to feel** ~ (*ill*) sich elend fühlen

rotund [rəʊ'tʌnd] *adj* rundlich

rouble ['ru:bl] (*US* **ruble**) *n* Rubel *m*

rough [rʌf] *adj* (*not smooth*) rauh; (*path*) uneben; (*violent*) roh, grob; (*crossing*) stürmisch; (*without comforts*) hart, unbequem; (*unfinished, makeshift*) grob; (*approximate*) ungefähr ♦ *n* (*BRIT*: *person*) Rowdy *m*, Rohling *m*; (*GOLF*): **in the** ~ im Rauh ♦ *vt*: **to** ~ **it** primitiv leben; **to sleep** ~ im Freien schlafen; ~**age** *n* Ballaststoffe *pl*; ~**-and-ready** *adj* provisorisch; (*work*) zusammengehauen; ~ **copy** *n* Entwurf *m*; ~ **draft** *n* Entwurf *m*; ~**en** *vt* aufrauhen; ~**ly** *adv* grob; (*about*) ungefähr; ~**ness** *n* Rauheit *f*; (*of manner*) Ungeschliffenheit *f*

roulette [ru:'let] *n* Roulett(e) *nt*

Roumania [ru:'meɪnɪə] *n* = **Rumania**

round [raʊnd] *adj* rund; (*figures*) aufgerundet ♦ *adv* (*in a circle*) rundherum ♦ *prep* um ... herum ♦ *n* Runde *f*; (*of ammunition*) Magazin *nt* ♦ *vt* (*corner*) biegen um; **all** ~ überall; **the long way** ~ der Umweg; **all the year** ~ das ganze Jahr über; **it's just** ~ **the corner** (*fig*) es ist gerade um die Ecke; ~ **the clock** rund um die Uhr; **to go** ~ **to sb's (house)** jdn besuchen; **to go** ~ **the back** hinterherum gehen; **to go** ~ **a house** um ein Haus herumgehen; **enough to go** ~ genug für alle; **to go the** ~**s** (*story*) die Runde machen; **a** ~ **of applause** ein Beifall *m*; **a** ~ **of drinks** eine Runde Drinks; **a** ~ **of sandwiches** ein Sandwich *nt or m*, ein belegtes Brot; ~ **off** *vt* abrunden; ~ **up** *vt* (*end*) abschließen; (*figures*) aufrunden; (*criminals*) hochnehmen; ~**about** *n* (*BRIT*: *traffic*) Kreisverkehr *m*; (: *merry-go-round*) Karussell *nt* ♦ *adj* auf Umwegen; ~**ers** *npl* (*game*) ≈ Schlagball *m*; ~**ly** *adv* (*fig*) gründlich; ~**-shouldered** *adj* mit abfallenden Schultern; ~ **trip** *n* Rundreise *f*; ~**up** *n* Zusammentreiben *nt*, Sammeln *nt*

rouse [raʊz] *vt* (*waken*) (auf)wecken; (*stir up*) erregen

rousing ['raʊzɪŋ] *adj* (*welcome*) stürmisch; (*speech*) zündend

route [ru:t] *n* Weg *m*, Route *f*; ~ **map** (*BRIT*) *n* (*for journey*) Streckenkarte *f*

routine [ru:'ti:n] *n* Routine *f* ♦ *adj* Routine-

row[1] [raʊ] *n* (*noise*) Lärm *m*; (*dispute*) Streit *m* ♦ *vi* sich streiten

row[2] [rəʊ] *n* (*line*) Reihe *f* ♦ *vt, vi* (*boat*) rudern; **in a row** (*fig*) hintereinander

rowboat ['rəʊbəʊt] (*US*) *n* Ruderboot *nt*

rowdy ['raʊdɪ] *adj* rüpelhaft ♦ *n* (*person*) Rowdy *m*

rowing ['rəʊɪŋ] *n* Rudern *nt*; (*SPORT*) Rudersport *m*; ~ **boat** (*BRIT*) *n* Ruderboot *nt*

royal ['rɔɪəl] *adj* königlich, Königs-; **R**~ **Air Force** *n* Königliche Luftwaffe *f*

royalty ['rɔɪəltɪ] *n* (*family*) königliche Familie *f*; (*for book*) Tantieme *f*

rpm *abbr* (= *revs per minute*) U/min

R.S.V.P. *abbr* (= *répondez s'il vous plaît*) u.A.w.g.

Rt. Hon. (*BRIT*) *abbr* (= *Right Honourable*) Abgeordnete(r) *mf*

rub [rʌb] *n* (*with cloth*) Polieren *nt*; (*on person*) Reiben *nt* ♦ *vt* reiben; **to** ~ **sb up** (*BRIT*) *or* **to** ~ **sb** (*US*) **the wrong way** jdn aufreizen; ~ **off** *vi* (*also fig*): **to** ~ **off (on)** abfärben (auf +*acc*); ~ **out** *vt* herausreiben; (*with eraser*) ausradieren

rubber ['rʌbə*] *n* Gummi *m*; (*BRIT*) Radiergummi *m*; ~ **band** *n* Gummiband *nt*; ~ **plant** *n* Gummibaum *m*; ~**y** *adj* gummiartig

rubbish ['rʌbɪʃ] *n* (*waste*) Abfall *m*; (*nonsense*) Blödsinn *m*, Quatsch *m*; ~ **bin** (*BRIT*) *n* Mülleimer *m*; ~ **dump** *n* Müllabladeplatz *m*

rubble ['rʌbl] *n* (Stein)schutt *m*

ruby ['ru:bɪ] *n* Rubin *m* ♦ *adj* rubinrot

rucksack ['rʌksæk] *n* Rucksack *m*

ructions ['rʌkʃənz] *npl* Krach *m*

rudder ['rʌdə*] *n* Steuerruder *nt*

ruddy ['rʌdɪ] *adj* (*colour*) rötlich; (*inf*: *bloody*) verdammt

rude [ru:d] *adj* unverschämt; (*shock*) hart; (*awakening*) unsanft; (*unrefined, rough*) grob; ~**ness** *n* Unverschämtheit *f*; Grobheit *f*

rudiment ['ru:dɪmənt] *n* Grundlage *f*

rueful ['ru:fʊl] *adj* reuevoll; (*situation*) beklagenswert

ruffian ['rʌfɪən] *n* Rohling *m*

ruffle ['rʌfl] *vt* kräuseln

rug [rʌg] *n* Brücke *f*; (*in bedroom*) Bettvorleger *m*; (*BRIT*: *for knees*) (Reise)decke *f*

rugby ['rʌgbɪ] *n* (*also*: ~ *football*) Rugby *nt*

rugged ['rʌgɪd] *adj* (*coastline*) zerklüftet; (*features*) markig

rugger ['rʌgə*] (*BRIT*: *inf*) *n* Rugby *nt*

ruin ['ru:ɪn] *n* Ruine *f*; (*downfall*) Ruin *m* ♦ *vt* ruinieren; ~**s** *npl* (*fig*) Trümmer *pl*; ~**ous** *adj* ruinierend

rule [ru:l] *n* Regel *f*; (*government*) Regierung *f*; (*for measuring*) Lineal *nt* ♦ *vt* (*govern*) herrschen über +*acc*, regieren; (*decide*) anordnen, entscheiden; (*make lines on*) linieren ♦ *vi* herrschen, regieren; entscheiden; **as a** ~ in der Regel; ~ **out** *vt* ausschließen; ~**d** *adj* (*paper*) liniert; ~**r** *n* Lineal *nt*; Herrscher *m*

ruling ['ru:lɪŋ] *adj* (*party*) Regierungs-; (*class*) herrschend ♦ *n* (*JUR*) Entscheid *m*

rum [rʌm] *n* Rum *m*

Rumania [ru:'meɪnɪə] *n* Rumänien *nt*; ~**n** *adj* rumänisch ♦ *n* Rumäne *m*, Rumänin *f*; (*LING*) Rumänisch *nt*

rumble ['rʌmbl] *n* Rumpeln *nt*; (*of thunder*) Grollen *nt* ♦ *vi* rumpeln; grollen

rummage ['rʌmɪdʒ] *vi* durchstöbern

rumour ['ru:mə*] (*US* **rumor**) *n* Gerücht *nt* ♦ *vt*: **it is ~ed that** man sagt *or* man munkelt, daß

rump [rʌmp] *n* Hinterteil *nt*; ~ **steak** *n* Rumpsteak *nt*

rumpus ['rʌmpəs] *n* Spektakel *m*

run [rʌn] (*pt* **ran**, *pp* **run**) *n* Lauf *m*; (*in car*) (Spazier)fahrt *f*; (*series*) Serie *f*, Reihe *f*; (*ski* ~) (Ski)abfahrt *f*; (*in stocking*) Laufmasche *f* ♦ *vt* (*cause to* ~) laufen lassen; (*car, train, bus*) fahren; (*race, distance*) laufen, rennen; (*manage*) leiten; (*COMPUT*) laufen lassen; (*pass*: *hand, eye*) gleiten lassen ♦ *vi* laufen; (*move quickly*) laufen, rennen; (*bus, train*) fahren; (*flow*) fließen, laufen; (*colours*) (ab)färben; **there was a ~ on** (*meat, tickets*) es gab einen Ansturm auf +*acc*; **on the** ~ auf der Flucht; **in the long** ~ auf die Dauer; **I'll ~ you to the station** ich fahre dich zum Bahnhof; **to ~ a risk** ein Risiko eingehen; ~ **about** *or* **around** *vi* (*children*) umherspringen; ~ **across** *vt fus* (*find*) stoßen auf +*acc*; ~ **away** *vi* weglaufen; ~ **down** *vi* (*clock*) ablaufen ♦ *vt* (*production, factory*) allmählich auflösen; (*with car*) überfahren; (*talk against*) heruntermachen; **to be ~ down** erschöpft *or* abgespannt sein; ~ **in** (*BRIT*) *vt* (*car*) einfahren; ~ **into** *vt fus* (*meet*: *person*) zufällig treffen; (: *trouble*) bekommen; (*collide with*) rennen gegen; fahren gegen; ~ **off** *vi* fortlaufen; ~ **out** *vi* (*person*) hinausrennen; (*liquid*) auslaufen; (*lease*) ablaufen; (*money*) ausgehen; **he ran out of money/petrol** ihm ging das Geld/Benzin aus; ~ **over** *vt* (*in accident*) überfahren; ~ **through** *vt* (*instructions*) durchgehen; ~ **up** *vt* (*debt, bill*) machen; ~ **up against** *vt fus* (*difficulties*) stoßen auf +*acc*; ~**away** *adj* (*horse*) ausgebrochen; (*person*) flüchtig

rung [rʌŋ] *pp of* **ring** ♦ *n* Sprosse *f*

runner ['rʌnə*] *n* Läufer(in) *m(f)*; (*for sleigh*) Kufe *f*; ~ **bean** (*BRIT*) *n* Stangenbohne *f*; ~**-up** *n* Zweite(r) *mf*

running ['rʌnɪŋ] *n* (*of business*) Leitung *f*; (*of machine*) Betrieb *m* ♦ *adj* (*water*) fließend; (*commentary*) laufend; **to be in/out of the ~ for sth** im/aus dem Rennen für etw sein; **3 days** ~ 3 Tage lang *or* hintereinander

runny ['rʌnɪ] *adj* dünn; (*nose*) laufend

run-of-the-mill ['rʌnəvðə'mɪl] *adj* gewöhnlich, alltäglich

runt ['rʌnt] *n* (*animal*) Kümmerer *m*;

(*pej*: *person*) Wicht *m*

run-up ['rʌnʌp] *n*: **the ~ to** (*election etc*) die Endphase vor +*dat*

runway ['rʌnweɪ] *n* Startbahn *f*

rupee [ru:'pi:] *n* Rupie *f*

rupture ['rʌptʃə*] *n* (*MED*) Bruch *m*

rural ['ruərəl] *adj* ländlich, Land-

ruse [ru:z] *n* Kniff *m*, List *f*

rush [rʌʃ] *n* Eile *f*, Hetze *f*; (*FIN*) starke Nachfrage *f* ♦ *vt* (*carry along*) auf dem schnellsten Wege schaffen *or* transportieren; (*attack*) losstürmen auf +*acc* ♦ *vi* (*hurry*) eilen, stürzen; **don't ~ me** dräng mich nicht; **~ hour** *n* Hauptverkehrszeit *f*

rusk [rʌsk] *n* Zwieback *m*

Russia ['rʌʃə] *n* Rußland *nt*; **~n** *adj* russisch ♦ *n* Russe *m*, Russin *f*; (*LING*) Russisch *nt*

rust [rʌst] *n* Rost *m* ♦ *vi* rosten

rustic ['rʌstɪk] *adj* bäuerlich, ländlich

rustle ['rʌsl] *vi* rauschen, rascheln ♦ *vt* rascheln lassen; (*cattle*) stehlen

rustproof ['rʌstpru:f] *adj* rostfrei

rusty ['rʌstɪ] *adj* rostig

rut [rʌt] *n* (*in track*) Radspur *f*; **to be in a ~** im Trott stecken

ruthless ['ru:θləs] *adj* rücksichtslos

rye [raɪ] *n* Roggen *m*; **~ bread** *n* Roggenbrot *nt*

S

sabbath ['sæbəθ] *n* Sabbat *m*

sabotage ['sæbətɑ:ʒ] *n* Sabotage *f* ♦ *vt* sabotieren

saccharin ['sækərɪn] *n* Saccharin *nt*

sachet ['sæʃeɪ] *n* (*of shampoo etc*) Briefchen *nt*, Kissen *nt*

sack [sæk] *n* Sack *m* ♦ *vt* (*inf*) hinauswerfen; (*pillage*) plündern; **to get the ~** rausfliegen; **~ing** *n* (*material*) Sackleinen *nt*; (*inf*) Rausschmiß *m*

sacrament ['sækrəmənt] *n* Sakrament *nt*

sacred ['seɪkrɪd] *adj* heilig

sacrifice ['sækrɪfaɪs] *n* Opfer *nt* ♦ *vt* (*also fig*) opfern

sacrilege ['sækrɪlɪdʒ] *n* Schändung *f*

sad [sæd] *adj* traurig; **~den** *vt* traurig machen, betrüben

saddle ['sædl] *n* Sattel *m* ♦ *vt* (*burden*): **to ~ sb with sth** jdm etw aufhalsen; **~bag** *n* Satteltasche *f*

sadistic [sə'dɪstɪk] *adj* sadistisch

sadly ['sædlɪ] *adv* traurig; (*unfortunately*) leider

sadness ['sædnəs] *n* Traurigkeit *f*

sae *abbr* (= *stamped addressed envelope*) adressierte(r) Rückumschlag *m*

safe [seɪf] *adj* (*free from danger*) sicher; (*careful*) vorsichtig ♦ *n* Safe *m*; **~ and sound** gesund und wohl; **(just) to be on the ~ side** um ganz sicher zu gehen; **~ from** (*attack*) sicher vor +*dat*; **~-conduct** *n* freie(s) Geleit *nt*; **~-deposit** *n* (*vault*) Tresorraum *m*; (*box*) Banksafe *m*; **~guard** *n* Sicherung *f* ♦ *vt* sichern, schützen; **~keeping** *n* sichere Verwahrung *f*; **~ly** *adv* sicher; (*arrive*) wohlbehalten; **~ sex** *n* (*MED*) geschützter Sex *m*

safety ['seɪftɪ] *n* Sicherheit *f*; **~ belt** *n* Sicherheitsgurt *m*; **~ pin** *n* Sicherheitsnadel *f*; **~ valve** *n* Sicherheitsventil *nt*

sag [sæg] *vi* (durch)sacken

sage [seɪdʒ] *n* (*herb*) Salbei *m*; (*person*) Weise(r) *mf*

Sagittarius [sædʒɪ'tɛərɪəs] *n* Schütze *m*

Sahara [sə'hɑ:rə] *n*: **the ~ (Desert)** die (Wüste) Sahara

said [sed] *pt, pp of* **say**

sail [seɪl] *n* Segel *nt*; (*trip*) Fahrt *f* ♦ *vt* segeln ♦ *vi* segeln; (*begin voyage*: *person*) abfahren; (: *ship*) auslaufen; (*fig*: *cloud etc*) dahinsegeln; **to go for a ~** segeln gehen; **they ~ed into Copenhagen** sie liefen in Kopenhagen ein; **~ through** *vt fus, vi* (*fig*) (es) spielend schaffen; **~boat** (*US*) *n* Segelboot *nt*; **~ing** *n* Segeln *nt*; **~ing ship** *n* Segelschiff *nt*; **~or** *n* Matrose *m*, Seemann *m*

saint [seɪnt] *n* Heilige(r) *mf*; **~ly** *adj* heilig, fromm

sake [seɪk] *n*: **for the ~ of** um +*gen* willen
salad ['sæləd] *n* Salat *m*; **~ bowl** *n* Salatschüssel *f*; **~ cream** (*BRIT*) *n* gewürzte Mayonnaise *f*; **~ dressing** *n* Salatsoße *f*
salami [sə'lɑ:mɪ] *n* Salami *f*
salary ['sælərɪ] *n* Gehalt *nt*
sale [seɪl] *n* Verkauf *m*; (*reduced prices*) Schlußverkauf *m*; **"for ~"** „zu verkaufen"; **on ~** zu verkaufen; **~room** *n* Verkaufsraum *m*; **~s assistant** *n* Verkäufer(in) *m(f)*; **~s clerk** (*US*) *n* Verkäufer(in) *m(f)*; **~sman** (*irreg*) *n* Verkäufer *m*; (*representative*) Vertreter *m*; **~swoman** (*irreg*) *n* Verkäuferin *f*
salient ['seɪlɪənt] *adj* bemerkenswert
saliva [sə'laɪvə] *n* Speichel *m*
sallow ['sæləʊ] *adj* fahl; (*face*) bleich
salmon ['sæmən] *n* Lachs *m*
saloon [sə'lu:n] *n* (*BRIT*: *AUT*) Limousine *f*; (*ship's lounge*) Salon *m*
salt [sɔ:lt] *n* Salz *nt* ♦ *vt* (*cure*) einsalzen; (*flavour*) salzen; **~ away** (*inf*) *vt* (*money*) auf die hohe Kante legen; **~cellar** *n* Salzfaß *nt*; **~-water** *adj* Salzwasser-; **~y** *adj* salzig
salutary ['sæljʊtərɪ] *adj* nützlich
salute [sə'lu:t] *n* (*MIL*) Gruß *m*; (*with guns*) Salutschüsse *pl* ♦ *vt* (*MIL*) salutieren
salvage ['sælvɪdʒ] *n* (*from ship*) Bergung *f*, (*property*) Rettung *f* ♦ *vt* bergen; retten
salvation [sæl'veɪʃən] *n* Rettung *f*; **S~ Army** *n* Heilsarmee *f*
same [seɪm] *adj, pron* (*similar*) gleiche(r, s); (*identical*) derselbe/dieselbe/dasselbe; **the ~ book as** das gleiche Buch wie; **at the ~ time** zur gleichen Zeit, gleichzeitig; (*however*) zugleich, andererseits; **all** *or* **just the ~** trotzdem; **the ~ to you!** gleichfalls!; **to do the ~ (as sb)** das gleiche tun (wie jd)
sample ['sɑ:mpl] *n* Probe *f* ♦ *vt* probieren
sanctify ['sæŋktɪfaɪ] *vt* weihen
sanctimonious [sæŋktɪ'məʊnɪəs] *adj* scheinheilig
sanction ['sæŋkʃən] *n* Sanktion *f*
sanctity ['sæŋktɪtɪ] *n* Heiligkeit *f*; (*fig*) Unverletzlichkeit *f*
sanctuary ['sæŋktjʊərɪ] *n* (*for fugitive*) Asyl *nt*; (*refuge*) Zufluchtsort *m*; (*for animals*) Schutzgebiet *nt*
sand [sænd] *n* Sand *m* ♦ *vt* (*furniture*) schmirgeln
sandal ['sændl] *n* Sandale *f*
sand : **~box** (*US*) *n* = **sandpit**; **~castle** *n* Sandburg *f*; **~ dune** *n* (Sand)düne *f*; **~paper** *n* Sandpapier *nt*; **~pit** *n* Sandkasten *m*; **~stone** *n* Sandstein *m*
sandwich ['sænwɪdʒ] *n* Sandwich *m* *or* nt ♦ *vt* (*also*: *~ in*) einklemmen; **cheese/ham ~** Käse-/Schinkenbrot; **~ed between** eingeklemmt zwischen; **~ board** *n* Reklametafel *f*; **~ course** (*BRIT*) *n* theorie- und praxisabwechselnde(r) Ausbildungsgang
sandy ['sændɪ] *adj* sandig; (*hair*) rotblond
sane [seɪn] *adj* geistig gesund *or* normal; (*sensible*) vernünftig, gescheit
sang [sæŋ] *pt of* **sing**
sanitary ['sænɪtərɪ] *adj* hygienisch; **~ napkin** (*US*) *n* (Monats)binde *f*; **~ towel** *n* (Monats)binde *f*
sanitation [sænɪ'teɪʃən] *n* sanitäre Einrichtungen *pl*; **~ department** (*US*) *n* Stadtreinigung *f*
sanity ['sænɪtɪ] *n* geistige Gesundheit *f*; (*good sense*) Vernunft *f*
sank [sæŋk] *pt of* **sink**
Santa Claus [sæntə'klɔ:z] *n* Nikolaus *m*, Weihnachtsmann *m*
sap [sæp] *n* (*of plants*) Saft *m* ♦ *vt* (*strength*) schwächen
sapling ['sæplɪŋ] *n* junge(r) Baum *m*
sapphire ['sæfaɪə*] *n* Saphir *m*
sarcasm ['sɑ:kæzəm] *n* Sarkasmus *m*
sarcastic [sɑ:'kæstɪk] *adj* sarkastisch
sardine [sɑ:'di:n] *n* Sardine *f*
Sardinia [sɑ:'dɪnɪə] *n* Sardinien *nt*
sardonic [sɑ:'dɒnɪk] *adj* zynisch
sash [sæʃ] *n* Schärpe *f*

sat [sæt] *pt, pp of* **sit**
Satan ['seɪtn] *n* Satan *m*
satchel ['sætʃəl] *n* (*for school*) Schulmappe *f*
sated ['seɪtɪd] *adj* (*appetite, person*) gesättigt
satellite dish *n* Parabolantenne *f*
satellite television *n* Satellitenfernsehen *nt*
satisfaction [sætɪs'fækʃən] *n* Befriedigung *f*, Genugtuung *f*
satisfactory [sætɪs'fæktərɪ] *adj* zufriedenstellend, befriedigend
satisfy ['sætɪsfaɪ] *vt* befriedigen, zufriedenstellen; (*convince*) überzeugen; (*conditions*) erfüllen; **~ing** *adj* befriedigend; (*meal*) sättigend
saturate ['sætʃəreɪt] *vt* (durch)tränken
saturation [sætʃə'reɪʃən] *n* Durchtränkung *f*; (*CHEM, fig*) Sättigung *f*
Saturday ['sætədeɪ] *n* Samstag *m*, Sonnabend *m*
sauce [sɔːs] *n* Soße *f*, Sauce *f*; **~pan** *n* Kasserolle *f*
saucer ['sɔːsə*] *n* Untertasse *f*
saucy ['sɔːsɪ] *adj* frech, keck
Saudi ['saʊdɪ] : **~ Arabia** *n* Saudi-Arabien *nt*; **~ (Arabian)** *adj* saudiarabisch ♦ *n* Saudiaraber(in) *m(f)*
sauna ['sɔːnə] *n* Sauna *f*
saunter ['sɔːntə*] *vi* schlendern
sausage ['sɒsɪdʒ] *n* Wurst *f*; **~ roll** *n* Wurst *f* im Schlafrock, Wurstpastete *f*
sauté ['səʊteɪ] *adj* Röst-
savage ['sævɪdʒ] *adj* wild ♦ *n* Wilde(r) *mf* ♦ *vt* (*animals*) zerfleischen; **~ry** *n* Roheit *f*, Grausamkeit *f*
save [seɪv] *vt* retten; (*money, electricity etc*) sparen; (*strength etc*) aufsparen; (*COMPUT*) speichern ♦ *vi* (*also*: *~ up*) sparen ♦ *n* (*SPORT*) (Ball)abwehr *f* ♦ *prep, conj* außer, ausgenommen
saving ['seɪvɪŋ] *adj*: **the ~ grace of** das Versöhnende an +*dat* ♦ *n* Sparen *nt*, Ersparnis *f*; **~s** *npl* (*money*) Ersparnisse *pl*; **~s account** *n* Sparkonto *nt*; **~s bank** *n* Sparkasse *f*
saviour ['seɪvjə*] (*US* **savior**) *n* (*REL*) Erlöser *m*
savour ['seɪvə*] (*US* **savor**) *vt* (*taste*) schmecken; (*fig*) genießen; **~y** *adj* pikant, würzig
saw [sɔː] (*pt* **sawed**, *pp* **sawed** *or* **sawn**) *pt of* **see** ♦ *n* (*tool*) Säge *f* ♦ *vt, vi* sägen; **~dust** *n* Sägemehl *nt*; **~mill** *n* Sägewerk *nt*; **sawn** [sɔːn] *pp of* **saw**; **~n-off shotgun** *n* Gewehr *nt* mit abgesägtem Lauf
say [seɪ] (*pt, pp* **said**) *n*: **to have a/no ~ in sth** Mitspracherecht/kein Mitspracherecht bei etw haben ♦ *vt, vi* sagen; **let him have his ~** laß ihn doch reden; **to ~ yes/no** ja/nein sagen; **that goes without ~ing** das versteht sich von selbst; **that is to ~** das heißt; **~ing** *n* Sprichwort *nt*
scab [skæb] *n* Schorf *m*; (*pej*) Streikbrecher *m*
scaffold ['skæfəʊld] *n* (*for execution*) Schafott *nt*; **~ing** *n* (Bau)gerüst *nt*
scald [skɔːld] *n* Verbrühung *f* ♦ *vt* (*burn*) verbrühen; (*clean*) (ab)brühen
scale [skeɪl] *n* (*of fish*) Schuppe *f*; (*MUS*) Tonleiter *f*; (*on map, size*) Maßstab *m*; (*gradation*) Skala *f* ♦ *vt* (*climb*) erklimmen; **~s** *npl* (*balance*) Waage *f*; **on a large ~** (*fig*) im großen, in großem Umfang; **~ of charges** Gebührenordnung *f*; **~ down** *vt* verkleinern; **~ model** *n* maßstabgetreue(s) Modell *nt*
scallop ['skɒləp] *n* Kammuschel *f*
scalp [skælp] *n* Kopfhaut *f*
scamper ['skæmpə*] *vi*: **to ~ away** *or* **off** sich davonmachen
scampi ['skæmpɪ] *npl* Scampi *pl*
scan [skæn] *vt* (*examine*) genau prüfen; (*quickly*) überfliegen; (*horizon*) absuchen; (*poetry*) skandieren
scandal ['skændl] *n* Skandal *m*; (*piece of gossip*) Skandalgeschichte *f*
Scandinavia [skændɪ'neɪvɪə] *n* Skandinavien *nt*; **~n** *adj* skandinavisch ♦ *n* Skandinavier(in) *m(f)*
scant [skænt] *adj* knapp; **~ily** *adv*

knapp, dürftig; **~y** *adj* knapp, unzureichend

scapegoat ['skeɪpgəʊt] *n* Sündenbock *m*

scar [skɑ:*] *n* Narbe *f* ♦ *vt* durch Narben entstellen

scarce ['skɛəs] *adj* selten, rar; (*goods*) knapp; **~ly** *adv* kaum

scarcity ['skɛəsɪtɪ] *n* Mangel *m*

scare ['skɛə*] *n* Schrecken *m* ♦ *vt* erschrecken; **bomb ~** Bombendrohung *f*; **to ~ sb stiff** jdn zu Tode erschrecken; **to be ~d** Angst haben; **~crow** *n* Vogelscheuche *f*

scarf [skɑ:f] (*pl* **scarves**) *n* Schal *m*; (*head~*) Kopftuch *nt*

scarlet ['skɑ:lət] *adj* scharlachrot ♦ *n* Scharlachrot *nt*; **~ fever** *n* Scharlach *m*

scarves [skɑ:vz] *npl of* **scarf**

scary ['skɛərɪ] (*inf*) *adj* schaurig

scathing ['skeɪðɪŋ] *adj* scharf, vernichtend

scatter ['skætə*] *vt* (*sprinkle*) (ver)streuen; (*disperse*) zerstreuen ♦ *vi* sich zerstreuen; **~brained** *adj* flatterhaft, schusselig

scavenger ['skævɪndʒə*] *n* (*animal*) Aasfresser *m*

scenario [sɪ'nɑ:rɪəʊ] *n* (*THEAT, CINE*) Szenarium *nt*; (*fig*) Szenario *nt*

scene [si:n] *n* (*of happening*) Ort *m*; (*of play, incident*) Szene *f*; (*view*) Anblick *m*, (*argument*) Szene *f*, Auftritt *m*; **~ry** ['si:nərɪ] *n* (*THEAT*) Bühnenbild *nt*; (*landscape*) Landschaft *f*

scenic ['si:nɪk] *adj* landschaftlich

scent [sent] *n* Parfüm *nt*; (*smell*) Duft *m* ♦ *vt* parfümieren

sceptical ['skeptɪkəl] (*US* **skeptical**) *adj* skeptisch

schedule ['ʃedju:l, (*US*) 'skedju:l] *n* (*list*) Liste *f*; (*plan*) Programm *nt*; (*of work*) Zeitplan *m* ♦ *vt* planen; **on ~** pünktlich; **to be ahead of/behind ~** dem Zeitplan voraus/im Rückstand sein; **~d flight** *n* (*not charter*) Linienflug *m*

scheme [ski:m] *n* Schema *nt*; (*dishonest*) Intrige *f*; (*plan of action*) Plan *m* ♦ *vi* intrigieren ♦ *vt* planen

scheming ['ski:mɪŋ] *adj* intrigierend

scholar ['skɒlə*] *n* Gelehrte(r) *m*; (*holding ~ship*) Stipendiat *m*; **~ly** *adj* gelehrt; **~ship** *n* Gelehrsamkeit *f*; (*grant*) Stipendium *nt*

school [sku:l] *n* Schule *f*; (*UNIV*) Fakultät *f* ♦ *vt* schulen; (*dog*) trainieren; **~ age** *n* schulpflichtige(s) Alter *nt*; **~book** *n* Schulbuch *nt*; **~boy** *n* Schüler *m*; **~children** *npl* Schüler *pl*, Schulkinder *pl*; **~days** *npl* (alte) Schulzeit *f*; **~girl** *n* Schülerin *f*; **~ing** *n* Schulung *f*, Ausbildung *f*; **~master** *n* Lehrer *m*; **~mistress** *n* Lehrerin *f*; **~teacher** *n* Lehrer(in) *m(f)*

sciatica [saɪ'ætɪkə] *n* Ischias *m or* nt

science ['saɪəns] *n* Wissenschaft *f*; (*natural ~*) Naturwissenschaft *f*

scientific [saɪən'tɪfɪk] *adj* wissenschaftlich; (*natural sciences*) naturwissenschaftlich

scientist ['saɪəntɪst] *n* Wissenschaftler(in) *m(f)*

scintillating ['sɪntɪleɪtɪŋ] *adj* sprühend

scissors ['sɪzəz] *npl* Schere *f*; **a pair of ~** eine Schere

scoff [skɒf] *vt* (*BRIT*: *inf*: *eat*) fressen ♦ *vi* (*mock*): **to ~ (at)** spotten (über +*acc*)

scold [skəʊld] *vt* schimpfen

scone [skɒn] *n* weiche(s) Teegebäck *nt*

scoop [sku:p] *n* Schaufel *f*; (*news*) sensationelle Erstmeldung *f*; **~ out** *vt* herausschaufeln; (*liquid*) herausschöpfen; **~ up** *vt* aufschaufeln; (*liquid*) aufschöpfen

scooter ['sku:tə*] *n* Motorroller *m*; (*child's*) Roller *m*

scope [skəʊp] *n* Ausmaß *nt*; (*opportunity*) (Spiel)raum *m*

scorch [skɔ:tʃ] *n* Brandstelle *f* ♦ *vt* versengen; **~ing** *adj* brennend

score [skɔ:*] *n* (*in game*) Punktzahl *f*; (*final ~*) (Spiel)ergebnis *nt*; (*MUS*) Partitur *f*; (*line*) Kratzer *m*; (*twenty*) zwanzig, zwanzig Stück ♦ *vt* (*goal*) schießen; (*points*) machen; (*mark*) einritzen ♦ *vi* (*keep record*) Punkte zählen; **on that** ~ in dieser Hinsicht; **what's the ~?** wie steht's?; **to ~ 6 out of 10** 6 von 10 Punkten erzielen; ~ **out** *vt* ausstreichen; **~board** *n* Anschreibetafel *f*; **~r** *n* Torschütze *m*; (*recorder*) (Auf)schreiber *m*

scorn ['skɔ:n] *n* Verachtung *f* ♦ *vt* verhöhnen; **~ful** *adj* verächtlich

Scorpio ['skɔ:pɪəʊ] *n* Skorpion *m*

Scot [skɒt] *n* Schotte *m*, Schottin *f*

Scotch [skɒtʃ] *n* Scotch *m*

scotch *vt* (*end*) unterbinden

scot-free ['skɒt'fri:] *adv*: **to get off** ~ (*unpunished*) ungeschoren davonkommen

Scotland ['skɒtlənd] *n* Schottland *nt*

Scots [skɒts] *adj* schottisch; **~man/woman** (*irreg*) *n* Schotte *m*/Schottin *f*

Scottish ['skɒtɪʃ] *adj* schottisch

scoundrel ['skaʊndrəl] *n* Schuft *m*

scour ['skaʊə*] *vt* (*search*) absuchen; (*clean*) schrubben

scourge [skɜ:dʒ] *n* (*whip*) Geißel *f*; (*plague*) Qual *f*

scout [skaʊt] *n* (*MIL*) Späher *m*; (*also: boy* ~) Pfadfinder *m*; ~ **around** *vi*: **to ~ around (for)** sich umsehen (nach)

scowl [skaʊl] *n* finstere(r) Blick *m* ♦ *vi* finster blicken

scrabble ['skræbl] (*also: ~ around: search*) (herum)tasten ♦ *vi*; (*claw*): **to ~ (at)** kratzen (an +*dat*) ♦ *n*: **S~** (®) Scrabble *nt* (®)

scraggy ['skrægɪ] *adj* dürr, hager

scram [skræm] (*inf*) *vi* abhauen

scramble ['skræmbl] *n* (*climb*) Kletterei *f*; (*struggle*) Kampf *m* ♦ *vi* klettern; (*fight*) sich schlagen; **to ~ out/through** krabbeln aus/durch; **to ~ for sth** sich um etw raufen; **~d eggs** *npl* Rührei *nt*

scrap [skræp] *n* (*bit*) Stückchen *nt*; (*fight*) Keilerei *f*; (*also: ~ iron*) Schrott *m* ♦ *vt* verwerfen ♦ *vi* (*fight*) streiten, sich prügeln; **~s** *npl* (*leftovers*) Reste *pl*; (*waste*) Abfall *m*; **~book** *n* Einklebealbum *nt*; ~ **dealer** *n* Schrotthändler(in) *m(f)*

scrape [skreɪp] *n* Kratzen *nt*; (*trouble*) Klemme *f* ♦ *vt* kratzen; (*car*) zerkratzen; (*clean*) abkratzen ♦ *vi* (*make harsh noise*) kratzen; **to ~ through** gerade noch durchkommen; **~r** *n* Kratzer *m*

scrap: ~ **heap** *n* Schrotthaufen *m*; **on the ~ heap** (*fig*) beim alten Eisen; ~ **iron** *n* Schrott *m*; ~ **merchant** (*BRIT*) *n* Altwarenhändler(in) *m(f)*

scrappy ['skræpɪ] *adj* zusammengestoppelt

scratch [skrætʃ] *n* (*wound*) Kratzer *m*, Schramme *f* ♦ *adj*: ~ **team** zusammengewürfelte Mannschaft ♦ *vt* kratzen; (*car*) zerkratzen ♦ *vi* (sich) kratzen; **to start from** ~ ganz von vorne anfangen; **to be up to** ~ den Anforderungen entsprechen

scrawl [skrɔ:l] *n* Gekritzel *nt* ♦ *vt, vi* kritzeln

scrawny ['skrɔ:nɪ] *adj* (*person, neck*) dürr

scream [skri:m] *n* Schrei *m* ♦ *vi* schreien

scree [skri:] *n* Geröll(halde *f*) *nt*

screech [skri:tʃ] *n* Schrei *m* ♦ *vi* kreischen

screen [skri:n] *n* (*protective*) Schutzschirm *m*; (*CINE*) Leinwand *f*; (*TV*) Bildschirm *m* ♦ *vt* (*shelter*) (be)schirmen; (*film*) zeigen, vorführen; **~ing** *n* (*MED*) Untersuchung *f*; **~play** *n* Drehbuch *nt*

screw [skru:] *n* Schraube *f* ♦ *vt* (*fasten*) schrauben; (*vulgar*) bumsen; ~ **up** *vt* (*paper etc*) zerknüllen; (*inf: ruin*) vermasseln (*inf*); **~driver** *n* Schraubenzieher *m*

scribble ['skrɪbl] *n* Gekritzel *nt* ♦ *vt* kritzeln

script [skrɪpt] *n* (*handwriting*) Handschrift *f*; (*for film*) Drehbuch *nt*; (*THEAT*) Manuskript *nt*, Text *m*

Scripture ['skrɪptʃə*] *n* Heilige Schrift *f*

scroll [skrəʊl] *n* Schriftrolle *f*
scrounge [skraʊndʒ] (*inf*) *vt*: **to ~ sth off** *or* **from sb** etw bei jdm abstauben ♦ *n*: **on the ~** beim Schnorren
scrub [skrʌb] *n* (*clean*) Schrubben *nt*; (*in countryside*) Gestrüpp *nt* ♦ *vt* (*clean*) schrubben; (*reject*) fallenlassen
scruff [skrʌf] *n*: **by the ~ of the neck** am Genick
scruffy ['skrʌfɪ] *adj* unordentlich, vergammelt
scrum(mage) ['skrʌm(ɪdʒ)] *n* Getümmel *nt*
scruple ['skru:pl] *n* Skrupel *m*, Bedenken *nt*
scrupulous ['skru:pjʊləs] *adj* peinlich genau, gewissenhaft
scrutinize ['skru:tɪnaɪz] *vt* genau prüfen
scrutiny ['skru:tɪnɪ] *n* genaue Untersuchung *f*
scuff [skʌf] *vt* (*shoes*) abstoßen
scuffle ['skʌfl] *n* Handgemenge *nt*
scullery ['skʌlərɪ] *n* Spülküche *f*
sculptor ['skʌlptə*] *n* Bildhauer(in) *m(f)*
sculpture ['skʌlptʃə*] *n* (*ART*) Bildhauerei *f*; (*statue*) Skulptur *f*
scum [skʌm] *n* (*also fig*) Abschaum *m*
scupper ['skʌpə*] *vt* (*NAUT*) versenken; (*fig*) zerstören
scurrilous ['skʌrɪləs] *adj* unflätig
scurry ['skʌrɪ] *vi* huschen
scuttle ['skʌtl] *n* (*also: coal ~*) Kohleneimer *m* ♦ *vt* (*ship*) versenken ♦ *vi* (*scamper*): **to ~ away** *or* **off** sich davonmachen
scythe [saɪð] *n* Sense *f*
SDP (*BRIT*) *n abbr* = **Social Democratic Party**
sea [si:] *n* Meer *nt*, See *f*; (*fig*) Meer *nt* ♦ *adj* Meeres-, See-; **by ~** (*travel*) auf dem Seeweg; **on the ~** (*boat*) auf dem Meer; (*town*) am Meer; **out to ~** aufs Meer hinaus; **out at ~** aufs Meer; **to be all at ~** (*fig*) nicht durchblicken; **~board** *n* Küste *f*; **~food** *n* Meeresfrüchte *pl*; **~ front** *n* Strandpromenade *f*; **~going** *adj* seetüchtig, Hochsee-; **~gull** *n* Möwe *f*
seal [si:l] *n* (*animal*) Robbe *f*, Seehund *m*; (*stamp, impression*) Siegel *nt* ♦ *vt* versiegeln
sea level *n* Meeresspiegel *m*
sea lion *n* Seelöwe *m*
seam [si:m] *n* Saum *m*; (*edges joining*) Naht *f*; (*of coal*) Flöz *nt*
seaman ['si:mən] (*irreg*) *n* Seemann *m*
seamy ['si:mɪ] *adj* (*people, café*) zwielichtig; (*life*) anrüchig
seaplane ['si:pleɪn] *n* Wasserflugzeug *nt*
seaport ['si:pɔ:t] *n* Seehafen *m*
search [sɜ:tʃ] *n* (*for person, thing*) Suche *f*; (*of drawer, pockets, house*) Durchsuchung *f* ♦ *vi* suchen ♦ *vt* durchsuchen; **in ~ of** auf der Suche nach; **to ~ for** suchen nach; **~ through** *vt* durchsuchen; **~ing** *adj* (*look*) forschend; **~light** *n* Scheinwerfer *m*; **~ party** *n* Suchmannschaft *f*; **~ warrant** *n* Durchsuchungsbefehl *m*
seashore ['si:ʃɔ:*] *n* Meeresküste *f*
seasick ['si:sɪk] *adj* seekrank; **~ness** *n* Seekrankheit *f*
seaside ['si:saɪd] *n* Küste *f*; **~ resort** *n* Badeort *m*
season ['si:zn] *n* Jahreszeit *f*; (*Christmas etc*) Zeit *f*, Saison *f* ♦ *vt* (*flavour*) würzen; **~al** *adj* Saison-; **~ed** *adj* (*fig*) erfahren; **~ing** *n* Gewürz *nt*, Würze *f*; **~ ticket** *n* (*RAIL*) Zeitkarte *f*; (*THEAT*) Abonnement *nt*
seat [si:t] *n* Sitz *m*, Platz *m*; (*in Parliament*) Sitz *m*; (*part of body*) Gesäß *nt*; (*of trousers*) Hosenboden *m* ♦ *vt* (*place*) setzen; (*have space for*) Sitzplätze bieten für; **to be ~ed** sitzen; **~ belt** *n* Sicherheitsgurt *m*
sea water *n* Meerwasser *nt*
seaweed ['si:wi:d] *n* (See)tang *m*
seaworthy ['si:wɜ:ðɪ] *adj* seetüchtig
sec. *abbr* (= *second(s)*) Sek.
secluded [sɪ'klu:dɪd] *adj* abgelegen
seclusion [sɪ'klu:ʒən] *n* Zurückgezogenheit *f*
second ['sekənd] *adj* zweite(r,s) ♦

adv (*in ~ position*) an zweiter Stelle ♦ *n* Sekunde *f*; (*person*) Zweite(r) *mf*; (*COMM*: *imperfect*) zweite Wahl *f*; (*SPORT*) Sekundant *m*; (*AUT*: *also*: *~ gear*) zweite(r) Gang *m*; (*BRIT*: *UNIV*: *degree*) *mittlere Note bei Abschlußprüfungen* ♦ *vt* (*support*) unterstützen; **~ary** *adj* zweitrangig; **~ary school** *n* höhere Schule *f*, Mittelschule *f*; **~-class** *adj* zweiter Klasse; **~hand** *adj* aus zweiter Hand; (*car etc*) gebraucht; **~ hand** *n* (*on clock*) Sekundenzeiger *m*; **~ly** *adv* zweitens; **~ment** [sɪ'kɒndmənt] (*BRIT*) *n* Abordnung *f*; **~-rate** *adj* mittelmäßig; **~ thoughts** *npl*: **to have ~ thoughts** es sich *dat* anders überlegen; **on ~ thoughts** *(BRIT) or* **thought** *(US)* oder lieber (nicht)

secrecy ['si:krəsɪ] *n* Geheimhaltung *f*

secret ['si:krət] *n* Geheimnis *nt* ♦ *adj* geheim, Geheim-; **in ~** geheim

secretarial [sekrə'tɛərɪəl] *adj* Sekretärinnen-

secretary ['sekrətrɪ] *n* Sekretär(in) *m(f)*

Secretary of State (*BRIT*) *n* (*POL*): **~ (for)** Minister(in) *m(f)* (für)

secretion [sɪ'kri:ʃən] *n* Absonderung *f*

secretive ['si:krətɪv] *adj* geheimtuerisch

secretly *adv* geheim

sectarian [sek'tɛərɪən] *adj* (*riots etc*) Konfessions-, zwischen den Konfessionen

section ['sekʃən] *n* Teil *m*; (*department*) Abteilung *f*; (*of document*) Abschnitt *m*

sector ['sektə*] *n* Sektor *m*

secular ['sekjʊlə*] *adj* weltlich, profan

secure [sɪ'kjʊə*] *adj* (*safe*) sicher; (*firmly fixed*) fest ♦ *vt* (*make firm*) befestigen, sichern; (*obtain*) sichern

security [sɪ'kjʊərɪtɪ] *n* Sicherheit *f*; (*pledge*) Pfand *nt*; (*document*) Wertpapier *nt*; (*national ~*) Staatssicherheit *f*

sedan [sɪ'dæn] (*US*) *n* (*AUT*) Limousine *f*

sedate [sɪ'deɪt] *adj* gesetzt ♦ *vt* (*MED*) ein Beruhigungsmittel geben +*dat*

sedation [sɪ'deɪʃən] *n* (*MED*) Einfluß *m* von Beruhigungsmitteln

sedative ['sedətɪv] *n* Beruhigungsmittel *nt* ♦ *adj* beruhigend, einschläfernd

sedentary ['sedntrɪ] *adj* (*job*) sitzend

sediment ['sedɪmənt] *n* (Boden)satz *m*

sedition [sə'dɪʃən] *n* Aufwiegelung *f*

seduce [sɪ'dju:s] *vt* verführen

seduction [sɪ'dʌkʃən] *n* Verführung *f*

seductive [sɪ'dʌktɪv] *adj* verführerisch

see [si:] (*pt* **saw**, *pp* **seen**) *vt* sehen; (*understand*) (ein)sehen, erkennen; (*visit*) besuchen ♦ *vi* (*be aware*) sehen; (*find out*) nachsehen ♦ *n* (*ECCL*: *R.C.*) Bistum *nt*; (: *Protestant*) Kirchenkreis *m*; **to ~ sb to the door** jdn hinausbegleiten; **to ~ that** (*ensure*) dafür sorgen, daß; **~ you soon!** bis bald!; **~ about** *vt fus* sich kümmern um; **~ off** *vt*: **to ~ sb off** jdn zum Zug *etc* begleiten; **~ through** *vt*: **to ~ sth through** etw durchfechten: **to ~ through sb/sth** jdn/etw durchschauen; **~ to** *vt fus*: **to ~ to it** dafür sorgen

seed [si:d] *n* Samen *m* ♦ *vt* (*TENNIS*) plazieren; **to go to ~** (*plant*) schießen; (*fig*) herunterkommen; **~ling** *n* Setzling *m*; **~y** *adj* (*café*) übel; (*person*) zweifelhaft

seeing ['si:ɪŋ] *conj*: **~ (that)** da

seek [si:k] (*pt, pp* **sought**) *vt* suchen

seem [si:m] *vi* scheinen; **it ~s that ...** es scheint, daß ...; **~ingly** *adv* anscheinend

seen [si:n] *pp of* **see**

seep [si:p] *vi* sickern

seesaw ['si:sɔ:] *n* Wippe *f*

seethe [si:ð] *vi*: **to ~ with anger** vor Wut kochen

see-through ['si:θru:] *adj* (*dress etc*)

durchsichtig

segment ['segmənt] *n* Teil *m*; (*of circle*) Ausschnitt *m*

segregate ['segrɪgeɪt] *vt* trennen

seize [si:z] *vt* (*grasp*) (er)greifen, packen; (*power*) ergreifen; (*take legally*) beschlagnahmen; ~ **(up)on** *vt fus* sich stürzen auf +*acc*; ~ **up** *vi* (*TECH*) sich festfressen

seizure ['si:ʒə*] *n* (*illness*) Anfall *m*

seldom ['seldəm] *adv* selten

select [sɪ'lekt] *adj* ausgewählt ♦ *vt* auswählen; ~**ion** [sɪ'lekʃən] *n* Auswahl *f*; ~**ive** *adj* (*person*) wählerisch

self [self] (*pl* **selves**) *pron* selbst ♦ *n* Selbst *nt*, Ich *nt*; **the** ~ das Ich; ~**-assured** *adj* selbstbewußt; ~**-catering** (*BRIT*) *adj* für Selbstversorger; ~**-centred** (*US* **self-centered**) *adj* egozentrisch; ~**-coloured** (*US* **self-colored**) *adj* (*of one colour*) einfarbig, uni; ~**-confidence** *n* Selbstvertrauen *nt*, Selbstbewußtsein *nt*; ~**-conscious** *adj* gehemmt, befangen; ~**-contained** *adj* (*complete*) (in sich) geschlossen; (*person*) verschlossen; (*BRIT*: *flat*) separat; ~**-control** *n* Selbstbeherrschung *f*; ~**-defence** (*US* **self-defense**) *n* Selbstverteidigung *f*; (*JUR*) Notwehr *f*; ~**-discipline** *n* Selbstdisziplin *f*; ~**-employed** *adj* frei(schaffend); ~**-evident** *adj* offensichtlich; ~**-governing** *adj* selbstverwaltet; ~**-indulgent** *adj* zügellos; ~**-interest** *n* Eigennutz *m*; ~**ish** *adj* egoistisch, selbstsüchtig; ~**ishness** *n* Egoismus *m*, Selbstsucht *f*; ~**lessly** *adv* selbstlos; ~**-made** *adj*: ~**-made man** Selfmademan *m*; ~**-pity** *n* Selbstmitleid *nt*; ~**-portrait** *n* Selbstbildnis *nt*; ~**-possessed** *adj* selbstbeherrscht; ~**-preservation** *n* Selbsterhaltung *f*; ~**-reliant** *adj* unabhängig; ~**-respect** *n* Selbstachtung *f*; ~**-righteous** *adj* selbstgerecht; ~**-sacrifice** *n* Selbstaufopferung *f*; ~**-satisfied** *adj* selbstzufrieden; ~**-service** *adj* Selbstbedienungs-; ~**-sufficient** *adj* selbstgenügsam; ~**-taught** *adj* selbsterlernt; ~**-taught person** Autodidakt *m*

sell [sel] (*pt, pp* **sold**) *vt* verkaufen ♦ *vi* verkaufen; (*goods*) sich verkaufen; **to** ~ **at** *or* **for £10** für £10 verkaufen; ~ **off** *vt* verkaufen; ~ **out** *vi* alles verkaufen; ~**-by date** *n* Verfalldatum *nt*; ~**er** *n* Verkäufer *m*; ~**ing price** *n* Verkaufspreis *m*

Sellotape ['seləʊteɪp] (®; *BRIT*) *n* Tesafilm *m* (®)

sellout ['selaʊt] *n* (*of tickets*): **it was a** ~ es war ausverkauft

selves [selvz] *npl of* **self**

semaphore ['seməfɔ:*] *n* Winkzeichen *pl*

semblance ['sembləns] *n* Anschein *m*

semen ['si:mən] *n* Sperma *nt*

semester [sɪ'mestə*] (*US*) *n* Semester *nt*

semi ['semɪ] *n* = **semidetached house**; ~**circle** *n* Halbkreis *m*; ~**colon** *n* Semikolon *nt*; ~**conductor** *n* Halbleiter *m*; ~**detached house** (*BRIT*) *n* halbe(s) Doppelhaus *nt*; ~**final** *n* Halbfinale *nt*

seminary ['semɪnərɪ] *n* (*REL*) Priesterseminar *nt*

semiskilled ['semɪ'skɪld] *adj* angelernt

senate ['senɪt] *n* Senat *m*; **senator** *n* Senator *m*

send [send] (*pt, pp* **sent**) *vt* senden, schicken; (*inf*: *inspire*) hinreißen, ~ **away** *vt* wegschicken; ~ **away for** *vt fus* anfordern; ~ **back** *vt* zurückschicken; ~ **for** *vt fus* holen lassen; ~ **off** *vt* (*goods*) abschicken; (*BRIT*: *SPORT*: *player*) vom Feld schicken; ~ **out** *vt* (*invitation*) aussenden; ~ **up** *vt* hinaufsenden; (*BRIT*: *parody*) verulken; ~**er** *n* Absender *m*; ~**-off** *n*: **to give sb a good** ~**-off** jdn (ganz) groß verabschieden

senior ['si:nɪə*] *adj* (*older*) älter; (*higher rank*) Ober- ♦ *n* (*older person*) Ältere(r) *mf*; (*higher ranking*) Rangälteste(r) *mf*; ~ **citizen** *n* ältere(r) Mitbürger(in) *m(f)*; ~**ity** [si:nɪ'ɒrɪtɪ] *n* (*of age*) höhere(s) Alter *nt*; (*in rank*) höhere(r) Dienstgrad *m*

sensation [sen'seɪʃən] *n* Gefühl *nt*; (*excitement*) Sensation *f*, Aufsehen *nt*

sense [sens] *n* Sinn *m*; (*understanding*) Verstand *m*, Vernunft *f*; (*feeling*) Gefühl *nt* ♦ *vt* fühlen, spüren; ~ **of humour** Humor *m*; **to make** ~ Sinn ergeben; **~less** *adj* sinnlos; (*unconscious*) besinnungslos

sensibility [sensɪ'bɪlɪtɪ] *n* Empfindsamkeit *f*; (*feeling hurt*) Empfindlichkeit *f*; **sensibilities** *npl* (*feelings*) Zartgefühl *nt*

sensible ['sensəbl] *adj* vernünftig

sensitive ['sensɪtɪv] *adj*: ~ **(to)** empfindlich (gegen)

sensitivity [sensɪ'tɪvɪtɪ] *n* Empfindlichkeit *f*; (*artistic*) Feingefühl *nt*; (*tact*) Feinfühligkeit *f*

sensual ['sensjʊəl] *adj* sinnlich

sensuous ['sensjʊəs] *adj* sinnlich

sent [sent] *pt, pp of* **send**

sentence ['sentəns] *n* Satz *m*; (*JUR*) Strafe *f*; Urteil nt ♦ *vt*: **to ~ sb to death/to 5 years** jdn zum Tode/zu 5 Jahren verurteilen

sentiment ['sentɪmənt] *n* Gefühl *nt*; (*thought*) Gedanke *m*; **~al** [sentɪ'mentl] *adj* sentimental; (*of feelings rather than reason*) gefühlsmäßig

sentry ['sentrɪ] *n* (Schild)wache *f*

separate [*adj* 'seprət, *vb* 'sepəreɪt] *adj* getrennt, separat ♦ *vt* trennen ♦ *vi* sich trennen; **~ly** *adv* getrennt; **~s** *npl* (*clothes*) Röcke, Pullover *etc*

separation [sepə'reɪʃən] *n* Trennung *f*

September [sep'tembə*] *n* September *m*

septic ['septɪk] *adj* vereitert, septisch; ~ **tank** *n* Klärbehälter *m*

sequel ['si:kwəl] *n* Folge *f*

sequence ['si:kwəns] *n* (Reihen)folge *f*

sequin ['si:kwɪn] *n* Paillette *f*

Serbia ['sɜ:bɪə] *n* Serbien *nt*

serene [sə'ri:n] *adj* heiter

serenity [sɪ'renɪtɪ] *n* Heiterkeit *f*

sergeant ['sɑ:dʒənt] *n* Feldwebel *m*; (*POLICE*) (Polizei)wachtmeister *m*

serial ['sɪərɪəl] *n* Fortsetzungsroman *m*; (*TV*) Fernsehserie *f* ♦ *adj* (*number*) (fort)laufend; **~ize** *vt* in Fortsetzungen veröffentlichen; in Fortsetzungen senden

series ['sɪərɪz] *n inv* Serie *f*, Reihe *f*

serious ['sɪərɪəs] *adj* ernst; (*injury*) schwer; **~ly** *adv* ernst(haft); (*hurt*) schwer; **~ness** *n* Ernst *m*, Ernsthaftigkeit *f*

sermon ['sɜ:mən] *n* Predigt *f*

serrated [se'reɪtɪd] *adj* gezackt

servant ['sɜ:vənt] *n* Diener(in) *m(f)*

serve [sɜ:v] *vt* dienen +*dat*; (*guest, customer*) bedienen; (*food*) servieren ♦ *vi* dienen, nützen; (*at table*) servieren; (*TENNIS*) geben, aufschlagen; **it ~s him right** das geschieht ihm recht; **that'll ~ as a table** das geht als Tisch; **to ~ a summons (on sb)** (jdn) vor Gericht laden; ~ **out** *or* **up** *vt* (*food*) auftragen, servieren

service ['sɜ:vɪs] *n* (*help*) Dienst *m*; (*trains etc*) Verbindung *f*; (*hotel*) Service *m*, Bedienung *f*; (*set of dishes*) Service *nt*; (*REL*) Gottesdienst *m*; (*car*) Inspektion *f*; (*for TVs etc*) Kundendienst *m*; (*TENNIS*) Aufschlag *m* ♦ *vt* (*AUT, TECH*) warten, überholen; **the S~s** *npl* (*armed forces*) die Streitkräfte *pl*; **to be of ~ to sb** jdm einen großen Dienst erweisen; **~able** *adj* brauchbar; ~ **area** *n* (*on motorway*) Raststätte *f*; ~ **charge** (*BRIT*) *n* Bedienung *f*; **~man** (*irreg*) *n* (*soldier etc*) Soldat *m*; ~ **station** *n* (Groß)tankstelle *f*

serviette [sɜ:vɪ'et] *n* Serviette *f*

servile ['sɜ:vaɪl] *adj* unterwürfig

session ['seʃən] *n* Sitzung *f*; (*POL*) Sitzungsperiode *f*; **to be in** ~ tagen

set [set] (*pt, pp* **set**) *n* (*collection of things*) Satz *m*, Set *nt*; (*RADIO, TV*) Apparat *m*; (*TENNIS*) Satz *m*; (*group of people*) Kreis *m*; (*CINE*) Szene *f*; (*THEAT*) Bühnenbild *nt* ♦ *adj* festgelegt; (*ready*) bereit ♦ *vt* (*place*) setzen, stellen, legen; (*arrange*) (an)ordnen;

(*table*) decken; (*time, price*) festsetzen; (*alarm, watch, task*) stellen; (*jewels*) (ein)fassen; (*exam*) ausarbeiten ♦ *vi* (*sun*) untergehen; (*become hard*) fest werden; (*bone*) zusammenwachsen; **to be ~ on doing sth** etw unbedingt tun wollen; **to ~ to music** vertonen; **to ~ on fire** anstecken; **to ~ free** freilassen; **to ~ sth going** etw in Gang bringen; **to ~ sail** losfahren; **~ about** *vt fus* (*task*) anpacken; **~ aside** *vt* beiseitelegen; **~ back** *vt*: **to ~ back (by)** zurückwerfen (um); **~ off** *vi* aufbrechen ♦ *vt* (*explode*) sprengen; (*alarm*) losgehen lassen; (*show up well*) hervorheben; **~ out** *vi*: **to ~ out to do sth** vorhaben, etw zu tun (*arrange*) anlegen, arrangieren; (*state*) darlegen; **~ up** *vt* (*organization*) aufziehen; (*record*) aufstellen; (*monument*) erstellen; **~back** *n* Rückschlag *m*; **~ menu** *n* Tageskarte *f*

settee [se'ti:] *n* Sofa *nt*

setting ['setɪŋ] *n* Hintergrund *m*

settle ['setl] *vt* beruhigen; (*pay*) begleichen, bezahlen; (*agree*) regeln ♦ *vi* sich einleben; (*come to rest*) sich niederlassen; (*sink*) sich setzen; (*calm down*) sich beruhigen; **to ~ for sth** sich mit etw zufriedengeben; **to ~ on sth** sich für etw entscheiden; **to ~ up with sb** mit jdm abrechnen; **~ down** *vi* (*feel at home*) sich einleben; (*calm down*) sich beruhigen; **~ in** *vi* sich eingewöhnen; **~ment** *n* Regelung *f*; (*payment*) Begleichung *f*; (*colony*) Siedlung *f*; **~r** *n* Siedler *m*

setup ['setʌp] *n* (*situation*) Lage *f*

seven ['sevn] *num* sieben; **~teen** *num* siebzehn; **~th** *adj* siebte(r, s) ♦ *n* Siebtel *nt*; **~ty** *num* siebzig

sever ['sevə*] *vt* abtrennen

several ['sevrəl] *adj* mehrere, verschiedene ♦ *pron* mehrere; **~ of us** einige von uns

severance ['sevərəns] *n*: **~ pay** Abfindung *f*

severe [sɪ'vɪə*] *adj* (*strict*) streng; (*serious*) schwer; (*climate*) rauh

severity [sɪ'verɪtɪ] *n* Strenge *f*; Schwere *f*; Rauheit *f*

sew [səʊ] (*pt* **sewed**, *pp* **sewn**) *vt*, *vi* nähen; **~ up** *vt* zunähen

sewage ['sju:ɪdʒ] *n* Abwässer *pl*

sewer ['sjʊə*] *n* (Abwasser)kanal *m*

sewing ['səʊɪŋ] *n* Näharbeit *f*; **~ machine** *n* Nähmaschine *f*

sewn [səʊn] *pp of* **sew**

sex [seks] *n* Sex *m*; (*gender*) Geschlecht *nt*; **to have ~ with sb** mit jdm Geschlechtsverkehr haben; **~ist** *adj* sexistisch ♦ *n* Sexist(in) *m(f)*

sexual ['seksjʊəl] *adj* sexuell, geschlechtlich, Geschlechts-

sexy ['seksɪ] *adj* sexy

shabby ['ʃæbɪ] *adj* (*also fig*) schäbig

shack [ʃæk] *n* Hütte *f*

shackles ['ʃæklz] *npl* (*also fig*) Fesseln *pl*, Ketten *pl*

shade [ʃeɪd] *n* Schatten *m*; (*for lamp*) Lampenschirm *m*; (*colour*) Farbton *m* ♦ *vt* abschirmen; **in the ~** im Schatten; **a ~ smaller** ein bißchen kleiner

shadow ['ʃædəʊ] *n* Schatten *m* ♦ *vt* (*follow*) beschatten ♦ *adj*: **~ cabinet** (*BRIT: POL*) Schattenkabinett *nt*; **~y** *adj* schattig

shady ['ʃeɪdɪ] *adj* schattig; (*fig*) zwielichtig

shaft [ʃɑ:ft] *n* (*of spear etc*) Schaft *m*; (*in mine*) Schacht *m*; (*TECH*) Welle *f*; (*of light*) Strahl *m*

shaggy ['ʃægɪ] *adj* struppig

shake [ʃeɪk] (*pt* **shook**, *pp* **shaken**) *vt* schütteln, rütteln; (*shock*) erschüttern ♦ *vi* (*move*) schwanken; (*tremble*) zittern, beben ♦ *n* (*jerk*) Schütteln *nt*, Rütteln *nt*; **to ~ hands with** die Hand geben +*dat*; **to ~ one's head** den Kopf schütteln; **~ off** *vt* abschütteln; **~ up** *vt* aufschütteln; (*fig*) aufrütteln; **shaken** ['ʃeɪkn] *pp of* **shake**

shaky ['ʃeɪkɪ] *adj* zittrig; (*weak*) unsicher

shall [ʃæl] *vb aux*: **I ~ go** ich werde gehen; **~ I open the door?** soll ich die Tür öffnen?; **I'll buy some cake, ~ I?** soll ich Kuchen kaufen?, ich kaufe Kuchen, oder?

shallow ['ʃæləʊ] *adj* seicht

sham [ʃæm] *n* Schein *m* ♦ *adj* unecht, falsch

shambles ['ʃæmblz] *n* Durcheinander *nt*

shame [ʃeɪm] *n* Scham *f*; (*disgrace, pity*) Schande *f* ♦ *vt* beschämen; **it is a ~ that** es ist schade, daß; **it is a ~ to do ...** es ist eine Schande, ... zu tun; **what a ~!** wie schade!; **~faced** *adj* beschämt; **~ful** *adj* schändlich; **~less** *adj* schamlos

shampoo [ʃæm'pu:] *n* Shampoo(n) *nt* ♦ *vt* (*hair*) waschen; **~ and set** *n* Waschen *nt* und Legen

shamrock ['ʃæmrɒk] *n* Kleeblatt *nt*

shandy ['ʃændɪ] *n* Bier *nt* mit Limonade

shan't [ʃɑ:nt] = **shall not**

shanty town ['ʃæntɪ-] *n* Bidonville *f*

shape [ʃeɪp] *n* Form *f* ♦ *vt* formen, gestalten ♦ *vi* (*also*: *~ up*) sich entwickeln; **to take ~** Gestalt annehmen; **-shaped** *suffix*: **heart-shaped** herzförmig; **~less** *adj* formlos; **~ly** *adj* wohlproportioniert

share [ʃɛə*] *n* (An)teil *m*; (*FIN*) Aktie *f* ♦ *vt* teilen; **to ~ out (among/between)** verteilen (unter/zwischen); **~holder** *n* Aktionär(in) *m(f)*

shark [ʃɑ:k] *n* Hai(fisch) *m*; (*swindler*) Gauner *m*

sharp [ʃɑ:p] *adj* scharf; (*pin*) spitz; (*person*) clever; (*MUS*) erhöht ♦ *n* Kreuz *nt* ♦ *adv* zu hoch; **nine o'clock ~** Punkt neun; **~en** *vt* schärfen; (*pencil*) spitzen; **~ener** *n* (*also*: *pencil ~ener*) Anspitzer *m*; **~-eyed** *adj* scharfsichtig; **~ly** *adv* (*turn, stop*) plötzlich; (*stand out, contrast*) deutlich; (*criticize, retort*) scharf

shatter ['ʃætə*] *vt* zerschmettern; (*fig*) zerstören ♦ *vi* zerspringen

shave [ʃeɪv] *n* Rasur *f* ♦ *vt* rasieren ♦ *vi* sich rasieren; **to have a ~** sich rasieren (lassen); **~r** *n* (*also*: *electric ~r*) Rasierapparat *m*

shaving ['ʃeɪvɪŋ] *n* (*action*) Rasieren *nt*; **~s** *npl* (*of wood etc*) Späne *pl*; **~ brush** *n* Rasierpinsel *m*; **~ cream** *n* Rasierkrem *f*; **~ foam** *n* Rasierschaum *m*

shawl [ʃɔ:l] *n* Schal *m*, Umhang *m*

she [ʃi:] *pron* sie ♦ *adj* weiblich; **~-bear** Bärenweibchen *nt*

sheaf [ʃi:f] (*pl* **sheaves**) *n* Garbe *f*

shear [ʃɪə*] (*pt* **~ed**, *pp* **~ed** *or* **shorn**) *vt* scheren; **~ off** *vi* abbrechen; **~s** *npl* Heckenschere *f*

sheath [ʃi:θ] *n* Scheide *f*; (*condom*) Kondom *m or nt*

sheaves [ʃi:vz] *npl of* **sheaf**

shed [ʃed] (*pt, pp* **shed**) *n* Schuppen *m*; (*for animals*) Stall *m* ♦ *vt* (*leaves etc*) verlieren; (*tears*) vergießen

she'd [ʃi:d] = **she had; she would**

sheen [ʃi:n] *n* Glanz *m*

sheep [ʃi:p] *n inv* Schaf *nt*; **~dog** *n* Schäferhund *m*; **~ish** *adj* verlegen; **~skin** *n* Schaffell *nt*

sheer [ʃɪə*] *adj* bloß, rein; (*steep*) steil; (*transparent*) (hauch)dünn ♦ *adv* (*directly*) direkt

sheet [ʃi:t] *n* Bettuch *nt*, Bettlaken *nt*; (*of paper*) Blatt *nt*; (*of metal etc*) Platte *f*; (*of ice*) Fläche *f*

sheik(h) [ʃeɪk] *n* Scheich *m*

shelf [ʃelf] (*pl* **shelves**) *n* Bord *nt*, Regal *nt*

shell [ʃel] *n* Schale *f*; (*sea~*) Muschel *f*; (*explosive*) Granate *f* ♦ *vt* (*peas*) schälen; (*fire on*) beschießen

she'll [ʃi:l] = **she will; she shall**

shellfish ['ʃelfɪʃ] *n* Schalentier *nt*; (*as food*) Meeresfrüchte *pl*

shell suit *n* Ballonseidenanzug *m*

shelter ['ʃeltə*] *n* Schutz *m*; (*air-raid ~*) Bunker *m* ♦ *vt* schützen, bedecken; (*refugees*) aufnehmen ♦ *vi* sich unterstellen; **~ed** *adj* (*life*) behütet; (*spot*) geschützt

shelve [ʃelv] *vt* aufschieben ♦ *vi* abfallen

shelves [ʃelvz] *npl of* **shelf**

shepherd ['ʃepəd] *n* Schäfer *m* ♦ *vt* treiben, führen; **~'s pie** *n Auflauf m aus Hackfleisch und Kartoffelbrei*
sheriff ['ʃerɪf] *n* Sheriff *m*; (*SCOTTISH*) Friedensrichter *m*
sherry ['ʃerɪ] *n* Sherry *m*
she's [ʃi:z] = **she is; she has**
Shetland ['ʃetlənd] *n* (*also: the ~s, the ~ Isles*) die Shetlandinseln *pl*
shield [ʃi:ld] *n* Schild *m*; (*fig*) Schirm *m* ♦ *vt* (be)schirmen; (*TECH*) abschirmen
shift [ʃɪft] *n* Verschiebung *f*; (*work*) Schicht *f* ♦ *vt* (ver)rücken, verschieben; (*arm*) wegnehmen ♦ *vi* sich verschieben; **~less** *adj* (*person*) träge; **~ work** *n* Schichtarbeit *f*; **~y** *adj* verschlagen
shilly-shally ['ʃɪlɪʃælɪ] *vi* zögern
shin [ʃɪn] *n* Schienbein *nt*
shine [ʃaɪn] (*pt, pp* **shone**) *n* Glanz *m*, Schein *m* ♦ *vt* polieren ♦ *vi* scheinen; (*fig*) glänzen; **to ~ a torch on sb** jdn (mit einer Lampe) anleuchten
shingle ['ʃɪŋgl] *n* Strandkies *m*; **~s** *npl* (*MED*) Gürtelrose *f*
shiny ['ʃaɪnɪ] *adj* glänzend
ship [ʃɪp] *n* Schiff *nt* ♦ *vt* verschiffen; **~-building** *n* Schiffbau *m*; **~ment** *n* Schiffsladung *f*; **~per** *n* Verschiffer *m*; **~ping** *n* (*act*) Verschiffung *f*; (*ships*) Schiffahrt *f*; **~wreck** *n* Schiffbruch *m*; (*destroyed ship*) Wrack *nt* ♦ *vt*: **to be ~wrecked** Schiffbruch erleiden; **~yard** *n* Werft *f*
shire ['ʃaɪə*] (*BRIT*) *n* Grafschaft *f*
shirk [ʃɜ:k] *vt* ausweichen +*dat*
shirt [ʃɜ:t] *n* (Ober)hemd *nt*; **in ~ sleeves** in Hemdsärmeln; **~y** (*inf*) *adj* mürrisch
shit [ʃɪt] (*inf!*) *excl* Scheiße (*!*)
shiver ['ʃɪvə*] *n* Schauer *m* ♦ *vi* frösteln, zittern
shoal [ʃəʊl] *n* (Fisch)schwarm *m*
shock [ʃɒk] *n* Erschütterung *f*; (*mental*) Schock *m*; (*ELEC*) Schlag *m* ♦ *vt* erschüttern; (*offend*) schockieren; **~ absorber** *n* Stoßdämpfer *m*; **~ing** *adj* unerhört
shod [ʃɒd] *pt, pp of* **shoe** ♦ *adj* beschuht
shoddy ['ʃɒdɪ] *adj* schäbig
shoe [ʃu:] (*pt, pp* **shod**) *n* Schuh *m*; (*of horse*) Hufeisen *nt* ♦ *vt* (*horse*) beschlagen; **~brush** *n* Schuhbürste *f*; **~horn** *n* Schuhlöffel *m*; **~lace** *n* Schnürsenkel *m*; **~ polish** *n* Schuhcreme *f*; **~ shop** *n* Schuhgeschäft *nt*; **~string** *n* (*fig*): **on a ~string** mit sehr wenig Geld
shone [ʃɒn] *pt, pp of* **shine**
shoo [ʃu:] *excl* sch; (*to dog etc*) pfui
shook [ʃʊk] *pt of* **shake**
shoot [ʃu:t] (*pt, pp* **shot**) *n* (*branch*) Schößling *m* ♦ *vt* (*gun*) abfeuern; (*goal, arrow*) schießen; (*person*) anschießen; (*kill*) erschießen; (*film*) drehen ♦ *vi* (*gun, move quickly*) schießen; **to ~ (at)** schießen (auf +*acc*); **~ down** *vt* abschießen; **~ in** *vi* hineinschießen; **~ out** *vi* hinausschießen; **~ up** *vi* (*fig*) aus dem Boden schießen; **~ing** *n* Schießerei *f*; **~ing star** *n* Sternschnuppe *f*
shop [ʃɒp] *n* (*esp BRIT*) Geschäft *nt*, Laden *m*; (*work~*) Werkstatt *f* ♦ *vi* (*also: go ~ping*) einkaufen gehen; **~ assistant** (*BRIT*) *n* Verkäufer(in) *m(f)*; **~ floor** (*BRIT*) *n* Werkstatt *f*; **~keeper** *n* Geschäftsinhaber *m*; **~-lifting** *n* Ladendiebstahl *m*; **~per** *n* Käufer(in) *m(f)*; **~ping** *n* Einkaufen *nt*, Einkauf *m*; **~ping bag** *n* Einkaufstasche *f*; **~ping centre** (*US* **~ping center**) *n* Einkaufszentrum *nt*; **~-soiled** *adj* angeschmutzt; **~ steward** (*BRIT*) *n* (*INDUSTRY*) Betriebsrat *m*; **~ window** *n* Schaufenster *nt*
shore [ʃɔ:*] *n* Ufer *nt*; (*of sea*) Strand *m* ♦ *vt*: **to ~ up** abstützen
shorn [ʃɔ:n] *pp of* **shear**
short [ʃɔ:t] *adj* kurz; (*person*) klein; (*curt*) kurz angebunden; (*measure*) zu knapp ♦ *n* (*also: ~ film*) Kurzfilm *m* ♦ *adv* (*suddenly*) plötzlich ♦ *vi* (*ELEC*) einen Kurzschluß haben; **~s** *npl* (*clothes*) Shorts *pl*; **to be ~ of sth** nicht genug von etw haben; **in**

~ kurz gesagt; ~ **of doing sth** ohne so weit zu gehen, etw zu tun; **everything ~ of ...** alles außer ...; **it is ~ for** das ist die Kurzform von; **to cut ~** abkürzen; **to fall ~ of sth** etw nicht erreichen; **to stop ~** plötzlich anhalten; **to stop ~ of** haltmachen vor; **~age** *n* Knappheit *f*, Mangel *m*; **~bread** *n* Mürbegebäck *nt*; **~-change** *vt*: **to ~-change sb** jdm zuwenig herausgeben; **~-circuit** *n* Kurzschluß *m* ♦ *vi* einen Kurzschluß haben ♦ *vt* kurzschließen; **~coming** *n* Mangel *m*; **~(crust) pastry** (*BRIT*) *n* Mürbeteig *m*; **~ cut** *n* Abkürzung *f*; **~en** *vt* (ab)kürzen; (*clothes*) kürzer machen; **~fall** *n* Defizit *nt*; **~hand** (*BRIT*) *n* Stenographie *f*; **~hand typist** (*BRIT*) *n* Stenotypistin *f*; **~list** (*BRIT*) *n* (*for job*) engere Wahl *f*; **~-lived** *adj* kurzlebig; **~ly** *adv* bald; **~-sighted** (*BRIT*) *adj* (*also fig*) kurzsichtig; **~-staffed** *adj*: **to be ~-staffed** zu wenig Personal haben; **~ story** *n* Kurzgeschichte *f*; **~-tempered** *adj* leicht aufbrausend; **~-term** *adj* (*effect*) kurzfristig; **~ wave** *n* (*RADIO*) Kurzwelle *f*

shot [ʃɒt] *pt, pp of* **shoot** ♦ *n* (*from gun*) Schuß *m*; (*person*) Schütze *m*; (*try*) Versuch *m*; (*injection*) Spritze *f*; (*PHOT*) Aufnahme *f*; **like a ~** wie der Blitz; **~gun** *n* Schrotflinte *f*

should [ʃʊd] *vb aux*: **I ~ go now** ich sollte jetzt gehen; **he ~ be there now** er sollte eigentlich schon da sein; **I ~ go if I were you** ich würde gehen, wenn ich du wäre; **I ~ like to** ich möchte gerne

shoulder ['ʃəʊldə*] *n* Schulter *f*; (*BRIT*: *of road*): **hard ~** Seitenstreifen *m* ♦ *vt* (*rifle*) schultern; (*fig*) auf sich nehmen; **~ bag** *n* Umhängetasche *f*; **~ blade** *n* Schulterblatt *nt*; **~ strap** *n* (*MIL*) Schulterklappe *f*; (*of dress etc*) Träger *m*

shouldn't ['ʃʊdnt] = **should not**

shout [ʃaʊt] *n* Schrei *m*; (*call*) Ruf *m* ♦ *vt* rufen ♦ *vi* schreien; **~ down** *vt* niederbrüllen; **~ing** *n* Geschrei *nt*

shove [ʃʌv] *n* Schubs *m*, Stoß *m* ♦ *vt* schieben, stoßen, schubsen; (*inf*: *put*): **to ~ sth in(to) sth** etw in etw *acc* hineinschieben; **~ off** *vi* (*NAUT*) abstoßen; (*fig*: *inf*) abhauen

shovel ['ʃʌvl] *n* Schaufel *f* ♦ *vt* schaufeln

show [ʃəʊ] (*pt* **showed**, *pp* **shown**) *n* (*display*) Schau *f*; (*exhibition*) Ausstellung *f*; (*CINE, THEAT*) Vorstellung *f*, Show *f* ♦ *vt* zeigen; (*kindness*) erweisen ♦ *vi* zu sehen sein; **to be on ~** (*exhibits etc*) ausgestellt sein; **to ~ sb in** jdn hereinführen; **to ~ sb out** jdn hinausbegleiten; **~ off** *vi* (*pej*) angeben ♦ *vt* (*display*) ausstellen; **~ up** *vi* (*stand out*) sich abheben; (*arrive*) erscheinen ♦ *vt* aufzeigen; (*unmask*) bloßstellen; **~ business** *n* Showbusineß *nt*; **~down** *n* Kraftprobe *f*

shower ['ʃaʊə*] *n* Schauer *m*; (*of stones*) (Stein)hagel *m*; (~ *bath*) Dusche *f* ♦ *vi* duschen ♦ *vt*: **to ~ sb with sth** jdn mit etw überschütten; **~proof** *adj* wasserabstoßend

showing ['ʃəʊɪŋ] *n* Vorführung *f*

show jumping *n* Turnierreiten *nt*

shown [ʃəʊn] *pp of* **show**

show: ~-off ['ʃəʊɒf] *n* Angeber(in) *m(f)*; **~piece** ['ʃəʊpi:s] *n* Paradestück *nt*; **~room** ['ʃəʊrʊm] *n* Ausstellungsraum *m*

shrank [ʃræŋk] *pt of* **shrink**

shred [ʃred] *n* Fetzen *m* ♦ *vt* zerfetzen; (*COOK*) raspeln; **~der** *n* (*for vegetables*) Gemüseschneider *m*; (*for documents*) Reißwolf *m*

shrewd [ʃru:d] *adj* clever

shriek [ʃri:k] *n* Schrei *m* ♦ *vt, vi* kreischen, schreien

shrimp [ʃrɪmp] *n* Krabbe *f*, Garnele *f*

shrink [ʃrɪŋk] (*pt* **shrank**, *pp* **shrunk**) *vi* schrumpfen, eingehen ♦ *vt* einschrumpfen lassen; **to ~ from doing sth** davor zurückschrecken, etw zu tun; **~age** *n* Schrumpfung *f*; **~wrap** *vt* einschweißen

shrivel ['ʃrɪvl] *vt, vi* (*also*: ~ *up*) schrumpfen, schrumpeln

shroud [ʃraʊd] *n* Leichentuch *nt* ♦ *vt*: **~ed in mystery** mit einem Geheimnis umgeben

Shrove Tuesday ['ʃrəʊv-] *n* Fastnachtsdienstag *m*

shrub [ʃrʌb] *n* Busch *m*, Strauch *m*; **~bery** *n* Gebüsch *nt*

shrug [ʃrʌg] *n* Achselzucken *nt* ♦ *vt, vi*: **to ~ (one's shoulders)** die Achseln zucken; **~ off** *vt* auf die leichte Schulter nehmen

shrunk [ʃrʌŋk] *pp of* **shrink**

shudder ['ʃʌdə*] *n* Schauder *m* ♦ *vi* schaudern

shuffle ['ʃʌfl] *n* (*CARDS*) (Karten)mischen *nt* ♦ *vt* (*cards*) mischen; **to ~ (one's feet)** schlurfen

shun [ʃʌn] *vt* scheuen, (ver)meiden

shunt [ʃʌnt] *vt* rangieren

shut [ʃʌt] (*pt, pp* **shut**) *vt* schließen, zumachen ♦ *vi* sich schließen (lassen); **~ down** *vt, vi* schließen; **~ off** *vt* (*supply*) abdrehen; **~ up** *vi* (*keep quiet*) den Mund halten ♦ *vt* (*close*) zuschließen; **~ter** *n* Fensterladen *m*; (*PHOT*) Verschluß *m*

shuttle ['ʃʌtl] *n* (*plane, train etc*) Pendelflugzeug *nt*/-zug *m etc*; (*space ~*) Raumtransporter *m*; (*also ~ service*) Pendelverkehr *m*

shuttlecock ['ʃʌtlkɒk] *n* Federball *m*

shy [ʃaɪ] *adj* schüchtern; **~ness** *n* Schüchternheit *f*

Siamese [saɪə'mi:z] *adj*: **~ cat** Siamkatze *f*

Siberia [saɪ'bɪərɪə] *n* Sibirien *nt*

sibling ['sɪblɪŋ] *n* Geschwister *nt*

Sicily ['sɪsɪlɪ] *n* Sizilien *nt*

sick [sɪk] *adj* krank; (*joke*) makaber; **I feel ~** mir ist schlecht; **I was ~** ich habe gebrochen; **to be ~ of sb/sth** jdn/etw satt haben; **~ bay** *n* (Schiffs)lazarett *nt*; **~en** *vt* (*disgust*) krankmachen ♦ *vi* krank werden; **~ening** *adj* (*sight*) widerlich; (*annoying*) zum Weinen

sickle ['sɪkl] *n* Sichel *f*

sick: ~ leave *n*: **to be on sick leave** krank geschrieben sein; **~ly** *adj* kränklich, blaß; (*causing nausea*) widerlich; **~ness** *n* Krankheit *f*; (*vomiting*) Übelkeit *f*, Erbrechen *nt*; **~ pay** *n* Krankengeld *nt*

side [saɪd] *n* Seite *f* ♦ *adj* (*door, entrance*) Seiten-, Neben- ♦ *vi*: **to ~ with sb** jds Partei ergreifen; **by the ~ of** neben; **~ by ~** nebeneinander; **on all ~s** von allen Seiten; **to take ~s (with)** Partei nehmen (für); **from all ~s** von allen Seiten; **~boards** (*BRIT*) *npl* Koteletten *pl*; **~burns** *npl* Koteletten *pl*; **~car** *n* Beiwagen *m*; **~ drum** *n* (*MUS*) kleine Trommel; **~ effect** *n* Nebenwirkung *f*; **~light** *n* (*AUT*) Parkleuchte *f*; **~line** *n* (*SPORT*) Seitenlinie *f*; (*fig: hobby*) Nebenbeschäftigung *f*; **~long** *adj* Seiten-; **~saddle** *adv* im Damensattel; **~ show** *n* Nebenausstellung *f*; **~step** *vt* (*fig*) ausweichen; **~ street** *n* Seitenstraße *f*; **~track** *vt* (*fig*) ablenken; **~walk** (*US*) *n* Bürgersteig *m*; **~ways** *adv* seitwärts

siding ['saɪdɪŋ] *n* Nebengleis *nt*

sidle ['saɪdl] *vi*: **to ~ up (to)** sich heranmachen (an +*acc*)

siege [si:dʒ] *n* Belagerung *f*

sieve [sɪv] *n* Sieb *nt* ♦ *vt* sieben

sift [sɪft] *vt* sieben; (*fig*) sichten

sigh [saɪ] *n* Seufzer *m* ♦ *vi* seufzen

sight [saɪt] *n* (*power of seeing*) Sehvermögen *nt*; (*look*) Blick *m*; (*fact of seeing*) Anblick *m*; (*of gun*) Visier *nt* ♦ *vt* sichten; **in ~** in Sicht; **out of ~** außer Sicht; **~seeing** *n* Besuch *m* von Sehenswürdigkeiten; **to go ~seeing** Sehenswürdigkeiten besichtigen

sign [saɪn] *n* Zeichen *nt*; (*notice, road ~ etc*) Schild *nt* ♦ *vt* unterschreiben; **to ~ sth over to sb** jdm etw überschreiben; **~ on** *vi* (*MIL*) sich verpflichten; (*as unemployed*) sich (arbeitslos) melden ♦ *vt* (*MIL*) verpflichten; (*employee*) anstellen; **~ up** *vi* (*MIL*) sich verpflichten ♦ *vt* verpflichten

signal ['sɪgnl] *n* Signal *nt* ♦ *vt* ein Zeichen geben +*dat*; **~man** (*irreg*) *n*

(*RAIL*) Stellwerkswärter *m*

signature ['sɪgnətʃə*] *n* Unterschrift *f*; ~ **tune** *n* Erkennungsmelodie *f*

signet ring ['sɪgnət-] *n* Siegelring *m*

significance [sɪg'nɪfɪkəns] *n* Bedeutung *f*

significant [sɪg'nɪfɪkənt] *adj* (*meaning sth*) bedeutsam; (*important*) bedeutend

signify ['sɪgnɪfaɪ] *vt* bedeuten; (*show*) andeuten, zu verstehen geben

sign language *n* Zeichensprache *f*, Fingersprache *f*

signpost ['saɪnpəʊst] *n* Wegweiser *m*

silence ['saɪləns] *n* Stille *f*; (*of person*) Schweigen *nt* ♦ *vt* zum Schweigen bringen; ~**r** *n* (*on gun*) Schalldämpfer *m*; (*BRIT*: *AUT*) Auspufftopf *m*

silent ['saɪlənt] *adj* still; (*person*) schweigsam; **to remain** ~ schweigen; ~ **partner** *n* (*COMM*) stille(r) Teilhaber *m*

silicon chip ['sɪlɪkən-] *n* Siliciumchip *nt*

silk [sɪlk] *n* Seide *f* ♦ *adj* seiden, Seiden-; ~**y** *adj* seidig

silly ['sɪlɪ] *adj* dumm, albern

silt [sɪlt] *n* Schlamm *m*, Schlick *m*

silver ['sɪlvə*] *n* Silber *nt* ♦ *adj* silbern, Silber-; ~ **paper** (*BRIT*) *n* Silberpapier *nt*; ~**-plated** *adj* versilbert; ~**smith** *n* Silberschmied *m*; ~**ware** *n* Silber *nt*; ~**y** *adj* silbern

similar ['sɪmɪlə*] *adj*: ~ **(to)** ähnlich (+*dat*); ~**ity** [sɪmɪ'lærɪtɪ] *n* Ähnlichkeit *f*; ~**ly** *adv* in ähnlicher Weise

simile ['sɪmɪlɪ] *n* Vergleich *m*

simmer ['sɪmə*] *vi* sieden ♦ *vt* sieden lassen

simpering ['sɪmpərɪŋ] *adj* albern

simple ['sɪmpl] *adj* einfach; ~**(-minded)** *adj* einfältig; ~**ton** *n* Einfaltspinsel *m*

simplicity [sɪm'plɪsɪtɪ] *n* Einfachheit *f*; (*of person*) Einfältigkeit *f*

simplify ['sɪmplɪfaɪ] *vt* vereinfachen

simply ['sɪmplɪ] *adv* einfach

simulate ['sɪmjʊleɪt] *vt* simulieren

simultaneous [sɪməl'teɪnɪəs] *adj* gleichzeitig

sin [sɪn] *n* Sünde *f* ♦ *vi* sündigen

since [sɪns] *adv* seither ♦ *prep* seit, seitdem ♦ *conj* (*time*) seit; (*because*) da, weil; ~ **then** seitdem

sincere [sɪn'sɪə*] *adj* aufrichtig; ~**ly** *adv*: **yours** ~**ly** mit freundlichen Grüßen

sincerity [sɪn'serɪtɪ] *n* Aufrichtigkeit *f*

sinew ['sɪnju:] *n* Sehne *f*

sinful ['sɪnfʊl] *adj* sündig, sündhaft

sing [sɪŋ] (*pt* **sang**, *pp* **sung**) *vt*, *vi* singen

Singapore [sɪŋgə'pɔ:*] *n* Singapur *nt*

singe [sɪndʒ] *vt* versengen

singer ['sɪŋə*] *n* Sänger(in) *m(f)*

single ['sɪŋgl] *adj* (*one only*) einzig; (*bed, room*) Einzel-, einzeln; (*unmarried*) ledig; (*BRIT*: *ticket*) einfach; (*having one part only*) einzeln ♦ *n* (*BRIT*: *also*: ~ *ticket*) einfache Fahrkarte *f*; **in** ~ **file** hintereinander; ~ **out** *vt* aussuchen, auswählen; ~ **bed** *n* Einzelbett *nt*; ~**-breasted** *adj* einreihig; ~**-handed** *adj* allein; ~**-minded** *adj* zielstrebig; ~ **room** *n* Einzelzimmer *nt*; ~**s** *n* (*TENNIS*) Einzel *nt*

singlet ['sɪŋglət] *n* Unterhemd *nt*

singly ['sɪŋglɪ] *adv* einzeln, allein

singular ['sɪŋgjʊlə*] *adj* (*GRAM*) Singular-; (*odd*) merkwürdig, seltsam ♦ *n* (*GRAM*) Einzahl *f*, Singular *m*

sinister ['sɪnɪstə*] *adj* (*evil*) böse; (*ghostly*) unheimlich

sink [sɪŋk] (*pt* **sank**, *pp* **sunk**) *n* Spülbecken *nt* ♦ *vt* (*ship*) versenken ♦ *vi* sinken; **to** ~ **sth into** (*teeth, claws*) etw schlagen in +*acc*; ~ **in** *vi* (*news etc*) eingehen

sinner ['sɪnə*] *n* Sünder(in) *m(f)*

sinus ['saɪnəs] *n* (*ANAT*) Sinus *m*

sip [sɪp] *n* Schlückchen *nt* ♦ *vt* nippen an +*dat*

siphon ['saɪfən] *n* Siphon(flasche *f*)

m; ~ **off** *vt* absaugen; (*fig*) abschöpfen

sir [sɜ:*] *n* (*respect*) Herr *m*; (*knight*) Sir *m*; **S~ John Smith** Sir John Smith; **yes** ~ ja(wohl, mein Herr)

siren ['saɪərən] *n* Sirene *f*

sirloin ['sɜ:lɔɪn] *n* Lendenstück *nt*

sissy ['sɪsɪ] (*inf*) *n* Waschlappen *m*

sister ['sɪstə*] *n* Schwester *f*; (*BRIT*: *nurse*) Oberschwester *f*; (*nun*) Ordensschwester *f*; **~-in-law** *n* Schwägerin *f*

sit [sɪt] (*pt, pp* **sat**) *vi* sitzen; (*hold session*) tagen ♦ *vt* (*exam*) machen; ~ **down** *vi* sich hinsetzen; ~ **in on** *vt fus* dabeisein bei; ~ **up** *vi* (*after lying*) sich aufsetzen; (*straight*) sich gerade setzen; (*at night*) aufbleiben

sitcom ['sɪtkɒm] *n abbr* (= *situation comedy*) Situationskomödie *f*

site [saɪt] *n* Platz *m*; (*also*: *building* ~) Baustelle *f* ♦ *vt* legen

sitting ['sɪtɪŋ] *n* (*meeting*) Sitzung *f*; ~ **room** *n* Wohnzimmer *nt*

situated ['sɪtjʊeɪtɪd] *adj*: **to be** ~ liegen

situation [sɪtjʊ'eɪʃən] *n* Situation *f*, Lage *f*; (*place*) Lage *f*; (*employment*) Stelle *f*; **"~s vacant"** (*BRIT*) „Stellenangebote" *pl*

six [sɪks] *num* sechs; **~teen** *num* sechzehn; **~th** *adj* sechste(r, s) ♦ *n* Sechstel *nt*; **~ty** *num* sechzig

size [saɪz] *n* Größe *f*; (*of project*) Umfang *m*; ~ **up** *vt* (*assess*) abschätzen, einschätzen; **~able** *adj* ziemlich groß, ansehnlich

sizzle ['sɪzl] *vi* zischen; (*COOK*) brutzeln

skate [skeɪt] *n* Schlittschuh *m*; (*fish*: *pl inv*) Rochen *m* ♦ *vi* Schlittschuh laufen; **~r** *n* Schlittschuhläufer(in) *m(f)*

skating ['skeɪtɪŋ] *n* Eislauf *m*; **to go** ~ Eislaufen gehen; ~ **rink** *n* Eisbahn *f*

skeleton ['skelɪtn] *n* Skelett *nt*; (*fig*) Gerüst *nt*; ~ **key** *n* Dietrich *m*; ~ **staff** *n* Notbesetzung *f*

skeptical ['skeptɪkl] (*US*) *adj* = **sceptical**

sketch [sketʃ] *n* Skizze *f*; (*THEAT*) Sketch *m* ♦ *vt* skizzieren; **~book** *n* Skizzenbuch *nt*; **~y** *adj* skizzenhaft

skewer ['skjʊə*] *n* Fleischspieß *m*

ski [ski:] *n* Ski *m*, Schi *m* ♦ *vi* Ski *or* Schi laufen; ~ **boot** *n* Skistiefel *m*

skid [skɪd] *n* (*AUT*) Schleudern *nt* ♦ *vi* rutschen; (*AUT*) schleudern

skier ['ski:ə*] *n* Skiläufer(in) *m(f)*

skiing ['ski:ɪŋ] *n*: **to go** ~ Skilaufen gehen

ski-jump *n* Sprungschanze *f* ♦ *vi* Ski springen

skilful ['skɪlfʊl] *adj* geschickt

ski-lift *n* Skilift *m*

skill [skɪl] *n* Können *nt*; **~ed** *adj* geschickt; (*worker*) Fach-, gelernt

skim [skɪm] *vt* (*liquid*) abschöpfen; (*glide over*) gleiten über +*acc* ♦ *vi*: ~ **through** (*book*) überfliegen; **~med milk** *n* Magermilch *f*

skimp [skɪmp] *vt* (*do carelessly*) oberflächlich tun; **~y** *adj* (*work*) schlecht gemacht; (*dress*) knapp

skin [skɪn] *n* Haut *f*; (*peel*) Schale *f* ♦ *vt* abhäuten; schälen; ~ **cancer** *n* Hautkrebs *m*; **~-deep** *adj* oberflächlich; ~ **diving** *n* Schwimmtauchen *nt*; **~ny** *adj* dünn; **~tight** *adj* (*dress etc*) hauteng

skip [skɪp] *n* Sprung *m* ♦ *vi* hüpfen; (*with rope*) Seil springen ♦ *vt* (*pass over*) übergehen

ski pants *npl* Skihosen *pl*

ski pole *n* Skistock *m*

skipper ['skɪpə*] *n* Kapitän *m* ♦ *vt* führen

skipping rope ['skɪpɪŋ-] (*BRIT*) *n* Hüpfseil *nt*

skirmish ['skɜ:mɪʃ] *n* Scharmützel *nt*

skirt [skɜ:t] *n* Rock *m* ♦ *vt* herumgehen um; (*fig*) umgehen; **~ing board** (*BRIT*) *n* Fußleiste *f*

ski suit *n* Skianzug *m*

skit [skɪt] *n* Parodie *f*

skittle ['skɪtl] *n* Kegel *m*; **~s** *n* (*game*) Kegeln *nt*

skive [skaɪv] (*BRIT*: *inf*) *vi* schwänzen

skulk [skʌlk] *vi* sich herumdrücken
skull [skʌl] *n* Schädel *m*
skunk [skʌŋk] *n* Stinktier *nt*
sky [skaɪ] *n* Himmel *m*; **~light** *n* Oberlicht *nt*; **~scraper** *n* Wolkenkratzer *m*
slab [slæb] *n* (*of stone*) Platte *f*
slack [slæk] *adj* (*loose*) locker; (*business*) flau; (*careless*) nachlässig, lasch ♦ *vi* nachlässig sein ♦ *n*: **to take up the ~** straffziehen; **~s** *npl* (*trousers*) Hose(n *pl*) *f*; **~en** *vi* (*also*: *~en off*) locker werden; (: *become slower*) nachlassen, stocken ♦ *vt*(: *loosen*) lockern
slag [slæg] *n* Schlacke *f*; **~ heap** *n* Halde *f*
slain [sleɪn] *pp of* **slay**
slam [slæm] *n* Knall *m* ♦ *vt* (*door*) zuschlagen; (*throw down*) knallen ♦ *vi* zuschlagen
slander ['slɑ:ndə*] *n* Verleumdung *f* ♦ *vt* verleumden
slant [slɑ:nt] *n* Schräge *f*; (*fig*) Tendenz *f* ♦ *vt* schräg legen ♦ *vi* schräg liegen; **~ed** *adj* schräg; **~ing** *adj* schräg
slap [slæp] *n* Klaps *m* ♦ *vt* einen Klaps geben +*dat* ♦ *adv* (*directly*) geradewegs; **~dash** *adj* salopp; **~stick** *n* (*comedy*) Klamauk *m*; **~-up** (*BRIT*) *adj* (*meal*) erstklassig, prima
slash [slæʃ] *n* Schnittwunde *f* ♦ *vt* (auf)schlitzen; (*expenditure*) radikal kürzen
slat [slæt] *n* (*of wood, plastic*) Leiste *f*
slate [sleɪt] *n* (*stone*) Schiefer *m*; (*roofing*) Dachziegel *m* ♦ *vt* (*criticize*) verreißen
slaughter ['slɔ:tə*] *n* (*of animals*) Schlachten *nt*; (*of people*) Gemetzel *nt* ♦ *vt* schlachten; (*people*) niedermetzeln; **~house** *n* Schlachthof *m*
Slav [slɑ:v] *adj* slawisch
slave [sleɪv] *n* Sklave *m*, Sklavin *f* ♦ *vi* schuften, sich schinden; **~ry** *n* Sklaverei *f*; (*work*) Schinderei *f*
slay [sleɪ] (*pt* **slew**, *pp* **slain**) *vt* ermorden
sleazy ['sli:zɪ] *adj* (*place*) schmierig
sledge [sledʒ] *n* Schlitten *m*; **~hammer** *n* Schmiedehammer *m*
sleek [sli:k] *adj* glatt; (*shape*) rassig
sleep [sli:p] (*pt, pp* **slept**) *n* Schlaf *m* ♦ *vi* schlafen; **to go to ~** einschlafen; **~ in** *vi* ausschlafen; (*oversleep*) verschlafen; **~er** *n* (*person*) Schläfer *m*; (*BRIT*: *RAIL*) Schlafwagen *m*; (: *beam*) Schwelle *f*; **~ing bag** *n* Schlafsack *m*; **~ing car** *n* Schlafwagen *m*; **~ing pill** *n* Schlaftablette *f*; **~less** *adj* (*night*) schlaflos; **~walker** *n* Schlafwandler(in) *m(f)*; **~y** *adj* schläfrig
sleet [sli:t] *n* Schneeregen *m*
sleeve [sli:v] *n* Ärmel *m*; (*of record*) Umschlag *m*; **~less** *adj* ärmellos
sleigh [sleɪ] *n* Pferdeschlitten *m*
sleight [slaɪt] *n*: **~ of hand** Fingerfertigkeit *f*
slender ['slendə*] *adj* schlank; (*fig*) gering
slept [slept] *pt, pp of* **sleep**
slew [slu:] *vi* (*veer*) (herum)schwenken ♦ *pt of* **slay**
slice [slaɪs] *n* Scheibe *f* ♦ *vt* in Scheiben schneiden
slick [slɪk] *adj* (*clever*) raffiniert, aalglatt ♦ *n* Ölteppich *m*
slid [slɪd] *pt, pp of* **slide**
slide [slaɪd] (*pt, pp* **slid**) *n* Rutschbahn *f*; (*PHOT*) Dia(positiv) *nt*; (*BRIT*: *for hair*) (Haar)spange *f* ♦ *vt* schieben ♦ *vi* (*slip*) gleiten, rutschen
sliding ['slaɪdɪŋ] *adj* (*door*) Schiebe-; **~ scale** *n* gleitende Skala *f*
slight [slaɪt] *adj* zierlich; (*trivial*) geringfügig; (*small*) gering ♦ *n* Kränkung *f* ♦ *vt* (*offend*) kränken; **not in the ~est** nicht im geringsten; **~ly** *adv* etwas, ein bißchen
slim [slɪm] *adj* schlank; (*book*) dünn; (*chance*) gering ♦ *vi* eine Schlankheitskur machen
slime [slaɪm] *n* Schleim *m*
slimming ['slɪmɪŋ] *n* Schlankheitskur *f*
slimy ['slaɪmɪ] *adj* glitschig; (*dirty*) schlammig; (*person*) schmierig
sling [slɪŋ] (*pt, pp* **slung**) *n* Schlinge

f; (*weapon*) Schleuder *f* ♦ *vt* schleudern

slip [slɪp] *n* (*mistake*) Flüchtigkeitsfehler *m*; (*petticoat*) Unterrock *m*; (*of paper*) Zettel *m* ♦ *vt* (*put*) stecken, schieben ♦ *vi* (*lose balance*) ausrutschen; (*move*) gleiten, rutschen; (*decline*) nachlassen; (*move smoothly*): **to ~ in/out** (*person*) hinein-/hinausschlüpfen; **to give sb the ~** jdm entwischen; **~ of the tongue** Versprecher *m*; **it ~ped my mind** das ist mir entfallen; **to ~ sth on/off** etw über-/abstreifen; **~ away** *vi* sich wegstehlen; **~ by** *vi* (*time*) verstreichen; **~ in** *vt* hineingleiten lassen ♦ *vi* (*errors*) sich einschleichen; **~ped disc** *n* Bandscheibenschaden *m*

slipper ['slɪpə*] *n* Hausschuh *m*

slippery ['slɪpərɪ] *adj* glatt

slip: ~-road (*BRIT*) *n* Auffahrt *f*/Ausfahrt *f*; **~shod** ['slɪpʃɒd] *adj* schlampig; **~-up** ['slɪpʌp] *n* Panne *f*; **~way** ['slɪpweɪ] *n* Auslaufbahn *f*

slit [slɪt] (*pt, pp* **slit**) *n* Schlitz *m* ♦ *vt* aufschlitzen

slither ['slɪðə*] *vi* schlittern; (*snake*) sich schlängeln

sliver ['slɪvə*] *n* (*of glass, wood*) Splitter *m*; (*of cheese etc*) Scheibchen *nt*

slob [slɒb] (*inf*) *n* Klotz *m*

slog [slɒg] *vi* (*work hard*) schuften ♦ *n*: **it was a ~** es war eine Plackerei

slogan ['sləʊgən] *n* Schlagwort *nt*; (*COMM*) Werbespruch *m*

slop [slɒp] *vi* (*also*: *~ over*) überschwappen ♦ *vt* verschütten

slope [sləʊp] *n* Neigung *f*; (*of mountains*) (Ab)hang *m* ♦ *vi*: **to ~ down** sich senken; **to ~ up** ansteigen

sloping ['sləʊpɪŋ] *adj* schräg

sloppy ['slɒpɪ] *adj* schlampig

slot [slɒt] *n* Schlitz *m* ♦ *vt*: **to ~ sth in** etw einlegen

sloth [sləʊθ] *n* (*laziness*) Faulheit *f*

slot machine *n* (*BRIT*: *vending machine*) Automat *m*; (*for gambling*) Spielautomat *m*

slouch [slaʊtʃ] *vi*: **to ~ about** (*laze*) herumhängen (*inf*)

slovenly ['slʌvnlɪ] *adj* schlampig; (*speech*) salopp

slow [sləʊ] *adj* langsam ♦ *adv* langsam; **to be ~** (*clock*) nachgehen; (*stupid*) begriffsstutzig sein; **"~"** (*road sign*) „Langsam"; **in ~ motion** in Zeitlupe; **~ down** *vi* langsamer werden ♦ *vt* verlangsamen; **~ up** *vi* sich verlangsamen, sich verzögern ♦ *vt* aufhalten, langsamer machen; **~ly** *adv* langsam

sludge [slʌdʒ] *n* Schlamm *m*

slug [slʌg] *n* Nacktschnecke *f*; (*inf*: *bullet*) Kugel *f*; **~gish** *adj* träge; (*COMM*) schleppend

sluice [sluːs] *n* Schleuse *f*

slum [slʌm] *n* (*house*) Elendsquartier *nt*

slumber ['slʌmbə*] *n* Schlummer *m*

slump [slʌmp] *n* Rückgang *m* ♦ *vi* fallen, stürzen

slung [slʌŋ] *pt, pp of* **sling**

slur [slɜː*] *n* Undeutlichkeit *f*; (*insult*) Verleumdung *f*; **~red** [slɜːd] *adj* (*pronunciation*) undeutlich

slush [slʌʃ] *n* (*snow*) Schneematsch *m*; **~ fund** *n* Schmiergeldfonds *m*

slut [slʌt] *n* Schlampe *f*

sly [slaɪ] *adj* schlau

smack [smæk] *n* Klaps *m* ♦ *vt* einen Klaps geben +*dat* ♦ *vi*: **to ~ of** riechen nach; **to ~ one's lips** schmatzen, sich *dat* die Lippen lecken

small [smɔːl] *adj* klein; **in the ~ hours** in den frühen Morgenstunden; **~ ads** (*BRIT*) *npl* Kleinanzeigen *pl*; **~ change** *n* Kleingeld *nt*; **~ holder** (*BRIT*) *n* Kleinbauer *m*; **~pox** *n* Pocken *pl*; **~ talk** *n* Geplauder *nt*

smart [smɑːt] *adj* (*fashionable*) elegant, schick; (*neat*) adrett; (*clever*) clever; (*quick*) scharf ♦ *vi* brennen, schmerzen; **~en up** *vi* sich in Schale werfen ♦ *vt* herausputzen

smash [smæʃ] *n* Zusammenstoß *m*; (*TENNIS*) Schmetterball *m* ♦ *vt* (*break*) zerschmettern; (*destroy*) vernichten ♦ *vi* (*break*) zersplittern, zerspringen; ~**ing** (*inf*) *adj* toll

smattering ['smætərɪŋ] *n* oberflächliche Kenntnis *f*

smear [smɪə*] *n* Fleck *m* ♦ *vt* beschmieren

smell [smel] (*pt, pp* **smelt** *or* **smelled**) *n* Geruch *m*; (*sense*) Geruchssinn *m* ♦ *vt* riechen ♦ *vi*: **to** ~ **(of)** riechen (nach); (*fragrantly*) duften (nach); ~**y** *adj* übelriechend

smile [smaɪl] *n* Lächeln *nt* ♦ *vi* lächeln

smiling ['smaɪlɪŋ] *adj* lächelnd

smirk [smɜ:k] *n* blöde(s) Grinsen *nt*

smith [smɪθ] *n* Schmied *m*; ~**y** ['smɪðɪ] *n* Schmiede *f*

smock [smɒk] *n* Kittel *m*

smoke [sməʊk] *n* Rauch *m* ♦ *vt* rauchen; (*food*) räuchern ♦ *vi* rauchen; ~**d** *adj* (*bacon*) geräuchert; (*glass*) Rauch-; ~**r** *n* Raucher(in) *m(f)*; (*RAIL*) Raucherabteil *nt*; ~ **screen** *n* Rauchwand *f*

smoking ['sməʊkɪŋ] *n*: **"no** ~**"** „Rauchen verboten"

smoky ['sməʊkɪ] *adj* rauchig; (*room*) verraucht; (*taste*) geräuchert

smolder ['sməʊldə*] (*US*) *vi* = **smoulder**

smooth [smu:ð] *adj* glatt ♦ *vt* (*also*: ~ *out*) glätten, glattstreichen

smother ['smʌðə*] *vt* ersticken

smoulder ['sməʊldə*] (*US* **smolder**) *vi* schwelen

smudge [smʌdʒ] *n* Schmutzfleck *m* ♦ *vt* beschmieren

smug [smʌg] *adj* selbstgefällig

smuggle ['smʌgl] *vt* schmuggeln; ~**r** *n* Schmuggler *m*

smuggling ['smʌglɪŋ] *n* Schmuggel *m*

smutty ['smʌtɪ] *adj* schmutzig

snack [snæk] *n* Imbiß *m*; ~ **bar** *n* Imbißstube *f*

snag [snæg] *n* Haken *m*

snail [sneɪl] *n* Schnecke *f*

snake [sneɪk] *n* Schlange *f*

snap [snæp] *n* Schnappen *nt*; (*photograph*) Schnappschuß *m* ♦ *adj* (*decision*) schnell ♦ *vt* (*break*) zerbrechen; (*PHOT*) knipsen ♦ *vi* (*break*) brechen; (*speak*) anfauchen; **to** ~ **shut** zuschnappen; ~ **at** *vt fus* schnappen nach; ~ **off** *vt* (*break*) abbrechen; ~ **up** *vt* aufschnappen; ~**py** *adj* flott; ~**shot** *n* Schnappschuß *m*

snare [snɛə*] *n* Schlinge *f* ♦ *vt* mit einer Schlinge fangen

snarl [snɑ:l] *n* Zähnefletschen *nt* ♦ *vi* (*dog*) knurren

snatch [snætʃ] *n* (*small amount*) Bruchteil *m* ♦ *vt* schnappen, packen

sneak [sni:k] *vi* schleichen ♦ *n* (*inf*) Petze(r) *mf*

sneakers ['sni:kəz] (*US*) *npl* Freizeitschuhe *pl*

sneaky ['sni:kɪ] *adj* raffiniert

sneer [snɪə*] *n* Hohnlächeln *nt* ♦ *vi* spötteln

sneeze [sni:z] *n* Niesen *nt* ♦ *vi* niesen

sniff [snɪf] *n* Schnüffeln *nt* ♦ *vi* schnieben; (*smell*) schnüffeln ♦ *vt* schnuppern

snigger ['snɪgə*] *n* Kichern *nt* ♦ *vi* hämisch kichern

snip [snɪp] *n* Schnippel *m*, Schnipsel *m* ♦ *vt* schnippeln

sniper ['snaɪpə*] *n* Heckenschütze *m*

snippet ['snɪpɪt] *n* Schnipsel *m*; (*of conversation*) Fetzen *m*

snivelling ['snɪvlɪŋ] *adj* weinerlich

snooker ['snu:kə*] *n* Snooker *nt*

snoop [snu:p] *vi*: **to** ~ **about** herumschnüffeln

snooty ['snu:tɪ] (*inf*) *adj* hochnäsig

snooze [snu:z] *n* Nickerchen *nt* ♦ *vi* ein Nickerchen machen, dösen

snore [snɔ:*] *vi* schnarchen ♦ *n* Schnarchen *nt*

snorkel ['snɔ:kl] *n* Schnorchel *m*

snort [snɔ:t] *n* Schnauben *nt* ♦ *vi* schnauben

snout [snaʊt] *n* Schnauze *f*

snow [snəʊ] *n* Schnee *m* ♦ *vi* schneien; ~**ball** *n* Schneeball *m* ♦ *vi* eskalieren; ~**bound** *adj* eingeschneit; ~**drift** *n* Schneewehe *f*; ~**drop** *n* Schneeglöckchen *nt*; ~**fall** *n* Schneefall *m*; ~**flake** *n* Schneeflocke *f*;

~**man** (*irreg*) *n* Schneemann *m*; ~**plough** (*US* **snowplow**) *n* Schneepflug *m*; ~ **shoe** *n* Schneeschuh *m*; ~**storm** *n* Schneesturm *m*

snub [snʌb] *vt* schroff abfertigen ♦ *n* Verweis *m*; ~**-nosed** *adj* stupsnasig

snuff [snʌf] *n* Schnupftabak *m*

snug [snʌg] *adj* gemütlich, behaglich

snuggle ['snʌgl] *vi*: **to ~ up to sb** sich an jdn kuscheln

KEYWORD

so [səʊ] *adv* **1** (*thus*) so; (*likewise*) auch; **so saying he walked away** indem er das sagte, ging er; **if so** wenn ja; **I didn't do it - you did so!** ich hab das nicht gemacht - hast du wohl!; **so do I, so am I** *etc* ich auch; **so it is!** tatsächlich!; **I hope/think so** hoffentlich/ich glaube schon; **so far** bis jetzt

2 (*in comparisons etc: to such a degree*) so; **so quickly/big (that)** so schnell/groß, daß; **I'm so glad to see you** ich freue mich so, dich zu sehen

3: **so many** so viele; **so much work** so viel Arbeit; **I love you so much** ich liebe dich so sehr

4 (*phrases*): **10 or so** etwa 10; **so long!** (*inf: goodbye*) tschüs!

♦ *conj* **1** (*expressing purpose*): **so as to** um ... zu; **so (that)** damit

2 (*expressing result*) also; **so I was right after all** ich hatte also doch recht; **so you see ...** wie du siehst ...

soak [səʊk] *vt* durchnässen; (*leave in liquid*) einweichen ♦ *vi* (ein)weichen; ~ **in** *vi* einsickern; ~ **up** *vt* aufsaugen

so-and-so ['səʊənsəʊ] *n* (*somebody*) Soundso *m*

soap [səʊp] *n* Seife *f*; ~**flakes** *npl* Seifenflocken *pl*; ~ **opera** *n* Familienserie *f* (*im Fernsehen, Radio*); ~ **powder** *n* Waschpulver *nt*; ~**y** *adj* seifig, Seifen-

soar [sɔ:*] *vi* aufsteigen; (*prices*) in die Höhe schnellen

sob [sɒb] *n* Schluchzen *nt* ♦ *vi* schluchzen

sober ['səʊbə*] *adj* (*also fig*) nüchtern; ~ **up** *vi* nüchtern werden

so-called ['səʊ'kɔ:ld] *adj* sogenannt

soccer ['sɒkə*] *n* Fußball *m*

sociable ['səʊʃəbl] *adj* gesellig

social ['səʊʃəl] *adj* sozial; (*friendly, living with others*) gesellig ♦ *n* gesellige(r) Abend *m*; ~ **club** *n* Verein *m* (*für Freizeitgestaltung*); ~**ism** *n* Sozialismus *m*; ~**ist** *n* Sozialist(in) *m(f)* ♦ *adj* sozialistisch; ~**ize** *vi*: **to ~ize (with)** gesellschaftlich verkehren (mit); ~**ly** *adv* gesellschaftlich, privat; ~ **security** *n* Sozialversicherung *f*; ~ **work** *n* Sozialarbeit *f*; ~ **worker** *n* Sozialarbeiter(in) *m(f)*

society [sə'saɪətɪ] *n* Gesellschaft *f*; (*fashionable world*) die große Welt

sociology [səʊsɪ'ɒlədʒɪ] *n* Soziologie *f*

sock [sɒk] *n* Socke *f*

socket ['sɒkɪt] *n* (*ELEC*) Steckdose *f*; (*of eye*) Augenhöhle *f*; (*TECH*) Rohransatz *m*

sod [sɒd] *n* Rasenstück *nt*; (*inf!*) Saukerl *m* (*!*)

soda ['səʊdə] *n* Soda *f*; (*also*: ~ *water*) Soda(wasser) *nt*; (*US*: *also*: ~ *pop*) Limonade *f*

sodden ['sɒdn] *adj* durchweicht

sodium ['səʊdɪəm] *n* Natrium *nt*

sofa ['səʊfə] *n* Sofa *nt*

soft [sɒft] *adj* weich; (*not loud*) leise; (*weak*) nachgiebig; ~ **drink** *n* alkoholfreie(s) Getränk *nt*; ~**en** ['sɒfn] *vt* weich machen; (*blow*) abschwächen, mildern ♦ *vi* weich werden; ~**ly** *adv* sanft; leise; ~**ness** *n* Weichheit *f*; (*fig*) Sanftheit *f*

software ['sɒftwɛə*] *n* (*COMPUT*) Software *f*

soggy ['sɒgɪ] *adj* (*ground*) sumpfig; (*bread*) aufgeweicht

soil [sɔɪl] *n* Erde *f* ♦ *vt* beschmutzen; ~**ed** *adj* beschmutzt

solace ['sɒləs] *n* Trost *m*

solar ['səʊlə*] *adj* Sonnen-; ~ **cell** *n*

Solarzelle *f*; ~ **energy** *n* Sonnenenergie *f*; ~ **panel** *n* Sonnenkollektor *m*; ~ **power** *n* Sonnenenergie *f*

sold [səʊld] *pt, pp of* **sell**; ~ **out** (*COMM*) ausverkauft

solder ['sɒldə*] *vt* löten ♦ *n* Lötmetall *nt*

soldier ['səʊldʒə*] *n* Soldat *m*

sole [səʊl] *n* Sohle *f*; (*fish*) Seezunge *f* ♦ *adj* alleinig, Allein-; ~**ly** *adv* ausschließlich

solemn ['sɒləm] *adj* feierlich

sole trader *n* (*COMM*) Einzelunternehmen *nt*

solicit [sə'lɪsɪt] *vt* (*request*) bitten um ♦ *vi* (*prostitute*) Kunden anwerben

solicitor [sə'lɪsɪtə*] *n* Rechtsanwalt *m*/-anwältin *f*

solid ['sɒlɪd] *adj* (*hard*) fest; (*of same material, not hollow*) massiv; (*without break*) voll, ganz; (*reliable, sensible*) solide ♦ *n* Festkörper *m*

solidarity [sɒlɪ'dærɪtɪ] *n* Solidarität *f*

solidify [sə'lɪdɪfaɪ] *vi* fest werden

solitary ['sɒlɪtərɪ] *adj* einsam, einzeln; ~ **confinement** *n* Einzelhaft *f*

solitude ['sɒlɪtju:d] *n* Einsamkeit *f*

solo ['səʊləʊ] *n* Solo *nt*

soloist ['səʊləʊɪst] *n* Solist(in) *m(f)*

soluble ['sɒljʊbl] *adj* (*substance*) löslich; (*problem*) (auf)lösbar

solution [sə'lu:ʃən] *n* (*also fig*) Lösung *f*; (*of mystery*) Erklärung *f*

solve [sɒlv] *vt* (auf)lösen

solvent ['sɒlvənt] *adj* (*FIN*) zahlungsfähig ♦ *n* (*CHEM*) Lösungsmittel *nt*

sombre ['sɒmbə*] (*US* **somber**) *adj* düster

KEYWORD

some [sʌm] *adj* **1** (*a certain amount or number of*) einige; (*a few*) ein paar; (*with singular nouns*) etwas; **some tea/biscuits** etwas Tee/ein paar Plätzchen; **I've got some money, but not much** ich habe ein bißchen Geld, aber nicht viel
2 (*certain: in contrasts*) manche(r, s); **some people say that ...** manche Leute sagen, daß ...
3 (*unspecified*) irgendein(e); **some woman was asking for you** da hat eine Frau nach Ihnen gefragt; **some day** eines Tages; **some day next week** irgendwann nächste Woche
♦ *pron* **1** (*a certain number*) einige; **have you got some?** haben Sie welche?
2 (*a certain amount*) etwas; **I've read some of the book** ich habe das Buch teilweise gelesen
♦ *adv*: **some 10 people** etwa 10 Leute

somebody ['sʌmbədɪ] *pron* = **someone**

somehow ['sʌmhaʊ] *adv* (*in some way, for some reason*) irgendwie

someone ['sʌmwʌn] *pron* jemand; (*direct obj*) jemand(en); (*indirect obj*) jemandem

someplace ['sʌmpleɪs] (*US*) *adv* = **somewhere**

somersault ['sʌməsɔ:lt] *n* Salto *m* ♦ *vi* einen Salto machen

something ['sʌmθɪŋ] *pron* etwas

sometime ['sʌmtaɪm] *adv* (irgend)einmal

sometimes ['sʌmtaɪmz] *adv* manchmal

somewhat ['sʌmwɒt] *adv* etwas

somewhere ['sʌmwɛə*] *adv* irgendwo; (*to a place*) irgendwohin; ~ **else** irgendwo anders

son [sʌn] *n* Sohn *m*

sonar ['səʊnɑ:*] *n* Echolot *nt*

song [sɒŋ] *n* Lied *nt*

sonic boom *n* Überschallknall *m*

son-in-law ['sʌnɪnlɔ:] *n* Schwiegersohn *m*

sonny ['sʌnɪ] (*inf*) *n* Kleine(r) *m*

soon [su:n] *adv* bald; ~ **afterwards** kurz danach; ~**er** *adv* (*time*) früher; (*for preference*) lieber; ~**er or later** früher oder später

soot [sʊt] *n* Ruß *m*

soothe [su:ð] *vt* (*person*) beruhigen; (*pain*) lindern

sophisticated [sə'fɪstɪkeɪtɪd] *adj* (*person*) kultiviert; (*machinery*) hochentwickelt
sophomore ['sɒfəmɔ:*] (*US*) *n* College-Student *m* im 2. Jahr
soporific [sɒpə'rɪfɪk] *adj* einschläfernd
sopping ['sɒpɪŋ] *adj* patschnaß
soppy ['sɒpɪ] (*inf*) *adj* schmalzig
soprano [sə'prɑ:nəʊ] *n* Sopran *m*
sorcerer ['sɔ:sərə*] *n* Hexenmeister *m*
sordid ['sɔ:dɪd] *adj* erbärmlich
sore [sɔ:*] *adj* schmerzend; (*point*) wund ♦ *n* Wunde *f*; **~ly** *adv* (*tempted*) stark, sehr
sorrow ['sɒrəʊ] *n* Kummer *m*, Leid *nt*; **~ful** *adj* sorgenvoll
sorry ['sɒrɪ] *adj* traurig, erbärmlich; ~! Entschuldigung!; **to feel ~ for sb** jdn bemitleiden; **I feel ~ for him** er tut mir leid; **~?** (*pardon*) wie bitte?
sort [sɔ:t] *n* Art *f*, Sorte *f* ♦ *vt* (*also*: ~ *out*: *papers*) sortieren; (: *problems*) sichten, in Ordnung bringen; **~ing office** *n* Sortierstelle *f*
SOS *n* SOS *nt*
so-so ['səʊ'səʊ] *adv* so(-so) la-la
sought [sɔ:t] *pt, pp of* **seek**
soul [səʊl] *n* Seele *f*; (*music*) Soul *m*; **~-destroying** *adj* trostlos; **~ful** *adj* seelenvoll
sound [saʊnd] *adj* (*healthy*) gesund; (*safe*) sicher; (*sensible*) vernünftig; (*theory*) stichhaltig; (*thorough*) tüchtig, gehörig ♦ *adv*: **to be ~ asleep** fest schlafen ♦ *n* (*noise*) Geräusch *nt*, Laut *m*; (*GEOG*) Sund *m* ♦ *vt* erschallen lassen; (*alarm*) (Alarm) schlagen; (*MED*) abhorchen ♦ *vi* (*make a ~*) schallen, tönen; (*seem*) klingen; **to ~ like** sich anhören wie; **~ out** *vt* (*opinion*) erforschen; (*person*) auf den Zahn fühlen +*dat*; **~ barrier** *n* Schallmauer *f*; **~ effects** *npl* Toneffekte *pl*; **~ing** *n* (*NAUT etc*) Lotung *f*; **~ly** *adv* (*sleep*) fest; (*beat*) tüchtig; **~proof** *adj* (*room*) schalldicht; **~-track** *n* Tonstreifen *m*; (*music*) Filmmusik *f*
soup [su:p] *n* Suppe *f*; **in the ~** (*inf*) in der Tinte; **~ plate** *n* Suppenteller *m*; **~spoon** *n* Suppenlöffel *m*
sour ['saʊə*] *adj* (*also fig*) sauer; **it's ~ grapes** (*fig*) die Trauben hängen zu hoch
source [sɔ:s] *n* (*also fig*) Quelle *f*
south [saʊθ] *n* Süden *m* ♦ *adj* Süd-, südlich ♦ *adv* nach Süden, südwärts; **S~ Africa** *n* Südafrika *nt*; **S~ African** *adj* südafrikanisch ♦ *n* Südafrikaner(in) *m(f)*; **S~ America** *n* Südamerika *nt*; **S~ American** *adj* südamerikanisch ♦ *n* Südamerikaner(in) *m(f)*; **~-east** *n* Südosten *m*; **~erly** ['sʌðəlɪ] *adj* südlich; **~ern** ['sʌðən] *adj* südlich, Süd-; **S~ Pole** *n* Südpol *m*; **~ward(s)** *adv* südwärts, nach Süden; **~-west** *n* Südwesten *m*
souvenir [su:və'nɪə*] *n* Souvenir *nt*
sovereign ['sɒvrɪn] *n* (*ruler*) Herrscher(in) *m(f)* ♦ *adj* (*independent*) souverän
soviet ['səʊvɪət] *adj* sowjetisch; **the S~ Union** die Sowjetunion
sow[1] [saʊ] *n* Sau *f*
sow[2] [səʊ] (*pt* **sowed**, *pp* **sown**) *vt* (*also fig*) säen
soya ['sɔɪə] (*US* **soy**) *n*: **~ bean** Sojabohne *f*; **~ sauce** Sojasauce *f*
spa [spɑ:] *n* (*place*) Kurort *m*
space [speɪs] *n* Platz *m*, Raum *m*; (*universe*) Weltraum *m*, All *nt*; (*length of time*) Abstand *m* ♦ *vt* (*also*: ~ *out*) verteilen; **~craft** *n* Raumschiff *nt*; **~man** (*irreg*) *n* Raumfahrer *m*; **~ ship** *n* Raumschiff *nt*
spacing *n* Abstand *m*; (*also*: ~ *out*) Verteilung *f*
spacious ['speɪʃəs] *adj* geräumig, weit
spade [speɪd] *n* Spaten *m*; **~s** *npl* (*CARDS*) Pik *nt*
Spain [speɪn] *n* Spanien *nt*
span [spæn] *n* Spanne *f*; (*of bridge etc*) Spannweite *f* ♦ *vt* überspannen
Spaniard ['spænjəd] *n* Spanier(in) *m(f)*
Spanish ['spænɪʃ] *adj* spanisch ♦ *n*

(*LING*) Spanisch *nt*; **the** ~ *npl* (*people*) die Spanier *pl*

spank [spæŋk] *vt* verhauen, versohlen

spanner ['spænə*] (*BRIT*) *n* Schraubenschlüssel *m*

spar [spɑ:*] *n* (*NAUT*) Sparren *m* ♦ *vi* (*BOXING*) einen Sparring machen

spare [spɛə*] *adj* Ersatz- ♦ *n* = **spare part** ♦ *vt* (*lives, feelings*) verschonen; (*trouble*) ersparen; **to** ~ (*surplus*) übrig; ~ **part** *n* Ersatzteil *nt*; ~ **time** *n* Freizeit *f*; ~ **wheel** *n* (*AUT*) Reservereifen *m*

sparing ['spɛərɪŋ] *adj*: **to be** ~ **with** geizen mit; ~**ly** *adv* sparsam; (*eat, spend etc*) in Maßen

spark [spɑ:k] *n* Funken *m*; ~**(ing) plug** *n* Zündkerze *f*

sparkle ['spɑ:kl] *n* Funkeln *nt*; (*gaiety*) Schwung *m* ♦ *vi* funkeln

sparkling ['spɑ:klɪŋ] *adj* funkelnd; (*wine*) Schaum-; (*mineral water*) mit Kohlensäure; (*conversation*) spritzig, geistreich

sparrow ['spærəʊ] *n* Spatz *m*

sparse [spɑ:s] *adj* spärlich

spasm ['spæzəm] *n* (*MED*) Krampf *m*; (*fig*) Anfall *m*; ~**odic** [spæz'mɒdɪk] *adj* (*fig*) sprunghaft

spat [spæt] *pt, pp of* **spit**

spate [speɪt] *n* (*fig*) Flut *f*, Schwall *m*; **in** ~ (*river*) angeschwollen

spatter ['spætə*] *vt* bespritzen, verspritzen

spatula ['spætjʊlə] *n* Spatel *m*

spawn [spɔ:n] *vi* laichen ♦ *n* Laich *m*

speak [spi:k] (*pt* **spoke**, *pp* **spoken**) *vt* sprechen, reden; (*truth*) sagen; (*language*) sprechen ♦ *vi*: **to** ~ **(to)** sprechen (mit *or* zu); **to** ~ **to sb of** *or* **about sth** mit jdm über etw *acc* sprechen; ~ **up!** sprich lauter!; ~**er** *n* Sprecher(in) *m(f)*, Redner(in) *m(f)*; (*loudspeaker*) Lautsprecher *m*; (*POL*): **the S**~**er** der Vorsitzende des Parlaments (*BRIT*) *or* des Kongresses (*US*)

spear [spɪə*] *n* Speer *m* ♦ *vt* aufspießen; ~**head** *vt* (*attack etc*) anführen

spec [spek] (*inf*) *n*: **on** ~ auf gut Glück

special ['speʃəl] *adj* besondere(r, s); ~**ist** *n* (*TECH*) Fachmann *m*; (*MED*) Facharzt *m*/Fachärztin *f*; ~**ity** [speʃɪ'ælɪtɪ] *n* Spezialität *f*; (*study*) Spezialgebiet *nt*; ~**ize** *vi*: **to** ~**ize (in)** sich spezialisieren (auf +*acc*); ~**ly** *adv* besonders; (*explicitly*) extra

species ['spi:ʃi:z] *n* Art *f*

specific [spə'sɪfɪk] *adj* spezifisch; ~**ally** *adv* spezifisch

specification [spesɪfɪ'keɪʃən] *n* Angabe *f*; (*stipulation*) Bedingung *f*; ~**s** *npl* (*TECH*) technische Daten *pl*

specify ['spesɪfaɪ] *vt* genau angeben

specimen ['spesɪmɪn] *n* Probe *f*

speck [spek] *n* Fleckchen *nt*

speckled ['spekld] *adj* gesprenkelt

specs [speks] (*inf*) *npl* Brille *f*

spectacle ['spektəkl] *n* Schauspiel *nt*; ~**s** *npl* (*glasses*) Brille *f*

spectacular [spek'tækjʊlə*] *adj* sensationell; (*success etc*) spektakulär

spectator [spek'teɪtə*] *n* Zuschauer(in) *m(f)*

spectre ['spektə*] (*US* **specter**) *n* Geist *m*, Gespenst *nt*

speculate ['spekjʊleɪt] *vi* spekulieren

speech [spi:tʃ] *n* Sprache *f*; (*address*) Rede *f*; (*manner of speaking*) Sprechweise *f*; ~**less** *adj* sprachlos

speed [spi:d] *n* Geschwindigkeit *f*; (*gear*) Gang *m* ♦ *vi* (*JUR*) (zu) schnell fahren; **at full** *or* **top** ~ mit Höchstgeschwindigkeit; ~ **up** *vt* beschleunigen ♦ *vi* schneller werden; schneller fahren; ~**boat** *n* Schnellboot *nt*; ~**ily** *adv* schleunigst; ~**ing** *n* Geschwindigkeitsüberschreitung *f*; ~ **limit** *n* Geschwindigkeitsbegrenzung *f*; ~**ometer** [spɪ'dɒmɪtə*] *n* Tachometer *m*; ~**way** *n* (*bike racing*) Motorradrennstrecke *f*; ~**y** *adj* schnell

spell [spel] (*pt, pp* **spelt** *(BRIT) or* ~**ed**) *n* (*magic*) Bann *m*; (*period of time*) Zeitlang *f* ♦ *vt* buchstabieren; (*imply*) bedeuten; **to cast a** ~ **on**

sb jdn verzaubern; **~bound** *adj* (wie) gebannt; **~ing** *n* Rechtschreibung *f*

spelt [spelt] (*BRIT*) *pt, pp of* **spell**

spend [spend] (*pt, pp* **spent**) *vt* (*money*) ausgeben; (*time*) verbringen; **~thrift** *n* Verschwender(in) *m(f)*

spent [spent] *pt, pp of* **spend**

sperm [spɜ:m] *n* (*BIOL*) Samenflüssigkeit *f*

spew [spju:] *vt* (er)brechen

sphere [sfɪə*] *n* (*globe*) Kugel *f*; (*fig*) Sphäre *f*, Gebiet *nt*

spherical ['sferɪkəl] *adj* kugelförmig

spice [spaɪs] *n* Gewürz *nt* ♦ *vt* würzen

spick-and-span ['spɪkən'spæn] *adj* blitzblank

spicy ['spaɪsɪ] *adj* (*food*) stark gewürzt; (*fig*) pikant

spider ['spaɪdə*] *n* Spinne *f*

spike [spaɪk] *n* Dorn *m*, Spitze *f*

spill [spɪl] (*pt, pp* **spilt** *or* **~ed**) *vt* verschütten ♦ *vi* sich ergießen; **~ over** *vi* überlaufen; (*fig*) sich ausbreiten

spilt [spɪlt] *pt, pp of* **spill**

spin [spɪn] (*pt, pp* **spun**) *n* (*trip in car*) Spazierfahrt *f*; (*AVIAT*) (Ab)trudeln *nt*; (*on ball*) Drall *m* ♦ *vt* (*thread*) spinnen; (*like top*) (herum)wirbeln ♦ *vi* sich drehen; **~ out** *vt* in die Länge ziehen

spinach ['spɪnɪtʃ] *n* Spinat *m*

spinal ['spaɪnl] *adj* Rückgrat-; **~ cord** *n* Rückenmark *nt*

spindly ['spɪndlɪ] *adj* spindeldürr

spin-dryer ['spɪn'draɪə*] (*BRIT*) *n* Wäscheschleuder *f*

spine [spaɪn] *n* Rückgrat *nt*; (*thorn*) Stachel *m*; **~less** *adj* (*also fig*) rückgratlos

spinning ['spɪnɪŋ] *n* Spinnen *nt*; **~ top** *n* Kreisel *m*; **~ wheel** *n* Spinnrad *nt*

spin-off ['spɪnɒf] *n* Nebenprodukt *nt*

spinster ['spɪnstə*] *n* unverheiratete Frau *f*; (*pej*) alte Jungfer *f*

spiral ['spaɪərl] *n* Spirale *f* ♦ *adj* spiralförmig; (*movement etc*) in Spiralen ♦ *vi* sich (hoch)winden; **~ staircase** *n* Wendeltreppe *f*

spire ['spaɪə*] *n* Turm *m*

spirit ['spɪrɪt] *n* Geist *m*; (*humour, mood*) Stimmung *f*; (*courage*) Mut *m*; (*verve*) Elan *m*; (*alcohol*) Alkohol *m*; **~s** *npl* (*drink*) Spirituosen *pl*; **in good ~s** gut aufgelegt; **~ed** *adj* beherzt; **~ level** *n* Wasserwaage *f*

spiritual ['spɪrɪtjʊəl] *adj* geistig, seelisch; (*REL*) geistlich ♦ *n* Spiritual *nt*

spit [spɪt] (*pt, pp* **spat**) *n* (*for roasting*) (Brat)spieß *m*; (*saliva*) Spukke *f* ♦ *vi* spucken; (*rain*) sprühen; (*make a sound*) zischen; (*cat*) fauchen

spite [spaɪt] *n* Gehässigkeit *f* ♦ *vt* kränken; **in ~ of** trotz; **~ful** *adj* gehässig

spittle ['spɪtl] *n* Speichel *m*, Spucke *f*

splash [splæʃ] *n* Spritzer *m*; (*of colour*) (Farb)fleck *m* ♦ *vt* bespritzen ♦ *vi* spritzen

spleen [spli:n] *n* (*ANAT*) Milz *f*

splendid ['splendɪd] *adj* glänzend

splendour ['splendə*] (*US* **splendor**) *n* Pracht *f*

splint [splɪnt] *n* Schiene *f*

splinter ['splɪntə*] *n* Splitter *m* ♦ *vi* (zer)splittern

split [splɪt] (*pt, pp* **split**) *n* Spalte *f*; (*fig*) Spaltung *f*; (*division*) Trennung *f* ♦ *vt* spalten ♦ *vi* (*divide*) reißen; **~ up** *vi* sich trennen

splutter ['splʌtə*] *vi* stottern

spoil [spɔɪl] (*pt, pp* **spoilt** *or* **~ed**) *vt* (*ruin*) verderben; (*child*) verwöhnen; **~s** *npl* Beute *f*; **~sport** *n* Spielverderber *m*; **spoilt** [spɔɪlt] *pt, pp of* **spoil**

spoke [spəʊk] *pt of* **speak** ♦ *n* Speiche *f*

spoken ['spəʊkn] *pp of* **speak**

spokesman ['spəʊksmən] (*irreg*) *n* Sprecher *m*

spokeswoman ['spəʊkswʊmən] (*irreg*) *n* Sprecherin *f*

sponge [spʌndʒ] *n* Schwamm *m* ♦ *vt* abwaschen ♦ *vi*: **to ~ on** auf Kosten leben +*gen*; **~ bag** (*BRIT*) *n*

Kulturbeutel *m*; ~ **cake** *n* Rührkuchen *m*

sponsor ['spɒnsə*] *n* Sponsor *m* ♦ *vt* fördern; **~ship** *n* Finanzierung *f*; (*public*) Schirmherrschaft *f*

spontaneous [spɒn'teɪnɪəs] *adj* spontan

spooky ['spu:kɪ] (*inf*) *adj* gespenstisch

spool [spu:l] *n* Spule *f*, Rolle *f*

spoon [spu:n] *n* Löffel *m*; **~-feed** (*irreg*) *vt* mit dem Löffel füttern; (*fig*) hochpäppeln; **~ful** *n* Löffel(voll) *m*

sport [spɔ:t] *n* Sport *m*; (*person*) feine(r) Kerl *m*; **~ing** *adj* (*fair*) sportlich, fair; **to give sb a ~ing chance** jdm eine faire Chance geben; ~ **jacket** (*US*) *n* = **sports jacket**; **~s car** *n* Sportwagen *m*; **~s jacket** *n* Sportjackett *nt*; **~sman** (*irreg*) *n* Sportler *m*; **~smanship** *n* Sportlichkeit *f*; **~swear** *n* Sportkleidung *f*; **~swoman** (*irreg*) *n* Sportlerin *f*; **~y** *adj* sportlich

spot [spɒt] *n* Punkt *m*; (*dirty*) Fleck(en) *m*; (*place*) Stelle *f*; (*MED*) Pickel *m* ♦ *vt* erspähen; (*mistake*) bemerken; **on the** ~ an Ort und Stelle; (*at once*) auf der Stelle; ~ **check** *n* Stichprobe *f*; **~less** *adj* fleckenlos; **~light** *n* Scheinwerferlicht *nt*; (*lamp*) Scheinwerfer *m*; **~ted** *adj* gefleckt; **~ty** *adj* (*face*) pickelig

spouse [spaʊz] *n* Gatte *m*/Gattin *f*

spout [spaʊt] *n* (*of pot*) Tülle *f*; (*jet*) Wasserstrahl *m* ♦ *vi* speien

sprain [spreɪn] *n* Verrenkung *f* ♦ *vt* verrenken

sprang [spræŋ] *pt of* **spring**

sprawl [sprɔ:l] *vi* sich strecken

spray [spreɪ] *n* Spray *nt*; (*off sea*) Gischt *f*; (*of flowers*) Zweig *m* ♦ *vt* besprühen, sprayen

spread [spred] (*pt, pp* **spread**) *n* (*extent*) Verbreitung *f*; (*inf*: *meal*) Schmaus *m*; (*for bread*) Aufstrich *m* ♦ *vt* ausbreiten; (*scatter*) verbreiten; (*butter*) streichen ♦ *vi* sich ausbreiten; **~-eagled** ['spredi:gld] *adj*: **to be ~-eagled** alle viere von sich strecken

spree [spri:] *n* (*shopping*) Einkaufsbummel *m*; **to go on a** ~ einen draufmachen

sprightly ['spraɪtlɪ] *adj* munter, lebhaft

spring [sprɪŋ] (*pt* **sprang**, *pp* **sprung**) *n* (*leap*) Sprung *m*; (*metal*) Feder *f*; (*season*) Frühling *m*; (*water*) Quelle *f* ♦ *vi* (*leap*) springen; ~ **up** *vi* (*problem*) auftauchen; **~board** *n* Sprungbrett *nt*; **~clean** *n* (*also*: *~-cleaning*) Frühjahrsputz *m*; **~time** *n* Frühling *m*; **~y** *adj* federnd, elastisch

sprinkle ['sprɪŋkl] *vt* (*salt*) streuen; (*liquid*) sprenkeln; **to ~ water on, to ~ with water** mit Wasser besprengen

sprinkler ['sprɪŋklə*] *n* (*for lawn*) Sprenger *m*; (*for fire fighting*) Sprinkler *m*

sprint [sprɪnt] *n* (*race*) Sprint *m* ♦ *vi* (*gen*: *run fast*) rennen; (*SPORT*) sprinten

sprite [spraɪt] *n* Elfe *f*; Kobold *m*

sprout [spraʊt] *vi* sprießen; **~s** *npl* (*also*: *Brussels ~s*) Rosenkohl *m*

spruce [spru:s] *n* Fichte *f* ♦ *adj* schmuck, adrett

sprung [sprʌŋ] *pp of* **spring**

spry [spraɪ] *adj* flink, rege

spun [spʌn] *pt, pp of* **spin**

spur [spɜ:*] *n* Sporn *m*; (*fig*) Ansporn *m* ♦ *vt* (*also*: ~ *on*: *fig*) anspornen; **on the ~ of the moment** spontan

spurious ['spjʊərɪəs] *adj* falsch

spurn [spɜ:n] *vt* verschmähen

spurt [spɜ:t] *n* (*jet*) Strahl *m*; (*acceleration*) Spurt *m* ♦ *vi* (*liquid*) schießen

spy [spaɪ] *n* Spion(in) *m(f)* ♦ *vi* spionieren ♦ *vt* erspähen; **~ing** *n* Spionage *f*

sq. *abbr* = **square**

squabble ['skwɒbl] *n* Zank *m* ♦ *vi* sich zanken

squad [skwɒd] *n* (*MIL*) Abteilung *f*; (*POLICE*) Kommando *nt*

squadron ['skwɒdrən] *n* (*cavalry*) Schwadron *f*; (*NAUT*) Geschwader *nt*; (*air force*) Staffel *f*

squalid ['skwɒlɪd] *adj* verkommen
squall [skwɔ:l] *n* Bö *f*, Windstoß *m*
squalor ['skwɒlə*] *n* Verwahrlosung *f*
squander ['skwɒndə*] *vt* verschwenden
square [skwɛə*] *n* Quadrat *nt*; (*open space*) Platz *m*; (*instrument*) Winkel *m*; (*inf: person*) Spießer *m* ♦ *adj* viereckig; (*inf: ideas, tastes*) spießig ♦ *vt* (*arrange*) ausmachen; (*MATH*) ins Quadrat erheben ♦ *vi* (*agree*) übereinstimmen; **all ~** quitt; **a ~ meal** eine ordentliche Mahlzeit; **2 metres ~** 2 Meter im Quadrat; **1 ~ metre** 1 Quadratmeter; **~ly** *adv* fest, gerade
squash [skwɒʃ] *n* (*BRIT: drink*) Saft *m*; (*game*) Squash *nt* ♦ *vt* zerquetschen
squat [skwɒt] *adj* untersetzt ♦ *vi* hocken; **~ter** *n* Hausbesetzer *m*
squawk [skwɔ:k] *vi* kreischen
squeak [skwi:k] *vi* quiek(s)en; (*spring, door etc*) quietschen
squeal [skwi:l] *vi* schrill schreien
squeamish ['skwi:mɪʃ] *adj* empfindlich
squeeze [skwi:z] *n* (*POL*) Geldknappheit *f* ♦ *vt* pressen, drücken; (*orange*) auspressen; **~ out** *vt* ausquetschen
squelch [skweltʃ] *vt* platschen
squib [skwɪb] *n* Knallfrosch *m*
squid [skwɪd] *n* Tintenfisch *m*
squiggle ['skwɪgl] *n* Schnörkel *m*
squint [skwɪnt] *vi* schielen ♦ *n*: **to have a ~** schielen; **to ~ at sb/sth** nach jdm/etw schielen
squire ['skwaɪə*] (*BRIT*) *n* Gutsherr *m*
squirm [skwɜ:m] *vi* sich winden
squirrel ['skwɪrəl] *n* Eichhörnchen *nt*
squirt [skwɜ:t] *vt, vi* spritzen
Sr *abbr* (= *senior*) sen.
St *abbr* (= *saint*) hl., St.; (= *street*) Str.
stab [stæb] *n* (*blow*) Stich *m*; (*inf: try*) Versuch *m* ♦ *vt* erstechen
stabilize ['steɪbəlaɪz] *vt* stabilisieren ♦ *vi* sich stabilisieren
stable ['steɪbl] *adj* stabil ♦ *n* Stall *m*
stack [stæk] *n* Stapel *m* ♦ *vt* stapeln
stadium ['steɪdɪəm] *n* Stadion *nt*
staff [stɑ:f] *n* (*stick, MIL*) Stab *m*; (*personnel*) Personal *nt*; (*BRIT: SCH*) Lehrkräfte *pl* ♦ *vt* (*with people*) besetzen
stag [stæg] *n* Hirsch *m*
stage [steɪdʒ] *n* Bühne *f*; (*of journey*) Etappe *f*; (*degree*) Stufe *f*; (*point*) Stadium *nt* ♦ *vt* (*put on*) aufführen; (*simulate*) inszenieren; (*demonstration*) veranstalten; **in ~s** etappenweise; **~coach** *n* Postkutsche *f*; **~ door** *n* Bühneneingang *m*; **~ manager** *n* Intendant *m*
stagger ['stægə*] *vi* wanken, taumeln ♦ *vt* (*amaze*) verblüffen; (*hours*) staffeln; **~ing** *adj* unglaublich
stagnant ['stægnənt] *adj* stagnierend; (*water*) stehend
stagnate [stæg'neɪt] *vi* stagnieren
stag party *n* Männerabend *m* (vom Bräutigam vor der Hochzeit gegeben)
staid [steɪd] *adj* gesetzt
stain [steɪn] *n* Fleck *m* ♦ *vt* beflekken; **~ed glass window** buntes Glasfenster *nt*; **~less** *adj* (*steel*) rostfrei; **~ remover** *n* Fleckentferner *m*
stair [stɛə*] *n* (Treppen)stufe *f*; **~s** *npl* (*flight of steps*) Treppe *f*; **~case** *n* Treppenhaus *nt*, Treppe *f*; **~way** *n* Treppenaufgang *m*
stake [steɪk] *n* (*post*) Pfahl *m*; (*money*) Einsatz *m* ♦ *vt* (*bet: money*) setzen; **to be at ~** auf dem Spiel stehen
stale [steɪl] *adj* alt; (*bread*) altbacken
stalemate ['steɪlmeɪt] *n* (*CHESS*) Patt *nt*; (*fig*) Stillstand *m*
stalk [stɔ:k] *n* Stengel *m*, Stiel *m* ♦ *vt* (*game*) jagen; **~ off** *vi* abstolzieren
stall [stɔ:l] *n* (*in stable*) Stand *m*, Box *f*; (*in market*) (Verkaufs)stand *m* ♦ *vt* (*AUT*) abwürgen ♦ *vi* stehenbleiben; (*fig*) Ausflüchte machen; **~s** *npl* (*BRIT: THEAT*) Parkett *nt*
stallion ['stælɪən] *n* Zuchthengst *m*

stalwart ['stɔ:lwət] *n* treue(r) Anhänger *m*

stamina ['stæmınə] *n* Durchhaltevermögen *nt*, Zähigkeit *f*

stammer ['stæmə*] *n* Stottern *nt* ♦ *vt, vi* stottern, stammeln

stamp [stæmp] *n* Briefmarke *f*; (*for document*) Stempel *m* ♦ *vi* stampfen ♦ *vt* (*mark*) stempeln; (*mail*) frankieren; (*foot*) stampfen mit; ~ **album** *n* Briefmarkenalbum *nt*; ~ **collecting** *n* Briefmarkensammeln *nt*

stampede [stæm'pi:d] *n* panische Flucht *f*

stance [stæns] *n* Haltung *f*

stand [stænd] (*pt, pp* **stood**) *n* (*for objects*) Gestell *nt*; (*seats*) Tribüne *f* ♦ *vi* stehen; (*rise*) aufstehen; (*decision*) feststehen ♦ *vt* setzen, stellen; (*endure*) aushalten; (*person*) ausstehen; (*nonsense*) dulden; **to make a** ~ Widerstand leisten; **to** ~ **for parliament** (*BRIT*) für das Parlament kandidieren; ~ **by** *vi* (*be ready*) bereitstehen ♦ *vt fus* (*opinion*) treu bleiben *+dat*; ~ **down** *vi* (*withdraw*) zurücktreten; ~ **for** *vt fus* (*signify*) stehen für; (*permit, tolerate*) hinnehmen; ~ **in for** *vt fus* einspringen für; ~ **out** *vi* (*be prominent*) hervorstechen; ~ **up** *vi* (*rise*) aufstehen; ~ **up for** *vt fus* sich einsetzen für; ~ **up to** *vt fus*: **to** ~ **up to sth** einer Sache *dat* gewachsen sein; **to** ~ **up to sb** sich jdm gegenüber behaupten

standard ['stændəd] *n* (*measure*) Norm *f*; (*flag*) Fahne *f* ♦ *adj* (*size etc*) Normal-; ~**s** *npl* (*morals*) Maßstäbe *pl*; ~**ize** *vt* vereinheitlichen; ~ **lamp** (*BRIT*) *n* Stehlampe *f*; ~ **of living** *n* Lebensstandard *m*

stand-by ['stændbaı] *n* Reserve *f*; **to be on** ~ in Bereitschaft sein; ~ **ticket** *n* (*AVIAT*) Standby-Ticket *nt*

stand-in ['stændın] *n* Ersatz *m*

standing ['stændıŋ] *adj* (*erect*) stehend; (*permanent*) ständig; (*invitation*) offen ♦ *n* (*duration*) Dauer *f*; (*reputation*) Ansehen *nt*; **of many years'** ~ langjährig; ~ **order** (*BRIT*) *n* (*at bank*) Dauerauftrag *m*; ~ **orders** *npl* (*MIL*) Vorschrift *f*; ~ **room** *n* Stehplatz *m*

stand-offish ['stænd'ɒfıʃ] *adj* zurückhaltend, sehr reserviert

standpoint ['stændpɔınt] *n* Standpunkt *m*

standstill ['stændstıl] *n*: **to be at a** ~ stillstehen; **to come to a** ~ zum Stillstand kommen

stank [stæŋk] *pt of* **stink**

staple ['steıpl] *n* (*in paper*) Heftklamme *f*; (*article*) Haupterzeugnis *nt* ♦ *adj* Grund-, Haupt- ♦ *vt* (fest)klammern; ~**r** *n* Heftmaschine *f*

star [stɑ:*] *n* Stern *m*; (*person*) Star *m* ♦ *vi* die Hauptrolle spielen ♦ *vt*: ~**ring** ... in der Hauptrolle/den Hauptrollen ...

starboard ['stɑ:bəd] *n* Steuerbord *nt*

starch [stɑ:tʃ] *n* Stärke *f*

stardom ['stɑ:dəm] *n* Berühmtheit *f*

stare [stɛə*] *n* starre(r) Blick *m* ♦ *vi*: **to** ~ **at** starren auf *+acc*, anstarren

starfish ['stɑ:fıʃ] *n* Seestern *m*

stark [stɑ:k] *adj* öde ♦ *adv*: ~ **naked** splitternackt

starling ['stɑ:lıŋ] *n* Star *m*

starry ['stɑ:rı] *adj* Sternen-; ~**-eyed** *adj* (*innocent*) blauäugig

start [stɑ:t] *n* Anfang *m*; (*SPORT*) Start *m*; (*lead*) Vorsprung *m* ♦ *vt* in Gang setzen; (*car*) anlassen ♦ *vi* anfangen; (*car*) anspringen; (*on journey*) aufbrechen; (*SPORT*) starten; (*with fright*) zusammenfahren; **to** ~ **doing** *or* **to do sth** anfangen, etw zu tun; ~ **off** *vi* anfangen; (*begin moving*) losgehen; losfahren; ~ **up** *vi* anfangen; (*startled*) auffahren ♦ *vt* beginnen; (*car*) anlassen; (*engine*) starten; ~**er** *n* (*AUT*) Anlasser *m*; (*for race*) Starter *m*; (*BRIT*: *COOK*) Vorspeise *f*; ~**ing point** *n* Ausgangspunkt *m*

startle ['stɑ:tl] *vt* erschrecken

startling ['stɑ:tlıŋ] *adj* erschreckend

starvation [stɑ:'veıʃən] *n* Verhungern *nt*

starve [stɑ:v] *vi* verhungern ♦ *vt*

verhungern lassen; **I'm starving** ich sterbe vor Hunger

state [steɪt] *n* (*condition*) Zustand *m*; (*POL*) Staat *m* ♦ *vt* erklären; (*facts*) angeben; **the S~s** (*USA*) die Staaten; **to be in a ~** durchdrehen; **~ly** *adj* würdevoll; **~ment** *n* Aussage *f*; (*POL*) Erklärung *f*; **~sman** (*irreg*) *n* Staatsmann *m*

static ['stætɪk] *n* (*also: ~ electricity*) Reibungselektrizität *f*

station ['steɪʃən] *n* (*RAIL etc*) Bahnhof *m*; (*police etc*) Wache *f*; (*in society*) Stand *m* ♦ *vt* stationieren

stationary ['steɪʃənərɪ] *adj* stillstehend; (*car*) parkend

stationer ['steɪʃənə*] *n* Schreibwarenhändler *m*; **~'s** *n* (*shop*) Schreibwarengeschäft *nt*; **~y** *n* Schreibwaren *pl*

station master *n* Bahnhofsvorsteher *m*

station wagon *n* Kombiwagen *m*

statistics [stə'tɪstɪks] *n* Statistik *f*

statue ['stætju:] *n* Statue *f*

stature ['stætʃə*] *n* Größe *f*

status ['steɪtəs] *n* Status *m*

statute ['stætju:t] *n* Gesetz *nt*

statutory ['stætjʊtərɪ] *adj* gesetzlich

staunch [stɔ:ntʃ] *adj* standhaft

stave [steɪv] *n* (*MUS*) Notenlinien *pl* ♦ *vt*: **to ~ off** (*threat*) abwenden; (*attack*) abwehren

stay [steɪ] *n* Aufenthalt *m* ♦ *vi* bleiben; (*reside*) wohnen; **to ~ put** an Ort und Stelle bleiben; **to ~ the night** übernachten; **~ behind** *vi* zurückbleiben; **~ in** *vi* (*at home*) zu Hause bleiben; **~ on** *vi* (*continue*) länger bleiben; **~ out** *vi* (*of house*) wegbleiben; **~ up** *vi* (*at night*) aufbleiben; **~ing power** *n* Durchhaltevermögen *nt*

stead [sted] *n*: **in sb's ~** an jds Stelle *dat*; **to stand sb in good ~** jdm zugute kommen

steadfast ['stedfəst] *adj* standhaft, treu

steadily ['stedɪlɪ] *adv* stetig, regelmäßig

steady ['stedɪ] *adj* (*firm*) fest, stabil; (*regular*) gleichmäßig; (*reliable*) beständig; (*hand*) ruhig; (*job, boyfriend*) fest ♦ *vt* festigen; **to ~ o.s. on/against sth** sich stützen auf/gegen etw *acc*

steak [steɪk] *n* Steak *nt*; (*fish*) Filet *nt*

steal [sti:l] (*pt* **stole**, *pp* **stolen**) *vt* stehlen ♦ *vi* stehlen; (*go stealthily*) sich stehlen

stealth [stelθ] *n* Heimlichkeit *f*; **~y** ['stelθɪ] *adj* verstohlen, heimlich

steam [sti:m] *n* Dampf *m* ♦ *vt* (*COOK*) im Dampfbad erhitzen ♦ *vi* dampfen; **~ engine** *n* Dampfmaschine *f*; **~er** *n* Dampfer *m*; **~roller** *n* Dampfwalze *f*; **~ship** *n* = **steamer**; **~y** *adj* dampfig

steel [sti:l] *n* Stahl *m* ♦ *adj* Stahl-; (*fig*) stählern; **~works** *n* Stahlwerke *pl*

steep [sti:p] *adj* steil; (*price*) gepfeffert ♦ *vt* einweichen

steeple ['sti:pl] *n* Kirchturm *m*; **~chase** *n* Hindernisrennen *nt*

steer [stɪə*] *vt, vi* steuern; (*car etc*) lenken; **~ing** *n* (*AUT*) Steuerung *f*; **~ing wheel** *n* Steuer- *or* Lenkrad *nt*

stellar ['stelə*] *adj* Stern(en)-

stem [stem] *n* Stiel *m* ♦ *vt* aufhalten; **~ from** *vt fus* abstammen von

stench [stentʃ] *n* Gestank *m*

stencil ['stensl] *n* Schablone *f* ♦ *vt* (auf)drucken

stenographer [ste'nɒgrəfə*] (*US*) *n* Stenograph(in) *m(f)*

step [step] *n* Schritt *m*; (*stair*) Stufe *f* ♦ *vi* treten, schreiten; **~s** *npl* (*BRIT*) = **stepladder**; **to take ~s** Schritte unternehmen; **in/out of ~ (with)** im/nicht im Gleichklang (mit); **~ down** *vi* (*fig*) abtreten; **~ off** *vt fus* aussteigen aus; **~ up** *vt* steigern; **~brother** *n* Stiefbruder *m*; **~daughter** *n* Stieftochter *f*; **~father** *n* Stiefvater *m*; **~ladder** *n* Trittleiter *f*; **~mother** *n* Stiefmutter *f*; **~ping stone** *n* Stein *m*; (*fig*) Sprungbrett *nt*; **~sister** *n* Stiefschwester *f*; **~son** *n*

Stiefsohn *m*

stereo ['steriəʊ] *n* Stereoanlage *f* ♦ *adj* (*also*: ~*phonic*) stereophonisch

stereotype ['stɪəriətaɪp] *n* Prototyp *m*; (*fig*) Klischee *nt* ♦ *vt* stereotypieren; (*fig*) stereotyp machen

sterile ['steraɪl] *adj* steril; (*person*) unfruchtbar

sterling ['stɜ:lɪŋ] *adj* (*FIN*) Sterling-; (*character*) gediegen ♦ *n* (*ECON*) das Pfund Sterling; **a pound** ~ ein Pfund Sterling

stern [stɜ:n] *adj* streng ♦ *n* Heck *nt*, Achterschiff *nt*

stew [stju:] *n* Eintopf *m* ♦ *vt, vi* schmoren

steward ['stju:əd] *n* Steward *m*; ~**ess** *n* Stewardess *f*

stick [stɪk] (*pt, pp* **stuck**) *n* Stock *m*; (*of chalk etc*) Stück *nt* ♦ *vt* (*stab*) stechen; (*fix*) stecken; (*put*) stellen; (*gum*) (an)kleben; (*inf*: *tolerate*) vertragen ♦ *vi* (*stop*) steckenbleiben; (*get stuck*) klemmen; (*hold fast*) kleben, haften; ~ **out** *vi* (*project*) hervorstehen; ~ **up** *vi* (*project*) in die Höhe stehen; ~ **up for** *vt fus* (*defend*) eintreten für; ~**er** *n* Aufkleber *m*; ~**ing plaster** *n* Heftpflaster *nt*

stickler ['stɪklə*] *n*: ~ **(for)** Pedant *m* (in +*acc*)

stick-up ['stɪkʌp] (*inf*) *n* (Raub)überfall *m*

sticky ['stɪkɪ] *adj* klebrig; (*atmosphere*) stickig

stiff [stɪf] *adj* steif; (*difficult*) hart; (*paste*) dick; (*drink*) stark; ~**en** *vt* versteifen, (ver)stärken ♦ *vi* sich versteifen

stifle ['staɪfl] *vt* unterdrücken

stifling ['staɪflɪŋ] *adj* drückend

stigma ['stɪgmə] (*pl BOT, MED, REL* ~**ta**; *fig* ~**s**) *n* Stigma *nt*

stigmata ['stɪgmətə] *npl of* **stigma**

stile [staɪl] *n* Steige *f*

stiletto [stɪ'letəʊ] (*BRIT*) *n* (*also*: ~ *heel*) Pfennigabsatz *m*

still [stɪl] *adj* still ♦ *adv* (immer) noch; (*anyhow*) immerhin; ~**born** *adj* totgeboren; ~ **life** *n* Stilleben *nt*

stilt [stɪlt] *n* Stelze *f*

stilted ['stɪltɪd] *adj* gestelzt

stimulate ['stɪmjʊleɪt] *vt* anregen, stimulieren

stimuli ['stɪmjʊlaɪ] *npl of* **stimulus**

stimulus ['stɪmjʊləs] (*pl* **-li**) *n* Anregung *f*, Reiz *m*

sting [stɪŋ] (*pt, pp* **stung**) *n* Stich *m*; (*organ*) Stachel *m* ♦ *vi* stechen; (*on skin*) brennen ♦ *vt* stechen

stingy ['stɪndʒɪ] *adj* geizig, knauserig

stink [stɪŋk] (*pt* **stank**, *pp* **stunk**) *n* Gestank *m* ♦ *vi* stinken; ~**ing** *adj* (*fig*) widerlich

stint [stɪnt] *n* Pensum *nt*; (*period*) Betätigung *f* ♦ *vi* knausern; **to do one's** ~ seine Arbeit tun; (*share*) seinen Teil beitragen

stipulate ['stɪpjʊleɪt] *vt* festsetzen

stir [stɜ:*] *n* Bewegung *f*; (*COOK*) Rühren *nt*; (*sensation*) Aufsehen *nt* ♦ *vt* (um)rühren ♦ *vi* sich rühren; ~ **up** *vt* (*mob*) aufhetzen; (*mixture*) umrühren; (*dust*) aufwirbeln

stirrup ['stɪrəp] *n* Steigbügel *m*

stitch [stɪtʃ] *n* (*with needle*) Stich *m*; (*MED*) Faden *m*; (*of knitting*) Masche *f*; (*pain*) Stich *m* ♦ *vt* nähen

stoat [stəʊt] *n* Wiesel *nt*

stock [stɒk] *n* Vorrat *m*; (*COMM*) (Waren)lager *nt*; (*live*~) Vieh *nt*; (*COOK*) Brühe *f*; (*FIN*) Grundkapital *nt* ♦ *adj* stets vorrätig; (*standard*) Normal- ♦ *vt* (*in shop*) führen; ~**s** *npl* (*FIN*) Aktien *pl*; **in/out of** ~ vorrätig/nicht vorrätig; **to take** ~ **of** Inventur machen von; (*fig*) Bilanz ziehen aus; ~**s and shares** Effekten *pl*; ~ **up** *vi*: **to** ~ **up (with)** Reserven anlegen (von)

stockbroker ['stɒkbrəʊkə*] *n* Börsenmakler *m*

stock cube *n* Brühwürfel *m*

stock exchange *n* Börse *f*

stocking ['stɒkɪŋ] *n* Strumpf *m*

stockist ['stɒkɪst] *n* Händler *m*

stock: ~ **market** *n* Börse *f*; ~ **phrase** *n* Standardsatz *m*; ~**pile** *n* Vorrat *m* ♦ *vt* aufstapeln; ~**taking** (*BRIT*) *n* (*COMM*) Inventur *f*, Bestandsaufnahme *f*

stocky ['stɒkɪ] *adj* untersetzt

stodgy ['stɒdʒɪ] *adj* pampig; (*fig*) trocken

stoke [stəʊk] *vt* schüren

stole [stəʊl] *pt of* **steal** ♦ *n* Stola *f*

stolen ['stəʊlən] *pp of* **steal**

stolid ['stɒlɪd] *adj* stur

stomach ['stʌmək] *n* Bauch *m*, Magen *m* ♦ *vt* vertragen; **~-ache** *n* Magen- *or* Bauchschmerzen *pl*

stone [stəʊn] *n* Stein *m*; (*BRIT*: *weight*) *Gewichtseinheit f* = 6.35 kg ♦ *vt* (*olive*) entkernen; (*kill*) steinigen; **~-cold** *adj* eiskalt; **~-deaf** *adj* stocktaub; **~work** *n* Mauerwerk *nt*

stony ['stəʊnɪ] *adj* steinig

stood [stʊd] *pt, pp of* **stand**

stool [stu:l] *n* Hocker *m*

stoop [stu:p] *vi* sich bücken

stop [stɒp] *n* Halt *m*; (*bus* ~) Haltestelle *f*; (*punctuation*) Punkt *m* ♦ *vt* anhalten; (*bring to an end*) aufhören (mit) (*bring to end*), sein lassen ♦ *vi* aufhören; (*clock*) stehenbleiben; (*remain*) bleiben; **to ~ doing sth** aufhören, etw zu tun; **to ~ dead** innehalten; **~ off** *vi* kurz haltmachen; **~ up** *vt* (*hole*) zustopfen, verstopfen; **~gap** *n* Notlösung *f*; **~lights** *npl* (*AUT*) Bremslichter *pl*; **~over** *n* (*on journey*) Zwischenaufenthalt *m*

stoppage ['stɒpɪdʒ] *n* (An)halten *nt*; (*traffic*) Verkehrsstockung *f*; (*strike*) Arbeitseinstellung *f*

stopper ['stɒpə*] *n* Propfen *m*, Stöpsel *m*

stop press *n* letzte Meldung *f*

stopwatch ['stɒpwɒtʃ] *n* Stoppuhr *f*

storage ['stɔ:rɪdʒ] *n* Lagerung *f*; **~ heater** *n* (Nachtstrom)speicherofen *m*

store [stɔ:*] *n* Vorrat *m*; (*place*) Lager *nt*, Warenhaus *nt*; (*BRIT*: *large shop*) Kaufhaus *nt*; (*US*) Laden *m* ♦ *vt* lagern; **~s** *npl* (*supplies*) Vorräte *pl*; **~ up** *vt* sich eindecken mit; **~room** *n* Lagerraum *m*, Vorratsraum *m*

storey ['stɔ:rɪ] (*US* **story**) *n* Stock *m*

stork [stɔ:k] *n* Storch *m*

storm [stɔ:m] *n* (*also fig*) Sturm *m* ♦ *vt, vi* stürmen; **~y** *adj* stürmisch

story ['stɔ:rɪ] *n* Geschichte *f*; (*lie*) Märchen *nt*; (*US*) = **storey**; **~book** *n* Geschichtenbuch *nt*; **~teller** *n* Geschichtenerzähler *m*

stout [staʊt] *adj* (*bold*) tapfer; (*fat*) beleibt ♦ *n* Starkbier *nt*; (*also*: *sweet* ~) ≈ Malzbier *nt*

stove [stəʊv] *n* (Koch)herd *m*; (*for heating*) Ofen *m*

stow [stəʊ] *vt* verstauen; **~away** *n* blinde(r) Passagier *m*

straddle ['strædl] *vt* (*horse, fence*) rittlings sitzen auf +*dat*; (*fig*) überbrücken

straggle ['strægl] *vi* (*branches etc*) wuchern; (*people*) nachhinken; **~r** *n* Nachzügler *m*; **straggly** *adj* (*hair*) zottig

straight [streɪt] *adj* gerade; (*honest*) offen, ehrlich; (*drink*) pur ♦ *adv* (*direct*) direkt, geradewegs; **to put** *or* **get sth ~** etw in Ordnung bringen; **~away** sofort; **~ off** sofort; **~en** *vt* (*also*: *~en out*) gerade machen; (*fig*) klarstellen; **~-faced** *adv* ohne die Miene zu verziehen ♦ *adj*: **to be ~-faced** keine Miene verziehen; **~forward** *adj* einfach, unkompliziert

strain [streɪn] *n* Belastung *f*; (*streak, trace*) Zug *m*; (*of music*) Fetzen *m* ♦ *vt* überanstrengen; (*stretch*) anspannen; (*muscle*) zerren; (*filter*) (durch)seihen ♦ *vi* sich anstrengen; **~ed** *adj* (*laugh*) gezwungen, (*relations*) gespannt; **~er** *n* Sieb *nt*

strait [streɪt] *n* Straße *f*, Meerenge *f*; **~jacket** *n* Zwangsjacke *f*; **~-laced** *adj* engherzig, streng

strand [strænd] *n* (*of hair*) Strähne *f*; (*also fig*) Faden *m*; **~ed** *adj* (*also fig*) gestrandet

strange [streɪndʒ] *adj* fremd; (*unusual*) seltsam; **~r** *n* Fremde(r) *mf*

strangle ['stræŋgl] *vt* erwürgen; **~hold** *n* (*fig*) Umklammerung *f*

strap [stræp] *n* Riemen *m*; (*on clothes*) Träger *m* ♦ *vt* (*fasten*) fest-

schnallen
strapping ['stræpɪŋ] *adj* stramm
strata ['strɑ:tə] *npl of* **stratum**
stratagem ['strætədʒəm] *n* (Kriegs)list *f*
strategic [strə'ti:dʒɪk] *adj* strategisch
strategy ['strætədʒɪ] *n* (*fig*) Strategie *f*
stratum ['strɑ:təm] (*pl* **-ta**) *n* Schicht *f*
straw [strɔ:] *n* Stroh *nt*; (*single stalk, drinking* ~) Strohhalm *m*; **that's the last ~!** das ist der Gipfel!
strawberry ['strɔ:bərɪ] *n* Erdbeere *f*
stray [streɪ] *adj* (*animal*) verirrt; (*thought*) zufällig ♦ *vi* herumstreunen
streak ['stri:k] *n* Streifen *m*; (*in character*) Einschlag *m*; (*in hair*) Strähne *f* ♦ *vt* streifen ♦ *vi* zucken; (*move quickly*) flitzen; ~ **of bad luck** Pechsträhne *f*; **~y** *adj* gestreift; (*bacon*) durchwachsen
stream [stri:m] *n* (*brook*) Bach *m*; (*fig*) Strom *m* ♦ *vt* (*SCH*) in (Leistungs)gruppen einteilen ♦ *vi* strömen; **to ~ in/out** (*people*) hinein-/hinausströmen
streamer ['stri:mə*] *n* (*flag*) Wimpel *m*; (*of paper*) Luftschlange *f*
streamlined ['stri:mlaɪnd] *adj* stromlinienförmig; (*effective*) rationell
street [stri:t] *n* Straße *f* ♦ *adj* Straßen-; **~car** (*US*) *n* Straßenbahn *f*; ~ **lamp** *n* Straßenlaterne *f*; ~ **plan** *n* Stadtplan *m*; **~wise** (*inf*) *adj*: **to be ~wise** wissen, wo es lang geht
strength [streŋθ] *n* (*also fig*) Stärke *f*; Kraft *f*; **~en** *vt* (ver)stärken
strenuous ['strenjʊəs] *adj* anstrengend
stress [stres] *n* Druck *m*; (*mental*) Streß *m*; (*GRAM*) Betonung *f* ♦ *vt* betonen
stretch [stretʃ] *n* Strecke *f* ♦ *vt* ausdehnen, strecken ♦ *vi* sich erstrekken; (*person*) sich strecken; ~ **out** *vi* sich ausstrecken ♦ *vt* ausstrecken
stretcher ['stretʃə*] *n* Tragbahre *f*
strewn [stru:n] *adj*: ~ **with** übersät mit
stricken ['strɪkən] *adj* (*person*) ergriffen; (*city, country*) heimgesucht; ~ **with** (*arthritis, disease*) leidend unter *+dat*
strict [strɪkt] *adj* (*exact*) genau; (*severe*) streng; **~ly** *adv* streng, genau
stridden ['strɪdn] *pp of* **stride**
stride [straɪd] (*pt* **strode**, *pp* **stridden**) *n* lange(r) Schritt *m* ♦ *vi* schreiten
strident ['straɪdənt] *adj* schneidend, durchdringend
strife [straɪf] *n* Streit *m*
strike [straɪk] (*pt, pp* **struck**) *n* Streik *m*; (*attack*) Schlag *m* ♦ *vt* (*hit*) schlagen; (*collide*) stoßen gegen; (*come to mind*) einfallen *+dat*; (*stand out*) auffallen *+dat*; (*find*) finden ♦ *vi* (*stop work*) streiken; (*attack*) zuschlagen; (*clock*) schlagen; **on ~** (*workers*) im Streik; **to ~ a match** ein Streichholz anzünden; ~ **down** *vt* (*lay low*) niederschlagen; ~ **out** *vt* (*cross out*) ausstreichen; ~ **up** *vt* (*music*) anstimmen; (*friendship*) schließen; **~r** *n* Streikende(r) *mf*
striking ['straɪkɪŋ] *adj* auffallend
string [strɪŋ] (*pt, pp* **strung**) *n* Schnur *f*; (*row*) Reihe *f*; (*MUS*) Saite *f* ♦ *vt*: **to ~ together** aneinanderreihen ♦ *vi*: **to ~ out** (sich) verteilen; **the ~s** *npl* (*MUS*) die Streichinstrumente *pl*; **to pull ~s** (*fig*) Föden ziehen; ~ **bean** *n* grüne Bohne *f*; **~(ed) instrument** *n* (*MUS*) Saiteninstrument *nt*
stringent ['strɪndʒənt] *adj* streng
strip [strɪp] *n* Streifen *m* ♦ *vt* (*uncover*) abstreifen, abziehen; (*clothes*) ausziehen; (*TECH*) auseinandernehmen ♦ *vi* (*undress*) sich ausziehen; ~ **cartoon** *n* Bildserie *f*
stripe [straɪp] *n* Streifen *m*; **~d** *adj* gestreift
strip lighting *n* Neonlicht *nt*
stripper ['strɪpə*] *n* Striptease-tänzerin *f*
strive [straɪv] (*pt* **strove**, *pp* **striven**) *vi*: **to ~ (for)** streben (nach)

strode [strəʊd] *pt of* **stride**

stroke [strəʊk] *n* Schlag *m*; (*SWIMMING, ROWING*) Stoß *m*; (*TECH*) Hub *m*; (*MED*) Schlaganfall *m*; (*caress*) Streicheln *nt* ♦ *vt* streicheln; **at a ~** mit einem Schlag

stroll [strəʊl] *n* Spaziergang *m* ♦ *vi* schlendern; **~er** (*US*) *n* (*pushchair*) Sportwagen *m*

strong [strɒŋ] *adj* stark; (*firm*) fest; **they are 50 ~** sie sind 50 Mann stark; **~box** *n* Kassette *f*; **~hold** *n* Hochburg *f*; **~ly** *adv* stark; **~room** *n* Tresor *m*

strove [strəʊv] *pt of* **strive**

struck [strʌk] *pt, pp of* **strike**

structure ['strʌktʃə*] *n* Struktur *f*, Aufbau *m*; (*building*) Bau *m*

struggle ['strʌgl] *n* Kampf *m* ♦ *vi* (*fight*) kämpfen

strum [strʌm] *vt* (*guitar*) klimpern auf +*dat*

strung [strʌŋ] *pt, pp of* **string**

strut [strʌt] *n* Strebe *f*, Stütze *f* ♦ *vi* stolzieren

stub [stʌb] *n* Stummel *m*; (*of cigarette*) Kippe *f* ♦ *vt*: **to ~ one's toe** sich *dat* den Zeh anstoßen; **~ out** *vt* ausdrücken

stubble ['stʌbl] *n* Stoppel *f*

stubborn ['stʌbən] *adj* hartnäckig

stucco ['stʌkəʊ] *n* Stuck *nt*

stuck [stʌk] *pt, pp of* **stick** ♦ *adj* (*jammed*) klemmend; **~-up** *adj* hochnäsig

stud [stʌd] *n* (*button*) Kragenknopf *m*; (*place*) Gestüt *nt* ♦ *vt* (*fig*): **~ded with** übersät mit

student ['stju:dənt] *n* Student(in) *m(f)*; (*US*) Student(in) *m(f)*, Schüler(in) *m(f)* ♦ *adj* Studenten-; **~ driver** (*US*) *n* Fahrschüler(in) *m(f)*

studio ['stju:dɪəʊ] *n* Studio *nt*; (*for artist*) Atelier *nt*; **~ apartment** (*US*) *n* Appartement *nt*; **~ flat** *n* Appartement *nt*

studious ['stju:dɪəs] *adj* lernbegierig

study ['stʌdɪ] *n* Studium *nt*; (*investigation*) Studium *nt*, Untersuchung *f*; (*room*) Arbeitszimmer *nt*; (*essay etc*) Studie *f* ♦ *vt* studieren; (*face*) erforschen; (*evidence*) prüfen ♦ *vi* studieren

stuff [stʌf] *n* Stoff *m*; (*inf*) Zeug *nt* ♦ *vt* stopfen, füllen; (*animal*) ausstopfen; **~ing** *n* Füllung *f*; **~y** *adj* (*room*) schwül; (*person*) spießig

stumble ['stʌmbl] *vi* stolpern; **to ~ across** (*fig*) zufällig stoßen auf +*acc*

stumbling block ['stʌmblɪŋ-] *n* Hindernis *nt*

stump [stʌmp] *n* Stumpf *m* ♦ *vt* umwerfen

stun [stʌn] *vt* betäuben; (*shock*) niederschmettern

stung [stʌŋ] *pt, pp of* **sting**

stunk [stʌŋk] *pp of* **stink**

stunning ['stʌnɪŋ] *adj* betäubend; (*news*) überwältigend, umwerfend

stunt [stʌnt] *n* Kunststück *nt*, Trick *m*

stunted *adj* verkümmert

stuntman (*irreg*) *n* Stuntman *m*

stupefy ['stju:pɪfaɪ] *vt* betäuben; (*by news*) bestürzen

stupendous [stjʊ'pendəs] *adj* erstaunlich, enorm

stupid ['stju:pɪd] *adj* dumm; **~ity** [stju:'pɪdɪtɪ] *n* Dummheit *f*

stupor ['stju:pə*] *n* Betäubung *f*

sturdy ['stɜ:dɪ] *adj* kräftig, robust

stutter ['stʌtə*] *n* Stottern *nt* ♦ *vi* stottern

sty [staɪ] *n* Schweinestall *m*

stye [staɪ] *n* Gerstenkorn *nt*

style [staɪl] *n* Stil *m*; (*fashion*) Mode *f*

stylish ['staɪlɪʃ] *adj* modisch

stylist ['staɪlɪst] *n* (*hair ~*) Friseur *m*, Friseuse *f*

stylus ['staɪləs] *n* (Grammophon)nadel *f*

suave [swɑ:v] *adj* zuvorkommend

sub... *prefix* Unter...; **~conscious** *adj* unterbewußt ♦ *n*: **the ~conscious** das Unterbewußte; **~contract** *vt* (vertraglich) untervermitteln; **~divide** *vt* unterteilen

subdue [səb'dju:] *vt* unterwerfen; **~d** *adj* (*lighting*) gedämpft; (*person*) still

subject [*n* 'sʌbdʒɪkt, *vb* səb'dʒekt] *n* (*of kingdom*) Untertan *m*; (*citizen*) Staatsangehörige(r) *mf*; (*topic*) Thema *nt*; (*SCH*) Fach *nt*; (*GRAM*) Subjekt *nt* ♦ *adj*: **to be ~ to** unterworfen sein +*dat*; (*exposed*) ausgesetzt sein +*dat* ♦ *vt* (*subdue*) unterwerfen; (*expose*) aussetzen; **~ive** [səb'dʒektɪv] *adj* subjektiv; **~ matter** *n* Thema *nt*

subjugate ['sʌbdʒʊgeɪt] *vt* unterjochen

subjunctive [səb'dʒʌŋktɪv] *adj* Konjunktiv- ♦ *n* Konjunktiv *m*

sublet ['sʌb'let] (*irreg: like* **let**) *vt* untervermieten

sublime [sə'blaɪm] *adj* erhaben

submachine gun ['sʌbmə'ʃi:n-] *n* Maschinenpistole *f*

submarine [sʌbmə'ri:n] *n* Unterseeboot *nt*, U-Boot *nt*

submerge [səb'mɜ:dʒ] *vt* untertauchen; (*flood*) überschwemmen ♦ *vi* untertauchen

submission [səb'mɪʃən] *n* (*obedience*) Gehorsam *m*; (*claim*) Behauptung *f*; (*of plan*) Unterbreitung *f*

submissive [səb'mɪsɪv] *adj* demütig, unterwürfig (*pej*)

submit [səb'mɪt] *vt* behaupten; (*plan*) unterbreiten ♦ *vi* (*give in*) sich ergeben

subnormal ['sʌb'nɔ:məl] *adj* minderbegabt

subordinate [sə'bɔ:dɪnət] *adj* untergeordnet ♦ *n* Untergebene(r) *mf*

subpoena [sə'pi:nə] *n* Vorladung *f* ♦ *vt* vorladen

subscribe [səb'skraɪb] *vi*: **to ~ to** (*view etc*) unterstützen; (*newspaper*) abonnieren; **~r** *n* (*to periodical*) Abonnent *m*; (*TEL*) Telefonteilnehmer *m*

subscription [səb'skrɪpʃən] *n* Abonnement *nt*; (*money subscribed*) (Mitglieds)beitrag *m*

subsequent ['sʌbsɪkwənt] *adj* folgend, später; **~ly** *adv* später

subside [səb'saɪd] *vi* sich senken; **~nce** [sʌb'saɪdəns] *n* Senkung *f*

subsidiary [səb'sɪdɪərɪ] *adj* Neben- ♦ *n* (*company*) Tochtergesellschaft *f*

subsidize ['sʌbsɪdaɪz] *vt* subventionieren

subsidy ['sʌbsɪdɪ] *n* Subvention *f*

subsistence [səb'sɪstəns] *n* Unterhalt *m*

substance ['sʌbstəns] *n* Substanz *f*

substantial [səb'stænʃəl] *adj* (*strong*) fest, kräftig; (*important*) wesentlich; **~ly** *adv* erheblich

substantiate [səb'stænʃɪeɪt] *vt* begründen, belegen

substitute ['sʌbstɪtju:t] *n* Ersatz *m* ♦ *vt* ersetzen

substitution [sʌbstɪ'tju:ʃən] *n* Ersetzung *f*

subterfuge ['sʌbtəfju:dʒ] *n* Vorwand *m*; (*trick*) Trick *m*

subterranean [sʌbtə'reɪnɪən] *adj* unterirdisch

subtitle ['sʌbtaɪtl] *n* Untertitel *m*

subtle ['sʌtl] *adj* fein; **~ty** *n* Feinheit *f*

subtotal [sʌb'təʊtl] *n* Zwischensumme *f*

subtract [səb'trækt] *vt* abziehen; **~ion** [səb'trækʃən] *n* Abziehen *nt*, Subtraktion *f*

suburb ['sʌbɜ:b] *n* Vorort *m*; **the ~s** die Außenbezirke *pl*; **~an** [sə'bɜ:bən] *adj* Vorort(s)-, Stadtrand-; **~ia** [sə'bɜ:bɪə] *n* Vorstadt *f*

subversive [səb'vɜ:sɪv] *adj* subversiv

subway ['sʌbweɪ] *n* (*US*) U-Bahn *f*; (*BRIT*) Unterführung *f*

succeed [sək'si:d] *vi* (*person*) erfolgreich sein, Erfolg haben; (*plan etc also*) gelingen ♦ *vt* (nach)folgen +*dat*; **he ~ed in doing it** es gelang ihm, es zu tun; **~ing** *adj* (nach)folgend

success [sək'ses] *n* Erfolg *m*; **to be ~ful (in doing sth)** Erfolg haben (bei etw); **~ful** *adj* erfolgreich; **~fully** *adv* erfolgreich

succession [sək'seʃən] *n* (Aufeinander)folge *f*; (*to throne*) Nachfolge *f*

successive [sək'sesɪv] *adj* aufeinanderfolgend

successor [sək'sesə*] *n* Nachfolger(in) *m(f)*
succinct [sək'sɪŋkt] *adj* knapp
succulent ['sʌkjʊlənt] *adj* saftig
succumb [sə'kʌm] *vi*: **to ~ (to)** erliegen (+*dat*); (*yield*) nachgeben (+*dat*)
such [sʌtʃ] *adj* solche(r, s); **~ a book** so ein Buch; **~ books** solche Bücher; **~ courage** so ein Mut; **~ a long trip** so eine lange Reise; **~ a lot of** so viel(e); **~ as** wie; **a noise ~ as to** ein derartiger Lärm, daß; **as ~** an sich; **~-and-such a time/town** die und die Zeit/Stadt
suck [sʌk] *vt* saugen; (*ice cream etc*) lutschen; **~er** (*inf*) *n* Idiot *m*
suction ['sʌkʃən] *n* Saugkraft *f*
sudden ['sʌdn] *adj* plötzlich; **all of a ~** auf einmal; **~ly** *adv* plötzlich
suds [sʌdz] *npl* Seifenlauge *f*; (*lather*) Seifenschaum *m*
sue [su:] *vt* verklagen
suede [sweɪd] *n* Wildleder *nt*
suet [suɪt] *n* Nierenfett *nt*
Suez ['su:ɪz] *n*: **the ~ Canal** der Suezkanal
suffer ['sʌfə*] *vt* (er)leiden ♦ *vi* leiden; **~er** *n* Leidende(r) *mf*; **~ing** *n* Leiden *nt*
suffice [sə'faɪs] *vi* genügen
sufficient [sə'fɪʃənt] *adj* ausreichend; **~ly** *adv* ausreichend
suffix ['sʌfɪks] *n* Nachsilbe *f*
suffocate ['sʌfəkeɪt] *vt, vi* ersticken
suffrage ['sʌfrɪdʒ] *n* Wahlrecht *nt*
suffused [sə'fju:zd] *adj*: **to be ~ with sth** von etw erfüllt sein
sugar ['ʃʊgə*] *n* Zucker *m* ♦ *vt* zuckern; **~ beet** *n* Zuckerrübe *f*; **~ cane** *n* Zuckerrohr *nt*; **~y** *adj* süß
suggest [sə'dʒest] *vt* vorschlagen; (*show*) schließen lassen auf +*acc*; **~ion** [sə'dʒestʃən] *n* Vorschlag *m*; **~ive** *adj* anregend; (*indecent*) zweideutig
suicide ['sʊɪsaɪd] *n* Selbstmord *m*; **to commit ~** Selbstmord begehen
suit [su:t] *n* Anzug *m*; (*CARDS*) Farbe *f* ♦ *vt* passen +*dat*; (*clothes*) stehen +*dat*; **well ~ed** (*well matched*: *couple*) gut zusammenpassend; **~able** *adj* geeignet, passend; **~ably** *adv* passend, angemessen
suitcase ['su:tkeɪs] *n* (Hand)koffer *m*
suite [swi:t] *n* (*of rooms*) Zimmerflucht *f*; (*of furniture*) Einrichtung *f*; (*MUS*) Suite *f*
suitor ['su:tə*] *n* (*JUR*) Kläger(in) *m(f)*
sulfur ['sʌlfə*] (*US*) *n* = **sulphur**
sulk [sʌlk] *vi* schmollen; **~y** *adj* schmollend
sullen ['sʌlən] *adj* mürrisch
sulphur ['sʌlfə*] (*US* **sulfur**) *n* Schwefel *m*
sultana [sʌl'tɑ:nə] *n* (*fruit*) Sultanine *f*
sultry ['sʌltrɪ] *adj* schwül
sum [sʌm] *n* Summe *f*; (*money*) Betrag *m*, Summe *f*; (*arithmetic*) Rechenaufgabe *f*; **~ up** *vt, vi* zusammenfassen
summarize ['sʌmərəɪz] *vt* kurz zusammenfassen
summary ['sʌmərɪ] *n* Zusammenfassung *f* ♦ *adj* (*justice*) kurzerhand erteilt
summer ['sʌmə*] *n* Sommer *m* ♦ *adj* Sommer-; **~house** *n* (*in garden*) Gartenhaus *nt*; **~time** *n* Sommerzeit *f*
summit ['sʌmɪt] *n* Gipfel *m*; **~ (conference)** *n* Gipfelkonferenz *f*
summon ['sʌmən] *vt* herbeirufen; (*JUR*) vorladen; (*gather up*) aufbringen; **~s** (*JUR*) *n* Vorladung *f* ♦ *vt* vorladen
sump [sʌmp] (*BRIT*) *n* (*AUT*) Ölwanne *f*
sumptuous ['sʌmptjʊəs] *adj* prächtig
sun [sʌn] *n* Sonne *f*; **~bathe** *vi* sich sonnen; **~burn** *n* Sonnenbrand *m*
Sunday ['sʌndeɪ] *n* Sonntag *m*; **~ school** *n* Sonntagsschule *f*
sundial ['sʌndaɪəl] *n* Sonnenuhr *f*
sundown ['sʌndaʊn] *n* Sonnenuntergang *m*
sundry ['sʌndrɪ] *adj* verschieden; **all and ~** alle; **sundries** *npl* (*miscella-*

neous items) Verschiedene(s) *nt*

sunflower ['sʌnflaʊə*] *n* Sonnenblume *f*

sung [sʌŋ] *pp of* **sing**

sunglasses ['sʌnglɑ:sɪz] *npl* Sonnenbrille *f*

sunk [sʌŋk] *pp of* **sink**

sun: **~light** ['sʌnlaɪt] *n* Sonnenlicht *nt*; **~lit** ['sʌnlɪt] *adj* sonnenbeschienen; **~ny** ['sʌnɪ] *adj* sonnig; **~rise** ['sʌnraɪz] *n* Sonnenaufgang *m*; **~set** ['sʌnset] *n* Sonnenuntergang *m*; **~shade** ['sʌnʃeɪd] *n* Sonnenschirm *m*; **~shine** ['sʌnʃaɪn] *n* Sonnenschein *m*; **~stroke** ['sʌnstrəʊk] *n* Hitzschlag *m*; **~tan** ['sʌntæn] *n* (Sonnen)bräune *f*; **~tan oil** *n* Sonnenöl *nt*

super ['su:pə*] (*inf*) *adj* prima, klasse

superannuation ['su:pərænjʊ'eɪʃən] *n* Pension *f*

superb [su:'pɜ:b] *adj* ausgezeichnet, hervorragend

supercilious [su:pə'sɪlɪəs] *adj* herablassend

superficial [su:pə'fɪʃəl] *adj* oberflächlich

superfluous [sʊ'pɜ:flʊəs] *adj* überflüssig

superhuman [su:pə'hju:mən] *adj* (*effort*) übermenschlich

superimpose ['su:pərɪm'pəʊz] *vt* übereinanderlegen

superintendent [su:pərɪn'tendənt] *n* Polizeichef *m*

superior [sʊ'pɪərɪə*] *adj* überlegen; (*better*) besser ♦ *n* Vorgesetzte(r) *mf*; **~ity** [sʊpɪərɪ'ɒrɪtɪ] *n* Überlegenheit *f*

superlative [su:'pɜ:lətɪv] *adj* überragend

superman ['su:pəmæn] (*irreg*) *n* Übermensch *m*

supermarket ['su:pəmɑ:kɪt] *n* Supermarkt *m*

supernatural [su:pə'nætʃərəl] *adj* übernatürlich

superpower ['su:pəpaʊə*] *n* Weltmacht *f*

supersede [su:pə'si:d] *vt* ersetzen

supersonic ['su:pə'sɒnɪk] *adj* Überschall-

superstition [su:pə'stɪʃən] *n* Aberglaube *m*

superstitious [su:pə'stɪʃəs] *adj* abergläubisch

supervise ['su:pəvaɪz] *vt* beaufsichtigen, kontrollieren

supervision [su:pə'vɪʒən] *n* Aufsicht *f*

supervisor ['su:pəvaɪzə*] *n* Aufsichtsperson *f*; **~y** *adj* Aufsichts-

supine ['su:paɪn] *adj* auf dem Rücken liegend

supper ['sʌpə*] *n* Abendessen *nt*

supplant [sə'plɑ:nt] *vt* (*person, thing*) ersetzen

supple ['sʌpl] *adj* geschmeidig

supplement [*n* 'sʌplɪmənt, *vb* sʌplɪ'ment] *n* Ergänzung *f*; (*in book*) Nachtrag *m* ♦ *vt* ergänzen; **~ary** [sʌplɪ'mentərɪ] *adj* ergänzend

supplier [sə'plaɪə*] *n* Lieferant *m*

supplies [sə'plaɪz] *npl* (*food*) Vorräte *pl*; (*MIL*) Nachschub *m*

supply [sə'plaɪ] *vt* liefern ♦ *n* Vorrat *m*; (*supplying*) Lieferung *f* ♦ *adj* (*teacher*) Aushilfs-; *see also* **supplies**

support [sə'pɔ:t] *n* Unterstützung *f*; (*TECH*) Stütze *f* ♦ *vt* (*hold up*) stützen, tragen; (*provide for*) ernähren; (*be in favour of*) unterstützen; **~er** *n* Anhänger(in) *m(f)*

suppose [sə'pəʊz] *vt, vi* annehmen; **to be ~d to do sth** etw tun sollen; **~dly** [sə'pəʊzɪdlɪ] *adv* angeblich

supposing [sə'pəʊzɪŋ] *conj* angenommen

supposition [sʌpə'zɪʃən] *n* Voraussetzung *f*

suppress [sə'pres] *vt* unterdrücken; **~ion** [sə'preʃən] *n* Unterdrückung *f*

supremacy [sʊ'preməsɪ] *n* Vorherrschaft *f*, Oberhoheit *f*

supreme [sʊ'pri:m] *adj* oberste(r, s), höchste(r, s)

surcharge ['sɜ:tʃɑ:dʒ] *n* Zuschlag *m*

sure [ʃʊə*] *adj* sicher, gewiß; **~!** (*of course*) klar!; **to make ~ of sth/that** sich einer Sache *gen* vergewissern/vergewissern, daß; **~**

enough (*with past*) tatsächlich; (*with future*) ganz bestimmt; **~-footed** *adj* sicher (auf den Füßen); **~ly** *adv* (*certainly*) sicherlich, gewiß; **~ly it's wrong** das ist doch wohl falsch

surety ['ʃʊərətɪ] *n* Sicherheit *f*; (*person*) Bürge *m*

surf [sɜ:f] *n* Brandung *f*

surface ['sɜ:fɪs] *n* Oberfläche *f* ♦ *vt* (*roadway*) teeren ♦ *vi* auftauchen; **~ mail** *n* gewöhnliche Post *f*

surfboard ['sɜ:fbɔ:d] *n* Wellenreiterbrett *nt*

surfeit ['sɜ:fɪt] *n* Übermaß *nt*

surfing ['sɜ:fɪŋ] *n* Wellenreiten *nt*

surge [sɜ:dʒ] *n* Woge *f* ♦ *vi* wogen

surgeon ['sɜ:dʒən] *n* Chirurg(in) *m(f)*

surgery ['sɜ:dʒərɪ] *n* (*BRIT*: *place*) Praxis *f*; (: *time*) Sprechstunde *f*; (*treatment*) Operation *f*; **to undergo ~** operiert werden; **~ hours** (*BRIT*) *npl* Sprechstunden *pl*

surgical ['sɜ:dʒɪkəl] *adj* chirurgisch; **~ spirit** (*BRIT*) *n* Wundbenzin *nt*

surly ['sɜ:lɪ] *adj* verdrießlich, grob

surmount [sɜ:'maʊnt] *vt* überwinden

surname ['sɜ:neɪm] *n* Zuname *m*

surpass [sɜ:'pɑ:s] *vt* übertreffen

surplus ['sɜ:pləs] *n* Überschuß *m* ♦ *adj* überschüssig, Über(schuß)-

surprise [sə'praɪz] *n* Überraschung *f* ♦ *vt* überraschen

surprising [sə'praɪzɪŋ] *adj* überraschend; **~ly** *adv* überraschend(erweise)

surrender [sə'rendə*] *n* Kapitulation *f* ♦ *vi* sich ergeben

surreptitious [sʌrəp'tɪʃəs] *adj* heimlich; (*look also*) verstohlen

surrogate ['sʌrəgɪt] *n* Ersatz *m*; **~ mother** *n* Leihmutter *f*

surround [sə'raʊnd] *vt* umgeben; **~ing** *adj* (*countryside*) umliegend; **~ings** *npl* Umgebung *f*; (*environment*) Umwelt *f*

surveillance [sɜ:'veɪləns] *n* Überwachung *f*

survey [*n* 'sɜ:veɪ, *vb* sɜ:'veɪ] *n* Übersicht *f* ♦ *vt* überblicken; (*land*) vermessen; **~or** [sə'veɪə*] *n* Land(ver)messer(in) *m(f)*

survival [sə'vaɪvəl] *n* Überleben *nt*

survive [sə'vaɪv] *vt, vi* überleben

survivor [sə'vaɪvə*] *n* Überlebende(r) *mf*

susceptible [sə'septəbl] *adj*: **~ (to)** empfindlich (gegen); (*charms etc*) empfänglich (für)

suspect [*n, adj* 'sʌspekt, *vb* səs'pekt] *n* Verdächtige(r) *mf* ♦ *adj* verdächtig ♦ *vt* verdächtigen; (*think*) vermuten

suspend [səs'pend] *vt* verschieben; (*from work*) suspendieren; (*hang up*) aufhängen; (*SPORT*) sperren; **~ed sentence** *n* (*JUR*) zur Bewährung ausgesetzte Strafe; **~er belt** *n* Strumpf(halter)gürtel *m*; **~ers** *npl* (*BRIT*) Strumpfhalter *m*; (: *men's*) Sockenhalter *m*; (*US*) Hosenträger *m*

suspense [səs'pens] *n* Spannung *f*

suspension [səs'penʃən] *n* (*from work*) Suspendierung *f*; (*SPORT*) Sperrung *f*; (*AUT*) Federung *f*; **~ bridge** *n* Hängebrücke *f*

suspicion [səs'pɪʃən] *n* Mißtrauen *nt*; Verdacht *m*

suspicious [səs'pɪʃəs] *adj* mißtrauisch; (*causing suspicion*) verdächtig

sustain [səs'teɪn] *vt* (*maintain*) aufrechterhalten; (*confirm*) bestätigen; (*JUR*) anerkennen; (*injury*) davontragen; **~able** *adj* (*development, growth etc*) aufrechtzuerhalten; **~ed** *adj* (*effort*) anhaltend

sustenance ['sʌstɪnəns] *n* Nahrung *f*

swab [swɒb] *n* (*MED*) Tupfer *m*

swagger ['swægə*] *vi* stolzieren

swallow ['swɒləʊ] *n* (*bird*) Schwalbe *f*; (*of food etc*) Schluck *m* ♦ *vt* (ver)schlucken; **~ up** *vt* verschlingen

swam [swæm] *pt of* **swim**

swamp [swɒmp] *n* Sumpf *m* ♦ *vt* überschwemmen

swan [swɒn] *n* Schwan *m*

swap [swɒp] *n* Tausch *m* ♦ *vt*: **to ~**

sth (for sth) etw (gegen etw) tauschen *or* eintauschen

swarm [swɔ:m] *n* Schwarm *m* ♦ *vi*: **to ~** *or* **be ~ing with** wimmeln von

swarthy ['swɔ:ðɪ] *adj* dunkel, braun

swastika ['swɒstɪkə] *n* Hakenkreuz *nt*

swat [swɒt] *vt* totschlagen

sway [swei] *vi* schwanken; (*branches*) schaukeln, sich wiegen ♦ *vt* schwenken; (*influence*) beeinflussen

swear [swɛə*] (*pt* **swore,** *pp* **sworn**) *vi* (*promise*) schwören; (*curse*) fluchen; **to ~ to sth** schwören auf etw *acc*; **~word** *n* Fluch *m*

sweat [swet] *n* Schweiß *m* ♦ *vi* schwitzen

sweater ['swetə*] *n* Pullover *m*

sweatshirt ['swetʃɜ:t] *n* Sweatshirt *nt*

sweaty ['swetɪ] *adj* verschwitzt

Swede [swi:d] *n* Schwede *m*, Schwedin *f*

swede [swi:d] (*BRIT*) *n* Steckrübe *f*

Sweden ['swi:dn] *n* Schweden *nt*

Swedish ['swi:dɪʃ] *adj* schwedisch ♦ *n* (*LING*) Schwedisch *nt*

sweep [swi:p] (*pt, pp* **swept**) *n* (*chimney ~*) Schornsteinfeger *m* ♦ *vt* fegen, kehren ♦ *vi* (*go quickly*) rauschen; **~ away** *vt* wegfegen; **~ past** *vi* vorbeisausen; **~ up** *vt* zusammenkehren; **~ing** *adj* (*gesture*) schwungvoll; (*statement*) verallgemeinernd

sweet [swi:t] *n* (*course*) Nachtisch *m*; (*candy*) Bonbon *nt* ♦ *adj* süß; **~corn** *n* Zuckermais *m*; **~en** *vt* süßen; (*fig*) versüßen; **~heart** *n* Liebste(r) *mf*; **~ness** *n* Süße *f*; **~ pea** *n* Gartenwicke *f*

swell [swel] (*pt* **~ed,** *pp* **swollen** *or* **~ed**) *n* Seegang *m* ♦ *adj* (*inf*) todschick ♦ *vt* (*numbers*) vermehren ♦ *vi* (*also*: *~ up*) (an)schwellen; **~ing** *n* Schwellung *f*

sweltering ['sweltərɪŋ] *adj* drückend

swept [swept] *pt, pp of* **sweep**

swerve [swɜ:v] *vt, vi* ausscheren

swift [swɪft] *n* Mauersegler *m* ♦ *adj* geschwind, schnell, rasch; **~ly** *adv* geschwind, schnell, rasch

swig [swɪg] *n* Zug *m*

swill [swɪl] *n* (*for pigs*) Schweinefutter *nt* ♦ *vt* spülen

swim [swɪm] (*pt* **swam,** *pp* **swum**) *n*: **to go for a ~** schwimmen gehen ♦ *vi* schwimmen ♦ *vt* (*cross*) (durch)schwimmen; **~mer** *n* Schwimmer(in) *m(f)*; **~ming** *n* Schwimmen *nt*; **~ming cap** *n* Badehaube *f*, Badekappe *f*; **~ming costume** (*BRIT*) *n* Badeanzug *m*; **~ming pool** *n* Schwimmbecken *nt*; (*private*) Swimmingpool *m*; **~suit** *n* Badeanzug *m*

swindle ['swɪndl] *n* Schwindel *m*, Betrug *m* ♦ *vt* betrügen

swine [swaɪn] *n* (*also fig*) Schwein *nt*

swing [swɪŋ] (*pt, pp* **swung**) *n* (*child's*) Schaukel *f*; (*movement*) Schwung *m*; (*MUS*) Swing *m* ♦ *vt* schwingen ♦ *vi* schwingen, schaukeln; (*turn quickly*) schwenken; **in full ~** in vollem Gange; **~ bridge** *n* Drehbrücke *f*; **~ door** (*BRIT*) *n* Schwingtür *f*

swingeing ['swɪndʒɪŋ] (*BRIT*) *adj* hart; (*taxation, cuts*) extrem

swinging door (*US*) *n* Schwingtür *f*

swipe [swaɪp] *n* Hieb *m* ♦ *vt* (*inf*: *hit*) hart schlagen; (: *steal*) klauen

swirl [swɜ:l] *vi* wirbeln

swish [swɪʃ] *adj* (*inf*: *smart*) schick ♦ *vi* zischen; (*grass, skirts*) rascheln

Swiss [swɪs] *adj* Schweizer, schweizerisch ♦ *n* Schweizer(in) *m(f)*; **the ~** *npl* (*people*) die Schweizer *pl*

switch [swɪtʃ] *n* (*ELEC*) Schalter *m*; (*change*) Wechsel *m* ♦ *vt* (*ELEC*) schalten; (*change*) wechseln ♦ *vi* wechseln; **~ off** *vt* ab- *or* ausschalten; **~ on** *vt* an- *or* einschalten; **~board** *n* Zentrale *f*; (*board*) Schaltbrett *nt*

Switzerland ['swɪtsələnd] *n* die Schweiz

swivel ['swɪvl] *vt* (*also*: *~ round*) drehen ♦ *vi* sich drehen

swollen ['swəʊlən] *pp of* **swell**
swoon [swu:n] *vi* (*old*) in Ohnmacht fallen
swoop [swu:p] *n* Sturzflug *m*; (*esp by police*) Razzia *f* ♦ *vi* (*also*: ~ *down*) stürzen
swop [swɒp] = **swap**
sword [sɔ:d] *n* Schwert *nt*; **~fish** *n* Schwertfisch *m*
swore [swɔ:*] *pt of* **swear**
sworn [swɔ:n] *pp of* **swear**
swot [swɒt] *vt, vi* pauken
swum [swʌm] *pp of* **swim**
swung [swʌŋ] *pt, pp of* **swing**
sycamore ['sɪkəmɔ:*] *n* (*US*) Platane *f*; (*BRIT*) Bergahorn *m*
syllable ['sɪləbl] *n* Silbe *f*
syllabus ['sɪləbəs] *n* Lehrplan *m*
symbol ['sɪmbəl] *n* Symbol *nt*; **~ic(al)** [sɪm'bɒlɪk(əl)] *adj* symbolisch
symmetry ['sɪmɪtrɪ] *n* Symmetrie *f*
sympathetic [sɪmpə'θetɪk] *adj* mitfühlend
sympathize ['sɪmpəθaɪz] *vi* mitfühlen; **~r** *n* Mitfühlende(r) *mf*; (*POL*) Sympathisant(in) *m(f)*
sympathy ['sɪmpəθɪ] *n* Mitleid *nt*, Mitgefühl *nt*; (*condolence*) Beileid *nt*; **with our deepest ~** mit tiefempfundenem Beileid
symphony ['sɪmfənɪ] *n* Sinfonie *f*
symposium [sɪm'pəʊzɪəm] *n* Tagung *f*
symptom ['sɪmptəm] *n* Symptom *nt*; **~atic** [sɪmptə'mætɪk] *adj* (*fig*) **~atic of** bezeichnend für
synagogue ['sɪnəgɒg] *n* Synagoge *f*
synchronize ['sɪŋkrənaɪz] *vt* synchronisieren ♦ *vi* gleichzeitig sein *or* ablaufen
syncopated ['sɪnkəpeɪtɪd] *adj* synkopiert
syndicate ['sɪndɪkət] *n* Konsortium *nt*
synonym ['sɪnənɪm] *n* Synonym *nt*
synonymous [sɪ'nɒnɪməs] gleichbedeutend
synopsis [sɪ'nɒpsɪs] *n* Zusammenfassung *f*
syphon ['saɪfən] = **siphon**
Syria ['sɪrɪə] *n* Syrien *nt*
syringe [sɪ'rɪndʒ] *n* Spritze *f*
syrup ['sɪrəp] *n* Sirup *m*; (*of sugar*) Melasse *f*
system ['sɪstəm] *n* System *nt*; **~atic** [sɪstə'mætɪk] *adj* systematisch; **~ disk** *n* (*COMPUT*) Systemdiskette *f*; **~s analyst** *n* Systemanalytiker(in) *m(f)*

T

ta [tɑ:] (*BRIT: inf*) *excl* danke
tab [tæb] *n* Aufhänger *m*; (*name ~*) Schild *nt*; **to keep ~s on** (*fig*) genau im Auge behalten
tabby ['tæbɪ] *n* (*also*: ~ *cat*) getigerte Katze *f*
table ['teɪbl] *n* Tisch *m*; (*list*) Tabelle *f* ♦ *vt* (*PARL: propose*) vorlegen, einbringen; **to lay** *or* **set the ~** den Tisch decken; **~cloth** ['teɪblklɒθ] *n* Tischtuch *nt*; **~ of contents** *n* Inhaltsverzeichnis *nt*; **~ d'hôte** *n* Tagesmenü *nt*; **~ lamp** *n* Tischlampe *f*; **~mat** *n* Untersatz *m*; **~spoon** *n* Eßlöffel *m*; **~spoonful** *n* Eßlöffel(voll) *m*
tablet ['tæblət] *n* (*MED*) Tablette *f*; (*for writing*) Täfelchen *nt*
table tennis ['teɪbltenɪs] *n* Tischtennis *nt*
table wine ['teɪblwaɪn] *n* Tafelwein *m*
tabloid ['tæblɔɪd] *n* Zeitung *f* in kleinem Format; (*pej*) Boulevardzeitung
tabulate ['tæbjʊleɪt] *vt* tabellarisch ordnen
tacit ['tæsɪt] *adj* stillschweigend
taciturn ['tæsɪtɜ:n] *adj* wortkarg
tack [tæk] *n* (*small nail*) Stift *m*; (*US: thumb~*) Reißzwecke *f*; (*stitch*) Heftstich *m*; (*NAUT*) Lavieren *nt*; (*course*) Kurs *m* ♦ *vt* (*nail*) nageln; (*stitch*) heften ♦ *vi* aufkreuzen
tackle ['tækl] *n* (*for lifting*) Flaschenzug *m*; (*NAUT*) Takelage *f*; (*SPORT*) Tackling *nt* ♦ *vt* (*deal with*) anpacken, in Angriff nehmen; (*person*)

festhalten; (*player*) angehen

tacky ['tækɪ] *adj* klebrig

tact [tækt] *n* Takt *m*; **~ful** *adj* taktvoll

tactical ['tæktɪkəl] *adj* taktisch

tactics ['tæktɪks] *npl* Taktik *f*

tactless ['tæktləs] *adj* taktlos

tadpole ['tædpəʊl] *n* Kaulquappe *f*

taffy ['tæfɪ] (*US*) *n* Sahnebonbon *nt*

tag [tæg] *n* (*label*) Schild *nt*, Anhänger *m*; (*maker's name*) Etikett *nt*; (*phrase*) Floskel *f*; **~ along** *vi* mitkommen

tail [teɪl] *n* Schwanz *m*; (*of list*) Schluß *m* ♦ *vt* folgen +*dat*; **~ away** *or* **off** *vi* abfallen, schwinden; **~back** (*BRIT*) *n* (*AUT*) (Rück)stau *m*; **~ coat** *n* Frack *m*; **~ end** *n* Schluß *m*, Ende *nt*; **~gate** *n* (*AUT*) Heckklappe *f*

tailor ['teɪlə*] *n* Schneider *m*; **~ing** *n* Schneidern *nt*; **~-made** *adj* maßgeschneidert; (*fig*): **~-made for sb** jdm wie auf den Leib geschnitten

tailwind ['teɪlwɪnd] *n* Rückenwind *m*

tainted ['teɪntɪd] *adj* verdorben

take [teɪk] (*pt* **took**, *pp* **taken**) *vt* nehmen; (*trip, exam, PHOT*) machen; (*capture: person*) fassen; (: *town; also COMM, FIN*) einnehmen; (*carry to a place*) bringen; (*get for o.s.*) sich *dat* nehmen; (*gain, obtain*) bekommen; (*put up with*) hinnehmen; (*respond to*) aufnehmen; (*interpret*) auffassen; (*assume*) annehmen; (*contain*) Platz haben für; (*GRAM*) stehen mit; **to ~ sth from sb** jdm etw wegnehmen; **to ~ sth from sth** (*MATH: subtract*) etw von etw abziehen; (*extract, quotation*) etw einer Sache *dat* entnehmen; **~ after** *vt fus* ähnlich sein +*dat*; **~ apart** *vt* auseinandernehmen; **~ away** *vt* (*remove*) wegnehmen; (*carry off*) wegbringen; **~ back** *vt* (*return*) zurückbringen; (*retract*) zurücknehmen; **~ down** *vt* (*pull down*) abreißen; (*write down*) aufschreiben; **~ in** *vt* (*deceive*) hereinlegen; (*understand*) begreifen; (*include*) einschließen; **~ off** *vi* (*plane*) starten ♦ *vt* (*remove*) wegnehmen; (*clothing*) ausziehen; (*imitate*) nachmachen; **~ on** *vt* (*undertake*) übernehmen; (*engage*) einstellen; (*opponent*) antreten gegen; **~ out** *vt* (*girl, dog*) ausführen; (*extract*) herausnehmen; (*insurance*) abschließen; (*licence*) sich *dat* geben lassen; (*book*) ausleihen; (*remove*) entfernen; **to ~ sth out of sth** (*drawer, pocket etc*) etw aus etw herausnehmen; **~ over** *vt* übernehmen ♦ *vi*: **to ~ over from sb** jdn ablösen; **~ to** *vt fus* (*like*) mögen; (*adopt as practice*) sich *dat* angewöhnen; **~ up** *vt* (*raise*) aufnehmen; (*dress etc*) kürzer machen; (*occupy*) in Anspruch nehmen; (*engage in*) sich befassen mit; **~away** *adj* zum Mitnehmen; **~-home pay** *n* Nettolohn *m*; **taken** ['teɪkn] *pp of* **take**; **~off** *n* (*AVIAT*) Start *m*; (*imitation*) Nachahmung *f*; **~out** (*US*) *adj* = **takeaway**; **~over** *n* (*COMM*) Übernahme *f*

takings ['teɪkɪŋz] *npl* (*COMM*) Einnahmen *pl*

talc [tælk] *n* (*also: talcum powder*) Talkumpuder *m*

tale [teɪl] *n* Geschichte *f*, Erzählung *f*; **to tell ~s** (*fig: lie*) Geschichten erfinden

talent ['tælənt] *n* Talent *nt*; **~ed** *adj* begabt

talk [tɔ:k] *n* (*conversation*) Gespräch *nt*; (*rumour*) Gerede *nt*; (*speech*) Vortrag *m* ♦ *vi* sprechen, reden; **~s** *pl* (*POL etc*) Gespräche *pl*; **to ~ about** sprechen von +*dat or* über +*acc*; **to ~ sb into doing sth** jdn überreden, etw zu tun; **to ~ sb out of doing sth** jdm ausreden, etw zu tun; **to ~ shop** fachsimpeln; **~ over** *vt* besprechen; **~ative** *adj* gesprächig

tall [tɔ:l] *adj* groß; (*building*) hoch; **to be 1 m 80 ~** 1,80 m groß sein; **~boy** (*BRIT*) *n* Kommode *f*; **~ story** *n* übertriebene Geschichte *f*

tally ['tælɪ] *n* Abrechnung *f* ♦ *vi* übereinstimmen

talon ['tælən] *n* Kralle *f*

tame [teɪm] *adj* zahm; (*fig*) fade
tamper ['tæmpə*] *vi*: **to ~ with** herumpfuschen an +*dat*
tampon ['tæmpən] *n* Tampon *m*
tan [tæn] *n* (*on skin*) (Sonnen)bräune *f*; (*colour*) Gelbbraun *nt* ♦ *adj* (gelb)braun ♦ *vt* bräunen; (*skins*) gerben ♦ *vi* braun werden
tang [tæŋ] *n* Schärfe *f*
tangent ['tændʒənt] *n* Tangente *f*; **to go off at a ~** (*fig*) vom Thema abkommen
tangerine [tændʒə'ri:n] *n* Mandarine *f*
tangible ['tændʒəbl] *adj* greifbar
tangle ['tæŋgl] *n* Durcheinander *nt*, (*trouble*) Schwierigkeiten *pl*; **to get in(to) a ~** sich verheddern
tank [tæŋk] *n* (*container*) Tank *m*, Behälter *m*; (*MIL*) Panzer *m*
tanker ['tæŋkə*] *n* (*ship*) Tanker *m*; (*vehicle*) Tankwagen *m*
tanned [tænd] *adj* (*skin*) gebräunt
tantalizing ['tæntəlaɪzɪŋ] *adj* verlockend; (*annoying*) quälend
tantamount ['tæntəmaʊnt] *adj*: **~ to** gleichbedeutend mit
tantrum ['tæntrəm] *n* Wutanfall *m*
tap [tæp] *n* Hahn *m*; (*gentle blow*) Klopfen *nt* ♦ *vt* (*strike*) klopfen; (*supply*) anzapfen; (*telephone*) abhören; **on ~** (*fig*: *resources*) zur Hand; **~-dancing** ['tæpdɑɪnsɪŋ] *n* Steppen *nt*
tape [teɪp] *n* Band *nt*; (*magnetic*) (Ton)band *nt*; (*adhesive*) Klebestreifen *m* ♦ *vt* (*record*) aufnehmen; **~ measure** *n* Maßband *nt*
taper ['teɪpə*] *n* (dünne) Wachskerze *f* ♦ *vi* spitz zulaufen
tape recorder *n* Tonbandgerät *nt*
tapestry ['tæpɪstrɪ] *n* Wandteppich *m*
tar [tɑ:*] *n* Teer *m*
target ['tɑ:gɪt] *n* Ziel *nt*; (*board*) Zielscheibe *f*
tariff ['tærɪf] *n* (*duty paid*) Zoll *m*; (*list*) Tarif *m*
tarmac ['tɑ:mæk] *n* (*AVIAT*) Rollfeld *nt*
tarnish ['tɑ:nɪʃ] *vt* matt machen; (*fig*) beflecken
tarpaulin [tɑ:'pɔ:lɪn] *n* Plane *f*
tarragon ['tærəgən] *n* Estragon *m*
tart [tɑ:t] *n* (Obst)torte *f*; (*inf*) Nutte *f* ♦ *adj* scharf; **~ up** (*inf*) *vt* aufmachen (*inf*); (*person*) auftakeln (*inf*)
tartan ['tɑ:tən] *n* Schottenkaro *nt* ♦ *adj* mit Schottenkaro
tartar ['tɑ:tə*] *n* Zahnstein *m*; **~(e) sauce** *n* Remouladensoße *f*
task [tɑ:sk] *n* Aufgabe *f*; **to take sb to ~** sich *dat* jdn vornehmen; **~ force** *n* Sondertrupp *m*
tassel ['tæsəl] *n* Quaste *f*
taste [teɪst] *n* Geschmack *m*; (*sense*) Geschmackssinn *m*, (*small quantity*) Kostprobe *f*; (*liking*) Vorliebe *f* ♦ *vt* schmecken; (*try*) probieren ♦ *vi* schmecken; **can I have a ~ of this wine?** kann ich diesen Wein probieren?; **to have a ~ for sth** etw mögen; **in good/bad ~** geschmackvoll/geschmacklos; **you can ~ the garlic (in it)** man kann den Knoblauch herausschmecken; **to ~ of sth** nach einer Sache schmecken; **~ful** *adj* geschmackvoll; **~less** *adj* (*insipid*) fade; (*in bad ~*) geschmacklos
tasty ['teɪstɪ] *adj* schmackhaft
tattered ['tætəd] *adj* = **in tatters**
tatters ['tætəz] *npl*: **in ~** in Fetzen
tattoo [tə'tu:] *n* (*MIL*) Zapfenstreich *m*; (*on skin*) Tätowierung *f* ♦ *vt* tätowieren
tatty ['tætɪ] (*BRIT*: *inf*) *adj* schäbig
taught [tɔ:t] *pt*, *pp of* **teach**
taunt [tɔ:nt] *n* höhnische Bemerkung *f* ♦ *vt* verhöhnen
Taurus ['tɔ:rəs] *n* Stier *m*
taut [tɔ:t] *adj* straff
tawdry ['tɔ:drɪ] *adj* (bunt und) billig
tawny ['tɔ:nɪ] *adj* gelbbraun
tax [tæks] *n* Steuer *f* ♦ *vt* besteuern; (*strain*) strapazieren; (*strength*) angreifen; **~able** *adj* (*income*) steuerpflichtig; **~ation** [tæk'seɪʃən] *n* Besteuerung *f*; **~ avoidance** *n* Steuerumgehung *f*; **~ disc** (*BRIT*) *n* (*AUT*) Kraftfahrzeugsteuerplakette *f*; **~ e**

sion *n* Steuerhinterziehung *f*; **~-free** *adj* steuerfrei

taxi ['tæksɪ] *n* Taxi *nt* ♦ *vi* (*plane*) rollen; ~ **driver** *n* Taxifahrer *m*; ~ **rank** (*BRIT*) *n* Taxistand *m*; ~ **stand** *n* Taxistand *m*

tax : **~payer** ['tækspeɪə*] *n* Steuerzahler *m*; ~ **relief** *n* Steuerermäßigung *f*; ~ **return** *n* Steuererklärung *f*

TB *n abbr* (= *tuberculosis*) Tb *f*, Tbc *f*

tea [ti:] *n* Tee *m*; (*meal*) (frühes) Abendessen *nt*; **high** ~ (*BRIT*) Abendessen *nt*; ~ **bag** *n* Teebeutel *m*; ~ **break** (*BRIT*) *n* Teepause *f*

teach [ti:tʃ] (*pt, pp* **taught**) *vt* lehren; (*SCH*) lehren, unterrichten; (*show*): **to ~ sb sth** jdm etw beibringen ♦ *vi* lehren, unterrichten; **~er** *n* Lehrer(in) *m(f)*; **~ing** *n* (*~er's work*) Unterricht *m*; (*doctrine*) Lehre *f*

tea : ~ **cosy** *n* Teewärmer *m*; **~cup** *n* Teetasse *f*; ~ **leaves** *npl* Teeblätter *pl*

team [ti:m] *n* (*workers*) Team *nt*; (*SPORT*) Mannschaft *f*; (*animals*) Gespann *nt*

teamwork *n* Gemeinschaftsarbeit *f*, Teamarbeit *f*

teapot ['ti:pɒt] *n* Teekanne *f*

tear[1] [tɛə*] (*pt* **tore**, *pp* **torn**) *n* Riß *m* ♦ *vt* zerreißen; (*muscle*) zerren ♦ *vi* (zer)reißen; (*rush*) rasen; **tear along** *vi* (*rush*) entlangrasen; **tear up** *vt* (*sheet of paper etc*) zerreißen

tear[2] [tɪə*] *n* Träne *f*

tearful ['tɪəfʊl] *adj* weinend; (*voice*) weinerlich

tear gas ['tɪəgæs] *n* Tränengas *nt*

tearoom ['ti:rʊm] *n* Teestube *f*

tease [ti:z] *n* Hänsler *m* ♦ *vt* necken

tea set *n* Teeservice *nt*

teaspoon ['ti:spu:n] *n* Teelöffel *m*

teat [ti:t] *n* (*of woman*) Brustwarze *f*; (*of animal*) Zitze *f*; (*of bottle*) Sauger *m*

[illegible]e *n* (*in the afternoon*) Tee- [illegible] (*mealtime*) Abendessen *nt*

[illegible]el *n* Geschirrtuch *nt*

[illegible]l ['teknɪkəl] *adj* technisch; (*knowledge, terms*) Fach-; **~ity** [teknɪ'kælɪtɪ] *n* technische Einzelheit *f*; (*JUR*) Formsache *f*; **~ly** *adv* technisch; (*speak*) spezialisiert; (*fig*) genau genommen

technician [tek'nɪʃən] *n* Techniker *m*

technique [tek'ni:k] *n* Technik *f*

technological [teknə'lɒdʒɪkəl] *adj* technologisch

technology [tek'nɒlədʒɪ] *n* Technologie *f*

teddy (bear) ['tedɪ(bɛə*)] *n* Teddybär *m*

tedious ['ti:dɪəs] *adj* langweilig, ermüdend

tee [ti:] *n* (*GOLF*) Abschlagstelle *f*; (*object*) Tee *nt*

teem [ti:m] *vi* (*swarm*): **to ~ (with)** wimmeln (von); **it is ~ing (with rain)** es gießt in Strömen

teenage ['ti:neɪdʒ] *adj* (*fashions etc*) Teenager-, jugendlich; **~r** *n* Teenager *m*, Jugendliche(r) *mf*

teens [ti:nz] *npl* Teenageralter *nt*

tee-shirt ['ti:ʃɜ:t] *n* T-Shirt *nt*

teeter ['ti:tə*] *vi* schwanken

teeth [ti:θ] *npl of* **tooth**

teethe [ti:ð] *vi* zahnen

teething ring ['ti:ðɪŋ-] *n* Beißring *m*

teething troubles ['ti:ðɪŋ-] *npl* (*fig*) Kinderkrankheiten *pl*

teetotal ['ti:'təʊtl] *adj* abstinent

telecommunications ['telɪkəmju:nɪ'keɪʃənz] *npl* Fernmeldewesen *nt*

telegram ['telɪgræm] *n* Telegramm *nt*

telegraph ['telɪgrɑ:f] *n* Telegraph *m*

telephone ['telɪfəʊn] *n* Telefon *nt*, Fernsprecher *m* ♦ *vt* anrufen; (*message*) telefonisch mitteilen; **to be on the** ~ (*talking*) telefonieren; (*possessing phone*) Telefon haben; ~ **booth** *n* Telefonzelle *f*; ~ **box** (*BRIT*) *n* Telefonzelle *f*; ~ **call** *n* Telefongespräch *nt*, Anruf *m*; ~ **directory** *n* Telefonbuch *nt*; ~ **number** *n* Telefonnummer *f*

telephonist [tə'lefənɪst] (*BRIT*) *n*

Telefonist(in) *m(f)*

telephoto lens ['telɪfəʊtəʊ'lenz] *n* Teleobjektiv *nt*

telescope ['telɪskəʊp] *n* Teleskop *nt*, Fernrohr *nt* ♦ *vt* ineinanderschieben

televise ['telɪvaɪz] *vt* durch das Fernsehen übertragen

television ['telɪvɪʒən] *n* Fernsehen *nt*; **on ~** im Fernsehen; **~ (set)** *n* Fernsehapparat *m*, Fernseher *m*

telex ['teleks] *n* Telex *nt* ♦ *vt* per Telex schicken

tell [tel] (*pt, pp* **told**) *vt* (*story*) erzählen; (*secret*) ausplaudern; (*say, make known*) sagen; (*distinguish*) erkennen; (*be sure*) wissen ♦ *vi* (*talk*) sprechen; (*be sure*) wissen; (*divulge*) es verraten; (*have effect*) sich auswirken; **to ~ sb to do sth** jdm sagen, daß er etw tun soll; **to ~ sb sth** *or* **sth to sb** jdm etw sagen; **to ~ sb by sth** jdn an etw *dat* erkennen; **to ~ sth from** etw unterscheiden von; **to ~ of sth** von etw sprechen; **~ off** *vt*: **to ~ sb off** jdn ausschimpfen; **~er** *n* Kassenbeamte(r) *mf*; **~ing** *adj* verräterisch; (*blow*) hart; **~tale** *adj* verräterisch

telly ['telɪ] (*BRIT: inf*) *n abbr* (= *television*) TV *nt*

temerity [tɪ'merɪtɪ] *n* (Toll)kühnheit *f*

temp [temp] *n abbr* (= *temporary*) Aushilfssekretärin *f*; ♦ *vi* als Aushilfskraft arbeiten

temper ['tempə*] *n* (*disposition*) Temperament *nt*; (*anger*) Zorn *m* ♦ *vt* (*tone down*) mildern; (*metal*) härten; **to be in a (bad) ~** wütend sein; **to lose one's ~** die Beherrschung verlieren

temperament ['temprəmənt] *n* Temperament *nt*; **~al** [tempərə'mentl] *adj* (*moody*) launisch

temperance ['tempərəns] *n* Mäßigung *f*; (*abstinence*) Enthaltsamkeit *f*

temperate ['tempərət] *adj* gemäßigt

temperature ['temprɪtʃə*] *n* Temperatur *f*; (*MED: high ~*) Fieber *nt*; **to have** *or* **run a ~** Fieber haben

template ['templət] *n* Schablone *f*

temple ['templ] *n* Tempel *m*; (*ANAT*) Schläfe *f*

temporal ['tempərəl] *adj* (*of time*) zeitlich; (*worldly*) irdisch, weltlich

temporarily ['tempərərɪlɪ] *adv* zeitweilig, vorübergehend

temporary ['tempərərɪ] *adj* vorläufig; (*road, building*) provisorisch

tempt [tempt] *vt* (*persuade*) verleiten; (*attract*) reizen, (ver)locken; **to ~ sb into doing sth** jdn dazu verleiten, etw zu tun; **~ation** [temp'teɪʃən] *n* Versuchung *f*; **~ing** *adj* (*person*) verführerisch; (*object, situation*) verlockend

ten [ten] *num* zehn

tenable ['tenəbl] *adj* haltbar

tenacious [tə'neɪʃəs] *adj* zäh, hartnäckig

tenacity [tə'næsɪtɪ] *n* Zähigkeit *f*, Hartnäckigkeit *f*

tenancy ['tenənsɪ] *n* Mietverhältnis *nt*

tenant ['tenənt] *n* Mieter *m*; (*of larger property*) Pächter *m*

tend [tend] *vt* (*look after*) sich kümmern um ♦ *vi*: **to ~ to do sth** etw gewöhnlich tun

tendency ['tendənsɪ] *n* Tendenz *f*; (*of person*) Tendenz *f*, Neigung *f*

tender ['tendə*] *adj* zart; (*loving*) zärtlich ♦ *n* (*COMM: offer*) Kostenanschlag *m* ♦ *vt* (an)bieten; (*resignation*) einreichen; **~ness** *n* Zartheit *f*; (*being loving*) Zärtlichkeit *f*

tendon ['tendən] *n* Sehne *f*

tenement ['tenəmənt] *n* Mietshaus *nt*

tenet ['tenət] *n* Lehre *f*

tennis ['tenɪs] *n* Tennis *nt*; **~ ball** *n* Tennisball *m*; **~ court** *n* Tennisplatz *m*; **~ player** *n* Tennisspieler(in) *m(f)*; **~ racket** *n* Tennisschläger *m*; **~ shoes** *npl* Tennisschuhe *pl*

tenor ['tenə*] *n* Tenor *m*

tenpin bowling ['tenpɪn-] *n* Bowling *nt*

tense [tens] *adj* angespannt ♦ *n* Zeitform *f*

tension ['tenʃən] *n* Spannung *f*
tent [tent] *n* Zelt *nt*
tentacle ['tentəkl] *n* Fühler *m*; (*of sea animals*) Fangarm *m*
tentative ['tentətɪv] *adj* (*movement*) unsicher; (*offer*) Probe-; (*arrangement*) vorläufig; (*suggestion*) unverbindlich; **~ly** *adv* versuchsweise; (*try, move*) vorsichtig
tenterhooks ['tentəhʊks] *npl*: **to be on ~** auf die Folter gespannt sein
tenth [tenθ] *adj* zehnte(r, s)
tent peg *n* Hering *m*
tent pole *n* Zeltstange *f*
tenuous ['tenjʊəs] *adj* schwach
tenure ['tenjʊə*] *n* (*of land*) Besitz *m*; (*of office*) Amtszeit *f*
tepid ['tepɪd] *adj* lauwarm
term [tɜ:m] *n* (*period of time*) Zeit(raum *m*) *f*; (*limit*) Frist *f*; (*SCH*) Quartal *nt*; (*UNIV*) Trimester *nt*; (*expression*) Ausdruck *m* ♦ *vt* (be)nennen; **~s** *npl* (*conditions*) Bedingungen *pl*; **in the short/long ~** auf kurze/lange Sicht; **to be on good ~s with sb** gut mit jdm auskommen; **to come to ~s with** (*person*) sich einigen mit; (*problem*) sich abfinden mit
terminal ['tɜ:mɪnl] *n* (*BRIT*: *also*: *coach ~*) Endstation *f*; (*AVIAT*) Terminal *m*; (*COMPUT*) Terminal *nt or m* ♦ *adj* Schluß-; (*MED*) unheilbar
terminate ['tɜ:mɪneɪt] *vt* beenden ♦ *vi* enden, aufhören
terminus ['tɜ:mɪnəs] (*pl* **termini**) *n* Endstation *f*
terrace ['terəs] *n* (*BRIT*: *row of houses*) Häuserreihe *f*; (*in garden etc*) Terrasse *f*; **the ~s** *npl* (*BRIT*: *SPORT*) die Ränge; **~d** *adj* (*garden*) terrassenförmig angelegt; (*house*) Reihen-
terrain [te'reɪn] *n* Terrain *nt*, Gelände *nt*
terrible ['terəbl] *adj* schrecklich, entsetzlich, fürchterlich
terribly ['terəblɪ] *adv* fürchterlich
terrific [tə'rɪfɪk] *adj* unwahrscheinlich; **~!** klasse!
terrify ['terɪfaɪ] *vt* erschrecken
territorial [terɪ'tɔ:rɪəl] *adj* Gebiets-, territorial
territory ['terɪtərɪ] *n* Gebiet *nt*
terror ['terə*] *n* Schrecken *m*; (*POL*) Terror *m*; **~ist** *n* Terrorist(in) *m(f)*; **~ize** *vt* terrorisieren
terse [tɜ:s] *adj* knapp, kurz, bündig
test [test] *n* Probe *f*; (*examination*) Prüfung *f*; (*PSYCH, TECH*) Test *m* ♦ *vt* prüfen; (*PSYCH*) testen
testicle ['testɪkl] *n* (*ANAT*) Hoden *m*
testify ['testɪfaɪ] *vi* aussagen; **to ~ to sth** etw bezeugen
testimony ['testɪmənɪ] *n* (*JUR*) Zeugenaussage *f*; (*fig*) Zeugnis *nt*
test match *n* (*SPORT*) Länderkampf *m*
test tube *n* Reagenzglas *nt*
testy ['testɪ] *adj* gereizt; reizbar
tetanus ['tetənəs] *n* Wundstarrkrampf *m*, Tetanus *m*
tetchy ['tetʃɪ] *adj* empfindlich
tether ['teðə*] *vt* anbinden ♦ *n*: **at the end of one's ~** völlig am Ende
text [tekst] *n* Text *m*; (*of document*) Wortlaut *m*; **~book** *n* Lehrbuch *nt*
textiles ['tekstaɪlz] *npl* Textilien *pl*
texture ['tekstʃə*] *n* Beschaffenheit *f*
Thai [taɪ] *adj* thailändisch ♦ *n* Thailänder(in) *m(f)*; (*LING*) Thailändisch *nt*; **~land** *n* Thailand *nt*
Thames [temz] *n*: **the ~** die Themse
than [ðæn, ðən] *prep* (*in comparisons*) als
thank [θæŋk] *vt* danken +*dat*; **you've him to ~ for your success** Sie haben Ihren Erfolg ihm zu verdanken; **~ you (very much)** danke (vielmals), danke schön; **~ful** *adj* dankbar; **~less** *adj* undankbar; **~s** *npl* Dank *m* ♦ *excl* danke!; **~s to** dank +*gen*; **T~sgiving (Day)** (*US*) *n* Thanksgiving Day *m*

KEYWORD

that [ðæt, ðət] *adj* (*demonstrative*: *pl*

those) der/die/das; jene(r, s); **that one** das da

♦ *pron* **1** (*demonstrative*: *pl those*) das; **who's/what's that?** wer ist da/was ist das?; **is that you?** bist du das?; **that's what he said** genau das hat er gesagt; **what happened after that?** was passierte danach?; **that is** das heißt

2 (*relative*: *subj*) der/die/das, die; (: *direct obj*) den/die/das, die; (: *indirect obj*) dem/der/dem, denen; **all (that) I have** alles, was ich habe

3 (*relative*: *of time*): **the day (that)** an dem Tag, als; **the winter (that) he came** in dem Winter, in dem er kam

♦ *conj* daß; **he thought that I was ill** er dachte, daß ich krank sei, er dachte, ich sei krank

♦ *adv* (*demonstrative*) so; **I can't work that much** ich kann nicht soviel arbeiten

thatched [θætʃt] *adj* strohgedeckt; (*cottage*) mit Strohdach

thaw [θɔ:] *n* Tauwetter *nt* ♦ *vi* tauen; (*frozen foods, fig*: *people*) auftauen ♦ *vt* (auf)tauen lassen

KEYWORD

the [ðiı, ðə] *def art* **1** der/die/das; **to play the piano/violin** Klavier/Geige spielen; **I'm going to the butcher's/the cinema** ich gehe zum Fleischer/ins Kino; **Elizabeth the First** Elisabeth die Erste

2 (*+adj to form noun*) das, die; **the rich and the poor** die Reichen und die Armen

3 (*in comparisons*): **the more he works the more he earns** je mehr er arbeitet, desto mehr verdient er

theatre ['θıətə*] (*US* **theater**) *n* Theater *nt*; (*for lectures etc*) Saal *m*; (*MED*) Operationssaal *m*; **~goer** *n* Theaterbesucher(in) *m(f)*

theatrical [θı'ætrıkəl] *adj* Theater-; (*career*) Schauspieler-; (*showy*) theatralisch

theft [θeft] *n* Diebstahl *m*

their [ðeə*] *adj* ihr; *see also* **my**; **~s** *pron* ihre(r, s); *see also* **mine²**

them [ðem, ðəm] *pron* (*acc*) sie; (*dat*) ihnen; *see also* **me**

theme [θi:m] *n* Thema *nt*; (*MUS*) Motiv *nt*; **~ park** *n* (thematisch gestalteter) Freizeitpark *m*; **~ song** *n* Titelmusik *f*

themselves [ðəm'selvz] *pl pron* (*reflexive*) sich (selbst); (*emphatic*) selbst; *see also* **oneself**

then [ðen] *adv* (*at that time*) damals; (*next*) dann ♦ *conj* also, folglich; (*furthermore*) ferner ♦ *adj* damalig; **from ~ on** von da an; **by ~** bis dahin; **the ~ president** der damalige Präsident

theology [θı'ɒlədʒı] *n* Theologie *f*

theoretical [θıə'retıkəl] *adj* theoretisch; **~ly** *adv* theoretisch

theory ['θıərı] *n* Theorie *f*

therapist ['θerəpıst] *adj* Therapeut(in) *m(f)*

therapy ['θerəpı] *n* Therapie *f*

KEYWORD

there [ðeə*] *adv* **1**: **there is, there are** es *or* da ist/sind; (*there exists/exist also*) es gibt, **there are 3 of them** (*people, things*) es gibt 3 davon; **there has been an accident** da war ein Unfall

2 (*referring to place*) da, dort; (*with vb of movement*) dahin, dorthin; **put it in/on there** leg es dahinein/dorthinauf

3: **there, there** (*esp to child*) na, na

thereabouts [ðeərə'baʊts] *adv* (*place*) dort in der Nähe, dort irgendwo; (*amount*): **20 or ~** ungefähr 20

thereafter [ðeər'ɑ:ftə*] *adv* danach

thereby [ðeə'baı] *adv* dadurch, damit

therefore ['ðeəfɔ:*] *adv* deshalb, daher

there's ['ðeəz] = **there is; there**

has

thermometer [θə'mɒmɪtə*] *n* Thermometer *nt*

Thermos ['θɜ:məs] ® *n* Thermosflasche *f*

thesaurus [θɪ'sɔ:rəs] *n* Synonymwörterbuch *nt*

these [ði:z] *pron, adj* (*pl*) diese

theses ['θi:si:z] *npl of* **thesis**

thesis ['θi:sɪs] (*pl* **theses**) *n* (*for discussion*) These *f*; (*UNIV*) Dissertation *f*, Doktorarbeit *f*

they [ðeɪ] *pl pron* sie; (*people in general*) man; ~ **say that ...** (*it is said that*) es wird gesagt, daß ...; **they'd = they had; they would; they'll = they shall; they will; they're = they are; they've = they have**

thick [θɪk] *adj* dick; (*forest*) dicht; (*liquid*) dickflüssig; (*slow, stupid*) dumm, schwer von Begriff ♦ *n*: **in the ~ of** mitten in +*dat*; **it's 20 cm ~** es ist 20 cm dick *or* stark; **~en** *vi* (*fog*) dichter werden ♦ *vt* (*sauce etc*) verdicken; **~ness** *n* Dicke *f*; Dichte *f*; Dickflüssigkeit *f*; **~set** *adj* untersetzt; **~skinned** *adj* dickhäutig

thief [θi:f] (*pl* **thieves**) *n* Dieb(in) *m(f)*

thieving ['θi:vɪŋ] *n* Stehlen *nt* ♦ *adj* diebisch

thigh [θaɪ] *n* Oberschenkel *m*

thimble ['θɪmbl] *n* Fingerhut *m*

thin [θɪn] *adj* dünn; (*person*) dünn, mager; (*excuse*) schwach ♦ *vt*: **to ~ (down)** (*sauce, paint*) verdünnen

thing [θɪŋ] *n* Ding *nt*; (*affair*) Sache *f*; **my ~s** meine Sachen *pl*; **the best ~ would be to ...** das Beste wäre, ...; **how are ~s?** wie geht's?

think [θɪŋk] (*pt, pp* **thought**) *vt, vi* denken; **what did you ~ of them?** was halten Sie von ihnen?; **to ~ about sth/sb** nachdenken über etw/jdn; **I'll ~ about it** ich überlege es mir; **to ~ of doing sth** vorhaben *or* beabsichtigen, etw zu tun; **I ~ so/not** ich glaube (schon)/glaube nicht; **to ~ well of sb** viel von jdm halten; **~ over** *vt* überdenken; **~ up** *vt* sich *dat* ausdenken; **~ tank** *n* Expertengruppe *f*

thinly ['θɪnlɪ] *adv* dünn; (*disguised*) kaum

third [θɜ:d] *adj* dritte(r, s) ♦ *n* (*person*) Dritte(r) *mf*; (*part*) Drittel *nt*; **~ly** *adv* drittens; **~ party insurance** (*BRIT*) *n* Haftpflichtversicherung *f*; **~-rate** *adj* minderwertig; **the T~ World** *n* die Dritte Welt *f*

thirst [θɜ:st] *n* (*also fig*) Durst *m*; **~y** *adj* (*person*) durstig; (*work*) durstig machend; **to be ~y** Durst haben

thirteen ['θɜ:'ti:n] *num* dreizehn

thirty ['θɜ:tɪ] *num* dreißig

KEYWORD

this [ðɪs] *adj* (*demonstrative: pl these*) diese(r, s); **this evening** heute abend; **this one** diese(r, s) (da)
♦ *pron* (*demonstrative: pl these*) dies, das; **who/what is this?** wer/was ist das?; **this is where I live** hier wohne ich; **this is what he said** das hat er gesagt; **this is Mr Brown** (*in introductions/photo*) dies ist Mr Brown; (*on telephone*) hier ist Mr Brown
♦ *adv* (*demonstrative*): **this high/long** *etc* so groß/lang *etc*

thistle ['θɪsl] *n* Distel *f*

thorn [θɔ:n] *n* Dorn *m*; **~y** *adj* dornig; (*problem*) schwierig

thorough ['θʌrə] *adj* gründlich; **~bred** *n* Vollblut *nt* ♦ *adj* reinrassig, Vollblut-; **~fare** *n* Straße *f*; **"no ~fare"** „Durchfahrt verboten"; **~ly** *adv* gründlich; (*extremely*) äußerst

those [ðəʊz] *pl pron* die (da), jene ♦ *adj* die, jene

though [ðəʊ] *conj* obwohl ♦ *adv* trotzdem

thought [θɔ:t] *pt, pp of* **think** ♦ *n* (*idea*) Gedanke *m*; (*thinking*) Denken *nt*, Denkvermögen *nt*; **~ful** *adj* (*thinking*) gedankenvoll, nachdenklich; (*kind*) rücksichtsvoll, aufmerksam; **~less** *adj* gedankenlos, unbesonnen; (*unkind*) rücksichtslos

thousand ['θaʊzənd] *num* tausend; **two ~** zweitausend; **~s of** Tausende (von); **~th** *adj* tausendste(r, s)

thrash [θræʃ] *vt* verdreschen; (*fig*) (vernichtend) schlagen; **~ about** *vi* um sich schlagen; **~ out** *vt* ausdiskutieren

thread [θred] *n* Faden *m*, Garn *nt*; (*on screw*) Gewinde *nt*; (*in story*) Faden *m* ♦ *vt* (*needle*) einfädeln; **~bare** *adj* (*also fig*) fadenscheinig

threat [θret] *n* Drohung *f*; (*danger*) Gefahr *f*; **~en** *vt* bedrohen ♦ *vi* drohen; **to ~en sb with sth** jdm etw androhen

three [θri:] *num* drei; **~-dimensional** *adj* dreidimensional; **~-piece suit** *n* dreiteilige(r) Anzug *m*; **~-piece suite** *n* dreiteilige Polstergarnitur *f*; **~-wheeler** *n* Dreiradwagen *m*

thresh [θreʃ] *vt, vi* dreschen

threshold ['θreʃhəʊld] *n* Schwelle *f*

threw [θru:] *pt of* **throw**

thrift [θrɪft] *n* Sparsamkeit *f*; **~y** *adj* sparsam

thrill [θrɪl] *n* Reiz *m*, Erregung *f* ♦ *vt* begeistern, packen; **to be ~ed with** (*gift etc*) sich unheimlich freuen über +*acc*; **~er** *n* Krimi *m*; **~ing** *adj* spannend; (*news*) aufregend

thrive [θraɪv] (*pt* **~d, throve,** *pp* **~d, thriven**) *vi*: **to ~ (on)** gedeihen (bei); **thriven** ['θrɪvn] *pp of* **thrive**

thriving ['θraɪvɪŋ] *adj* blühend

throat [θrəʊt] *n* Hals *m*, Kehle *f*; **to have a sore ~** Halsschmerzen haben

throb [θrɒb] *n* Pochen *nt* ♦ *vi* klopfen, pochen

throes [θrəʊz] *npl*: **in the ~ of** mitten in +*dat*

throng [θrɒŋ] *n* (Menschen)schar *f* ♦ *vt* sich drängen in +*dat*

throttle ['θrɒtl] *n* Gashebel *m* ♦ *vt* erdrosseln

through [θru:] *prep* durch; (*time*) während +*gen*; (*because of*) aus, durch ♦ *adv* durch ♦ *adj* (*ticket, train*) durchgehend; (*finished*) fertig; **to put sb ~ (to)** jdn verbinden (mit); **to be ~** (*TEL*) eine Verbindung haben; (*have finished*) fertig sein; **no ~ way** (*BRIT*) Sackgasse *f*; **~out** [θru:'aʊt] *prep* (*place*) überall in +*dat*; (*time*) während +*gen* ♦ *adv* überall; die ganze Zeit

throve [θrəʊv] *pt of* **thrive**

throw [θrəʊ] (*pt* **threw,** *pp* **thrown**) *n* Wurf *m* ♦ *vt* werfen; **to ~ a party** eine Party geben; **~ away** *vt* wegwerfen; (*waste*) verschenken; (*money*) verschwenden; **~ off** *vt* abwerfen; (*pursuer*) abschütteln; **~ out** *vt* hinauswerfen; (*rubbish*) wegwerfen; (*plan*) verwerfen; **~ up** *vt, vi* (*vomit*) speien; **~away** *adj* Wegwerf-; **~-in** *n* Einwurf *m*; **thrown** [θrəʊn] *pp of* **throw**

thru [θru:] (*US*) = **through**

thrush [θrʌʃ] *n* Drossel *f*

thrust [θrʌst] (*pt, pp* **thrust**) *n* (*TECH*) Schubkraft *f* ♦ *vt, vi* (*push*) stoßen

thud [θʌd] *n* dumpfe(r) (Auf)schlag *m*

thug [θʌg] *n* Schlägertyp *m*

thumb [θʌm] *n* Daumen *m* ♦ *vt* (*book*) durchblättern; **to ~ a lift** per Anhalter fahren (wollen); **~tack** (*US*) *n* Reißzwecke *f*

thump [θʌmp] *n* (*blow*) Schlag *m*, (*noise*) Bums *m* ♦ *vi* hämmern, pochen ♦ *vt* schlagen auf +*acc*

thunder ['θʌndə*] *n* Donner *m* ♦ *vi* donnern; (*train etc*): **to ~ past** vorbeidonnern ♦ *vt* brüllen; **~bolt** *n* Blitz *nt*; **~clap** *n* Donnerschlag *m*; **~storm** *n* Gewitter *nt*, Unwetter *nt*; **~y** *adj* gewitterschwül

Thursday ['θɜ:zdeɪ] *n* Donnerstag *m*

thus [ðʌs] *adv* (*in this way*) so; (*therefore*) somit, also, folglich

thwart [θwɔ:t] *vt* vereiteln, durchkreuzen; (*person*) hindern

thyme [taɪm] *n* Thymian *m*

thyroid ['θaɪrɔɪd] *n* Schilddrüse *f*

tiara [tɪ'ɑ:rə] *n* Diadem *nt*; (*of pope*) Tiara *nt*

tic [tɪk] *n* Tick *m*

tick [tɪk] *n* (*sound*) Ticken *nt*; (*mark*) Häkchen *nt* ♦ *vi* ticken ♦ *vt* abhaken; **in a ~** (*BRIT*: *inf*) sofort; **~ off** *vt* abhaken; (*person*) ausschimpfen; **~ over** *vi* (*engine*) im Leerlauf laufen; (*fig*) auf Sparflamme laufen

ticket ['tɪkɪt] *n* (*for travel*) Fahrkarte *f*; (*for entrance*) (Eintritts)karte *f*; (*price ~*) Preisschild *nt*; (*luggage ~*) (Gepäck)schein *m*; (*raffle ~*) Los *nt*; (*parking ~*) Strafzettel *m*; (*in car park*) Parkschein *m*; **~ collector** *n* Fahrkartenkontrolleur *m*; **~ office** *n* (*RAIL etc*) Fahrkartenschalter *m*; (*THEAT etc*) Kasse *f*

tickle ['tɪkl] *n* Kitzeln *nt* ♦ *vt* kitzeln; (*amuse*) amüsieren

ticklish ['tɪklɪʃ] *adj* (*also fig*) kitzlig

tidal ['taɪdl] *adj* Flut-, Tide-; **~ wave** *n* Flutwelle *f*

tidbit ['tɪdbɪt] (*US*) *n* Leckerbissen *m*

tiddlywinks ['tɪdlɪwɪŋks] *n* Floh(hüpf)spiel *nt*

tide [taɪd] *n* Gezeiten *pl*; **high/low ~** Flut *f*/Ebbe *f*

tidy ['taɪdɪ] *adj* ordentlich ♦ *vt* aufräumen, in Ordnung bringen

tie [taɪ] *n* (*BRIT*: *neck*) Kravatte *f*, Schlips *m*; (*sth connecting*) Band *nt*; (*SPORT*) Unentschieden *nt* ♦ *vt* (*fasten, restrict*) binden ♦ *vi* (*SPORT*) unentschieden spielen; (*in competition*) punktgleich sein; **to ~ in a bow** zur Schleife binden; **to ~ a knot in sth** einen Knoten in etw *acc* machen; **~ down** *vt* festbinden; **to ~ sb down to** jdn binden an +*acc*; **~ up** *vt* (*dog*) anbinden; (*parcel*) verschnüren; (*boat*) festmachen; (*person*) fesseln; **to be ~d up** (*busy*) beschäftigt sein

tier [tɪə*] *n* Rang *m*; (*of cake*) Etage *f*

tiff [tɪf] *n* Krach *m*

tiger ['taɪgə*] *n* Tiger *m*

tight [taɪt] *adj* (*close*) eng, knapp; (*schedule*) gedrängt; (*firm*) fest; (*control*) streng; (*stretched*) stramm, (an)gespannt; (*inf*: *drunk*) blau, stramm ♦ *adv* (*squeeze*) fest; **~en** *vt* anziehen, anspannen; (*restrictions*) verschärfen ♦ *vi* sich spannen; **~-fisted** *adj* knauserig; **~ly** *adv* eng; fest; (*stretched*) straff; **~-rope** *n* Seil *nt*; **~s** *npl* (*esp BRIT*) Strumpfhose *f*

tile [taɪl] *n* (*on roof*) Dachziegel *m*; (*on wall or floor*) Fliese *f*; **~d** *adj* (*roof*) gedeckt, Ziegel-; (*floor, wall*) mit Fliesen belegt

till [tɪl] *n* Kasse *f* ♦ *vt* bestellen ♦ *prep, conj* = **until**

tiller ['tɪlə*] *n* Ruderpinne *f*

tilt [tɪlt] *vt* kippen, neigen ♦ *vi* sich neigen

timber ['tɪmbə*] *n* Holz *nt*; (*trees*) Baumbestand *m*

time [taɪm] *n* Zeit *f*; (*occasion*) Mal *nt*; (*rhythm*) Takt *m* ♦ *vt* zur rechten Zeit tun, zeitlich einrichten; (*SPORT*) stoppen; **in 2 weeks' ~** in 2 Wochen; **a long ~** lange; **for the ~ being** vorläufig; **4 at a ~** zu jeweils 4; **from ~ to ~** gelegentlich; **to have a good ~** sich amüsieren; **in ~** (*soon enough*) rechtzeitig; (*after some ~*) mit der Zeit; (*MUS*) im Takt; **in no ~** im Handumdrehen; **any ~** jederzeit; **on ~** pünktlich, rechtzeitig; **five ~s 5** fünfmal 5; **what ~ is it?** wieviel Uhr ist es?, wie spät ist es?; **at ~s** manchmal; **~ bomb** *n* Zeitbombe *f*; **~less** *adj* (*beauty*) zeitlos; **~ limit** *n* Frist *f*; **~ly** *adj* rechtzeitig; günstig; **~ off** *n* freie Zeit *f*; **~r** *n* (*~ switch*: *in kitchen*) Schaltuhr *f*; **~ scale** *n* Zeitspanne *f*; **~-share** *adj* Time-sharing-; **~ switch** (*BRIT*) *n* Zeitschalter *m*; **~table** *n* Fahrplan *m*; (*SCH*) Stundenplan *m*; **~ zone** *n* Zeitzone *f*

timid ['tɪmɪd] *adj* ängstlich, schüchtern

timing ['taɪmɪŋ] *n* Wahl *f* des richtigen Zeitpunkts, Timing *nt*; (*AUT*) Einstellung *f*

timpani ['tɪmpənɪ] *npl* Kesselpauken *pl*

tin [tɪn] *n* (*metal*) Blech *nt*; (*BRIT*: *can*) Büchse *f* (*BRIT*: *can*), Dose *f*; **~foil** *n* Staniolpapier *nt*

tinge [tɪndʒ] *n* (*colour*) Färbung *f*;

(*fig*) Anflug *m* ♦ *vt* färben; **~d with** mit einer Spur von

tingle ['tɪŋgl] *n* Prickeln *nt* ♦ *vi* prickeln

tinker ['tɪŋkə*] *n* Kesselflicker *m*; **~ with** *vt fus* herumpfuschen an +*dat*

tinkle ['tɪŋkl] *vi* klingeln

tinned [tɪnd] (*BRIT*) *adj* (*food*) Dosen-, Büchsen-

tin opener ['-əʊpnə*] (*BRIT*) *n* Dosen- *or* Büchsenöffner *m*

tinsel ['tɪnsəl] *n* Rauschgold *nt*

tint [tɪnt] *n* Farbton *m*; (*slight colour*) Anflug *m*; (*hair*) Tönung *f*; **~ed** *adj* getönt

tiny ['taɪnɪ] *adj* winzig

tip [tɪp] *n* (*pointed end*) Spitze *f*; (*money*) Trinkgeld *nt*; (*hint*) Wink *m*, Tip *m* ♦ *vt* (*slant*) kippen; (*hat*) antippen; (~ *over*) umkippen; (*waiter*) ein Trinkgeld geben +*dat*; **~-off** *n* Hinweis *m*, Tip *m*; **~ped** (*BRIT*) *adj* (*cigarette*) Filter-

tipsy ['tɪpsɪ] *adj* beschwipst

tiptoe ['tɪptəʊ] *n*: **on ~** auf Zehenspitzen

tiptop ['tɪp'tɒp] *adj*: **in ~ condition** tipptopp, erstklassig

tire ['taɪə*] *n* (*US*) = **tyre** ♦ *vt, vi* ermüden, müde machen/werden; **~d** *adj* müde; **to be ~d of sth** etw satt haben; **~less** *adj* unermüdlich; **~lessly** *adv* unermüdlich; **~some** *adj* lästig

tiring ['taɪərɪŋ] *adj* ermüdend

tissue ['tɪʃu:] *n* Gewebe *nt*; (*paper handkerchief*) Papiertaschentuch *nt*; **~ paper** *n* Seidenpapier *nt*

tit [tɪt] *n* (*bird*) Meise *f*; **~ for tat** wie du mir, so ich dir

titbit ['tɪtbɪt] (*US* **tidbit**) *n* Leckerbissen *m*

titillate ['tɪtɪleɪt] *vt* kitzeln

titivate ['tɪtɪveɪt] *vt* schniegeln

title ['taɪtl] *n* Titel *m*; **~ deed** *n* Eigentumsurkunde *f*; **~ role** *n* Hauptrolle *f*

titter ['tɪtə*] *vi* kichern

titular ['tɪtjʊlə*] *adj* (*in name only*) nominell

TM *abbr* (= *trademark*) Wz

KEYWORD

to [tu:, tə] *prep* **1** (*direction*) zu, nach; **I go to France/school** ich gehe nach Frankreich/zur Schule; **to the left** nach links

2 (*as far as*) bis

3 (*with expressions of time*) vor; **a quarter to 5** Viertel vor 5

4 (*for, of*) für; **secretary to the director** Sekretärin des Direcktors

5 (*expressing indirect object*): **to give sth to sb** jdm etw geben; **to talk to sb** mit jdm sprechen; **I sold it to a friend** ich habe es einem Freund verkauft

6 (*in relation to*) zu; **30 miles to the gallon** 30 Meilen pro Gallone

7 (*purpose, result*) zu; **to my surprise** zu meiner Überraschung

♦ *with vb* **1** (*infin*): **to go/eat** gehen/essen; **to want to do sth** etw tun wollen; **to try/start to do sth** versuchen/anfangen, etw zu tun; **he has a lot to lose** er hat viel zu verlieren

2 (*with vb omitted*): **I don't want to** ich will (es) nicht

3 (*purpose, result*) um; **I did it to help you** ich tat es, um dir zu helfen

4 (*after adj etc*): **ready to use** gebrauchsfertig; **too old/young to ...** zu alt/jung, um ... zu ...

♦ *adv*: **push/pull the door to** die Tür zuschieben/zuziehen

toad [təʊd] *n* Kröte *f*; **~stool** *n* Giftpilz *m*

toast [təʊst] *n* (*bread*) Toast *m*; (*drinking*) Trinkspruch *m* ♦ *vt* trinken auf +*acc*; (*bread*) toasten; (*warm*) wärmen; **~er** *n* Toaster *m*

tobacco [tə'bækəʊ] *n* Tabak *m*; **~nist** [tə'bækənɪst] *n* Tabakhändler *m*; **~nist's (shop)** *n* Tabakladen *m*

toboggan [tə'bɒgən] *n* (Rodel)schlitten *m*

today [tə'deɪ] *adv* heute; (*at the*

present time) heutzutage
toddler ['tɒdlə*] *n* Kleinkind *nt*
toddy ['tɒdɪ] *n* (Whisky)grog *m*
to-do [tə'du:] *n* Theater *nt*
toe [təʊ] *n* Zehe *f*; (*of sock, shoe*) Spitze *f* ♦ *vt*: **to ~ the line** (*fig*) sich einfügen; **~nail** *n* Zehennagel *m*
toffee ['tɒfɪ] *n* Sahnebonbon *nt*; **~ apple** (*BRIT*) *n* kandierte(r) Apfel *m*
together [tə'geðə*] *adv* zusammen; (*at the same time*) gleichzeitig; **~ with** zusammen mit; gleichzeitig mit; **~ness** *n* (*company*) Beisammensein *nt*
toil [tɔɪl] *n* harte Arbeit *f*, Plackerei *f* ♦ *vi* sich abmühen, sich plagen
toilet ['tɔɪlət] *n* Toilette *f* ♦ *cpd* Toiletten-; **~ bag** *n* Waschbeutel *m*; **~ paper** *n* Toilettenpapier *nt*; **~ries** ['tɔɪlətrɪz] *npl* Toilettenartikel *pl*; **~ roll** *n* Rolle *f* Toilettenpapier; **~ water** *n* Toilettenwasser *nt*
token ['təʊkən] *n* Zeichen *nt*; (*gift ~*) Gutschein *m*; **book/record ~** (*BRIT*) Bücher-/Plattengutschein *m*
Tokyo ['təʊkjəʊ] *n* Tokio *nt*
told [təʊld] *pt, pp of* **tell**
tolerable ['tɒlərəbl] *adj* (*bearable*) erträglich; (*fairly good*) leidlich
tolerant ['tɒlərnt] *adj*: **be ~ (of)** vertragen +*acc*
tolerate ['tɒləreɪt] *vt* dulden; (*noise*) ertragen
toll [təʊl] *n* Gebühr *f* ♦ *vi* (*bell*) läuten
tomato [tə'mɑ:təʊ] (*pl* **~es**) *n* Tomate *f*
tomb [tu:m] *n* Grab(mal) *nt*
tomboy ['tɒmbɔɪ] *n* Wildfang *m*
tombstone ['tu:mstəʊn] *n* Grabstein *m*
tomcat ['tɒmkæt] *n* Kater *m*
tomorrow [tə'mɒrəʊ] *n* Morgen *nt* ♦ *adv* morgen; **the day after ~** übermorgen; **~ morning** morgen früh; **a week ~** morgen in einer Woche
ton [tʌn] *n* Tonne *f* (*BRIT = 1016kg; US = 907kg*); (*NAUT*: *also*: *register ~*) Registertonne *f*; **~s of** (*inf*) eine Unmenge von
tone [təʊn] *n* Ton *m*; **~ down** *vt* (*criticism, demands*) mäßigen; (*colours*) abtönen; **~ up** *vt* in Form bringen; **~-deaf** *adj* ohne musikalisches Gehör
tongs [tɒŋz] *npl* Zange *f*; (*curling ~*) Lockenstab *m*
tongue [tʌŋ] *n* Zunge *f*; (*language*) Sprache *f*; **with ~ in cheek** scherzhaft; **~-tied** *adj* stumm, sprachlos; **~-twister** *n* Zungenbrecher *m*
tonic ['tɒnɪk] *n* (*MED*) Stärkungsmittel *nt*; (*drink*) Tonic *nt*
tonight [tə'naɪt] *adv* heute abend
tonsil ['tɒnsl] *n* Mandel *f*; **~litis** [tɒnsɪ'laɪtɪs] *n* Mandelentzündung *f*
too [tu:] *adv* zu; (*also*) auch; **~ bad!** Pech!; **~ many** zu viele
took [tʊk] *pt of* **take**
tool [tu:l] *n* (*also fig*) Werkzeug *nt*; **~box** *n* Werkzeugkasten *m*
toot [tu:t] *n* Hupen *nt* ♦ *vi* tuten; (*AUT*) hupen
tooth [tu:θ] (*pl* **teeth**) *n* Zahn *m*; **~ache** *n* Zahnschmerzen *pl*, Zahnweh *nt*; **~brush** *n* Zahnbürste *f*; **~paste** *n* Zahnpasta *f*; **~pick** *n* Zahnstocher *m*
top [tɒp] *n* Spitze *f*; (*of mountain*) Gipfel *m*; (*of tree*) Wipfel *m*; (*toy*) Kreisel *m*; (*~ gear*) vierte(r)/fünfte(r) Gang *m* ♦ *adj* oberste(r, s) ♦ *vt* (*list*) an erster Stelle stehen auf +*dat*; **on ~ of** oben auf +*dat*; **from ~ to bottom** von oben bis unten; **~ off** (*US*) *vt* auffüllen; **~ up** *vt* auffüllen; **~ floor** *n* oberste(s) Stockwerk *nt*; **~ hat** *n* Zylinder *m*; **~-heavy** *adj* kopflastig
topic ['tɒpɪk] *n* Thema *nt*, Gesprächsgegenstand *m*; **~al** *adj* aktuell
topless ['tɒpləs] *adj* (*bather etc*) oben ohne
top-level ['tɒp'levl] *adj* auf höchster Ebene
topmost ['tɒpməʊst] *adj* oberste(r, s)
topple ['tɒpl] *vt, vi* stürzen, kippen
top-secret ['tɒp'si:krət] *adj* streng

geheim

topsy-turvy ['tɒpsɪ'tɜ:vɪ] *adv* durcheinander ♦ *adj* auf den Kopf gestellt

torch [tɔ:tʃ] *n* (*BRIT*: *ELEC*) Taschenlampe *f*; (*with flame*) Fackel *f*

tore [tɔ:*] *pt of* **tear**[1]

torment [*n* 'tɔ:ment, *vb* tɔ:'ment] *n* Qual *f* ♦ *vt* (*distress*) quälen

torn [tɔ:n] *pp of* **tear**[1] ♦ *adj* hin- und hergerissen

torrent ['tɒrənt] *n* Sturzbach *m*; **~ial** [tə'renʃəl] *adj* wolkenbruchartig

torrid ['tɒrɪd] *adj* heiß

tortoise ['tɔ:təs] *n* Schildkröte *f*; **~shell** ['tɔ:təʃel] *n* Schildpatt *m*

tortuous ['tɔ:tjuəs] *adj* gewunden

torture ['tɔ:tʃə*] *n* Folter *f* ♦ *vt* foltern

Tory ['tɔ:rɪ] (*BRIT*) *n* (*POL*) Tory *m* ♦ *adj* Tory-, konservativ

toss [tɒs] *vt* schleudern; **to ~ a coin** *or* **to ~ up for sth** etw mit einer Münze entscheiden; **to ~ and turn** (*in bed*) sich hin und her werfen

tot [tɒt] *n* (*small quantity*) bißchen *nt*; (*small child*) Knirps *m*

total ['təʊtl] *n* Gesamtheit *f*; (*money*) Endsumme *f* ♦ *adj* Gesamt-, total ♦ *vt* (*add up*) zusammenzählen; (*amount to*) sich belaufen auf

totalitarian [təʊtælɪ'teərɪən] *adj* totalitär

totally ['təʊtəlɪ] *adv* total

totter [tɒtə*] *vi* wanken, schwanken

touch [tʌtʃ] *n* Berührung *f*; (*sense of feeling*) Tastsinn *m* ♦ *vt* (*feel*) berühren; (*come against*) leicht anstoßen; (*emotionally*) rühren; **a ~ of** (*fig*) eine Spur von; **to get in ~ with sb** sich mit jdm in Verbindung setzen; **to lose ~** (*friends*) Kontakt verlieren; **~ on** *vt fus* (*topic*) berühren, erwähnen; **~ up** *vt* (*paint*) auffrischen; **~-and-go** *adj* riskant, knapp; **~down** *n* Landen *nt*, Niedergehen *nt*; **~ed** *adj* (*moved*) gerührt; **~ing** *adj* rührend; **~line** *n* Seitenlinie *f*; **~-sensitive screen** *n* (*COMPUT*) berührungsempfindlicher Bildschirm *m*; **~y** *adj* empfindlich, reizbar

tough [tʌf] *adj* zäh; (*difficult*) schwierig ♦ *n* Schläger(typ) *m*; **~en** *vt* zäh machen; (*make strong*) abhärten

toupee ['tu:peɪ] *n* Toupet *nt*

tour ['tʊə*] *n* Tour *f* ♦ *vi* umherreisen; (*THEAT*) auf Tour sein; auf Tour gehen; **~ing** *n* Umherreisen *nt*; (*THEAT*) Tournee *f*

tourism ['tʊərɪzm] *n* Fremdenverkehr *m*, Tourismus *m*

tourist ['tʊərɪst] *n* Tourist(in) *m(f)* ♦ *cpd* (*class*) Touristen-; **~ office** *n* Verkehrsamt *nt*

tournament ['tʊənəmənt] *n* Turnier *nt*

tousled ['taʊzld] *adj* zerzaust

tout [taʊt] *vi*: **to ~ for** auf Kundenfang gehen für ♦ *n*: **ticket ~** Kundenschlepper(in) *m(f)*

tow [təʊ] *vt* (ab)schleppen; **on** (*BRIT*) *or* **in** (*US*) **~** (*AUT*) im Schlepp

toward(s) [tə'wɔ:d(z)] *prep* (*with time*) gegen; (*in direction of*) nach

towel ['taʊəl] *n* Handtuch *nt*; **~ling** *n* (*fabric*) Frottee *nt or* m; **~ rack** (*US*) *n* Handtuchstange *f*; **~ rail** *n* Handtuchstange *f*

tower ['taʊə*] *n* Turm *m*; **~ block** (*BRIT*) *n* Hochhaus *nt*; **~ing** *adj* hochragend

town [taʊn] *n* Stadt *f*; **to go to ~** (*fig*) sich ins Zeug legen; **~ centre** *n* Stadtzentrum *nt*; **~ clerk** *n* Stadtdirektor *m*; **~ council** *n* Stadtrat *m*; **~ hall** *n* Rathaus *nt*; **~ plan** *n* Stadtplan *m*; **~ planning** *n* Stadtplanung *f*

towrope ['təʊrəʊp] *n* Abschlepptau *nt*

tow truck (*US*) *n* (*breakdown lorry*) Abschleppwagen *m*

toxic ['tɒksɪk] *adj* giftig, Gift-

toy [tɔɪ] *n* Spielzeug *nt*; **~ with** *vt fus* spielen mit; **~shop** *n* Spielwarengeschäft *nt*

trace [treɪs] *n* Spur *f* ♦ *vt* (*follow a*

course) nachspüren +*dat*; (*find out*) aufspüren; (*copy*) durchpausen; **tracing paper** *n* Pauspapier *nt*

track [træk] *n* (*mark*) Spur *f*; (*path*) Weg *m*; (*race~*) Rennbahn *f*; (*RAIL*) Gleis *nt* ♦ *vt* verfolgen; **to keep ~ of sb** jdn im Auge behalten; **~ down** *vt* aufspüren; **~suit** *n* Trainingsanzug *m*

tract [trækt] *n* (*of land*) Gebiet *nt*; (*booklet*) Traktat *nt*

traction ['trækʃən] *n* (*power*) Zugkraft *f*; (*AUT*: *grip*) Bodenhaftung *f*; (*MED*): **in ~** im Streckverband

trade [treɪd] *n* (*commerce*) Handel *m*; (*business*) Geschäft *nt*, Gewerbe *nt*; (*people*) Geschäftsleute *pl*; (*skilled manual work*) Handwerk *nt* ♦ *vi*: **to ~ (in)** handeln (mit) ♦ *vt* tauschen; **~ in** *vt* in Zahlung geben; **~ fair** *n* Messe *nt*; **~-in price** *n Preis m, zu dem etw in Zahlung genommen wird*; **~mark** *n* Warenzeichen *nt*; **~ name** *n* Handelsbezeichnung *f*; **~r** *n* Händler *m*; **~sman** (*irreg*) *n* (*shopkeeper*) Geschäftsmann *m*; (*workman*) Handwerker *m*; (*delivery man*) Lieferant *m*; **~ union** *n* Gewerkschaft *f*; **~ unionist** *n* Gewerkschaftler(in) *m(f)*

trading ['treɪdɪŋ] *n* Handel *m*; **~ estate** (*BRIT*) *n* Industriegelände *nt*

tradition [trə'dɪʃən] *n* Tradition *f*; **~al** *adj* traditionell, herkömmlich

traffic ['træfɪk] *n* Verkehr *m*; (*esp in drugs*): **~ (in)** Handel *m* (mit) ♦ *vi*: **to ~ in** (*esp drugs*) handeln mit; **~ circle** (*US*) *n* Kreisverkehr *m*; **~ jam** *n* Verkehrsstauung *f*; **~ lights** *npl* Verkehrsampel *f*; **~ warden** *n* ≈ Verkehrspolizist *m* (*ohne amtliche Befugnisse*), Politesse *f* (*ohne amtliche Befugnisse*)

tragedy ['trædʒədɪ] *n* Tragödie *f*

tragic ['trædʒɪk] *adj* tragisch

trail [treɪl] *n* (*track*) Spur *f*; (*of smoke*) Rauchfahne *f*; (*of dust*) Staubwolke *f*; (*road*) Pfad *m*, Weg *m* ♦ *vt* (*animal*) verfolgen; (*person*) folgen +*dat*; (*drag*) schleppen ♦ *vi* (*hang loosely*) schleifen; (*plants*) sich ranken; (*be behind*) hinterherhinken; (*SPORT*) weit zurückliegen; (*walk*) zuckeln; **~ behind** *vi* zurückbleiben; **~er** *n* Anhänger *m*; (*US*: *caravan*) Wohnwagen *m*; (*for film*) Vorschau *f*; **~ truck** (*US*) *n* Sattelschlepper *m*

train [treɪn] *n* Zug *m*; (*of dress*) Schleppe *f*; (*series*) Folge *f* ♦ *vt* (*teach*: *person*) ausbilden; (: *animal*) abrichten; (: *mind*) schulen; (*SPORT*) trainieren; (*aim*) richten ♦ *vi* (*exercise*) trainieren; (*study*) ausgebildet werden; **~ of thought** Gedankengang *m*; **to ~ sth on** (*aim*) etw richten auf +*acc*; **~ed** *adj* (*eye*) geschult; (*person, voice*) ausgebildet; **~ee** [treɪ'ni:] *n* Lehrling *m*; Praktikant(in) *m(f)*; **~er** *n* (*SPORT*) Trainer *m*; Ausbilder *m*; **~ing** *n* (*for occupation*) Ausbildung *f*; (*SPORT*) Training *nt*; **in ~ing** im Training; **~ing college** *n* Pädagogische Hochschule *f*, Lehrerseminar *nt*; **~ing shoes** *npl* Turnschuhe *pl*

traipse [treɪps] *vi* latschen

trait [treɪ(t)] *n* Zug *m*, Merkmal *nt*

traitor ['treɪtə*] *n* Verräter *m*

trajectory [trə'dʒektərɪ] *n* Flugbahn *f*

tram ['træm] (*BRIT*) *n* (*also*: *~car*) Straßenbahn *f*

tramp [træmp] *n* Landstreicher *m* ♦ *vi* (*walk heavily*) stampfen, stapfen; (*travel on foot*) wandern

trample ['træmpl] *vt* (nieder)trampeln ♦ *vi* (herum)trampeln; **to ~ (underfoot)** herumtrampeln auf +*dat*

tranquil ['træŋkwɪl] *adj* ruhig, friedlich; **~lity** (*US* **~ity**) *n* Ruhe *f*; **~lizer** (*US* **~izer**) *n* Beruhigungsmittel *nt*

transact [træn'zækt] *vt* abwickeln; **~ion** [træn'zækʃən] *n* Abwicklung *f*; (*piece of business*) Geschäft *nt*, Transaktion *f*

transcend [træn'send] *vt* übersteigen

transcript ['trænskrɪpt] *n* Abschrift

f, Kopie *f*; (*JUR*) Protokoll *nt*; **~ion** [trænˈskrɪpʃən] *n* Transkription *f*; (*product*) Abschrift *f*

transfer [*n* ˈtrænsfə*, *vt* trænsˈfɜ:*] *n* (*~ring*) Übertragung *f*; (*of business*) Umzug *m*; (*being ~red*) Versetzung *f*; (*design*) Abziehbild *nt*; (*SPORT*) Transfer *m* ♦ *vt* (*business*) verlegen; (*person*) versetzen; (*prisoner*) überführen; (*drawing*) übertragen; (*money*) überweisen; **to ~ the charges** (*BRIT*: *TEL*) ein R-Gespräch führen

transform [trænsˈfɔ:m] *vt* umwandeln; **~ation** [trænsfəˈmeɪʃən] *n* Umwandlung *f*, Verwandlung *f*; **~er** *n* (*ELEC*) Transformator *m*

transfusion [trænsˈfju:ʒən] *n* Blutübertragung *f*, Transfusion *f*

transient [ˈtrænzɪənt] *adj* kurz(lebig)

transistor [trænˈzɪstə*] *n* (*ELEC*) Transistor *m*; (*radio*) Transistorradio *nt*

transit [ˈtrænzɪt] *n*: **in ~** unterwegs

transition [trænˈzɪʃən] *n* Übergang *m*; **~al** *adj* Übergangs-

transit lounge *n* (*at airport etc*) Warteraum *m*

transitory [ˈtrænzɪtərɪ] *adj* vorübergehend

translate [trænzˈleɪt] *vt*, *vi* übersetzen

translation [trænzˈleɪʃən] *n* Übersetzung *f*

translator [trænzˈleɪtə*] *n* Übersetzer(in) *m(f)*

transmission [trænzˈmɪʃən] *n* (*of information*) Übermittlung *f*; (*ELEC*, *MED*, *TV*) Übertragung *f*; (*AUT*) Getriebe *nt*

transmit [trænzˈmɪt] *vt* (*message*) übermitteln; (*ELEC*, *MED*, *TV*) übertragen; **~ter** *n* Sender *m*

transparency [trænsˈpɛərənsɪ] *n* Durchsichtigkeit *f*; (*BRIT*: *PHOT*) Dia(positiv) *nt*

transparent [trænsˈpærənt] *adj* durchsichtig; (*fig*) offenkundig

transpire [trænsˈpaɪə*] *vi* (*turn out*) sich herausstellen; (*happen*) passieren

transplant [*vb* trænsˈplɑ:nt, *n* ˈtrænsplɑ:nt] *vt* umpflanzen; (*MED*, *also fig*: *person*) verpflanzen ♦ *n* (*MED*) Transplantation *f*; (*organ*) Transplantat *nt*

transport [*n* ˈtrænspɔ:t, *vb* trænsˈpɔ:t] *n* Transport *m*, Beförderung *f* ♦ *vt* befördern; transportieren; **means of ~** Transportmittel *nt*; **~ation** [trænspɔ:ˈteɪʃən] *n* Transport *m*, Beförderung *f*; (*means*) Beförderungsmittel *nt*; (*cost*) Transportkosten *pl*; **~ café** (*BRIT*) *n* Fernfahrerlokal *nt*

transverse [ˈtrænzvɜ:s] *adj* Quer-; (*position*) horizontal; (*engine*) querliegend

trap [træp] *n* Falle *f*; (*carriage*) zweirädrige(r) Einspänner *m*; (*inf*: *mouth*) Klappe *f* ♦ *vt* fangen; (*person*) in eine Falle locken; **~door** *n* Falltür *f*

trappings [ˈtræpɪŋz] *npl* Aufmachung *f*

trash [træʃ] *n* (*rubbish*) Plunder *m*; (*nonsense*) Mist *m*; **~ can** (*US*) *n* Mülleimer *m*

traumatic [trɔ:ˈmætɪk] *adj* traumatisch

travel [ˈtrævl] *n* Reisen *nt* ♦ *vi* reisen ♦ *vt* (*distance*) zurücklegen; (*country*) bereisen; **~s** *npl* (*journeys*) Reisen *pl*; **~ agency** *n* Reisebüro *nt*; **~ agent** *n* Reisebürokaufmann(frau) *m(f)*; **~ler** (*US* **~er**) *n* Reisende(r) *mf*; (*salesman*) Handlungsreisende(r) *m*; **~ler's cheque** (*US* **~er's check**) *n* Reisescheck *m*; **~ling** (*US* **~ing**) *n* Reisen *nt*; **~ sickness** *n* Reisekrankheit *f*

trawler *n* (*NAUT*, *FISHING*) Fischdampfer *m*, Trawler *m*

tray [treɪ] *n* (*tea ~*) Tablett *nt*; (*receptacle*) Schale *f*; (*for mail*) Ablage *f*

treacherous [ˈtretʃərəs] *adj* verräterisch; (*road*) tückisch

treachery [ˈtretʃərɪ] *n* Verrat *m*

treacle [ˈtri:kl] *n* Sirup *m*, Melasse *f*

tread [tred] (*pt* **trod**, *pp* **trodden**) *n* Schritt *m*, Tritt *m*; (*of stair*) Stufe *f*; (*on tyre*) Profil *nt* ♦ *vi* treten; ~

on *vt fus* treten auf +*acc*

treason ['tri:zn] *n* Verrat *m*

treasure ['treʒə*] *n* Schatz *m* ♦ *vt* schätzen

treasurer ['treʒərə*] *n* Kassenverwalter *m*, Schatzmeister *m*

treasury ['treʒərɪ] *n* (*POL*) Finanzministerium *nt*

treat [tri:t] *n* besondere Freude *f* ♦ *vt* (*deal with*) behandeln; **to ~ sb to sth** jdm etw spendieren

treatise ['tri:tɪz] *n* Abhandlung *f*

treatment ['tri:tmənt] *n* Behandlung *f*

treaty ['tri:tɪ] *n* Vertrag *m*

treble ['trebl] *adj* dreifach ♦ *vt* verdreifachen; **~ clef** *n* Violinschlüssel *m*

tree [tri:] *n* Baum *m*; **~ trunk** *n* Baumstamm *m*

trek [trek] *n* Treck *m*, Zug *m*; (*inf*) anstrengende(r) Weg *m* ♦ *vi* trecken

trellis ['trelɪs] *n* Gitter *nt*; (*for gardening*) Spalier *nt*

tremble ['trembl] *vi* zittern; (*ground*) beben

trembling ['tremblɪŋ] *n* Zittern *nt* ♦ *adj* zitternd

tremendous [trə'mendəs] *adj* gewaltig, kolossal; (*inf*: *very good*) prima

tremor ['tremə*] *n* Zittern *nt*; (*of earth*) Beben *nt*

trench [trentʃ] *n* Graben *m*; (*MIL*) Schützengraben *m*

trend [trend] *n* Tendenz *f*; **~y** (*inf*) *adj* modisch

trepidation [trepɪ'deɪʃən] *n* Beklommenheit *f*

trespass ['trespəs] *vi*: **to ~ on** widerrechtlich betreten; **"no ~ing"** „Betreten verboten"

tress [tres] *n* Locke *f*

trestle ['tresl] *n* Bock *m*; **~ table** *n* Klapptisch *m*

trial ['traɪəl] *n* (*JUR*) Prozeß *m*; (*test*) Versuch *m*, Probe *f*; (*hardship*) Prüfung *f*; **by ~ and error** durch Ausprobieren

triangle ['traɪæŋgl] *n* Dreieck *nt*; (*MUS*) Triangel *f*

triangular [traɪ'æŋgjʊlə*] *adj* dreieckig

tribal ['traɪbəl] *adj* Stammes-

tribe [traɪb] *n* Stamm *m*; **~sman** (*irreg*) *n* Stammesangehörige(r) *m*

tribulation [trɪbjʊ'leɪʃən] *n* Not *f*, Mühsal *f*

tribunal [traɪ'bju:nl] *n* Gericht *nt*; (*inquiry*) Untersuchungsausschuß *m*

tributary ['trɪbjʊtərɪ] *n* Nebenfluß *m*

tribute ['trɪbju:t] *n* (*admiration*) Zeichen *nt* der Hochachtung; **to pay ~ to sb/sth** jdm/einer Sache Tribut zollen

trick [trɪk] *n* Trick *m*; (*CARDS*) Stich *m* ♦ *vt* überlisten, beschwindeln; **to play a ~ on sb** jdm einen Streich spielen; **that should do the ~** daß müßte eigentlich klappen; **~ery** *n* Tricks *pl*

trickle ['trɪkl] *n* Tröpfeln *nt*; (*small river*) Rinnsal *nt* ♦ *vi* tröpfeln; (*seep*) sickern

tricky ['trɪkɪ] *adj* (*problem*) schwierig; (*situation*) kitzlig

tricycle ['traɪsɪkl] *n* Dreirad *nt*

trifle ['traɪfl] *n* Kleinigkeit *f*; (*COOK*) Trifle *m* ♦ *adv*: **a ~ ...** ein bißchen ...

trifling ['traɪflɪŋ] *adj* geringfügig

trigger ['trɪgə*] *n* Drücker *m*; **~ off** *vt* auslösen

trim [trɪm] *adj* gepflegt; (*figure*) schlank ♦ *n* (gute) Verfassung *f*; (*embellishment, on car*) Verzierung *f* ♦ *vt* (*clip*) schneiden; (*trees*) stutzen; (*decorate*) besetzen; (*sails*) trimmen; **~mings** *npl* (*decorations*) Verzierung *f*, Verzierungen *pl*; (*extras*) Zubehör *nt*

Trinity ['trɪnɪtɪ] *n*: **the ~** die Dreieinigkeit *f*

trinket ['trɪŋkɪt] *n* kleine(s) Schmuckstück *nt*

trip [trɪp] *n* (kurze) Reise *f*; (*outing*) Ausflug *m*; (*stumble*) Stolpern *nt* ♦ *vi* (*walk quickly*) trippeln; (*stumble*) stolpern; **on a ~** auf Reisen; **~ up** *vi* stolpern; (*fig*) stolpern, einen Fehler machen ♦ *vt* zu Fall bringen; (*fig*) hereinlegen

tripe [traɪp] *n* (*food*) Kutteln *pl*; (*rubbish*) Mist *m*

triple ['trɪpl] *adj* dreifach

triplets ['trɪplɪts] *npl* Drillinge *pl*

triplicate ['trɪplɪkət] *n*: **in** ~ in dreifacher Ausfertigung

tripod ['traɪpɒd] *n* (*PHOT*) Stativ *nt*

trite [traɪt] *adj* banal

triumph ['traɪʌmf] *n* Triumph *m* ♦ *vi*: **to** ~ **(over)** triumphieren (über +*acc*); ~**ant** [traɪ'ʌmfənt] *adj* triumphierend

trivia ['trɪvɪə] *npl* Trivialitäten *pl*

trivial ['trɪvɪəl] *adj* gering(fügig), trivial

trod [trɒd] *pt of* **tread**; ~**den** ['trɒdn] *pp of* **tread**

trolley ['trɒlɪ] *n* Handwagen *m*; (*in shop*) Einkaufswagen; (*for luggage*) Kofferkuli *m*; (*table*) Teewagen *m*; ~ **bus** *n* Oberleitungsbus *m*, Obus *m*

trombone [trɒm'bəʊn] *n* Posaune *f*

troop [tru:p] *n* Schar *f*; (*MIL*) Trupp *m*; ~**s** *npl* Truppen *pl*; ~ **in/out** *vi* hinein-/hinausströmen; ~**ing the colour** *n* (*ceremony*) Fahnenparade *f*

trophy ['trəʊfɪ] *n* Trophäe *f*

tropic ['trɒpɪk] *n* Wendekreis *m*; ~**al** *adj* tropisch

trot [trɒt] *n* Trott *m* ♦ *vi* trotten; **on the** ~ (*BRIT*: *fig*: *inf*) in einer Tour

trouble ['trʌbl] *n* (*problems*) Ärger *m*; (*worry*) Sorge *f*; (*in country, industry*) Unruhen *pl*; (*effort*) Mühe *f*; (*MED*): **stomach** ~ Magenbeschwerden *pl* ♦ *vt* (*disturb*) stören; ~**s** *npl* (*POL etc*) Unruhen *pl*; **to** ~ **to do sth** sich bemühen, etw zu tun; **to be in** ~ Probleme *or* Ärger haben; **to go to the** ~ **of doing sth** sich die Mühe machen, etw zu tun; **what's the** ~**?** was ist los?; (*to sick person*) wo fehlt's?; ~**d** *adj* (*person*) beunruhigt; (*country*) geplagt; ~**-free** *adj* sorglos; ~**maker** *n* Unruhestifter *m*; ~**shooter** *n* Vermittler *m*; ~**some** *adj* lästig, unangenehm; (*child*) schwierig

trough [trɒf] *n* (*vessel*) Trog *m*; (*channel*) Rinne *f*, Kanal *m*; (*MET*) Tief *nt*

trounce [traʊns] *vt* (*esp SPORT*) vernichtend schlagen

trousers ['traʊzəz] *npl* Hose *f*

trout [traʊt] *n* Forelle *f*

trowel ['traʊəl] *n* Kelle *f*

truant ['trʊənt] *n*: **to play** ~ (*BRIT*) (die Schule) schwänzen

truce [tru:s] *n* Waffenstillstand *m*

truck [trʌk] *n* Lastwagen *m*; (*RAIL*) offene(r) Güterwagen *m*; ~ **driver** *n* Lastwagenfahrer *m*; ~ **farm** (*US*) *n* Gemüsegärtnerei *f*

truculent ['trʌkjʊlənt] *adj* trotzig

trudge [trʌdʒ] *vi* sich (mühselig) dahinschleppen

true [tru:] *adj* (*exact*) wahr; (*genuine*) echt; (*friend*) treu

truffle ['trʌfl] *n* Trüffel *f or m*

truly ['tru:lɪ] *adv* wirklich; **yours** ~ Ihr sehr ergebener

trump [trʌmp] *n* (*CARDS*) Trumpf *m*; ~**ed-up** *adj* erfunden

trumpet ['trʌmpɪt] *n* Trompete *f*

truncheon ['trʌntʃən] *n* Gummiknüppel *m*

trundle ['trʌndl] *vt* schieben ♦ *vi*: **to** ~ **along** entlangrollen

trunk [trʌŋk] *n* (*of tree*) (Baum)stamm *m*; (*ANAT*) Rumpf *m*; (*box*) Truhe *f*, Überseekoffer *m*; (*of elephant*) Rüssel *m*; (*US*: *AUT*) Kofferraum *m*; ~**s** *npl* (*also*: *swimming* ~*s*) Badehose *f*

truss [trʌs] *n* (*MED*) Bruchband *nt* ♦ *vt* (*also*: ~ *up*) fesseln

trust [trʌst] *n* (*confidence*) Vertrauen *nt*; (*for property etc*) Treuhandvermögen *nt* ♦ *vt* (*rely on*) vertrauen +*dat*, sich verlassen auf +*acc*; (*hope*) hoffen; (*entrust*): **to** ~ **sth to sb** jdm etw anvertrauen; ~**ed** *adj* treu; ~**ee** [trʌs'ti:] *n* Vermögensverwalter *m*; ~**ful** *adj* vertrauensvoll; ~**ing** *adj* vertrauensvoll; ~**worthy** *adj* vertrauenswürdig; (*account*) glaubwürdig

truth [tru:θ, *pl* tru:ðz] *n* Wahrheit *f*; ~**ful** *adj* ehrlich

try [traɪ] *n* Versuch *m* ♦ *vt* (*attempt*) versuchen; (*test*) (aus)probieren; (*JUR*: *person*) unter Anklage stellen; (: *case*) verhandeln; (*courage, patience*) auf die Probe stellen ♦ *vi* (*make effort*) versuchen, sich bemühen; **to have a ~** es versuchen; **to ~ to do sth** versuchen, etw zu tun; **~ on** *vt* (*dress*) anprobieren; (*hat*) aufprobieren; **~ out** *vt* ausprobieren; **~ing** *adj* schwierig

T-shirt ['ti:ʃɜ:t] *n* T-shirt *nt*

T-square ['ti:skwɛə*] *n* Reißschiene *f*

tub [tʌb] *n* Wanne *f*, Kübel *m*; (*for margarine etc*) Becher *m*

tubby ['tʌbɪ] *adj* rundlich

tube [tju:b] *n* (*pipe*) Röhre *f*, Rohr *nt*; (*for toothpaste etc*) Tube *f*; (*in London*) U-Bahn *f*; (*AUT*: *for tyre*) Schlauch *m*; **~ station** *n* (*in London*) U-Bahnstation *f*

tubing ['tju:bɪŋ] *n* Schlauch *m*

tubular ['tju:bjʊlə*] *adj* röhrenförmig

TUC (*BRIT*) *n abbr* = **Trades Union Congress**

tuck [tʌk] *n* (*fold*) Falte *f*, Einschlag *m* ♦ *vt* (*put*) stecken; (*gather*) fälteln, einschlagen; **~ away** *vt* wegstecken; **~ in** *vt* hineinstecken; (*blanket etc*) feststecken; (*person*) zudecken ♦ *vi* (*eat*) hineinhauen, zulangen; **~ up** *vt* (*child*) warm zudecken; **~ shop** *n* Süßwarenladen *m*

Tuesday ['tju:zdeɪ] *n* Dienstag *m*

tuft [tʌft] *n* Büschel *m*

tug [tʌg] *n* (*jerk*) Zerren *nt*, Ruck *m*; (*NAUT*) Schleppdampfer *m* ♦ *vt, vi* zerren, ziehen; (*boat*) schleppen; **~-of-war** *n* Tauziehen *nt*

tuition [tju:'ɪʃən] *n* (*BRIT*) Unterricht *m*; (: *private ~*) Privatunterricht *m*; (*US*: *school fees*) Schulgeld *nt*

tulip ['tju:lɪp] *n* Tulpe *f*

tumble ['tʌmbl] *n* (*fall*) Sturz *m* ♦ *vi* fallen, stürzen; **~ to** *vt fus* kapieren; **~down** *adj* baufällig; **~ dryer** (*BRIT*) *n* Trockner *m*; **~r** ['tʌmblə*] *n* (*glass*) Trinkglas *nt*

tummy ['tʌmɪ] (*inf*) *n* Bauch *m*

tumour ['tju:mə*] (*US* **tumor**) *n* Geschwulst *f*, Tumor *m*

tumultuous [tju:'mʌltjʊəs] *adj* (*welcome, applause etc*) stürmisch

tuna ['tju:nə] *n* Thunfisch *m*

tune [tju:n] *n* Melodie *f* ♦ *vt* (*MUS*) stimmen; (*AUT*) richtig einstellen; **to sing in ~/out of ~** richtig/falsch singen; **to be out of ~ with** nicht harmonieren mit; **~ in** *vi* einschalten; **~ up** *vi* (*MUS*) stimmen; **~ful** *adj* melodisch; **~r** *n* (*person*) (Instrumenten)stimmer *m*; (*part of radio*) Tuner *m*; **piano ~r** Klavierstimmer(in) *m(f)*

tunic ['tju:nɪk] *n* Waffenrock *m*; (*loose garment*) lange Bluse *f*

tuning ['tju:nɪŋ] *n* (*RAD, AUT*) Einstellen *nt*; (*MUS*) Stimmen *nt*; **~ fork** *n* Stimmgabel *f*

Tunisia [tju:'nɪzɪə] *n* Tunesien *nt*

tunnel ['tʌnl] *n* Tunnel *m*, Unterführung *f* ♦ *vi* einen Tunnel anlegen

turbulent ['tɜ:bjʊlənt] *adj* stürmisch

tureen [tjʊ'ri:n] *n* Terrine *f*

turf [tɜ:f] *n* Rasen *m*; (*piece*) Sode *f* ♦ *vt* mit Grassoden belegen; **~ out** (*inf*) *vt* rauswerfen

turgid ['tɜ:dʒɪd] *adj* geschwollen

Turk [tɜ:k] *n* Türke *m*, Türkin *f*

Turkey ['tɜ:kɪ] *n* Türkei *f*

turkey ['tɜ:kɪ] *n* Puter *m*, Truthahn *m*

Turkish ['tɜ:kɪʃ] *adj* türkisch ♦ *n* (*LING*) Türkisch *nt*

turmoil ['tɜ:mɔɪl] *n* Aufruhr *m*, Tumult *m*

turn [tɜ:n] *n* (*rotation*) (Um)drehung *f*; (*performance*) (Programm)nummer *f*; (*MED*) Schock *m* ♦ *vt* (*rotate*) drehen; (*change position of*) umdrehen, wenden; (*page*) umblättern; (*transform*): **to ~ sth into sth** etw in etw *acc* verwandeln; (*direct*) zuwenden ♦ *vi* (*rotate*) sich drehen; (*change direction*: *in car*) abbiegen; (: *wind*) drehen; (*~ round*) umdrehen, wenden; (*become*) werden; (*leaves*) sich verfärben; (*milk*) sauer werden; (*weather*) umschlagen; **to do sb a good ~** jdm etwas Gutes tun; **it's your ~** du bist dran *or* an der Reihe; **in ~, by ~s** abwechselnd; **to take ~s** sich abwechseln; **it gave me quite a ~** das hat mich schön erschreckt; **"no left ~"** (*AUT*) „Linksabbiegen verboten"; **~ away** *vi* sich abwenden; **~ back** *vt* umdrehen; (*person*) zurückschicken; (*clock*) zurückstellen ♦ *vi* umkehren; **~ down** *vt* (*refuse*) ablehnen; (*fold down*) umschlagen; **~ in** *vi* (*go to bed*) ins Bett gehen ♦ *vt* (*fold inwards*) einwärts biegen; **~ off** *vi* abbiegen ♦ *vt* ausschalten; (*tap*) zudrehen; (*machine, electricity*) abstellen; **~ on** *vt* (*light*) anschalten, einschalten; (*tap*) aufdrehen; (*machine*) anstellen; **~ out** *vi* (*prove to be*) sich erweisen; (*people*) sich entwickeln ♦ *vt* (*light*) ausschalten; (*gas*) abstellen; (*produce*) produzieren; **how did the cake ~ out?** wie ist der Kuchen geworden?; **~ round** *vi* (*person, vehicle*) sich herumdrehen; (*rotate*) sich drehen; **~ up** *vi* auftauchen; (*happen*) passieren, sich ereignen ♦ *vt* (*collar*) hochklappen, hochstellen; (*nose*) rümpfen; (*increase: radio*) lauter stellen; (*: heat*) höher drehen; **~ing** *n* (*in road*) Abzweigung *f*; **~ing point** *n* Wendepunkt *m*

turnip ['tɜ:nɪp] *n* Steckrübe *f*

turnout ['tɜ:naʊt] *n* (Besucher)zahl *f*; (*COMM*) Produktion *f*

turnover ['tɜ:nəʊvə*] *n* Umsatz *m*; (*of staff*) Wechsel *m*

turnpike ['tɜ:npaɪk] (*US*) *n* gebührenpflichtige Straße *f*

turnstile ['tɜ:nstaɪl] *n* Drehkreuz *nt*

turntable ['tɜ:nteɪbl] *n* (*of record player*) Plattenteller *m*; (*RAIL*) Drehscheibe *f*

turn-up ['tɜ:nʌp] (*BRIT*) *n* (*on trousers*) Aufschlag *m*

turpentine ['tɜ:pəntaɪn] *n* Terpentin *nt*

turquoise ['tɜ:kwɔɪz] *n* (*gem*) Türkis *m*; (*colour*) Türkis *nt* ♦ *adj* türkisfarben

turret ['tʌrɪt] *n* Turm *m*

turtle ['tɜ:tl] *n* Schildkröte *f*; **~ neck (sweater)** *n* Pullover *m* mit Schildkrötkragen *m*

tusk [tʌsk] *n* Stoßzahn *m*

tussle ['tʌsl] *n* Balgerei *f*

tutor ['tju:tə*] *n* (*teacher*) Privatlehrer *m*; (*college instructor*) Tutor *m*; **~ial** [tju:'tɔ:rɪəl] *n* (*UNIV*) Kolloquium *nt*, Seminarübung *f*

tuxedo [tʌk'si:dəʊ] (*US*) *n* Smoking *m*

TV ['ti:'vi:] *n abbr* (= *television*) TV *nt*

twang [twæŋ] *n* scharfe(r) Ton *m*; (*of voice*) Näseln *nt*

tweezers ['twi:zəz] *npl* Pinzette *f*

twelfth [twelfθ] *adj* zwölfte(r, s)

twelve [twelv] *num* zwölf; **at ~ o'clock** (*midday*) um 12 Uhr; (*midnight*) um Null Uhr

twentieth ['twentɪɪθ] *adj* zwanzigste(r, s)

twenty ['twentɪ] *num* zwanzig

twice [twaɪs] *adv* zweimal; **~ as much** doppelt soviel

twiddle ['twɪdl] *vt, vi*: **to ~ (with) sth** an etw *dat* herumdrehen; **to ~ one's thumbs** (*fig*) Däumchen drehen

twig [twɪg] *n* dünne(r) Zweig *m* ♦ *vt* (*inf*) kapieren, merken

twilight ['twaɪlaɪt] *n* Zwielicht *nt*

twin [twɪn] *n* Zwilling *m* ♦ *adj* Zwillings-; (*very similar*) Doppel- ♦ *vt* (*towns*) zu Partnerstädten machen; **~-bedded room** *n* Zimmer *nt* mit zwei Einzelbetten

twine [twaɪn] *n* Bindfaden *m* ♦ *vi* (*plants*) sich ranken

twinge [twɪndʒ] *n* stechende(r) Schmerz *m*, Stechen *nt*

twinkle ['twɪŋkl] *n* Funkeln *nt*, Blitzen *nt* ♦ *vi* funkeln

twirl [twɜ:l] *n* Wirbel *m* ♦ *vt, vi* (herum)wirbeln

twist [twɪst] *n* (*~ing*) Drehung *f*; (*bend*) Kurve *f* ♦ *vt* (*turn*) drehen; (*make crooked*) verbiegen; (*distort*) verdrehen ♦ *vi* (*wind*) sich drehen;

(*curve*) sich winden
twit [twɪt] (*inf*) *n* Idiot *m*
twitch [twɪtʃ] *n* Zucken *nt* ♦ *vi* zucken
two [tu:] *num* zwei; **to put ~ and ~ together** seine Schlüsse ziehen; **~-door** *adj* zweitürig; **~-faced** *adj* falsch; **~fold** *adj, adv* zweifach, doppelt; **to increase ~fold** verdoppeln; **~-piece** *adj* zweiteilig; **~-piece (suit)** *n* Zweiteiler *m*; **~-piece (swimsuit)** *n* zweiteilige(r) Badeanzug *m*; **~-seater** *n* (*plane, car*) Zweisitzer *m*; **~some** *n* Paar *nt*; **~-way** *adj* (*traffic*) Gegen-
tycoon [taɪ'ku:n] *n*: **(business) ~** (Industrie)magnat *m*
type [taɪp] *n* Typ *m*, Art *f*; (*PRINT*) Type *f* ♦ *vt, vi* maschineschreiben, tippen; **~-cast** *adj* (*THEAT, TV*) auf eine Rolle festgelegt; **~face** *n* Schrift *f*; **~script** *n* maschinegeschriebene(r) Text *m*; **~writer** *n* Schreibmaschine *f*; **~written** *adj* maschinegeschrieben
typhoid ['taɪfɔɪd] *n* Typhus *m*
typical ['tɪpɪkəl] *adj*: **~ (of)** typisch (für)
typify ['tɪpɪfaɪ] *vt* typisch sein für
typing ['taɪpɪŋ] *n* Maschineschreiben *nt*
typist ['taɪpɪst] *n* Maschinenschreiber(in) *m(f)*, Tippse *f* (*inf*)
tyrant ['taɪərnt] *n* Tyrann *m*
tyre [taɪə*] (*US* **tire**) *n* Reifen *m*; **~ pressure** *n* Reifendruck *m*

U

U-bend ['ju:'bend] *n* (*in pipe*) U-Bogen *m*
ubiquitous [ju:'bɪkwɪtəs] *adj* überall zu findend; allgegenwärtig
udder ['ʌdə*] *n* Euter *nt*
UFO ['ju:fəʊ] *n abbr* (= *unidentified flying object*) UFO *nt*
ugh [ɜ:h] *excl* hu
ugliness ['ʌglɪnəs] *n* Häßlichkeit *f*
ugly ['ʌglɪ] *adj* häßlich; (*bad*) böse, schlimm
UK *n abbr* = **United Kingdom**
ulcer ['ʌlsə*] *n* Geschwür *nt*
Ulster ['ʌlstə*] *n* Ulster *nt*
ulterior [ʌl'tɪərɪə*] *adj*: **~ motive** Hintergedanke *m*
ultimate ['ʌltɪmət] *adj* äußerste(r, s), allerletzte(r, s); **~ly** *adv* schließlich, letzten Endes
ultrasound ['ʌltrə'saʊnd] *n* (*MED*) Ultraschall *m*
umbilical cord [ʌm'bɪlɪkl-] *n* Nabelschnur *f*
umbrella [ʌm'brelə] *n* Schirm *m*
umpire ['ʌmpaɪə*] *n* Schiedsrichter *m* ♦ *vt, vi* schiedsrichtern
umpteenth [ʌmp'ti:nθ] (*inf*) *num* zig; **for the ~ time** zum X-ten Mal
UN *n abbr* = **United Nations**
unable ['ʌn'eɪbl] *adj*: **to be ~ to do sth** etw nicht tun können
unaccompanied ['ʌnə'kʌmpənɪd] *adj* ohne Begleitung
unaccountably ['ʌnə'kaʊntəblɪ] *adv* unerklärlich
unaccustomed ['ʌnə'kʌstəmd] *adj* nicht gewöhnt; (*unusual*) ungewohnt; **~ to** nicht gewöhnt an +*acc*
unanimous [ju:'nænɪməs] *adj* einmütig; (*vote*) einstimmig; **~ly** *adv* einmütig; einstimmig
unarmed [ʌn'ɑ:md] *adj* unbewaffnet
unashamed ['ʌnə'ʃeɪmd] *adj* schamlos
unassuming [ʌnə'sju:mɪŋ] *adj* bescheiden
unattached ['ʌnə'tætʃt] *adj* ungebunden
unattended ['ʌnə'tendɪd] *adj* (*person*) unbeaufsichtigt; (*thing*) unbewacht
unauthorized ['ʌn'ɔ:θəraɪzd] *adj* unbefugt
unavoidable [ʌnə'vɔɪdəbl] *adj* unvermeidlich
unaware ['ʌnə'wɛə*] *adj*: **to be ~ of sth** sich *dat* einer Sache *gen* nicht bewußt sein; **~s** *adv* unversehens
unbalanced ['ʌn'bælənst] *adj* unausgeglichen; (*mentally*) gestört

unbearable [ʌn'bɛərəbl] *adj* unerträglich
unbeatable ['ʌn'bi:təbl] *adj* unschlagbar
unbeknown(st) ['ʌnbɪ'nəʊn(st)] *adv*: ~ **to me** ohne mein Wissen
unbelievable [ʌnbɪ'li:vəbl] *adj* unglaublich
unbend ['ʌn'bend] (*irreg: like* **bend**) *vt* geradebiegen ♦ *vi* aus sich herausgehen
unbias(s)ed ['ʌn'baɪəst] *adj* unparteiisch
unbreakable ['ʌn'breɪkəbl] *adj* unzerbrechlich
unbridled [ʌn'braɪdld] *adj* ungezügelt
unbroken ['ʌn'brəʊkən] *adj* (*period*) ununterbrochen; (*spirit*) ungebrochen; (*record*) unübertroffen
unburden [ʌn'bɜ:dn] *vt*: **to ~ o.s.** (jdm) sein Herz ausschütten
unbutton ['ʌn'bʌtn] *vt* aufknöpfen
uncalled-for [ʌn'kɔ:ldfɔ:*] *adj* unnötig
uncanny [ʌn'kænɪ] *adj* unheimlich
unceasing [ʌn'si:sɪŋ] *adj* unaufhörlich
unceremonious ['ʌnserɪ'məʊnɪəs] *adj* (*abrupt, rude*) brüsk; (*exit, departure*) überstürzt
uncertain [ʌn'sɜ:tn] *adj* unsicher; (*doubtful*) ungewiß; (*unreliable*) unbeständig; (*vague*) undeutlich, vag(e); **~ty** *n* Ungewißheit *f*
unchanged ['ʌn'tʃeɪndʒd] *adj* unverändert
unchecked ['ʌn'tʃekt] *adj* ungeprüft; (*not stopped*: *advance*) ungehindert
uncivilized ['ʌn'sɪvɪlaɪzd] *adj* unzivilisiert
uncle ['ʌŋkl] *n* Onkel *m*
uncomfortable [ʌn'kʌmfətəbl] *adj* unbequem, ungemütlich
uncommon [ʌn'kɒmən] *adj* ungewöhnlich; (*outstanding*) außergewöhnlich
uncompromising [ʌn'kɒmprəmaɪzɪŋ] *adj* kompromißlos, unnachgiebig
unconcerned [ʌnkən'sɜ:nd] *adj* unbekümmert; (*indifferent*) gleichgültig
unconditional ['ʌnkən'dɪʃənl] *adj* bedingungslos
uncongenial ['ʌnkən'dʒi:nɪəl] *adj* unangenehm
unconscious [ʌn'kɒnʃəs] *adj* (*MED*) bewußtlos; (*not meant*) unbeabsichtigt ♦ *n*: **the ~** das Unbewußte; **~ly** *adv* unbewußt
uncontrollable ['ʌnkən'trəʊləbl] *adj* unkontrollierbar, unbändig
unconventional [ʌnkən'venʃənl] *adj* unkonventionell
uncouth [ʌn'kuɪθ] *adj* grob
uncover [ʌn'kʌvə*] *vt* aufdecken
undecided ['ʌndɪ'saɪdɪd] *adj* unschlüssig
undeniable [ʌndɪ'naɪəbl] *adj* unleugbar
under ['ʌndə*] *prep* unter ♦ *adv* darunter; **~ there** da drunter; **~ repair** in Reparatur; **~age** [ʌndər'eɪdʒ] *adj* minderjährig
undercarriage ['ʌndəkærɪdʒ] (*BRIT*) *n* (*AVIAT*) Fahrgestell *nt*
undercharge [ʌndə'tʃɑ:dʒ] *vt*: **to ~ sb** jdm zu wenig berechnen
underclothes ['ʌndəkləʊðz] *npl* Unterwäsche *f*
undercoat ['ʌndəkəʊt] *n* (*paint*) Grundierung *f*
undercover ['ʌndəkʌvə*] *adj* Geheim-
undercurrent ['ʌndəkʌrənt] *n* Unterströmung *f*
undercut ['ʌndəkʌt] (*irreg: like* **cut**) *vt* unterbieten
underdeveloped ['ʌndədɪ'veləpt] *adj* Entwicklungs-, unterentwickelt
underdog ['ʌndədɒg] *n* Unterlegene(r) *mf*
underdone ['ʌndə'dʌn] *adj* (*COOK*) nicht gar, nicht durchgebraten
underestimate ['ʌndər'estɪmeɪt] *vt* unterschätzen
underexposed ['ʌndərɪks'pəʊzd] *adj* unterbelichtet
underfed ['ʌndə'fed] *adj* unterer-

nährt

underfoot ['ʌndə'fʊt] *adv* am Boden

undergo ['ʌndə'gəʊ] (*irreg: like* **go**) *vt* (*experience*) durchmachen; (*operation, test*) sich unterziehen +*dat*

undergraduate ['ʌndə'grædjʊət] *n* Student(in) *m(f)*

underground ['ʌndəgraʊnd] *n* U-Bahn *f* ♦ *adj* Untergrund-

undergrowth ['ʌndəgrəʊθ] *n* Gestrüpp *nt*, Unterholz *nt*

underhand(ed) ['ʌndə'hænd(ɪd)] *adj* hinterhältig

underlie [ʌndə'laɪ] (*irreg: like* **lie**) *vt* (*form the basis of*) zugrundeliegen +*dat*

underline [ʌndə'laɪn] *vt* unterstreichen; (*emphasize*) betonen

underling ['ʌndəlɪŋ] *n* Handlanger *m*

undermine [ʌndə'maɪn] *vt* untergraben

underneath ['ʌndə'ni:θ] *adv* darunter ♦ *prep* unter

underpaid ['ʌndə'peɪd] *adj* unterbezahlt

underpants ['ʌndəpænts] *npl* Unterhose *f*

underpass ['ʌndəpɑ:s] (*BRIT*) *n* Unterführung *f*

underprivileged ['ʌndə'prɪvɪlɪdʒd] *adj* benachteiligt, unterpriviligiert

underrate [ʌndə'reɪt] *vt* unterschätzen

undershirt ['ʌndəʃɜ:t] (*US*) *n* Unterhemd *nt*

undershorts ['ʌndəʃɔ:ts] (*US*) *npl* Unterhose *f*

underside ['ʌndəsaɪd] *n* Unterseite *f*

underskirt ['ʌndəskɜ:t] (*BRIT*) *n* Unterrock *m*

understand [ʌndə'stænd] (*irreg: like* **stand**) *vt, vi* verstehen; **I ~ that ...** ich habe gehört, daß ...; **am I to ~ that ...?** soll das (etwa) heißen, daß ...?; **what do you ~ by that?** was verstehen Sie darunter?; **it is understood that ...** es wurde vereinbart, daß ...; **to make o.s. understood** sich verständlich machen; **is that understood?** ist das klar?; **~able** *adj* verständlich; **~ing** *n* Verständnis *nt* ♦ *adj* verständnisvoll

understatement ['ʌndəsteɪtmənt] *n* (*quality*) Untertreibung *f*; **that's an ~!** das ist untertrieben!

understood [ʌndə'stʊd] *pt, pp of* **understand** ♦ *adj* klar; (*implied*) angenommen

understudy ['ʌndəstʌdɪ] *n* Ersatz(schau)spieler(in) *m(f)*

undertake [ʌndə'teɪk] (*irreg: like* **take**) *vt* unternehmen ♦ *vi*: **to ~ to do sth** sich verpflichten, etw zu tun

undertaker ['ʌndəteɪkə*] *n* Leichenbestatter *m*

undertaking [ʌndə'teɪkɪŋ] *n* (*enterprise*) Unternehmen *nt*; (*promise*) Verpflichtung *f*

undertone ['ʌndətəʊn] *n*: **in an ~** mit gedämpfter Stimme

underwater ['ʌndə'wɔ:tə*] *adv* unter Wasser ♦ *adj* Unterwasser-

underwear ['ʌndəwɛə*] *n* Unterwäsche *f*

underworld ['ʌndəwɜ:ld] *n* (*of crime*) Unterwelt *f*

underwriter ['ʌndəraɪtə*] *n* Assekurant *m*

undesirable [ʌndɪ'zaɪərəbl] *adj* unerwünscht

undies ['ʌndɪz] (*inf*) *npl* (Damen)unterwäsche *f*

undisputed ['ʌndɪs'pju:tɪd] *adj* unbestritten

undo ['ʌn'du:] (*irreg: like* **do**) *vt* (*unfasten*) öffnen, aufmachen; (*work*) zunichte machen; **~ing** *n* Verderben *nt*

undoubted [ʌn'daʊtɪd] *adj* unbezweifelt; **~ly** *adv* zweifellos, ohne Zweifel

undress ['ʌn'dres] *vt* ausziehen ♦ *vi* sich ausziehen

undue ['ʌndju:] *adj* übermäßig

undulating ['ʌndjʊleɪtɪŋ] *adj* wellenförmig; (*country*) wellig

unduly ['ʌn'dju:lɪ] *adv* übermäßig

unearth ['ʌn'ɜ:θ] *vt* (*dig up*) ausgraben; (*discover*) ans Licht bringen

unearthly [ʌn'ɜ:θlɪ] *adj* (*hour*)

nachtschlafen

uneasy [ʌn'i:zɪ] *adj* (*worried*) unruhig; (*feeling*) ungut

uneconomic(al) ['ʌni:kə'nɒmɪk(əl)] *adj* unwirtschaftlich

uneducated ['ʌn'edjʊkeɪtɪd] *adj* ungebildet

unemployed ['ʌnɪm'plɔɪd] *adj* arbeitslos ♦ *npl*: **the** ~ die Arbeitslosen *pl*

unemployment ['ʌnɪm'plɔɪmənt] *n* Arbeitslosigkeit *f*

unending [ʌn'endɪŋ] *adj* endlos

unerring ['ʌn'ɜ:rɪŋ] *adj* unfehlbar

uneven ['ʌn'i:vən] *adj* (*surface*) uneben; (*quality*) ungleichmäßig

unexpected [ʌnɪk'spektɪd] *adj* unerwartet; **~ly** *adv* unerwartet

unfailing [ʌn'feɪlɪŋ] *adj* nie versagend

unfair ['ʌn'fɛə*] *adj* ungerecht, unfair

unfaithful ['ʌn'feɪθfʊl] *adj* untreu

unfamiliar [ʌnfə'mɪlɪə*] *adj* ungewohnt; (*person, subject*) unbekannt; **to be ~ with** nicht kennen +*acc*, nicht vertraut sein mit

unfashionable [ʌn'fæʃnəbl] *adj* unmodern; (*area, hotel etc*) nicht in Mode

unfasten ['ʌn'fɑ:sn] *vt* öffnen, aufmachen

unfavourable ['ʌn'feɪvərəbl] (*US* **unfavorable**) *adj* ungünstig

unfeeling [ʌn'fi:lɪŋ] *adj* gefühllos, kalt

unfinished ['ʌn'fɪnɪʃt] *adj* unvollendet

unfit ['ʌn'fɪt] *adj* ungeeignet; (*in bad health*) nicht fit; **~ for sth** zu *or* für etw ungeeignet

unfold [ʌn'fəʊld] *vt* entfalten; (*paper*) auseinanderfalten ♦ *vi* (*develop*) sich entfalten

unforeseen ['ʌnfɔ:'si:n] *adj* unvorhergesehen

unforgettable [ʌnfə'getəbl] *adj* unvergeßlich

unforgivable ['ʌnfə'gɪvəbl] *adj* unverzeihlich

unfortunate [ʌn'fɔ:tʃnət] *adj* unglücklich, bedauerlich; **~ly** *adv* leider

unfounded ['ʌn'faʊndɪd] *adj* unbegründet

unfriendly ['ʌn'frendlɪ] *adj* unfreundlich

ungainly [ʌn'geɪnlɪ] *adj* linkisch

ungodly [ʌn'gɒdlɪ] *adj* (*hour*) nachtschlafend; (*row*) heillos

ungrateful [ʌn'greɪtfʊl] *adj* undankbar

unhappiness [ʌn'hæpɪnəs] *n* Unglück *nt*, Unglückseligkeit *f*

unhappy [ʌn'hæpɪ] *adj* unglücklich; **~ with** (*arrangements etc*) unzufrieden mit

unharmed ['ʌn'hɑ:md] *adj* wohlbehalten, unversehrt

unhealthy [ʌn'helθɪ] *adj* ungesund

unheard-of [ʌn'hɜ:dɒv] *adj* unerhört

unhurt ['ʌn'hɜ:t] *adj* unverletzt

unidentified ['ʌnaɪ'dentɪfaɪd] *adj* unbekannt, nicht identifiziert

uniform ['ju:nɪfɔ:m] *n* Uniform *f* ♦ *adj* einheitlich; **~ity** [ju:nɪ'fɔ:mɪtɪ] *n* Einheitlichkeit *f*

unify ['ju:nɪfaɪ] *vt* vereinigen

unilateral ['ju:nɪ'lætərəl] *adj* einseitig

uninhabited [ʌnɪn'hæbɪtɪd] *adj* unbewohnt

unintentional ['ʌnɪn'tenʃənl] *adj* unabsichtlich

union ['ju:njən] *n* (*uniting*) Vereinigung *f*; (*alliance*) Bund *m*, Union *f*; (*trade* ~) Gewerkschaft *f*; **U~ Jack** *n* Union Jack *m*

unique [ju:'ni:k] *adj* einzig(artig)

unison ['ju:nɪzn] *n* Einstimmigkeit *f*; **in ~** einstimmig

unit ['ju:nɪt] *n* Einheit *f*; **kitchen ~** Küchenelement *nt*

unite [ju:'naɪt] *vt* vereinigen ♦ *vi* sich vereinigen; **~d** *adj* vereinigt; (*together*) vereint; **U~d Kingdom** *n* Vereinigte(s) Königreich *nt*; **U~d Nations (Organization)** *n* Vereinte Nationen *pl*; **U~d States (of America)** *n* Vereinigte Staaten *pl* (von Ameri-

ka)
unit trust (*BRIT*) *n* Treuhandgesellschaft *f*
unity ['ju:nɪtɪ] *n* Einheit *f*; (*agreement*) Einigkeit *f*
universal [ju:nɪ'vɜ:səl] *adj* allgemein
universe ['ju:nɪvɜ:s] *n* (Welt)all *nt*
university [ju:nɪ'vɜ:sɪtɪ] *n* Universität *f*
unjust ['ʌn'dʒʌst] *adj* ungerecht
unkempt ['ʌn'kempt] *adj* ungepflegt
unkind [ʌn'kaɪnd] *adj* unfreundlich
unknown ['ʌn'nəʊn] *adj*: **~ (to sb)** (jdm) unbekannt
unlawful [ʌn'lɔ:fʊl] *adj* illegal
unleaded *adj* (*petrol*) bleifrei, unverbleit; **I use ~** ich fahre bleifrei
unleash ['ʌn'li:ʃ] *vt* entfesseln
unless [ən'les] *conj* wenn nicht, es sei denn; **~ he comes** es sei denn, er kommt; **~ otherwise stated** sofern nicht anders angegeben
unlike ['ʌn'laɪk] *adj* unähnlich ♦ *prep* im Gegensatz zu
unlikely [ʌn'laɪklɪ] *adj* (*not likely*) unwahrscheinlich (*unexpected*: *combination etc*), merkwürdig
unlimited [ʌn'lɪmɪtɪd] *adj* unbegrenzt
unlisted [ʌn'lɪstɪd] (*US*) *adj* nicht im Telefonbuch stehend
unload ['ʌn'ləʊd] *vt* entladen
unlock ['ʌn'lɒk] *vt* aufschließen
unlucky [ʌn'lʌkɪ] *adj* unglücklich; (*person*) unglückselig; **to be ~** Pech haben
unmarried ['ʌn'mærɪd] *adj* unverheiratet, ledig
unmask ['ʌn'mɑ:sk] *vt* entlarven
unmistakable ['ʌnmɪs'teɪkəbl] *adj* unverkennbar
unmitigated [ʌn'mɪtɪgeɪtɪd] *adj* ungemildert, ganz
unnatural [ʌn'nætʃrəl] *adj* unnatürlich
unnecessary ['ʌn'nesəsərɪ] *adj* unnötig
unnoticed [ʌn'nəʊtɪst] *adj*: **to go ~** unbemerkt bleiben
UNO ['ju:nəʊ] *n abbr* = **United Nations Organization**
unobtainable ['ʌnəb'teɪnəbl] *adj*: **this number is ~** kein Anschluß unter dieser Nummer
unobtrusive [ʌnəb'tru:sɪv] *adj* unauffällig
unofficial [ʌnə'fɪʃl] *adj* inoffiziell
unpack ['ʌn'pæk] *vt, vi* auspacken
unpalatable [ʌn'pælətəbl] *adj* (*truth*) bitter
unparalleled [ʌn'pærəleld] *adj* beispiellos
unpleasant [ʌn'pleznt] *adj* unangenehm
unplug ['ʌn'plʌg] *vt* den Stecker herausziehen von
unpopular [ʌn'pɒpjʊlə*] *adj* (*person*) unbeliebt; (*decision etc*) unpopulär
unprecedented [ʌn'presɪdəntɪd] *adj* beispiellos
unpredictable [ʌnprɪ'dɪktəbl] *adj* unvorhersehbar; (*weather, person*) unberechenbar
unprofessional [ʌnprə'feʃənl] *adj* unprofessionell
unqualified ['ʌn'kwɒlɪfaɪd] *adj* (*success*) uneingeschränkt, voll; (*person*) unqualifiziert
unquestionably [ʌn'kwestʃənəblɪ] *adv* fraglos
unravel [ʌn'rævəl] *vt* (*disentangle*) ausfasern, entwirren; (*solve*) lösen
unreal ['ʌn'rɪəl] *adj* unwirklich
unrealistic [ʌnrɪə'lɪstɪk] *adj* unrealistisch
unreasonable [ʌn'ri:znəbl] *adj* unvernünftig; (*demand*) übertrieben
unrelated [ʌnrɪ'leɪtɪd] *adj* ohne Beziehung; (*family*) nicht verwandt
unrelenting ['ʌnrɪ'lentɪŋ] *adj* unerbittlich
unreliable [ʌnrɪ'laɪəbl] *adj* unzuverlässig
unremitting [ʌnrɪ'mɪtɪŋ] *adj* (*efforts, attempts*) unermüdlich
unreservedly [ʌnrɪ'zɜ:vɪdlɪ] *adv* offen; (*believe, trust*) uneingeschränkt; (*cry*) rückhaltlos
unrest [ʌn'rest] *n* (*discontent*) Unru-

he *f*; (*fighting*) Unruhen *pl*
unroll ['ʌn'rəʊl] *vt* aufrollen
unruly [ʌn'ru:lɪ] *adj* (*child*) undiszipliniert; schwer lenkbar
unsafe ['ʌn'seɪf] *adj* nicht sicher
unsaid ['ʌn'sed] *adj*: **to leave sth** ~ etw ungesagt lassen
unsatisfactory ['ʌnsætɪs'fæktərɪ] *adj* unbefriedigend; unzulänglich
unsavoury ['ʌn'seɪvərɪ] (*US* **unsavory**) *adj* (*fig*) widerwärtig
unscathed [ʌn'skeɪðd] *adj* unversehrt
unscrew ['ʌn'skru:] *vt* aufschrauben
unscrupulous [ʌn'skru:pjʊləs] *adj* skrupellos
unsettled ['ʌn'setld] *adj* (*person*) rastlos; (*weather*) wechselhaft
unshaven ['ʌn'ʃeɪvn] *adj* unrasiert
unsightly [ʌn'saɪtlɪ] *adj* unansehnlich
unskilled ['ʌn'skɪld] *adj* ungelernt
unspeakable [ʌn'spi:kəbl] *adj* (*joy*) unsagbar; (*crime*) scheußlich
unstable [ʌn'steɪbl] *adj* instabil; (*mentally*) labil
unsteady [ʌn'stedɪ] *adj* unsicher; (*growth*) unregelmäßig
unstuck ['ʌn'stʌk] *adj*: **to come** ~ sich lösen; (*fig*) ins Wasser fallen
unsuccessful ['ʌnsək'sesfʊl] *adj* erfolglos
unsuitable ['ʌn'su:təbl] *adj* unpassend
unsure [ʌn'ʃʊə*] *adj* (*uncertain*) unsicher; **to be** ~ **of o.s.** unsicher sein
unsuspecting ['ʌnsəs'pektɪŋ] *adj* nichtsahnend
unsympathetic ['ʌnsɪmpə'θetɪk] *adj* gefühllos; (*response*) abweisend; (*unlikeable*) unsympathisch
untapped ['ʌn'tæpt] *adj* (*resources*) ungenützt
unthinkable [ʌn'θɪŋkəbl] *adj* unvorstellbar
untidy [ʌn'taɪdɪ] *adj* unordentlich
untie ['ʌn'taɪ] *vt* aufschnüren
until [ən'tɪl] *prep, conj* bis; ~ **he comes** bis er kommt; ~ **then** bis dann; ~ **now** bis jetzt
untimely [ʌn'taɪmlɪ] *adj* (*death*) vorzeitig
untold ['ʌn'təʊld] *adj* unermeßlich
untoward [ʌntə'wɔ:d] *adj* widrig
untranslatable [ʌntrænz'leɪtəbl] *adj* unübersetzbar
unused ['ʌn'ju:zd] *adj* unbenutzt
unusual [ʌn'ju:ʒʊəl] *adj* ungewöhnlich
unveil [ʌn'veɪl] *vt* enthüllen
unwavering [ʌn'weɪvərɪŋ] *adj* standhaft, unerschütterlich
unwelcome [ʌn'welkəm] *adj* (*at a bad time*) unwillkommen; (*unpleasant*) unerfreulich
unwell ['ʌn'wel] *adj*: **to feel** *or* **be** ~ sich nicht wohl fühlen
unwieldy [ʌn'wi:ldɪ] *adj* sperrig
unwilling ['ʌn'wɪlɪŋ] *adj*: **to be** ~ **to do sth** nicht bereit sein, etw zu tun; ~**ly** *adv* widerwillig
unwind ['ʌn'waɪnd] (*irreg: like* **wind**[2]) *vt* abwickeln ♦ *vi* (*relax*) sich entspannen
unwise [ʌn'waɪz] *adj* unklug
unwitting [ʌn'wɪtɪŋ] *adj* unwissentlich
unworkable [ʌn'wɜ:kəbl] *adj* (*plan*) undurchführbar
unworthy [ʌn'wɜ:ðə] *adj* (*person*): ~ **(of sth)** (einer Sache *gen*) nicht wert
unwrap ['ʌn'ræp] *vt* auspacken
unwritten ['ʌn'rɪtn] *adj* ungeschrieben

KEYWORD

up [ʌp] *prep*: **to be up sth** oben auf etw *dat* sein; **to go up sth** (auf) etw *acc* hinauf gehen; **go up that road** gehen Sie die Straße hinauf
♦ *adv* **1** (*upwards, higher*) oben; **put it up a bit higher** stell es etwas weiter nach oben; **up there** da oben, dort oben; **up above** hoch oben
2: **to be up** (*out of bed*) auf sein; (*prices, level*) gestiegen sein; (*building, tent*) stehen

3: **up to** (*as far as*) bis; **up to now** bis jetzt
4: **to be up to** (*depending on*): **it's up to you** das hängt von dir ab; (*equal to*): **he's not up to it** (*job, task etc*) er ist dem nicht gewachsen; (*inf: be doing: showing disapproval, suspicion*): **what is he up to?** was führt er im Schilde?; **it's not up to me to decide** die Entscheidung liegt nicht bei mir; **his work is not up to the required standard** seine Arbeit entspricht nicht dem geforderten Niveau
♦ *n*: **ups and downs** (*in life, career*) Höhen und Tiefen *pl*

up-and-coming [ʌpənd'kʌmɪŋ] *adj* aufstrebend
upbringing ['ʌpbrɪŋɪŋ] *n* Erziehung *f*
update [ʌp'deɪt] *vt* auf den neuesten Stand bringen
upgrade [ʌp'greɪd] *vt* höher einstufen
upheaval [ʌp'hi:vəl] *n* Umbruch *m*
uphill ['ʌp'hɪl] *adj* ansteigend; (*fig*) mühsam ♦ *adv*: **to go ~** bergauf gehen/fahren
uphold [ʌp'həʊld] (*irreg: like* **hold**) *vt* unterstützen
upholstery [ʌp'həʊlstərɪ] *n* Polster *nt*; Polsterung *f*
upkeep ['ʌpki:p] *n* Instandhaltung *f*
upon [ə'pɒn] *prep* auf
upper ['ʌpə*] *n* (*on shoe*) Oberleder *nt* ♦ *adj* obere(r, s), höhere(r, s); **to have the ~ hand** die Oberhand haben; **~-class** *adj* vornehm; **~most** *adj* oberste(r, s), höchste(r, s); **what was ~most in my mind** was mich in erster Linie beschäftigte
upright ['ʌpraɪt] *adj* aufrecht
uprising ['ʌpraɪzɪŋ] *n* Aufstand *m*
uproar ['ʌprɔ:*] *n* Aufruhr *m*
uproot [ʌp'ru:t] *vt* ausreißen
upset [*n* 'ʌpset, *vb, adj* ʌp'set] (*irreg: like* **set**) *n* Aufregung *f* ♦ *vt* (*overturn*) umwerfen; (*disturb*) aufregen, bestürzen; (*plans*) durcheinanderbringen ♦ *adj* (*person*) aufgeregt; (*stomach*) verdorben
upshot ['ʌpʃɒt] *n* (End)ergebnis *nt*
upside-down ['ʌpsaɪd'daʊn] *adv* verkehrt herum; (*fig*) drunter und drüber
upstairs ['ʌp'stɛəz] *adv* oben; (*go*) nach oben ♦ *adj* (*room*) obere(r, s), Ober- ♦ *n* obere(s) Stockwerk *nt*
upstart ['ʌpstɑ:t] *n* Emporkömmling *m*
upstream ['ʌp'stri:m] *adv* stromaufwärts
uptake ['ʌpteɪk] *n*: **to be quick on the ~** schnell begreifen; **to be slow on the ~** schwer von Begriff sein
uptight ['ʌp'taɪt] (*inf*) *adj* (*nervous*) nervös; (*inhibited*) verklemmt
up-to-date ['ʌptə'deɪt] *adj* (*clothes*) modisch, modern; (*information*) neueste(r, s)
upturn ['ʌptɜ:n] *n* Aufschwung *m*
upward ['ʌpwəd] *adj* nach oben gerichtet; **~(s)** *adv* aufwärts
urban ['ɜ:bən] *adj* städtisch, Stadt-
urbane [ɜ:'beɪn] *adj* höflich
urchin ['ɜ:tʃɪn] *n* (*boy*) Schlingel *m*; (*sea ~*) Seeigel *m*
urge [ɜ:dʒ] *n* Drang *m* ♦ *vt*: **to ~ sb to do sth** jdn (dazu) drängen, etw zu tun
urgency ['ɜ:dʒənsɪ] *n* Dringlichkeit *f*
urgent ['ɜ:dʒənt] *adj* dringend
urinal ['jʊərɪnl] *n* (*MED*) Urinflasche *f*; (*public*) Pissoir *nt*
urinate ['jʊərɪneɪt] *vi* urinieren
urine ['jʊərɪn] *n* Urin *m*, Harn *m*
urn [ɜ:n] *n* Urne *f*; (*tea ~*) Teemaschine *f*
us [ʌs] *pron* uns; *see also* **me**
US *n abbr* = **United States**
USA *n abbr* = **United States of America**
usage ['ju:zɪdʒ] *n* Gebrauch *m*; (*esp LING*) Sprachgebrauch *m*
use [*n* ju:s, *vb* ju:z] *n* (*employment*) Gebrauch *m*; (*point*) Zweck *m* ♦ *vt* gebrauchen; **in ~** in Gebrauch; **out of ~** außer Gebrauch; **to be of ~** nützlich sein; **it's no ~** es hat kei-

nen Zweck; **what's the ~?** was soll's?; **~d to** (*accustomed to*) gewöhnt an +*acc*; **she ~d to live here** (*formerly*) sie hat früher mal hier gewohnt; **~ up** *vt* aufbrauchen, verbrauchen; **~d** *adj* (*car*) Gebraucht-; **~ful** *adj* nützlich; **~fulness** *n* Nützlichkeit *f*; **~less** *adj* nutzlos, unnütz; **~r** *n* Benutzer *m*; **~r-friendly** *adj* (*computer*) benutzerfreundlich

usher ['ʌʃə*] *n* Platzanweiser *m*

usherette [ʌʃə'ret] *n* Platzanweiserin *f*

usual ['ju:ʒʊəl] *adj* gewöhnlich, üblich; **as ~** wie üblich; **~ly** *adv* gewöhnlich

usurp [ju:'zɜ:p] *vt* an sich reißen

utensil [ju:'tensl] *n* Gerät *nt*; **kitchen ~s** Küchengeräte *pl*

uterus ['ju:tərəs] *n* Gebärmutter *f*

utilitarian [ju:tɪlɪ'tɛərɪən] *adj* Nützlichkeits-

utility [ju:'tɪlɪtɪ] *n* (*usefulness*) Nützlichkeit *f*; (*also: public ~*) öffentliche(r) Versorgungsbetrieb *m*; **~ room** *n* Hauswirtschaftsraum *m*

utilize ['ju:tɪlaɪz] *vt* benützen

utmost ['ʌtməʊst] *adj* äußerste(r, s) ♦ *n*: **to do one's ~** sein möglichstes tun

utter ['ʌtə*] *adj* äußerste(r, s), höchste(r, s), völlig ♦ *vt* äußern, aussprechen, **~ance** *n* Äußerung *f*; **~ly** *adv* äußerst, absolut, völlig

U-turn ['ju:'tɜ:n] *n* (*AUT*) Kehrtwendung *f*

V

v. *abbr* = **verse**; **versus**; **volt**; (= *vide*) siehe

vacancy ['veɪkənsɪ] *n* (*BRIT*: *job*) offene Stelle *f*; (*room*) freie(s) Zimmer *nt*

vacant ['veɪkənt] *adj* leer; (*unoccupied*) frei; (*house*) leerstehend, unbewohnt; (*stupid*) (gedanken)leer; **~ lot** (*US*) *n* unbebaute(s) Grundstück *nt*

vacate [və'keɪt] *vt* (*seat*) frei machen; (*room*) räumen

vacation [və'keɪʃən] *n* Ferien *pl*, Urlaub *m*; **~ist** (*US*) *n* Ferienreisende(r) *mf*

vaccinate ['væksɪneɪt] *vt* impfen

vaccine ['væksi:n] *n* Impfstoff *m*

vacuum ['vækjʊm] *n* Vakuum *nt*; **~ bottle** (*US*) *n* Thermosflasche *f*; **~ cleaner** *n* Staubsauger *m*; **~ flask** (*BRIT*) *n* Thermosflasche *f*; **~-packed** *adj* vakuumversiegelt

vagina [və'dʒaɪnə] *n* Scheide *f*

vagrant ['veɪgrənt] *n* Landstreicher *m*

vague [veɪg] *adj* vag(e); (*absent-minded*) geistesabwesend; **~ly** *adv* unbestimmt, vag(e)

vain [veɪn] *adj* eitel; (*attempt*) vergeblich; **in ~** vergebens, umsonst

valentine ['vælənta ɪn] *n* (*also: ~ card*) Valentinsgruß *m*

valet ['vælɪ] *n* Kammerdiener *m*

valiant ['vælɪənt] *adj* tapfer

valid ['vælɪd] *adj* gültig; (*argument*) stichhaltig; (*objection*) berechtigt; **~ity** [və'lɪdɪtɪ] *n* Gültigkeit *f*

valley ['vælɪ] *n* Tal *nt*

valour ['vælə*] (*US* **valor**) *n* Tapferkeit *f*

valuable ['vælju:əbl] *adj* wertvoll; (*time*) kostbar; **~s** *npl* Wertsachen *pl*

valuation [vælju'eɪʃən] *n* (*FIN*) Schätzung *f*; Beurteilung *f*

value ['vælju:] *n* Wert *m*; (*usefulness*) Nutzen *m* ♦ *vt* (*prize*) (hoch)schätzen, werthalten; (*estimate*) schätzen; **~ added tax** (*BRIT*) *n* Mehrwertsteuer *f*; **~d** *adj* (hoch)geschätzt

valve [vælv] *n* Ventil *nt*; (*BIOL*) Klappe *f*; (*RAD*) Röhre *f*

van [væn] *n* Lieferwagon *m*; (*BRIT*: *RAIL*) Waggon *m*

vandal ['vændl] *n* Rowdy *m*

vandalism [vændəlɪzəm] *n* mutwillige Beschädigung *f*

vandalize ['vændəlaɪz] *vt* mutwillig beschädigen

vanguard ['vænga:d] *n* (*fig*) Spitze *f*

vanilla [və'nɪlə] *n* Vanille *f*; **~ ice**

cream *n* Vanilleeis *nt*
vanish ['vænɪʃ] *vi* verschwinden
vanity ['vænɪtɪ] *n* Eitelkeit *f*; ~ **case** *n* Schminkkoffer *m*
vantage ['vɑ:ntɪdʒ] *n*: ~ **point** gute(r) Aussichtspunkt *m*
vapour ['veɪpə*] (*US* **vapor**) *n* (*mist*) Dunst *m*; (*gas*) Dampf *m*
variable ['vɛərɪəbl] *adj* wechselhaft, veränderlich; (*speed, height*) regulierbar
variance ['vɛərɪəns] *n*: **to be at ~ (with)** nicht übereinstimmen (mit)
variation [vɛərɪ'eɪʃən] *n* Variation *f*; (*of temperature, prices*) Schwankung *f*
varicose ['værɪkəʊs] *adj*: ~ **veins** Krampfadern *pl*
varied ['vɛərɪd] *adj* unterschiedlich; (*life*) abwechslungsreich
variety [və'raɪətɪ] *n* (*difference*) Abwechslung *f*; (*varied collection*) Vielfalt *f*; (*COMM*) Auswahl *f*; (*sort*) Sorte *f*, Art *f*; ~ **show** *n* Varieté *nt*
various ['vɛərɪəs] *adj* verschieden; (*several*) mehrere
varnish ['vɑ:nɪʃ] *n* Lack *m*; (*on pottery*) Glasur *f* ♦ *vt* lackieren
vary ['vɛərɪ] *vt* (*alter*) verändern; (*give variety to*) abwechslungsreicher gestalten ♦ *vi* sich (ver)ändern; (*prices*) schwanken; (*weather*) unterschiedlich sein
vase [vɑ:z] *n* Vase *f*
Vaseline ['væsɪli:n] (®) *n* Vaseline *f*
vast [vɑ:st] *adj* weit, groß, riesig
VAT [væt] *n abbr* (= *value added tax*) MwSt *f*
vat [væt] *n* große(s) Faß *nt*
vault [vɔ:lt] *n* (*of roof*) Gewölbe *nt*; (*tomb*) Gruft *f*; (*in bank*) Tresorraum *m*; (*leap*) Sprung *m* ♦ *vt* (*also*: ~ *over*) überspringen
vaunted ['vɔ:ntɪd] *adj*: **much-vaunted** vielgerühmt
VCR *n abbr* = **video cassette recorder**
VD *n abbr* = **venereal disease**
VDU *n abbr* = **visual display unit**
veal [vi:l] *n* Kalbfleisch *nt*
veer [vɪə*] *vi* sich drehen; (*of car*) ausscheren
vegetable ['vedʒətəbl] *n* Gemüse *nt* ♦ *adj* Gemüse-; **~s** *npl* (*CULIN*) Gemüse *nt*
vegetarian [vedʒɪ'tɛərɪən] *n* Vegetarier(in) *m(f)* ♦ *adj* vegetarisch
vegetate ['vedʒɪteɪt] *vi* (dahin)vegetieren
vehemence ['vi:ɪməns] *n* Heftigkeit *f*
vehement ['vi:ɪmənt] *adj* heftig
vehicle ['vi:ɪkl] *n* Fahrzeug *nt*; (*fig*) Mittel *nt*
veil [veɪl] *n* (*also fig*) Schleier *m* ♦ *vt* verschleiern
vein [veɪn] *n* Ader *f*; (*mood*) Stimmung *f*
velocity [vɪ'lɒsɪtɪ] *n* Geschwindigkeit *f*
velvet ['velvɪt] *n* Samt *m* ♦ *adj* Samt-
vendetta [ven'detə] *n* Fehde *f*; (*in family*) Blutrache *f*
vending machine ['vendɪŋ-] *n* Automat *m*
vendor ['vendɔ:*] *n* Verkäufer *m*
veneer [və'nɪə*] *n* Furnier(holz) *nt*; (*fig*) äußere(r) Anstrich *m*
venereal disease [vɪ'nɪərɪəl-] *n* Geschlechtskrankheit *f*
Venetian blind [vɪ'ni:ʃən-] *n* Jalousie *f*
vengeance ['vendʒəns] *n* Rache *f*; **with a ~** gewaltig
venison ['venɪsn] *n* Reh(fleisch) *nt*
venom ['venəm] *n* Gift *nt*
vent [vent] *n* Öffnung *f*; (*in coat*) Schlitz *m*; (*fig*) Ventil *nt* ♦ *vt* (*emotion*) abreagieren
ventilate ['ventɪleɪt] *vt* belüften
ventilator ['ventɪleɪtə*] *n* Ventilator *m*
ventriloquist [ven'trɪləkwɪst] *n* Bauchredner *m*
venture ['ventʃə*] *n* Unternehmung *f*, Projekt *nt* ♦ *vt* wagen; (*life*) aufs Spiel setzen ♦ *vi* sich wagen
venue ['venju:] *n* Schauplatz *m*
verb [vɜ:b] *n* Zeitwort *nt*, Verb *nt*;

~**al** *adj* (*spoken*) mündlich; (*translation*) wörtlich; ~**ally** *adv* mündlich

verbatim [vɜ:'beɪtɪm] *adv* Wort für Wort ♦ *adj* wortwörtlich

verbose [vɜ:'bəʊs] *adj* wortreich

verdict ['vɜ:dɪkt] *n* Urteil *nt*

verge [vɜ:dʒ] *n* (*BRIT*) Rand *m* ♦ *vi*: **to ~ on** grenzen an +*acc*; **"soft ~s"** (*BRIT*: *AUT*) „Seitenstreifen nicht befahrbar"; **on the ~ of doing sth** im Begriff, etw zu tun

verify ['verɪfaɪ] *vt* (über)prüfen; (*confirm*) bestätigen; (*theory*) beweisen

veritable ['verɪtəbl] *adj* wirklich, echt

vermin ['vɜ:mɪn] *npl* Ungeziefer *nt*

vermouth ['vɜ:məθ] *n* Wermut *m*

vernacular [və'nækjʊlə*] *n* Landessprache *f*

versatile ['vɜ:sətaɪl] *adj* vielseitig

versatility [vɜ:sə'tɪlɪtɪ] *n* Vielseitigkeit *f*

verse [vɜ:s] *n* (*poetry*) Poesie *f*; (*stanza*) Strophe *f*; (*of Bible*) Vers *m*; **in ~** in Versform

versed [vɜ:st] *adj*: **(well-)versed in** bewandert in +*dat*, beschlagen in +*dat*

version ['vɜ:ʃən] *n* Version *f*; (*of car*) Modell *nt*

versus ['vɜ:səs] *prep* gegen

vertebrate ['vɜ:tɪbrət] *adj* (*animal*) Wirbel-

vertical ['vɜ:tɪkəl] *adj* senkrecht

vertigo ['vɜ:tɪgəʊ] *n* Schwindel *m*

verve [vɜ:v] *n* Schwung *m*

very ['verɪ] *adv* sehr ♦ *adj* (*extreme*) äußerste(r, s); **the ~ book which** genau das Buch, welches; **the ~ last** der/die/das allerletzte; **at the ~ least** allerwenigstens; **~ much** sehr

vessel ['vesl] *n* (*ship*) Schiff *nt*; (*container*) Gefäß *nt*

vest [vest] *n* (*BRIT*) Unterhemd *nt*; (*US*: *waistcoat*) Weste *f*; ~**ed interests** *npl* finanzielle Beteiligung *f*; (*people*) finanziell Beteiligte *pl*; (*fig*) persönliche(s) Interesse *nt*

vestige ['vestɪdʒ] *n* Spur *f*

vestry ['vestrɪ] *n* Sakristei *f*

vet [vet] *n abbr* (= *veterinary surgeon*) Tierarzt *m*/-ärztin *f* ♦ *vt* genau prüfen

veteran ['vetərn] *n* Veteran(in) *m(f)*

veterinarian [vetrə'neərɪən] (*US*) *n* Tierarzt *m*/-ärztin *f*

veterinary ['vetrɪnərɪ] *adj* Veterinär-; **~ surgeon** (*BRIT*) *n* Tierarzt *m*/-ärztin *f*

veto ['vi:təʊ] (*pl* ~**es**) *n* Veto *nt* ♦ *vt* sein Veto einlegen gegen

vex [veks] *vt* ärgern; ~**ed** *adj* verärgert; ~**ed question** umstrittene Frage *f*

VHF *abbr* (= *very high frequency*) UKW *f*

via ['vaɪə] *prep* über +*acc*

viable ['vaɪəbl] *adj* (*plan*) durchführbar; (*company*) rentabel

vibrant ['vaɪbrənt] *adj* (*lively*) lebhaft; (*bright*) leuchtend; (*full of emotion*: *voice*) bebend

vibrate [vaɪ'breɪt] *vi* zittern, beben; (*machine, string*) vibrieren

vibration [vaɪ'breɪʃən] *n* Schwingung *f*; (*of machine*) Vibrieren *nt*

vicar ['vɪkə*] *n* Pfarrer *m*; ~**age** *n* Pfarrhaus *nt*

vicarious [vɪ'keərɪəs] *adj* nachempfunden

vice [vaɪs] *n* (*evil*) Laster *nt*; (*TECH*) Schraubstock *m*

vice-chairman *n* stellvertretende(r) Vorsitzende(r) *m*

vice-president *n* Vizepräsident *m*

vice squad *n* ~ Sittenpolizei *f*

vice versa ['vaɪsɪ'vɜ:sə] *adv* umgekehrt

vicinity [vɪ'sɪnɪtɪ] *n* Umgebung *f*; (*closeness*) Nähe *f*

vicious ['vɪʃəs] *adj* gemein, böse; ~ **circle** *n* Teufelskreis *m*

victim ['vɪktɪm] *n* Opfer *nt*; ~**ize** *vt* benachteiligen

victor ['vɪktə*] *n* Sieger *m*

Victorian [vɪk'tɔ:rɪən] *adj* viktorianisch; (*fig*) (sitten)streng

victorious [vɪk'tɔ:rɪəs] *adj* siegreich

victory ['vɪktərɪ] *n* Sieg *m*

video ['vɪdɪəʊ] *adj* Fernseh-, Bild- ♦ *n* (~ *film*) Video *nt*; (*also*: ~ *cassette*) Videokassette *f*; (: ~ *cassette recorder*) Videorekorder *m*; ~ **tape** *n* Videoband *nt*

vie [vaɪ] *vi* wetteifern

Vienna [vɪ'enə] *n* Wien *nt*

view [vju:] *n* (*sight*) Sicht *f*, Blick *m*; (*scene*) Aussicht *f*; (*opinion*) Ansicht *f*; (*intention*) Absicht *f* ♦ *vt* (*situation*) betrachten; (*house*) besichtigen; **to have sth in** ~ etw beabsichtigen; **on** ~ ausgestellt; **in** ~ **of** wegen +*gen*, angesichts +*gen*; ~**er** *n* (~*finder*) Sucher *m*; (*PHOT*: *small projector*) Gucki *m*; (*TV*) Fernsehzuschauer(in) *m(f)*; ~**finder** *n* Sucher *m*; ~**point** *n* Standpunkt *m*

vigil ['vɪdʒɪl] *n* (Nacht)wache *f*; ~**ance** *n* Wachsamkeit *f*; ~**ant** *adj* wachsam

vigorous ['vɪgərəs] *adj* kräftig; (*protest*) energisch, heftig; ~**ly** *adv* kräftig; energisch, heftig

vile [vaɪl] *adj* (*mean*) gemein; (*foul*) abscheulich

vilify ['vɪlɪfaɪ] *vt* verleumden

villa ['vɪlə] *n* Villa *f*

village ['vɪlɪdʒ] *n* Dorf *nt*; ~**r** *n* Dorfbewohner(in) *m(f)*

villain ['vɪlən] *n* Schurke *m*

vindicate ['vɪndɪkeɪt] *vt* rechtfertigen

vindictive [vɪn'dɪktɪv] *adj* nachtragend, rachsüchtig

vine [vaɪn] *n* Rebstock *m*, Rebe *f*

vinegar ['vɪnɪgə*] *n* Essig *m*

vineyard ['vɪnjəd] *n* Weinberg *m*

vintage ['vɪntɪdʒ] *n* (*of wine*) Jahrgang *m*; ~ **wine** *n* edle(r) Wein *m*

viola [vɪ'əʊlə] *n* Bratsche *f*

violate ['vaɪəleɪt] *vt* (*law*) übertreten; (*rights, rule, neutrality*) verletzen; (*sanctity, woman*) schänden

violation [vaɪə'leɪʃən] *n* Verletzung *f*; Übertretung *f*

violence ['vaɪələns] *n* (*force*) Heftigkeit *f*; (*brutality*) Gewalttätigkeit *f*

violent ['vaɪələnt] *adj* (*strong*) heftig; (*brutal*) gewalttätig, brutal; (*contrast*) kraß; (*death*) gewaltsam

violet ['vaɪələt] *n* Veilchen *nt* ♦ *adj* veilchenblau, violett

violin [vaɪə'lɪn] *n* Geige *f*, Violine *f*; ~**ist** *n* Geiger(in) *m(f)*

VIP *n abbr* (= *very important person*) VIP *m*

virgin ['vɜ:dʒɪn] *n* Jungfrau *f* ♦ *adj* jungfräulich, unberührt; ~**ity** [vɜ:'dʒɪnɪtɪ] *n* Unschuld *f*

Virgo ['vɜ:gəʊ] *n* Jungfrau *f*

virile ['vɪraɪl] *adj* männlich

virility [vɪ'rɪlɪtɪ] *n* Männlichkeit *f*

virtually ['vɜ:tjʊəlɪ] *adv* praktisch, fast

virtual reality *n* (*COMPUT*) virtuelle Realität *f*

virtue ['vɜ:tju:] *n* (*moral goodness*) Tugend *f*; (*good quality*) Vorteil *m*, Vorzug *m*; **by** ~ **of** aufgrund +*gen*

virtuous ['vɜ:tjʊəs] *adj* tugendhaft

virulent ['vɪrjʊlənt] *adj* (*poisonous*) bösartig; (*bitter*) scharf, geharnischt

virus ['vaɪərəs] *n* (*also*: *COMPUT*) Virus *m*

visa ['vi:zə] *n* Visum *nt*

vis-à-vis ['vi:zəvi:] *prep* gegenüber

viscous ['vɪskəs] *adj* zähflüssig

visibility [vɪzɪ'bɪlɪtɪ] *n* (*MET*) Sicht(weite) *f*

visible ['vɪzəbl] *adj* sichtbar

visibly ['vɪzəblɪ] *adv* sichtlich

vision ['vɪʒən] *n* (*ability*) Sehvermögen *nt*; (*foresight*) Weitblick *m*; (*in dream, image*) Vision *f*

visit ['vɪzɪt] *n* Besuch *m* ♦ *vt* besuchen; (*town, country*) fahren nach; ~**ing** *adj* (*professor*) Gast-; ~**ing hours** *npl* (*in hospital etc*) Besuchszeiten *pl*; ~**or** *n* (*in house*) Besucher(in) *m(f)*; (*in hotel*) Gast *m*

visor ['vaɪzə*] *n* Visier *nt*; (*on cap*) Schirm *m*; (*AUT*) Blende *f*

vista ['vɪstə] *n* Aussicht *f*

visual ['vɪzjʊəl] *adj* Seh-, visuell; ~ **aid** *n* Anschauungsmaterial *nt*; ~ **display unit** *n* Bildschirm(gerät *nt*) *m*; ~**ize** ['vɪzjʊəlaɪz] *vt* sich +*dat* vorstellen

vital ['vaɪtl] *adj* (*important*) unerläßlich; (*necessary for life*) Lebens-, lebenswichtig; (*lively*) vital; **~ity** [vaɪ'tælɪtɪ] *n* Vitalität *f*; **~ly** *adv*: **~ly important** äußerst wichtig; **~ statistics** *npl* (*fig*) Maße *pl*

vitamin ['vɪtəmɪn] *n* Vitamin *nt*

vivacious [vɪ'veɪʃəs] *adj* lebhaft

vivid ['vɪvɪd] *adj* (*graphic*) lebendig; (*memory*) lebhaft; (*bright*) leuchtend; **~ly** *adv* lebendig; lebhaft; leuchtend

V-neck ['vi:'nek] *n* V-Ausschnitt *m*

vocabulary [vəʊ'kæbjʊlərɪ] *n* Wortschatz *m*, Vokabular *nt*

vocal ['vəʊkəl] *adj* (*graphic*) Vokal-, Gesang-; (*fig*) lautstark; **~ cords** *npl* Stimmbänder *pl*

vocation [vəʊ'keɪʃən] *n* (*calling*) Berufung *f*; **~al** *adj* Berufs-

vociferous [vəʊ'sɪfərəs] *adj* lautstark

vodka ['vɒdkə] *n* Wodka *m*

vogue [vəʊg] *n* Mode *f*

voice [vɔɪs] *n* Stimme *f*; (*fig*) Mitspracherecht *nt* ♦ *vt* äußern

void [vɔɪd] *n* Leere *f* ♦ *adj* (*invalid*) nichtig, ungültig; (*empty*): **~ of** ohne, bar +*gen*; *see* **null**

volatile ['vɒlətaɪl] *adj* (*gas*) flüchtig; (*person*) impulsiv; (*situation*) brisant

volcano [vɒl'keɪnəʊ] *n* Vulkan *m*

volition [və'lɪʃən] *n* Wille *m*; **of one's own ~** aus freiem Willen

volley ['vɒlɪ] *n* (*of guns*) Salve *f*; (*of stones*) Hagel *m*, (*of words*) Schwall *m*, (*tennis*) Flugball *m*; **~ball** *n* Volleyball *m*

volt [vəʊlt] *n* Volt *nt*; **~age** *n* (Volt)spannung *f*

voluble ['vɒljʊbl] *adj* redselig

volume ['vɒlju:m] *n* (*book*) Band *m*; (*size*) Umfang *m*; (*space*) Rauminhalt *m*; (*of sound*) Lautstärke *f*

voluminous [və'lu:mɪnəs] *adj* üppig; (*clothes*) wallend; (*correspondence, notes*) umfangreich

voluntarily ['vɒləntrəlɪ] *adv* freiwillig

voluntary ['vɒləntərɪ] *adj* freiwillig

volunteer [vɒlən'tɪə*] *n* Freiwillige(r) *mf* ♦ *vi* sich freiwillig melden; **to ~ to do sth** sich anbieten, etw zu tun

voluptuous [və'lʌptjʊəs] *adj* sinnlich

vomit ['vɒmɪt] *n* Erbrochene(s) *nt* ♦ *vt* spucken ♦ *vi* sich übergeben

vote [vəʊt] *n* Stimme *f*; (*ballot*) Abstimmung *f*; (*result*) Abstimmungsergebnis *nt*; (*franchise*) Wahlrecht *nt* ♦ *vt, vi* wählen; **~ of thanks** *n* Dankesworte *pl*; **~r** *n* Wähler(in) *m(f)*

voting ['vəʊtɪŋ] *n* Wahl *f*

voucher ['vaʊtʃə*] *n* Gutschein *m*

vouch for [vaʊtʃ-] *vt* bürgen für

vow [vaʊ] *n* Versprechen *nt*; (*REL*) Gelübde *nt* ♦ *vt* geloben

vowel ['vaʊəl] *n* Vokal *m*

voyage ['vɔɪɪdʒ] *n* Reise *f*

vulgar ['vʌlgə*] *adj* (*rude*) vulgär; (*of common people*) allgemein, Volks-; **~ity** [vʌl'gærɪtɪ] *n* Vulgarität *f*

vulnerable ['vʌlnərəbl] *adj* (*easily injured*) verwundbar; (*sensitive*) verletzlich

vulture ['vʌltʃə*] *n* Geier *m*

W

wad [wɒd] *n* (*bundle*) Bündel *nt*; (*of paper*) Stoß *m*; (*of money*) Packen *m*

waddle ['wɒdl] *vi* watscheln

wade [weɪd] *vi*: **to ~ through** waten durch

wafer ['weɪfə*] *n* Waffel *f*; (*REL*) Hostie *f*; (*COMPUT*) Wafer *f*

waffle ['wɒfl] *n* Waffel *f*; (*inf: empty talk*) Geschwafel *nt* ♦ *vi* schwafeln

waft [wɑ:ft] *vt, vi* wehen

wag [wæg] *vt* (*tail*) wedeln mit ♦ *vi* wedeln

wage [weɪdʒ] *n* (*also*: **~s**) (Arbeits)lohn *m* ♦ *vt*: **to ~ war** Krieg führen; **~ earner** *n* Lohnempfänger(in) *m(f)*; **~ packet** *n* Lohntüte *f*

wager ['weɪdʒə*] *n* Wette *f* ♦ *vt, vi* wetten

waggle ['wægl] *vt* (*tail*) wedeln mit ♦ *vi* wedeln

wag(g)on ['wægən] *n* (*horse-drawn*) Fuhrwerk *nt*; (*US*: *AUT*) Wagen *m*; (*BRIT*: *RAIL*) Waggon *m*

wail [weɪl] *n* Wehgeschrei *nt* ♦ *vi* wehklagen, jammern

waist [weɪst] *n* Taille *f*; **~coat** (*BRIT*) *n* Weste *f*; **~line** *n* Taille *f*

wait [weɪt] *n* Wartezeit *f* ♦ *vi* warten; **to lie in ~ for sb** jdm auflauern; **I can't ~ to see him** ich kann's kaum erwarten, ihn zu sehen; **"no ~ing"** (*BRIT*: *AUT*) „Halteverbot"; **~ behind** *vi* zurückbleiben; **~ for** *vt fus* warten auf +*acc*; **~ on** *vt fus* bedienen; **~er** *n* Kellner *m*; **~ing list** *n* Warteliste *f*; **~ing room** *n* (*MED*) Wartezimmer *nt*; (*RAIL*) Wartesaal *m*; **~ress** *n* Kellnerin *f*

waive [weɪv] *vt* verzichten auf +*acc*

wake [weɪk] (*pt* **woke, ~d,** *pp* **woken**) *vt* wecken ♦ *vi* (*also*: *~ up*) aufwachen ♦ *n* (*NAUT*) Kielwasser *nt*; (*for dead*) Totenwache *f*; **to ~ up to** (*fig*) sich bewußt werden +*gen*

waken [weɪkən] *vt* aufwecken

Wales [weɪlz] *n* Wales *nt*

walk [wɔ:k] *n* Spaziergang *m*; (*gait*) Gang *m*; (*route*) Weg *m* ♦ *vi* gehen; (*stroll*) spazierengehen; (*longer*) wandern; **~s of life** Sphären *pl*; **a 10-minute ~** 10 Minuten zu Fuß; **to ~ out on sb** (*inf*) jdn sitzenlassen; **~er** *n* Spaziergänger *m*; (*hiker*) Wanderer *m*; **~ie-talkie** ['wɔ:kɪ'tɔ:kɪ] *n* tragbare(s) Sprechfunkgerät *nt*; **~ing** *n* Gehen *nt*; (*hiking*) Wandern *nt* ♦ *adj* Wander-; **~ing shoes** *npl* Wanderschuhe *pl*; **~ing stick** *n* Spazierstock *m*; **~out** *n* Streik *m*; **~over** (*inf*) *n* leichte(r) Sieg *m*; **~way** *n* Fußweg *m*

wall [wɔ:l] *n* (*inside*) Wand *f*; (*outside*) Mauer *f*; **~ed** *adj* von Mauern umgeben

wallet ['wɒlɪt] *n* Brieftasche *f*

wallflower ['wɔ:lflaʊə*] *n* Goldlack *m*; **to be a ~** (*fig*) ein Mauerblümchen sein

wallop ['wɒləp] (*inf*) *vt* schlagen, verprügeln

wallow ['wɒləʊ] *vi* sich wälzen

wallpaper ['wɔ:lpeɪpə*] *n* Tapete *f*

wally ['wɒlɪ] (*inf*) *n* Idiot *m*

walnut ['wɔ:lnʌt] *n* Walnuß *f*

walrus ['wɔ:lrəs] *n* Walroß *nt*

waltz [wɔ:lts] *n* Walzer *m* ♦ *vi* Walzer tanzen

wan [wɒn] *adj* bleich

wand [wɒnd] *n* (*also*: *magic ~*) Zauberstab *m*

wander ['wɒndə*] *vi* (*roam*) (herum)wandern; (*fig*) abschweifen

wane [weɪn] *vi* abnehmen; (*fig*) schwinden

wangle ['wæŋgl] (*BRIT*: *inf*) *vt*: **to ~ sth** etw richtig hindrehen

want [wɒnt] *n* (*lack*) Mangel *m* ♦ *vt* (*need*) brauchen; (*desire*) wollen; (*lack*) nicht haben; **~s** *npl* (*needs*) Bedürfnisse *pl*; **for ~ of** aus Mangel an +*dat*; mangels +*gen*; **to ~ to do sth** etw tun wollen; **to ~ sb to do sth** wollen, daß jd etw tut; **~ed** *adj* (*criminal etc*) gesucht; **"cook ~ed"** (*in advertisements*) „Koch/Köchin gesucht"; **~ing** *adj*: **to be found ~ing** sich als unzulänglich erweisen

wanton ['wɒntən] *adj* mutwillig, zügellos

war [wɔ:*] *n* Krieg *m*; **to make ~** Krieg führen

ward [wɔ:d] *n* (*in hospital*) Station *f*; (*of city*) Bezirk *m*; (*child*) Mündel *nt*; **~ off** *vt* abwenden, abwehren

warden ['wɔ:dən] *n* (*guard*) Wächter *m*, Aufseher *m*; (*BRIT*: *in youth hostel*) Herbergsvater *m*; (*UNIV*) Heimleiter *m*; (*BRIT*: *also*: *traffic ~*) ≈ Verkehrspolizist *m*, ≈ Politesse *f*

warder ['wɔ:də*] (*BRIT*) *n* Gefängniswärter *m*

wardrobe ['wɔ:drəʊb] *n* Kleiderschrank *m*; (*clothes*) Garderobe *f*

warehouse ['wɛəhaʊs] *n* Lagerhaus *nt*

wares [wɛəz] *npl* Ware *f*

warfare ['wɔ:fɛə*] *n* Krieg *m*; Kriegsführung *f*

warhead ['wɔ:hed] *n* Sprengkopf *m*

warily ['wɛərɪlɪ] *adv* vorsichtig

warlike ['wɔ:laɪk] *adj* kriegerisch
warm [wɔ:m] *adj* warm; (*welcome*) herzlich ♦ *vt, vi* wärmen; **I'm** ~ mir ist warm; **it's** ~ es ist warm; ~ **up** *vt* aufwärmen ♦ *vi* warm werden; ~-**hearted** *adj* warmherzig; ~**ly** *adv* warm; herzlich; ~**th** *n* Wärme *f*; Herzlichkeit *f*
warn [wɔ:n] *vt*: **to** ~ **(of** *or* **against)** warnen (vor +*dat*); ~**ing** *n* Warnung *f*; **without** ~**ing** unerwartet; ~**ing light** *n* Warnlicht *nt*; ~**ing triangle** *n* (*AUT*) Warndreieck *nt*
warp [wɔ:p] *vt* verziehen; ~**ed** *adj* wellig; (*fig*) pervers
warrant ['wɒrənt] *n* (*for arrest*) Haftbefehl *m*
warranty ['wɒrəntɪ] *n* Garantie *f*
warren ['wɒrən] *n* Labyrinth *nt*
warrior ['wɒrɪə*] *n* Krieger *m*
Warsaw ['wɔ:sɔ:] *n* Warschau *nt*
warship ['wɔ:ʃɪp] *n* Kriegsschiff *nt*
wart [wɔ:t] *n* Warze *f*
wartime ['wɔ:taɪm] *n* Krieg *m*
wary ['weərɪ] *adj* mißtrauisch
was [wɒz, wəz] *pt of* **be**
wash [wɒʃ] *n* Wäsche *f* ♦ *vt* waschen; (*dishes*) abwaschen ♦ *vi* sich waschen; (*do* ~*ing*) waschen; **to have a** ~ sich waschen; ~ **away** *vt* abwaschen, wegspülen; ~ **off** *vt* abwaschen; ~ **up** *vi* (*BRIT*) spülen; (*US*) sich waschen; ~**able** *adj* waschbar; ~**basin** *n* Waschbecken *nt*; ~ **bowl** (*US*) *n* Waschbecken *nt*; ~ **cloth** (*US*) *n* (*face cloth*) Waschlappen *m*; ~**er** *n* (*TECH*) Dichtungsring *m*; (*machine*) Waschmaschine *f*; ~**ing** *n* Wäsche *f*; ~**ing machine** *n* Waschmaschine *f*; ~**ing powder** (*BRIT*) *n* Waschpulver *nt*
Washington *n* Washington *nt*
wash: ~**ing-up** *n* Abwasch *m*; ~**ing-up liquid** *n* Spülmittel *nt*; ~-**out** (*inf*) *n* (*event*) Reinfall *m*; (*person*) Niete *f*; ~**room** *n* Waschraum *m*
wasn't ['wɒznt] = **was not**
wasp [wɒsp] *n* Wespe *f*
wastage ['weɪstɪdʒ] *n* Verlust *m*; **natural** ~ Verschleiß *m*
waste [weɪst] *n* (*wasting*) Verschwendung *f*; (*what is wasted*) Abfall *m* ♦ *adj* (*useless*) überschüssig, Abfall- ♦ *vt* (*object*) verschwenden; (*time, life*) vergeuden ♦ *vi*: **to** ~ **away** verfallen; ~**s** *npl* (*land*) Einöde *f*; ~ **disposal unit** (*BRIT*) *n* Müllschlucker *m*; ~**ful** *adj* verschwenderisch; (*process*) aufwendig; ~ **ground** (*BRIT*) *n* unbebaute(s) Grundstück *nt*; ~**land** *n* Ödland *nt*; ~**paper basket** *n* Papierkorb *m*; ~ **pipe** *n* Abflußrohr *nt*
watch [wɒtʃ] *n* Wache *f*; (*for time*) Uhr *f* ♦ *vt* ansehen; (*observe*) beobachten; (*be careful of*) aufpassen auf +*acc*; (*guard*) bewachen ♦ *vi* zusehen; **to be on the** ~ **(for sth)** (auf etw *acc*) aufpassen; **to** ~ **TV** fernsehen; **to** ~ **sb doing sth** jdm bei etw zuschauen; ~ **out** *vi* Ausschau halten; (*be careful*) aufpassen; ~ **out!** paß auf!; ~**dog** *n* Wachthund *m*; (*fig*) Wächter *m*; ~**ful** *adj* wachsam; ~-**maker** *n* Uhrmacher *m*; ~**man** (*irreg*) *n* (*also*: *night* ~) (Nacht)wächter *m*; ~ **strap** *n* Uhrarmband *nt*
water ['wɔ:tə*] *n* Wasser *nt* ♦ *vt* (be)gießen; (*river*) bewässern; (*horses*) tränken ♦ *vi* (*eye*) tränen; ~**s** *npl* (*of sea, river etc*) Gewässer *nt*; ~ **down** *vt* verwässern; ~ **closet** (*BRIT*) *n* (Wasser)klosett *nt*; ~**colour** (*US* **watercolor**) *n* (*painting*) Aquarell *nt*; (*paint*) Wasserfarbe *f*; ~**cress** *n* (Brunnen)kresse *f*; ~**fall** *n* Wasserfall *m*; ~ **heater** *n* Heißwassergerät *nt*; ~**ing can** *n* Gießkanne *f*; ~ **level** *n* Wasserstand *m*; ~**lily** *n* Seerose *f*; ~**line** *n* Wasserlinie *f*; ~**logged** *adj* (*ground*) voll Wasser; (*wood*) mit Wasser vollgesogen; ~ **main** *n* Haupt(wasser)leitung *f*; ~**mark** *n* Wasserzeichen *nt*; (*on wall*) Wasserstandsmarke *f*; ~**melon** *n* Wassermelone *f*; ~ **polo** *n* Wasserball(spiel) *nt*; ~**proof** *adj* wasserdicht; ~**shed** *n* Wasserscheide *f*; ~-**skiing** *n* Wasserschilaufen *nt*; ~ **tank** *n* Wassertank *m*; ~**tight** *adj* wasserdicht; ~**way** *n*

Wasserweg *m*; **~works** *npl* Wasserwerk *nt*; **~y** *adj* wäss(e)rig

watt [wɒt] *n* Watt *nt*

wave [weɪv] *n* Welle *f*; (*with hand*) Winken *nt* ♦ *vt* (*move to and fro*) schwenken; (*hand, flag*) winken mit; (*hair*) wellen ♦ *vi* (*person*) winken; (*flag*) wehen; **~length** *n* (*also fig*) Wellenlänge *f*

waver ['weɪvə*] *vi* schwanken

wavy ['weɪvɪ] *adj* wellig

wax [wæks] *n* Wachs *nt*; (*sealing ~*) Siegellack *m*; (*in ear*) Ohrenschmalz *nt* ♦ *vt* (*floor*) (ein)wachsen ♦ *vi* (*moon*) zunehmen; **~works** *npl* Wachsfigurenkabinett *nt*

way [weɪ] *n* Weg *m*; (*method*) Art und Weise *f*; (*direction*) Richtung *f*; (*habit*) Gewohnheit *f*; (*distance*) Entfernung *f*; (*condition*) Zustand *m*; **which ~? - this ~** welche Richtung? - hier entlang; **on the ~** (*en route*) unterwegs; **to be in the ~** im Weg sein; **to go out of one's ~ to do sth** sich besonders anstrengen, um etw zu tun; **to lose one's ~** sich verirren; **"give ~"** (*BRIT*: *AUT*) „Vorfahrt achten!"; **in a ~** in gewisser Weise; **by the ~** übrigens; **in some ~s** in gewisser Hinsicht; **"~ in"** (*BRIT*) „Eingang"; **"~ out"** „Ausgang"

waylay [weɪ'leɪ] (*irreg: like* **lay**) *vt* auflauern +*dat*

wayward ['weɪwəd] *adj* eigensinnig

W.C. (*BRIT*) *n* WC *nt*

we [wi:] *pl pron* wir

weak [wi:k] *adj* schwach; **~en** *vt* schwächen ♦ *vi* schwächer werden; **~ling** *n* Schwächling *m*; **~ness** *n* Schwäche *f*

wealth [welθ] *n* Reichtum *m*; (*abundance*) Fülle *f*; **~y** *adj* reich

wean [wi:n] *vt* entwöhnen

weapon ['wepən] *n* Waffe *f*

wear [wɛə*] (*pt* **wore**, *pp* **worn**) *n* (*clothing*): **sports/baby ~** Sport-/Babykleidung *f*; (*use*) Verschleiß *m* ♦ *vt* (*have on*) tragen; (*smile etc*) haben; (*use*) abnutzen ♦ *vi* (*last*) halten; (*become old*) (sich) verschleißen; **evening ~** Abendkleidung *f*; **~ and tear** Verschleiß *m*; **~ away** *vt* verbrauchen ♦ *vi* schwinden; **~ down** *vt* (*people*) zermürben; **~ off** *vi* sich verlieren; **~ out** *vt* verschleißen; (*person*) erschöpfen

weary ['wɪərɪ] *adj* müde ♦ *vt* ermüden ♦ *vi* überdrüssig werden

weasel ['wi:zl] *n* Wiesel *nt*

weather ['weðə*] *n* Wetter *nt* ♦ *vt* verwittern lassen; (*resist*) überstehen; **under the ~** (*fig*: *ill*) angeschlagen (*inf*); **~-beaten** *adj* verwittert; **~cock** *n* Wetterhahn *m*; **~ forecast** *n* Wettervorhersage *f*; **~ vane** *n* Wetterfahne *f*

weave [wi:v] (*pt* **wove**, *pp* **woven**) *vt* weben; **~r** *n* Weber(in) *m(f)*; **weaving** *n* (*craft*) Webkunst *f*

web [web] *n* Netz *nt*; (*membrane*) Schwimmhaut *f*

wed [wed] (*pt, pp* **wedded**) *vt* heiraten ♦ *n*: **the newly-weds** *npl* die Frischvermählten *pl*

we'd [wi:d] = **we had; we would**

wedding ['wedɪŋ] *n* Hochzeit *f*; **silver/golden ~ anniversary** Silberhochzeit *f*/Goldene Hochzeit *f*; **~ day** *n* Hochzeitstag *m*; **~ dress** *n* Hochzeitskleid *nt*; **~ present** *n* Hochzeitsgeschenk *nt*; **~ ring** *n* Trauring *m*, Ehering *m*

wedge [wedʒ] *n* Keil *m*; (*of cheese etc*) Stück *nt* ♦ *vt* (*fasten*) festklemmen; (*pack tightly*) einkeilen

wedlock ['wedlɒk] *n* Ehe *f*

Wednesday ['wenzdeɪ] *n* Mittwoch *m*

wee [wi:] (*SCOTTISH*) *adj* klein, winzig

weed [wi:d] *n* Unkraut *nt* ♦ *vt* jäten; **~-killer** *n* Unkrautvertilgungsmittel *nt*; **~y** *adj* (*person*) schmächtig

week [wi:k] *n* Woche *f*; **a ~ today/on Friday** heute/Freitag in einer Woche; **~day** *n* Wochentag *m*; **~end** *n* Wochenende *nt*; **~ly** *adj* wöchentlich; (*wages, magazine*) Wochen- ♦ *adv* wöchentlich

weep [wi:p] (*pt, pp* **wept**) *vi* weinen; **~ing willow** *n* Trauerweide *f*

weigh [weɪ] *vt, vi* wiegen; **to ~ anchor** den Anker lichten; **~ down** *vt* niederdrücken; **~ up** *vt* abschätzen

weight [weɪt] *n* Gewicht *nt*; **to lose/put on ~** abnehmen/zunehmen; **~ing** *n* (*allowance*) Zulage *f*; **~-lifter** *n* Gewichtheber *m*; **~y** *adj* (*heavy*) gewichtig; (*important*) schwerwiegend

weir [wɪə*] *n* (Stau)wehr *nt*

weird [wɪəd] *adj* seltsam

welcome ['welkəm] *n* Willkommen *nt*, Empfang *m* ♦ *vt* begrüßen; **thank you - you're ~!** danke - nichts zu danken

welder ['weldə*] *n* (*person*) Schweißer(in) *m(f)*

welding ['weldɪŋ] *n* Schweißen *nt*

welfare ['welfɛə*] *n* Wohl *nt*; (*social*) Fürsorge *f*; **~ state** *n* Wohlfahrtsstaat *m*; **~ work** *n* Fürsorge *f*

well [wel] *n* Brunnen *m*; (*oil ~*) Quelle *f* ♦ *adj* (*in good health*) gesund ♦ *adv* gut ♦ *excl* nun!, na schön!; **I'm ~** es geht mir gut; **get ~ soon!** gute Besserung!; **as ~** auch; **as ~ as** sowohl als auch; **~ done!** gut gemacht!; **to do ~** (*person*) gut zurechtkommen; (*business*) gut gehen; **~ up** *vi* emporsteigen; (*fig*) aufsteigen

we'll [wi:l] = **we will; we shall**

well: ~-behaved ['welbɪ'heɪvd] *adj* wohlerzogen; **~-being** ['welbiɪŋ] *n* Wohl *nt*; **~-built** ['wel'bɪlt] *adj* kräftig gebaut; **~-deserved** ['weldɪ'zɜ:vd] *adj* wohlverdient; **~-dressed** ['wel'drest] *adj* gut gekleidet; **~-heeled** ['wel'hi:ld] (*inf*) *adj* (*wealthy*) gut gepolstert

wellingtons ['welɪŋtənz] *npl* (*also: wellington boots*) Gummistiefel *pl*

well: ~-known ['wel'nəʊn] *adj* bekannt; **~-mannered** ['wel'mænəd] *adj* wohlerzogen; **~-meaning** ['wel'mi:nɪŋ] *adj* (*person*) wohlmeinend; (*action*) gutgemeint; **~-off** ['wel'ɒf] *adj* gut situiert; **~-read** ['wel'red] *adj* (sehr) belesen; **~-to-do** ['weltə'du:] *adj* wohlhabend; **~-wisher** ['welwɪʃə*] *n* Gönner *m*

Welsh [welʃ] *adj* walisisch ♦ *n* (*LING*) Walisisch *nt*; **the ~** *npl* (*people*) die Waliser *pl*; **~man/woman** (*irreg*) *n* Waliser(in) *m(f)*; **~ rarebit** *n* überbackene Käseschnitte *pl*

went [went] *pt of* **go**

wept [wept] *pt, pp of* **weep**

were [wɜ:*] *pt pl of* **be**

we're [wɪə*] = **we are**

weren't [wɜ:nt] = **were not**

west [west] *n* Westen *m* ♦ *adj* West-, westlich ♦ *adv* westwärts, nach Westen; **the W~** der Westen; **the W~ Country** (*BRIT*) *n* der Südwesten Englands; **~erly** *adj* westlich; **~ern** *adj* westlich, West- ♦ *n* (*CINE*) Western *m*; **W~ Indian** *adj* westindisch ♦ *n* Westindier(in) *m(f)*; **W~ Indies** *npl* Westindische Inseln *pl*; **~ward(s)** *adv* westwärts

wet [wet] *adj* naß; **to get ~** naß werden; **"~ paint"** „frisch gestrichen"; **~ blanket** *n* (*fig*) Triefel *m*; **~ suit** *n* Taucheranzug *m*

we've [wi:v] = **we have**

whack [wæk] *n* Schlag *m* ♦ *vt* schlagen

whale [weɪl] *n* Wal *m*

wharf [wɔ:f] *n* Kai *m*

wharves [wɔ:vz] *npl of* **wharf**

KEYWORD

what [wɒt] *adj* **1** (*in direct/indirect questions*) welche(r, s), was für ein(e); **what size is it?** welche Größe ist das?

2 (*in exclamations*) was für ein(e); **what a mess!** was für ein Durcheinander!

♦ *pron* (*interrogative/relative*) was; **what are you doing?** was machst du gerade?; **what are you talking about?** wovon reden Sie?; **what is it called?** wie heißt das?; **what about ...?** wie wär's mit ...?; **I saw what you did** ich habe gesehen,

was du gemacht hast
♦ *excl* (*disbelieving*) wie, was; **what, no coffee!** wie, kein Kaffee?; **I've crashed the car - what!** ich hatte einen Autounfall - was!

whatever [wɒt'evə*] *adj*: ~ **book** welches Buch auch immer ♦ *pron*: **do ~ is necessary** tu, was (immer auch) nötig ist; ~ **happens** egal, was passiert; **nothing ~** überhaupt *or* absolut gar nichts; **do ~ you want** tu, was (immer) du (auch) möchtest; **no reason ~** *or* **whatsoever** überhaupt *or* absolut kein Grund

whatsoever ['wɒtsəʊevə*] *adj* = **whatever**

wheat [wi:t] *n* Weizen *m*; ~ **germ** *n* Weizenkeim *m*

wheedle ['wi:dl] *vt*: **to ~ sb into doing sth** jdn dazu überreden, etw zu tun; **to ~ sth out of sb** jdm etw abluchsen

wheel [wi:l] *n* Rad *nt*; (*steering ~*) Lenkrad *nt*; (*disc*) Scheibe *f* ♦ *vt* schieben; ~**barrow** *n* Schubkarren *m*; ~**chair** *n* Rollstuhl *m*; ~ **clamp** *n* (*AUT*) Parkkralle *f*

wheeze [wi:z] *vi* keuchen

KEYWORD

when [wen] *adv* wann
♦ *conj* **1** (*at, during, after the time that*) wenn; (*with past reference*) als; **she was reading when I came in** sie las, als ich hereinkam; **be careful when you cross the road** seien Sie vorsichtig, wenn Sie über die Straße gehen
2 (*on, at which*) als; **on the day when I met him** an dem Tag, an dem ich ihn traf
3 (*whereas*) wo ... doch

whenever [wen'evə*] *adv* wann (auch) immer ♦ *conj* (*any time*) wenn ♦ *adv* (*every time that*) jedesmal wenn

where [wɛə*] *adv* (*place*) wo; (*direction*) wohin; ~ **from** woher; **this is ~ ...** hier ...; ~**abouts** ['wɛərə'baʊts] *adv* wo ♦ *n* Aufenthaltsort *m*; **nobody knows his ~abouts** niemand weiß, wo er ist; ~**as** [wɛər'æz] *conj* während, wo ... doch; ~**by** *pron* woran, wodurch, womit, wovon; ~**upon** *conj* worauf, wonach; (*at beginning of sentence*) daraufhin

wherever [wɛər'evə*] *adv* wo (immer)

wherewithal ['wɛəwɪðɔ:l] *n* nötige (Geld)mittel *pl*

whet [wet] *vt* (*appetite*) anregen

whether ['weðə*] *conj* ob; **I don't know ~ to accept or not** ich weiß nicht, ob ich es annehmen soll oder nicht; ~ **you go or not** ob du gehst oder nicht; **it's doubtful/unclear ~ ...** est ist zweifelhaft/nicht klar ob ...

KEYWORD

which [wɪtʃ] *adj* **1** (*interrogative: direct, indirect*) welche(r, s); **which one?** welche(r, s)?
2: **in which case** in diesem Fall; **by which time** zu dieser Zeit
♦ *pron* **1** (*interrogative*) welche(r, s); (*of people also*) wer
2 (*relative*) der/die/das; (*referring to people*) was; **the apple which you ate/which is on the table** der Apfel, den du gegessen hast/der auf dem Tisch liegt; **he said he saw her, which is true** er sagte, er habe sie gesehen, was auch stimmt

whichever [wɪtʃ'evə*] *adj* welche(r, s) auch immer; (*no matter which*) ganz gleich welche(r, s); ~ **book you take** welches Buch du auch nimmst; ~ **car you prefer** egal, welches Auto du vorziehst

whiff [wɪf] *n* Hauch *m*

while [waɪl] *n* Weile *f* ♦ *conj* während; **for a ~** eine Zeitlang; ~ **away** *vt* (*time*) sich *dat* vertreiben

whim [wɪm] *n* Laune *f*

whimper ['wɪmpə*] *n* Wimmern *nt* ♦ *vi* wimmern

whimsical ['wɪmzɪkəl] *adj* launisch
whine [waɪn] *n* Gewinsel *nt*, Gejammer *nt* ♦ *vi* heulen, winseln
whip [wɪp] *n* Peitsche *f*; (*POL*) Fraktionsführer *m* ♦ *vt* (*beat*) peitschen; (*snatch*) reißen; **~ped cream** *n* Schlagsahne *f*; **~-round** (*BRIT: inf*) *n* Geldsammlung *f*
whirl [wɜ:l] *n* Wirbel *m* ♦ *vt, vi* (herum)wirbeln; **~pool** *n* Wirbel *m*; **~wind** *n* Wirbelwind *m*
whirr [wɜ:*] *vi* schwirren, surren
whisk [wɪsk] *n* Schneebesen *m* ♦ *vt* (*cream etc*) schlagen; **to ~ sb away** *or* **off** mit jdm davon sausen
whisker ['wɪskə*] *n*: **~s** (*of animal*) Barthaare *pl*; (*of man*) Backenbart *m*
whisky ['wɪskɪ] (*US, IRISH* **whiskey**) *n* Whisky *m*
whisper ['wɪspə*] *n* Flüstern *nt* ♦ *vt, vi* flüstern
whistle ['wɪsl] *n* Pfiff *m*; (*instrument*) Pfeife *f* ♦ *vt, vi* pfeifen
white [waɪt] *n* Weiß *nt*; (*of egg*) Eiweiß *nt* ♦ *adj* weiß; **~ coffee** (*BRIT*) *n* Kaffee *m* mit Milch; **~-collar worker** *n* Angestellte(r) *m*; **~ elephant** *n* (*fig*) Fehlinvestition *f*; **~ lie** *n* Notlüge *f*; **~ paper** *n* (*POL*) Weißbuch *nt*; **~wash** *n* (*paint*) Tünche *f*; (*fig*) Ehrenrettung *f* ♦ *vt* weißen, tünchen; (*fig*) reinwaschen
whiting ['waɪtɪŋ] *n* Weißfisch *m*
Whitsun ['wɪtsn] *n* Pfingsten *nt*
whittle ['wɪtl] *vt*: **to ~ away** *or* **down** stutzen, verringern
whizz [wɪz] *vi*: **to ~ past** *or* **by** vorbeizischen, vorbeischwirren; **~ kid** (*inf*) *n* Kanone *f*

KEYWORD

who [hu:] *pron* **1** (*interrogative*) wer; (*acc*) wen; (*dat*) wem; **who is it?, who's there?** wer ist da?
2 (*relative*) der/die/das; **the man/woman who spoke to me** der Mann/die Frau, der/die mit mir sprach

whodu(n)nit [hu:'dʌnɪt] (*inf*) *n* Krimi *m*
whoever [hu:'evə*] *pron* wer/wen/wem auch immer; (*no matter who*) ganz gleich wer/wen/wem
whole [həʊl] *adj* ganz ♦ *n* Ganze(s) *nt*; **the ~ of the town** die ganze Stadt; **on the ~** im großen und ganzen; **as a ~** im großen und ganzen; **~hearted** *adj* rückhaltlos; **~-heartedly** *adv* von ganzem Herzen; **~meal** *adj* (*bread, flour*) Vollkorn-; **~sale** *n* Großhandel *m* ♦ *adj* (*trade*) Großhandels-; (*destruction*) Massen-; **~saler** *n* Großhändler *m*; **~some** *adj* bekömmlich, gesund; **~wheat** *adj* = **wholemeal**
wholly ['həʊlɪ] *adv* ganz, völlig

KEYWORD

whom [hu:m] *pron* **1** (*interrogative*: *acc*) wen; (: *dat*) wem; **whom did you see?** wen haben Sie gesehen?; **to whom did you give it?** wem haben Sie es gegeben?
2 (*relative*: *acc*) den/die/das; (: *dat*) dem/der/dem; **the man whom I saw/to whom I spoke** der Mann, den ich sah/mit dem ich sprach

whooping cough ['hu:pɪŋ-] *n* Keuchhusten *m*
whore ['hɔ:*] *n* Hure *f*
whose [hu:z] *adj* (*possessive*: *interrogative*) wessen; (: *relative*) dessen, (*after f and pl*) deren ♦ *pron* wessen; **~ book is this?, ~ is this book?** wessen Buch ist dies?; **~ is this?** wem gehört das?

KEYWORD

why [waɪ] *adv* warum, weshalb
♦ conj warum, weshalb; **that's not why I'm here** ich bin nicht deswegen hier; **that's the reason why** deshalb
♦ *excl* (*expressing surprise, shock, annoyance*) na so was; (*explaining*) also dann; **why, it's you!** na so was, du bist es!

wick [wɪk] *n* Docht *m*
wicked ['wɪkɪd] *adj* böse
wicker ['wɪkə*] *n* (*also*: ~*work*) Korbgeflecht *nt*
wicket ['wɪkɪt] *n* Tor *nt*, Dreistab *m*
wide [waɪd] *adj* breit; (*plain*) weit; (*in firing*) daneben ♦ *adv*: **to open** ~ weit öffnen; **to shoot** ~ daneben schießen; ~**-angle lens** *n* Weitwinkelobjektiv *nt*; ~**-awake** *adj* hellwach; ~**ly** *adv* weit; (*known*) allgemein; ~**n** *vt* erweitern; ~ **open** *adj* weit geöffnet; ~**spread** *adj* weitverbreitet
widow ['wɪdəʊ] *n* Witwe *f*; ~**ed** *adj* verwitwet; ~**er** *n* Witwer *m*
width [wɪdθ] *n* Breite *f*, Weite *f*
wield [wi:ld] *vt* schwingen, handhaben
wife [waɪf] (*pl* **wives**) *n* (Ehe)frau *f*, Gattin *f*
wig [wɪg] *n* Perücke *f*
wiggle ['wɪgl] *n* Wackeln *nt* ♦ *vt* wackeln mit ♦ *vi* wackeln
wild [waɪld] *adj* wild; (*violent*) heftig; (*plan, idea*) verrückt; ~**erness** ['wɪldənəs] *n* Wildnis *f*, Wüste *f*; ~**-goose chase** *n* (*fig*) fruchtlose(s) Unternehmen *nt*; ~**life** *n* Tierwelt *f*; ~**ly** *adv* wild, ungestüm; (*exaggerated*) irrsinnig; ~**s** *npl*: **the** ~**s** die Wildnis *f*
wilful ['wɪlfʊl] (*US* **willful**) *adj* (*intended*) vorsätzlich; (*obstinate*) eigensinnig

KEYWORD

will [wɪl] *aux vb* **1** (*forming future tense*) werden; **I will finish it tomorrow** ich mache es morgen zu Ende
2 (*in conjectures, predictions*): **he will** *or* **he'll be there by now** er dürfte jetzt da sein; **that will be the postman** das wird der Postbote sein
3 (*in commands, requests, offers*): **will you be quiet!** sei endlich still!; **will you help me?** hilfst du mir?; **will you have a cup of tea?** trinken Sie eine Tasse Tee?; **I won't put up with it!** das lasse ich mir nicht gefallen!
♦ *vt* wollen
♦ *n* Wille *m*; (*JUR*) Testament *nt*

willing ['wɪlɪŋ] *adj* gewillt, bereit; ~**ly** *adv* bereitwillig, gern; ~**ness** *n* (Bereit)willigkeit *f*
willow ['wɪləʊ] *n* Weide *f*
willpower ['wɪlpaʊə*] *n* Willenskraft *f*
willy-nilly ['wɪlɪ'nɪlɪ] *adv* einfach so
wilt [wɪlt] *vi* (ver)welken
wily ['waɪlɪ] *adj* gerissen
win [wɪn] (*pt, pp* **won**) *n* Sieg *m* ♦ *vt, vi* gewinnen; **to** ~ **sb over** *or* **round** jdn gewinnen, jdn dazu bringen
wince [wɪns] *n* Zusammenzucken *nt* ♦ *vi* zusammenzucken
winch [wɪntʃ] *n* Winde *f*
wind[1] [wɪnd] *n* Wind *m*; (*MED*) Blähungen *pl*
wind[2] [waɪnd] (*pt, pp* **wound**) *vt* (*rope*) winden; (*bandage*) wickeln ♦ *vi* (*turn*) sich winden; ~ **up** *vt* (*clock*) aufziehen; (*debate*) (ab)schließen
windfall ['wɪndfɔ:l] *n* unverhoffte(r) Glücksfall *m*
winding ['waɪndɪŋ] *adj* (*road*) gewunden
wind instrument ['wɪndɪnstrʊmənt] *n* Blasinstrument *nt*
windmill ['wɪndmɪl] *n* Windmühle *f*
window ['wɪndəʊ] *n* Fenster *nt*; ~ **box** *n* Blumenkasten *m*; ~ **cleaner** *n* Fensterputzer *m*; ~ **envelope** *n* Fensterbriefumschlag *m*; ~ **ledge** *n* Fenstersims *m*; ~ **pane** *n* Fensterscheibe *f*; ~**sill** *n* Fensterbank *f*
windpipe ['wɪndpaɪp] *n* Luftröhre *f*
wind power *n* Windenergie *f*
windscreen ['wɪndskri:n] (*BRIT*) *n* Windschutzscheibe *f*; ~ **washer** *n* Scheibenwaschanlage *f*; ~ **wiper** *n* Scheibenwischer *m*
windshield ['wɪndʃi:ld] (*US*) *n* = **windscreen**
windswept ['wɪndswept] *adj* vom

Wind gepeitscht; (*person*) zerzaust

windy ['wɪndɪ] *adj* windig

wine [waɪn] *n* Wein *m*; ~ **cellar** *n* Weinkeller *m*; ~**glass** *n* Weinglas *nt*; ~ **list** *n* Weinkarte *f*; ~ **merchant** *n* Weinhändler *m*; ~ **tasting** *n* Weinprobe *f*; ~ **waiter** *n* Weinkellner *m*

wing [wɪŋ] *n* Flügel *m*; (*MIL*) Gruppe *f*; ~**s** *npl* (*THEAT*) Seitenkulisse *f*; ~**er** *n* (*SPORT*) Flügelstürmer *m*

wink [wɪŋk] *n* Zwinkern *nt* ♦ *vi* zwinkern, blinzeln

winner ['wɪnə*] *n* Gewinner *m*; (*SPORT*) Sieger *m*

winning ['wɪnɪŋ] *adj* (*team*) siegreich, Sieger-; (*goal*) entscheidend; ~ **post** *n* Ziel *nt*; ~**s** *npl* Gewinn *m*

winter ['wɪntə*] *n* Winter *m* ♦ *adj* (*clothes*) Winter- ♦ *vi* überwintern; ~ **sports** *npl* Wintersport *m*

wintry ['wɪntrɪ] *adj* Winter-, winterlich

wipe [waɪp] *n*: **to give sth a** ~ etw (ab)wischen ♦ *vt* wischen; ~ **off** *vt* abwischen; ~ **out** *vt* (*debt*) löschen; (*destroy*) auslöschen; ~ **up** *vt* aufwischen

wire ['waɪə*] *n* Draht *m*; (*telegram*) Telegramm *nt* ♦ *vt* telegrafieren; **to** ~ **sb** jdm telegrafieren

wireless ['waɪəlɪs] (*BRIT*) *n* Radio(apparat *m*) *nt*

wiring ['waɪərɪŋ] *n* elektrische Leitungen *pl*

wiry ['waɪərɪ] *adj* drahtig

wisdom ['wɪzdəm] *n* Weisheit *f*; (*of decision*) Klugheit *f*; ~ **tooth** *n* Weisheitszahn *m*

wise [waɪz] *adj* klug, weise ♦ *suffix*: **timewise** zeitlich gesehen

wisecrack *n* Witzelei *f*

wish [wɪʃ] *n* Wunsch *m* ♦ *vt* wünschen; **best** ~**es** (*on birthday etc*) alles Gute; **with best** ~**es** herzliche Grüße; **to** ~ **sb goodbye** jdn verabschieden; **he** ~**ed me well** er wünschte mir Glück; **to** ~ **to do sth** etw tun wollen; ~ **for** *vt fus* sich *dat* wünschen; ~**ful thinking** *n* Wunschdenken *nt*

wishy-washy ['wɪʃɪ'wɒʃɪ] (*inf*) *adj* (*colour*) verwaschen; (*ideas, argument*) verschwommen

wisp [wɪsp] *n* (Haar)strähne *f*; (*of smoke*) Wölkchen *nt*

wistful ['wɪstfʊl] *adj* sehnsüchtig

wit [wɪt] *n* (*also*: ~*s*) Verstand *m no pl*; (*amusing ideas*) Witz *m*; (*person*) Witzbold *m*

witch [wɪtʃ] *n* Hexe *f*; ~**craft** *n* Hexerei *f*

KEYWORD

with [wɪð, wɪθ] *prep* **1** (*accompanying, in the company of*) mit; **we stayed with friends** wir übernachteten bei Freunden; **I'll be with you in a minute** einen Augenblick, ich bin sofort da; **I'm not with you** (*I don't understand*) das verstehe ich nicht; **to be with it** (*inf*: *up-to-date*) auf dem laufenden sein; (: *alert*) (voll) da sein (*inf*)
2 (*descriptive, indicating manner etc*) mit; **the man with the grey hat** der Mann mit dem grauen Hut; **red with anger** rot vor Wut

withdraw [wɪθ'drɔ:] (*irreg: like* **draw**) *vt* zurückziehen; (*money*) abheben; (*remark*) zurücknehmen ♦ *vi* sich zurückziehen; ~**al** *n* Zurückziehung *f*; Abheben *nt*; Zurücknahme *f*; ~**n** *adj* (*person*) verschlossen

wither ['wɪðə*] *vi* (ver)welken

withhold [wɪθ'həʊld] (*irreg: like* **hold**) *vt*: **to** ~ **sth (from sb)** (jdm) etw vorenthalten

within [wɪð'ɪn] *prep* innerhalb +*gen* ♦ *adv* innen; ~ **sight of** in Sichtweite von; ~ **the week** innerhalb dieser Woche; ~ **a mile of** weniger als eine Meile von

without [wɪð'aʊt] *prep* ohne; ~ **speaking/sleeping** *etc* ohne zu sprechen/schlafen *etc*

withstand [wɪθ'stænd] (*irreg: like* **stand**) *vt* widerstehen +*dat*

witness ['wɪtnəs] *n* Zeuge *m*, Zeugin

f ♦ *vt* (*see*) sehen, miterleben; (*document*) beglaubigen; ~ **box** *n* Zeugenstand *m*; ~ **stand** (*US*) *n* Zeugenstand *m*

witticism ['wɪtɪsɪzəm] *n* witzige Bemerkung *f*

witty ['wɪtɪ] *adj* witzig, geistreich

wives [waɪvz] *pl of* **wife**

wizard ['wɪzəd] *n* Zauberer *m*

wk *abbr* = **week**

wobble ['wɒbl] *vi* wackeln

woe [wəʊ] *n* Kummer *m*

woke [wəʊk] *pt of* **wake**

woken ['wəʊkən] *pp of* **wake**

woman ['wʊmən] (*pl* **women**) *n* Frau *f*; ~ **doctor** *n* Ärztin *f*; ~**ly** *adj* weiblich

womb [wu:m] *n* Gebärmutter *f*

women ['wɪmɪn] *npl of* **woman**; ~**'s lib** (*inf*) *n* Frauenrechtsbewegung *f*

won [wʌn] *pt, pp of* **win**

wonder ['wʌndə*] *n* (*marvel*) Wunder *nt*; (*surprise*) Staunen *nt*, Verwunderung *f* ♦ *vi* sich wundern ♦ *vt*: **I ~ whether ...** ich frage mich, ob ...; **it's no ~ that** es ist kein Wunder, daß; **to ~ at** sich wundern über +*acc*; **to ~ about** sich Gedanken machen über +*acc*; ~**ful** *adj* wunderbar, herrlich; ~**fully** *adv* wunderbar

won't [wəʊnt] = **will not**

woo [wʊ] *vt* (*woman*) den Hof machen +*dat*, umwerben; (*audience etc*) umwerben

wood [wʊd] *n* Holz *nt*; (*forest*) Wald *m*; ~ **carving** *n* Holzschnitzerei *f*; ~**ed** *adj* bewaldet; ~**en** *adj* (*also fig*) hölzern; ~**pecker** *n* Specht *m*; ~**wind** *n* Blasinstrumente *pl*; ~**work** *n* Holzwerk *nt*; (*craft*) Holzarbeiten *pl*; ~**worm** *n* Holzwurm *m*

wool [wʊl] *n* Wolle *f*; **to pull the ~ over sb's eyes** (*fig*) jdm Sand in die Augen streuen; ~**len** (*US* **woolen**) *adj* Woll-; ~**lens** *npl* Wollsachen *pl*; ~**ly** (*US* **wooly**) *adj* wollig; (*fig*) schwammig

word [wɜ:d] *n* Wort *nt*; (*news*) Bescheid *m* ♦ *vt* formulieren; **in other ~s** anders gesagt; **to break/keep one's ~** sein Wort brechen/halten; ~**ing** *n* Wortlaut *m*; ~ **processing** *n* Textverarbeitung *f*; ~ **processor** *n* Textverarbeitungsgerät *nt*

wore [wɔ:*] *pt of* **wear**

work [wɜ:k] *n* Arbeit *f*; (*ART, LITER*) Werk *nt* ♦ *vi* arbeiten; (*machine*) funktionieren; (*medicine*) wirken; (*succeed*) klappen; ~**s** *n sg* (*BRIT*: *factory*) Fabrik *f*, Werk *nt* ♦ *npl* (*of watch*) Werk *nt*; **to be out of ~** arbeitslos sein; **in ~ing order** in betriebsfähigem Zustand; ~ **loose** *vi* sich lockern; ~ **on** *vi* weiterarbeiten ♦ *vt fus* (*be engaged in*) arbeiten an +*dat*; (*influence*) bearbeiten; ~ **out** *vi* (*sum*) aufgehen; (*plan*) klappen ♦ *vt* (*problem*) lösen; (*plan*) ausarbeiten; **it ~s out at £100** das gibt *or* macht £100; ~ **up** *vt*: **to get ~ed up** sich aufregen; ~**able** *adj* (*soil*) bearbeitbar; (*plan*) ausführbar; ~**aholic** [wɜ:kə'hɒlɪk] *n* Arbeitssüchtige(r) *mf*; ~**er** *n* Arbeiter(in) *m(f)*; ~**force** *n* Arbeiterschaft *f*; ~**ing class** *n* Arbeiterklasse *f*; ~**ing-class** *adj* Arbeiter-; ~**man** (*irreg*) *n* Arbeiter *m*; ~**manship** *n* Arbeit *f*, Ausführung *f*; ~**sheet** *n* Arbeitsblatt *nt*; ~**shop** *n* Werkstatt *f*; ~ **station** *n* Arbeitsplatz *m*; ~**-to-rule** (*BRIT*) *n* Dienst *m* nach Vorschrift

world [wɜ:ld] *n* Welt *f*; **to think the ~ of sb** große Stücke auf jdn halten; ~**ly** *adj* weltlich, irdisch; ~**-wide** *adj* weltweit

worm [wɜ:m] *n* Wurm *m*

worn [wɔ:n] *pp of* **wear** ♦ *adj* (*clothes*) abgetragen; ~**-out** *adj* (*object*) abgenutzt; (*person*) völlig erschöpft

worried ['wʌrɪd] *adj* besorgt, beunruhigt

worry ['wʌrɪ] *n* Sorge *f* ♦ *vt* beunruhigen ♦ *vi* (*feel uneasy*) sich sorgen, sich *dat* Gedanken machen; ~**ing** *adj* beunruhigend

worse [wɜ:s] *adj* schlechter, schlimmer ♦ *adv* schlimmer, ärger ♦ *n* Schlimmere(s) *nt*, Schlechtere(s) *nt*; **a**

change for the ~ eine Verschlechterung; **~n** *vt* verschlimmern ♦ *vi* sich verschlechtern; ~ **off** *adj* (*fig*) schlechter dran

worship ['wɜ:ʃɪp] *n* Verehrung *f* ♦ *vt* anbeten; **Your W~** (*BRIT*: *to mayor*) Herr/Frau Bürgermeister (: *to judge*) Euer Ehren

worst [wɜ:st] *adj* schlimmste(r, s), schlechteste(r, s) ♦ *adv* am schlimmsten, am ärgsten ♦ *n* Schlimmste(s) *nt*, Ärgste(s) *nt*; **at** ~ schlimmstenfalls

worsted ['wʊstɪd] *n* Kammgarn *nt*

worth [wɜ:θ] *n* Wert *m* ♦ *adj* wert; **it's** ~ **it** es lohnt sich; **to be** ~ **one's while (to do sth)** die Mühe wert sein (, etw zu tun); **~less** *adj* wertlos; (*person*) nichtsnutzig; **~while** *adj* lohnend, der Mühe wert

worthy [wɜ:ðɪ] *adj* wert, würdig

KEYWORD

would [wʊd] *aux vb* **1** (*conditional tense*): **if you asked him he would do it** wenn du ihn fragtest, würde er es tun; **if you had asked him he would have done it** wenn du ihn gefragt hättest, hätte er es getan

2 (*in offers, invitations, requests*): **would you like a biscuit?** möchten Sie ein Plätzchen?; **would you ask him to come in?** würden Sie ihn bitte hineinbitten?

3 (*in indirect speech*): **I said I would do it** ich sagte, ich würde es tun

4 (*emphatic*): **it WOULD have to snow today!** es mußte ja ausgerechnet heute schneien!

5 (*insistence*): **she wouldn't behave** sie wollte sich partout nicht anständig benehmen

6 (*conjecture*): **it would have been midnight** es mag ungefähr Mitternacht gewesen sein; **it would seem so** es sieht wohl so aus

7 (*indicating habit*): **he would go there on Mondays** er ging jeden Montag dorthin

would-be ['wʊdbi:] (*pej*) *adj* Möchtegern-

wouldn't ['wʊdnt] = **would not**

wound[1] [wu:nd] *n* (*also fig*) Wunde *f* ♦ *vt* verwunden, verletzen (*also fig*)

wound[2] [waʊnd] *pt, pp of* **wind**[2]

wove [wəʊv] *pt of* **weave**; **~n** ['wəʊvən] *pp of* **weave**

wrangle ['ræŋgl] *n* Streit *m* ♦ *vi* sich zanken

wrap [ræp] *n* (*stole*) Schal *m* ♦ *vt* einwickeln; ~ **up** *vt* einwickeln; (*deal*) abschließen; **~per** *n* Umschlag *m*, Schutzhülle *f*; **~ping paper** *n* Einwickelpapier *nt*

wrath [rɒθ] *n* Zorn *m*

wreak [ri:k] *vt* (*havoc*) anrichten; (*vengeance*) üben

wreath [ri:θ, *pl* ri:ðz] *n* Kranz *m*

wreck [rek] *n* (*ship*) Wrack *nt*; (*sth ruined*) Ruine *f* ♦ *vt* zerstören; **~age** *n* Trümmer *pl*

wren [ren] *n* Zaunkönig *m*

wrench [rentʃ] *n* (*spanner*) Schraubenschlüssel *m*; (*twist*) Ruck *m* ♦ *vt* reißen, zerren; **to** ~ **sth from sb** jdm etw entreißen *or* entwinden

wrestle ['resl] *vi*: **to** ~ **(with sb)** (mit jdm) ringen; **~r** *n* Ringer(in) *m(f)*; **wrestling** *n* Ringen *nt*

wretched ['retʃɪd] *adj* (*hovel*) elend; (*inf*) verflixt; **I feel** ~ mir ist elend

wriggle ['rɪgl] *n* Schlängeln *nt* ♦ *vi* sich winden

wring [rɪŋ] (*pt, pp* **wrung**) *vt* wringen

wrinkle ['rɪŋkl] *n* Falte *f*, Runzel *f* ♦ *vt* runzeln ♦ *vi* sich runzeln; (*material*) knittern

wrist [rɪst] *n* Handgelenk *nt*; **~watch** *n* Armbanduhr *f*

writ [rɪt] *n* gerichtliche(r) Befehl *m*

write [raɪt] (*pt* **wrote**, *pp* **written**) *vt, vi* schreiben; ~ **down** *vt* aufschreiben; ~ **off** *vt* (*dismiss*) abschreiben; ~ **out** *vt* (*essay*) abschreiben; (*cheque*) ausstellen; ~ **up** *vt* schreiben; **~-off** *n*: **it is a ~-off** das kann man abschreiben; **~r** *n* Schriftsteller *m*

writhe [raɪð] *vi* sich winden

writing ['raɪtɪŋ] *n* (*act*) Schreiben *nt*; (*hand~*) (Hand)schrift *f*; **in ~** schriftlich; **~ paper** *n* Schreibpapier *nt*

written ['rɪtn] *pp of* **write**

wrong [rɒŋ] *adj* (*incorrect*) falsch; (*morally*) unrecht ♦ *n* Unrecht *nt* ♦ *vt* Unrecht tun +*dat*; **he was ~ in doing that** es war nicht recht von ihm, das zu tun; **you are ~ about that, you've got it ~** da hast du unrecht; **to be in the ~** im Unrecht sein; **what's ~ with your leg?** was ist mit deinem Bein los?; **to go ~** (*plan*) schiefgehen; (*person*) einen Fehler machen; **~ful** *adj* unrechtmäßig; **~ly** *adv* falsch; (*accuse*) zu Unrecht

wrote [rəʊt] *pt of* **write**

wrought [rɔːt] *adj*: **~ iron** Schmiedeeisen *nt*

wrung [rʌŋ] *pt, pp of* **wring**

wry [raɪ] *adj* ironisch

wt. *abbr* = **weight**

X

Xmas ['eksməs] *n abbr* = **Christmas**

X-ray ['eksreɪ] *n* Röntgenaufnahme *f* ♦ *vt* röntgen; **~s** *npl* Röntgenstrahlen *pl*

xylophone ['zaɪləfəʊn] *n* Xylophon *nt*

Y

yacht [jɒt] *n* Jacht *f*; **~ing** *n* (Sport)segeln *nt*; **~sman** *n* Sportsegler *m*

Yank [jæŋk] (*inf*) *n* Ami *m*

yap [jæp] *vi* (*dog*) kläffen

yard [jɑːd] *n* Hof *m*; (*measure*) (englische) Elle *f*, Yard *nt* (*0,91 m*); **~stick** *n* (*fig*) Maßstab *m*

yarn [jɑːn] *n* (*thread*) Garn *nt*; (*story*) (Seemanns)garn *nt*

yawn [jɔːn] *n* Gähnen *nt* ♦ *vi* gähnen; **~ing** *adj* (*gap*) gähnend

yd. *abbr* = **yard(s)**

yeah [jeə] (*inf*) *adv* ja

year [jɪə*] *n* Jahr *nt*; **to be 8 ~s old** acht Jahre alt sein; **an eight-year-old child** ein achtjähriges Kind; **~ly** *adj, adv* jährlich

yearn [jɜːn] *vi*: **to ~ (for)** sich sehnen (nach); **~ing** *n* Verlangen *nt*, Sehnsucht *f*

yeast [jiːst] *n* Hefe *f*

yell [jel] *n* gellende(r) Schrei *m* ♦ *vi* laut schreien

yellow ['jeləʊ] *adj* gelb ♦ *n* Gelb *nt*

yelp [jelp] *n* Gekläff *nt* ♦ *vi* kläffen

yeoman ['jəʊmən] (*irreg*) *n*: **Y~ of the Guard** Leibgardist *m*

yes [jes] *adv* ja ♦ *n* Ja *nt*, Jawort *nt*; **to say ~** ja sagen; **to answer ~** mit Ja antworten

yesterday ['jestədeɪ] *adv* gestern ♦ *n* Gestern *nt*; **~ morning/evening** gestern morgen/abend; **all day ~** gestern den ganzen Tag; **the day before ~** vorgestern

yet [jet] *adv* noch; (*in question*) schon; (*up to now*) bis jetzt ♦ *conj* doch, dennoch; **it is not finished ~** es ist noch nicht fertig; **the best ~** das bisher beste; **as ~** bis jetzt; (*in past*) bis dahin

yew [juː] *n* Eibe *f*

yield [jiːld] *n* Ertrag *m* ♦ *vt* (*result, crop*) hervorbringen; (*interest, profit*) abwerfen; (*concede*) abtreten ♦ *vi* nachgeben; (*MIL*) sich ergeben; **"~"** (*US: AUT*) „Vorfahrt gewähren"

YMCA *n abbr* (= *Young Men's Christian Association*) CVJM *m*

yoga ['jəʊgə] *n* Joga *m*

yoghourt ['jɒgət] *n* Joghurt *m*

yog(h)urt ['jɒgət] *n* = **yoghourt**

yoke [jəʊk] *n* (*also fig*) Joch *nt*

yolk [jəʊk] *n* Eidotter *m*, Eigelb *nt*

yonder ['jɒndə*] *adv* dort drüben, da drüben ♦ *adj* jene(r, s) dort

KEYWORD

you [ju:] *pron* **1** (*subj, in comparisons*: *German familiar form*: *sg*) du; (: *pl*) ihr; (*in letters also*) Du, Ihr; (: *German polite form*) Sie; **you Germans** ihr Deutschen; **she's younger than you** sie ist jünger als du/Sie
2 (*direct object, after prep +acc*: *German familiar form*: *sg*) dich; (: *pl*) euch; (*in letters also*) Dich, Euch; (: *German polite form*) Sie; **I know you** ich kenne dich/euch/Sie
3 (*indirect object, after prep +dat*: *German familiar form*: *sg*) dir; (: *pl*) euch; (*in letters also*) Dir, Euch; (: *German polite form*) Ihnen; **I gave it to you** ich gab es dir/euch/Ihnen
4 (*impers*: *one*: *subj*) man; (: *direct object*) einen; (: *indirect object*) einem; **fresh air does you good** frische Luft tut gut

you'd [ju:d] = **you had; you would**
you'll [ju:l] = **you will; you shall**
young [jʌŋ] *adj* jung ♦ *npl*: **the ~** die Jungen *pl*, **~ish** *adj* ziemlich jung; **~ster** *n* Junge *m*, junge(r) Bursche *m*, junge(s) Mädchen *nt*
your ['jɔ:*] *adj* (*familiar*: *sg*) dein; (: *pl*) euer, eure *pl*; (*polite*) Ihr; *see also* **my**
you're ['juə*] = **you are**
yours [jɔ:z] *pron* (*familiar*: *sg*) deine(r, s); (: *pl*) eure(r, s); (*polite*) Ihre(r, s); *see also* **mine²**
yourself [jɔ:'self] *pron* (*emphatic*) selbst; (*familiar*: *sg*: *acc*) dich (selbst); (: *dat*) dir (selbst); (: *pl*) euch (selbst); (*polite*) sich (selbst); *see also* **oneself**
youth [ju:θ, *pl* ju:ðz] *n* Jugend *f*; (*young man*) junge(r) Mann *m*; **~s** *npl* (*young people*) Jugendliche *pl*; **~ club** *n* Jugendzentrum *nt*; **~ful** *adj* jugendlich; **~ hostel** *n* Jugendherberge *f*
you've [ju:v] = **you have**
YTS (*BRIT*) *n abbr* (= *Youth Training Scheme*) *staatliches Förderprogramm für arbeitslose Jugendliche*
Yugoslav ['ju:gəʊ'slɑ:v] *adj* jugoslawisch ♦ *n* Jugoslawe *m*, Jugoslawin *f*
Yugoslavia ['ju:gəʊ'slɑ:vɪə] *n* Jugoslawien *nt*
yuppie ['jʌpɪ] (*inf*) *n* Yuppie *m* ♦ *adj* yuppiehaft, Yuppie-
YWCA *n abbr* (= *Young Women's Christian Association*) CVJF *m*

Z

zany ['zeɪnɪ] *adj* (*ideas, sense of humour*) verrückt
zap [zæp] *vt* (*COMPUT*) löschen
zeal [zi:l] *n* Eifer *m*; **~ous** ['zeləs] *adj* eifrig
zebra ['zi:brə] *n* Zebra *nt*; **~ crossing** (*BRIT*) *n* Zebrastreifen *m*
zero ['zɪərəʊ] *n* Null *f*; (*on scale*) Nullpunkt *m*
zest [zest] *n* Begeisterung *f*
zigzag ['zɪgzæg] *n* Zickzack *m*
zip [zɪp] *n* Reißverschluß *m* ♦ *vt* (*also*: *~ up*) den Reißverschluß zumachen +*gen*; **~ code** (*US*) *n* Postleitzahl *f*; **~ fastener** *n* Reißverschluß *m*; **~per** (*esp US*) *n* Reißverschluß *m*
zodiac ['zəʊdɪæk] *n* Tierkreis *m*
zombie ['zɒmbɪ] *n*: **like a ~** (*fig*) wie im Tran
zoo [zu:] *n* Zoo *m*
zoology [zəʊ'ɒlədʒɪ] *n* Zoologie *f*
zoom [zu:m] *vi*: **to ~ past** vorbeisausen; **~ lens** *n* Zoomobjektiv *nt*
zucchini [zu:'ki:nɪ] (*US*) *npl* Zucchini *pl*

GERMAN IRREGULAR VERBS

*with 'sein'

infinitive	present indicative (2nd, 3rd sg.)	imperfect	past participle
aufschrecken*	schrickst auf, schrickt auf	schrak *or* schreckte auf	aufgeschreckt
ausbedingen	bedingst aus, bedingt aus	bedang *or* bedingte aus	ausbedungen
backen	bäckst, bäckt	backte *or* buk	gebacken
befehlen	befiehlst, befiehlt	befahl	befohlen
beginnen	beginnst, beginnt	begann	begonnen
beißen	beißt, beißt	biß	gebissen
bergen	birgst, birgt	barg	geborgen
bersten*	birst, birst	barst	geborsten
bescheißen*	bescheißt, bescheißt	beschiß	beschissen
bewegen	bewegst, bewegt	bewog	bewogen
biegen	biegst, biegt	bog	gebogen
bieten	bietest, bietet	bot	geboten
binden	bindest, bindet	band	gebunden
bitten	bittest, bittet	bat	gebeten
blasen	bläst, bläst	blies	geblasen
bleiben*	bleibst, bleibt	blieb	geblieben
braten	brätst, brät	briet	gebraten
brechen*	brichst, bricht	brach	gebrochen
brennen	brennst, brennt	brannte	gebrannt
bringen	bringst, bringt	brachte	gebracht
denken	denkst, denkt	dachte	gedacht
dreschen	drisch(e)st, drischt	drasch	gedroschen
dringen*	dringst, dringt	drang	gedrungen
dürfen	darfst, darf	durfte	gedurft
empfehlen	empfiehlst, empfiehlt	empfahl	empfohlen
erbleichen*	erbleichst, erbleicht	erbleichte	erblichen
erlöschen*	erlischt, erlischt	erlosch	erloschen
erschrecken*	erschrickst, erschrickt	erschrak	erschrocken
essen	ißt, ißt	aß	gegessen
fahren*	fährst, fährt	fuhr	gefahren
fallen*	fällst, fällt	fiel	gefallen
fangen	fängst, fängt	fing	gefangen
fechten	fichtst, ficht	focht	gefochten
finden	findest, findet	fand	gefunden
flechten	flichtst, flicht	flocht	geflochten
fliegen*	fliegst, fliegt	flog	geflogen

infinitive	present indicative (2nd, 3rd sing.)	imperfect	past participle
fliehen*	fliehst, flieht	floh	geflohen
fließen*	fließt, fließt	floß	geflossen
fressen	frißt, frißt	fraß	gefressen
frieren	frierst, friert	fror	gefroren
gären*	gärst, gärt	gor	gegoren
gebären	gebierst, gebiert	gebar	geboren
geben	gibst, gibt	gab	gegeben
gedeihen*	gedeihst, gedeiht	gedieh	gediehen
gehen*	gehst, geht	ging	gegangen
gelingen*	––, gelingt	gelang	gelungen
gelten	giltst, gilt	galt	gegolten
genesen*	gene(se)st, genest	genas	genesen
genießen	genießt, genießt	genoß	genossen
geraten*	gerätst, gerät	geriet	geraten
geschehen*	––, geschieht	geschah	geschehen
gewinnen	gewinnst, gewinnt	gewann	gewonnen
gießen	gießt, gießt	goß	gegossen
gleichen	gleichst, gleicht	glich	geglichen
gleiten*	gleitest, gleitet	glitt	geglitten
glimmen	glimmst, glimmt	glomm	geglommen
graben	gräbst, gräbt	grub	gegraben
greifen	greifst, greift	griff	gegriffen
haben	hast, hat	hatte	gehabt
halten	hältst, hält	hielt	gehalten
hängen	hängst, hängt	hing	gehangen
hauen	haust, haut	haute	gehauen
heben	hebst, hebt	hob	gehoben
heißen	heißt, heißt	hieß	geheißen
helfen	hilfst, hilft	half	geholfen
kennen	kennst, kennt	kannte	gekannt
klimmen*	klimmst, klimmt	klomm	geklommen
klingen	klingst, klingt	klang	geklungen
kneifen	kneifst, kneift	kniff	gekniffen
kommen*	kommst, kommt	kam	gekommen
können	kannst, kann	konnte	gekonnt
kriechen*	kriechst, kriecht	kroch	gekrochen
laden	lädst, lädt	lud	geladen
lassen	läßt, läßt	ließ	gelassen
laufen*	läufst, läuft	lief	gelaufen
leiden	leidest, leidet	litt	gelitten
leihen	leihst, leiht	lieh	geliehen
lesen	liest, liest	las	gelesen

infinitive	present indicative (2nd, 3rd sing.)	imperfect	past participle
liegen*	liegst, liegt	lag	gelegen
lügen	lügst, lügt	log	gelogen
mahlen	mahlst, mahlt	mahlte	gemahlen
meiden	meidest, meidet	mied	gemieden
melken	melkst, melkt	melkte	gemolken
messen	mißt, mißt	maß	gemessen
mißlingen*	– –, mißlingt	mißlang	mißlungen
mögen	magst, mag	mochte	gemocht
müssen	mußt, muß	mußte	gemußt
nehmen	nimmst, nimmt	nahm	genommen
nennen	nennst, nennt	nannte	genannt
pfeifen	pfeifst, pfeift	pfiff	gepfiffen
preisen	preist, preist	pries	gepriesen
quellen*	quillst, quillt	quoll	gequollen
raten	rätst, rät	riet	geraten
reiben	reibst, reibt	rieb	gerieben
reißen*	reißt, reißt	riß	gerissen
reiten*	reitest, reitet	ritt	geritten
rennen*	rennst, rennt	rannte	gerannt
riechen	riechst, riecht	roch	gerochen
ringen	ringst, ringt	rang	gerungen
rinnen*	rinnst, rinnt	rann	geronnen
rufen	rufst, ruft	rief	gerufen
salzen	salzt, salzt	salzte	gesalzen
saufen	säufst, säuft	soff	gesoffen
saugen	saugst, saugt	sog	gesogen
schaffen	schaffst, schafft	schuf	geschaffen
scheiden	scheidest, scheidet	schied	geschieden
scheinen	scheinst, scheint	schien	geschienen
schelten	schiltst, schilt	schalt	gescholten
scheren	scherst, schert	schor	geschoren
schieben	schiebst, schiebt	schob	geschoben
schießen	schießt, schießt	schoß	geschossen
schinden	schindest, schindet	schindete	geschunden
schlafen	schläfst, schläft	schlief	geschlafen
schlagen	schlägst, schlägt	schlug	geschlagen
schleichen*	schleichst, schleicht	schlich	geschlichen
schleifen	schleifst, schleift	schliff	geschliffen
schließen	schließt, schließt	schloß	geschlossen
schlingen	schlingst, schlingt	schlang	geschlungen
schmeißen	schmeißt, schmeißt	schmiß	geschmissen
schmelzen*	schmilzt, schmilzt	schmolz	geschmolzen
schneiden	schneidest, schneidet	schnitt	geschnitten

infinitive	present indicative (2nd, 3rd sing.)	imperfect	past participle
schreiben	schreibst, schreibt	schrieb	geschrieben
schreien	schreist, schreit	schrie	geschrie(e)n
schreiten	schreitest, schreitet	schritt	geschritten
schweigen	schweigst, schweigt	schwieg	geschwiegen
schwellen*	schwillst, schwillt	schwoll	geschwollen
schwimmen*	schwimmst, schwimmt	schwamm	geschwommen
schwinden*	schwindest, schwindet	schwand	geschwunden
schwingen	schwingst, schwingt	schwang	geschwungen
schwören	schwörst, schwört	schwor	geschworen
sehen	siehst, sieht	sah	gesehen
sein*	bist, ist	war	gewesen
senden	sendest, sendet	sandte	gesandt
singen	singst, singt	sang	gesungen
sinken*	sinkst, sinkt	sank	gesunken
sinnen	sinnst, sinnt	sann	gesonnen
sitzen*	sitzt, sitzt	saß	gesessen
sollen	sollst, soll	sollte	gesollt
speien	speist, speit	spie	gespie(e)n
spinnen	spinnst, spinnt	spann	gesponnen
sprechen	sprichst, spricht	sprach	gesprochen
sprießen*	sprießt, sprießt	sproß	gesprossen
springen*	springst, springt	sprang	gesprungen
stechen	stichst, sticht	stach	gestochen
stecken	steckst, steckt	steckte *or* stak	gesteckt
stehen	stehst, steht	stand	gestanden
stehlen	stiehlst, stiehlt	stahl	gestohlen
steigen*	steigst, steigt	stieg	gestiegen
sterben*	stirbst, stirbt	starb	gestorben
stinken	stinkst, stinkt	stank	gestunken
stoßen	stößt, stößt	stieß	gestoßen
streichen	streichst, streicht	strich	gestrichen
streiten*	streitest, streitet	stritt	gestritten
tragen	trägst, trägt	trug	getragen
treffen	triffst, trifft	traf	getroffen
treiben*	treibst, treibt	trieb	getrieben
treten*	trittst, tritt	trat	getreten
trinken	trinkst, trinkt	trank	getrunken
trügen	trügst, trügt	trog	getrogen
tun	tust, tut	tat	getan
verderben	verdirbst, verdirbt	verdarb	verdorben
verdrießen	verdrießt, verdrießt	verdroß	verdrossen

infinitive	present indicative (2nd, 3rd sing.)	imperfect	past participle
vergessen	vergißt, vergißt	vergaß	vergessen
verlieren	verlierst, verliert	verlor	verloren
verschleißen	verschleißt, verschleißt	verschliß	verschlissen
wachsen*	wächst, wächst	wuchs	gewachsen
wägen	wägst, wägt	wog	gewogen
waschen	wäschst, wäscht	wusch	gewaschen
weben	webst, webt	webte *or* wob	gewoben
weichen*	weichst, weicht	wich	gewichen
weisen	weist, weist	wies	gewiesen
wenden	wendest, wendet	wandte	gewandt
werben	wirbst, wirbt	warb	geworben
werden*	wirst, wird	wurde	geworden
werfen	wirfst, wirft	warf	geworfen
wiegen	wiegst, wiegt	wog	gewogen
winden	windest, windet	wand	gewunden
wissen	weißt, weiß	wußte	gewußt
wollen	willst, will	wollte	gewollt
wringen	wringst, wringt	wrang	gewrungen
zeihen	zeihst, zeiht	zieh	geziehen
ziehen*	ziehst, zieht	zog	gezogen
zwingen	zwingst, zwingt	zwang	gezwungen

UNREGELMÄSSIGE ENGLISCHE VERBEN

present	pt	pp
arise	arose	arisen
awake	awoke	awaked
be (am, is, are; being)	was, were	been
bear	bore	born(e)
beat	beat	beaten
become	became	become
begin	began	begun
behold	beheld	beheld
bend	bent	bent
beset	beset	beset
bet	bet, betted	bet, betted
bid	bid, bade	bid, bidden
bind	bound	bound
bite	bit	bitten
bleed	bled	bled
blow	blew	blown
break	broke	broken
breed	bred	bred
bring	brought	brought
build	built	built
burn	burnt, burned	burnt, burned
burst	burst	burst
buy	bought	bought
can	could	(been able)
cast	cast	cast
catch	caught	caught
choose	chose	chosen
cling	clung	clung
come	came	come
cost	cost	cost
creep	crept	crept
cut	cut	cut
deal	dealt	dealt

present	pt	pp
dig	dug	dug
do (3rd person; he/she/it/does)	did	done
draw	drew	drawn
dream	dreamed, dreamt	dreamed, dreamt
drink	drank	drunk
drive	drove	driven
dwell	dwelt	dwelt
eat	ate	eaten
fall	fell	fallen
feed	fed	fed
feel	felt	felt
fight	fought	fought
find	found	found
flee	fled	fled
fling	flung	flung
fly (flies)	flew	flown
forbid	forbade	forbidden
forecast	forecast	forecast
forget	forgot	forgotten
forgive	forgave	forgiven
forsake	forsook	forsaken
freeze	froze	frozen
get	got	got, (*US*) gotten
give	gave	given
go (goes)	went	gone
grind	ground	ground
grow	grew	grown
hang	hung, hanged	hung, hanged
have (has; having)	had	had
hear	heard	heard
hide	hid	hidden
hit	hit	hit

present	pt	pp
hold	held	held
hurt	hurt	hurt
keep	kept	kept
kneel	knelt, kneeled	knelt, kneeled
know	knew	known
lay	laid	laid
lead	led	led
lean	leant, leaned	leant, leaned
leap	leapt, leaped	leapt, leaped
learn	learnt, learned	learnt, learned
leave	left	left
lend	lent	lent
let	let	let
lie (lying)	lay	lain
light	lit, lighted	lit, lighted
lose	lost	lost
make	made	made
may	might	—
mean	meant	meant
meet	met	met
mistake	mistook	mistaken
mow	mowed	mown, mowed
must	(had to)	(had to)
pay	paid	paid
put	put	put
quit	quit, quitted	quit, quitted
read	read	read
rid	rid	rid
ride	rode	ridden
ring	rang	rung
rise	rose	risen
run	ran	run
saw	sawed	sawn
say	said	said
see	saw	seen
seek	sought	sought

present	pt	pp
sell	sold	sold
send	sent	sent
set	set	set
shake	shook	shaken
shall	should	—
shear	sheared	shorn, sheared
shed	shed	shed
shine	shone	shone
shoot	shot	shot
show	showed	shown
shrink	shrank	shrunk
shut	shut	shut
sing	sang	sung
sink	sank	sunk
sit	sat	sat
slay	slew	slain
sleep	slept	slept
slide	slid	slid
sling	slung	slung
slit	slit	slit
smell	smelt, smelled	smelt, smelled
sow	sowed	sown, sowed
speak	spoke	spoken
speed	sped, speeded	sped, speeded
spell	spelt, spelled	spelt, spelled
spend	spent	spent
spill	spilt, spilled	spilt, spilled
spin	spun	spun
spit	spat	spat
split	split	split
spoil	spoiled, spoilt	spoiled, spoilt
spread	spread	spread
spring	sprang	sprung
stand	stood	stood
steal	stole	stolen
stick	stuck	stuck

present	pt	pp
sting	stung	stung
stink	stank	stunk
stride	strode	stridden
strike	struck	struck, stricken
strive	strove	striven
swear	swore	sworn
sweep	swept	swept
swell	swelled	swollen, swelled
swim	swam	swum
swing	swung	swung
take	took	taken
teach	taught	taught
tear	tore	torn
tell	told	told
think	thought	thought
throw	threw	thrown
thrust	thrust	thrust
tread	trod	trodden
wake	woke, waked	woken, waked
wear	wore	worn
weave	wove, weaved	woven, weaved
wed	wedded, wed	wedded, wed
weep	wept	wept
win	won	won
wind	wound	wound
wring	wrung	wrung
write	wrote	written

NUMMER / NUMBERS

ein(s)	1	one	
zwei	2	two	
drei	3	three	
vier	4	four	
fünf	5	five	
sechs	6	six	
sieben	7	seven	
acht	8	eight	
neun	9	nine	
zehn	10	ten	
elf	11	eleven	
zwölf	12	twelve	
dreizehn	13	thirteen	
vierzehn	14	fourteen	
fünfzehn	15	fifteen	
sechzehn	16	sixteen	
siebzehn	17	seventeen	
achtzehn	18	eighteen	
neunzehn	19	nineteen	
zwanzig	20	twenty	
einundzwanzig	21	twenty-one	
zweiundzwanzig	22	twenty-two	
dreißig	30	thirty	
vierzig	40	forty	
fünfzig	50	fifty	
sechzig	60	sixty	
siebzig	70	seventy	
achtzig	80	eighty	
neunzig	90	ninety	
hundert	100	a hundred	
hunderteins	101	a hundred and one	
zweihundert	200	two hundred	
zweihunderteins	201	two hundred and one	
dreihundert	300	three hundred	
dreihunderteins	301	three hundred and one	
tausend	1000	a thousand	
tausend(und)eins	1001	a thousand and one	
fünftausend	5000	five thousand	
eine Million	1000000	a million	
erste(r,s)	1.	first	1st
zweite(r,s)	2.	second	2nd
dritte(r,s)	3.	third	3rd
vierte(r,s)	4.	fourth	4th
fünfte(r,s)	5.	fifth	5th
sechste(r,s)	6.	sixth	6th

siebte(r,s)	7.	seventh	7th
achte(r,s)	8.	eighth	8th
neunte(r,s)	9.	ninth	9th
zehnte(r,s)	10.	tenth	10th
elfte(r,s)	11.	eleventh	11th
zwölfte(r,s)	12.	twelfth	12th
dreizehnte(r,s)	13.	thirteenth	13th
vierzehnte(r,s)	14.	fourteenth	14th
fünfzehnte(r,s)	15.	fifteenth	15th
sechzehnte(r,s)	16.	sixteenth	16th
siebzehnte(r,s)	17.	seventeenth	17th
achtzehnte(r,s)	18.	eighteenth	18th
neunzehnte(r,s)	19.	nineteenth	19th
zwanzigste(r,s)	20.	twentieth	20th
einundzwanzigste(r,s)	21.	twenty-first	21st
dreißigste(r,s)	30.	thirtieth	30th
hundertste(r,s)	100.	hundredth	100th
hunderterste(r,s)	101.	hundred-and-first	101st
tausendste(r,s)	1000.	thousandth	1000th

Bruche usw.		**Fractions etc.**	
ein Halb	1/2	a half	
ein Drittel	1/3	a third	
ein Viertel	1/4	a quarter	
ein Fünftel	1/5	a fifth	
null Komma fünf	0,5	(nought) point five	0.5
drei Komma vier	3,4	three point four	3.4
sechs Komma acht neun	6,89	six point eight nine	6.89
zehn Prozent	10%	ten per cent	
hundert Prozent	100%	a hundred per cent	

Beispiele	**Examples**
er wohnt in Nummer 10	he lives at number 10
es steht in Kapitel 7	it's in chapter 7
auf Seite 7	on page 7
er wohnt im 7. Stock	he lives on the 7th floor
er wurde 7.	he came in 7th
im Maßstab eins zu zwanzigtausend	scale one to twenty thousand

UHRZEIT	THE TIME
wieviel Uhr ist es?, wie spät ist es?	*what time is it?*
es ist ...	*it's ...*
Mitternacht, zwölf Uhr nachts	midnight, twelve p.m.
ein Uhr (morgens *or* früh)	one o'clock (in the morning), one (a.m.)
fünf nach eins, ein Uhr fünf	five past one
zehn nach eins, ein Uhr zehn	ten past one
viertel nach eins, ein Uhr fünfzehn	a quarter past one, one fifteen
fünf vor halb zwei, ein Uhr fünfundzwanzig	twenty-five past one, one twenty-five
halb zwei, ein Uhr dreißig	half past one, one thirty
fünf nach halb zwei, ein Uhr fünfunddreißig	twenty-five to two, one thirty-five
zwanzig vor zwei, ein Uhr vierzig	twenty to two, one forty
viertel vor zwei, ein Uhr fünfundvierzig	a quarter to two, one forty-five
zehn vor zwei, ein Uhr fünfzig	ten to two, one fifty
zwölf Uhr (mittags), Mittag	twelve o'clock, midday, noon
halb eins (mittags *or* nachmittags), zwölf Uhr dreißig	half past twelve, twelve thirty (p.m.)
zwei Uhr (nachmittags)	two o'clock (in the afternoon), two (p.m.)
halb acht (abends)	half past seven (in the evening), seven thirty (p.m.)
um wieviel Uhr?	*at what time?*
um Mitternacht	at midnight
um sieben Uhr	at seven o'clock
in zwanzig Minuten	in twenty minutes
vor fünfzehn Minuten	fifteen minutes ago

COLLINS

for your PC

Collins Electronic Dictionaries
are now available for use with
your personal computer.

For details write to:
Collins Dictionaries: Dept. RDH
PO Box, Glasgow G4 0NB